U0940978

安徽财政年鉴

（2022）

安徽省财政厅　编

全国百佳图书出版单位
APGTIME 时代出版
时代出版传媒股份有限公司
安徽人民出版社

图书在版编目(CIP)数据

安徽财政年鉴. 2022 / 安徽省财政厅编. —合肥:安徽人民出版社, 2022. 11

ISBN 978－7－212－11530－2

Ⅰ. ①安　Ⅱ. ①安…　Ⅲ. ①地方财政—安徽—2022—年鉴　Ⅳ. ①F812. 754-54

中国版本图书馆 CIP 数据核字(2022)第 207151 号

安徽财政年鉴(2022)

ANHUI CAIZHENG NIANJIAN 2022

安徽省财政厅　编

出 版 人:杨迎会　　责任编辑:汪双琴

责任印制:董　亮　　封面设计:汪晶晶

出版发行:安徽人民出版社 http://www.ahpeople.com

地　　址:合肥市政务文化新区翡翠路 1118 号出版传媒广场八楼　邮编:230071

电　　话:0551－63533258　0551－63533292(传真)

印　　制:安徽财印有限责任公司

开本:889mm×1194mm　1/16　内文印张:31　彩插印张:0. 75　字数:1070 千

版次:2022 年 11 月第 1 版　2022 年 11 月第 1 次印刷

ISBN 978－7－212－11530－2　定价:310. 00 元

《安徽财政年鉴》编辑委员会

《安徽财政年鉴》编辑部

《安徽财政年鉴（2022）》通联人员

胡江华（驻省财政厅纪检监察组）
王弟文（省财政厅办公室）
刘　璐（省财政厅综合处）
杨玉林（省财政厅税政条法处）
祁　帅（省财政厅预算处）
吴丽环（省财政厅预算绩效管理处）
刘雨佳（省财政厅国库处）
韩晓峰（省财政厅政府债务管理处）
刘　恒（省财政厅行政处）
周　游（省财政厅政法处）
黄亚林（省财政厅教科文处）
汪永飞（省财政厅经济建设处）
马　锐（省财政厅农业农村处）
叶　翔（省财政厅社会保障处）
杨懋宸（省财政厅自然资源和生态环境处）
张　铭（省财政厅企业处）
汪　韬（省财政厅金融处）
杨　春（省财政厅乡村财政事务管理处）
花传泉（省财政厅会计处）
孟千里（省财政厅国有资本经营预算处）
钟　翠（省财政厅行政事业国有资产管理处）
蒲振宇（省财政厅财政监督局）
李锦云（省财政厅政府采购处）
李　杰（省财政厅人事教育处）
黄　海（省财政厅机关党委）
邹　玉（省财政厅离退休工作处）
汪振明（省非税收入征收管理局）
张　涛（省财政厅国库支付中心）
饶德海（省财政信息中心）
李昌鹏（省预算评审中心）
李道兵（省政府债务评估中心）
高　燕（省财政科学研究所）
王姝月（省注册会计师管理处）
康　钰（省财政干部教育中心）
陈　洁（省行政事业单位资产管理中心）
王　磊（省政府和社会资本合作中心）
查天然（省农业信贷融资担保有限公司）
范　卓（合肥市财政局）
郭建平（淮北市财政局）
张尧智（亳州市财政局）
李　猛（宿州市财政局）
赵　辰（蚌埠市财政局）
刘燕燕（阜阳市财政局）
吴　波（淮南市财政局）
施翠萍（滁州市财政局）
李桂瑾（六安市财政局）
王后军（马鞍山市财政局）
王密密（芜湖市财政局）
施齐霞（宣城市财政局）
孟　伟（铜陵市财政局）
朱　可（池州市财政局）
林　浩（安庆市财政局）
潘南峰（黄山市财政局）
徐甜甜（广德市财政局）
陈守燕（宿松县财政局）

编辑说明

一、《安徽财政年鉴》是由安徽省财政厅主管主办，旨在及时记载全省财政发展轨迹，系统反映财政改革情况，全面展示财政精神风貌，大力弘扬财政文化的综合性文献资料年刊。

二、《安徽财政年鉴（2022）》详实记载了2021年全省各级财政部门坚持以习近平新时代中国特色社会主义思想为指导，认真落实省委、省政府决策部署和财政部工作安排，着眼全局和大局、长远和系统、主责和共治，坚持积极的财政政策提质增效、更可持续，减税负、增投入、提绩效、防风险，加快安徽财政高质量发展，为现代化美好安徽建设提供坚实财政保障的工作情况。

三、本卷主体内容记述时限为2021年1月1日至12月31日，部分资料内容涉及时间适当上溯或下延。

四、本卷根据2021年全省财政工作情况，分为重要财经文献、全省财政工作、市县（区）财政工作、财政大事记、重要财经法规、财经统计、财政机构人员等7个篇目，并在文前加配图照，文末设置附录，力求反映全省财政改革发展的重点和亮点。

五、本卷采取分类编辑法，全书主体内容按篇目、栏目、条目三个层次编排。篇目排在内扉页；栏目名称通栏排；条目标题加【 】，为黑体字。部分内容因形式所限，未按三个层次编排。

六、本卷在编纂过程中，得到了市县（区）财政部门和处室单位的大力支持，得到了广大联络员的积极配合，在此一并表示感谢。

七、由于编纂水平有限，疏漏和不妥之处在所难免，敬请广大读者批评指正。

《安徽财政年鉴》编辑部

二〇二二年九月

2021年，省财政厅深入开展党史学习教育，坚持追本溯源学党史、立根固本悟思想、为民理财办实事、奋勇争先开新局，做到学史明理、学史增信、学史崇德、学史力行，推动财政高质量发展。图为8月5日，厅党组书记、厅长谷剑锋主持召开厅党组理论学习中心组学习会。

2021年，省财政厅坚持以习近平新时代中国特色社会主义思想为指导，紧紧围绕省委、省政府决策部署，加强财政形势分析和研判，尽心尽力聚好财、理好财、用好财。图为8月3日，厅党组书记、厅长谷剑锋主持召开专题会议，要求加强财政分析工作，提升服务“三地一区”建设专业化能力。

2021年10月21日，省财政厅党组书记、厅长谷剑锋在中科大量子创新研究院、长鑫存储技术有限公司、中科院合肥物质研究院走访调研，实地了解高校、企业、科研院所创新发展情况和科研经费使用情况，研究谋划进一步做好财政科技工作思路举措。

2021年11月30日，按照省委统一部署，省委宣讲团成员、省财政厅党组书记、厅长谷剑锋在省国资系统宣讲学习贯彻党的十九届六中全会精神。

2021年4月19日，省财政厅党组成员、副厅长朱长才在滁州市中新苏滁产业园走访企业、开展调研。

2021年12月30日，省财政厅党组成员、副厅长朱长才听取“徽采云”平台一期监管系统上线情况汇报。

2021年5月13日，省财政厅副厅长胡锡萍在合肥市包河区方兴社区卫生服务中心调研民生项目进展情况。

2021年12月20日，省财政厅召开全省预算管理一体化全面正式上线工作动员会，副厅长胡锡萍出席会议并讲话。

2021年3月10-12日，省财政厅党组成员、驻厅纪检监察组组长项中胜赴六安市及霍邱县等地财政局，调研督导新一轮深化“三个以案”警示教育。

2021年12月9-10日，省财政厅党组成员、驻厅纪检监察组组长项中胜赴滁州市调研巩固拓展脱贫攻坚成果同乡村振兴有效衔接等工作。

2021年6月9日，省财政厅党组成员、副厅长孟照红在阜阳市颍东区口孜镇曹庄村开展“走基层访一线 服务五大发展行动”调研。

2021年8月12日，省财政厅党组成员、副厅长孟照红代表厅党组与新转正选调生谈话。

2021年10月27日，省财政厅党组成员、副厅长王朝晖在阜阳市颍东区调研乡村振兴定点帮扶工作，并和颍东区政府主要负责人共同为正午镇吴寨居电商运营中心揭牌。

2021年10月29日，省财政厅党组成员、副厅长、行业党委书记王朝晖出席全省注册会计师资产评估行业党组织书记示范培训班开班式，并作学习贯彻习近平总书记“七一”重要讲话精神专题党课。

目 录

重要财经文献

省人大相关会议文献

省财政重要文稿

省财政规划

全省财政工作

全省财政工作综述

派驻财政纪检监察工作综述

财政专项工作概述

处室单位工作概述

省农业信贷融资担保有限公司工作概述

市县(区)财政工作

合肥市财政工作综述

淮北市财政工作综述

亳州市财政工作综述

宿州市财政工作综述

蚌埠市财政工作综述

阜阳市财政工作综述

淮南市财政工作综述

滁州市财政工作综述

六安市财政工作综述

马鞍山市财政工作综述

芜湖市财政工作综述

宣城市财政工作综述

铜陵市财政工作综述

池州市财政工作综述

安庆市财政工作综述

黄山市财政工作综述

广德市财政工作概述

宿松县财政工作概述

财政大事记

省财政工作大事记

省纪委监委派驻省财政厅纪检监察组工作大事记

重要财经法规

地方财经法规

财政规范性文件

财经统计

全省财经统计资料

财政机构人员

省财政厅机构人员

市县乡财政系统机构人员

全省财政系统机关工作人员基本情况年报表

附 录

2021 年度省财政厅获得荣誉统计表

重要财经文献

省人大相关会议文献

在省十三届人大四次会议闭幕会上的讲话

(2021年2月1日)

省委书记、省人大常委会主任 李锦斌

各位代表,同志们:

省十三届人大四次会议,在全体代表和与会同志的共同努力下,圆满完成了各项议程,即将胜利闭幕。这是一次高举伟大旗帜、坚定维护核心的大会,是一次民主团结、务实创新的大会,是一次立足新发展阶段、贯彻新发展理念、构建新发展格局、引领安徽高质量发展的大会。

会议审议通过的省政府工作报告和其他各项报告、审查批准的省"十四五"规划和2035年远景目标纲要,贯彻中央精神,契合安徽实际,是做好当前和今后一个时期工作的重要指导性文件。大会的圆满成功,必将极大地鼓舞7000万江淮儿女焕发干事激情、迸发硬核力量,奋力开启新阶段现代化美好安徽建设新征程!

各位代表,同志们!由于工作调整,李国英同志不再担任省人民政府省长;由于年龄原因,李明同志不再担任省人大常委会副主任,薛江武同志不再担任省人民检察院检察长。一直以来,他们恪尽职守、勇于担当、锐意创新,为推动安徽经济社会发展、推进民主法治建设作出了重要贡献。让我们以热烈的掌声,向他们致以衷心感谢和崇高敬意!

会议选举王清宪同志为省人民政府省长,选举魏晓明同志为省人大常委会副主任,选举陈武同志为省人民检察院检察长,选举1名省人大常委会秘书长和4名常委会委员,圆满实现了中央及省委人事安排意图。希望他们忠诚于党、勤勉敬业、廉洁从政,在新的岗位上创造新的业绩,不辜负习近平总书记和党中央的信任,不辜负全体代表和全省人民的重托。

各位代表,同志们!回首"十三五",这是全省上下乘风破浪、争先进位的五年,也是安徽发展成果丰硕、令人自豪的五年。五年来,全省上下认真贯彻以习近平同志为核心的党中央决策部署,深入落实习近平总书记考察安徽重要讲话指示精神,抢抓长三角一体化发展、长江经济带发展、促进中部地区崛起等国家战略机遇,高质量实施五大发展行动计划,破除了一大批制约高质量发展的突出短板,解决了一大批群众关心关切的难点问题,办成了一大批对安徽长远发展具有标志性的大事要事,经济总量向着全国第一方阵迈进,科技创新在国家战略中更加凸显,全面建成小康社会取得伟大历史性成就,交出了一份中央放心、百姓满意、可以载入安徽发展史册的优异答卷。

各位代表,同志们!展望"十四五",站在"两个一百年"的历史交汇点,我们阔步踏上了现代化建设新征程。这次大会认真贯彻中央及省委要求,全面部署了未来五年乃至今后一个时期经济社会发展的主要任务,吹响了奋进新征程的"集结号",发出了建设新阶段现代化美好安徽的"动员令"。

我们要坚持以习近平新时代中国特色社会主义思想为指导,深入贯彻习近平总书记考察安徽重要讲话指示精神,完整、准确、全面贯彻新发展理念,聚力抓好"十四五"规划和2035年远景目标纲要、《政府工作报告》落地见效,以开局就是决战、起步就要冲刺的精神状态,发扬孺子牛、拓荒牛、老黄牛精神,抓紧每一天时间、干好每一件实事,奋进新征程、再创新辉煌,以优异成绩庆祝中国共产党百年华诞。

奋进新征程、再创新辉煌,我们要坚持旗帜鲜明讲政治,始终沿着习近平总书记指引的方向坚定前行。党的十八大以来,习近平总书记两次亲临安徽考察,多次作出重要讲话指示,特别是对安徽提出强化"两个坚持"、实现"两个更大"的目标要求,这是安徽现代化建设的总纲领、总指引。我们要坚持用党的创新理论武装头脑,不断增强拥护核心、跟随核心、捍卫核心的思想自觉政治自觉行动自觉。要坚定不移对表对标、切实提高政治判断力,坚持从政治上观察形势、把握大局、明确方向,牢记初心使命,胸怀“两个大局”,心怀“国之大者”,使忠诚干净担当成为安徽广大党员干部最鲜明的政治品格、最厚重的政治底色。要坚定不移常学常新、切实提高政治领悟力,坚持不懈地学思想、悟思想、用思想,增强“四个意识”、坚定“四个自信”、做到“两个维护”,让思想伟力焕化成引领推动安徽各项事业发展的磅礴力量。要坚定不移笃信笃行、提高政治执行力,把习近平总书记重要讲话指示批示精神作为做好一切工作的根本遵循,体现到谋划重大战略、制定重大政策、布置重大任务、推进重大工作的实践中去,确保党中央决策部署在安徽落地生根、开花结果。

奋进新征程、再创新辉煌,我们要坚持奋发有为促发展,努力在新赛道上跑出高质量发展的“加速度”。安徽在推进长江经济带建设、长三角一体化发展中发挥着重要作用,在党和国家工作全局中具有重要地位。“十四五”时期安徽仍处于重要战略机遇期,我们要准确把握习近平总书记和党中央对安徽的战略定位,登方位之高、抢机遇之先、望未来之远,按照党的十九届五中全会和党中央规划建议部署要求,全面启动“十四五”规划和2035年远景目标纲要、《政府工作报告》主体实施责任制,围绕“三地一区”建设谋深抓实一批重大项目载体,推动全省经济社会发展实现“量的积累”向“质的飞跃”跨越转变。要聚力打造科技创新策源地,坚持靠创新育先机,靠创新开新局,加快建设科技创新攻坚力量体系,推进国家实验室建设专项行动,抓好合肥综合性国家科学中心、合肥滨湖科学城、合芜蚌自主创新示范区等重大平台建设,积极构建20平方公里的大科学装置集中区,扩容升级关键核心技术“攻尖”计划,建好以安徽创新馆为龙头、链接16个市的科技大市场,塑造更多依靠创新驱动的引领型发展。要聚力打造新兴产业聚集地,锻造长板,大力发展以“芯屏器合”为标识的战新产业集群;加固底板,不断壮大以“铜墙铁壁”为代表的先进制造业集群和以“融会观通”为代表的现代服务业集群;布局“新板”,积极培育以“大智移云”为牵引的数字产业集群,加大招商稳商、引资引才力度,着力形成一批高质量的千亿级企业、万亿级产业。要聚力打造改革开放新高地,更好发挥有效市场和有为政府作用,深化“放管服”、国资国企、农业农村等重点领域改革,打造“四最”营商环境,形成更多制度创新成果,续写更多高效能改革的“小岗故事”;推动长三角一体化发展“五个区块链接”走深走实,加快安徽自贸试验区建设,打造世界制造业大会等高能级对外开放平台,创造更多高水平开放的“安徽品牌”。要聚力打造经济社会发展全面绿色转型区,贯彻碳达峰碳中和要求,全面推进新阶段现代化美丽长江(安徽)经济带建设,深化林长制、新安江生态补偿机制改革,抓好巢湖新一轮综合治理及环巢湖十大湿地、骆岗生态公园、淮河生态经济带建设,狠抓生态环境突出问题整改,持续抓好长江禁捕退捕,维护生物多样性,让江淮大地天更蓝、水更绿、空气更清新。

奋进新征程、再创新辉煌,我们要坚持全心全意为人民,推动共同富裕取得更为明显的实质性进展。民之所望,政之所向。我们要始终把人民放在心中最高位置,牢记初心使命、锚定民生坐标,把全面小康作为新生活新奋斗的起点,着力促进人的全面发展和社会全面进步。要为人民创造更富足的生活,创新实施中等收入群体倍增工程,持续提高人民生活品质;扛稳粮食安全责任,推动巩固拓展脱贫攻坚成果同乡村振兴有效衔接,大力实施乡村建设行动;深入推进“四进一促”“创业江淮”等行动计划,构建“亲”“清”新型政商关系,积极发展民营经济。要为人民提供更优质的服务,深入实施33项民生工程,推动现代化“四上安徽”综合交通运输体系建设,统筹解决教育、医疗、住房、养老、文化供给等群众急难愁盼问题,把一个个民生难点变成民生亮点,用一项项民生改善绽放出老百姓最美笑容。要为人民营造更安全的环境,落实“1+9+N”防范化解重大风险方案体系,坚决维护国家政治安全和社会稳定,抓实常态化疫情防控举措,扎实推进安全生产“铸安”行动,常态化开展扫黑除恶,建设更高水平的平安安徽、法治安徽,加快推进社会治理现代化。

奋进新征程、再创新辉煌,我们要坚持从严从实抓党建,进一步营造干事创业、风清气正的政治生态。事业发展,关键在党、关键在人。我们要全面落实新时代党的建设总要求和新时代党的组织路线,充分发挥全面从严治党引领保障作用,推动“十四五”时期目标任务在实干中实现。要把打造过硬队伍作为重中之重,坚持好干部标准,精心做好市县乡集中换届工作,加强政治历练、思想淬炼、专业训练、实践锻炼,努力打造信念过硬、政治过硬、责任过硬、能力过硬、作风过硬的高素质干部队伍。要把夯实基层基础作为鲜明导向,以提升组织力为重点,突出政治功能,推深做实农村党建“一抓双促”、城市党建“三抓一增强”、机关企事业单位“强基领航”、非公企业和社会组织“双创两提升”四大工程,让基层组织战斗堡垒坚不可摧。要把纠“四风”树新风作为永恒课题,锲而不舍落实中央八项规定精神及省委实施细则,毫不松懈纠治“四风”特别是形式主义、官僚主义,持续为基层松绑减负，把好传统带进新征程，将好作风弘扬在新时代。要把推进反腐倡廉作为重要保证，把监督贯穿于党领导经济社会发展全过程，完善实施党内政治监督谈话制度，抓好中央巡视反馈问题整改，开展新一轮深化“三个以案”警示教育，以系统施治、标本兼治的理念正风肃纪反腐，一体推进“三不”体制机制建设，不断推动全面从严治党向纵深发展。

各位代表，同志们！习近平总书记在新年贺词中指出“征途漫漫，惟有奋斗”。现在，新征程已经开启，新蓝图已经绘就，最关键的就是奋斗、奋斗、再奋斗。我们要保持一往无前的奋斗勇气，积极展现更多识变应变、化危为机、化被动为主动的创新创造，按照“十四五”规划和2035年远景目标纲要、《政府工作报告》的部署要求，细化任务分解，明确施工方案，让思路变成出路、让想法变成办法、让优势变成胜势，勇于在别人没有走过的路上收获最美风景。我们要燃烧攻坚克难的奋斗激情，涵养“乱云飞渡仍从容”的战略定力，坚定“不到长城非好汉”的信心决心，打好主动仗，开好顶风船，推动安徽各项事业在高质量发展中创造更多的了不起。我们要激发团结合作的奋斗能量，一张蓝图绘到底，一锤接着一锤敲，一步一个脚印走，知责于心、担责于身、履责于行，用我们的负重前行换取人民的岁月静好，用我们的披星戴月赢得安徽的灿烂明天！

各位代表，同志们！人民民主是我们党始终高扬的光辉旗帜，人民代表大会制度是我国的根本政治制度。我们要坚定不移走中国特色社会主义政治发展道路，毫不动摇坚持和完善人民代表大会制度，创造性做好立法、监督、决定、代表等工作，更加密切同人民群众的血肉联系，切实把人大制度优势转化为治理效能。

人大代表是国家权力机关的组成人员，代表人民行使国家权力。希望全省各级人大代表模范遵守宪法法律，优先执行代表职务，带头学习宣传贯彻本次会议精神，共同把大会确定的各项目标任务落到实处，把“十四五”发展的宏伟蓝图变为美好现实。

各位代表，同志们！让我们更加紧密地团结在以习近平同志为核心的党中央周围，牢记嘱托、锐意进取，改革创新、真抓实干，全面开启经济强、百姓富、生态美的新阶段现代化美好安徽建设新征程，以优异成绩庆祝建党100周年！

春节将至，祝全省人民幸福安康！祝各位代表、同志们新春快乐、万事如意！

（安徽人大网）

政府工作报告

——2021年1月28日在安徽省第十三届人民代表大会第四次会议上

省人民政府省长 李国英

各位代表：

现在，我代表省人民政府，向大会报告政府工作，请予审议，并请省政协各位委员提出意见。

一、2020年工作和“十三五”时期发展回顾

2020年，是安徽发展史上极不平凡的一年。我省先后遭遇百年不遇的新冠肺炎疫情和历史罕见的大范围严重汛情。全省人民在以习近平同志为核心的党中央坚强领导下，认真贯彻习近平总书记考察安徽重要讲话指示精神，全面落实党中央、国务院及中共安徽省委决策部署，众志成城，克难奋进，一仗一仗地去打并打胜了疫情防控阻击战、复工复产联动战、精准脱贫收官战、防汛救灾保卫战，实现了经济发展稳定向好、社会大局和谐稳定。全省生产总值3.87万亿元，增长3.9%、居全国第4位；固定资产投资增长5.1%；社会消费品零售总额增长2.6%；进出口总额增长13.6%；规模以上工业增加值增长6%；一般公共预算收入增长1%；城镇、农村常住居民人均可支配收入分别增长5.1%和7.8%；城镇新增就业66.3万人、调查失业率5.4%；居民消费价格涨幅2.7%；粮食产量803.8亿斤、居全国第4位。经济发展实现量的合理增长和质的稳步提升。

（一）新冠肺炎疫情防控取得重大战略成果。面对突如其来的疫情，坚决贯彻习近平总书记要求，坚持人民至上、生命至上，迅即启动一级响应，迅速打响疫情防控的人民战争、总体战、阻击战。全面落实“早发现、早报告、早隔离、早治疗”要求，率先实行定点集中隔离、全面核酸筛查和全面封闭管理，用一个月时间控制住疫情蔓延。全省累计报告本地确诊病例991例，全面落实“四集中”要求，不惜一切代价救治患者，治愈率达99.4%，用一个半月时间实现住院患者“清零”。坚决响应党中央号召，派出8批1362名

援鄂医疗队员奔赴武汉，累计救治3156名患者。超额完成国家下达的防疫物资生产保供任务，先后6次向湖北捐献血液292万毫升、居全国第一。中国科大“托珠单抗”治疗方案列入国家诊疗方案。疫情防控转入常态化以后，全面落实“外防输入、内防反弹”各项措施，防控成果持续巩固。在这场同疫情的殊死较量中，白衣天使挺身而出、逆行赴险，企业、侨胞、爱心人士采购捐献抗疫物资、解燃眉之急，人民解放军指战员和武警官兵、公安干警、广大民兵勇挑重担，社区工作者、基层干部、机关下沉干部、志愿者和新闻工作者坚守岗位，快递、环卫、抗疫物资生产运输人员不辞劳苦，全省人民在风雨同舟、守望相助中筑起了抗击疫情的坚固防线，以团结、拼搏、奉献的实际行动凝聚了伟大抗疫精神，夺取了抗疫斗争的伟大胜利！

（二）抗击特大洪涝灾害取得全面胜利。去年汛期，我省暴雨天数、累计雨量创历史记录，众多江河湖泊水位超警戒超保证超历史。我们把确保人民生命安全摆在第一位，及时启动防汛Ⅰ级应急响应，宣布相关地区进入紧急防汛期，全面展开长江、淮河、巢湖“三线作战”。提前撤离安置群众132.9万人，加固加高堤坝1189公里，排查处置险情2325处。科学调度运用干支流水库和长江、淮河流域11个蓄滞洪区，王家坝闸13年后再次开闸泄洪。快速推进灾后恢复重建，损毁房屋重建和修缮加固入冬前全部完成。习近平总书记考察安徽时用“四个没有”充分肯定我省防汛救灾工作，即没有发生重大人员伤亡事件，重要堤防没有出现损毁，国家重要基础设施没有受到冲击，经济社会发展重点工作没有受到影响。在重大汛情险情面前，广大干部群众坚守一线，蓄滞洪区群众顾全大局，人民解放军指战员、武警官兵、公安干警、民兵、应急救援人员、工程技术人员和广大基层干部群众冲锋在前，履职尽责，用汗水乃至生命谱写了新时代抗洪抢险的英雄赞歌！

（三）经济运行实现稳中有进。系统推进“六稳”“六保”，及时出台226条政策举措，建立复工复产调度和帮扶机制。坚决落实中央惠企利民政策，新增减税降费672亿元，下达各类直达资金1345亿元，清理拖欠民营企业中小企业账款11.6亿元。开展农民工返岗“点对点”服务，创新“共享用工”机制，率先实行“免报直发”返还失业保险费2.1亿元。有效防范化解重大金融风险，高风险金融机构数量明显下降，网贷机构全部停业退出，地方政府债务规模基本适度，守住了不发生系统性金融风险底线。扩大优势产品供给，电子信息、汽车、光伏等产业强劲增长。组织14批全省重大项目集中开工，新开工亿元以上重点项目3778个、竣工1826个。商合杭高铁全线贯通，合安高铁建成通车，芜宣机场建成试飞，建成5G基站29415个。限额以上网上商品零售额增长25.3%。跨境电商交易额增长1倍以上。实际利用外资增长2.1%。全省经济加速恢复到常态，统筹疫情防控和经济社会发展取得显著成效。

（四）脱贫攻坚战圆满收官。开展“抗疫情、补短板、促攻坚”专项行动，加大对受灾贫困群众救助帮扶政策支持，全面加强农村困难群体精准监测帮扶，帮助179.1万贫困劳动力返岗就业，帮销扶贫产品209.6亿元，防止了因疫因灾致贫返贫。全面完成中央专项巡视“回头看”和国家成效考核反馈问题整改，“两不愁三保障”和饮水安全问题动态清零。剩余8.7万贫困人口全部脱贫。脱贫攻坚普查高质量完成。

（五）科技创新取得重大突破。国家实验室建设取得决定性进展，政策、条件、资金等服务保障有力有效。大健康研究院挂牌运行。实施“揭榜挂帅”关键共性技术攻关项目76项。“九章”量子计算原型机研制成功，量子钻石原子力显微镜、柔性可折叠玻璃、紧凑型超导回旋质子加速器等重大创新成果不断涌现，集成电路、新型显示等领域关键核心技术攻关取得新突破。新扶持高层次科技人才团队55个。新增高新技术企业1923家、国家专精特新“小巨人”企业61家、国家技术创新示范企业7家。“中国声谷”入驻企业1024家、营业收入1060亿元。

（六）实施长三角一体化发展战略取得重大进展。习近平总书记在合肥主持召开扎实推进长三角一体化发展座谈会，标定了安徽深度融入长三角的新方位、新使命。我们着眼于一体化和高质量两个关键词，加快推进重点任务建设。区域合作五个“区块链接”加快推进，皖北承接产业转移集聚区建设取得国家专项政策支持。实施科技创新联合攻关专项16项。实现“一网通办”服务事项104项，职工医保异地普通门诊费用直接结算全面实现，一体化共建带来更多便利化。

（七）生态环境质量持续改善。全省$PM_{2.5}$平均浓度下降15.2%，国考断面水质优良比例达到87.7%、全部消除劣Ⅴ类。美丽长江（安徽）经济带建设深入推进，长江流域国考断面水质优良比例90%、为有监测记录以来最好水平。全面落实长江“十年禁渔”，禁捕区域内渔船、渔民全面退捕，退捕渔民转产就业率、参保率动态实现100%。完成造林152.6万亩。全国林长制改革示范区建设扎实推进，我省率先探索实施的林长制走向全国。

（八）改革开放取得新成效。全面推行“皖事通办”，率先推出7×24小时政务服务地图，企业开办实现“一网通办、全程网办、一日办结”。新登记各类市场主体104.8万户，增长5.8%。

新增境内首发上市企业20家、总数达126家，其中新增科创板上市企业8家、居全国第7位。省区域性股权市场挂牌企业达7320家、居全国第1位。农村集体产权制度改革整省试点任务顺利完成。全省首次排污权交易成功实施。县域医共体实现县（市）全覆盖。

中国（安徽）自由贸易试验区获批建设，掀开了我省打造改革开放新高地的新篇章，开局工作扎实推进。成功举办世界制造业大会江淮线上经济论坛和世界显示产业大会。合肥中欧班列开行568列，增长35.2%。合肥经开区综合保税区通过验收，安庆综合保税区获批设立。大众新能源汽车中国生产基地和研发中心总部、蔚来汽车中国总部落户合肥。外事工作创新成效显现，侨务、对台、港澳工作取得新进展。

（九）民生保障和社会建设水平得到新提升。民生支出占财政支出84.7%，33项民生工程投入1213.6亿元。新建、改扩建公办幼儿园478个，建成乡村智慧学校2714所。基本养老保险覆盖4773.7万人，企业职工基本养老保险基金实现省级统筹，退休人员基本养老金月人均增加5%。255.6万低保对象、特困人员、困境儿童基本生活得到妥善保障。集中开工重点公共卫生项目36个，国家儿童区域医疗中心启动建设，智医助理覆盖所有基层医疗机构，疾病预防控制体系、重大疫情救治体系建设全面推进。省第五届全民健身运动会成功举办。安全生产形势总体稳定，我省成为全国"智慧应急"试点省。扫黑除恶专项斗争取得重要战果，"守护平安"系列行动有力有效。信访形势持续向好。哲学社会科学、参事文史、档案方志等工作持续加强，民族宗教、妇女儿童、残疾人、红十字、慈善、志愿服务等工作再上新台阶，国防动员、退役军人事务管理、人民防空、双拥优抚工作取得新进步，援藏援疆、气象、地震等工作取得新成效。

我们加强党风廉政建设，持续深化"三个以案"警示教育，力戒形式主义、官僚主义，全省性会议、省政府文件和督查检查考核分别减少27.3%、15.7%和35.7%。持续加强依法行政，自觉接受人大监督和政协民主监督，制定修改废止省政府规章11件，提请省人大常委会审议地方性法规18件。全省办结行政复议案件6447件。办理省人大代表建议1147件、省政协提案761件。

各位代表！

2020年是"十三五"规划收官之年。过去五年，全省人民在以习近平同志为核心的党中央坚强领导下，在习近平总书记考察安徽重要讲话指示精神的科学指引下，有效应对严峻复杂的形势变化，坚持稳中求进，加强改革创新，高质量实施五大发展行动计划，"十三五"规划主要目标任务全面完成，决胜全面建成小康社会取得决定性成就。一是经济实力大幅跃升。全省生产总值从2.38万亿元增加到3.87万亿元，人均生产总值从3.9万元增加到6.1万元，发展格局实现了从"总量居中、人均靠后"向"总量靠前、人均居中"的历史性跨越！二是脱贫攻坚目标任务如期完成。484万建档立卡贫困人口全部脱贫，3000个贫困村全部出列，31个贫困县全部摘帽，千百年来的绝对贫困问题历史性得到解决！三是科技创新能力显著增强。国家实验室、合肥综合性国家科学中心率先获批布局，"四个一"创新主平台和"一室一中心"分平台立柱架梁，大科学装置集群初步形成，量子通信、动态存储芯片、陶铝新材料、超薄玻璃等标志性原创成果竞相涌现，区域创新能力稳居全国第一方阵。四是供给侧结构性改革取得重大进展。"三去一降一补"成效明显。粮食产量由全国第6位上升为第4位。战略性新兴产业产值、高新技术产业增加值年均分别增长17.3%和15.1%，战略性新兴产业产值占规模以上工业比重由22.4%提高到40.3%，制造业高质量发展指数居全国前列，三次产业结构实现从"二三一"到"三二一"的重要转变。五是区域发展整体效能全面提升。全省域纳入长三角一体化发展，在全国发展格局中的战略地位进一步提升。"一圈五区"发展布局基本形成。基础设施体系显著改善，高铁运营总里程2329公里、居全国第1位，实现"市市通高铁"；"五纵九横"高速公路网加速形成，新建改建农村公路12.7万公里；"一枢五支"机场发展格局初步形成，通用航空加快发展；淮河、长江干流骨干防洪工程体系进一步完善，引江济淮世纪夙愿付诸实施。六是污染防治攻坚战阶段性目标顺利实现。全省$PM_{2.5}$平均浓度下降25%，空气质量优良天数比率82.9%，城市黑臭水体基本消除，森林覆盖率30.22%，美丽长江（安徽）经济带建设取得重要阶段性成效。七是改革开放实现重大突破。"放管服"改革纵深推进，省级行政权力事项保持全国最少。国资国企改革不断深化，海螺集团、铜陵有色跻身世界500强，马钢集团与中国宝武实现战略重组，港航资源整合实现一体化快速发展。民营经济总量突破2万亿元、占生产总值比重超60%，全省实有各类市场主体587.8万户、增长113%。林长制、编制周转池、县域医共体、新安江流域生态补偿机制试点等改革品牌不断涌现。中国（安徽）自由贸易试验区启动建设，构建更高水平开放型经济新体制迈出新步伐。八是人民生活和社会发展水平显著提高。城镇、农村常住居民人均可支配收入年均分别增长7.9%和9%。学前教育毛入园率提高到90%，县域义务教育基本均衡提前3年实现全覆盖。城镇新增就业342.9万人。覆盖城乡的基本医疗卫生制度框架基本建立。建成保障性安居工程156.44万套,改造农村危房47.37万户。城乡居民基本医疗保险和大病保险实现统一,基本医疗保险、基本养老保险实现全覆盖,农村低保平均保障标准从每年3261元提高到7670元。连续9年进入全国平安建设先进行列。文化事业和文化产业繁荣发展,入选地级全国文明城市总数达12个、居全国第2位,入选中国好人总数1491人、居全国第1位,中国好人安徽多!

各位代表!

过去五年勇毅奋进、磨砺玉成,成就来之不易。五年的发展充分表明,只要我们始终坚持以习近平新时代中国特色社会主义思想为指导,坚定不移贯彻新发展理念,发挥自身优势,把握战略机遇,加强改革创新,就一定能在高质量发展赛道上攻坚克难、实现赶超。五年的发展充分证明,安徽发展最根本的保证在于以习近平同志为核心的党中央坚强领导,特别是总书记在"十三五"开局之年和收官之年两次考察安徽,为我省发展科学定向、擘画蓝图,感召和激发了全省人民的奋进力量。在总书记的亲切关怀和指引下,全省人民知重负重、苦干实干,付出了艰辛汗水,拼出了骄人业绩。在此,我代表省人民政府,向在各个岗位辛勤工作的全省人民,向给予政府工作大力支持的人大代表和政协委员,向各民主党派、工商联、人民团体和社会各界人士,向驻皖解放军指战员、武警官兵、政法公安干警和消防救援队伍指战员,向关心、支持安徽改革发展的中央各部门、兄弟省区市、港澳台同胞、海外侨胞和国际友人,表示衷心的感谢!

我们也清醒地认识到,我省发展不平衡不充分问题仍然突出。科技创新存在短板,企业创新能力不强,科技成果转化效率不高。工业"四基"存在弱项,总部经济、头部企业缺乏,现代服务业发展相对滞后,产业链供应链稳定性和竞争力亟待提高。农业基础仍然薄弱,乡村建设和治理水平不高。大疫之后经济恢复常态的基础尚不稳固,中小企业困难较多。重要领域和关键环节改革有待深化,制度型开放任务繁重,市场主体活力和民营经济实力有待增强。城乡区域发展仍不平衡,中心城市和城市群竞争力不强。生态环保任重道远。防范化解风险任务艰巨。城乡居民收入分配差距较大,中等收入群体规模较小,基础设施和基本公共服务体系不够完善,人民群众生产生活还面临一些亟待解决的问题。一些干部思想不够解放、担当作为精神不强,一些政策举措落实不到位,营商环境与一流水平存在差距。个别领域形式主义、官僚主义仍有表现,腐败现象仍有发生。我们要直面这些问题,一件一件加以解决,决不辜负全省人民的期待!

二、"十四五"时期主要目标任务和重大举措

根据《中共安徽省委关于制定国民经济和社会发展第十四个五年规划和二〇三五年远景目标的建议》,省人民政府编制了《安徽省国民经济和社会发展第十四个五年规划和2035年远景目标纲要(草案)》,提交大会审查。

《纲要(草案)》锚定2035年远景目标,贯彻习近平总书记对我省提出的强化"两个坚持"、实现"两个更大"的目标要求,围绕加快建设经济强、百姓富、生态美的新阶段现代化美好安徽,明确了今后五年经济社会发展的主要目标和战略任务,提出了一系列支撑发展的重大平台、重大工程、重大改革和重大行动,突出了以下四个方面。

(一)立足新发展阶段,推动经济实力实现更大跃升。坚定不移把发展作为解决一切问题的基础和关键,在质量效益明显提升的基础上实现经济持续健康发展。到2025年,高质量发展走在全国前列,经济总量跻身全国第一方阵,人均地区生产总值与全国差距进一步缩小。经济结构更加优化,农业基础更加稳固,制造业增加值占地区生产总值比重达到30%左右,数字经济增加值占地区生产总值比重明显上升,涌现更多在全国有重要影响力的经济强市、强县(市、区)。

(二)贯彻新发展理念,推动高质量发展实现更大突破。

——打造具有重要影响力的科技创新策源地。坚持创新在现代化建设全局中的核心地位,坚持"四个面向",把科技自立自强作为安徽跨越式发展的战略支撑,深入实施科教兴皖、人才强省、创新驱动发展战略,强化国家战略科技力量,打造"五个一"创新主平台和"一室一中心"分平台升级版,加快建设"高原""高峰"相得益彰、创新创业蓬勃发展的科技强省。建设科技创新攻坚力量体系,研究制定国家基础研究十年行动安徽方案,扩容升级科技创新"攻尖"计划,建强以国家实验室为内核、以合肥综合性国家科学中心为基石、以合肥滨湖科学城为载体、以合芜蚌国家自主创新示范区为外延、以全面创新改革试验省建设为网络的支柱和框架,创建基础学科研究中心、国际和区域科技创新中心、国家产业创新中心、国家制造业创新中心、创新联合体、科技大市场等支撑平台。提升企业技术创新能力,实施中小微科技型企业梯度培育计划,促进各类创新要素向企业集聚。深入推进江淮英才计划,实施知识更新工程、技能提升行动,加强战略科技人才、科技领军人才、青年科技人才和基础研究人才培养引进,壮大高水平工程师和

高技能人才队伍。实现一批前瞻性基础研究、关键核心技术重大突破，区域创新能力稳居全国第一方阵，持续争先进位。

——打造具有重要影响力的新兴产业聚集地。坚持把做实做强做优实体经济作为主攻方向，坚定不移推进制造强省、质量强省、网络强省、数字江淮建设，协同开展产业链供应链锻长板补短板，统筹推进传统产业转型升级和新兴产业发展壮大。开展十大新兴产业高质量发展行动，建设新型显示、集成电路、新能源汽车和智能网联汽车、人工智能、智能家电5个世界级战略性新兴产业集群，在新一代信息技术、新材料、新能源、生命健康等领域打造增长引擎。大力发展数字经济，打造一批数字科技创新先行区和数字经济产业集聚区。加快发展现代服务业，推动生产性服务业向专业化和价值链高端延伸，推动生活性服务业向高品质和多样化升级。培育形成1个万亿级产业、10个左右千亿以上产业、100个左右“群主”“链长”企业、1000个以上专精特新及“小巨人”“冠军”企业。

——打造具有重要影响力的改革开放新高地。推进关键领域改革，激发各类市场主体活力，建设高标准市场体系，推动有效市场和有为政府更好结合，持续优化“四最”营商环境。实施更大范围、更宽领域、更深层次对外开放，打造高能级对外开放平台，培育壮大外贸主体，进出口总额超过千亿美元。高质量建设中国(安徽)自由贸易试验区，推出更多制度创新成果，基本形成更高水平开放型经济新体制。

——打造具有重要影响力的经济社会发展全面绿色转型区。坚持习近平生态文明思想，统筹生态环境保护和经济发展，优化生产生活生态空间，构建生态文明体系，打造美丽长江(安徽)经济带全新版。推动绿色低碳发展，落实生态保护、基本农田、城镇开发等空间管控边界，推进传统产业绿色化改造，培育壮大绿色新产业新业态。强化能源消费总量和强度“双控”制度，提高非化石能源比重，为2030年前碳排放达峰赢得主动。加强山水林田湖草系统治理，推进淮河(安徽)生态经济带、新安江—千岛湖生态补偿试验区、环巢湖生态示范区建设，筑牢皖西大别山、皖南山区生态屏障，提升生态系统质量和稳定性。实施大气、水、土壤污染防治升级版，开展蓝天碧水净土、温室气体减排等生态环保重大工程，建设人与自然和谐共生的绿色江淮美好家园。

(三)服务构建新发展格局，在打造国内大循环重要节点、国内国际双循环战略链接上实现更大作为。

——贯彻国家战略，助推长三角率先形成新发展格局。实施扎实推进长三角一体化发展专项行动，统筹实施长江经济带发展、促进中部地区崛起等国家战略，共同打造全国发展强劲活跃增长极。以科技和产业创新为突破口，加快构建长三角科技创新共同体，共建长三角国家技术创新中心。以联动畅通长三角循环为切入点，协同开展重大项目投资、区域性消费中心建设，推动贸易和投资便利化，打造一批联通国内、国际市场的共享平台。以五个“区块链接”为载体，强化基础设施、生态环保、市场体系、公共服务等一体化共建，促进更高水平区域分工协作，让要素在更大范围畅通流动。

——完善市场体系，更好利用两个市场两种资源。把实施扩大内需战略同深化供给侧结构性改革有机结合起来，增强供给体系对市场需求的适配性。依托强大国内市场，贯通生产、分配、流通、消费各环节，促进上下游、产供销有效衔接，加强物流通道、物流枢纽、物流园区和智慧物流建设，打造多层次多元化区域市场。跟进全球产业链供应链变化，扩容和优化出口产品体系，增加优质产品进口，积极吸引产业链布局，推动更多优质企业“走出去”。发挥消费的基础性作用和投资的关键作用，统筹传统消费提升和新型消费培育，保持投资合理增长，形成需求牵引供给、供给创造需求的更高水平动态平衡。

——构建现代化基础设施体系，夯实构建新发展格局的基础支撑。实施“新基建+”行动，推进5G网络规划布局和基站建设，加快工业互联网、大数据中心、超算中心等建设。加快建设交通强省，实施“轨道上的安徽”建设工程，推进合肥都市圈轨道交通网和皖北、江淮城际铁路网建设，实现铁路网覆盖90%以上的县、80%以上的县通达高铁。实施“高速上的安徽”建设工程，推进“县县通”到“县城通”，基本建成“五纵九横”高速公路网。实施“翅膀上的安徽”建设工程，优化提升合肥区域航空枢纽功能，构建“一枢十支”运输机场体系，布局一批A2级及以上通用机场。实施“航道上的安徽”建设工程，建成引江济淮航运工程，基本形成“一纵两横五干二十线”内河航道主骨架。实施“能源供给保障”工程，构建清洁低碳、安全高效的现代能源体系。

——推进区域协调发展和新型城镇化，提升融入双循环的区域能级。推动“一圈五区”协调发展，提升基础设施、产业体系、公共服务联通融合水平。打造现代化中心城市，支持合肥“五高地一示范”建设、朝着国家中心城市迈进，支持芜湖建设省域副中心城市和长三角具有重要影响力的现代化大城市，支持安庆、阜阳、蚌埠、黄山建设现代化区域性中心城市，支持马鞍山、铜陵、滁州、池州、宣城建设长三角中心区现代化城市，支持亳州、宿州、六安打造省际毗邻区域中心城市，支持淮北、淮南打造绿色转型发展示范城市。依法稳妥推动行政区划调整。实施城市更新行动,合理确定城市规模、人口密度、空间结构,建设海绵城市、韧性城市,推进城市大脑建设,提高城市治理现代化水平。实施现代化中小城市培育工程,加快县城补短板强弱项,提升县城综合承载能力和治理能力。

——全面推进乡村振兴,筑牢构建新发展格局的"压舱石"。实现巩固拓展脱贫攻坚成果同乡村振兴有效衔接,构建防止返贫致贫的产业、就业帮扶长远发展体制机制。扛稳粮食安全重任,坚持最严格的耕地保护制度,实施"皖粮"高标准农田改造提升工程,深化现代种业提升工程,保障重要农产品有效供给。推动农业供给侧结构性改革,加强特色农产品优势区、绿色农产品种养基地建设。实施乡村产业振兴计划,打造百亿级产值龙头企业、千亿级产值农业产业化集群。实施乡村建设行动,加强规划引领,提升宜居水平,推进县乡村公共服务体系一体化。深化农村改革,健全城乡融合发展机制,进一步激活农村资源要素、激发强劲内生动力。促进农业高质高效、乡村宜居宜业、农民富裕富足。

(四)顺应人民新期待,推动民生福祉实现更大进步。

——改善人民生活品质。扎实推动共同富裕,提高低收入群体收入,构建农民持续增收长效机制,实施中等收入群体倍增工程,中等收入群体比例超过40%。强化就业优先政策,健全就业公共服务体系,持续实施"创业江淮"行动计划。建设高质量教育体系,实施学前教育普及普惠、义务教育质量提升、普通高中扩容建设等工程,提升职业教育服务发展能力,加快高等教育内涵式发展。完善社会保险制度,加强分层分类的社会救助体系建设,健全覆盖全民、统筹城乡、公平统一、可持续的多层次社会保障体系。全面推进健康安徽建设,改革完善公共卫生体系和卫生健康服务体系,加快医疗卫生资源提质扩容,促进中医药传承创新发展,推进体育事业高质量发展。实施积极应对人口老龄化国家战略,构建居家社区机构相协调、医养康养相结合的养老服务体系。加强和创新社会治理,完善城乡基层治理体系。不断增强人民群众获得感、幸福感、安全感。

——建设创新型文化强省。坚持以社会主义核心价值观引领文化建设,提高社会文明程度,提升公共文化服务水平。实施精品出版、文艺作品质量提升、地方戏曲振兴等工程,扩大优质文化产品供给。传承弘扬优秀传统文化,系统构建以徽文化(新安江文化)、长江文化、淮河文化、大运河文化、红色文化为支撑的文化体系。实施文化产业优化升级工程,推动文化旅游融合发展,把文化产业和旅游业培育成为战略性支柱产业。

——打造更高水平的平安安徽。落实国家安全战略,把安全发展贯穿经济社会发展各领域和全过程。坚定维护国家政权安全、制度安全、意识形态安全。维护重要基础设施安全,增强产业体系抗冲击能力,保障粮食、能源、金融、生态安全。坚持人民至上、生命至上,把保护人民生命安全摆在首位,全面提高公共安全保障能力。完善和落实安全生产责任制,持续开展"铸安"行动。开展食品安全放心工程攻坚行动,完善食品药品质量安全追溯体系。健全应急管理体系,提高防灾、减灾、抗灾、救灾能力。坚持习近平法治思想,推动法治安徽、法治政府、法治社会一体建设,防范和化解影响新阶段现代化美好安徽进程的各种风险,筑牢安全屏障,实现安徽平安!

三、2021年重点工作

今年是实施"十四五"规划、开启全面建设社会主义现代化国家新征程的第一年。我们要坚持以习近平新时代中国特色社会主义思想为指导,全面贯彻党的十九大和十九届二中、三中、四中、五中全会精神,深入落实中央经济工作会议精神,认真贯彻习近平总书记考察安徽重要讲话指示精神,全面落实省委十届十一次、十二次全会和省委经济工作会议决策部署,坚持稳中求进工作总基调,立足新发展阶段,贯彻新发展理念,构建新发展格局,以推动高质量发展为主题,以深化供给侧结构性改革为主线,以改革创新为根本动力,以满足人民日益增长的美好生活需要为根本目的,坚持系统观念,巩固拓展疫情防控和经济社会发展成果,更好统筹发展和安全,扎实做好"六稳"工作、全面落实"六保"任务,科学精准落实宏观政策,努力保持经济运行在合理区间,坚持扩大内需战略,强化科技战略支撑、加强创新体系和能力建设,扩大高水平对外开放,加快打造具有重要影响力的科技创新策源地、新兴产业聚集地、改革开放新高地和经济社会发展全面绿色转型区,强化"两个坚持"、实现"两个更大",全面开启经济强、百姓富、生态美的新阶段现代化美好安徽建设新征程,确保"十四五"开好局,以优异成绩庆祝建党100周年。

今年发展的主要预期目标是:全省生产总值增长8%,一般公共预算收入增长5%左右,社会消费品零售总额增长9%以上,固定资产投资增长9%以上,城镇常住居民人均可支配收入增速高于全国水平,农村常住居民人均可支配收入增速高于全国0.7个百分点左右,城镇新增就业63万人以上,城镇调查失业率5.5%左右,居民消费价格涨幅3%左右,全员劳动生产率9.8万元/人左右,研究与试验发展经费投入强度2.34%,常住人口城镇化率提高1.2个百分点左右,粮食产量稳定在800亿斤以上,能耗及生态环境质量指标完成国家下达年度目标任务。着力抓好以下重点工作。

(一)提升科技创新能力

启动科技创新攻坚力量体系建设。全面实施国家实验室建设专项推进行动,努力打造"航母级"科技创新平台。发挥磁约束聚变等基础科学优势,争创新的国家实验室。加快建设合肥大科学装置集中区。积极创建合肥滨湖科学城,启动"量子中心"和"科大硅谷"建设。组建运行未来技术研究院、环境研究院,开工建设中科院临床研究医院等前沿交叉研究平台。深入开展科技创新"攻尖"计划,实施500项左右科技重大专项和重点研发计划项目,突破一批"卡脖子"技术。制定实施新阶段江淮人才政策,完善人才激励机制,支持建设一批创新型人才集聚平台和高层次科技人才团队,新培育高技能人才5万名。

推进企业创新能力建设。支持领军企业组建体系化、任务型创新联合体,落实鼓励企业增加研发投入政策,支持企业与高校共建研发平台,实施重点产学研合作项目50项。组建省产业技术创新研究院。提升安徽创新馆枢纽平台功能,培养发展技术转移机构和技术经理人,办好中国(安徽)科技创新成果转化交易会。扩大技术转化小试和中试基地布局,新增20家省级以上科技企业孵化器和众创空间。加强科技成果转化引导基金运行,鼓励银行金融机构设立科技支行、开展外部投贷联动。新培育科技型中小企业2000家、省企业技术中心100个。新增首台套装备、首批次新材料、首版次软件300项以上。

(二)推动制造业升级和新兴产业发展

实施产业链补链固链强链行动。开展重点产业产业链供应链设计,编制10个以上产业链供应链图谱,实施一批补链固链强链项目。推行产业链链长制和产业集群群长制。实施产业基础再造工程,在重大技术装备、新材料、智能制造工艺等方面实施一批工业"四基"补短板项目。深化质量提升行动,推进国家检验检测高技术服务业集聚区建设。加强助企纾困,落实减税降费政策,设立稳企业保就业纾困专项贷款,扩大中小微企业信用贷、首贷、无还本续贷覆盖面,提高制造业中长期贷款占比。

推动战略性新兴产业集群发展。实施世界级战略性新兴产业集群建设专项行动。加快大众汽车安徽制造基地、蔚来汽车中国总部建设,扩大新能源汽车和智能网联汽车先发优势。深化新型显示、集成电路全产业链发展,提升自主可控能力。发展分布式能源,推广铜铟镓硒薄膜太阳能发电和储能技术示范应用。建立实施省重大新兴产业基地竞争淘汰机制,布局第六批重大新兴产业工程和专项。加强陶铝新材料、生物基新材料等高成长性产业布局,培育量子科技、生物制造、先进核能等未来产业。

推进传统产业改造升级。扩大制造业设备和技改投资,实施亿元以上技改项目1000项以上。推广应用工业机器人8000台以上,培育数字化车间、智能工厂200家以上。创建绿色工厂50家以上。加快省级装配式建筑产业基地、园区建设。推进先进制造业和现代服务业深度融合,培育服务型制造示范企业50家,新认定省级工业设计中心100家。

大力发展数字经济。加快建设合肥国家新一代人工智能创新发展试验区,争创国家数字经济创新发展试验区。高标准建设江淮大数据中心。新建5G基站2.5万个、建成应用场景100个。培育工业互联网平台40个,新增"皖企登云"企业6000家以上。培育数字产业集群,支持线上经济"枢纽型"平台企业规范健康发展,推进"中国声谷"扩园增量提质,实施"人工智能+"应用示范工程。

(三)着力扩大内需畅通循环

拓展消费需求。增强消费对经济发展的基础性作用,推动汽车、家电等实物消费升级,扩大信息消费规模,培育康养家政托育等服务消费。加强特色商业街区和社区生活服务中心建设。提质升级文旅消费,建设一批文旅产业融合发展示范区和乡村旅游特色产业集群。扩大"互联网+"新型消费,启动建设省级电商直播创新中心。落实带薪休假制度,扩大节假日消费。

扩大有效投资。加强"两新一重"、先进制造业、民生保障等领域项目建设,全年新开工亿元以上重点项目1800个以上、竣工700个以上。建成安庆—九江高铁,开工建设沿江高铁武汉—合肥—南京段。开工建设芜宣高速改扩建、太湖至蕲春高速。建成固蚌、芜黄高速和池祁高速池州至石台段,实现县县通高速。制定实施高速公路"县城通"推进方案。加快合肥新桥国际机场改扩建项目建设,开工建设亳州、蚌埠机场,建立全省通用航空飞行服务平台。开展巢湖流域排洪畅通安全、江淮分水岭地区和淮河以北地区水资源优化配置工程前期工作,开工建设淮河流域重要行蓄洪区、华阳河蓄滞洪区等工程,引江济淮主体工程完成投资125亿元以上。用好地方政府新增专项债券政策,进一步激发社会投资活力。

完善现代流通体系。加快合肥国际航空货运集散中心、芜湖(京东)全球航空货运枢纽港建设,争取增加国际航空货运班线。加强中欧班列集结中心示范工程创建,持续扩大覆盖面。支持合肥、蚌埠、阜阳、芜湖、安庆国家物流枢纽承载城市建设。启动新一轮港航资源整合,提升芜湖—马鞍山、安庆江海联运枢纽功能。实施冷链物流设施提质增效、县城配送投递设施提档扩面、农贸市场改造升级工程,推进合肥国家骨干冷链物流基地、黄淮海(宿州)智慧物流产业园等建设。新增限额以上商贸流通企业1000家以上。

(四)大力实施乡村振兴战略

巩固拓展脱贫攻坚成果。制定加快实现巩固拓展脱贫攻坚成果同乡村振兴有效衔接的实施意见,设立5年过渡期,保持现有主要帮扶政策总体稳定。健全防止返贫动态监测和帮扶机制,坚决防止发生规模性返贫。实施脱贫地区乡村特色产业发展提升行动,完善“四带一自”产业帮扶机制。巩固易地搬迁脱贫成果,完善后续配套设施。推广以工代赈方式,统筹用好公益性岗位,带动更多脱贫人口和低收入人口就业增收。

保障粮食和耕地安全。落实粮食安全省长责任制,确保全年粮食播种面积10940万亩。规范耕地占补平衡,开展农村乱占耕地建房等耕地“非农化”“非粮化”排查治理。新建高标准农田500万亩。加强种质资源保护和利用,开展良种重大科研联合攻关,有序推进生物育种产业化应用,支持种业龙头企业建立健全商业化育种体系,培育现代种业产业集群。抓好生猪稳产保供,加强动物疫病防控,年末生猪存栏1408万头以上。坚持不懈制止餐饮浪费。

提高农业质量效益和竞争力。新增“三品一标”农产品1000个,新建长三角绿色农产品生产加工供应示范基地100个。扩大农业保险覆盖面,特色农产品保险占比达23%。推进农村一二三产业融合发展示范园、科技示范园区建设。提升农产品加工业“五个一批”工程,新增产值超10亿元龙头企业10家、产值超50亿元加工园区3家,新培育农村产业发展带头人1万名。持续提升农村电商发展水平,农村产品网络销售额达800亿元。

实施乡村建设行动。开展空间布局、产业发展、基础设施、公共事业等县域统筹。提质建设农村公路3000公里,“快递进村”覆盖率达85%。深入实施农村人居环境“三大革命”和“三大行动”,完成农村改厕40万户以上,秸秆、畜禽粪污综合利用率分别达91%和81%以上。促进公共教育、医疗卫生、公共文化、养老服务等资源向农村倾斜。实施优秀农村人才培养计划。推进乡村治理试点示范创建,深化文明村镇创建。

深化农村改革。稳妥推进第二轮土地承包到期后再延长30年试点工作,完善农村承包地“三权分置”制度。有序推进农村集体经营性建设用地入市,稳慎推进农村宅基地制度改革试点。巩固农村集体产权制度改革成果,新增集体经济强村150个以上。提高农村“三变”改革质量,开展改革的村达70%以上。

(五)推进长三角一体化发展和区域协调发展

深入推进长三角一体化合作共建。继续推进14个重点协同事项落地落实。深度融入G60科创走廊建设,开展重点产业产业链供应链协同,参与制定和实施长三角国家技术创新中心方案,实施一批科技创新联合攻关专项。推进跨省市轨道交通建设,加快共建世界级港口群和机场群。建设长三角特高压电力枢纽。扩大与沪苏浙政务服务“一网通办”、居民服务“一卡通”覆盖面。分类规划建设五个“区块链接”,深入论证谋划“一地六县”长三角生态优先绿色发展产业集中合作区建设,加快建设顶山—汊河、浦口—南谯、江宁—博望等省际毗邻地区新型功能区。

推进“一圈五区”发展提标升级。提升合肥都市圈能级,加强合六经济走廊和合淮、合巢、合滁产业走廊产业链布局。构建合芜蚌国家自主创新示范区创新链和产业链融合平台,开展国家级高新区“一区多园”建设。提升发展皖江城市带承接产业转移示范区,增强新兴产业发展引领能力。加强皖北承接产业转移集聚区政策集成,提升产业承接平台功能。推进皖西大别山革命老区振兴,发展适应性产业和特色经济。深化皖南国际文化旅游示范区建设,打造杭黄世界级自然生态和文化旅游廊道。支持资源型地区转型发展。培育一批县域特色产业集群(基地)。

推进以人为核心的新型城镇化。健全农业转移人口市民化机制,推动100万农业转移人口落户城镇。启动城市更新行动,实施城市生态修复和功能完善、防洪体系建设、内涝治理工程,推进城市地下管网地理信息系统和运行安全监测系统建设,改造城镇老旧小区1000个以上,新建城市绿道500公里,新增城市公共停车泊位5.2万个,建成充电桩1.5万个。增加保障性租赁住房供给,新开工棚户区改造14.92万套、基本建成12.63万套。依法稳妥在人口较大县城开展街道设置试点,推进经济发达镇行政管理体制改革。

(六)深化重点改革,激发市场主体活力

纵深推进“放管服”改革。实施创优营商环境提升行动。开展“证照分离”改革全覆盖试点,全面推行证明事项和涉企经营许可事项告知承诺制,在全省推开深化企业简易注销登记改革试点。加快智慧监管建设,拓展部门联合“双随机、一公开”监管覆盖范围,优化提升“互联网+营商环境监测”系统。全面实行市场主体住所(经营场所)“负面清单+自主承诺”登记制度改革。推进政务服务“跨省通办”。深化开发区法定机构改革试点,加快开发区“标准地”改革。拓展和优化“四送一服”平台,推动政策及时精准落地。

推进要素市场化配置改革。落实土地征收成片开发政策。探索建立知识产权质押风险补偿机制,推广专利权质押贷款保证保险,建设中国(合肥)知识产权保护中心。建立健全政务数据共享协调机制,推进政务数据归集汇聚和有序共享开放。

深化国资国企、财税金融等领域改革。深入开展国企改革三年行动,深化混合所有制改革和专业化整合,加强国有资本投资、运营公司功能建设。深入实施预算绩效管理,推进省以下重点领域财政事权和支出责任划分改革。健全地方税体系。加强金融改革创新,深化农商行管理体制改革,推动更多企业首发上市,提高上市公司质量,扩大省区域性股权市场挂牌企业融资覆盖率。

大力发展民营经济。健全企业服务平台体系,完善"皖企服务云"平台功能,培育省中小企业公共服务示范平台40家以上。深入开展专精特新中小企业培育行动,培育300个专精特新及"冠军"企业。持续实施民营经济上台阶行动计划,破除制约民营企业发展的各种壁垒,开展民营经济"双百"表彰,弘扬企业家精神,依法保护企业家合法权益。

(七)加快自贸试验区建设,推进更高水平开放

全面展开自贸试验区建设。实施自贸试验区专项推进行动计划,推动制定自贸试验区条例,建立赋权特别清单。深化投资领域改革,建立外商投资全流程服务新模式。优化贸易监管服务体系,推进第三方检验结果采信,支持内销选择性征收关税政策实施。深化金融领域开放创新,实施资本项目收入支付便利化改革试点,探索开展离岸金融业务。发挥制度创新优势,加快发展处于供应链前端的现代服务业。启动建设一批联动创新区。

扩能升级对外开放平台。支持合肥空港综合保税区申建,推动安庆综合保税区封关运行。推进合肥、芜湖、安庆跨境电商综合试验区建设,全省跨境电商交易额增长40%以上。推动阜阳、九华山、芜宣等机场口岸开放。高水平举办世界制造业大会及"六百"项目对接活动,办好世界显示产业大会,筹办中国(合肥)国际园林博览会。加强对台、港澳和侨务工作,拓展与国际友城等深度交流合作。

推动外贸外资稳定发展。深化与"一带一路"沿线国家和地区国际产能合作。把握RCEP市场开放机遇,加大对协定成员国市场开拓力度。开展中小外贸企业成长行动计划。扩大内外销产品"同线同标同质"实施范围。推进合肥全面深化服务贸易创新发展试点、国家进口贸易促进创新示范区和蚌埠市场采购贸易方式试点建设。全面实施外商投资准入前国民待遇加负面清单管理制度,健全外商投资促进和服务体系。

(八)持续抓好污染防治和生态建设

深入推进污染防治。深化柴油货车污染治理、工业炉窑综合整治、挥发性有机物专项治理行动,加强细颗粒物和臭氧协同控制。推进城镇污水处理提质增效三年行动。开展农村黑臭水体治理试点。强化土壤污染治理修复和风险管控,加强危险废物、医疗及农业废弃物收集处理。推进生活垃圾分类,新增城市生活垃圾日处理能力1500吨。推进化肥农药减量增效。减少塑料污染,推广替代产品。推行排污许可证制度。实施污染防治精细化差异化监管。持续抓好突出生态环境问题排查整治。

加强生态保护修复。坚持把修复长江生态环境摆在压倒性位置,深化"三大一强"专项攻坚行动,持续推进长江生态廊道提升工作和生态环境污染治理"4+1"工程。长效落实长江"十年禁渔"管理机制,健全禁渔执法监管网络。推进全国林长制改革示范区建设,健全"五绿"协同推进体制机制,加强天然林保护。实施一批重点河湖、湿地生态保护治理项目,推进环巢湖生态示范区建设。扩大新安江—千岛湖生态补偿试验区建设成果,完善沱湖、滁河流域生态补偿机制,探索开展生态产品价值实现机制试点。

统筹推进节能减排减碳。制定实施碳排放达峰行动方案。严控高耗能产业规模和项目数量。推进"外电入皖",全年受进区外电260亿千瓦时以上。推广应用节能新技术、新设备,完成电能替代60亿千瓦时。推进绿色储能基地建设。建设天然气主干管道160公里,天然气消费量扩大到65亿立方米。扩大光伏、风能、生物质能等可再生能源应用,新增可再生能源发电装机100万千瓦以上。提升生态系统碳汇能力,完成造林140万亩。

(九)进一步提高民生保障水平

促进教育发展更加公平更高质量。启动实施德智体美劳全面培养五大行动,深化思政课改革创新。新建、改扩建公办幼儿园299所,普惠性幼儿园覆盖率达80.5%。推进义务教育优质均衡县创建,乡村中小学智慧学校覆盖率提高到72%。加强中小学教师待遇保障。改善普通高中办学条件,稳妥推进高考综合改革。实施职业教育提质培优三年行动计划。加强高校基础学科和高峰学科建设,系统推进"双一流"建设和地方高水平大学建设。办好特殊教育,筹建安徽特殊教育职业学院。完善终身学习体系。支持和规范民办教育。

加强就业和社会保障工作。扩大援企稳岗扩就业支持性措施覆盖面。分类定制高校毕业生、农民工、退役军人、退捕渔民、残疾人等重点群体就业

服务,保持零就业家庭动态清零。深入开展“2+N”招聘活动,提升“互联网+就业服务”网络平台功能。扩大公益性岗位安置,支持发展多渠道灵活就业和新就业形态。保障农民工工资支付。健全托育服务标准规范体系,新增105家普惠托育机构。推动基本医疗保险、失业保险、工伤保险省级统筹。启动养老服务新三年行动计划,建设一批康复辅助器具特色产业园。强化城市低收入群体等困难群众动态监测预警,加快建立分层分类的梯度救助制度体系。

全面推进公共卫生体系建设。改革完善疾病预防控制体系,提升重大传染病和突发公共卫生事件早期监测预警能力,实施113个公共卫生防控救治能力提升项目,加快建设省公共卫生临床中心和区域性传染病救治中心。推进国家及省级区域医疗中心、省级区域专科医疗中心建设。开展城市社区卫生机构和村卫生室标准化建设。对城镇低保、农村适龄妇女开展宫颈癌和乳腺癌免费筛查。加快“互联网+医疗健康”示范省建设,推进智慧医院建设。实施“江淮名医”“徽乡名医”培养工程,开展促进中医药传承创新发展行动,支持亳州打造“世界中医药之都”。深入开展爱国卫生运动。建成3000个全民健身场地设施。

提升文化建设水平。加强爱国主义、集体主义、社会主义教育,拓展新时代文明实践中心建设,实施烈士纪念设施提质改造工程。加快省文化馆新馆、省非遗馆等项目建设,支持社会力量参与公共文化服务试点示范。推进文化和科技深度融合,实施全媒体传播工程,推动县级融媒体中心提质增效。支持大运河国家文化公园、国家考古遗址公园、徽州文化生态保护区建设。繁荣发展新闻出版、广播影视、参事文史、档案方志、哲学社会科学等事业。

加强和创新社会治理。深化街道服务管理创新,减轻基层特别是村级组织负担。加强智慧社区建设,完善“网络化+网格化”基层社会治理模式。推进市域社会治理现代化试点,实施社区现代化治理工程。发挥群团组织、行业协会作用,支持社会组织健康发展。加强妇女、儿童、老人、残疾人合法权益保障,发展红十字、慈善等事业,促进各民族共同团结奋斗、共同繁荣发展。全面贯彻党的宗教工作基本方针,积极引导宗教与社会主义社会相适应。进一步做好援藏援疆工作。

(十)扎实推进平安安徽建设

着力防范化解风险。落实防范化解重大风险方案体系,推进各领域风险监测预警和防控。加强反垄断和反不正当竞争执法,加强消费者权益保护。推进地方金融监管立法,推广省地方金融“互联网+监管”平台应用,稳妥化解地方法人金融机构风险和重点企业信用违约风险。完善地方政府举债融资机制,推动地方融资平台市场化转型发展。

加快应急管理体系建设。推进安全生产专项整治三年行动。开展“食安安徽”品牌建设,实施药品安全对标提升行动。推进自然灾害综合风险普查,开展综合减灾示范单位创建,建设自然灾害救援基地。加强应急队伍、应急物资保障、应急广播体系建设,提升应急处突能力。推进“智慧应急”试点省建设,加快建设重点领域监测预警、指挥调度、抢险救援“三大系统”。

加强社会稳定和安全工作。扎实开展集中治理重复信访、化解信访积案专项工作,推进“最多访一次”试点。深化“雪亮工程”建设应用,推进智慧安防小区建设,常态化机制化开展扫黑除恶斗争,深入开展“守护平安”系列行动,依法打击各类犯罪,守护好人民群众的平安生活。

深入贯彻习近平强军思想,大力支持国防和军队改革,推进国防动员体制改革,加强后备力量建设,强化国防教育、兵役征集、双拥优抚、人民防空等工作,健全退役军人工作体系和保障制度,完善军民科技协同创新平台体系,发展壮大一批军民通用性强的战略性新兴产业,巩固军政军民团结。

各位代表!

做好今年各项工作,必须毫不放松抓好常态化疫情防控。全面做好“外防输入、内防反弹”工作,健全及时发现、快速处置、精准管控、有效救治的防控机制,构建“1+5+N”重大疫情分级分层分流医疗救治体系,强化监测预警、核酸检测、医疗救治、流调溯源等能力建设和应急物资保障,做好疫苗紧急使用和预防接种工作,加强入境人员闭环管理和进口冷链食品、非冷链物品风险管控。坚持联防联控、群防群控,筑牢社区和农村疫情防控阵地,确保不出现规模性输入和反弹。

各位代表!

确保“十四五”开好局,是对政府履职能力的一场考验。我们要提升政治站位,增强“四个意识”,坚定“四个自信”,做到“两个维护”,自觉在思想上政治上行动上同以习近平同志为核心的党中央保持高度一致,不断提高政治判断力、政治领悟力、政治执行力,心怀“国之大者”,不折不扣落实好党中央、国务院及省委各项决策部署。继续深化政府职能转变,围绕推动有效市场和有为政府更好结合,全面实行“全省一单”权责清单制度,深化综合行政执法改革,加快构建职责明确、依法行政的政府治理体系。深入实施政务服务“好差评”制度,推进政务服务标准化、规范化、便利化。在全省政府系统开展专业化能力提升行动,不断提高把握新发展阶段、贯彻新发展理念、构建新发展格局的政治能力、战略眼光、专业水平。制定实施新五年法治政府建设纲要,推进重点领域立法,启动实施“八五”普法,推动民法典实施。自觉接受人大监督、政协民主监督、社会监督和舆论监督,自觉接受法律、监察和人民监督,发挥审计监督作用。深入推进政府系统党风廉政建设,完善廉政风险防控机制,强化巡视成果运用,坚决查处各类腐败和侵害群众利益问题。弘扬狠抓落实的工作作风,坚持“三严三实”,主动担当作为,完善绩效考核机制,坚决整治形式主义、官僚主义。政府的一切工作都是为了人民,每一位政府工作人员都要厚植人民情怀,殚尽为民之责,把实现好、维护好、发展好最广大人民根本利益作为发展的出发点和落脚点,倾心倾力办好群众的事情,让7000万江淮儿女在共赴新征程中共享幸福和荣光!

各位代表!

我们正站在“两个一百年”的历史交汇点,机遇和挑战并存,惟有百倍努力才能赢得先机、赢得未来。让我们更加紧密地团结在以习近平同志为核心的党中央周围,高举中国特色社会主义伟大旗帜,在中共安徽省委坚强领导下,不忘初心、牢记使命,真抓实干,埋头苦干,为加快建设新阶段现代化美好安徽而努力奋斗!

(安徽人大网)

关于安徽省2020年预算执行情况和2021年预算草案的报告

——2021年1月28日在安徽省第十三届人民代表大会第四次会议上

省财政厅

各位代表:

受省人民政府委托,向大会报告安徽省2020年预算执行情况和2021年预算草案,请予审议,并请省政协各位委员提出意见。

一、落实省十三届人大三次会议预算审查决议情况

2020年,面对百年不遇新冠肺炎疫情、历史罕见大范围严重汛情叠加冲击的复杂局面,全省各级财政部门坚持以习近平新时代中国特色社会主义思想为指导,坚决贯彻党中央、国务院及省委、省政府决策部署,认真落实省十三届人大三次会议决议要求,齐心协力、上下同欲,迎难而上、攻坚克难,统筹疫情防控和经济社会发展,扎实做好“六稳”工作,全面落实“六保”任务,按照高质量发展要求,依法理财、科学理财,较好地完成了各项工作任务,有力推动经济恢复和社会大局稳定,为决胜全面建成小康社会、决战脱贫攻坚提供了坚实的财政支撑。

(一)加强资金政策保障,全力支持疫情防控和防汛救灾

闻令而动启动应急机制。坚持人民至上、生命至上,支持疫情防控取得重大战略成果。按照特事特办、急事急办的原则,第一时间依规动支省级预备费,专项用于疫情防控。建立重大自然灾害救灾资金快速核拨机制,简化审批流程,依规实行先行预拨、事后报备、后期清算,切实提高应急资金时效。支持重点救治药品、医疗防护物资、医疗救治设备储备及生产动员能力建设,加快补齐应急物资保障短板。及时启动社会救助和保障标准与物价上涨挂钩联动机制,阶段性加大价格临时补贴力度,着力保障困难群众基本生活。

全力以赴落实资金保障。在全国率先出台疫情防控经费保障政策,投入疫情防控相关经费107.8亿元,确保人民群众不因担心费用问题而不敢就诊,确保各地不因资金问题而影响医疗救治和疫情防控。运用政府专项债券提升医疗卫生能力,发行使用专项债券资金198.7亿元,积极支持医院项目建设。发放临时性工作补助和一次性慰问补助,提高疫情防治人员待遇。拨付资金81.7亿元,重点用于受灾群众生活救助、防汛抢险物资采购、灾毁房屋和公路的恢复重建等,推动抗击特大洪涝灾害取得全面胜利。

千方百计强化政策扶持。出台实施房产税和城镇土地使用税困难减免政策,发布税收优惠政策指引汇编,确定符合进口物资免税政策的单位名单。认真落实失业保险稳岗返还政策,返还失业保险费11.1亿元,鼓励企业进一步稳定和扩大就业岗位。对参加政策性复工复产保险的小微企业给予保费补贴,对符合条件的个人和小微企业给予创业担保贴息支持,引导企业复工复产。落实蓄滞洪区运用补偿政策,发放国家和省级蓄滞洪区补偿资金9.96亿元,出台支持蓄滞洪区新型农业经营主体及带贫脱贫若干政策,完善蓄滞洪区农业保险政策措施,弥补受灾群众损失,支持恢复生产生活秩序。

(二)突出更加积极有为,倾力服务经济高质量发展

积极落实减税降费政策。切实巩固和拓展减税降费成效,强化阶段性政策与制度性安排相结合,把该减的税坚决减到位,该降的费坚决降到位。年中依规将部分阶段性减税降费政策执行期限延长到当年年底,并将小微企业、个体工商户所得税延缓到次年缴纳。全年预计新增减税降费672亿元,帮助企业特别是中小微企业、个体工商户渡过难关,进一步激发市场活力,增强经济发展内生动力。落实增值税留抵退税政策,鼓励企业扩大再生产,省级垫付65亿元,缓解市县财政退税压力。

积极扩大财政有效投入。有效发挥地方政府债券融资功能,全年发行政府债券2329亿元,再创发行规模历史新高。积极发挥政府投资撬动作用,统筹基建资金243亿元,重点支持保障性安居工程、卫生领域等。加大资金统筹整合力度,支持5G发展、“数字江淮”等建设,推动加快数字化发展。统筹拨付153.2亿元,推进铁路、公路、航运、水利等重大工程建设。积极推广运用政府和社会资本合作(PPP)模式,我省累计纳入财政部管理项目479个、总投资5225亿元,项目落地率、开工数均居全国前列。

积极服务壮大实体经济。继续安排专项资金,重点培育专精特新中小企业,促进民营经济发展。统筹资金支持省级服务业集聚示范区建设,推进国家服务业标准化试点,推动加快发展现代服务业。支持设立续贷过桥资金池,累计周转681亿元,帮助中小微企业缓解临时性资金周转困难。统筹拨付补助资金,积极落实支持外贸促进、对外投资合作、利用外资等政策,努力稳住外贸外资基本盘。统筹安排流通业、电子商务等专项资金,扶持内贸企业主体发展,推动实施扩大内需战略,促进消费回升。常态化落实“四送一服”双千工程要求,加强财政重大事项合法性审查和公平竞争审查,支持省内海关特殊监管区优化升级,进一步服务优化营商环境。

积极支持普惠金融发展。用好专项再贷款政策,加大财政贴息支持力度,推动银行业金融机构为重点保障企业发放优惠利率贷款116.5亿元。支持创业担保贷款增量扩面,推动创业担保贷款发放规模增长92%,个人创业担保贷款额度提高到50万元,着力缓解融资难、融资贵问题。引导政府性融资担保机构更好发挥支小支农作用,推动全省政策性融资担保体系成员的平均担保费率降至0.89%,促进“4321”新型政银担业务新增860亿元,进一步降低小微企业融资成本。

(三)强化精准有力有效,支持打好三大攻坚战

切实支持打赢精准脱贫收官战。坚持政府投入在扶贫开发中的主体和主导作用,投入财政专项扶贫资金162.1亿元、增长14.2%,推动如期完成脱贫攻坚目标任务。着力解决“两不愁三保障”及饮水安全突出问题,支持实现贫困地区义务教育小规模学校(教学点)智慧学校建设全覆盖,积极实施健康脱贫政策,推动完成建档立卡贫困户危房改造年度任务,促进完成农村饮水安全巩固提升工程。统筹资金支持开展“抗疫情、补短板、促攻坚”专项行动,持续推进贫困县涉农资金整合试点,支持深入实施脱贫攻坚“十大工程”,积极开展消费扶贫,做好政府采购贫困地区农副产品工作。加强财政扶贫资金监管,实施扶贫项目资金全过程绩效管理,推进扶贫资金项目公开公示。

切实支持打好污染防治攻坚战。加大生态环境保护力度,统筹安排资金49亿元,打好碧水、蓝天、净土保卫战,加强长江经济带生态保护修复,继续实施新安江流域、滁河流域和大别山区水环境生态补偿,启动实施沱湖流域生态补偿,推进实施地表水断面、空气质量生态补偿等政策。健全多元化生态环境保护投入渠道,积极参与国家绿色发展基金组建,利用市场机制支持生态文明和绿色发展。设立综合奖补资金,推动建设全国首个林长制改革示范区。

切实防范化解政府债务风险。严格执行地方政府债务预算管理相关规定,主动接受人大依法对地方政府债务“借、用、管、还”的全过程监督。落实“开前门、堵后门”要求,统筹做好地方政府债券发行使用和风险防控工作,严格专项债券项目合规性审核和风险把控,确保专项债券用于有一定收益的重大项目,加强债务风险评估和预警,及时发现和处置潜在风险,全省债务风险呈下降态势。

(四)注重优化资源配置,不断增添创新发展动力

加力支持创新平台建设。统筹投入55亿元支持合肥综合性国家科学中心建设,安排专项资金用于创新型省份建设,推动建设“四个一”创新主平台,持续建设“一室一中心”创新分平台,支持打造科技创新策源地。统筹安排自然科学基金,激励科技人员开展基础研究和探索科学前沿。夯实创新发展的人才基础,统筹人才专项资金6.6亿元,着力建设招才引智平台。优化科研项目资金管理,简化预算编制要求,扩大预算调剂权限,切实减轻科研人员负担,充分激发科研人员创新活力。

加力支持深化供给侧结构性改革。巩固“三去一降一补”成果,及时下达补助资金,支持提前完成钢铁、煤炭行业去产能目标。统筹拨付“三重一创”引导资金,支持实施重大新兴产业基地新三年建设规划,推进重大新兴产业工程和重大新兴产业专项建

设。按照“资金改基金、拨款改股权、无偿改有偿”要求，统筹拨付35.6亿元支持省级股权投资基金体系建设，增强财政资金引导撬动作用。推进科技融资担保风险分担机制建设，实现省市县科技融资担保机构“全覆盖”，为科技型中小微企业融资增信。

加力支持制造业高质量发展。大力推动制造强省建设，统筹拨付30.5亿元，支持高端制造，推进智能制造、绿色制造，发展服务型制造，推动精品制造，提升企业技术创新能力，积极落实支持首台套重大技术装备、首批次新材料和首版次软件发展政策，推动人工智能及智能语音产业发展，支持开展“精品安徽”宣传活动，建设制造业创新中心。出台制造业融资财政贴息政策，推动符合条件的新建项目和技术改造项目建设。

加力支持打造创新高地。积极发挥财政职能作用，认真落实长三角一体化发展国家战略，促进中国（安徽）自由贸易试验区建设开局。省级下达专项资金19.3亿元，加快建设皖北承接产业转移集聚区，推动江南、江北新兴产业集中区高质量发展，引导激励全省开发区改革和创新发展，支持南北合作共建园区发展。

（五）聚焦增进民生福祉，支持保障和改善民生

增强人民群众获得感幸福感安全感。投入资金1213.6亿元，推动顺利完成33项民生工程任务。统筹拨付249.5亿元，支持基础教育普及发展，推动职业教育高质量发展，支持高校高峰学科建设，推进教师队伍建设改革，认真落实学生资助政策。统筹26.5亿元，支持文化强省、体育强省建设。统筹各类稳就业资金39.2亿元，推动落实就业优先政策。支持构建多层次养老服务体系，企业和机关事业单位职工养老待遇进一步改善，智慧养老试点建设扎实推进，医养结合机构取得较快发展。加强财政资金统筹，推动基本公共卫生服务财政补助标准进一步提高，国家儿童区域医疗中心启动建设，“安康码”综合服务平台建设有序推进，智医助理覆盖所有基层医疗机构。支持深入开展“铸安”行动，强化食品药品安全监管，开展扫黑除恶专项斗争，持续推进“智慧皖警”建设，支持公共法律服务体系建设，推动打造共建共治共享的社会治理格局。

推进区域协调发展和新型城镇化。统筹拨付138.5亿元，支持重点生态功能区、资源枯竭地区发展，推进基层基本公共服务功能建设，落实支持农业转移人口市民化财政政策。统筹拨付29.6亿元，支持产粮大县、产油大县、制种大县、生猪调出大县发展，推进优质粮食工程建设。统筹拨付43.6亿元，支持公租房建设、棚户区改造和老旧小区改造，推动黑臭水体治理和污水处理提质增效，支持开展住房租赁市场发展试点工作。

推动实施乡村振兴战略。省级层面统一奖补标准，推动高标准农田与农田水利“最后一公里”统筹实施、统一管理。加强惠民惠农财政补贴资金“一卡通”管理，发放补贴资金386.4亿元。继续实施耕地地力保护补贴政策，调整完善稻谷补贴政策，支持小麦赤霉病防控。统筹拨付资金116.5亿元，支持建设美丽乡村省级中心村，推进农村厕所革命，推动“四好农村路”建设，促进农业保险高质量发展，支持农村公益事业建设、村级集体经济发展和村级组织运转。

（六）紧扣质量效益提升，扎实推进现代财政制度建设

人大监督要求持续落实。强化法治意识，坚持依法行政、依法理财，及时编制预算调整方案等依法提请省人大常委会审查和批准，按法定时限批复和下达预算资金，严格执行经人大批准的预算。做好资源税法授权事项相关工作，连续三年向省人大常委会报告国有资产管理情况。主动回应人大代表关切，定期推送财政重点工作信息，高质量办理人大代表建议327件、政协委员提案214件。积极配合人大推进预算联网监督系统建设，省级监督内容进一步丰富。

财政体制改革持续推进。扎实推进财政事权和支出责任划分改革，出台交通运输、生态环境、公共文化、自然资源、应急救援等领域改革实施方案。省政府成立省国有金融资本管理改革工作领导小组，出台国有金融资本出资人职责暂行规定。持续推进司法体制改革，新增15家市县检察院财物纳入省级统一管理。省直党政机关和事业单位经营性国有资产集中统一监管改革全面推进，省级国有资产管理“放管服”改革持续深化。全面实施省级财政电子票据管理改革，基本实现财政票据全流程无纸化管理。

预算管理制度持续规范。全面贯彻预算法实施条例，加强宣传普及，将条例的新规定、新要求进一步落实到预算编制、执行、决算和监督全过程。连续五年省市县乡四级财政一体布置预算编制，继续实行“大专项（大类别）+任务清单”预算编制方式，加快推进预算管理一体化建设，加强省级政务信息化系统建设及运维预算管理，预算编制进一步规范。加大预算统筹力度，省级国有资本经营预算调入一般公共预算的比例提高到30%，政府预算体系不断完善。依法及时公开政府预决算、部门预决算，预决算信息公开持续推进。加强中期财政规划管理，科学编制全省2021—2023年中期财政规划。

预算绩效管理持续加强。省政府成立省预算绩效管理工作领导小组，组织领导机制进一步健全。省级建立分行业分领域分层次的预算绩效指标

库,遴选21个项目230亿元开展财政重点绩效评价,公开180个重点项目绩效目标和48个重点项目绩效自评结果,预算绩效评价管理不断强化。规范省级政策和项目事前绩效评估管理,强化预算绩效管理工作考核,完善涉企项目资金管理工作机制,注重预算绩效管理结果应用,预算绩效管理的体制机制进一步完善。预算绩效管理改革不断深化,省级层面全方位、全过程、全覆盖的预算绩效管理体系基本建成。

二、2020年预算执行情况

2020年,在省委、省政府坚强领导下,在省人大依法监督和省政协民主监督下,全省各级财政部门坚持“保重点、压一般、促统筹、提绩效”,坚持“发展为上、民生为本、脱贫为先、平安为基”,紧紧围绕中心、服务大局,充分发挥财政职能作用,认真落实“积极的财政政策要更加积极有为”的要求,全力做好财政各项工作,为打胜疫情防控阻击战、复工复产联动战、精准脱贫收官战、防汛救灾保卫战,推动经济发展实现量的合理增长和质的稳步提升,提供了有力的财政保障。我省财政管理工作再次被财政部评为优秀等次,连续四年荣获国务院激励表彰;县级财政管理绩效工作连续三年位居全国第一;财政专项扶贫资金绩效评价连续四年获国家优秀等次;预算绩效管理工作被评为优秀等次,荣获财政部通报表扬。

2020年预算执行主要特点:

一是财政运行保持总体平稳。努力在危机中育新机、于变局中开新局,积极采取有效措施,克服各种不利因素对财政运行的影响,进一步巩固和拓展减税降费成效,推进复工复产和助企纾困,支持防汛救灾和灾后重建,增强水旱灾害防御能力。4月份以后,财政收入降幅逐步收窄,呈现企稳向好态势,全年一般公共预算收入增幅实现转正,财政收入运行总体平稳。加强财政支出管理,保持较高的支出强度,加快支出进度,重点领域支出增长较快,脱贫攻坚、生态环保、基本民生等支出得到有力保障。

二是新增财政资金直达基层惠企利民。全面落实财政资金直达机制,分门别类制定资金管理办法,科学制定资金分配方案,按程序将资金分配方案上报财政部备案同意后,相关资金省级一分不留,6月底全部下达市县基层。依托直达资金监控系统,督促指导市县建立实名台账,精准反映直达资金分配、拨付、使用情况,做到数据真实、账目清晰、流向明确。全年下达各类直达资金和参照直达资金1345亿元,有效增强了市县财力水平,为各地做好“六稳”工作、落实“六保”任务提供了有力支撑。

三是过紧日子要求坚决有效落实。省级部门带头过紧日子,压减会议费、差旅费、培训费等一般性支出,严格控制并大幅压减“三公”经费。全省“三公”经费支出下降9.7%。盘活财政存量资金,对因疫情等影响可暂缓实施或不再开展的项目支出,以及超过规定使用期限的结转结余资金,一律按规定收回预算。节约压减和收回预算的资金,统筹用于疫情防控、基本民生等重点领域,以及省委、省政府确定的重大项目支出。强化预算约束,严控预算调剂事项,做到无大事要事急事一般不追加。严控单一来源采购,扩大竞争性采购比重,降低采购成本。

四是基层“三保”底线切实兜牢。省级财政充分让利市县,将更多财力下沉到基层,下达转移支付资金3101.5亿元、增长15.1%,将中央财政阶段性提高留用比例增加的库款84亿元全部调度给县级使用,有效提升了县级财政保障能力。完善财政库款监测机制,对实现收支平衡压力较大、库款保障水平持续偏低的县区进行重点监测,强化风险预警处置。加强实地调研指导,督促市县落实预算安排、预算执行和库款保障“三个优先”,推动“三保”各项政策落实到位。基层“三保”压力得到有效缓解,守住了“三保”底线,有力保障了基层财政平稳运行。

(一)一般公共预算

2020年,全省一般公共预算收入3216亿元,增长1%,加:中央税收返还及转移支付3742.8亿元、一般债务收入660.5亿元、调入资金等1126.5亿元,收入合计8745.8亿元。全省一般公共预算支出7471亿元,增长1.1%,加:一般债务还本支出481.7亿元、调出资金0.6亿元、上解中央等支出792.5亿元,支出合计8745.8亿元。

省级一般公共预算收入249.3亿元,加:中央税收返还及转移支付3742.8亿元、一般债务收入660.5亿元、调入资金等收入503.8亿元,收入合计5156.4亿元。省级一般公共预算支出868.5亿元,加:对市县税收返还及转移支付3317.9亿元、一般债务转贷市县支出524.8亿元、调出资金等支出445.2亿元,支出合计5156.4亿元。具体如下:

——省级收入执行情况。主要是:企业所得税完成151.5亿元,为预算的94.8%。个人所得税完成29.4亿元,为预算的114.1%。环境保护税完成1.6亿元,为预算的84%。国有资源(资产)有偿使用收入完成34.3亿元,为预算的74.3%。

——省级支出执行情况。主要是:一般公共服务支出33.2亿元,教育支出136.7亿元,科学技术支出28亿元,文化旅游体育与传媒支出23.4亿元,社会保障和就业支出307.3亿元,卫生健康支出30.5亿元,农林水支出61.7亿元,交通运输支出89.2亿元,债务付息支出19.8亿元,等等。

——省对市县转移支付情况。省财政对市县转移支付3101.5亿元,增长15.1%。其中,一般性转移支付2777.4亿元,专项转移支付324.1亿元。

(二)政府性基金预算

全省政府性基金预算收入3144.6亿元,加:专项债务收入1678.2亿元、上年结转收入181.7亿元、中央补助收入等291.6亿元,收入合计5296.1亿元。预算支出4468亿元,加:调出资金377.5亿元、结转下年255.4亿元、专项债务还本支出195.2亿元,支出合计5296.1亿元。

省级政府性基金预算收入74.9亿元,加:专项债务收入1678.2亿元、上年结转收入4.2亿元、中央补助收入251亿元,收入合计2008.3亿元。预算支出96亿元,加:专项债务转贷支出1633.2亿元、补助市县支出265.2亿元、调出资金等13.9亿元,支出合计2008.3亿元。

(三)国有资本经营预算

全省国有资本经营预算收入72.3亿元,加:中央补助收入1.3亿元、上年结转收入32.4亿元,收入合计106亿元。预算支出51.4亿元,加:调出资金47亿元、结转下年7.6亿元,支出合计106亿元。

省级国有资本经营预算收入27亿元,加:上年结转收入29.8亿元、中央补助收入1.3亿元,收入合计58.1亿元。预算支出26.3亿元,加:调出资金24.6亿元、补助市县支出1.9亿元、结转下年5.3亿元,支出合计58.1亿元。

(四)社会保险基金预算

全省社会保险基金预算收入2314.7亿元,加:上年结转收入3228.8亿元、上级补助收入189.1亿元,收入合计5732.6亿元。预算支出2312.3亿元,加:结转下年等3420.3亿元,支出合计5732.6亿元。

省级社会保险基金预算收入378.4亿元,加:上年结转收入等2215.8亿元,收入合计2594.2亿元。预算支出204.5亿元,加:结转下年等2389.7亿元,支出合计2594.2亿元。

(五)地方政府债务情况

经国务院批准,财政部核定我省2020年新增地方政府债务限额1701亿元,增长25%,其中:一般债务205亿元,专项债务1496亿元。对财政部2019年底提前下达的新增地方政府债务限额706亿元,列入年初预算;对2020年下达的新增地方政府债务限额995亿元,及时编制省级预算调整方案,报经省人大常委会审查批准,纳入预算管理。截至2020年底,全省政府债务余额9600.1亿元,债务限额10691亿元,债务余额低于债务限额,债务风险总体可控。

此外,我们认真落实预算法及实施条例等政策规定,加强财政专户管理,切实规范专户资金收支行为。

以上预算执行情况,具体详见《安徽省2020年预算执行情况和2021年预算草案》。上述预算执行数字在决算编制汇总后,会有部分变化。

2020年,我们坚决贯彻新时代党的建设总要求,把党的政治建设摆在首位,增强“四个意识”,坚定“四个自信”,做到“两个维护”,巩固深化“不忘初心、牢记使命”主题教育成果,积极开展以“四联四增”为主要内容的深化“三个以案”警示教育,推动中央脱贫攻坚专项巡视“回头看”等反馈问题整改工作全面完成,扎实做好省委巡视反馈问题整改工作,力戒形式主义、官僚主义,以扎实行动和务实作风推动省委、省政府决策部署落地生根。

各位代表!

2020年,全省各级财政部门担当作为、改革创新、狠抓落实,取得了较好的成绩。同时,我们也清醒地认识到,财政运行还存在一些困难和问题,主要包括:受多重因素叠加影响,省级财政和一些市县财政收支矛盾较为突出;预算部门的绩效意识总体还不够强,预算绩效结果应用需要进一步强化;零基预算理念尚未完全树立,一些领域支出固化现象依然存在,资金利用效率还不够高;“钱等项目”问题在少数领域仍然存在,项目前期谋划准备有待进一步加强;少数市县政府债务负担较重,债务风险不容忽视,等等。我们高度重视这些问题,将积极采取措施加以解决。

三、“十三五”工作情况和“十四五”工作主要着力点

2020年的奋力拼搏,确保了财政“十三五”的顺利收官。过去五年,财政各方面工作取得重大进展。

五年来,财政综合实力迈上新台阶。全省一般公共预算收入累计完成1.5万亿元,比上一个五年增长49%。全省财政支出规模连续跨过6000亿元、7000亿元两个千亿元台阶,累计完成3.3万亿元,比上一个五年增长54%。累计下达市县转移支付1.3万亿元,市县财政保障能力不断提升,对经济社会发展的支撑作用进一步增强。

五年来,服务高质量发展彰显新作为。有效实施积极的财政政策,2016—2018年累计减税降费2835.9亿元,2019年以来预计新增减税降费1474.2亿元,省级设立的涉企行政事业性收费实现清零。省级积极统筹资金,重点支持合肥综合性国家科学中心、“三重一创”、制造强省、创新型省份等建设。积极落实财政支持政策,推动实施长三角一体化、“一圈五区”等重大区域战略。累计发行10648.3亿元政府债券,规范推广PPP模式,为稳投资、扩内需、补短板提供强劲动能。

五年来,支持三大攻坚战取得新成效。统筹投入各类财政扶贫资金1106亿元,其中专项扶贫资金578.6

亿元,推动全面完成脱贫攻坚目标任务。坚定不移践行“绿水青山就是金山银山”理念,累计投入1399亿元,支持打好蓝天、碧水、净土保卫战,推进美丽长江(安徽)经济带建设,实施新安江流域等生态补偿机制。抓实政府债务风险防范化解工作,妥善化解债务存量,坚决遏制债务增量,确保不发生系统性风险,全省政府债务规模适度、风险可控。

五年来,推动社会事业再上新水平。充分彰显公共财政属性,民生支出累计达2.8万亿元、占全省财政支出80%以上,全力保障教育、社会保障和就业、卫生健康、交通运输、住房保障等领域支出需要。持续以工程化举措、项目化抓手推动保障和改善民生,累计投入5260亿元滚动实施54项民生工程,不断增进民生福祉。省级统筹投入282亿元,支持保障32个贫困县区基本公共服务功能建设。

五年来,现代财政制度建设取得新进展。持续深入推进预算管理制度改革,预算绩效管理全面实施,预算管理制度更加完善。省以下基本公共服务等重点领域财政事权和支出责任划分改革扎实有序推进,转移支付结构更加优化,权责清晰、财力协调、区域均衡的省以下财政关系逐步构建。按照国家统一部署,营改增试点、环境保护税、资源税等重点改革任务全面完成。

各位代表!

“十三五”时期财政工作取得的进步,为乘势而上开启财政“十四五”新征程奠定了坚实基础。为实现“十四五”规划目标,财政改革发展将坚持和服从党的全面领导,紧紧围绕服务保障加快建设新阶段现代化美好安徽,科学把握新发展阶段,坚决贯彻新发展理念,服务构建新发展格局,更好发挥财政职能作用,把握好工作着力点,突出体现在以下五个方面。

——着力增强重大战略任务财力保障。聚焦服务构建新发展格局,切实加强财源建设,努力盘活资金资产资源,用活用好预算内投资和专项债券等资金,注重有效市场和有为财政更好结合,促进财政与金融、就业、产业、区域等集成协调,吸引金融资本、企业资金和社会资源的投入,进一步增强对全省重大任务、重大项目、重大工程的财力保障。

——着力改善人民生活品质。坚持以人民为中心,围绕推动共同富裕,既要尽力而为,强化公共财政属性,优化财政民生投入结构,注重普惠性、基础性、兜底性,对国家出台的统一民生政策做到应保尽保、全面落实,更加有效保障民生;也要量力而行,确保民生支出与经济发展相协调、与财力状况相匹配,更可持续保障民生,逐步提高保障和改善民生水平,不断实现人民对美好生活的向往。

——着力建立现代财税体制。认真贯彻实施预算法及实施条例,坚持预算法定,硬化预算刚性约束。进一步深化预算管理制度改革,强化对预算编制的宏观指导,推进财政支出标准化,深化预算公开。优化政府间事权和财权划分,健全省以下财政体制,增强基层公共服务保障能力,推动形成稳定的各级政府事权、支出责任和财力相适应的制度。贯彻税制改革各项部署要求,落实税收法定原则,拟定税法授权地方事项。

——着力优化财政资源配置。深入贯彻新发展理念,坚持系统观念,加强财政资源统筹,调整财政支出结构,加强中期财政规划管理,提高财政资源跨期配置效率,着力平衡好政府与市场、省级与市县、当前与长远、重点与一般等关系。深入实施预算绩效管理,积极运用零基预算理念,创新财政支持方式,发挥引导撬动作用,努力把更多精力和资源聚焦于推动高质量发展、保障重点领域和加强薄弱环节上。

——着力推动财政安全有序运行。坚持统筹发展和安全,增强机遇意识和风险意识,树立底线思维,注重堵漏洞、强弱项,有效防范化解影响财政运行的各类风险,坚决守住不发生系统性风险底线,同时居安思危、增强预见性,保持战略定力,牢牢把握财政工作主动权,合理预计财政收入与支出,把好财政支出关口,加强财政承受能力评估,防止脱离实际、寅吃卯粮,保持财政可持续和稳定运行。

四、2021年预算草案

2021年是实施“十四五”规划的开局之年,编制好2021年预算意义重大。全省各级财政部门认真落实“保重点、压一般、促统筹、提绩效”要求,精心组织实施,扎实有序推进,凝心聚力做好预算编制各项工作。

(一)2021年预算编制的指导思想和基本原则

1.指导思想:以习近平新时代中国特色社会主义思想为指导,全面贯彻党的十九大及十九届二中、三中、四中、五中全会和中央经济工作会议精神,认真贯彻习近平总书记考察安徽重要讲话指示精神,全面落实省委十届十一次、十二次全会和省委经济工作会议决策部署,坚持稳中求进工作总基调,以推动高质量发展为主题,以深化供给侧结构性改革为主线,以改革创新为根本动力,以满足人民日益增长的美好生活需要为根本目的,坚持系统观念,巩固拓展疫情防控和经济社会发展成果,更好统筹发展和安全,扎实做好“六稳”工作、全面落实“六保”任务,着力服务构建新发展格局,坚持积极的财政政策要提质增效、更可持续,加快建立现代财税体制;加大优化支出结构力度,坚持艰苦奋斗、勤俭节约,全面落实党政机关要坚持过紧日子的要求,保持适度支出强度,增强重大战略任务财力保障;加强财政资源统筹，推进财政支出标准化，强化预算约束和绩效管理，努力提高财政支出效率；加强政府债务管理，积极防范化解政府隐性债务风险。

2. 基本原则：一是坚持依法理财、规范管理。增强法治观念，自觉接受人大监督，依法全面履行财政职能，完善预算管理体制机制，规范预算管理行为，不断提升财政工作科学化规范化法治化水平。二是坚持加强统筹、深挖潜力。优化财政资源配置，打破基数概念和支出固化格局，盘活存量、用好增量，促进财政预算的规范统一，努力向内挖潜，增加资金有效供给，集中财力办大事。三是坚持精打细算、节用裕民。坚持量入为出、有保有压、可压尽压，厉行节约办一切事业，重点保障基本民生等领域支出，推动提升人民生活质量和社会共享水平。四是坚持改革创新、提质增效。进一步深化预算管理制度改革，深入实施预算绩效管理，着力提高政策和资金的指向性、精准性、有效性，切实提升政策效能和资金效益。

（二）2021 年预算收入预计和支出安排

全省预算按一般公共预算、政府性基金预算、国有资本经营预算、社会保险基金预算等四本预算编制。具体如下：

1. 一般公共预算。

全省汇编一般公共预算收入 3329.7 亿元，加：中央税收返还及转移支付 2887.1 亿元、调入资金等 924.2 亿元，收入合计安排 7141 亿元。全省一般公共预算支出 6360.8 亿元，加：一般债务还本支出 206.6 亿元、上解中央支出等 573.6 亿元，支出合计安排 7141 亿元。

省级一般公共预算收入 245.8 亿元，加：中央税收返还及转移支付 2887.1 亿元、调入资金等 561.3 亿元，收入合计安排 3694.2 亿元。省级一般公共预算支出 506.5 亿元，加：中央提前下达转移支付列入省级预算 383 亿元、上年结转 39.4 亿元，省级预算支出 928.9 亿元。加：对市县税收返还及转移支付 2566.9 亿元、上解中央支出 76.4 亿元、一般债务转贷支出 122 亿元，支出合计安排 3694.2 亿元。

此外，对市县转移支付已提前下达 1955.6 亿元，要求市县完整编入本级预算，便于市县提前安排使用资金，保障重点项目的资金需求。

2. 政府性基金预算。

全省汇编政府性基金预算收入 3064.4 亿元，加：专项债务收入 129 亿元、上年结转收入 61.9 亿元、中央补助收入 13.4 亿元、调入资金 19.2 亿元，收入合计安排 3287.9 亿元。支出相应安排 3287.9 亿元，其中：本年支出 2743 亿元，调出资金 188.6 亿元，结转下年 89.3 亿元，专项债务还本支出 267 亿元。

省级政府性基金预算收入 71.4 亿元，加：中央补助收入 13.4 亿元、专项债务收入 129 亿元、上年结转等收入 4.4 亿元，收入合计安排 218.2 亿元。支出相应安排 218.2 亿元，其中：专项债务转贷支出 129 亿元。

3. 国有资本经营预算。

全省汇编国有资本经营预算收入 74.1 亿元，加：上年结转收入等 7.9 亿元，收入合计安排 82 亿元。支出相应安排 82 亿元，其中：本年支出 50.7 亿元，调出资金 31.3 亿元。

省级国有资本经营预算收入 25.9 亿元，加：上年结转收入等 5.6 亿元，收入合计安排 31.5 亿元。支出相应安排 31.5 亿元，其中：解决企业历史遗留问题及改革成本支出 2.2 亿元，国有企业资本金注入支出 18.1 亿元，调出资金 7.8 亿元，其他 3.4 亿元。

4. 社会保险基金预算。

全省汇编社会保险基金预算收入 2713.7 亿元，加：上年结转收入等 3448.5 亿元，收入合计安排 6162.2 亿元。支出相应安排 6162.2 亿元，其中：本年支出 2434.3 亿元，结转下年等 3727.9 亿元。

省级社会保险基金预算收入 1226.4 亿元，加：上年结转收入等 1968.1 亿元，收入合计安排 3194.5 亿元。支出安排 3194.5 亿元，其中：本年支出 1087.3 亿元，结转下年等 2107.2 亿元。

以上预算具体安排详见《安徽省 2020 年预算执行情况和 2021 年预算草案》。同时，根据《中华人民共和国预算法》第五十四条规定，预算草案在省人代会批准前，参照上一年同期的预算支出数额，安排并依规拨付必须支付的基本支出、项目支出、债务还本付息支出，以及对下级政府的转移性支出等。预算经省人代会批准后，按照批准的预算执行。

（三）2021 年财政政策

积极的财政政策要提质增效、更可持续，充分发挥稳定经济的职能作用。2021 年的财政政策重点包括：一是落实落细减税降费举措。认真落实国家及省里的减税降费政策，密切关注疫情态势和经济运行情况，进一步完善相关政策。二是党政机关坚持过紧日子。各项支出精打细算，坚决取消无效或不必要支出、压减非刚性支出、严控新增支出，进一步压减一般性支出，把有限的财政资金用在刀刃上。三是切实兜牢“三保”底线。落实常态化的财政资金直达机制，优化转移支付结构，督促指导各地统筹上级转移支付和自有财力，科学合理安排预算，优先保障保基本民生、保工资、保运转支出需要。四是加强财政风险防控。坚持疏堵结合，严格执行政府债务限额管理和预算管理制度，健全常态化监测机制，及时发现和处置潜在风险，强化监督问责，有效防控政府隐性债务风险，坚决守住不发生系统性风险的底线。

2021年主要支出政策,立足新发展阶段,坚决贯彻创新、协调、绿色、开放、共享的新发展理念,把推动高质量发展、服务构建新发展格局、推动民生福祉实现更大进步作为财政支出的保障重点,把更多财力用于支持解决发展不平衡不充分问题,包括以下方面。

1. 支持提升科技创新能力。

支持启动科技创新攻坚力量体系建设。坚持创新在现代化建设全局中的核心地位,坚持"四个面向",强化国家战略科技力量,支持打好关键核心技术攻坚战,加快建设"五个一"创新主平台和"一室一中心"分平台升级版,打造具有重要影响力的科技创新策源地。

支持激发人才创新活力。健全人才发展统筹投入机制,加强创新型、应用型、技能型人才培养,建设一批创新型人才集聚平台。支持深化人才激励机制建设,探索实行项目经费使用"包干制",进一步强化科研项目承担单位的责任。

支持加速科技成果转化。支持增强企业技术创新能力,强化企业创新主体地位。认真落实支持首台套重大技术装备、首批次新材料和首版次软件发展政策,促进科技创新势能转化为经济发展新动能。支持加强知识产权保护,提高科技成果转移转化成效。支持加强科技成果转化引导基金运行,完善科技融资担保体系。

2. 支持推动制造业升级和新兴产业发展。

推动制造业高质量发展。发挥财政资金引领带动作用,支持增强产业链供应链自主可控能力,实施产业链补链固链强链行动。创新财政支持方式,支持高端制造、智能制造、绿色制造、服务型制造和精品制造,培育专精特新中小企业。落实制造业融资财政贴息政策,支持符合条件的新建项目和技术改造项目建设。支持推进传统产业改造升级。支持深入实施质量提升行动。

支持战略性新兴产业发展和大力发展数字经济。支持深入推进"三重一创"建设,围绕"十大新兴产业",推动战略性新兴产业集群发展,构建一批各具特色、优势互补、结构合理的强劲增长引擎。支持依托"人工智能+"发展数字科技,依托"江淮大数据中心"壮大数字产业,依托"数字江淮"集聚数字资源,大力推进数字产业化和产业数字化,进一步壮大数字经济。

3. 支持着力扩大内需畅通循环。

支持深化供给侧结构性改革。坚持扩大内需这个战略基点,支持推动实施扩大内需战略同深化供给侧结构性改革有机结合,形成需求牵引供给、供给创造需求的更高水平动态平衡。支持强化普惠金融服务,鼓励金融机构加大对民营企业和中小微企业的支持,更好缓解企业融资难、融资贵问题。支持企业利用直接融资实现高质量发展。加强财政重大事项合法性审查和公平竞争审查,服务优化营商环境。

支持拓展消费需求和扩大有效投资。坚持以改善民生为导向扩大消费,顺应消费结构升级趋势,促进消费回补和潜力释放,推动文旅消费提质升级。支持加强"两新一重"、先进制造业、民生保障等领域项目建设。安排省级统筹基建资金,重点支持重大基础设施建设。继续按照"资金跟着项目走"的原则,优化债券资金使用,抓好专项债项目谋划。

4. 支持大力实施乡村振兴战略。

支持巩固拓展脱贫攻坚成果。落实"四个不摘"要求,保持财政支持政策和资金规模总体稳定,着力构建完善财政支持乡村振兴的政策体系和体制机制,逐步实现由集中资源支持脱贫攻坚向全面推进乡村振兴平稳过渡。完善土地出让收入分配机制。加强扶贫项目资金资产管理和监督。

支持加快推进现代农业发展和深化农村改革。坚决扛稳粮食安全重任,深入实施藏粮于地、藏粮于技战略,提高农业质量效益和竞争力。支持解决好种子和耕地问题,实施"皖粮"高标准农田改造提升工程,深入实施现代种业提升工程,支持生猪稳产保供,加强动物疫病防控。支持秸秆综合利用。创新推动农业保险高质量发展。

支持实施乡村建设行动。支持统筹推进"四好农村路"、农田水利建设。支持深入实施农村人居环境"三大革命"和"三大行动",打造美丽乡村升级版。落实村级组织运转经费保障机制,提升农村基层组织保障能力。完善农村公益事业财政奖补机制。

5. 支持长三角一体化发展和自贸试验区建设,促进区域协调发展。

支持深入推进长三角一体化合作共建和推进"一圈五区"发展。积极落实长三角一体化发展国家战略,支持推动五个"区块链接"建设。支持合芜蚌国家自主创新示范区建设,推动皖江城市带承接产业转移示范区发展,加强皖北承接产业转移集聚区建设,推进皖西大别山革命老区振兴,深化皖南国际文化旅游示范区建设。

支持推进新型城镇化建设。支持实施城市更新行动,提升城市建设品质。支持城镇老旧小区改造、棚户区改造和农村危房改造。支持县域经济振兴发展。落实支持农业转移人口市民化财政政策。

支持加快自贸试验区建设和推进更高水平开放。支持全面展开中国(安徽)自由贸易试验区建设,提升海关特殊监管区域平台能级,扩能升级对外开放平台。支持推动外贸外资稳定发展,深化与"一带一路"沿线国家和地区务实合作。

6. 支持持续抓好污染防治和生态建设。

支持深入推进污染防治。坚持资金投入同污染防治攻坚任务相匹配,分级分层分类落实财政保障责任,打造大气、水、土壤污染防治升级版,综合整治大气特别是细颗粒物污染,全面治理水质特别是城乡黑臭水体污染,治理和修复土壤特别是工业场地污染。

支持加强生态保护修复。支持加强长江经济带生态保护修复,继续抓好长江"十年禁渔",建设新阶段现代化美丽长江(安徽)经济带。支持升级建设新安江-千岛湖生态补偿试验区,完善沱湖、滁河流域生态补偿机制。支持推进全国林长制改革示范区建设。支持加强重点生态保护修复。

7. 支持进一步提高民生保障水平。

深入实施民生工程。全面落实以人民为中心的发展思想,坚持尽力而为、量力而行,聚焦人民群众的急难愁盼问题,进一步提高民生工程精准度,继续实施民生工程,扎实办好民生实事。

支持促进教育发展更加公平更高质量。优化教育经费支出结构,支持学前教育发展,推进义务教育均衡发展和城乡一体化,加快消除普通高中"大班额",推动职业教育改革发展,加强高校"双一流"建设和高峰学科建设,办好特殊教育。认真落实生均拨款制度和学生资助政策。

支持加强就业和社会保障工作。深入落实稳就业、保居民就业部署,强化就业优先政策,支持统筹做好高校毕业生、下岗失业人员、农民工、退役军人、退捕渔民等重点群体就业工作。支持养老服务发展。支持统筹推进社会救助体系建设。

支持推进公共卫生体系建设。落实各项常态化疫情防控措施。支持改革完善疾病预防控制体系,支持国家区域医疗中心建设,开展城市社区卫生机构和村卫生室标准化建设。按照规定适当提高城乡居民基本医疗保险财政补助和个人缴费标准,合理确定基本公共卫生服务经费财政补助标准。

支持提升文化建设水平。支持加强爱国主义、集体主义、社会主义教育,推进城乡公共文化服务体系一体建设,推动文化和旅游深度融合,繁荣发展新闻出版、广播影视、文学艺术、档案方志、哲学社会科学等事业。

8. 支持扎实推进平安安徽建设。

支持加强社会稳定和安全工作。支持常态化机制化开展扫黑除恶斗争,深入开展"守护平安"系列行动,守护好人民群众的平安生活。支持发展残疾人、红十字、慈善等事业,促进民族团结、宗教和睦。支持国防动员能力建设,推动军民融合深度发展,加强全民国防教育,做好双拥优抚工作。

支持加快应急管理体系建设。支持强化应急物资保障体系建设,加强应急救援队伍和救援装备能力建设。支持开展自然灾害综合风险普查。支持开展安全生产专项整治。

五、2021年财政重点工作

全省各级财政部门将坚持以习近平新时代中国特色社会主义思想为指导,认真贯彻党中央、国务院及省委、省政府决策部署,全面落实省十三届人大四次会议决议要求,扎实做好"六稳"工作、全面落实"六保"任务,全力做好财政改革发展各项工作,进一步提升财政治理服务水平,推动全省经济行稳致远、社会安定和谐。

(一)进一步增强财政可持续性。进一步厚植财源,完善开发区综合考核奖励政策,着力推动各类开发区由经济发展高地转化为税收高地,持续培育税收增长点。依法依规组织财政收入,促进财政收入有质量、可持续。充分考虑财政可承受能力,不随意提高支出标准,不脱离实际搞过高承诺和过度保障,集中财力保障省委、省政府重大决策部署有效落实。

(二)积极推进建立现代财税体制。加强预算支出与各类存量资源的有机衔接,提高预算完整性和财政统筹能力。加强项目支出管理,深入推进预算公开,加强预算执行管理,严格按规定批复下达预算,严禁无预算、超预算支出,落实部门和单位的预算管理主体责任。推进省以下重点领域财政事权和支出责任划分改革,稳步推进收入划分改革,落实省以下增值税留抵退税分担机制。落实常态化的财政资金直达机制,着力提高直达资金管理水平,增强直达机制的政策效果。进一步完善现代税收制度,落实税制改革各项任务。

(三)深入实施预算绩效管理。发挥预算绩效管理的引导作用,积极运用成本效益分析等方法开展预算项目事前绩效评估。建立健全绩效评价工作机制,加强绩效评价结果应用,将评价结果与完善政策、调整预算安排有机衔接,削减或取消低效无效资金。加大绩效信息公开力度,推动重点绩效目标、绩效评价结果向社会公开。更加突出绩效导向,创新涉企和开发区财政支持方式,完善相关政策办法,注重权责统一,压实属地责任,支持企业和开发区高质量发展。

(四)不断强化地方政府债务管理。严格执行地方政府债务限额管理和预算管理制度。强化地方政府专项债券管理,加快地方政府债券发行使用,加大对重大区域发展战略项目支持力度。完善地方政府债务常态化监测和风险评估预警机制,加强风险评估预警结果应用。大力推进地方政府债务信息公开,以公开促规范、防风险。积极稳妥化解隐性债务存量,坚决遏制隐性债务增量,进一步加强日常监督管理,对违法违规举债融资行为,发现一起、问责一起、通报一起,终身问责、倒查责任。

(五)自觉接受依法监督。认真贯彻实施预算法及实施条例,落实预算审查监督条例要求,自觉接受人大依法开展预算审查监督,依规向人大报告绩效管理情况。深入贯彻落实人大预算审查监督重点向支出预算和政策拓展要求,进一步完善预算联网监督系统。认真听取吸纳人大代表、政协委员和社会各界的意见建议,紧紧围绕贯彻落实省委、省政府重大决策部署,提高支出预算和政策的科学性有效性。加大审计反馈问题的整改力度,建立健全长效机制。

(六)深入推进全面从严治党。坚持以党的政治建设为统领,强化党的创新理论武装,巩固深化"不忘初心、牢记使命"主题教育成果,切实把"两个维护"贯彻到财政工作全过程各方面。坚定不移推进党风廉政建设,持续纠治形式主义、官僚主义,强化政治监督、日常监督,坚持严管厚爱结合、激励约束并重,一体推进不敢腐、不能腐、不想腐体制机制建设。弘扬狠抓落实的财政工作作风,深入基层群众加强调查研究,不断完善财政政策举措,切实把省委、省政府决策部署落在实处、抓出实效。

各位代表!

做好2021年财政工作任务繁重、使命光荣。我们将深入学习贯彻习近平总书记考察安徽重要讲话指示精神,在省委、省政府的坚强领导下,在省人大依法监督和省政协民主监督下,开拓进取,奋发有为,更好发挥财政职能作用,扎实做好财政各项工作,为加快建设新阶段现代化美好安徽作出积极贡献。

(预算处供稿)

关于安徽省2020年预算执行情况和2021年预算的决议

(2021年2月1日安徽省第十三届人民代表大会第四次会议通过)

安徽省第十三届人民代表大会第四次会议审查了省财政厅受省人民政府委托提出的《关于安徽省2020年预算执行情况和2021年预算草案的报告》及安徽省2021年省级预算草案,同意省人民代表大会财政经济委员会的审查结果报告,决定批准《关于安徽省2020年预算执行情况和2021年预算草案的报告》,批准安徽省2021年省级预算。

(安徽人大网)

关于提请审议安徽省2021年省级预算调整方案(草案)的议案

省人民政府

(皖政秘〔2021〕111号　2021年5月21日)

安徽省人民代表大会常务委员会:

经国务院同意并依法向全国人民代表大会常务委员会备案,财政部提前下达我省2021年新增政府债务限额994亿元。另外,财政部根据政府债务管理规定及我省申请,确定我省2021年再融资债券发行规模上限789.4351亿元。根据《中华人民共和国预算法》《安徽省预算审查监督条例》有关规定,现将2021年省级预算调整方案(草案)提请省人大常委会审议。

(预算处供稿)

安徽省2021年省级一般公共预算调整方案(草案)

单位:万元

收入项目	2021年预算数	调整数	调整后预算数	支出项目	2021年预算数	调整数			调整后预算数
						合计	置换数	安排数	
一、税收收入	1617400		1617400	一、一般公共服务支出	764342				764342
增值税	-350000		-350000	二、国防支出	11231				11231
企业所得税	1590000		1590000	三、公共安全支出	418513				418513
个人所得税	307000		307000	四、教育支出	1496878				1496878
城市维护建设税	12500		12500	五、科学技术支出	427823				427823
房产税	2200		2200	六、文化旅游体育与传媒支出	177760				177760
印花税	1300		1300	七、社会保障和就业支出	3040990				3040990
城镇土地使用税	2300		2300	八、卫生健康支出	277554				277554
土地增值税	1600		1600	九、节能环保支出	72949				72949
耕地占用税	34000		34000	十、城乡社区支出	21375				21375
环境保护税	16500		16500	十一、农林水支出	370703	200000		200000	570703
二、非税收入	840600		840600	十二、交通运输支出	1011182	100000	-100000	200000	1111182
专项收入	253000		253000	十三、资源勘探工业信息等支出	291120				291120
行政事业性收费收入	95000		95000	十四、商业服务业等支出	30863				30863
罚没收入	33800		33800	十五、金融支出	4741				4741
国有资源(资产)有偿使用收入	386000		386000	十六、援助其他地区支出	65318				65318
捐赠收入	600		600	十七、自然资源海洋气象等支出	106816				106816
政府住房基金收入	16200		16200	十八、住房保障支出	162255				162255
其他收入	56000		56000	十九、粮油物资储备支出	164966				164966
				二十、灾害防治及应急管理支出	35576				35576
				二十一、预备费	80000				80000
				二十二、其他支出	4214				4214
				二十三、债务付息支出	250000				250000
				二十四、债务发行费用支出	2000				2000
收入合计	2458000		2458000	支出合计	9289169	300000	-100000	400000	9589169
加:返还性收入	3174945		3174945	加:返还性支出	2164862				2164862
一般性转移支付收入	25366028		25366028	一般性转移支付	22571033	268000	-100000	368000	22839033

续表

收入项目	2021年预算数	调整数	调整后预算数	支出项目	2021年预算数	调整数			调整后预算数
						合计	置换数	安排数	
专项转移支付收入	330151		330151	专项转移支付	933271				933271
调入资金	78445		78445	上解支出	763706				763706
动用预算稳定调节基金	2749000		2749000	地方政府一般债务还本支出		370001		370001	370001
地方政府一般债务收入	1220000	5868456	7088456	地方政府一般债务转贷支出	1220000	4930455		4930455	6150455
接受其他地区援助收入	20000		20000						
上解收入	1151752		1151752						
上年结转收入	393720		393720						
收入总计	36942041	5868456	42810497	支出总计	36942041	5868456	-200000	6068456	42810497

安徽省2021年省级政府性基金预算调整方案(草案)

单位:万元

收入项目	2021年预算数	调整数	调整后预算数	支出项目	2021年预算数	调整数	调整后预算数
一、国家电影事业发展专项资金收入	5400		5400	一、彩票公益金支出	39726		39726
二、农业土地开发资金收入	600		600	二、大中型水库移民后期扶持基金支出	133		133
三、国有土地使用权出让收入	506300		506300	三、国家电影事业发展专项资金相关支出	2443		2443
四、彩票公益金收入	166317		166317	四、农业土地开发资金支出	600		600
五、彩票发行销售机构业务费用	35719		35719	五、彩票发行销售机构业务费用支出	29745		29745
				六、债务付息支出	32340		32340
				七、债务发行费用支出	660		660
				八、其他政府性基金及对应专项债务收入安排的支出		341900	341900
收入合计	714336		714336	支出合计	105647	341900	447547
加:政府性基金补助收入	133840		133840	加:政府性基金补助支出	781646		781646
地方政府专项债务收入	1290000	11965895	13255895	地方政府专项债务转贷支出	1290000	11623995	12913995
调入资金	33000		33000	结转下年	4544		4544
上年结转收入	10661		10661				
收入总计	2181837	11965895	14147732	支出总计	2181837	11965895	14147732

(预算处供稿)

关于安徽省2021年省级预算调整方案(草案)的说明

——2021年5月26日在安徽省第十三届人民代表大会常务委员会第二十七次会议上

省财政厅厅长　罗建国

安徽省人民代表大会常务委员会：

受省人民政府委托，现就《安徽省2021年省级预算调整方案(草案)》作如下说明：

一、法律制度规定及调整事项

《中华人民共和国预算法》第三十五条规定，“省、自治区、直辖市依照国务院下达的限额举借的债务，列入本级预算调整方案，报本级人民代表大会常务委员会批准”。财政部制定的《地方政府一般债务预算管理办法》《地方政府专项债务预算管理办法》要求，一般债务及专项债务收支、还本付息等分别纳入一般公共预算和政府性基金预算管理。

经国务院同意并依法向全国人大常委会备案，财政部提前下达我省2021年新增政府债务限额994亿元，其中：新增一般债券123亿元，新增专项债券871亿元。另外，财政部根据政府债务管理规定及我省申请，确定我省2021年再融资债券发行规模上限789.4亿元，其中：再融资一般债券463.8亿元，再融资专项债券325.6亿元。根据《中华人民共和国预算法》及财政部政府债务管理相关规定，上述新增政府债务限额及再融资债券发行规模上限应当列入省级预算调整方案，其中：新增一般债券123亿元、再融资一般债券463.8亿元纳入一般公共预算管理，新增专项债券871亿元、再融资专项债券325.6亿元纳入政府性基金预算管理。

二、新增债务限额分配方案

根据财政部有关要求，以及省委、省政府确定的重点项目建设资金需求，统筹发展与安全，兼顾省与市县分配关系、债务风险等因素，分配方案如下：

(一)一般债券额度分配

1.省级留用一般债券额度56.8亿元。

一是“四好农村路”补助资金15亿元。经省政府同意，从2019年开始，省级连续5年每年安排15亿元用于“四好农村路”补助。

二是国省道建设资金11.8亿元。为加快推进交通领域长三角一体化发展，根据国省道建设需要，省级2021年需安排资金15亿元，扣除年初预算已安排的3.2亿元，通过新增一般债券安排11.8亿元。

三是铁路建设资金10亿元。根据“十四五”期间铁路建设需要，省级2021年需安排铁路建设资金20亿元，扣除年初预算已安排的10亿元，通过新增一般债券安排10亿元。

四是置换安排20亿元。通过新增一般债券置换2021年省级一般公共预算安排的铁路建设10亿元、国省干线公路大中修工程10亿元，形成新增财力20亿元全部作为省级引江济淮工程建设资本金。主要是考虑国家严禁一般债券资金作为项目资本金，兼顾省级引江济淮工程建设资金需求。

2.分配市县一般债券额度66.2亿元。

一是巩固拓展脱贫攻坚成果资金31亿元。为严格落实“四个不摘”要求，保持财政支持政策总体稳定，继续按照“十三五”期间每年用于脱贫攻坚的一般债券额度予以保障支持，即每年切块安排31亿元，按照脱贫攻坚相关因素进行公式化分配。

二是小型水库安全运行资金2.4亿元。为贯彻落实国务院关于解决小型水库安全问题的部署，经我省积极申报争取，财政部下达的一般债券额度中切块2.4亿元，用于解决小水库除险加固、维修养护、雨水情测报及安全监测等，按照项目一般债券资金需求及申报情况分配。

三是按因素法分配剩余32.8亿元。为体现对2020年因洪涝灾害受灾地区的倾斜支持，按照各地一般公共预算财力占分配权重70%、洪涝灾害灾情直接经济损失占分配权重10%、债券需求占分配权重20%进行分配。

(二)专项债券额度分配

根据财政部新增专项债券资金优先保障在建工程后续融资的要求，财政部提前下达的871亿元新增专项债券额度全部用于保障在建项目后续融资，避免出现“半拉子”工程。

1.安排省级在建铁路、引江济淮、合肥新桥国际机场航站区扩建项目34.2亿元。经省铁投、引江济淮公司测算，2020年已经发行使用专项债券的在建池黄铁路项目需继续发行4亿元、引江济淮工程需继续发行21.2亿元，机场集团测算合肥新桥国际机场航站区扩建项目需发行专项债券9亿元，合计34.2亿元。

2.保障省本级其他已经发行使用专项债券的在建项目23亿元。共有

13个省级高校、水利等方面的在建项目,2021年新增专项债券需求23亿元,系通过合肥、淮北、宿州、蚌埠、滁州、芜湖、安庆等7个市本级和来安县申报,债券额度分配到相关市本级和县。

3. 回补部分市县为支持隐性债务建制县化债试点工作被财政部收回限额105.3亿元。2020年底,为推动隐性债务建制县化债试点工作,财政部收回我省债务限额144亿元。我省比照财政部做法,对财政部收回的限额,首先从参与试点的马鞍山市本级及所辖和县、当涂县以及芜湖市本级收回38.7亿元,不足部分105.3亿元从其他市县收回。此举占用了其他市县的债务限额,主要为帮助马鞍山市及芜湖市缓释偿债压力,降低融资成本。按照公平原则,通过增加新增专项债券等额回补其他市县被收回的债务限额,以保障其应有利益。

4. 切块安排15亿元支持我省长三角生态优先绿色发展产业集中合作区建设。长三角"一地六县"合作区包括我省郎溪县和广德市,为进一步推进两县融入长三角发展,根据两县已经储备入库的项目需求情况,综合考虑两县的债务风险不突破120%的警戒值上限(截至2020年底郎溪县债务率115%左右、广德市105%左右),从专项债券中切块15亿元,分别安排郎溪县5亿元、广德市10亿元,支持其重大公益性基础设施项目建设。

5. 按照因素法分配剩余693.5亿元。参照财政部的分配方法,继续按照因素法分配,其中:政府性基金财力占分配权重70%、专项债券项目入库率和专项债券资金撬动率占分配权重30%。据此分配剩余额度693.5亿元。另外,根据政府债券额度分配与债券资金支出进度挂钩机制要求,对2020年已发专项债券截至2020年底的实际支出进度低于全省平均水平78%的市县,分别按照分配额度的5%或10%扣减(其中支出进度低于78%但高于60%按照分配额度的5%扣减、低于60%按照分配额度的10%扣减),扣减额度全部分配给支出进度超过全省平均水平的地区。

(三)额度分配考虑债务风险因素

根据省委文件要求,对被财政部风险预警的地区,原则上不分配新增债务限额。但考虑到地方政府经济建设的实际需要,同时统筹发展与安全,对被财政部法定债务风险预警的池州、铜陵、淮南、黄山市本级一般债券和专项债券初步分配额度分别扣减20%,对被风险提示的阜阳、芜湖市本级一般债券和专项债券初步分配额度分别扣减10%,扣减的额度按一般公共预算财力和政府性基金财力分配其他市县。

三、再融资债券发行规模

财政部核定我省的2021年再融资债券额度,系根据各地到期债券规模确定,用于偿还2021年到期债券本金,不需要进行二次分配,为完整反映预算收支规模,列入省级预算调整方案。根据财政部核定情况,我省2021年发行再融资债券规模上限为789.4亿元,其中:省级使用37亿元,全部是再融资一般债券,用于偿还省级2021年到期的一般债券本金;转贷市县752.4亿元,包括再融资一般债券426.8亿元、再融资专项债券325.6亿元,用于市县偿还2021年到期的债券本金。

四、省级预算调整方案

根据预算法相关规定,按照以上新增债务限额分配方案和再融资债券发行规模上限情况,对安徽省十三届人大四次会议批准的省级预算调整如下:

(一)一般公共预算调整

1. 省级一般公共预算收入总计增加586.8亿元,列入"地方政府一般债务收入"相应科目。

2. 省级一般公共预算支出总计增加586.8亿元,其中:

(1)省本级一般公共预算支出增加40亿元,即新增一般债券安排铁路建设20亿元、新增财力安排引江济淮工程20亿元,列入"交通运输支出""农林水支出"相应科目。

(2)省本级一般公共预算支出减少10亿元,即新增一般债券置换铁路建设资金,列入"交通运输支出"相应科目。

(3)省本级一般债务还本支出增加37亿元,列入"地方政府一般债务还本支出"相应科目。

(4)省对市县转移支付增加36.8亿元,即新增一般债券安排"四好农村路"补助15亿元、国省道建设11.8亿元、国省干线公路大中修工程10亿元,列入"一般性转移支付"相应科目。

(5)省对市县转移支付减少10亿元,即新增一般债券置换国省干线公路大中修工程资金,列入"一般性转移支付"相应科目。

(6)省级债务转贷支出增加493亿元,列入"地方政府一般债务转贷支出"相应科目。

经上述预算调整后,省级一般公共预算收入总计为4281亿元,省级一般公共预算支出总计为4281亿元,收支保持平衡。

(二)政府性基金预算调整

1. 省级政府性基金预算收入总计增加1196.6亿元,列入"地方政府专项债务收入"相应科目。

2. 省级政府性基金预算支出总计增加1196.6亿元,其中:

(1)省本级政府性基金预算支出增加34.2亿元,即新增专项债券安排建铁路建设4亿元、引江济淮工程建设21.2亿元、合肥新桥国际机场航站区扩建9亿元,列入"其他政府性基金及对应专项债务安排的支出”相应科目。

（2）省级债务转贷支出增加1162.4亿元，列入“地方政府专项债务转贷支出”相应科目。

经上述预算调整后，省级政府性基金预算收入总计为1414.8亿元，省级政府性基金预算支出总计为1414.8亿元，收支保持平衡。

（预算处供稿）

安徽省人民代表大会常务委员会关于批准安徽省2021年省级预算调整方案的决议

（2021年5月28日安徽省第十三届人民代表大会常务委员会第二十七次会议通过）

安徽省第十三届人民代表大会常务委员会第二十七次会议听取了省财政厅厅长罗建国受省人民政府委托所作的《关于安徽省2021年省级预算调整方案（草案）的说明》，审查了省人民政府提出的安徽省2021年省级预算调整方案（草案），同意省人民代表大会财政经济委员会提出的《关于安徽省2021年省级预算调整方案（草案）的审查报告》，决定批准安徽省2021年省级预算调整方案。

（安徽人大网）

关于安徽省2020年决算的报告

——2021年7月22日在安徽省第十三届人民代表大会常务委员会第二十八次会议上

省财政厅厅长　罗建国

安徽省人民代表大会常务委员会：

受省人民政府委托，向省人大常委会报告2020年全省决算报告和省级决算草案，请予审查。

2020年，面对百年不遇新冠肺炎疫情、历史罕见大范围严重汛情叠加冲击的复杂局面，全省各级各部门坚持以习近平新时代中国特色社会主义思想为指导，在省委、省政府的正确领导和省人大的依法监督下，齐心协力、上下同欲，迎难而上、攻坚克难，坚持“保重点、压一般、促统筹、提绩效”，统筹疫情防控和经济社会发展，扎实做好“六稳”工作，全面落实“六保”任务，按照高质量发展要求，依法理财、科学理财，较好地完成了各项工作任务，有力推动经济恢复和社会大局稳定，为决胜全面建成小康社会、决战脱贫攻坚提供了坚实的财政支撑。

一、2020年全省决算情况

（一）全省和省级一般公共预算收支决算情况

2020年，全省一般公共预算收入完成3216亿元，增长1%。全省一般公共预算支出完成7474亿元，增长1.1%。

一是财政运行保持总体平稳。积极采取有效措施，克服各种不利因素对财政运行的影响，全年一般公共预算收入增幅实现转正，财政收入运行总体平稳；加快支出进度，重点领域支出增长较快，脱贫攻坚、生态环保、基本民生等支出得到有力保障。二是新增财政资金直达基层惠企利民。全面落实财政资金直达机制，分门别类制定资金管理办法，科学制定资金分配方案，按程序将资金分配方案上报财政部备案同意后，相关资金省级一分不留，6月底全部下达市县基层。三是过紧日子要求坚决有效落实。省级部门带头过紧日子，压减会议费、差旅费、培训费等一般性支出，全省“三公”经费支出下降9.7%；节约压减和收回预算的资金，统筹用于疫情防控、基本民生等重点领域，以及省委、省政府确定的重大项目支出。四是基层“三保”底线切实兜牢。省级财政充分让利市县，将更多财力下沉到基层，下达转移支付资金3101.5亿元、增长15.1%，将中央财政阶段性提高留用比例增加的库款84亿元全部调度给县级使用，基层“三保”压力得到有效缓解，守住了“三保”底线，有力保障了基层财政平稳运行。五是管理绩效持续提升。我省财政管理工作再次被财政部评为优秀等次，连续五年荣获国务院激励表彰；财政专项扶贫资金绩效评价连续五年获国家优秀等次；预算绩效管理工作被评为优秀等次，荣获财政部通报表扬。

2020年,省级一般公共预算收入完成249.3亿元,为预算的80.4%,比上年决算下降12.9%;加中央补助收入、一般债务收入等,收入总量为5161.9亿元。省级一般公共预算支出完成869.7亿元,为预算的95.7%,比上年决算下降12.8%;加补助市县支出、结转下年、一般债务转贷支出等,支出总量为5161.9亿元。省级一般公共预算收支决算数,与今年1月份向省人代会报告的2020年预算执行数基本持平。

从省级收支决算具体情况看:

1.税收返还和转移支付情况。2020年,经积极争取,中央对我省税收返还和转移支付3744亿元,增长10.9%。一是税收返还317.5亿元,与去年持平,主要是由于当前中央对地方税收返还为定额返还。二是转移支付3426.5亿元,增加366.6亿元,增长12%。其中,一般性转移支付3119.2亿元(含共同财政事权转移支付),增加362.8亿元,增长13.2%;专项转移支付307.3亿元,增加3.8亿元,增长1.3%。

2020年,省对市县税收返还和转移支付3318亿元,增长14%。一是税收返还216.5亿元,增长0.2%。二是转移支付3101.5亿元,增加408亿元,增长15.1%。其中,一般性转移支付2777.4亿元(含共同财政事权转移支付),增加466.7亿元,增长20.2%;专项转移支付324.1亿元,减少58.7亿元,下降15.3%。

2.政府债务规模结构情况。经财政部核定,并报经省人大常委会批准同意,2020年末我省地方政府债务限额为10691亿元。截至2020年底,决算反映的全省政府债务余额9600亿元,债务余额低于批准限额,债务风险总体可控。

3.权责发生制列支情况。2020年省级财政权责发生制核算列支资金18.3亿元,列支内容主要是部分高校和预算单位基本建设等资金。对于上述资金,省财政厅将督促预算部门和单位依法依规加快执行,尽快发挥资金效益。

4.预备费使用情况。2020年省级预备费预算8亿元,依法依规动支1.5亿元用于新冠肺炎疫情防控、小麦赤霉病防治等应急支出;剩余资金按规定补充预算稳定调节基金。

5."三公"经费决算情况。2020年省本级"三公"经费财政拨款支出合计1.1亿元,比年初预算减少1.4亿元,主要原因是按照中央和省厉行节约要求,且受到新冠疫情影响,省级各部门、单位取消或推迟出国计划、严格执行公务接待制度,以及规范公务用车使用管理。其中,因公出国(境)经费82.9万元,公务用车购置及运行费8568.8万元,公务接待费2596.2万元。

(二)省级政府性基金预算收支决算情况

2020年,省级政府性基金收入74.9亿元,为预算的98.6%,比上年决算增长189.4%;加专项债务收入、中央补助收入等,收入总量为2008.3亿元。省级本年安排支出96亿元,为预算的98.9%,比上年决算增长746.1%,主要是受省级分享国有土地使用权收益以及发行专项债支持省委、省政府重点项目建设影响;加地方政府专项债务转贷支出、补助市县等,支出总量为2008.3亿元。省级政府性基金收支决算数与执行数持平。

(三)省级国有资本经营预算收支决算情况

2020年,省级国有资本经营收入27亿元,为预算的109.7%,比上年决算下降58.4%,主要是受产权转让收入减少影响;加中央补助收入、上年结转收入等,收入总量为58.1亿元。省级本年安排支出26.3亿元,为预算的88.3%,比上年决算增长20.8%,主要是国有企业资本金注入支出增加;加补助市县、调出资金等,支出总量为58.1亿元。省级国有资本经营收支决算数与执行数基本持平。

(四)省级社会保险基金预算收支决算情况

2020年,省级社会保险基金收入1644.1亿元,为预算的101.7%,比上年决算增长248.1%,主要是受全省企业职工基本养老保险实行省级统收统支,地市累计结余陆续上解至省级财政专户影响。其中:职工基本医疗保险收入23.4亿元,企业职工基本养老保险收入1589.7亿元,机关事业单位养老保险收入31亿元;加上年结转收入,收入总量为2635.1亿元。省级本年安排支出1335.1亿元,为预算的91.3%,比上年决算增长276.6%,主要是受全省企业职工基本养老保险实行省级统收统支,养老金支出由省级财政专户统一拨付影响。其中:职工基本医疗保险支出23亿元,企业职工基本养老保险支出1284.9亿元,机关事业单位养老保险支出27.2亿元;加结转下年,支出总量为2635.1亿元,社会保险基金运行情况良好。与预算执行数同口径相比,社保基金决算收入增加40.9亿元,主要是受企业职工养老保险委托投资收益和下级上解收入增加影响;支出减少122.1亿元,主要原因是企业职工养老保险省级统筹,拨付地市备用金时,对有结余的市由当地财政专户自行划转,导致省级补助下级支出减少。

上述收支决算数已经省政府审计部门审计,详见决算草案。

此外,我们认真落实预算法及实施条例等政策规定,加强财政专户管理,切实规范专户资金收支行为。

二、2020年全省预算执行效果

(一)坚持人民至上,全力支持抗疫战汛。闻令而动启动应急机制,坚持人民至上、生命至上,支持疫情防控取得重大战略成果。按照特事特办、急事急办的原则,第一时间依规动支省级预备费,专项用于疫情防控。建立重大自然灾害救灾资金快速核拨机制,简化审批流程,依规实行先行预拨、事后报备、后期清算,切实提高应急资金时效。在全国率先出台疫情防控经费保障政策,投入疫情防控相关经费107.8亿元,确保人民群众不因担心费用问题而不敢就诊,确保各地不因资金问题而影响医疗救治和疫情防控。运用政府专项债券提升医疗卫生能力,发行使用专项债券资金198.7亿元,积极支持医院项目建设。发放临时性工作补助和一次性慰问补助,提高疫情防治人员待遇。拨付资金81.7亿元,重点用于受灾群众生活救助、防汛抢险物资采购、灾毁房屋和公路的恢复重建等,推动抗击特大洪涝灾害取得全面胜利。认真落实失业保险稳岗返还政策,返还失业保险费11.1亿元,鼓励企业进一步稳定和扩大就业岗位。发放国家和省级蓄滞洪区补偿资金,完善蓄滞洪区农业保险政策措施,弥补受灾群众损失,支持恢复生产生活秩序。

(二)坚持积极有为,倾力服务经济高质量发展。推动省直部门树牢“花钱必问效、无效必问责”的理念,不断增强绩效意识,将绩效管理深度融入预算编制、执行、监督全过程,实施事前事中事后闭环管理。遴选21个项目230亿元,开展财政重点绩效评价。完善涉企项目资金预警审核工作机制,着力提高财政涉企资金使用绩效。积极落实减税降费政策,全年新增减税降费681亿元,帮助企业特别是中小微企业、个体工商户渡过难关。落实增值税留抵退税政策,鼓励企业扩大再生产,省级垫付65亿元,缓解市县财政退税压力。全年发行政府债券2329亿元,再创发行规模历史新高。统筹基建资金243亿元,重点支持重大项目建设。积极推广运用政府和社会资本合作(PPP)模式,我省纳入财政部管理的项目落地率、开工数均居全国前列。积极服务壮大实体经济,省市县财政共同设立续贷过桥资金池,帮助中小微企业缓解临时性资金周转困难。常态化落实“四送一服”双千工程要求,支持省内海关特殊监管区优化升级,进一步服务优化营商环境。积极支持普惠金融发展,用好专项再贷款政策,推动银行业金融机构为重点保障企业发放优惠利率贷款116.5亿元。引导政府性融资担保机构更好发挥支小支农作用,进一步降低小微企业融资成本。

(三)坚持精准发力,支持打好三大攻坚战。切实支持打赢精准脱贫收官战,投入财政专项扶贫资金162.1亿元,推动如期完成脱贫攻坚目标任务。着力解决“两不愁三保障”及饮水安全突出问题,积极实施健康脱贫政策,促进完成农村饮水安全巩固提升工程。统筹资金支持开展“抗疫情、补短板、促攻坚”专项行动,持续推进贫困县涉农资金整合试点,支持深入实施脱贫攻坚“十大工程”。切实支持打好污染防治攻坚战,打好碧水、蓝天、净土保卫战,加强长江经济带生态保护修复,继续实施新安江流域、滁河流域和大别山区水环境生态补偿,启动实施沱湖流域生态补偿,推进实施地表水断面、空气质量生态补偿等政策。设立综合奖补资金,推动建设全国首个林长制改革示范区。切实防范化解政府债务风险,严格执行地方政府债务预算管理相关规定,主动接受人大依法对地方政府债务“借、用、管、还”的全过程监督。落实“开前门、堵后门”要求,统筹做好地方政府债券发行使用和风险防控工作,严格专项债券项目合规性审核和风险把控,确保专项债券用于有一定收益的重大项目,加强债务风险评估和预警,及时发现和处置潜在风险,全省债务风险可控。

(四)坚持优化资源,不断增添创新发展动力。加力支持创新平台建设,统筹投入55亿元支持合肥综合性国家科学中心建设,拨付专项资金用于创新型省份建设,推动建设“四个一”创新主平台,持续建设“一室一中心”创新分平台,支持打造科技创新策源地。优化科研项目资金管理,简化预算编制要求,扩大预算调剂权限,切实减轻科研人员负担,充分激发科研人员创新活力。统筹拨付“三重一创”引导资金,支持实施重大新兴产业基地新三年建设规划,推进重大新兴产业工程和重大新兴产业专项建设。按照“资金改基金、拨款改股权、无偿改有偿”要求,支持省级股权投资基金体系建设,增强财政资金引导撬动作用。大力推动制造强省建设,支持“五大制造”、中国声谷、集成电路、数字经济、机器人、5G等产业发展,提升企业技术创新能力。认真落实长三角一体化发展国家战略,促进中国(安徽)自由贸易试验区建设开局。下达专项资金19.3亿元,加快建设皖北承接产业转移集聚区,推动江南、江北新兴产业集中区高质量发展,支持南北合作共建园区发展。

(五)坚持民生兜底,支持保障和改善民生。投入资金1213.6亿元,推动顺利完成33项民生工程任务。统筹拨付249.5亿元,支持基础教育普及发展,推动职业教育高质量发展,支持高校高峰学科建设,推进教师队伍建设改革,认真落实学生资助政策。统筹各类稳就业资金39.2亿元,推动落实就业优先政策。支持构建多层次养老服务体系,企业和机关事业单位职工养老待遇进一步改善。加强财政资金统筹,推动基本公共卫生服务财政补助标准进一步提高,国家儿童区域医疗中心启动建设,智医助理覆盖所有基层医疗机构。支持深入开展

“铸安”行动,开展扫黑除恶专项斗争,支持公共法律服务体系建设,推动打造共建共治共享的社会治理格局。统筹拨付138.5亿元,支持重点生态功能区、资源枯竭地区发展,推进基层基本公共服务功能建设,落实支持农业转移人口市民化财政政策。推动实施乡村振兴战略,加强惠民惠农财政补贴资金“一卡通”管理,发放补贴资金386.4亿元。

三、落实省人大决算决议情况

一年来,财政部门认真落实决议要求,有效实施积极财政政策,深入推进财税体制改革,切实加强财政预算管理,取得新的成效。

(一)持续深化财政体制改革。扎实推进财政事权和支出责任划分改革,出台交通运输、生态环境、公共文化、自然资源、应急救援等领域改革实施方案。省政府成立省国有金融资本管理改革工作领导小组,出台国有金融资本出资人职责暂行规定。持续推进司法体制改革,新增15家市县检察院财物纳入省级统一管理。省直党政机关和事业单位经营性国有资产集中统一监管改革全面推进,省级国有资产管理“放管服”改革持续深化。全面实施省级财政电子票据管理改革,基本实现财政票据全流程无纸化管理。

(二)推动预算绩效提质增效。省政府成立省预算绩效管理工作领导小组,组织领导机制进一步健全。建立省级分行业分领域预算绩效指标库,部门整体、项目和对下转移支付绩效目标设置实现全覆盖。严格实施绩效目标实现程度和预算执行进度“双监控”,部门整体和项目绩效运行监控实现全覆盖。建立绩效管理工作考核机制,并纳入省政府目标管理绩效考核范围。预算绩效管理改革不断深化,省级层面全方位、全过程、全覆盖的预算绩效管理体系基本建成。

(三)推进预算管理规范透明。连续五年省市县乡四级财政一体布置预算编制,继续实行“大专项(大类别)+任务清单”预算编制方式,加快推进预算管理一体化建设,预算编制进一步规范。加大预算统筹力度,省级国有资本经营预算调入一般公共预算的比例提高到30%,政府预算体系不断完善。依法及时公开政府预决算、部门预决算,预决算信息公开持续推进。加强中期财政规划管理,科学编制全省2021—2023年中期财政规划。

(四)依法接受人大审查监督。强化法治意识,坚持依法行政、依法理财,按法定时限批复和下达预算资金,严格执行经人大批准的预算。做好资源税法授权事项相关工作,连续三年向省人大常委会报告安徽省国有资产管理情况。主动回应人大代表关切,定期推送财政重点工作信息,高质量办理人大代表建议327件、政协委员提案214件。积极配合人大推进预算联网监督系统建设,省级监督内容进一步丰富。

一年来,在省人大的依法监督指导下,我省财政改革发展取得积极成效。省级预算执行和其他财政收支审计结果表明,2020年省级预算执行和其他财政收支总体情况较好。但我们也清醒地认识到,财政运行还存在一些困难和问题,主要包括:受多重因素叠加影响,省级财政和一些市县财政收支矛盾较为突出;预算部门的绩效意识总体还不够强,预算绩效结果应用需要进一步强化;零基预算理念尚未完全树立,资金利用效率还不够高;少数市县政府债务负担较重,债务风险不容忽视,等等。对此,我们高度重视这些问题,将积极采取措施加以解决。

四、下一步财政重点工作

2021年是实施“十四五”规划的开局之年,我们将坚持以习近平新时代中国特色社会主义思想为指导,认真贯彻党中央、国务院及省委、省政府决策部署,全面落实省十三届人大四次会议决议要求,扎实做好“六稳”工作、全面落实“六保”任务,全力做好财政改革发展各项工作,进一步提升财政治理服务水平,推动全省经济行稳致远、社会安定和谐。

(一)积极推进建立现代财税体制。落实常态化财政资金直达机制有关要求,在保持现行财政体制、资金管理权限和保障主体责任基本稳定的前提下,扩大直达资金范围。积极运用零基预算理念,对现有政策项目进行清理。坚持用市场的逻辑谋事、用资本的力量干事,积极创新财政支持方式,更好发挥财政资金引导撬动作用。推进省以下重点领域财政事权和支出责任划分改革,稳步推进收入划分改革,落实省以下增值税留抵退税分担机制。

(二)深入实施预算绩效管理。健全评价结果与政策调整、预算安排、改进管理等挂钩机制,严格绩效考核问责和激励约束,发挥绩效考核指挥棒作用,压实预算部门主体责任。更加突出绩效导向,创新涉企和开发区财政支持方式,完善相关政策办法,注重权责统一,压实属地责任,支持企业和开发区高质量发展。

(三)不断强化地方政府债务管理。严格执行地方政府债务限额管理和预算管理制度。推进地方政府债务信息公开,以公开促规范、防风险。坚决遏制政府隐性债务增量,通过统筹预算资金偿还、盘活存量资产资源偿还等措施,依法依规化解隐性债务,确保不发生处置风险。

(四)认真落实人大审查监督要求。认真贯彻实施预算法及其实施条例,落实预算审查监督条例要求,自觉接受人大依法开展预算审查监督,积极做好联系服务人大代表工作,依法依规向人大报告有关财政事项。深入贯彻落实人大预算审查监督重点向支出预算和政策拓展要求,进一步完善预算联网监督系统。加大审计反馈问题的整改力度,建立健全长效机制。

(五)深入推进全面从严治党。坚持以党的政治建设为统领,强化党的创新理论武装,巩固深化“不忘初心、牢记使命”主题教育成果,切实把“两个维护”贯彻到财政工作全过程各方面。结合庆祝建党100周年,认真开展党史学习教育。坚定不移推进党风廉政建设,持续纠治形式主义、官僚主义。

我们将全面贯彻省委、省政府各项决策部署,自觉接受省人大的监督,开拓进取,奋发有为,更好发挥财政职能作用,扎实做好财政各项工作,确保“十四五”开好局起好步,为加快建设新阶段现代化美好安徽作出积极贡献。

(预算处供稿)

安徽省人民代表大会常务委员会关于批准安徽省2020年省级决算的决议

(2021年7月23日安徽省第十三届人民代表大会常务委员会第二十八次会议通过)

安徽省第十三届人民代表大会常务委员会第二十八次会议听取了省财政厅厅长罗建国受省人民政府委托所作的《关于安徽省2020年决算的报告》。会议结合审议审计工作报告,对2020年省级决算(草案)进行了审查,同意省人民代表大会财政经济委员会提出的《关于安徽省2020年省级决算(草案)审查结果的报告》,决定批准2020年省级决算。

(安徽人大网)

关于提请审议安徽省2021年省级第二次预算调整方案(草案)的议案

省人民政府

(皖政秘〔2021〕138号 2021年7月4日)

安徽省人民代表大会常务委员会:

经国务院同意,财政部下达我省2021年第二批新增政府债务限额801亿元,其中:一般债务37亿元、专项债务764亿元。根据《中华人民共和国预算法》《安徽省预算审查监督条例》有关规定,现将2021年省级第二次预算调整方案(草案)提请省人大常委会审议。

(预算处供稿)

安徽省2021年省级一般公共预算第二次调整方案(草案)

单位:万元

收入项目	2021年预算数	调整数	调整后预算数	支出项目	2021年预算数	调整数	调整后预算数
一、税收收入	1617400		1617400	一、一般公共服务支出	764342		764342
增值税	-350000		-350000	二、国防支出	11231		11231
企业所得税	1590000		1590000	三、公共安全支出	418513		418513
个人所得税	307000		307000	四、教育支出	1496878		1496878
城市维护建设税	12500		12500	五、科学技术支出	427823		427823
房产税	2200		2200	六、文化旅游体育与传媒支出	177760		177760

续表

收　入　项　目	2021年预算数	调整数	调整后预算数	支　出　项　目	2021年预算数	调整数	调整后预算数
印花税	1300		1300	七、社会保障和就业支出	3040990	200	3041190
城镇土地使用税	2300		2300	八、卫生健康支出	277554		277554
土地增值税	1600		1600	九、节能环保支出	72949		72949
耕地占用税	34000		34000	十、城乡社区支出	21375		21375
环境保护税	16500		16500	十一、农林水支出	570703		570703
二、非税收入	840600		840600	十二、交通运输支出	1111182		1111182
专项收入	253000		253000	十三、资源勘探工业信息等支出	291120		291120
行政事业性收费收入	95000		95000	十四、商业服务业等支出	30863		30863
罚没收入	33800		33800	十五、金融支出	4741		4741
国有资源(资产)有偿使用收入	386000		386000	十六、援助其他地区支出	65318		65318
捐赠收入	600		600	十七、自然资源海洋气象等支出	106816		106816
政府住房基金收入	16200		16200	十八、住房保障支出	162255		162255
其他收入	56000		56000	十九、粮油物资储备支出	164966		164966
				二十、灾害防治及应急管理支出	35576		35576
				二十一、预备费	80000		80000
				二十二、其他支出	4214		4214
				二十三、债务付息支出	250000		250000
				二十四、债务发行费用支出	2000		2000
收入合计	2458000		2458000	支出合计	9589169	200	9589369
加:返还性收入	3174945		3174945	加:返还性支出	2164862		2164862
一般性转移支付收入	25366028		25366028	一般性转移支付	22839033		22839033
专项转移支付收入	330151		330151	专项转移支付	933271		933271
调入资金	78445		78445	上解支出	763706		763706
动用预算稳定调节基金	2749000		2749000	地方政府一般债务还本支出	370001		370001
地方政府一般债务收入	7088456	370000	7458456	地方政府一般债务转贷支出	6150455	369800	6520255
接受其他地区援助收入	20000		20000				
上解收入	1151752		1151752				
上年结转收入	393720		393720				
收入总计	42810497	370000	43180497	支出总计	42810497	370000	43180497

安徽省2021年省级政府性基金预算第二次调整方案(草案)

单位:万元

收入项目	2021年预算数	调整数	调整后预算数	支出项目	2021年预算数	调整数	调整后预算数
一、国家电影事业发展专项资金收入	5400		5400	一、彩票公益金支出	39726		39726
二、农业土地开发资金收入	600		600	二、大中型水库移民后期扶持基金支出	133		133
三、国有土地使用权出让收入	506300		506300	三、国家电影事业发展专项资金相关支出	2443		2443
四、彩票公益金收入	166317		166317	四、农业土地开发资金支出	600		600
五、彩票发行销售机构业务费用	35719		35719	五、彩票发行销售机构业务费用支出	29745		29745
				六、债务付息支出	32340		32340
				七、债务发行费用支出	660		660
				八、其他政府性基金及对应专项债务收入安排的支出	341900	270000	611900
收入合计	714336		714336	支出合计	447547	270000	717547
加:政府性基金补助收入	133840		133840	加:政府性基金补助支出	781646		781646
地方政府专项债务收入	13255895	7640000	20895895	地方政府专项债务转贷支出	12913995	7370000	20283995
调入资金	33000		33000	结转下年	4544		4544
上年结转收入	10661		10661				
收入总计	14147732	7640000	21787732	支出总计	14147732	7640000	21787732

(预算处供稿)

关于安徽省2021年省级第二次预算调整方案(草案)的说明

——2021年7月22日在安徽省第十三届人民代表大会常务委员会第二十八次会议上

省财政厅厅长　罗建国

安徽省人民代表大会常务委员会:

受省人民政府委托,现就《安徽省2021年省级第二次预算调整方案(草案)》作如下说明:

一、法律制度规定及调整事项

《中华人民共和国预算法》第三十五条规定,“省、自治区、直辖市依照国务院下达的限额举借的债务,列入本级预算调整方案,报本级人民代表大会常务委员会批准”。财政部制定的《地方政府一般债务预算管理办法》《地方政府专项债务预算管理办法》要求,一般债务及专项债务收支、还本付息等分别纳入一般公共预算和政府性基金预算管理。

经国务院批准,财政部下达我省2021年第二批新增政府债务限额801亿元,其中:一般债务37亿元、专项债务764亿元,根据《中华人民共和国预算法》及财政部政府债务管理相关规定,应当列入省级预算调整方案。

二、新增债务限额分配方案

(一)一般债务额度分配

1. 按因素法分配市县一般债券额度21.0954亿元。为体现对2020年因洪涝灾害受灾地区的倾斜支持,参照第一批债券额度分配方案,继续按照各地一般公共预算财力占分配权重70%、洪涝灾害灾情直接经济损失占分配权重10%、债券需求占分配权重20%进行分配。

2. 按需求分配外债转贷额度15.9046亿元。该额度系财政部根据各省2021年预计外债提款数确定,按各地预计提款数分配到具体项目,其中:省本级200万元,用于养老服务体系建设项目;分配市县15.8846亿元。

(二)专项债务额度分配

1. 安排省级铁路、合肥新桥国际机场航站区改扩建项目专项债券27亿元。宣城至绩溪高速铁路项目、合肥至新沂铁路安徽段项目、淮北至宿州至蚌埠城际铁路项目2021年共需要发行专项债券24亿元;合肥新桥国际机场航站区改扩建项目2021年在已经安排9亿元的基础上,还需要发行专项债券3亿元。

2. 安排省级其他通过市县申报的专项债项目11.69亿元。共有17个省级高校、医院、水利等方面的新建项目,2021年新增专项债券需求19.27亿元,系通过6个市本级和3个县区申报。此外,第一批额度已安排的5个在建项目因工程进度原因,实际资金需求减少,调减新增债券额度7.58亿元。综上,本批安排专项债额度11.69亿元,分配到相关市本级和县区。

3. 按照因素法分配剩余额度725.31亿元。参照财政部的分配方法,继续按因素法进行分配,其中:政府性基金财力占分配权重70%、专项债项目入库率和专项债券资金撬动率占分配权重30%。另外,根据政府债券额度分配与债券资金支出进度挂钩机制要求,对2020年已发专项债券截至去年底的实际支出进度低于全省平均水平(78%)的市县,支出进度在60%—78%之间的扣减5%、支出进度低于60%的扣减10%,扣减的额度全部分配给支出进度超过全省平均水平的地区。

(三)额度分配考虑债务风险因素

根据省委文件要求,对被财政部风险预警的地区,原则上不分配新增债务限额。但考虑到地方政府经济建设的实际需要,同时统筹发展与安全,参照第一批额度分配方案,继续对被财政部法定政府债务风险预警的池州、铜陵、淮南、黄山市本级一般债务和专项债务初步分配额度分别扣减20%,对被风险提示的阜阳、芜湖市本级一般债务和专项债务初步分配额度分别扣减10%,扣减的额度分别按一般公共预算财力和政府性基金财力分配给其他没有被风险预警或提示的地区。

三、省级第二次预算调整方案

根据预算法相关规定,按照以上新增债务限额分配方案,对安徽省十三届人大四次会议和省十三届人大常委会第二十七次会议批准的省级预算调整如下:

(一)一般公共预算调整

1. 省级一般公共预算收入总计增加37亿元,列入“地方政府一般债务收入”相应科目。

2. 省级一般公共预算支出总计增加37亿元,其中:

(1)省本级一般公共预算支出增加200万元,列入“社会保障和就业支出”相应科目。

(2)省级债务转贷支出增加36.98亿元,列入“地方政府一般债务转贷支出”相应科目。

经上述预算调整后,省级一般公共预算收入总计为4318亿元,省级一般公共预算支出总计为4318亿元,收支保持平衡。

(二)政府性基金预算调整

1.省级政府性基金预算收入总计增加764亿元,列入“地方政府专项债务收入”相应科目。

2.省级政府性基金预算支出总计增加764亿元,其中:

(1)省本级政府性基金预算支出增加27亿元,列入“其他政府性基金及对应专项债务安排的支出”相应科目。

(2)省级债务转贷支出增加737亿元,列入“地方政府专项债务转贷支出”相应科目。

经上述预算调整后,省级政府性基金预算收入总计为2178.8亿元,省级政府性基金预算支出总计为2178.8亿元,收支保持平衡。

(预算处供稿)

安徽省人民代表大会常务委员会关于批准安徽省2021年省级第二次预算调整方案的决议

(2021年7月23日安徽省第十三届人民代表大会常务委员会第二十八次会议通过)

安徽省第十三届人民代表大会常务委员会第二十八次会议听取了省财政厅厅长罗建国受省人民政府委托所作的《关于安徽省2021年省级第二次预算调整方案(草案)的说明》,审查了省人民政府提出的安徽省2021年省级第二次预算调整方案(草案),同意省人民代表大会财政经济委员会提出的《关于安徽省2021年省级第二次预算调整方案(草案)的审查报告》,决定批准安徽省2021年省级第二次预算调整方案。

(安徽人大网)

关于安徽省2021年上半年预算执行情况及下半年工作意见的报告

——2021年7月22日在安徽省第十三届人民代表大会常务委员会第二十八次会议上

省财政厅厅长　罗建国

安徽省人民代表大会常务委员会:

受省人民政府委托,向省人大常委会报告2021年上半年预算执行情况及下半年工作意见,请予审议。

一、上半年预算执行基本情况

2021年是我国现代化建设进程中具有特殊重要性的一年,是全面建设新阶段现代化美好安徽的关键一年,做好预算执行和财政工作意义重大。全省各级各部门坚持以习近平新时代中国特色社会主义思想为指导,全面贯彻党的十九大和十九届二中、三中、四中、五中全会精神,按照省委、省政府决策部署,严格执行省十三届人大四次会议审查批准的预算,坚持稳中求进工作总基调,准确把握新发展阶段,全面贯彻新发展理念,服务构建新发展格局,按照高质量发展要求,巩固拓展疫情防控和经济社会发展成果,有力落实积极的财政政策,推动全省经济恢复取得明显成效。

(一)一般公共预算执行情况

1.收入情况。1—6月,全省一般公共预算收入完成1956亿元,比上年同期(下同)增长18%。分级次看,省级一般公共预算收入完成148亿元,增长3.3%;16个市一般公共预算收入完成1808亿元,增长19.4%,其中:76个县(市、区)完成884亿元,增长21%。分项目看,税收收入完成1349亿元,增长20.2%,其中:增值税完成574亿元,增长23.9%;企业所得税完成259亿元,增长10.2%;个人所得税完成45亿元,增长18.8%;契税完成145亿元,增长48.6%。

2.支出情况。1—6月,全省一般公共预算支出完成4039亿元,增长3.6%。分级次看,省级一般公共预算支出完成571亿元,增长1%;16个市一般公共预算支出完成3468亿元,增长4%,其中:76个县(市、区)完成2078亿元,增长3.7%。分科目看,教育支出672亿元,增长14.4%;科学技术支出203亿元,增长6.9%;社会保障和就业支出775亿元,增长7.1%;城乡社区支出486亿元,增长5.6%;住房保障支出109亿元,增长9.4%。

(二)政府性基金预算执行情况

1—6月,全省政府性基金预算收入1378.9亿元,增长17.7%,其中:省级政府性基金预算收入34.2亿元,增长319.8%。1—6月,全省政府性基金预算支出1857.9亿元,下降9.4%,其中:省级政府性基金预算支出6.4亿元,下降48.9%。

(三)国有资本经营预算执行情况

1—6月,全省国有资本经营预算收入11.1亿元,下降38.9%,其中:省级国有资本经营预算收入0亿元。1—6月,全省国有资本经营预算支出6.4亿元,下降57.9%,其中:省级国有资本经营预算支出2.5亿元,下降61%。

(四)社会保险基金预算执行情况

1—6月,全省社会保险基金收入1740亿元,增长28.4%,其中:省级社会保险基金收入756.7亿元,增长176.4%。1—6月,全省社会保险基金支出1193.9亿元,增长13.8%,其中:省级社会保险基金支出539.9亿元,增长454.9%。

今年以来,全省各级财政部门深入学习贯彻习近平总书记考察安徽重要讲话指示精神,在省委、省政府坚强领导下,坚持"保重点、压一般、促统筹、提绩效",紧紧围绕中心、服务大局,充分发挥财政职能作用,坚持积极的财政政策提质增效、更可持续,全力做好财政各项工作,有力推动经济恢复和社会大局稳定。我省财政管理工作再次被财政部评为优秀等次,连续五年荣获国务院激励表彰;县级财政管理绩效工作连续四年在全国考核中名列前茅;预算绩效管理工作被评为优秀等次,荣获财政部通报表扬。

预算执行主要情况如下:

一是财政运行保持总体平稳。1—6月,全省一般公共预算收入同比增长18%,较2019年同期两年平均增长4.8%,财政收入呈恢复性增长态势。加强财政支出管理,努力保持较高的支出强度,及时下达预算资金,督促市县和预算部门加快预算执行进度,教育、科技创新、生态环保、社会保障等重点领域支出得到有力保障。切实把"三保"作为财政工作的重中之重,不断巩固完善县级基本财力保障机制,下达转移支付资金2378亿元,有效提升县级财政保障能力,基层"三保"底线有效兜牢。

二是财政资金直达机制执行较好。落实常态化财政资金直达机制,聚焦基本民生保障,将28项中央转移支付纳入直达资金范围,持续完善资金管理办法,开展动态监测预警,督促各地认真做好项目储备,保障直达机制落地见效,财政资金直达工作扎实有序、平稳高效、成果显著,财政资金管理水平进一步提升。上半年,下达直达资金1369.4亿元,为各地做好"六稳"工作、落实"六保"任务提供了有力支撑。

三是支持服务构建新发展格局取得新进展。强化政策和资金支持,推进落实长三角一体化发展战略。起草资金管理办法,规范专项资金使用,积极推动中国(安徽)自由贸易试验区发展建设。拨付资金5.8亿元,积极促进内需和外需、进口和出口、引进外资和对外投资协调发展。统筹拨付资金,加强皖北承接产业转移集聚区建设,深化皖南国际文化旅游示范区建设。投入12.6亿元,推动合肥综合性国家科学中心建设,促进"一室一中心"持续稳定发展。出台专项资金管理办法,更好支持和推动省属企业科技创新。及时拨付人才专项资金,持续保障"江淮英才计划"实施。统筹拨付资金,推动制造强省建设。完善"三重一创"专项资金管理,继续注资"三重一创"产业发展基金,支持战略性新兴产业发展。动态更新安徽省财税优惠事项清单,加强财政重大事项合法性审查和公平竞争审查,进一步服务优化营商环境。继续实施新安江、滁河流域生态补偿,巩固生态补偿机制成果。着力建立市场化多元化生态补偿机制,积极对接国家绿色发展基金,推荐项目51个、总投资486亿元。积极配合做好隐性债务数据核查和审计工作,加大隐性债务风险监管力度,切实防范化解隐性债务风险。

四是过紧日子要求坚决有效落实。始终牢固树立艰苦奋斗、勤俭节约思想,把政府过紧日子作为财政工作长期坚持的方针,进一步压减一般性支出,继续强化"三公"经费管理,大力精简会议、差旅、培训、调研等公务活动,从严从紧审核资产配置预算,厉行节约办一切事业,切实做到节用为民。盘活财政存量资金,对超过规定使用期限的结转结余资金,一律按规定收回预算。节约压减和收回预算的资金,统筹用于基本民生等重点领域。强化预算约束,严控预算调剂事项,做到无大事要事急事一般不追加。严控单一来源采购,扩大竞争性采购比重,降低采购成本。

二、落实省十三届人大四次会议预算决议情况

(一)提质增效落实积极的财政政策。严格落实制度性减税政策,延长小规模纳税人增值税优惠等部分阶段性政策执行期限,实施新的结构性减税举措,帮助市场主体恢复元气、增强活力。1—5月,全省累计新增减税降费55.8亿元。发行政府债券1435.8亿元,其中:新增债券595.2亿元,统筹用于省委、省政府确定的重点领域支出。积极发挥政府投资撬动作用,统筹基建资金109.5亿元,重点支持保障性安居工程等领域。加大资金统筹整合力度,支持5G发展、"数字江淮"

等建设，推动加快数字化发展。统筹拨付156亿元，推进铁路、公路、航运、水利等重大工程建设。拨付30亿元，支持省级股权投资基金体系建设。继续安排专项资金，重点培育专精特新中小企业，促进民营经济发展。引导政府性融资担保机构更好发挥支小支农作用，促进“4321”新型政银担业务新增365.9亿元，进一步降低小微企业融资成本。积极推广运用政府和社会资本合作（PPP）模式，我省累计纳入财政部管理项目484个、总投资5354亿元，项目落地率、开工数均居全国前列。

（二）持续保障和改善民生。继续实施33项民生工程，全省各级财政拨付民生工程资金997.7亿元，资金拨付进度超过序时进度35个百分点。统筹拨付181亿元，推进基础教育普及发展，支持高等教育内涵发展，保障落实学生资助政策。累计下达就业补助资金22.4亿元，推动落实就业优先政策。强化困难群众基本生活保障，稳步提高保障水平，上半年累计拨付困难群众救助补助资金77.8亿元，增长2.3%。严格落实“四个不摘”要求，保持省级财政投入稳定，支持全面实施乡村振兴战略，做好巩固拓展脱贫攻坚成果同乡村振兴有效衔接。支持出台《安徽省农业保险创新发展若干政策》，加快农业保险提质增效、转型升级和高质量发展。继续统筹安排资金，支持美丽乡村省级中心村建设、农村厕所革命“整村推进”及畜禽粪污资源化利用等，持续支持改善农村人居环境。

（三）加快建立现代财税体制。落实党中央、国务院决策部署，谋划出台我省进一步深化预算管理制度改革的实施意见。提升预算编制水平，连续6年省市县乡四级一体布置预算编制工作。深入实施预算绩效管理，组织省直相关主管部门对85项改革政策实施预算绩效评估，进一步完善涉企项目资金预警审核规则，将所有省对下专项转移支付和共同财政事权转移支付绩效目标随政府预算同步公开。严格按照财政部规范要求，有序推进预算管理一体化。规范政府购买服务管理，修订公布省本级政府购买服务指导性目录。密切关注中央改革动向，谋划推进我省财政事权和支出责任划分改革。落实增值税留抵退税政策，鼓励企业扩大再生产，省级垫付17.5亿元，缓解市县财政退税压力。按照全口径、全覆盖要求，编制形成《安徽省2020年度国有资产综合报告》并报财政部。落实税收法定原则，做好契税具体适用税率等授权事项相关工作。

（四）认真落实人大监督要求。进一步加强省级预算联网监督系统建设，丰富省级监督内容，有序推动市县系统建设，定期向人大推送政府预算、部门预算、财政收支月报等信息。编制省级预算调整方案，依法提请省人大常委会审查和批准。继续按法定时限公开预算信息，公开重大政策、重点项目的绩效目标，主动接受社会监督。做好服务人大代表工作，主动征求并积极采纳人大代表的意见建议，定期推送财政重点和亮点工作信息，保障人大代表对财政预算工作的知情权、参与权和监督权。

此外，我们认真落实预算法及其实施条例等政策规定，进一步加强财政专户管理，不断规范专户资金收支行为。

当前，预算执行中还面临一些问题和挑战，主要包括：财政收支总体上仍处于紧平衡状态，各领域支出增长刚性较强，预算平衡难度较大；财政投入方式还需进一步创新，财政资金的撬动作用有待进一步发挥；部分部门和单位预算绩效管理不够到位，绩效管理质量和结果运用有待提升；少数市县政府债务负担较重，隐性债务风险不容忽视等。我们高度重视这些问题，将积极采取措施加以解决。

三、下半年财政工作安排

下一步，我们将深入学习贯彻习近平新时代中国特色社会主义思想，充分发挥财政职能作用，切实提升政策效能和资金效益，努力完成年度目标任务。

（一）进一步落实落细积极的财政政策。严格落实各项减税降费政策，坚决把该减的税减到位、把该降的费降到位，持续发挥减税降费政策效应，激发市场主体活力。进一步落实常态化财政资金直达机制，加快资金下达，强化资金调度，严格资金监管，更好发挥财政资金惠企利民作用。严格执行政府债务限额管理和预算管理制度，用好政府专项债券，提高债券资金使用绩效，统筹做好地方政府债券发行使用和风险防控工作，积极稳妥化解隐性债务存量，坚决遏制隐性债务增量。

（二）增强重大战略任务财力保障。加强财政资源统筹，优化支出结构，坚持集中财力和齐心协力办大事，增强财政政策和资金的系统性、整体性、协同性，加大对科技创新、强链补链、扩大内需、乡村振兴等重点领域的财力保障。加强国有资产统筹，提高行政事业单位资产利用效率。

（三）深化预算管理改革创新。强化零基预算理念运用，推进专项资金跨部门统筹整合，通过财政资金整合倒逼部门工作协同。进一步完善省级基本支出定额标准，着力建立不同行业、不同地区、分类分档的项目支出标准体系。大力推进预算管理一体化建设，推动全省预算管理一体化系统如期全面运行。

（四）兜牢兜实基层“三保”底线。加强预算审核，督促县级始终将“三保”作为预算安排的重点，全面落实国家保障范围和标准，足额安排“三保”支出预算。按月开展市县财政运行情况监测，强化风险预警处置，确保县级“三保”平稳有序运行。

(五)推进预算绩效管理提质增效。按照财政部统一部署要求,积极做好绩效评价第三方机构信用管理平台运行试点工作。进一步完善工作考核机制,修订《安徽省预算绩效管理工作考核暂行办法》。将事前绩效评估等信息和业务流程全面纳入预算管理一体化系统,逐步实现绩效管理全流程信息化。加强涉企项目资金绩效管理,提高预警审核效率。督促市县加快全方位、全过程、全覆盖预算绩效管理体系建设。

当前和今后一个时期,面临的各项挑战前所未有,做好下半年预算执行工作任务艰巨。我们将深入学习贯彻习近平总书记考察安徽重要讲话指示精神,认真落实本次会议有关要求,强化财力保障和政策支撑,开拓进取,奋发有为,扎实做好财政各项工作,为加快建设新阶段现代化美好安徽作出积极贡献。

(预算处供稿)

关于2020年度国有资产管理情况的综合报告

——2021年9月27日在安徽省十三届人民代表大会常务委员会第二十九次会议上

省人民政府

安徽省人民代表大会常务委员会:

根据《中共安徽省委关于建立省政府向省人大常委会报告国有资产管理情况制度的意见》(皖发〔2018〕20号)和省人大常委会要求,现将我省2020年度国有资产管理情况报告如下。

一、国有资产基本情况

2020年,全省各级国有资产管理部门坚持以习近平新时代中国特色社会主义思想为指导,深入贯彻党的十九大和十九届二中、三中、四中、五中全会精神,认真落实党中央、国务院及省委关于国有资产管理的重大决策部署,全面落实国有资产管理情况报告制度,不断创新和优化国有资产管理方式,有效促进了国有资产安全运行和保值增值。

(一)企业国有资产(不含金融企业)

2020年,省级国有企业资产总额16784.8亿元、负债总额9478.2亿元、所有者权益总额7306.6亿元,同比分别增长9%、6.4%、12.6%。其中:省属企业(含省属文化企业)资产总额16572.1亿元、负债总额9301.7亿元、所有者权益总额7270.4亿元,分别增长9.1%、6.6%、12.5%;省级党政机关和事业单位(以下简称省级行政事业单位)所办企业资产总额212.7亿元、负债总额176.5亿元、所有者权益总额36.2亿元,资产总额基本持平,负债总额下降2.3%,所有者权益总额增长12.8%。从主要指标看,一是省级国有企业新增资产1386.6亿元;二是省级国有企业资产负债率57.2%,与上年基本持平;三是省级国有企业实现营业总收入9531.5亿元、利润总额791.1亿元,归属于母公司所有者的净利润277.2亿元;四是2020年度国有及国有控股企业财务会计决算数据显示,省级国有企业负责人平均薪酬38.8万元,是省级国有企业职工平均工资的3.9倍。

2020年,市级以下(含市级,下同)国有企业资产总额52895.2亿元、负债总额30118.1亿元、所有者权益总额22777.1亿元,分别增长16.7%、18.6%、14.4%。从主要指标看,一是市级以下国有企业新增资产7584.3亿元;二是市级以下国有企业资产负债率56.9%,较上年增加0.9个百分点;三是市级以下国有企业实现营业总收入2192亿元、利润总额377.5亿元,归属于母公司所有者的净利润320.7亿元;四是2020年度国有及国有控股企业财务会计决算数据显示,市级以下国有企业负责人平均薪酬18.5万元,是市级以下国有企业职工平均工资的2.5倍。

汇总省级和市级以下情况,2020年,全省国有企业资产总额69680亿元、负债总额39596.3亿元、所有者权益总额30083.7亿元,同比分别增长14.8%、15.4%、14%。从主要指标看,一是全省国有企业新增资产8970.9亿元;二是全省国有企业总体资产负债率57%,上升0.4个百分点;三是全省国有企业实现营业总收入11723.5亿元、利润总额1168.6亿元、归属于母公司所有者的净利润597.9亿元;四是全省国有企业负责人平均薪酬31.4万元,是全省国有企业职工平均工资的3.4倍。

(二)金融企业国有资产

2020年,省属国有金融企业资产总额15588.4亿元、负债总额13472.7亿元、所有者权益总额2115.7亿元,同比分别增长12.5%、11.5%、19.2%;国家(含国有企业法人)出资518.8亿元,同比增长 8.9%,形成国有资产 1199.6 亿元,同比增长 7.7%。从行业布局看,一是银行业金融机构资产总额、国有资产分别占 85.1%、53.9%;二是证券业分别占 4.4%、8.1%;三是担保业分别占 2.2%、21.6%;四是金融控股集团公司分别占 7.5%、12.8%;五是金融资产管理公司分别占 0.8%、3.6%。

2020 年,市级以下(含市级,下同)国有金融企业资产总额 13496.8 亿元、负债总额 11733.7 亿元、所有者权益总额 1763.1 亿元,同比分别增长 12.9%、13.2%、11%;国家(含国有企业法人)出资 738.2 亿元,同比增长 1.4%,形成国有资产 1035.7 亿元,同比增长 11%。从行业布局看,一是银行业金融机构资产总额、国有资产分别占 91.3%、28.5%;二是保险业分别占 0.4%、0.1%;三是担保业分别占 5.2%、49%;四是金融控股集团公司分别占 2.7%、17.3%;五是其他金融机构分别占 0.4%、5.1%。

汇总省级和市级以下情况,2020 年,全省国有金融企业资产总额 29085.2 亿元、负债总额 25206.4 亿元、所有者权益总额 3878.8 亿元,同比分别增长 12.7%、12.3%、15.4%;国家(含国有企业法人)出资 1257 亿元,同比增长 4.3%,形成国有资产 2235.3 亿元,同比增长 9.2%。全省国有金融企业实现营业收入 1019.2 亿元,归属于母公司所有者的净利润 203.3 亿元,同比分别增长 13.3%、-3.3%。2019 年省级财政部门管理的国有金融企业负责人平均薪酬 50 万元(不含任期激励收入),2020 年薪酬工作尚未开展。

（三）行政事业性国有资产

2020 年,省级行政事业单位资产总额 1618.7 亿元、负债总额 483 亿元、净资产总额 1135.7 亿元,同比分别增长 2.9%、5.8%、1.6%。其中,行政单位资产总额 147.6 亿元、事业单位资产总额 1471.1 亿元,同比分别增长 5.2%、2.6%。省级行政事业单位出租出借资产 20.2 亿元,处置资产 21.4 亿元,资产收益 10.9 亿元,其中,出租出借收益 4 亿元、处置收益 5.1 亿元、对外投资收益 1.8 亿元。

2020 年,市级以下(含市级,下同)行政事业单位资产总额 9175.5 亿元、负债总额 1747.1 亿元、净资产总额 7428.4 亿元,同比分别增长 19.8%、4.8%、24%。其中,行政单位资产总额 3502.6 亿元、事业单位资产总额 5672.9 亿元,同比分别增长 15.9%、22.4%。市级以下行政事业单位出租出借资产 33.5 亿元,处置资产 57.7 亿元,资产收益 45.2 亿元,其中,出租出借收益 8.4 亿元、处置收益 36.4 亿元、对外投资收益 0.4 亿元。

汇总省级和市级以下情况,2020 年,全省行政事业单位资产总额 10794.2 亿元、负债总额 2230.1 亿元、净资产总额 8564.1 亿元,同比分别增长 17%、5%、20.5%。其中,行政单位资产总额 3650.2 亿元、事业单位资产总额 7144 亿元,同比分别增长 15.4 %、17.7%。全省行政事业单位出租出借资产 53.7 亿元,处置资产 79.1 亿元,资产收益 56.1 亿元,其中,出租出借收益 12.4 亿元、处置收益 41.5 亿元、对外投资收益 2.2 亿元。

需要说明的是,按照《政府会计制度》等相关规定,我省扎实推进公共基础设施、政府储备物资等资产的会计核算,并纳入行政事业性国有资产报告范围。其中:公共基础设施中交通基础设施 1642.1 亿元、水利基础设施 154.6 亿元、市政基础设施 1422.4 亿元、其他公共基础设施 73.5 亿元;政府储备物资中重要农产品 4.9 亿元、关键矿产资源和原材料储备 1.6 亿元、应急储备物资 5.5 亿元、其他 13.2 亿元;文物文化资产中不可移动文物 1.9 亿元、可移动文物 1.1 亿元、其他文物文化资产 0.02 亿元;保障性住房中公租房 225.4 亿元、经济适用房 30.1 亿元。

（四）国有自然资源资产

土地资源情况。截至 2020 年底,按照 2020 年土地变更调查过程数据(最终数据以国家发布为准),全省土地总面积 1401.4 万公顷,其中国有土地 218 万公顷,占 15.6%。

水资源情况。按照《2020 年安徽省水资源公报》,2020 年全省水资源总量为 1280.4 亿立方米。其中地表水资源量 1193.7 亿立方米,地下水资源量 228.6 亿立方米。地下水资源与地表水资源不重复量 86.7 亿立方米。

林草湿资源情况。截至 2020 年底,全省国有林场森林面积 24.3 万公顷,森林蓄积量 1972 万立方米。国有草地面积 1.9 万公顷。国有湿地面积 3.6 万公顷。

矿产资源情况。截至 2020 年底,全省共发现各类矿产 128 种。全省查明资源储量的固体矿产地矿区数 1615 处。全省探矿权 783 宗、采矿权 1089 宗。

自然保护区情况。全省共有省级以上自然保护区 38 处,总面积约 40.3 万公顷,其中国家级自然保护区 8 处,面积约 14.7 万公顷。

（五）其他相关资产

截至 2020 年底,政府及其所属部门负有监管职责的其他相关资产(资产属性不因本报告发生改变):全省社会保险基金滚存结余 3337.2 亿元,全省住房公积金缴存余额 1992 亿元,其中个人住房贷款余额 1947 亿元。

二、国有资产管理情况

（一）企业国有资产(不含金融企业)

1. 在大战大考中彰显国资国企责任担当。一是紧急采购捐赠疫情防控物资资金。省国资委组织省属企业从境外采购 N95 等医用口罩 89.5 万只、防护服 6.3 万套、护目镜 3.4 万副,有效缓解我省医用防护物资紧缺的燃眉之急,并捐款 1.3 亿元支援一线抗疫。二是推动省属企业率先复工复产。出台 12 条措施推动企业科学有序复工复产,减免中小微企业及个体工商户房屋租金 3.7 亿元,省属企业在保持民营企业无分歧欠款“清零”基础上,主动化解有分歧账款 2.7 亿元。省属文化企业充分发挥资源和渠道优势,创作推出一批疫情防控作品,免费开放优质教育资源和传输渠道,服务“停课不停学”。三是坚决支持打赢脱贫攻坚战。开展省属企业“抗疫情、补短板、促攻坚”专项行动,引导企业 2020 年在贫困县投资项目 89 个、年度投资额 82.2 亿元,消费扶贫 1.1 亿元。

2. 国资国企改革在重点领域和关键环节取得重大成果。一是国企改革三年行动方案落地实施。明确 8 个方面 41 条举措,具有地方特色的举措 6 条,形成国企改革安徽方案。二是继续做好马钢集团与中国宝武战略重组后半篇文章。马钢集团 2020 年钢产量首次突破 2000 万吨、营业收入首次超过 1000 亿元。2020 年 8 月 19 日习近平总书记考察马钢集团时,对马钢集团与中国宝武战略重组给予充分肯定。三是江汽集团与德国大众集团战略合作取得重大成果。用 1 年时间高效完成相关工作,成为全国率先在省属企业集团层面引进世界 500 强实施混改的范例。四是深入推进混合所有制改革。建立省属企业上市后备资源库,储备上市项目 22 个。截至 2020 年底,省属企业控股上市公司 22 户,混合所有制企业户数占比达 70%。五是如期完成规范董事会建设目标任务。新选聘 11 名专职外部董事、7 名兼职外部董事,委派至 13 户省属企业,实现省属企业集团层面外部董事委派“全覆盖”。六是深化文化领域供给侧改革。全省有线电视网络参与完成“全国一网”整合,广电集团改革创新内部人事、考核制度,新华发行集团公共图书馆运营项目、演艺集团培育“云”演艺做法被中央深改办、中央文改办简报专文推介。省文投公司参与发起设立中国文化产业投资基金,重组建设省文化产权交易所。七是剥离办社会职能和解决历史遗留问题实现“五个 100%”。省属企业“三供一业”分离移交、市政设施和社区管理机构分离移交、企业办教育和医疗机构深化改革、省内企业退休人员社会化管理移交和全省 28 户厂办大集体改革如期完成。

3. 加快推动国有资本布局优化和结构调整。一是大力实施促进科技创新“一个意见、两项清单”。出台实施《关于推动省属企业科技创新的实施意见》,遴选确定省属企业 20 项“关键核心技术和产品清单”、65 项“重点创新示范项目清单”。二是持续加大科技创新投入。安排 1 亿元科技创新专项资金引导企业加大研发投入,2020 年省属企业研发费用同比增长 40% 以上,研发投入强度超过 2.3%。三是大力实施“2211”投资行动。安排省属企业年度新建续建项目投资 2000 亿元、与中央企业合作发展新增投资 2000 亿元、省投资集团和省国控集团稳投资专项 1000 亿元、重点基础设施领域投资 1000 亿元,2020 年省属企业实际完成投资 1590 亿元,其中固定资产投资完成额同比增长 26.6%。四是加快推进重大牵引性项目建设。新马钢“1+7”产业升级项目总投资达 480 亿元,大众汽车(安徽)研发中心投入使用,引江济淮工程累计完成投资 609.6 亿元。五是调整优化国有文化资本布局结构。巩固深化“瘦身强体”工程,全年处置“僵尸”“空壳”企业 14 家,累计压减综合贸易、房地产等业务营收 190 亿元,谋划实施新业态项目 28 个,整体序时推进。出版集团加快布局“数字经济”,自主研发的“慧核”平台入选长三角十二大工业互联网平台;新华发行集团全力拓展智慧校园、智慧物流等新业态领域,中标智慧教育建设运营项目 64 个。

4. 推动国资监管体制机制向管资本为主转变。一是不断优化完善监管制度和监管方式。出台《关于加强省属企业内控体系建设与监督工作的实施意见》等制度 7 件,启动全省性国资国企在线监管系统建设 3 年行动计划。二是加强国有资本投资公司和运营公司功能建设。向省投资集团、省国控集团新增授权放权 12 项,划转马钢集团 49% 股权至省投资集团,划转国贸集团 45% 股权、江汽股份 8.08% 股权至省国控集团,着力增强“两类公司”运营能力和规模实力。三是顺利完成监管机构职能优化。省国资委内设机构进行调整优化,着力构建业务监督、综合监督、责任追究“三位一体”监督体系。四是文化企业国有资产监管体制更趋完善。修订省属文化企业综合考核指标体系,加快推动企业负责人薪酬制度改革,督促企业完善资产负债约束机制,严格控制融资活动和综合贸易规模。

5. 国资国企党的领导和党的建设明显加强。一是坚持把政治建设摆在首位。严格落实党委会议“第一议题”制度,组建省国资委党委党校,打造党员干部教育培训主阵地和思想淬炼“大熔炉”。二是着力打造国企党建有效载体和特色品牌。实施基层党建“领航计划”,编印《省属企业党建品牌集萃》,指导基层党组织创建特色载体品牌 640 余个。巩固拓展深化“三个以案”警示教育成果,在省属企业集中开展“靠企吃企、境外腐败、违规经商办企业”三个专项整治。三是党风廉政建设和反腐败工作取得明显成效。完善监督制度体系,建立省属企业违规经营投资损失问题线索报告机制，印发《省国资系统领导干部违规插手干预重大事项记录暂行办法》，严肃查处违纪违法案件。

（二）金融企业国有资产

1. 积极主动实施防疫抗灾复工复产举措。一是落实疫情防控要求，研究出台财政金融支持政策，对全省379户疫情防控重点保障企业发放731笔专项再贷款116.5亿元，降低企业实际负担利率。二是对疫情防控期间复工复产中小微企业使用贷款发放工资等提供增信；对符合条件的省专精特新中小企业融资担保业务，省财政给予补贴。三是省财政按照50%的保费补贴比例，为2722家小微企业提供政策性复工复产保险，风险保障总额约3.27亿元，为企业加快复工复产、地方经济恢复发展注入源源不断的金融活水。

2. 稳中有进推动国有金融资本管理改革。一是印发《安徽省国有金融资本出资人职责暂行规定》，探索创新有效的国有金融资本授权经营体制及实现方式。二是研究起草省级国有金融资本管理改革建议方案，推进设立省国有金融资本投资管理平台，加快推进省级国有金融资本划转授权工作。三是印发《省属金融企业名录暂行规定》，进一步厘清国有金融机构范围，切实履行国有金融资本出资人职责。

3. 从严从实做好金融企业财务基础管理。一是压实管理责任，分行业按季度、年度组织地方金融企业全口径财务报表监管，按时保质落实财政部金融企业国有资产管理报告工作。二是印发《安徽省国有金融资本产权登记专项行动实施方案》，按照“全面覆盖、应登尽登”原则，分级管理、分步推进产权登记工作。三是严格执行《金融企业绩效评价办法》，转发《商业银行绩效评价办法》，完善评价体系，提高运营效率，做优做强国有金融资本。四是印发《安徽省省属国有金融企业工资总额管理办法》，完善省属国有金融企业工资分配监管体制，引导省属国有金融企业增强经营活力。

4. 因势利导提升金融服务实体经济能力。一是继续落实直接融资奖励和省股权交易中心科创板奖励政策，支持皖北三市七县及金寨县产业园区融资发展，提高在沪深证券交易所等境内外公开市场首发上市企业的奖励金额，为促进融资提供多方位政策支持。二是深化“4321”政银担风险分担机制，积极对接国家融资担保基金政策，安排资金用于省级国有担保机构注资和代偿补助，引导全省国有担保体系成员坚守政策性和准公共定位，回归主业主责。三是印发《安徽省加快农业保险高质量发展工作方案》，取消特色农产品保险省级奖补门槛，推进农业保险“扩面、增品、提标”。四是加大创业担保贷款发放和贴息力度，开展民营和小微企业金融服务改革试点城市工作，促进金融服务及产品创新，发挥财政杠杆作用，提升国有金融资本服务实体经济能力。

5. 聚焦薄弱防范化解重大地方金融风险。一是省地方金融监管局会同安徽银保监局敦促建信信托履行债委会成员义务，积极协调省地矿局指导地矿集团做好稳控工作，妥善处置重点企业信用违约风险。二是印发《关于防范化解农村商业银行风险提升金融服务实体经济能力的指导意见》。2020年，稳控全省农商行不良率在5%以下，守住农商行系统不发生系统性风险的底线。三是严格落实全国防范化解包商银行风险工作方案，依法依规稳妥推进徽商银行参与包商银行重组工作，积极协调存保基金出资定增徽商银行补充资本。四是积极争取财政部30亿元专项债补充中小银行资本，制定“一行一策”实施方案，加快推进专项债支持化解中小银行风险相关政策落地。

（三）行政事业性国有资产

1. 助力服务经济社会发展。一是认真落实疫情防控政策。在资金补助和物资保障上采取有效措施，通过调整压缩一般性支出、为中小微企业减免租金，开辟疫情防控物资采购“绿色通道”等方式，保障疫情防控工作有序开展。2020年，省级行政事业单位共减免2977户中小微企业及个体工商户房屋租金1.2亿元。二是大力支持科技创新驱动发展。积极支持合肥综合性国家科学中心等建设，采取公开竞争立项、单位研发后补助、研发团队奖励、股权投资或债权投入等扶持方式，聚焦支持引导企业加大研发投入，开展重大关键技术攻关，支持科技人才团队创新创业，促进科技成果转化。2020年，全省共登记科技成果20168项，实现产业化应用的有9239项，占成果总数的46.12%。三是教育、卫生等社会事业发展得到有力促进。截至2020年底，全省教育部门、医疗卫生机构资产规模分别达1618.2亿元、1754亿元，同比分别增长9.3%、15.8%。各类文化设施惠民力度不断加大，全省共建成文化馆（站）共1628个、公共图书馆131个、博物馆230个、A级旅游景区625个。四是公共基础设施等建设持续加大。省级和市县财政持续加大资金支持力度，共同推进铁路、公路、航运、水利等重大工程及公共基础设施建设，其中省级财政2020年共统筹拨付资金153.2亿元。截至2020年底，全省交通基础设施、水利基础设施、市政基础设施总量分别达1642.1亿元、154.6亿元、1422.4亿元，同比分别增长54.5%、51.7%、12.1%，有力保障了经济社会发展和人民群众生产生活需要。

2. 加大资产统筹管理力度。一是严控新增资产配置。认真落实过紧日子要求,坚持资产管理与预算管理相结合,建立新增资产配置与存量资产挂钩机制,严控超标准、超数量配置资产,积极推进节约型机关建设。二是对省直党政机关办公用房实行集中统一管理。截至2020年底,累计完成33家省直单位24.4万平方米办公用房权属统一登记,合理调配办公用房2万平方米,依规收回闲置办公用房5万平方米。三是积极盘活闲置资产。采取出租、出售、置换、改造等方式盘活闲置房产3.2万平方米。全面推进资产出租、处置纳入资产所在地公共资源交易平台交易,2020年省直单位实现资产出租收益4亿元、处置收益5.1亿元。

3.深入推进资产管理改革。一是全面推进经营性国有资产集中统一监管改革。根据中央和省委要求,为进一步做强做优做大国有企业,促进国有资产保值增值,2020年,完成6个主管部门本级及所属单位共30家所办企业集中统一监管试点改革。在此基础上,经省委、省政府同意,省财政厅会同省国资委印发《关于全面推进省直党政机关和事业单位经营性国有资产集中统一监管改革的实施方案》,确保2021年底基本完成改革任务。二是实施国有资产管理"放管服"改革。经省政府同意,印发《安徽省财政厅关于深化省级行政事业单位国有资产管理"放管服"改革的通知》,将省级行政事业单位限额以下的资产出租、处置审批权限下放主管部门,更好地保障了行政事业单位有效履职和高效运转。三是认真做好省以下检察院资产上划省级统管工作。印发《安徽省财政厅关于做好省以下检察院资产上划省级管理有关工作的通知》,进一步明确管理职责,理顺体制机制,确保了省以下检察院财物统管改革工作平稳有序推进。

4.创新优化资产管理方式。一是推行条形码管理制度。印发《安徽省财政厅关于做好省级行政事业单位资产卡片信息管理的通知》,全面核查完善资产卡片信息,实行"一物一卡"管理,强化实物资产清查盘点,夯实资产管理基础。二是加强资产管理信息化建设。探索通过信息化手段规范行政事业单位国有资产管理,积极推进资产管理信息系统与财政预算管理一体化系统对接,不断提升资产管理效率。三是健全完善省直党政机关办公用房集中统一管理制度。出台《安徽省省直机关办公用房维修管理标准》等八项办公用房管理配套制度。四是规范省直机关公务用车管理。制定《安徽省党政机关特殊情况下配备更新车辆工作规范》《党政机关公务用车数据管理规范》《省直机关公务用车更新配备实施细则》。

5.健全完善监督检查机制。一是根据省人大常委会审议意见要求,选取48家省直单位,开展国有资产管理历史遗留问题和长期挂账问题调研,结合实际提出对策建议。二是充分发挥巡视和审计监督作用,建立工作联动和问题整改机制,推动省直单位资产管理问题得到有效整改。三是积极履行财政综合监督职能,完善财政部门、主管部门、行政事业单位三个层次的监督管理体系,组织开展省直单位资产管理情况监督检查,对存在问题进行通报,督促单位抓好整改落实。

(四)国有自然资源资产

1.认真履行全民所有自然资源资产所有者职责。稳步推进国土"三调",全面查清全省土地利用现状、土地权属状况和土地资源变化情况。配合自然资源部完成长江干流(安徽段)确权登记,开展淮河干流(安徽段)确权登记。省本级启动丰乐河、沱河(含沱湖)2个省级试点工作。扩大国有土地有偿使用范围,严格实行经营性用地有偿使用。规范执行矿业权出让收益市场基准价。完善水资源费征收制度。完成2018年度全省自然资源资产负债表(实物量)编制。

2.优化国土空间开发保护格局。构建"多规合一"的国土空间规划体系,组织开展省市县国土空间规划编制。生态保护红线评估调整成果通过自然资源部、生态环境部、国家林草局审核。启动《安徽省矿产资源规划(2021—2025年)》和《安徽省水利基础设施空间布局规划》编制工作。

3.加强自然资源整体保护和生态修复。实施山水林田湖草生态保护修复,完成年度废弃矿山生态修复任务。加快环巢湖十大湿地保护与修复工程建设。印发《关于建立以国家公园为主体的自然保护地体系实施方案》。推深做实新安江流域生态补偿机制,编制完成《新安江-千岛湖生态补偿试验区建设方案》。新安江流域跨界断面水质连年达到生态补偿条件,持续实施大别山、滁河水环境生态补偿机制,建立沱湖流域生态补偿机制。

4.持续提升自然资源保护和高效利用水平。开展耕地目标责任制考核,连续21年实现耕地占补平衡。严格林地管理,合理安排林地定额,科学编制年度森林采伐限额,实行使用林地总量控制。开展全省取用水管理专项整治行动。在全国率先完成取水许可电子证照应用推广。合理配置资源性资产,全年供应各类用地8572宗、面积2.8万公顷,成交金额2752.4亿元。完成沱河、巢湖等32条跨市河湖水量分配工作。全年处置批而未供土地8.7万亩、处置率19.8%,处置闲置土地7.5万亩、处置率45.9%。

5.深化自然资源领域改革。推进自然资源资产产权制度改革,制定工作要点和任务分工。积极承接国务院建设用地审批权委托试点。制定《安徽省自然资源统一确权登记总体工作方案》。调整矿业权出让登记权限,推进矿业权竞争性出让。出台自然资源领域财政事权和支出责任划分改革实施方案。黄山市不动产登记"综合创新示范"经验在全国推广。在全国率先推行林长制改革,改革经验推向全国。强力推动河湖长制,长江、淮河、新安江沿线均由党委、政府主要负责同志担任河长。全面实施"河(湖)长+检察长"模式、推行河湖警长制。

6. 持续推进自然资源监管体系建设。加强自然资源法治建设,全面推进行政执法三项制度。对年度违法用地问题严重的3市7县(区)开展警示约谈。推动2019年耕地保护督察发现问题和历年土地例行督察"挂账"问题整改。挂牌督办20起典型破坏森林资源违法案件。实施马鞍山市市长自然资源资产离任审计,市县审计机关实施领导干部自然资源资产离任审计项目145个,涉及领导干部217人。

三、存在的问题

(一)企业国有资产(不含金融企业)

1. 在推动高质量发展方面。省属企业的产业结构布局不够优化,煤炭、有色、建材等传统产业占比较大,新兴产业占比较小,面临转型发展和减污降碳双重压力;市县国有企业总体规模实力不强,国有经济的支撑和保障作用发挥不充分;互联网、信息化和新媒体对图书报刊出版、电视演艺等文化企业冲击加剧,新冠疫情对文艺演出、电影放映、文化旅游等企业形成持续负面影响。

2. 在深化国资国企改革方面。省属企业现代企业制度建设有待完善,市场化经营机制不够健全,三项制度改革还不够深入,以管资本为主的监管效能还有待提升。

(二)金融企业国有资产

1. 在推动国有金融资本管理改革方面。全省各地进展不平衡,尽管出台了相关顶层制度,但具体划转授权工作仍未开展,改革尚未取得实质性突破。

2. 在国有金融资本管理职责划分方面。省财政厅、省国资委、省地方金融监管局等部门都参与国有金融资本的管理,财政部门履行出资人职责在金融机构公司治理中难以充分体现。

3. 在国有金融资本布局结构方面。目前我省国有金融资本较多配置在银行业,对保险、信托、基金等业态配置相对不足,既不利于多层次资本市场健康发展,提高直接融资比重,也对实体经济高质量发展带来不利影响,国有金融资本布局结构亟须调整优化。

4. 在国有金融资本产权登记管理方面。部分金融企业思想重视不够,国有金融资本产权登记及全流程监管工作有待进一步强化。

(三)行政事业性国有资产

1. 在资产管理基础工作方面。有的单位思想重视不够,资产管理基础薄弱,还存在资产账实不符、往来款长期挂账等问题。有的单位对解决资产管理历史遗留问题存在畏难情绪,房产未办理权属登记、产权界定不清等问题亟须解决。

2. 在加强资产统筹利用方面。资产调剂和共享共用机制不够健全,部分单位仍存在房产、土地闲置问题,资产统筹管理及盘活利用有待进一步加强。

(四)国有自然资源资产

1. 自然资源资产管理基础仍需进一步提升。

2. 自然资源资产管理制度仍需进一步加强。

3. 自然资源保护和节约集约利用力度有待进一步提高。

四、下一步工作安排

(一)企业国有资产(不含金融企业)

1. 加大对省属企业科技创新投入支持力度。坚持以创新发展为动力,继续从国有资本收益中安排专项资金,支持省属企业关键核心技术研发攻关、创新平台建设、科技成果转化和创新项目落地;推动省属企业创新联合体建设,实施关键技术攻坚工程。

2. 以三年行动方案为重点深化国资国企改革。支持具备条件的国有企业深化混合所有制改革,大力推动国有企业改革上市和骨干员工持股改革。深入开展省属企业三项制度改革专项行动,加快完善市场化选人用人和激励约束机制。加快国有经济布局优化和结构调整,推动国有资本更多投向新型基础设施、战略性新兴产业、优势产业等领域。巩固马钢与宝武重组、江淮与大众战略合作成果,着力推动省属企业加强与世界一流企业特别是中央企业的合资合作。进一步优化文化企业国有资本布局,巩固深化"瘦身强体"成果,启动实施"改革创新"工程,大力培育新型文化企业、文化业态、文化消费模式,全面塑造企业发展新优势。

3. 以管资本为主完善国资监管体系。进一步梳理国资监管权责和工作事项,厘清出资人和监管企业职责边界。深化国有资本投资、运营公司改革,调整优化总部职能定位和管控模式。建立健全外部董事管理体制机制。加强企业内控体系建设,切实防范化解投资风险、法律风险、境外经营风险,守住不发生重大风险的底线。

4. 加强国有企业党的领导发挥党建引领作用。进一步明确企业党组织的权责和工作方式,从组织上、制度上、机制上确保党委的领导地位。推深做实党建"领航"计划,打造更多具有国企特色的党建品牌。落实《安徽省省属企业领导人员管理办法》,健全完善考核评价体系,突出考核评价结果的导向作用。

(二)金融企业国有资产

1. 筑牢国有金融资本管理基础。

按照财政部政策要求，严格执行金融企业财务规则、金融企业负责人履职待遇、国有金融企业年金管理等规定，为管理国有金融资本、防范化解金融风险夯实基础。

2. 推进省级国有金融资本改革。完善省级国有金融资本管理实施方案，推进设立省级国有金融资本投资管理平台，加快推进省级国有金融资本划转授权工作，确保重大决策落地见效。

3. 提升国有金融资本监管效率。按季度、年度动态开展地方金融企业财务监管、绩效评价工作，扎实做好金融企业国有资产专项报告、产权登记工作，摸清国有金融资本家底，实现对国有产权变动的全链条动态穿透监管，防止国有资产流失。

4. 指导各地国有金融资本管理。督促和指导市县结合本地区实际，研究制定本地国有金融资本管理具体实施方案，促进财政部门集中统一履行国有金融资本出资人职责，稳妥有序推进全省国有金融资本管理改革工作。

(三)行政事业性国有资产

1. 进一步健全完善资产管理制度体系。认真贯彻《行政事业性国有资产管理条例》(国务院令第738号)，结合我省实际，修订《安徽省行政事业单位国有资产管理暂行办法》(省政府令第214号)，修订完善资产配置、使用、处置及收益等配套制度，着力构建覆盖国有资产管理全过程、各环节的科学制度体系，提高行政事业性国有资产管理法治化规范化科学化水平。

2. 进一步加大统筹提高资产利用效率。全面推进经营性国有资产集中统一监管改革，确保2021年底基本完成改革任务，进一步提升经营性国有资产运营效率，促进国有资产保值增值。加强省直党政机关办公用房集中统一管理，按照不同类型房产分类采取措施，推动闲置房产高效合理利用。积极建立省直单位固定资产公物仓，对长期低效运转、闲置和超标准配置资产以及临时配置资产纳入公物仓管理，促进国有资产灵活调配使用。

3. 进一步创新方式提升资产管理质量。健全资产管理与预算管理相结合机制，推进资产管理信息系统与预算管理一体化系统有效对接，完善新增资产配置与存量资产挂钩机制，进一步优化和提升资产配置效率。探索开展国有资产绩效评价工作，围绕行政事业性国有资产管理目标任务，研究建立绩效评价指标体系。加强资产管理的指导和监督，压实主管部门具体监管职责和行政事业单位主体责任，推动省直单位健全完善资产管理内控机制，不断强化资产全流程管理，进一步提升资产管理质量和水平。

4. 进一步采取措施推动解决资产管理历史遗留问题。组织开展省直单位国有资产管理历史遗留问题和长期挂账问题清查摸排，建立问题整改落实机制，压实单位主体责任，加大审计核查力度，采取分类施策、先易后难的方式，力争用3年左右时间推动资产管理历史遗留问题和长期挂账问题得到有效解决。

(四)国有自然资源资产

1. 夯实自然资源管理基础。统筹组织森林、草原、水资源和湿地等专项调查。利用4年时间基本完成重点区域自然资源统一确权登记。开展全民所有自然资源资产清查试点和所有权委托代理试点。

2. 严格保护和高效利用自然资源。探索建立耕地保护"田长制"。深化新一轮林长制改革，全面建设全国林长制改革示范区。强化河湖长制。持续开展批而未供和闲置土地处置，优化自然资源配置，促进自然资源节约集约开发利用。深入实施国家节水行动，强化水资源刚性约束，建立健全"十四五"用水总量和用水效率控制指标体系。加强森林资源保护利用监管，依法开展使用林地占用审核审批。

3. 强化国土空间用途管制和生态保护修复。加快推进国土空间规划编制。全面实施长江、淮河、江淮运河、新安江生态廊道建设，加快构筑江淮大地更加牢固的生态安全屏障。编制《安徽省国土空间生态修复规划(2021—2035年)》，实施重大生态修复工程。稳妥推进全域土地综合整治。

4. 健全制度建设。认真贯彻《安徽省林长制条例》。深入推进自然资源资产产权制度改革。落实公平竞争审查制度。扎实推进以国家公园为主体的自然保护地体系建设。发挥人大、行政、司法、审计和社会监督作用，形成监管合力，积极预防、及时制止破坏自然资源资产行为，强化自然资源资产损害赔偿责任。

以上报告，请予审议。

(资产处供稿)

省财政重要文稿

在全省财政工作视频会议上的讲话

省财政厅党组书记、厅长　罗建国

（2021年1月11日）

同志们：

这次会议的主要任务是，以习近平新时代中国特色社会主义思想为指导，深入贯彻党的十九大和十九届二中、三中、四中、五中全会以及中央经济工作会议精神，认真学习贯彻习近平总书记考察安徽重要讲话指示精神，全面落实省委十届十一次、十二次全会和省委经济工作会议精神，认真贯彻落实省领导批示要求，传达学习贯彻全国财政工作会议精神，总结2020年全省财政工作，研究部署2021年财政工作。2020年12月31日，财政部召开全国财政工作视频会议。会前，李克强总理和韩正副总理作出重要批示，对2020年财政工作给予充分肯定，向广大财政干部职工表示慰问，对做好2021年财政工作提出要求，我们进行了传达学习。全国财政工作会议召开后，省财政厅迅速向省委、省政府领导汇报会议精神以及贯彻落实的意见建议。省委、省政府对这次全省财政工作会议高度重视，会前，李锦斌书记、李国英省长和邓向阳常务副省长审阅了全国财政工作会议精神的汇报材料，指示我们要把全省财政工作会议开好，并分别作出重要批示。刚才，我们进行了传达学习。国务院领导及省委、省政府领导的重要批示，高度肯定了2020年财政工作，对2021年财政工作提出明确要求，向广大财政干部职工表示慰问，既是对财政财务工作的鼓励和要求，更是对财政干部的关怀和鞭策，为我们做好今年的财政财务工作提供了方向和遵循。会后，省领导的批示将予以印发。大家要及时向市、县（区）党委政府、预算单位党组（党委）主要负责同志及分管负责同志汇报，并认真组织财政财务干部学习，领会精神要义、抓好贯彻落实。下面，我讲几点意见。

一、2020年财政工作取得积极成效

2020年极不平凡，面对世情、疫情、汛情的叠加影响，全省各级财政部门深入学习贯彻习近平新时代中国特色社会主义思想特别是习近平总书记考察安徽重要讲话指示精神，坚决贯彻落实省委、省政府决策部署和财政部工作安排，坚持积极的财政政策更加积极有为，统筹支持疫情防控和经济社会发展，全力支持做好“六稳”“六保”工作，财政运行总体平稳，好于预期。全省一般公共预算收入完成3216亿元、增长1%；财政支出完成7471亿元、增长1.1%。我省财政综合管理、预算绩效管理、县级财政绩效管理等工作在财政部连战连胜、争先进位，省财政厅在全国文明单位创建、省委综合考核和省政府目标管理绩效考核中连续多年保持荣誉。一年来，我们主要做了以下工作。

一是扎实服务保障疫情防控。面对突如其来的疫情，第一时间提请动支省长预备费1亿元专项用于疫情防控，全省累计投入疫情防控经费107.8亿元。开通政府采购和国库集中支付绿色通道，对中央财政阶段性提高留用比例增加库款84亿元，省级全部调度给县级使用，确保各地医疗救治和疫情防控资金充足。累计跟进出台并推动落实涉及兜底救治、援企稳岗、金融贴息等财政政策文件26个。发行使用政府债券198.7亿元支持195个公共卫生项目建设。争取中央财政补助资金13.2亿元，支持应急物资体系建设。按照省委和省疫情防控领导小组要求，认真做好省领导检查组包保工作。全省财政系统干部把做好疫情防控保障工作作为头等大事，日夜奋战，安排调度拨付资金、出台政策、制定制度，在大战大考中积极担当，贡献财政力量。

二是全力支持防汛救灾和灾后恢复重建。面对百年一遇的汛情，省财政及时制定财政支持蓄滞洪区新型农业经营主体及带贫脱贫若干政策、蓄滞洪区运用补偿工作方案，争取中央资金69.1亿元、份额全国领先，建立

快速核拨机制,统筹下达省以上资金81.7亿元,有力支持全省没有发生重大人员伤亡事件、重要堤防没有出现损毁、国家重要基础设施没有受到冲击、经济社会发展重点工作没有受到影响。各相关市县财政部门闻汛而动,阜阳、合肥、黄山等国家和省级蓄滞洪区、山区、圩区财政干部冲锋在前、担责负责,扎实务实支持做好救灾工作,交上了一份圆满答卷。

三是聚力支持打好三大攻坚战。全省投入财政专项扶贫资金162.1亿元、增长14.2%,省级增量资金全部用于贫困革命老区县和深度贫困县,突出支持“三保障一安全”,在国家财政专项扶贫资金绩效考核中连续第4年获优秀等次。省级统筹安排污染防治资金49亿元、增长15.2%,下达水清岸绿产业优美丽长江(安徽)经济带专项引导资金9亿元,省级统筹20.4亿元推进长江流域重点水域退捕禁捕工作。支持创建新安江—千岛湖生态补偿试验区,拓展实施大别山区、沱湖、皖苏滁河流域生态补偿。强化政府债务预算管理和限额管理,积极稳妥化解隐性债务存量,坚决遏制增量,我省全口径债务风险等级由橙色降为黄色。六安、亳州等加强扶贫资金保障和绩效管理,有力推动现行标准下贫困人口全部脱贫。池州全力保障长江禁捕退捕工作,黄山创新生态环保机制,推动全面绿色发展。芜湖、铜陵等隐性债务风险化解取得积极进展。马鞍山率先探索退捕渔民安置社保政策。

四是积极推动经济恢复性增长和高质量发展。以有力措施有效应对疫情冲击,用好直达资金惠企利民政策,争取特殊转移支付209.3亿元、居全国第4,抗疫特别国债223亿元,于6月底全部下拨市县,省级一分不留,截至目前支出93.6%、高于全国1.3个百分点。加大减税降费力度,预计全年新增减税降费685亿元。积极扩大有效投资,省级统筹拨款28.8亿元支持棚户区、老旧小区改造;提前50天完成1496亿元新增专项债券的发行任务,加快债券资金使用进度,支持新基建等重点领域项目建设;截至11月底,我省PPP财政部入库项目479个、总投资5226亿元,落地率88.1%、开工率77%,均位居全国前列。聚力增强发展动能,省级统筹安排130亿元支持合肥综合性国家科学中心、“四个一”创新主平台、“三重一创”、制造强省等建设;设立1000亿元规模的制造业融资贷款财政贴息专项。宿州建立健全工作机制,确保直达资金精准高效落地。阜阳、滁州等地创新财政金融支持方式,缓解企业融资难问题。

五是统筹推进城乡区域协调发展。聚焦“三农”,省级统筹拨付农业生产和产业发展资金34.9亿元,紧急拨付资金2亿元支持小麦赤霉病防控,统筹安排155.7亿元支持“四好”农村路、高标准农田、水利发展等,安排美丽乡村建设资金13.2亿元,拨付补贴资金推动农业保险高质量发展,支持推进农村厕所革命、持续改善农村人居环境。聚焦支持长三角一体化发展,统筹安排8.8亿元,支持江南、江北产业集中区、皖北三市九县工业园区等建设。积极向财政部争取财税政策支持,推动安徽自贸区建设顺利开局。完善外经贸促进政策,省级下达6亿元支持稳外贸、稳外资,推动打造内陆开放新高地。合肥、蚌埠、芜湖完善财政支持自贸区发展政策,助力经济企稳回升。宣城支持农村三产融合发展,促进美丽乡村建设。淮南提升农业保险服务能力,助力“三农”发展。

六是着力保障改善基本民生。针对疫情汛情对生产生活影响,精打细算过紧日子,省本级压减一般性支出5%、非刚性重点支出预算压减50%以上,全省“三公”经费支出下降9.7%,将更多财力向疫情严重地区、受灾群众、基层一线倾斜,就业、教育、社保、医疗等重点民生领域得到较好保障。制定保基本民生、保基层运转工作方案,省以上对市县转移支付达到3101.5亿元、增长15.1%,继续体现了省对下倾斜,基本对冲了减税降费和疫情汛情影响,有力保障市县“三保”支出。省级下达84.8亿元支持贫困县区“双基”补短板。全省投入130.6亿元、增长52.9%支持公共卫生事业发展,省级统筹拨付305亿元支持城乡居民基本医疗保险提高财政补助标准。投入1213.6亿元推进33项民生工程圆满完成。合肥、马鞍山、黄山等地厉行节约过紧日子,集中财力保障民生等重点领域支出。淮北、安庆等地扎实推进民生工程。

七是推进建立现代财政制度。全面贯彻落实预算法及其实施条例,加快推进预算管理一体化建设,省级国有资本经营预算调入一般公共预算比例提高到30%。印发交通运输、应急救援、生态环境、自然资源、公共文化等领域财政事权和支出责任划分改革实施方案。完善留抵退税分担机制,缓解市县财政资金压力。省政府成立邓向阳常务副省长任组长的省预算绩效管理工作领导小组,深化涉企资金信息管理系统运用,省级将21个重点绩效评价结果与预算安排、政策调整挂钩,省级层面基本建成全方位、全过程、全覆盖的预算绩效管理体系。根据省政府要求,建立与审计部门联动机制,强化财政预算执行和财政资金监管;根据省委巡视办部署,建立巡视组与财政协同工作机制。合肥等地建立健全预算绩效管理体系。马鞍山对涉企各类财政补助政策资金进行“回头看”,坚持问题导向,有力推动政策资金提质增效。

八是持续深化财政机关党建。深

化“不忘初心、牢记使命”主题教育，召开全省财政系统五中全会精神宣讲视频会，常态化开展厅党组理论学习中心组学习，坚持厅党组书记推荐阅读制度和政策业务学习制度。深化“三查三问”，修订厅党组工作规则、制定厅党组会议事项清单，完善向省委请示报告事项清单，扎实做好省委巡视整改工作。认真开展模范机关创建、作为省直部门代表作经验交流。举办市县政府领导干部财政改革与财政政策培训班，加强干部教育培训和管理监督，在全国财政工作会议上就“努力打造高素质专业化财政干部队伍”作交流发言。深化“三个以案”警示教育，制定落实力戒形式主义官僚主义32项具体举措和正负面清单，开展厅属单位“三重一大”事项专项治理，严格内控制度执行，主动接受驻厅纪检监察组监督，密切厅党组与驻厅纪检监察组工作协同，常态化开展政治巡察，推动依法廉洁理财。

2020年是“十三五”规划收官之年。五年来，全省财政改革发展工作取得了显著成绩。一是财政综合实力不断增强。全省一般公共预算收入累计完成1.5万亿元、较“十二五”末年均增长5.6%，税收占比保持在70%左右；财政支出规模连续跨越6000亿元、7000亿元2个千亿元台阶、累计完成3.3万亿元、较“十二五”末年均增长7.4%，基层“三保”保障系数高于中部省份平均水平，对经济社会发展支撑力进一步增强。二是积极财政政策全面落实。省级涉企行政事业收费实现清零，2016—2018年累计实现减税降费2835.9亿元，2019年以来实施更大规模减税降费政策、新增减税降费1424.7亿元。省级统筹377.2亿元全力支持“三重一创”、合肥综合性国家科学中心、创新型省份等重大项目建设。发行10648.3亿元债券资金，为稳投资、扩内需、补短板提供强劲动能。注重发挥财政政策资金引导撬动作用，省财政累计拨付91.5亿元支持政策性融资担保体系建设，缓解中小微企业融资难问题。三是财政保障更加精准有力。聚焦全面建成小康社会补短板，建立省市县财政专项扶贫资金增长机制，累计投入578.6亿元、年均增长30.1%，累计整合各类涉农资金511.7亿元，统筹安排地方债164.1亿元、盘活存量资金49.3亿元，全省直接用于脱贫攻坚的财政资金超过1100亿元，支持超过300万农村贫困人口全面脱贫、3000个贫困村全部出列、31个贫困县全部摘帽；健全财政稳定增长投入机制，全省投入1399亿元，支持打好蓝天、碧水、净土保卫战，财政牵头第一、二轮“新安江生态补偿模式”入选“不忘初心、牢记使命”主题教育教材“攻坚克难案例”丛书；率先以省委、省政府名义出台管理办法，加强隐性债务动态监控、风险评估，我省债务规模适度、风险可控。四是财政公共属性充分彰显。坚持以人民为中心的发展思想，优化财政支出结构，5年民生支出超过2.6万亿元、占全省财政支出80%以上，保障就业、教育、社保、医疗等重点民生支出。持续以工程化举措、项目化抓手推动保障改善民生，全省投入5260亿元滚动实施54项民生工程，惠及全省7000万人民群众。建立基层基本公共服务功能建设财政保障机制，省级统筹投入278.9亿元支持32个贫困县补齐基层基本公共服务短板。五是财政治理效能显著提升。实现预算公开评审省市县三级全覆盖，在财政部地方预决算公开度评比中位居全国第一方阵。提请省人大出台实施《非税收入管理条例》，规范非税收入征管。营改增、环保税、个人所得税、耕地占用税、资源税等重点改革任务相继顺利完成。基本公共服务、科技、交通运输、应急救援、生态环境等9个领域省以下财政事权和支出责任划分改革方案陆续出台，转移支付结构更加优化，权责清晰、财力协调、区域均衡的省以下财政体制逐步构建。六是财政政治生态持续优化。健全贯彻落实习近平总书记关于财政工作重要指示批示精神的工作机制，加强财政政治生活、政治文化、政治生态建设，持续开展模范机关创建，建立厅党组与驻厅纪检监察组联系协作机制，对厅属单位政治巡察实现全覆盖，表扬与批评、提拔与交流“不要找”的财政风气全面形成，推动乡镇财政基层党组织建设。厅党组入选全省党委（党组）理论学习中心组联系点，在长三角地区机关党建工作研讨会上作经验交流。

五年来，我们深化了对做好财政工作的规律性认识。一是必须坚持政治站位、党性原则。坚持和服从党对财政工作的领导，始终用政治的视野、观念、标准、原则谋划推动财政改革发展工作，把准财政工作方向，种好财政的“责任田”，不折不扣地把党中央、国务院的决策部署及省委、省政府的部署要求和财政部的工作安排落到实处。二是必须坚持为民宗旨、过紧日子。严格落实过紧日子要求，更加注重节用裕民，大力压减一般性支出，调整优化支出结构，厉行节约，勤俭办一切事业，确保把钱用在刀刃上、紧要处。三是必须坚持市场有效、财政有为。坚持有所为有所不为，市场能够做的、交给市场去做，能够支持市场做的、支持市场去做，发挥财政政策资金引导撬动作用，激发市场主体活力，使市场在资源配置中起决定性作用和更好发挥政府作用。四是必须坚持问题导向、精准施策。坚持安不忘危、治不忘乱，常态化开展“回头看”，善于发现问题、敢于正视问题、分析解决问题，对症下药、精准发力、举一反三，认真总结和吸取教训，建立健全长效机制，增强财政工作的针对性和有效性。五是必须坚持深化改革、注重绩效。始终把改革作为财政工作的总牵引、把质量效益作为生命线,深化财政重点改革,创新财政筹资、保障、运行和管理等机制,全面实施预算绩效管理,提升财政治理能力及财政资源配置使用效益。六是必须坚持全面统筹、系统推进。注重统筹好发展和安全、当前和长远、全局与重点、省级与市县,强化财政上下“一盘棋”、财政财务“一体化”,凝聚财政工作合力。

这些成绩的取得,得益于习近平新时代中国特色社会主义思想的科学指引,得益于省委、省政府的坚强领导,得益于财政部的指导支持,得益于各级各部门的关心理解帮助,得益于全省财政系统干部和省直预算部门财务干部齐心协力、攻坚克难。在此,我代表财政厅党组向奋战在财政财务战线上的同志们表示衷心感谢并致以崇高敬意!

二、明晰“十四五”财政改革发展思路

党的十九届五中全会规划了“十四五”和未来更长时期经济发展的实践路径,作出了战略部署,省委十届十二次全会明确了我省“十四五”经济社会发展的指导思想、基本原则和主要目标,为做好财政改革发展工作提供了根本遵循和科学指南。全省财政系统要知重负重、起而行之,知责尽责、主动担当,坚持系统观念,加强前瞻性思考、全局性谋划、战略性布局、整体性推进,积极适应新发展阶段、深入贯彻新发展理念、服务构建新发展格局,为全面建设经济强、百姓富、生态美的新阶段现代化美好安徽作出积极贡献。

(一)坚持和服从党对财政工作的全面领导,切实把“两个维护”贯穿财政工作全过程各方面。财政工作既是经济工作、更是政治工作。要把准政治方向,在思想上政治上行动上同以习近平同志为核心的党中央保持高度一致,落实“四个服从”“五个必须”要求,党中央提倡的坚决响应、党中央决定的坚决执行、党中央禁止的坚决不做,做到令行禁止、政令畅通。要彰显政治属性,重视从讲政治的高度做好财政工作,善于用政治眼光观察和分析财政改革发展问题,对党中央精神深入学习、融会贯通,对“国之大者”了然于胸,积极主动转化为财政工作的部署安排和举措,确保政治和业务融为一体。要强化政治担当,明确财政工作的职责定位,坚守原则立场,发扬斗争精神,推动财政工作更好体现时代性、把握规律性、富于创造性,确保党中央、国务院及省委、省政府决策部署和财政部工作要求在财政部门和预算单位财务部门不折不扣落到实处。

(二)充分发挥财政政策引导作用,全面服务构建新发展格局。要聚焦高质量发展,落实“投资有回报、产品有市场、企业有利润、员工有收入、政府有税收、环境有改善”的要求,全力支持实现更高质量、更有效率、更加公平、更可持续、更为安全的发展。要立足新阶段谋划,科学把握新发展阶段的历史方位,深入贯彻新发展理念的重要原则,盯紧加快构建新发展格局的目标方向,自觉把财政资源配置、财政政策落实、财政体制改革,放到服务构建新发展格局中研究和谋划,谋深谋实谋细各项贯彻落实举措。要聚力新格局重点,全面贯彻落实习近平总书记“构建新发展格局要把握六个着力点”的重要指示精神,紧扣加快培育完整内需体系、科技攻坚体系等方面,完善财政政策制定和执行机制,坚持产业发展更加注重减税降费、融资担保以及撬动带动金融资金,基础设施建设更加注重债券融资、基本民生和基层运转更加注重公共财政保障,不断提高财政政策的精准性和有效性。要强化双循环并进,在用好促消费、扩投资财政政策资金的同时,完善并落实好财政外贸外资等政策,支持全省开放大平台建设,积极促进内需和外需、进口和出口、引进外资和对外投资协调发展,支持打造国内国际双循环战略链接。

(三)加强财政资源统筹,着力增强省委省政府重大战略的财力保障。加强财政资源统筹是集中力量办大事的重要体现,必须坚持围绕中心、服务大局,统筹各类资源,增强重大战略财力保障,服从服务于党中央、国务院及省委、省政府决策部署。要加强预算间统筹,完善政府预算体系,把政府的全部收入和支出都纳入预算,增强四本预算有效衔接,加强公共资源综合管理,强化政策集成和资金协同。要加强资金资产统筹,全面盘活用好各类存量资金,建立健全与预算安排统筹结合机制,加强国有资产分类管理,促进共享共用和全面统筹,减少闲置浪费,把低效无效的资金资产充分利用起来。要加强年度间统筹,完善跨年度预算平衡机制,加强中期财政规划管理,增强对预算编制的指导性和约束性,提高财政预算的前瞻性和可持续性。要加强财政信息统筹,加快预算管理一体化建设,推动各部门各领域信息集成和共享,以系统化思维和信息化手段推进预算管理工作,更好服务财政财务管理。

(四)始终坚持人民至上,健全财政民生保障机制。牢固树立以人民为中心的思想,必须把保障改善民生作为财政工作的出发点和落脚点。要坚持兜底线,坚守底线、突出重点、完善制度、引导预期,注重普惠性、基础性、兜底性,对国家出台的统一民生政策要做到应保尽保、全面落实,将财力向基层一线、困难地区、弱势群体倾斜,集中发力补齐民生短板。要注重可持续,既尽力而为,该保障的一定要保障,绝不能打折扣、搞变通;又量力而行,进一步加强民生支出管理,把好民生政策和资金关口,防止脱离实际、寅吃卯粮,确保民生支出与经济发展相协调、与财力状况相匹配。要着力建机制,探索建立民生支出清单管理制度,健全基本公共服务保障标准体系。完善财政民生政策和供给机制,更好发挥市场机制作用,合理确定政府、单位和个人负担,支持公办民营、民办公助、政府购买服务等模式,鼓励社会力量等共同兴办民生事业,不断提高基本公共服务均等化的供给质量和水平。

（五）树牢过紧日子思想,把宝贵的财政资金用在刀刃、用出实效。习近平总书记反复强调要坚持艰苦奋斗、勤俭节约的思想,2019 年,在参加全国“两会”内蒙古代表团审议时强调,吃不穷、穿不穷,计划不到一世穷;在今年的中央经济工作会议上特别强调,党政机关要坚持过紧日子。省委经济工作会议及全国财政工作会议,都对过紧日子提出明确要求。近年来,各级财政部门和预算单位始终坚持过紧日子,取得了一定的成效。在当前财政收支处于紧平衡形势下,必须把过紧日子作为长期方针政策,强化举措、完善机制。要以完善制度做保障,持续完善立体式、全方位的厉行节约反对浪费制度体系,推动建立过紧日子的长效机制。要以加强管理为抓手,硬化预算约束,强化零基预算理念,应压尽压、应调尽调、应整尽整,精打细算,科学核定预算,预算执行中加强约束、及时纠偏,加强财政资金使用全过程绩效运行监控,以严格管理推动过紧日子各项要求落到实处。要以强化协同聚合力,完善财政财务协同机制,财政部门要全力支持预算单位财务部门落实主体责任,拿出真情实感沟通会商,推动把过紧日子落实到预算编制、执行、政府采购等各方面,共同营造过紧日子的良好氛围。

（六）弘扬改革与法治精神,不断提升财政治理服务能力。财政制度安排与经济、政治、文化、社会、生态文明等方面紧密联系,必须坚持“破”与“立”相结合,既要深化重点改革、也要完善制度体系,促进财政治理体系和治理能力不断完善提升。要接续推进改革,聚焦落实新发展理念、服务构建新发展格局、推动高质量发展等战略目标任务,紧扣财政政策、资金、绩效、管理等,坚持系统集成、协同高效,善于运用改革办法来解决发展中的艰难险阻,打通堵点、连接断点,加快建立现代财税体制。要强化法治思维,认真学习贯彻习近平法治思想,大力尊崇、宣传宪法,坚持法定职责必须为、法无授权不可为,在预算法及其实施条例的框架下谋划推动财政工作,依法履行财政职能,加强财政制度“立改废”,完善财政制度体系,强化财政制度执行,进一步提升财政干部法治素养和制度意识。要激发基层活力,坚持做好顶层设计和鼓励基层创新相结合、试点先行和全面推进相促进,完善激励机制,既坚持财力向市县倾斜、赋能基层,又厘清省与市县事权与支出责任、激发支持发展的内生动力和压实属地管理责任,最大限度地调动各方积极性主动性创造性,推动财政工作在新发展阶段打开新局面。

（七）统筹发展和安全,坚决防范化解财政领域重大风险。财政工作既是发展和安全的基础、也是保障,必须居安思危,把安全发展贯穿财政改革发展全过程,围绕财政风险防范重大事项、重要任务、重点节点,花实功夫、使硬招数,把防范化解财政风险工作做得更实更好。要增强忧患意识,坚持把困难估计得更充分一些,把风险思考得更深入一些,通过常态化开展“回头看”等形式,深入梳理查找财政工作中存在的问题和不足,见微知著、以小见大,弄清性质、找准根源、抓住要害、解开症结,更好把握财政工作的节奏和力度。要保持底线思维,财政运行风险是多点式的、常态化的、系统性的,要增强风险意识、强化底线思维,盯紧财政运行、基层“三保”、政府债务等财政重点领域,分层分类分级把风险系统梳理出来,采取针对性措施予以防范化解,确保财政自身安全有序运行。要严防风险输入,经济领域与财政运行直接相关,要针对影响经济安全的薄弱环节和短板不足,与时俱进地完善调整健全财政政策措施,做到系统集成、多措并举,加大财政政策资金支持力度,促进实现关键领域安全可控,同时,要密切关注地方金融、国资国企等其他领域重大风险,及时研究提出对策和建议,防止风险向财政部门转移或出现处置风险的风险。

三、扎实做好 2021 年财政工作

2021 年是“十四五”开局之年,也是全面开启新阶段现代化美好安徽建设进程起步之年。各级财政部门要深入学习贯彻中央及省委经济工作会议精神,切实把思想和行动统一到中央及省委对形势的判断和决策部署上来,不折不扣抓好贯彻落实。

首先,要全面科学研判当前财政经济形势。从国内看,我国经济运行中遇到的困难是发展中的问题、前进中的挑战,经济长期向好的基本面没有改变,今年经济增速可能比前几年高,但做好“六稳”“六保”工作,防范化解风险的任务依然艰巨。从省内看,我省将迎来国家保持宏观政策连续稳定、国家构建新发展格局开局起步、国家实施长三角一体化发展等重大战略、国家强化战略科技力量优化组合、国家全面推进改革开放带来的“五大新机遇”,但也面临着常态化疫情防控风险、国内经济恢复基础尚不牢固、产业链供应链受到冲击等挑战。从财政自身看,收入上,可以预见今年财政收

入将恢复性增长,但这个增长是建立在去年较低的基数之上的,财政收入预期管理一刻也不能放松。支出上,各领域财政支出增长刚性较强,实施“十四五”规划、构建新发展格局、保障民生、债务偿还、兜牢“三保”底线等方面资金需求较大。中央补助上,今年中央明确将保持适度支出强度,赤字率3.2%左右,赤字规模3.57万亿元,比去年减少1900亿元。新增地方政府专项债券规模3.65万亿元,比去年减少1000亿元。去年中央出台的一些阶段性应急性政策不再延续,不再发行抗疫特别国债和安排特殊转移支付,适当减少今年专项债券规模,这些调整都需要各级财政做好应对。总体来看,2021年财政收支矛盾依然突出,虽然数据好看,指标有增长,但财力将会保持去年水平,实际没有增量,面临的挑战可能会更大,需要我们以深化改革增强发展内生动力,结合实际采取有力措施,有效对冲政策调整和经济恢复基础不牢产生的影响。

这里需要强调的是,从今年起,省委、省政府决定将财政收入指标调整为一般公共预算收入指标,主要考虑规范口径、与沪苏浙保持一致、准确反映地方财力等因素。经综合研判形势,省委确定今年全省一般公共预算收入增长5%左右,这个目标是有基础的,也是十分必要的,体现了实事求是、积极进取的原则,符合当前实际,与我省经济社会发展阶段和支出保障需求契合。各级财政部门要根据财政经济形势科学确定今年收入预算,与经济发展指标和减税降费政策相衔接,不得脱离实际设置过高的增长目标,不得向基层派指标、压任务、搞排名。

其次,要明晰2021年财政工作的总体要求和初步安排。

2021年财政工作要坚持以习近平新时代中国特色社会主义思想为指导,全面贯彻党的十九大和十九届二中、三中、四中、五中全会及中央经济工作会议精神,按照省委十届十一次、十二次全会和省委经济工作会议决策部署,立足新发展阶段,贯彻新发展理念,服务构建新发展格局,坚持稳中求进工作总基调,以推动高质量发展为主题,以深化供给侧结构性改革为主线,以改革创新为根本动力,以满足人民日益增长的美好生活需要为根本目的,坚持系统观念,科学精准落实宏观政策,巩固拓展疫情防控和经济社会发展成果,更好统筹发展和安全,扎实做好“六稳”工作、全面落实“六保”任务。积极的财政政策要提质增效、更可持续;加强财政资源统筹,保持适度支出强度,加大优化支出结构力度,增强重大战略任务财力保障;坚持艰苦奋斗、勤俭节约、精打细算,全面落实党政机关要坚持过紧日子的要求;加快建立现代财税体制,强化预算约束和绩效管理;加强地方政府债务管理,抓实化解地方政府隐性债务风险工作,确保“十四五”开好局,以优异成绩庆祝建党100周年。

2021年财政工作初步安排:

一要从优化结构和统筹平衡着眼,做到“更可持续”。兼顾稳增长和防风险需要,注重向内挖掘潜力,保持合理支出规模和政策力度。要加大预算统筹力度,今年实际可用财力增量十分有限,各地各预算部门要加大预算统筹力度,加强部门结转资金与今年预算的统筹,适度减少结转资金较多的支出,调整使用部分结转资金。要依规、统筹用好特殊转移支付和抗疫特别国债结转资金,做好跨年度预算平衡,缓解今年预算压力。要加大财源培育力度,要树立“大财源”理念,积极培育财源,着力推动各类开发园区由经济发展高地转化为税收高地,持续培育税收增长点。加强财政收入质量管理,积极支持税务部门依规组织财政收入,做到财政收入有质量、可持续。要全面落实“党政机关要坚持过紧日子”的要求,省委经济工作会议提出,要坚决取消无效或不必要支出、压减非刚性支出、严禁新增支出。中央部门非刚性、非重点项目支出和公用经费作了较大幅度压减,省级可压尽压一般性支出,应压尽压非刚性非重点项目支出,把有限的财政资金用在刀刃上。各地要比照中央及省里做法,在预算编制、执行中始终厉行勤俭节约,压减一般性支出,把严把紧预算支出关口,把更多宝贵的财政资源腾出来,用于改善基本民生和支持市场主体发展。要坚持尽力而为与量力而行相衔接,加强财政可承受能力评估,落实项目到期退出机制,打破基数概念和支出固化格局,保持适度支出强度,加大对重大战略任务财力保障,增强惠民政策获得感和可持续性,扎实做好“六稳”工作、全面落实“六保”任务。

二要从系统集成和创新方式着眼,做到“提质增效”。坚持深化改革创新,进一步合理确定各级政府应承担的支出责任,持续强化预算绩效管理,切实提升政策效能和资金效益。要加大政策集成力度,健全财政政策与金融、产业等政策协同机制,强化竞争政策的基础和优先地位,完善创新财政支持方式,吸引金融资本、企业资金和社会资源投入,发挥政策叠加效应。要完善涉企和园区财政奖补管理,落实财政事权和支出责任划分改革要求,完善相关政策办法,创新资金支持方式,压实属地责任,提升财政资金绩效,对共建园区探索税收分享机制,形成工作合力,支持企业和园区高质量发展。要更加突出绩效导向,加快建立全方位全过程全覆盖的预算绩效管理体系,发挥涉企项目资金管理系统预警作用,削减或取消低效无效资金,切实做到花钱要问效、无效要问责,提高预算管理水平和政策实施效果。

三要从加强管理和平稳衔接着眼,做到"科学精准"。进一步完善政策实施机制,加强项目管理和储备,政策操作上更加精准有效,把握好政策时度效。要落实落细减税降费举措,在继续实施制度性减税降费政策的同时,中央对去年疫情期间出台的阶段性政策分类调整、有退有留,并适时出台新的减税降费措施,加大对科技创新和重点领域的政策扶持。各地要落实好助企纾困政策,认真执行国家及省里的制度性减税降费政策,稳妥退出减免社保费等阶段性救助政策,加强退出政策平稳衔接,确保政策实施精准、不急转弯。同时,要大力整治各类涉企违规收费行为,着力降低企业生产经营成本,坚决防止弱化减税降费政策红利。要用好常态化财政资金直达机制,去年的实践证明,直达机制极大丰富了"精准滴灌"的政策工具箱,推动宏观政策与微观需求紧密结合,显著降低了交易成本和制度成本。今年,中央将按照"扩大范围、完善机制、严格监管、强化支撑"的原则,在保持中央和地方财政关系基本不变的前提下,扩大中央财政直达资金范围,将直接用于基层财力保障的一般性转移支付、年初可直接分配的中央对地方共同财政事权转移支付、具备条件的专项转移支付纳入直达范围,基本实现中央财政民生补助资金全覆盖。各地要认真落实中央及省里有关要求,进一步提高直达资金管理水平,用好监控系统,使资金管得严、放得活、用得准,增强直达机制政策效果,确保政策红利直接惠及各类市场主体。要切实抓好专项债项目谋划,今年,中央新增地方政府专项债券规模 3.65 万亿元,虽然比去年有所减少,但明确要继续按照"资金跟着项目走"的原则,优化债券资金使用,适当放宽发行时间限制,合理扩大使用范围,优先支持在建工程后续融资。各地要科学精准做好项目储备,提早做好项目前期准备、评估遴选等工作,加快项目申报审批,避免"钱等项目",尽早发挥债券资金使用效益。

第三,2021 年财政工作的主要任务。

一要在支持培育完整内需体系上聚焦发力。坚持扩大内需这个战略基点,强化财税政策支持和引导,推动实施扩大内需战略同深化供给侧结构性改革有机结合。要全面促进消费。支持适当增加公共消费,促进增加中低收入群体收入,优化资金投向,支持现代流通体系建设,鼓励发展消费新业态新模式,促进消费对经济发展的基础性作用。统筹落实好财政外贸外资政策,支持安徽自贸试验区等开放平台建设,促进外贸外资畅通,增加优质产品进出口。要精准扩大投资。抢抓地方政府专项债券合理扩大使用范围等政策机遇,用好政府专项债券等政策资金,支持拓展投资空间。支持发挥政府投资撬动作用,激发民间投资活力,形成市场主导的投资内生增长机制。规范推广 PPP 模式。要落实重大区域战略。推动财政支持长三角一体化、"五个区块链接"、"一圈五区"、合芜蚌国家自主创新示范区、皖北承接产业转移集聚区、开发园区等相关政策措施更好发挥实效。要支持推进以人为核心的新型城镇化。支持实施城市更新行动,推动城镇老旧小区改造和住房租赁市场发展,降低租赁住房税费负担。用好财政农业转移人口市民化奖励资金,保障农业转移人口基本公共服务需求。

二要在支持科技自立自强和推动产业链供应链优化升级上聚焦发力。坚持把发展经济着力点放在实体经济上,把科技作为财政支出重点领域,提高经济质量效益和核心竞争力。要支持增强科技创新策源地功能。进一步优化科技投入结构和支持方向,提高科技投入产出效率,支持科技创新体系建设。强化国家战略科技力量,支持国家实验室建设,加大对高水平创新人才及团队、科研机构稳定支持力度,全力支持打赢关键核心技术攻坚战,健全鼓励支持基础研究、原始创新的体制机制。支持探索实行科研管理"绿色通道"、项目经费使用"包干制",进一步强化科研项目承担单位的责任。要促进提高产业链供应链稳定性和竞争力。强化财政与金融、产业、就业、区域等政策系统集成,更多更好运用贴息等方式,推动制造业高质量发展,深入实施产业基础再造工程,支持构建自主可控、安全高效的产业链供应链。支持高质量推进"三重一创"建设,围绕"十大新兴产业",推动战略性新兴产业集群发展。支持加快发展现代服务业特别是生产性服务业。大力推进数字产业化和产业数字化,进一步壮大数字经济。要激发企业和人才创新活力。支持加速科技成果转化,落实财政支持首台套、首批次和首版次发展等政策。推进普惠金融发展,发挥政府性融资担保机构作用,切实缓解小微企业等融资难融资贵。支持深入推进技工大省建设,深入实施人才强省战略。

三要在支持改善人民生活品质上聚焦发力。坚持在发展中保障和改善民生,解决好人民最关心、最直接、最现实的利益问题,让人民群众的获得感成色更足、幸福感更可持续、安全感更有保障。要加强基本民生保障。认真落实近期经省政府批准的进一步增强民生政策措施有效性和可持续性规定,落实财政可承受能力评估要求,推动建立民生支出清单管理制度,清理规范不合理的民生政策,使民生支出建立在更有效、更可持续的基础上。要深入实施民生工程。要落实就业优先政策。统筹用好就业补助资金、职业技能提升行动资金、工业企业结构调整专项奖补资金、失业保险基金等,加大对重点群体就业的帮扶,推动稳住就业基本盘。要促进教育高质量发展。加大学前教育财政投入,进一步改善贫困地区办学条件,支持高职院校扩招,落实义务教育和学前教育政策,落实师范生支持政策,加强思政课财政保障,统筹各类教育资金资源,支持盘活资产,健全科学合理的高校培养成本分担机制,集约节约、多措并举,支持“双一流”和高峰学科建设,落实学生资助政策。要稳步提高社会保障水平。按照国家统一部署,上调退休人员基本养老金,支持继续实施养老服务体系三年行动,提高优抚对象等人员抚恤和生活补助标准。支持改革完善社会救助制度,支持继续做好困难群众救助工作。省级将于今年做实职业年金虚账本息及消化以前年度实账利息,市县要按照分级负责要求,跟进做好相关安排。要支持推进健康安徽建设。落实国家政策规定,依规适当提高城乡居民医保人均财政补助标准和个人缴费水平,以及基本公共卫生服务经费人均财政补助标准,统筹好农村和社区卫生室建设,按照分灶吃饭的原则,统筹各类资源,突出重点、体现特色,加强省属公立医院硬软件建设。用好专项债支持应急医疗卫生、重大传染病应对处置能力建设,全力支持做好常态化疫情防控工作。要支持发展文化事业产业。健全公共文化服务财政保障机制,提高文化惠民工程的覆盖面和实效性。积极运用市场化方式,加大文化产业发展支持力度。支持推动旅游业高质量发展。

四要在支持全面推进乡村振兴上聚焦发力。深入学习贯彻习近平总书记在中央农村工作会议上的重要讲话精神,认真贯彻省委常委会扩大会议和即将召开的省委农村工作会议精神,坚持把解决好“三农”问题作为重中之重,完善财政支农政策,奋力开启农业农村现代化建设新征程。要支持巩固拓展脱贫攻坚成果同乡村振兴有效衔接。落实“四个不摘”要求,保持财政支持政策和资金规模总体稳定,重点向巩固拓展脱贫攻坚成果任务重、乡村振兴基础还比较薄弱的地区倾斜,加强资金资产项目管理。着力构建完善财政支持乡村振兴的政策体系和体制机制,根据中央要求,从今年开始,分年度逐步提高土地出让收入用于农业农村比例,逐步实现由集中资源支持脱贫攻坚向全面推进乡村振兴平稳过渡。要支持加快现代农业发展。全面落实财政惠农政策,持续推进涉农资金统筹整合,支持深入推进农业供给侧结构性改革。落实藏粮于地、藏粮于技战略,扭住种子和耕地这两个要害,支持农业良种培育和种业发展,强化种质资源保护利用,支持耕地质量保护和地力提升,大力实施“皖粮”高标准农田改造提升工程,落实粮食主产区利益补偿机制。支持抓好生猪稳产等重要农产品有效供给。要助力提高农业质量效益。落实对先进、高端、智能化农机等相关补贴政策。积极争取进一步扩大三大粮食作物完全成本保险和收入保险、大灾保险试点范围。积极培育多元化新型农业经营主体。推动构建市场、企业、集体和农户“四位一体”的利益联结机制,促进农村经济社会发展和农民生活改善。要支持实施乡村建设行动。支持统筹推进“四好”农村路、农田水利建设,支持继续深入实施农村人居环境“三大革命”和“三大行动”,打造美丽乡村升级版。

五要在抓实抓好污染防治和生态建设上聚焦发力。要坚定不移践行“两山”理念,坚持资金投入同污染防治攻坚任务相匹配,大力推动绿色发展。要支持生态治理。健全财政投入机制,分级分层分类落实财政保障责任,持续支持加强污染防治,打造大气、水、土壤污染防治升级版,综合整治大气特别是细颗粒物污染,全面治理水质特别是城乡黑臭水体污染,治理和修复土壤特别是工业场地污染。要支持推进重点生态保护修复。支持统筹推进山水林田湖草系统治理,支持长江经济带生态保护修复,支持加快建设新阶段现代化美丽长江(安徽)经济带。继续支持长江十年禁渔,保护好长江生态环境。支持推进淮河(安徽)生态经济带建设。加强重点生态功能区转移支付管理,引导重点生态功能区把发展重点放到保护生态环境、提供生态产品上。要健全生态保护机制。支持推深做实河长制湖长制,支持升级建设新安江—千岛湖生态补偿试验区建设,完善沱湖、滁河等流域生态补偿机制。积极支持探索对矿山林地河滩等修复保护市场化机制建设,支持加快全国林长制改革示范区建设。

六要在做好风险防范化解工作上聚焦发力。坚持统筹发展和安全,做好重点领域风险防范化解工作,确保财政经济平稳运行。要抓实化解政府隐性债务风险工作。各级财政要切实提高政治站位,依法依规采取统筹预算资金偿还、盘活存量资产资源偿还等措施化解隐性债务,规范隐性债务数据变动程序和必备手续,加强变动数据审核,确保债务和风险同步降低,确保不发生处置风险的风险。省财政厅将会同审计等部门,加大对各地隐性债务化解的审核监督力度,凡是发现化解债务不实的,将依规予以严肃处理,切实一以贯之、不留后患。要坚决防范基层“三保”风险。牢固树立底线思维,将“三保”作为一项重要政治任务来抓,坚决杜绝出现拖欠教师工资等问题,确保“三保”不出风险。省级财政将继续统筹资金、下沉财力倾斜基层,巩固健全直达机制,同时,进一步加强对市县预算审核,督促打足"三保"预算。市县财政部门要切实承担起主体责任,进一步调整优化支出结构,统筹上级转移支付和自有资金,坚持"三保"支出在财政支出中的优先顺序,坚持国家标准的"三保"支出在"三保"支出中的优先顺序,全面落实保障责任,做好预算安排和库款调度,防止"三保"出现问题。要协助稳妥处置化解金融风险。要落实好国家和省委、省政府要求,逐步健全有效防控金融风险的财政财务监管体系,抓实抓细担保机构风险防控,进一步推动地方金融企业财务管理从"成本费用约束"向"风险管理控制"转变。防范发生新的拖欠民营企业账款。

七要在加快建立现代财税体制上聚焦发力。巩固现代财政制度建设成果,把建立现代财税体制的各项任务落到实处。要完善税收制度。跟进国家现代税收制度改革,依规健全地方税体系,落实消费税征收环节后移并稳步下划改革要求。用好省级税收管理权限,做好税法授权事项相关工作。要加快财政体制改革。推进省以下知识产权保护等领域财政事权和支出责任划分改革。落实财政资金直达机制要求,做实专项资金政策评估和退出机制,强化涉企等领域财政分级保障和分类分担责任,形成科学合理、稳定可持续、有效率的各级政府事权、支出责任和财力相适应的制度,充分发挥各级积极性。要深化预算管理制度改革。认真落实国务院即将印发的《关于进一步深化预算管理制度改革的意见》,坚持预算法定,强化预算对落实重大政策的保障能力,坚决落实政府过紧日子要求,实施零基预算管理,切实打破"基数+增长"的预算安排模式,持续推进专项资金实质性整合,着力解决财政专项资金使用碎片化问题,发挥财政政策和资金的集聚效应。大力推进财政支出标准化建设,强化标准应用和调整机制。预算管理一体化是加快建立现代预算制度的必然要求,我省是财政部第二批实施省份。今天这个会也是全省预算管理一体化推广建设启动会。上周,省级预算管理一体化系统省级和合肥市上线运行,各地要高度重视,按照财政厅推广方案,遵循财政部及全省业务规范和技术标准,坚持业务建设与系统建设相结合、理论培训与系统实操相结合、先立后破与应急保障相结合,及早谋划、周密部署,尤其是市县财政主要负责人要亲自抓,成立领导小组和工作专班,抓紧抓实需求梳理、推广部署等工作,市级财政部门要担负牵头责任,按照财政部要求,确保在今年5月底前保质保量完成各项工作任务。要深入实施预算绩效管理。将绩效理念和方法融入预算编制、执行和监督全过程,推进绩效指标体系建设,加大重点政策和项目的绩效评估力度,健全评价结果与政策调整、预算安排、改进管理等挂钩机制,发挥绩效考核指挥棒作用,压实各级各部门主体责任。要支持推进国资国企改革。落实国企改革三年行动相关工作,推进国有金融资本管理改革,加强行政事业性国有资产管理,不断完善国资报告机制和成果运用。

八要在持续强化财政管理和监督上聚焦发力。增强法治观念,坚持依法行政、依法理财,自觉接受人大监督,规范财政管理行为,进一步提升财政治理服务水平。要切实保证财政收入质量。严格执行预算法及其实施条例,依法依规组织收入。要加强预算执行管理。严格按规定批复下达预算,严格按照预算安排支出,强化预算对执行的控制,加强预算执行动态监控,严禁超预算、无预算支出。进一步加强财政暂付款管理。要完善财政财会监督体制机制。建立健全以政府部门财政财会监督为主导的体系框架,加大财政财会监督与人大、巡视、审计等其他监督的贯通协调。推动会计准则高质量实施,进一步加强会计审计监管。要自觉接受人大依法开展预算审查监督。认真贯彻实施预算法及其实施条例,自觉接受人大预算审查监督。深入贯彻落实人大预算审查监督重点向支出预算和政策拓展要求,完善预算联网监督机制。认真做好服务人大代表工作。依法依规向人大报告有关财政事项。

四、纵深推进财政全面从严治党

全省各级财政部门要深入贯彻新时代党的建设总要求,抓紧抓细抓实财政党建工作,为财政事业高质量发展提供根本政治保证。

(一)强化理论武装,不断学习实践领悟。把学习贯彻习近平新时代中国特色社会主义思想作为根本任务,在"学懂弄通"上下功夫,巩固深化"不忘初心、牢记使命"主题教育成果,坚持党的创新理论学习对标制度,健全常态化理论学习机制,学好用好《习近平谈治国理政》等重要著作,推动财政党员干部学深悟透、融会贯通,把握理论体系,悟透精髓要义,掌握基本立场观点方法;在"用好做实"上下功夫,弘扬理论联系实际学风,学思践悟、学以致用,切实把学习成果转化为坚定的理想信念,科学的思维方式,有效的财政举措。结合庆祝建党100周年,认真开展党史学习,引导财政党员永葆初心、牢记使命,始终做到以党性为原则、以宗旨为己任。

(二)强化政治站位,增强政治判断力领悟力执行力。树牢政治机关意识,把"两个维护"作为最高政治原则和根本政治规矩,始于足下、贯穿始终,健全贯彻落实习近平总书记关于财政工作的重要指示批示的制度机制,切实体现到坚决贯彻党中央决策部署及省委部署要求,体现到履职尽责做好财政工作,以及党员干部日常言行中。持续加强财政政治生活、政治文化、政治生态建设,坚决贯彻民主集中制,严格落实向上级党委请示报告制度,大力开展批评和自我批评,引导党员干部承蒙表扬、承压批评,避免宠辱若惊、做到宠辱不惊,始终忠诚组织、相信组织、依靠组织。严格落实意识形态工作责任制,管阵地、把导向、强队伍,提高财政舆情应对处置能力,维护财政意识形态安全。

(三)强化能力提升,夯实财政队伍保障。深入践行新时代党的组织路线,以提升组织力和政治功能为重点,坚持刀刃向内,做到眼睛向下,与时俱进探索和拓展财政基层党组织建设的机制和举措,持续开展模范机关创建活动,建立并落实党组书记及班子成员党支部工作联系点制度,严格落实"三会一课"、组织生活会等党内组织生活制度,强化党建业务融合,推动财政基层党组织全面进步、全面过硬。乡镇财政所是财政工作的"神经末梢",要按照规定成立党支部或党小组,完善组织体系,更好发挥财政各级党组织的组织力量。落实好干部标准,始终保持"不要找"的财政政治生态,加强对敢担当善作为干部的激励保护,完善优秀年轻干部发现培养机制,以正确用人导向引领干事创业导向。围绕提高七种能力,加大干部教育培训力度,推动财政党员干部增强补课紧迫感,加强财政政策业务学习,融入时代潮流,提升专业化能力,努力成为建设现代财政体制、服务构建新发展格局的行家里手。

(四)强化作风责任,持续提升服务水平。践行"三严三实",锲而不舍落实中央八项规定精神、省委实施细则及厅党组实施办法,巩固深化"三个以案"警示教育成果,落实力戒形式主义官僚主义具体举措和正负面清单,构建纠治形式主义官僚主义长效机制。坚决制止各类浪费行为,注重培养节约习惯,在财政部门营造浪费可耻、节约为荣的良好氛围。深入践行群众路线,密切联系服务群众,制定并严格落实新时代加强财政效能建设实施意见,巩固拓展部门会商、定点帮扶、联系基层、调查研究等作风建设成果。完善领导带头、全员参与,齐抓共管、层层落实的责任机制,强化财政重点工作台账管理、清单推进,健全调度督导机制,做到知责于心、担责于身、履责于行,真抓实干把财政各项任务落到实处。

(五)强化廉洁自律,保持良好理财环境。去年底,我们会同驻厅纪检监察组召开了全省财政系统纪检监察工作座谈会,进一步对财政系统党组特别是"一把手"自觉履行党风廉政建设主体责任进行了部署。要严格落实全面从严治党和党风廉政建设主体责任,尤其是"一把手"和"关键少数"要发挥示范带头作用、认真落实"一岗双责",始终把纪律规矩挺在前面,常态化开展警示教育,有针对性做实以身边事教育身边人,深入推进财政"三重一大"事项廉政风险防控,狠抓内控制度执行,提升制度执行力,加强日常监督管理,强化对财政权力监督制约。要旗帜鲜明、主动自觉、全面深入支持派驻纪检监察机构的监督,市县财政部门党组要建立健全与派驻纪检监察机构联系协作机制,做到全覆盖,强化定期会商、情况通报、线索移交等,深化运用监督执纪"四种形态",用好用活第一种形态,推动不敢腐、不能腐、不想腐一体推进,保持清正廉洁的理财环境。要全面梳理总结党组政治巡察的经验做法并持续深化。财政厅已经与省委巡视办、审计厅建立了协调协作机制,市县财政部门也要按照纪委监委部署要求,强化财政财会监督与巡视监督、审计监督等有机贯通、相互协调,加强评价评审成果运用,构建长效机制。

这次会议非常重要,各地各部门贯彻情况,请于元月 20 日前书面反馈财政厅。同时,年初工作十分繁重,各地要统筹安排好疫情防控和财政重点工作,支持做好困难群体兜底工作,有效保障春季农业生产,继续落实好稳产保供相关政策,抓好节日期间廉政工作,做到安全过节、廉洁过节。

同志们,做好 2021 年财政工作责任重大、使命光荣。我们要坚持以习近平新时代中国特色社会主义思想为指导,深入学习贯彻习近平总书记考察安徽重要讲话指示精神,在省委、省政府坚强领导下,坚定信心决心,坚守人民情怀,大力发扬为民理财孺子牛、财政改革拓荒牛、财政财务老黄牛的精神,勠力同心、攻坚克难,继续奋斗、勇往直前,扎实做好各项财政工作,确保财政"十四五"开好局、起好步,为加快建设经济强、百姓富、生态美的新阶段现代化美好安徽提供坚实保障,以优异成绩庆祝建党 100 周年!

(办公室供稿)

在全省财政党风廉政建设工作会议上的讲话

省财政厅党组书记、厅长　罗建国

（2021年3月24日）

同志们：

今天上午，我们召开全省财政党风廉政建设工作会议。主要任务是坚持以习近平新时代中国特色社会主义思想为指导，全面贯彻党的十九大和十九届二中、三中、四中、五中全会精神，深入落实十九届中央纪委五次全会及省纪委十届六次全会精神，贯彻落实全国财政党风廉政建设工作会议部署，总结2020年全省财政全面从严治党和党风廉政建设工作，布置2021年工作任务。今天在主会场参加会议的有财政厅领导班子成员、驻厅纪检监察组全体人员、全厅干部职工和省农担公司领导班子成员；在分会场参加会议的有各市县（区）财政局中层以上干部、派驻纪检监察机构全体人员以及乡镇财政所（分局）主要负责同志。今天会议有两项议程：一是由我代表财政厅党组总结2020年全面从严治党和党风廉政建设工作，部署2021年工作任务。二是请驻财政厅纪检监察组组长、厅党组成员项中胜同志讲话。下面，我代表财政厅党组讲三点意见。

一、深入学习领会习近平总书记重要讲话精神，切实把思想和行动统一到中央关于全面从严治党的决策部署上来

十九届中央纪委五次全会是在实施"十四五"规划、开启全面建设社会主义现代化国家新征程的关键时刻召开的一次重要会议。习近平总书记的重要讲话，站在新时代党和国家事业发展全局的高度，深刻阐述全面从严治党新形势新任务，强调全面从严治党首先从政治上看，不断提高政治判断力、政治领悟力、政治执行力，一刻不停推进党风廉政建设和反腐败斗争。讲话高屋建瓴、思想深邃、内涵丰富，是一篇闪耀着马克思主义真理光辉的纲领性文献，为纵深推进全面从严治党、推动新时代纪检监察工作高质量发展指明了前进方向、提供了重要遵循。赵乐际同志所作的工作报告，具有很强的思想性、指导性、针对性，为新征程新起点上的纪检监察工作明确了"任务书""路线图"。在省纪委十届六次全会上，李锦斌书记围绕全面贯彻十九届中央纪委五次全会精神特别是习近平总书记重要讲话精神，发挥全面从严治党引领保障作用，切实推动"十四五"时期重大战略任务落地见效提出明确要求。刘惠同志围绕充分发挥监督保障执行促进完善发展作用，为新阶段现代化美好安徽建设开好局起好步提供坚强保障作出具体安排。在全国财政党风廉政建设工作会议上，刘昆部长代表部党组总结了财政全面从严治党和党风廉政建设工作，明确了2021年工作任务，赵惠令组长对2021年派驻财政纪检监察工作提出了具体要求。全省财政各级党组织和广大党员干部要切实把思想和行动统一到十九届中央纪委五次全会和习近平总书记重要讲话精神上来，认真学习领会习近平总书记重要讲话的精髓要义，按照省纪委十届六次全会和全国财政党风廉政建设工作会议要求，深刻理解关于全面从严治党取得的新的重大成果、全面从严治党首先要从政治上看、发挥全面从严治党引领保障作用的重要论述，知责于心、担责于身、履责于行，坚定不移全面从严治党，坚定不移推进财政党风廉政建设，持续提升财政机关党建工作质量，为推动财政事业高质量发展，加快建设经济强、百姓富、生态美新阶段现代化美好安徽提供坚强保证。

（一）深刻认识全面从严治党是应对重大风险考验的有力保证。2020年，面对严峻复杂的国际形势、艰巨繁重的国内改革发展稳定任务，特别是新冠肺炎疫情的严重冲击和严重洪涝灾害，在以习近平同志为核心的党中央坚强领导下，按照省委省政府的决策部署，全省财政各级党组织认真落实新时代党的建设总要求，紧紧围绕加强党的领导，凝聚力战斗力显著增强；紧紧围绕"两个维护"，监督保障执行促进完善发展作用充分发挥；紧紧围绕力戒形式主义官僚主义，积极的财政政策更加积极有为；紧紧围绕制度建设，党组织政治功能和组织功能显著发挥，党旗在财政服务保障疫情防控斗争、决胜全面建成小康社会、决战脱贫攻坚、服务保障民生中，在人民最需要的地方高高飘扬。在全省财政党员干部和派驻财政纪检监察干部的共同努力下，全省财政系统积极稳妥应对世情、疫情、汛情的叠加影响，坚持积极的财政政策更加积极有为，统筹支持疫情防控和经济社会发展，全力支持做好"六稳""六保"工作，取得了来之不易的成绩。全省财政运行总体平稳，好于预期，全省一般公共预算收支实现双增，我省财政综合管理、预算绩效管理、县级财政绩效管理等工作在财政部连战连胜、争先进位，财政

厅在全国文明单位创建、省委综合考核和省政府目标管理绩效考核中连续多年位居前列,厅农业农村处获得全国脱贫攻坚先进集体荣誉称号。实践证明,应对前进道路上的风险和挑战,党的坚强领导、党中央的权威是最坚实的靠山,全面从严治党是最可靠的政治保障。

(二)深刻领悟全面从严治党首先要从政治上看的根本要求。旗帜鲜明讲政治是我们党一以贯之的政治优势。习近平总书记反复强调,开展反腐败斗争首先要从政治上看,在中纪委十九届五次全会上又着重强调,全面从严治党首先要从政治上看,不断提高政治判断力、政治领悟力、政治执行力。李锦斌书记指出,坚持全面从严治党首先要从政治上看,要落实"看的要求"、提高"看的能力"、保持"看的清醒"。这意味着我们要准确把握党风廉政建设和反腐败斗争形势依然严峻复杂的重大判断,深刻认识腐败问题呈现政治问题和经济问题交织、传统腐败和新型腐败交织、腐败问题和不正之风交织等新特点,牢牢把握党中央关于全面从严治党的重大方针、重大原则和重大任务的政治内涵,按照党中央指明的政治方向、确定的前进路线,开展全面从严治党和党风廉政建设。全省财政党员干部要着力提高政治判断力,看到腐败问题本质上是政治问题,是政治上变质,是对党的性质和宗旨的彻底背弃;要着力提高政治领悟力,看清全面从严治党永远在路上,坚持决心不变、力度不减、尺度不松,把严的主基调坚定贯彻下去;要着力提高政治执行力,结合落实财政"十四五"规划,建立现代财政制度等目标任务,明确推进财政全面从严治党的思路举措,细化分工、责任到人,自觉接受最严格的约束和监督,用担当和奉献诠释对党忠诚,用行动和成效践行"两个维护"。

(三)深刻理解充分发挥全面从严治党引领保障作用的核心要义。党的革命事业发展到什么阶段,全面从严治党就要跟进到什么阶段。习近平总书记强调,充分发挥全面从严治党的引领保障作用,要以强有力的政治监督,确保党中央重大决策部署贯彻落实到位;坚定不移推动反腐败斗争,一体推进不敢腐、不能腐、不想腐;毫不松懈纠治"四风",坚决防止形式主义、官僚主义滋生蔓延;持续整治群众身边腐败和作风问题,让群众在反腐"拍蝇"中增强获得感;不断完善党和国家监督体系,使监督融入"十四五"建设之中。李锦斌书记强调发挥全面从严治党引领保障作用,切实推动"十四五"时期重大战略任务落实见效,要在坚决做到"两个维护"、一体推进"三不"、树新风扬正气、维护群众利益等方面做到"六个持续发力"。刘昆部长强调要准确把握财政部门党风廉政建设和反腐败工作新形势新任务,立足新发展阶段,贯彻新发展理念,构建新发展格局,以推动高质量发展为主题,忠实履行财政职责,把严的主基调长期坚持下去,充分发挥全面从严治党的引领保障作用,一刻不停地推进党风廉政建设和反腐败斗争,确保"十四五"时期财政改革发展事业开好局、起好步。

以上各方面,都为全省财政各级党组织在新时代坚定不移全面从严治党,坚定不移推进党风廉政建设和反腐败斗争指明了努力方向和工作重点。财政全体党员干部要自觉统一思想和行动,心怀"国之大者",时刻保持政治敏锐性和政治鉴别力,努力掌握系统思维,"不畏浮云遮望眼",遇到问题、做出决策、处理工作首先要从政治上想一想,善于从一般事务中发现政治问题、从倾向性苗头性问题中发现政治端倪、从错综复杂的矛盾关系中把握政治逻辑,多打大算盘、算大账,多干打基础管长远的事情,推动财政全面从严治党向纵深发展,为加快建设新阶段现代化美好安徽提供坚强保障。

二、贯彻落实新时代党的建设总要求,2020年财政全面从严治党和党风廉政建设工作取得新成效

(一)坚持政治引领,"两个维护"更加坚定自觉。把学习贯彻习近平新时代中国特色社会主义思想作为首要政治任务,深入学习贯彻党的十九大和十九届二中、三中、四中、五中全会精神,认真学习贯彻习近平总书记考察安徽重要讲话指示精神,学习贯彻《习近平谈治国理政》第三卷和习近平总书记关于全面从严治党、纪律规矩、巡视工作、意识形态工作等重要论述,厅党组扩大会传达学习49次,召开厅党组理论学习中心组学习会19次,专题研讨学习会13次。认真执行贯彻落实习近平总书记关于财政工作重要指示批示的制度机制,完善向省委请示报告事项清单。坚决落实"四个第一"学习对标制度(对习近平总书记重要讲话和重要指示批示精神,做到组织学习第一时间、谋划工作第一步骤、落实任务第一要求、督查考核第一内容,确保不延误、不遗漏、不打折、不走偏),召开厅党组理论学习中心组学习会暨全省财政系统党的十九届五中全会精神宣讲视频会,我作宣讲报告并赴"双包"帮扶点阜阳市颍东区等地开展党的十九届五中全会精神宣讲。常态化开展厅党组书记推荐阅读活动,推动营造风清气正的财政政治生态。巩固深化"不忘初心、牢记使命"主题教育成果,将落实情况纳入厅党组巡察、支部书记抓基层党建述职评议、年度综合考核。扎实完成省委巡视整改。严格落实意识形态工作责任制,成立厅党组意识形态工作领导小组,认真落实意识形态管理重点工作任务分解、正负面清单,确保财政意识形态

安全。

(二)加强组织领导,"两个责任"更加落细落实。健全厅机关党建工作领导小组,厅主要负责同志为党风廉政建设工作第一责任人,召开全省财政党风廉政建设工作会议、17次厅反腐倡廉建设领导小组会议。组织召开中共安徽省财政厅直属机关第八次党员代表大会,选举产生新一届厅直机关党委、机关纪委。全厅35个党支部完成换届,各党支部均安排1名副处级以上干部担任支部纪检委员或负责纪检工作,加强机关党委、机关纪委干部和业务处室干部岗位双向交流。制定厅党组党的建设工作责任清单分解,分解厅直机关党委和党支部党的建设工作责任,压实机关党建"三级五岗"具体责任。修订印发厅党组深入推进全面从严治党的实施意见,制定2020年省财政厅全面从严治党和党风廉政建设主要任务及责任分解、省财政厅2020年机关纪检工作任务分解,全厅党员干部签订党风廉政建设责任书,开展处室单位主要负责人抓全面从严治党和党风廉政建设述职述责述廉评议,落实厅直属机关新任党支部书记任职谈话实施办法,进一步传导、压实党风廉政建设责任。建立财政重点工作事项定期报送机制,重大资金分配等"三重一大"事项及时向驻厅纪检监察组报送。建立省委巡视机构与财政厅协调协作机制,首次从厅机关、厅属单位、全省财政系统遴选10名财会业务骨干,推荐参加省直新一轮巡视工作。健全厅党组与驻厅纪检监察组联系协作机制,推动全省各市县财政部门建立健全和派驻机构联系协作机制,财政全面从严治党和党风廉政建设主体责任和监督责任同向发力、同增质效。

(三)强化教育管理,机关党建更加坚强有力。深入开展以"四联四增"为主要内容的深化"三个以案"警示教育,开展4次专题研讨,厅领导带头多次深入部门和基层调研,认真召开深化"三个以案"警示教育专题民主生活会。开展年度"警示教育周"活动,通报赵正永、张坚等有关违纪违法案件,选取全省财政系统11名违法人员典型案例及悔过书,编印3期深化"三个以案"警示教育材料,组织观看《政治掮(前)客苏洪波》等警示教育片,筑牢拒腐防变思想防线。举办全面从严治党和党风廉政建设培训班,邀请专家领导开展专题辅导报告。常态化组织党员干部学习党章等党内法规制度,开展党章党规党纪应知应会等理论知识测试。建立厅党组书记和班子成员党支部工作联系点,修订厅党组进一步加强和改进机关党支部建设工作的意见,完善厅机关党委走访党支部制度、人教处走访处室单位制度,严格执行厅领导干部主体责任全程记实暂行办法,厅主要负责同志、驻厅纪检监察组组长坚持对提拔任用、新进和交流轮岗人员进行任前廉政集体谈话。组织开展"建设模范机关"、"双争一创"活动,实施基层党建工作"领航计划",建立厅直机关党委委员、纪委委员对口帮促机制,举办庆祝建党99周年系列活动,厅党组书记作专题党课报告,突出疫情防控工作开展"七一"评选表彰活动,持续提升财政机关党建工作质量和水平。

(四)一体推进"三不",政治生态更加风清气正。加强对贯彻落实党中央、国务院和省委、省政府重大决策部署情况的监督检查,跟进监督财政服务保障疫情防控和经济社会发展的政策落实,做好中央脱贫攻坚专项巡视"回头看"、省委综合考核反馈以及省委巡视等问题整改。推进财政业务监督,安排财政纪检干部对厅处室单位招标采购、资格评审等进行监督。开展厅属单位、省农担公司"三重一大"专项治理,有效防范决策风险。推进全省扶贫领域资金监管,提醒厅驻村工作队落实村级财务管理要求。严格年度考核评优等日常监督,对照负面言行清单提醒监督干部日常行为。紧盯"四个落实",巡察4个党支部,实现对厅属单位党支部巡察全覆盖。印发未巡先改工作通知,推动各支部对照巡察发现问题自查自纠、举一反三、未巡先改。充实厅党组巡察组组长人才库,安排机关纪委委员和人事、纪检、党务、财政业务骨干等参与厅党组巡察工作。坚持严管厚爱结合、激励约束并重,做好执纪问责"后半篇文章",推动执纪问责政治效果、纪法效果和社会效果相统一。激励财政干部新时代新担当新作为,2020年厅机关将干部在抗疫战汛和服务做好"六稳""六保",以及支持打赢"三大攻坚战"等重大斗争一线的表现作为选拔任用重要标准,晋升二级巡视员2名、提拔处级领导干部19名、晋升一至四级调研员48人,持续巩固"不要找"的财政政治生态。

(五)严守纪律规矩,财政作风更加严实深细。严格落实中央八项规定及其实施细则精神、省委实施细则和厅党组实施办法,扎实推进"三查三问",制定深入践行"三严三实"持续解决形式主义官僚主义32项具体举措。印发贯彻落实习近平总书记重要批示精神加强监督执纪坚决制止餐饮浪费行为的通知,细化贯彻落实具体举措。严格落实《加强"关键少数"干部教育管理监督若干规定》并深入开展"回头看",印发《省财政厅领导干部插手干预重大事项记录报告制度(试行)》,规范财政领导干部用权行为。扎实开展形式主义官僚主义专项整治,紧盯"乱作为、慢作为、不作为、任性为"等问题开展财政作风建设专项教育整顿,开展厅效能建设明察暗访、公车使用等督查。疫情防控期间强化财政党建引领,组织全厅36个党支部分组参加

“疫战到底进社区”活动,对口联系服务5个基层社区,全厅党员干部为疫情防控捐款10万余元。认真落实省直单位定点帮扶颍东区牵头单位责任,厅领导带队8次,其中厅主要负责同志5次深入颍东区调研。厅机关常态化开展消费扶贫,累计采购扶贫农产品75万余元。完善与省直预算单位会商机制,主动送财政政策、财政服务上门。财政窗口实行7×24小时不打烊“随时办”服务,受到国务院办公厅通报肯定,财政厅获评2020年度机关效能建设创建示范单位。

一年来,全省财政各级党组织切实履行管党治党政治责任,全面从严治党和党风廉政建设工作新成效日益显现,为推动财政事业高质量发展提供了有力政治保证。但全省财政部门在纵深推进全面从严治党和党风廉政建设工作中还存在一些薄弱环节:支部党风廉政建设还不够平衡,财政政治生活、政治文化、政治生态建设还需加强;“四风”问题更加隐蔽,党员干部违纪违法问题还时有发生;政治监督、日常监督仍需加强,监督执纪“四种形态”尤其是第一种形态运用还不充分、不精准等。

当前,我省处于重要战略机遇期、风险挑战承压期、科技产业变革期、跨越发展窗口期,财政面临着管理的压力、改革的压力、资金统筹的压力和收支平衡的压力,必须要用市场的逻辑谋事、用资本的力量干事,让财政政策更具包容性、更有温度。同时,在常态化疫情防控、国内经济恢复基础尚不牢固、产业链供应链受到冲击等因素影响下,2021年全省财政收支矛盾依然突出,建立现代财政制度、加强财政资源统筹、增强重大战略任务财力保障、强化预算绩效管理等任务依然艰巨。风险越大、挑战越多、任务越重,越需要发挥全面从严治党的引领保障作用,发挥好财政党员干部在贯彻落实党的路线方针政策和党中央决策部署上的先锋模范作用,推动积极的财政政策提质增效、更可持续。

三、充分发挥全面从严治党的引领保障作用,推动我省财政工作高质量发展

2021年是实施“十四五”规划、全面开启新阶段现代化美好安徽建设新征程的第一年,是我们党成立100周年,也是机关党建质量提升年。全省财政系统要坚持以习近平新时代中国特色社会主义思想为指导,全面贯彻新时代党的建设总要求,认真贯彻党的十九大和十九届二中、三中、四中、五中全会及十九届中央纪委五次全会精神,增强“四个意识”、坚定“四个自信”、做到“两个维护”,贯彻落实省纪委十届六次全会和全国财政党风廉政建设会议工作部署,立足新发展阶段,贯彻新发展理念,构建新发展格局,以推动高质量发展为主题,忠实履行财政职责,把严的主基调长期坚持下去,坚定不移全面从严治党,一体推进不敢腐、不能腐、不想腐,充分发挥全面从严治党引领保障作用,为推动财政事业高质量发展,全面开启新阶段现代化美好安徽建设新征程提供坚强保障。

(一)坚持把党的政治建设摆在首位,坚定自觉践行“两个维护”。各级财政部门首先是政治机关,财政干部首先是政治干部,要始终将“两个维护”作为最高政治准则和根本政治规矩,坚持以政领财,不断深化对财政工作政治性的认识。一是树牢政治机关意识。着力提高财政党员干部政治判断力、政治领悟力、政治执行力,把讲政治从外部要求转化为内部主动,始终在政治上、思想上、行动上同以习近平同志为核心的党中央保持高度一致,为推动党中央重大决策部署落实落地提供坚强保障。健全贯彻落实习近平总书记关于财政工作重要指示批示的制度机制,严格落实向上级党委请示报告制度,推动落实政治责任、净化政治生态。二是坚决贯彻落实上级决策部署。以推动高质量发展为主题,以深化供给侧结构性改革为主线,坚持积极的财政政策提质增效、更可持续,加快建立现代财政制度,加强财政资源统筹,深化财政预算改革,强化预算绩效管理,加强对惠民富民、促进共同富裕政策措施落实情况监督,统筹支持经济社会发展和常态化疫情防控,扎实做好“六稳”工作,全面落实“六保”任务,服务保障开放创新改革、“双招双引”、巩固脱贫攻坚成果同乡村振兴有效衔接、加快打造“三地一区”、扎实推进长三角一体化发展等重点工作,确保上级决策部署在财政部门落地生根。三是严肃党内政治生活,严格执行新形势下党内政治生活若干准则,认真落实“三会一课”、民主评议党员等党的组织生活制度,用好批评和自我批评武器,坚持完善重温入党誓词、入党志愿书以及党员过政治生日等政治仪式,精心组织实施建党100周年系列庆祝活动,进一步提高民主生活会、组织生活会质量。

(二)坚持用党的创新理论武装头脑,更好地运用习近平新时代中国特色社会主义思想推动工作。始终把学习贯彻习近平新时代中国特色社会主义思想作为首要政治任务,围绕学习《习近平谈治国理政》第三卷、习近平《论中国共产党历史》《习近平新时代中国特色社会主义思想学习问答》等,在全面系统学、反复深入学、联系实际学上狠下功夫,有效发挥党的科学理论的实践伟力。一是精心组织开展党史学习教育。以全面学习党史为重点,深入了解党的百年奋斗史,深化对马克思主义中国化成果,特别是习近平新时代中国特色社会主义思想的理解,做到学史明理、学史增信、学史崇德、学史力行。全省财政各级党组织要在党员干部自学为主的基础上，开展学习研讨，组织党员领导干部、基层党组织书记、先进典型讲专题党课，组织召开专题组织生活会，开展党性分析，开展“我为群众办实事”实践活动。二是持续深入学习贯彻党的十九届五中全会精神。坚持“四个第一”学习对标制度，把党的十九届五中全会精神作为党组理论学习中心组、党支部、党小组学习的重要内容，作为机关党员和干部培训的必修课程，认真学习领会省委十九届五中全会培训班精神，围绕财政部门承担的“十四五”时期重点任务，将党的创新理论转化为财政党员干部坚定的理想信念、正确的政治立场、科学的思维方式、有效的政策举措、显著的工作成效，努力把理论学习的成果转化为推进财政改革发展的具体行动和实际成效。三是严格落实意识形态工作责任制。认真落实厅党组意识形态工作责任制责任清单分解和贯彻落实《中国共产党宣传工作条例》任务分解，压实厅各级党组织、党员领导干部的意识形态工作责任。加强意识形态领域形势任务教育，把《新时代宣传思想工作》纳入党员干部教育培训内容。围绕庆祝全面建成小康社会、建党100周年等重要时间节点，加强财政部门门户网站和微信微博等宣传阵地管理，规范财政党员干部网络行为，提高财政舆情应对处置能力，维护财政意识形态安全。

*（三）持续传导责任压力，推动基层党组织全面进步全面过硬。*要坚持问题导向，从工作上找问题，从党建上找原因，压紧压实党建工作责任，突出政治功能和组织功能，建强党支部战斗堡垒，持续提升党组织的引领力、号召力和凝聚力。一是严格落实主体责任和监督责任。认真落实省委和省纪委监委工作要求，进一步压实党组全面从严治党和党风廉政建设主体责任，严格执行《党委（党组）落实全面从严治党主体责任规定》，认真落实省直机关党的建设工作责任清单、财政机关党建工作要点和“三个清单”，压实机关党建“三级五岗”具体责任。健全完善厅党建工作领导小组工作机制，强化厅党组管党治党主体责任，推进厅领导“一岗双责”落实，严格落实机关党建工作情况通报、厅领导参加党支部活动、党支部工作联系点等制度。二是建强抓实基层党组织建设。认真落实厅党组进一步加强和改进机关党支部建设工作的意见，深入开展“强基领航”工程，巩固深化基层党组织标准化建设和支部建设提升行动成果，开展基层党组织标准化建设情况评估，强化分类指导，巩固建设成效。推动乡镇财政党的建设实起来、严起来、硬起来，更好发挥财政基层党组织战斗堡垒作用。全面落实党支部书记抓基层党建述职评议考核工作，认真落实新任党支部书记任职谈话实施办法，强化支部书记能力建设。三是深化模范机关创建工作。坚持以创促建、以创促改，全面加强财政党的政治、思想、组织、作风、纪律和制度建设，深化让党中央放心、让人民群众满意的模范机关创建，深入实施基层党建工作“领航”计划，持续开展“双争一创”行动，下沉基层一线，扎实落实“财政基层观测点”制度，持续推动财政党建和业务融合发展，推动模范机关建设与破解难题、改进作风、促进工作结合起来。

*（四）毫不松懈纠治“四风”，营造干事创业的良好政治生态。*锲而不舍落实中央八项规定及其实施细则精神、省委实施细则和厅党组实施办法，着力整治形式主义、官僚主义等“四风”方面突出问题，大力弘扬求真务实、真抓实干、埋头苦干的优良作风。一是推动中央八项规定精神化风成俗。巩固拓展落实中央八项规定精神成果，常抓常新、常抓常紧、常抓常严，保持对精文简会的刚性约束，持续加强和改进监督考核检查方式方法，突出解决问题实效。深入推进节约型机关建设，把节约粮食、坚决制止餐饮浪费作为重要任务，加大对公款吃喝等问题的查处问责和曝光力度，坚决防反弹回潮、防隐形变异。二是深化纠治形式主义官僚主义。对贯彻党中央决策部署做选择、搞变通、打折扣，特别是搞“包装式”落实、“洒水式”落实、“一刀切式”落实等形式主义官僚主义突出问题精准施治，坚决防止不良习气滋生蔓延，健全基层减负常态化机制，让人民群众有实实在在的获得感。三是全面落实党政机关过紧日子要求。把预算管理作为过紧日子的重要抓手，把严把紧预算支出关口，强化对预算执行的约束，加强预算执行动态监管，严禁超预算、无预算支出，推动过紧日子要求制度化长期化。建立零基预算，突出绩效导向，加快建立全方位、全过程、全覆盖的预算绩效管理体系，当好铁公鸡、打好铁算盘，把有限的资金用在刀刃上，切实做到“花钱要问效、无效要问责”。

*（五）着力抓好标本兼治，从严推动党风廉政建设和反腐败工作。*党风廉政建设和反腐败永远在路上。全省财政各级党组织要准确把握形势，以更严的措施和更强的力度完善制度，推动实现不敢腐、不能腐、不想腐一体推进战略目标。一是严明党的纪律。加强党章党规党纪学习教育，将其纳入党组理论学习中心组、党支部学习重要内容。坚持把纪律规矩挺在前面，持之以恒开展纪律和廉政建设，坚持对新任职党员领导干部进行廉政谈话，认真落实党组（党委）运用监督执纪“第一种形态”工作办法，大力推进清廉建设。党员干部要经常与党章、党内政治生活若干准则、纪律处分条例对标对表，时刻自重自省自警自励、慎独慎初慎终慎微，在重大考验中立

得住脚,在诱惑围猎面前定得住神。二是强化对财政权力运行的制约和监督。严格执行预算法实施条例,依法依规组织收入、安排支出。进一步完善并抓好财政资金直达机制落实,加快预算管理一体化建设,完善财会监督体制机制,强化财政内控制度建设,深入推进财政"三重一大"事项廉政风险防控,开展惠农财政补贴资金滞拨闲置等突出问题专项整治,以科学有效的制度机制管住、管好钱袋子。全省财政要坚持以惠农财政补贴资金滞拨闲置问题整改为突破口,主动会同当地涉农主管部门,扎实开展专项整治,认真做好县级自查、市级复查、省级抽查等环节工作,严格惠农资金拨付时限,规范国库集中支付管理,规范资金打卡流程,提高补贴发放时效,力戒形式主义、官僚主义,严肃查处虚报冒领、优亲厚友、贪污侵占、截留挪用等违法违纪行为,真正让惠农财政补贴资金惠及人民群众。三是常态化开展警示教育。开展新一轮深化"三个以案"警示教育,强化"四看四促",全面检视、靶向纠治形式主义官僚主义。落实"警示教育周"机制,编印《全省财政系统部分违法人员悔过书》,用身边事警醒教育身边人。加强对重点领域、关键岗位和一把手的监督,抓好政德教育、家风教育,坚决杜绝"七个有之",营造风清气正的财政政治生态和干事创业的良好氛围。

(六)严管与厚爱相结合,建设忠诚干净担当的高素质财政干部队伍。深入贯彻新时代党的组织路线,坚持党管干部原则和好干部标准,建立以德为先、任人唯贤、人事相宜的选拔任用体系,为财政事业提供坚强组织保证和人才支撑。一是加强干部教育培训。认真贯彻落实党员教育管理工作条例,加大干部教育培训力度,严格落实财政干部教育培训规划,认真开展财政机关接地气、年轻干部走基层工作,引导财政干部努力成为建立现代财政制度、服务构建新发展格局的行家里手。二是激励干部担当作为。加强对财政干部的考核识别和任用,完善财政优秀年轻干部发现培养机制,持续巩固"不要找"的财政良好政治生态。加强对敢担当善作为干部的激励保护,严格执行党员权利保障条例,激发党员干部干事创业内生动力。三是强化干部队伍建设。加强"关键少数"教育管理监督,组织开展处级领导干部阶段性检视工作,不断提高财政党员干部自我净化、自我完善、自我革新、自我提高能力。以"两个维护"引领工作方向,围绕提升"七种能力",强化斗争意识,增强斗争本领,发扬党的光荣传统和优良作风,打造忠诚干净担当的财政干部队伍。

(七)坚持同向发力,从严从实抓好巡视整改和监督工作。珍惜和用好巡视成果,把巡视整改工作作为履行财政职能责任、推进全面从严治党的重要抓手,把解决具体问题与普遍问题、当前问题与长远问题紧密结合起来,建立健全长效管用的制度机制,形成推进整改与深化改革、完善制度的合力。一是抓好巡视整改。贯彻落实省委省政府决策部署做好中央巡视组巡视反馈意见整改工作,结合财政工作实际 ,举一反三、查缺补漏,把自己摆进去、把职责摆进去、把工作摆进去,既找面上共性问题、也找点上个性问题,查找薄弱环节,深挖根源,有针对性的健全完善制度,补齐短板漏洞,一招不落抓好整改落实。二是深化厅党组巡察。坚持政治巡察定位,聚焦坚持党的领导、加强党的建设、全面从严治党,严肃党内政治生活、净化党内政治生态,维护党的纪律,扎实开展厅党组政治巡察工作。及时通报共性问题,督促处室单位党支部对标对表、举一反三、未巡先改,定期督办巡察整改工作,确保整改任务件件有回音、事事有着落。加强巡察工作制度机制建设,加强厅党组巡察组人才库建设,推动巡察整改常态长效,持续提升巡察实效。三是推进联系协作。认真落实省委巡视机构与财政厅协调协作机制,强化财政财会监督与巡视监督、审计监督等有机贯通、相互协调。认真落实厅党组和驻厅纪检监察组联系协作机制,开展定期会商、情况通报等工作,市县财政局要全面落实与派驻纪检监察机构的联系协作机制,主动自觉、全面深入支持派驻纪检监察机构的监督。

一年来,全省各级派驻财政纪检监察机构和广大财政纪检干部为推进全面从严治党、党风廉政建设、财政改革发展作出了重要贡献。全省财政各级党组织要加强沟通协调,大力支持、主动接受、积极配合派驻纪检监察部门监督执纪问责。

同志们,今年的财政工作艰巨繁重。我们要深入学习贯彻习近平新时代中国特色社会主义思想,学习贯彻习近平总书记考察安徽重要讲话指示精神,认真落实省委省政府部署、省纪委监委要求和财政部党组工作安排,以永远在路上的执着和韧劲,不忘初心、牢记使命,忠诚履职、担当作为,以高质量党建推动建立现代财政制度,更好发挥财政职能作用,推动全省财政全面从严治党和党风廉政建设工作再上新台阶、再创新局面,以优异成绩迎接建党 100 周年,为加快建设新阶段现代化美好安徽作出更大贡献!

(办公室供稿)

坚持系统观念 推进安徽财政高质量发展

省财政厅党组书记、厅长 谷剑锋

习近平总书记指出，系统观念是具有基础性的思想和工作方法。财政是国家治理的基础和重要支柱。进入新发展阶段，财政部门必须坚持系统观念，运用系统方法，强基补短、提质增效，促进财政事业高质量发展，为建设新阶段现代化美好安徽提供坚实财政保障。

跳出本位看站位 深学细悟增强政治本领。

从理论武装上建强政治机关。财政部门首先是政治机关，全省财政要深刻领会习近平新时代中国特色社会主义思想，把学习习近平总书记重要讲话与关于财政工作重要指示批示精神贯通起来，在新时代财政工作中践行“两个维护”。从经济思想中领悟财政方法。全省财政要深刻领会习近平新时代中国特色社会主义经济思想的丰富内涵，深化对财政与经济关系的规律性认识，运用系统方法化解财政困难、补齐财政短板。从伟大建党精神中汲取智慧力量。今年是建党100周年，总结党的百年奋斗的重大成就和历史经验，从中进一步认识“财”如何服务“政”，创新财政工作思路和方法，在新时代新征程展现财政新作为。

跳出数量看质量 聚沙成塔增强财政保障。

加强对重大战略、重要任务、重点改革的财力保障研究，算政治账算大账，分清轻重缓急。统筹考虑收入与支出的因果关系。把财政收入和财政支出作为一个有机整体，既从收入上把握新形势下增长原理，又从支出角度看收入源头问题，在紧平衡下做好结构优化，提高支出对财源建设反哺效果，实现放水养鱼、减轻企业负担与保持支出强度、做大财源基数之间的良性循环。统筹考虑总量和人均的联动关系。目前，安徽财政处于总量居中、人均靠后的状态，与实现“总量靠前、人均居中”的目标还有差距。一方面，要把握好经济下行周期下财政收入潜在增速低于经济增速的客观规律，合理确定未来五年财政总量和人均增长目标；另一方面，要认识到经济高质量发展与财政高质量发展的内涵一致性，在做大收支总量的同时，推动财政收支从“数量型增长”向“内涵型增长”转变。统筹考虑时间和空间的转换关系。通过实施跨周期收支平衡、运用好逆周期调节、短期政策和长期政策相结合等机制安排，在更高水平实现财政平衡。即以稳需求的时间拓供给的空间，以稳投资的时间拓新动能的空间，以稳就业的时间拓转型的空间，以稳风险的时间拓支出强度的空间，以稳预期的时间拓税制改革的空间。统筹考虑省和市县的整体关系。按照中央深化财税体制改革的方向，充分调动省和市县积极性，找到财政体制运行的最优平衡点。正确处理增量和存量的关系，更加注重增量调节；正确处理历史和现状的关系，使财政体制、区域政策与区域发展战略更加贴近和吻合；正确处理上收和下移的关系，进一步增强省级调控能力。

跳出现在看未来 趋时顺势增强发展动力。

面对新的发展环境，发挥财政职能作用，必须坚持系统观念。着眼于百年未有之大变局和国内国际“双循环”，用系统观念将安徽发展嵌入国际国内两个大局中，充分发挥安徽处于长三角一体化和中部崛起战略交汇地带的优势，支持构建系统完善的内需体系和安徽自贸区政策制度创新，重视发挥相关投资、贸易平台作用，使生产要素在省内外乃至全球充分流动并实现有效供给。贯彻“五大发展理念”，更加自觉地运用系统方法，探索研究有利于高质量发展的财政规律，在促发展、保民生、优生态、防风险等多重目标中寻求财政动态平衡。统筹协调传统产业和新兴产业，既支持传统产业转型升级，运用工业互联网+5G思维推进“皖企登云”，也支持平台创新、技术创新、制度创新、协同创新要素的聚集和转化，支持加快建设科技创新攻坚力量体系。政府和市场协同发力，用市场逻辑和资本力量支持打造包括基金、证券、担保、风投等在内的多层次资本市场，支持以园区为要素聚集平台，支持以重大项目开工为抓手，推进重点领域项目、基地、人才、资金一体化配置。

跳出线性看非线性 多层面增强空间布局。

系统认识财政发展环境，以非线性思维适应发展目标、任务和约束的非线性趋势，引导促进人口、经济、资源环境的空间均衡。把准总规划与子规划的统分关系。把财政中期规划放到国家主体功能区规划、经济社会发展规划的框架下，明确生态、耕地、城市边界“三条红线”，在此框架下谋划推进财政工作。把准大空间与小空间的互补关系。在贯彻落实国土空间、区域、能源、资源、人口、民族等宏观规划的同时，注重从本地区、本系统出发,同步支持推进城市管道、地下廊道、物流通道、网格慢道等基础设施建设,守护好“生命线”“天际线”。把准城镇化与农业现代化的协调关系。紧扣区域一体化和高质量发展要求,聚焦支持“一圈五区”建设、“五个区块链接”交错互融,统筹推进“四化同步”皖北振兴发展,做好乡村振兴政策衔接,促成区域、城区、产业发展的雁行循环态势。把准开发力度及强度与能源利用效率的平衡关系。针对空间规划限制和碳达峰、碳中和的战略约束,分类构建优先、重点、限制、禁止开发以及城市区、农产区和生态区等区域的财政政策,引导不同区域、不同行业发展强度、资源禀赋与能源消耗有效统筹。

跳出高限看底线 尽力量力增强全面均衡。

在高质量发展中推进共同富裕,必须坚持系统观念。在实施宏观政策时,保障一定的财政支出强度,熨平经济运行周期,同时要严控政府债务风险;在落实具体措施时,积极营造公平竞争环境,对市场主体创新活动、扩大投资、开拓市场等予以政策支持;在实行社会政策时,做好底线民生工作。坚持全民共享,聚焦落后地区和困难群体,提高共享的均衡性;坚持全面共享,注重文化、生态、精神层面的共享,提高共享的全面性;坚持共建共享,围绕人人参与、人人尽力,发挥财政引导作用,提高共享的参与性;坚持渐进共享,使民生保障与发展阶段、财力水平相适应,提高共享的可持续性。坚持“三保”在财政支出中的优先顺序,省级担负起调节省以下财力均衡的责任,市级财政加大对所辖财力较为困难地区的支持力度,县级财政要落实主体责任。

跳出一域看全域 夯基垒台增强改革支撑。

坚持破立并举。对一些制约经济社会发展的财政体制机制,坚持破字当头,力争在政府资源统筹、国有金融资本等改革上取得突破;对一时难以解决的,坚持先易后难,在地方税体系等改革方面持续健全机制。坚持点面结合。以实行零基预算改革为龙头,强化预算管理,推进财政事权与支出责任、绩效管理、政府采购、会计监督等改革。坚持专精齐进。围绕提高财政专业化能力,建立财政重大政策和重点工作专班研究机制,常态化对标学习沪苏浙经验。用数字赋能财政改革,拓展财政数据归集、运用和监控应用。坚持内外衔接。支持创新方面,紧扣人才链、带动资本链、推进创新链,完善以信任为前提的科研经费管理机制;强化产业链方面,围绕十大新兴产业匹配基金,强化财政与金融、产业、就业、区域等政策的协同;扩大内需方面,重点补齐农业农村、生态环保、防灾减灾、民生保障等领域短板;民生政策方面,加强财政改革与健全养老、医疗、教育等改革政策的有效衔接。

(来源于2021年10月8日《中国财经报》)

省财政规划

安徽省财政改革发展第十四个五年规划

"十四五"时期是全面建设社会主义现代化国家新征程的开局起步期,也是加快推动建立现代财税体制的关键期、攻坚期。根据《中共安徽省委关于制定国民经济和社会发展第十四个五年规划和二〇三五年远景目标的建议》《安徽省国民经济和社会发展第十四个五年规划和2035年远景目标纲要》《财政"十四五"规划》,结合我省财政改革发展实际,制定本规划。本规划总结回顾"十三五"我省财政改革发展情况,立足新发展阶段、贯彻新发展理念、服务构建新发展格局,分析"十四五"我省财政改革发展面临的形势,明确"十四五"我省财政改革发展的指导思想、基本原则、目标任务和政策措施,是未来五年我省财政改革发展的指导性文件。

一、"十三五"安徽财政改革发展成效与经验

"十三五"期间,全省各级财政部门深入学习贯彻习近平新时代中国特色社会主义思想和党的十九大和十九届二中、三中、四中、五中全会精神,认真学习贯彻落实习近平总书记考察安徽重要讲话指示精神,坚决贯彻省委、省政府部署和财政部要求,坚持积极的财政政策更加积极有为,扎实做好"六稳"工作,全面落实"六保"任务,支持高质量推进五大发展行动计划,加快建立现代财政制度,提升财政治理和服务效能,为全省经济社会持续健康发展作出积极贡献。我省财政管理工作连续5年被财政部评为优秀等次,获得国务院通报表彰激励;在2019年度地方预算绩效管理工作考核中被财政部评为优秀等次;县级财政管理绩效工作连续四年在全国考核中名列前茅。党的十八大以来连续3届获评"全国文明单位",荣获省政府目标管理绩效考核通报表扬并位居前列,省财政厅班子连续5年获评省委综合考核"好"等次。

1. 财政运行稳中有进,财政综合实力迈上新台阶。

坚持实事求是、把握规律、均衡运行,全省财政运行总体平稳、稳中有进。2020年全省一般公共预算收入达到3216亿元、总量居全国第10位、中部第2位,5年累计完成1.5万亿元、年均增长5.6%,税收占比保持在70%左右。财政支出规模实现新跨越,2016—2020年,全省财政支出分别完成5523亿元、6204亿元、6572亿元、7392亿元和7474亿元,2020年总量居全国第11位、中部第4位,连续跨过2个千亿元台阶、累计完成3.3万亿元、年均增长7.4%;财政支出结构更加优化,集中投向重点领域和关键环节,对全省经济社会发展的支撑力明显增强。

2. 财政职能充分发挥,服务高质量发展彰显新作为。

落实"巩固、增强、提升、畅通"八字方针,紧扣经济高质量发展和财源建设良性互动,坚持"放水养鱼、让利于民",编制全国首份财税优惠事项清单,积极落实各项减税降费政策,省级涉企行政事业性收费实现清零,2016—2018年累计减税降费2835.9亿元,2019—2020年新增减税降费1483.2亿元,以政府收入"减法"换取企业效益"加法"和市场活力"乘法"。坚持把创新作为引领发展第一动力,省级统筹377.2亿元全力支持"三重一创"、合肥综合性国家科学中心、创新型省份等重大项目建设,推动创新发展得到新提升。坚持把政府债券作为政府融资的"主渠道",落实专项债券发行及配套项目融资有关政策,累计发行10648.3亿元债券资金,规范推广PPP模式,为全省稳投资、扩内需、补短板提供强劲动能。注重发挥财政政策资金引导撬动作用,省财政累计拨付91.5亿元支持打造政策性融资担保体系,在全国率先创新"4321"新型政银担合作机制,受到国务院领导充分肯定并在全国推广;推进农业担保体系建设,财政部向全国推广安徽农担"劝耕贷"模式。

3. 财政保障精准有力,促进三大攻坚战取得新成效。

坚持把脱贫攻坚作为重大政治任务和第一民生工程,建立财政专项扶贫资金增长机制,累计投入578.6亿

元、年均增长30.1%,突出解决“两不愁三保障”和饮水安全问题,在国家财政专项扶贫资金绩效考核中连续5年获“优秀”等次。坚定不移践行“两山”理念,健全财政稳定增长投入机制,全省投入1399亿元,支持打好蓝天、碧水、净土保卫战,实施新安江流域生态补偿机制,健全大别山区水环境生态补偿机制,探索皖苏滁河流域生态补偿,财政牵头的第一、二轮“新安江生态补偿模式”入选“不忘初心、牢记使命”主题教育教材“攻坚克难案例”丛书。把政府债务风险作为财政风险防范的重中之重,坚持疏堵并举,在全国率先以省委、省政府名义出台管理办法,强化政府债务预算管理和限额管理,加强隐性债务动态监控、风险评估,坚决遏制增量,妥善处置存量,我省全口径债务风险等级由橙色降为黄色,债务规模总体适度、风险可控。

4. 公共属性更为彰显,推动社会事业再上新水平。

坚持以人民为中心的发展思想,优化财政支出结构,5年民生支出达2.8万亿元、占全省财政支出80%以上,尽力而为、量力而行,守住底线、突出重点、完善制度、引导舆论,腾出更多财力向基层一线、困难地区和弱势群体倾斜,保障就业、教育、社保、医疗等重点民生支出需要。建立基层基本公共服务功能建设财政保障机制,省级统筹投入282亿元支持32个贫困县(区)补齐基层基本公共服务短板。健全完善民生工程遴选、审核、实施、监管、验收等一揽子联动管理机制,投入5260亿元滚动实施33项、累计实施54项民生工程,惠及全省7000万人民群众、人均受益7000多元,每年民意调查满意度均保持在85%以上。坚持把人民生命财产安全放在第一位,坚定有力做好疫情防控、防汛救灾及灾后恢复重建等政策支持、投入保障和资金监管工作,切实增进人民群众获得感、幸福感和安全感。

5. 财政改革不断深化,财政治理效能实现新提升。

始终把改革作为财政工作的“牛鼻子”和总牵引,坚持以深化改革破解财政工作堵点和瓶颈,全面完成省委深改委明确财政厅牵头31项改革任务,省市县常态化同步提前启动预算编制工作、在全国率先实现预算公开评审省市县三级全覆盖,我省财政供养系数连续多年为全国最低省份之一。全面贯彻落实预算法及其实施条例,提请省人大出台实施《非税收入管理条例》,持续完善标准科学、规范透明、约束有力的预算制度。预算绩效管理全面实施,省级层面基本建成“全方位、全过程、全覆盖”的预算绩效管理体系。深入推进税收制度改革,营改增、环保税、个人所得税、耕地占用税、资源税等重点改革任务相继顺利完成,在全国率先建立省级涉企收费清单制度,有力减轻企业负担,激发市场主体活力。推进省以下财政事权和支出责任划分改革,出台基本公共服务、科技、交通运输、应急救援、生态环境等10个领域改革实施方案,转移支付结构更加优化,权责清晰、财力协调、区域均衡的省以下财政关系逐步构建。

6. 财政生态持续优化,全面从严治党开创新局面。

坚持以党建引领,牢记财政机关首先是政治机关,制定并落实深入学习贯彻习近平新时代中国特色社会主义思想实施意见,及时跟进学习习近平总书记重要讲话指示批示精神,建立健全贯彻落实习近平总书记关于财政工作重要指示批示精神的工作机制,引导财政干部增强“四个意识”、坚定“四个自信”、做到“两个维护”。扎实开展“两学一做”“不忘初心、牢记使命”等主题教育,深化“三查三问”,持续加强财政政治生活、政治文化、政治生态建设,扎实开展厅党组政治理论和政策业务学习,常态化开展厅党组推荐阅读活动。省财政厅党组理论学习中心组入选2017—2018年度全省党委(党组)理论学习中心组联系点,厅党组在长三角地区机关党建工作研讨会上作经验交流。树牢大抓基层基础的鲜明导向,深化基层党组织标准化建设,扎实开展“建设模范机关”活动,落实好干部标准,树牢正确选人用人导向,表扬与批评、提拔与交流“不要找”的财政风气全面形成,推动乡镇财政基层党组织建设。坚持财政作风建设永远在路上,严格落实中央八项规定及其实施细则精神、省委实施细则及厅党组实施办法,制定落实力戒形式主义官僚主义具体举措,巩固部门会商、结对共建、定点帮扶等作风建设成果,在省直单位定点帮扶考核中连续多年位居“好”等次。把廉洁理财作为工作底线,持续开展“三个以案”警示教育,创新开展“警示教育周”活动,建立厅党组与驻厅纪检监察组联系协作机制,对厅属单位政治巡察实现全覆盖,严格内控制度执行,加强干部教育监督管理,保持财政为民务实清廉形象。

过去五年,财政工作取得了显著成绩,收获了宝贵经验。“十四五”时期,做好财政改革发展工作,必须更加注重政治站位、党性原则,坚持和服从党对财政工作的全面领导,始终用政治的视野、观念、标准、原则谋划推动财政改革发展工作,把准财政工作方向,种好财政的“责任田”,不折不扣地把党中央、国务院决策部署及省委、省政府部署要求和财政部工作安排落到实处;必须更加注重为民宗旨、过紧日子,严格落实过紧日子要求,更加注重节用裕民,大力压减一般性支出,调整优化支出结构,厉行勤俭节约办一切事业,确保把钱用在刀刃上、紧要处;必须更加注重市场有效、财政有为,坚持有所为有所不为，市场能够做的、交给市场去做，能够支持市场做的、支持市场去做，发挥财政资金引导撬动作用，激发市场主体活力，使市场在资源配置中起决定性作用和更好发挥政府作用；必须更加注重问题导向、精准施策，坚持安不忘危、治不忘乱，常态化开展“回头看”，敏于发现问题、敢于正视问题、善于解决问题，对症下药、精准发力、举一反三，认真总结和吸取教训，建立健全长效机制，增强财政工作的针对性和有效性；必须更加注重深化改革、提升绩效，始终把改革作为财政工作的总牵引、把质量效益作为生命线，深化财政重点改革，创新财政筹资、保障、运行和管理等机制，全面实施预算绩效管理，提升财政治理能力及财政资源配置使用效益；必须更加注重全面统筹、系统推进，注重统筹好发展和安全、当前和长远、全局与重点、省级与市县，强化财政上下“一盘棋”、财政财务“一体化”，凝聚财政工作合力；必须更加注重党建引领、作风保障，贯彻新时代党的建设总要求，从严加强机关党建，从严加强党组和党支部建设，从严加强党员干部监督管理，驰而不息推进财政作风和纪律建设，保障财政改革发展事业不断推进。

二、“十四五”安徽财政改革发展面临的形势

“十四五”时期，国际环境更加错综复杂，国内发展呈现新的阶段性特征，区域竞争与合作并存，我省正处于重要战略机遇期、风险挑战承压期、科技产业变革期、跨越发展窗口期，财政改革发展既面临着一系列新机遇新挑战，也赋予了一系列新要求新作为。必须立足安徽经济社会发展大局，认真贯彻强化“两个坚持”、实现“两个更大”的目标要求，准确把握新发展阶段、坚决贯彻新发展理念、服务构建新发展格局，全面贯彻落实党中央、国务院及省委、省政府、财政部决策部署，积极主动顺应形势、抢抓机遇、化解风险，推进安徽财政高质量发展。

1. 战略机遇。一是国家加快构建以国内大循环为主体、国内国际双循环相互促进的新发展格局，有利于我省发挥交通区位、市场腹地、人力资源、生态环境优势，激发内需潜力，培育消费热点，在形成强大国内市场中抢占优势资源，提升经济体系整体效能，为财政改革发展拓展新空间。二是推进长三角一体化发展、建设（中国）安徽自贸试验区、共建“一带一路”、长江经济带发展、推动中部地区高质量发展等多重国家战略叠加实施，有利于我省发挥“左右逢源”双优势，促进高水平对外开放和区域合作，进一步扩大有效投资，提升发展位势，为经济增长厚植新动能。三是新一轮科技革命和产业变革深入发展，有利于我省在坚持科技创新和产业创新“双轮驱动”的基础上，涌现出更多发展前景广阔的新产业、新业态，更多依靠创新驱动的引领型发展，打造具有重要影响力的科技创新策源地和新兴产业聚集地，把科技创新优势转化为经济增长优势，为财政发展提供强劲可持续的动力支撑。四是全球产业链供应链调整重构，有利于我省依托多层次承接产业转移平台吸引国内外资本和新兴产业布局，加快建设现代产业体系，推动形成新型财源增长点。五是新型工业化、信息化、城镇化、农业现代化加速推进，区域发展协同并进，有利于我省进一步优化产业发展空间和格局，不断激发经济增长活力，为财政收入增长提供有力支撑。

2. 风险挑战。一是我省仍将处于转变发展方式、优化经济结构、转换增长动力的攻关期，结构性、体制性、周期性问题相互交织，外部环境日趋复杂，区域间竞争更加激烈，科技成果转化效率、工业“四基”水平还不适应高质量发展要求，农业基础还不稳固，城市竞争力总体不强，县域经济、民营经济发展不充分，我省经济社会发展存在一定不确定性，经济运行可能保持中低速增长，决定了财政收入将中低位运行。二是在常态化疫情防控中支持做好“六稳”工作、服务落实“六保”任务，全力支持科技创新、产业发展、乡村振兴、区域协调发展、绿色发展、社会建设等省委省政府重大决策部署落地，服务构建新发展格局、推进高质量发展，财政支出仍要保持较大强度，各级财政刚性支出压力将持续加大，与此同时，部分市县债务率较高，法定政府债务还本金额呈逐年上升趋势，债务到期偿还压力只增不减，财政运行将处于“紧平衡”状态。

3. 发展要求。一是复杂变化的国内外环境，对我省财政根据形势变化做好政策设计，相机预调微调、定向调控，积极有效应对各种不稳定不确定性因素方面提出了更高要求。二是推动构建高水平社会主义市场经济体制，要求财政更加准确把握发展大局，加快建立现代财税体制，加强财政资源统筹，深化预算管理改革，健全省以下财政体制，规范地方政府债务管理，不断增强重大战略任务财力保障，增强基层公共服务保障能力，全面提升财政管理绩效，更好地发挥财政在国家治理中的基础和重要支柱作用。三是我省发展不平衡不充分问题仍然突出，城乡区域发展差距和收入分配差距较大，对我省财政支持区域协调发展、优化收入分配结构等方面提出了新要求。四是进入高质量发展阶段，满足人民日益增长的美好生活需要，解决好就业、教育、医疗、社保、住房、养老、食品安全等突出民生问题，对我省财政不断增强民生保障能力提出了新的更高要求。

总体判断，“十四五”时期，安徽发展仍然处于重要战略机遇期，但机遇和挑战都有新的发展变化。短期内，

整体经济承压前行,实体经济困难较多,财政收入面临较大压力,但长期看,随着供给侧结构性改革不断深化,经济体系优化升级,扩大内需战略深入实施,新发展格局逐步形成,各项改革红利不断释放,财政收入增速将会趋于平稳。总体上,全省财政收入将保持中低速增长,与经济增长相匹配。只要我们树立底线思维,保持战略定力,知重负重,善于在危机中育先机、于变局中开新局,抓住机遇,应对挑战,趋利避害,奋勇前进,精准发力做好财政改革发展各项工作,就能实现财政平稳可持续运行,推动我省经济社会发展取得新成就。

三、"十四五"安徽财政改革发展的指导思想、基本原则和目标任务

1. 指导思想。

坚持以习近平新时代中国特色社会主义思想为指导,深入贯彻党的十九大和十九届二中、三中、四中、五中全会精神,认真贯彻落实习近平总书记考察安徽重要讲话指示精神,全面贯彻党的基本理论、基本路线、基本方略,统筹推进经济建设、政治建设、文化建设、社会建设、生态文明建设的总体布局,协调推进全面建设社会主义现代化国家、全面深化改革、全面依法治国、全面从严治党的战略布局,准确把握新发展阶段,坚决贯彻新发展理念,服务构建新发展格局,坚持稳中求进工作总基调,以推动高质量发展为主题,以深化供给侧结构性改革为主线,以改革创新为根本动力,以满足人民日益增长的美好生活需要为根本目的,统筹发展和安全,扎实做好"六稳"工作,全面落实"六保"任务,支持持续实施五大发展行动,扎实推进长三角一体化发展进程,支持加快打造具有重要影响力的科技创新策源地、新兴产业聚集地、改革开放新高地和经济社会发展全面绿色转型区,支持加快建设现代化经济体系,推进治理体系和治理能力现代化,更好发挥财政职能作用,加强统筹财政资源,推进建立现代财税体制,不断提升财政治理服务效能,为实现"两个坚持""两个更大"目标要求,加快打造"三地一区",全面建设经济强、百姓富、生态美的新阶段现代化美好安徽作出新的贡献。

2. 基本原则。

——坚持党的全面领导。坚持以党的政治建设为统领,自觉在思想上政治上行动上同党中央保持高度一致,进一步强化"财"自觉服从服务于"政"的意识,做到对"国之大者"心中有数,全面落实省委、省政府决策部署,认真落实"两个责任",着力营造风清气正的财政政治生态,不断提高贯彻新发展理念、服务构建新发展格局能力和水平,为支持新阶段现代化美好安徽建设提供有力支撑。

——坚持以人民为中心。树牢以人民为中心的发展思想,突出公共财政属性,坚持共同富裕方向,尽力而为、量力而行,增强民生政策的有效性和可持续性,实现与经济社会发展水平相适应,始终做到发展为了人民、发展依靠人民、发展成果由人民共享,维护人民根本利益,兜住基本民生底线,增进民生福祉,不断实现人民对美好生活的向往。

——坚持高质量发展。把新发展理念贯穿财政改革发展全过程和各项具体工作,支持服务构建新发展格局,支持切实转变发展方式,支持推动质量变革、效率变革、动力变革,支持实现更高质量、更有效率、更加公平、更可持续、更为安全的发展。

——坚持系统协调统筹。以更加专业的视角审视财政工作,以更加开放的思维对接打法,以更加创新的理念健全机制,全面加强基础性分析、前瞻性思考、全局性谋划、战略性布局、整体性推进,注重防范化解重大风险挑战,着力优化财政资源配置,促进财政与金融、就业、产业、区域等政策协调,发挥政策集成效应,加大跨周期调节力度,着力固根基、扬优势、补短板、强弱项,真正发挥财政稳定经济的关键作用,支持在质量效益明显提升的基础上实现经济持续健康发展。

——坚持权责清晰匹配。坚持"用市场的逻辑谋事、用资本的力量干事,用平台思维、生态思维成事",正确处理好政府和市场的关系,切实履行公共财政职能,围绕构建多层次资本市场,创新完善财政政策和支持方式,做到市场有效、财政有为。围绕建立权责清晰、财力协调、区域均衡的省以下财政关系,科学界定政府间的财政事权和支出责任,理顺省与市县收入划分,完善省对下转移支付制度,充分调动市县发展积极性。

——坚持深化改革创新。围绕建立现代财税体制,扎实推进财政体制、预算管理制度、地方税体系建设等重点改革,加强财政资源统筹,优化财政支出结构,增强重大战略任务财力保障,提高财政资源配置效率和资金使用效益,严控并逐步化解隐性债务风险,推进治理体系和治理能力现代化建设。

3. 目标任务。

——财政职能作用更好发挥。"十四五"时期,立足新的发展阶段,承担新的历史使命,创新财政支持方式,加强财政政策、资金整合集成,更好发挥财政职能作用,实现财政资源配置、财税政策落实、财税体制改革有效服务构建新发展格局,为省委、省政府"十四五"发展决策部署落到实处提供有力保障。

——财政运行有质量更安全。"十四五"时期,财政收入增速与经济增长相适应,财政收入质量进一步提升。树牢过紧日子思想,财政支出结构进一步优化,支出强度合理适度。财政统筹发展和安全的能力进一步提升,财政运行更加安全可持续。

——现代财税体制建立健全。到2025年,财税体制改革进一步深化,标准科学、规范透明、约束有力的预算制度进一步完善,政府预算体系更加完善,政府债务管理更加规范,税收制度改革稳步推进,省以下财政事权和支出责任进一步明确,省以下财政体制进一步健全,权责清晰、财力协调、区域均衡的省与市县财政关系更加成熟。

——区域财政发展更加协调。到2025年,财政支持区域发展政策更加科学,积极推进实施长三角一体化、长江经济带、淮河生态经济带和中部地区高质量发展等国家战略,高标准推动中国(安徽)自贸试验区建设,统筹推进“五个战略区块链接”、“一圈五区”更好发展,基层公共服务保障能力显著增强,省市县三级财政发展更加均衡,形成多级支撑、多元发展的良好局面。

——绩效管理体系逐步完善。到2025年,预算绩效管理改革不断深化,绩效理念和方法深度融入预算编制、执行和监督全过程,预算和绩效管理实现一体化。以绩效为导向的预算分配体系,以及预算安排与绩效结果挂钩的激励约束机制基本确立,财政资源的配置效率和使用效益全面提升。

——财政法治建设深入推进。到2025年,规范科学有效的财政法治体系进一步完善,财政资金分配和使用更加高效透明,财政资金监管更加有力有效,财政制度建设和治理能力进一步增强,财政管理科学化、规范化、法治化水平全面提升。

四、加强财政资源统筹,增强重大战略任务财力保障

紧紧围绕党中央、国务院及省委、省政府重大决策部署,统筹各类财政资源,建立健全优化财政资源配置的长效机制,集中财力办大事,增强全省重大任务、重大项目、重大工程财力保障。

1. 加强财政收入统筹。按照中央统一部署,平稳推进税制改革,贯彻现代税收制度,落实税法授权地方事项,健全地方税、直接税体系,培育地方税源,切实发挥税收功能作用。统筹推进非税收入改革。坚持依法治税理念,支持税务部门依法组织财政收入。引入公共资源竞争机制,创新公共资源综合管理,加强部门和单位收入统一管理,将依托行政权力、国有资源(资产)获取的各项收入以及特许经营权拍卖收入等按规定全面纳入预算管理,增强财政资源配置的完整性。

2. 加强财政支出统筹。建立过紧日子长效机制,不断调整优化财政支出结构,严格控制一般性支出,建立激励节俭的长效机制,调整完善重点支出预算编制程序,切实把财政资金重点用在保障省委省政府重大战略、重点改革及重要政策落实落地上。根据支出政策、项目要素及成本、财力水平等,建立分类分档的预算项目支出标准体系,并根据经济社会发展、物价变动和财力变化等,动态调整支出标准,强化标准应用,以标准化推动基本公共服务均等化。增强预算分配完整性,逐步将所有预算资金纳入财政部门统一分配。

3. 加强四本预算统筹。完善政府预算体系,加强一般公共预算、政府性基金预算、国有资本经营预算和社会保险基金预算等四本预算的有效衔接,强化政策集成和资金协同,提高财政支出综合效能。加大政府性基金预算、国有资本经营预算调入一般公共预算的力度,推进社会保险基金预算改革,一般公共预算可以根据需要和财力适当安排资金补充社会保险基金预算。

4. 加强财政存量资金统筹。全面盘活用好结转结余资金等各类存量资金,对结余资金和连续两年未用完的结转资金,一律收回统筹使用。健全结转资金与预算安排结合机制,调整优化支出结构,切实提高财政资金使用效益。

5. 加强国有资产统筹。全面贯彻落实国有资产报告制度,不断完善国有资产报告机制和成果运用。建立健全资产配置标准体系,完善新增资产配置相关预算工作机制,推进资产管理与预算管理深度融合。加强国有资产分类管理,加大资产盘活力度,通过出租、出售、调剂、处置等多种方式,有效盘活并高效使用资产,促进共享共用和全面统筹,提高资产使用效率和效益。探索将公共基础设施等行政事业性国有资产从行业管理延伸到财政资产管理,逐步健全行政事业性国有资产管理制度。健全完善资产评估管理制度,持续优化评估服务市场环境,推动资产评估行业改革发展。

6. 加强财政信息统筹。对标全国统一的规范和技术标准,持续推进预算管理一体化建设,建立纵向到底、横向到边、互联互通的预算管理一体化系统,通过信息系统加强对财政收支的动态监控,推动各部门各领域信息集成和共享,以系统化思维和信息化手段推进预算管理工作。强化财政信息化应用支撑,加强数字财政建设,筑牢财政信息化网络安全防线,更好推动安徽财政改革发展。

五、推进财政体制改革,理顺省以下财政分配关系

坚持财力向市县倾斜、赋能基层,厘清省与市县财政事权与支出责任、激发市县发展内生动力,逐步建立权责清晰、财力协调、区域均衡的省与市县财政关系。

1. 推进省以下财政事权和支出责任划分改革。根据中央有关部署,推进省以下财政体制改革,适当加强省级在维护经济社会协调发展等方面的责任,落实已出台的医疗卫生、教育、

科技、生态环境等领域省与市县财政事权和支出责任划分改革方案,推进知识产权保护、养老保险等领域财政事权和支出责任划分改革,合理确定省以下各级政府支出责任。健全专项资金政策评估和退出机制,强化涉企等领域财政分级保障和分类分担责任,推动形成稳定的各级政府事权、支出责任和财力相适应的制度,调动各方积极性主动性创造性。

2. 调整优化转移支付体系。根据财政事权属性,进一步厘清各类转移支付功能边界,健全转移支付定期评估和退出机制,充分发挥一般性转移支付作用,加强共同财政事权转移支付管理,合理确定专项转移支付项目和规模。推动转移支付资金分配与政府提供公共服务成本相衔接,促进基本公共服务均等化、可及化。健全转移支付管理制度,完善资金分配办法,全面提高转移支付管理的规范性、科学性和有效性。

3. 增强基层公共服务保障能力。根据税制改革进程,按照分税制原则,理顺省以下各级政府之间收入划分,稳定市县(区)收入预期。结合落实政策需要与财力可能,加大对财力薄弱地区支持力度,重点加强对基本民生、乡村振兴、污染防治等重点领域的资金保障,逐步建立市县(区)保基本民生、保工资、保运转"三保"长效保障机制。

4. 健全常态化财政资金直达机制。稳步扩大直达资金范围,完善直达资金分配审核流程,确保资金安排符合相关制度规定,体现政策导向。健全直达资金监控体系,强化从资金源头到使用末端的全过程、全链条、全方位监管,资金监管"一竿子插到底",防止资金挤占挪用和沉淀闲置等,确保资金直达使用单位、直接惠企利民,提高财政资金使用的有效性和精准性。

六、深化财政管理改革,提升财政治理效能

服从服务安徽经济社会发展大局,以创新思维、改革举措不断加强财政管理,推动财政管理质量变革、效率变革、动力变革,提高财政管理绩效,提升财政治理能力和水平。

1. 推进财政法治建设。坚持法定职责必须为、法无授权不可为,依法履行财政职能,加强财政制度"立改废",完善财政制度体系,强化财政制度执行。制定实施《安徽省财政法治建设实施方案(2020—2025年)》和"八五"普法规划,严格落实重大事项合法性审查机制、法律顾问制度,以及规范性文件管理制度。强化财政法律风险防范,提升依法行政、依法理财的能力与水平。

2. 深化预算管理制度改革。全面贯彻落实预算法及其实施条例,稳步实施零基预算,打破支出固化僵化、预算安排只增不减的格局。持续推进专项资金整合,发挥财政政策和资金的集聚效应。坚持先有预算后有支出,强化预算约束,无大事急事要事原则上不办理预算追加,增强预算的可执行力。完善跨年度预算平衡机制,科学编制中期财政规划,提高财政预算的前瞻性和可持续性。深入推进预决算信息公开,拓展预决算公开领域,细化预决算公开内容,提高财政透明度。加强预算执行监控,提高财政资金使用效益。

3. 全面实施预算绩效管理。深入推进全方位、全过程、全覆盖预算绩效管理体系建设,将绩效管理覆盖所有财政资金,延伸至基层单位和资金使用终端,健全事前事中事后绩效管理闭环系统,不断完善事前绩效评估、绩效目标管理、绩效运行监控、绩效评价和结果应用管理机制。健全绩效管理制度体系,不断优化绩效管理业务流程。健全分行业、分领域、分层次的核心绩效指标和标准体系,落实绩效指标动态调整完善机制。健全绩效管理结果与预算安排和政策调整挂钩机制,强化绩效管理工作考核和监督问责。健全重点领域预算绩效管理体系,强化涉企项目资金预警审核管理。加大绩效信息公开力度,推动绩效目标、绩效评价结果向社会公开。

4. 深化财政国库管理制度改革。进一步完善国库集中支付体系建设,推动构建功能完善的现代财政国库管理制度。继续扩大国库集中支付改革范围,推进国库支付电子化管理建设。强化预算执行动态监控,建立健全反映所有预算资金的决算报告体系,加强财政总决算反映报告功能。建立权责发生制政府综合财务报告制度,做好政府综合财务报告编报工作,全面客观反映政府资产负债与财政可持续情况,加强政府财务报告信息分析利用。建立库底目标余额管理制度,科学开展库款预测。

5. 健全地方政府债务管理机制。依法构建管理规范、责任清晰、公开透明、风险可控的地方政府举债融资机制,健全地方政府债务信息公开及债券信息披露机制,完善地方政府债券发行管理机制,提升地方政府债券发行规范化、市场化水平,发挥好规范举债融资对经济社会发展的积极作用。结合项目偿债收入情况,建立政府偿债备付金制度。抓实地方政府隐性债务化解工作,坚决遏制隐性债务增量,完善对市县债务风险评定机制,健全市场化、法治化的债务违约处置机制,加大地方政府债务监管力度,坚决防范化解地方政府隐性债务风险。

6. 推进国有金融资本管理改革。履行国有金融资本管理改革领导小组办公室职责,加强组织协调督促指导,研究制定相关支持政策制度,加快国有金融资本划转授权,做好国有金融资本全口径报告、产权登记、负责人薪酬及履职待遇、企业工资总额管理等工作，推动安徽国有金融资本管理改革行稳致远。

7. 推进会计改革发展。贯彻落实《会计法》等会计法律法规，持续推进实施国家统一会计制度。深入推进管理会计、内部控制和会计信息化建设。深化会计职称制度改革，组织开展会计资格考试，加强高端会计人才培养，完善会计人员信息管理平台，加强会计继续教育管理。加强会计师事务所和代理记账机构管理，强化注册会计师行业党建引领，创新注册会计师行业管理方式，切实提高会计审计质量，持续优化会计服务市场环境，促进会计中介行业持续健康发展。

8. 加强财政财会监督管理。围绕贯彻重大决策部署，围绕服务中心工作，围绕规范市场经济秩序，建立完善财政监督体系。强化专项监督，加强财税政策执行和预算管理监督。深化会计监督，强化对会计师事务所和资产评估机构执业质量监督检查。协同推进内控内审，实现内控制度与业务实际紧密融合、同步提升，提高财政监管质量。加强对涉及财会监督投诉举报事项调查处理。建立健全财政财会监督体制机制，加大财政财会监督与人大、巡视、审计等相关监督的贯通协调。

9. 深化政府采购制度改革。强化采购人主体责任，优化集中采购管理，改进政府采购代理和评审机制。健全政府采购交易机制，发挥政府采购政策功能。加强政府采购预算管理，全面规范业务流程，加快政府采购项目执行。实施“互联网+政府采购”行动，全面推进全省政府采购“一张网”，建成电子化政府采购云平台，完善政府采购行政裁决和监督管理机制，持续优化营商环境。

七、支持创新驱动发展，打造具有重要影响力的科技创新策源地

坚持创新在现代化建设全局中的核心地位，把加快科技自立自强作为支持重点，完善财政资金政策支持体系，大力度支持“双招双引”，加快建设科技强省。

1. 支持强化国家战略科技力量。坚持把科技作为财政支出重点领域，优化支出结构，聚焦投入重点，加快突破一批“卡脖子”技术，推动在打好关键核心技术攻坚战上取得新的更大进展，着力构建科技创新攻坚力量体系。强化科技创新财税保障和激励机制，加强财政科技资源统筹力度，推进科研力量优化配置和资源共享，聚焦打造“五个一”创新主平台升级版，支持实施前瞻性、战略性重大科技项目和国家实验室建设专项推进行动，全力服务保障合肥综合性国家科学中心建设。加快完善多元化、多层次、多渠道的科技投入体系，创新支持方式，通过政府引导基金、科技计划后补助、实行“揭榜挂帅”、竞争赛马分配机制等方式，发挥财政资金、金融资本、社会资本的聚合作用，引导和带动社会资源进入创新领域，增强财政科技政策可持续供给能力。

2. 支持提升企业技术创新能力。强化企业创新主体地位，落实和完善促进企业科技创新的财税支持政策，发挥创新创业投资基金的引导作用，推动企业成为技术创新决策、研发投入、科研组织和成果转化的主体。发挥财政资金引导和撬动作用，统筹运用财政补助、贷款贴息等政策手段，对企业投入基础研究、应用技术开发实行税收优惠，鼓励企业加大研发投入。促进各类创新要素向企业集聚，培育一批核心技术能力突出、集成创新能力强的创新型领军企业，壮大专精特新“小巨人”企业、科技型中小微企业群体。推动提升企业创新能力和产学研深度融合，引导企业建设高水平科技创新基地，加强共性技术平台建设，推动产业链上中下游、大中小企业融通创新。

3. 支持激发人才创新活力。聚焦全方位培养、引进、用好人才，充分发挥人才第一资源的作用，制定实施新阶段江淮人才发展财政政策措施，深化股权期权激励、高层次人才团队在皖创新创业等制度建设，加大战略科技人才、科技领军人才等引进培养力度。健全以创新能力、质量、实效、贡献为导向的科技人才评价体系，构建充分体现知识、技术等创新要素价值的收益分配机制，推进赋予科研人员职务科技成果所有权或长期使用权试点，推动建立以人才价值为衡量标准的薪酬和奖励制度改革，激发人才创新活力。

4. 完善科技创新体制机制。引导加大全社会研发投入，完善基础前沿研究政府投入为主、社会多渠道投入机制。健全鼓励支持基础研究、原始创新的体制机制和以创新能力、质量、实效和财政贡献为导向的绩效评价体系。改革完善财政科研经费管理，扩大科研项目经费管理自主权，完善科研项目经费拨付机制，加大科研人员激励力度，激励科研人员多出高质量科技成果。强化改革的协同效应，深入推进科技体制改革，加快科技管理职能转变，强化科技资源统筹配置，完善科技计划项目形成机制，推进科技评价制度改革，营造良好的创新生态。

5. 推动科技成果加速转化。坚持“政产学研用金”六位一体，健全省级科技信贷风险补偿机制，强化财税政策支撑和财政科技成果转化引导基金功能。支持构建重大科研成果技术熟化、产业孵化、企业对接、成果落地全链条转化机制，完善“创新成果+园区+基金+‘三重一创’”科技成果转化“四融模式”，促进形成更多的科技转化成果,推动政策高地、科研优势加快转化为税收高地。

八、推动产业链供应链优化升级,打造具有重要影响力的新兴产业聚集地

坚持以做实做强做优实体经济为主攻方向,加大财税政策支持力度,推动“多链合一”,支持打好产业基础高级化和产业链现代化攻坚战,提高我省经济质量效益和核心竞争力。

1. 推动提高产业链供应链稳定性和现代化水平。加强财政资金统筹,强化财政与金融、产业、就业、区域等政策集成协调,更多更好运用贴息、融资担保、以奖代补等方式,加大产业链痛点、堵点、难点支持力度,加快制造业转型升级。以畅通国内大循环和国内国际双循环为导向,立足我省产业特色优势、配套优势和先发优势,创新策略给予支持,推动形成产业链条龙头企业带动产业链配套中小企业协同发展格局。推动实施产业基础再造工程,加快推进一批产业链关键环节重大项目,培育共享制造新模式新业态,着力构建自主可控、安全高效的产业链供应链。

2. 推动战略性新兴产业发展壮大。充分发挥相关财政资金和股权投资基金作用,围绕“十大新兴产业”,引导社会资本加大投入,推动战略性新兴产业融合化、集群化、生态化发展。支持建立健全全省重大新兴产业基地竞争淘汰机制,打造全国重要的战略性新兴产业集群,构建一批各具特色、优势互补、结构合理的战略性新兴增长引擎。落实扩容升级科技创新“攻尖计划”,推动实施未来产业培育。大力推进数字产业化和产业数字化,支持补齐数字社会建设短板,加快数字化消费平台建设,壮大发展数字经济。

3. 推动服务业高质量发展。深化服务业供给侧结构性改革,支持加快发展现代服务业特别是生产性服务业,加快向专业化和价值链高端延伸。推动养老、医疗、旅游、体育等生活性服务业向高品质和多样化升级。落实好各项惠企稳企政策,不断创新财政扶持工具,持续优化市场环境。支持企业通过整合创新资源和要素加快发展,提升产业链现代化水平,积极构建优质高效、布局优化、竞争力强的服务产业新体系。顺应服务业集聚发展新要求,更好发挥服务业基金作用,强化资金等要素保障。

4. 推动构筑高质量基础设施体系。厘清政府和市场边界,创新财政投入方式,积极引导社会资本参与支持构建系统完备、高效实用、智能绿色、安全可靠的现代化基础设施体系建设,推动政府和市场形成有效投资合力。以整体优化、协同融合为导向,统筹存量和增量、传统和新型基础设施发展,提升新型基础设施供给质量和效率,加快第五代移动通信、工业互联网、大数据中心等建设,精准做好传统基础设施领域补短板、强弱项工作,补齐城市郊区、远郊区、农村地区的公共基础设施短板。支持完善能源产供储销体系,鼓励社会资本进入能源行业,提高能源生产使用效率。支持加强水利基础设施建设,提升水资源优化配置和水旱灾害防御能力。

九、实施扩大内需战略,服务构建新发展格局

坚持扩大内需这个战略基点,强化财税政策支持和引导,切实增强高质量供给,不断释放内需潜力,在服务构建新发展格局中展现安徽财政新担当新作为。

1. 支持打造国内大循环重要节点。强化财税政策支持和引导,加大财政“放管服”力度,推动破除妨碍生产要素市场化配置和商品服务流通的体制机制障碍,降低全社会交易成本,打造支撑高质量供给、高效率流通、高标准市场的节点。

2. 支持打造国内国际双循环战略链接。坚持实施更大范围、更宽领域、更深层次对外开放,统筹用好财政外贸外资政策,支持中国(安徽)自贸试验区等开放平台建设,促进外资外贸畅通,增加优质产品进口,推动更多优质企业“走出去”,积极促进内需和外需、进口和出口、引进外资和对外投资协调发展,推进打造国内国际双循环战略链接。

3. 支持全面拓展消费需求。完善相关财政政策,顺应消费升级趋势,支持提升传统消费,培育新兴消费,发展服务消费,适当增加公共消费。推动生活性服务业向精细和高品质转变,推动家政服务业提质扩容,扩大服务消费市场。健全养老、医疗、教育、社会救助、优抚安置等政策体系,促进增加中低收入群体收入,提升社会整体消费意愿和能力。鼓励发展消费新业态新模式,推动消费向绿色、健康、安全发展,发挥消费对经济发展的基础性作用。

4. 精准扩大有效投资。用好中央基建投资、地方政府债券资金,优化投资结构,重点用于补齐农业农村、生态环保、物资储备、防灾减灾、民生保障等领域短板,推进“两新一重”等重大基础设施建设。充分利用地方政府专项债券政策,按照“资金跟着项目走”的原则,优化债券资金使用,扎实做好项目前期准备、评估、遴选等工作,加快项目申报审批,优先支持在建工程后续融资,推动尽快形成实物工作量,支持拓展投资空间。发挥中央基建投资、PPP 模式和现有政府投资基金作用,提高财政资金使用效能,撬动社会资本引导新兴产业发展,激发民间投资活力,形成市场主导的投资内生增长机制。支持开展新一轮海绵城市建设,紧紧聚焦补齐城市排水防涝设施建设短板,进一步完善城市基础设施。

5. 支持现代流通体系建设。紧紧

围绕提升流通体系功能和效率，支持统筹建好“四个体系”，完善县乡村三级商业网络，更好发挥流通体系基础性畅通产销作用。支持建好现代综合交通运输体系、现代商贸流通体系、社会信用体系和应急物流体系，推动完善流通网络设施、商贸流通体系和流通保障机制，促进生活必需品市场应急保供。支持引进大型电商平台，推进骨干流通企业数字化、智能化改造和线上线下跨界融合。

十、支持农业农村优先发展，推进乡村全面振兴

坚持把解决“三农”问题作为重中之重，积极发挥财政职能作用，着力构建完善财政支持乡村振兴的政策体系和体制机制，支持打造乡村全面振兴安徽样板，推动农业大省向农业强省转变。

1. 推动巩固拓展脱贫攻坚成果同乡村振兴有效衔接。落实“四个不摘”要求，对摆脱贫困的县，从脱贫之日起设立5年过渡期，过渡期内保持财政帮扶政策总体稳定，根据衔接的需要和财力状况，合理安排财政投入规模，优化支出结构，调整支持重点，逐项分类优化调整财政帮扶政策，及时细化出台巩固拓展脱贫攻坚成果同乡村振兴有效衔接的财政配套政策，逐步实现由集中资源支持脱贫攻坚向全面推进乡村振兴平稳过渡。坚持把农业农村作为财政优先保障领域，加强财政“三农”投入保障，持续推进涉农资金统筹整合，落实好土地出让收入优先支持乡村振兴的政策，推深做实全省农业信贷担保体系，构建财政金融协同支农机制，确保“三农”投入力度不断增强、总量持续增加。对农村低收入人口实施分层分类帮扶，推动健全农村社会保障制度。

2. 支持提高农业质量效益和竞争力。以保障国家粮食安全为底线，全面落实藏粮于地、藏粮于技战略，提高高标准农田投入标准，支持加强耕地保护和质量提升，加大种业投入力度，支持打好种业翻身仗。健全农业支持保护制度，稳定和加强种粮农民补贴，健全完善生产者补贴制度，落实对先进、高端、智能化农机等相关补贴政策，强化农业科技和装备支撑。推动农业供给侧结构性改革，支持开展农业关键核心技术攻关，加快构建现代农业产业体系、生产体系和经营体系。支持提升粮食收储调控能力，优化粮食储备结构和布局，鼓励市场化收购，更高质量保障粮食安全。引导丰富乡村经济业态，促进农村经济社会发展和农民生活改善。

3. 支持实施乡村建设行动。加大乡村建设投入力度，增加农村公共服务供给，支持加快解决农村水利薄弱环节，加强乡村公共基础设施建设，健全农村基础设施管护机制，注重加强普惠性、兜底性、基础性民生建设。支持农村人居环境建设，因地制宜深化和推进“三大革命”。以项目建设为载体，推动完善乡村治理体系，提高乡村善治水平。强化库区移民资金管理，推动库区和移民安置区经济社会稳定发展。

4. 支持深化农村综合改革。支持深入推进农村“三变”改革，发展新型农村集体经济。加强重要农产品供给、农村饮水安全保障等“三农”领域重点问题的政策储备，落实长江流域重点水域“十年禁渔”相关财政政策。稳定并扩大重要大宗农作物保险覆盖面，逐步提高特色险占农业保险比重，鼓励推广商业性农业保险。完善优化农村公益事业财政奖补机制，推动落实以财政投入为主的稳定的村级组织运转经费保障制度。持续强化涉农资金监管，努力提升“一卡通”管理发放水平。加强对财政资金投入形成的集体资产的监管，统筹推进财政资金和村级“三资”的协同监管。

十一、支持高水平对外开放，打造具有重要影响力的改革开放新高地

全面贯彻落实国家区域发展重大战略，完善财政政策措施，以推进长三角一体化发展为重点，打造全国发展强劲活跃增长极，促进区域协调发展。

1. 推进实施长三角一体化发展专项行动。争取中央专项资金、政府债券和税收政策支持，推进与沪苏浙协同合作。加强财政体制政策对接，探索财政区域政策互动合作机制和创新跨区域投入共担、利益共享的财税分享机制，支持“五个区块链接”，建设长三角科技创新共同体，协同推进G60科技走廊、长三角绿色农产品生产加工供应基地等建设，协同促进基本公共服务便利共享，探索建立以社会保障卡为载体的居民服务“一卡通”，共同打造全国发展强劲活跃增长极。

2. 支持高质量建设中国(安徽)自贸试验区。做好统筹整合文章，统筹税收、科技创新、开放发展、区域协调、产业发展等政策集成，整合设立资金，形成支持自贸区的财政政策合力。支持内销选择性征收关税政策在自贸试验区内的综合保税区试点。加强财政资金绩效管理，推动财政政策和资金服务自贸区高质量发展，努力建成贸易投资便利、创新活跃强劲、高端产业集聚、金融服务完善、监管安全高效、辐射带动作用突出的高标准自由贸易园区。

3. 推动区域协调发展。围绕承接产业转移、基础设施建设、基本公共服务等方面，优化完善财政支持“一圈五区”协调发展政策措施。深入实施合肥都市圈一体化发展行动计划，支持深化合芜蚌国家自主创新试验区建设，提升发展皖江城市带承接产业转移示范区。坚持把皖北“四化同步”放在长三角一体化发展、中部地区高质量发展等国家战略的大坐标中谋划和整体设计，优化财政支出结构，增强市县财源建设内生动力，加强部门协同配合，积极争取中央政策和资金，用足用活国家促进皖北承接产业转移集聚区建设有关政策，统筹皖北承接产业转移集聚区相关资金，加强省市县联动，强化现有财政政策资金盘点分析和统筹衔接，支持皖北打造“6+2+N”承接平台，加快新阶段皖北地区全面振兴“一极四区”建设。完善财政体制政策，推进皖西大别山革命老区振兴发展，深化皖南国际文化旅游示范区建设。调整完善开发园区财政奖补政策，建立完善共建园区税收分享机制，推进开发区改革创新，提高“亩均效益”。

4. 加快推进以人为核心的新型城镇化。统筹用好城建等资金，支持实施城市更新行动，推动城镇老旧小区改造和住房租赁市场发展，完善长租房政策，扩大保障性租赁住房供给，降低租赁住房税费负担，建立健全与新时代发展要求相适应的住房保障政策体系。完善财政转移支付与农业转移人口市民化挂钩政策，用好财政农业转移人口市民化奖励资金，保障农业转移人口基本公共服务需求，加快农业转移人口市民化。

十二、支持绿色发展，打造具有重要影响力的经济社会发展全面绿色转型

坚定不移践行“两山”理念，健全财政生态保障体制机制，支持建设人与自然和谐共生的绿色江淮美好家园。

1. 支持新阶段现代化美丽长江（安徽）经济带全面建设。根据生态环境保护治理实际，按照财政事权和支出责任划分，建立完善财政支持引导、市场主体多元化投入的稳定的资金保障机制。把支持修复长江生态环境摆在压倒性位置，深化“三大一强”专项攻坚行动，推进长江生态廊道提升工程和生态环境污染治理工程，落实长江“十年禁渔”各项财税政策，强化生态环境、基础设施、公共服务共建共享，打造美丽长江（安徽）经济带全新版。

2. 推动绿色低碳发展。拓宽市场化投入机制，发挥财政资金“四两拨千斤”的撬动作用，积极参与国家绿色发展基金项目运作，指导各地做好项目与基金的对接，积极争取更多基金使用份额。加大推广政府和社会资本合作（PPP）力度，撬动更多社会资本进入绿色发展领域，以市场化手段拓宽生态环保领域资金投入渠道，扶持助力绿色发展。落实有利于绿色发展的税收优惠政策和绿色采购政策，完善政策执行机制和配套措施，加快推进绿色低碳循环发展，支持绿色技术创新，推动生产生活方式全面绿色转型，支持做好碳达峰、碳中和工作。

3. 健全生态保护机制。健全财政投入机制，分级分层分类落实财政保障责任，构建政府主导、企业主体、社会组织和公众共同参与的现代环境治理体系，支持完善污水、垃圾处理收费政策，落实好矿山地质环境治理恢复基金制度，推动生态环境损害赔偿等制度改革。支持推深做实河长制湖长制林长制，升级建设新安江—千岛湖生态补偿试验区，深化生态保护补偿制度改革，加快健全有效市场和有为政府更好结合、分类补偿与综合补偿统筹兼顾、纵向补偿与横向补偿协调推进、强化激励与硬化约束协同发力的生态保护补偿制度体系，努力走出一条社会化、多元化、长效化保护和发展模式。支持统筹推进山水林田湖草沙一体化保护和修复，推进淮河（安徽）生态经济带建设，完善湿地生态保护补偿机制。继续探索开展排污权交易、碳排放权交易，发挥市场机制的调控作用，突出资源环境的稀缺性，促进生态产品价值不断转化。发挥重点生态功能区转移支付功能，引导重点生态功能区把发展重点放到保护生态环境、提供生态产品上。

4. 全面提高资源利用效率。完善财政支持能源资源全面节约和高效利用相关资金制度，加强全过程节约管理，大幅降低资源消耗强度，全面提高利用效率和效益。大力发展可再生能源，加大力度提高能源利用效率，构建清洁低碳高效安全能源体系。探索生态产品价值实现路径，推进落实矿产资源权益金制度和生活垃圾收运系统与再生资源回收系统“两网融合”。

十三、改善生活品质，提高人民群众获得感幸福感

始终坚持人民至上，正确处理效率和公平的关系，统筹需要和可能，推动构建初次分配、再分配、三次分配协调配套的基础性制度安排，分阶段促进共同富裕，不断实现人民群众对美好生活的向往。

1. 扎实推进民生工程。贯彻习近平总书记考察安徽时关于“扎实推进民生工程”的重要指示，聚焦基础性、普惠性、兜底性民生保障建设，持续打造我省民生工程品牌抓手，为财政民生事业高质量发展提供坚实支撑。更加注重有效持续，尽力而为解决群众急难愁盼问题，量力而行确保民生支出与经济发展相协调；更加注重精准精细，在规划设计、调度实施、运行维护、宣传引导等各环节增强系统性、整体性、协同性；更加注重多方参与，既要用好财政资金改善民生，又要通过公办民营、民办公助、政府购买服务等模式，借助平台力量，善于调动社会力量和资本推进民生事业；更加注重绩效导向，坚持质量生命线，完善目标考核，健全民意调查，建立常态绩效评价机制；更加注重责任落实，强化党委领导、政府负责、财政牵头、部门主管、市县实施，合力推动保障和改善民生不断迈上新台阶。

2. 强化财政就业政策。完善就业优先的宏观调控机制，实施困难企业就业帮扶行动和“创业江淮”行动计划,加大技工强省建设,加强就业公共服务,完善促进创业带动就业、多渠道灵活就业的保障制度。统筹用好就业相关资金和失业保险基金等,加大对重点群体就业的帮扶,加大援企稳岗力度,推动稳住就业基本盘。完善职业技能培训补贴发放制度,提高培训质量和培训补贴资金使用效益。建立完善促进城乡居民增收政策体系,健全促进增收制度机制,支持完善收入分配制度,加大社会保障、转移支付等调节力度和精准性,改善收入分配和财富分配格局,提高人民收入水平。

3. 支持建设高质量教育体系。坚持把教育放在优先发展的战略位置,健全以政府投入为主、多渠道筹集教育经费的投入保障机制。完善普惠性学前教育和特殊教育保障机制,推动义务教育均衡发展和城乡一体化,支持普通高中特色多样化发展,支持高职院校高质量扩招。适当提高师范专业生均拨款补助标准,提升师范教育保障水平。落实学生资助政策,强化教师待遇保障,推进大中小学思政课一体化建设。统筹各类教育资金资源资产,健全科学合理的高校培养成本分担机制,支持"双一流"和高峰学科建设,支持建好建强教师队伍,加快提高省属高校办学水平。

4. 支持文化事业和文化产业繁荣发展。健全公共文化服务财政保障机制,支持加快建设创新型文化强省,加快推进公共文化服务体系建设,提高公共文化服务水平,满足人民精神文化需求。充分发挥财政资金的引领示范作用,推动社会主义文艺繁荣发展,加快推进媒体深度融合发展。支持加强文化遗产保护,促进优秀传统文化传承发展。统筹城乡公共文化资金资源配置,提高文化惠民工程的覆盖面和实效性,推进城乡公共文化服务体系一体化建设。支持推进文化交流和旅游推广,健全文化和旅游产业投融资体系,加快完善旅游休闲设施和旅游公共服务设施条件。支持深化体育改革,通过一般公共预算和政府性基金预算等渠道,完善全民健身公共服务体系,促进体育消费和体育产业发展。支持深化文化体制改革,加强省属文化企业资产管理,扶持中小微文化企业发展,积极运用市场化方式,引导社会资本投资,促进文化产业优化升级。

5. 健全多层次社会保障体系。有序衔接基本养老保险全国统筹,落实企业职工基本养老保险基金中央调剂制度,完善城乡居民养老保险基础养老金正常调整机制,健全机关事业单位养老保险政策和职业年金运行制度。稳步推进划转部分国有资本充实社保基金,拓宽社会保险基金投资渠道,有序推动基本养老保险基金市场化、多元化、专业化投资运营。推进完善失业保险、工伤保险省级统筹,加快推动基本医疗保险省级统筹。落实医保目录动态调整机制,健全重大疾病医疗保险和救助制度。健全分层分类的社会救助体系,完善最低生活保障和特困人员救助供养制度,建立健全救助标准科学制定和动态调整机制,优化退役军人和军属保障政策,完善社会福利制度,提升财政兜底保障水平。完善社保基金管理制度,加强社会保险基金预算管理,逐步实现各级各类社会保险基金预算绩效全覆盖,稳步推进长期护理保险试点。

6. 推进健康安徽建设。落实国家政策规定,健全完善医疗保障制度体系,依规适当提高城乡居民医保人均财政补助标准和个人缴费水平,以及基本公共卫生服务经费人均财政补助标准。按照国家统一部署,做好新冠病毒疫苗及接种费用资金保障。建立稳定的公共卫生事业投入机制,加大公共卫生基础设施投入,支持村卫生室和城市社区卫生机构标准化建设,加强省属公立医院硬软件建设。加强公立医院绩效考核,完善公立医院投入机制。支持完善重大疫情防控救治体制机制,健全公共卫生应急管理体系。支持加快优质医疗资源下沉和区域均衡布局,推进落实分级诊疗制度,提高基层医疗卫生机构服务水平和服务能力。支持加快发展健康产业。优化妇幼保健服务、婴幼儿健康等基本公共卫生服务,提高婴幼儿照护服务能力和水平。推动养老事业和养老产业协同发展,构建养老服务体系。

十四、统筹发展和安全,推动更高水平平安安徽建设

践行总体国家安全观,增强忧患意识和风险意识,保持底线思维,把安全发展贯穿财政工作各环节和全过程,强化财政工作系统性、整体性和协同性,确保财政自身安全有序运行,促进实现经济社会安全可控,推动建设更高水平平安安徽。

1. 切实强化财政安全。平衡好促发展和防风险的关系,建立各类关联风险评估机制,高度警惕和防范各类风险向财政转移集聚,推动财政可持续发展。把握经济社会发展形势,处理好需要与可能、短期与长远的关系,依法依规加强财政收入管理,合理安排财政支出,大力优化支出结构,健全预算执行监控机制,确保财政稳定运行。开好地方规范举债"前门",严堵违法违规举债"后门",健全政府债务风险预警处置等机制,坚决守住不发生系统性债务风险的底线,确保不发生处置风险的风险。促进社会保险基金精算平衡和良性运行,定期精算评估养老保险等社会保险基金未来收支状况,及时对可能出现的风险作出预警。规范民生支出管理,把保障和改善民生建立在经济发展和财力可持续的基础上,防范民生领域过高承诺过度保障风险,提升民生政策可持续性。牢固树立底线思维,坚持"三保"支出

在财政支出中的优先地位,兜牢基层“三保”底线。

2. 支持保障经济安全。针对影响经济安全的薄弱环节和短板不足,加大财税政策支持力度,加强经济安全风险预警、防控机制和能力建设,确保粮食、能源、科技等重要行业和关键领域安全可控。逐步健全有效防控金融风险的财政财务监管体系,抓实抓细担保机构风险防控,守住不发生系统性金融风险的底线。有序推进高风险金融机构处置,防止房地产市场、债券市场、资本市场等风险积聚和交织传导,防止风险向财政部门转移或出现处置风险的风险。

3. 积极维护社会安全。聚焦全省社会大局安全稳定,支持政法领域全面深化改革,完善法院检察院经费保障机制;支持政法公共服务体系建设,推进政法基本公共服务全覆盖;支持扫黑除恶专项斗争常态化机制化,支持推进市域治理社会现代化试点,深化政法大数据、人工智能等新技术应用,构建立体化智能化社会治安防控体系。推动提高人民生命安全保障,完善财政应急管理政策体系,支持加强灾害防御和应急物资保障体系建设,支持提高应急管理、抢险救援和防灾减灾能力。强化对安全生产工作的经费保障,完善企业安全生产费用提取管理使用办法和监督机制,加大安全生产责任保险推进实施工作力度。

十五、坚持全面加强党的领导,健全规划实施保障机制

实施财政“十四五”规划,必须坚持和服从党对财政工作的全面领导,把政治建设放在首位,深入贯彻落实新时代党的建设总要求,充分发挥全面从严治党引领保障作用,为推动规划各项目标任务全面落地见效提供坚强保证。

1. 加强政治机关建设。学懂弄通做实习近平新时代中国特色社会主义思想,巩固深化“不忘初心、牢记使命”主题教育成果,深入开展党史学习教育,健全常态化理论学习机制,强化理论武装,始终牢记“国之大者”,不断提高政治判断力、政治领悟力、政治执行力,切实增强“四个意识”、坚定“四个自信”、做到“两个维护”。全面落实政治机关建设各项部署要求,深入学习贯彻习近平总书记关于财政工作的重要指示批示精神,建立健全“第一议题”制度,及时传达学习贯彻中央及省委、省政府重要会议文件精神,提升思想方法,改造工作方法,把握财政工作主动权,用工业互联网思维推动财政流程再造,切实做到想透、说清、干实,以更加有效的手法、步法、打法,抓好重大决策部署在财政部门的落地生根。认真贯彻民主集中制,严格落实向上级党委请示报告等制度,加强财政政治生活、政治文化、政治生态建设,打造财政正气充盈的良好政治环境。加强财政模范机关建设和财政基层基础建设,增强基层党组织政治功能和组织力,深入推动财政党建和业务融合发展。全面落实意识形态工作责任制,加强财政阵地建设,维护财政意识形态安全。

2. 加强党风廉政建设。严格落实全面从严治党和党风廉政建设主体责任,认真落实“一岗双责”,充分发挥“关键少数”示范带头作用。深入推进财政“三重一大”事项廉政风险防控,狠抓内控制度执行,提升制度执行力。常态化开展警示教育,加强日常监督管理,强化对财政权力监督制约。把纪律和规矩挺在前面,完善并落实厅党组与驻厅纪检监察组联系协作机制,深化党组政治巡察工作,深化运用监督执纪“四种形态”,一体推进不敢腐、不能腐、不想腐,持之以恒正风肃纪,保持清正廉洁的理财环境。

3. 加强干部队伍建设。坚持党管干部原则,全面贯彻新时代党的组织路线和好干部标准,始终把政治标准摆在首位,严把政治关、品行关、能力关、作风关、廉洁关,切实提高选人用人质量。加强对敢担当善作为干部的激励保护,完善优秀年轻干部发现培养机制,以正确用人导向引领干事创业导向。加大教育培训力度,提高党员干部“八项本领”和“七种能力”,从严从紧监督管理干部,大力发扬“三牛”精神,造就高素质市场化、法治化、专业化财政干部队伍,始终做到忠诚干净担当。

4. 加强作风效能建设。深入践行“三严三实”,锲而不舍落实中央八项规定及其实施细则精神、省委实施细则及厅党组实施办法,巩固深化“三个以案”警示教育成果,落实力戒形式主义官僚主义具体举措和正负面清单,构建纠治形式主义官僚主义长效机制。坚决制止各类浪费行为,营造浪费可耻、节约为荣的良好氛围。加强机关效能建设和政风行风建设,深入践行群众路线,巩固拓展部门会商、结对共建、联系基层、调查研究等成果,扩大财政对外宣传力度,凝聚财政强大合力,营造更加优良的理财环境。

5. 健全规划实施机制。加强规划实施政策协调,根据我省经济社会形势发展需要,综合运用不同财政政策工具,优化政策组合,为加快建设新阶段现代化美好安徽提供财力保障和政策支持。加强规划实施工作协同,强化财政预算、中期规划与财政“十四五”规划实施的衔接,合理安排支出规模和结构,积极推进规划实施。健全完善有利于规划落实的责任体系,压实各级财政部门实施职责,共同推进规划落实。加强规划实施监测评估,及时发现和解决出现的问题,确保规划确定的目标任务顺利实现,把规划蓝图转化为财政高质量发展的实际成果。

(综合处供稿)

全省财政工作

全省财政工作综述

全省财政工作综述

【概况】2021 年,全省各级财政部门坚持以习近平新时代中国特色社会主义思想为指导,深入学习贯彻党的十九大、十九届历次全会精神和习近平总书记对安徽作出的系列重要讲话指示批示,坚决贯彻省第十一次党代会精神,认真落实省委、省政府决策部署和财政部工作安排,着眼全局和大局、长远和系统、主责和共治,坚持积极的财政政策提质增效、更可持续,减税负、增投入、提绩效、防风险,财政"十四五"实现良好开局。全省一般公共预算收入完成 3498 亿元、增长 8.8%,支出完成 7591 亿元、增长 1.6%,支出结构更加优化,对经济社会发展支撑能力明显增强,为现代化美好安徽建设提供坚实财政保障。我省财政管理工作再次被财政部评为优秀等次,连续 5 年荣获国务院激励表彰;县级财政管理绩效工作连续 4 年在全国考核中名列前茅;预算绩效管理工作被评为优秀等次,获财政部通报表扬;获省部级以上表彰 22 项,厅领导班子连续 6 年获评省委综合考核优秀等次。

【提升财政保障能力】一是着力做大财力蛋糕。聚焦优化收入质量,加强顶层制度设计,印发进一步推动财政收入高质量发展的通知,提出 8 项针对性举措,收入增幅高出年度目标 3.8 个百分点。聚焦做大支出规模,加强与财政部对接汇报、动态跟进,积极争取资金倾斜、政策支持和改革试点,获得中央转移支付资金 3275 亿元、占全省支出 40%以上。聚焦用足债务空间,获得新增债务限额 1827 亿元、增长 5.5%,规模创我省历史新高,圆满完成全年 2815 亿元债券发行任务。二是支持基层提升保障水平。坚持财力下沉,巩固完善县级基本财力保障机制,省级全年下达转移支付资金 2703 亿元,有效兜牢基层"三保"底线。落实常态化财政资金直达机制,下达直达资金 1256 亿元,支出进度位居全国前列,为各地做好"六稳"工作、落实"六保"任务提供有力支撑。三是推动财政金融协同发力。研究制定省级国有金融资本管理改革具体方案。拨付省级股权投资基金注资 35.6 亿元,支持打造多层次资本市场体系。支持扩大"4321"政银担合作业务,全省新增政银担业务 976.3 亿元,平均担保费率降至 0.85%。成立政府和社会资本合作中心,积极推广运用 PPP 模式,累计纳入财政部管理项目 489 个、总投资 5636 亿元,项目落地率、开工数均居全国前列。

【支持"三地一区"建设】一是支持科技自立自强。保障财政科技投入强度不减,财政科技支出 416 亿元、增长 12.5%,高出同期财政支出增幅 10.9 个百分点,助力区域创新能力稳居全国第一方阵。全省各级财政拨付资金 44.8 亿元,支持强化国家战略科技力量,提升合肥综合性国家科学中心功能,保障关键核心技术攻关,促进科技创新策源能力进一步提升。改革完善省级财政科研经费管理,给予科研人员更大经费自主权。二是支持实体经济发展。坚持放水养鱼,动态更新发布《安徽省财税优惠事项清单》,新增减税降费 334 亿元。聚焦十大新兴产业"双招双引",稳步推进新兴产业引导基金组建。全省各级财政拨付 200.1 亿元,支持新能源汽车、现代医疗医药、人工智能等新兴产业发展。拨付资金 125.5 亿元,支持强化工业基础能力建设和提升产业链现代化水平,促进工业互联网等发展,推动制造业高质量发展。继续安排专项资金 10 亿元,重点培育专精特新中小企业,促进民营经济发展。强化资金支持,推动"数字江淮"等建设,加快数字化发展。积极发挥政府投资撬动作用,省级拨付资金 357.6 亿元,有力支持保障性安居工程、铁路、公路、航运、水利等领域重大工程建设。三是支持更高水平开放。安排专项资金支持自贸区建设体制机制创新,探索建立"皖贸贷"资金池,支持高标准建设安徽自贸试验区。全省各级财政拨付资金 6.1 亿元,落实外经贸促进政策,支持外贸企业多元化开拓市场,发展跨境电子商务等外贸新业态新模式,加强外贸平台载体建设,有序开展境外投资合作,促进全省外经贸持续健康发展。四是支持加强生态文明建设。健全稳定、常态化的财政生态环保投入机制,安排近 60 亿元支持全面绿色转型发展,成功争取巢湖流域山水林田湖草沙一体化保护修复工程纳入国家“十四五”期间第一批试点、获得奖补资金20亿元,拨付17.3亿元支持创建全国首个林长制改革示范区,下达2亿元推深做实新安江生态补偿机制。

【促进区域协调发展】一是推进长三角一体化发展。推动建立长三角区域“三省一市”财政厅(局)联席会议制度,形成联席会议工作规则,做到常态化共商合作事宜。建立对标学习常态化机制,谋划提出15项创新举措,纳入对表沪苏浙省级清单,并完成11项、持续推进4项,“人才贷”政策全面推广,“徽采云”平台上线试运行。聚焦合力打造科技创新共同体、强化生态环境共保联治、加快公共服务便利共享等,落实资金保障。创新体制机制,探索建立跨区域税收利益分享机制,积极参与筹建长三角一体化发展投资基金,搭建政府采购领域合作机制。二是落实财政区域支持政策。积极争取获得中央专项政策资金200亿元,为皖北地区群众喝上引调水工程提供强有力财政保障,助力推进皖北振兴。省级拨付资金21.8亿元,支持江北、江南新兴产业集中区高质量发展,促进皖北承接产业转移示范区、南北合作共建园区发展,推进皖西大别山革命老区振兴发展。安排县域经济、开发区考核奖励9400万元,激励引导县域经济发展。三是支持推进乡村全面振兴。全省安排166.7亿元支持巩固脱贫攻坚成果同乡村振兴有效衔接、增长2.8%。继续在原国家级贫困县开展涉农资金整合试点,全省20个试点县整合资金92.4亿元。省级拨付资金85.4亿元,推动高标准农田建设亩均投入标准大幅提升至2250元。及时拨付耕地地力保护、稻谷、农机购置等补贴94.9亿元。省级拨付资金10亿元支持767个美丽乡村省级中心村建设,持续改善农村人居环境。出台安徽省农业保险创新发展若干政策,促进农业保险提质增效。督促各级预算单位预留10%份额采购“832平台”农副产品,预留份额1.2亿元、交易总额近1.7亿元。四是助推城市能级提升。安排中央及省级城建资金28.8亿元,支持老旧小区、棚户区改造等城市更新行动。支持马鞍山市成功申报海绵城市建设国家示范,获得中央补助10亿元。制定资金保障方案,支持城市生命线安全工程建设。

【着力增进民生福祉】一是扎实推进民生工程。全面梳理民生工程14年实施情况、取得成效、存在问题,创新民生工程建设模式,完善民生工程长效机制。坚持有序进退、滚动发展,全省投入资金1288亿元,推动33项民生工程目标任务全面完成。二是落实就业优先政策。全省下达就业资金30.8亿元,积极推动中小微企业稳定就业岗位,支持实施高校毕业生基层成长计划和青年见习计划等。统筹拨付公益性岗位就业人员岗位补贴和社保补贴近7亿元,支持在全省范围内开发就业困难人员公益性岗位5万个。加大对创业担保贷款的支持力度,拨付贴息资金7.3亿元,支持重点群体6万余人创业带就业。三是促进教育和文化体育事业发展。聚力攻坚教育投入难题,研究起草加大教育投入推进教育高质量发展的意见,通过调整调剂资金、动支预备费,统筹8亿元支持省属本科高校学科等内涵建设,力争逐步提高各教育阶段生均经费水平。财政教育支出1316亿元、增长4.3%,是一般公共预算第一大类支出,推进基础教育普及发展,扩大学前教育资源供给,推动义务教育“双减”政策落地见效,促进职业教育发展,积极支持高效“双一流”建设,有力保障师生待遇,完善学生资助体系,推动教育事业高质量发展。拨付资金86亿元,推动文化旅游和体育事业发展。四是完善社会保障体系。全省各级财政统筹安排资金近44亿元,支持做好常态化疫情防控相关工作,拨付9.7亿元保障全省1.2亿人次免费接种新冠病毒疫苗。统筹安排资金,多渠道支持公立医院改革发展,城乡居民医保、基本公共卫生服务经费财政补助标准分别提高到每人每年580元、79元。落实居民养老省级基础养老金提标、职业年金个人账户做实、机关事业单位和企业职工养老保险补缴等政策,不断提升居民养老水平。拨付26.4亿元,支持推进养老服务体系建设。拨付补助资金167.2亿元,加强低保、特困人员救助供养、临时救助、流浪乞讨人员救助等的保障。五是支持平安安徽建设。做好扫黑除恶、政法队伍教育整顿等财政保障工作。落实安全生产经费保障要求,支持应急管理重点领域“三大系统”项目建设。安排专项资金支持自然灾害救灾救助和防治体系建设,支持提升消防救援能力。

【深化财政重点改革】一是优化财政理财理念。开展财政经济分析,建立工作专班机制,选定12个重点专题进行深度分析、形成上报10余篇研究报告。聚焦提升财政干部专业化能力,举办“资本市场、‘双招双引’、工业互联网”专题培训11期,两次获得省政府主要领导批示肯定、在省直部门推广。制定高端会计人才培养实施意见,着力用5年时间,在全省党政机关、企事业单位、会计事务所的注册会计师中培养500名省级以上高端会计人才,启动第一期选拔培养工作。二是深化预算管理制度改革。出台安徽省进一步深化预算管理制度改革实施方案,强化财政资源统筹,零基预算改革实质性推开。加强中期财政规划管理,连续6年省市县乡四级一体布置预算编制工作。持续推进预算信息公开,省级397个部门所属单位首次公开预算。推进预算管理一体化实现全省全覆盖，建设进度位居全国前列。深入实施预算绩效管理，选取25个评价对象实施财政重点绩效评价，涉及预算资金256亿元，有关项目评价结果与2022年省本级预算安排挂钩，统筹压减项目预算资金3.7亿元。三是推进财税体制改革。落实增值税留抵退税政策，鼓励企业扩大再生产，省级垫付80亿元，缓解市县财政退税压力。落实税收法定原则，契税具体适用税率、城市维护建设税纳税人所在地等授权事项相关工作顺利完成。四是防范化解政府债务风险。印发财政进一步推动政府融资平台市场化转型发展的指导意见，开展高风险市本级政府债务风险情况专题调研，研究完善债务风险评估、预警、监管机制，推进建制县区隐性债务化解试点，再融资债券资金置换任务全部完成，我省债务风险总体可控。五是统筹推进其他改革任务。完成财政“十四五”规划编制，印发《安徽省财政改革发展第十四个五年规划》。全面免除投标保证金，实行政府采购预付款制度。如期完成省直党政机关和事业单位经营性国有资产集中统一监管改革，推进建立省级政府公务仓，13家省直单位、1200余台(件)固定资产纳入公物仓管理，省直单位上缴资产出租和处置收入11.7亿元。牵头开展全省清理规范公务员工资津贴补贴工作。

【纵深推进财政全面从严治党】一是加强政治机关建设。把学习习近平总书记重要讲话指示批示特别是关于财政工作重要指示批示精神，作为厅党组会第一议题，召开党组扩大会35次，党组理论学习中心组学习会13次、专题研讨学习会11次，营造衷心拥护“两个确立”、忠诚践行“两个维护”的浓厚氛围。坚持以政领财、以财辅政，省委贯彻习近平总书记考察安徽重要讲话指示精神决定中财政牵头的6项任务已完成4项、长期坚持2项，省委常委会、深改委等工作要点财政牵头5项工作任务较好完成，省政府重点工作财政牵头9项工作任务全面完成。二是扎实开展党史学习教育。及时成立领导小组及其办公室，召开15次领导小组会议，制发实施方案、工作安排等文件10余件，加强“四史”宣传教育，厅主要负责同志赴省国资委宣讲党的十九届六中全会精神、赴宣城市宣讲省第十一次党代会精神，组织开展中国共产党成立100周年系列庆祝活动及“永远跟党走”等主题活动，成功举办“百年历程 初心为民”财政史料图片展，学习弘扬沈浩先进事迹，全面完成5项“我为群众办实事”省级重点民生项目，财政部、省委党史学教办等多次宣传报道我省财政经验做法。三是夯实基层党组织基础。完善厅党建工作领导小组工作机制，召开7次领导小组会议。建立财政厅党组书记和班子成员党支部工作联系点制度。持续加强模范机关建设，开展“双争一创”等活动，厅农业农村处党支部获评全省优秀基层党组织，省注册会计师资产评估行业党委评获“全国先进行业党组织”。省财政厅在全国财政人才工作座谈会上作经验交流。四是持续优化财政作风。完善为基层减负常态化机制，深化精文减会，推进办公流程再造，评获2020年度机关效能建设创建示范单位。开展财政机关接地气、年轻干部走基层活动，建立6个基层观测点，做好定点帮扶工作，厅机关党委获评全省脱贫攻坚先进集体。扎实做好信访工作，荣获年度全省信访工作优秀单位。推深做实财政窗口实行7×24小时不打烊“随时办”服务，大力推动服务事项全程网办。五是守牢廉洁理财底线。召开全省财政党风廉政建设工作会议，逐级签订责任书。深入推进新一轮深化“三个以案”警示教育，开展年度“警示教育周”活动。认真执行厅党组与驻厅纪检监察组联系协作机制，制定厅处室单位党支部运用监督执纪第一种形态实施办法。扎实开展巡视整改工作，开展厅党组政治巡察“回头看”，加强财政法治建设，强化内控内审和财务管理，保持廉洁理财的良好氛围。

(办公室供稿)

派驻财政纪检监察工作综述

派驻财政纪检监察工作综述

【概况】2021年,在省纪委监委坚强领导和省财政厅党组支持配合下,省纪委监委驻省财政厅纪检监察组深入学习党的十九届五中、六中全会及省第十一次党代会精神,贯彻落实十九届中央纪委五次全会及省纪委十届六次全会部署,心怀“国之大者”、聚焦“财之要事”,发挥派驻优势、坚持抓铁有痕,树立系统思维、深化标本兼治,强化担当作为、锤炼过硬本领,忠诚履职尽责、切实擦亮“探头”,坚定不移推进全面从严治党和党风廉政建设,有力保障了财政“十四五”发展开好局、起好步。

【不断加强政治监督】一是紧盯落实党中央决策部署加强监督。坚决做到党中央重大决策部署到哪里,监督检查就跟进到哪里。在省纪委印发的《关于监督落实习近平总书记考察安徽重要讲话指示精神一周年情况的通报》中,充分肯定驻厅纪检监察组聚焦推进常态化疫情防控和经济社会发展、防汛救灾和灾后恢复重建、巩固拓展脱贫攻坚成果与乡村振兴有效衔接、直达资金管理使用等,实施嵌入式、蹲点式监督的做法。在驻财政部纪检监察组组织的监督保障防范化解地方政府债务风险座谈会、2021年全国财政纪检监察干部培训班上,分别被指定介绍监督保障防范化解地方政府债务、直达资金管理使用等工作的经验做法。有2篇专项监督材料分别被《安徽工作》和财政部《直达资金监控工作简报》《财政内控工作简报》刊登。二是紧盯财政党的政治建设加强监督。始终把监督推动省财政厅党组、省农担公司党委深入学习习近平新时代中国特色社会主义思想和习近平总书记对安徽作出的系列重要讲话指示批示,作为具体化常态化开展政治监督的重要内容,以有力监督推动落实落细。会同省财政厅党组制定领导干部政治表现负面清单、对省农担公司领导班子成员开展政治监督谈话,协助省财政厅党组开展党史学习教育,引导财政党员干部牢记初心使命,不断提高政治判断力、政治领悟力、政治执行力。坚持定期分析、综合研判财政政治生态,对省财政厅党组净化优化政治生态工作精准画像。全程监督省财政厅党组推进中央巡视反馈意见整改,扎实开展十届省委巡视发现问题“大起底、改到位、建机制”专项行动,确保整改取得实效。截至年底,中央巡视反馈涉及财政的4个问题、13项任务,已完成10项、正在推进3项;省委巡视反馈的40个问题,完成和基本完成39个、正在推进1个。三是紧盯突出问题加强监督。落实省委关于中央巡视反馈意见整改部署和省纪委“四聚焦四整治”要求,会同省财政厅围绕“七个是否到位”扎实开展惠农财政补贴资金滞拨闲置等突出问题专项整治。强化巩固拓展脱贫攻坚成果同乡村振兴有效衔接,制定监督工作清单,推动省财政厅及时将工作重心从集中资源脱贫攻坚转向巩固拓展脱贫攻坚成果同乡村振兴有效衔接。针对国务院大督查发现个别县存在的乡村建设资金浪费问题,监督省财政厅专项排查整治民生领域及其他领域建设资金突出问题。按照粮食购销领域腐败问题专项整治安排,督促省财政厅认真开展自查自纠。中国政府网发布个别县违反减税政策增加企业负担等问题后,第一时间向驻省辖市财政局纪检监察组发出工作提示,要求严格监督所监督部门开展问题整改及自查自纠工作。

【推深做实日常监督】一是坚持常态压责。认真落实与省财政厅党组联系协作机制,推动“两个责任”同频共振、同增质效。全年与省财政厅党组召开专题会商会议2次,会商议题10项。严格执行《驻省财政厅纪检监察组做实做细监督工作实施办法》,印发监督工作要点、细化监督联系工作安排,结合财政重点工作点对点、面对面开展监督检查、调研指导、工作探讨,推动形成立体化、网格化、全覆盖的监督格局。会同省财政厅党组召开全省财政党风廉政建设工作会议、印发党风廉政建设主要任务及责任分解,经常性督促召开省财政厅反腐倡廉建设领导小组会议,一以贯之推进党风廉政建设与财政业务工作同部署、同落实。组织召开推动全面从严治党主体责任、监督责任座谈会,不间断压实责任要求。会同省财政厅党组量化考核省农担公司党委和厅处室单位党支部"两个责任"落实情况、开展述职述责述廉评议,充分发挥考核"指挥棒"作用。二是突出"关键少数"。贯彻落实《关于加强对"一把手"和领导班子监督的意见》,省财政厅"一把手"调整到位后,第一时间向其书面通报有关情况,提醒自觉接受监督;督促厅党组制定领导干部插手干预重大事项记录报告制度,联合厅党组创新开展晋升处级领导干部试用期阶段性检视工作,推动"关键少数"发挥"头雁效应"。坚持派员督导省财政厅党组及处室单位党支部、省农担公司党委民主生活会(组织生活会);要求所有受到谈话函询的同志在民主生活会(组织生活会)上说明情况,接受组织监督。严把干部选拔任用政治关、品行关、作风关、廉洁关,出具党风廉政意见570人次,对2名干部和1个处室单位党支部评先评优提出否定性意见。对省委组织部抽查省财政厅党组管理的领导干部个人有关事项报告发现的2名干部涉嫌违规经商办企业线索,立即组织初核,并制发纪检监察建议书,督促进一步纠治违规经商办企业问题。三是推动巡察监督。贯通派驻监督和巡察监督,在协助省财政厅党组制定巡察工作实施办法、巡察组工作规则的基础上,又出台巡察工作流程,推动巡察规范开展。顺应巡视巡察上下联动要求,督促省财政厅党组制定与省委巡视机构协调协作机制实施方案,推动巡视监督、派驻监督和财会监督有效贯通。针对十届省委巡视发现的部分省直单位评审专家劳务费支出范围、发放标准、经费来源不规范、不统一的问题,在省纪委监委机关的指导下,会同省财政厅联合相关省直单位制定《安徽省省直机关评审专家劳务费管理办法(试行)》。根据省财政厅党组年度巡察计划,派员分别担任巡察组组长和副组长,完成对2个处室单位党支部的巡察,并认真处置巡察移交的问题线索;对巡察发现的处室代编预算中机动费分配不规范问题,及时组织开展"拉网式"专项检查,督促省财政厅出台机动费资金管理暂行办法,严格机动费管理使用和绩效评价。

【一体推进"不敢腐、不能腐、不想腐"】一是持续纠治"四风"。扭住"四风"不放,紧盯重要节点,提前介入,及时通报中央纪委和省纪委公开曝光的违反中央八项规定精神典型案例,坚持"通知+电话+短信"提醒,念好"紧箍咒"、打好"预防针"。常态组织节假日作风督查、专项组织对省财政厅机关和厅属单位及省农担公司执行中央八项规定精神情况的检查,并根据作风督查、专项检查所发现的问题,及时制发纠治"四风"纪律检查建议书,持之以恒推动财政作风建设。对省纪委监委机关在"中秋""国庆"期间作风建设监督检查中移交的问题,坚持快查快办快结快报。认真落实精文减会工作要求,监督省财政厅和省农担公司开短会、讲短话、发短文。2021年,省财政厅印发的规范类、通报类、议事协调机构成员类文件同比下降20.6%,需市县财政部门参加的会议同比下降33.3%。二是注重抓早抓小。根据省纪委新一轮深化"三个以案"警示教育工作部署,督促省财政厅党组制定实施方案和督导方案,会同厅党组编印《全省财政系统部分违法人员悔过书》,并通过开展"警示教育周"活动,用身边事教育身边人,统筹推进省财政系统新一轮深化"三个以案"警示教育。认真落实《党委(党组)运用监督执纪第一种形态工作办法(试行)》,督促省财政厅党组制定处室单位党支部运用监督执纪第一种形态实施办法,推动处室单位党支部履行第一种形态主体责任,抓早抓小、防微杜渐。组织开展第二届"安徽廉洁文化精品工程"作品征集活动,在组织财政干部职工创作廉洁文化作品过程中,深化廉政教育,培树新风正气。报送的2件作品全部入选"安徽廉洁文化精品工程",并受到省纪委监委通报表彰。三是严肃审查调查。认真贯彻监督执纪工作规则、监督执法工作规定及省纪委机关监督执纪执法操作规程等制度规范,坚持问题线索集中管理、动态更新、集体研究、及时处置、定期报告。严格落实审查调查措施使用各项要求和安全工作要求,定期开展安全风险隐患排查,确保办案安全。组织开展处理处分执行情况专项检查,维护纪律的严肃性和权威性。2021年,直接处置问题线索12件,立案审查调查2件;运用第一种形态批评教育和帮助8人次,提出给予2人纪律处分、1人降低退休待遇的建议;发现并及时报送、移交职责范围外的问题线索7件。省纪委监委机关组织开展的派驻机构审查调查工作评查,办案质量名列前茅。督促并指导省财政厅根据生效的司法判决,开除党籍、开除公职1人。在严格审查调查的同时,注重思想政治工作和纪法教育,做好"后半篇文章"。2021年,对6名受处理处分的干部进行回访教育,并结合有关案件查处,督促省财政厅建立向有关机关和单位移送问题线索机制、修订加强干部职工出国(境)管理制度,会同省公安厅建立打击经济犯罪工作协作机制。

【悉心打造派驻监督铁军】一是增强履职本领。制定年度学习计划,认真组织学习党的理论和路线方针政策、党规党纪、法律法规和财政业务知识,参加中央纪委国家监委以及省纪委监委、驻财政部纪检监察组举办的各类培训,不断提升纪法双施的专业化素养。全年召开组务会学习23次、支部学习31次。坚持边学习、边调研、边工作、边总结,编发《2020年度财政全面从严治党和党风廉政建设调研成果选编》,及时总结经验、把握规律,不断提高工作质量和水平。深入基层调研10次,参与省纪委监委机关和驻财政部纪检监察组相关工作调研3次。项中胜同志的“以新思想引领监督实践 持续净化优化政治生态”署名文章在《中国财政》2021年第20期刊登。被省纪委监委评为2020年度业绩突出的先进集体。二是严格自我约束。认真落实《关于加强新时代纪检监察干部监督工作的意见》,做到恪守权力边界,规范执纪执法。牢固树立“执纪者必先守纪,律人者必先律己”意识,自觉接受最严格的约束和监督,时刻自重自省自警自励、慎独慎微慎始慎终,努力做到政治素质高、忠诚干净担当、专业化能力强、敢于善于斗争。严守政治纪律和政治规矩,严格执行请示报告制度,重要工作既报告结果也报告过程。

(驻厅纪检监察组供稿)

财政专项工作概述

开展党史学习教育

【概况】2021年，省财政厅党组深入学习贯彻习近平总书记在党史学习教育动员大会和“七一”庆祝大会上的重要讲话精神，坚决贯彻中央及省委部署，坚持追本溯源学党史、立根固本悟思想、为民理财办实事、奋勇争先开新局，多措并举、统筹兼顾，推深做实党史学习教育。

【总体情况】高位组织推进。省委召开全省党史学习教育动员部署大会当天，即召开厅动员部署会，部署安排全厅党史学习教育工作；及时制发厅党组《关于开展党史学习教育的实施方案》《党史学习教育工作安排》等文件，细化任务分解，明确主要内容、责任人员和完成时限等。成立厅党史学习教育领导小组及其办公室，厅主要负责同志主持召开15次领导小组会议，对工作进行调度，厅领导小组办公室每半月组织开展“回头看”，确保中央及省委部署要求传达到位、布置到位、落实到位。制定厅党史学习教育工作督导方案，建立厅党组、分管厅领导、相关综合处室三级调度推进机制，集中开展4轮专项督导检查，总结经验做法，发现解决问题；发挥考核“指挥棒”作用，把开展情况作为年度综合考核和干部平时考核的重要内容，推动党史学习教育各项工作落细落地。

深学细悟党史。坚持自学，把潜心自学作为重要基点，及时向全厅干部职工发放习近平《论中国共产党历史》等指定学习材料，对厅领导、处级以上领导干部和每位党员干部学习情况进行全覆盖督导，并加强精读深读，开展5次党史知识测试和知识竞赛，深入掌握党的历史。加强研讨，厅党组理论学习中心组围绕“学习党的奋斗历程和伟大成就 不忘初心牢记使命 把牢财政发展方向”等主题开展专题学习研讨10余次；各党支部通过“三会一课”、主题党日等形式，组织开展交流研讨，确保研讨发言覆盖每名党员。接受辅导，举办党史学习教育宣讲辅导报告会，邀请省委党校专家作“中国共产党的百年奋斗历程”专题报告；举办深入学习贯彻习近平总书记在庆祝中国共产党成立100周年大会上的重要讲话精神专题辅导；举办学习贯彻党的十九届六中全会精神宣讲辅导报告会；组织学习网上专题班、微党课网课等，引导党员干部深刻领悟党的百年奋斗历程、重大成就和历史经验。

强化理论武装。第一时间集中学，年初制定中心组学习计划，完善中心组学习机制，召开厅党组扩大会35次，召开厅党组理论学习中心组学习会13次、专题研讨学习会11次，跟进学习习近平总书记重要讲话指示批示精神等60余篇，深刻领会党的创新理论最新成果和思想伟力。深刻领悟宣讲学，厅主要负责同志在吃透会议精神的基础上，紧密结合省情、财政及宣讲单位实际，赴省国资委宣讲党的十九届六中全会精神，赴宣城市宣讲省第十一次党代会精神。相互交流借鉴学，厅主要负责同志受省委党校和省直工委邀请，分别作“为建设美好安徽取得新的更大进展提供坚强财政支撑”“坚持党建引领，践行为民理财，着力在高质量发展中保障和改善民生”专题辅导报告，并以此为契机加强同省直单位的交流，思考财政服务高质量发展和保障改善民生的关系，把家底弄清楚，把经验总结好，把情怀融进去，优化财政做大、分好蛋糕的理财思路。

增强政治意识。把政治建设摆在首位，落实省财政厅党组加强党的政治建设重点工作30项举措任务，抓好意识形态责任制各项工作，引导党员干部增强拥护“两个确立”、做到“两个维护”的政治自觉。把解决问题作为根本目的，做好中央巡视反馈问题整改，推动13项牵头和配合任务完成11项、持续推进2项，保就业政策宣传不到位、惠农补贴资金滞拨闲置等问题得到解决；开展十届省委巡视发现问题“大起底、改到位、建机制”专项行动，解决省以下事权与支出责任划分改革推进缓慢、扶贫资金监管不精准等2个问题。把请示报告作为基本纪律，严格落实《中国共产党重大事项请示报告条例》具体举措，落实省第十一次党代会报告任务举措要求，对标省委常委会工作要点、省委深改委工作要求、省政府工作报告等，较好完成财政工作任务。把组织生活作为常态要求,严格落实“三会一课”、谈心谈话等党内组织生活制度,召开年度和中央巡视整改专题民主生活会,各党支部召开党史学习教育专题组织生活会,厅领导及各党支部书记在“七一”前后讲专题党课,营造良好政治生态环境。

开展红色教育。把握精神受教育,传承弘扬伟大建党精神,梳理“大别山精神”“小岗精神”“渡江精神”等,形成《安徽红色精神》并在厅内网发布,各党支部通过“三会一课”、党日活动等形式,组织学习精神谱系,掌握精神内涵。现场教学受教育,厅党组理论学习中心组成员赴寿县小甸集接受党史教育,进行现场学习,重温入党誓词,开展专题研讨;组织青年党团员赴蜀山烈士陵园开展主题团日活动,传承红色基因,赓续红色血脉。场景再现受教育,举办红色经典诵读活动,全厅37个处室单位组成的9支代表队以多种形式诵读丰富的红色经典作品,并选派厅代表队参加省直机关红色经典诵读竞赛、荣获一等奖;组织成立厅合唱队,参加“永远跟党走”全省党政机关庆祝中国共产党成立100周年群众歌咏晚会。对标先进受教育,召开“光荣在党50年”老党员老干部座谈会,颁发纪念章,两名老党员代表结合自身奋斗经历作发言,全厅党员干部深受教育和感染;召开省财政厅庆祝建党100周年“两优一先”表彰会,通报表彰先进党支部和优秀共产党员、优秀党务工作者,激发财政党员干部听党话、跟党走。

开展实践活动。倾听民声“一心一意”,坚持察民情访民意,开展“进万户、访千企、走百县、解十难”行动,完善领导干部接访下访、包案化解、阅批群众来信制度,建立清单化、闭环式工作机制;全厅上下通过结对共建、部门会商、财政窗口服务等多种形式,梳理群众反映的问题,全面掌握群众急难愁盼。部署推进“一丝不苟”,制发《中共安徽省财政厅党组“我为群众办实事”实践活动工作方案》,确定39项“我为群众办实事”财政重点民生项目,其中“做好新冠病毒疫苗及接种费用保障”等5项被列为省级重点民生项目,定期开展“回头看”,按月形成报告报送省委党史学习教育领导小组办公室。宣传引导“不拘一格”,厅主要负责同志带队参加安徽广电《政风行风热线》栏目现场直播,了解群众诉求、解答热点问题;组织参加“我为群众办实事”优秀短视频展播活动,推荐上报8部作品全部入选,在中安在线、学习强国、安徽机关党建网等同步展播,集中展现“我为群众办实事”创新举措与生动实践,《安徽党史学习教育简报》第38期、80期及《七月风》杂志刊发厅“我为群众办实事”实践活动做法。

推动改革发展。在学习教育中促发展,争取中央财政资金倾斜、政策支持、改革试点和业务指导,获得中央转移支付资金3275亿元、占全省支出40%以上;强化区域协调发展共进共赢理念,下达市县转移支付资金2696亿元,支持长三角一体化发展、中部地区高质量发展等区域战略实施;建立对标学习沪苏浙常态化机制,谋划推进零基预算改革、“政采云”平台运用等10项创新举措。在学习教育中促改革,印发进一步推动财政收入高质量发展的通知,提出8项针对性举措,提高财政收入质量;研究制定进一步深化预算管理制度改革实施方案并通过省委深改委审议,就预算收入统筹、支出管理、风险防控等提出具体落实意见;推进预算管理一体化系统建设,建设进度和上报数据质量均位居全国前列;坚持资金资源并重、清理存量与重视增量相结合,通过重点资产清查、建立省级网上公物仓等统筹盘活国有资产,省直单位上缴资产出租和处置收入11.7亿元。在学习教育中惠民生,起草加大教育投入推进教育高质量发展的意见,教育支出1316亿元、增长4.3%,居一般公共预算第一大类支出;聚焦支持皖北地区群众喝上引调水工程建设,多次赴财政部对接衔接,争取获得中央专项政策资金200亿元,是极少数获得国家特殊政策的特定区域之一,研究落实专项政策资金使用。在学习教育中促安全,分析研究省本级举借政府债务空间,梳理形成省本级“十四五”举借债务的项目计划清单,年初争取新增债务限额1795亿元,在规模下降5.5%的背景下逆势增长5.5%,累计争取1827亿元、规模创安徽省历史新高,完成年度政府债券发行2815亿元的任务;印发进一步推动政府融资平台市场化转型发展的指导意见,研究完善债务风险评估、预警、监管机制,坚决防范债务风险。

严实责任担当。支持科技自立自强,完善省级财政科研经费管理,财政科技支出416亿元、增长12.5%,高出同期财政支出增幅10.9个百分点,助力区域创新能力稳居全国第一方阵。支持新兴产业发展,研究新兴产业引导基金组建方案,拨付省级股权投资基金注资35.6亿元,支持打造多层次资本市场。支持更高水平开放,安排专项资金支持自贸区建设体制机制创新,探索在自贸区建立“皖贸贷”资金池,支持高标准建设安徽自贸试验区。支持加强生态文明建设,健全稳定、常态化的财政生态环保投入机制,安排近60亿元支持全面绿色转型发展,争取巢湖流域山水林田湖草沙一体化保护修复工程纳入国家试点、获得奖补资金20亿元。

营造良好氛围。用好财政宣传阵地,《安徽财政》每期编印全省财政系统党史学习教育信息;在财政橱窗、滚动电子屏、海报板等党员干部天天可见的宣传阵地,及时展播展示党史学习教育有关文件、会议精神和工作动态等。开设专题专栏,在财政门户网站和综合办公内网开设党史学习教育专题专栏,动态发布上级精神、工作动态、学习资料等;在财政微信公众号开设“学党史、悟思想、办实事、开新局”等专栏,及时宣传报道全省财政系统党史学习教育典型案例、创新做法等。创新宣传方式,组织全省财政系统制作《党史学习教育100秒》微视频,在安徽财政微信公众号连播,生动展示我省财政系统党史学习教育的丰富实践。加强信息报送,向省委、省政府、财政部等编报党史学习教育工作信息,财政部门户网站、《中国财经报》《安徽党史学习教育简报》等省级以上媒体宣传报道厅经验做法40余篇(次)。

【取得成效】围绕“学史明理、学史增信、学史崇德、学史力行”目标要求,推进党史学习教育,取得积极成效。

在学史明理中厘清财政理财理念。在党史学习教育中,厅党组深学活用党的创新理论,着眼全局、着眼大局、着眼未来、着眼共治,凝练新形势下理财理念,在主流媒体刊发《坚持系统观念 推进安徽财政高质量发展》署名文章,并运用于实践,带动财政干部深化对财政工作规律性认识,推动财政工作更加注重统筹收入与支出、总量与人均、时间和空间、省与市县等关系,更好运用系统方法补齐财政短板、服务高质量发展。通过学习教育,全厅党员干部进一步树牢唯物史观,强化了理论思维、历史思维,更加准确把握习近平新时代中国特色社会主义经济思想的科学性真理性。

在学史增信中坚定财政工作方向。在党史学习教育中,坚持和服从党对财政工作的全面领导,传承弘扬以政领财、以财辅政的财政优良传统,把学习习近平总书记重要讲话指示批示特别是关于财政工作重要指示批示精神,作为厅党组会第一议题、第一时间传达学习,在学懂弄通做实上下功夫。通过学习教育,进一步增强历史自觉,坚定对马克思主义信仰,对社会主义、共产主义的信念,对实现中华民族伟大复兴中国梦的信心,不断提高政治判断力、政治领悟力、政治执行力,胸怀“国之大者”,确保财政工作始终沿着正确方向前进。

在学史崇德中践行为民理财宗旨。在党史学习教育中,聚焦市场主体和人民群众急难愁盼问题,走访群众684户、企业825家、服务对象1409个,征求梳理问题899个、解决798个;动态更新发布《安徽省财税优惠事项清单》,推动新增减税降费334亿元;全面取消投标(响应)保证金,每年为各类市场主体释放资金近100亿元;拨付9.7亿元保障全省1.2亿人次免费接种新冠病毒疫苗;推进创业担保贷款,支持重点群体6万余人创业带就业;实现非税收入“跨省通缴”。通过学习教育,进一步树牢以人民为中心的发展思想,增强党的意识、党员意识,保持为民理财本色。

在学史力行中砥砺财政担当作为。在党史学习教育中,坚持学以致用、知行合一,提升积极的财政政策效能,全省一般公共预算收入完成3498亿元、增长8.8%,支出完成7591亿元,财政运行总体平稳、质量提升,安徽省财政管理工作再次被财政部评为优秀等次、获国务院通报表扬激励;县级财政管理绩效在全国考核中名列前茅;荣获省政府目标管理绩效考核通报表扬并位居前列,省委综合考核厅班子获评“好”等次。通过学习教育,重大战略财力保障能力更强,理财氛围更加风清气正,财政职能作用充分发挥,为全省服务和融入新发展格局迈出新步伐、高质量发展取得新成效提供坚实财政保障。

【工作亮点】结合财政实际,在打造财政精神家园、汲取财政榜样力量、提升财政专业能力、聚焦财政重点人群、完善为民理财机制上下狠功夫,提亮财政党史学习教育的成色。

打造财政学史力行的精神家园。举办“百年历程 初心为民”财政史料图片展,从“以政领财”“依法治财”“为民理财”等9个部分,通过400余幅图片、近100件实物,集中展现党领导下的财政改革发展历程。财政史料图片展建成的第一天,中心组全体成员参观展览、聆听解说,在党员宣誓厅重温入党誓词;全厅党员干部及离退休老党员分批次参观展览,撰写感想体会、重温光荣历史。坚持把财政史料图片展作为对外宣传的重要窗口和第一站点,其他部门单位来访时,通过参观财政史料图片展,深入了解安徽财政的发展历程以及为全省经济社会发展所作的贡献,增进对财政工作的理解,更好地支持财政事业发展。

汲取财政学史力行的榜样力量。沈浩同志是省财政厅的党员干部,在小岗村第一书记的岗位上谱写沈浩精神,财政党员干部学习弘扬沈浩精神,具有深刻和特殊的意义。党史学习教育部署开展以来,厅党组专门召开扩大会议,专题研究布置学习弘扬沈浩精神相关工作,印发《关于进一步学习宣传沈浩同志先进事迹的通知》,在全厅开展“学习身边榜样”活动,各党支部通过采取“三会一课”、主题党日、支部学习会等形式,组织阅读《沈浩日记》、观看《第一书记》影片,开展专题研讨,全厅党员干部撰写心得体会,并付诸行动,践行沈浩同志扎根基层、无私奉献的崇高精神。

提升财政学史力行的专业能力。印发打造学习型机关工作方案,建立学习、辅导、培训等8项机制,打造高素质专业化财政干部队伍。举办“资本市场、‘双招双引’、工业互联网”专题培训11期,推动财政干部运用资本市场理念赋能财政高质量发展,培训班做法得到省政府主要负责同志批示肯定,并推荐省直单位学习借鉴。建立财政经济分析工作专班,选定“长三角地区财政支出政策的比较分析”等12个专题开展分析,形成上报10余篇研究报告,努力当好省委、省政府的“参谋助手”。

抓好财政学史力行的重点人群。聚焦财政青年干部这个重点人群,推动青年干部融入党史学习教育,开展“五个一”系列活动,组织青年干部撰写一段微感悟、一篇心得体会、开展一次志愿服务、一项实践调研、召开一场主题座谈会,深化对党史学习教育的认识。开展“财政青年示范岗”践行和评选活动,把开展党史学习教育情况作为评选的重要内容,设立10个财政青年示范岗,使财政青年学有榜样,进一步优化财政青年成长成才环境。安排3名青年干部定点帮扶颍东区吴寨居,安排12名选调生到基层锻炼,派员到企业学习交流,提升财政青年干部服务基层群众的能力。

完善财政为民理财的载体机制。在做好5项“我为群众办实事”省级重点民生项目的基础上,完善财政为民理财的长效机制。谋划创新民生工程模式,研究形成《关于创新民生工程建设模式完善民生工程长效机制的意见》上报省领导,做到优支出,调结构,长短结合,务求实效,投入1288亿元推动33项民生工程目标任务全面完成,民生工程实施情况获省委主要负责同志批示肯定。印发并落实13个“我为群众办实事”长效机制文件,支持就业、教育、乡村振兴等重点民生领域,建立健全长效机制,持续巩固实践活动成果,推动财政办实事取得更为明显的成效。

【经验总结】党史学习教育只有起点、没有终点,永远在路上,必须将党史学习教育同提升政治站位、坚持为民理财、推动重点工作、激发干事热情、筑牢党建根基相结合,把基础做成亮点,把短板化为优势,把创新变成习惯,把匠心贯穿始终,不断深化党史学习教育成果。

必须在深化党史学习教育中强化以政领财。旗帜鲜明讲政治,是我们党一贯的政治优势;以政领财、以财辅政是财政优良传统的精髓所在。党史学习教育开展以来,省财政厅进一步认识财政工作的政治属性,深刻把握财政部门的政治机关定位,把学习贯彻习近平新时代中国特色社会主义思想作为首要政治任务,增强“四个意识”、坚定“四个自信”、做到“两个维护”,创新财政支持方式,加强财政资源统筹,增强省委、省政府重大战略任务财力保障。

必须在深化党史学习教育中强化人民立场。全心全意为人民服务,是我们党的根本宗旨;忠诚于党、服务人民是财政优良传统的基石。党史学习教育开展以来,省财政厅围绕中央及省委关于扎实推动共同富裕的目标,坚持尽力而为、量力而行,着力加强普惠性、基础性、兜底性民生建设,在就业、教育、社保、医疗、养老等方面加大支持力度,做实政策举措,不断提高为民服务的质量和水平。

必须在深化党史学习教育中强化勤勉敬业。学习党史不是最终目的,关键是要学以致用。党史学习教育开展以来,省财政厅坚持将学习党史同总结经验、观照现实、推动工作相结合,推动学习教育成果转化为财政干部立足岗位、干事创业的热情和干劲,转化为忠诚尽职、奋勇争先的行动自觉,转化为促进财政事业高质量发展的强劲动力。

必须在深化党史学习教育中强化奋勇争先。党的历史是一部不断为实现国家富强、民族振兴、人民幸福而奋斗的历史。学习党史,就是要在汲取智慧力量中增强迈进新征程、奋进新时代的精气神。党史学习教育开展以来,省财政厅聚焦省委、省政府确定的目标任务,把干事担事作为党员干部的职责所在、价值所在,增强“慢进是退、不进更是退”的紧迫感危机感,发挥财政在国家治理中的基础和重要支柱作用,只争朝夕、争先创优,凝聚服务保障现代化美好安徽建设的强大力量。

必须在深化党史学习教育中强化生机活力。财政全面从严治党永远在路上。党史学习教育开展以来,省财政厅坚持从党的百年奋斗历史中汲取前进力量,牢记打铁必须自身硬的道理,全面贯彻新时代党的建设总要求和新时代党的组织路线,纵深推进财政全面从严治党,打造忠诚、干净、担当的财政干部队伍,发挥党组织战斗堡垒作用和党员先锋模范作用,为促进财政行稳致远提供坚实的党建作风保障。

创新举办“资本市场、‘双招双引’、工业互联网”专题培训班

【概况】为贯彻落实省委、省政府开展万家企业资本市场业务培训专项行动精神,省财政厅举办“资本市场、‘双招双引’、工业互联网”专题培训班,进一步推动财政干部提升思想方法、改造工作方法,提升依法理财、科学理财的专业能力,赋能财政高质量发展,为打造“三地一区”、建设新阶段现代化美好安徽提供坚实财政保障。王清宪省长在专题培训班的报告上作出批示:“建设学习型机关,提高专业化能力,用市场的逻辑谋事,用资本的力量干事,把双招双引作为经济工作的第一战场,用工业互联网思维优化

政府流程,省财政厅在全省财政系统开展专题培训,把想法转化为行动,这就是干事的状态,这就是工作作风。请办公厅转各厅局学习借鉴。”

【培训思路上突出“量体裁衣”】多维度融合“热点”,专题培训聚焦省政府“用市场的逻辑谋事、用资本的力量干事”“把双招双引作为经济的第一战场”“用工业互联网思维优化政府流程”等新要求新理念,围绕“资本市场、‘双招双引’、工业互联网”三个主题谋划安排系列课程。邀请资本人“上台”,将选择授课老师的目光投向资本市场、投资领域等市场一线的“亲历者”“操盘手”,邀请合肥产投集团、春光里产业资本集团、科大讯飞股份有限公司等企业高管,讲授相关领域的最新动态、趋势、走向,让财政干部深入了解企业家所思所想所愿,读懂企业家,找准财政支持经济发展的发力点。

【培训打法上突出“灵活多样”】聚力“谋深落细”,省政府万家企业资本市场业务培训专项行动方案印发后,即着手谋划培训主题,优选培训内容,精选培训师资,首场讲座于 8 月 25 日开班,迅速“把想法转化为行动”。用好“线上线下”,在线下集中授课的基础上,利用安徽干部教育在线、学习强国等互联网有关资源推进学习,创新直播、录播等方式,形成“线上+线下”的培训架构。贯穿“听看研写”,每个主题分别采取“听”2—3 次线下专家讲座和 1—2 个线上网络课程,同步推荐“看”《工业赋能:深度剖析工业互联网时代的机遇和挑战》等书籍,课上与老师、课下同事之间“研”讨交流、碰撞思想,会后组织干部撰“写”心得体会,促进更好地消化吸收、产生智慧“火花”。融合“工学交替”,培训采取“饱和冲击”法,集中在 8 月下旬至 9 月中旬前完成,培训时间采取工作日+周末充电,培训地点安排在机关会议室,实现从办公室到“教室”快速切换,使学习时间与办公时间有效衔接,做到“磨刀不误砍柴工”。

【培训内容上突出“精准滴灌”】统筹理论和实践,培训围绕发展政府性股权投资基金,既安排上海财经大学杨大楷教授进行理论学术传授,又安排创谷资本钱进董事长介绍投资案例实操,加深财政干部对政府股权投资基金运作全过程的理解。统筹历史和未来,每场专题讲座,授课老师都从发展历程、当前现状、形势分析等角度作全面讲解,贯穿了对历史、现实和未来的思考,兼具思想性、时代性和启发性。统筹学习借鉴和为我所用,专题讲座前加强与授课老师沟通协调,引导梳理讲解相关外省市的先进做法、典型经验,分析安徽省突出问题,提出改进意见建议,提高培训的针对性和有效性。

【培训效果上突出“想透干实”】培训前引导想,建立问题征集机制,每次专题讲座前印发通知,引导财政干部全面梳理工作中遇到的难点,提前准备预设问题。培训中深入问,面对面请授课老师为财政工作“把脉问诊”“精准开方”,实现干什么学什么、缺什么补什么,真正掌握市场有效和政府有为的新理念、新思维、新形势和新打法。培训后落得实,推动财政干部把学习收获全部转化到财政服务“三地一区”“双招双引”,以及 2022 年度预算安排等重点工作中去。

【培训机制上突出“细水长流”】建立健全横向联合纵向到底机制,横向上,借助省直部门专业优势,在授课老师选择、联合培训开展、培训资源共享方面听取意见,促进部门之间观念的协调联动和理解支持;纵向上,通过视频课件方式覆盖全省财政部门,形成“一次培训、覆盖全员、整体联动”。强化对标长三角常态化学习机制,对标沪苏浙最新政策举措以及长三角融合难点重点、择优选择培训主题,拟动态邀请长三角地区政策制定者、市场前沿企业家作为授课教师,建立沪苏浙培训教师“资源库”或成立“专家工作室”。建立学习培训评优机制,坚持应用导向,根据学习研讨、读书笔记、研究报告等,每年将表彰一批有效举措解决当前难题、业务创新得到系统推广的学习标兵,纵深推进培训工作常态化、常规化。

抓好财政直达资金管理工作

【概况】2021 年,安徽省各级财政部门认真落实中央财政资金直达机制部署要求,坚持积极财政政策提质增效、更可持续,进一步扩大资金范围、完善机制举措、科学调度库款、开展联动监控,常态化抓好财政直达资金管理。

【扩大资金范围】比照中央财政做法,将县级基本财力保障机制奖补资金以及教育、社保、医疗等领域 27 项中央转移支付纳入直达范围。同时,将上述领域对应安排的 12 项省级资金和 15 项市县资金一并纳入直达范围。直达资金覆盖领域更广、资金规模更大、精准度更高,为市县基层惠企利民提供了财力支撑。全年中央下达安徽省直达资金 1254 亿元,省级 100%分配下达。

【完善机制举措】立足“早谋划、早准备、早实施”,在中央资金下达前,省财政厅采取“一杆子插到底”方式,组织召开省、市、县三级直达资金专题会议,提前谋划部署直达资金工作。同时,各级财政部门主动会商有关行业主管部门,督促提前做好项目储备和前期实施准备工作,不断提高项目储备质量,确保资金下达后尽快安排使用,尽早发挥惠企利民效益。全省直达资金支出进度总体快于序时。

【做好库款调拨】考虑市县可用财力和库款保障水平实际，严格落实直达资金库款单独调拨要求，执行直达资金调拨对账制度，建立健全直达资金库款调度"绿色通道"，根据直达资金预算指标、序时进度，在参考市县财政实际支出进度基础上，按月单独调拨直达库款。省财政于11月上旬将直达库款100%全额调度市县，提前完成库款调拨任务。市县财政根据支出轻重缓急和项目实际进度统筹安排直达库款，确保资金精准直达具体项目、安全高效实用，最大限度发挥直达效益。

【加强联动监控】发挥市县贴近市场、贴近群众优势，完善直达资金监控系统，提高直达资金使用的有效性和精准性。同时，建立"财政+纪检"联动监控机制，各级驻财政部门纪检监察机构全链条参与直达资金执行监控，确保资金监控与资金下达同步"一竿子插到底"。全省各级财政部门全年共核实处理监控系统各类预警信息1.6万笔，占预警信息总量99.9%；全省直达资金共惠及企业3.1万户次，惠及人员1.8亿人次。

推进预算管理一体化建设

【概况】2021年，全省各级财政部门和预算单位推进预算管理一体化建设，坚持一体化思路，全面完成流程再造，朝着统一化、规范化和标准化前进。预算编制、预算执行、会计核算之间的衔接更加紧密，一体化理念深入人心。

【贯彻"三个对标"】业务规范对标，对照财政部《业务规范》，全面梳理安徽省业务流程，开展专题探讨32次，细化流程节点，确保业务对标不走样。技术研发对标，系统所有逻辑库表、业务要素等严格执行财政部标准规范，全省统一编码体系、统一控制规则、统一基础数据管理，保证系统研发符合财政部标准。数据质量对标，严格按照财政部"T+1"要求，完成各业务模块146张标准表数据汇总上报工作。按日从编码规则、代码集、数据空值、表内和表间勾稽关系等方面逐项核查，编码规则符合度和数据空值符合度不断提升。

【落实"四项机制"】落实省市县责任落实机制，制定全省建设方案和工作方案，细化各级各部门责任和财政内部职责划分，明确"省带市、市带县"的责任机制，确保有位有为。落实"三个一"工作机制，实行"领导调度+专班统筹+处室包保"工作机制，厅领导每周一调度、专班每日一会商、处室一对一包保，"全省一盘棋"，加快推进。落实"1+4+32"推广机制，即1个推广总方案、4个工作阶段、32个关键节点目标，全面统筹，分段推进，以点促面，挂图作战，通过招标采购、大学生见习和政府购买服务等多种方式充实本地化技术服务力量，以阶段目标完成带动全年目标完成。落实信息通报机制，印发5期预算管理一体化专刊，分享先进做法；每月通报全省一体化建设进展情况，督促落后地区加快建设步伐。

【推进"五项指导"】多元培训指导，省财政厅开展线下大规模集训7次，市县分批举办培训220余场，共覆盖6.7万人；举办视频直播5次，在线人数5000余人；发布慕课16个；积极应用微信、QQ等工具，加强业务技术指导。案例分类指导，在省本级和合肥市试点基础上，编印指导手册10个、操作案例18个、测试案例280个，为市县推广积累经验。难题集中疏导，出台8期《问题解答》，累计书面回答单位业务问题400多个，解决技术难题150多个，有效回应市县财政和预算单位关切，提升系统功能。实地调研督导，工作专班协同包保处室共开展实地调研44次，核实工作进展，开展现场办公，及时解决市县难题。宣传倡议引导，在财政办公网开设一体化专栏，宣传一体化思想、理念和建设情况；发布致预算单位一封信，获取部门单位的理解与支持。

【达到"四个实现"】实现四级财政全覆盖，全省158个财政区划和2.2万家部门单位全部实现一体化管理。实现业务流程全覆盖，财政总预算编制、总预算执行、总会计核算、单位会计核算实现全省全覆盖。实现预算管理更加科学规范，通过一体化管理，促进预算编制更加科学，预算执行更加规范，会计核算更加准确；财政与代理银行、人民银行之间信息交互正常，保障财政资金安全高效支付。实现财政数据集聚，通过一体化建设，实现财政管理数据化、数据管理标准化，财政核心业务数据实现集中化管理，为开展数据分析奠定基础。

助力实现高水平科技自立自强

【概况】2021年，全省各级财政部门始终把服务支持实施创新驱动发展战略作为财政部门重点工作，增加投入、创新方式、深化改革、提质增效，着力加快科技创新攻坚力量和科技成果转化运用体系建设，助力全省科技创新工作实现"十四五"良好开局。全省财政科技支出突破400亿元，达到416.1亿元，较上年增长12.5%，占一般公共预算支出5.5%。在财政资金强有力支持带动和引导下，安徽省区域创新能力排名居全国第8位，连续十年保持全国前10位，全社会研发经费强度预计达2.34%，合肥综合性国家科学中心建设被国务院第八次大督查作为典型经验做法给予表扬，财政部来皖专题调研后对我省引导区域科技创新能力给予充分肯定。

【支持合肥综合性国家科学中心等建设】坚持科技创新是第一动力，加强战略科技力量财政支撑。全年省市财政共安排44.8亿元深入实施国家实验室建设专项推进行动，高水平建设合肥综合性国家科学中心，加快建设能源、人工智能、大健康研究院，集群化发展托卡马克、聚变堆等大科学装置，全省建设布局的大科学装置数量达12个，位于全国前列。

【支持“一室一中心”建设】坚持高标准、高水平、引领性，支持“一室一中心”稳定运行和优化升级。省财政全年安排资金8800万元、累计3.15亿元，采取认定奖励、稳定支持和绩效奖补相结合的方式，支持32家“一室一中心”持续健康发展，建设省级创新基地“先锋队”，培育创建国家创新基地“预备队”。

【支持关键核心技术攻关】围绕安徽省战略发展重大需求，构建省市联动、多部门协同的关键核心技术攻坚格局。省财政安排资金7500万元实施9项“揭榜挂帅”科技攻关，安排资金3.83亿元立项实施省科技重大专项项目和省重点研发计划项目524项，引导和带动企业和市县加大研发投入，突破一批关键核心技术，加快实现科技自立自强。

【支持科技成果转化】深化科技金融融合，推动科技创新“最先一公里”和成果转化应用“最后一公里”有机衔接。省财政全年安排省科技成果转化引导基金2亿元、累计8亿元，共支持设立12支子基金、总规模28.5亿元，投资项目43个、投资额7.68亿元；安排2亿元、累计7亿元注资省科技融资担保公司，为1408户科技型企业提供担保贷款99.6亿元；安排1.4亿元，累计安排14亿元，以债权投入或股权投资方式，共扶持320家携带具有自主知识产权科技成果的科技人才团队。

【深化科技体制机制改革】坚持科技创新和制度创新双轮驱动，完善创新发展财税政策。最大限度赋予科研人员经费使用自主权，在75项省自然科学基金杰青和优青项目中率先开展经费包干制试点。探索开展职务科技成果所有权和长期使用权改革试点，确定安徽农业大学、安徽工业大学等5家省属高校作为首批试点单位。改革完善财政科研经费管理，坚持“放”到位、“管”精准、“服”到点子上，给予科研机构和人员更大经费自主权，加大科研人员激励力度。

支持皖北高质量发展

【概况】2021年，全省各级财政部门始终增加投入、创新方式，多措并举服务支持皖北高质量发展。

【支持基础设施及城镇化建设】对“三市九县”需要市县配套资金的交通、水利、生态环保等基础设施项目，进一步降低市县配套比例。由省以补助或奖励方式建设的项目，对“三市九县”补助或奖励标准在原基础上提高15%。安排财政资金注资省投资集团，统筹支持铁路重点项目，带动皖北地区合新、淮宿蚌、阜淮、商合杭高铁项目建设。通过争取中央车购税资金、统筹燃油税和省级财力以及债券资金等方式，支持皖北地区高速公路路网扩容、国省干线公路提级、农村公路扩面延伸。统筹港口建设费、车购税、燃油税等资金，支持淮河干流及重要支流、引江济淮等高等级航道建设和养护。分配中央及省级保障性安居工程各项财政资金时，适当向皖北地区倾斜，在增加10%的任务额度基础上测算分配资金，累计下达6.87亿元推进保障性安居工程建设。

【支持乡村振兴及村集体经济发展】在安排美丽乡村省级中心村省级补助资金时，继续对皖北地区予以倾斜，每村补助标准较平均补助标准高50%，支持皖北地区开展农村人居环境建设。支持皖北地区优先实施农产品加工业“五个一批”工程，省级农业产业化资金支持的皖北强县（区）、强园数量达到全省强县（区）、强园数量的一半，支持皖北地区乡村产业发展。省财政会同省委组织部、省农业农村厅共安排483个重点扶持村，占重点扶持村总数的48.3%，支持皖北地区发展壮大村级集体经济；对重点扶持村，各级财政按每村不低于50万元标准予以补助，其中省财政共安排补助资金1.78亿元，占省级扶持资金总额的50.2%。同时，根据省委深改委统一部署，对淮北、亳州、宿州、蚌埠4市开展扶持壮大村级集体经济专项督查；配合省委组织部、省农业农村厅督促指导皖北各地围绕强化党建引领，坚持规划先行，突出市场导向，创新发展模式，加强资金使用管理，提升资金使用绩效，推进村级集体经济健康持续高质量发展。

【支持保障改善民生】在分配下达省级相关补助资金时，按照省级相关文件规定，对皖北地区提高20%，全年共为技能大师工作室补助380万元、省级示范性公共实训基地补助2400万元，支持技能人才培养。统筹就业补助资金近3000万元，推进皖北地区创业平台建设，支持阜阳市创建省级留学回国人员创业园，并对获得认定的省级农民工返乡创业示范园给予120万元资助，促进高校毕业生、退役军人、返乡农民工等群体创业带动就业，并对符合条件的对象发放一次性创业补贴5000元，支持创业带动就业。安排省属公立医院事业发展补助资金，支持中科大一附院、蚌医一附院、安中医一附院等省级高水平医院和亳州、宿州、阜阳等皖北市（县）级医院合作共建区域专科医疗中心，每个省级区域医疗中心补助1000万,促进优质医疗资源下沉和区域均衡布局,促进区域间医疗服务同质化,满足人民群众就近公平享有高水平医疗服务的需求,支持医疗卫生事业发展。出台《关于2021民生工程资金筹措事项的通知》,加大对皖北地区补助力度,"三市九县"党建引领相差振兴工程项目经费由省财政负担,义务教育经费保障中免除城乡义务教育学生学杂费项目地方承担部分省与县按8:2分担,其他地区按6:4分担。对皖北地区脱贫县,农村危房改造中省级补助资金比一般县户均补助增加1000元,重度残疾人护理补贴省与脱贫县按6:4比例分担。

【支持开发园区建设】自2021年起连续5年,每年安排7.8亿元,支持皖北打造"6+2+N"承接平台。目前,选定的"6+2"试验区财政收入、税收收入增幅以及新兴产业等指标,均"跑赢"所在地平均水平。每年继续安排9.5亿元,支持"南北合作园区"共建发展。通过省担保集体注资园区投融资公司,专项用于共建园区基础设施建设,提升园区配套服务能力,支持南北合作共建园区发展。同时,研究创新财政资金使用方式,提高财政资金使用效益。

【加大倾斜支持力度】省级补助或奖励方式建设的基础设施项目,对皖北补助或奖励标准提高15%;省级确认的矿业权出让收益市、县分成比例倾斜政策扩大到整个皖北;"三重一创"、制造强省、科技创新、技工大省等省级奖补资金,对皖北地区补助比例上浮20%。继续对皖北地区实施税收返还,上年返还19.9亿元,是"十二五"末的2.2倍,同时将政策延长5年,以2018年为基数的增量部分全部留给市县使用。新增地方政府债券限额分配,在风险可控前提下向皖北倾斜,按照《中华人民共和国预算法》和党中央、国务院关于加强地方政府性债务管理的有关要求,坚持"开前门、堵后门",按照因素法分配皖北地区地方政府新增债务额度617.1亿元;做好地方政府债券发行工作,全年为皖北地区代理发行876.3亿元地方政府债券,支持皖北地区高质量发展。

支持巩固拓展脱贫攻坚成果同乡村振兴有效衔接

【概况】2021年,省财政厅深入学习习近平总书记关于"三农"工作的重要论述,认真贯彻落实党中央、国务院及省委、省政府决策部署,严格落实"四个不摘"要求,保持财政投入力度,优化调整资金投向,强化资金管理,推进全省巩固拓展脱贫攻坚成果同乡村振兴有效衔接。

【加强组织领导】成立省财政厅乡村振兴领导小组及办公室,厅主要负责同志任组长,相关负责同志任副组长,有关处室为成员单位,强化组织领导,重构工作职能,保持过渡期工作机制有效衔接。

【强化资金投入保障】落实"四个不摘"要求,将原财政专项扶贫资金调整优化为财政衔接推进乡村振兴补助资金。全年共安排财政衔接推进乡村振兴补助资金166.7亿元,比上年增加4.5亿元,增长2.8%。继续在新增地方一般债券中切块安排31亿元,重点支持脱贫地区农村基础设施建设。

【健全完善政策体系】根据过渡期新形势新任务,研究出台《安徽省财政衔接推进乡村振兴补助资金管理办法》《安徽省延续执行涉农资金统筹整合试点实施细则》《安徽省衔接推进乡村振兴补助资金绩效评价及考核办法》等一系列政策,明确资金使用管理和评价考核要求,健全完善财政支持巩固拓展脱贫攻坚成果同乡村振兴有效衔接政策体系。

【延续推进涉农资金整合】继续在20个原国家级贫困县开展涉农资金统筹整合试点,相关涉农资金继续予以倾斜支持。加强试点工作指导,联合省乡村振兴局审核试点县整合方案,定期调度整合资金支出进度,严格绩效管理。全年累计整合涉农资金92.4亿元。

【调整优化资金支持重点】突出投入重点,在产业发展上精准发力,支持培育和壮大欠发达地区特色优势产业,完善利益联结机制,持续增强乡村造血功能,中央衔接资金用于产业占比达到67.7%,较上年提高34.1%。统筹兼顾非贫困村发展,县级可统筹安排不超过30%的中央衔接资金支持非贫困村发展,省级及以下衔接资金用于支持非贫困村的比例由县级结合实际确定。

【加强衔接资金绩效管理】制定《安徽省衔接推进乡村振兴补助资金绩效评价及考核办法》,加大对衔接资金支出进度督导力度,推行全过程绩效管理,科学实施绩效评价,提升资金使用效益。完成上年度财政扶贫资金绩效评价各项工作任务,财政扶贫资金使用管理工作连续第五年在国家评价中获"优秀"等次。

推动更高质量就业

【概况】2021年,省财政厅贯彻落实党中央、国务院和省委、省政府"六稳""六保"工作部署,支持实施就业优先战略,全省各级财政部门累计筹措资金36.8亿元,支持推进各项就业政策落地见效,促进全省就业局势持续稳定。

【支持市场主体稳定】支持实施中小微企业稳岗补贴、务工地过年补助、

"共享用工"补贴、春节期间招工补贴、错峰返乡车票补贴等政策，累计发放春节期间稳岗留工补贴 4.93 亿元。继续通过"免报直发"模式落实失业保险稳岗返还政策，省集中公示初筛达标企业近 15 万户。下拨省级就业风险储备金 4.6 亿元，鼓励中小微企业稳定就业岗位，并通过"免申即享"方式予以发放，惠及企业 21.6 万户。

【缓解结构性就业矛盾】以满足城乡劳动者多样化培训需求和企业岗位用工需求为目标，依托企业、职业院校和培训机构等，大规模开展职业技能培训，支持实施企业新录用人员、退役士兵、就业援助对象等重点群体免费技能培训，推动构建政府主导、依靠企业、发挥职业院校作用、社会培训机构积极参与的多元化培训体制机制。全省累计开展补贴性培训 111 万人次。

【推动高校毕业生就业】坚持把高校毕业生就业摆在首位，支持实施高校毕业生基层成长计划、"三支一扶"等基层项目和"三年六万"青年见习计划。累计发放高校毕业生求职创业补贴 9300 万元，惠及毕业生 6.2 万人。统筹拨付青年见习补贴资金 2.5 亿元，推进毕业生就业见习计划实施，支持引导用人单位吸纳 16-24 岁失业青年参加 3-12 个月就业见习锻炼。

【强化困难群体帮扶】统筹拨付公益性岗位就业人员岗位补贴和社保补贴近 7 亿元，支持在全省范围内开发就业困难人员公益性岗位 5 万个，为就业困难人员提供就业"托底"。延续实施失业保险阶段性扩围政策 1 年，确保临时救助政策不断档、不掉线，强化失业人员生活保障。全省累计向 15.64 万人发放失业保险金 11.72 亿元。

【支持创业带动就业】统筹安排创业园类补助资金 8740 万元，支持省级农民工返乡创业示范园、留学人员创业园、青年创业园、人力资源服务产业园建设。会同研究新一轮"创业江淮"行动计划，打造创业领航、皖厨创业等八大工程。依托创业服务云平台发放省级电子创业券 3100 余万元，惠及创客 2.6 万名、初创小微企业近万家。健全完善担保贴息贷款政策，在国家政策许可下，将个人贷款额度由最高 20 万元提高至 50 万元，2021 年全省各地累计拨付贴息资金 7.3 亿元，支持金融机构发放贷款 72 亿元。

（吴昌好）

支持外经贸事业发展

【概况】2021 年，省财政厅贯彻落实"三地一区"战略部署，发挥财政职能作用，加大财政资金统筹整合力度，以安徽自贸试验区建设为抓手，不断完善省级外经贸促进政策，支持安徽省开放发展。全省进出口达到 1050 亿美元，增长 35%，增速居长三角首位；实际对外投资 15 亿美元，增长 4.2%；外经贸发展稳中提质、稳中有进，全省外经贸主要指标创历史新高。

【推动安徽自贸试验区建设】把握省自贸试验区的战略定位和建设内容，聚焦财政职责和重点任务，推进自贸试验区建设。统筹安排自贸区建设专项资金 5000 万元，支持保障自贸试验区重点业务开展，对首创并在全国范围内复制推广、被国家部委复制推广，或对入选全国自贸区"最佳实践案例"等给予支持激励。推进赋权赋能，下放省级管理权限，完成资产评估机构和分支机构备案事项的移交工作，下放至各片区所在的市级财政部门，赋予各片区更大的改革自主权。同时，省财政厅积极进言献策，参与《关于以中国(安徽)自由贸易试验区建设为先导打造具有重要影响力改革开放新高地的意见》等文件制度的制定，出台《安徽省自贸试验区建设专项资金管理暂行办法》，明确专项资金的支持范围、监督管理要求和绩效评价等内容。安徽自贸试验区加快建设，112 项试点任务落地见效 73 项，形成 44 项全省可复制可推广改革试点经验。

【优化外经贸发展政策供给】会同省商务厅主动回应市场关切，继续调整优化安徽省外经贸支持政策，完善出口企业信用保险政策，支持线上线下融合方式多元化开拓国际市场，加强外贸平台载体建设，完善跨境电子商务发展政策，支持市场采购贸易等外贸新业态新模式发展。统筹安排外经贸发展资金 5.96 亿元，兑现 16 类项目、涉及 2398 家外向型市场主体，进一步提振市场主体信心，增强安徽省外经贸发展后劲。有序开展境外投资合作，鼓励有实力的企业"走出去"，支持对外承包工程和对外劳务合作。统筹安排外资激励专项资金 2000 万元，用于支持稳定利用外资规模、提升外资质量效益、新设重大外资企业等，全省实际利用外资(含再投资、留存收益等到资)189 亿美元，增长 3.5%。

【强化世界制造业大会经费管理】世界制造业大会是展示安徽、宣传安徽的重大平台，是"双招双引"的主要阵地，自 2018 年以来，安徽省连续举办三届，今年是第四届。省财政厅作为大会财务部的牵头部门，会同省商务厅、省审计厅精心做好大会预算审核、执行，制定财务管理制度，强化大会经费管理，协调相关政府采购工作，为大会举办提供财力保障。世界制造业大会严格落实中央八项规定精神和《党政机关厉行节约反对浪费条例》规定，认真贯彻落实郑栅洁书记"世界制造业大会支出要严格管理，财政要加强审核"批示精神，按照厉行节约、精简办会、规范支出要求，采取专班推进、集中评审等方式，严格大会经费预算管理，大会主场活动申报经费预算 5683.01 万元，预算安排建议 4935.08

万元,核减 747.93 万元,综合核减率 13.2%探索引入市场化办会模式,大会专业展区按照政府引导、市场化运作方式组展招展,相关参展费用由企业自行负担。

(张铭)

引导金融服务实体经济

【概况】2021 年,省财政厅坚持以习近平新时代中国特色社会主义思想为指导,立足新发展阶段、贯彻新发展理念、构建新发展格局,按照省委、省政府的决策部署,坚持积极的财政政策要提质增效、更可持续,注重用市场的逻辑谋事、用资本的力量干事,优化财政金融支持政策,推进国有金融资本管理改革,夯实地方金融财政财务监管基础,服务实体经济和民生发展、深化地方金融改革、防控财政金融风险,实现“十四五”良好开局。

【启动推进省级国金管理改革】研究拟定省级国有金融资本出资人职责实施方案、国金公司组建方案等报省政府,加快推进财政部门履行省级国有金融资本出资人职责,完善国有金融资本管理体制,优化金融要素资源配置,提高国有金融资本运营效益。制定出台省级国有金融企业股权董事选派管理等制度办法,首次实现向省属两家担保机构派驻股权董事。

【加大支持政府性股权投资基金】拨付 35.6 亿元支持省级政府性股权投资基金体系建设,兑现省级种子风险基金投资进度奖 1.47 亿元,激励基金投早投小投科技。会同省地方金融监管局在学习浙江、江苏、苏州、宁波等先发地区经验的基础上,研究起草《安徽省新兴产业引导基金组建方案》,提请省政府审议。开展种子风险基金奖励政策评估,梳理国家大基金情况,提出建议专报省领导,得到省委书记郑栅洁批示肯定。

【化解中小银行金融风险】做好利用地方政府专项债券支持中小银行补充资本工作,加强高风险农商行拟定“一行一策”方案、清产核资和追责问责“两项报告”,研究制定省级总方案,报财政部等部委审定后,发行 30 亿元地方政府专项债,用于补充中小银行资本金。同时,向财政部争取新的专项债额度,进一步支持省内部分商业银行补充资本金,增强可持续经营能力,更好服务实体经济发展。

【牵头推进农业保险创新发展】省政府办公厅印发《安徽省农业保险创新发展若干政策》,构建“一主三辅两叠加”农业保险新发展格局,全面落实国家三大粮食作物完全成本保险和种植收入保险政策,开展“防贫保”试点,加快农业特色保险发展,研究拟定“农业保险+一揽子金融产品”行动计划建议。全省农业保险保费收入 45.2 亿元,较上年增长 36%,为 1206 万户(次)农户提供风险保障 1455.7 亿元,其中特色险占总保费比重 26%,较上年提高 5.5 个百分点。

【支持扩大“4321”政银担合作业务】加强与国担基金再担保业务合作,及时补充省级代偿资金,保证流动性充足,完善全省再担保体系建设,提升再担保功能,引导体系成员降低担保费、取消反担保。全省新增政银担业务 976.32 亿元,服务小微、“三农”等各类主体 4.2 万户;年末在保余额 979.09 亿元,在保户数 5.65 万户;平均担保费率降至 0.85%,符合国务院提出不高于 1%的要求。

【实施普惠金融政策】用足用好创业担保贷款政策,新发放贷款额 73 亿元,贷款余额 153.62 亿元,财政贴息 7.33 亿元,支持 6 万余人创业带就业。争取中央财政奖补 8000 万元,支持合肥蜀山区和滁州市开展城市金融服务综合改革试点。优化企业上市财政激励政策,全年为 140 家“新三板”挂牌、股改、辅导备案、成功上市等企业兑现奖补资金 1.25 亿元。对上年度支持稳增长成效突出的银行和金融管理部门兑现奖励资金 3950 万元,激励加大信贷投放。

提升惠民惠农财政补贴资金“一卡通”管理发放

【概况】2021 年,全省各级财政部门深入学习贯彻习近平新时代中国特色社会主义思想,全面落实党的各项惠民惠农补贴政策,精耕细作财政惠农补贴资金“一卡通”管理发放工作,完成年度工作目标。全省通过“一卡通”系统发放财政惠农补贴资金 368.7 亿元,覆盖 31 大类、104 个小项。其中通过社保卡发放补贴资金 211.31 亿元,占 57.31%。

【完善制度建设】经省政府同意,会同省农业农村厅、省民政厅等七部门下发《关于进一步加强惠民惠农财政补贴资金“一卡通”管理发放工作的意见》,要求各地不断完善政策制度、严格落实工作职责、建立健全长效机制。要求县级政府按照《安徽省惠农补贴资金“一卡通”打卡发放操作规程》,规范资金申报、审核、发放、公开公示等环节,县级代发金融机构在规定工作日内统一将补贴资金打入农户“一卡通”卡折。7 月,省财政厅印发《关于做好财政惠农补贴资金“一卡通”管理发放工作的通知》(皖财乡〔2021〕623 号),从选择代发金融机构、完善“一卡通”系统功能、推进“存折换卡”、实行补贴资金国库集中支付、加强督促检查等五个方面提出明确要求和阶段性目标,夯实管理基础。

【推进整改落实】2 月,按照省委、省纪委监委工作部署,牵头组织开展惠农财政补贴资金滞拨闲置等突出问题专项整治，聚焦“七个是否到位”，对2019—2020年度各级惠农“一卡通”补贴资金开展全面排查，分七个方面、四个阶段进行。为巩固拓展全省惠农财政补贴资金滞拨闲置等突出问题专项整治工作成效，选择部分市县开展专项整治工作“回头看”检查。督促有关市县对发现的问题，立行立改、举一反三，确保整改落实到位。根据工作安排，省财政厅会同财政部安徽监管局开展惠民惠农补贴资金核查。核查重点是纳入“一卡通”管理的2021年以来各类惠民惠农补贴资金，核查内容重点是2类问题。核查庐江县、界首市财政惠农补贴资金管理发放情况。

【规范信息公开】结合党史学习教育“我为群众办实事”，主动会商有关部门，对照《安徽省惠农补贴资金项目名称及代码和简称一览表》，经过多次梳理核对，形成比较全面的《安徽省省本级惠农补贴政策清单》，于4月8日在省财政厅门户网站集中统一公布52条政策清单。同时，指导各市、县（市、区）公布惠农补贴政策清单5924条，实行动态调整，提高政策透明度和群众知晓度。推进查询平台建设，2015—2021年，全省共有2001万人、2973万次登录访问查询系统，农民群众对补贴政策和补贴资金“看得明白、分得清楚”。

【强化绩效管理】根据年度工作安排，3月组织开展上年度乡镇财政资金监管和惠农补贴资金管理发放工作绩效评价。评价工作分为县市自评核评、省级综合评价，结合各地重点工作任务完成、党风廉政建设、巡视审计结果、系统数据支撑等情况，形成评价结果。评价分A类、B类、C类三个等次，评价结果作为省级乡镇财政资金监管经费分配的主要依据。为进一步加强新形势下基层财政建设，高质量服务地方经济发展和广大农民群众，10月，对绩效评价指标进行修改和完善，包括一级指标4项、二级指标20项，提升指标体系的科学化、精细化，优化绩效评价的流程设计和基础再造。

【优化服务质量】会同省人社厅公开招标4家基层网点多、服务质量好、优惠便利群众的代理银行。要求县（市、区）在省级确定的范围内、在现行工作机制下，原则上选择不超过2家代发金融机构，保持相对稳定。依据《安徽省省本级惠农补贴政策清单》，对补贴资金项目进行调整，调整后的财政惠农补贴资金项目共计31大类，104个小项。县级财政部门与代发金融机构签订县级代发金融机构统一打卡发放承诺书。推进社保卡应用工作。存折换卡的同时，必须配备银行对账簿。目前，安徽省“一卡通”系统社保卡数1063.4万张，从2019年社保卡试点以来，累计发放补贴资金321.9亿元，从时间和空间上解决存取款问题，极大方便广大农民群众。

【协同推进系统】财政系统内部连纵贯通。实现“一卡通”系统省、市、县、乡财政部门联网联通。资金审核、信息比对、数据传递、回盘文件等都通过系统操作。财政部门与主管部门系统打通。2018年，“一卡通”系统拓展延伸至县直有关部门和基层站所。系统有3113个单位用户，业务操作注册27005人。其中乡镇1458个单位用户，业务人员23918人；县级1655个单位用户，业务人员3087人，有流程有痕迹可追溯。省财政厅与四家省级代发金融机构系统联通。“一卡通”系统与代发金融机构系统无缝对接，资金发放、回盘文件、打卡不成功数据适时掌握，提升发放精准度。系统外延。合肥、安庆、亳州等市的部分县（区）“一卡通”系统与纪委监委、检察、审计等部门对接，助力小微权力的监督。探索开展补贴资金管理领域信用体系建设试点，省农业担保公司对接“一卡通”系统，农担体系快捷精准获取新型农业经营主体相关信息数据，为有信用、有需求的农业经营主体融资提供担保。“一卡通”系统经过单机版、网络版、拓展版和升级版的建设，构建以岗位为点、程序为线、制度为面的工作新机制。

开展高端会计人才培养

【概况】2021年，省财政厅坚持以习近平新时代中国特色社会主义思想为指导，贯彻习近平总书记关于人才工作的重要论述，落实新时代人才优先发展新要求，围绕安徽省经济社会发展目标，培养一批具有国际视野、战略思维、知识结构优化、专业造诣较深、正确运用市场逻辑的会计专业人才。

【制定安徽省高端会计人才培养工作实施意见】为贯彻落实省委、省政府人才强省战略，更好服务安徽省“三地一区”建设，推进十大新兴产业“双招双引”工作，以人才要素助力全省经济社会高质量发展，省财政厅会同省委组织部、省人社厅、省国资委印发《安徽省高端会计人才培养工作实施意见》，计划用5年的时间，选拔培养一批高端会计专业人才。培养任务包括50名全国高端会计人才、500名省级高端会计人才，和1000名市级高端会计（后备）人才。培养对象主要是青年人才，一般不超过45岁，要求具备相应的专业技术资格和较为突出的工作业绩。省级高端会计人才培养周期一般为3年或2年。培养措施主要依托国家会计学院、省内外著名财经类高校等，开展教育培训，打造交流平台，突出实践锻炼，强化跟踪管理。

【启动安徽省高端会计人才（第一期）选拔培养工作】印发《关于开展安徽省高端会计人才（第一期）选拔培养工作的通知》，明确选拔范围、基本条件和流程要求,面向全省经济发展重点领域各类企业财会人员,培训60名。选择培养机构。结合本期选拔的特点,编制采购需求和评分标准,委托安徽省政采项目管理咨询公司采购培训承办机构。组织报名。借助省国资委、市县财政部门力量,加大对选拔培养工作宣传,组织高素质会计人才积极参加。经过审核,361人参加笔试。

【实施全国大中型企事业单位总会计师素质提升工程】根据《财政部办公厅关于下达2021年大中型企事业单位总会计师素质提升工程培训任务的通知》(财办会〔2020〕16号)精神,组织全省五批共290名会计人才参加培训。行政事业类培训班,省直部门(单位)财务负责人及市、县(区)财政会计管理机构负责人等共108人参加培训。国有企业(其他企业)类培训班,省属大型企事业单位总会计师及其他大中型企业总会计师等共182人参加培训。

开展预决算公开监督检查

【概况】2021年,省财政厅根据财政部统一部署,组织开展2019、2020年度地方预决算公开情况专项检查。12月30日,财政部公开发布2019年和2020年两个年度地方预决算公开度排行榜,安徽省排名从2017年度第27名,2018年度第8名,提升到第5名和第6名。

【提前开展复核】为做好预决算公开专项检查准备工作,省财政厅财政监督局提前介入、关口前移,在财政部正式检查前,组织开展2次预决算公开复核工作,发现问题,并及时督促整改,其中,2019年度预决算公开复核发现问题1847个(省本级复核发现问题58个),2020年度预决算公开复核发现问题8738个(省本级复核发现问题23个)。

【加强组织领导】财政部专项检查通知下发后,省财政厅迅速行动,周密部署预决算公开专项检查工作。召开厅长办公会和工作调度会,研究安徽省工作方案,明确厅内各处室任务分工,压紧压实工作职责,协调推进预决算公开专项检查工作。

【严格自查抽查】安徽省预决算公开专项检查采取全面自查、市级交叉互查和省级抽查3种方式开展,省财政厅财政监督局牵头制定实施方案和任务分解表,细化工作要求,明确时间节点,压紧压实责任分工,加强对市县的督促指导。全省自查抽查发现的问题及时进行整改,自查抽查成效显著。

【接受重点抽查】按照财政部通知要求,由财政部陕西监管局对安徽省开展重点抽查。检查对象包括安徽省本级,合肥市本级及下辖的庐阳区、巢湖市,阜阳市本级及下辖的颍泉区、太和县。省财政厅领导亲自指挥,省财政厅财政监督局牵头协调,及时分解任务,做好联络沟通,征求意见38个问题,最终仅上报14个问题。

【提前谋划工作】随着预决算公开范围逐步扩大到所有下属单位,复核和检查的对象大幅增多,争先进位的难度将进一步加大。为此省财政厅财政监督局起草了《安徽省财政厅关于进一步加强预决算公开复核和检查工作的意见》,进一步明确要求、强化举措、压实责任,印发各市县区财政部门执行。

实施33项民生工程

【概况】2021年,省财政厅贯彻落实省委省政府决策部署,推进民生工程,各级财政投入1288亿元,33项民生工程目标任务全面完成,民意调查群众满意度89.7分,比上年提高1分。省委书记郑珊洁在报送的《关于全省民生工程实施情况的报告》上批示"成绩可嘉"。

【回应关切谋划项目】将民生工程纳入党史学习教育"我为群众办实事"重点项目,在广泛听取意见的基础上,新增妇女"两癌"免费筛查、体育场馆免费低收费开放等内容,在梳理短板弱项的基础上,增加城市社区和村卫生室标准化建设、农田建设工程等项目。梳理网络公开征集、建议提案、党代会建言献策,对标近三年沪苏浙民生实事,聚焦群众牵肠挂肚的项目,盯住群众天天有感的实事,谋划次年民生工程。

【双向调度有序实施】抓住资金、项目两个关键环节,会商部门、市县民生办,准确把握月度、季度、半年、全年四个重要节点调度。沟通协调业务处,采取预拨、快拨、直达等方式,开辟资金绿色通道,确保资金拨付始终快于序时。调度省直部门履行主管职责、市县履行主体职责,将工程类10个项目20个指标纳入重点监测范围,对于进展偏慢项目加强点对点通报督导,推动33项民生工程有序实施。

【问题导向整改提升】聚焦国务院大督查反映乡村建设资金浪费问题,开展民生领域专项排查整治,推动举一反三、立行立改。聚焦社会关注的"一老一小"、农村水路厕建设,服务保障省人大、省政协赴4个市6个县区视察民生项目,听取基层意见建议,发挥依法民主监督作用。聚焦绩效目标,组织实施城镇老旧小区改造和义务教育学生营养改善2项民生工程的财政绩效评价工作,客观反映实施情况,推动项目整改完善。

【多元参与提质增效】坚持市场逻辑、资本力量和平台思维,探索创新民生工程建设模式,提升民生工程惠民利民功效。鼓励基层点上摸索、部门面上总结，梳理金寨县加装共享电梯、广德市社会参与养老体系建设等经验做法，入选省政府高质量发展典型案例。从精准实施、精细管理、建后管养、市场运作、群众参与角度着手，编辑印发《安徽民生工程典型案例选编》37篇，促进各级各部门吸收借鉴、共同提高。

【宣传引导营造氛围】接受中央党史教育巡回指导组访谈。服务保障财政民生为主题的政风行风热线直播，以及省直机关专题报告会“坚持党建引领践行为民理财着力在高质量发展中保障和改善民生”主题报告，吸引上万观众在线收看学习。在省政府新闻发布会举行民生工程新闻发布。与人民网合作开展《民生工程“加速跑”》《安徽民生故事》等系列报道，在民生网站发布信息5135条，访问量达72.2万次。

【完成工作任务】完工公办幼儿园299所，建成智慧学校264所。健全各类公办学校生均公用经费和生均拨款制度，拨付公用经费58.8亿元，新增幼儿托位3.2万个，完工公办幼儿园299所，建成智慧学校264所，完成校舍维修改造359万平方米，家庭经济困难学生实现“应助尽助”。开展补贴性培训107万人次，稳定民生之本。筹措稳就业资金30.8亿元，支持实施企业新录用人员、退役士兵、就业援助对象等重点群体培训，累计开展补贴性培训107万人次，推进毕业生就业见习，开发5.46万个公益性岗位。发放养老金137.3亿元，提升养老服务保障水平。城乡居民基本养老保险缴费人数达到2039万，累计发放养老金137.3亿元。为182.6万人发放高龄津贴7.1亿元。建成养老机构2614家、养老床位40.5万张、社会力量运营床位25.3万张。完成棚户区改造13.6万套，支持住房条件改善。全省新开工棚户区改造15.6万套，开工率104.6%，基本建成13.6万套，完成率107.9%。完成农村危房改造7062户、老旧小区改造1332个。支付各类救助资金162.5亿元，兜住兜牢困难保障底线。下达省以上困难群众救助补助资金77.8亿元。向低保对象、困难职工等支付各类救助资金162.5亿元，城乡低保标准达到675元/月，特困供养人员救助标准895元/月。完善农村路水厕公用设施，为美好安徽建设奠定基础。美丽乡村省级中心村完成637个，农村公路提质改造工程完工4489.5公里，农村公路养护提升工程完工9789.9公里，农村饮水工程维修养护完工6263处，高标准农田建设完成396.86万亩。

加强全省财政人才建设

【概况】2021年，省财政厅党组认真学习贯彻习近平总书记在中央人才工作会议上的重要讲话精神，坚决落实刘昆部长讲话和《财政部关于加强财政系统人才队伍建设的意见》要求，结合贯彻落实省委人才工作会议和决议精神，立足财政职能履行和财政人才队伍实际，践行新时代党的组织路线，创新方法路径，科学统筹实施，全省财政人才工作迈上新台阶。截至年底，安徽财政系统在职职工17172人，学历层次逐步提升，研究生学历同比增长15%，大学本科学历10821人、占总数的63.01%，同比增长11%；年龄结构逐步优化，35岁以下5190人、同比增加11%；专业人才逐步丰富，建立宏观研究、预算管理、金融、会计、法律、大数据应用等9个领域人才库，317人进入省级人才库，28人入选财政部第一批人才库，建立绩效评价、PPP项目评审、财政信息化、财税审计、工程建设专家人才池5个，涉及各领域专业人员1060名。建立以财经教师、业务骨干、专家学者为主的财政干部教育培训师资库，在库181人。

【主要工作成效】加强组织领导。严格落实党管人才要求，根据厅领导班子变动情况，及时调整全省财政人才(干训)工作领导小组，厅主要负责同志任组长，适时召开领导小组会议，谋划、部署、推进财政人才队伍建设工作；厅领导通过集体谈话、日常指导、定点联系等方式，加强对分管处室单位人才培养指导；人教处和机关党委定期走访处室单位，将人才队伍建设工作作为年度综合考核重点内容；充实人才工作组织力量，实行人教处和干教中心归口管理，承担具体任务，并由同一名副厅长分管，选优配强人教处、干教中心领导班子，定向选调1人、招录公务员1人，公开招聘2人，内部挂职1人，强化协同分工，凝聚工作合力。

健全制度机制。坚持人才引领发展的战略地位，扛起政治责任，把财政人才工作作为推动财政改革发展的基础性、战略性“栽树工程”。厘清工作重点，制定实施安徽省财政干部教育培训计划，将学习贯彻习近平总书记关于人才工作新理念新战略新举措纳入培训内容；梳理总结“十三五”期间财政干部人才队伍建设工作，把干部人才教育培训工作纳入安徽财政“十四五”规划。完善相关制度，制定《安徽省财政干部教育培训管理办法(试行)》，规范教育培训管理；修定《安徽省基层财政干部培训以奖代补资金管理办法》，为全省人才(干训)工作提供保障。加强平台建设，建立3个干部人才教育培训平台，发挥专业院校平台优势，与中科大金融研究院、合肥工业大学、安徽大学、安徽财经大学等院校签订培训合作框架协议，并逐步向省内外有关高校拓展，打造财院结合新标杆；运用财政部高层次高质量培训资源“财政大讲堂”的同时，开办“安徽财政大讲堂”,用好安徽干部教育在线培训资源,邀请专家学者讲课和财政干部轮值授课,线上线下同时发力;在办公网开设“培训园地”,实时向全省系统财政干部推送精选书籍、课件、调研报告、学习体会等,在办公楼开设书香浓厚的“读书吧”,组织开展“学说吧”,助推财政干部更新思维观念、创新思想方法和工作方法。

严实工作举措。发挥培育人才的主观能动性、增强服务意识和保障能力,同向发力、一体推进财政财务财会人才培养。做实财政干部专业化能力培训,围绕落实省委、省政府重大战略决策部署,以机关带系统,开展资本市场、“双招双引”、工业互联网系列知识专题培训11期,邀请有关部门、党校、高校领导专家和知名企业家到厅授课,推动财政干部运用资本市场理念赋能财政高质量发展,得到省政府主要负责同志两次批示肯定,并推荐省直单位学习借鉴。围绕财政政策理论和专业知识学习,用好财政部印发的《财政干部应知应会读本》,举办厅机关近3年来43名新入职人员能力提升培训班,指导全省财政系统开展万家企业资本市场培训293场次。做好部门财务新知识学习,结合预算管理一体化系统成功上线,集中对近1500名省直预算部门财务人员开展预算执行、会计核算等业务培训;结合长三角一体化发展“徽采云”平台上线,对全省各级财政部门、集采机构、公共资源交易综合管理部门近1500人开展政府采购业务培训,各级预算单位、各政府采购代理机构从业人员共17万人次在线观看培训直播,参与互动评论超过3000条。做优高端会计人才培养,会同省直有关部门制定全省高端会计人才培养工作实施意见,在全省党政机关、企事业单位、会计事务所中培养省级以上高端会计人才,启动第三期选拔培养工作,选拔培养60名企业高端会计人才、50名注册会计师高端人才和50名行政事业类高端人才。

【主要经验做法】坚持德才兼备,全方位培养财政人才。注重思想淬炼。开展党史学习教育和新一轮深化“三个以案”警示教育,系统梳理习近平新时代中国特色社会主义经济思想和关于财政工作的重要论述,并同习近平新时代中国特色社会主义思想贯通起来,作为党组会学习第一议题,发挥党组理论学习中心组示范引领作用,深入学习吴波和沈浩先进事迹,举办“百年历程、初心为民”安徽财政史料图片展,开展“月悦读·书馨财政”读书活动,印发打造学习型机关工作方案,建立学习、辅导、培训等8项机制。注重政治历练。始终把政治建设放在首位,落实政治监督谈话、党组政治巡察和任前廉政谈话等制度,建立财政领导干部政治表现负面清单。党组、驻厅纪检监察组与职务职级晋升人员开展集体谈话,提出党风廉政建设要求,选派30余人参加省委综合考核、巡视巡察、作风督查等重点工作,在完成中心任务中提升政治自觉。注重实践锻炼。出台对标学习沪苏浙15项举措,在强化重大战略任务财力保障、践行为民理财本色、运用市场机制中锻炼人才;建立“基层观测点”,安排年轻干部包点联系财政支持义务教育、乡村振兴、社会保障等工作,完成乡村振兴第八批干部选派工作,3名优秀年轻干部到村任第一书记,安排12名定向选调生到村任职,开展国情调研。注重专业训练。与省委组织部联合举办市县政府领导干部财政改革与财政政策培训班,省委、省政府主要领导亲自过问,分管省领导到会授课。配合举办财政业务培训班9个,培训学员2300余人。修订基层财政干部培训以奖代补资金管理办法,指导市县财政部门培训乡镇财政干部3995人、农村财会人员9345人。

坚持畅通渠道,全方位引进财政人才。目标导向和问题导向相结合。本着缺什么就补什么,厅机关及厅属单位共引进各类人才27人,针对夯实人才专业基础的问题,聚焦财政学、财务管理、审计学、会计学、工商管理等相关专业,面向社会公开考录公务员12名,事业单位工作人员7名;针对新招录公务员基层经验不足和个别专业人才紧缺问题,从基层遴选公务员2名,接收定向选调生3人,接收安置退役军人3人。引进来和送出去同推进。自觉从全局高度树立大人才观,推动财政人才交流培养,加强与省直部门、省属企业和市县干部交流,推荐5名干部到市县(区)政府领导班子以及企业任职。制定《省属金融企业国有股权董事选派管理办法(试行)》,首次向两家省属金融企业选派国有股权董事,拓宽人才培养使用渠道。专业化和多元化相统筹。从财政业务管理一致性角度,推动系统上下联动优势互补,选派年轻干部到财政部跟班学习,接收市县财政部门和企业人员到厅跟班锻炼;从人才成长需求多元化角度,选派32名优秀青年干部到省纪委监委、省政府办公厅、省委组织部等上级机关参与专项工作,3名青年干部到战略新兴产业企业实践锻炼。

坚持搭建平台,全方位用好财政人才。支持青年人才挑大梁。围绕安徽省“三地一区”建设、主动融入长三角一体化发展的战略部署,组建财政经济分析工作专班,选定“长三角地区财政支出政策的比较分析”等20多个专题开展分析,上报省领导近10篇,获省委、省政府负责同志批示10余次;面向经济建设主战场,从财政人才库中抽调青年业务骨干,组建国有金融资本管理改革工作专班,吸收金融企业青年人才参与安徽省国有金融资本投资管理有限责任公司筹建工作;围绕防范化解地方政府债务风险,组建政府债务管理工作专班;围绕一体化系统建设,组建预算管理一体化工作专班,系统建设推广平稳有序,排名位列全国前十;围绕安徽省"四送一服"双千工程,组建改善营商环境工作专班,走访调研企业(项目)6724 家,解决企业问题 752 个。引导社会各界人才支持财政攻坚克难。坚持"不求所有,但求所用"的用人理念,财政出题、社会人才答题,引入知名院校财经专家、会计师事务所、资产评估机构专业技术人才、管理咨询公司资深从业人员、计算机信息工程师等各类社会人才,特别是财政人才库专家,参与财政重点工作,在完成任务的同时,与财政系统干部人才实现理念共融、资源共享、技术互通、能力互促。全省共有 390 家第三方机构通过财政部预算绩效评价信用管理平台审核。聘请超过 740 人次专家人才参与政府债务项目评审、预算绩效评审、财政专项监督、会计师事务所监督和会计信息质量监督。关心关爱技术人才和党外知识分子成长。注重技术业务复合型人才培养,4 名中高级职称干部走上领导岗位。健全联系代表委员机制,并依托办理人大建议和政协提案、召开代表委员座谈会等,加大与党外人士沟通交流;开展"双树双建"主题活动,建立厅领导联系党外知识分子制度,鼓励党外知识分子参与财政改革发展,积极建言献策,强化同心服务。

坚持精准识人,全方位评价财政人才。加强政治素质考察。坚持把政治标准作为第一标准,实施政治素质民主测评,创新开展新提任处级领导干部阶段性检视,定期组织新提任处级干部对晋升以来的思想、工作、作风和纪律建设等情况进行全面检视,加强年轻干部经常性政治体检。完善人才评价机制。以实干看担当,凭实绩论英雄,坚持在参与重点改革任务中比素质,在为民办实事中比作风,在履行岗位职责中比本领,做到多维度、多渠道评价人才,让激励贯穿全年。健全知事识人体系。推进年度考核与季度考核相结合、综合考核与分类考核相衔接,辅以了解核实等近距离、民主化考核手段,坚持定性与定量并重、领导评鉴与民主评议结合,设计开发平时考核系统,以信息化手段赋能考核工作,强化结果运用,让考核结果更真实,让干部心气更顺、动力更足。

推进财政全面从严治党和党风廉政建设

【概况】2021 年,在省委坚强领导下,在省纪委监委监督指导下,省财政厅党组坚持以习近平新时代中国特色社会主义思想为指导,深入学习贯彻党的十九大和十九届历次全会精神,以及十九届中央纪委五次全会和省纪委十届六次全会精神,衷心拥护"两个确立",忠诚践行"两个维护",弘扬伟大建党精神,认真履行全面从严治党和党风廉政建设主体责任,推动财政党风廉政建设和反腐败工作不断向纵深发展。

【坚持政治引领】把学习贯彻习近平新时代中国特色社会主义思想作为首要政治任务,开展政治机关意识教育,不断增强拥护核心、跟随核心、捍卫核心的自觉。认真学习贯彻《中共中央关于加强党的政治建设的意见》及省委关于加强新一届省委班子政治建设的决定,严格落实省财政厅党组加强党的政治建设重点工作举措任务分工方案,不断提高政治判断力、政治领悟力、政治执行力。严格落实《中国共产党重大事项请示报告条例》,建立健全清单化、闭环式工作机制,及时向省委报告重点工作进展情况。修订省财政厅党组《贯彻〈中国共产党党委(党组)理论学习中心组学习规则〉实施意见》,制定省财政厅党组理论学习中心组年度学习计划,召开党组理论学习中心组学习会 13 次、专题研讨学习会 11 次。召开党组扩大会 35 次,跟进学习习近平总书记重要讲话指示批示精神,组织学习习近平总书记重要讲话、重要文章 64 篇。省财政厅党组书记赴国资委宣讲党的十九届六中全会精神、赴宣城市宣讲省第十一次党代会精神,受邀参加省直机关"以高质量党建引领高质量发展"专题报告会,作"坚持党建引领,践行为民理财,着力在高质量发展中保障和改善民生"主题报告。《牢固树立政治机关意识,推动财政党建业务深度融合》文章在《安徽日报》刊登。认真贯彻中央及省委关于意识形态工作决策部署,召开 3 次意识形态工作领导小组会议,制发省财政厅党组意识形态管理重点工作任务分解、省财政厅关于新时代加强和改进思想政治工作的意见分工方案。落实全省意识形态工作财政保障职责,支持意识形态管理工作稳步推进。开展意识形态工作责任制检查考核自查自评,举办网络意识形态安全专题讲座,加强意识形态阵地管理,加大舆情监测和分析研判力度,确保财政意识形态安全。

【落实"两个责任"】省财政厅主要负责同志认真履行党风廉政建设第一责任人职责,组织召开全省财政党风廉政建设工作会议、12 次厅反腐倡廉建设领导小组会议,做到重要工作亲自部署、重大问题亲自过问、重点环节亲自协调。省财政厅党组书记与 12 名新任党支部书记谈话,开展处室单位主要负责人抓全面从严治党和党风廉政建设述职述责述廉评议。省财政厅领导严格落实"一岗双责",认真执行厅党组书记和班子成员党支部工作联系点制度,深入党支部工作联系点 9 人次,参加所在支部活动 56 次,指导解决支部党建和财政业务突出问题。

印发2021年省财政厅党建工作要点、全面从严治党和党风廉政建设主要任务及责任分解清单、机关纪检工作任务分工方案,全员签订党风廉政建设责任书,逐级压实党风廉政责任。深入开展省委巡视发现问题“大起底、改到位、建机制”专项行动,推动13项中央巡视整改牵头和配合任务完成10项、持续推进3项。召开年度厅领导班子民主生活会和中央巡视整改专题民主生活会,并有针对性地制定班子及个人整改措施,均整改落实。贯通协同管党治党主体责任和监督责任,建立省财政厅党组与驻厅纪检监察组联系协作机制,召开2次专题会商会,推进做好中央巡视组巡视反馈意见整改、新一轮深化“三个以案”警示教育等重点工作。落实驻厅纪检监察组纪检监察建议,制发任务清单,跟进落实有关问题整改。落实财政重点工作事项定期报送机制和财政监督检查问题线索移送机制,驻厅纪检监察组全程参与重大资金分配等“三重一大”事项,督促各处室单位改进优化财政工作作风。查纠违规经商办企业、梳理排查“两违规”线索、开展厅属单位财务检查和内控检查,把正风肃纪与深化改革、完善制度、促进治理贯通起来。

【加强教育管理】召开16次厅党组扩大会及15次厅党史学习教育领导小组会议,制发党史学习教育实施方案、加强“六学”健全“三项机制”等相关文件,组织研读习近平《论中国共产党历史》等四本指定学习材料,开展庆祝建党100周年系列活动,举办专题读书班、宣讲辅导报告会和“百年历程·初心为民”财政史料图片展,组织4个专题学习研讨、党史教育日和党史知识测试,做到学史明理、学史增信、学史崇德、学史力行。聚焦“四看四促”,印发厅党组新一轮深化“三个以案”警示教育实施方案,细化任务分解,做好全厅政治理论学习、反面教材教育、专项整治和系统督导调研等工作。开展年度“警示教育周”活动,组织党员干部赴寿县小甸集开展党史教育和廉政教育,到省党风廉政教育馆接受警示教育,集中观看《第一大案》等警示教育片,用鲜活事例教育全厅党员干部。及时传达通报中央纪委国家监委和省纪委监委有关违反中央八项规定精神案例及省人防、地勘系统腐败等案件,开展“学习身边榜样”活动,推动家庭家教家风建设,引导党员干部严以律己、廉洁治家。深化“三查三问”,建立整改问题、任务、责任“三个清单”,将问题消除在萌芽状态。落实宪法宣誓制度,坚持开展廉政谈话,省财政厅主要负责人、驻厅纪检监察组组长、分管厅领导对提拔任用、挂职锻炼、新进和交流轮岗人员进行任前廉政集体谈话246人次,支部书记对支部党员常态化开展廉政谈话,时刻提醒财政党员干部绷紧廉洁自律这根弦。制定印发《省财政厅领导干部政治表现负面清单》,对照清单提醒监督党员干部日常行为,严格履行年度考核评优、干部出国(境)审核、干部操办婚丧喜庆报备等日常监督,出具干部选拔任用、奖励表彰等党员干部党风廉政情况意见634人次。制定省财政厅《公务员平时考核工作方案》,注重日常表现,量化考核指标,做好平时考核。

【强化“三不”体系建设】开展省财政厅主要负责同志、分管厅领导、相关综合处室三级调度督导,分组按月督导各党支部贯彻党的理论路线方针政策情况,监督检查服务长三角一体化发展等重大战略任务推进情况,加快推动建立现代财税体制、深化财政预算管理制度改革等财政重点工作情况,确保党中央、国务院及省委、省政府重大决策部署在财政部门有效落实。制定《安徽省财政厅处室单位党支部运用监督执纪第一种形态实施办法(试行)》,各支部累计运用第一种形态18人次。认真落实厅直机关纪委监督财政重点业务工作机制,安排32人次监督专项债项目、高级会计师评审等财政重点工作。严格执纪,深化运用“四种形态”,办理问题线索1件,配合开展诫勉谈话1人次,给予纪律处分2人次、降低退休待遇1人,及时向驻厅纪检监察组、省直工委报备。协助做好查办案件“后半篇文章”,对2019年至2020年度办结案件纪律处分执行及运用监督执纪“四种形态”情况全面自查、及时整改完善。把政治巡察作为监督的重要抓手,及时调整厅党组巡察工作领导小组成员,研究制定年度巡察工作计划和下半年巡察“回头看”工作实施方案。制定厅党组巡察工作流程,完善厅党组巡察组人才库和后备人才库建设,做到组长“一次一授权”、成员“一巡一组合”,持续提升巡察工作质量。学习贯彻落实省直单位巡察工作推进会精神,开展巡察及“回头看”工作2次。落实未巡先改工作机制,通报巡察发现问题,推动各支部引以为戒、举一反三、未巡先改。

【深化推进作风建设】严格执行中央八项规定精神及省委实施细则,认真落实厅党组实施办法、厅党组力戒形式主义官僚主义具体举措和正负面清单,完善为基层减负常态化机制,依规持续精简文件会议,督查考核继续保持清零。严格出国(境)管理,全面加强对在职、离退休干部职工因私出国(境)和证照管理,全年没有安排公务和考察性出访以及国际培训。开展季度效能建设明察暗访、节假日公车使用情况暗访和作风督查,加大制止餐饮浪费监督检查力度,荣获2020年度机关效能建设创建示范单位。坚持查民情、访民意,通过基层调研、主动会商、结对共建、财政窗口服务等方式,深入部门推进预算管理,开展“进万户、访千企”走访调研,掌握群众急难愁盼,化解问题,提升财政干部能力。常态化开展“我为群众办实事”,制定39项财政重点民生项目,其中5项列入省级重点民生项目,《安徽党史学习教育简报》《七月风》专门刊发经验做法。办理人大代表建议351件,政协委员提案180件,答复率和满意率均为100%。落实定点帮扶颍东区牵头单位责任,省财政厅农业农村处、机关党委分别荣获全国、全省脱贫攻坚先进集体。财政窗口实行7×24小时不打烊“随时办”服务,提升便民服务时效。继续推动厅直机关与阜阳市吴寨居、合肥市杏花社居委结对共建,开展在职党员进社区为民志愿服务活动356人次。建立6个基层观测点,选派3名青年干部驻村帮扶,安排12名选调生到基层锻炼。开展“五四”青年节系列活动,评选10名“财政青年示范岗”。强化青年党团员政治理论学习,组织财政年轻干部走基层、接地气,《强弱项补短板 着力推动社会保障体系建设 财政支持社会保障事业发展》调研实践活动报告在省直机关获二等奖。组织青年和妇女干部积极参加“月悦读 · 书馨财政”读书活动,拍摄微视频,云端分享读书学习心得,线上展示财政干部奋勇争先形象。组织开展“双树双建”主题教育活动,召开厅党外知识分子座谈会,推荐党外干部进入合肥市(区)人大代表、政协委员,做好党外人士团结引导工作。

处室单位工作概述

办公室工作概述

【概况】2021年,在省财政厅党组坚强领导下,在驻厅纪检监察组和厅机关党委监督指导下,在各处室单位支持帮助下,办公室坚持以党务为引领,聚焦秘务、政务、宣务、财务、勤务等模块,围绕中心大局抓统筹、围绕上传下达抓落实、围绕高效运转抓服务、围绕参谋建言抓能力,交美文、快督办、活宣传、建史馆、办培训、优会风,较好地完成厅党组交办的各项任务,连续9年获评厅"先进党支部",连续8年获评厅综合考核先进单位。

【强化学习教育】把准正确政治方向。及时传达学习习近平总书记最新重要讲话及关于财政工作的重要指示批示精神,深入学习贯彻习近平总书记关于办公厅(室)工作的重要论述,开展集中学习30余次、专题研讨10余次,引导党员干部提升讲政治的理论逻辑、思维架构和落实能力。深化党史学习教育。牵头开展厅党史学习教育工作,起草印发实施方案、工作安排等文件7篇,开展4次督导检查,举办"百年历程 初心为民"财政史料图片展,梳理报送厅特色做法8篇,推出党史学习教育100秒视频专栏,开展"我为群众办实事"实践活动,财政部门户网站、《中国财经报》、《安徽党史学习教育简报》等省级以上媒体宣传报道厅经验做法40余篇(次)。同时,开展支部党史学习教育,落实工作计划、活动方案等,各项工作走深走实。注重提升专业化能力。牵头制发打造学习型机关工作方案,建立学习、辅导、培训等8项机制,服务打造高素质专业化财政干部队伍。牵头举办资本市场、"双招双引"、工业互联网专题培训11期,培训班做法得到省政府主要负责同志批示肯定,并推荐省直单位学习借鉴。牵头建立对标学习沪苏浙常态化机制,建立双月报送制度,纳入厅内督办事项保障落实。

【强化组织建设】加强队伍建设。严格落实支部主体责任和班子成员"一岗双责",优化岗位设置和职责定位,及时增补调整支委成员,动态完善党建AB岗制,细化党建任务分工,将党建工作责任压实到每位党员。严肃组织生活。落实"三会一课"、组织生活会、主题党日、谈心谈话等制度,支委分别以党史、新中国史、改革开放史、社会主义发展史为主题讲党课,依规召开2020年度、党史学习教育专题组织生活会,支部开展谈心谈话60余次,赴李克农故居、安徽档案馆、安徽广播电视台等开展形式多样的主题党日活动。夯实党建基础。巩固基层党组织标准化建设成果,开展模范机关创建和"双争一创"活动,制定并落实支部党建工作"三个清单",开展党员组织关系集中排查,2名预备党员按时转正,开展支部基础工作自查自纠,支部被推荐申报省直机关基层党建工作"领航"计划示范库。

【强化担当作为】发挥决策参谋作用。做好文稿服务和政策调研工作,起草报省委、省政府和财政部总结、报告及领导讲话稿等综合性材料200余篇,做好厅党组会及厅长办公会的组织协调工作。选定"长三角财政支出政策比较"专题开展分析,提出并落实3条建议8项举措,同时,做好全厅分析报告协调报送工作,将6篇分析报告报省领导。加强政务协调。坚持依法履职尽责、开门理财,牵头办理人大建议351件、政协提案180件,办结率和满意率均为100%,获年度好提案办理单位称号。主动公开财政政务信息9286条、回复厅长信箱(网友留言)4001条、回应公众关注热点18次,获年度全省政务公开工作先进单位。加强同省"两办"、省委党史学教办、省委巡视办及财政部办公厅等的联系协调,积极汇报工作、争取理解支持。加强与市县财政部门联系,举办全省财政系统政务管理培训班,布置工作、梳理意见建议,营造良好财政政务环境。创新信息宣传。信息宣传工作突出质量齐升、生动鲜活、形式创新,实现厅门户网站和微信公众号改版升级,全年发布政务微信微博信息1100余条,在主流新闻媒体组织宣传报道近180篇(次),编发报送各类信息376条,省委、省政府及财政部采用115条,采用情况在省直部门和全国财政系统均位居前列,将《安徽信息》改为《信息专报》,提高信息质量和时效,获年度政府网站暨政务微博微信工作先进单位和年度政务信息工作先进单位。做好基础工作。牵头推动系统重塑办公办文办事工作流程和机制，优化办公自动化系统，全面推行无纸化办公。在OA系统启用“今日要情”，及时收集省领导、厅领导批示要求，第一时间跟进落实。及时做好上传下达、突发事件处理等工作，做好保密管理、档案利用、文件印发、值班管理、用车保障等工作，获年度省直单位保密工作成绩突出单位。

【强化作风效能】优化工作作风。严格落实精文减会要求，召开精简文件改进文风等工作学习推进会，全厅规范性、议事协调机构成员类、通报类文件同比下降20.6%，需市县财政部门参加的会议同比下降33.3%。落实过紧日子要求，用好资产公物仓，调剂盘活闲置资产，厉行勤俭节约。落实“财政机关接地气、年轻干部走基层”活动要求，安排干部到基层锻炼，参与社区志愿服务活动。推进效能建设。落实关于新时代加强财政效能建设的实施意见，牵头制定厅机关效能建设工作要点，开展明查暗访和效能建设走访巡察18次，厅获机关效能建设创建示范单位。做好信访工作。健全完善来信来访五项工作制度，牵头做好厅领导接访、开展下基层大走访等重点任务的贯彻落实工作，全年共受理省委书记留言8件、12345省长热线11件、群众来信15件、省信访局转办11件，办结率、群众参与满意度均为100%，获年度全省信访工作优秀单位。完善工作落实机制。健全清单化、闭环式工作落实机制，办理完成习近平总书记重要指示批示8项，省委常委会、深改委等工作要点财政牵头工作任务5项较好完成，办理省委各类督查事项123件、省政府各类督查事项207件，厅督查督办工作在全省政府系统督查工作培训会上作书面交流。

【强化纪律约束】严格廉洁教育。开展新一轮深化“三个以案”警示教育，开展“警示教育周”活动，组织观看廉政警示教育片，组织支部党员签订并落实党风廉政建设责任书，加强廉政风险防控，筑牢廉洁从政底线。严格监督管理。做好中央巡视反馈问题整改服务工作，推动涉及财政13项整改任务完成11项、持续推进2项。加强日常走访和监督管理，发挥支部纪检委员专职监督作用，鼓励支部党员发挥党内监督作用，用好监督执纪第一种形态，上年度述职评议、厅党组政治巡察、组织生活会查摆的25个问题全部完成整改。严格财务管理。修订《安徽省财政厅自行采购暂行办法》，研究制定本部门财务风险防控办法，更好保障财务运行安全。梳理汇总财务报销中常见的易发多发共性问题，形成《财务报销常见问题20例》《常见报销附件资料一览表》，印发各处室单位执行，提升财务报销效率。探索建立覆盖厅机关及厅属单位的财务信息化管理服务平台，对接“安徽省预算管理一体化系统”，打通报销与支付环节之间的“信息孤岛”。

综合处工作概述

【概况】2021年，在省财政厅党组正确领导下，综合处按照“学党史、悟思想、办实事、开新局”要求，认真履职尽责，细化工作措施，完成各项工作任务。

【编制财政“十四五”规划】立足财政实际，全面系统总结回顾“十三五”财政改革发展成就和经验，分析研判“十四五”财政改革发展面临的形势，明确“十四五”财政改革发展目标任务，谋深谋实“十四五”财政改革发展思路和举措。做好统筹结合，聚焦十九届五中全会精神，聚焦省委省政府重大决策部署，聚焦财政中心工作，找准规划编制的关键点和切入点，加强与财政部、省直有关部门的沟通联系，做好财政“十四五”规划与省国民经济和社会发展规划、财政部“十四五”规划的政策协调和工作衔接。坚持开门问策，通过会商、走访、调研等多种形式、多种渠道，广泛听取市县财政部门、人大代表、政协委员和专家学者等意见建议，集思广益、群策群力做好规划编制工作，提高财政“十四五”规划的科学性、针对性。注重编制质量，本着“实事求是、科学合理、量力而行”的原则，规划内容既突出前瞻性和引领性，又保证务实管用，可落地、可操作、可评估。

【协调完成财政重点改革任务】及时传达学习中央深改委会议和习近平总书记关于改革工作重要讲话指示精神，学习贯彻省委深改委会议和省委主要负责同志讲话要求。细化分解省委深改委2021年度改革工作要点任务，印发2021年度全面深化财政改革工作要点和工作通知，提出全面深化财政改革工作具体要求。加强与省委改革办、省专项改革小组对接联系，规范省委全面深化改革工作信息平台管理，按时上报重点改革任务推进情况，提交深改委会议材料，研提有关改革工作意见建议。履行厅改革领导小组办公室职责，协调服务牵头改革任务处室，健全完善改革任务总台账，推进改革任务落地落实。完成“深化预算管理制度改革”和“实施改革政策预算绩效评估”改革任务，持续推进省以下重点领域财政事权和支出责任划分改革。及时整理编报改革动态信息，探索建立重大政策和项目全生命周期跟踪问效机制情况在《安徽改革情况》刊发。

【执行工资津贴补贴管理和事业单位改革政策】开展全省清理规范公务员工资津贴补贴工作。履行牵头责任，指导省直各部门、市县做好报表填报工作,严把统计数据审核关,全面摸清全省公务员工资津贴补贴情况。严格执行中央规定的工资收入控制水平,全面清理规范津贴补贴项目,合理调控全省各地工资收入水平,推进全省各级公务员工资收入纳入制度。加强年度省直机关事业单位一次性工作奖励审核。配合省委组织部、省人社厅开展年度省直机关事业单位一次性工作奖励审核、兑付工作。配合省人社厅做好县以下事业单位岗位职员等级晋升制度改革有关工作,向各市县财政局转发《人力资源社会保障部 财政部关于县以下事业单位管理岗位职员登记晋升制度有关工资问题的通知》。落实事业单位绩效工资等方面政策,配合省委组织部、省人社厅落实公检法司、医疗卫生、高校科研院所等单位岗位津贴补贴、绩效工资制度。

【贯彻落实降费政策】严格执行国家各项降费政策。按照中央有关文件精神和政策规定,及时取消、停征、免征、降低标准征收有关收费基金。自1月1日起取消港口建设费;自4月1日起,将航空公司应缴纳民航发展基金的征收标准,在降低50%的基础上,再降低20%。延长电影行业"文化事业建设费"免征期限至12月31日。及时更新收费基金目录,保持与财政部同步常态化公开,方便社会公众查阅,主动接受公众监督。主动作为,报请省政府同意继续停征小型水库移民扶助基金。配合开展涉企违规收费检查。开展违规涉企行政事业性收费专项检查,组织16个市开展违规涉企行政事业性收费专项检查,共检查执收单位161家,调研企业104户,掌握了详实的第一手资料。从检查情况看,2020年,各市合计行政事业性收费35.52亿元,从各市抽查情况看,行政事业性收费占企业营业收入总体不超过0.2%,企业行政事业性收费总体负担较轻。

【加强彩票市场监管】指导督促彩票中心自查整改。结合财政部安徽监管局检查意见,组织省福彩中心、省体彩中心开展彩票市场运行情况自查,并督促进行整改;开展2021年全省福利彩票运行情况专项调研检查。会同省福彩中心联合组成调研检查组,前往黄山、宣城等市,检查落实中央122联系机制及彩票发行销售有关规定情况,了解彩票销售机构和网点合规经营情况,实地查看国有资产管理现状,指导督促彩票销售机构强化彩票销售管理,优化盘活固定资产,维护彩票市场良性运行。

【加强财政资金管理】加强城镇住房保障资金管理。会同省住建厅组织开展2020年度城镇保障性安居工程财政资金绩效评价,争取中央专项资金支持,绩效评价结果列为"优秀"等次;清算下达2021年中央财政城镇保障性安居工程补助资金,督促合肥市加强中央财政住房租赁市场发展试点补助资金使用绩效管理,加快推进试点工作,确保顺利完成试点目标任务。提前下达2022年度中央和省级住房保障资金共16760万元。加强彩票公益金管理。争取财政部下达我省中央专项彩票公益金8000万元,专项用于支持社会公益事业发展。及时向省政府、财政部报告2020年度全省彩票公益金筹集使用情况,并主动向社会公开,接受社会监督;组织开展彩票市场调控资金绩效评价、2020年度"十三五"时期中央支持地方社会公益事业发展资金绩效自评,并按规定报送相关材料;按规定及时组织向社会公告"十三五"时期中央支持地方事业发展资金使用情况。加强房改资金管理。组织实施2020年度省直驻肥财政供给单位住房货币化补贴资金申报、审核、兑付工作,下达资金27996.4万元。及时下达"七一勋章"获得者荣誉津贴补贴补助资金预算。做好荣誉津贴的发放工作,体现党和国家对获得者的关心和爱护。

【规范政府购买服务管理】修订公布安徽省省本级政府购买服务指导性目录,印发《安徽省财政厅关于进一步规范政府购买服务有关事项的通知》(皖财综〔2021〕1085号),推动全省财政部门持续规范政府购买服务管理。全面总结2013年以来政府购买服务管理改革成效,形成《探索推进政府购买服务管理改革》专题报告。

【推进财政电子票据管理改革】贯彻落实全国财政票据管理培训会精神。建立财政票据管理改革信息报送制度,推动建设"电子票夹"服务平台(APP),完善财政电子票据管理系统功能,指导推进全省财政电子票据管理改革。贯彻财政部新修订的财政票据管理办法。指导市县进一步加强财政票据印制发放等项管理工作,全年印制发放各类财政票据1800余万份,保障用票单位票据需求。建立财政电子票据管理改革工作通报制度。推动工作滞后的9个县区实施财政电子票据改革,省市县三级全面推广财政电子票据管理信息系统,财政电子票据全面启用。推进省属医疗机构收费票据电子化改革,开展工作调研,并取得积极成果。指导督促市县财政电子票据改革。建立市县财政部门按季度报告财政电子票据改革进展情况制度,形成分析报告。全年全省实施财政电子票据改革单位6700余家、累计超过2万家,开具各类电子票据4700多万份、累计超过7200多万份。

【开展经济形势分析】撰写并报送《今年以来全省积极财政政策落实情况的报告》,获财政部综合司肯定并致信感谢。研究提出中等收入群体倍增政策措施,牵头组织落实"完善初次分配、再分配、三次分配协调配套政策体系"相关任务。开展土地出让形势分析和管理政策研究,组织编辑《土地出让收支政策问答》。

税政条法处工作概述

【概况】2021 年,税政条法处坚持以习近平新时代中国特色社会主义思想为指导,深入学习贯彻党的十九大及十九届历次全会精神,贯彻落实省财政厅党组部署要求,推进支部党建工作,完成全年工作任务。

【落实税法授权事项】落实契税法授权事项,按照立法程序规定,广泛征求意见,参照周边省份及长三角地区情况,研究拟定适用税率等授权事项意见,经省政府常务会议审议后,7 月经省人大常委会第二十八次会议审议通过,推动《契税法》9 月 1 日在安徽省实施。落实城市维护建设税法授权事项,多次赴企业调研,对因税法发生税率变动的企业认真测算,做好宣传解释,就企业税负问题向省财政厅领导作专题汇报。经请示省政府同意,会同省税务局联合印发公告,对安徽省城市维护建设税纳税人所在地具体地点进行明确,推动《城建税法》9 月 1 日在安徽省施行。落实其他税收立法事项。根据国家统一部署,做好增值税、消费税、房产税、城镇土地使用税、土地增值税、关税等税法研究调研工作,结合安徽省实际进行调研,提出意见建议。

【服务“三地一区”建设】实地赴企业开展税收政策调研,分析政策执行中存在的问题,了解企业诉求。聚焦安徽十大新兴产业,选择新能源汽车行业开展财税政策专题调研。针对安徽省再生物资回收行业发展中存在的新情况新问题,组织开展专题政策调研。组织开展小微企业和个体工商户税收优惠政策评估,通过发放调查问卷,典型企业走访等形式,了解税收优惠政策执行情况。向财政部争取将安徽省光刻胶企业合肥鼎材科技有限公司纳入首批享受免征进口关税的新型显示产业的关键原材料和零配件生产企业名单,针对企业股权激励个人所得税问题,多次会商了解情况,为企业争取政策。在授权范围内延长省内税收优惠政策,对标沪苏浙,延续降低部分车辆车船税税额标准政策,并转为长期政策。落实过渡期内“四个不摘”要求,继续延长支持和促进重点群体创业就业有关税收政策。创新方式提升清单功能,编制《安徽省财税优惠事项清单》,被省委列为党史学习教育“我为群众办实事”省级重点民生项目,及时跟踪梳理国家及安徽省出台的最新税收优惠政策,对《清单》进行动态完善,增强综合查询功能,促进清单政策依据浏览更加便利。同步更新印制《清单》向有关部门和相关企业发放,方便纳税人查询、对照享受相关税收优惠,全年全省累计新增减税降费 334 亿元,有效减轻企业负担,激发市场活力。

【完成财政部调研任务】做好财政部关税司在安徽省开展集成电路、新型显示等产业进口税收政策调研服务保障工作,做好财政部整治财政收入虚假问题专项行动复查调研工作,组织召开部分省份资源综合利用片会。向财政部推荐合肥市财政局作为关税基层联系点,打通重点企业与国家部委政策争取路径。配合财政部税政司完成集成电路企业课题研究。

【强化相关部门沟通联系】邀请省税务局领导作“进一步深化税收征管改革及安徽省落实打算”专题辅导报告,配合省税务局完成全省行政事业单位有关补贴资金的个人所得税扣缴工作。密切跟踪国家税收政策动态,对国家准备出台的制造业中小微企业等实施阶段性税收缓缴政策措施,会同税务部门对收入影响进行分析测算。会同省科技、税务等部门开展高新技术企业资格认定,全年评审认定 4918 家企业为高新技术企业。会同省税务、民政部门开展省级非营利组织免税资格、全省公益性捐赠税前扣除资格认定,对 27 家社会组织和 14 家社会团体开展评审认定工作。会同合肥海关等部门,对安庆综合保税区开展预验收,参加国家对安庆综合保税区正式验收工作,支持外向型经济发展。

【提升依法行政能力水平】加强财政制度引领,严格规范性文件制定管理,规范性文件合法性审查率、备案率为 100%。坚持立改废释并举,牵头对 259 件省级财政地方性法规、政府规章和行政规范性文件进行全面清理,开展涉及长江流域保护、行政处罚等专项文件清理工作。加强财政用法建设,贯彻落实《法治安徽建设规划(2021—2025 年)》《安徽省法治政府建设实施方案(2021—2025 年)》《安徽省法治社会建设实施方案(2021—2025 年)》中涉及财政职责的工作任务,严把合法性审查关,实施重大事项合法性审查提前介入,对 208 件财政重大事项进行合法性审查,实现重大事项合法性审查应审必审、依法依规。落实权责清单制度,动态调整《安徽省财政厅权责清单》,规范行政权力 2 项,下放 2 项,取消 2 项。完善法律顾问制度,选聘省财政厅法律顾问单位,规范法律顾问工作日坐班制、团队合作制等制度,省财政厅法制机构会同法律顾问审查各类协议、出具法律意见书等共 152 件(次)。加强财政普法宣传,制定印发全省财政“八五”普法规划和年度财政普法责任清单,明确重点普法目录。建立以案释法常态化工作机制,编印《民法典涉及行政机关的相关规定及案例》《以案释法案例精选》等材料。推进普法向基层延伸,结合在职党员进社区等工作,赴社区、企业等地进行民法典、财政法规规章和政策现场宣讲。加强财政执法监管,全面落实行政执法公示、全过程记录、重大执法决定法制审查“三项制度”，严格执法人员管理，坚持持证上岗、亮证执法，做好执法人员资格考试、执法证件换领和年审、通用法律知识和专业法律知识培训等工作。加强涉法涉诉事项管理，做好法律风险内部控制工作，注重法律风险源头防范，重视收文时间、证据、依据、答复、送达等全过程风险点的排查和梳理，全年发生行政复议案件和诉讼案件共13件，行政复议、行政诉讼案件办理实施集体研究，严把案件办理“事实关”“程序关”“时限关”。

【加强支部建设】强化政治机关意识，引导支部党员干部自觉在思想上政治上行动上同以习近平同志为核心的党中央保持高度一致，增强“四个意识”，坚定“四个自信”，做到“两个维护”。开展党史学习教育，结合学习贯彻习近平总书记“七一”重要讲话精神、十九届六中全会精神和推进税政条法等重点工作情况，组织开展“推进十四五税制改革”“民法典学习”等专题研讨活动，全年开展主题党日12次，召开组织生活会和支委会会议17次，支委班子带头讲党课3次。压实意识形态工作责任，落实省财政厅党组意识形态工作责任制责任分解清单，把意识形态教育纳入“三会一课”、党员活动日等组织生活当中，规范支部党员干部的网络行为。

【优化工作作风】加强作风效能管理，做好作风建设专项教育整顿自查工作，开展监督自查，及时发现苗头性、倾向性问题，加以整改落实。开展“我为群众办实事”活动，与税务、自然资源、人社、乡村振兴、水利等相关部门进行沟通交流，推进税收法定和税制改革工作。深入开展“机关联系基层、干部联系群众”活动，支持脱贫地区困难群众发展致富。

【推进廉洁自律】认真落实党风廉政建设工作责任制，严格履行“一岗双责”，发挥支部纪检委员作用，对重要事项进行监督，加强对“关键少数”干部的管理。开展新一轮深化“三个以案”警示教育筑牢反腐倡廉思想防线。对十届省委以来历次警示教育、巡视巡察、督导检查等发现的问题，进行对照警示，做好整改工作。

（杨玉林）

预算处工作概述

【概况】2021年，在省财政厅党组坚强领导下，在驻厅纪检监察组监督指导下，预算处坚持支部党建和预算业务融合发展，完成各项工作任务。牵头负责的财政管理工作被财政部评为优秀等次，连续五年荣获国务院激励表彰；县级财政管理绩效工作连续四年在全国考核中名列前茅；预算处党支部获省直机关先进党组织称号。

【突出政治引领】始终把讲政治放在首要位置，围绕习近平新时代中国特色社会主义思想、党的十九大和十九届历次全会精神、意识形态理论等开展政治理论学习，开展党史学习教育，引导支部党员深入学习习近平《论中国共产党历史》等必读书目，全年开展集中学习会28次，研讨11次。设置支部“读书角”，运用学习强国、干部教育在线等平台载体，做到支部定期学习、小组日常交流、资料随时分享。创新学习方式，与省审计厅财政审计一处党支部开展警示教育联合党课。把解决预算管理中的热点、难点问题作为学习的出发点和落脚点，参加全厅专题培训，研读财政预算前沿理论，研究经济社会发展形势，开展专题研究，做到工学相长，打好应对经济新形势、服务构建新格局的“主动仗”。

【突出队伍建设】严格执行“三会一课”等制度，召开党员大会4次、支委会会议12次、党小组会47次，上党课4次，每月落实支部“党员活动日”制度。落实支部“三重一大”集体议事决策机制，践行民主集中制，落实“六必讲、五必谈、三必访”，开展各层级谈心谈话。落实“一岗双责”，支部班子带头开展党建活动，培养发展新党员1名、入党积极分子2名。组织党员参观博物馆、“百年恰是风华正茂”档案展等爱国主义教育活动，鼓励党员参加疫情防控、指挥地铁文明乘车、助拆非机动车篷等服务社区志愿活动，按照厅党组要求参与消费扶贫，利用结对共建、进社区、挂职干部基层驻村观测等机会，了解基层实情，听取意见建议，宣传财政政策，深入基层调研预算管理工作的难点和堵点，在一线锻炼和培养干部。主动承担财政部政研室合作研究课题，提交增强安徽财政可持续发展的研究报告，获财政部政研室致信感谢。

【突出业务建设】抓好收入预期管理，持续发力提升财政收入质量、做实财政收入规模，全年全省一般公共预算收入完成3498亿元，同比增长8.8%，较2019年同期两年平均增长4.8%。开展部门预算编制，印发部门预算编制工作通知，修订省级部门预算草案文本格式，召开全省预算编制工作视频会议，做到预算编制一体化推进。落实过紧日子要求，坚持节俭办一切事业，继续压减部门公用经费和非刚性、非重点支出，从严从紧核定“三公”经费，集中更多财力保障重大决策部署贯彻落实。建立财政经济分析工作专班运行机制，牵头负责专班日常工作，组织召开专班会议，开展专题分析，推动完成专题分析报告13篇，其中上报省政府6篇，反映财政运行效果、财政工作成效和财政经济发展趋势。提出促进经济发展财政政策建议，牵头起草促进经济发展“30”条意见涉及财政事项工作举措，细化任务分工,督促各项任务落实。持续强化预算执行,硬化预算约束,严控预算调剂事项,无大事急事要事原则上不办理预算追加;落实预算执行限时制度,提前批复和下达预算资金,加快预算执行进度。完善考核通报机制,加大预算执行通报力度,压紧压实预算执行主体责任,督促市县和部门加快财政支出进度,保障重点领域支出。加强与财政部对接联系,争取财政部出台专项扶持政策,支持皖北地区高质量发展;中央财政全年下达安徽省转移支付 3262.6 亿元,增强安徽省财力保障水平。加大转移支付支持力度,完善省对下均衡性转移支付、资源枯竭城市转移支付办法,全年下达均衡性转移支付等财力补助性资金 819 亿元,推动保障市县财政平稳运行。

【突出改革创新】深化预算管理制度改革,出台深化预算管理制度改革实施方案,明确加强四本预算统管、拓宽资金筹集渠道、创新财政投入方式等 13 项重点任务。推动财政资金统筹整合,运用零基预算理念,梳理相关政策、项目、资金、基金,打破基数概念和部门支出固化格局,推动专项资金跨部门统筹整合。盘活财政存量资金,按月通报存量资金消化情况,督促市县和部门采取措施,有效盘活沉淀资金。有序推进预算管理一体化,按照财政部部署,完善预算编制流程,优化预算执行功能,分层次分阶段组织培训,参与推动市县一体化系统上线工作,提升预算管理水平。完善支出标准化体系,修订省级部门公用经费定额标准预算管理暂行办法,结合工作实际,合理调整基本支出通用标准;科学测算资金需求,推动部门按照“支出标准×工作量”方式编制项目支出预算,强化支出标准应用。创新财政预算管理方式,召开财政金融服务支持十大新兴产业协商会,提出“资金+基金”方式支持产业发展方案,发挥财政资金引导撬动作用。落实常态化财政资金直达机制,聚焦基本民生保障,将 27 项中央转移支付纳入直达资金范围,完善资金管理办法,全年下达直达资金 1254 亿元。落实增值税留抵退税政策,鼓励企业扩大再生产,省级垫付 87 亿元,缓解市县财政退税压力。完善县级基本财力保障机制,建立健全市县财政运行监测机制,下达县级基本财力保障机制奖补资金 149 亿元,开展县级“三保”预算编制审核,保障县级“三保”责任落实。

【建立财政经济分析专班运行机制】省财政厅高度重视财政经济分析工作。成立厅主要负责同志任组长、分管预算工作的负责同志任副组长、16 个处室单位为成员的财政经济分析工作领导小组,制定《安徽省财政厅财政经济分析工作专班运行机制实施办法(试行)》,常态化开展财政经济专题分析和运行分析工作,加强财政经济分析研判,提高财政服务打造“三地一区”、建设现代化美好安徽的专业化能力。专班运行以来,围绕“三地一区”建设、科技创新、保障和改善民生、生态环保等重大发展战略,聚焦财政政策、资金、改革、管理等主责主业,紧盯预算安排、执行、绩效以及市场机制等重点领域和环节,坚持“小切口、大文章”,有针对性地开展分行业、分领域、分层级财政运行分析和专题分析。向省委、省政府报送财政运行分析报告 13 篇,完成“一般公共预算收入结构分析”“加大教育投入,推进教育高质量发展”“长三角财政支出政策比较分析”等 13 个领域专题分析,为省委、省政府决策提供参考依据,发挥财政在经济发展中参谋助手作用。

【突出作风建设】践行“三严三实”,严格贯彻落实中央八项规定精神、省委实施细则和厅党组实施办法要求,结合巩固深化“不忘初心、牢记使命”主题教育成果,对照身边人身边事经常性开展廉政建设专题教育和作风建设教育工作,力戒形式主义、官僚主义。开展内部管理制度建设“回头看”,修订预算编制风险和预算执行风险内部控制办法,落实重大事项集体决策机制,严格执行请示报告制度、请销假制度、外出报备制度和工作考勤负面清单制度。加强廉洁教育,紧盯重大节日等关键节点开展廉政谈话和反腐败教育,用好监督执纪“第一种形态”。加强与处室单位会商沟通,了解对预算工作的意见建议,深入查摆问题,务实整改举措。主动接受监督,依法依规向人大报告法定事项,落实人大决议,持续推进预算联网监督;牵头做好省“两会”服务工作,写好预算报告、执行报告和决算报告,做到语言通俗易懂、图表直观明了,最大程度争取代表委员对财政工作的理解和支持;牵头服务审计整改,履行审计署财政收支审计、审计厅同级审服务职责,制定审计问题整改清单,逐项逐条落实整改。推进预算公开,制定预算公开工作方案,规范预算公开范围、公开内容、公开方式,推动省级 141 个部门集中公开部门预算;指导部门所属单位有序推开单位预算公开工作,省级 397 个部门所属单位首次公开预算。

预算绩效管理处工作概述

【概况】2021 年,在省财政厅党组坚强领导和驻厅纪检监察组监督指导下,在兄弟处室单位支持帮助下,绩效处立足服务财政中心工作,坚持党建引领,强化作风效能,推进预算绩效管理提质增效,在财政部地方预算绩效管理工作考核中位列全国第 7,较上年前进 1 个位次。

【加强支部建设】常态化学习贯彻习近平新时代中国特色社会主义思想,将党史学习教育贯穿全年,全年组织支部集体学习29次(开展专题研讨13次),开展主题党日12次,上党课4次,召开组织生活会2次。利用主题党日组织党员干部参观《初心映江淮》《百年档案文献展》等主题展览、重温入党誓词,参与党史知识竞赛;督促党员干部通过"两微一端"、运用"学习强国"平台等加强自学。针对上年度述职评议、组织生活会和党史学习教育专题组织生活会查摆的12个问题,以及日常工作中各地各部门提出的20余条意见建议,建台账、列清单,在限定时间内逐项整改落实、对账销号。围绕"学党史、办实事",选派业务骨干到10个市(县、区)和40家省直部门开展送培训上门,宣传贯彻绩效政策、开展业务指导、听取意见建议;先后组织6名党员进社区参与志愿服务活动,赴无为市洪巷镇龙泉村"基层观测点"走访调研,实地了解群众急难愁盼问题。

【推进廉政建设】经常性开展党章党规党纪学习教育,结合新一轮深化"三个以案"警示教育,集中学习《廉洁自律准则》《纪律处分条例》,观看廉政警示教育片,用身边人身边事警示教育党员干部。对照厅内巡察发现问题,全面对照查摆问题并加以整改。细化落实监督执纪第一种形态,全年开展廉政谈心谈话25次。修订完善《绩效处内部控制操作规程》,健全完善岗位廉政风险防控机制,细化明确39个风险点和22项防控措施。严格落实中央八项规定、省委实施细则和厅党组实施办法要求,严格遵守工作纪律和"八项制度"要求,改进工作作风,提升服务水平。

【健全绩效管理制度体系】在制度覆盖绩效管理全流程基础上,向重点领域拓展延伸,牵头或配合厅有关处室单位研究制定涉企项目资金、政府专项债券、政府和社会资本合作(PPP)等绩效管理制度,配套出台绩效评价等重点环节工作规程和规范化文本。

【搭建引智借力平台】建立省级绩效管理行业专家库和第三方技术协作骨干平台,共征集261名行业专家和679名第三方技术协作骨干,通过引智借力,形成具有安徽特色的"财政人员+行业专家+第三方技术协作骨干"的财政评价模式,在9月由财政部和亚洲开发银行联合主办的"亚洲评价周"论坛上作典型发言,得到部领导、与会专家学者和各省市同行的肯定。

【创新改进绩效管理】利用信息化手段加强和改进绩效管理,将绩效管理业务流程全面嵌入预算一体化系统,逐步推进绩效管理全流程电子化。完善财政涉企项目资金管理信息系统,修订系统应用管理办法,健全预警审核机制,全年完成6276个预警项目审核,涉及财政资金57亿元。推动省发改委、省经信厅、省科技厅等涉企项目主管部门,主动在安徽政务服务平台建立项目申报端口,并与财政涉企项目资金管理信息系统搭建数据接口,实现企业(市县主管部门)申报、部门审核"一网通办",让企业兑现财政奖补资金更便捷。完成财政部预算绩效评价第三方机构信用管理平台建设试点任务,在全国试点推广会上交流发言,安徽省在平台累计注册第三方机构用户645家。

【完善绩效管理工作闭环】围绕预算和绩效管理一体化目标,持续完善绩效管理工作闭环。事前突出绩效导向,实现新增重大政策和项目事前绩效评估全覆盖,部门整体和项目支出绩效目标编制全覆盖。事中注重绩效监控,实施部门整体和项目支出绩效目标实现程度与预算执行进度"双监控"全覆盖。事后强化绩效评价,在单位自评全覆盖基础上,选取16个部门开展抽查复核,围绕省委、省政府重大决策部署,选取25个评价对象实施财政重点绩效评价,涉及预算资金256亿元,有关项目评价结果与2022年省本级预算安排挂钩,统筹压减项目预算资金3.76亿元。落实省委改革要求,实施改革政策预算绩效评估,组织省级主管部门对85项政策和项目全面开展自评,选择皖江江北、江南新兴产业集中区和南北合作共建皖北产业园区等2项政策实施重点抽评。

【加强绩效管理监督考核】在省预算绩效管理工作领导小组领导下,完善财政与审计协调联动工作机制和联席会议制度,完善绩效管理工作考核,考核结果纳入省政府目标管理绩效考核和省委综合考核,压实市县和部门主体责任。推进绩效信息公开,扩大重点绩效目标、绩效评价结果向省人大报告和向社会公开的范围及内容,主动接受人大和社会各界监督。

国库处工作概述

【概况】2021年,在省财政厅党组坚强领导和驻厅纪检监察组监督指导下,在兄弟处室单位支持帮助下,国库处紧扣财政中心工作,推进财政国库工作,财政总决算和部门决算双获财政部通报表扬,直达资金监控、财政库款管理和部门决算公开工作位居全国前列,预算管理一体化建设平稳推进。

【推进支部党建】抓牢政治建设,深入学习习近平总书记关于加强党的政治建设重要论述、"七一"重要讲话和考察安徽重要讲话指示精神,全面贯彻党的十九届五中、六中全会精神,落实厅党组加强党的政治建设重点工作举措任务分工,常态化开展党章党纪党规学习,开展政治机关意识教育,增强做到"两个维护"的高度自觉,推动"六稳""六保"、直达资金监控等中央重大决策部署在安徽省落地见效。抓深党史学习教育,落实"六学"要求,采取讲、诵、思、做等形式，创新开展“致敬百年”党史学习交流会，参加制作“举旗帜 送理论”党史学习教育微宣讲视频，参加厅红色经典诵读及省直机关庆祝建党100周年“永远跟党走”群众歌咏大会等，开展“我为群众办实事”实践活动，解决基层直达资金、一体化、银行账户等问题98个，处理办理决算依申请公开24件，提供报表367张，涉及数据数万条。落实“三会一课”、主题党日等基本组织生活制度，支部集中学习51次，开展“学习党的历史、弘扬沈浩精神”等专题研讨7次，与省农行机构部、合肥市财政局国库处、三孝口龚湾社区等党支部联合开展“学党史、颂党恩、跟党走”、“走读老城学党史”等主题党日活动12次，撰写心得体会、感悟40余篇。开展党员政治生日寄语和“我为支部党建献一策”活动，共征集意见建议21条。

【加强廉政建设】贯彻落实驻厅纪检监察组支部书记和纪检委员座谈会精神，严格落实党风廉政建设主体责任，组织全处同志签订并落实党风廉政责任书，开展新一轮深化“三个以案”警示教育，对照《全省财政系统部分违法人员悔过书》、案件通报、廉政警示教育片等进行剖析警示，组织观看《警钟长鸣》《黑“伞”下的张狂》《榜样》《第一书记》等影片。严格执行中央八项规定，落实精文减会、减轻基层负担要求，力戒形式主义官僚主义，对照厅党组巡察反馈意见开展未巡先改，制定8个问题整改清单，补齐短板。制发直达资金监控业务案例，修订《国库处内部控制操作规程》，用好监督执纪第一种形态，常态化开展离岗登记、外出报备和处内巡查，全年共开展处内巡查54次、谈心谈话46次。

【推进一体化建设】把好业务标准，对标财政部，牵头制定安徽省预算执行业务规范，细化全部流程节点，推动系统高质量建设，安徽省上报财政部汇总系统的业务数据质量在全国持续领先。牵好专班运转，制定全年工作计划，统筹负责专班日常工作，每日召开专班例会，研究业务和技术难题，在财政部月度建设情况通报中，安徽省“月月攀升”。抓好全省推广，创新工作方法，分阶段制定“1+4+32”推广计划，在各包保处室支持下，推进一体化9月底前在所有市县落地生根。牵头开展线下大规模集训7次，赴10个市及所属县（区）开展调研，开设一体化专栏，发布各类培训手册10个、编发《问题解答》5期，加强业务指导。做好上线准备，组织各市县开展3个月的预算执行“双轨并行”，熟悉业务操作，协调人民银行和商业银行，开展全系统联调测试，发布致全省预算单位一封信，做好上线宣传服务工作。

【创新直达机制】截至12月31日，中央直达资金累计支出1213.8亿元，支出进度为96.8%，比全国平均进度高1.8个百分点，单独调拨直达资金1096亿元。创新监控机制，建立“每日一提醒、每周一调度、每月一通报”工作机制，创新“T+1+5”工作法，即发现预警事项，一个工作日内通知市县或部门，5个工作日内反馈预警处理结果。强化协同机制，与审计、安徽监管局和预算部门会商沟通，合力搭建“横向到边、纵向到底、全省一盘棋”的协调机制，累计解决业务咨询问题330余个，协调解决系统使用问题160余个。宣传直达资金政策及成效，3篇专稿分别被国办、财政部和省委省政府采用。落实责任机制，在驻厅纪检监察组和各相关处室的支持下，开展全过程、全链条、全方位监控；通过发送关注函、通报、问询、约谈、现场督促等形式，压实部门职责，规范资金支付。累计下发直达资金监控情况通报7次、关注函8次，开展专项问询50余次、相关会商30余次。

【加强国库管理】提升库款绩效，加强县级工资监测和工资保障风险评估，兜牢“三保”底线。加强资金调度、库款管理、财政收支、债券发行等衔接，做好债券入出库和转贷、付息等工作，防范库款运行风险。全年累计调度市县资金28次，2531亿元。依规开展省级国库现金管理100亿元，实现利息收入9425万元。提高决算质量，规范专项资金核算、地方政府主权外债收支等，提高决算编报质量。以资产负债率和收入费用率为切入点，加大对政府财务报告审核力度。参与财政部专题研究，撰写的“财政总预算会计制度与政府综合财务报告编制的适应性研究”课题在全国预研会评选中获第二名。推进决算公开，继续开展省级部门决算公开文本前置性复核，有序推进410个部门所属单位公开决算，2019年和2020年部门决算公开工作分居全国第五位和第六位。提供数据服务，全年办理依申请公开24件，提供报表367张，涉及数据数万条。规范账户管理，从严控制和规范财政专户开立、变更和备案。全面清理事业收入专户，将2671万元结余资金收缴入库。升级完善预算单位银行账户管理系统，规范和加强省级预算单位银行账户管理。

政府债务管理处工作概述

【概况】2021年，在省财政厅党组坚强领导下，在兄弟处室单位支持下，债务处以开展党史学习教育为契机，认真贯彻落实习近平总书记考察安徽重要讲话指示精神和对加强债务风险防控工作的重要批示精神，在风险可控的基础上，发挥规范举债融资功能，新增债务限额和政府债券发行规模同比再创新高。

【争取新增债务限额】利用安徽省法定政府债务余额低、风险小等有利因素,财政部下达安徽省地方政府新增债务限额1827亿元,其中:一般债务164亿元、专项债务1663亿元,在全国新增政府债务规模较上年下降5.5%的背景下逆势增长5.5%。用足用好再融资政策,财政部下达安徽省地方政府再融资债券发行规模上限789.4亿元。落实政府债务限额管理和预算管理要求,统筹考虑省与市县分配关系、债务风险和偿债压力、债券绩效管理水平和债券支出进度等,按照因素法提出新增债券分配方案,做好省本级新增债券预算调整,经省政府同意后报省人大审议批准。

【坚持规范举债融资】印发《安徽省政府债券招标发行规则》《安徽省政府债券招标发行兑付办法》等,91家金融机构为安徽省2021年政府债券承销团成员。按照市场化、规范化原则做好政府债券发行,综合考虑发债进度要求、资金使用需要、债券市场等因素,适度均衡发债节奏,分10次共发行政府债券2815亿元(新增一般债券144亿元、新增专项债券1665亿元、再融资债券1006亿元),债券发行规模和发行次数均创安徽省自发自还地方政府债券以来历史新高,发行的新增专项债券主要投向:市政建设448.3亿元、保障性住房360.1亿元、社会事业228.3亿元、交通基础设施建设197.3亿元、医疗卫生175.8亿元、农林水利154.4亿元、生态建设和环境保护70.8亿元、中小银行风险化解30亿元,支撑省委、省政府重大发展战略、重大发展规划、重大项目建设。

【严格专项债券管理】修订《安徽省政府专项债券项目库管理办法》,组织专项债券项目评审论证,分四批评审入库426个项目,项目总投资5895.9亿元,专项债券资金需求2099.6亿元。坚持对市县债券支出进度通报机制、债券支出进度和债券分配挂钩机制、对市县债券支出进度协调推进和约谈机制等“三个机制”,压紧压实项目主管部门主体责任,加快推动专项债券项目落地。全年发行新增专项债券国库拨付1652.7亿元,国库拨付进度99%,实际支出金额1256.4亿元,实际支出进度75%。出台《专项债券项目资金绩效管理办法》,推动事前绩效评估、事中动态监控、事后评价结果运用。

【健全管理制度机制】制定《政府债务管理相关业务操作规程》《财政进一步推动政府融资平台市场化转型发展指导意见》,起草《省财政厅落实<关于加强地方人大对政府债务审查监督的意见>任务清单》,落实地方政府债务信息公开办法,严格债务风险动态监测、评估、通报、预警、约谈机制,督促指导高风险地区制定风险处置方案并抓好贯彻执行,政府债券按期还本付息、至今没有发生一起违约事件。按照省政府《关于做好2020年各市目标管理绩效考核工作的通知》(皖政秘〔2020〕117号)要求,修订评分规则,对各市上年政府性债务管理情况进行量化评分通报,引导地方政府牢固树立债务风险意识、强化债务管理责任。

【抓实化解隐性债务风险工作】落实中央经济工作会议精神以及省委、省政府相关部署要求,及时印发抓实化解隐性债务风险工作、做好地方政府隐性债务风险防控工作的通知,强化政策协同,严明化债要求,压实主体责任,指导督促市县政府多措并举化解隐性债务风险,坚决遏制隐性债务增量,不断完善常态化监控机制。及时汇编省本级和16个市政府2020年隐性债务数据,形成安徽省2020年地方政府隐性债务情况并上报省政府,按时完成年度隐性债务数据报告任务。完成高风险地区债务专项调研并上报省领导,加大对高风险地区常态化督导力度。

【化解存量隐性债务】督促各地落实化债计划,逐步缩减隐性债务规模。指导各地依法合规运用到期存量隐性债务展期、“借新还旧”等政策措施,缓释融资平台到期债务风险。推进建制县区隐性债务化解试点。梳理做好隐性债务变动统计工作的困难节点,形成政策意见印发文件,做好隐性债务变动统计工作。建立健全隐性债务变动统计抽查复核机制,针对抽查发现的问题及时反馈各地,督促修改完善,坚决纠正和防范虚假化债等问题发生。

【加大隐性债务风险监管力度】落实中央巡视整改意见,针对部分地区债务风险居高不下问题,细化整改措施,并多次实地开展督导调研。配合审计署、财政部安徽监管局做好去年底和今年上半年隐性债务数据核查和审计工作,部署各地开展发现问题的整改。加强部门间信息共享和协同监管,与财政部安徽监管局签署协同工作机制备忘录,形成监管合力。定期组织市县开展隐性债务问责情况、风险事件月报工作,加强债务风险防范。

【推动融资平台市场化转型发展】制定《安徽省财政厅关于财政进一步推动政府融资平台市场化转型发展的指导意见》,不断完善财政推动政府融资平台市场化转型发展相关措施,明确融资平台公司市场化转型发展目标任务,规范平台公司融资管理,杜绝政府为平台公司举债提供担保。建立定期报告制度,每季度对市县政府融资平台转型工作情况进行统计汇总,强化对平台公司市场化转型工作的跟踪督导。

【组织外债项目申报】围绕全省经济社会发展大局,将引进外资、争取项目作为一项重点工作来抓。印发关于申报世界银行、亚洲开发银行、亚洲基础设施投资银行年度规划备选项目申报工作的通知,指导市县和有关单位开展外资贷款项目谋划,组织申报材料编写，做好申报前期各项准备工作。安徽省全年共申请国际金融组织和外国政府贷款项目30个，合计申请贷款额82.2亿美元。

【推进项目申报工作】主动向上级主管部门汇报，与国际金融组织加强沟通协调，主动推介申报项目，争取贷款支持。国家发改委财政部印发《关于落实我国新开发银行贷款2020—2021年备选项目规划的通知》，安徽省2个项目入选新开发银行贷款备选项目规划，分别是：新开发银行贷款G3铜陵长江公铁大桥项目，贷款额3亿美元；新开发银行贷款安徽省农村综合交通运输及物流示范项目，贷款额2亿美元。国家发改委财政部印发《关于外国政府贷款2021—2022年备选项目规划的通知》，安徽省申报的奥地利贷款安庆市一水厂二期工程项目列入备选规划，贷款额2000万欧元，并完成招标代理机构的选聘工作。

【推动项目实施进程】完成新开发银行贷款安徽省公路发展项目谈判和签约工作，10月21日，财政部、省政府分别与新开发银行签订《贷款协定》和《项目协议》；12月17日，财政部与省政府完成贷款转贷协议签署，项目正式启动实施。完成亚行贷款黄山新安江流域生态保护项目、欧投行贷款长江经济带珍惜树种保护与发展项目《转贷协议》签署，项目正式启动实施。在合肥公共资源交易中心组织开展国际金融组织贷款欧元专用账户招标，分别为新开行贷款安徽公路发展项目等4个项目完成专用账户代理银行选聘，为项目提款做好准备工作。世行贷款宣城承接产业转移基础设施示范项目和马鞍山慈湖河水环境治理项目完成全部提款报账工作，为项目顺利完工提供保障。

【推进项目中期调整】利用外资贷款政策，用足用好贷款资金，对亚行安徽综合交通基础设施项目、安徽淮南城市水系项目和世行贷款安徽淮南采煤塌陷区综合治理项目、安徽省公路养护创新示范项目开展中期调整，申请项目关账日延期或贷款资金使用范围调整，并开展贷款资金追溯，促进项目效益最大化。向财政部报送中期调整请示，与外资贷款机构沟通协商，争取工作支持。

（韩晓峰）

行政处工作概述

【概况】2021年，行政处围绕财政中心工作，始终坚持党建引领，严格落实厅党组工作部署，推动重点领域工作开展，支持“江淮英才计划”实施和“数字江淮”建设，推进财政行政财务管理各项工作。4月，受邀参加财政部在武汉组织的财政行政政法工作专题调研，并作书面交流发言；12月，获评安徽省第七次全国人口普查先进集体。

【加强政治思想建设】常态化组织党章党规学习，跟进学习习近平总书记重要指示批示精神，学习贯彻落实党的十九届六中全会和省第十一次党代会精神，创新开展“三会一课”，组织党员干部赴刘铭传故居、小井庄等地开展红色教育，每季度开展党员上党课活动，组织党员干部集中观看庆祝中国共产党成立100周年大会实况，并组织专题研讨，共组织集体学习45次，召开支委会12次，主题党日12次，讲党课4次，专题研讨19次。参与省委“走好赶考路、奋进新征程”迎接党代会建言献策活动，撰写“引导返乡农民工成为乡村振兴主力军”一文在安徽日报客户端头版刊登，参与拍摄“走好赶考路 奋进新征程”微视频1条。按时完成党史学习教育4本指定书目学习，并全员参与领学和交流研讨，组织党员干部集体参观厅“百年历程 初心为民”财政史料图片展。配合开展“双树双建”主题教育活动，处室2名党外知识分子在全厅作交流发言。孙玫玫同志受邀参加省直工委党外干部党史学习班并作交流发言。常态化组织学习《新时代宣传思想工作》《论党的宣传思想工作》等，组织对内网处室网页、QQ交流群、微信群等排查，切实维护意识形态安全。

【加强组织作风建设】对照厅党组“建设模范机关”任务，推进支部标准化规范化建设。按照支部党务公开要求，做好组织生活会整改承诺书、党费缴纳等公开工作，夯实支部党建基础。响应“消费帮扶”号召，动员干部职工全员参与购买颍东区农产品，参加爱心公益捐款活动，展示支部模范机关和文明创建成果。开展新一轮深化“三个以案”警示教育，传达学习《全省财政系统部分违法人员悔过书》，以身边人身边事教育引导党员干部知敬畏、存戒惧、守底线。加强工作调研会商，围绕预算执行进度、政府采购计划申报、部门预决算公开检查、第八批选派干部经费保障和信息化项目建设等工作，全年开展工作会商162次，处室领导带头深入肥西县、包河区等基层一线，实地调研三公经费管理、信息化项目建设和人才经费保障等方面存在的问题和不足。注重联系基层一线，结合第八批选派工作推进，走访阜阳市颍东区、阜南县等8个村，针对有关情况及存在问题，形成专题调研报告。与金寨县结对共建“两纲”示范县，制定工作方案，赴一线调研，解决“两纲”推进中的重难点。落实党员进社区要求，组织2次8人次赴杏花社区开展志愿服务，协助社区开展核酸检测演练等活动。

【加强纪律建设】签订党风廉政建设责任书，压实党风廉政建设领导责任和主体责任。开展“大起底、改到位、建机制”专项行动，对省委巡视反馈问题和厅内巡察未巡先改自查自纠的33个问题,对照整改清单逐条逐项开展“回头看”。加强“关键少数”干部监督管理,组织开展“三查三问”,处级领导干部共对照检视出5个问题。加强对所属单位督促指导,坚持厉行节约反对浪费、公务接待、外出报备、个人事项报告等工作制度。结合厅“警示教育周”活动安排,组织党员干部集中观看警示教育片、赴省党风廉政教育基地接受廉政教育,全年组织开展专题廉政教育学习12次。认真召开组织生活会,听取党员对支部意见建议,开展批评与自我批评,督促党员干部落实问题整改。

【服务保障重点事业发展】落实新时代“江淮英才计划”实施意见,坚持人才优先战略,安排省委组织部人才专项资金1.65亿元左右,通过奖补、激励、资助等方式,重点支持“国家引才工程”、“高层次引才平台奖补”、“特支计划”等,推进人才优先战略实施。配合省委组织部等部门,研究出台《关于加快实施人才优先发展战略引领新阶段高质量发展的若干意见》;对标沪苏浙,对比中部省份,形成《关于省财政支持保障人才工作情况的汇报》工作专报。推进“数字江淮”建设,安排资金8648万元,支持省数据局“数字江淮”云平台等升级改造;安排资金1500万元,推进完善“安康码”建设;统筹资金支持“皖事通办”平台建设,通过“三大项目”支持推进“数字江淮”建设。坚持统筹整合理念,推进省直部门信息化集约统建,会同省数据局印发《安徽省省级政务信息化系统建设及整合指南》,并建立省级信息化评审规范。同时,进一步推动省级信息化系统集约化建设,推进集约化采购降低成本。支持统战及外事工作,加强与省委统一战线工作部门对接衔接,配合部门开展民族、宗教等工作调研,支持省委统战部新社会阶层统战工作及“同心示范工程”等重点工作开展。全面贯彻全国民族工作会议精神及全国宗教工作会议精神,聚焦民族宗教工作重点领域和关键环节,强化财政投入、政策、绩效等支撑。配合省外办等部门审定2021年省直部门因公出国(境)计划,支持开展“一带一路”国际合作交流、国际友城交流研修和经贸推介等。支持群团改革工作,配合团省委起草实施意见,支持推进全省各地少先队全面深化改革。制定《促进妇女健康和创业扶持转移支付资金管理办法》,按因素法公开公平分配资金。支持安徽省第七次全国人口普查工作开展,配合省统计局人口普查办公室,研究制定普查工作制度办法,按照分级负担原则,安排省级普查工作经费及两员补贴经费3525万元,推动安徽省第七次全国人口普查工作顺利、有序进行,刘儒之同志获第七次全国人口普查先进个人称号。

【推动民生工程落实落地】落实全省民生工程部署,支持对口联系部门三项民生工程项目实施。推进党建引领乡村振兴工程,配合省委组织部,研究出台《党建引领乡村振兴工程实施方案》及相关管理办法,落实第七批和第八批(部分)选派帮扶干部到村任职工作经费5843万元。推进城镇低保适龄妇女“两癌”免费筛查工作,将城镇低保适龄妇女宫颈癌和乳腺癌免费筛查纳入民生工程项目,提高我省低保人群中适龄妇女“两癌”的早诊早治率。继续支持“安康码”综合服务平台建设。依托上年“安康码”民生工程建设成果,支持拓展丰富安康码功能和应用,推动安康码由战时“通行码”升级为平时“服务码”。

【完善公共支出制度体系】加强“三公经费”支出管理,开展全口径“三公经费”支出月统计、年总结等工作,加强过程管控,严格“三公经费”支出管理。全省“三公经费”支出较上年同期下降约1%,“三公经费”支出继续呈下降态势。推行政府采购预算清单制度,针对部门政府采购预算执行过程中存在的采购计划申报迟、采购进度慢等问题,制定归口省直部门(单位)政府采购项目清单制度,进一步明确采购计划申报时限要求,强化采购预算管理,推动建立长效机制,并突出考核结果运用。下半年,行政处归口省直部门(单位)政府采购预算执行情况较好,连续3个月位列处室排名第1。推进公务用车管理与协同共享,遵循厉行节约、统一管理、定向保障、节能环保的原则,会同省管局研究制定《省直机关公务用车管理使用办法》,提升省直机关用车管理和保障水平。在先行试点的基础上,会同省管局印发《关于跨区域公务出行保障工作的通知》,在全省推进省内跨区域出行乘坐公共交通工具。会同省管局,完成省直机关公务用车定点大修、定点维修及定点加油服务商招标采购工作。规范评审专家劳务费管理,落实过紧日子和建设节约型机关要求,会同省委组织部、省发改委、省教育厅、省科技厅、省人社厅、省审计厅等六部门制定《省直机关评审专家劳务费管理办法(试行)》,进一步规范省直机关评审专家劳务费管理,用公务支出制度管好人、管好事。

【提升监管服务效能】强化预算绩效管理,督促指导对口联系部门单位开展年度项目支出绩效自评与部门整体支出绩效自评工作。结合年度部门预算编制工作,实现联系部门预算单位项目和整体绩效目标编制工作全覆盖。同时,在年度提前下达转移支付过程中,同步编制并下达项目绩效目标。加大财政重点绩效评价工作力度,配合绩效处开展省妇联部门整体支出绩效评价工作。硬化部门预算约束,进一步落实预算执行部门主体责任,要求对口省直部门制定预算执行计划。除应急支出、刚性支出以外,一律不受理部门预算追加、不办理部门预算调整。落实预算执行与预算安排挂钩的要求,在2022年预算编制中,对年度预算执行考核成绩靠后的6个省直部门进行预算安排挂钩扣减。严格部门预算执行监管,及时清理盘活存量资金,全年共提前收回部门预算指标2.06亿元。从严从紧编好2022年部门预算,坚持“保重点、压一般、促统筹、提绩效”,科学编制年度部门预算。扎实推进预算一体化系统应用,加强部门联系指导,确保预算编制工作顺利开展。落实“党政机关要坚持过紧日子”要求,与37家归口联系部门逐一会商,进一步强化“零基预算”理念,厉行节约办一切事业,在“二下”基础上,部门进一步主动压减“三公”及项目支出490万元。

政法处工作概述

【概况】2021年,政法处坚持以习近平新时代中国特色社会主义思想为指导,按照省财政厅党组工作部署和年度工作安排,有序推进各项工作,政法财务管理工作连续10年获财政部表彰奖励。

【推动政法领域改革】推进法检两院财物统管试点改革。进一步完善司改试点单位财物管理,平稳推进试点单位特别是第二批试点检察院运行。完成财政部交办的课题任务《法院检察院系统编制外聘用人员管理问题研究》,促进提升法院检察院编外聘用人员管理水平。贯彻中央和省关于司法体制改革的总体部署,根据财政部、中政委等四部门联合印发的法院检察院财物统管改革指导意见,研究谋划并提出安徽省改革推进意见建议。根据中央、省关于加强和改进监狱工作的意见,完善监狱管理体制,按照“成熟一个、上划一个”的原则,研究提出阜阳市九龙监狱、滁州市清流监狱经费保障建议,按照财政事权与支出责任相适应原则,上划市属监狱收支全部上划省级,进一步理顺全省监狱隶属关系。支持9058部门上划中央改革。按照财政部、安全部关于推进地方9058单位上划中央要求,会同省安全厅和厅预算处开展数据统计、测算和征求意见等工作。根据省编办批复,全省16个市药监部门省级派出机构人员转隶省药监局。相关经费基数上划工作经过三轮征求意见,全部完成。推进执法执勤用车改革。持续推进省级执法执勤用车使用管理,开展专题调研,通过查阅资料、比对网站等形式核对数据,了解掌握省直有关部门执法执勤用车配备使用情况,梳理存在的问题,为进一步完善制度、规范管理做好准备。

【提高预算管理水平】调整优化政法转移支付资金分配管理。按照建立现代财政制度要求,改进政法转移支付资金预算方式,推进零基预算,打破2009年政法转移支付资金设立之初形成的固定基数,围绕政法重点工作,体现共建要求和绩效因素,集中解决全省性、系统性问题。同时,参照财政部做法,从2021年开始,提前下达资金不再区分公检法司部门,调动、发挥市县财政部门积极性和主动性。创新规范省级政法部门信息化共建项目管理。会同省委政法委等九部门联合印发《安徽省省级政法部门信息化共建项目管理暂行办法》,从1月起,共建项目须经审批、立项后安排经费,既体现省级共建的统一性、集约性,又合理控制建设规模和内容。凡未经审批、立项,或未通过评审论证的信息化共建项目,财政一律不安排建设和运行维护经费。经审核,2021年政法部门共建项目共1.67亿元,较其申报金额1.92亿元,核减2500万元。进一步规范综合行政执法制式服装和标志管理。贯彻落实中央关于生态环境保护、交通运输、农业、文化市场、应急管理和市场监管六大领域统一着装管理制度要求,按照省政府要求,会同省司法厅联合印发《关于做好综合行政执法制式服装和标准管理的通知》《安徽省综合行政执法制式服装和标志管理办法》,明确规定配发制式服装和标志所需经费,由各级人民政府纳入本级预算管理,列入综合行政执法部门的部门预算。配发制式服装和标志要在预算定额标准以内,不得扩大着装范围,不得改变制式服装和标志样式,不得提高配发标准,从源头规范了综合行政执法队伍着装管理工作。完善预算制度理顺供给关系。支持安徽公安学院筹建。根据省编办文件,省财政新设安徽公安职业学院和安徽省公安教育研究院(安徽公安学院筹备处)为省级预算单位,并继续保留省公安厅警察训练总队省级预算单位。同时,对今后几年财政支出出具承诺书,持续加大安徽公安学院办学经费投入,2021—2025年,按照本科院校办学条件和省级预算管理要求,做好安徽公安学院办学经费保障工作。完善省工商行政管理学校经费保障。省市场监督管理局二级单位安徽工商行政管理学校于2021年停止招生办学。为解决该校虽停止办学,但人员经费仍需保障的实际问题,创新工作思路,提出搁置公益一类、二类事业单位财政保障方式争议,在2022年按原保障水平安排该校人员经费,项目等其他经费不再安排。该方案得到省市场监管局充分认可,妥善解决改革过渡期人员问题。

【保障政法部门履职】支持政法技防力量建设。根据平安安徽建设领导小组会议精神和省委主要负责同志指示要求,会同省委政法委、省公安厅等部门开展专题调研,并形成调研报告和《关于进一步加强政法技防力量建设的意见》呈报省委、省政府。支持政法部门重点业务工作。支持扫黑除恶工作,主动做好扫黑除恶常态化机制化财政政策和资金保障,以及全省扫黑除恶专项斗争三年总结表彰奖励经费保障工作,并统筹安排经费支持市县政法部门扫黑除恶工作。支持全国、全省政法队伍教育整顿工作。落实全国和全省政法队伍教育整顿动员部署会议精神,筹措安排资金支持做好教育整顿有关工作。加强和创新社会治理,支持完善省级12348热线平台建设,深化公共法律服务平台建设与应用,持续实施法律援助民生工程,加强司法救助工作。支持法院系统“两庭”建设。加强会商协调,推进省高院滨湖审判综合楼建设;筹措资金支持怀宁县法院启动审判法庭建设。做好疫苗质量安全监管经费保障工作,协调安排4300万元支持疫苗等生物制品特别是新冠病毒疫苗批签发能力建设,多渠道筹措1518万元支持保障新冠疫苗检验检测工作。联合省市场监管局、省药监局制定印发《安徽省食品药品监管补助资金管理实施细则(试行)》,并对《安徽省食品药品抽检经费管理办法》《安徽省食品药品安全监管城乡一体化建设项目资金管理办法》进行修订,规范资金使用管理,提高资金使用效益。助力知识产权强省建设,在知识产权保护方面加大资金投入,整合4500万元设立知识产权保护专项资金。支持质量提升质量强省建设,共投入9.6亿元支持省市场监管等部门履职尽责,统筹用于各项质量建设专项资金,持续支持实施商标战略、支持“安徽省政府质量奖”工程建设、深化标准化工作改革、支持食品安全民生工程等。支持国防及后备力量建设。根据中央、省国防领域财政事权与支出责任划分改革精神,会同省军区战备建设局、动员局和保障局赴部分市县开展民兵教育整顿、专武干部队伍建设等专题调研,了解掌握国防领域财政事权和支出责任划分改革,以及民兵事业费管理使用情况等,形成《关于进一步加强民兵事业费管理的通知》和《安徽省基础专武干部队伍建设调研报告》,支持民兵编组、训练演练、战备执勤,以及民用资源征用、基层武装工作等,得到财政部国防司领导认可。

【为部门群众办实事】落实“我为群众办实事”要求。落实解决合肥主城区外驻肥监狱单位货币化补贴,提出分时间段、多渠道解决,节约省财政资金近5亿元,并与省司法厅、省监狱局等部门形成会议纪要固定下来。支持法律援助民生工程和“12348”公共法律服务热线平台建设。为更好地满足人民群众多元化的司法需求,提供更好法律援助服务,会同省司法厅相关处室赴淮北市、宿州市等地调研,了解掌握实际需求,并形成专题调研报告,拟从2022年开始,法律援助民生工程补助标准1000元调整至1100元,全省增加支出近千万元。同时,持续支持“12348”公共法律服务热线平台建设运行,全省居民可通过服务热线,免费享受法律咨询、法律援助、纠纷调解、司法鉴定和公证等法律服务。

教科文处工作概述

【概况】2021年,教科文处坚持以习近平新时代中国特色社会主义思想为指导,全面贯彻落实党的十九大和十九届历次全会精神,在省财政厅党组的坚强领导和驻厅纪检监察组的有力监督下,围绕科技自立自强、建设高质量教育体系、繁荣文化事业和文化产业,落实财政政策,加强统筹保障,提升资金绩效,完成全年工作目标任务。

【加强政治思想建设】贯彻中央部署,组织支部党员以更高标准、更严要求,深入学习习近平新时代中国特色社会主义思想,不断提高政治判断力、政治领悟力、政治执行力,确保党中央、省委关于财政以及教科文等工作部署要求落到实处。严格遵守政治纪律政治规矩,落实厅党组意识形态工作有关要求,加强对支部工作微信群管理,坚决抵制错误思想和言论。聚焦教育公平优质、科技自立自强、文化繁荣创新,不断增强服务本领,提高推动高质量发展的政治站位和履职能力。深化创新理论学习,全年组织集中学习33次、专题研讨9次、撰写学习心得体会18篇。深化党史学习教育,开展纪念建党100周年活动和学习先进典型教育,建立涵盖5个项目的《“我为群众办实事”重点民生项目清单》,开展惠农财政补贴资金滞拨闲置等突出问题专项整治。持续开展党风党纪教育和廉洁从政教育,加强党员干部思想建设,全年召开支部党员大会5次、支部委员会13次、组织生活会2次,讲党课4次。

【加强为民服务】严格遵守厅信访工作管理相关要求,办理信访意见建议,依据政策法规和有关规定做好答复解释工作,全年共处理群众来信来访事项4次,办理网友留言107条。以开展“财政机关接地气、年轻干部走基层”活动为契机,制定《教科文处党支部“基层观测点”工作方案》,选取义务教育学校作为观测点,安排包点干部全年深入学校4次进行沟通交流,面对面听取意见建议。发挥党员模范带头作用,包保推进滁州市预算管理一体化工作,助力滁州市如期上线应用;全年主动上门会商60多次,及时将财政政策要求、预算采购管理制度等传递预算部门;赴包河区常青街道淝南社区慰问老党员,主动联系颍东区吴寨村结对帮扶对象,了解日常生活实际困难，共同商量帮扶措施，用行动为民办实事。

【强化监督管理】完善监督制度，制定《教科文处党支部班子工作作风建设制度》《教科文处党支部班子廉洁自律建设制度》《教科文处“三重一大”事项民主决策实施细则》等，修订《教科文处内部控制操作规程》。严实监督举措，开展新一轮深化“三个以案”警示教育，注重用身边事教育身边人。全处党员签订党风廉政建设责任书，用好监督执纪第一种形态。落实中央八项规定精神及省委实施细则，按要求通报违反中央八项规定精神典型问题，在重大节假日前常态化提示提醒。抓好问题整改，按照厅党组和驻厅纪检监察组关于巡察整改工作要求，对照党组政治巡察反馈中涉及的基层党建工作问题和2020年度组织生活会、党史学习教育查摆的问题等，制定问题清单、任务清单、措施清单和责任清单，检视支部存在的薄弱环节和问题短板。

【支持科技自立自强】强化国家战略科技力量，提升科技创新策源能力，安排18.6亿元，高水平建设合肥综合性国家科学中心，加快建设能源、人工智能、大健康研究院，集群化布局托卡马克、聚变堆等大科学装置，支持32家省实验室和省技术创新中心持续稳定发展。推进创新型省份建设。统筹13亿元，支持引导企业加大研发投入，开展重大关键核心技术攻关，促进科技成果转化产业化，支持开展农业等领域公益性研究。创新支持方式，继续出资科转基金、科技担保、高层次人才团队，形成“资金+市场+金融+企业”多重驱动创新格局。财政部来皖专题调研，对安徽省引导区域科技创新能力给予肯定。推动科技成果转化应用，助力做大做强安徽科技大市场，把更多创新成果就地转化为现实生产力，加快推动科技创新“最先一公里”和成果转化应用“最后一公里”有机衔接。促进科技成果转化引导基金融入十大新兴产业基金体系，健全省级科技信贷风险补偿机制，完善科技金融服务体系。深化科技体制机制改革，围绕“量子计算”“半导体芯片”等领域，实施9项“揭榜挂帅”科技攻关，解决制约战兴产业发展关键核心技术难题。最大限度赋予科研人员经费使用自主权，在75项省自然科学基金杰青和优青项目中率先开展经费包干制试点。改革完善财政科研经费管理，坚持“放”到位、“管”精准、“服”到点子上，加大科研人员激励力度。

【支持教育发展】落实教育优先发展战略，推进教育领域经费直达机制，实施动态监控，加强教育支出跟踪调度，全年全省财政教育支出1315.7亿元，较上年增加53.8亿元。统筹9亿元，推进两项中央巡视整改任务，中职学校办学条件不达标占比由51%降至27%，高中大班额占比控制在国家规定的5%以下。代省委、省政府起草《关于加大教育投入推进教育高质量发展的意见(送审稿)》，推动教育经费投入与经济社会发展和财力水平相匹配。推进基础教育普及发展，统筹9.6亿元，支持新建改扩建公办幼儿园299所，扶持普惠性民办幼儿园，提升普惠性幼儿园覆盖率。统筹100亿元，落实城乡义务教育经费保障机制政策，提高营养餐补助标准，支持义务教育薄弱环节改善与能力提升，支持建设智慧学校264所。设立教育督导评价奖补资金，建立以工作绩效为导向的资金分配奖励激励机制。支持高等教育内涵发展，统筹资金22亿元，重点支持省属本科高校高峰学科建设，支持安徽大学“世界一流学科”建设。安排2.5亿元，支持中国科学技术大学、合肥工业大学“双一流”建设。统筹14.9亿元，推进高职院校特色发展，支持实施高职扩招、“学历证书+职业技能等级证书”制度、中国特色高水平高职学校和专业建设等各项改革任务。加强师生待遇政策保障，统筹6.8亿元，支持实施特岗教师计划、落实乡村教师生活补助政策，提高师范专业生均拨款标准等，改善乡村教师队伍结构。统筹45.9亿元，支持保障高校、中职和普通高中学生国家助学金按时发放，按规定对基层就业予以学费补偿，实现建档立卡贫困家庭经济困难家庭学生资助全覆盖。

【支持文化事业产业发展】推进重大宣传文化项目建设，安排3.6亿元，支持重大宣传任务和加强思想政治工作，支持国有文艺院团改革、媒体深度融合发展等。统筹2000万元，支持围绕建成全面小康社会和建党一百周年文艺创作和展陈、展演活动。统筹资金、资产、资源，推进省档案馆、省地方志馆、省美术馆三大文化场馆基本落成。推进公共文化服务体系建设，统筹5亿元，重点支持中央广播电视无线覆盖、公共数字文化建设等，提升基层综合性文化服务中心功能。统筹4.2亿元，实施文化惠民工程，推动全省1840个公共文化场馆、体育场馆免费低收费开放，支持在1.5万个行政村开展送戏进万村等农村文化建设活动。全省62个县应急广播体系建成应用。统筹1.1亿元，支持旅游宣传、旅游公共服务设施提升等，促进全域旅游发展。完善体彩公益金资金管理办法，统筹9.9亿元用于推动体育强省建设。助力优秀传统文化传承发展，统筹3亿元，实施53项国家级和省级文物保护项目，资助98名国家非遗传承人和631名省非遗传承人开展传习活动，支持非物质文化遗产保护，推进徽州文化生态保护实验区建设。统筹3300万元，支持独山和金寨革命旧址等国家级和省级革命文物保护单位修缮、展示，做好红色资源保护利用。推动组建省文创基金，落实省委省政府关于大力发展十大新兴产业决策部署,统筹省级文化强省建设专项资金,引导社会资本参与,率先组建安徽文化和数字创意产业投资基金。

经济建设处工作概述

【概况】2021 年,经建处紧扣财政中心工作和省财政厅党组决策部署,坚持党建引领,落实更加积极有为的财政政策,支持统筹推进经济社会高质量发展,完成各项工作任务。

【支持重大基础设施建设】积极争取中央基建资金。累计争取中央基建和交通建设类资金 310.37 亿元,支持国家水网骨干工程、双创支撑平台、重点地区转型发展等"两新一重"项目建设,以及公路、铁路、港航、民航等交通建设。加大省级资金投入力度。安排重点水利工程专项资金 35 亿元,支持引江济淮、淮河干流行洪区整治等重点项目建设。安排燃油税对下转移支付、国省干线建设等资金 88 亿元,累计注资省港航集团、交控集团、投资集团 38.5 亿元,支持补齐交通基础设施建设短板。安排省统筹基建资金 15 亿元,支持公益性、服务业和政法基础设施等项目建设。利用债券加大投资。发行政府专项债券 61.2 亿元,拓宽融资渠道,有效注资支持引江济淮、新桥机场二期改扩建、池黄高铁等重大项目建设。

【推动新兴产业高质量发展】建立省市合力支持产业发展新机制,统筹安排"三重一创"资金 57 亿元,支持全省新兴产业集聚发展。完成现有框架下"三重一创"基金 100 亿元出资任务,母基金直投项目 7 个,由"三重一创"基金认缴 2 亿元发起设立了首期总规模 150 亿元的新材料产业基金,不断放大财政资金的杠杆效应。争取中央新能源汽车推广应用和新能源公交车运营补贴资金 26 亿元,支持培育新能源汽车世界级战略性新兴产业集群。安排军民融合专项资金 1.2 亿元,支持军民融合产业基地、科技协同攻关项目建设。深度参与江淮前沿中心、北斗示范工程等一批重点军民融合项目落地安徽。安排省级特色小镇建设资金 5 亿元,支持培育 25 个微型产业集聚区。研究拟订十大新兴产业推进组专班经费管理办法,服务保障"双招双引"工作。

【助力落实重大区域政策】安排皖北地区高质量发展资金 7.8 亿元、江北江南产业集中区资金 2.5 亿元,支持打造皖北产业承接平台,推进江北、江南新兴产业集中区建设提质增效,助力"五个区块链接"。安排县域经济、开发区考核奖励 9400 万元,激励引导县域经济高质量新发展。探索财政支持开发区建设政策,王清宪省长对厅调研报告作出重要批示。围绕推进长三角一体化,推动出台省际毗邻地区新型功能区、省际产业合作园区建设等政策。谋划制订"十四五"援藏援疆财政保障措施,安排援藏援疆资金 5.64 亿元,落实新时代国家援藏援疆战略。

【助推提升城市能级】落实省委、省政府关于"推广合肥模式、打造安徽样板"的部署要求,制定资金保障方案,支持城市生命线安全工程和省级监管平台建设,副省长周喜安予以批示肯定。安排中央及省级城建资金 28.8 亿元,支持老旧小区、棚户区改造等城市更新行动。推荐马鞍山市申报系统化全域推进海绵城市建设国家示范,获得中央财政补助 10 亿元。争取中央城市管网及污水处理补助资金 7 亿元,支持宿州、马鞍山、芜湖黑臭水体治理示范城市建设和合肥地下综合管廊试点建设。

【保障粮食能源安全】争取中央产粮大县奖励资金 35.87 亿元,用于安徽省 59 个产粮大县、13 个超级产粮大县财力补助和扩大粮油生产。争取中央生猪调出大县奖励、棉花补贴 4.4 亿元。安排 5.4 亿元保障省级储备粮油存储和轮换。安排资金 1.1 亿元支持深化优质粮食工程。围绕粮食购销领域财政资金保障、资金监管、履职尽责中的作风问题和腐败问题,组织全省财政系统全面自查自纠。通过省级直接抽查和委托第三方机构检查相结合的方式,对全省 16 个市开展全面督导。统筹中央清洁能源发展专项和省节能与生态建设专项等资金 1.5 亿元,支持非常规天然气开采利用、绿色发展试点示范等。组织 24 个项目申报生物质发电中央补贴资金。

【牵头抓总落实重点工作】负起牵头责任,抓总推进落实厅迎接国务院第八次大督查、"三地一区"建设、重大政策跟踪审计、"四最"营商环境、双招双引、诚信体系建设和五大发展行动计划,以及其他领域建设资金突出问题专项排查等重点工作任务。

农业农村处工作概述

【概况】2021 年,在省财政厅党组坚强领导下,农业农村处坚持以党建为引领,深化党史学习教育,弘扬伟大建党精神,聚焦聚力"巩固拓展脱贫攻坚成果""全面推进乡村振兴"两大重点任务,持续改进和加强支农工作。先后荣获党中央、国务院表彰"全国脱贫攻坚先进集体",荣获省委表彰"安徽省先进基层党组织",被财政部评为 2020 年度财政资金扶贫资金绩效"好"等次、水利发展资金绩效优秀等次。

【加强支部建设】突出思想武装,通过每月汇集学习资料、投影式集中学习等多种形式,引导党员干部深入学习习近平总书记关于全面从严治党重要论述、关于“三农”工作重要论述等,衷心拥护“两个确立”,忠诚践行“两个维护”。突出固本强基,落实落细党建工作任务,按程序增补支部委员,加强党员干部日常监督管理。坚持个人月计划、月小结、班子成员月点评工作制度。以入选省直机关“领航”计划示范库为契机,着力把支部打造为政治学习的阵地、思想交流的平台、党性锻炼的熔炉。全年召开党员大会5次、支委会18次、党课4次、谈心谈话50次。突出正风肃纪,落实全面从严治党和党风廉政建设“两个责任”、领导干部“一岗双责”,明确各支委职责。贯彻落实中央八项规定精神、省委实施细则及厅党组实施办法。完成惠农财政补贴资金滞拨、闲置等突出问题专项整治,解决群众“急难愁盼”问题。

【健全巩固拓展脱贫攻坚成果政策体系】保持工作机制衔接,主动适应工作重心转移,成立厅主要负责同志任组长、相关负责同志任副组长、有关处室为成员的财政支持乡村振兴领导小组及办公室。针对人员轮岗变动的情况,加强培训指导和调查研究,压实市县主体责任。保持财政政策衔接,根据过渡期新形势新任务,研究出台《安徽省财政衔接推进乡村振兴补助资金管理办法》《安徽省延续执行涉农资金统筹整合试点实施细则》,明确过渡期政策,调整优化衔接推进乡村振兴补助资金使用,逐步提高用于产业发展比重,统筹兼顾脱贫地区和其他地区均衡协调发展。保障财政投入衔接,落实“四个不摘”要求,全省投入衔接资金 166.7 亿元,比上年增长2.8%。继续在原国家级贫困县开展涉农资金整合试点,全省20个试点县整合资金92.4亿元。

【严守“粮食安全”底线】推进高标准农田建设,在全省高标准农田建设任务500万亩同比增长32%的情况下,省财政通过统筹农田水利“最后一公里”、统筹土地出让收入等措施,将亩均投入标准从1500元提至2250元。支持打好种业翻身仗,参与研究安徽省种业振兴方案,在争取中央资金0.78亿元的基础上,省级新增现代种业发展资金1亿元,重点支持实施农业种质资源收集保护、良种联合攻关、公共检测鉴定平台能力提升及种子质量安全保障行动等。保障做好粮食生产防灾减灾,多渠道筹集资金1.7亿元,引导撬动市县投入3.4亿元,支持全省防控小麦赤霉病。争取中央农业生产救灾资金5000万元,支持开展秋粮“防病虫、促早熟”等相关工作。保护种粮农民积极性,拨付耕地地力保护补贴71.2亿元、稻谷补贴14.4亿元、农机购置补贴9.3亿元,积极应对农资价格上涨,指导市县依规及时发放补贴资金12.2亿元。

【培育“产业发展”动能】支持绿色优质农产品,支持长三角绿色优质农产品“158”基地,支持探索开展“连栋温室农机新产品购置补贴试点”。在编制2022年预算时,会同省农业农村厅主动调整原省级农业产业化资金,采取补助改基金方式,支持绿色食品产业发展。推进农业产业延链补链,省财政通过优化支出结构支持创建省级现代农业产业园,协同省农业农村厅争取国家产业集群1个、产业强镇13个、国家现代农业产业园1个,争取中央资金2.4亿元。繁昌区、阜南县、天长市入选首批国家现代农业示范区。发挥科技对农业支撑作用,逐步理顺农业科技创新、转化、推广的逻辑关系,加大科技成果转化力度。投入专项资金4000万元,创新项目资金分配方式,通过省农科院依托科技联盟开展15项科技成果转化。推深做实全省农业信贷担保体系,围绕缓解农业经营主体融资难、融资贵的问题,指导省农担公司创新产业链生态担保模式,转发省农担公司“党建引领·码上办”金融服务行动方案,做大业务规模,全省新增担保额134.4亿元,同比增长50.1%。

【补齐“人居环境”短板】继续支持实施新一轮美丽乡村建设,参与研究《安徽省美丽乡村建设“十四五”规划》,省财政拨付资金10亿元,支持767个美丽乡村省级中心村建设。巩固深化农村厕所革命,围绕高质量推进“十四五”农村厕所革命,适当加大省级支持力度,将改厕的省级补助标准提至500元/每户。加快补齐农村水利短板,落实国务院及省政府有关要求,支持对现有小型病险水库动态清零,在争取中央项目资金1.58亿元的同时,从2021年起,对未纳入国家补助范围的小型病险水库,省财政补助50%。成功推荐霍山县、黟县入选2022年国家水系连通及水美乡村建设试点县。

【推动科学化精细化管理】健全管理制度办法,制定修订《安徽省农田建设补助资金管理实施细则》《安徽省长江流域重点水域禁捕奖补资金管理办法》《安徽省省级水利工程运行维护经费使用管理办法》《关于实施渔业发展支持政策推动渔业高质量发展的通知》等,进一步规范资金使用。加强预算执行管理,会同农口部门常态化加强农林水支出调度,执行定期统计分析通报制度,督促市县加快支出进度。全年全省农林水支出943亿元,增长2.1%,高于全国平均水平增幅9.6个百分点。加强支农政策研究,全面参与制定“十四五”涉农领域相关专项规划,研究提出财政政策。组织开展财政支持农业产业化资金、全省土地出让收入用于农业农村、安徽省农业产业化基金运行现状及设立乡村振兴基金、财政支持农业科研资金等专题研究。会同省农业农村厅拟定《调整完善土地出让收入使用范围优先支持乡村振兴的实施方案》,上报国家部委。

社会保障处工作概述

【概况】2021 年,社保处深入学习贯彻习近平新时代中国特色社会主义思想,全面落实省委省政府和省财政厅党组部署要求,围绕基层党组织建设和财政社保事业发展两大核心任务,坚持高起点谋划、高标准推动,坚持统筹兼顾、突出重点,完成年内各项工作任务。落实鼓励和支持就业创业工作获国务院通报激励,困难群众救助绩效考核工作连续 7 年被评为“优秀”等次。

【加强政治建设】始终把党的政治建设摆在首位,履行党建工作主体责任和第一责任人责任,全面落实习近平总书记系列重要讲话指示批示精神和党中央重大决策部署,遵守党的政治纪律和政治规矩,树牢“四个意识”,坚定“四个自信”,做到“两个维护”,不断强化“财”自觉服从服务于“政”的意识。

【加强思想建设】强化理论武装,通过支部学习会、主题党日、主题辅导报告等多种形式,深入系统学习习近平新时代中国特色社会主义思想和党的十九届历次全会精神,开展“四史”学习教育,不定期督导学习进度。全年支部共开展集体学习 41 次,开展交流研讨 13 次。创新自选动作,重温入党誓词,开展红色宣讲。

【加强组织建设】坚持以党建工作为引领,按照支部书记“一岗双责”要求,以身作则,率先垂范,实行支委分管负责,坚持民主集中制原则,不断增强支部战斗力、凝聚力、向心力。制定支部党建工作计划,落实“三会一课”、组织生活、谈心谈话等制度,开展“双争一创”行动,推进模范机关建设。按月交纳党费,全年共召开 7 次党员大会、12 次支委会、4 次党课、12 次主题党日。

【加强作风建设】认真贯彻落实中央八项规定精神、省委实施细则和厅党组实施办法,主动上门会商,协调沟通,注重调查研究,开展“我为群众办实事”,解决灵活就业人员参加企业职工养老保险、机关事业单位和企业人员养老保险断缴补缴等问题。与颍东区吴寨村开展双包帮扶活动,组织党员赴三孝口街道城隍庙社区开展党员进社区报到服务工作。赴阜阳、宣城等地开展“走基层、访一线、服务五大发展行动”主题调研,撰写的《财政支持社会保障事业发展调研报告》获省直工委 2021 年度省直机关青年党团员调研实践活动成果二等奖。

【加强廉洁建设】落实中央纪委国家监委、省纪委监委及驻厅纪检监察组的部署要求,带头遵守党规党纪,落实个人重大事项报告制度,运用“四种形态”特别是第一种形态,对苗头性、倾向性问题早提醒、早纠正。组织支部党员观看警示教育片,用身边人身边事等典型案例教育党员引以为戒,时刻绷紧纪律之弦,筑牢拒腐防变的思想防线。

【推进就业保障工作】贯彻落实“六稳”“六保”工作部署,健全完善稳定和扩大就业政策措施,多措并举支持市场主体稳定,促进高校毕业生就业,强化困难群体就业帮扶,支持创业带动就业,研究新一轮“创业江淮”行动计划,打造创业领航、皖厨创业等八大工程。全年累计下达稳就业资金 30.8 亿元,落实鼓励和支持就业创业工作获国务院通报激励。

【推进人才引进培训培养】围绕新时代“江淮英才计划”和技工大省建设工程,加大资金统筹和政策落实力度,强化专业技能人才引进培养和技工人才培训工作。安排省人才专项资金 6262 万元,支持推进博士后人才引进培养、省学术技术带头人及后备人选科研资助等项目实施。支持实施职业技能提升行动,切实缓解结构性就业矛盾。下达高校毕业生“三支一扶”计划资金 8024 万元,强化专业技能人才引进培养培训工作,加强基层人才队伍建设。

【推进健康安徽建设】把人民健康放在优先发展的战略地位,全省财政统筹安排疫情防控资金近 44 亿元,拨付疫苗采购和接种经费 59.6 亿元,做好疫情常态化防控财政保障。统筹运用床位定补、中央和省级专项补助,多渠道支持公立医院高质量发展,重点支持学科建设、高层次人才引进培养,促进医疗资源提质扩容。加强公共卫生体系建设,统筹安排资金 44.6 亿元,将基本公共卫生服务财政补助标准提高至 79 元/人。拨付城乡居民基本医疗保险补助资金 304 亿元,将补助标准提高至 580 元/年。创新改革举措,强化政策支持,发展普惠托育服务,推进三孩生育政策在安徽省平稳实施。统筹安排资金 7.4 亿元,落实计划生育家庭奖扶、特扶制度,提高计划生育特殊家庭扶助金标准,不断改善计划生育困难家庭生活水平。

【提高社会保障水平】完善社会保障体系建设,健全分层分类的社会救助体系,应对人口老龄化。强化困难群众兜底保障,动态调整城乡低保标准,全年下达省以上困难群众救助补助资金 77.8 亿元。健全完善养老服务政策体系,落实特殊困难老人帮扶政策,累计下达省以上养老服务保障资金 4.19 亿元,支持推动全省养老服务提质增效。加快退役军人保障体系建设,第 17 年提高优抚对象抚恤和生活补助标准,拨付优抚对象抚恤和生活医疗补助资金 26 亿元,保障 45 万优抚对象待遇落实,增进优抚对象的幸福感和获得感。落实惠残助残政策和残疾人两项补贴,统筹安排省以上残疾人事业发展补助资金 4.2 亿元，支持做好残疾人帮扶工作。

【强化社保基金管理】完善制度体系，强化资金保障，建立更加公平更可持续的社会保障制度。全年拨付各类社保基金中央及省级财政补助资金 733 亿元，推动各险种待遇支出按时足额发放。加强对社保基金运行情况的全方位监管，强化社保基金预决算部门间会审工作，提高全省预决算编制的准确性。开展城乡居民基本养老保险委托投资运营和企业职工基本养老保险竞争性存放，基金竞存收益达 34 亿元，实现社保基金保值增值。

自然资源和生态环境处工作概述

【概况】2021 年，在省财政厅党组坚强领导和驻厅纪检监察组监督指导下，资源环境处按照全面从严治党总体部署和厅“建设模范机关”、“双争一创”领航计划具体要求，履行“一岗双责”，推进支部标准化建设和党建提升行动，深入学习贯彻习近平生态文明思想，践行绿色发展理念，扛起财政服务保障生态文明建设的政治责任，坚持党建与业务“两手抓”“双促进”，提升工作效能和服务水平。

【推进支部建设】深入学习贯彻习近平新时代中国特色社会主义思想，特别是习近平生态文明思想，跟进学习习近平总书记关于“双碳”战略、绿色发展等一系列重要论述，依托学习强国、党员讲党课等方式，开展微宣传、微教育、微党课，倡导“日积满分、月读一书、季上一课”，全年集中学习 48 次，专题研讨 11 次。坚持书记带头、班子示范、全员跟上，推进支部建设。规范支部“三会一课”，全年召开党员大会和支部学习会 45 次、支委会 3 次，支部书记上党课 4 次，开展廉政集中谈话 10 次，全员签订党风廉政建设责任书。采取“走出去、引进来”等方式创新开展主题党日，与联系部门单位开展支部共建，在共同开展主题党日中实地走访调研、宣传财政政策。坚持党史学习教育和“四史”宣传教育常态化学习，引导党员干部树立正确党史观，深刻领悟“两个确立”“两个维护”的重大意义，在常学常新中坚守初心使命、筑牢思想根基。牵头财政厅污染防治和生态文明建设领导小组办公室工作，协调召开领导小组全体会议及专题会议，主动跟进抓好落实。

【争取试点规模】围绕污染防治、生态文明建设两大重点任务，主动适应污染防治攻坚新形势新任务新要求，落实污染防治财政保障政策。通过竞争性评审，巢湖流域国家山水林田湖草沙一体化保护修复试点工程（中央财政奖补 20 亿元）列入全国首批 10 个试点项目之一，池州市获得首批中央财政支持国土绿化试点示范项目（中央财政奖补 1.5 亿元），年度争取中央资金规模创历史新高，试点项目受到各级广泛关注。

【强化财政支持保障】安排生态环保类支出近 60 亿元，支持做好财政资源环境工作。统筹安排 7.3 亿元、10 亿元、0.7 亿元支持打好蓝天、碧水、净土污染防治攻坚战。统筹资金 9 亿元支持水清岸绿产业优美丽长江经济带建设。拨付林业转移支付资金 17.3 亿元，支持安徽省创建全国首个林长制改革示范区。统筹安排自然灾害救灾资金 3 亿元，支持受灾群众冬春临时生活困难救助和灾害防治体系建设。安排消防应急救援装备专项资金 5000 万元，加强消防救援队伍能力和装备建设，支持消防救援事业发展。

【推动建立完善机制】加强与浙江省沟通衔接，延续新安江流域第三轮生态补偿，共同推进新安江-千岛湖生态补偿试验区建设。推广“新安江”经验，持续实施皖苏滁河流域生态补偿、大别山区水环境生态补偿和全省地表水断面生态补偿，探索建立长江干流皖赣、皖苏段生态补偿机制。安排 1 亿元支持省级山水林田湖草生态保护修复治理试点，鼓励市县财政和社会资本投入。贯彻落实“田长制”耕地保护补偿激励机制，出台《安徽省耕地保护补偿激励及专项资金管理办法》。构建市场化多元化投入机制，向国家绿色发展基金推介绿色项目 128 个，持续跟踪跟进重点项目 15 个。修订《安徽省水清岸绿产业优美丽长江（安徽）经济带财政专项引导资金管理办法》，完善财政支持长江经济带生态保护修复政策体系，推动长江流域水质持续好转。

企业处工作概述

【概况】2021 年，企业处全面贯彻落实新发展理念，坚持积极财政政策更加积极有为，围绕财政中心工作，坚持党建统领，对标学习沪苏浙，实现“十四五”财政企业工作良好开局。

【加强支部建设】强化支部政治功能，注重学习效果，组织“分享党史故事、坚定理想信念”活动，主题党日联合省经信厅装备处、厅民生办党支部开展“走访服务企业、重温红色记忆”活动，支部书记主讲“常学常新、苦干实干”专题党课，引导党员干部深入交流，推动党史学习教育走深走实。注重巡察整改，实行清单管理，一项一项抓落实。注重凝聚力量，抓住关键时间节点开展谈心谈话，交流思想，凝聚共识，做到“谈心、交心、知心、同心”。注重廉政建设，每逢节假日和重大活动，支部书记、支部纪检委员及时跟进，对全体同志开展廉政提醒。运用监督执纪第一种形态 1 次，做到抓早抓小、防微杜渐。修改完善 30 项内部控制操作规程,扎牢规范管理制度笼子。

【支持实体经济发展】支持制造强省建设,优化和稳定产业链供应链,激发市场主体活力,协同完善制造强省政策体系,出台《支持工业互联网发展若干政策》《关于推广亩均效益评价的工作意见》等系列政策,突出省级支持重点,调整优化制造强省建设系列政策资金使用方向,奖补条款较上年减少50%,提高政策聚焦度。兑现落实系列政策,统筹安排制造强省建设系列政策资金30.69亿元,惠及3515个项目,较上年减少16%,聚焦支持制造强省、中国声谷、工业互联网等产业发展,推动安徽省制造业加速向数字化、网络化、智能化发展。安徽省智能语音、玻璃新材料创新中心获批国家制造业创新中心,数量位居全国第二、中部第一、长三角第一,获国家支持资金3.5亿元。建立完善"专精特新"梯次培育体系,统筹安排省中小企业(民营经济)发展资金,奖补874个项目4.73亿元;争取国家"专精特新"中小企业高质量发展奖补资金1.33亿元,支持50户重点"小巨人"和25个公共服务示范平台建设,助力做大做强"专精特新",增强产业韧性,提升产业链水平。2013—2021年,累计培育省级"专精特新"中小企业3218户、专精特新冠军企业201户、国家小巨人企业229户。加大小微企业融资支持力度,贯彻落实国家小微企业融资担保业务奖补政策,争取中央资金2.63亿元,奖补139家担保机构,进一步引导融资担保机构降低担保费率、扩大担保业务。协同开展省中小企业(专精特新)发展基金母基金直投工作,拟投资12家企业3.9亿元。持续优化发展环境,常态化开展"四送一服"工作,牵头省第八工作组两次赴滁州市开展集中月专项行动,联合市县走访调研企业7191家,召开线上线下政策宣讲会1387场,开展各类要素对接活动428场,解决资金88亿元、用工25662人、土地9663亩。办理3件次"四送一服"平台企业诉求。编发《2021年安徽省省级财政惠企政策指南》,助力"双招双引",精准服务企业。做好防范和化解拖欠中小企业账款工作,宣传省清欠工作政策。

【支持稳外贸稳外资】贯彻"三地一区"建设战略部署,以安徽自贸试验区体制机制创新为引领,优化政策供给体系,增强财政服务保障开放发展的能力和办法,把握省自贸试验区的战略定位和建设内容,聚焦财政职责和重点任务,统筹安排自贸区建设专项资金5000万元,支持保障自贸试验区重点业务开展,激励体制机制创新;出台资金管理办法,规范专项资金使用管理。参与《关于以中国(安徽)自由贸易试验区建设为先导打造具有重要影响力改革开放新高地的意见》等文件制度拟定,进言献策,发出财政声音。调整优化支持政策,统筹安排外经贸发展资金5.96亿元,兑现16类项目、涉及2398家外向型市场主体,支持多元化开拓国际市场,完善出口企业信用保险政策,加强外贸平台载体建设,促进跨境电子商务发展,培育外贸新业态新模式,增强安徽省外经贸发展后劲。有序开展境外投资合作,鼓励有实力的企业"走出去",支持对外承包工程和对外劳务合作。统筹安排外资激励专项资金2000万元,支持稳定利用外资规模、提升外资质量效益、新设重大外资企业等。安徽省全年外贸进出口总额1050亿美元,同比增长35%,居长三角首位。支持搭建高水平对外交流平台,统筹安排资金5846万元,支持举办2021世界制造业大会、"天下徽商"圆桌会议以及省本级组团参加进博会、中博会等国内重大经贸展会活动,努力将"世界制造业大会"等重大展会打造成为展示安徽、宣传安徽的重要窗口和"双招双引"的主要阵地,推动安徽省会展产业健康发展。

【畅通商贸流通内循环】以农村电商为抓手,推进安徽省农产品供应链体系建设,优化城乡消费环境,扩大内需促消费。实施农村电商民生工程,安排1.56亿元专项资金支持农村电商发展,争取将金寨、霍山、固镇等8县纳入国家农村电商综合示范,获得中央服务业资金1.4万元,推动农产品上行和工业品下乡,促进农村消费扩容提质。优化群众消费环境,兑现省级流通业专项资金6300万元,推动农贸市场(菜市场)、城乡商贸物流设施、特色商业街区等升级改造,完善商贸流通基础设施,鼓励连锁便利店、"老字号"等企业发展,加强商业品牌建设,培育壮大市场主体。争取中央服务业发展专项资金1.4亿元,推动安徽省农产品供应链体系建设,支持升级改造公益性农产品批发市场、发展农产品冷链物流、加强产地流通设施建设、完善农产品零售网点、强化产销对接长效机制等。

【推动国资国企改革】推进国企改革三年行动方案,深化国资国企改革,解决国有企业历史遗留问题,加强省属企业资本化证券化研究,保障国有企业退休职工权益,支持安徽省国有经济高质量发展,28户省属国有企业主要经济指标保持两位数增长,巩固全国第一方阵、中部领先地位。支持推动国有资本布局优化,开展部分国有资本划转社保基金工作,确认全省符合划转条件的企业55户,应划转国家资本总额141亿元,其中,23户省属企业完成国有产权变更,古井集团、全柴集团等7户市县企业完成工商变更,其余市县属企业陆续办理工商变更登记。加强国有企业布局优化和结构调整政策研究,支持推进国有企业资本化证券化,新增华塑股份、安徽建筑设计研究总院2家公司上市,省属国有控股上市公司增至22家。配合省直有关部门推动省交控集团、省能源集团改组为平台公司试点。解决国有企业历史遗留问题,完成省属企业职工家属区“三供一业”分离移交,下达清算资金1.25亿元,完成24户企业集团64.6万户水、电、气、物业改造移交,改善职工生活条件,减轻企业负担。统筹下达资金4360万元,解决淮北矿业集团去产能遗留问题,保障杨庄煤矿分流安置3662人切身利益。推动中煤矿建分离办社会补助基数重新分配,将在职教师补助部分划给宿州市,退休人员继续拨付到中煤矿建集团,理顺资金保障渠道。

【做好民生相关工作】落实库区移民政策,主动对接财政部和省水库移民局,拨付扶持资金18.53亿元,保障119万库区移民直补发放和扶持项目实施,强化资金绩效管理,稳定库区移民生活补助,助力库区和移民安置区实施乡村振兴战略。维护国有企业退休职工利益,安排资金8569.7万元补齐全省1.2万国有企业职教幼教退休教师与本地同类人员待遇差额,保障其生活待遇不低于当地同类人员水平。推进全省36.4万国有企业退休人员社会化管理工作,统筹中央和省级资金14263万元,支持各地做好退休人员管理服务工作。

(张铭)

金融处工作概述

【概况】2021年,金融处坚持以省委省政府重大决策部署为导向,落实省财政厅党组各项工作要求,围绕服务实体经济、深化金融改革、防控金融风险“三大任务”,持续推进财政金融基础工作、重点工作和难点工作,实现“十四五”良好开局。

【加强思想政治建设】认真学习习近平总书记在党史学习教育动员大会、庆祝建党100周年大会上的重要讲话精神,参加相关讲座、参观、测试等系列活动。围绕党史学习教育、十九届六中全会、省第十一次党代会精神等,开展专题研讨11次,撰写学习心得,深入交流思想。落实“三会一课”制度,召开支委(学习)会22次、党员大会5次,讲党课4次,多形式主题党日12次,多方面谈心谈话12人次。按时开好组织生活会,开展批评与自我批评,查摆问题6个,制定整改措施10条。

【加强廉政作风建设】履行“一岗双责”,签订党风廉政建设责任书,召开廉政专题会6次,纪检委员在12次支部会上强调廉政工作,日常和关键节点及时通报违规违纪违法案例及相关资料,警示大家遵规守纪、不触红线、把住底线。坚守政治纪律和政治规矩,如实报告个人有关事项,对照厅内处室单位巡察反馈意见,查找自身不足,弥补工作短板。根据厅党组关于开展新一轮“三个以案”警示教育部署,三赴蚌埠、安庆市及其所辖县区调研督导,提炼工作亮点、督促问题整改。践行中央八项规定,力戒形式主义、官僚主义,梳理“三查三问”“三个清单”,强化内控和效能作风建设。全年开展调研25次、52天,会商部门、基层、企业96次,回复网友留言6件,解决问题51个。主动接受机关纪委监督指导,层层压实责任,杜绝违规违纪情况。

【推进国金管理改革】拟定省级国有金融资本出资人职责实施方案、国金公司组建方案等报省政府。拨付资金35.6亿元、兑现奖励1.5亿元继续支持省级政府性投资基金体系建设,探索优化基金管理运行模式,会同有关部门研究拟定《省新兴产业引导基金组建方案》报省政府。制定出台省级国有金融企业股权董事选派管理等制度办法,首次实现向省属两家担保机构派驻股权董事。指导拟定并审核4市县高风险农商银行“一行一策”方案和清产核资、追责问责“两项报告”,研究拟定全省总方案上报,成功争取发行30亿元地方政府专项债补充银行资本金。安徽省地方金融企业财务报表工作连续10年获财政部优级表彰。

【推动农业保险发展】研究拟定并提请省政府办公厅印发《安徽省农业保险创新发展若干政策》,构建“一主三辅两叠加”农业保险新发展格局:三大粮食作物完全成本保险和种植收入保险政策深入落实,保险覆盖率97.1%,高居各省份之首;全国首推“防贫保”综合保险试点,省政府专报国办信息供领导参阅;全年农业保险保费收入45.2亿元,较上年(下同)增长36%,为1206万户(次)农户提供风险保障1455.7亿元,其中特色险占总保费比重26%,提高5.5个百分点。全年争取中央财政农业保险保费补贴资金17.7亿元,增加5.4亿元,增长44%,占中央财政补贴各省份总额的5.8%,居全国第6,上升2位。

【支持普惠金融发展】拨付省担保集团资本金13.8亿元(含9.8亿元南北共建园区资金)、担保风险补偿补助3.2亿元,支持开展担保业务773.2亿元,新增再担保业务976.3亿元,均居全国前列。争取国担基金对安徽省担保机构新增股权投资1.8亿元,与江苏并列第一;总投资增至3.57亿元,居各省份首位。优化企业上市激励政策,全年共为140家企业股改、挂牌、辅导备案、上市等兑现奖补资金1.25亿元,支持新增上市企业23家,居中部第一、全国第七。以落实创业担保贷款政策为抓手,参与“我为群众办实事活动”,全省新发放创业担保贷款73亿元,财政贴息7.33亿元,支持重点群体6万余人创业带就业。争取中央财政奖补资金8000万元,支持合肥蜀山区和滁州市开展城市金融服务综合改革试点。

乡村财政事务管理处工作概述

【概况】2021年,乡财处认真学习贯彻党的十九届六中全会和习近平总书记考察安徽重要讲话指示精神,贯彻落实中央经济工作会议和省第十一次党代会精神,围绕巩固拓展脱贫攻坚成果同乡村振兴有效衔接,坚持党建、党风廉政与业务工作目标同向、部署同步、工作同力。

【推进支部建设】强化理论引领,围绕学习党的奋斗历程和伟大成就等开展集中学习31次、专题研讨23次,结合党史学习教育,组织研读学习材料4本,开展知识测试5次,参加知识竞赛1次和党史学习教育专题辅导2次。加强组织建设,严格落实"三会一课"等组织生活制度,全年召开党员大会4次、支部会议22次、党课教育4次、组织生活会2次、民主评议党员1次。结合党员活动日、在职党员进社区,联合省委组织部农组处党支部赴中组部、财政部红色美丽村庄试点村瑶岗社区开展党史学习教育,组织党员干部赴渡江战役纪念馆感悟先烈精神,集体参观"初心映江淮——庆祝中国共产党成立100周年主题展"等展览。注重作风提升,压实党风廉政责任,常态化开展谈心谈话26次,主动运用监督执纪"第一种形态"1次。就落实中央巡视反馈问题整改有关事宜、村正职"一肩挑"考核激励试点工作等会商26次。配合省直效能办、厅信访办及时处理网友留言、群众来访,推动解决事关群众切身利益的信访问题19件。纪检负责同志对农村综合性改革试点试验申报等重点工作进行监督。做实会商调研,3次赴亳州、宿州开展新一轮深化"三个以案"警示教育调研督导,完成省委村级集体经济和农村集体产权制度改革2项督察任务,赴泗县、霍邱等县区开展扶持壮大村级集体经济、惠民惠农补贴资金"一卡通"管理发放等工作调研14次。结合调研,撰写《对推动村集体经济高质量发展的思考》在省委《江淮》杂志刊登。

【做好关键小事】深化"我为群众办实事"实践活动,聚焦群众天天有感的关键小事,在全国首创"安徽财政惠民惠农补贴(一卡通)二维码",凭一部手机,随时随地了解政策、查询资金,保障农民朋友的知情权、参与权、监督权,推动惠民惠农补贴"一卡通"管理工作在系统升级、便民服务、扩大影响等方面,向前迈进一步。同时紧盯规范管理,出台《关于进一步加强惠民惠农财政补贴资金"一卡通"管理发放工作的意见》和《安徽省省本级惠农补贴政策清单》等,推动惠民惠农政策真正落到实处。安徽省全年发放惠农补贴资金368.7亿元。

【服务中心大局】围绕产业兴旺、生态宜居、乡风文明、治理有效、生活富裕总要求,挖掘现有政策潜力,支持实施乡村振兴战略。增强村级集体经济实力,配合省委组织部、省农业农村厅指导各地进一步转变传统思维,创新发展模式,执行《安徽省扶持壮大村级集体经济资金管理办法》,完善村级集体经济发展资金分配、使用、监督等工作流程;安排中央及省级补助资金37020万元,支持1000个省级重点村发展壮大村级集体经济;组织开展扶持壮大村级集体经济第三方评估,推动村级集体经济发展工作强基础、补短板、破难题。截至年底,全省村均经营性收入35.5万元,经营性收入50万元以上强村1962个,占比12.3%,空壳村、薄弱村基本消除。改善农村人居环境,发挥农村公益事业财政奖补机制和平台作用,强化项目资金监管,健全完善工作机制,下达中央及省级财政补助资金104073万元,规划建设村级公益事业项目近6000个。提升村级组织保障能力,做好"六稳"工作,落实"六保"任务,安排171673万元保障全省1.5万多个行政村、近10万名在职村干部报酬,以及近40万离任村干部生活补助正常发放,以财政投入为主的稳定的村级组织运转经费保障制度基本形成。完成省委重点督察任务,落实省委深改委重点改革督察安排,完成村级集体经济和农村集体产权制度改革2项督察,推动中央及省委全面深化改革重大决策部署落实。

【夯实管理基础】加强乡镇财政建设,抓好财政资金规范管理使用,夯实基层基础。推动各地落实《关于加强乡村财政事务管理深入推进农村综合改革的意见》等,健全乡镇财政权力责任服务"三个清单",加强内控制度建设,推进乡镇涉农资金信息公开。推进绩效管理,出台《推动红色村组织振兴建设红色美丽村庄试点资金管理办法》《农村综合改革转移支付管理办法》和《关于开展2021年度乡镇财政资金监管和惠农补贴资金管理发放工作绩效评价工作的通知》,组织开展乡镇财政资金监管和惠农补贴资金管理发放,以及农村公益事业财政奖补绩效评价;形成乡镇财政资金监管和惠农补贴资金管理发放绩效评价结果并通报全省,绩效评价情况作为年度分配乡镇财政资金监管工作经费的重要依据。

【推进试点任务】争取中央试点支持,先后承担国家3项改革任务,重点支持皖北地区高质量发展。推动红色村组织振兴建设红色美丽村庄试点,围绕建强红色村党组织、发展壮大村级集体经济、健全党组织领导的村级治理机制等方面，示范带动抓党建促乡村振兴深入开展；全年安徽省共26个村纳入试点范围，中央财政按每村300万元标准予以一次性补助。国家农村综合改革试点试验，围绕建立健全乡村产业发展、数字乡村发展、促进农民增收、改善乡村治理四项机制，探索创新乡村振兴的机制和模式；五河县经财政部评议后承担试点任务，试点工作三年规划、分年实施，中央财政每年补助5000万元。美丽乡村重点县建设试点，围绕因地制宜推进村庄建设、串珠成链提升乡村风貌、多措并举转化美丽经济等方面，推动美丽乡村连线成片、集聚发展，中央财政安排10000万元支持泗县开展试点。

会计处工作概述

【概况】2021年，在省财政厅党组坚强领导下，会计处深入学习贯彻习近平新时代中国特色社会主义思想，围绕安徽经济社会发展和财政中心工作，创新管理方式，务实工作举措，拓展会计职能，健全完善财政会计管理机制，推动各项工作取得新成效。

【推动实施会计法规制度】采取多种形式，做好国家统一的会计制度在安徽高质量实施，提升会计信息质量。落实法律法规及会计准则制度在安徽的征求意见工作，发挥会计准则咨询专家、基层财政和行业管理部门的作用，完成《农民专业合作社会计制度》等13项会计准则制度的意见征集，反馈建议80多条。组织线上线下宣传培训，举办1期全省政府会计准则制度培训班，省直部门和地市财政会计管理机构近300人参训。组织2期全省会计准则制度线上培训，促进会计准则制度高质量实施；组织内控报告编制工作线上培训，全省逾3万人次收听。加强企业会计准则制度实施，指导做好《企业会计准则解释第14号》《律师事务所相关业务会计处理规定》《企业产品成本核算制度-油气管网行业》等5项新准则制度贯彻实施；贯彻财政部要求，与省国资委等四部门转发《关于严格执行企业会计准则切实加强企业2020年年报工作通知》，督促企业、会计师事务所在年报及审计中严格执行新会计准则制度，强化审计质量，提升各类企业会计信息真实可比性。推进政府及非营利组织会计准则制度实施，会同省交通运输厅印发《关于落实公路水路公共基础设施政府会计核算工作通知》，跟进督促指导，促进公共基础设施规范管理，夯实政府财务报告和行政事业性国有资产报告核算基础；结合全省预算管理一体化单位会计核算云上线，组织开展政府会计制度实施情况“回头看”，赴合肥、蚌埠等市实地调研，召开省直部门座谈会，推进政府会计准则制度实施水平提升；会同财政监督局，以政府会计准则制度执行情况为主要内容，对省农业科学院作物研究所等2个单位开展上年度会计信息质量监督检查；落实财政部关于新《工会会计制度》要求，会同省总工会印发《关于做好〈工会会计制度〉贯彻实施工作的通知》，加强培训指导，确保2022年1月1日起新制度在安徽省有效实施。开展行政事业单位内控报告编报及分析工作。按照财政部要求，全省各级财政部门，做好内控报告的布置、培训、审核等工作，完成上年度全省2.05万户行政事业单位内控报告的汇总和分析上报工作，自行设计审核公式，提升数据质量，做法获会计司肯定。

【深化会计行业“放管服”改革】围绕简政放权、放管结合、优化服务，深化会计领域“放管服”改革，推动会计服务业高质量发展。在“放”上持续发力，深化“证照分离”改革，印发《关于推进会计行业行政审批实行告知承诺改革的通知》，在全国率先开展会计行业行政审批“告知承诺”改革，“四大”会计师事务所分所全部在合肥市落户；在中国（安徽）自由贸易试验区试点取消代理记账资格行政审批，会计师事务所分所设立审批改为备案管理；向财政部争取会计行业电子证照全国首批试点，11月19日，制发首张会计行业“四类”电子证照，完成试点任务。在“管”上持续规范，推进国办发30号文件贯彻，落实《国务院办公厅关于进一步规范财务审计秩序 促进注册会计师行业健康发展的意见》要求，建立省财政厅牵头，省网信办等12个部门参加“规范财务审计秩序 促进注册会计师行业健康发展”联席会议机制，制定安徽省《关于进一步规范财务审计秩序 促进注册会计师行业健康发展的实施方案》经省政府同意印发，提出5方面16项主要任务，共同促进注册会计师行业健康发展；按照财政部部署，开展注册会计师行业“四类”违法违规行为整治工作，联合市场监管等部门，采取“上下联动、协同配合、属地管理、委托检查”方法，推动专项整治开展，注销145名挂名执业注册会计师，完成66家“有照无证”会计师事务所整改，对超胜任能力的44家事务所、161名注册会计师进行专项检查并给予处理处罚，对101家事务所、219名注册会计师下达提示提醒函，核查处置财政部转来2家涉嫌通过网络平台售卖审计报告案例；加强会计师事务所和代理记账行业日常监管，对年度报备中发现的27家事务所存在工商登记信息与财政备案信息不一致现象，逐一电话通知限期整改；年度办理事务所名称、首席合伙人（主任会计师）等变更备案70件。在“服”上持续优化，在“一网通办”基础上，对标沪苏浙进一步优化审批流程，压缩审批材料和时限，截至年底，全省会计师事务所及分所315家(其中今年审批12家、注销1家),代理记账机构2877家;组织会计师事务所和代理记账机构年度备案工作,完成上年度304家会计事务所及分所、1922家代理记账机构的备案审核,梳理总结形成两个行业管理分析报告上报财政部;推进会计师事务所银行函证数字化,提高会计师事务所审计工作信息化水平,年内本省1家会计师事务所在全国首批接入银行函证服务平台。

【开展会计人才选拔培养】创新会计人才培养方式、改进资格评价标准、完善继续教育内容,构建高端会计人才引领辐射、初中级会计人才活力迸发的会计人才高质量发展新格局。完成全省近25万人的会计资格无纸化报名考试工作,回应社会关切3100余条,处置合肥和六安两市因疫情影响近8万人的会计初高级考试停考事件;优化证书审核发放流程,采用“互联网+证书审核”模式,借力政务服务网上办事大厅,开展“业务网上申请办理、证书免费快递邮寄”便民服务。开展高级会计师资格评审,运用“安徽省专业技术人员综合管理平台”,定制“高级会计师资格评审”模块,成为全省首个使用该软件系统申报和评审的职称系列,实现申报、评审全程网络化,提升评审质量和效率;完成上年度全省高级会计师资格评审工作,共405人获评高级资格;完成年度正高级资格评审通过8人、高级资格评审通过254人。加强高端会计人才培养,贯彻落实人才强省战略和厅党组要求,会同省委组织部、省人社厅、省国资委印发《安徽省高端会计人才培养工作实施意见》,计划用5年时间,分层级分批次有计划选拔培养一批高端会计人才,推动安徽省会计人才队伍整体素质提升;印发《关于开展安徽省高端会计人才(第一期)选拔培养工作的通知》,启动第一期企业类高端会计人才选拔培养工作;组织实施2年度全国大中型企事业单位总会计师素质提升工程,全省五批共290名会计人才参加培训;开展国际化高端会计人才选拔,共14人报名参加考试,4人入围复试。抓实会计人员教育提升,做好2021—2023年度安徽省会计专业技术人员继续教育网络培训机构遴选工作,确定7家网络培训机构参加安徽省会计继续教育网络培训;印发《安徽省财政厅关于开展2021年度会计专业技术人员继续教育工作的通知》,全省共16万人参加会计网络继续教育,2万人进行视同教育登记,面授机构共开展73批次会计人员培训。

【推进会计管理信息化工作】依托信息化建设,转变会计管理工作方式,完善全省会计人员服务平台,加强在会计资格考试、继续教育、高端会计人才管理等方面的应用,提升会计管理效能;加强考试各环节便民服务管理,优化工作流程,实现报名、缴费等环节“一网通办”,会计资格证书申请、审核、发放全流程与考生“零见面”“一次也不用跑”;会计人员管理系统实现与全国平台的对接和跨省会计人员调转。推进预算管理一体化单位会计核算云上线,制定印发《安徽省预算单位会计核算实施方案》,启用满足财政部预算管理一体化规范和技术标准的云化单位会计核算软件,提升全省各级预算单位会计核算规范化、标准化和信息化水平;牵头单位会计核算标准制定,形成全省统一的会计科目体系和业务凭证模板;以半月一通报形式,指导督促省直700多家单位加快会计核算上线进度,11月底前全省预算单位完成上线试运行。完成安徽省增值税电子发票电子化报销入账归档试点工作,配合省档案局,对接省投资集团等16家单位,参加全国第三批增值税电子发票应用推广试点,注重协同配合,采取巡回指导和分片包干的方式,加强对试点单位监督指导,紧抓试点单位中的中小微企业和试点业务流程中的关键环节,精准施策,提质增效,完成试点验收。

国有资本经营预算处工作概述

【概况】2021年,国资预算处围绕省委、省政府决策部署和财政部工作要求,坚持党建引领,加强调查研究,完善政策措施,严格预算收支,强化绩效管理,支持国资国企改革,较好完成各项工作任务。

【加强支部建设】始终把政治建设摆在首位,开展党史学习教育,落实“三会一课”、民主评议党员等党内生活制度,全年开展政治理论学习31次、专题学习研讨8次、讲党课4次,撰写心得体会49篇,共开展谈心谈话18次。组织支部党员开展多种形式的主题党日活动,在活动中强化党员意识,组织走进杏花社区开展志愿者服务活动。结合业务工作,与徽商集团、港航集团等省属企业联合开展支部党建活动。坚持上门会商,主动服务预算单位和省属企业,全年开展部门会商39次。重视信访工作,落实民主集中制,提高决策科学性,并强化政策执行,及时办理网友留言,从源头上堵塞信访问题产生的漏洞,国资预算工作范围内未发生信访事项。

【完善国有资本经营预算管理政策】加强国有资本收益管理,借鉴沪苏浙经验,明确从2022年起,提高省属国有独资企业国有资本收益收取比例,将商业一类企业收取比例从20%调至25%,商业二类和公益类企业收取比例从18%调至20%。会同省国资委印发《安徽省省属企业科技创新专项资金管理办法(暂行)》,进一步规范专项资金使用,提高资金使用绩效,支持和推动省属企业科技创新。

【强化国有资本经营预算收支执行】严格收入执行，会同预算单位组织省属企业申报和上交2020年度实现的国有资本收益，对单位申报的国有资本收益应交数进行逐户审核，做到国有资本收益应收尽收。核定后，纳入省级国有资本经营预算实施范围的36户省属企业中，有27户应上交国有资本收益，上交总额为33.37亿元，较年初预算25.91亿元超收7.46亿元。加快支出执行，结合国有资本收益入库情况，及时将预算资金拨付省属企业，得到省属企业好评。扣除按30%调入一般公共预算10.01亿元外，全年省级国有资本经营预算支出执行数为20.3亿元，帮助国有企业妥善解决一批历史遗留问题，保障省委省政府重大战略实施。

【加强国有资本经营预算工作调研】开展沪苏浙国有资本经营预算管理政策调研，学习借鉴沪苏浙先进工作经验，形成《沪苏浙国资预算管理工作调研报告》，研究谋划安徽省国资预算改革创新工作。先后赴徽商集团、省港航集团、省盐业集团等省属企业开展工作调研，了解国有企业运营、重点项目建设、国资预算资金使用等情况，指导企业规范财政资金使用。赴省国有资本运营控股集团，对原徽商集团离退休人员相关费用补助项目开展专项调研并形成专题调研报告，对发现的问题督促整改，进一步加强国资预算支出项目绩效运行监控，提高资金使用效益。

【提高国有资本经营预(决)算编制质量】印发《关于编制2022年省级国有资本经营预算和2022—2024年国有资本经营收支规划的通知》，明确国资预算收支政策、编制内容和编报程序等，同时要求预算单位在编制支出预算时要全面贯彻落实省委、省政府重大战略部署。向各市下发《关于做好2022年全省国有资本经营预算编报工作的通知》《关于报送2022—2024年国有资本经营预算收支规划的通知》，指导市县及时完成全省2022年国资预算和2022—2024年收支规划编制工作。组织省直预算单位及省属企业编报2020年度国有资本经营决算，并加强决算数据的审核汇总，按时完成决算草案编制工作。

【推进国有资本经营预算绩效管理】进一步完善国资预算支出项目绩效评价机制，对照制度规定，对预算单位进行书面工作提醒，压实预算单位绩效管理工作的主体责任。开展省属企业财务人员绩效工作培训，督促指导省属企业在编报国资预算支出项目计划时强化项目绩效管理。组织省属企业开展2020年度国有资本经营预算项目绩效自评，并及时组织开展部门绩效评价。配合厅绩效管理处、预算评审中心，对皖维集团“年产6万吨VAE乳液项目”实施财政重点绩效评价。

【做好政府投资基金季报工作】按照财政部工作要求，印发《关于做好2021年度政府投资基金运行情况季报工作的通知》，修订完善政府投资基金运行情况季报指标体系，按时完成全省政府投资基金运行情况季报统计编报工作。在4月份财政部组织开展的全国政府投资基金和国有企业投资基金内部统计工作中，强化数据收集、审核和分析，在全国率先完成政府投资基金内部统计工作，受到财政部好评。

行政事业国有资产管理处工作概述

【概况】2021年，资产处以党的政治建设为统领，聚焦聚力提升党支部建设质量，以改革创新为支撑，统筹谋划提升资产管理效率，打造“党建+业务”发展的“双引擎”，促进党建与业务的融合发展。

【提升支部建设质量】把党的政治建设摆在首位，强化思想理论武装，建立每周例会制度，全面系统学习贯彻习近平新时代中国特色社会主义思想、党的十九大和十九届历次全会精神。严格落实党内组织生活制度，严肃召开组织生活会，组织党员开展批评与自我批评。持续优化工作作风，妥善办结网友留言5件，赴市县财政部门、国有企业调研18次，部门会商158次，精细做好资产管理服务工作。从严从实抓好党风廉政建设，针对关键岗位和重点环节，排查风险修订完善内控制度，常态化开展廉政谈话“醒脑”，全年廉政教育谈话20人次。

【推进资产管理改革】按照中央和省委、省政府部署，推进省直党政机关和事业单位经营性国有资产集中统一监管改革，完成172个省直单位所办486家企业改革方案审核、报批等工作，如期完成改革目标任务。推进资产评估机构备案其他权力下放工作，分两步将“资产评估机构及分支机构备案”权力事项下放至各市财政局实施，进一步简政放权、便民利企。

【建立省级政府公物仓】按照省委、省政府要求，对标学习沪苏浙，结合实际先行先试，运用互联网思维，依托资产管理系统，通过数字化手段，推动建设省级政府虚拟公物仓，出台《安徽省省级政府公物仓管理暂行办法》，发挥公物仓“调余补缺”作用，有效盘活闲置资产、节约财政资金，提升资产管理效益。试点期间，13家省直单位1200余台(件)固定资产纳入公物仓管理。探索建立省市县一体化运行机制，开展跨部门、跨级次、跨地区的资产共享共用试点，打通国有资产跨地区调剂使用的堵点，将省直单位纳入公物仓管理的1001台(件)固定资产调剂用于基层支持乡村振兴和学校支教等社会公益事业,推动闲置资产由省本级调剂使用的“小循环”,到贯通省市县立体式“大循环”。

【提升财政资产资源效益】加强新增资产统筹管理,建立新增资产配置与资产存量挂钩机制,将资产配置标准和存量资产数据嵌入预算编审流程,对新增资产配置的数量和价格标准进行双重管控,实现新增资产配置和部门预算编制同申报同审核同批复,提升资产配置效率。加大闲置资产盘活利用,省直单位采取出售、出租、置换利用等方式,盘活闲置资产,全年省直单位上缴资产出租收入4.9亿元、处置收入6.9亿元。

【落实国有资产报告工作】按照省委、省政府要求,牵头编制《安徽省2020年度国有资产管理情况的综合报告》、配合编制《安徽省2020年度自然资源资产管理情况的专项报告》,通过省人大常委会审议。做好全省行政事业性国有资产年报和月报工作,行政事业性国有资产报告编报工作连续7次获财政部通报表扬。

【提升资产政策执行效果】强化线上线下培训,通过党日活动、网络直播、会商调研等方式,抓好《行政事业性国有资产管理条例》的再学习、再培训。启动制度“立、改、废”工作,并将《安徽省行政事业单位国有资产管理暂行办法》(省政府令第214号)修订纳入2022年立法项目计划。创新方式,制作资产政策二维码,实现资产政策“码”上看,提升政策宣传效果。

【注重资产数据分析研究】盘清重点资产底数,对137家省直主管部门及所属单位占有、使用的房屋、土地等重点资产进行清查摸底,为统筹加强资产处置、利用奠定基础。开展资产专题调查研究,形成3篇分析材料,为省政府科学决策提供参考。开展实地调研,赴淠史杭灌区开展水利公共基础设施管理情况调研,相关材料被中国会计报采用。

【抓好资产问题整改】推动解决资产管理历史遗留问题,对省直单位报送的6902个问题采取“一个单位一套方案”“一类问题一套举措”“个性化问题一事一议”的方式,建立问题清单和销号管理制度。抓好审计反馈问题整改工作,审计指出的37家省直单位固定资产财务账与资产系统账不符问题全部整改到位。开展资产评估行业专项整治,组织全省已备案的208家资产评估机构进行全面自查,在此基础上,进行重点检查,推动资产评估行业健康有序发展。

财政监督局工作概述

【概况】2021年,在省财政厅党组坚强领导下,财政监督局认真落实省委省政府、财政部和厅党组决策部署,发挥财政监督职能作用,各项工作取得新成效。

【加强支部建设】强化政治建设。坚持把政治建设作为支部建设的首要任务,把增强“四个意识”、坚定“四个自信”、做到“两个维护”的政治要求,贯彻落实到财政监督工作的各方面全过程。开展党史学习教育。与陕西监管局党支部联合开展党史教育活动,组织参观“百年恰是风华正茂”主题档案文献展,参观财政历史资料图片展等,重温入党誓词,重拾入党初心。组织党员干部集中学习“四书”,学习安徽红色精神和安徽党史重大事件,开展四期党史知识测试,践行“我为群众办实事”,发挥财政监督职能作用,办理群众投诉举报事项。强化组织建设。按照厅党支部工作培训会议要求,学习党内组织制度,按要求开展“三会一课”、主题党日等活动,结合民主评议党员,召开组织生活会,集体研究评先评优、投诉举报核查处理等重要事项,按时足额收缴党费,实行按季度分工记录支部工作,巩固支部标准化建设成果。加强作风纪律建设。认真贯彻落实《加强对“一把手”和领导班子监督的意见》要求,履行“一岗双责”。开展新一轮深化“三个以案”警示教育,及时通报反面典型案例,阅读《全省财政系统部分违法人员悔过书》等廉政材料,开展交流研讨,做到明纪于心、警钟长鸣。

【开展多领域专项监督】聚焦财政主业,开展预决算公开、减税降费、惠农补贴资金等多领域专项监督。根据财政部部署,组织开展全省2019、2020年度地方预决算公开情况专项检查。采取全面自查、市级交叉抽查和省级抽查3种方式,确保预决算公开检查做到全覆盖无遗漏。按照预决算公开工作流程及提前介入、关口前移的原则,组织开展2次预决算公开复核工作。根据财政部统一部署,做好财政部预决算公开检查牵头工作,明确相关处室任务分工,加强上下沟通,做好相关解释工作。开展减税降费政策落实排查整改重点核查。根据省委主要负责同志“举一反三,督查整改”的批示精神以及省政府督查室提出的开展点上抽查核查要求,开展减税降费政策落实排查整改重点核查,成立三个专项核查小组,对凤阳县、龙子湖区、广德市减税降费政策落实排查整改情况开展重点核查,针对存在的问题,举一反三,立行立改,确保减税降费政策落到实处。开展惠农财政补贴资金滞拨闲置等突出问题专项整治整改“回头看”检查,成立两个检查组分赴来安县、东至县开展“回头看”检查,传导责任压力,确保问题整改到位,维护农民群众切身利益。在年度地方财会监督工作综合考核中安徽省位列全国第1,地方预决算公开检查等8项专项工作获财政部表彰,所获表彰数量居全国前列。

【开展会计评估监督和会计信息质量检查】维护市场经济秩序,开展会计评估监督和会计信息质量检查,按照"五年查一遍"要求,贯彻落实"双随机、一公开",随机抽取检查对象会计师事务所55户、资产评估机构14户,联合厅会计处、资产处、省注协和省评协进行会计评估监督检查。发挥市县监管力量,抽调25名市县财政局人员参与会计评估监督检查,形成监管合力。在对中小事务所业务指导的同时,通过以查促改优化其审计程序,并对审计评估高风险行业、领域和涉法涉诉业务进行风险提示。开展会计信息质量检查,围绕地方投融资平台和科研单位为会计信息质量检查重点方向,选取安徽省作物研究所和安徽医学高等专科学校两家进行政府会计准则制度执行情况检查,了解科研机构和高校政府会计准则制度执行情况,规范政府会计账务处理。选取合肥市建投集团,检查督促国有融资平台加强财务监管,提高会计信息质量。省财政厅在财政部会计监督检查典型案例征集活动中荣获优秀组织奖,报送的2篇案例分获二等奖和三等奖;2名同志获财政部通报表扬,1名同志入选财政部财会监督检查人才素质提升工程暨财会监督人才库。

【开展财政内控内审】结合财政部新要求,及时修订内控基本制度和专项风险防控办法,重点选取部分专项资金,进行全流程"穿透式"内控检查,防范财政业务廉政风险,强化内控成果运用,报送的工作总结3次入选财政部内控工作简报,内控工作获得肯定。

【开展其他监督检查】持续开展"小金库"防治工作,参加3个项目绩效评价、民生领域及其他领域建设资金突出问题专项排查整治督查调研、新一轮深化"三个以案"警示教育调研督导、体育彩票公益金使用情况核查以及巡视巡察工作。根据财政部通知,会同安徽监管局开展惠民惠农财政补贴资金核查工作;根据省委省政府主要负责同志批示精神和财政部通报要求,会同发改委开展违规兴建楼堂馆所问题线索核实和自查自纠工作等。

【加强基础工作建设】加强协作机制建设,出台《中共安徽省财政厅党组关于建立问题线索移送机制的通知》,促进财政部门与纪检监察、审计、公安等部门的协同配合,实现信息共享、工作共推、成果共用。开展财政监督工作调研,根据财政部工作部署,组织开展《财政违法行为处罚处分条例》修订立法调研;按照厅内控委专题会议要求,开展市县内控工作调研。依法受理群众举报,耐心做好沟通解释,处理结果做到实事求是、客观公正、件件回应,有效维护人民群众的合法权益。

政府采购处工作概述

【概况】2021年,政府采购处持续深化政府采购制度改革,不断提高政府采购透明度,大力提升政府采购营商环境,推广应用政府采购云平台,各项工作取得明显成效,在财政部各项考核中均位居全国前列。

【加强党风廉政建设】深入学习贯彻习近平新时代中国特色社会主义思想、党的十九大和十九届历次全会精神,坚持把党的政治建设放在首位,组织支部党员干部读原著悟原理,在学懂弄通做实上下功夫,把政治建设的部署要求贯彻到支部党建全过程和政府采购改革发展各方面,树牢"四个意识"、坚定"四个自信"、做到"两个维护"。落实意识形态工作责任制,把坚定理想信念作为支部思想建设的首要任务,开展党史学习教育,全年支部组织集体学习24次,撰写心得体会10篇。贯彻落实党内法规和党内生活制度,巩固深化支部标准化建设成果,围绕模范机关建设,创新支部学习活动方式,不断提升党员干部学习质量。推进作风建设,进一步完善政府采购处"三重一大"集体决策机制、法定事项三级审批机制、离岗报告和请销假制度等内控制度,全面加强效能建设,不断改进工作作风。进一步加强廉政建设,深化新一轮"三个以案"警示教育,集中观看廉政警示教育片,进一步筑牢拒腐防变、廉洁从政的思想道德防线。

【完善政府采购制度】落实采购人主体责任,指导省本级825家预算单位建立完善政府采购内控管理制度,建立采购人需求调查和供应商诚信履约承诺机制。改变集采目录两年一变的机制,制定《安徽省政府集中采购目录及标准(2022年版)》,全面对标财政部和长三角省份,实现全省统一的集采目录。

【加强政府采购监督管理】全年共处理省级政府采购投诉举报53件,无一起行政复议和诉讼。对全省169家代理机构进行监督评价,责令整改违法违规问题661个,将3个违法企业纳入政府采购黑名单。依法审批进口采购项目141件、转变采购方式24件,清理各类政府采购备选库、名录库、资格库329项。

【推进政府采购信息公开】安徽省政府采购网年均发布和管理各类政府采购信息公告35万条,省本级人工审核采购公告3000余条。按时、高质量完成政府采购信息统计汇总、分析上报工作。连续6年获受财政部通报表扬。

【创优政府采购营商环境】全面免除投标保证金,每年为市场主体节约资金100多亿元。推进保函替代履约保证金机制,通过保函形式释放市场主体资金300多亿元。将政府采购项目合同签订和资金支付时间从法定30天压缩到10个工作日以内。实行政府采购预付款制度,降低企业资金压力。

【加大消费扶贫力度】落实财政部政府采购支持脱贫地区农副产品政策,督促全省各级预算单位预留年度食堂食材采购预算10%以上,在扶贫"832平台"采购农副产品。在全国首创,将该项工作纳入省委综合考核和省政府目标管理绩效考核。全年全省预留份额1.2亿元,完成交易总额1.5亿元,预留份额完成比例125%。安徽省20个脱贫县扶贫产品销售收入突破5.8亿元。

【发挥采购政策功能】在严控政府采购进口产品的同时,创新出台安徽省政府采购支持自主创新政策,将安徽省第一批24项"三首"产品上架"徽采商城"并召开专题政策宣讲会,预算单位无需执行招投标程序,直接网上下单采购,为采购人单一来源采购"免责",为"三首"产品研发销售机构"跑市场"提供最直接的实惠。该项工作获王清宪省长批示肯定。

【支持中小企业发展】一方面要求所有政府采购项目预留不低于30%份额专门面向中小企业采购并享受6%—10%价格评审优惠,另一方面中小企业政府采购合同融资提供全流程线上服务。近年来,安徽省政府采购合同授予中小企业份额占比一直保持在70%左右,支持中小企业发展。开展"政采贷"融资服务,12家银行和机构为政府采购供应商发放"政采贷"10.6亿元。

【严格政府采购预算管理】2021年起,将分散采购纳入政府采购预算统一规范管理,明确政府采购预算调剂和结余资金使用的程序。全省政府采购规模持续高速增长,2018—2020年年均增长42%,政府采购金额占全省财政支出比重接近30%。截至2021年年底,省本级采购预算66.5亿元,同比增长40%,已签订合同金额58亿元。

【推广应用政府采购云平台】认真贯彻落实长三角一体化厅局长会议要求,与沪苏浙共同建立长三角区域政府采购一体化工作协调机制,推进安徽省加入《沪浙政府采购一体化发展框架合作协议》工作。根据省委省政府对标沪苏浙任务清单和省领导批示要求,推进全省政府采购一张网"徽采云"平台建设,对各级各类政府采购管理系统进行升级整合,实现各平台数据接口标准统一、交易信息实时反馈、交易数据实时汇总的全生命周期管理。

民生工程工作办公室工作概述

【概况】2021年,民生办在省财政厅党组坚强领导下,聚焦"七有"目标,认真贯彻落实省委省政府决策部署,推动33项民生工程高质量完成。

【强化项目谋划】通过调研走访、基层座谈等,广泛收集、分类梳理、科学论证,依规提请省委省政府决策33项民生工程项目,与上年相比,新增6项、退出4项、调整实施8项、继续实施19项。

【压实工作责任】实行目标责任管理,会同部门印发民生工程实施方案和审计监督意见,指导市县做好任务衔接,形成部门协作、上下联动工作格局。

【统筹推动实施】各级拨付资金1288亿元,按月逐项梳理盘点、调度报告,推动民生工程稳步实施。将"33项民生工程"纳入党史学习教育"我为群众办实事"清单管理,主动接受人大、政协视察监督,形成推动民生事业发展的强大合力。

【确保提质增效】开展民生领域及其他领域建设资金突出问题专项排查整治,实施城镇老旧小区改造、农村义务教育学生营养餐绩效评价,推广民生工程的典型案例,促进有效市场和有为政府更好结合。

【创新宣传调查】与主流媒体合作《民生工程"加速跑"》《安徽民生故事》、上线《政风行风热线》,加强政策宣传、回应群众关切。对民生工程开展社情民意调查,总体满意度89.7分,同比提高1分。

【开展前瞻工作】开展缩小收入差距专题研究,形成《关于缩小收入差距的专题报告》。开展2022年民生工程项目网络公开征集活动,累计有1.74万人次参与了征集活动,提出54个备选项目。

(梁继鸿)

人事教育处工作概述

【概况】2021年,在省财政厅党组坚强领导和驻厅纪检监察组有力指导下,人教处坚持以习近平新时代中国特色社会主义思想为指导,深入贯彻新时代党的组织路线和好干部标准,围绕筑基础、补短板、重统筹、提质效,推进年度目标任务落实,财政干部人才队伍建设实现新进展、取得新成效,为财政职能作用发挥提供组织保证和人才支撑。省财政厅在全国财政人才工作座谈会上作经验交流,《中国财政》《中国财经报》和财政部《财政人才工作通讯》《财政干部教育培训信息》相继刊登厅人才工作经验做法,报送案例获财政部"贯彻落实中央重大决策部署深化财政改革发展的生动案例"三等奖。

【聚力服务党组】根据厅领导变动情况协助党组调整厅领导分工,并及时报告省委。牵头做好厅领导班子

2020年度民主生活会和中央巡视整改专题民主生活会服务工作，主动向省纪委、省委组织部汇报工作进展，及时报送相关材料，通报会议情况。逐项制定整改措施并完成整改。负责做好省委综合考核迎检和选人用人“一报告两评议”工作，厅领导班子连续6年获优秀等次，在省直单位中，厅“选人用人工作的总体评价”满意度排名较去年上升23位。严格党组政治巡察，及时调整厅巡察工作领导小组成员，制定巡察工作流程，完成对2个处室单位党支部的巡察及“回头看”。协助厅党组开展对省农担公司班子成员政治监督谈话。配合抓好巡视整改，按照“大起底、改到位、建机制”专项行动要求，全面完成巡视反馈问题整改，开展选人用人工作和巡视指导督导两个专项检查，自查问题5个并持续推进整改。

【用心服务干部】强化政治历练。将政治机关意识教育纳入干部教育培训内容，协同抓好党史学习教育，牵头组织新一轮深化“三个以案”警示教育，持续开展“三查三问”，组织408名干部参加党的十九届五中全会精神网络专题培训班，全员完成党史知识网上测试。强化专业训练。坚持高素质专业化并重，举办“深入推进‘十四五’规划落实 加快建立现代财税体制”专题培训，分管省领导亲自到会授课，培训市县政府领导干部和财政部门负责人242人。举办新入职人员能力提升培训，配合举办财政业务培训班9个，培训学员2300余人。安排55人参加上级调学，干部教育在线参学率和通过率100%。修订基层财政干部培训以奖代补资金管理办法，指导市县财政部门培训乡镇财政干部3995人、农村财会人员9345人。强化实践锻炼。加强系统联动，一体推进财政干部和人才培养，完成第八批选派任务，3名优秀年轻干部到村任第一书记，推荐3名青年处级干部到省政府办公厅、战略性新兴产业企业跟班锻炼，27名干部到财政部跟班学习，以及到市县政府、财政部门和厅内处室挂职，接收8名市局干部到厅跟班锻炼。开展机关接地气年轻干部走基层活动，建立6个基层观测点，安排12名定向选调生到村任职，推荐31名业务骨干参加巡视巡察、省委综合考核、“四送一服”等重点工作。

【完善评价机制】坚持把政治标准作为第一标准，创新开展新提任处级领导干部阶段性检视，加强年轻干部经常性政治体检。健全知事识人体系，推进年度考核与平时考核相结合、日常考核与分类考核相衔接，辅以了解核实等近距离考核手段，2020年度考核确定优秀等次93人。坚持定性与定量并重、领导评鉴与民主评议结合，设计开发干部考核系统，以信息化手段赋能干部考核工作。落实政治素质考察要求，制定省财政领导干部政治表现负面清单，实施政治素质民主测评，完成职务职级晋升、调任转任、挂职干部考察54人、试用期满考核27人，为12名干部出具鉴定及现实表现材料。

【打造骨干队伍】拓宽选人渠道。坚持系统思维，动态研判财政干部队伍结构，结合年龄、专业、经历多渠道选引优秀人才，定向选调、遴选、新录用公务员18人，招聘事业单位工作人员7人，接收安置3名退役军人，夯实干部梯队基础。优化队伍结构。加强处室单位班子建设规划，统筹年轻干部选育管用，提拔正处级领导干部11人、副处级领导干部8人，晋升二级巡视员6人、一至四级调研员5人、一级主任科员及以下或相当层次职级干部17人。70后处室单位主要负责人和80后副处级领导干部占比分别较巡视时提高了20.8个和26.4个百分点。修订处级领导干部选拔任用和公务员职级晋升工作实施细则，简化优化工作程序。畅通交流平台。坚持内外并举，推进与省直单位、省属企业、市县政府干部交流，推荐4名优秀干部到企业、县区政府任职，接收1名市直机关干部到厅任职，厅内转任调任7人，交流轮岗38人。

【注重激励约束】严格政治监督。常态化落实厅党组、驻厅纪检监察组与提拔交流、挂职录用干部集体谈话制度，举办青年干部、党外干部座谈会，组织63名干部参加宪法宣誓。强化正向激励。组织收看“最美公务员”和《榜样6》等先进典型宣传，号召党员干部见贤思齐、担当奋进。给予11名公务员记三等功奖励、2名事业单位工作人员记功奖励、89名干部嘉奖奖励。推荐行政处、机关党委参评省级先进集体，推荐16人次参评全国、全省和财政部各类荣誉表彰。严实专项监督。完成党政领导班子建设规划纲要贯彻落实情况中期自评，以及“档案管理、干部挂职、因私出国（境）及社团兼职审批、一人多证专项整治”、公务员法规实施情况专项检查和机构编制管理核查4项重点工作，修订出国（境）证件管理办法和因私出国（境）管理规定，统一保管在职和离退休干部出国（境）证件，依规处理1名退休干部。组织123名干部完成个人事项年度集中填报和及时报告，查核47人，对未如实报告的批评教育4人、诫勉1人。依法依规开除、辞退各1人，开展处分执行情况“回头看”。坚持原则、把握政策，完成143名干部人事档案专项审核全覆盖和267名干部档案专审“回头看”。

【加强自身建设】加强政治建设。开展党史学习教育，落实模范机关建设要求，严格履行支部全面从严治党主体责任，严肃组织生活，开展“三会一课”，完成支委改选，1名预备党员按期转正，打造“对党忠诚、对组织赤诚、对事业热诚、对干部真诚”的“四诚”党支部。提升专业能力。常态化开展干部政策和人事制度学习,主动向省委组织部、省委编办、省人社厅汇报通气,争取支持指导,学习沪苏浙地区先进经验,加强与省直单位工作交流互鉴。严实作风纪律。严守组织纪律,坚持公道正派,严格内控管理,结合工作任务调整,修订处室内控操作规程,增加内控事项6项。修订岗位利益冲突风险防控办法,全员签订党风廉政责任书,开展廉政集体谈话4次,运用监督执行第一种形态5次。人教处获评厅综合考核先进单位,处党支部被评为先进党支部。

机关党委工作概述

【概况】2021年,在省财政厅党组坚强领导下,机关党委坚持以习近平新时代中国特色社会主义思想为指导,认真落实省委及省直机关工委部署要求,聚焦做到“两个维护”,突出忠诚担当,增强财政政治机关意识;聚焦党史学习教育,突出赓续传承,提升财政党员干部党性修养;聚焦创建模范机关,突出“双优”目标,提高财政基层党组织战斗力;聚焦一体推进“三不”,突出纪律规矩,净化优化财政政治生态;聚焦党建和业务融合,突出政治保障,以高质量党建引领财政事业高质量发展成效明显。安徽省财政综合管理工作被财政部评为优秀等次,获得国务院通报表彰激励;在县级财政管理绩效综合评价中再次居全国第一;荣获省政府目标管理绩效考核通报表扬并位居前列。

【加强政治建设】深入学习贯彻党的十九届六中全会精神、习近平总书记“七一”重要讲话和考察安徽重要讲话指示精神,召开党组扩大会35次,跟进学习习近平总书记重要讲话指示精神,组织学习习近平总书记重要讲话、重要文章64篇。认真学习贯彻落实省第十一次党代会精神,对标对表履行好财政综合经济管理部门职能,严格执行省财政厅党组加强党的政治建设重点工作举措任务分工方案,落实省财政厅党组工作规则和议事清单,严格落实《中国共产党重大事项请示报告条例》具体要求,确保“两个确立”在财政部门落地生根。跟进学习贯彻习近平总书记关于财政工作重要论述,以及中央经济工作会议和省委经济工作会议精神,支持做好“六稳”“六保”工作、乡村振兴、保障和改善民生等重大决策部署,全省一般公共预算收入完成3498.2亿元,同比增长8.8%,集中财力保障“三地一区”、科技创新、长三角一体化、十大新兴产业等,及时向省委报告重点工作进展情况。认真落实“三会一课”、党员领导干部双重组织生活等制度,召开年度厅领导班子民主生活会和中央巡视整改专题民主生活会,用好批评和自我批评锐利武器。严格落实政治巡视要求,对照省委部署开展巡视发现问题“大起底、改到位、建机制”专项行动,按时完成中央巡视反馈问题整改牵头和配合任务。落实省财政厅党组贯彻落实《党委(党组)意识形态责任制实施办法》责任清单,确保财政意识形态安全。

【加强理论武装】学习领会习近平新时代中国特色社会主义思想的科学思想方法和工作方法,提高战略思维、历史思维、辩证思维、法治思维、底线思维能力,召开省财政厅党组理论学习中心组学习会13次、专题研讨学习会11次,提升财政科学决策和服务保障能力。发挥“关键少数”作用,厅主要负责同志赴省直单位宣讲党的十九届六中全会精神,赴地市宣讲省第十一次党代会精神,受邀为省直机关作“坚持党建引领,践行为民理财,着力在高质量发展中保障和改善民生”专题辅导报告。落实厅机关党委走访党支部制度,推进厅直机关党委委员、纪委委员对口帮促工作,开展全覆盖学习督导。各支部结合工作实际,通过开展“三会一课”、主题党日等方式,深化理论学习、党性教育。组织党员干部学习沈浩、魏晶晶、王屑、程升华等先进模范典型事迹,征集学习感悟115篇。围绕增强财政干部运用市场逻辑谋事、资本力量干事、平台思维成事的能力,制定省财政厅《关于打造学习型机关提升财政服务中心大局工作能力和保障水平的实施方案》,建立财政经济分析工作专班,举办资本市场、“双招双引”、工业互联网等3个专题培训班,新入职人员能力提升培训班。开展“月悦读·书馨财政”读书活动,运用“学习强国”、安徽干部教育在线、财政青年理论e家、“学习吧”等平台,及时跟进学习,提高财政干部综合素养和专业化能力。

【开展党史学习教育】组织全厅党员干部研读《论中国共产党历史》等四本指定学习材料,组织党史知识测试5次,开展党史知识竞赛。举行2次党史学习教育专题辅导,举办学习习近平总书记“七一”重要讲话精神研讨班,召开厅党组书记党史专题党课报告会,组织党史学习教育4个专题学习研讨。开展省财政厅“党员干部党史教育日”活动,开展瞻仰革命烈士陵园、重温入党誓词、观看优秀党课展播等群众性主题宣传教育活动。结合开展庆祝建党100周年活动,举办“百年历程初心为民”史料图片展,开展“永远跟党走”“党旗在基层一线高高飘扬”等主题活动。举办红色经典诵读活动,省财政厅选送作品《誓言》荣获省直机关红色经典诵读竞赛一等奖。组队参加“永远跟党走”群众歌咏大会,荣获“最佳表演奖”“优秀组织奖”。建立三级调度督导机制,开展4轮党史学习教育专项督导检查。在安徽财政微信公众号和省财政厅内外网开设党史学习教育专题专栏,《中国财经报》等省级以上媒体宣传报道省财政厅经验做法30余次。开展“我为群众办实事”实践活动,推进39项财政重点民生项目,以及5项省级重点民生项目,党史学习教育简报、《七月风》杂志专门刊发省财政厅“我为群众办实事”经验做法。

【强化财政支部建设】健全完善省财政厅党建工作领导小组工作机制,推进厅领导“一岗双责”,落实厅党组书记和班子成员党支部工作联系点制度,厅领导深入党支部工作联系点9人次,厅领导参加所在支部活动56次,指导解决支部党建和财政业务突出问题。召开7次厅党建工作领导小组会议,召开18次机关党委委员会议、机关纪委委员会议,研究部署财政机关党建工作和支部建设工作。落实党支部书记抓基层党建述职评议考核制度和厅直属机关新任党支部书记任职谈话实施办法,厅党组书记与12名新任党支部书记谈话。举办提升基层党组织建设水平专题辅导报告会,开展基层党组织标准化规范化建设情况评估,提升支部创建工作质量。开展“双争一创”活动,持续实施基层党建工作“领航”计划,厅农业农村处党支部入选“安徽省示范库”。继续落实党员全员参与支部党建工作机制,探索制定党支部工作记录模板。严格党费管理,支持保障支部开展党建活动。举办学习贯彻党的十九届五中全会精神专题培训班,组织党员干部参加中心组重温习近平总书记考察安徽重要讲话指示精神、全国“两会”精神、党史学习教育等专题学习。举办省财政厅党史学习教育专题读书班暨全面从严治党和党风廉政建设培训班,邀请专家领导开展专题辅导报告。开展省财政厅“七一”评选表彰活动,表彰10个先进党支部、30名优秀共产党员和4名优秀党务工作者,厅农业农村处获评全省优秀基层党组织。

【强化财政作风建设】认真落实省财政厅党组力戒形式主义官僚主义具体举措和正负面清单,及时通报中央及省违反中央八项规定精神典型案例,完善为基层减负常态化机制,依规持续精简文件会议。不定期开展效能建设明察暗访,省财政厅荣获2020年度机关效能建设创建示范单位。落实《中国共产党组织工作条例》,坚持好干部标准,厅党组对提拔任用、新进和交流轮岗人员开展廉政和作风建设集体谈话246人次。落实省直单位定点帮扶颍东区牵头单位责任,采购和助销颍东、新疆、西藏等脱贫地区农产品51万余元,机关党委获评全省脱贫攻坚先进集体。开展财政机关接地气、年轻干部走基层工作,推动厅直机关与帮扶村居、社区结对共建,开展在职党员进社区为民志愿服务活动。建立6个基层观测点,开展走访调研。高质量办理人大代表建议351件,政协委员提案180件,答复率和满意率均为100%。财政窗口实行7×24小时不打烊“随时办”服务,推动服务事项全程网办,持续转作风、提效能。

【筑牢廉洁自律防线】组织召开全省财政党风廉政建设工作会议、12次厅反腐倡廉建设领导小组会议,印发省财政厅全面从严治党和党风廉政建设主要任务及责任分解方案,以及廉政工作任务及责任分解方案,逐级压实党风廉政建设责任。建立省财政厅党组与驻厅纪检监察组联系协作机制,召开2次专题会商会,配合驻厅纪检监察组召开推动落实全面从严治党主体责任工作座谈会、监督责任工作座谈会,主动接受监督。开展新一轮深化“三个以案”警示教育,做好全厅政治理论学习、反面教材教育、专项整治等工作,对16个市及部分县区财政局新一轮深化“三个以案”警示教育开展情况进行调研督导,对征求到的11个具体问题及15条意见建议进行任务分解并推进落实。开展年度“警示教育周”活动,赴省党风廉政教育馆接受警示教育,集中观看《第一大案》等典型案例警示教育片。对2019年至2020年度办结案件纪律处分执行及运用监督执纪“四种形态”情况进行全面自查、整改完善。制定省财政厅巡察工作流程,实现厅属单位党支部巡察全覆盖,开展巡察“回头看”。对专项债项目等评审工作开展财政业务监督32次,对选拔任用、奖励表彰等干部出具党风廉政情况意见634人次。制定省财政厅处室单位党支部运用监督执纪第一种形态实施办法,推动各党支部累计运用第一种形态18人次。

【活跃财政机关文化】组织志愿者进社区、到街道开展党的理论宣传、疫情防控、文明创建等为民服务。推进新时代文明实践中心建设挂点联系工作,组织省财政厅志愿者赴淮南田家庵和谢家集区文明实践中心开展志愿服务活动。组织开展志愿者无偿献血活动,荣获省直机关无偿献血先进集体。组织学习《习近平关于注重家庭家教家风建设论述摘编》,利用橱窗、电子屏等宣传阵地,常态化宣传普及基本道德规范。开展“走基层访一线服务五大发展行动”青年党团员调研实践活动。开展纪念“五四”青年节系列活动,开展财政青年干部“五个一”系列活动,评选表彰10名“财政青年示范岗”。制定《厅机关妇委会联系妇女工作暂行办法》,提升妇女工作质量。参加省直机关组织的各项文体活动,厅篮球、足球、乒乓球、羽毛球在省直机关竞赛中位居前列。开展“我们的节日——走进职工生活”系列主题活动,制定省财政厅机关职工疗休养工作管理办法,组织厅机关职工疗休养43人次,慰问困难党员群众、老党员及生病住院职工 66 人次。

离退休处工作概述

【概况】2021 年,在省财政厅党组坚强领导下,在驻厅纪检监察组监督指导和各处室单位支持帮助下,离退休处围绕习近平总书记关于老干部工作重要论述精神,推进老干部工作“三化建设”,落实老干部“两项待遇”,做好老干部服务工作。

【把握离退休干部基本情况】全厅有离退休干部 217 人,其中离休干部 7 人,退休干部 210 人,党员 171 人,占离退休干部人数的 79%。全厅离休干部平均年龄 92 岁,其中最大的 96 岁,最小的 88 岁,退休干部职工平均年龄 75 岁。

【党组高度重视】厅党组历来重视老干部工作,重阳节前夕,厅主要负责同志亲自带队,走访慰问 26 名离退休干部;春节之际,厅主要负责同志向离退休干部送去了节日问候和新春祝福,把厅党组的关心关怀送到老同志的心里。分管厅领导经常带领谋划老干部工作,解决老干部关心关注的一些问题。

【坚持党建引领】坚持党建与业务工作同谋划、同部署、同推进,配齐配强四个离退休干部党支部班子,协助第三党支部新选举一名副书记,进一步优化各支部党员队伍结构。部署开展离退休干部职工示范党支部创建活动,在确保防疫措施到位的情况下,认真落实“三会一课”等制度,组织老干部到安徽创新馆、渡江战役纪念馆开展主题党日。七一前夕,两名老党员以“特殊党费”的形式共捐出 16600 元。研究制定《省财政厅干部职工荣誉退休制度暂行办法》《省财政厅最美“财政老干部”评选工作暂行办法》《省财政厅离退休党员“学习积极分子”评选工作暂行办法》等工作制度,增强离退休党员和干部职工的争先创优意识,为财政高质量发展贡献智慧和力量。

【推进“三化建设”】持续采集更新离退休干部相关信息,加强全国离退休干部信息管理系统和全省离退休干部服务管理平台日常管理。主动联系沪苏浙财政老干部工作部门交流调研,撰写完成《学习沪苏浙财政部门老干部工作调研报告》,修订完善处室老干部工作手册和管理服务制度,为 210 名老干部建立联系台账,为 7 名离休干部建立一人一册,相关机制得到省委老干部局领导的充分肯定。老干部工作重点课题调研论文连续两年获省委老干部局通报表扬。

【落实“两项待遇”】科学制定元旦、春节、七一、国庆等重大节日期间开展走访慰问方案,精细化落实好老干部待遇政策,全年共走访慰问老同志 67 人、遗属 23 名;完成 123 名老同志的报刊订阅和 100 人次老同志的医药费审核报销;组织离休干部和保健对象、退休干部分批体检 100 余人次;协助人教处完成部分干部生活补贴和参加抗战的离休干部医疗待遇申报,为 4 名老同志申领特困帮扶,为 6 名年满 80、90 周岁的老同志送去蛋糕、鲜花等温馨祝福,协助 3 名去世老同志的亲属稳妥处理善后事宜。在疫情管控的情况下,通过登门送、同事代等方式,将老干部的年节福利发放到位。对老干部提出的 10 余条意见建议进行妥善处理,得到老同志充分肯定。组织离退休干部积极参加省直文体活动 11 人次,组建摄影等兴趣小组,为离退休干部搭建学习教育、休闲娱乐、才能展示平台。

【加强自身建设】坚持以效能建设为牵引,强化党员日常管理,修订完善内控规程,做好每周处室内部巡查工作。运用谈心谈话、开展批评与自我批评等方式,开展谈话 20 余人次,实现“咬耳扯袖、红脸出汗”常态化开展,警醒党员干部知敬畏、存戒惧、守底线。派员参加各类培训 2 人次,提升为老干部服务能力。全年向省委老干部局、安徽机关党建以及财政部离退休干部局推送稿件 21 篇,宣传老干部群体先进事迹。

非税收入征收管理局工作概述

【概况】2021 年,非税局以党的政治建设为引领,立足非税业务抓党建,抓好党建促发展,开展党史学习教育,围绕财政中心工作,依法依规组织收入,提升管理和服务效能,完成各项工作任务,荣获“厅先进党支部”和“厅综合考核先进单位”称号。

【依法依规组织收入】受社会经济活动稳定恢复拉动,全省非税收入完成 4870.7 亿元,同比增收 501.8 亿元,增长 11.5%,纳入一般公共预算管理非税收入完成 1108.3 亿元,占地方财政收入比重 31.7%,增长 0.1 个百分点,均创历史新高。严格执行非税收入国库集中收缴制度,坚持应缴尽缴,确保非税收入及时依规分类划解,全年共组织省级非税收入 197.8 亿元,其中划缴国库 95.4 亿元,划缴专户 55.1 亿元,上下级分成 47.3 亿元。

【落实降费政策】按照党中央、国务院决策部署,认真贯彻落实降费减负政策,第一时间调整全省非税收入项目库,确保减、免、缓政策及时落地、精准执行。按月开展全省非税收入收缴执行情况分析,及时研判收入预算执行态势,围绕落实降费减负政策和规范征收管理行为,对省直 4 个部门 19 家单位开展年度专项检查,防范乱收费、乱罚款,确保依法征收、应收尽收。

【推进收缴电子化】发挥安徽省非税收入收缴管理“制度+技术”优势，规范非税收入收缴管理，建立健全以直接缴库为主、集中汇缴为辅的缴库机制。从秋季入学起，全省近70所省属高校的教育类收费全面实施收缴电子化管理，资金由集中汇缴改为直接上缴财政。至此，省级基本实现非税收入直接缴库，提升收缴管理效能。财政部国库司对安徽省收缴电子化工作给予肯定，10月份，司领导专门来安徽省进行调研并召开现场会。

【实施征管职责划转】根据财政部、国家税务总局等部门关于非税收入征管职责划转工作部署，按照省政府以及厅党组要求，主动会商调研，及时制定相关收入项目划转实施方案，完成安徽省国有土地使用权出让收入、矿产资源专项收入、水土保持补偿费、地方水库移民扶持基金、排污权出让收入和防空地下室易地建设等6项非税收入征管职责划转工作。同时，按照财政部和国家税务总局关于财税系统互联互通和信息共享实施要求，会同省税务和数据资源管理部门及时制定安徽省推进方案，利用省政务数据共享平台，按期完成财税系统对接工作，实现税务部门征收的非税收入信息及时、完整共享财政部门。

【提升服务效能】通过实施收缴电子化、跨省通缴等举措，持续推进非税收缴领域“放管服”改革，提升非税收入收缴服务质量和效率。截至年底，安徽省2273家公办幼儿园和高中接入公共支付平台教育缴费专区，有361万名学生家长“足不出户，动动手指”在线完成学杂费缴纳并获取财政电子票据。根据财政部工作部署，实施安徽省非税收入“跨省通缴”，做好“我为群众办实事”。除银联、支付宝和微信等多种电子渠道外，缴款人可在省外工商银行、农业银行、中国银行、建设银行和交通银行等多家银行各网点柜面，办理安徽省非税收入缴款业务，跨省缴款更加便利。同时，配合税务、自然资源部门实施安徽省不动产登记业务“税费合一”缴纳试点工作，实现相关税费“集中清算、一次缴纳、分笔入库、电子开票”，优化不动产登记业务办理流程、压缩办理时间，为安徽省创优营商环境贡献非税力量。

【做实做细支部党建】突出政治引领，坚持把政治建设摆在首位，制定年度党建工作要点，建立领学制度，坚持定期开展支部理论学习，组织开展党史学习教育，深入学习贯彻习近平总书记系列重要讲话和指示批示精神，认真学习党的十九届六中全会和省第十一次党代会精神，按时完成党史学习教育4本指定书目学习，利用“三会一课”、主题党日等多种形式开展学习研讨。突出组织功能，注重落实主体责任，结合工作实际，制定《非税局模范机关建设和“双争一创”活动方案》等，开展支部建设提升和“双争一创”行动，加强支部标准化建设。落实“三会一课”、组织生活会、民主评议党员等组织生活制度，采取联合党课、微党课等多种创新方式，提升党课吸引力，增强感染力。坚持主题党日与支部学习重点相结合，提高主题党日的针对性和实效性，先后赴合肥北乡支部纪念馆、盛习友烈士纪念馆和省博物馆等地开展革命传统教育。突出从严治党，做实党风廉政建设，开展新一轮深化“三个以案”警示教育和“警示教育周”活动，认真学习贯彻习近平总书记关于全面从严治党、巡视巡察、意识形态工作等重要论述，跟进学习贯彻中央纪委、省纪委全会和全国、全省财政党风廉政建设工作会议精神。严格执行处级以上领导干部“三查三问”要求和领导干部个人重大事项报告制度，开展“三重一大”事项决策专项治理，确保将权力关进制度笼子，构建用制度管人、管权和管事的管理机制。

国库支付中心工作概述

【概况】2021年，支付中心围绕财政中心工作任务，推进国库集中支付规范化管理，优化完善业务流程，发挥监控预警作用，加强对支付数据的分析运用，推进预算管理一体化建设，完成年度工作目标。

【完成支付任务】全年办理省级预算资金集中支付131.68万笔、金额1097.8亿元，其中，安全支付统发工资23.86亿元，集中划转工会经费1.94亿元，办理财政支持重点项目及社保资金支付632.01亿元，保障社保支出、基本人员支出以及社会重点关注资金准确及时到位。

【优化支付流程】跟踪预算管理一体化运行情况，征求预算单位意见建议，优化“工会经费退回、人工审核处理、支出报表定制”等10多项支付流程。加强对银行支付清算账户规范管理，年内办理新增单位零余额账户29个、变更31个，对8家未开设零余额账户预算单位资金支付进行规范，明确社保资金缴纳路径。

【规范业务办理】对未开设零余额账户的省政府驻外机构单位，改变以往“以拨代支”方式，依规实现资金直达最终收款人。规范跨年度退款办理，全年处理跨年度退回业务210笔、金额640万元，办理重新支付403万元，年内未重新支付资金237万元按规定收回财政。日常依据差错登记、预算单位问卷调查、约谈、走访、代理业务专项检查等，督促代理银行整改检查发现的问题。

【加强监控管理】兼顾支付效率和重点监管，修订监控规则45条，细化Ⅰ级预警规则，增添“白名单”，对预算单位正常业务实现系统自动校验通过，提高支付效率，同时突出监管重点,强化“向特定单位、账户划转资金、基本建设项目资金支付”等支付业务监控。加大数据巡查,对110万笔支付申请及48.5万笔公务卡业务进行实时监控,触发一级预警8103笔、二级预警46500笔,发布4期核查反馈信息,提交归口业务处督促预算单位核实、整改。

【加强数据分析】服务预算执行工作,完善支付执行月报,注重基础分析,全面反映不同科目、不同类型资金预算支付信息。服务预算管理考核工作,注重资金受理退回、监控预警及问题反馈。服务决策参考工作,准确编制国库集中支付年度统计报告,分析全省各级财政国库集中支付基础数据,搭建交流平台。

【推进预算管理一体化建设】梳理规范市县预算执行业务,完成全省预算执行试点上线工作。落实包保任务,赴亳州市及所辖县(区)3次,帮助协调解决存在问题。建立代理银行联络员制度,组织召开碰头会6次、座谈会2次,现场调研7次,督促代理银行按照规定时间做好联调测试和应急管理。定期收集系统运行反馈情况,改进受理审核、监控预警、电子对账等功能,研究定制单位资金收支管理业务模式,为市县财政提供样板。组织开展市县财政、省级预算单位和代理银行千人次培训。

财政信息中心工作概述

【概况】2021年,在省财政厅党组坚强领导和驻厅纪检监察组监督指导下,信息中心深入学习贯彻习近平新时代中国特色社会主义思想和习近平总书记关于网络强国的重要思想,开展党史学习教育,落实财政部、省委省政府和厅党组部署和要求,保障财政网络信息安全,推进预算管理一体化建设和推广,为实现安徽财政高质量发展提供网络安全保障和信息化支撑。

【落实“两个责任制”】落实网络意识形态工作责任制和网络安全工作责任制。学习贯彻落实习近平总书记关于网络强国的重要思想,把《习近平关于网络强国论述摘编》纳入党史学习教育内容。配合厅机关党委组织开展以“网络安全形势和任务”为主题的网络意识形态专题辅导报告,组织开展全厅网络安全知识测试,强化干部职工网络意识形态和网络安全形势教育,保障财政网络意识形态安全。加强财政数据隐私保护和安全管理,增强网络安全防护能力,维护财政网络意识形态安全和财政数据信息安全。组织开展全省财政系统网络安全和保密工作检查、全厅财政系统网络安全自查和大核查工作,加大对财政系统、厅机关处室、厅属单位网络信息安全督导检查力度。

【推进预算管理一体化建设】对标财政部业务规范和技术标准,结合安徽省业务管理实际,按照“软件统一开发管控、业务管理标准统一、业务流程前后贯通、数据统一集中管理”的总体思路,采用省级大集中模式建设预算管理一体化。功能建设方面,对标财政部业务规范和技术标准,完成基础信息、项目库、预算编制、预算调整调剂、预算执行、单位核算等功能建设。技术实现方面,基于省电子政务外网和省政务云部署系统,在省直部门单位中率先使用省政务云Pass基础支撑服务,省数据资源管理局将参考省财政厅系统运行情况扩充政务云的高性能服务内容。数据汇总上报方面,与财政部全国财政预算汇总系统对接,按“T+1”要求高质量完成全省基础信息、项目库、预算执行、总预算会计核算、单位会计核算等约146张标准表的数据汇总上报。系统培训方面,创新培训方式,通过线上线下、直播等方式提升用户应用系统水平,省财政厅开展线下大规模集训9次,市县分批举办培训约276场,共覆盖8.5万人;举办视频直播15次,在线人数6000余人;发布慕课19个;应用微信、QQ等工具,加强业务技术指导。系统推广应用方面,基础信息、项目库、预算编制、预算执行和单位核算等功能模块在全省范围内正式上线使用,全省各级财政部门和预算单位运用该系统办理2022年预算编制工作,省本级、合肥市(含市本级及庐阳区、巢湖市、经开区)等试点地区正式使用系统办理国库支付业务,其余地区在2021年双轨并行的基础上,完成2022年预算执行业务初始化工作。全省158个财政区划、2.3万家预算单位、480家代理银行分支机构、76家人民银行市、县(区)支行完成2022年1月1日预算执行业务全面上线准备工作。

【强化政务信息系统整合共享】贯彻落实财政部和省数据资源管理局关于信息系统建设和整合相关精神,开展财政应用系统整合共享建设,编制《安徽省财政厅政务信息化建设及整合方案》,基于现有预算管理一体化系统的公共服务子平台、数据共享交换平台等基础能力,逐步推进财政政务信息系统整合建设,构建互联互通、业务协同、信息共享的“大系统”。

【推进财政直达资金监控平台深化应用】按照财政部统一部署和要求,推进财政直达资金监控平台在全省实施应用工作,通过系统建立财政资金直达机制,做好系统维护,实现对新增财政资金直达基层直达民生的监控。与财政部对接,响应业务人员需求,系统下达资金总量1483.8亿元,落实项目15435个。

【推进财政电子票据管理系统全面应用】根据财政部关于在全国推行财政电子票据管理改革的部署要求,

持续推进安徽省财政电子票据系统全面推广应用工作，推进医疗电子票据改革，加强与医疗机构 HIS 系统对接联调，省立医院等共 19 家医疗机构电子票据上线使用。

【创新集约化运维管理方式】牢固树立过紧日子思想，探索集约化运维新模式，对 24 项信息化项目梳理业务需求，进行整合打包，在上年基础上进一步整合为 4 个采购项目，压缩运维预算经费 5%，有效降低运维成本，实现运维集约化管理。

【强化网络安全管理】贯彻落实《网络安全法》和公安部《网络安全等级保护条例》要求，开展信息系统三级等保测评。常态化开展漏洞扫描、安全渗透测试和巡检监测。设置业务系统访问权限，召开 3 次运维安全专题会议，加强安全运维管理，细化实化安全举措，重点防范围弱口令、勒索病毒攻击风险。做好重要财政数据离线备份等工作，推进软件正版化，检查软件正版化落实制度、管理台账情况，现场抽查 176 台办公电脑，保障财政关键信息基础设施安全、数据安全、信息系统安全。保障厅视频会议服务 78 次，为预算单位办理证书制作 694 次，为全厅人员调动和办公自动化设备迁移发生的内外网信息点变动服务 185 次，全厅办公自动化设备故障处理 1675 次。完成“护网 2021”攻防演习任务和庆祝建党 100 周年、国庆、省第十一次党代会等重要时段网络安全保障任务。

预算评审中心工作概述

【概况】2021 年，在省财政厅党组坚强领导下，在驻厅纪检监察组指导监督下，在厅处室单位支持下，省预算评审中心坚持以习近平新时代中国特色社会主义思想为指导，落实厅党组关于财政预算绩效管理的有关部署和要求，开展绩效评价、预算评审、PPP 项目管理与服务等业务工作，发挥财政评审的定量基础和数据支撑作用。全年共完成各类评审项目 53 个，评审财政资金 299.54 亿元，其中绩效评价项目 18 个，涉及财政资金 296.45 亿元；评审预算项目 35 个，投资额 3.08 亿元，审减 0.71 亿元，综合审减率 22.98%；完成 1 个省级高速公路 PPP 项目的财政承受能力论证工作，涉及投资 74.21 亿元。1—7 月经中心评审通过并纳入财政部项目管理库 PPP 项目 12 个，投资额 176 亿元。

【开展绩效评价】2020 年省级财政绩效评价资金规模 139.30 亿元，位列全国第六；全年评价资金规模 296.45 亿元，增长 112.81%。25 个省级财政重点评价项目，评审中心承担 17 个，其中重点项目 13 个，重大政策 2 个，部门整体 2 个，较上一年度工作任务量增加 55%，其中包括支持创新型省份建设和制造强省建设补助等实施周期长、涉及领域广、各方关注度高的重大政策评价项目。评审中心在人员抽调、挂职，评审骨干力量不足的情况下，统筹安排，提高绩效评价站位，坚持问题导向，提出合理化建议，为财政支出的提质增效发挥参谋、支撑作用，以财政支出的效益提升化解财政收支矛盾，实现绩效评价工作高质量开展。

【做好预算评审】预算评审 35 个项目均为年中安排项目，工作量较上年增长 118.75%，其中连续 4 年开展世界制造业大会经费预算评审，常态化开展中国国际进口博览会、国际消费品博览会等会展项目经费评审，较好起到“防火墙”作用。坚持用市场的逻辑、资本的力量、平台的理念开展工作，发挥市场作用，引导社会力量参与办展办会和网上办展办会等，减少财政投入，为财政专项资金支出管理提供详实决策依据。

【做好 PPP 管理服务】引导市县合理利用财承政策空间、统筹资本和资源要素，加强项目入库评审、提高项目质量，实施动态监控、推进信息公开，及时总结经验、加强宣传推广，引导和撬动更多市场主体参与 PPP 项目建设，弥补财政资金短板，发挥撬动作用，推动安徽省 PPP 高质量发展。1—7 月，经中心评审通过并纳入财政部项目管理库项目 12 个，投资额 176 亿元。据财政部公布数据，截至 7 月末，安徽省累计入库项目 485 个，总投资 5365 亿元。其中，落地实施项目 435 个、投资额 4921 亿元，落地率 89.7%、居全国第一；开工项目 341 个，投资额 3895 亿元，开工率 78.4%、居全国第四。自 8 月起，PPP 工作职责移交厅新成立的 PPP 中心。

【服务保障厅预算绩效管理】配合厅绩效处及相关处室，在事前绩效评估、绩效目标复审、绩效自评报告抽查、绩效指标体系建设、民生工作督导调研、协作专业人员库管理、预算绩效制度体系建设等方面同心协力、履职尽责。

【完善财政评审第三方技术协作机制】以省直单位定点采购供应商（预算绩效管理）为主体，征集形成 679 人的“省级财政绩效管理第三方技术协作骨干库”，为绩效评价工作开展提供人力资源保障。

【创新评审评价方式】实行“财政人员+行业专家+第三方机构协作人员”的评价模式，评审中心统筹管理，行业专家专业支持，协作人员技术保障，提高评审评价工作专业化水平。

【强化评审质量管理】建立评审评价报告中心办公会议审查机制，同时按照厅预算绩效管理工作领导小组要求，实行绩效评价工作方案报备和评价结论审查制度，全方位管控评审评价工作质量。

（李昌鹏）

政府债务评估中心工作概述

【概况】2021年,债务中心在省财政厅党组正确领导以及驻厅纪检监察组有力监督下,认真贯彻落实省委省政府各项决策部署,围绕全省政府债务管理重点工作任务,持续打基础、补短板、强本领,与厅债务处并肩战斗、一体化推进工作,严抓细抠债券发行、统计评估、还本付息、信息公开"三点一线"债务评估工作,完成年度各项工作任务。

【开展党史学习教育】从百年党史中汲取奋进力量,深入学习习近平总书记在党史学习教育动员大会和庆祝中国共产党成立100周年大会上的重要讲话精神,学习党的十九届六中全会和省第十一次党代会精神,跟进学习习近平总书记最新重要指示批示精神,组织党员干部研读《中国共产党简史》等四本指定书籍、《中国共产党党员权利保障条例》等党内法规,建立青年党员干部学习交流群,推荐党史学习教育相关学习文章48篇,组织青年干部撰写党史学习教育心得体会和微感悟各9篇,开展《中国共产党支部工作条例(试行)》、党史知识测试和党内法规知识网上竞答活动等10次。组织参观中共合肥北乡支部纪念馆、盛习友纪念馆等红色教育基地,集中收看庆祝中国共产党成立100周年大会,组织全体党员干部参观"百年历程,初心为民"财政史料图片展并重温入党誓词,参加"永远跟党走"群众歌咏大会和党史知识竞赛,举办"拿什么向建党100年献礼"青年阅读挑战赛活动。

【加强支部建设】压实支部党建责任。开展党建工作创新"金点子"征集评选活动,并将征集评选的"金点子"纳入支部党建年度重点工作任务,分解落实到支委,每月一调度,清单式推进、销号式管理。开展基层党组织标准化建设情况评估,推进模范机关建设,落实党支部"建设模范机关"细化措施任务表,入选厅直属机关基层党建工作"领航"计划"培育库"。严格执行党务公开,严格党费使用管理。为全体党员干部过政治生日,发放政治生日贺卡,进行廉政提醒。以党章为根本遵循,落实"三会一课"、谈心谈话、党员活动日、民主评议党员等各项规章制度。组织开展"七一"评选表彰先进党支部、优秀共产党员、优秀党务工作者活动,其中1人被评选厅优秀共产党员。全年共召开支部党员大会5次,支委会13次,党小组会25次,党课4次,主题党日活动12次,组织生活会2次,民主评议党员1次,谈心谈话62人次。

【深化全面从严治党】开展新一轮深化"三个以案"警示教育,设立《兴廉政之风 树浩然正气》专题宣传栏,开设廉政文化长廊集中展示廉政文化警言警句。对十届省委以来历次警示教育、巡视巡察、督导检查等发现的问题集中"回头看",开展"大起底、改到位、建机制"专项行动,对照厅党组巡察回头看反馈问题制定未巡先改"四个清单",根据省委党史学习教育第七巡回指导组反馈问题抓好整改落实。开展"进万户、访千企"走访调研,走访查看14家企业,听取意见建议11条。开展"消费扶贫"活动,帮助采购颍东区扶贫产品。选派1名党员担任选派干部到村任职,1名党员到财政窗口挂职,组织青年党员到城隍庙社区开展清扫楼道志愿服务活动,做到扎根基层,为群众办实事。发行地方政府债券支持教育、文化、医疗卫生、农林水利建设、生态建设以及环境保护等重大民生和发展项目。落实党支部纪检工作暂行办法和监督工作暂行办法,制定债务评估中心党员正负面清单,加强日常监督,共开展集体廉政谈话3次。

【推进债券发行工作】贯彻落实财政部关于做好地方政府债券发行的总体部署要求,践行市场化发行理念,把握发行窗口,先后组织开展10个批次现场债券发行工作,全年累计发行政府债券2815亿元,较上年增加486亿元,创安徽省地方政府债券发行规模历史新高。其中:新增专项债券1665亿元,46.9%投向卫生健康、教育养老、保障性安居工程等重点民生领域,53.1%投向交通基础设施、市政和产业园区、农林水利、生态环保、能源和冷链物流等领域;安排103.24亿元专项债券用作铁路项目资本金。开展专项债入库前置性审核,提高项目入库质量。按照前置条件评审要点,对照九大重点领域项目及"两新一重"中符合条件的项目,从项目建设内容、前期工作、收益测算等方面严格审核把关,把控债券发行风险,规范专项债券使用范围,扩大项目库储备规模,探索实现专项债券项目全生命周期管理。全年共组织3个批次、550个项目的专项债项目入库前置性审核,涉及项目总投资额7012亿元,专项债券资金撬动率2.49倍。加强专项债发行项目审核工作,提高审核评估效果。落实财政部新增专项债券项目不具备发行条件项目清单、全国通用禁止类项目、收支平衡等有关要求,加强对2021年发行债券项目及2022年全省新增专项债需求的审核。全年实施5批次共计1278个专项债项目发行前审核,涉及发行债券资金1665亿元;配合厅债务处审核全省各市、县(区)申报的2022年新增专项债需求项目1789个,涉及债券资金4650亿元。紧扣债券发行各环节、步骤,做好发行项目审核、发行材料报送、开展承销团投标意向调查、准确发布信息披露文件,做好信用评级、发行备案、代码申请、现场或非现场无缝衔接、中标券商及时缴款等工作环节,提升发行效率。规范做好发行前信息披露、发行结果公告、调整债券资金用途披露等工作,监督新中标的信用评级机构开展地方债信用评级,完善信用评级指标体系,督促、倒逼第三方评估机构遵循诚实信用原则及时对外披露。

【夯实统计评估工作基础】开展法定债务和隐性债务数据统计,编制全省政府债务月报、旬报、债券发行计划表、新增债券资金使用进度报表以及隐性债务月报、年报。做好隐性债务风险评估工作,全年隐性债务变动数据抽查复核2655笔,发现500多笔3大类12种具体问题;核对隐债缓释风险情况802笔,围绕10大类问题督促各地整改完善。与省发改委、人民银行、银监局、证监局、市场监管局等部门开展隐性债务、公司信用类债券信息共享比对工作,会同相关部门转发《财政部 发展改革委 人民银行 证监会关于地方融资平台公司发行的公司信用类债券信息共享比对工作方案的通知》,要求各地贯彻落实。加强全省债务总体情况风险研判,结合风险评定办法,核对安徽省财力、债务基础数据等编制《安徽省地方政府债券发行及资金使用情况》年报,探索建立地方政府债券数据统计分析机制。全省发行地方政府债券61只,债券平均发行期限11.33年,从长到短位列全国第18位,在中部6省中位列第4,在长三角4省中位列第3;平均发行利率3.37%,同全国平均水平持平,从低到高位列全国7位,在中部6省、长三角4省中均位列第2。组织核实本地区风险测算评估涉及的地方财政决算数据、债务数据、行政区划等基础数据,并按时上报财政部;配合债务处做好财政预算管理一体化推进工作,落实财政部地方政府专项债券项目穿透式监测工作方案,完成有关基础数据录入工作。通过财政部政府债务信息公开平台、财政厅门户网站等媒体,发布全省政府债务信息公开数据、债券月度发行安排、预决算公开数据、预算调整公开数据、续期公开数据等信息,主动接受社会监督。

【做细还本付息工作】履行政府债券还本付息职责,按月编制还本付息计划表、发布还本付息公告、制发市县应付利息和兑付服务费的通知,强化政府债券还本付息主体责任。全年共拨付还本资金847.54亿元,支付政府债券付息及兑付服务费480笔355.49亿元;按照有关规定程序,及时办理债券手续费和发行登记服务费的计算和支付工作,支付债券发行手续费2.29亿元,登记服务费0.112亿元,所有资金往来均实现“零差错”。做好国际金融组织和外国政府贷款还本付息工作,做细债务催收、分割、还本付息金额审核和对账结账等工作,按照时限要求,及时偿还23个国际金融组织和外国政府贷款在还项目还本付息资金6.02亿元。

(李道兵)

财政科学研究所工作概述

【概况】2021年,在省财政厅党组的坚强领导和驻厅纪检监察组的监督指导下,在分管厅长和协管厅巡的靠前指挥下,在各处室单位的鼎力支持下,科研所坚持以习近平新时代中国特色社会主义思想为指导,贯彻落实厅党组各项决策部署,围绕财政中心工作,对标对表补短板,拉高标杆争进位,较好完成全年工作任务。支部进入厅“示范库”行列,财政部报刊宣传荣获先进单位,在省直属机关文明创建督查情况通报中被表扬肯定,四人次分获财政部、省纪委监委、省委宣传部等作品征集不同奖项。

【强化理论武装】制定党史学习教育计划,落实“六学”要求,采取集体学习、专题研讨、个人自学等方式,及时跟进学习领导讲话、指定书籍、辅导材料等,全年组织党史学习34次,开展“四史”等专题研讨19次,举办2期党史学习交流分享会,撰写心得体会、发言材料及微感悟53篇,参与知识测试、网络竞答13次,参加财政部主题征文活动并提交征文3篇、1篇作品获优秀奖,入围省直机关第四届“举旗帜送理论”党史学习教育微宣讲决赛并获三等奖。安排支部党员轮流上党课4次,参加厅集中培训、网络专题培训及外出培训29次。落实厅“月悦读·书馨财政”读书活动,组织党员干部推荐书籍11本。

【加强组织建设】制定支部工作要点,细化党建任务分工,做到党建工作全员参与。落实厅“模范机关”创建工作任务,制定支部贯彻落实任务表,推进支部标准化规范化建设。加强支部班子建设,根据人员岗位变化,及时调整增补支委并明确职责分工,全年召开党员大会6次、支委会18次。严格按照规定程序将1名预备党员转为正式党员,积极申报先进党支部、优秀共产党员和优秀党务工作者。加强党员教育管理,大力营造向榜样学习、向先进看齐的浓厚氛围。严肃党内政治生活,召开2020年度组织生活会和党史学习教育专题组织生活会。落实党内激励和人文关怀制度,参与厅“财政青年示范岗”评选,摸排上报困难党员1名、慰问在职职工1人、慰问离退休党员干部10人次。规范做好支部工作记录,做好党员信息系统日常维护工作,及时调整4名党员组织关系的转入转出。

【加强廉政建设】深入学习贯彻十九届中央纪委五次全会、省纪委十届六次全会、全国及全省财政反腐倡廉建设工作视频会议等精神,开展新一轮深化“三个以案”警示教育,观看《第一大案》《国资之蠹》等警示教育片,围绕“五个不到位”“五个是什么”等主题开展交流研讨。全员签订党风廉政建设责任书,及时更新个人岗位廉政工作牌,压紧压实党风廉政建设责任。参加第二届安徽廉洁文化作品征集活动,创作“四管四不”廉政平面公益广告成功入选精品库。认真做好中央巡视组巡视反馈意见整改工作,开展“大起底、改到位、建机制”专项行动,发挥“关键少数”示范作用,做好处级干部个人事项报告,2名处级干部开展阶段性检视,开展集体廉政谈话2次,常态化开展谈心谈话50人次,运用监督执纪第一种形态1次。发挥纪检委员带头作用,领学廉政相关文件精神,为党员干部上廉政党课,开展谈心谈话,做好日常监督提醒。

【推动科研转型】贯彻落实厅领导“科研所要把科研抓起来”的指示精神,转变科研工作思路,树立全省财政大科研意识,做好科研组织谋划,对标对表沪苏浙财政科研工作做法撰写调研报告,赴省社科院、省发改委经济研究院、中科大国际金融研究院调研学习科研工作经验,拟定12项科研重点工作,起草全省财政科研工作和课题管理等文件,面向全省财政系统征集2022年度全省财政科研课题选题58个。开展财政课题研究。完成中国财政学会和中国财科院上年度全国财政科研协作课题研究任务,课题成果分别在中国财科院的《研究报告》和《地方财政研究》发表。争取并参与中国财政学会和中国财科院年度全国财政科研2项协作课题“区域创新体系建设”和“创新居家养老形式”研究任务。配合做好省委宣传部第五季“部门出题 智库解题”对接联络工作,厅报送7项课题全部入选。参与中心智力服务。组织参与财政“十四五”规划七轮修改完善,配合相关处室做好智力服务。根据安徽省财政改革发展热点难点,搜集遴选专家视野和外省经验,先后整理零基预算改革、统筹财政资源等8个专题材料,在《安徽财政》编发参阅。开展学术研讨交流。按照中国财政学会年会研讨和成果评选等活动要求,推荐增补中国财政学会理事候选人1名,组织全省财政系统征集文章52篇,择优上报交流论文12篇、推荐参评优秀成果评选8篇。组织参加中国财政学会第四届财税知识网络答题竞赛、中国财科院“降成本”大型在线调研和相关研讨会、省政府发展研究中心“贯彻新发展理念”调研座谈会等活动。

【强化宣传效应】严格落实意识形态工作责任,坚持正确宣传导向,扩大《安徽财政》影响,在宣传省委省政府、财政部重大决策部署的同时,通过“党史学习教育”“预算绩效”“民生工程”“政府会计”“分析报告”“工作交流”“改革案例”“财政文化”等栏目,编发优质稿件,全年共编印《安徽财政》12期,采用稿件290余篇,刊载文字近100万字。提升橱窗宣传效果,全年制作更换橱窗版面234个。强化鉴书存史资政作用。编纂《安徽财政年鉴(2021)》,起草印发编纂大纲,在保持年鉴编纂体例风格的基础上,图文并茂优化版块布局,调整栏目内容,增设全省财政工作大事记,充实财政数据图表资料,全书共设置9个篇目18个栏目,组稿310篇约110万字。按照厅党组统一部署,组织编写《安徽财政改革发展(2011—2020)》,制定编写方案,加强协调服务,组织处室单位分工撰写,做好汇总编辑、设计排版、校对报审等环节工作,全书共30章98节,4篇附录,30万字。做好其他宣传保障。加强摄影服务保障,安排专人服务厅领导和重点事项拍摄宣传,服务各处室单位的拍摄需求。全年提供摄影服务160余次。保障图片宣传需要,更新完善财政工作图片库,配合做好厅内外网、财政公众号的图片宣传,整理提供财政史料图片,助力“百年历程 初心为民”财政史料图片展。此外,结合安徽省实际,组织开展《中国财经报》《中国财政》《财政研究》等财政部报刊在安徽省的宣传工作,宣传量均位居全国前五,获中国财科院、中国财政杂志社、中国财经报社表彰。

【加强内部管理】规范管理,执行“三重一大”制度,全年召开所长办公会23次,研究决策人员晋升、大额采购、资产报废、程序规范等“三重一大”事项58个。加强安全、保密等知识学习,遵守保密各项规定,参加保密知识竞赛答题和网络安全知识测试,开展保密自查。落实厅属单位财务统管制度,规范支出管理,通过比价、询价、议价等方式进一步压缩印刷等项目支出。优化人员岗位分工,加强内控建设,全面梳理完善所内综合管理制度,废止修订4项管理制度,修订13项工作规程。加强人员培养教育。及时调整晋升专业技术人员高中级岗位等级,提升队伍层次。结合全国财政科研骨干培训、厅内“三个专题”培训、支部“三会一课”等,常态化开展学习研讨,提升政策理论水平和财政科研能力。增强党员干部法治意识和法治素养,参加习近平法治思想专题辅导报告会,创作《以法为“谱” 以尺为“钢”》获第六届“法润江淮 共筑美丽安徽”法治漫画类作品征集大赛优秀奖。弘扬正气清风。严格遵守中央八项规定、省委实施细则和厅党组实施办法,加强作风效能建设,全年组织开展内部效能检查54次。严格遵守厅党组关于制止餐饮浪费有关规定,加强疫情防控。深化文明创建。组织参加省直工委、省直文明办以及财政厅举办的聆听艺术党课、红色经典诵读、金秋健步走、参观世界制造业大会等各类活动,先后参加无偿献血、志愿帮扶等志愿服务5次,踊跃参加“我为群众办实事”爱心公益捐款活动。深入基层联系群众，组织党员干部进逍遥津街道县桥社区开展志愿服务活动2次。

注册会计师管理处（注册会计师协会）工作概述

【概况】2021年，注册会计师管理处（注册会计师协会）在省财政厅党组坚强领导下，在驻厅纪检监察组监督指导下，围绕“抓支部党建带行业党建、抓行业党建促行业发展”，把加强政治建设与提高业务能力、深化行业服务管理紧密结合起来，开展党史学习教育，促进行业发展取得新成效，实现行业“十四五”良好开局。在全厅综合考核中荣获年度先进单位，党支部荣获厅机关党委表彰的“先进党支部”称号，省行业党委被中国注册会计师行业党委授予“全国先进注册会计师行业党组织”称号。省委非公工委将省注册会计师资产评估行业党委年度党建工作综合评定为“好”等次。财政部对安徽省注册会计师考试工作给予书面表扬。

【服务行业高质量发展】坚持把党的领导融入行业治理，厅党组将行业党建纳入厅党建工作“三个清单”，7次研究行业党建工作，定期调度、统筹推进。出台行业党史学习教育实施方案，成立领导小组和4个巡回指导组，召开动员部署会，开展巡回指导督导，成立省行业党校。省行业党委书记靠前指挥，赴执业机构一线调研，讲学习习近平总书记“七一”重要讲话精神专题党课。把党史学习教育作为行业党员学习教育的重要内容，组织全省执业机构通过多种形式收听收看“七一”庆祝大会直播。全体执业机构党组织书记、党员合伙人（股东）聚焦解决从业人员普遍关心的现实问题，完成344项“我为群众办实事”清单、293项“我为行业添光彩”清单，并在7—8月开展为民办实事促进月活动，《中国会计报》进行报道宣传；提供570个就业岗位，服务大学生就业，奖励见习基地建设成绩突出的8家执业机构共4.4万元。推动会计师事务所100%完成党建入章工作，资产评估机构超过80%完成党建入章，从制度上保障基层党组织政治功能充分发挥。开展巩固扩大“两个覆盖”攻坚行动，注册会计师行业党组织覆盖率提升到62%，资产评估行业党组织覆盖率提升到55%。执业机构党组织中，“双向进入”占比69.4%，“交叉任职”占比55.8%。深化“双培工程”，共有基层党组织145家，党员1561名。建强党建工作品牌，制定《安徽省注册会计师行业“品牌建设年”主题活动工作方案》，撰写“聚焦品牌建设，持续推进行业党建水平”调研报告。选树6家全省行业示范基层党组织并发布典型党建案例。提炼行业党建工作好故事、典型案例33个，其中4例获省委组织部、省委非公工委表彰，在全省社会组织领域交流。通报表彰一批先进党组织和优秀个人。1家执业机构获评全省社会组织党建工作示范点（2021—2023年）。促进党建业务深度融合，利用任职资格检查机会，完善党建台账。执业质量检查中同步对12市行业党组织、55家会计师事务所和14家资产评估机构履行行业党建责任情况进行督查。探索推进行业党内监督与行政监督、行业自律相融合，依规注销1名受到刑事处罚执业人员的注册，同时按程序开除党籍。

【提升行业管理服务效能】履行“服务、监督、管理、协调”职能，优化注册（登记）流程，在全面实施“注册会计师注册”全程网办的基础上，修订办事指南，优化网上办事流程，将承诺办结时限减至15个工作日。2020年初改革以来，累计办理36批，准予注册并颁发证书546人，会员满意度100%，助力全省创优“四最”营商环境。落实减免会费支持执业机构发展，贯彻落实中央“六稳六保”工作要求和减税降费政策，按照开展“我为企业减负担”专项行动要求，报经厅党组研究同意、常务理事会审议，省注协（评协）共减免会费约1200万元。减免的会费重点支持执业机构加强党史学习教育、党组织建设、人才队伍建设、品牌建设等。组织减免金额相对较大的12家会计师事务所及7家资产评估机构制定减免会费使用方案，推动行业会费减免工作取得实效。推进行业信息化建设，对接省数据局大数据中心，试点推进注册会计师证书电子证照，生成电子证照14件。坚持网上办事，会计师事务所在线登记入会12家、系统自助出具诚信证明4588份、业务防伪报备超9.7万份。按照中评协部署，指导资产评估机构使用资产评估报告统一编码、执业会员管理、年检管理等业务系统，推动网上办件和办事指南标准化、精细化，拓展和优化行业管理服务事项，倒逼服务管理程序化、规范化。引导行业提供优质服务，修订行业发展激励制度，投入26.25万元引导资金，对6项服务“三地一区”建设案例、5项诚信建设案例、10名优秀个人、8家促进大学生就业执业机构、6例党建工作法进行支持奖励。运用业务收入、注册会计师人数、税收贡献、党建等指标对会计师事务所进行综合评价。发布安徽省注册会计师资产评估行业发展“十四五”规划，做好行业改革发展各项工作。

【加强行业人才队伍建设】始终把行业人才培养作为推动行业发展的第一要务，组织全省注会、评估考试工作，考前疫情防控形势严峻，厅党组专门听取考试工作汇报，研究部署有关工作。分管厅领导靠前指挥，亲临现场督导巡考。省考办制定《安徽省

2021年注册会计师全国统一考试新冠肺炎疫情防控工作方案》,加强与省疫情防控办沟通协调,及时调整完善举措,确保疫情防控、考试实施“双安全”。实际完成缴费人数43245人,其中专业阶段42016人,111722科次,综合阶段1229人。资产评估师考试报考人数为2870人(首次增设芜湖考区),报考总科次为7191科次。全方位构建行业培训体系,围绕行业队伍建设、业务发展、管理提升等实际需要,从不同层次、不同角度,征求对课程设置、师资人选、培训方法等方面的意见建议,完善自办专题培训计划。谋划实施“线上线下、省内省外、兼顾各方”的年度培训计划,拓宽网络培训范围,注重省外交流培训,动员执业注册会计师报名参加北京、上海和厦门国家会计学院举办的各期培训班。构建面授培训和网络培训相结合、自办培训和远程培训相结合,覆盖全面、互为补充的培训格局。据不完全统计,全年组织参加中注协的远程培训达400多人次。加强高端人才培养,支持推荐安徽省注册会计师参加中注协高端人才培养项目选拔工作,做好行业高端人才培养、使用相关配套工作。12月底,经协会常务理事会审议通过,印发《安徽省注册会计师资产评估行业高端人才培养方案》,在现有28名高端人才(原领军人才)基础上,培养100名左右注册会计师资产评估师类高端会计人才,其中注册会计师85名,资产评估师15名。启动遴选第一批50名培养对象工作。

【优化行业执业环境】贯彻落实国务院办公厅《关于进一步规范财务审计秩序促进注册会计师行业健康发展的意见》(国办发〔2021〕30号),加强诚信文化建设,继续推行年检工作承诺制,宣传法律法规重要条款,编发“以案说法”警示教育案例,开展行业普法宣传和风险警示教育。参与制订安徽省贯彻落实国办发30号文实施方案,组织全省会计师事务所参加全国行业学习国办发30号文件动员宣讲会暨“一竿子到底”培训班。组织撰写心得体会,两周一调度,督促围绕大学习、大研讨、大实践、大提升开展“十大专项行动”,宣传落实到每一名从业人员。严格执业资格管理,坚持以“清挂名”专项整治为重点,严格任职资格检查,常态化加强执业后监管。借鉴沪苏浙分类检查经验,对重点检查对象实施深入检查,提高检查效率,累计注销157人;落实财政部四项整治安排,在年检中开展挂名执业行为整治,清晰传递财政部规范行业发展的坚定决心,整治期间共注销挂名等年检不合格人员145人;配合资产处开展资产评估行业专项整治,完成对26家资产评估机构的重点检查。促进8家资产评估机构完善内部管理相关制度,依法依规对137名兼职挂名资产评估师办理转非手续、3名资产评估师办理注销手续。落实联合监管,全程参与2021年度会计评估监督检查,采取“双随机”与四项整治相结合的方式,确定被检查会计师事务所55家、资产评估机构14家,第一时间共享业务防伪报备数据等自律监管资源,对厅里交由省注协处理的5家事务所,依规给予相应的行业惩戒。专栏发布执业风险提示27条,受理处置投诉举报4起,涉及挂名执业、违规审计等情形。加大与厅监督局行政监管的协同力度,其中:约谈3家、核实注销注册1人。依据监督局移送予以行业惩戒的处理意见,依规对2家执业质量较差的机构警告惩戒。

财政干部教育中心工作概述

【概况】2021年,在省财政厅党组坚强领导下,在驻厅纪检监察组严格监督下,干教中心围绕中心大局,坚持党建与业务融合发展,忠诚尽职、主动作为,实现党建和业务“两不误、双提升”。

【加强政治建设】坚持以政治建设为统领,落实意识形态工作责任制,开展党史学习教育,深入学习党的十九届六中全会精神,学习习近平总书记“七一”重要讲话精神和习近平总书记考察安徽重要讲话指示精神,跟进学习中央和省委经济工作会议、全国和全省财政工作视频会议以及省第十一次党代会等重要会议精神,以衷心拥护“两个确立”、忠诚践行“两个维护”的政治自觉强化党员理论武装,推动工作提质增效。全年共组织集中学习23次,专题研讨8次,党史知识测试4次,为群众办实事8人次。

【加强组织建设】严格遵守《中国共产党支部工作条例(试行)》,落实党建工作责任制,支部书记带头示范,发挥支部委员作用。加强支部日常管理,严格执行“三会一课”制度,开展主题党日,召开党史学习教育专题组织生活会,常态化开展谈心谈话,规范党费收缴,做好1名预备党员和2名入党积极分子培养和发展工作,夯实党建基础,增强支部引领力和凝聚力。全年共召开支部党员大会9次、支委会11次,开展讲党课4次,分2批组织党员集体过“政治生日”,多次赴县桥社区开展“清洁家园”活动,做到在职党员进社区全覆盖。

【加强作风建设】反对“四风”,狠抓效能建设。严格执行中央八项规定及实施细则,对照工作作风查摆问题,持续改进。加强中心日常效能检查,严格职工请销假手续,落实外出报备制度,抓好常态化疫情防控。落实保密工作要求,将保密工作纳入效能建设,保密教育列入学习计划,参加保密警示教育活动,开展保密自查,提高干部职工保密意识。开展志愿服务活动,巩固文明创建成果。组织党员干部参与疫情防控、民生政策宣传、关心关爱孤寡老人、无偿献血等志愿服务。购买助农产品,支持乡村振兴。加强干部内部交流和岗位协作,在职级晋升、岗位锻炼等多方面提供舞台空间,完成2名新聘人员入职,5名同志职级晋升,3名挂职同志均获得"好"考评等次。

【加强廉政建设】始终将全面从严治党和党风廉政建设工作放在重要位置,贯彻落实《中共中央关于加强对"一把手"和领导班子监督的意见》,履行"一岗双责",落实"两个责任"。中心党支部与厅党组签订党风廉政建设责任书,传达学习党风廉政建设工作会议精神,压实责任,细化任务,确保党风廉政建设与干部教育培训工作同向发力、同频共振。开展新一轮深化"三个以案"警示教育,常态化开展廉政谈话,重大节假日廉政提醒,教育引导党员干部遵守党纪法规。准确把握并运用监督执纪第一种形态,及时解决苗头性、倾向性问题。

【服务保障干部教育培训工作】按照厅党组统一部署,牢固树立大局意识,紧盯重点工作,聚焦主责主业,做好各类培训班服务保障工作。做好领导干部专题培训班保障工作,配合厅机关成功举办市县政府领导干部专题培训班,多次赴培训机构实地了解教学准备、会场布置、食宿安排、教师接送、疫情防控等情况,做好服务保障工作。营造学习氛围,督促学习纪律,妥善处置突发情况,完成厅党组交办的工作任务。做好干部专业能力提升培训班保障工作,配合制定干部专业能力提升培训实施方案,协助厅机关举办资本市场、"双招双引"、工业互联网、新入职人员能力提升等系列专题培训班,协助开展"月悦读·书馨财政"读书活动。针对新入职人员能力和特点,借鉴部里做法,牵头采编财政干部应知应会读本,服务学习型财政机关建设。做好财政业务培训班保障工作,按照年度培训计划,与相关处室单位联合举办6期财政业务培训班,培训涵盖省直、市县财政学员1800余人,中心选派专人全程跟班服务。

【完成财政部交办的工作任务】做好培训需求调查工作,年初,财政部围绕落实重点工作任务,面向全国征求培训意见建议。干教中心牵头负责征集工作,汇总反馈的问题和难点90个、相关意见建议101条,对培训工作的具体意见建议76条。同时面向市县财政部门开展专题调研,推动市县乡财政干训工作协同发展。落实财政部关于加强宣传财政系统贯彻新发展理念生动实践的工作要求,精心选题,针对性地向11个业务处室开展案例征集,对照案例内容、撰写质量和编写格式等要求,选择推荐税政条法处、预算处、资环处、金融处、民生办等5个实践案例。同时第一时间将组织开展情况作汇报,财政部对此表示感谢。

【探索实施干部教育培训方式创新】及时转变思路,改变打法,以制定和落实财政干训规划为主线,以建设和完善财政干训平台及师资库为抓手,研究提出加强干训工作的总体思路和重点任务,并组织实施,以财政厅名义印发财政干部教育培训管理办法(试行),开展培训需求调查及财政师资库征集工作,牵头拟定2022年度全省财政干部教育培训计划,形成含有181名优秀师资力量的财政师资库。深入调研,通盘考虑,明确中国科大国际金融研究院(技术产业组织学院)、合肥工业大学继续教育学院、安徽大学继续教育学院、安徽财经大学合肥高等研究院、省税务干部学校等5所省内院校作为首批财政干训平台,供开展干部教育培训选用。同时坚持线上线下同步推进,探索建设网络培训新模式。

【学习借鉴先进培训经验】坚持边培训、边学习、边完善,不断借鉴干部教育培训先进经验。加强与财政部沟通汇报,将新一届厅党组重视和加强财政干训工作要求和举措,及时向财政部进行汇报,争取财政部指导和支持。财政部干教中心通过"财政大讲堂",4次直播共享精品课程资源。将2名安徽省推荐教师入选财政部党史学习教育优秀师资库,向全国财政系统推荐选用。对标学习沪苏浙先进经验,通过网上查阅资料、电话沟通联系等方式,学习沪苏浙地区干训先进经验和做法,查找在制度建设、培训思路、培训模式、信息化建设等方面存在的差距,形成书面材料,为高质量推进财政干训工作提供参考。

行政事业单位资产管理中心工作概述

【概况】2021年,资产中心坚持以习近平新时代中国特色社会主义思想为指导,深入学习贯彻党的十九大和十九届历次全会精神,紧扣省财政厅党组部署要求,在分管厅领导直接指导和兄弟处室单位帮助支持下,坚持"抓党建,促发展",围绕财政中心工作和重点改革任务,推动完成省直资产管理和机关后勤服务保障各项工作。

【加强支部建设】持续在学懂弄通做实习近平新时代中国特色社会主义思想上下功夫、求实效,全年组织支部集中学习47次,专题研讨19次,撰写心得体会15篇。加强党员教育管理,规范完善支部党员信息档案和党员信息化平台数据,转入入党积极分子1名,做好后续培养工作。对接模范机关建设,发动党员干部进社区、进家庭,参加敬老爱老、爱国卫生等志愿服务和走访慰问活动,开展绿色家园齐守护等"我为群众办实事"实践活动,践行为民服务理念。对照新一轮深化“三个以案”警示教育发现问题整改、厅党组巡察处室对照问题整改以及支部“三查三问”自查问题整改等要求,开展自查自纠、未巡先改,做到举一反三、建章立制。强化支部书记“一岗双责”,纪检委员履行监督职责,常态化组织开展廉政学习教育,把握重要时间节点,组织廉政督促提醒,综合运用监督执纪“四种形态”特别是第一种形态,增强党员干部拒腐防变意识,推动廉洁从政、秉公用权。

【推进资产管理】开展公物仓试点建设工作,吸取先进省份地区公物仓建设有利经验,创新采用虚拟仓建设模式,试点建成省级公物仓,累计入仓资产1400余件,调剂使用1200余件。加强权证管理,对保管的327家单位共计3530本房地产权证进行全面梳理,跟进掌握228本借出权证使用进展情况,严格规范借阅程序,明确划定归还期限,督促借阅人严格按照登记情况合理使用。规范业务办理,全年完成19笔省直部门单位房产挂网拍租项目,成交租金4561.57万元/年,完成12笔资产集中处置项目,成交金额1038.49万元,较605.92万元的评估价值溢价71.4%。完善合同备案,常态化办理省直部门单位房产出租合同备案业务,全年新增备案合同1402份,涉及出租面积61.8万平方米,监缴租金4.37亿元。

【提升后勤服务】加强食堂管理,引进线上就餐管理系统,新增人脸识别、APP订餐等功能,更换食堂桌椅,改善就餐环境,落实乡村振兴要求,督促食堂积极采购脱贫地区特色农产品,开展公共机构反食品浪费工作成效评估,将厉行节约纳入模范机关创建重要内容。规范车辆和人员管理,启用办公区道闸和门禁系统,登记干部职工车辆和人员信息,动态清理外来车辆,限定院内车辆行驶速度,配合社区开展电动车顶棚清理,新增设置电动车充电桩。推动节能减排,组织开展“节能宣传周”活动,落实节能减排管理规定,在省直单位中首批建成节约型机关。推进垃圾分类,开展公共机构生活垃圾分类示范点建设,强化标志管理,完善分类设施。

【落实安全管理】履行机关疫情防控牵头职责,落实常态化防控要求,对接属地社区管理,动态调整办公区防控策略。抓牢安全生产,严格执行安全生产领导责任制,组织开展安全专项检查,定期开展安全隐患排查和专项治理,办公区全年未发生安全生产和火灾事故。牵头厅综治办、扫黑办工作职责,对接三孝口街道、杏花社区及辖区有关部门单位,常态化机制化开展扫黑除恶斗争,省财政厅连续十二年在全省平安建设考核获评优秀单位。强化信访维稳,贯彻落实省委主要领导关于管理信访工作部署要求,履行厅信访工作领导小组成员单位职责,配合厅办公室做好来访接待工作,研究分析问题,及时回应关切,帮助解决实际困难。

【强化物业监管】履行对物业公司监管职责,协调做好会议保障、设备维修、绿化种植相关工作。对接和配合安徽合肥公共资源交易中心,按要求完成办公区三年一轮的物业招标采购,确保机关物业服务平稳衔接。改善办公环境,配合开展财政图片史料展建设工程项目,按要求完成职工活动室搬迁工作,配置娱乐健身器材,为干部职工提供文体活动场地。保障办公用房,对接省管局等有关部门,对办公楼内低效闲置房间、楼层进行梳理,按要求做好全厅办公用房统计报送工作。根据处室单位工作实际,合理调整办公用房使用类型和用途等,按照面积标准对部分办公室进行分隔改造,确保在符合规定的前提下尽可能满足使用需求。

政府和社会资本合作中心工作概述

【概况】合作中心7月底成立以来,坚持以习近平新时代中国特色社会主义思想为指导,在省财政厅党组正确领导下,在分管厅领导直接指导和处室单位关心支持下,立足新单位、新起点,强化党建引领,加强学习研究,聚焦主责主业,推进安徽省PPP工作规范发展,各项工作实现良好开局。截至12月底,安徽省累计在库PPP项目488个,投资额5658亿元,签约落地项目数437个,落地率87.2%,位居全国前列。安徽省PPP绩效管理和新闻宣传工作分别获财政部PPP中心通报表扬。

【突出党建引领】加强思想政治教育,开展党史学习教育,研读习近平《论中国共产党历史》等书籍,学习党的十九届六中全会精神和省第十一次党代会精神,组织干部职工轮流开展读书荐语4次、集中学习9次,组织开展“最美公务员”等专题研讨5次、交流发言27人次,筑牢党员干部理想信念。健全支部工作机制。按规定申报成立党支部,完成党员组织关系接转、基本信息完善等基础性工作。制定支部工作规则、加强党支部班子建设等制度3项,坚持月度党建重点工作分解落实机制,推动党建任务落细落实。严肃党内组织生活,开展“三会一课”,支部书记谈心谈话8次,召开党员大会2次、支部会议6次,支部书记讲党课2次,组织主题党日4次。严守纪律作风规定,加强党章党规学习,传达有关违规违纪案件通报精神3次,开展“三查三问”和“未巡先改”,开展PPP项目入库评审廉政谈话4次,领导带队开展效能考勤检查5次。制定内部控制操作规程,识别风险点76个,建立风险防控举措 53 个,构建起有效管用的内部控制体系。

【注重分析研究】拓宽政策学习广度。邀请评审中心、大岳咨询公司的专家解读 PPP 政策,赴省招标集团、合肥十五里河污水处理厂等地开展现场调研交流,加强预算管理、债务管理、金融政策、产业政策等知识学习,推动干部学思结合、学用结合。提高统计分析深度。按照厅领导将基础做成亮点要求,开展乡村振兴入库项目、皖北财承空间等专项内容统计分析,编报 PPP 项目半年报和三季报,及时梳理 PPP 项目投资变更调整相关政策,指导市县解决项目变更中疑难问题。加大调查研究力度,制定《PPP 政策和业务调研工作方案》,与财政部 PPP 中心对接沟通交流 20 余次,对标对表沪苏浙等省市 PPP 工作,谋划创新举措。与咨询机构、实施机构和评审专家加强会商,对市县财政部门开展问卷调查,撰写《我省 PPP 发展现状分析及对策建议》等调研报告 2 篇(发表《安徽财政》1 篇),推动调研成果转化。

【加强项目管理】严格入库审核。制定《安徽省政府和社会资本合作(PPP)专家库管理办法》,经评审选用入库专家 95 人,发挥专业人员力量。加强项目入库审核,对“一案两评”严格把关,严防隐性债务风险。新增入库项目 20 个,投资额 490.6 亿元,总体呈现稳步发展的态势。规范项目变更。本着“能进能出”的项目管理原则,对不符合 PPP 项目在库条件的,及时清理出库,完成 11 个项目退库审核,对符合规定的 18 个项目资料修改进行审核确认,推动项目加快落地,形成实物工作量。加大信息公开。建立健全项目综合信息平台专人负责、持续跟踪、动态调整机制,主动接受社会监督。及时报送并被财政部 PPP 中心采纳宣传信息 12 条,加强工作宣传。推进绩效评价。组织召开全省 PPP 项目绩效管理视频培训,邀请财政部 PPP 中心专家授课,累计参训 1500 余人。出台《关于进一步加强政府和社会资本合作(PPP)项目绩效管理的通知》,组织合肥市、池州市开展城镇污水和海绵城市 PPP 项目绩效指标体系建设试点。

【强化内部管理】健全制度机制。制定中心工作规则、“三重一大”事项实施细则等 10 项管理制度,构筑起较为完善的内部制度体系。建立重点工作月度分解机制,制定月计划,按月召开月度工作会议,做到有部署、有督促、有落实。规范日常管理。坚持依法决策、民主决策,召开主任办公会 13 次,议定重要事项 46 项。加大工作会商,全年会商部 PPP 中心、亳州市财政局等单位 31 次,协助解决问题 28 个。规范财务管理,制定财务管理暂行办法等制度 3 项,公开招标确定基本户开户行,依规确定工会账户和工资代发户,保障单位正常运转。凝聚工作合力。注重干部培养,开展岗位设置和人员聘用工作,推荐 5 人处室挂职锻炼,安排 2 人参加金融专班和“四送一服”专项行动。强化教育管理,组织学习法律法规,围绕“长三角一体化”“三地一区”等内容开展专题学习,提升依法行政意识和工作本领。树牢“一盘棋”思想,服务中心工作,落实《财政金融工作协调联动机制》(试行),协助金融处开展国有金融企业产权登记、南北共建园区调研、政策性融资担保机构更新、道路交通事故社会救助基金调研等工作。

省农业信贷融资担保有限公司工作概述

省农业信贷融资担保有限公司工作概述

【概况】2021年,按照省委、省政府部署,在省财政厅党组坚强领导和驻厅纪检监察组有力监督下,在省国资委指导支持下,省农担公司党委深入学习贯彻习近平新时代中国特色社会主义思想,全面加强党的建设,引导和集聚更多金融资源投向农业农村,财政协同金融支农政策效应持续彰显,各项工作取得阶段性成效。全年新增担保户数28388户,新增担保额134.4亿元,同比增长50.1%,新增担保额位列全国农担体系第5位,长三角地区第1位。截至12月31日,累计为64243户新型农业经营主体提供贷款担保319.36亿元;在保户数31144户,在保余额142.52亿元,同比增长62%,在保放大倍数4.99倍,在保余额位列全国农担体系第8位,长三角地区第2位。公司先后获得“安徽省五一劳动奖状”“安徽省劳动竞赛先进集体”“第六届安徽省省属企业文明单位”及中部地区优秀融资担保机构等荣誉称号,获评全省服务地方经济实体发展评价“优秀”等次。

【加强政治建设】深入学习习近平新时代中国特色社会主义思想,贯彻落实新发展理念,衷心拥护“两个确立”,忠诚践行“两个维护”,出台党委会“第一议题”制度,将学习习近平总书记重要讲话指示批示精神作为第一议题的要求制度化、常态化。开展党史学习教育,将“学党史、悟思想、办实事”落实到业务实践中,体现在为农服务成效上。探索党建和经营深度融合机制,常态化开展党建经营月调度工作,落实党建和业务同谋划、同推进、同监督、同考核的要求,推进党建和经营工作深度融合。

【深化思想建设】聚焦庆祝建党百年宣传教育,宣传习近平总书记“七一”重要讲话精神,开展“庆祝建党100周年”党史知识竞赛和组织“诵党史、感党恩”朗诵比赛,营造比学赶超的浓厚党史学习氛围。组织“四史”宣传教育,邀请专家教授为全员授课,党委书记为全员上主题党课。落实意识形态和网络意识形态工作责任制,召开专题会议分析研判意识形态工作现状,提高全员对意识形态工作极端重要性的认识。推深做实群团统战工作,开展统一战线专题培训班,召开统一战线工作座谈会,凝心聚力画好发展同心圆。

【加强队伍建设】始终坚持正确的选人用人导向,把好选人用人关,完成3名业务管理中心负责人的选聘、9名中层管理人员的选拔任用工作。做好干部挂职及帮扶选派工作,选派2名干部分别挂职担任泗县人民政府副县长、泾县黄村镇九峰村第一书记,借调2名干部分别到省财政厅和驻厅纪检组锻炼学习,全年向安徽省“四送一服”双千工程输送人才4人次。

【加强作风建设】开展新一轮深化“三个以案”警示教育,召开全面从严治党、党风廉政建设和反腐败工作暨新一轮深化“三个以案”警示教育动员部署会议,全体员工签订公司党风廉政建设承诺书,动态更新员工廉政档案。建立健全监督管理机制,制定5项纪检基础性制度,成立内部监督委员会,建立内部协同监督机制,定期调度协同监督事项。推进清廉农担文化建设,制作《廉政护航 清风农担》微动漫视频,入选第二届“安徽廉洁文化精品工程”,在省纪委监委网站展播,营造清廉农担文化氛围。

【做实农业产业链生态担保】围绕长三角绿色农产品加工供应基地“一县一业(特)”确定的主导产业,依托和挖掘乡村特色优势资源,与县区政府共同谋划,配置金融资源支持乡村产业发展,在全省19个县(区)创建22个产业链,涉及1254个村集体,融资需求达98亿元。全年共出台11个产业链方案,共为679户新型农业经营主体提供贷款担保5.69亿元,引导金融要素资源在全产业链上配置,推动创链、延链、补链、强链,打造农业产业链发展生态圈和农村金融服务生态圈,促进农业农村实现绿色、协调、循环、可持续发展。

【加快业务创新】开展“4433春风行动”,以“农信码”为介,帮助种粮大户及农村产业带头人解决春耕备耕的资金供给问题,拓宽为农服务新渠道。开展“信贷直通车”活动,响应农业农村部统一部署，创设“新农直通贷”子担保产品，落地担保项目 1088 个、贷款担保金额 5.28 亿元。开展“党建引领·码上办”行动，推进党建引领信用村建设，运用科技手段提高担保服务质效，组织有融资需求的新农主体扫码 2692 户，资金需求 23.33 亿元。创新推出“农保贷”，通过党建引领信用村服务平台，直接运用信用评级结果开展信用村担保贷款业务，助力提升党建引领信用村建设。

【下沉服务体系】始终秉承将机构、人员和业务下沉的原则，以“贴近主体、紧密可控、运行高效”的基层服务网络体系建设为目标，构建农业信贷担保基层组织体系，业务覆盖全省 104 个县（市、区）、1113 个乡镇，在 77 个县（市、区）设立办事处，配备专职工作人员 96 个，设立 4 个市级业务管理中心，实现机构、人员、业务三下沉，发挥基层属地优势推动业务拓展，打造农业担保基层服务的品牌窗口。

【加快数字化转型】按照“一码、一中心、一平台”的发展规划，创新推出安徽农担“农信码”，打通便捷融资渠道，大幅提升获客效率，形成“一码在手、融资不愁、方便快捷、四季无忧”服务保障。归集沉淀业务数据，对接外部有效数据，搭建安徽农担大数据中心，建设获客、落客平台，形成融资需求数据库和担保项目数据库，并与邮储银行实现系统对接，“邮担云通”成功上线，构建银担全场景、全流程、全要素以及信息、信用、信贷互联互通的数字化转型安徽样板。建立 96565 智能客服平台，搭建与广大新农主体的沟通桥梁，提升客户满意度、获得感。推动成立安徽数字乡村研究院，为打造综合信息服务平台、提高金融科技支农的专业性和精准度提供智库支撑。

【管控业务风险】根据业务模式创新、展业实践及风控特点，探索建立适配不同担保模式、不同担保产品的风险评价模型和分类风控举措，在客户扫码进件、业务预审、担保额度审批、保后管理预警等关键节点严格项目准入和进件筛查，实现风险防控阵地前移。压降风险，强化风险化解处置能力，建立风险项目化解处置月调度长效机制，明确岗位责任，堵塞风险漏洞。全年化解风险项目 238 笔，金额 13529 万元；全年代偿率 1.2%，累计代偿率 1.13%，低于全国农担体系平均水平；全年追偿率 13.33%，累计追偿率 9.8%，追偿成效持续提升。

【提升对外形象】借助媒体的专业视角和传播优势，建立采访报道和日常新闻推送机制，中宣部《学习强国》平台两次报道公司“春风行动”工作；《安徽日报》头版点赞安徽农担把学党史和办实事紧密结合起来，帮助解决种粮大户及农村产业带头人春耕备耕资金短缺问题；《安徽新闻联播》相继报道农业产业链生态担保模式和“党建引领·码上办”行动；安徽卫视微纪录片《江淮柱石》、安徽电视台农业科教频道《皖美乡村》、安徽广播电台《三农之声》相继宣传公司创新发展、助力乡村振兴取得的显著成效，公司影响力不断扩大。

【强化内部管理】印发编制公司“十四五”发展规划，对公司未来五年发展进行前瞻性、系统性、战略性布局，为未来五年和今后一个时期公司高质量发展提供遵循。推进建章立制，做好制度“废改立”工作，全年出台、修订、完善各类规章制度 32 项，促进工作规范化、制度化。加强财务管理，推动业财融合，严格招标采购。强化“保密无小事”意识，开展保密培训。坚持以人民为中心，做好信访工作，为公司营造和谐稳定的发展环境。开展企业核心理念宣传，打造“因您而丰收”服务品牌，发挥工会桥梁纽带作用，增强农担大家庭凝聚力和向心力。

市县（区）财政工作

合肥市财政工作综述

合肥市财政工作概述

【概况】2021年,在市委市政府的坚强领导下,合肥市财政局全面贯彻党委政府各项决策部署,完成年度目标任务,为全市高质量发展提供财政保障。全市财政管理工作第三次获国务院真抓实干成效明显督查激励,市财政局获评全国文明单位、安徽省脱贫攻坚先进集体等各类表彰60余项。

【完成收入预算】坚持一手抓综合治税,一手抓贯彻落实减税降费政策,全市一般公共预算收入完成844.2亿元,占预算的102.9%,较上年增长10.7%,增幅高于全省1.9个百分点。其中税收收入638.8亿元,占比75.7%,高于全省7.4个百分点。全市政府性基金收入832.4亿元,完成预算的101.5%,增长21.9%。落实减税降费政策,全市新增减税降费112.9亿元,占全省减税降费比重超三分之一;办理先进制造业等增值税留抵退税94.3亿元,助力战新企业升级发展。

【加大支出力度】围绕做好“六稳”工作、落实“六保”任务要求,统筹安排财政支出。全市一般公共预算支出1223.7亿元,占预算的99.7%,增长5.1%,高于全省3.5个百分点,占全省比重为16.1%。其中民生支出首次突破千亿,达1062.9亿元,占一般公共预算支出比重为86.9%,较上年提升1.2个百分点;教育投入210.2亿元,增长6.4%;科技投入174.1亿元,增长6.6%;城乡社区投入275.2亿元,增长17.5%,各项重点支出均得到保障。全市共获得上级各类转移支付329.8亿元,剔除2020年中央抗疫特别国债和特殊转移支付等一次性因素后,同口径增加8.3亿元,增长2.6%。牵头做好巢湖流域一体化保护和修复工程申报中央财政支持示范工程,获20亿元专项资金支持。

【拓宽融资渠道】发行政府债券465亿元,其中新增政府专项债券344.4亿元、同比增长31.4%,争取的政府债券额度高、期限长、利率低,对合肥市143个重大项目建设发挥重要保障作用。首创“债贷组合”融资1053亿元,其中提款149.3亿元,支持轨道9条线同时在建。研究制定高速公路建设分阶段投融资方案,采取“资本金+市场化融资”、授予特许经营权等方式,吸引社会资本参与投资建设,第一阶段为5条高速融资405亿元,开辟高速公路融资新途径。制定公益性国企融资补助政策,采取贷款贴息和资本金注入等方式,鼓励公益性企业有序开展市场化融资,加快公用事业基础设施项目建设。围绕打造全国一流的企业融资一站式综合服务平台,建立政府、银行、担保、平台等四方融资服务机制,以“四方协议”方式明确金融服务各方职责;设立“政信贷”金融产品,建立风险补偿制度;出台贴息贴费政策,降低融资成本,多举措缓解企业融资难题。截至12月底,带动平台归集各类信贷产品161项,入驻企业超13万户,为1899户企业授信41.5亿元,平均授信利率4.5%,平均授信周期9天。出台《合肥市促进股权投资发展加快打造科创资本中心若干政策》,从发挥政府基金引导作用、支持股权投资基金及人才集聚、激励股权投资基金扩大投资、优化股权投资服务环境等4个方面,引导社会资本集聚投资。

【扶持产业发展】做好加大产业资金投入“加法”,投入122.5亿元扶持产业发展,健全“普惠政策抓全局、专项政策抓领域、‘一事一议’政策抓重点”的高质量发展政策体系。其中:兑现“一事一议”政策资金49.9亿元,支持29个重大产业项目建设,带动项目投资2200亿元、实现产值3250亿元、纳税60亿元。兑现16个专项政策资金21亿元,支持“三重一创”、新能源、5G、人工智能、线上经济、光伏等重点产业发展,建立战新产业投入机制,聚焦重点产业延链补链,提升产业发展聚集力。兑现合肥市推动经济高质量发展若干政策资金29.8亿元,优化企业发展环境。

【牵头民生工程】履行民生工程牵头职责,做好保障和改善民生工作,全市31项民生工程投入151亿元,其中补助类项目共发放资金105.9亿元,工程类项目当年完工2.5万个,完工率达133.4%;学前教育促进、美丽乡村建设等20个项目提前1个月完成年度任务,直接惠及全市群众超900万人。民生工程实施工作连续多年位居全省第一,社情民意考核稳居全省前列。

【支持科技创新】为助力合肥市提升创新发展动能、打造科创名城,市财政积极探索,形成一系列支持科技创新的典型经验做法,在全省财政工作会议作经验交流,省财政厅转发全省学习。制定新型研发机构绩效评价办法,从人才引进、平台建设、科技研发和成果转化等方面设定产出指标,强化支出责任,激励更多科技成果就地孵化转化。2021年投入8.1亿元、累计投入65.6亿元支持13个市校合作平台建设。创新投入方式,首次采用“无偿补助+股权投资”方式支持高精度电磁测量核心技术装备、多语种智能语音语言及国产化平台2项中科院C类先导专项,提升财政保障重大科技项目的可持续性。投入力度再创新高,全市科技投入174.1亿元,增长6.6%,占一般公共预算支出比重为14.2%,在全国主要城市中位居前列。

【提升财政资金绩效】坚持把有限的财政资金管好用好,提高财政资金使用绩效。加强支出政策监管,在全国率先推进财政支出政策全周期预算绩效管理,印发财政支出政策预算绩效管理办法,构建支出政策绩效管理体系。全年全过程跟踪169项支出政策执行情况,政策执行率达99%。在全省率先构建单位自评、部门评价、财政评价“三位一体”评价体系;创新建立评价结果多部门共享机制,评价结果报送市人大、市政府和市委组织部。在全省率先构建“多维度”第三方机构监管机制,率先完成全省首例预算绩效管理工作供应商采购。开展重大项目事前绩效评估,对市本级新增的198个重大项目全部开展事前绩效评估,涉及资金98.3亿元。经评估取消项目67个,核减27.8亿元、核减率28.3%。以市委办、市政府办名义出台《关于党政机关带头厉行节约反对浪费的通知》,对财政支出实行负面清单管理,市本级“三公”经费支出1亿元,同比下降0.3%。全面开展账户资金专项清理,撤销行政事业单位账户42个,清理盘活各类存量资金3.7亿元。

【推进财政管理改革】把推进财政管理改革与落实新发展理念、构建新发展格局、防范化解重大风险等目标任务结合起来,加快建立现代财政制度,不断提高财政工作质量。完成市以下公共文化、自然资源、应急救援和生态环境等领域财政事权与支出责任划分改革,主要领域财政事权和支出责任改革任务基本完成。提前建成预算绩效管理“三全”体系,全市预算绩效管理做到“全方位、全过程、全覆盖”,相关管理制度、工作机制、业务规范、指标体系和考核问责办法健全完善,管理过程实现“事前评估、目标管理、运行监控、绩效评价、结果运用”五个全覆盖,居全省预算绩效管理考核首位。在全国率先制定资产配置标准体系,当年完成交通运输等7个领域专项资产配置标准制定,累计制定17个领域共5746项标准,基本实现重点领域全覆盖,促进专项资产预算编制更加精准,有效盘活存量资产,杜绝“超配”现象。破解工程竣工财务决算难题,制定市本级政府投资项目竣工财务决算操作规程和工作机制,对近年823个已完工未决算项目进行全面梳理,完成342个项目结算和85个项目决算编审,105个工程项目进入决算筹备,推动解决一批工程竣工财务决算尾款支付和资产管理问题。

【加强机关自身建设】抓牢全面从严治党主体责任。召开48次党组会研究推进全面从严治党相关工作。采取专题学习研讨、微党课、专题培训、讲党史故事比赛等多种方式,开展党史学习教育,推进“我为群众办实事”实践活动。建立支部党建工作“四个一”和警示教育“六个一”工作机制,完成新一轮深化“三个以案”警示教育,推进财政系统局党组与派驻纪检监察组建立联系协作机制,制定“十个不准”等党风廉政制度,开展廉洁从政谈心谈话300余人次。打造“党旗领航财赋高地惠民生”财政党建品牌,创建工作在市直机关作经验交流。抓牢学习和政策解读。健全学习和政策解读机制,召开24次党组理论学习中心组会议,及时学习贯彻习近平总书记重要讲话指示精神,党中央和省、市委作出的重大决策部署要求,解读50余项重大财税政策,学习解读内容及时汇编成册,并督促支部(处室)第一时间跟进学习,不断提高干部职工的政策理论水平。抓牢全国公务员绩效管理试点。创建高质量管理体系,建立工作推进、工作督办、考核评价、结果运用等4项工作机制,形成“1+4”公务员绩效管理新模式。制定局党建和业务考核激励办法,激发干部职工争先进位的斗志,推动作风转变;严格执行《党政领导干部选拔任用工作条例》,加大业务骨干和年轻干部培养力度,打造忠诚履职、奋勇争先的干部队伍。相关做法受到中组部和省委组织部肯定。

(钱敏)

肥东县财政工作概述

【概况】2021年,肥东财政坚持稳中求进工作总基调,落实高质量发展要求,发挥职能作用,做好各项工作。预算绩效管理工作获合肥市通报表彰,乡镇财政资金监管和惠农补贴资金管理发放工作绩效管理、就业补助资金绩效抽评、财政总决算和部门决算、行政事业单位国有资产报告编制、地方金融管理、财政信息宣传等多项财政工作,获得省厅、市局优秀表彰。全县一般公共预算收入完成55.8亿元,较上年同期增长14.4%,一般公共预算支出完成91亿元,下降4.9%;政府性基金预算收入完成53亿元,下降20.4%;政府性基金支出完成89.6亿元,下降2.1%。

【优化支出结构】精打细算过日子,严格贯彻落实党政机关带头过紧日子要求,大力压减一般性支出,压缩部门公用经费,一般性支出较上年同期压减。加强统筹盘存量。继续加大财政存量资金盘活力度,及时清理项目结余资金,全年累计盘活5.4亿元,统筹用于社会保障等领域。集中财力保民生,十三大类民生支出累计完成77.1亿元,占一般公共预算支出85%,完成实施省定30项民生工程,支付资金29.65亿元。千方百计助直达,开展直达资金监管工作,扩大监管范围,加强直达资金使用的全流程、全链条监控力度,确保全年9.9亿元直达资金使用安全高效。

【全力援企稳岗】借力"四送一服""服务重点人才企业"等重点工作,走访调研企业40余家,召开企业座谈会10次,落实各项减税降费政策,全县累计减税降费3.53亿元,其中减免税收3.37亿元,减免保费0.16亿元,助力企业轻装上阵。扶持产业促发展,结合县域经济实施,修订出台推动经济高质量发展若干政策,全年累计兑现产业政策资金2.5亿元,较上年增长31.3%。助企纾困解难题,引导县域金融机构克服困难,加大信贷投放力度,新增148户,贷款0.63亿元。扶贫小额信贷全年新增894户,贷款0.38亿元,为企业解决"融资难、融资贵"问题提供帮助。

【聚焦重点热点】加大教育投入,保障义务教育经费,拨付义务教育阶段公用经费1.1亿元;加大教育硬件投入,拨付3.8亿元支持14所中小学幼儿园新建与改扩建。支持公立医院基础设施建设,拨付3.5亿元用于县公共卫生中心、县中医院综合楼等项目。做好疫情防控资金保障,拨付0.5亿元用于新冠疫苗接种、防疫物资采购等防控经费,截至年底全县接种180万剂次,接种率为85%;构建多层次医疗保障体系,拨付6.1亿元用于基本医保、大病保险、城乡医疗救助等。织密兜牢社保网,提高困难群体生活保障标准,发放低保资金1.9亿元、特困供养资金0.7亿元;推进养老服务体系建设,安排0.8亿元用于政府购买居家养老服务、养老机构建设和高龄补贴等项目。

【支持城乡建设】抓住国家扩大政府债券发行规模的有利时机,利用肥东县债务率较低、项目准备充分、债务管理规范的优势,全年累计发行新增债券34.8亿元,其中一般债0.9亿元,专项债33.9亿元,涵盖25个项目,涉及教育、医疗、交通、乡村振兴等重点民生领域。全年统筹安排衔接资金4.2亿元,用于壮大村集体经济、资产收益、产业园等项目建设,保障脱贫人口稳定增收,确保困难群体不返贫;支持农村基础设施建设,投入0.9亿元用于修复水毁水利工程453处,整合1.6亿元用于高标准农田建设和农田水利"最后一公里"项目;落实惠农补贴政策,发放耕地地力保护补贴1.4亿元,受益8万余户。落实农业保险保费补贴政策,拨付0.6亿元用于种养业、养殖业等领域,为全县农业生产提供风险保障;及时拨付惠农补贴资金,通过"一卡通"系统打卡发放补贴133个项目、7.01亿元,惠及23.65余万户。聚焦改善城市面貌,安排19.8亿元保障老旧小区改造、公租房维护、棚户区建设;聚焦提升城市品质,安排0.7亿元用于管湾湿地公园、右岸公园、十八联圩湿地等项目,打造城市美丽名片;聚焦优化空气质量,支持大气污染防治,安排0.4亿元用于秸秆离还田、秸秆禁烧;支持改善农村人居环境,安排0.6亿元用于100个自然村人居环境整治提升;聚焦建设美丽乡村,投入资金1.5亿元,全面建成13个省级、11个市级美丽乡村中心村。

【深化财政改革】加快推进预算管理一体化建设,完成县级预算管理一体化系统与省市对接,组织全县预算单位开展预算管理一体化系统实操培训,完成173家单位2.78万名人员相关信息录入,储备入库支出项目4353个。印发《转移支付资金预算绩效管理暂行办法》,细化转移支付资金绩效管理要求,印发《关于强化县本级预算追加项目绩效管理的通知》,将年初预算外的追加资金全部纳入绩效管理范围,堵住绩效管理缺口。印发《关于全面推进县直党政机关和事业单位经营性国有资产集中统一监管改革实施方案》《肥东县企业国有资产交易监督管理办法》,规范县域内国有资产交易行为,防止国有资产流失;完成对县属重点监管企业考核,明确县管国有企业政治责任和经营责任,提升企业规范化管理水平和经营效益,发挥国有企业在提升城市服务品质、支持乡村振兴战略、国有资产运营等方面的生力军作用。

(李菲)

肥西县财政工作概述

【概况】2021年,肥西县财政收入完成91.52亿元,同比增收4.76亿元,增长5.5%,其中一般公共预算收入完成59.03亿元,同比增收4.51亿元,增长8.3%,政府性基金收入149.84亿元,增长40.72%。财政收入继续位居全省县域首位。一般预算支出88.36亿元,其中民生支出75.68亿元。

【加强财政预决算管理】在法定

时间内完成部门预算批复下达以及2020年度财政决算工作。进一步完善新一轮县乡财政管理体制,按照收支分离、超收分成、短收不补、分级负担等原则,重新确定乡镇支出基数,调整超收分成比例,完善一般转移支付和专项转移支付方式。清理财政沉淀资金,收回预算资金6917万元。

【支持经济高质量发展】修订出台《肥西县推动经济高质量发展若干政策》(政办〔2021〕11号),简称“黄金100条”,助力实体经济发展,全年兑现奖补资金2.6亿元;落实减税降费政策,全年累计减免税金25.8亿元;发放“新型政银担”贷款1.23亿元,投放“续贷过桥”资金4.43亿元,“税融通”投放9.02亿元。

【实施民生工程】实施30项民生工程,资金总投入17.45亿元,其中,县级配套资金6.97亿元,工程类项目除跨年度项目外全部及时完工,资金补助类项目按序时进度及时拨付。在合肥市民生办主办、凤凰网安徽承办的“合拍我的幸福生活——合肥市民生工程短视频大赛”活动中,肥西县民生办选送的《民生工程陪你一路》获得一等奖,肥西县民生办获优秀组织奖。

【加大民生保障】筹集社会救助资金3.92亿元,就业补助资金2348.5万元,投入疫情防控资金2937.19万元。投入资金14.4亿元支持教育均衡发展,投入社会保障资金9.2亿元、卫生健康资金6.3亿元、公共文化体育资金0.8亿元。

【支持乡村振兴】投入乡村振兴衔接资金3.8亿元,其中县本级资金1.77亿元,债务扶贫资金284万元,实施131个项目。配套资金6875万元用于97个较大自然村人居环境提升整治项目;投入资金5718万元,用于高标准农田、农田水利“最后一公里”及小型农田水利改造提升项目;安排400万元用于造林补助。拨付阜南县结对帮扶资金1700万元。

【加强国资国企管理】制订出台《关于全面推进县直党政机关和事业单位经营性国有资产集中统一监管改革的实施方案》《肥西县县级政府公物仓管理办法》及《肥西县县属企业国有资本收益收取管理暂行办法》等文件。做好国有企业退休人员社会化管理工作,全年接收各级国企退休人员30人。

(许皖祥)

长丰县财政工作概述

【概况】2021年,长丰县财政局坚持稳中求进工作总基调,围绕“双千亿、争一流、做示范”,锚定“两新一示范”目标,为建设美好长丰提供财力保障。全县一般公共预算收入完成49.88亿元,占年度预算的111.3%,增长15.9%。一般公共预算支出完成88.50亿元,占年度调整预算数的99.7%,增长3%。政府性基金预算收入完成55.71亿元,增长7%。政府性基金预算支出完成83.07亿元,增长18.2%。社会保险基金收入完成31.87亿元,社会保险基金支出完成31.14亿元,累计结余17.08亿元。国有资本经营预算决算总收入224万元,国有资本经营预算决算总支出224万元。地方政府债务限额为123.84亿元。年末政府债务余额111.51亿元,其中,一般债务17.65亿元,专项债务93.86亿元,地方政府法定债务率68.52%,债务风险总体安全可控。

【落实积极财政政策】落实各级减税降费政策,支持市场主体纾困发展,稳企业、保就业,全年落实减税降费31424万元,办理2748户企业失业保险费返还662万元。办理增值税留抵退税19179万元。全面贯彻中央直达资金政策,及时拨付利民资金33345万元,保障困难群众生活;拨付惠企资金5006万元,用于创业担保贷款奖补、企业贷款贴息等。

【保障民生社会事业】投入24.78亿元用于发展教育,新、改(扩)建学校12所,完善学校软硬件设施,保障困难学生学习和生活,引进名校来县办学,推进教育事业优质均衡发展。投入7.67亿元用于强化社会保障,以“扶老、助残、救孤、济困”为重点,发放城乡居民养老金、残疾人生活困难补助和护理费等多项补贴补助,加大弱势群体帮扶力度。投入2053万元用于稳定就业,扩大就业岗位,完善重点群体就业扶持政策。投入23.02亿元用于提升卫生健康服务水平,常态化开展疫情防控,支持医院建设和设备购置、基层医药卫生体制改革、公立医院托管等,提高全县医疗水平。投入9538万元用于提升文体基本公共服务水平,补助城市阅读空间运营、公共文化场所免费开放等,支持大型现代庐剧《崔筱斋》创排,举办体育活动和赛事,丰富群众文体活动。投入16.68亿元用于重农固本,巩固农业三项补贴政策改革成果,落实优农惠农政策,支持“三达标一美丽”等农田水利工程建设,围绕草莓、稻虾、碧根果、奶业四大全产业链,打造“六子工程”,夯实农业发展基础。投入9656万元,壮大村集体经济,提升村集体组织“造血”能力。

【支持经济高质量发展】落实各级产业扶持政策及“三强攻坚”行动,加快政策兑现。全年兑现产业扶持资金85847万元,补助小微工业企业贷款贴息、扶持壮大制造业企业、支持市场主体培育、做强农业龙头企业、加快建筑企业发展等,惠及企业上千户。强化要素保障,投入11.86亿元,实施高标准农田建设、城乡建设用地增减挂等;年末全县存贷款规模达1111.18亿元,存贷比创历史新高;落实政银法联动,强化信用长丰在金融领域应用;定期开展银企对接,鼓励金融创新,缓解中小企业融资压力,全年投放政银担等财政金融产品 31.33 亿元,惠及企业 775 家。保障重大项目落地,围绕重点产业链和重大产业项目,投入 46.17 亿元,保障全县重点项目征地、拆迁、建设等,助力重大招商引资项目开工建设。支持科技创新,投入 13650 万元,鼓励企业自主创新、奖补"三重一创",设立科创贷等,培育发展新动能;兑现人才资金 1194 万元,补贴新落户人才房租、重点产业人才购房等,支持引进并留住高层次人才。畅通上市服务"绿色通道",兑现企业上市扶持资金 7199 万元。

【支持城乡协同发展】支持城乡公交、供水一体化建设,投入 8682 万元,补贴公交运营、购置公交车辆、优化公交线路等,建成县乡村三级全覆盖公交网。投入 37295 万元,新建和改造 80 千米供水管网,补贴供水成本。支持城乡人居环境整治,投入 17430 万元,实施农村垃圾、污水、厕所专项整治"三大革命"、秸秆综合利用提升工程、5 个重点村美丽乡村建设等。支持城乡基础设施建设,投入 19.34 亿元,建设保障性住房和安置房,保障全县农村道路养护,支持 S311 乌曹路、金梅路等道路工程实施。支持"三城鼎力"发展,投入 72074 万元,提升精致县城,启动县城高铁广场、中央绿廊等项目,县城城市公园、"三馆"等景观亮化,新城公园、护城河提升改造;投入 110240 万元,打造品质北城,实施北城排涝提升工程,保障滁河片区等拆迁;投入 98749 万元,做强下塘产业新城,优化周边路网,实施城市园林绿化建设等。

【推进财税管理改革】建设数字财政,财政部门以预算管理改革为抓手,牢固树立"一盘棋"思维,推进预算管理一体化改革,实现预算编制、执行、决算和会计核算、绩效管理、资产管理横向一体化。加强预算公开评审。全年公开评审 23 家预算单位 65 个项目,审减金额 27875 万元,预算编制更加科学精准。信息公开扩围扩面。依法公开财政信息,政府及部门预决算、"三公"经费预决算、政府债务、重点项目绩效评价结果等信息全面公开,新增公开 76 家二级预算单位,所有项目的绩效目标与预算同步公开。

【加强财政队伍建设】开展党史学习教育,坚持把学习教育和财政本职工作结合起来,通过学习党史追寻红色记忆,引导全体人员干事创业、履职尽责。加强廉政文明创建,加强反腐倡廉制度创新,在全体财政干部中推行廉政风险防控提醒、函询、警诫预警机制。把党风廉政建设工作作为重要考核指标纳入全县财政系统目标管理体系。加强内部控制管理,制定《长丰县财政局关于加强财政内部控制工作实施方案》,指导全局各科室、局属各部门开展内部控制工作。加强作风效能建设,制定出台局《机关工作人员平时考核工作实施方案》《财政所(分局)考核办法》《科室(单位)考核办法》等多项管理考核方案与制度,全方位、多视角设定考核指标,零遗漏、零死角挤干懒政怠政空间。有计划有步骤开展干部交流轮岗工作,在全县财政系统开展年轻干部培养教育工作,把一批党性强、能干事、敢担当的年轻干部推上中层干部岗位,以年轻人的新气象新干劲推动财政工作新发展。

(陶波)

庐江县财政工作概述

【概况】2021 年,庐江县财政局坚持稳中求进工作总基调,贯彻新发展理念,深化供给侧结构性改革,推动高质量发展,全面实施预算绩效管理,调整优化支出结构,集中财力保障重点支出,统筹推进疫情防控和经济社会发展,较好完成年度财政预算目标任务,促进全县经济社会持续向好发展。

【财政运行情况】落实深化增值税改革各项政策措施,增强财政资金统筹力度,完善政府非税收入、政府购买服务、资产配置和政府采购等专项预算编制,提高预算编制的有效性。全县一般公共预算收入完成 23.70 亿元,同比增长 15.1%,其中:税收收入完成 19.49 亿元,增长 15.5%;非税收入完成 4.21 亿元,增长 13.3%。一般公共预算支出 74.94 亿元,同比下降 8.8%。"三保"、疫情防控和民生保障等重点支出保障有力,财政运行平稳。

【精准落实政策】落实减税降费政策,执行疫情期间中小微企业税费减免优惠政策,全年减免税费 4.8 亿元,减轻企业负担、激发企业创新活力。实施财政资金直达机制,惠企利民成效明显。安排产业扶持资金 1.14 亿元,推动九大产业转型升级和创新发展。全年投入 24.9 亿元推动 30 项民生工程目标任务完成,解决棚户区和老旧小区改造、学前教育促进、农村改厕等人民群众急难愁盼的民生问题。拨付人居环境整治资金 4.74 亿元,支持推进以农村较大自然村庄整治为重点实施农村人居环境整治各项工作。投入衔接资金 4.2 亿元,用于全县产业、就业和小型公益性基础设施建设等,接续推进全面脱贫与乡村振兴有效衔接。

【保障重点支出】坚持综合施策,把有限的财政资源向重大创新平台集聚,全年落实 4 亿元注册资金支持合庐产业新城和高新区加强平台建设。支持农田水利、卫生健康、产业园区、土地整治、重点招商项目等建设,聚焦产业发展、农旅富民战略。统筹安排债券资金 27.5 亿元用于高新区、龙桥化工园、合庐产业新城基础设施建设,打造"三山一湖、三寨一海"建设,统筹支持乡村振兴、人居环境改善、生态环保等。加强要素保障,全年拨付资金11亿元,支持全县土地整治工作,新增增减挂土地指标8000余亩,较好支持重大项目落地和基础设施建设。落实项目融资共59.6亿元。获得引江济淮国开行授信贷款39.82亿。投入18亿元,建立庐江盈润一号股权投资基金、合庐产业新城共盈一号创业投资基金等产业引导基金和招引项目投资。

【深化财政管理改革】贯彻落实预算法及其实施条例,严格预算执行管理,大力压减一般性支出,提高预算执行规范性。按照预算和绩效管理一体化要求,将绩效理念和方法融入预算编制、执行和监督全过程,落实事前绩效评估,提升绩效目标质量,定期开展绩效运行监控,推动绩效评价提质扩围。对部门预算和单列预算1359个二级项目19.68亿元全面编制绩效目标并开展绩效运行监控,对13个部门19个新增100万元以上项目开展事前绩效评估。推进预算管理一体化系统基础信息、项目库、预算编制、预算批复、预算调整调剂、预算执行、会计核算模块上线运行,实现预算全过程、项目全周期管理,提升财政预算管理水平。完善综合治税平台建设,强化重点税源分析和监测,建立重点项目税收定期会商调度机制,明确涉税部门税收管护责任,确保应缴税款及时缴库。抓好政府债务管理,化解政府隐性债务,防范债务风险。完善直达资金执行和监控管理机制,落实省市直达资金序时进度考核制度,强化直达资金常态化监管。对标沪苏浙,开展“资本市场、工业互联网”专题培训。“徽采云”平台上线试运行,财政治理能力逐步提升。

【党建引领工作】围绕县委工作部署,以“学党史、悟思想、办实事、开新局”为目标一体化部署推进党史学习教育活动,在“一线为民服务”上主动下沉,让党史学习教育“严”起来、“活”起来、“实”起来。财政系统干部队伍不断充实,招考17名工作人员,干部职工年龄结构逐步优化。完善选人用人机制和加大干部交流力度,让想干事的人有机会、能干事的人有舞台、干成事的人有成就。

【加强政府采购监督管理】先后印(转)发《庐江县财政局关于印发2021—2023年度庐江县行政事业单位印刷定点企业库的通知》(庐财行〔2021〕21号)《庐江县财政局转发合肥市财政局关于开展政府采购领域妨碍公平竞争清理工作有关事项的通知》(庐财行〔2021〕4号)等12份政策性文件,确定庐江县印刷定点企业库,清理政府采购领域妨害公平竞争的违规事项和违规建立的政府采购备选库、名录库、资格库。规范政府采购领域依法行政行为,增强政府采购透明度,促进中小企业发展等,加强政府采购监督管理。

【加强国有资产管理】强化资产预算编审,开展预算编制业务培训,审核单位资产配置预算,规范部门单位资产配置预算编制工作,做好向县人大常委会专题报告全县国有资产管理情况。开展全县党政机关和事业单位经营性国有资产统一监管改革。出台《庐江县全面推进党政机关和事业单位经营性国有资产集中统一监管改革实施方案》,共对符合条件的48户企业进行改革,其中,全部脱钩划转2户,市场化方式处置注销6户,维持现行体制40户。

【强化财政监督】常态化开展财政巡察和内审,从党的建设、作风建设、纪律建设、组织建设和业务建设等5个方面对矾山、罗河、龙桥等7个镇财政所开展巡察内审。按照范围全覆盖、层级沉到底、内容无遗漏的要求,在全县范围内开展“小金库”自查工作。在全县范围内开展违规发放津补贴专项治理和整改活动,全县共清退违规发放津补贴1625.76万元并全部缴入县财政专户,涉及17个镇、2个园区和17个项目。对2018年度、2019年度政府决算收支列报的真实性开展自查,同时,对县直部门2018年度、2019年度决算和2019年度、2020年度预算信息公开情况进行全面自查,并随机抽取20家县本级预算单位预决算公开情况进行复核。开展全县行政事业单位银行账户及资金清理,共清理撤销银行账户14个。

(张曙东)

巢湖市财政工作概述

【概况】2021年,巢湖市财政局坚持以政领财、以财辅政,发挥财政职能作用,推动上级决策部署和市委市政府工作要求落地落实。县级财政管理绩效综合评价工作获得财政部通报表彰;被安徽省委省政府评为安徽省脱贫攻坚先进集体;“乡镇财政资金监管”和“惠农补贴管理发放”两项工作被评为全省A类;多项工作和个人获得市级先进表彰。

【组织财政收入】开展税源摸底调查工作,加强税收源头管控,对重点行业、重点税源实行动态监管,注重潜在税源和零散税源的管理,努力实现应收尽收。加强非税收入征管,对非税收入实行预期目标管理责任制和定期通报制,提高各执收单位责任意识和征收力度,依法依规组织收入。全年一般公共预算收入完成25.52亿元,同比增长9.9%,较2019年增长10.2%,完成年初目标的104.7%。

【推进绩效管理】对新增100万元及其以上项目和新增政策进行事前绩效评估,绩效范围涵盖193家预算单位,涉及预算项目1197个,涉及财政资金50.07亿元(包含上级转移支付及2020年度接转项目),环比增长2%。将各季度预算绩效监控结果以《简报》方式通达政府OA平台反馈到各单位,同时,加强对项目的清算管理工作。

【做好“六稳”“六保”】落实减税降费政策,全年新增减税降费3.5亿元,其中新增减税3.44亿元,新增降费0.06亿元。持续推进支持高质量发展政策兑现工作,兑现政策资金8963.21万元;发放各项就业补助资金2935万元、拨付各类困难群众生活补助22570万元、安排各类疫情防控补助资金3212.03万元(已拨付3002.36万元);财政衔接推进乡村振兴补助资金投入35040万元,其中专项衔接资金33167万元;省级30项民生工程应到位资金19.008亿元,实际到位资金18.9亿元,拨付资金18.9亿元,拨付率100%。

【优化财政支出结构】树立过紧日子思想,压缩一般性支出,盘活存量资金。全年清理回收预算指标5662万元,盘活收回专户资金8763万元。统筹用好资金,保障基本民生支出和重点支出。全年一般公共预算支出完成66.81亿元,同比下降0.3%。其中,民生支出56.93亿元,同比增长1.2%;八项支出49.34亿元,同比增长2.1%。

【做好直达资金管理】常态化推进财政资金直达机制,做好资金接收、下达、支出、监控各环节工作。中央及地方共下达巢湖市年度直达资金69737万元,支出进度为96.6%。参照直达资金共下达482万元,支出482万元,支出进度为100%。

【加强政策宣传引导】通过召开银企对接会、“四送一服”等活动,及时将各类融资政策推送给企业,引导银行、担保等各类金融机构与企业对接。截至12月末,全市银行业金融机构人民币各项存款余额722.01亿元,较年初增长53.73亿元;各项贷款余额631.15亿元,较年初增长57.17亿元,存贷比为87.42%;2家融资担保机构在保户数合计385户,在保余额合计7.05亿元;4家小贷公司贷款笔数合计295笔,贷款余额合计4.96亿元;“税融通”累放贷款801笔、共计6.99亿元;“续贷过桥”周转金额4.27亿元、支持小微企业149户,

【控制债务风险】针对2018年8月巢湖市54.92亿元的政府隐性债务,制定10年债务化解计划。全年偿还化解存量隐性债3.11亿元;同时按照上级规定,对1.6亿元隐性债务采取延长债务期限,缓释债务化解风险。

【加强国资国企监管】完成5家市属国企2020年度经营业绩考核审计工作;完成全市239家行政事业单位和6家市属国企公房和自然资源国有资产专项检查工作;开展211家行政事业单位临时资产配置工作,共配置资产3621.47万元。

(司剑锋)

瑶海区财政工作概述

【概况】2021年,瑶海区财政局主动应对收入压力,发挥职能作用,较好完成各项工作任务。全区一般公共预算收入完成18.63亿元,增长5.22%,完成年度预算的100.19%。一般公共预算支出完成43.89亿元,其中区级支出完成22.6亿元,完成调整预算的100%。

【加大资金统筹力度】千方百计挖潜增收,加大资金统筹力度,提高财政资源配置效率。做好综合治税工作,加强属地、财政、市监、税务等部门互联互通,定期通报重点税源外迁动向、在建项目施工情况等信息,不断提升服务企业水平。围绕异常税源整改、企业供地入驻承诺税收、建安项目税收、经营性房产等方面,开展综合治税专项行动,确保重点项目税收不漏征、不漏管。盘活财政存量资金,定期清理财政结转结余资金,收回财政统筹安排。累计盘活存量资金近2亿元,其中建设资金1.37亿元,统筹用于全区建设及社会事业发展。累计申报债券资金10.6亿元,其中5个新增专项债券项目9.6亿元,发行5.97亿元,主要支持方向为老旧小区改造、棚户区改造及产业园区基础设施建设,缓解建设资金保障压力。

【保障重点支出】调整优化支出结构,重点支持合肥东部新中心建设、产业立区战略和民生事业,发挥财政保障职能。做好常态化疫情防控经费保障工作。建立健全疫情防控财政资金保障机制,落实全民免费疫苗接种政策,累计拨付资金2588万元。保障重点建设支出。修订《瑶海区政府投资建设项目资金管理暂行办法》,做好政府投资建设项目资金的审核支付和监管工作。累计拨付大建设资金79.71亿元,用于支路网建设、复建点建设、区级重点工程等。拨付东部新中心建设经费13.19亿元,争取市级资金10亿元,保障东部新中心征迁、项目建设等工作开展。加快城市更新进程。投入财政资金3.89亿元,重点支持市政管养、城市环境提升、阳台排水改造等项目,营造优美宜居的城市环境。投入资金0.6亿元,完成火车站地区综合改造提升项目建设。

【加大民生保障力度】加大对民生事业保障力度,全区民生类支出38.62亿元,占比90.03%,其中拨付18项民生工程资金5.23亿元。实现区、街道、社区智慧化养老服务“三级中心”全覆盖。开展3岁以下婴幼儿托育服务,当年新增托位数527个,完成年度目标任务的122%。投入财政资金5300万元实施困难人员救助,覆盖全区农村低保、“两残”、特困人员等困难

群众8000余名。投入义务教育经费保障6144万元,为全区8.23万名义务教育学生免除学杂费、免费提供教科书。强化民生工程宣传,创新运用“微课堂”“直通车”解读民生工程政策,荣获全区“十佳政策解读”表彰;开展“听说绘畅”整合式宣传民生工程,民生信息市级采用量位列四城区第一。创新打造民生亮点,实施“打造文化惠民志愿服务库”等一批精品民生工程项目,安徽首个“互联网”民生雕塑群亮相,首个民生主题帮扶平台红光街道“民生驿站”运行,农民工创业孵化园获央视大型专题片《人民的小康》报道。凝聚民生社会力量,调动社会各界力量推进民生工程,引导17家爱心企业和478名困难群众对接帮扶,捐赠“微心愿”爱心物资。

【落实积极财政政策】坚持积极的财政政策提质增效,加快直达资金落地见效,落实中央直达资金3.27亿元,加强直达资金预算源头管理,及时规范分配下达资金,加快对城乡义务教育补助、困难群众救助、就业等重点领域的支付进度,财政资金的惠企利民效果显著。落实制度性减税政策,实施新的结构性减税举措,全年减税降费及政策性退税约10.4亿元。加大产业扶持力度,兑付各级涉企奖补资金8400余万元,同比增加7.7%。拓宽企业融资渠道,推进财政金融产品运营,为全区600多户中小微企业提供流动资金支持约9.2亿元;举办14场金融资本对接会;对接辖区17家金融机构,加大对中小微企业贷款投放力度,共扶持企业8855户,累计发放贷款金额352.63亿元。发展多层次资本市场,通过政策宣传、资金扶持、辅导培训等活动,培育现有优质企业上市挂牌,中安金路等12家企业在省股权交易中心科创板挂牌,银通物联等4家后备企业拟定上市计划。加大招商引资力度,聚焦主责主业,发挥财政职能优势,提升招商效能,成功引进安徽国租供应链、上海铁路机车、航源基金等企业入驻瑶海。

【提升管理效能】完善预算编制管理,开展论证调研,确保预算项目编制的科学性;加快完善全口径预算制度,扩大项目评审论证范围,坚持先有预算后有支出原则,加强部门预算项目库建设,细化项目预算编制,提高部门预算编制水平。强化预算刚性约束,建立预算执行进度考核和结果应用机制。将部门预算执行情况纳入全年部门整体财政支出绩效考评范围,建立月度执行情况通报制度,完善当年预算执行情况与下年预算安排相挂钩机制。进一步规范财政性资金管理,修订《瑶海区财政资金审批拨付暂行办法》,明确资金审批和拨付程序,强化预算约束,提高资金使用效益。完善国库集中支付动态监控规则,对财政资金支付各环节全程实时监控,及时发现和纠正预算执行偏差,累计对235亿元财政性资金进行动态监控,退回不合规支付申请1089笔,涉及金额0.66亿元。提升财政财务人员业务水平,常态化开展预算编制、政府采购、财务管理、金融债务等培训,全年开展各类培训32场,提升各单位预算管理水平。加强会计行业管理,对全区优秀会计集体和优秀会计工作者进行通报表扬,引导全区广大会计工作者加强内部控制规范化建设。

【推进各类改革】推进预算管理一体化改革,将预算编制、预算执行、决算和财务报告等各个业务环节进行整合规范,全区155家预算单位运用预算管理一体化系统完成2022年预算编制。推进公共资源交易改革,出台《合肥市瑶海区公共资源交易体制改革实施方案》《关于进一步加强公共资源交易管理的意见》,成立公共资源交易项目管理公司,实现决策、监督、管理、操作四分离。推进预算绩效管理,制定《瑶海区区级财政支出绩效评价工作规程》《瑶海区委托第三方机构参与预算绩效管理工作暂行办法》,完善绩效评价制度体系,提高绩效评价质量。建立以部门监控为基础、紧盯重点项目的监控机制,对部门整体支出和重点项目支出同时实施监控,全区纳入绩效运行监控的项目达614个,部门整体70个,形成“横向到边、纵向到底”的监控网络。完善绩效评价结果的反馈和运用机制,及时将评价结果反馈给预算单位,预算单位根据结果反馈意见加以整改,提高预算管理水平。全年落实财政绩效评价结果应用的项目35个,涉及资金48.89亿元。深化代理记账行业“证照分离”改革,推进电子证照实时制证,由“一次办结制”过渡到全程网办,全省首张代理记账电子证照在瑶海“诞生”,完善政务服务功能体系,优化会计行业营商环境。

【强化内外部监督】建立贯穿资金运行全过程,覆盖财政财务管理全领域的内外部监管工作机制。在全区财政国资系统范围内开展排查整改,详细梳理资产管理、国有企业经营、公共资源交易、财政资金管理等领域存在的薄弱环节,针对性部署整改举措,依法依规加强资金监管。将财政公开与接受监督相结合,扩大年度预算公开范围和内容,形成分工明确、各负其责、协调推进的预决算公开工作机制。牵头对全区预算单位开展预决算公开数据核对工作,覆盖面为100%,接受社会监督。加强公共资源交易监管,优化公共资源交易涉诉事项处理程序,依法处理投诉举报事项。全年受理处置投诉案件、不良行为案件16个,发出财政监督专报2份,依法取消2家成交供应商成交资格,对5家企业进行不良行为记分。防范化解金融风险,组织开展非法集资风险专项排查活动,摸排企业413家,对171家涉嫌非法集资风险重点企业进行核查整治。开展徽盐金融融资清退工作,跟踪督促主管部门,加大清收和稳控工作力度,及时化解风险隐患。

【深化国资国企改革】坚持以管资本为主完善国资监管,明确国企职能定位,优化资本收益管理,促进国有资本保值增值。加强国企监管。建立定期报告制度,要求企业对大额财务收支进行报告。创新采用全省公开方式招录四名财务总监,派驻财务总监至企业进行财务监督,实行财务总监联签制度,协助企业加强内部控制管理。加快建立现代企业制度。制定《瑶海区属国有企业工资总额管理暂行办法》,健全工资能增能减的市场化激励约束机制。优化国有企业经营业绩指标,施行"一企一策"、分类考核,充分发挥考核指标导向性。印发《关于明确区属国有企业职能定位的通知》,明确国有企业职能定位,国资布局向前瞻性战略性产业倾斜。增强国企融资能力。整合全区资源,做大做强投融资平台,继续推进账外资产评估入账工作,增加企业资产规模。区属国有企业融资(授信)约6.5亿元。加快资产改造升级。加大低效闲置资产改造力度,提升资产经济和社会效益。180艺术街区二期升级改造完成,获评国家3A级旅游景区;坝上街环球中心部分资产改造升级,打造新型创业服务平台"众创空间";启动青年田园二期项目,提升社会效益。促进建筑产业集群发展。发挥国有企业在产业转型发展中的领航作用,以基础设施投资为引领,鼓励建筑业及上下游企业落户瑶海。全年10家特级、一级资质建筑业企业在瑶海注册。

(吴雨发)

庐阳区财政工作概述

【概况】2021年,庐阳区财政局完成一般公共预算收入31.05亿元,完成调整预算的100.48%。坚决落实过紧日子要求,推进预算绩效管理,全年共有88个追加项目实施事前绩效评估,28个重点项目开展财政绩效评价,82.1%的预算项目通过绩效目标评审,确保有限的财政资金用于保障"三保"和经济社会发展建设重点需求。全年一般公共预算支出35.68亿元,同比增长0.77%,财政运行态势总体平稳健康。

【服务高质量发展】修订完善《2021年庐阳区培育新动能促进产业转型升级推动经济高质量发展若干政策》,兑现各类产业政策资金2.9亿元,惠及企业789户次。争取上级专项资金。组建专项债券项目专班,推动合肥庐阳老城区综合服务功能提升建设项目等3个项目入库,发行大杨产业园转型升级项目等8批专项债券资金12.3亿元。争取直达资金2.94亿元,用于全区义务教育、基本医疗、基本住房、就业补助及救助补助等方面。

【支持保障和改善民生】坚持公共财政属性,持续优化财政支出结构,全年全区财政民生支出31.78亿元,占一般公共预算支出的89.06%。投入4.94亿元实施18项省级民生工程,建立"进度、资金、宣传、管护"一体化的督查调度机制,健全民生工程综合考核指标,加大民生工程新媒体宣传矩阵"庐阳民生"宣传力度,持续提升群众的获得感,安徽民意调查知晓率排名全市第一,满意度排名全市第三、四城区第一。统筹2.32亿元保障疫情防控及公共卫生服务体系建设等支出。投入11.89亿元推动教育公平和优质均衡发展。拨付社会保障和就业资金3.16亿元。统筹11.04亿元用于老城保护更新、环境整治等城乡事业发展。

【支持金融产业发展】制定实施《庐阳区金融助力产业高质量发展三年行动方案(2021—2023年)》,依托全省金融总部集聚区优势,引进中财商业保理、长三角(合肥)数字经济股权投资基金等6个重点金融项目,开展资本市场辅导培训9场次,推动恒烁半导体科创板上市报上交所审核,新增直接融资信息服务平台备案企业4家,通过庐阳融创项目资本对接平台和新型政银担、DT贷等财政金融产品,解决企业融资需求20.39亿元。全年实现金融业增加值341.9亿元,占全市金融业增加值的32%,占全区GDP比重近28%。

【防范财政风险】修订《庐阳区政府性债务管理办法》,严格政府性债务预算管理、限额管理和风险管理。完成到期债券资金1.05亿元再融资。截至年底,政府性债务余额46.4亿元,其中一般债务8.4亿元,占18.1%,专项债务38亿元,占81.9%。组织开展14次辖区非法金融活动清理整顿,排查1571家企业,新增结案销案非法集资案件9起。联合公安、检察院、法院等五部门开展防范金融风险集中宣传月活动。

【规范财政财务管理】依法公开区本级政府、部门预决算和"三公"经费预决算。完成全省预算管理一体化建设试点任务,搭建符合网络安全要求的信息化综合管理体系。在继续推行全区财务监管平台系统,完成144个财务账套68838笔财务凭证的登记,和现有预算编制、预算执行财政系统实现前后台数据无缝对接。出台《庐阳区公共资源交易管理办法》《庐阳区公共资源交易项目操作规程》等制度,推行电子化招投标实现异地评标,免收政府采购投标保证金减轻企业负担。全年累计完成项目标段数624个,成交金额77039.97万元,其中建设工程类项目74个,中标金额1.37亿元,同比增长189.48%;政府采购类项目328个,中标金额5.48亿元,节约率

9.95%;产权项目 222 个,成交金额 2064.38 万元,资金增值率 15.88%。徽采商城订单 8018 笔,成交金额 6440.12 万元。

【推进国资国企改革】围绕落实中央及省、市国企改革三年行动计划,制定《庐阳区贯彻落实国企改革三年行动方案工作措施》,对应"一核一地一中心"城区发展战略要求,将原庐阳城市更新投资集团有限公司和庐阳产业发展投资控股有限公司重新组建为庐阳文旅集团、庐阳科创集团,并对庐阳国投集团职能做进一步优化。通过对三大国资平台的调整,区属国有企业在城市建设、产业引领、民生保障方面的主力军作用得以更好发挥。截至 12 月 31 日,区属企业资产总额 75.47 亿元、净资产 47.33 亿元,较上年底分别增加 20.73 亿元、12.56 亿元,同比增长 37.89%、36.12%。

(杨睿)

蜀山区财政工作概述

【概况】2021 年,蜀山区一般公共预算收入完成 36.56 亿元,同比增长 7.4%,超额完成预算目标。全区一般公共预算支出完成 45.59 亿元,占年度预算 100%。

【支持发展】落实扶持产业发展政策,兑付各类奖补资金 2.35 亿元,聚焦战略性新兴产业、重大公共研发平台、双招双引和产业转型升级等方面,赋能企业高质量发展。完善财政金融服务体系,全年举办各类主题的大型政银企对接会 7 次,组织上千家企业参与,引导银行等金融机构为辖区企业提供优质、便捷的金融服务产品,促成企业和金融机构达成贷款意向 23 亿元。争取债券资金,支持重大项目建设。债券主要投向为长三角一体化发展、农林水利、乡村振兴以及开发区基础设施建设领域,为运河新城、科学岛-蜀山经济技术开发区和环科大"科创走廊"等重点项目提供资金支持。

【保障重点】强化民生保障,全年到位资金 4.04 亿元,稳步推进 18 项省级民生工程。完善惠农补贴资金发放,落实 19 个补贴项目,累计发放资金 3855 万元,惠及 1.3 万人次。推进民生实事项目人大代表票决制,安排 3000 万元用于镇街民生实事项目,开展基础设施综合改造、小区环境整治等,切实增强群众幸福感、获得感。推进乡村振兴发展战略,投入 1.7 亿元用于小庙镇环境综合整治、农村道路建设及养护、农村卫生健康等方面,助力蜀山乡村振兴。

【预算管理】推进预算管理一体化改革,建设预算管理一体化系统。整合打通预算编制、预算执行、决算和报告、绩效管理、部门账务处理等预算管理各环节业务,实现财政总预算、部门预算、财政总决算、部门决算、财政供养人员、单位账务、上下级财政部门、人行之间的管理全流程深度融合,实现在全区范围内运用预算管理一体化系统编制 2022 年度预算。持续推进预决算公开管理改革,扩大预算公开范围、细化预算公开内容、健全预算公开机制,打造阳光财政。全区预决算公开单位由一级预算单位延伸到二级预算单位,公开数量由 60 家增加到 178 家,进一步提高预算透明度。

【防范风险】对辖区内 11 家在营的小额贷款公司和 2 家融资性担保公司进行专项审计,对 19 家典当、融资租赁、商业保理公司开展年审工作。立案 3 家 P2P 平台(量子金融、金福财富、货融贷),清零清退 4 家 P2P 平台(德众金融、兴泰财富、国元网金、万创金融),上报转型临时网络小贷 1 家 P2P 平台(步步盈),最后一家 P2P 平台(功德融)未兑付金额仅余 16.8 万元,预计垫底完成清退。兴泰财富、德众金融拟转型省内互联网小贷,国元网金拟转型全国互联网小贷。开展《防范和处置非法集资条例》宣传活动 2 次。

【改革创新】深化国资国企改革。对区属国有企业的经营管理方面问题深入剖析,寻求解决措施,拟定改革方案。开展国有企业党建工作"找差距、抓落实、提质量"专项行动,发挥国有企业党建引领作用。摸排党政机关和事业单位所属企业经营性国有资产,分类实施改革,推进经营性国有资产集中统一监管。制定区级政府投资建设项目竣工财务决算管理暂行办法和审核批复操作规程,推进政府投资建设项目竣工财务决算管理工作。开展行政事业单位固定资产条码化管理工作。实施国有企业退休人员社会化管理常态化移交,全年共接收国有企业退休人员 1012 人,完成年度中央、省属国有企业退休人员社会化管理工作。深化公共资源交易改革。围绕标前、标中、标后管理的关键环节,持续加强制度建设,制定和修订完善一系列公共资源交易相关配套的制度办法。以信息技术手段为依托,推进全流程的信息化,基本实现全流程电子化交易,开创政府采购的"淘宝"模式。"政府采购网上商城运营服务规范"成为全国首部网上商城运营服务规范的地方标准。不定时对重点项目、重点单位进行重点检查,以疏治堵,确保项目顺利进行。按照质疑和投诉相关办法处理项目质疑投诉事项,公共资源交易生态不断净化。

(黄潇)

包河区财政工作概述

【概况】2021 年,包河区财政部门认真贯彻区委区政府决策部署,坚持"保重点、压一般、促统筹、提绩效",较好完成各项财政工作。一般公共预算收入累计完成63.96亿元,同比增长9%,税收收入占比92.2%。包河区获摘“全国政府采购百强区”国字号荣誉。

【财政收支管理】加强财政收入预期管理,建立动态管理机制,注重培植税收增长新动力,发展新兴产业和新兴业态,提升产业税收贡献度和产品附加值。用好财税政策工具,巩固拓展减税降费成效,全年新增减税降费13.55亿元。增值税、企业所得税等稳定增长,二、三产业税收比重稳步提升,全区纳税百万元以上企业增至1172户,同比增长15.81%。压减一般性支出,加大对重点领域和刚性支出力度,把有限的财政资金用在改善基本民生、发展社会事业方面。社会民生支出为58.81亿元,占一般公共预算支出的90.19%。

【预算绩效管理】制度化提升预算绩效,出台《包河区2021年度预算绩效管理工作方案》《包河区委托第三方机构参与预算绩效管理工作暂行办法》《包河区区级财政支出绩效评价工作规程》等制度文件,强化项目绩效目标运行、预算支出执行“双监控”。结合项目审批开展事前绩效评估,提升项目可行性和成本测算精准度,编制部门整体绩效目标68个,涉及金额35.14亿元。编制项目绩效目标662个,涉及金额24.44亿元。绩效评价2020年度重点项目41个,涉及金额28.50亿元。加强绩效评价结果与政策调整、次年预算安排实质性挂钩,预算安排更加精准科学。全面实施预算管理一体化信息系统建设,以预算项目全生命周期管理为主线,整合预算编制、执行、决算和政府采购、资产管理等预算管理环节,用系统化思维全流程管理预算,形成预算全过程管理闭环。主动向内挖潜,全年盘活存量资金2.57亿元,投入产业引导基金、科技引导资金等重点领域。统筹建设资金,全年共调度42.89亿元,保障全区重点工程。历时半年梳理核定2008年以来征地补偿资金19亿元,缓解街镇资金压力。研究并拟定《包河区2021—2025安置房建设资金保障建议方案》,系统谋划未来五年征迁安置保障工作。

【财政改革】按照“政企分开、政资分开、所有权与经营权分离”原则,实施全区行政事业单位投资所办企业脱钩划转,完成各街镇、大社区国有资产摸底,加快推进经营性国有资产移交工作。制定并实施区属国企优化投融资改革方案,推动现有五家区属一级国企股权整合划转,通过战略引领、资产整合,优化融资保障,提高国有资本运作效率。发挥区属国企党委领导作用,健全完善企业法人治理结构,提升区属国企监管效率。规范签订区属国企负责人目标责任书,加强企业绩效管理、内控建设和风险管理,激发国有企业内生活力和发展动力。区级采购平台取消招标预算上限,首次成交亿元以上项目。推行“交易云上走、开标不见面”交易模式,支持市场主体公平参与政府采购。完善国库集中支付、财政电子票据管理、非税收入收缴管理、政府采购、购买服务等各项制度改革,规范财务管理,推进预算管理一体化建设,提升财政管理制度化、标准化。

【产业政策】制定新一轮《包河区推动经济高质量发展若干政策》,由原138条修订为60条,突出聚焦“三个示范区”新定位、聚焦重点产业链延链补链强链,增强政策引导和撬动作用,培育符合包河未来发展方向的优势产业集群。支持重点产业布局,发挥财政资金产业引领作用,加强对重点产业、重点项目支持,兑现各类产业政策资金4.24亿元。统筹支持数字经济与总部经济集聚发展,神州数码、云从科技、智行者、杭州银行等优质项目先后落地,集聚省级银行类金融机构达15家,占全市45%。金融业税收占全区税收比重增至18.2%,房地产行业税收比重下降7.7%,产业结构持续优化。与安徽科技大市场共同组建科技成果孵化转化引导基金,加速科技成果转化。整合财政资源,发挥协同效应,与市产投基金、市天使基金等各类引导基金上下联动,引导和鼓励社会资本投向辖区智能网联汽车、智能制造、新一代信息技术等领域,支持种子期、初创期科技创新型企业培育发展,参(控)股13支基金已投存量项目53个,投后已上市2家;基金引入新落户包河企业15家,其中拟上市主体1家、上市公司安徽(华东)总部企业3家,撬动市场化基金规模29.4亿元。

【债务管理】建立系统性债务风险预警和责任机制,实现动态监管,防控债务风险。全年累计入库政府非标专项债67.55亿元,累计发行25.60亿元,保障中国视界、滨湖金融小镇和罍街文创园、幸福城回迁小区建设等一批重点项目建设。利用政策红利,发掘培育更多优质项目列入专项债券发行计划。全年发行非标专项债7.8亿元、棚改债2亿元,保障全区被征迁群众安置复建点等重点项目建设。落实地方政府债务预算管理相关规定和要求,主动接受区人大对地方政府债务“借、用、管、还”的全过程监督,健全常态化监测机制。按照财政部“开前门、堵后门”的管理思路,统筹做好地方政府债券申报和风险把控。

【民生保障】聚焦基本民生,投入4.83亿元,完成18项民生工程。投入4.69亿元,重点保障城乡低保对象、孤儿、残疾人等特殊困难群体,织牢织密民生保障网。投入1.05亿元,落实就业政策。投入2.82亿元,保障国家基本公共卫生服务项目,落实常态化疫情防控。投入19.07亿元,坚持教育优先发展战略,促进教育优质均衡区建设。保障学前教育发展、校园基建维修改造、校园安全等项目。聚焦生态建设,投入4.25亿元,建立健全环境污染事件监督监管常态化机制,构建大气、水质和土壤污染各类指标的科学监测体系。加大巢湖蓝藻治理、河长制、断面水质监测和雨污混接口改造等财力保障。聚焦城市品质,投入32.36亿元,保障征迁安置五年攻坚行动、大拆违专项治理集中行动、危旧房改造、老旧小区改造等。投入1.17亿元,支持社会综合治理创新,保障智慧小区、平安社区建设,健全公共安全、网络安全、应急处置防控体系。

【财政监管】坚持依法行政、依法理财,依法将预算调整方案等提请区人大常委会审查和批准,按法定时限批复和下达预算资金,实现刚性约束。主动接受社会监督,在政府信息公开网集中公开政府预决算、部门预决算等信息,做到公开及时、内容准确、形式规范。组织财务、非税征缴、预决算公开检查、代理记账机构等专项检查,不断完善财政系统内控制度,确保财政运行依法合规。规范“三公”经费,加强“三公”经费管理,确保总量只减不增。

【国有资产管理】深化国资国企改革,加强国资监管和风险防范,实现国有资产保值增值。截至年底,全区国有资产总量310.71亿元。其中,企业国有资产(不含金融企业)总量158.2亿元,金融企业国有资产总量16.3亿元,行政事业性国有资产(含经管资产)总量136.21亿元。

【公共资源交易监督和管理】以“构建国内一流县区级公共资源交易平台”为发展目标,完成区级公共资源交易各项任务。完成工程建设、政府采购项目633个(含2020年结转项目23个),同比增长9.14%,预算金额18.36亿元,同比增长110%,成交金额15.76亿元,同比增长125%,节约资金2.6亿元,同比增长50.21%,资金节约率为14.16%。完成产权交易项目163个(含2020年结转项目5个),同比增长101.23%,租金底价0.37亿元,同比增长32.14%,成交价0.52亿元,同比增长48.57%,增值资金0.15亿元,同比增长114.29%,增值率40.54%。徽采商城交易金额1.95亿元,同比增长80.56%。832贫困扶贫平台交易金额78.61万元,同比增长59.00%。

(左莉)

合肥高新技术产业开发区财政工作概述

【概况】2021年,高新区财政局坚持稳中求进工作总基调,落实落细财政服务经济、服务建设、服务民生职能,保障园区经济社会平稳有序运行。

【提升财政收入】做好财政收入组织调控,全区一般公共预算收入完成46.8亿元,完成年初预算数的102%,较上年同期增长17.4%,稳居开发区之首。市场主体形成的财政总收入(含各类税费、关税等)完成330亿元,较上年同期增长21%;税收收入完成248.7亿元,较上年同期增长11.7%,以1%的地域面积贡献全市20%的税收支撑。开展工商、税务迁入工作,外引内培,涵养税源,在保持总量优势基础上稳住增量,确保财政稳健运行。

【完善资金保障机制】与上级部门沟通,深挖项目,争取专项债。完成声谷产业园项目纳入省级储备库,项目总投资48.98亿元,拟发债金额32亿元,债券年限15年。积极争取上级各项转移支付和政府债券资金,力争项目纳入市支持县区项目库、环巢湖项目库、市级公益性项目库。共安排市级资金预算2.41亿元,保障市级续建项目顺利推进;超计划争取11.57亿元债券资金,缓解区财政当年资金来源压力,释放区本级财力用于保障重点项目建设。

【优化支出结构】落实过紧日子和坚持厉行节约反对浪费的决策部署,压减非重点、非刚性、非急需项目支出,集中财力优先保障普惠性、基础性、兜底性项目支出。加强指标管理及支出调度,做好上级指标及2020年结转结余指标跟踪清理,收回闲置低效资金。对385个已编制预算绩效目标项目开展预算执行进度和绩效目标实现程度的“双监控”,压实部门预算执行主体责任,增强预算刚性约束。

【支持实体经济发展】制定出台《合肥高新区关于股权转让相关支持政策》,完善政策体系,支持高成长企业通过股权激励方式留住核心人才。政策资金投入共计21亿元,政策实施7年来累计投入财政资金102亿元,撬动社会资本近500亿元,惠及企业35000家次。吸引近200余支基金落户,基金管理规模突破2750亿元。服务17家基金公司落地高新区,基金规模超180亿,实现央企中建材集团联合安徽省相关投资主体在高新区成立150亿规模中建材产业基金。依托金融超市线上平台与线下融资对接活动,开展3场银企对接活动,参与金融机构近50家,参与科创企业超100家,20余家企业与相关金融机构签署融资意向书。加快科技金融示范区建设步伐,加大金融产品供给,推进自贸贷、科大校友贷等科创贷系列产品落地,举办安徽自贸试验区科创企业贷投批量联动方案发布暨签约仪式,开发科创企业贷投批量联动金融产品,解决初创期、成长期科创企业“融资难、融资贵、贷不到、贷不足”问题。与安徽省银行业协会签署合作备忘录,优化科技金融生态,助力高新区“双招双引”。

【防控财政运行风险】强化政府性

债务风险防控。严格规范政府举债融资,重点控制债务规模,债务风险整体可控。6月化解到期债务3.22亿元;主动化解隐性债务存量,南岗科技园第二复建点(东组团)项目为政府中长期支出责任隐性债务,全年化解2425.31万元。严格落实预算绩效管理。上线预算管理一体化系统,建立健全预算执行全流程监控预警与评估评审机制,全面编制绩效目标并对外公开,接受社会监督;开展绩效自评抽查,抓重点项目绩效评价,提高绩效目标评审要求。做好政府采购审核监管。完成兴园中心菜市场、环东社居委2015年度工程项目、社会事业局城西桥学校维修维护资金审核,共35.93万元;履行区级公共资源交易综合监管职能。强化直达资金监管。探索直达资金预算执行工作协调机制,推动直达资金落实到位,规范使用。

【深化国企国资改革管理】做足国企监管服务。提升企业造血能力,深化区属国企薪酬改革,完成国有产权登记数据汇总上报。做好区属企业重点经营性资产收益检查,完成国有资本收益上缴财政2567.96万元。做好国有基金评估、进出和国有资产转让、租赁等审批备案工作。协助高新股份公募REITs发行,上报省发改委审批。完成审计评估中介机构招标,推进高新集团改制。深化行政事业单位国资管理。推进社区房产类国有资产处置有关工作,按季度调度并督促社区服务中心闲置用房办证、盘活;完成柏堰、南岗合作区回迁小区配套用房处置情况专题调度,督促合作区加快处置。推进国企退休人员社会化管理常态化移交。完成接收企退人员1474人申报上级补助资金38.32万元。完成市级企退资金1.74万元分配。

【完成民生工程年度目标任务】实施省定33项中的16项民生工程,省、市项目各级财政到位资金1.31亿元,累计实施省、市、区项目96项,投入资金超100亿元。民生工作亮点频出,推出“安康码+智慧园区”新型园区管理模式,上线“婴幼儿照护服务信息管理系统”,探索数字化智慧社区食堂便民化结算方式,开展音乐肖像计划活动。以开发区总分排名第一的成绩,连续12年获评“民生工程实施表现突出单位”。

【打造区级交易平台】公共资源交易完成项目数325个,成交金额19.11亿元。其中,建设工程成交金额12.82亿元,节约资金2.15亿元,节约率14%;政府采购成交金额4.23亿元,节约资金0.29亿元,节约率6%;企业采购成交金额2.01亿元,节约资金0.5亿元,节约率20%;产权交易成交金额0.05亿元,增值0.04亿元,增值率326%。完成公共资源交易大厅建设及网招设备等硬件设施配备,引入安徽公共资源交易集团入驻高新区区级平台;一体化电子交易平台新上线“云上开标大厅”等功能,项目交易迈入“云时代”;交易项目实施“三免收”政策,新上线电子保函功能降低投标企业交易成本。

【强化干部队伍建设】严守纪律规矩红线,推进廉政风险防控,加强制度刚性约束,打造财政财务管理工作规范运行“永动机”。落实意识形态及党风廉政主体责任,落实“一岗双责”,与年度各项重点工作同部署、同落实、同检查、同考核。以开展党史学习教育为抓手,树牢全体财政干部“四个意识”,坚定“四个自信”,做到“两个维护”。强化政治引领、制度保障、教育警示、宣传向导,强化干部队伍建设,夯实财政干部理论功底,整肃财政干部工作作风。

(陈帅)

合肥经济技术开发区财政工作概述

【概况】2021年,经开区财政局着眼全局和大局、长远和系统、主责和共治,减税负、增投入、提绩效、防风险,实现“十四五”良好开局。

【强化财政收支管理】加强财源建设,探索“大数据+综合治税”税源管理新模式,狠抓财税分析质量,开展协税护税专项行动(累计变更到位的区内经营区外纳税1308户,新增税收26.8亿元),支持推动项目、企业、人才和资本落地,保持财政收入增长与经济发展相匹配。全年全口径财政收入完成115.5亿元(不含海关代征税收),同比增长31.3%,其中:一般公共预算收入完成39.72亿元,完成年初预算数的106.77%,同比增长14.3%,税收收入占收入比重持续保持在95%以上,高于全市平均水平10个百分点。聚焦科技创新、民生保障、产业升级、基础设施建设等关键方面,坚持综合施策、优化结构,把有限的财政资源向重点领域集聚,提升发展质量和效益,综合财政支出114.2亿元,同比增长20.2%,其中:建设支出67.5亿元,支持企业发展支出22.1亿元,民生保障支出17.3亿元,公共服务支出7.3亿元,保障重点工作和重大项目的资金需求。

【推进财政改革】作为全省第一批预算管理一体化改革试点单位,率先上线使用新的预算管理一体化信息系统,成为全省首家实现预算编制、预算执行到会计核算线上全流程覆盖单位。推进社区预算体制改革,印发《关于加强社区财务管理的若干规定》,采取“大专项+任务清单”预算安排模式,对社区现有预算项目进行整合(整合项目153个,改革后每个社区保留6个项目),提升社区预算资金的统筹性,新增社区及街道预算资金近0.5亿元。全面实施预算绩效管理,组织预算单位对2020年度725个项目支出全覆盖开展绩效自评,涉及资金44.73亿元。选取28个项目开展财政重点绩效评价,涉及资金35.12亿元。实施“评价报告+分析报告”双报告制,增强绩效评价结果应用性。聚焦预算和绩效管理一体化,构建起事前评估、目标管理、绩效监控、绩效评价和结果应用的全过程闭环管理链条,提升财政资金效益,连续4年获市预算绩效管理工作领导小组通报表彰。加强初步设计评审管理,做实做细政府投资控制,全年共计开展初步设计评审项目35个,累计核减概算投资额8747万元。

【提升国资监管水平】推进国企监管改革,在全市开发区中率先启动国有企业公司制改革工作,海恒集团改制顺利完成。探索一系列差异化监管,坚持分类监管,按企施策,制定国有企业“十四五”发展规划、《国企监管权责清单》和《合肥经开区国资国企监管制度汇编》等制度文件,推动国有资产集团化运行、专业化经营,赋予并落实企业经营自主权,给予企业2000万元对外投资权限,激发企业发展活力;通过资产划拨、资产注入等方式,海恒集团资产规模(合并)近480亿元,同比增长超20%,信用评级逐年攀升。提升国有资产管理水平,完成资产管理系统与预算一体化系统顺利衔接,做到资产管理系统与财务核算系统基础数据实时共享。组织开展全覆盖区属学校资产盘点工作,清查设施设备类资产28474万元,校舍类资产95万平方米,加强和规范区属学校资产“账”“卡”“实”管理。

【支持经济高质量发展】创新支持经济高质量发展政策体系,牵头制定《合肥经济技术开发区推动经济高质量发展若干政策》,全年共计兑现支持经济高质量发展政策资金22.1亿元,其中:上级资金12.2亿元,区级资金9.8亿元。推动金融服务实体经济,新增石溪产恒二期、安元星亿达等6支基金,总规模达26.51亿元,围绕主导产业建立国有基金投资体系,设立、参股及引入基金43支,基金总规模1254亿元,实缴到位488亿元,涵盖集成电路、新能源汽车、人工智能、生物医药等优势主导产业领域;截至年底,国有引导基金直投和参股基金返投44个项目。政银企对接再造“升级版”,撬动金融资本服务实体经济,累计为企业提供贷款107亿元;创新推出“高企贷”、“园区贷”等金融产品,累计为企业提供5.2亿元贷款支持。防范金融风险,会同公安分局、高新法院等部门完成2件非法集资陈案化解工作;落实金融监管与金融防范职责,推进类金融机构监管工作,累计排查风险企业超80家,开展非法集资宣传月活动,参与群众近万人次,印发宣传产品10000余份。

【规范政府债务管理】申报新增专项债,取得债券资金20.05亿元,其中新增专项债16.99亿元,再融资债3.06亿元,截至年底,政府债务余额为71.74亿元。加强债券项目“四清单”管理,督促相关单位加快债券项目资金支出进度,截至年底支出15.86亿元,支出进度93%,超过全市平均水平。开展新增地方政府债券事中事后绩效评价,委托第三方对使用新增债券资金的在建及已完工项目开展事中事后绩效评价。

【抓好民生工程管理】完善工作机制,结合年度项目目标任务情况,调整领导小组成员单位,并签订民生工程目标责任书,明确细化各单位职责,强化日常督查,推动各项民生工程按计划实施。加强民生资金保障,16项民生工程共到位中央、省、市、区各级资金9.11亿元,其中区级配套资金7.50亿元,资金到位率100%。加强项目建后管养,将民生工程管护资金纳入区财政预算和大建设计划资金安排,投入资金超过5000万元。推进工作创新,将推进民生工程创新纳入区级民生工程目标责任书,提高实施效率,总结提炼创新做法,提升民生工程实施效果和工作成效。

(韩磊)

合肥新站高新技术产业开发区财政工作概述

【概况】2021年,新站高新区一般公共预算收入累计完成23.62亿元,较上年增长31.45%,增幅位居全市第一。一般公共预算支出累计完成69.33亿元,其中区本级25.51亿元、上级转移支付资金43.82亿元。在开发区位列第二。

【保障重点支出】贯彻落实中央和省市关于减税降费的决策部署,为维信诺、京东方、清溢光电、康宁汽车玻璃等企业办理留抵退税20.12亿元。全年用于支持全区产业发展40.97亿元,占比59.09%,重点支持全区平板显示产业、集成电路产业、智能装备产业等支柱产业的发展壮大,加大对新落户人才、重点产业人才等各类人才的资金投入。支持教育发展8.82亿元,占比12.72%,主要包含区内中小学建设资金3.35亿元、义务教育4.63亿元、学前教育0.68亿元等;社会保障和就业、医疗卫生、节能环保、农林水、住房保障等基本民生5.23亿元,占比7.54%。全年筹措政府性投资建设资金达93.29亿元。主要用于“大干150天、打通30条路”等基础设施建设、“攻坚克难”保障重点项目报批征迁、安置房建设等。

【服务站区发展】发挥财政资金撬

动金融资金作用,相关金融机构累计为站区企业贷款总额约350亿元,政银担、税融通、续贷过桥资金等各类财政金融产品支持企业资金17.26亿元;推进多层次资本市场体系建设,本年度全区首发上市企业1家,报会报局待审3家;搭建银企对接平台,召开金融机构座谈会和银企对接会7场,参与企业140余家,200余人次参会;防范金融风险,开展打击非法集资和互联网金融风险专项整治工作,对重点商业楼盘开展10余次集中清查,清查各类企业公司320余家。加强公共资源交易管理,全年完成公共资源交易项目292项,预算资金20.55亿元,成交金额15.41亿元,节约资金5.14亿元,节约率25%。完成开发区首个信价量化法评标项目,全市首个小额零星工程项目在徽采商城交易;在全市开发区率先开展远程异地评标,全年远程异地评标34个,预算金额894.3万元。上线“云上开标大厅”,实现“投标不出门、开标不见面”;实行“三免收”政策,免收标书工本费、免收政府采购项目中标服务费、免收投标保证金,减轻投标企业负担。开展“三库”清理,完成8个“定点库”清理。加强标后履约监管,对政府采购失信行为加大惩戒力度,累计对“无正当理由弃标”“投标文件机器码相同”等不良行为实施信用处理5起,对2名专家评委违规行为上报处理。

【深化各项改革】深化预算绩效管理改革。完成2020年度部门自评和财政第三方重点绩效评价工作;公开部门2020年度项目绩效自评结果;开展年中绩效监控工作,收回绩效低下项目资金0.18亿元;开展新增项目事前绩效评估,2022年度财政预算安排的全部项目支出绩效目标、部门整体支出绩效目标、所有符合事前绩效评估范围的项目评估报告均纳入预算绩效评审范围,实现绩效目标评审3个全覆盖。推进预算一体化改革。梳理预算编制、国库支付等流程,对不符合省市要求的,进行流程再造,保障“预算一体化”新旧系统双轨制平稳运行。深化国资国企改革。按照《合肥市贯彻落实国企改革三年行动方案工作举措》(合办〔2021〕15号),结合新站区实际,草拟《新站区落实国企改革三年行动方案工作举措》,推动国有资本向重要行业和关键领域集中,建立健全市场化经营机制,优化国有资产监管体制。规范资产管理,修订《区行政事业单位固定资产管理办法》,规范全区资产调剂、固定资产报废报损、公车报废、房屋拆除、资产损溢核实等相关流程,合理配置固定资产,提高使用效率,维护固定资产安全完整。

【实施民生工程】6月,获“合肥市政府2020年度民生工程实施表现突出单位”通报表扬。实施16大项25小项省定民生工程,加大财政投入,全年到位资金7.9亿元,资金拨付率100%。重点民生工程全部提前完工,其中老旧小区改造5个,改造面积6.07万平方米,惠及552户家庭。棚户区改造新开工12500套,基本建成1950套。开展民生工程业务培训5次,加强资金报表、项目公示、政策宣传等具体业务指导。加强民生政策解读,省市民生网站采用信息报道147篇(省级28篇,市级119篇),采用量位居开发区第二;在全市率先制作《一图读懂2021年新站高新区16项民生工程》,赶制《2021新站高新区民生工程宣传册》等宣传品1.8万份,制作《新新说民生》动漫视频,通过微信、QQ、抖音短视频等多渠道宣传民生政策。修订《新站区2021年民生工程综合绩效考评管理办法》,开展中期绩效评价和“回头看”工作,督促完成问题整改,发挥考核“指挥棒”和监督作用。推广新站民生微信小程序,帮助群众通过小程序实现随手查询政策和补助发放情况,基层工作人员借助小程序高效采集数据,让关爱走访特困群体工作数据化、可视化。“订单式”技能培训助力退役军人高质量就业。利用新华教育集团职教经验和社会资源,专门制定符合退役军人就业创业特点的课程大纲,做到订单式、定向式、定岗式培训,把退役军人培训工作打造成为“温暖工程”,为退役军人培训就业工作贡献新站模式。

(疏悬)

巢湖经济开发区财政工作概述

【概况】2021年,巢湖经开区一般公共预算收入完成5.5亿元,占年度预算104.41%,同比增长10.67%。一般公共预算支出10.6334亿元,较上年增长66.39%。政府性基金预算收入完成0.09亿元,上级专项转移支付4.9亿元,棚改专项债收入3亿元,非标专项债收入2.8亿元,合计收入10.8亿元。政府性基金支出10.9亿元,较上年下降6.97%。国有资本经营预算收入完成0.02亿元,同比增长5.08%。国有资本经营预算支出0.01亿元,较上年增长8.80%。

【收支预算管理】坚持以组织收入为中心,创新税收征管机制,科学分解收入任务,与税务部门、各非税执收单位对接,全年财政收入实现收入预期;联系企业,了解企业经营情况、税收变化原因等,重点分析减收原因,落实减税降费等政策。根据年初预算,压实预算支出管理责任,加强对预算执行情况的监督力度,强化预算绩效监控。加强“三公”经费管理,“三公”经费支出363.01万元,完成年初预算的74.74%;从严从紧编制2022年预算,压减一般性支出,要求各预算单位对所有项目设置绩效目标,严格执行绩效目标管理相关要求，加强对部门整体支出绩效目标和项目支出绩效目标的审核，将绩效目标编制质量作为核减预算的重要依据；对新增重大项目开展事前绩效评估；推进预算管理一体化建设，完成预算单位基础信息、项目库填报工作，以及2022年度预算编制“二上”工作。加强政府采购项目执行、监督、绩效管理等，开展“放管服”改革，依法做好政府采购投诉、举报处理，维护采购人合法权益，助力优化营商环境。

【助力园区发展】争取上级转移支付10.4亿元，保障园区大建设项目建设，其中预拨土地出让收益4.9亿元，一般公共预算上级转移支付5.50亿元。发行债券8.8亿元，其中高端智能制造产业园项目续发2.8亿元，棚改债续发3亿元，再融资债券资金3亿元。保障园区基础设施建设，拨付工程款13.2亿元(其中专项债支出5.8亿元)；支持园区企业发展，全年共拨付产业政策资金1.77亿元，为开发区产业培育与发展提供直接支持。

【严格政府债务管理】加大专项债申报力度及项目谋划储备，合巢产业新城5G产业示范园项目入选省项目库。争取债券资金，保障建设资金需求，共争取债券资金8.8亿元，其中：再融资债券3亿元、棚改专项债券3亿元、合巢高端制造产业园项目专项债券2.8亿元。筹措资金化解隐性债务0.7亿元，存量隐性债务全部化解完毕。做好2022年新增专项债券项目需求申报工作，召开专题会议，会同相关部门，共申报6个项目，主要涉及棚户区改造、保障性租赁住房、城乡电网、教育及产业园区建设等5个领域，申报发债金额11.88亿元。

【加强民生保障】承担实施5项省定民生工程。技能培训提升，全年企业新录用培训合格人数790人，合格率100%，拨付资金77.9万元，完成年度目标任务112.8%；困难职工帮扶32户，拨付资金28.75万元，做到应帮尽帮，超额完成目标任务；文化惠民工程，开放岠嶂文化站，全年接待访客2000余人次，开展70余场文化活动，免费向群众提供基本文化服务，完成送戏进万村5场；推进“安康码”推广应用申领，完成“安康码”智慧门禁应用，完成区内4家企业码注册申领，全年完成“安康码”推广应用申领39963人，“安康码”核验累计171.8万次；完成10人城镇低保适龄妇女“两癌”免费筛查，完成目标任务100%。

【强化金融服务发展】38家企业分两批次申请税融通贷款，对其中符合条件的29家企业，核准额度为1.59亿元，同比增长21.37%；新型政银担业务新增2.01亿元，完成预期目标任务；帮助区内企业解决1.01亿元过桥续贷资金。制定《安徽巢湖经济开发区小微企业“成长贷”业务实施办法(试行)》，组织20余家优质企业，开展政银企对接会，举办资本市场业务培训专题讲座，印发《安徽巢湖经济开发区加快推进企业上市(挂牌)若干意见》，为下一步企业上市、挂牌提供政策依据。对接高新区，完善上市培育服务协调机制，合肥拓谷信息科技有限公司、天佳吉瑞基因科技有限公司2家企业在省股权交易中心科技创新专板培育层挂牌，在省股权交易中心挂牌的企业达21家；在全区范围内开展金融领域安全生产排查活动、金融资产类交易场所排查活动及金融机构大学生互联网消费专项监督管理活动。

【统筹推进国资管理】根据《合肥市贯彻落实国企改革三年行动方案工作举措》及摆脱困境专项行动相关要求，制定《国资委权力清单和责任清单》《区属国有企业重大事项报告管理暂行规定》等五项制度，初步形成以管资本为主的国资监管制度体系；完成集团公司组建，通过“1+3+2”的架构，整合资源，明确定位，推动实现集团做实、公司做专；结合“腾笼换鸟”和国资历史遗留问题专项行动，通过股权收购、资产收购等方式，清算不正常经营参股企业，收回低效利用土地及债权；开展集团公司国有资产清查，通过清查自有、代管、在建未移交资产及股权投资等；通过无偿划转300套安置房产权保障新城异地安置；开展行政事业单位资产管理培训，完成资产报告编制，规范资产处置，提高信息化水平。

【加强党风廉政建设】发挥中心组理论学习、“三会一课”、财政大讲堂、党员活动日、组织生活会等制度平台作用，深化党员干部理想信念教育、党性修养锤炼、作风效能改造。开展“四联四定”“我为群众办实事”以及红色教育等活动，财政局支部被纳入省级党建工作“领航”示范库。强化警示教育，利用财政大讲堂常态化开展廉政等专题教育学习，及时传达上级通报，观看专题警示教育片，用身边事教育身边人，提醒大家汲取教训，以案释纪，增强党员干部廉洁从政的自觉性。严格落实意识形态、保密、信访等有关工作，深入贯彻落实《党政主要负责人履行推进法治建设第一责任人职责规定》，明确主要负责人作为推进法治建设第一责任人应履行的职责，制定年度学习计划清单，把法治宣传教育作为年度重要学习内容常抓不懈。

(高娅娅)

淮北市财政工作综述

淮北市财政工作概述

【**概况**】2021年,淮北市一般公共预算收入完成88.7亿元,完成预算的109%,同比增长10.8%,加上级转移支付收入77亿元、一般债务转贷收入16.59亿元、调入资金等49.19亿元,收入总计231.48亿元;全市一般公共预算支出完成190亿元,完成预算的100%,同比增长3.4%,加一般债务还本支出、体制上解及补充预算稳定调节基金等支出41.48亿元,支出总计231.48亿元。全市预算实现收支平衡。省下达淮北市政府债务限额223.83亿元,其中市本级99.84亿元,全市政府债务余额211.09亿元,其中市本级95.58亿元,全市债务严格控制在省核定的政府债务限额以内,地方政府债务风险总体可控。全市到期债务本息30.22亿元,其中市本级15.5亿元,通过预算安排和申请债券置换,全部实现应偿尽偿。

【**提高财政保障水平**】加强收入运行监测分析,科学实施财政征管调度,依法依规组织财政收入。建立健全同一领域不同渠道资金、财政拨款资金、不同年度间财政资金的统筹机制,将部门和单位取得的各类收入纳入预算管理。执行市人大批准的预算,科学有序安排支出,压减一般性支出和低效无效及不合理支出,加大对预算单位结余结转资金清理,盘活存量资金10.5亿元,统筹用于保障重点支出。加大向上级部门的"双争"力度,争取中央和省政策和资金支持,全年争取上级各类资金100多亿元,其中,新增债务限额38.65亿元,同比增加10.19亿元,提高地方财政的调控和保障能力。

【**支持经济加快发展**】落实减税降费阶段性政策,新增减税降费9.7亿元,减轻企业负担。围绕实施工业强市战略,聚焦"五群十链",统筹资金4亿元,支持关键产业链补链强链、传统产业转型升级、重大产业项目建设、战略性新兴产业壮大、"专精特新"民营企业发展。拨付创业担保贷款贴息和奖补资金1100万元,发放创业担保贷款1.1亿元,支持创业就业;设立续贷过桥资金1.77亿元,为120多家(次)中小企业提供过桥贷款8亿元,缓解中小企业融资困难。推进实施创新驱动发展战略,投入研发资金4500万元,推进企业自主创新和高新技术产业发展。统筹政府资金40.65亿元,重点支持高铁新区、东部新城创新大道、城区雨污分流工程等项目建设。持续推进淮水北调等10个PPP项目建设和运营,累计拨付运营补贴资金24.13亿元,完成投资70多亿元,6个项目工程建设完成转入运营阶段,4个项目正在施工建设,为淮北市经济发展增添新动力。

【**提升民生保障能力**】集中财力保重点惠民生,全市财政民生支出161.5亿元,占一般公共预算支出的85%,重点投入33项民生工程资金43.9亿元,民生工程工作稳步推进。补齐教育短板,新建扩建幼儿园10所,维修改造农村地区义务教育学校校舍11.6万平方米,落实"两免一补"政策惠及学生24万人,补助家庭经济困难学生1.9万人次,落实教育"双减"财政扶持政策,支持淮北理工学院、淮北卫校、市一中新校区建设。支持社会保障和就业,实现新增城镇就业3.8万人,居民基本养老保险基础养老金最低标准提高到110元。加快推进健康淮北建设,统筹疫情防控资金3.45亿元,重点用于设备和防控物资、疫苗接种等,完成新冠病毒疫苗接种372万剂次。助力城乡基础设施建设,实施老旧小区改造项目77个,改造棚户区3918套。支持实施乡村振兴战略,投入资金2.4亿多元,优先保障"两不愁三保障"成果和美丽乡村建设;通过"一卡通"发放惠农资金7.5亿元,拨付政策性农业保险保费补贴资金0.8亿元,为32万户(次)提供19亿元的风险保障;统筹各级财政资金5亿元,建设高标准农田22.5万亩。市级投入1000万元,扶持村级集体经济发展,年收入50万元的村达65个。拨付环保专项资金1.09亿元,促进生态环境持续改善。

【**强化风险防控**】严格地方政府债务限额管理和预算管理,科学管控政府债务规模,杜绝新增隐性债务,落实预算还款计划,争取再融资债券额度,对标化债任务跟踪落实,有序稳妥化解存量,完成政府债务年度化解目标任务,及时足额偿还30.22亿元到期政府债务本息,债务风险总体可控。加强对专项债项目督查督办,完善债券支出进度协调推进和约谈等机制,推进政府债务信息公开透明,压紧压实部门责任,加快专项债券支出进度,专项债券使用效益不断提高,全省债务综合考评保持前列。坚决兜牢基层“三保”底线,建立健全“定期报告+重点关注”预算执行监控机制,重点对实现收支平衡压力较大、库款保障水平持续偏低的县区进行监测,市级财政充分让利县区,将更多财力下沉到基层,下达财力性转移支付资金9.4亿元、增长7%,基层“三保”压力得到缓解,守住“三保”底线,保障基层财政平稳运行。

【增强财政治理能力】出台教育、科技、自然资源、应急、生态环境等领域财政事权和支出责任划分改革方案,明晰市县财政支出责任。制定部门预算事前绩效评估办法,实现预算绩效自评全覆盖,财政重点评价数量、金额创近年新高。对10家市级预算单位13个项目和13个部门整体开展重点事前绩效评估,资金规模达36.43亿元,评减资金2965.68万元,进一步强化绩效引导作用。深化国库集中支付改革,加强直达资金跟踪督查,实施预算管理一体化系统建设。落实国有企业改革三年行动实施方案,推进市建投控股集团系列改革,新组建市交通控股集团和科技产业投资公司,建成国资国企在线监管系统,组织专项审计和企业负责人经营业绩考核。办理市人大代表建议,抓好审计整改落实,按时向市人大提交国有资产管理情况综合报告,配合推进预算联网,自觉接受人大依法监督、政协民主监督、社会公众监督。

【推进财政党的建设】深化“不忘初心、牢记使命”主题教育,常态化开展局党组理论学习中心组学习。深化“三查三问”,修订局党组工作规则、制定局党组会议事清单,做好市委巡视整改工作。开展党员“三报到”工作,组织机关党员干部踊跃捐款应对新冠肺炎疫情。加强干部教育培训和管理监督,组织市县区财政局长和乡镇财政干部参加省厅组织的财政政策培训班71人次。履行“一岗双责”职责,层层签订党风廉政建设责任书。加大执纪问责力度,开展“红脸出汗”谈话100人次。深化“三个以案”警示教育,制定落实力戒形式主义官僚主义具体举措和正负面清单,严格内控制度执行,主动接受驻局纪检监察组监督,建立局党组与驻局纪检监察组工作协调机制,常态化开展政治巡察,推动依法廉洁理财。

(郭建平)

濉溪县财政工作概述

【概况】2021年,濉溪县财政收入43.9亿元,同比增长3.9%;其中一般公共预算收入23.9亿元,同比增长15.4%。全县一般公共预算支出完成68.2亿元,同比增长1.5%。

【推进预算管理一体化系统建设】继续推进预算管理一体化系统建设,完成对全县预算单位财务人员培训、电子印章采集、预算管理一体化系统电子钥匙制作、预算单位及人员基础信息梳理填报、项目入库等预算编制前期准备。从6月份开始,全县188家预算单位每月在现有使用的财政管理信息一体化平台系统和会计核算软件上完成用款计划下达、记账凭证工作的同时,也在预算管理一体化系统上同步完成以上两项工作,为全面推广使用预算管理一体化系统做好基础。

【落实财政保障责任】通过财政预算管理、直达资金使用管理、地方政府债务管理、国有资产管理及落实财政资金直达机制等方式,保障各个领域资金。全县申报19个专项债项目入库,总投资241.4亿元,申请发行专项债总额度163亿元;完成国有资本经营预算1620万元,共下达国有资产批复23份,涉及单位21家,处置金额521万元;全县执行上线的单位共188家,执行单位覆盖率100%,单位核算上线数188家,核算覆盖率100%。

【深化国有企业改革】濉溪县国有资产管理委员会制定《关于建立国资监管制度落实情况督查长效机制的通知》《关于深化县属企业劳动人事和分配制度改革的通知》等制度,健全监管机制。推动国有资本向重要行业和关键领域集中,推进国有经济布局优化和结构调整。濉溪县基本形成权责法定、权责透明、协调运转、有效制衡的法人治理结构。国有企业建立董事会向经理层授权制度,国有企业公司制改革基本完成。

【加强债务及资金管理】落实债务限额管理,遏制隐性债务增量,确保只减不增,保障存量债务有效化解。强化政府债务风险监测、管控和监督考核,规范专项债券的项目储备、发行审核及资金使用。对多部门管理、多渠道安排的项目资金制定统一资金管理办法,实行统一资金分配方式。通过管理财政资金账户、清理整顿财政专户,对专项债券项目实施常态化绩效运行监控,实现按计划运营收益,提升政府专项债券项目绩效。

【推动金融助力企业】继续发挥续贷过桥资金作用,累计帮助县域54家企业办理过桥资金4亿元。累计发放税融通贷款7.28亿元,拨付促进外贸发展资金及中小企业国际市场开拓项目资金248.18万元(惠企项目26个),拨付创业担保贴息资金732.38万元,拨付企业挂牌资金92万元。全县企业类贷款余额267.88亿元,同比增长14.28%。执行清费减负政策,累计为濉溪县企业减轻行政事业性收费2000万元以上。

【组织实施民生工程】压实工作责任。濉溪县政府下达民生工程目标任务,印发《关于2021年实施33项民生工程的通知》。县政府于6月7日召开全县民生工程推进会议,与各镇(园区)、县直民生工程实施单位签订目标责任书,明确项目推进时间节点和目标任务,量化指标,细化考核标准。濉溪县民生工作领导小组办公室按季度开展民生工程督查工作,推动各项目按照时间节点完成好目标任务。县民生办通过发放张贴一封信、明白纸、政策解读小册子等传统方式宣传民生政策,让民生政策走进寻常百姓家。在安徽经济报、淮北日报、市财政局网站、市民生工程网站、县政府网站编发民生工程动态信息300余条,提升民生工程政策宣传力度。与联通公司合作,通过微信朋友圈推送民生工程政策,累计投放45万余条,覆盖全县11镇2个园区。同时,强化民生项目实施的公开公示,发挥"互联网+"在宣传政策、推动工作、互动交流、公开信息和群众监督等方面的作用,营造民生工程共建共享的良好社会氛围。

(李振华)

相山区财政工作概述

【概况】2021年,相山区一般公共预算收入8.77亿元,同比增长18.6%,转移支付收入8.45亿元、上年滚存结余1364万元、调入资金等3.49亿元,收入总计20.8451万元。全区一般公共预算支出19.35亿元,同比增长8.2%,县区体制上解市支出4314万元,支出合计19.79亿元;结转结余9897万元,稳定调节基金701万元。本级预算实现收支基本平衡。

【强化税收征管】实施深度税源管理,重点强化外迁税源跟踪服务,加强零星分散税源的征收管理,做到颗粒归仓。持续推进协税护税工作,组织镇街、区直部门协助税务部门完成税源入库。加强财税协同,配合税务部门落实土地增值税清缴、"难办证"税收清缴、重点企业纳税业务外调等涉税业务,完成耕地占用税、垃圾处理费、残疾人保证金等改革事项。

【争取上级资金】争取一般性转移支付、共同财政事权转移支付、抗疫特别国债等直达资金2.38亿元,发挥直达资金惠企利民作用。累计入库专项债项目11个,争取债券资金5.61亿元,支持重大项目建设。

【助力实体经济发展】落实各项减税降费政策,关注重点行业、重点企业税负变化,辅导企业用足用好政策,全年累计减税降费1.66亿元。落实国家缓税措施,为33家企业办理增量留抵退税2.12亿元,为128户制造业中小微企业缓缴五税两费1105万元。注重发挥财政资金引导撬动作用,在战略性新兴产业培育、工业技术改造等方面持续加大投入,支持"三重一创"产业发展。投入2.16亿元用于开发区兑现招商引资、产业发展奖补政策,投入7127万元支持研发投入、技术改造等科技创新工作,投入2302万元用于人才招引、就业保障工作。

【落实预算管理改革】在全市率先完成预算管理一体化系统上线工作,构建区级项目库,依托预算一体化平台完成2022年预算编制工作,通过预算管理一体化系统全流程压力测试,提高预算管理规范化、标准化和自动化水平。

【持续推进国企改革】制定《相山区国企改革三年行动任务清单》,科学谋划推进改革重点任务,推动国有企业不断提高经营效益。将党的建设与国有企业改革同步谋划,落实党组织前置研讨重大经营管理清单。印发《关于深化区属企业劳动人事和分配制度改革的通知》,提高企业竞争力和活力。完成国有企业公司制改革,成立新一届董事会,派驻监事会,真正形成各负其责、协调运转、有效制衡的法人治理结构。

【防范债务风险】依法构建管理规范、责任清晰、公开透明、风险可控的政府举债融资机制。指导申报单位加强专项债项目组卷、申报,提高申报成功率。督促专项债项目实施单位,加快支出进度,提高使用效益。配合财政部安徽监管局、省审计厅开展政府债务监督专项核查工作。

【服务实体经济】制定《银行业金融机构服务地方实体经济发展评价办法》,清晰掌握辖区内金融活动的整体情况和重点情况。开展"四送一服"双千工程政策宣讲4次,组织银企对接座谈会5场,帮助12家企业获得银行贷款5000万元。

【推动企业参与多层次资本市场】开展形式多样的多层次资本市场业务培训,重点培训企业50家、机关单位60家,企业线上注册20家。对接培育新三板挂牌储备企业,开展企业上市挂牌指导工作,完成省区域性股权市场挂牌企业12家,储备股份制改制后备企业3家。举办"相山区百家企业及机关单位金融资本市场业务培训会",引导企业加快融入多层次资本市场,破解融资难题。

【完成年度民生工程工作目标任务】实施29项民生工程项目,累计投入5.84亿元,其中中央级资金2.12亿元,省级资金0.7亿元,市级资金0.39亿元,区级配套0.63亿元,其他2亿元,完成年度民生工程工作目标任务。印发《相山区2021年民生工程资金筹措方案》,明确规定资金来源、使用途径,建立民生工程资金调度支付"绿色通道",做到及时申请、及时拨付。对政策已明确、上级资金暂未到位的,采取垫付资金的办法,让群众更早享受民生福利。民生工程项目严格执行“一把手”负责制,坚持督查与考核相结合,月度考评与年终考核相结合,按照各项民生工程实施时间节点、月度工作任务安排,对组织实施工作进行量化评定,分值计入年底总分。不定期邀请人大代表、政协委员和特邀监督员对部分重点项目进行联合督查。民生工程项目严格实行预算绩效管理,对2020年度实施的10项任务进行了绩效评价,做到项目年初计划有目标、项目完成有评价、评价结果有反馈、反馈结果有应用。完善《相山区信息公开实施方案》,重点推进民生工程信息全程网上公示。建立信息公示动态管理机制,对涉及项目实施达到阶段性目标的,根据目标完成情况按阶段公示。印发《相山区2021年民生工程宣传方案》,创新宣传载体,利用会议、文件、横幅、媒体网站等多种形式,多角度、多层面宣传实施民生工程政策、实施情况和工作成果。全年累计发放宣传彩页10万份、发送民生工程政策宣传短信60万条,刊发政策宣传信息499篇。

杜集区财政工作概述

【概况】2021年,杜集区财政局坚决做好“六稳”工作,落实“六保”任务,发挥财政职能作用,做好经济转型、乡村振兴、民生保障、群体免疫等各项工作,主动作为,预算执行紧张有序,总体平稳,为全区经济社会和谐发展提供坚强财政保障。全年一般公共预算收入完成5.86亿元,同比增长11.6%,完成预算(5.25亿元)的112%,其中税务部门组织收入3.51亿元,占比60%。全区财政总支出18.14亿元,同比增支1.16亿元,增长6.85%。其中:区本级支出15.79亿元,同比增支9401万元,增长6.33%;民生支出15.79亿元,占总支出比重为87.04%。

【加强民生保障】发挥财政资金精准补短板和民生兜底作用,坚持民生优先,过紧日子,集中财力保基本民生。实际实施的27项民生工程顺利完成,各级财政直接投入3.17亿元,其中区级配套投入5828万元,民计民生得到持续改善,群众“获得感”不断增强。累计发放各类补助补贴资金6723万元,直接受益5.4万人次;配套投入城乡居民基本医疗保险、养老保险1.38亿元;新建“四好农村路”34公里,改造农村户厕392户,维修改造中小学校舍1万平方米,投入5300万元改造5个老旧小区。投入478万元,完成巷道、排水、公厕、广场、路灯等19个村级公益事业财政奖补项目,农村基础设施进一步优化,人居环境持续改善。

【加强预算管理】优化支出结构,明确财政资金方向,以保“基本三保”为前提,落实“六稳”“六保”任务,合理配置财政资金,使有限财力效益最大化。民生领域支出15.79亿元,占财政总支出的87.04%。向上争取转移支付7.02亿元,增强当期财政保障能力,缓解收支矛盾压力。推进财政预算一体化管理,系统管理全面上线运行。深化预算绩效管理改革,财政资金绩效评价实现全覆盖。发挥中央直达资金系统、惠农补贴“一卡通”系统的监督和管理作用,保障资金直达见效,惠企利民。集中财力支持民生保障、乡村振兴与省际毗邻地区新型功能区建设。

【强化国有资产和国有企业监管】完善国有资本经营预算制度,健全国有资产监管体系,规范收益收取,确保国有资产保值增值,国有资本经营收入2000万元。全区行政事业资产纳入监管系统管理,按年度清查行政事业性国有资产,摸清资产底数,盘活国有资产。结合国企“三重一大”决策机制试行办法,探索线上监管改革。推进国有企业国有资本经营和收益预算管理制度,按照规定比例,上缴资本收益。增强每年收益递增的持续性。坚持市场化改革,加快形成以管资本为主的国有资产监管体制,增强市场活力,继续完善法人治理、内控管理、资产管理改革,以改革促发展。强化出资人监管,完善国有资本经常性审计监管,实现企业国有资产监督全覆盖。履行对东昱建设投资集团有限公司监管责任,持续深化组织架构、薪酬制度及“三重一大”事项决策改革,实现国有资产保值增值。区国资委派驻监事列席公司董事会及经理办公会,对重大事项决策程序进行把关,并适时督查,监督资产利用、债务管理、投资管理、商贸发展等情况。

【严格政府债务管理】省定政府性债务限额为19.51亿元。截至年底,杜集区债务系统内政府债务实际余额为19.2亿元,全部为政府债券。其中:一般债券7.52亿元,主要用于公租房、开发区基础建设等项目;专项债券11.68亿元,主要用于棚户区改造、开发区基础设施建设、乡村振兴、医疗能力提升等。政府性债务低于省定限额,风险总体可控。争取专项债额度,共发行3批专项债4.89亿元。同时筹措资金,通过再融资债券置换偿还到期债务本金1.98亿元,通过国有资本收益压减非生产性支出,偿还到期一般债券2500万元,利用预算资金偿还到期利息5503.71万元。其中,一般债券利息2825.25万元,专项债券利息2678.46万元,实现应偿尽偿。

【推动企业融资】共有1家政府控股融资担保公司和4家小额贷款公司(其中市建投小贷为政府控股,天汇小贷为国有独资,2家民营)。盛典担保减收贷款担保费用100万元,下调担保费率,降到1%以下,新增担保贷款2亿元,在保余额2.49亿元,在保企业76家。其中“4321”在保余额2.48亿元,75家企业受益。小额贷款公司充分发挥作用,累计为241家小微企业发放贷款6.62亿元。引导8家企业四板挂牌,兑现奖励资金40万元。

烈山区财政工作概述

【概况】2021年,烈山区财政局贯彻落实区委、区政府部署要求,实施积极财政政策,较好完成各项财政任务,为全区经济社会发展提供坚强财政保障。全年一般公共预算收入累计完成4亿元,同比增长11.5%,(剔除营改增政策调整因素影响,则同比增长27.26%)。财政支出累计完成17亿元,同比增长3.7%。其中用于民生方面的支出14.8亿元,占比86%。

【加强财政收入管理】地方收入克服营改增增值税市区政策调整减收的不利影响,突破4亿元大关,创历史最好水平。抢抓政策机遇,主动捕捉上级支持政策,争取到位上级补助资金5.2亿元,到位政府专项债券资金5.7亿元,增加地方当年可用财力。落实减税降费政策,新增减税降费1.6亿元。主动适应财政资金分配方式新变化,与省、市财政对接,加大一般性转移支付、专项转移支付争取力度,有效抵减减税降费和疫情影响。

【深化财政管理改革】压减一般性支出,严控“三公”经费支出,开展财政存量资金清理盘活,全年盘活财政存量资金1.56亿元。集中财力投向重点领域和关键环节,保障“三保”支出和经济社会发展方面的重点项目支出。下达直达资金1.58亿元,支出1.02亿元。发挥直达资金支持保民生、保工资、保运转和补短板、促增长、扩内需的作用。

【强化财政监督与治理】完善区级预算人大联网监督系统,促进财政监督与人大预算相互监督。深化国库集中支付管理,全区区直各部门、镇办均纳入国库集中支付管理,实现全覆盖。建立动态监控预警规则,细化日常支付受理审核业务,退回不规范支付申请230笔,涉及金额624.09万元。严格执行政府采购财政审核制度,全年政府采购较上年减少1793万元,下降38%。开展行政事业单位财务大检查,督促各部门加强票据管理、印鉴管理、账户管理等内部风险防控机制建设。开展中央直达资金、民生工程资金等专项资金规范使用检查。

【支持民生工程】以实施好“33项民生工程”为主抓手,全年各类民生支出14.8亿元,比重较上年提高1.4个百分点。拨付义务教育保障补助资金2301万元,安排校舍维修改造资金299万元,维修改造校舍6429平方米。学前教育促进工程实施改扩建项目2个,投资217万元建设园舍面积2397平方米。新增3岁以下幼儿托位180个,资助幼儿293人次。家庭困难学生资助资金足额发放,受益学生935名。建设标准化卫生室19个、社区服务站4个、社区卫生服务中心1个,围绕人民生命健康,投入卫生健康方面支出5476万元,增长56.2%。开展文化惠民工程,投入资金64.24万元打造公共文化服务体系,免费开放公共图书馆、文化馆和镇文化站,组织专业团队开展“送戏进万村”演出21场。落实常态化疫情防控工作,加强重点场所、人群保障,做好各类人群疫苗接种和核酸检测工作,支付疫情防控相关费用500多万元,全民接种较好落实。免费婚前健康检查率94.2%,完成适龄儿童一类苗接种4.3万剂次,城镇适龄妇女宫颈癌乳腺癌检查397人次。推动落实就业优先政策,开发402个公益性岗位,开展企业新录用人员岗前技能培训2344人。组织开展新型职业农民培训200人,完成退役军人技能培训提升90人。农村危房改造竣工114户,2个老旧小区改造完成,改造面积15.5万平方米,惠及居民1939户。

【保障重点项目建设】全区财政投入农林水事务支出7617万元,较上年增长123%,其中衔接推进乡村振兴补助资金483万元。整合涉农资金2054万元,重点支持农业农村产业发展、人居环境整治等。争取地方政府专项债券资金5.7亿元,保障区人民医院、开发区电子信息产业园、乡村振兴、龙脊山景区基础设施、化家湖水库生态环境治理、采煤沉陷区综合治理等一批重点领域重大项目加快建设。

【发挥财政职能助力乡村振兴】发挥财政保障职能,探索资金监管模式,围绕产业发展、民生建设、人居环境、乡村治理四个方面,推进巩固拓展脱贫攻坚成果同乡村振兴有效衔接,提升烈山乡村振兴发展新局面。强化监管、制定管理细则,制定《财政衔接推进乡村振兴补助资金管理细则》,加强资金管理,提高资金使用效益。强化各项政策支持,发挥财政奖补引导作用,安排378万元奖补资金支持农村公益事业“一事一议”项目建设;安排农田建设资金2727万元改善农业基础设施;安排政策性农业保险区级配套资金96万元;安排500万元扎实推进美丽乡村项目实施,持续建设美丽乡村;安排550万元发展壮大村级集体经济。构建财政金融支农桥梁,宣传推进“劝耕贷”扶持壮大特色种养业,支持有本地特色的新型农业经营主体做大做强,“劝耕贷”在保余额1363万元,完成建档50户,年化担保费率不超过1%。落实省财政厅、农业厅转发的省农担公司《“党建引领·码上办”行动支持新型农业经营主体金融服务方案》。

【优化企业融资环境】落实金融部门相关政策,加强风险防控,下调担保费率不超过1%,做好金融保障。搭建完善银企对接交流平台,健全“敢贷、愿贷、能贷”激励机制,引导商业银行对制造业中长期贷款和小微企业贷款增速不低于各项贷款平均增速。全区金融机构对小微企业贷款19.77亿元,增速68%,高于各项贷款平均增速。支持暂未达到上市标准的各类民营中小微企业在“新三板”和省股交中心挂牌,共有6家企业在省区域性股权市场进行挂牌,专精特新版块挂牌企业(圣方机械)1家,股份制改制企业(北科机械、洋鑫工贸)2家,省区域性股权市场挂牌企业预期目标7家,完成9家,超额完成目标任务。加大普惠金融支持力度,盛大担保公司担保费率降低到1%以下。

【加强国有资产监管】加强国有资产监督管理,完善国有资产管理体制,开展国有企业债务风险防控工作,指导盛大公司成立风险部,聘请专人负责把控融资风险,加强融资合同的规范管理,确保各项信贷资金在可控风险范围内。督促融资部充实完善《融资管理办法》,融资的各项流程制度化、规范化,对于融资的金额、利率、担保方式、还款来源等做相应规定,并制定一系列风险管控措施,确保每笔融资风险可控。推动盛大公司与金融机构进行沟通协调,根据金融机构的要求办理相关展期手续,在不影响企业信誉的情况下减少资金支出,缓解资金压力,防范债务风险。推动国企深化改革,增强抗风险能力。公司坚决贯彻落实国企改革三年行动要求,立足国有企业债务风险管控长效机制建设,通过全面深化改革破解风险难题。严控低毛利贸易、金融衍生、PPP等高风险业务,严禁融资性贸易和“空转”“走单”等虚假贸易业务,管住生产经营重大风险点。实施对盛大公司2020年度财务审计和负责人2020年经营业绩考核工作。加强国有资产监督管理,下发《关于加强区属企业重大经营风险事件报告工作有关事项的通知》,梳理完成区政府与盛大公司相关财务事项,清理规范财政与盛大公司财务往来事项。支持区属国企市场化,参与重大项目谋划运作,加快开发运营乡村振兴、矿山治理、基建、文旅等市场化实体化业务,实现资产规模、利润水平双突破、双丰收。

淮北高新技术产业开发区财政工作概述

【概况】2021年,高新区一般公共预算收入3.24亿元,同比增长11.9%;政府性基金收入3129万。一般公共预算支出3.53亿元,同比增长8.4%;政府性基金支出2.42亿元。

【加强收支管理】加强税源管理,对重点企业、主导产业、税收异常企业进行监测,建立台账,开展走访调研,撰写调查分析。严格预算执行,合理安排支出,坚守三保底线,坚持保压结合,保障招商引资、项目建设、疫情防控等重点支出。

【推进财政体制改革】推广预算管理一体化,完成基础信息及各类模块录入,开展联调联试,做好上线准备。推进政府采购改革,学习掌握“徽采云”平台使用流程,完成832平台扶贫采购任务。

【严格债务管理】制定偿付计划和资金安排,按期偿还各项政府性债务本息,偿还地方债本金4089.88万元。按要求管好、用好地方政府债券资金。

【实施预算绩效管理】制定出台预算绩效目标管理办法等三个文件,对2020年预算项目全覆盖开展绩效自评,制定年度预算项目全覆盖绩效目标,开展预算项目绩效监控,对5个预算项目进行绩效评价。

【统筹推进疫情防控和“四送一服”】贯彻落实中央减税降费、缓交税收等一系列扶持政策,累计为园区企业减负约3亿元。对包保企业进行定期走访,宣传防疫政策,督导企业落实防疫措施;了解企业生产经营情况,协调解决企业反映的厂房、用工、资金等问题。

亳州市财政工作综述

亳州市财政工作概述

【概况】2021年,亳州市一般公共预算收入完成140.3亿元,为预算的104.6%,总量居全省第11位,较上年同期增收13.9亿元,增长11%,增速居全省第3位。其中,全市地方级税收收入完成96.2亿元,同比增长11.4%,占财政收入比重68.6%,占比同比提高0.3个百分点。全市财政支出完成377.4亿元,较上年同期减支13.6亿元,为预算的102.6%,下降3.5%。获得16届全国政府采购集采年会组委会政府采购信息报、政府采购信息网颁发的2020年度政府采购先进地市突出贡献单位、省财政厅2019年全省财政金融业务报表工作先进单位(评价等级为“优”)、2020年度财政扶贫资金绩效评价位居“优秀”等次等省级以上表彰奖励或表扬11项。

【财政收入管理】强化收入预期管理,坚持财税收入调度会议机制,筹备召开全市财政工作会议、4次财税工作调度会议,部署推动收入工作。坚持“应减尽减、应收尽收”,依法加强税收征管,落实税收优惠政策。推进综合治税、协税护税,堵塞税收漏洞。推进非税收入征管,强化执收部门征缴责任,促进依法征收。加大财力筹集力度,市级国有资本经营预算100%调入一般公共预算,增加可用财力1亿元;市级收回部门存量资金,增加可用财力1.3亿元。

【财政支出管理】落实政府过紧日子要求,坚持先有预算、后有支出,严禁超预算、无预算安排支出或实施政府采购,严控部门预算追加,规范部门预算调剂。制定《亳州市厉行节约力保重点支出实施方案》,对财政压减重点支出实施清单式管理,严禁新建楼堂馆所等支出事项5项、压缩会议费等支出事项5项、严控人员经费等支出事项7项、统筹政府预算等支出事项5项,压减一般性支出,严控新增财政支出,削减或取消低效无效支出。兜牢“三保”底线,支出安排优先保工资、保运转、保基本民生,优化支出结构。各县区安排“三保”预算184.7亿元。强化基本民生保障,加强国库资金调度,建立县级保工资监测机制,督促市级和县区兜牢“三保”特别是保工资底线。落实直达资金监控要求,跟踪预算分配下达、支出及惠企利民补助补贴发放。

【实施民生工程】出台《关于印发民生工程问题清单的通知》,召开全市2021年民生工作会议和调度会议,部署推进民生工程工作,落实继续实施项目建设资金预算和项目配套资金,全市32项民生工程拨付资金183.3亿元,全部完成年度任务。加强过程管控,继续坚持“四个一”制度,全面实行“问题清单制”和“问题销号制”,强化精准调度,促进平衡推进。持续强化宣传,通过亳州晚报社、亳州广播电视台和市财政局网站,开展民生工程政策宣传。

【防范债务风险】完善市属国有平台公司债务化解监管机制,强化化债制度约束。完善政府性债务风险预警机制,加强政府性债务风险动态监控。深化隐性债务合规化解,规范政府举债行为,坚持“开前门、堵后门”,严禁新增任何形式的隐性债务。按照存量隐性债务化解方案,多渠道筹集资金,化解存量隐性债务。全市共组织申报四批新增专项债券项目39个,债券资金总需求175.27亿元。截至12月底,省厅下达亳州市专项债资金111.27亿元,其中市本级32.31亿元。

【支持污染防治】参与环保制度建设,参与制定《县区污染防治攻坚战成效考核实施方案》《亳州市2021年市中心城区环境空气质量网格考核奖励办法》《亳州市中心城区网格车载走航监测考核办法》等。进一步建立健全生态补偿机制,会同市环保部门修订《亳州市地表水断面生态补偿暂行办法》,完善考核奖惩和生态补偿机制。强化环保资金保障,落实生态环境保护项目资金3.3亿元,支持农村环境整治、大气污染防治、水污染防治等。清算全市2020年环境空气质量生态补偿资金。

【支持实施乡村振兴】支持巩固拓展脱贫攻坚成果与乡村振兴有效衔接,落实“四个不摘”要求,保留并调整优化原专项扶贫资金,全市安排衔接资金17.858亿元,支出16.99亿元、支出进度95.14%。开展政策性农业保险遴选、2019—2020年惠农财政补贴资金滞拨闲置等问题专项整治。推进利辛县、蒙城县“防贫保”试点,全市投保29户次、保障金额145万元,兑付政策性农业保险理赔款18532.28万元、理赔兑现率100%。

【深化财政管理改革】推进绩效管理改革,印发《亳州市2021年预算绩效管理工作要点的通知》,明确14项工作要点、26项重点任务,细化到月、整体推进。印发《亳州市财政局关于做好2021年市级预算绩效管理工作的通知》,压实部门绩效管理主体责任。市本级累计出台15项管理办法,基本建成全方位、全过程、全覆盖的预算绩效管理体系。编制《2021年市级预算绩效管理工作任务清单》,将涉及财政的19项绩效管理重点任务纳入清单管理。推动绩效目标编制由覆盖重点项目到覆盖所有项目,由覆盖项目支出到覆盖部门、单位全部支出。强化部门预算绩效目标审核,重点对17个部门的整体绩效目标和项目支出绩效目标进行公开评审,涉及项目929个、预算54.9亿元。推进绩效自评全覆盖,自评涵盖一般公共预算、政府性基金预算、社保基金预算及PPP、政府债务、民生工程等重点领域和重点项目。推进预算管理一体化,落实省财政厅一体化系统推广建设工作要求,全面使用预算管理一体化系统编制2022年预算。推动预算单位全面使用云化单位会计核算软件。全面推进预算信息公开,按时完成年度预算和2020年度决算公开,部门预算公开范围扩大至部门所属二级预算单位。完成省厅布置的2019、2020年度预决算公开情况交叉互查任务。落实税收征管改革政策,完成国有土地使用权出让收入等10项非税收入征管职责划转。推进市以下相关领域财政事权与支出责任划分改革,印发自然资源、生态环境、公共文化、国防领域财政事权和支出责任划分改革实施方案。

【推进国资国企改革】推进国企改革三年行动,推动建立现代企业制度,健全市场化经营机制,实施国有企业低效无效资产清查。完善国企内部控制和内部审计建设,印发《关于做好市属企业内部控制体系建设与监督工作有关事项的通知》《关于加强亳州市市属企业内部审计监督工作的实施意见》。开展专项行动,开展逾期应收款项风险排查、重大风险监测等专项行动。推进市属企业考核评价与薪酬管理,科学确定企业经营业绩目标,持续深化市属企业工资总额改革。推进国资国企监管信息化建设,完成国资国企在线监管系统建设,实现对国资国企在线实时动态监管,强化市属企业“三重一大”决策事项和大额资金监督。

【支持经济社会发展】支持教育科技事业发展,安排中心城区公办中小学校及幼儿园项目建设资金3.73亿元。安排市级科技发展资金5200万元。支持城市基础设施建设,安排资金8.71亿元,支持城区雨污分流改造、城区道路建设及供水管网改造等项目建设。安排历史文化名城保护专项资金3000万元。亳州市社区文体中心建设PPP项目入选财政部文化行业典型案例。支持企业高质量发展,安排工业发展专项资金5000万元。安排“三重一创”项目扶持资金550万元,支持重大产业工程、重大产业专项和创新平台建设。安排服务业企业培育一次性奖励资金650万元、市级服务业、新能源产业引导资金400万元。提前下达2亿元招商政策兑现资金。支持创业就业,全市安排创业扶持资金1000万元、就业补助资金13097.7万元,争取职业技能培训资金4651.25万元。全市发放2462家企业稳岗返还补贴资金133万元。全市落实创业担保基金1.85亿元,发放创业担保贷款7.69亿元。推进惠农补贴“存折换卡”工作,全市通过“一卡通”打卡发放各类惠农补贴资金26项、补贴资金34.45亿元,惠及农户123.9万户,户均受益2780元。

【支持新冠肺炎疫情防控】履行新冠肺炎疫情防控工作职责,落实常态化新冠肺炎疫情防控工作决策部署和有关要求,配合有关部门做好新冠肺炎疫情防控工作,及时完成财政(国资)部门承担的新冠肺炎疫情防控工作任务。筹集资金,保障新冠肺炎疫情防控资金,全市新冠肺炎疫情防控支出3.28亿元。

【做好其他财政管理工作】推进财政监督,完成“小金库”常态化防治市直各部门、各县区“小金库”自查等工作。全市414家部门完成《“小金库”防治工作承诺书》报备工作。完成2019、2020年度地方预决算公开情况交叉互查工作。开展2020年行政事业单位内部控制报告编报工作。加强财政非税收入票据管理,强化非税收入票据查验和电子票据使用推广、审核管理,对财政电子票据改革后纸质财政票据进行清理。加强往来资金核算管理,坚持完善业务科室、预算单位、往来专户对账机制;开展往来资金清理。清理市直单位105家,上缴71笔往来资金1140万元。推进全市单位会计云核算。开展会计核算云软件系统应用知识培训,培训单位会计人员180余人次。强化清单管理,采取定期更新未上线试运行单位清单的办法,督促上线试运行的单位应入尽入。全市上线数1450家,上线率100%。

(宋德良)

蒙城县财政工作概述

【概况】2021年,蒙城县财政系统始终坚持以习近平新时代中国特色社会主义思想为指导,立足本位、以“七个聚焦”为抓手,支持做好“六稳”工作、服务落实“六保”任务,财税收入稳定增长、重点支出得到保障、支持经济发展成效显著、财税管理改革持续深化。县财政局连续6年获得全县综合考评工作先进单位,在2020年度全省乡镇财政资金监管和惠农补贴资金管理发放工作绩效评价中被评为A类县区,国有企业财务会计决算、国有企业经济月报、村级财务管理等工作多次获市财政局通报表扬。

【财政收支】全县一般公共预算收入(地方级收入)完成26.5亿元,为年初预算的103.3%,较上年增长9%,全县主体税种和多数行业税收基本恢复或超过疫情前水平,财政收入在全市三县一区四次季度考核中增幅一次第一、三次第二,全县财政收入呈现“增速靠前、总量靠前、位次稳定”的良好态势。财政支出完成67.4亿元,其中民生支出58.4亿元,占总支出的86.7%,民生支出占比连续多年均在85%以上。开展并高效完成财政总决算、部门决算、政府财务报告等各项报表的编报工作。其中,县2020年政府财务报告获省财政厅肯定,协助省财政厅到财政部进行政府财务报告汇编工作。落实决算公开工作,多措并举,推动决算公开保质保量完成。

【预算管理】推广预算管理一体化试点工作。完成预算单位基础信息采集和项目库建立,完善项目绩效目标和绩效指标的编制。对预算编制、财务核算等业务进行培训,提升财务人员综合素质和业务能力。利用预算管理一体化系统按照“二上二下”程序完成2022年度预算编制工作。深化预算管理改革,压减一般性支出,保障重点支出需求。强化事前监督,选取10个单位的193个项目开展公开评审工作,提高预算编制科学性。推进预决算公开,将政府债务、绩效评价信息等纳入政府信息平台公开,不断拓展信息公开范围。推进预算绩效管理工作,要求全县各部门对所有项目支出进行绩效自评,实现绩效自评全覆盖。同时选取31项民生工程项目及35个资金项目进行重点绩效评价,涉及民生项目各类资金48亿元,单位项目资金2.6亿元,提高财政资金使用效益。落实过紧日子要求,出台《蒙城县厉行节约力保重点支出方案》,明确严禁、压缩等相关事项清单。全年压减一般性支出2742万元,清理盘活存量资金4839万元。落实直达资金机制,支出直达资金11.6亿元,为做好“六稳”“六保”工作提供资金保障。

【民生工程】聚焦“七有”目标,完成31项民生工程年度目标任务,全年共投入各级资金48.36亿元。坚持实施就业优先。技能培训提升脱贫稳就业培训2082人,企业新录用人员岗前技能培训3058人,新技工系统培养完成580人,退役士兵培训347人,新型农民培训660人;就业创业促进开发公益性岗位803个,提供就业见习岗位540个;农村电商提质增效完成培育2个示范镇、7个示范村。推动教育公平发展。学前教育促进完成新建、改扩建公办幼儿园5所;义务教育经费保障完成校舍维修改造95853平方米;中小学及中职学校培训教师685人;资助中职、普高家庭经济困难学生24661人次。推进健康蒙城建设。出生缺陷防治产前筛查6338人;城乡适龄妇女完成“两癌”免费筛查18876人次;城市社区卫生机构和村卫生室标准化建设118个;“安康码”应用完成申领143.7万个。加强社会保障工作。新增幼儿托育托位260个,免费婚前健康检查21378人,完成常规免疫接种26.5万剂次;城乡居民基本医疗保险参保127.64万人;发放高龄津贴27462人;救助困难人员83571人次,帮扶困难职工120人;完成精神残疾人补助与康复3576人;农村危房改造竣工300户;棚户区改造新开工建设1055套,基本建成6067套;城镇老旧小区改造11.6万平方米。加强基础设施建设。“四好农村路”建设路面82.1公里;农村饮水工程维修养护完工16处;农村厕所改造及粪污资源化利用完成8203户,示范县建设覆盖乡镇16个;美丽乡村建设完成12个省级中心村建设任务。推进乡村振兴。保障党建引领乡村振兴经费139.5万元;免费开放公共文化场馆19个;建成特色产业园区60个;水环境生态补偿完成地表水断面考核及生态补偿;农田建设工程完成13.8万亩;农作物秸秆产业化利用建成标准化收储中心16个。

【社会保障】社会保障总支出7.9亿元,其中社会保障和人社就业类支出6.5亿元,医疗卫生类项目支出1.4亿元。社保基金财政专户存款年初余额14.14亿元,全年收入21.69亿元,支出20.79亿元,社保基金财政专户存款滚存结余15.04亿元。共拨付城乡医疗救助资金5597.69万元;临时救助1830人次,救助资金862.78万元。全县供养五保户为5164人,其中集中供养人数为1406人,分散供养人数为3758人,累计发放生活费3741.19万元。全县困难残疾人生活补贴享受人数为17627人,累计发放生活补贴资金1072.49万元;全县重度残疾人护理补贴享受人数为13856人,累计发放护理补贴资金986.93万元。全县共1565人享受孤儿基本生活保障,累计发放资金2008.77万元。中央、省及县财政共投入基本公共卫生服务专项资金9230.2万元,及时足额拨付专项资金,确保基层开展基本公共卫生服务工作。拨付县级公立医院药品零差率、县级公立医院改革、公立医院事业发展、债务化解等财政补助资金共计1941.4万元。拨付设备和防控物资、公共卫生体系建设、应急物资保障体系建设等疫情经费资金4280.78万元。全县创业担保贷款累计发放个人贷款722户、13643万元,拨付2020年正常还款的贴息资金782.07万元。

【乡村振兴】财政支农专项资金运行规范,各级财政安排全县支农资金合计达16075.2万元。巩固拓展脱贫攻坚成果同衔接推进乡村振兴资金投入力度总体稳定。全县到位各级衔接资金39057万元。落实奖补资金5172万元。推进高标准农田建设。全县高标准农田建设任务1万公顷,总投资33750万元。推进美丽乡村建设。2020年度美丽乡村建设资金计划安排1.39亿元,建设省级中心村26个,跨年实施。全年计划财政投入6000万元,建设省级中心村12个,年内中心村设计工作全面完成,项目施工全面启动。

【科教文化事业】立足县域经济高质量发展,支持教科文事业改革发展,推动义务教育均衡发展。全年公用经费1.69亿元,贫困寄宿生补助1590万元,免费教科书补助2252万元,校舍维修改造项目投入5667万元。促进高中教育创新发展,投入1051万元用于改善普通高中办学条件。支持职业教育内涵发展,投入2823万元用于专业技能实训活动、配置图书和教学仪器设备等项目建设。助力学前教育优质发展,全年投资4877万元。科技创新专项发展资金、省市科技重大专项项目资金投入474.7万元。全年文化领域投入725.41万元。全年安排“人文蒙城”建设和旅游事业发展资金1000万元,用于旅游文化节、“庄子养生功”、庄子研究会等经费保障。

【惠企利企】加强续贷过桥资金管理,解决企业融资难、融资贵问题。继续设立“小微企业续贷过桥资金”,全年续贷过桥资金规模6440万元,累计扶持企业143家,资金周转额50743万元。配合项目申报,做好争资争项工作。会同县商务局帮助内外贸企业向上申报内外贸发展扶持资金,申报外贸外经项目14个,申报资金65.8万元;申报内贸项目56个,申报资金473.3万元。会同县经信局申报制造强省建设系列政策、民营经济政策资金7个,申报资金711万元;申报小微企业融资担保业务降费奖补资金245.89万元。落实各项服务实体经济措施,培育企业成长,全县年初列入预算2亿元,专项用于扶持奖励企业。支持工业企业发展80家次,扶持专项资金1763.43万元;支持全县招商企业发展资金9004.2万元。

【惠农利民】执行省财政厅“六到户”“八不准”,规范发放流程,按照“巩固、完善、提高”的目标要求,及时分解指标,确保各项补贴足额及时发放。全年共打卡发放85673.89万元,涉及全县27.06万户,户均增收3166元。推进惠农补贴“一卡通”更换社保卡工作。与县邮储银行、县农商行等多家银行对接,更换社保卡24.23万张。利用信息技术,开展便民服务。调研农民群众需求,针对惠农补贴政策、惠农补贴金额等高频咨询热点问题,会同惠农政策实施部门,对全县所有惠农补贴政策进行定期公示,开通使用“惠农补贴(一卡通)二维码”。推进农村公益事业财政奖补项目,农村公益事业财政奖补项目申报159个,共投入资金6263.6万元。

【国资管理】做好县属国企“三重一大”事项的审批和备案工作,全年报备19项、报批24项、报审74项,提出修改意见或予以退回29项。加强县属国企的经营风险防控工作,开展县属国企2020年经营业绩考核,发挥经营业绩考核导向作用,实行国有企业负责人年度和任期经营业绩考核,严格按考核结果和个人业绩兑现奖惩。起草、修改全县国企改革三年行动方案。强化培训、督促检查行政事业单位对国有资产报表、财务决算报表数据进行核实。开展资产处置(调账、划转、报废、报损)及定期核销工作,做到账账相符、账证相符、账实相符。

(张廷)

涡阳县财政工作概述

【概况】2021年,涡阳县一般公共预算收入19.86亿元,同比增收1.65亿元,同比增长9.0%。全县一般公共预算支出62.82亿元,同比下降10.7%。其中:教育、科学技术、社会保障、卫生健康等民生领域支出53.31亿元,占一般公共预算支出的84.8%。在新挑战交织叠加、超出预期等因素下,全县财政保持良好发展态势,保障全县疫情防控和经济社会发展。

【提升财政保障能力】加强与税务部门沟通,压实税务部门征管责任,对重点涉收部门、重点收入行业开展专项检查,保障各项税费收入及时足额入库,提高政府可用财力。发挥财政部门职能作用,服务全县经济社会发展,把向上争取资金作为重中之重,广开渠道争取各类专项资金。加大预算统筹力度,压减历年结转结余资金,按规定统筹用于“三保”以及经济社会发展急需资金支持的领域,全年共清理专户结余资金0.23亿元,进一步缓解财政收支矛盾,提高财政保障能力。

【强化预算绩效管理】完善工作机制和制度,逐步形成从目标编审到绩效跟踪、绩效自评、第三方评价等贯穿绩效管理全过程的绩效管理工作制度。对2020年度11个财政支出重点项目开展绩效评价,涉及资金31.43亿元,达到预期效果。

【落实减税降费政策】贯彻落实国家出台的减税降费政策,做到纾困惠企、应减尽减、应降尽降,优化营商环境,增强投资市场主体的经营安全感和获得感。

【打好财政金融“组合拳”】实施“四送一服”“企业融资服务提升年行动”,运用县融资服务工作专班机制,组织全县金融系统对接企业融资需求,进行企业走访,开辟金融绿色通道,推动金融机构扩大对民营企业融资规模,确保企业资金供给稳定。全年累计对接企业453次,为343家企业落实贷款29.63亿元,授信落实率84.6%。

【加强财政资金监管】严格依法执行预算管理,形成财政参与、审计跟进、人大监督的“三位一体”预算执行监管体系,发挥直达资金监控系统作用,确保直达资金管好、用好,将直达资金用到最困难的地方和最急需的领域,直接惠企利民。

【严格政府采购管理】严格政府采购预算编制管理,规范政府采购程序,发挥财政资金监管系统全过程监管作用,深化政府采购制度改革,规范政府采购行为,加强政府采购监督管理,扩大政府采购范围和规模,发挥政府采购政策功能,推动全县政府采购工作和谐、健康发展。

【推进会计监督评价】加强全县会计管理,提高会计行业“规范化、精细化、信息化”管理理念,提高会计管理队伍的整体素质,加强对全县代理记账机构行业监管,规范代理记账行为,提高会计信息质量,促进代理记账行业健康有序发展。

【加强乡镇财政预算管理】严格贯彻落实《预算法》《关于进一步明确乡镇财政管理有关事项的通知》(涡政办秘〔2017〕5号)文件,科学合理编制乡镇财政年度支出预算及村级组织运转经费预算。抓好预算编制、预算审批、预算调整、财政决算等各环节工作,严格按照支出执行预算,追加支出按程序,加强资金申报、审批、使用和审核等工作。

【加强政府债务管理】规范政府举债行为,严格额度控制和分类管理,严格举债程序和资金用途,严格风险预警和风险防控,开好“前门”、堵住“后门”、守住“红线”。按照债务化解方案,多渠道筹集资金,保障政府债务的还款来源,足额安排当年应还债务本息资金,妥善化解存量债务。

【加强非税征收管理】推进非税收入管理向精细化、规范化方向迈进,不断提高非税收入管理水平,进一步强化征管,严格票据管理,继续深化“收支两条线”,组织非税收入,实现应收尽收。

【厉行勤俭节约】落细落实政府过紧日子的要求,一般性支出应压尽压、能压尽压,尽可能扩大支出、压减规模,严控公务接待、会议培训支出,全年“三公”经费预计支出0.16亿元,同比下降4.9%。

【加强作风建设】严格落实学习制度、学习计划,组织开展领导班子专题学习、干部职工集中学习,严格遵守党风廉政建设的有关规定,不断加强思想政治教育;加强对干部职工的警示教育,以学习强国等网媒平台进行网络教育培训,提高工作能力和水平;加强机关效能建设,促进工作提质提速,增强对外宣传能力,严格执行岗位责任制、机关考核制度、学习制度等,切实做到用制度管人管事。

(施立廷)

利辛县财政工作概述

【概况】2021年,利辛县一般公共预算收入完成18.01亿元(其中税收收入12.66亿元,非税收入5.35亿元),完成全年预算收入任务数(18亿元)100.01%,同比增长13.21%。一般公共财政预算支出66.87亿元,同比减少0.97%。先后获省财政宣传工作先进单位、市“三大攻坚战”先进集体、市扶持壮大村级集体经济工作先进集体等荣誉。

【助推创业创新发展】落实金融支持小微企业政策,向信宜达担保公司注资1000万元,提高担保公司担保能力。推进创新发展,拨付企业挂牌奖励资金250万元、翰联色纺公司贷款贴息74万元、城投光伏贷款本息6347万元;累计发放财政过桥资金5.35亿元,周转次数16.96次,扶持企业474家。支持重点群体创业就业工作,累计发放创业担保贷款2.2亿元,完成年度目标任务183%。

【服务城乡发展】拨付城市棚户区改造资金7777万元、老旧小区改造资金7.2亿元、农村饮水安全巩固提升项目资金8884万元。拨付地表水厂建设资金4000万元、乡镇污水管网三期建设资金5000万元、城市道路资金2905万元、地下管网改造资金3000万元、中水提升资金5000万元。安排本级预算资金2.67亿元,主要投入环卫一体化项目7392.98万元、道路护栏更新项目3846万元、城建尾款5680.89万元、农饮除氟项目600万元等。拨付农村人居环境整治资金5062.29万元。

【保障基本民生】全县一般公共财政预算支出66.87亿元,其中:教育等13类民生支出58.24亿元,占全年支出87.09%。32项民生工程计划投入资金46.23亿元,实际拨付45.75亿元,占计划投入资金的98.96%,全部按时完成年度目标任务。拨付省级以上专项资金9153万元,支持实施紧密型医共体建设;安排非标债及抗疫特别国债5387万元,用于县级公立医院基础建设及设备购置。投入3278万元,用于疫情防控和疫苗接种工作,支持全县常态化疫情防控工作开展。

【支持乡村振兴】安排巩固拓展脱

贫攻坚成果与乡村振兴有效衔接补助资金6.37亿,主要用于产业发展3.58亿元、基础设施建设2.5亿元、教育扶贫1101万元、金融扶贫1200万元。投入县级基本财力保障机制奖补资金992万元和整合涉农资金350万元,主要用于支持建设产业园区基础设施综合配套872万元、红色文化修缮项目120万元和升级改造乡村道路项目350万元。投入水利建设资金4299万元、农田建设资金1.91亿元。拨付农业生产社会化服务资金1196万元、小麦赤霉病防治资金1850万元、现代农业奖补资金4960.93万元。拨付秸秆收储及综合利用奖补资金4084万元、农机购置补贴资金4553万元、农业支持保护补贴资金1.65亿元、实际种粮农民一次性补贴3912.9万元、稻谷目标价格补贴49万元。

【争取债券资金】做好非标专项债和棚改债的申请入库和发行工作,成功入库5个非标债项目。全年发行专项债券资金17.26亿元,其中:发行非标专项债券资金13.74亿元,发行2个棚改项目专项债券资金3.52亿元。采取有效措施加快新增债券资金支出,截至12月底,2019年新增债券资金支出完成100%,2020年新增债券资金支出完成93.56%,2021年新增债券资金支出完成65.95%。

【加强国有资产管理】加强国有资产制度建设,印发《利辛县县属企业重大决策事项管理暂行办法》(利政办秘〔2021〕5号),出台《利辛县行政事业单位国有资产处置管理暂行办法》《关于县属企业领导班子成员办公用房标准的规定》。规范资产处置形式,对公车和房产处置采取竞价拍卖,汽车设备类处置收入65.81万元,房地产类收入598万元。印发《利辛县资产资源及收益规范管理工作实施方案》,组织人员清查国有资产资源及收益,经清查统计资产共计61.46亿元。

【加强预算绩效管理】先后出台《利辛县县级预算绩效管理办法》等9个文件,明确财政支出绩效评价工作的管理职责、预算绩效监控管理的对象和内容、绩效目标、绩效管理指标、评价标准和方法、组织管理、操作流程等相关要求,完善全过程预算绩效管理制度建设。按照"全面覆盖、突出重点、权责对等、约束有力,结果运用、及时纠偏"的原则,对县级预算部门全年项目支出绩效运行情况进行自查自纠,对偏离绩效目标的项目分析原因,采取纠偏措施。县本级预算单位开展绩效自评项目共347个,金额22.78亿元,占编制绩效目标的本级项目金额90%。在预算单位自评的基础上,采取聘用第三方评价方式,对30个重点项目实施开展重点评价,涉及资金13.38亿元。选取县农业农村局、城市管理局和民政局3个单位实施部门整体绩效评价。

【做好其他工作】开展惠民惠农财政补贴资金"一卡通"专项检查,出台《关于进一步加强利辛县惠农补贴资金"一卡通"管理发放工作的通知》(利财〔2021〕26号),巩固整改成果。全年通过惠农补贴"一卡通"系统发放补贴类资金19大类共9.16亿元,惠及31.4万人(户)次。推进预算管理一体化建设工作,全县280个预算单位完成阶段工作任务。全县"三公"经费支出1613.81万元,同比下降3.6%,"三公"经费支出继续保持下降态势。落实"小金库"治理长效机制,全年完成内控制度检查20家单位,开展"小金库"检查20家单位,未发现"小金库"现象。

谯城区财政工作概述

【概况】2021年,谯城区一般公共预算收入完成28.42亿元,同比增长9.0%,增收2.35亿元,占年初预算的102.8%。其中:税收收入完成19.47亿元,同比增长15.0%,增收2.54亿元。全区一般公共预算支出完成72.36亿元,同比下降5.6%,减支4.27亿元,支出占年度预算的91.1%。其中:民生支出完成62.16亿元,同比下降5.8%,减支3.86亿元;民生支出占同期一般公共预算支出比重85.9%,较上年回落0.3个百分点。

【财政收支管理】严格预算约束,坚持以收定支,实施零基预算,树立过紧日子思想,该减的减,该压的压。坚持数字化改革,推进全面预算绩效评价机制。加快土地出让,盘活财政存量财力,筹集资金保障工资和基本民生支出,保障直达资金和乡镇振兴资金支出。增强底线思维,防范地方政府债务、金融、社保等各类风险。

【财政预算管理】完成财政预算和"三公"经费编制公开工作。在政府网站设置的专栏公开政府预算和全区汇总"三公"经费预算。完成全区2020年度财政决算报表编报。完成财政决算和"三公"经费信息公开工作,指导预算单位按照"统一格式、统一内容、统一地点、统一时间"要求公开部门决算信息、三公经费信息。推进预算一体化改革。按照省财政厅统一安排,下发关于使用预算管理一体化系统编制2022年预算的通知,明确2022年预算编制分阶段时间节点,要求各部门统一使用预算一体化系统编制预算。召开2022年预算编制工作会议,布置预算编制的重点和关键要求。

【国有资产管理】拟定《谯城区区属企业重大决策事项管理暂行办法》和《关于加强谯城区区属企业内部审计监督工作的实施意见》,组织开展房产招租、公车拍卖、报废工作。开展"三清三集中"工作,强化行政事业单位资金、资产和资源管理,优化国有资产配置,提高财政资金使用效益。按照清资金、清资产、清资源,实施收益集中管理、资产集中配置、资源集中共享(简称“三清三集中”)的原则,摸清全区各单位资产及财政投资项目情况,规范国有资产管理运营,发挥资产价值。掌握全区行政事业单位资金、资产和资源状况,加强资金管理,规范资产和资源的配置、使用、处置和管理,建立资金、资产和资源管理规范、配置优化。

【民生工程】实施31项民生工程,总投资36.8亿元。发放财政补贴补助,通过财政惠农补贴打卡发放系统发放惠农补贴资金8.5亿元,惠农补贴涉及特困人员补助、优抚抚恤、医疗救助、农村低保、残疾补贴等19大项49小项,全区35.11万人次(户)从中受益。及时拨付社保各项救助资金3.59亿元,同比增长42.09%。拨付各项社会保险基金22.40亿元。城乡居民养老保险上划省级用于投资运营4.8亿元,为社保基金保值增值增加投资渠道。优化“劝耕贷”办理流程。采取“综合授信,批量担保”的方式,简化办理流程,让贷款人足不出户即可完成贷款申请。全年共担保94笔,担保金额4389万。推进政策性种植业保险。午秋两季作物共计承保面积249.89万亩。其中秋季作物完全成本保险转化面积41.16万亩;森林保险0.11万亩(商品林)。全年午秋两季作物理赔面积共计18.98万亩,理赔金额2530.32万元,受益农户6.36万户次(其中规模经营主体75户次)。

【资金监管】加强政府债务管理。全区政府性债务限额为128.04亿元,其中:一般债务限额38.66亿元、专项债务限额89.38亿元。2021年全区政府性债务余额124.09亿元,其中:一般债务余额36.79亿元(含一般债券36.66亿元、外债转贷195.49美元)、专项债务余额87.31亿元。政府债务没有超过限额,当年无逾期债务,各项指标没有超过风险预警范围。清理核查盘活财政存量资金。梳理本单位涉及的严禁事项、压缩事项、严控事项、统筹事项,按照关于落实《亳州市厉行节约力保重点支出实施方案》的通知要求,压减一般性支出,保障重点支出,优先保障“三保”支出。按照勤俭办事业的要求,减少项目预算中的工作经费,报送项目资金收回申请,由区财政局清理后予以收回,共收回2856.73万元。开展年初承诺活动,在全区范围内开展进行自查和签订“小金库”防治承诺书,全区170个单位的“一把手”签订承诺书,加大制度和责任制的力度。谯城区农村“三资”管理网络监控平台得到推广应用,全区235个行政村,40个社区的“三资”财务全面纳入农村“三资”管理网络监控平台系统管理。

【服务经济】做好政府购买服务工作。下发《谯城区财政局关于公布2021年政府购买服务项目实施清单的通知》,确定谯城区政府购买服务实施项目19项,项目预算资金1.41亿元。上半年政府购买服务资金支出0.56亿元。加强财政票据管理。贯彻落实省财政厅《关于全面推进我省财政电子票据管理改革工作的通知》(皖财综〔2020〕32号)精神,按照电子票据管理规定,票据实行网上发放,网上信息化管理,做到以票管收,源头控制。实施PPP项目7个,项目总资金79.51亿元。做好续贷过桥资金的管理工作,筹集总规模为8795万元续贷过桥资金。累计发放过桥资金16.93亿元,支持小微企业319家,资金周转率19次,缓解实体经济融资困难,支持小微企业发展。紧盯企业的所需所求,上半年会同各相关主管部门推荐争取项目50个,涉及企业(单位)496家,推动经济发展。实施政府购买服务项目19项,项目预算资金1.41亿元,政府购买服务资金支出1.21亿元。

【重点工作】申报一事一议财政奖补项目184个,涉及村127个,项目投资规模4648万元,其中财政奖补4115万元,群众自筹212万元,其他筹资366万元。项目涉及筹资人口14万人,受益人口30万人。做好公共资源交易工作,完成招标采购项目219个,总预算金额11.95亿元,总中标金额10.35亿元,节约资金1.60亿元,节资率13.41%。

(李龙沛)

亳州高新技术产业开发区财政工作概述

【概况】2021年,亳州高新技术产业开发区完成一般公共预算收入15.94亿元,为年初预算的106%,同比增长12.7%。

【收支管理】加强税收征管,规范重点行业、高税收行业和重点税源企业税负管理;加强服务保障,确保应收尽收。严格支出管理,硬化预算执行约束,把握预算执行进度,坚持“三保”支出在财政支出的优先顺序。落实过紧日子要求,坚持厉行节约,控制一般性支出,更好统筹资金,优化支出结构,提高资金使用效益。

【预算管理】加强预算编制管理,抓好预算源头管控。遵循以收定支、收支平衡、略有结余的原则,科学编制年度财政收支预算。统筹安排财政资金,做好“六稳”“六保”工作。严格执行年度预算,规范预算调整,从严控制预算追加,坚持“无预算、不支出”原则,坚持精打细算,严禁铺张浪费,建立和完善财政资金绩效管理及政府性投资项目财政评审机制。

【财政改革】推进财政体制改革,进一步做好预算管理一体化建设。完善财政预算管理体制,优化资金支付运行机制,规范财务核算管理,推进集中支付、部门预算、政府采购、绩效评价等改革。加强绩效评价结果的应用,提高财政资金使用效益。强化财政监督。加强重大财政政策执行、民生等重点领域资金的监督检查,保障财政资金安全、规范和高效运行。加强全区资产管理,推进资产管理信息化工作建设,防止资产闲置,提高资产使用效益。

【服务经济发展】树立“项目为王”理念,实行工业项目全权全程代办服务,为企业代办“围墙外”所有手续。加大企业调研、包保力度,落实“四督四保”,抓好全程全权代办服务,帮助企业解决用工、资金等实际困难,推动项目签约、摘地、前期、建设等各环节工作,解决制约项目落地、建设、投产难题;加快推进重点项目投资进度;加大问题工业项目盘活力度,培育新动能。全年财政“过桥”资金累计放款7.6亿元,受益企业109家,防范和化解企业资金链风险;优化优惠政策兑现审查审批机制,全年依法依规快速兑现各类优惠政策资金3亿元。

亳州芜湖现代产业园区财政工作概述

【概况】2021年,亳芜园区财政局贯彻落实省市财政工作精神,在亳州、芜湖市委和市政府的领导下,统筹疫情防控与经济发展,聚焦财政收支、金融服务等重点工作,助力复工复产,优化营商环境,提高财政收入质量,促进园区经济社会发展。

【财政收支管理】聚焦财政收支调度,为保障推进园区常态化疫情防控提供财力保障。坚持疫情防控为先,加强收入调度,做好当月收入分析,协调税务部门,加强征收管理,联合园区相关行业主管部门,发挥涉税部门协税护税作用,堵塞税收漏洞,做到依法征收、应收尽收,一般公共预算收入完成40450万元,为预算的149.2%,较上年同期增收15352万元,增长61.2%,地方级税收收入完成30591万元,较上年同期增收12755万元,同比增长71.5%,占财政收入比重75.6%;一般公共预算支出预计完成28253万元,较上年同期增加5027万元,同比增长21.6%。

【加强预算编制执行】贯彻新发展理念,推动高质量发展,服务园区企业,巩固拓展疫情防控和经济发展成果,做好“六稳”工作、落实“六保”任务,加强财政资源统筹,完成年度部门预算编制方案,加大优化支出结构力度;落实党政机关要坚持过紧日子的要求。兜牢园区“三保”底线,把更多财力集中到园区企业发展和项目建设上。

【加强预算绩效管理】坚持强化财政资金管理,树立预算绩效理念,提高财政资金使用效益,强化部门支出责任,落实省市财政预算绩效管理工作要求。推进预算绩效评价工作,组织人员对企业挂牌奖励资金进行绩效评价,采用资料审查和综合评价等相结合的方式,了解资金落实、资金管理、项目产出、项目效益等情况,提高财政资金使用绩效水平,同时为项目后续资金投入、分配和管理提供决策依据。

【服务园区企业发展】围绕优化营商环境,加快资金兑现速度,助力企业做大做强。推进“放管服”改革,开启惠企政策直通车,加快各类财政资金兑现速度,用“真金白银”给企业提供资金支持,从最核心的政策扶持资金入手,按下兑现财政政策资金的“快进键”,帮助园区企业做大做强,给予支持中小企业发展和管理等相关支出20942万元。落实减税降费政策,帮助企业享受政策红利。

【深化财政管理改革】以实际行动践行习近平总书记关于“对标国际一流标准改善营商环境”和“要落实好纾困惠企政策,确保各项纾困措施直达基层、直接惠及市场主体”的重要指示精神,支持提升企业获得感,深化“免审即享”惠企政策改革,对接企业服务中心,研究出台《亳州芜湖现代产业园区加强惠企政策“免申即享”工作的实施办法》,通过“智慧亳芜”平台实现数据共享比对、在线联审,由原来的“申请、受理、审核、上会、拨付”,优化为“数据自动比对、自动发起、线上流转、在线审批、在线兑现”,必须的纸质材料由园区线下专员“跑腿”,实现由“企业申报、分别审批、资金拨付”转变为“企业无感、主动筛选、在线联审、事后监管”的主动服务模式。从甄选企业转化到甄选奖扶事项,落实惠企政策“免申即享”办理,基本做到优惠政策全覆盖、企业全覆盖。“免申即享”变“企业找政策”为“政策找企业”“政策找需求”,让政策红利精准直达企业,优化营商环境。自试行实施“免申即享”惠企政策到年底,合计兑现政策扶持事项113件,共9202.08万元。

宿州市财政工作综述

宿州市财政工作概述

【概况】2021年,宿州市财政局坚持以习近平新时代中国特色社会主义思想为指导,全面贯彻党的十九大和十九届历次全会精神,在市委市政府的坚强领导和省财政厅的精心指导下,坚持积极的财政政策提质增效、更可持续,强化财政政策与金融、产业等政策系统集成,优化调整支出结构,增强财力保障,兜牢基层"三保"底线,抓实化解地方政府隐性债务风险,完成各项工作任务。

【财政收支情况】强化财税协作,及时掌握税收和非税收入动态,加强收入形势分析研判,进一步完善收缴流程,加强财政票据使用管理,提高收入科学化精细化管理水平,实现财政收入较快增长。全市一般公共预算收入完成147.9亿元,完成预算的104.6%,同比增收14.7亿元,增长11%。其中,税收收入完成93.3亿元,同比增收6.2亿元,增长7.1%;非税收入完成54.5亿元,同比增收8.5亿元,增长18.5%。全市财政支出完成474.06亿元,其中,"三保"支出232.5亿元,占财政总支出49%。在总支出有所下降的情况下,全市财政部门坚持有保有压,保持合理支出强度,做好资金统筹,聚焦保障民生等重点领域,其中民生支出405.85亿元,占总支出比重85.6%。

【加强财源建设】在发挥主导产业优势、推动产城融合、谋划新型业态等长效财源培植方面深挖潜力,设立实体经济培育与发展专项资金3.5亿元,持续加强财源建设,培育支柱优势产业,支持产业改造升级。兑现117家外贸企业奖补资金1702.29万元,支持进出口企业做大做强。通过培育支柱优势产业,支持重点产业改造升级,实现产业做大做强与培植财源有机统一,涵养财源"活水"。

【落实减税降费政策】新增减税降费8.62亿元,帮扶市场主体尤其是中小微企业、个体工商户减负纾困、恢复发展,激发市场主体活力,增强发展动能,促进形成企业有利润、员工有收入、政府有税收的良性循环。

【推进乡村振兴】落实"四个不摘"要求,全市投入财政衔接推进乡村振兴补助资金18.55亿元,支持巩固拓展脱贫攻坚成果同乡村振兴有效衔接。坚持把农业农村作为财政支出的优先保障领域,围绕县区和乡镇产业发展实际情况,安排10.59亿元重点支持培育农业产业发展。运用政府采购政策采购脱贫地区农副产品953.52万元,通过惠农补贴"一卡通"打卡发放各类惠农补贴资金共36.9亿元。

【支持城乡教育均衡发展】全年全市教育支出92.3亿元,较上年同期增长3.8%,落实教育支出两个"只增不减"目标任务,支持城乡义务教育发展,支持普惠性学前教育资源进一步扩大,支持职业教育高质量发展。全年发放学生资助资金2.26亿元,确保15.3万名学生不因家庭经济困难而失学。全市投资2.53亿元,完成智慧学校建设。市本级安排3.9亿元保障雪枫中学建成使用。

【帮助企业纾困解难】加强政府采购预算管理,推进政府采购制度改革,健全采购监管工作机制。简化优化行政审批服务流程,推进审批简化、材料减少、环节压缩,持续优化营商环境。拨付融资担保公司中小企业发展专项资金2038万元,发挥政策性担保作用,新增担保贷款89.61亿元,进一步减轻企业融资成本。拨付1616万元专项资金用于企业上市挂牌奖励。

【助力生态环境改善】统筹安排环保资金11.84亿元,专项用于污染防治、生态补偿及环境治理能力建设。投入1.2亿元,支持林业重点工程提质增效,巩固国家森林城市建设成果。拨付秸秆综合利用资金6000万元,提升资源循环利用效能,有效防治大气污染。市财政拨付水环境生态补偿资金3100万元,健全完善地表水断面生态补偿机制。拨付3000万元财政资金,支持全市春秋两季30万亩生态可降解农膜示范推广,打造全省残膜污染治理的亮点和样板。安排财政资金2.85亿元,加快农村人居环境整治提升,持续改善村容村貌。

【创新财政投资方式】统筹对应支持"四化同步"战略实施,分别在新兴产业、信息化产业、城市更新、乡村振兴领域设立四支政府引导基金,总规模70亿元,具备实现实质性投资条件,实现财政资金滚动利用。发挥PPP项目补短板、稳投资作用,加快项目入库,加强储备管理,优化公共服务供给,缩短项目落地开工建设周期,发挥积极财政政策在逆周期调节中的作用。新增汴北污水处理厂项目纳入财政部PPP项目库,项目投资2.4亿元。截至年底,纳入财政部PPP项目管理信息平台项目41个,总投资额288.63亿元。

【兜牢安全发展底线】全市投入2.1亿元,用于核酸检测、核酸检测基地建设、疫情防控物资购置等。安排疫苗接种费用7.24亿元,做好新冠病毒疫苗免费接种费用财政补助工作,为常态化疫情防控工作提供坚强资金保障。围绕"举债有度、用债有效、还债有信、管理有力"债务管理目标,贯彻落实党中央、国务院等一系列政策、法律、法规,按照"早谋划、早发行、早见效"原则,全市发行新增政府债券99.6亿元。截至年末,政府债务余额为665.5亿元,低于省财政厅下达的政府债务限额,债务规模基本适度、风险总体可控。

【推进预算绩效管理】建立"五有"全过程预算绩效管理机制,建立完善"全方位、全过程、全覆盖"的预算绩效管理体系。严格结果与预算安排和政策调整挂钩机制,将部门整体绩效、项目支出绩效与部门预算安排挂钩,让"花钱必有效、无效必问责"的理念更加深入人心。部门所有预算项目全部设置绩效目标,实现"四本预算"绩效目标全覆盖。开展29个财政绩效评价项目,涉及财政资金75.26亿元,提高财政资源配置效率和使用效益,提升预算管理水平和政策实施效果。

【实行预算管理一体化】统一使用预算管理一体化系统编制2022年预算。结合预算编制进程,与预算单位沟通,以项目为基础编制预算,预算支出全部以项目形式按人员类、运转类、特定目标类纳入预算项目库,分类管理,先有项目再安排资金,完成省财政厅各阶段对预算管理一体化填报、审核情况的考核和2022年预算编制。落实国务院关于建立常态化财政资金直达机制决策部署,坚持资金下达和资金监管"一竿子插到底",全市累计下达直达资金112.64亿元,下达进度100%,重点用于保障基本公共卫生、义务教育、困难救助、医疗救助、对社会保险的补助等基本民生领域。

【持续增进民生福祉】发挥财政资金保障作用,优化财政支出结构,加大民生保障力度,全市33项民生工程累计投入141.37亿元。截至年底,工程类项目全部完工,保险类项目完成参保任务,培训类项目超额完成任务,补助类项目及时补助到位。财政民生工作考核连续六年居全省第一方阵。支持城市能级提升,统筹安排棚户区改造补助资金18.47亿元,省政府下达保障性安居工程开工目标任务1.47万套,基本建成1.9万套。市本级投入7.5亿元,用于城市道路保洁、园林绿化建设管护、市政道路建设等。市财政拨付公交发展专项资金7400万元,用于公交运营补助、新能源公交车更新等。全市投入5300万元,支持博物馆、文化馆、科技馆等场馆免费开放,让人民群众享有健康快乐的文化生活。下达老旧小区改造补助资金2286万元,改造老旧小区38个,提升人民群众的获得感、幸福感、安全感。

【实施"双招双引"】坚持以优质项目带动有效投资,大力实施"双招双引",拨付250万元保障十大重点产业"双招双引"推进工作。利用"双招双引"工作机制,围绕十大新兴产业领域,结合宿州市优势产业基础,壮大云计算产业集群。招商引资在建项目1210个、到位资金901.5亿元,有效促进现代服务业、数字技术与实体经济深度融合,催生新产业、新业态、新模式。

【深化国库集中收付改革】完善国库集中支付控制体系和集中校验机制,实行全流程电子支付,优化预算支出审核流程,提升资金支付效率。加强库款管理,促进库款保障水平处于合理区间。继续深入开展预算单位银行账户清理整顿,严控单位账户设置,持续强化账户及资金存放管理。调整优化市以下财政关系,进一步规范市县财政事权和支出责任划分,促进市与县区间财政事权和财力相匹配。

【推进政府采购工作】组织完成政府采购项目进场交易2042宗,合同资金81.2亿元。全市采购脱贫地区预留份额386.8万元,列全省第一,完成交易额968万元,完成预留份额的2.5倍,完成交易额位列全省第五,受到省财政厅通报表扬。

【深化党建引领】坚持以习近平新时代中国特色社会主义思想为指导,在市委市政府的正确领导下,牢固树立"抓党建是本职、不抓党建是失职,抓不好党建是不称职"的责任意识,认真落实党建工作责任制,深入开展党史学习教育,全面加强党的政治建设、思想建设、组织建设、作风建设、纪律建设,强化党风廉政建设和反腐败工作,认识财政(国资)工作的政治属性,把握财政部门的政治机关定位,推进党建与业务工作深度融合,坚决把讲政治体现到履职中、落实到行动上,把讲政治的成效体现在推动财政(国资)工作高质量发展上。

砀山县财政工作概述

【概况】2021年,砀山县财政局发挥财政职能作用,坚持稳中求进工作总基调,巩固拓展疫情防控和经济社会发展成果,做好"六稳""六保"任务,持续改善民生，实现财政运行总体平稳，稳中有进。公共财政地方一般预算收入完成13.43亿元，较上年增收2028万元，增长1.5%。完成公共财政预算支出51.93亿元，较上年增支1.6亿元，增长3.2%。

【强化收支管理】完善财税部门协调机制、加强收入征管，持续推进综合治税，确保财政收入应收尽收、均衡入库；持续优化营商环境，注重培植优质税源，努力提高财政收入质量；牢固树立过紧日子思想、精打细算各项支出，加大资金统筹力度，确保重点领域和刚性支出保障。盘活财政存量资金3800万元，压减一般性支出643万元，依法调入预算稳定调节基金1.31亿元。抓实抓细常态化财政资金直达机制和监督管理工作，坚持直达资金优先拨付，建立资金支付"周报告，月调度"工作机制，确保资金"一竿子到底"直达民生、直达民心。全年直达资金总量13.09亿元，直达资金总量支出11亿元，支出率84.1%。

【做好"三保"保障】按照国家标准测算，"三保"支出需求31.57亿元，预算安排31.57亿元，按照砀山县实际执行标准测算的"三保"支出需求34.09亿元，预算安排34.09亿元，全年累计支出34.09亿元；做好基层运转风险防控，保障基层运转经费和社会公用事业补助经费等足额落实到位，兜住基层运转底线；强化财政库款运行监测及风险防范，确保合理的库款保障水平。

【民生工程保障】继续实施33项民生工程，计划投入资金20.64亿元，民生工程项目支出20.47亿元，支出率99.14%。完成新建、改扩建幼儿园7所，校舍维修改造5.95万平方米，城市社区卫生机构和村卫生室标准化建设120个，农村危房改造143户，棚户区改造7017套，城镇老旧小区改造完工2个，美丽乡村建设省级中心村8个，"四好农村路"提质改造项目完工2.59公里，农村公路养护工程137.12公里，农村饮水工程维修养护完工20处，农村厕所改造及粪污资源化利用竣工7986户，农作物秸秆产业化利用新建标准化秸秆收储中心2个，基本完成10万亩高标准农田建设。

【强化地方政府债务风险管理】截至年底，政府债务余额67.25亿元，始终处于省财政厅规定的限额之内，政府债务风险总体可控；全口径政府债务监控机制初步建立，150家机关事业单位及融资平台纳入动态监测；稳妥化解存量债务，累计化解15.89亿元，完成全年化债任务（14.62亿元）的108.69%；规范融资举债，地方政府专项债发行提速扩量。发行专项债券13.39亿元，主要用于乡村振兴、医疗卫生、交通基础设施建设等，保障重点项目的顺利实施。

【支持乡村振兴】坚持把农业农村作为财政支出的优先保障领域，争取上级资金7.13亿元，用于农业生产发展和农村基础设施建设等项目；持续推进巩固拓展脱贫攻坚成果同乡村振兴有效衔接，规范财政衔接资金使用管理，投入财政衔接资金2.88亿元；落实各项惠农惠民政策。继续做好惠农补贴"一卡通"资金管理打卡发放工作，全年共发放各类惠农补贴资金4.95亿元。统筹推进农村综合改革，投入1155万元支持农村集体经济发展。实施村级公益事业建设项目48个，项目总投入1895万元。

【强化国有资产管理】设立砀山县国有资产管理中心，纳入砀山县行政事业单位国有资产管理单位162家。对所有行政事业性国有资产建立卡片并分类管理，对单位价值较大的资产重点管理，建立资产使用、出租，出借使用、报废制度，建立和完善国资监管信息化工作平台，推进信息化与监管业务深度融合。截至年底，行政事业单位国有资产总额138.78亿元，其中：行政单位国有资产94.57亿元，事业单位国有资产44.21亿元。制定《砀山县贯彻落实国企改革三年行动实施方案》并稳妥推进国企改革，做好国企退休人员社会化管理及后续工作，共接收退休人员6989人。

【深化财税体制改革】完善部门预算改革，强化预算编制。做好预算一体化系统信息填报、项目入库储备，按部门预算"二上二下"要求全口径、全流程操作并完成审核，加快推进预算管理一体化实施；推进国库集中支付和公务卡制度改革，提升支付效率，国库支付中心完成直接支付106257笔，结算金额102.07亿元。公务卡结算11526笔，结算金额2677万元；全面实施预算绩效管理，全过程实施财政资金绩效评价，实现部门预算绩效管理全覆盖。

萧县财政工作概述

【概况】2021年，萧山县财政收入完成38.81亿元，较上年增长20.9%；财政支出完成77.4亿元，较上年减少5.97亿元，下降7.2%。加大民生保障，做好"六稳"工作，落实"六保"任务。全县财政民生支出66.31亿元，占一般公共预算支出的86%，较上年同比增长0.3%。33项民生工程支出29.17亿元。

【预算管理】加强预算编制管理。遵循统筹兼顾、勤俭节约、量力而行、讲求绩效、收支平衡的原则，统筹编制四本预算；实行中期财政规划和预算评审论证制度，定期评估财政专项资金，根据评估结果合理安排预算资金，执行动态退出机制。加强财政专项资金清单管理，建立跨年度预算平衡机制，严格财政资金审核拨付，实行国库集中支付制度，清理盘活存量资金。

加强预算监督管理。除涉密信息外,实行预算全公开,自觉接受县人大常委会、审计和社会的监督;加强预算执行监督,开展预算全面绩效管理,强化绩效评价结果运用。

【国库管理】推进国库管理精准化、账户管理规范化、库款管理安全化、决算编制公开化。做好直达资金日常监管和动态监控工作,建立会商机制,强化责任约束。深化国库电子化改革,明确目标任务,落实改革举措,强化督查考核。精细决算编制,除涉密信息外,实现决算公开全覆盖。加强财政账户管理,从严控制账户开设,清理撤并不符合规定的账户。建立国库集中支付动态监控预警机制,发现异常,查明原因、跟踪督查、限期整改。加强库款管理,严格支付程序、规范支付流程,完善审批手续,清理结余存量资金,提高资金使用效益。

【国有资产监管】加强行政事业单位国有资产配置管理,严格执行配置标准。全年行政事业单位配置资产38500余件,估价3200余万元,保障各单位履职需求和正常运转。加强行政事业单位国有资产使用管理,强化对资产出租出借行为的监管,实行公开竞价招租。开展全县国有资产集中清理活动,全县行政事业单位和县属国有企业国有资产总额共计46.28亿元。加强处置管理,确保国有资产不流失、保值增值。印发《关于印发〈萧县行政事业单位国有资产处置监督管理暂行办法〉的通知》,对搬进政务新区大楼办公的38家县直单位搬迁后剩余资产进行评估,搬迁后剩余资产评估价值150.28万元。加强行政事业单位资产收益管理,确保资产收入及时入库。全年行政事业单位国有资产处置收入和出租、出借收入缴入国库960.53万元。

【政府性债务管理】加强政府债务管理。严格实行预算和限额管理,合理新增政府债务。年底政府债务余额94.19亿元,在法定限额以内,风险可控。防范化解政府隐性债务风险。通过盘活资金、资产等方式,稳妥化解存量隐性债务,严禁隐性债务增量,稳妥处置各个风险点,加强对政府债务、企业债券、银行贷款等全方位监管,推进供给侧结构性改革,推动县域经济持续健康发展,做到不发生系统性风险。

【会计管理】联合县市场监管局对会计代理记账行业进行规范整顿,对未取得代理记账许可证的中介机构限期整改,对已开展代理记账业务的中介机构进行业务检查;按照省厅会计继续教育文件要求,动员督促各单位会计人员参加会计继续教育学习,组织开展会计专业技术资格报名审核工作,推行委托代理记账服务改革,全面贯彻实施《政府会计准则制度》。全县193家预算单位完成内控报告编制工作,编报范围进一步优化。

【政府采购监督管理】全年完成政府采购项目345个,政府采购预算采购金额12.09亿元,实际采购金额10.84亿元,采购节约资金1.25亿元,节约率10.3%。强化政府采购预算管理。明晰预算单位主体责任,规范政府采购预算编制与执行。贯彻执行政府采购法和招投标管理办法。加强政策宣传,制订出台2020—2021年政府集中采购目录及采购限额标准,明确年度政府采购项目范围和操作程序。做好政府采购投诉处理工作。完善政府采购投诉及信访受理、处理程序,依法处理虚假恶意投诉,加大对违法违规行为处理处罚力度。加强政府采购活动事前事中事后监管。监督检查预算单位政府采购内部控制制度建设与执行情况,完善政府采购信息发布制度,提高政府采购透明度。

【非税收入征管】非税收入累计完成38.39亿元,较去年增收1.03亿元,增幅2.8%。规范非税收入项目库管理。执行国家和省级各项降费减负政策,持续完善非税收入项目库日常维护与系统管理;坚持依法依规组织收入。严格执行《安徽省非税收入管理条例》等法律法规,确保"应收尽收、应缴尽缴";加强财政票据管理。逐步实现"零跑腿、无接触"财政电子票据管理取票模式,扼制乱收费、乱罚款等现象的发生。

【支持地方产业发展】加大财政支持力度。融入长三角和淮海经济区,推动县域经济高质量发展。支持招商项目落地,全面对接徐州。拨付招商引资政策扶持补助资金35938万元。推动经济开发区建设,安排专项资金2000万元。推动经济建设。各项惠农政策全面落实,拨付农村安全饮水巩固提升资金413.5万元、农村综合环境整治资金8105万元,投入村级公益事业"一事一议"财政奖补资金2587万元,支持美丽乡村建设资金4744万元。拨付电子商务进农村发展专项资金235万元。安排村级运转保障经费2882万元。安排97.5万元实施公共文化场馆免费开放,安排农村文化建设专项资金539.22万元、科技创新资金1273.4万元。

【助力乡村振兴】实现巩固拓展脱贫攻坚成果同乡村振兴有效衔接,把支持乡村振兴摆在财政突出地位。全年财政投入乡村振兴衔接资金4.99亿元,实际支出4.59亿元,支出进度92%。涉农整合资金共计投入6.25亿元,实际支出5.13亿元,支出率82%。加大扶贫小额信贷投放力度,全年累计新增发放3035户,金额1.09亿元。加强专项资金绩效管理,在资金申报、使用等各阶段均实行动态监控。

【加大民生保障】做好"六稳"工作,落实"六保"任务。全县财政民生支出66.31亿元,占一般公共预算支出的86%,同比增长0.3%。33项民生工程支出29.17亿元。做好直达资金支出监管,全年共收到中央直达资金13.44亿元,已支出12.54亿元,支出率93.3%。做好疫情防控资金保障工作,推动企业复工复产,全年拨付疫情防控专项资金5835.77万元,拨付民营经济政策资金210万元。发挥农业保险风险保障作用,拨付政策性农业保险保费补贴县级配套资金387.4万元。

灵璧县财政工作概述

【概况】2021年,灵璧县完成公共财政预算收入25.06亿元,占全年预算的122.2%,较上年同期增收6.53亿元,同比增长35.2%。完成一般公共预算支出57.93亿元,完成全年支出预算的131.6%,较上年同期减支1.47亿元。

【民生工程工作】坚持保民生保重点的原则,推进民生工程实施,解决学有所教、劳有所得、病有所医、老有所养、住有所居等民生问题,民生工程计划投入资金29.81亿元。截至12月底,到位资金28.71亿元,拨付28.71亿元,支出资金27.85亿元,拨付率100%,支出率97%。

【经济建设项目资金管理】按照业务和项目各自特点,研究项目批复和投资计划,把好项目预算编制和预算执行关口,发挥财政资金的社会、经济、生态效益。累计下达经济建设类指标31.75亿元,累计支出28.26亿元。

【社会保障资金管理】贯彻落实《就业促进法》,支持建立和完善统筹城乡的就业服务体系、面向全体劳动者的职业培训体系和困难群众就业援助体系,实现再就业支出2162.7万元。执行社会保险基金预算管理制度,编制社保基金预决算,实现社会保障基金收入4.90亿元,占预算104.43%(不包含省级统筹企业职工养老保险,市级统筹机关事业单位养老保险、失业保险及工伤保险,下同);实现社会保险基金支出2.49亿元,占预算105.12%。完善医疗保障制度,扩大医疗保险覆盖面。实现基本医疗保障制度全覆盖。继续深化实施医药卫生体制综合改革,实施城乡基本公共卫生服务一体化建设,支出基本公共卫生服务资金7656万元。调整优化支出结构,优先安排"三保"支出,困难群众救助资金共支出3.26亿元。

【财政监督检查】加强财政内部监督管理。认真贯彻落实《财政部门内部监督检查办法》,对全县乡镇财政所和局直股室、局属单位的财政资金监管、内控建设情况、纪律作风建设等方面进行不定期检查。完善财政内部控制建设,系统梳理各项业务的风险点并拟定防控措施,拟定本单位内部控制操作规程,提高内控制度可操作性。做好"涉企系统"常态化工作。按照业务流程,变更调整部门和财政相关业务操作人员,更新人员信息和全县设置。开展财经纪律监督检查。重点开展财政资金重点专项检查、预决算信息公开检查,组织实施上级财政部门及县委县政府交办的案件性、举报性专项检查。结合会计监督和部门预算执行情况,做好"小金库"长效机制落实情况检查。

【农村财政管理工作】做好财政补贴农民资金发放工作。通过"一卡通"系统,共发放财政补贴农民资金15大类44小项,打卡发放金额7.75亿元,惠及农户26.46万户(人)次。建立会商机制,加强协调配合,完善补贴资金发放机制。推进乡镇资金监管工作。对乡镇财政所操作员展开业务培训,填报资金监管、抽查巡查、公开公示等各类监管信息,及时上传项目类、补贴类资金的图片、文件等相关资料。开展惠农补贴资金和乡镇财政资金监管绩效评价。按照评价评分表,逐条对照、逐项落实,完善档案资料,形成完整的绩效评价报告。完成对全县基层财政所的绩效评价工作,实现20个乡镇全覆盖。

【行政事业财务管理工作】继续贯彻落实教育各项政策,足额安排各项项目资金。对学前教育、义务教育阶段、中职教育、高中教育、薄弱学校改造及农村义务教育营养改善计划等专项资金投入4.44亿元。落实人口计划生育各项惠民政策,全年投入计生专项资金1781.02万元。加大文化旅游投入力度,文化旅游投入专项资金1298.74万元。落实农村组织建设专项资金、村民委员会和村党支部干部报酬及村级扶贫专干报酬等经费10566.58万元。落实行政及科技专项资金381.9万元,为各部门完成各项工作任务提供财力保障。配合做好司法体制改革,及时落实政法专项经费。做好三公经费及会议费统计报表及报送工作。

【政府采购工作】全县采购预算达21.87亿元,实际采购20.67亿元,节约资金1.20亿元,资金节约率为5.4%。加强政府采购预算编制工作。明确预算编制范围,严格执行政府采购各项规定,凡使用纳入集中采购目录和目录以外限额以上的项目,要求各单位编入政府采购预算,做到应编尽编,应采尽采,无预算不采购,无计划不采购。深化"互联网+政府采购"改革,在全市率先实现政采全程电子化,真正实现政府采购项目审批全过程电子化。运用政府采购手段,完成贫困地区农副产品采购工作。降低供应商投标成本,政府采购项目一律免收投标(响应)保证金。定点采购项目免收履约保证金,其他采购项目鼓励采购人综合考虑项目特点、供应商资信等情况不收或降低履约保证金缴纳比例。加大政府政策宣传力度。指导采购单位落实各项政府采购政策,清理政府采购领域妨碍公平竞争的规定和做法,向社会公示清理结果,营造开放有序、公平竞争的政府采购市场环境。

【会计管理工作】组织开展会计人员信息采集、视同继续教育审核工作。开展会计人员信息采集审核工作,审核通过267人。加强会计人员继续教育管理,开展会计人员视同继续教育审核工作,审核通过155人。做好年度县辖14个代理记账机构年度备案工作,对机构保持设立条件、业务开展、操作程序、警示注意事项、小企业会计准则贯彻落实以及遵纪守法等情况进行检查。

【财政一体化平台建设】完善一体化平台系统和单位账务系统建设,针对具体业务开展情况,加强对预算单位的业务培训和指导,提升业务人员财政信息化应用能力;理顺电子化支付业务流程,对一体化平台进行相应优化设置,明确单位、财政各业务股室责权;抓好财政网络的日常维护管理工作,保障财政局网络安全有效运行;整改财政专网,提高网络安全水平,发挥技术支撑作用,为财政信息化保驾护航;定期备份保存重要财务数据,并指导各股室养成数据备份的习惯,保证财政数据安全。

泗县财政工作概述

【概况】2021年,泗县财政工作坚持以习近平新时代中国特色社会主义思想为指导,在县委、县政府坚强领导下,牢固树立过紧日子思想,做好“六稳”工作,落实“六保”任务,依法理财、科学理财,为全县经济持续健康发展和社会和谐稳定提供财政保障。

【财政运行情况】加强财政收入管理,克服支柱税源少、工业企业规模小及国家减税降费政策等因素影响,主动作为,强化收入征管,挖掘增收潜力,财政收入实现平稳增长,收入质量提升。全县一般公共预算收入完成14.55亿元,同比增长10.6%。加强财政支出管理,坚守“保工资、保运转、保基本民生”底线,及时下达预算资金,督促预算部门加快预算执行进度,就业、教育、医疗、社会保障等重点领域支出得到保障。全县一般公共预算支出完成60.52亿元,其中:民生支出完成52.11亿元,占财政支出的86.1%。

【实施积极财政政策】全年累计兑现各项涉企奖补资金1.5亿元。为企业申报各项补助资金,做好资金拨付及监管工作,全年共为15家企业拨付各类专项资金3300万元,促进企业发展。优化融资担保服务,全年新增担保业务6.74亿元,在保余额15.36亿元,同比增长43.61%,担保放大倍数5.79倍,其中政银担15.16亿元;为67户在保企业提供过桥资金3.28亿元,较大程度缓解企业贷款到期续贷压力,中小微企业融资成本进一步降低。

【保障乡村振兴】全县财政累计投入衔接推进乡村振兴补助资金5.38亿元,其中:专项资金2.9亿元、整合涉农资金1.79亿元、一般债券资金0.54亿元、当涂县对口帮扶资金0.15亿元。制定《泗县财政衔接推进乡村振兴补助资金管理实施细则》,明确衔接项目资金监管主体、监管职责、监管措施,确保资金安全、规范、高效使用。做好财政衔接资金监管工作,组织开展绩效评价,保证财政资金使用效益。

【推进民生工作】投入22.9亿元继续组织实施好33项民生工程,不断提升就业、教育、医疗、社会保障、文化等公共服务供给能力。全县社会保障支出10.47亿元,其中:民政类社会保障资金支出3.45亿元、卫生健康社会保障资金支出1.70亿元,就业、医疗保险等其他社会保障支出5.32亿元。继续做好惠农补贴资金发放工作,全县通过“一卡通”累计发放补贴资金7.81亿元,涉及21大项、43小项,受益农户19.35万户,保证惠民补贴资金交到人民群众手中、中央的惠民政策落到实处。

【规范财政管理】加强存量资金管理,对超过规定使用期限的结转结余资金,一律按规定收回预算,统筹用于基本民生等重点领域。加强财政预算管理,强化预算约束,严控预算追加事项,做到无大事要事急事不追加。加强中央直达资金管理,严格执行特殊转移支付机制,加快资金支出进度,确保资金迅速惠企利民。加强国有资产管理,全年共公开竞租机关事业单位国有经营性资产61处,协议租赁56处,缴纳国有资本经营预算收入1100万元。加强政府采购管理,全年共计采购货物、服务、工程共296批次,计划使用资金14.14亿元,实际使用资金13.12亿元,节约资金1.02亿元,资金节约率为7.2%。做好人大代表建议和政协委员提案办理工作,提升办理实效和办理质量。

【强化财政监督】持续做好“小金库”专项整治、会计信息质量检查、预决算公开检查、惠民惠农“一卡通”专项核查等监督检查工作,严肃查处违反财经纪律行为。加强对乡村振兴、就业、救助等重点领域民生资金的监督管理,花钱必问效、无效必问责,确保财政资金使用安全、合规、高效。强化直达资金使用监管,加强台账管理,完善监控机制,确保每笔资金流向明确、账目可查、账实相符。

埇桥区财政工作概述

【概况】2021年,埇桥区财政局主动服务“四区两基地”战略和“双招双引”工作,增强财政资源统筹能力,提升财政资金分配使用绩效。坚持“植财源、保重点、强绩效、防风险”理念,推动财政各项重点工作开展。

【财政收支管理】全区一般公共预算收入累计完成32.98亿元,同比增收2.67亿元,同比增长8.81%。完成年初预算的104.40%,完成调整预算的99.97%。公共财政预算支出91.12亿元,完成调整预算的99.24%,较上年同期下降8.27%。政府性基金预算收入15.79亿元,完成调整预算的108.69%,同比下降5.13%。政府性基金支出18.05亿元,为调整预算的99.61%,同比下降44.14%。国有资本经营预算收入188万元,国有资本经营预算上级补助收入1181万元,合计1369万元。国有资本经营预算支出260万元,调出资金188万元,合计448万元。结转下年921万元。社会保险基金预算收入5.26亿元,社会保险基金预算支出3.38亿元,当年收支结余1.88亿元,滚存结余14.74亿元。

【政府债务情况】省财政厅核定区债务限额为65.32亿元,其中:一般债务限额为24.54亿元,专项债务限额为40.78亿元。新增政府债务9.24亿元,其中:新增一般债务1.48亿元,新增专项债务7.76亿元;年末,政府债务余额为61.31亿元,其中:一般债务22.9亿元,专项债务38.41亿元。

【财政民生保障】完成省市下达的各项民生工程年度目标任务,33项民生工程有任务的32项(农村义务教育学生营养改善无任务),全部完成年度目标任务。各级到位资金30.67亿元,已拨付资金29.77亿元,资金支出28.30亿元,实付率92.27%。

【预算绩效管理】贯彻落实《关于全面实施预算绩效管理的实施方案》文件精神,构建全方位、全过程、全覆盖的预算绩效管理体系,提高财政资源配置效率和使用效益。开展预算绩效管理工作,从“全方位、全过程、全覆盖”三个维度推动绩效管理实施。构建全方位预算绩效管理格局,推动实施政府预算绩效管理,稳步实施部门和单位预算绩效管理,全面实施政策和项目预算绩效管理。建立全过程预算绩效管理链条,建立事前绩效评估机制,完善绩效目标管理机制,构建绩效运行监控机制,健全绩效评价和结果应用机制。完善全覆盖预算绩效管理体系,推动绩效管理覆盖“四本预算”,建立重点领域预算绩效管理体系。

【国有资产和国有企业管理】完善国资监管体系,推进国资国企改革,推动区属国有企业各项工作。完成国有企业退休人员移交。做好国有企业退休人员社会化管理工作,完成对各乡镇街道接收退休人员的资金拨付工作。完成四个园区的资产清查、登记工作。对转隶单位的资产移交进行监交并协助办理资产划转手续。监督规范处置资产,共有24家单位申请处置资产,处置收入为6364.61万元,保证国有资产不流失。完成国有企业经营业绩考核。汇总上报与央企对接项目。推进区属国企改革三年行动工作,制定印发《埇桥区贯彻落实国企改革三年行动实施方案》,对13家主管部门逐户上门调查,统计并汇总上报各单位改革工作开展情况。配合完成改组组建国有资本投资运营公司。

【债务管理和社会资本合作(PPP)管理】有序利用地方政府债务,地方政府债务限额65.32亿元,同比增加8.78亿元。实际债务余额60.91亿元,同比增加8.61亿元,政府债务余额在限额以内。强化债务动态监控。监测平台yx债务总量81.57亿元,两年来共化解yx债务21.18亿元,截至年底,区yx债务余额60.40亿元,未发生新增yx债务,按上年政府综合财力计算,政府全口径债务率为110%,全市(含市本级)最低,仍处于绿色区域,整体风险可控。推进PPP项目落地见效。全区共有10个项目进入财政部PPP项目库,涵盖垃圾治理、污水处理、文旅场馆等领域,总投资45.08亿元。

【巩固拓展脱贫攻坚成果和乡村振兴任务衔接资金管理】安排巩固拓展脱贫攻坚成果和乡村振兴任务衔接资金46599.71万元,其中上级资金19999.71万元,均在收到资金之日起30日内将资金批复到具体项目,区级安排26600万元,在区人代会批准区级预算后30日内批复到具体项目。加强资金和项目监管,制定《埇桥区财政衔接推进乡村振兴补助资金管理办法》。实施巩固拓展脱贫攻坚成果和乡村振兴任务资金项目685个,通过项目实施保障脱贫群众、监测对象实现“两不愁三保障”及饮水安全,改善生产生活条件,完成年度目标任务。加强项目绩效管理情况,设定绩效目标,开展绩效监控和绩效评价,年末组织各单位对全年目标任务完成情况进行绩效自评,根据项目具体落实情况和发挥的效益撰写衔接项目资金绩效自评报告、填报绩效目标自评表。

【预算管理一体化系统建设】做好预算管理一体化建设和推广工作,成立区预算管理一体化建设工作领导小组,下设业务组和技术组,按时梳理各项一体化业务流程和规范,截至8月底,完成系统预算执行模块流程和用户权限配置工作,并按照省厅要求开展预算执行试点上线运行,10月底前完成预算“一下”工作,12月初完成预算执行业务功能操作培训和压力测试。埇桥区预算管理一体化系统所有功能模块已于12月底全部建成并试运行。

(张海峰)

宿州经济开发区财政工作概述

【概况】2021 年,经开区财政局在市委市政府及经开区党工委、管委会领导下,在市财政局支持下,完成全年各项工作任务。

【组织财政收入】实现财政收入 286312 万元,同比增收 63967 万元,增幅 28.77%,在三个园区中总量第一,增幅第一;实现地方一般公共预算收入 161179 万元,同比增收 25645 万元,增幅 18.92%,在四个园区中总量第一,增幅第一。

【做好支出管理】深化预算绩效管理,推进预算管理一体化,提高财政资金效益。“开门办预算、上门搞服务”,压减一般性支出,统筹保障项目建设资金、民生工程资金、防疫资金保障等重点支出需求。一般公共预算支出 190295 万元,同比增支 50.93%,其中:民生支出 170907 万元,同比增支 54.81%,民生支出占一般公共预算总支出 89.81%。

【保障民生支出】城乡居民养老保险缴费目标任务为 7000 人,实际完成城乡居民养老保险续保缴费 7928 人,完成全年目标任务的 113%;符合养老金领取条件的 3135 人,发放率 100%,超额完成全年目标任务;做好社区文化惠民工程,送戏送图书送健身活动;棚户区改造项目,基本建成 475 套;实施保障性民生工程项目,14 项打卡发放资金 617.52 万元。

【规范财政资金管理】加强审计全覆盖,全年累计完成结算审计招标工程 69 个,对开发区内 400 万以下项目,审减金额 4160 万元,审减率 4.61%。400 万以上项目预算审减金额约 3581 万元,审减率 7.52%;结算审计核查 4 个项目,审减金额约 740 万元,审减率 5.89%。

【开展政府性债务管理】申报入库 5 个专项债项目及 1 个棚改专项债项目,获批专项债券总额 19 亿元,发行专项债券资金 9 亿元。按照市政府债务管理办法加强政府性债务资金的管理使用和监督工作,控制地方性政府债务增量。稳妥处置存量隐性债务、落实完成化债任务、遏制新增隐性债务。

【开展招投标工作】完成招标项目(已发中标通知书)111 个,预算价为 11.66 亿元,中标成交金额为 10.73 亿元,节约资金 0.93 亿元,节资率 7.98%。

【加强直达资金管理】推动直达资金惠企利民,及时接收、分配和使用中央直达资金,接收、分配和使用进度均为 100%。依托中央直达资金监控系统,按照相关规定建立台账,确保中央直达资金直达基层,有账可查。

【防范金融风险】开展抵制防范非法集资宣传教育工作,做好上市挂牌工作,组织园区上市挂牌优质后备企业参加市金融局举办关于万家企业资本市场业务线上培训会。在安徽省股交中心科创板、专精特新板、成长板实现三家企业挂牌,分别为安徽顶元食品、宿州德润机械以及安徽华腾农科。

宿州马鞍山现代产业园区财政工作概述

【概况】2021 年,宿马园区在上级财政部门指导下,坚决落实各项决策部署,围绕园区中心工作和目标要求,加强预算绩效管理,坚持厉行节约保主保重,培植税源,组织收入,“财”自觉服从于“政”,完成全年各项目标任务。

【强化支部队伍建设】坚持政治引领。以习近平新时代中国特色社会主义思想为指导,深入学习领会习近平总书记在庆祝中国共产党成立 100 周年大会上的重要讲话精神,增强“四个意识”、坚定“四个自信”,做到“两个维护”。深入贯彻党中央、国务院决策部署,落实各项减税降费政策,落实抗疫补贴和招工奖励,做到应降尽降、应减尽减;持续深化党史学习教育。以部门例会为载体,围绕《论中国共产党历史》《中国共产党简史》等书籍,制定部门学习计划,贯彻落实“为群众办实事,从细微小事开始”宗旨,先后赴东城幼儿园与后场村开展防溺水宣传和“学党史悟思想,我为群众办实事”志愿除草活动,以争先创优为抓手,以支部创建文明墙为载体,支部书记带头上党课 9 次;组织部门党员干部参观宿州市庆祝中国共产党建党 100 周年“长三角红色档案珍品展”、宿州市博物馆。始终把为群众办实事贯穿党史学习教育全过程,共受理问题 25 件,办结 25 件,办结率为 100%。

【加强财政收支管理】坚持税收“月调度、季分析、半年小结、年总结”四步工作法,深挖优质税源。全年公共财政收入累计完成 156474 万元,较上年同期增长 6.73%(其中地方财政收入完成 93555 万元,较上年同期增长 11.1%)。其中税收完成 144231 万元,较上年同期增长 3.5%,占全部收入比重的 92.2%。一般公共预算支出完成 92827 万元,较上年同期增长 7.3%。其中:财政民生支出 85530 万元,较上年同期增长 6.9%,占一般公共预算支出的 92.1%,直达资金拨付率 100%。贯彻落实过紧日子的要求,压减非急需非刚性支出。按照零基预算理念对园区预算进行全面梳理,压减会议、差旅、培训等公用经费,严格执行各项经费开支标准,加强财务报销审核,压缩园区机关经费预算批复额 5%以上。树立绩效导向,加快建设全方位、全过程、全覆盖的预算绩效管理体系。推进园区项目支出绩效目标管理全覆盖。实质性开展预算绩效评价,对市政专项、乡村振兴、民生工程等5个重点项目委托中介机构开展重点评价,对发现的项目资金管理使用中存在的突出问题,及时督促改正。

【做好国有资产管理】把好资产评估关。组织召集相关部门研究讨论宿马投资集团购买绿地创客中心A座相关工作,落实各单位职责分工。把好产权转让关,对宿马投资集团名下土地使用权转让,做好评估、核准工作,完成宿马投资集团名下10宗地土地使用权转让评估的核准备案。谋划央企合作项目。园区纳入省级调度的央企合作项目9个,其中在建项目6个,累计完成投资额19.28亿元。贯彻落实国企改革三年行动实施方案精神。督促宿马投资集团建立健全现代企业制与市场化经营机制,稳妥推进深化混合所有制改革,优化集团产业布局和结构调整,整合业务,开展低效无效资产清退处置和重点亏损企业治理。常态化落实退休人员社会化管理,完成退休人员管理移交2名。

【加强政府投融资管理】稳步化解隐性债务。年初园区隐性债务余额285717.5万元、政府置换债券余额34550万元、地方政府专项债券39000万元,园区债务总计为359267.5万元。年底有效化解隐性债务83918.75万元,隐性债务余额为201798.75万元。新增地方政府专项债券23000万元,债务总计为298348.75。今年综合财力为138000万元,综合债务率216.19%,较年初下降67.93个百分点,风险等级为橙色。推进专项债券发行。发行入库专项债项目4个。谋划专项债项目储备,初步谋划棚户区改造、社会事业、交通基础设施领域项目3个,即总投资约7.5亿元的蒿东村棚户区改造项目、总投资约5亿元的文体中心项目、总投资约6亿元综合码头交通枢纽建设项目,其中蒿东村棚户区改造项目、文体中心项目初步熟化并申报政府专项债储备项目。

宿州高新技术产业开发区财政工作概述

【概况】2021年,高新区财政局在党工委、管委会的坚强领导下,坚持以习近平新时代中国特色社会主义思想为指导,坚持"以政领财,以财辅政"的政治属性,统筹疫情防控和经济社会发展,落实过紧日子要求,落实积极财政政策,依法依规组织财政收入,保障重点领域支出,防范财政金融风险,优化支出结构,全年财政运行整体平稳,为园区经济社会发展提供坚强的财力保障。

【一般公共预算执行情况】财政总收入125040万元,完成年初预算的96.2%,较上年同期增收13363万元,增幅12%。其中,税收收入98316万元,占比78.6%;非税收入26724万元,占比21.4%。完成一般公共预算收入82863万元,完成年初预算的109%,较上年同期增收10687万元,增幅15%。加上级补助收入6738.39万元,2020年结余1127万元,动用预算稳定调节基金31047万元,调入资金5000万元,收入总量126775万元。全年一般公共预算支出115797万元,专项上解增值税留抵退税支出2321万元,安排预算稳定调节金8636万元,结转下年支出21万元,支出总量为126775万元,收支平衡。

【政府性基金预算执行情况】政府性基金上级转移支付收入10000万元(国有土地使用权出让收入),地方政府专项债券转贷收入62300万元,调入资金3706万元,2020年结余资金1339万元,收入总量为77345万元。全年政府性基金预算支出国有土地使用权出让收入安排的支出10894万元,城市基础设施配套费安排的支出490万元,其他政府性基金及对应专项债务收入安排的支出62300万元,专项债券付息支出3706万元,支出总量为77345万元,收支平衡。

蚌埠市财政工作综述

蚌埠市财政工作概述

【概况】2021 年,蚌埠市财政局坚持积极的财政政策提质增效、更可持续,统筹推进疫情防控和经济社会发展,做好“六稳”工作,落实“六保”任务,推进财政改革发展。市财政局获评第五届全国文明单位,获评全市党政目标考核优秀单位。财政收入统计口径从财政总收入调整为一般公共预算收入(原地方收入)。全市一般公共预算收入 167.3 亿元,较上年(下同)增长 5.6%。一般公共预算支出 328.8 亿元,增长 0.9%。市本级一般公共预算收入 40.1 亿元,增长 11.5%。市本级一般公共预算支出 87.5 亿元(含争取上级转移支付支出),增长 5%。

【政府性基金预算收支】全市政府性基金预算收入 137.2 亿元,加上级补助收入等 100.5 亿元,收入合计 237.7 亿元。全市政府性基金预算支出 242.4 亿元。市本级政府性基金预算收入 91.3 亿元,其中土地出让金收入 87.1 亿元。加上级补助收入等 47.8 亿元,收入合计 139.1 亿元。市本级政府性基金预算支出 118.5 亿元,其中土地出让金支出 89.5 亿元。加对县区转移支付支出 30.9 亿元,支出合计 149.4 亿元。

【国有资本经营预算收支】全市国有资本经营预算收入 2.3 亿元,加上级补助收入等,收入合计 2.4 亿元。国有资本经营预算支出 1.7 亿元,加调入一般公共预算等,支出合计 2.4 亿元。市本级国有资本经营预算收入 1.1 亿元,加上级补助收入等,收入合计 1.2 亿元。市本级国有资本经营预算支出 0.8 亿元,加调入一般公共预算等,支出合计 1.2 亿元。

【社会保险基金预算收支】全市社会保险基金预算收入 113.9 亿元,支出 140.3 亿元。市本级社会保险基金预算收入 56.1 亿元,其中,企业职工基本养老保险基金收入 25.9 亿元,职工基本医疗保险(含生育保险)基金收入 13.7 亿元。市本级社会保险基金预算支出 84 亿元,其中,企业职工基本养老保险基金支出 52 亿元,职工基本医疗保险基金支出 12.7 亿元。

【政府债务】省核定蚌埠市地方政府债务限额 586.4 亿元,其中,一般债务限额 176.4 亿元,专项债务限额 410 亿元。截至年底,全市政府债务余额 556 亿元,其中,一般债务余额 162.2 亿元,专项债务余额 393.8 亿元。市本级政府债务余额 245.9 亿元,其中,一般债务余额 86.9 亿元,专项债务余额 159 亿元。

【积极财政政策】实施“产业强市”主战略。集聚资源资金支持新材料、新一代信息技术等六大新兴产业发展。投入各类奖补资金 6.5 亿元,实施企业培育“五大工程”,支持开展技术改造。兑现上市挂牌奖补、贷款贴息等 4589 万元,支持壹石通、佳先股份、安徽凤凰在科创板和北交所挂牌上市。投入创新型城市建设资金 1.8 亿元,支持“一室一中心”建设,创建硅基玻璃新材料国家制造业创新中心,加速科技成果在蚌转化。助力“双招双引”。多渠道筹集资金,支持自贸区蚌埠片区、皖北承接产业转移集聚区建设。制定印发市级政府投资基金整合方案,推动构建“1+3”基金体系,发挥基金招商功能,引导社会资本参与重大项目建设。兑现人才开发资金 2435 万元,吸引优秀人才置业落户,推进人才特区建设。支持举办首届国际新材料产业大会、皖北地区高质量发展大会。落实减税降费政策。全年新增减税降费约 10 亿元,办理企业增值税留抵退税超过 11 亿元,落实提高小规模纳税人增值税起征点、缓征中小微制造业企业税款、支持“稳产保供”等政策,动态调整涉企收费目录清单。

【统筹财政资金】压减一般性支出。出台《厉行节约力保重点支出实施方案》,压减“三公”经费和非重点、非刚性项目支出,压减资金主要用于保障基本民生。落实常态化财政资金直达机制,直达资金总规模 61 亿元,直达资金惠企利民。

【保障民生】全市财政民生支出 280.6 亿元,占总支出比重 85.3%。投入资金 82.1 亿元,完成 33 项民生工程年度任务。提升社会保障水平。全年发放养老金 84.4 亿元。城乡居民最低生活保障标准提高至月人均 690 元。拨付资金 1.7 亿元,支持高校毕业生、农民工、退役军人等重点人群就业创业。实施援企稳岗,发放企业稳产留工奖补4486万元,拨付失业保险稳岗返还资金2897万元。落实义务教育经费保障和困难学生资助等政策,推进学前教育、高中教育和职业教育发展。做好常态化疫情防控财政保障,拨付新冠疫苗及接种经费4.4亿元。支持公立医院改革,市一院综合病房大楼、市三院急救外科大楼等项目主体竣工,加快皖北医疗中心建设。投入资金8682万元,实施"雪亮工程",建设平安蚌埠。支持双墩遗址公园和禹会村遗址公园建设。

【城乡协调发展】推动城市能级提升。安排资金20亿元,支持"靓淮河"工程、蚌五高速公路等项目建设,提升原水蚌线沿线平交道口,涂山路、燕山路等"断头路"实现贯通。拨付资金1亿元,推进棚户区和老旧小区改造。支持"数字化城管"等信息化平台建设。支持乡村振兴。投入资金7亿元,实施"防贫保"综合保险试点。安排涉农资金15亿元,落实"藏粮于地、藏粮于技"战略,建设高标准农田30万亩,粮食生产"十八连丰";支持新希望、牧原等一批农业产业化项目建设。制定市级惠农补贴政策清单,发放惠农补贴资金17亿元。五河县获财政部批准开展国家农村综合性改革试点,全省唯一,争取中央财政1.5亿元资金支持。生态环境持续改善。安排资金6.3亿元,支持农作物秸秆禁烧和综合利用,推进龙子湖水环境综合治理,开展大洪山废弃矿山生态修复,实施污水管网提升改造。落实水环境生态补偿机制、河湖长制,推进新一轮林长制和田长制改革。拨付资金1.5亿元,支持改善农村人居环境,助推新时代美丽乡村建设。

【债务管理】全年新增债券资金80.9亿元,支持淮宿蚌城际铁路、硅基材料产业基地等项目建设。制定印发《关于进一步加强专项债项目管理工作的通知》,专项债券资金优先用于在建续建项目。建立债券资金使用进度与额度分配挂钩机制,推进债券项目建设。开展"四清四实"专项整治,化解隐性债务。完善政府债务信息披露机制,推动政府债务信息公开。

【财政改革】深化预算管理改革。推进预算管理一体化建设,实现预算管理全流程控制。完善项目库管理制度,开展项目支出预算评审试点。强化预算约束,严控预算追加事项。调整完善部分市辖区财政管理体制。加强绩效管理。推进预算项目事前绩效评估、绩效目标管理、绩效运行监控全覆盖。制定印发项目支出绩效自评和财政重点评价操作规程。组织实施服务业发展专项等17个重点项目绩效评价,涉及资金9.3亿元。推进国资国企改革。制定印发国企改革三年行动实施方案,调整国有资本布局结构。实施国资监管信息化建设,国资国企在线监管系统建成运行。出台公益性项目竣工决算、资产移交转固、不动产权属登记等管理办法。

(张蘅灵)

怀远县财政工作概述

【概况】2021年,怀远县完成一般公共预算收入25.14亿元,财力77.85亿元,支出69.98亿元;政府性基金预算收入10.51亿元,财力45.57亿元,支出37.83亿元;国有资本经营预算收入1.28亿元,支出0.90亿元;社会保险基金预算收入21.27亿元,支出18.85亿元;财政运行基本平稳。

【强化财政资金统筹】加大政府债券资金争取力度。全年争取新增政府债券32.11亿元,重点投向环境保护、交通、农林水利、金融风险化解等领域和职教园区、中医院新院区、包集循环经济产业园、行蓄洪区移民迁建等重大项目,拉动有效投资。加大存量资金盘活力度。清理收回各类财政存量资金3.47亿元,用于巩固脱贫攻坚成果、助力乡村振兴、支持重点项目建设等方面,缓解本级财政支出压力,提升财政资金使用效益。压缩一般性支出。全年累计压减一般性支出及非刚性非重点项目资金3.18亿元,压减节约的资金用于聚焦保障全县性重点项目。

【服务社会经济发展】落实减税降费。累计减免税收9348万元,减免社会保险费1744万元,减免失业保险1360万元,缓解企业资金压力。持续做好财源培育。投入资金3.3亿元,支持园区园中园、厂房、租赁住房、电力、取暖、道路等基础设施建设,把园区打造为对外开放的新高地、"双招双引"的主阵地、企业转型升级的支撑平台。投入资金1.8亿元,围绕补链、强链、延链,重点支持汽车零部件、电子信息及专用电子器件等主导产业发展,为怀远县经济腾飞打下坚实基础。优化金融政策扶持。利用政策性担保公司平台提供新型政银担业务,担保金额4.5亿元;为33户企业提供过桥续贷业务,续贷金额1.9亿元。成立小额贷款公司,发放小额贷款1630万元;利用中小微企业线上融资平台,开展178项融资业务,发放贷款8.8亿元。壹石通成功在科创板上市,成为蚌埠市18年以来唯一一家主板上市企业,省股权交易中心新增7家企业;支持各类企业直接融资金额23.8亿元。

【落实落细民生保障】全县民生支出62.2亿元,占全县财政支出88.9%以上。优先发展教育事业。投入义务教育、学前教育保障经费1.3亿元,兑现贫困寄宿生补助、助学金、减免学费等资金4289万元,惠及学生32861人次。投入资金1.1亿元,用于学校基础、智慧教育建设,新建宿舍2000平米,教室4000平方米,教学设备1526台(套);投入资金1200万元,用于教师培训,完善教师培养和发展体系。加快完善社会保障体系。投入资金2.9亿元,用于低保、五保、医保等,加强特困人员供养和临时救助,确保困难群众基本生活保障。投入资金6800万元,用于养老等基础设施建设。投入资金1236万元,推进职业技能提升行动。保障公共卫生。投入资金1540万元,用于新冠肺炎疫苗接种、核酸检测、特殊人群隔离管理、发热门诊改造等疫情防控方面。投入资金1914万元,支持县公共卫生中心等公共卫生领域基础设施建设。投入资金1.6亿元,用于乡镇卫生院、村卫生室建设,提高县域医疗卫生资源配置和使用效率。投入医疗卫生事业经费1.4亿元,支持提高公共卫生服务水平。持续改善人居和生态环境。投入资金9300万元,重点保障城区垃圾分类、污水处理、环保监测和公园绿化管养;投入资金4573万元,支持农村厕所革命、五清一改、河流岸线整治修复、长江十年禁渔等重点工作。投入资金2.3亿元,用于农村危房改造、小城镇建设、龙亢旅游名镇建设、美丽乡村建设等。

【深化财政领域改革】推进财政改革措施。成立债务管理中心、金融服务中心,配优配强专业人员。完成利用预算管理一体化平台编制2022年度部门预算工作,全县245家预算单位实现预算执行双轨运行,确保预算管理一体化改革工作顺利完成。加强乡镇财政资金管理,推进财政所归口乡镇管理工作,支持乡镇机构改革。加强制度建设,拟定《加强财政稳健运行意见》《厉行节约力保重点支出实施方案》《怀远县县本级财政资金审批管理暂行办法》等管理办法,厘清管理流程,提高工作效率。落实中央巡视整改工作,做好牵头及配合的巡视整改任务,明晰整改思路,落实整改措施。加强财政监督检查,对扶贫资金结余及资产收益、小金库治理等进行专项检查;开展预算绩效管理业务知识培训,提高财务人员绩效管理水平。加强国有资产管理。开展全县行政事业单位房屋、土地等资产专项清查,推动不动产确权;细化财政资金投资项目竣工资产移交流程,压实单位责任;组织编写行政事业性国有资产年报。强化县属国有企业考核激励,引导企业规范经营行为。

【防范化解财政风险】防控地方政府债务风险。牢固树立底线思维,坚持风险防控导向,实行政府债券“借、用、还”全过程监管。按照债务限额举债发展,平衡债务管理与发展之间的关系。根据债券项目“四单”管理的工作要求,开展新增地方政府债券资金使用情况专项检查,督促项目实施单位和主管部门落实管理责任,及时将债券资金落实到对应项目上,加快债券资金支出进度,提高资金绩效。安排资金1.39亿元,统筹用于化解平台公司隐性债务,确保完成全年债务化解任务。防范财政资金安全风险,通过灵活调度库款、大力盘活存量、合理调整结构、压减部门非急需非刚性支出等方式,保障重点项目资金需求。加强乡镇财政管理,开展全县基层财会人员财务专题培训,完善源头管控,推进乡镇财政资金管理规范化建设。

(骆琛)

五河县财政工作概述

【概况】2021年,五河县完成一般公共预算收入14.87亿元,较上年增长13.4%,完成年初预算的105.0%。完成一般公共预算支出45.67亿元,同比增长5.6%。全年民生支出完成41.07亿元,民生支出占财政支出比重为90%。

【收支管理】密切关注财政收入动态,加强与税务部门沟通磋商,分析财政收入形势,加强对重点税源、重点企业的跟踪调查,及时发现并协助解决收入征管中存在的问题。完善收入预期管理工作机制,加强对财政收入的协调和调度。合理优化支出结构。做好“六稳”工作,落实“六保”任务,落实各项惠民利企政策。保障重点支出,坚持做到“三保”支出在财政支出中的优先顺序,把有限财力用在保障教育、医疗卫生、社保、衔接乡村振兴、“三农”等重点工作上;坚持厉行节约,落实过紧日子要求,压减一般性支出,严控“三公”经费、差旅费、会议费等行政支出,按照压缩5%的原则,压缩全县各部门综合定额指标141万元,县“三公”经费支出总额为1498万元,同比减少0.4%。

【预算管理】强化预算责任。按照《预算法》和上级文件精神,及时印发《关于2021年预算公开工作方案的通知》,要求县直部门和乡镇按照省厅规定统一的信息公开格式及内容,公开各自部门预算信息(除涉密单位外)。全县各预算单位公开比例为100%(涉密单位除外)。加强预算绩效管理。按上级要求组织县直部门开展对上年预算绩效管理自评工作,对部门整体绩效、绩效管理运行监控、重点项目绩效开展自评,形成自评报告。完善2020年绩效管理相关考核材料,抽取5个重点项目开展财政评价。盘活存量资金。清理往来资金1352万元统筹用于三大攻坚战、基本民生等重点领域投入,提高财政资金使用效益。

【财政改革】推进预算管理一体化改革。为深化推进预算制度改革,根据省厅统一部署,按照统一时间节点推进预算管理一体化建设,做好预算管理一体化平台各项基础数据收集、上报、测试、试运行等工作。推进国资国企改革。推进县属国有企业改革重组,组建五河国有资本运营投资集团有限公司;完成五投集团公司负责人招聘、集团公司班子搭建、相关人事批复等工作;制定五投集团公司负责人年度和任期考核及薪酬福利管理制度,为全县国企改革提供制度保障。推进电子票据改革。本着先试点、再推广,着眼民生"关注点",推广财政电子票据,逐步扩大覆盖面。组织上线单位及时核销纸质票据,避免电子票据和纸质票据同时使用情况发生,确保纸质票据和电子票据的无缝对接,减少停止使用纸质票据。

【财政民生保障】全省实施 33 项民生工程,五河县有目标任务 31 项,计划投入资金 18.45 亿元,全年实际到位资金 19.59 亿元,到位率 106.17%。推进教育高质量发展。投入教育支出 2.3 亿元,义务教育保障机制进一步完善,薄弱学校改造、校园环境整治、困难学生资助等支出得以保障,义务教育发展基本均衡。提升社会保障水平。投入社会保障和医疗保障资金 18.49 亿元,支持社会保障救助项目提标扩面,加大对城乡困难群众的保障力度,提高农村低保补贴标准。支出实施乡村振兴战略。落实各项强农惠农补贴政策,通过"一卡通"发放各种惠民补助 4.65 亿元,涉及 13.5 万农户;拨付资金 2049.3 万元用于农村公益事业财政奖补项目,受益全县 120 个行政村 34 万人口;投入资金 6000 万元用于小麦、水稻、母猪及奶牛等政策性农业保险的承保工作;配合开展巩固脱贫攻坚成果与乡村振兴相衔接工作,起草制定《五河县财政衔接推进乡村振兴补助资金管理办法》,全年共安排衔接资金 1.31 亿元,涉及项目 63 个。加大文化事业投入。统筹用好上级财政安排的农村文化"以奖代补"资金,保障人民群众基本文化权益,全年安排资金 1000 万元用于公共文化场所开放及文化体系建设。落实疫情防控资金保障。筹措资金 2952.2 万元用于新冠肺炎疫情常态化防控保障工作;划拨基本医疗保险基金历年结余 7734.52 万元用于支付新冠病毒疫苗采购及接种服务费用。

【服务经济发展】推进县域经济社会高质量发展。拨付重点交通类项目支出 7430.21 万元,用于县乡道路升级改造及农村道路养护工程,及公交车、出租车、新能源车以及渔业等成品油价补贴;拨付资金 3568.04 万元推进棚户区改造、保障性安居工程项目建设;拨付环境治理资金 1.08 亿元,用于垃圾处理 PPP 项目,污水管网、沱湖综合治理等。拨付资金 9000 万用于扶持民营经济发展、工业企业发展、服务业企业发展等。强化金融支持发展。结合金融扶持企业政策,深入企业走访调研,协助解决企业融资需求。开展"4321"新型政银担业务,分散金融机构信贷风险,全年在保余额 2.88 亿元,发放过桥续贷 1.14 亿元、税融通贷款 793 万元。推动农商、永泰和邮储银行开展"整村授信",加大对"三农"信贷投放,助推乡村振兴,完成 139 个行政村评信工作;继续推进企业上市挂牌工作,科创板、成长板等挂牌 9 家。

(洪宇)

固镇县财政工作概述

【概况】2021 年,固镇县一般公共预算收入 17 亿元,完成年初预算的 100.3%,较上年决算数增长 8.7%。

【保障民生投入】财政支出完成 42.38 亿元,较上年增长 4.2%,其中财政民生支出完成 38.16 亿元,较上年增长 4.21%,占财政支出的 90%。实施民生工程 31 项,投入 13.9 亿元,推动民生项目顺利推进。保障"三保"运行,将财政"三保"支出纳入财政预算优先顺序,在库款调度方面优先保障"三保"支出,确保"三保"等重点资金足额到位,全年投入"三保"支出 25.7 亿元。

【抓好重点支出】推进教育发展,全年支出 10.64 亿元,较上年增长 4.86%,占一般公共预算支出的 25.11%,贯彻落实义务教育经费保障和"两免一补"政策,促进全县教育事业健康协调发展。加大社会保障和就业投入,全年支出 6.6 亿元,重点用于城乡低保、新型农村养老保险财政补贴、农村五保户供养等方面,保障困难人群基本生产生活。支持医疗卫生事业,全年支出 2.7 亿元,其中用于防疫支出 0.27 亿元。加大环境治理投入,安排环保资金 0.6 亿元,推动污染防治和生态文明建设。

【支持项目建设】支持园区发展,投入资金 4.5 亿元,用于区内基础设施、环境治理、孵化园等项目建设,进一步提升园区承载能力。申请中央预算内投资 1.67 亿元,支持磨王路改造、棚户区等项目建设。争取专项债券资金 12.47 亿元,用于棚户区改造 6.02 亿元,用于水利、医疗康养、教育、老旧小区改造、生活垃圾处理、旅游开发、园区基础设施项目 6.45 亿元,加快项目建设进度,促进社会各项事业发展。

【防范债务风险】坚决贯彻中央和省、市关于加强地方政府性债务管理的决策部署,严控新增隐性债务规模,按照化债方案有序化解存量债务,抓好政府性债务风险防范工作,坚决守住不发生区域性系统性风险底线。

【衔接乡村振兴】坚持财政支持政策总体稳定,确保资金投入力度不断增强,统筹安排财政衔接推进乡村振兴补助资金 1.16 亿元,其中县级投入 0.5 亿元,主要用于产业发展、防止返贫监测等,适当向乡村振兴重点帮扶村倾斜,推动均衡发展。

【推进预算绩效管理】制定出台全面实施预算绩效管理、项目支出绩效评价管理、预算绩效管理结果应用等制度,初步建立较为完整的制度体系。前移审核关口,开展事前绩效评估,突出绩效目标导向,实现绩效目标编制全覆盖,共审核各类项目561个,涉及预算部门68家。强化绩效运行监控,提高资金使用效益,突出重点项目财政评价,强化结果应用公开,加快构建事前事中事后绩效管理闭环系统。

【完成预算管理一体化平台建设】按时完成系统建设、单位和人员信息录入、2022年预算编制、预算执行双轨运行、预算单位账务数据关联、与金融部门的支付及清算测试等相关工作,确保2022年新预算管理一体化平台顺利运行。

【加强国有资产管理】组织开展《行政事业性国有资产管理条例》学习培训,全年共培训220人次。加强行政事业单位资产管理信息系统建设,动态掌握全县资产增减变化情况。依法将全县闲置的64所农村中小学校园校舍资产移交给县大美城镇建设投资有限公司和所在村(居),由县固投集团统一管理,乡镇统筹使用,盘活资产存量,发挥资产效益,保障国有资产安全。

(王晓冬)

龙子湖区财政工作概述

【概况】2021年,龙子湖区财政局实现财政收入16亿元,较上年减少3692万元,同比下降2.3%。其中,税收收入12.38亿元,税收收入占财政收入比重达到77.3%。一般公共预算收入完成10.21亿元,较上年增收0.34亿元,同比增长3.5%。财政支出11.58亿元,较上年同期减少3883万元,同比下降3.2%。

【落实减税降费政策】发挥减税降费政策效应,深化增值税改革、小微企业普惠性税收减免、个人所得税专项附加扣除等政策性减税降费1.1亿元,增强企业发展后劲,夯实税源基础。

【扩大政府有效投入】积极对上争取直达资金、专项债、中央预算内投资等资金,全年累计争取各类补助资金5.23亿元,其中申报入库专项债项目2个、总投资14.55亿元,获批债券额度7.1亿元,发行债券资金2.82亿元,支持全区重点项目建设。

【实施财税扶持政策】落实产业发展专项资金政策,交通运输业、硅基产业、商贸业及建筑业等累计拨付奖补资金近2亿元,支持区域实体经济发展。

【改善民生保障】调整和优化支出结构,通过压减非紧急非重点支出、强化资金统筹等措施,各部门一般性支出压减5%,聚焦民生福祉,持续加大民生投入,全年民生支出达10.34亿元,占一般公共预算支出比重为89.4%。

【疫情防控保障】坚持特事特办、急事急办原则,建立防控经费优先保障机制,简化工作流程,加快防疫资金拨付,拨付资金912.43万元,支持全区疫情防控常态化工作开展。

【支持教育事业发展】促进学前教育,投资700万元新建1所幼儿园。保障义务教育经费,投入资金300万元。免费提供国家课程教科书惠及中小学学生1.59万人,涉及资金167.7万元;义务教育家庭经济困难学生生活费补助,资助学生470人,资助资金18.79万元;完成校舍维修改造面积6500平方米,投资114万元。支持中小学及中职学校教师培训,全年完成培训275人,完成率105.77%。

【完善社会保障】参加城乡居民基本医疗保险人数6.2万人,保费补助210.2万元。城乡居民养老保险参续保0.9万人,发放养老金1420万元。投入2.07亿元完成城乡低保、城乡医疗救助、困难人员救助等民生保障任务。免费婚前健康检查972例,儿童免疫规划常规免疫接种完成2.41万剂次,开展重点职业病监测,收集职业健康核心指标807条。为全区7392名八十周岁以上老人累计发放高龄津贴230.18万元,为16名百岁以上老人累计发放高龄津贴9.3万元,为594名低收入老年人累计发放居家养老服务补贴57.5万元。为全区998名困难残疾人发放补贴64.05万元。

【提升人居环境】推进城市老旧小区整治和棚户区改造工作,投入8182.60万元推动老旧小区改造工程实施,完成23个小区10个片区改造任务,改造总面积20.46万平方米,67栋住宅楼,惠及居民3032户,约1万人;新开工安置房1400套,基本建成安置房1600套。全年农村公路养护3公里。秸秆产业化利用量1.55万吨。完成农村户用厕所改造100户。

【加强预算管理】硬化部门预算管理。严格落实过紧日子要求,执行省市厉行节约清单,持续盘活存量资金,全年盘活存量资金436.30万元,“三公”经费支出压减11%,缓解收支矛盾。加强财务管理。编制财务规范手册360余册,系统归纳总结全区财务制度规范,为预算单位全面掌握财务制度提供便利;创新培训方法,提前录制财务操作视频,通过移动硬盘提供给预算单位财务人员,提升财务培训实效。推进预决算信息公开。全区59个一级预算部门、41个二级预算单位预决算和“三公”经费预决算信息,依法主动在区政府网站统一公开,接受社会各界监督。

【深化财政改革】完善财政资金直

达常态化机制。统筹做好资金分配、测算、拨付、项目储备等基础工作,明确常态化、制度化财政直达资金清单,设置财政直达资金绩效目标和指标,实施财政直达资金绩效全过程评价,全年累计发放直接惠企利民资金1857万元,发挥直达资金惠企利民成效。深化预算管理制度改革。预算管理一体化系统成功上线运行,初步实现预算管理主要业务环节的衔接贯通、财政与预算单位业务协同和数据共享,推动财政预算管理进入"大数据"时代。升级国库集中支付动态监控系统。建立12大类33条三级预警保障体系,实时监控财政支付信息。全年累计退回支付申请431笔,涉及金额5520万元。实施预算绩效管理。将预算绩效管理贯穿预算编制、执行、决算全过程。完成61个预算部门绩效目标的申报,实现260个项目全覆盖,涉及资金2.64亿元;指导完成2022年预算项目入库,提高项目绩效目标管理的科学性与规范性,助力实现预算和绩效管理一体化;完成2020年240个预算项目的评价和61个预算部门的整体绩效自评;针对年初设定的绩效目标,完成项目监控和部门整体监控,对全年绩效目标完成情况进行综合判断;重点选取城乡建设、社会保障等领域的4个项目支出开展财政重点评价。

【加大金融支持力度】聚力支持实体经济,解决企业融资难题,分批次向驻蚌金融机构推荐急需融资企业名单,组织银企对接会签约金额2800万元。聚力企业上市攻坚,建立市场化筛选和培育上市后备资源的工作机制,重点培育拟上市企业2家,摸排上市后备企业10家,5家企业被确定为市级上市后备企业。

【强化金融风险防控】规范地方政府债务管理。严格政府债务限额管理和预算管理,完善加强地方政府专项债券资金使用管理办法,规范专项债券资金使用。实施新增地方政府债券资金绩效评价,发挥债券资金补短板、促发展作用。年末全区债务余额15.21亿元,在下达限额之内,债务风险总体可控。做好非法集资风险防范。及时发布处非预警,开展处非宣传,开展日常监管,防范金融风险,保障金融安全。

蚌山区财政工作概述

【概况】2021年,蚌山区公共财政预算收入16.57亿元,同比增长3.2%,增加0.51亿元。其中:地方公共财政预算收入10.84亿元,同比下降1.5%,减少0.17亿元;上划中央公共财政预算收入5.46亿元,增长12.2%,增加0.6亿元;出口退税0.27亿元,同比增长42.8%,增加0.08亿元。公共财政预算支出11.21亿元,同比增长0.05%,增加57万元。政府性基金支出2.75亿元。其中:新增专项债券支出2.24亿元。

【收入管理】深化区对乡街财政体制改革,按照责权利相统一,合理界定区与乡街财权和事权边界,按照乡街最新招商引税成果按月结算财力,激发乡街增收积极性。中央直达资金改善民生,助企纾困,精准高效。分配下达中央直达资金9696.74万元,累计支付9249.94万元,支付进度95.4%。主要涉及义务教育、就业补助、基本公共卫生服务、优抚对象以及中央财政城镇保障性安居工程等民生和惠企事项,通过中央高效、精准施策,为缓解地方财政压力,改善民生,激发市场活力提供保障。申报专项债券资金,保障重点项目建设稳步推进。新增专项债券资金2.24亿元,全部为非标专项债券。其中蚌埠市蚌山区高新电子信息产业园基础设施(一期)项目1.74亿元、城南大健康医疗产业园建设项目5000万元。

【支出管理】优化支出结构,保障重点支出需要。加大专项支出管理力度,压减行政和一般性公共支出5%,"三公"经费压减8%以上。同时,优化支出结构,加快财政支出进度,保障重点支出需要。推进预算绩效管理改革,实施绩效评价工作。根据《中共中央、国务院关于全面实施预算绩效管理的意见》和省市相关文件精神,执行《蚌山区全面实施预算绩效管理的实施办法》(蚌山办发〔2021〕9号)文件,将绩效管理贯穿预算编制、执行、监督全过程,采取部门自评、财政评价和第三方评价的方式,构建事前事中事后绩效管理闭环系统。选取并指导督促2家预算单位对新出台或修订调整的预算金额在500万及以上的重大政策和项目进行事前绩效评估;完成71家部门的目标申报,指导督促预算单位将项目绩效目标随2021年部门预算同步公开。完善财务制度,规范财政支出。制定《蚌山区财政资金审批管理实施方案》(蚌山政办〔2021〕9号)文件。强化规矩意识、纪律意识,规范支出行为,防范财政财务风险,树立过紧日子的思想,提高财政资金使用绩效。

【新冠肺炎疫情防控】筹措资金,加强常态化新冠疫情防控资金保障,确保经济健康发展。为巩固新冠肺炎疫情防控成果,进行常态化疫情防控,安排疫情防控资金565.22万元,主要用于防疫宣传、防疫物资及设备采购和临时接种点建设。

【财政民生保障】民生支出10.04万元,占财政总支出的比例达89.53%。实施33项民生工程(蚌山区涉及23项),主要涉及教育文化、社会保障、基础设施建设、三农等方面,区级配套资金4507万元均全部提前保障到位,及时足额保障民生工程项目资金需求。

【服务经济发展】落实减税降费政

策,累计落实政策退税1.8亿元,同比增加6870.15万元,减轻企业税负,激发市场活力。强化金融服务,搭建政银企沟通交流平台,拓宽中小微企业融资渠道,解决企业融资难融资贵的问题。组织召开4场银企对接会,搭建政银企沟通交流平台,参会银行金融机构10余家,参会企业100余家,帮助解决企业融资难题。强化培育、指导,加快推进企业挂牌、上市工作,通过资本市场增强企业直接融资能力,激发市场活力。4家企业在省股交中心成功挂牌(科创板1家,成长板3家)。强化区属融资担保平台作用,区属融资担保平台公司卓越融资担保公司为辖区内中小微企业提供担保贷款9310.43万元,担保户数24户,综合费率0.98%,小微和三农企业户数占比95.65%;为辖区6家招商引资企业实现融资担保3550万元;为辖区6家涉农企业实现融资担保910万元,为乡村振兴输送资金要素;同时,在政策允许的条件下发放委托贷款业务5笔,累计5130万元。强化惠企政策兑现,激发市场活力。加强资金保障,争取上级政策支持,落实招商引资、"三重一创"和企业上市挂牌等政策兑现,激发市场活力。

【政务公开】加强政务信息平台数据维护,提升政务公开水平。加强政务公开平台及栏目信息的动态维护,加强重点领域公开力度,提升信息公开质量和水平。利用互联网、新媒体等载体,宣传财政法律法规、政策文件和重点工作,回应社会关切,做好重大事项新闻发布。强化政府考核指标管理和省、市、区月度监测要求,加强财政收支预决算、"三公"经费、直达资金、财政绩效评价、民生工程和"六稳""六保"等重点工作、政策解读和回应社会关切栏目信息更新、发布,提升财政政策的透明度及群众的知晓率和满意度。

(董艳)

禹会区财政工作概述

【概况】2021年,禹会区完成财政总收入21.48亿元,同比增长15.2%。其中:地方收入13.52亿元,完成预算的102.5%,同比增长8.1%。财政总支出完成16.76亿元,完成预算调整的99.9%,同比增长14.0%。

【夯实财源基础】加大招商引资力度,涵养财源基础,鼓励全区各单位全力招商引资,培育新兴市场主体,引进帝晶光电、赤湾物流、盛鸿科技、汇旺餐饮等重点招商引资企业,实现税收1.6亿元。巩固现有财源,帮扶企业,解决企业融资、用工等方面的实际困难,支持企业发展壮大。挖掘自身潜力,培育壮大马城片区经济实力,利用马城交通和自然资源优势,推进马城绿色建材产业园建设,落地中联水泥、东升建筑、蚌埠方阵、安徽元鼎等优质企业。

【提升民生福祉】落实民生保障,涉及禹会区民生工程24项,全年投入各级资金2.49亿元,其中区级资金8280万元。投入1.12亿元,对城区12所中小学校进行维修改造,新建西程小学综合楼、张湾小学教辅楼,对7所农村学校校园进行维修改造,为高质量教育发展提供动力。投入232万元,落实文化场所免费开放补助政策、拓展全域旅游等方式打造全方位群众文化活动体系,为文化惠民活动提供支持。投入6636万元,落实城乡低保、困难群众救助、退役军人等民生政策,加大就业补助,提升城乡居民收入,为社会保障体系建设提供支撑。投入5094万元,推进张公山社区卫生服务中心等机构规范化建设进度,提高医疗水平和应对突发公共卫生能力,为全民卫生健康提供保障。

【优化财政管理】出台禹会区《全面实施预算绩效管理的实施办法》《区级政策和项目事前绩效评估管理暂行办法》《禹会区部门预算绩效目标管理办法》,强化预算绩效管理制度建设,将绩效管理工作贯穿预算编制和执行的全过程;上线电子票据系统,实现开具、查询、归档、报销入账和社会化应用等全流程电子化管理。在全区预算单位实现国库电子化支付的基础上,实施一体化平台的更新换代;完善各项财政、财务监管制度和工作程序,加强资金审批、使用等重点环节风险防控。出台《禹会区财政管理实施意见(暂行)》《禹会区财务报销细则的相关规定》,加强预算单位业务培训工作,提升全区财政、财务工作人员的业务素质和工作水平;推进国有资产清查工作,对全区140余家行政机关、企事业单位不动产进行大清查、大摸底、大统计,持续盘活国有资产,提高资产使用效益,推进资产保值增值。

【强化资金使用】印发《禹会区财政资金审批拨付暂行办法》(禹政〔2021〕15号),落实预算调整相关规定,除国家、省政策明确要求地方安排支出的,市区重大决策需要安排支出的,防汛、抗旱、救灾、防疫等不可预见情况需要安排支出的,部门预算一经批复,即具有法定约束力,原则上不办理追加;强化预算绩效管理,对纳入政府绩效评估考核的预算部门整体扩面,加强项目支出绩效自评与跟踪监控。增强绩效管理理念,加强绩效目标管理和绩效评价力度,提高资金使用绩效,推进部门预算公开工作,增强部门主体责任;积极盘活存量,部门结余资金和连续两年未用完的结转资金按规定收回,全年盘活财政存量资金7724万元,统筹用于城乡基础建设。

【树立风险意识】完善风险预警与动态监测机制,持续强化风险防范调度,严格执行化债方案,积极稳妥化解存量隐性债务。守住不发生区域性、系统性风险的底线,全年未发生债务违约;进一步规范地方政府债务管理。加强地方政府性债务风险防控管理,加强专项债券项目申报,加快债券资金使用,确保形成实物工作量。

淮上区财政工作概述

【概况】2021 年,淮上区财政总收入完成 18.3 亿元,为调整预算的 100%,同比增长 2.2%,增收 3991 万元。其中:地方财政收入完成 12 亿元,增长 1.1%,增收 1302 万元。中央收入 5.8 亿元,较上年同期增长 5.2%,增收 2900 万元;出口货物退增值税 4924 万元,较上年同期下降 4.1%,减收 211 万元。一般公共财政预算支出完成 16.5 亿元,增长 8.7%,增支 1.3 亿元。

【优化支出】压减一般性支出,贯彻真正过紧日子要求,采取各种措施,取消不必要的项目支出,从严控制"三公"经费、会议培训、差旅、展会招商等,严禁新建、扩建政府性楼堂馆所。应对财政减收压力,区级一般性支出统一按不低于 5%比例进行压减,全年共压减资金 420 万元,切实兜牢"三保"底线。保障和改善民生。在经济下行压力持续加大的情况下,保障民生资金需求。新增支出重点向民生领域倾斜,全区财政民生支出 14.3 亿元,占财政支出的 86.7%。

【落实减税降费政策】持续推进减税降费,落实国家减税降费决策部署,促进制造业创新升级,增强经济发展内生动力。全区减税降费 4.2 亿元,其中减免税收 3.65 亿元,减免非税 1100 万元;减免社保费 4600 万元。

【加强政府债务管理】市财政下达淮上区地方政府债务限额 33.44 亿元,其中:一般债务限额 6.44 亿元,专项债务限额 27 亿元。全年新增地方政府债券 8.3 亿元:其中再融资债券 2475 万元,新增专项债券 8.05 亿元。截至年底全区政府债务余额 31.49 亿元,其中:一般债务余额 4.49 亿元,专项债务余额 27 亿元。淮上区政府债务余额低于批准限额,债务风险总体可控。

【落实直达资金】安排直达资金总额 2.03 亿元,较上年增加 250.78 万元,形成实际支出 1.93 亿元,支出进度 94.8%,推进各项纾困措施落地。从直达资金构成来看,主要为中央财政民生补助各项资金,具体涉及城乡义务教育补助经费、就业补助资金、基本公共卫生补助资金、医疗服务与保障能力提升补助资金、计划生育、困难群众救助资金、残疾人事业发展、农田建设补助资金、优抚对象补助等民生项目资金。民生补助资金全面纳入直达资金管理,保障社保民生政策的落实,项目资金拨付更快捷、更准确,资金使用效率显著提高,缓解了淮上区财政民生支出的压力,确保了民生项目的顺利实施。

【加强政府采购管理】严格执行《安徽省 2020—2021 年政府集中采购目录及标准》,对限额以上采购项目全部进场交易。对目录内要求委托网上商城采购的项目全部进行网采,全年共申报采购 787 项。根据《淮上区招标服务中心职能范围及管理办法》,淮上区招标服务中心共监管招标货物项目 2 个,节约资金 278 万元;服务项目 65 个,节约资金 610 万元;工程项目 73 个,节约资金 1404 万元。

【推进预算绩效管理】出台《淮上区全面实施预算绩效管理的实施办法》,完善预算绩效管理制度办法和业务流程。将绩效管理延伸到预算编制、执行和决算全过程,提升绩效目标编制质量,实施绩效运行监控,拓展绩效评价广度和深度,加强绩效评价结果运用,提高财政资金使用效益。加大绩效信息公开力度,推进重点绩效目标和绩效评价结果向社会公开。

(钟敏)

蚌埠高新技术产业开发区财政工作概述

【概况】2021 年,蚌埠高新区主动适应经济发展新常态,推进稳增长、促改革、调结构、惠民生、防风险、保稳定各项工作,保持高新区高质量发展和社会稳定大局。全年完成一般公共预算收入 10.89 亿元,一般公共预算支出 12.18 亿元。

【财政收入管理】协调税务部门,建立信息相互沟通、数据相互交流、情况相互通报工作机制,密切配合,做好重点企业税收统计及分析工作,协调解决企业税收征管中的问题;深入企业及时宣传、落实落细各项减税降费政策,纾解企业困难、稳定市场主体、支持复工复产;规范非税收入管理,将国有资本经营收益纳入预算管理,严格按照相关法律法规执行,及时足额上缴国库,保障国有资本经营收益的安全和有效使用。

【财政支出管理】牢固树立过紧日子思想,坚持量入为出、有保有压、可压尽压,继续压减部门一般性支出和非急需、非刚性支出。严格控制预算追加,除了疫情防控、民生类等重大事项外,其他事项原则上不予追加预算。用好中央直达资金。实现国库集中支付系统、指标系统与直达资金监控系统的全覆盖全链条监控。确保资金流向明确、使用精准、安全高效。加快推进预算管理一体化系统建设,按照省市主管部门要求,完成一体化各项工作。完善乡镇财政管理体制,根据实际情况,重新修订秦集镇、天河科技园财政管理体制,坚持体制导向作用,保障乡镇财政平稳运行。

【服务经济高质量发展】优化营商

环境,落实减税减费政策,共减免小微企业及个体工商户各项税费约 3500 万元,同时综合运用财政贴息、技改补贴、融资担保、房屋租金减免等多种财税政策工具,支持企业纾困发展。累计拨付税收奖励、科创板挂牌资助、工业企业贴息、产业扶持资金等区级奖励资金 2.7 亿元。

【深化国资国企改革】加强国有企业管理制度建设,推动区属国有企业市场化改革和法人治理结构改革。制定印发国企负责人薪酬、绩效考核、对外投资、担保、借款等制度文件。加大对区内政府性融资担保机构蚌埠科技担保有限公司投资力度,经过多次增资后公司注册资本达到 3 亿元。成长为蚌埠市专业科技担保公司,先后荣获"最受欢迎的小微企业金融服务提供商""蚌埠市中小企业公共服务示范平台"等荣誉称号。

【防范债务风险】加强地方政府债务的统计分析工作,通过综合分析和预测财力,了解债务的总体情况和自身财政承受能力,防止盲目举债。加强对融资平台公司资产状况和各项债务指标的管控,严防债务风险。按时完成违规政府债务、政府购买服务的摸底、清理、整改工作。一般债务和专项债务余额不超过省下达的债务限额,无逾期、无违规债务。

(安莹)

蚌埠经济开发区财政工作概述

【概况】2021 年,蚌埠经济开发区完成财政总收入 18.64 亿元,较上年减少 3.43 亿元,下降 15.5%。其中地方一般公共预算收入完成 12.72 亿元,较上年减少 2.51 亿元,下降 16.5%。财政一般公共预算支出 15.03 亿元,较上年减少 3.56 亿元,下降 19.1%。其中民生支出 13.41 亿元,占一般公共预算支出 89.2%。

【收支管理】围绕市级目标任务,克服减税降费对收入的影响,会同税务深入重点企业调研,挖税源抓调度,财政收入实现 18.64 亿元。协调税务部门盯紧收入目标,加强执法力度,开辟税源,加大清欠力度,对当年税收做到应收尽收。定期召开税收工作联系会,健全涉税信息共享机制,通过对重点纳税企业、重点行业税收缴纳情况跟踪监管,摸清税源分布、了解税源变化、掌握税源动态,以重点税种为切入点,加强增值税、企业所得税征管力度。以完工结算楼盘为切入点督促配合税务部门抓好开发企业土地增值税征收,重点对蚌埠海亮投资有限公司、蚌埠永源房地产开发有限责任公司、安徽水利和顺地产有限公司、合肥城建蚌埠置业有限公司进行汇算清缴,对冲在售房源不足对税收的影响。科学安排税收收入入库进度,同时加强非税收入调度,推动财政收入平稳增长。全年通过本级财力、土地出让金市级返还、上级补助资金、棚改专项债等筹集各类建设发展资金 9.03 亿元,其中用于土地报批支出 2.20 亿元、征迁赔付支出 3.41 亿元、过渡费 8954 万元,工程款 2692 万元,化债资金 1.3 亿元,各类固定资产投资补助 9625 万元。

【预算管理】深化预算管理改革,建立健全财政收入征管分析工作机制,加强财政收入形势研判和入库管理,实现收入平稳可持续。推进预算信息公开,依规公开政府预决算和"三公"经费预决算,并增加相关解释说明,增强预决算信息透明度。完善项目申报按重要程度和成熟度依次排序机制,加强财政中期规划与年度预算的衔接,按照项目实施进度和实际需求分年度安排预算。完善分层分类保障机制,优先保障刚性和重点支出。

【财政改革】加强预算绩效管理,提高财政资金使用效益。建立绩效目标审查机制,将绩效目标作为部门预算安排的主要依据。绩效目标清晰反映预算资金的预期产出和效果,并以相应的绩效指标予以细化、量化描述。加强绩效运行监控,对重点监控发现资金使用和项目管理中存在的问题和绩效目标执行中的偏差,各部门及时整改,对问题整改或整改不到位的暂缓或停止预算拨款。规范绩效评价管理,建立单位自评、部门评价和财政评价相结合的多等次绩效评价体系。

【民生保障】全区民生工程提前完成年度目标,主要包括"四好农村路"建设,贫困残疾人康复,就业创业促进工程,养老服务和智慧养老,城乡居民基本医疗保险等 19 项民生工程。19 项民生工程除棚改项目外,全年区级实际拨付资金 2540.93 万元。

【服务经济发展】根据皖财企〔2021〕437 号政策,奖补给蚌埠融资担保集团 427 万,发挥奖金激励作用,促进融资担保机构扩大小微企业融资担保业务特别是单户贷款 1000 万元及以下的担保、首贷担保和中长期贷款担保业务规模,降低小微企业融资担保费率。同时,引导融资担保机构积极拓展创新型小微企业担保业务。

(何玉)

阜阳市财政工作综述

阜阳市财政工作概述

【概况】2021 年,阜阳市财政局(国资委)深入学习贯彻党的十九大和十九届历次全会精神,认真贯彻落实习近平总书记考察安徽重要讲话指示精神,在市委市政府的领导下,在省财政厅的指导下,坚持积极的财政政策提质增效、更可持续,发挥财政保障、引导调节、政策协同作用,加强收入管理,优化支出结构,注重资金绩效,扎实做好“六稳”工作、全面落实“六保”任务,巩固拓展疫情防控和经济社会发展成果,为阜阳市“十四五”开好局、起好步提供财力保障。

【增强财政资源统筹力】面对收入结构不够优化、重点行业税收下降、减收因素不断增多等挑战,全市各级财政部门强化收入预期管理,创新财税协作机制,坚持依法依规征管,采取积极有效措施育财源、促增收、提质量,做大做优收入“蛋糕”。全市一般公共预算收入完成 189.6 亿元,其中地方税收收入 131.8 亿元,占比 69.5%,较上年提高 3.5 个百分点。全市争取上级转移支付资金 347.1 亿元,资金规模为全省第 1 位;争取新增政府专项债券 159 亿元,资金规模为全省第 2 位。贯彻落实政府过紧日子要求,压减非重点、非刚性支出 3.2 亿元;从严控制“三公”经费等一般性支出,全市“三公”经费支出 1.6 亿元,同比下降 5.2%。将政府性基金预算、国有资本经营预算资金 54.4 亿元调入一般公共预算,盘活财政存量资金 10.2 亿元,重点用于民计民生、乡村振兴等急需领域。保持较高财政支出强度,全市财政支出完成 635.7 亿元,总量为全省第 2 位,保障中央、省、市重大决策部署落到实处,支持妇女儿童、志愿服务、共青团、工会、老龄、残疾人等各类事业全面进步,支持民族宗教、双拥共建、文联科协、外事侨务、气象地震等各类工作加快发展。

【增强支持引导驱动力】聚焦创新驱动发展,支持实施科技创新“六大工程”及“4111”五年行动计划,激发市场主体创新活力,全市拨付财政科技资金 7.6 亿元,同比增长 4.9%,助力阜阳市成功创建省级创新型城市,城市创新潜力升至全省第 4 位。创新财政投入方式,设立 2.1 亿元科技成果转化基金,拨付阜阳师范大学 0.5 亿元助力产学研深度融合,促进科技成果孵化转化和推广应用。聚焦产业发展,市级兑现奖补资金 6.8 亿元,助推现代农业高效发展、新型工业转型升级、现代服务业提质增效。统筹安排 22.9 亿元,支持皖北承接产业转移集聚区建设和承接产业转移“1+7”平台体系加快构建,阜合现代产业园区获批全省首批省际产业合作园区,界首高新区铝基复合材料创新型产业集群获国家创新型产业集群试点。统筹安排 2.1 亿元,助力“双招双引”工作开展,支持举办首届阜阳投资贸洽会,金风科技、航天科工、皖能集团、福方高科等知名企业相继投资,一批重大项目先后落地。聚焦市场主体发展,落实落细减税降费政策,压减涉企收费项目至 64 项,全年新增减税降费 10.1 亿元。设立阜阳市第一家商业保理公司,丰富中小企业融资渠道;组建阜阳市安泰担保行业保障金运营公司,提升行业风险缓释能力。加大融资担保服务力度,为 1.2 万户企业提供 150.1 亿元新增担保贷款;创新推出“泉担通”担保业务,向 2740 家企业批量提供担保贷款 16.4 亿元,助力普惠金融和支农支小服务增量扩面、提质降本。构建完善“政银担”三位一体新型农业担保体系,在全省首创“劝耕贷”财政贴息模式,全市新增项目 8384 个、担保额 37.8 亿元,为全省第 1 位。

【增强城乡发展支撑力】瞄定 I 型大城市定位,统筹政府性基金、政府专项债券等资金,支持道路桥梁、园林绿化、公益事业、安置房等重点项目建设,阜城城建完成投资 260 亿元。阜城改造背街小巷 73 条,新增停车泊位 8307 个,建成棚改房 8141 套,改造提升老旧小区 37.4 万平方米;霞光大道泉河桥及高架桥、复兴大道与颍淮大道互通立交、向阳北路建成通车,高铁西站站前广场投入使用;科技馆、大剧院、植物园开放运营,两河岸线整治休闲带有序推进。统筹安排 25.1 亿元,支持阜阳机场改扩建、阜阳至蒙城高铁、东北大外环、城北综合客运枢纽加快建设。安排 1.9 亿元,支持阜城公交事业发展,全年优化增加城乡公交线路26条,完成营运3777万公里、运送乘客3443万人次,实现城乡公交一体化。统筹安排11.2亿元,加快推进淮干王临段、洪汝河治理等重大水利工程建设。统筹安排37.4亿元,支持巩固脱贫攻坚成果同推进乡村振兴有效衔接。落实"四个不摘"政策,强化财政涉农资金整合,保持投入总体稳定,兜牢"两不愁三保障"及饮水安全;支持农业品种培优、品质提升、品牌打造,市级安全优质农产品标准化生产基地增至245个,创建市级以上长三角绿色农产品生产加工供应基地74个,临泉县入选全国肉牛肉羊全产业链典型县;支持实施乡村建设行动,基本建成美丽乡村省级中心村103个,增加农村电商经营主体464个,快递进村覆盖建制村1383个,颍上淮罗村获评中国美丽休闲乡村。服务保障"藏粮于地、藏粮于技"战略,统筹安排13.7亿元,支持60万亩高标准农田建设;补助资金3.5亿元助推政策性农业保险"扩面、提标、增品",为193.4万农户提供139.6亿元风险保障;发放农机购置补贴1.1亿元,全市主要农作物耕种收综合机械化水平达到93%;发放种粮补贴10.1亿元,粮食种植面积、产量为全省第1位。

【增强民生福祉保障力】坚持把保障改善民生、增进民生福祉作为财政投入重点,全市民生类支出542.4亿元,占全市财政支出85.3%。统筹安排132.8亿元,促进教育高质量发展。推进学前教育提升计划、阜城义务教育优质均衡三年行动计划、高中阶段教育普及攻坚工程,新建改扩建中小学校和幼儿园370所,改善大班额现象;实施"双减"政策,全市306所义务教育阶段学校(以中心学习为单位)参与课后延时服务,涉及5.7万名教师、107.6万名学生,实现课后服务全覆盖、服务时间全达标;加快构建现代职业高等教育体系,阜阳理工学院转设成功、阜阳职业技术学院新校区投入使用,技师学院二期工程稳步推进。拨付就业创业资金4亿元,支持落实就业优先政策,完成企业新录用人员岗前培训1.5万人,培训退役军人1234人、新型职业农民3908人,新增公益性岗位2979个,新增城镇就业4.7万人。拨付88.3亿元支持卫生健康事业发展,优化"114"区域医疗布局,全市三级医院16家,县域内三级医院实现全覆盖。统筹安排16亿元,支持新冠肺炎疫情防控救治及应急物资保障体系建设,市民免费接种新冠疫苗1500余万剂次。拨付173.6亿元助力33项民生工程收官,完成"四好农村路"提质改造工程321.7公里,为9.4万名城乡适龄妇女提供"两癌"免费筛查,拨付9.2亿元保障31万人享受大病保险待遇,向29.5万名贫困居民发放最低生活保障14.4亿元。健全常态化污染防治财政投入机制,统筹安排17.1亿元,支持打好蓝天、碧水、净土保卫战,空气优良天数较上年同期提升4.8个百分点,10个县级以上集中式饮用水水源水质全部达标,土壤环境质量总体保持稳定。拨付23.9亿元支持"平安阜阳"建设,保障公共安全、消防应急、军民融合等。

【增强集聚发展原动力】落实常态化财政资金直达机制,确保资金直达市场主体、直接惠企利民。争取中央直达资金136亿元,规模为全省第1位。推进预算管理一体化改革,互联共享预算信息,统一规范支付流程,提升信息化水平,实现市县预算管理一体化全覆盖。推进预决算信息公开,在部门全面公开的基础上,选取609家二级预算单位公开预决算信息,依法接受社会监督。推进公共文化、交通运输等领域市以下财政事权与支出责任划分改革,拓展权责清晰、财力协调的共同事权范围。加强预算绩效管理制度建设,制定涵盖绩效评估、目标管理、运行监控、绩效评价、结果应用等全过程管理制度,重点对产业奖补、PPP项目、政府债券等开展绩效评价,涉及财政资金85.2亿元。定期向市人大报告重点项目绩效目标审核情况,主动公开审核结果,基本建成全方位、全过程、全覆盖的市级预算绩效管理体系。深化政府采购制度改革,全面取消投标保证金,减免履约保证金,降低企业制度性交易成本,优化政府采购营商环境。推进政府会计制度改革,加强会计人员培训,推动会计诚信建设。推进国企改革三年行动,完善企业国有资产监督管理制度。

【增强学习教育转化力】坚持以党的建设统领财政国资各项工作,扛起从严治党政治责任,提高财政国资干部职工政治判断力、政治领悟力、政治执行力。创新打造多场景多层次学习阵地,推动党史学习教育入脑入心、走深走实。作为市直机关唯一代表,接受中央巡回指导组调研指导,受到中央、省委巡回指导组肯定。开展中央巡视反馈意见整改暨新一轮深化"三个以案"警示教育,纠正"四风",树牢为民服务宗旨。创建学习型机关,以双周学习会、读书会、"我来讲一课"、课题研究"两会两课"为载体,提升干部职工忠诚履职能力。开展"对标沪苏浙、学习合芜滁、加速一体化"解放思想大讨论,营造解放思想、真抓实干、开拓创新的良好氛围。坚持围绕中心、服务大局,把学习教育成果转化为推动财政国资工作的实际行动,增强责任担当,服务保障中央、省、市重大决策部署贯彻落实以及财政管理、国企改革等重大任务,推动财政国资各项工作提质增效。

(孙立宏)

颍上县财政工作概述

【概况】2021年，颍上县财政局在县委县政府的坚强领导下，在省厅、市局的关心指导下，立足本职主业，发挥财政职能，完成各项工作任务，为颍上县经济社会发展提供坚强财政保障。全县财政收入完成45.77亿元，较上年减少9484万元，同比下降2%，其中：一般公共预算收入完成30.08亿元，较上年增加2.17亿元，同比增长7.8%。一般公共预算支出完成84.82亿元，同比减少2.05亿元，同比下降2.4%。政府性基金收入完成26.45亿元，较上年增加9.22亿元，同比增长53.5%。政府性基金支出39.74亿元，同比增加9.44亿元，同比增长31.14%。

【夯实民生工程建设】聚焦“七有”目标，推进有实施任务的31项民生工程。做好宣传发动，在颍上县政务网开通《民生工程专栏》，县电视台开辟民生工程宣传专题，邀请实施单位宣传民生工程政策和成果；利用“送戏下乡”排演民生工程宣传节目进行巡回演出，发挥舆论引导作用。做好资金保障，加大财政配套投入，在资金拨付上建立“绿色通道”，民生工程总投资35.8亿元，其中，中央、省财政投入20.7亿元，市级940万元，县配套7.4亿元，其他7.6亿元。到位资金35.8亿元，拨付资金35.8亿元，资金到位率、拨付率100%。做好机制落实，落实“定期调度、一线督查、奖惩约束”三项机制，按时保质完成民生工程各项任务。

【用好衔接资金】将各级各类衔接资金统筹整合，强化资金保障，以项目库建设为抓手，执行公告公示制度，强化衔接资金监管和调度分析，推进巩固脱贫成效和乡村振兴各项工作。全年安排各级财政衔接资金4.66亿元，其中各级财政专项资金4.16亿元（中央专项资金1.21亿元，省级财政衔接资金9186.25万元，市级资金2247万元，县级专项资金1.8亿元），整合产粮大县资金5000万元。拨付资金4.3亿元，占总资金92.32%，高于全省绩效评价中支出规模要求。

【推进财税体制改革】把学习贯彻习近平总书记关于国有企业改革发展和党的建设的重要论述作为首要任务，加强党对国有企业改革工作的领导，规范董事会建设，健全市场化经营机制。全县本级监管企业改革进度70.62%，完成全省推进国企改革三年行动电视电话会议工作目标。做实事前绩效评估，开展事前绩效评估项目17个，事前绩效评估资金规模3.4亿元。开展绩效目标编制，73家单位申报项目数243个，资金规模47.71亿元。抓实财政绩效评价，组织绩效评价工作组对颍上县教育局、颍上县住建局等7家主管部门的重点项目进行财政评价，涉及财政项目资金6.3亿元。另对2020年拨付的21.5亿元乡镇财政资金、1.8亿元财政专项扶贫资金进行专项资金绩效评价。推广网上商城采购，优化采购流程，实现投标保证金网上缴纳、收退同路、带息退付。加强事中事后监管，建立信用评估体系及行业自律机制，提升政府采购效率。

（朱大勇）

界首市财政工作概述

【概况】2021年，界首市财政部门牢记初心使命，担当作为，齐心协力、攻坚克难，全市财政运行总体较好，财政改革发展工作取得新进展，促进经济社会持续健康发展。全市组织一般公共预算收入34.64亿元，一般公共预算支出44.86亿元。

【推动经济稳定增长】增加财政有效供给，落实减税降费政策，加大对市场主体支持力度，执行制度性减税政策，降低实体经济成本，加大助企纾困力度，全年新增减税降费11.66亿元。保持对重点项目支持力度，全年发行政府债券12.28亿元。盘活存量资金1.84亿元，压减一般性支出，兜牢“三保”支出底线。支持推进民营企业产业转型升级，创新财政资金投入方式，投入8亿元产业发展扶持专项资金，综合运用奖补、贴息等政策措施，支持一批重点企业发展壮大。开展“四送一服”活动，支持培育新兴市场主体。帮扶企业，解决企业融资、用工等方面的实际困难。招商引资、项目建设、园区发展集聚效应逐步显现。助力科技创新发展，投入2.41亿元，健全科技创新“1+X+Y”政策体系，落实科技驱动创新战略，围绕国家高新区创建和国家创新型县（市）建设，形成“界首即高新区”的发展理念，加速产城融合、融城入园，初步构建高新区“159”空间发展格局，入围“百城百园”行动和“100+N”开放创新体系，打造具有界首特色的科技创新生态。设立科技型中小企业风险补偿资金池，成立全省首家科技担保分公司，全年为30家企业提供科技担保1.2亿元。开展专利权和商标权质押融资9.3亿元。加大金融服务实体经济力度，壮大金融资源，存款同比增长10.75%，为阜阳市第1位。加大信贷投放，新增贷款46亿元，同比增长15.5%，存贷款余额同比增长12.91%，为阜阳第1位。推进线上金融服务，“阜阳金服平台”注册企业13943家，发放193笔贷款共16.69亿元，为阜阳市第1位。落实完善“金融顾问”制度，全市8家银行48名金融专业顾问走访企业2833次，授信4.06亿元。助力“项目会战”，落实27个项目市场融资共19.86亿元。开展银企对接活动,举办银企对接会10场次,投放贷款26.14亿元,完成直接融资17.17亿元,为279家企业提供新型政银担贷款14.92亿元。

【支持实施乡村振兴战略】围绕"三农"工作重心的历史性转移,支持全面推进乡村振兴。强化财政资金保障,落实"四个不摘"要求,按照不低于上年标准,全年投入乡村振兴衔接资金2.05亿元。优化调整资金投向,优先保障巩固"两不愁三保障"成果,守住不发生规模性返贫的底线。强化财政支农资金和政策保障,全年投入8372万元,支持耕地地力保护、种粮农民一次性补贴,保护种粮农民积极性;投入1600万元,支持高标准农田建设;投入2800万元,支持"粮安工程"建设及小麦赤霉病防治工作,织牢粮食生产安全网。推进农业保险提质增效、转型升级和高质量发展,政策性农业保险投保农户8.57万户次,提供风险保障25.6亿元,保险理赔6125万元,为1480户新型农业经营主体提供"劝耕贷"5.84亿元。投入1869万元,支持改善农村人居环境;投入2300万元,用于农村饮水安全巩固提升工程,聚焦产业发展、农业农村基础,坚持资金向项目和产业倾斜,落实涉农资金统筹整合,加强资金监管,提升资金使用效益。

【推进生态环境改善】健全常态化的污染防治攻坚战财政投入机制,巩固拓展污染防治攻坚成果。投入4.67亿元,支持打好蓝天、碧水、净土保卫战。争取政府专项债券资金,建设园区污水管网、农村污水处理设施;投入3500万元,支持秸秆禁烧及城乡环境保洁;投入9000万元,用于界亳河片区生态治理及基础设施建设项目;投入1.5亿元,用于万福沟水系治理项目;投入1.49亿元,用于污水管网和黑臭水体建设等。

【提升人民生活品质】支持民生事业发展,全市民生支出43.10亿元,占一般公共预算支出85.4%。统筹资金26.59亿元,办好33项民生实事。学前教育促进、义务教育经费保障、中小学及中职学校教师培训、就业创业促进、农村电商提质增效、技能培训提升等25项提前完成全年目标任务;城乡居民基本医疗保险、城乡居民大病保险、城乡居民基本养老保险等3项完成全年参续保目标任务;养老服务和智慧养老、水环境生态补偿、党建引领乡村振兴工程等3项稳步开展。支持就业优先政策,健全稳定扩大就业政策措施,投入就业补贴资金2000万元,落实稳岗补助、社保降费等援企稳岗政策,配合做好失业人群、退役士兵等重点群体就业工作。支持发展教育事业,投入10.02亿元教育经费,用于义务教育"双减"经费保障、城乡义务教育补助经费、市教育质量提升工程等。支持提高社会保障水平,全市社会保障支出18.64亿元,用于机关事业单位、企业退休人员养老保障和职工医疗保障等。支持提高医疗卫生服务水平,全市卫生健康投入7.81亿元,用于城乡基层公共卫生机构运行、计划生育各项政策补贴、市卫生健康服务体系项目建设等。支持提升社会救助水平,投入2.74亿元,完善城乡低保标准自然增长机制,落实社会救助政策,实现应保尽保,应助尽助。

【推进财政体制改革】深化预算管理体制改革,推进预(决)算信息公开、政府债务信息公开、预算绩效信息公开、政府采购信息公开,主动回应社会关切,接受社会监督。配合做好人大预算联网监督工作,主动接受人大监督。推进预算管理一体化改革,各单位预算管理(财务)系统安全有效运行。组织申报预算标准化认证工作,出台《界首市部门预算编制规范草案》《界首市财政支出绩效评价规范草案》《界首市财政标准化体系规范草案》,逐步完善全市财政预算管理标准体系和标准规范,开展部门预算编制规范、财政支出绩效评价规范两项标准化研究,打造并向外推介"界首标准"。推进国资国企监管改革,落实《界首市国企改革三年行动方案》,突出"三重一大"决策和重点经营环节的监督。推动养城、融城两大集团"三化"顺利转型和"四资"成熟运作,推动国有企业高管薪酬改革,提升企业法人治理能力,做大国有资本经营收益。发挥绩效目标前置引领作用,实现绩效目标与部门预算"同步编制、同步批复、同步公开、同步执行"。对全市各部门的预算项目开展事前绩效审查、事中绩效监控、事后绩效评价。对群众关注度高的27个重点项目开展重点绩效评价,根据评价结果,核减低效、无效预算项目,审核调减年初预算1.43亿元。

【防范化解风险】严格政府债务管理,落实地方政府债务预算管理相关规定,主动接受人大依法对地方政府债券"借、用、管、还"的全过程监督。做好地方政府性债务风险防控工作,基本实现"遏制增量、消减存量"的目标。防范国库运行风险,加强库款管理,科学调度资金,合理安排支出;落实库款日常监测机制,确保库款规模保持在合理区间内,防范库款支付风险。化解金融风险,加强地方法人银行监管和风险监测预警,协调化解地方法人银行不良贷款。开展金融领域乱象专项整治,加强金融安全政策宣传,健全金融监管和风险监测、预警、化解处置机制,提高金融机构抵御风险能力,守住不发生区域性、系统性金融风险的底线。

(王怡然)

临泉县财政工作概述

【概况】2021年,临泉县财政局坚决贯彻落实政府过紧日子和“六稳”“六保”要求,推进国企改革、实施预算绩效管理、开展党史学习教育,提高财政效率和资金使用效益,为全县经济平稳运行和发展提供保障。

【平稳财政收支】紧盯财政收支目标,挖掘税源、扩大税基,财政收支平稳。发挥财政支出绩效作用,提高科教文卫支出在财政支出中的占比。全年一般公共预算收入完成19.48亿元,一般公共预算支出85.01亿元,其中中央和省级转移支付补助完成55.46亿元,占比65.24%。政府性基金支出36.79亿元,调出资金8亿元,支出合计44.79亿元,政府性基金收入完成24.38亿元。优化财政收支结构,总体趋于平稳。金融担保指标良性发展,为278家中小微和“三农”企业发放政策性融资担保贷款20.5亿元,降低企业融资成本300万元。其中续保企业248家,周转贷款金额18.45亿元。支持扩大“政银担”业务,推动“政银担”业务平均担保费率降至1%,争取上级转移支付资金55.46亿元,兑现产业扶持政策奖补资金1.5亿元。

【推进乡村振兴】开展涉农资金统筹整合,巩固拓展脱贫攻坚成果同乡村振兴有效衔接。统筹整合资金5.40亿元用于乡村振兴。统筹整合财政涉农资金用于基础设施建设,其中统筹整合2.64亿元,用于乡村道路等基础设施建设;统筹整合1.58亿元,用于乡村水利工程建设;统筹整合2.63亿元,用于特色产业扶贫;统筹整合6700万元,用于稳定就业、学生资助、以工代赈示范工程。建设2022年乡村振兴项目库124个项目,安排680万元扶持村集体经济发展壮大,14个村集体经济经营性收入为50万元以上。开展政策性农业保险工作,推进政策性农业保险落实。保险覆盖农牧服务21个品种,提升农业保险覆盖率,保障三级农业保险经办和服务网络建设有序高效运行。

【加强债务管理】加强制度建设和组织领导,落实《国务院关于加强地方政府性债务管理的意见》,实行动态化管理,自觉接受人大监督,确保不发生系统性风险。建立政府性债务风险预警、应急处置机制,实时评估、预警、防范债务风险,将隐性债务还本付息资金足额纳入预算,化解隐性债务,确保不发生逾期债务。牵头做好项目建设债券需求谋划工作,争取发行各类地方政府专项债券,规范政府举债方式,保障重点领域合理融资需求。省下达新增债务限额21.25亿元,其中一般债务2.02亿元、专项债务19.23亿元。全年债务限额129.21亿元、政府债务余额122.47亿元,债务风险总体可控。

【兜牢民生底线】落实习近平总书记提出的“七有”民生要求,加大民生投入。“三保”总支出为63.9亿元,兜牢“三保”底线。33项民生工程投入31.8亿元,确保各项民生政策落实落地。发放城乡居民最低生活保障资金3.66亿元,惠及人口7.57万人;发放优抚对象抚恤补助经费1.12亿元,惠及人口1.35万人;拨付城乡居民养老保险、城乡居民医疗保险和公共卫生服务等社会保障民生资金17.46亿元;拨付义务教育保障公用经费2.08亿元,资助困难学生2.2万人;建设18个美丽乡村,改造棚户区3099套。压减“三公”经费55.9万元,压减部门一般性行政支出900万元,压减比例为10%以上,压减资金全部用于保障民生支出支持,增强社会保障力度。

【深化财税改革】研究制定预算管理制度机制,强化业务培训,全面实施预算绩效管理。指导县直单位编制项目绩效目标表538个,涉及金额20.5亿元,逐步实现对项目的事前评价、事中监控、事后考核的预算绩效闭环管理。推进预算一体化平台建设和应用,整合现有资源,接通内网与本地电子政务外网,实现直达资金监控智能化、动态化及直接支付、授权支付、实拨支付等全流程业务操作,把预算约束、预算绩效管理规则全过程嵌入预算管理一体化系统。

【推进国资管理】强化国资监督管理,凡涉及国有资产处置、对外担保、招商引资等重大事项按照程序,报国资委党委会议审批实施,执行“三重一大”集体决策制度。加强行政事业单位国有资产月度调研和规范化处置,突出资产盘活。明确国企主业,推动国有资本向重要行业和关键领域集中,盘活国有资产2121万元,推动国企改革三年行动,指导涉改29家企业。

【持续减税降费】落实减税降费政策,探索非税工作中的新思路、新方法,推进非税征管改革。全年减征各项税费7.77亿元,完成非税收入33.72亿元,其中专项收入完成1.11亿元,同比增长90.52%。执法单位服务为主罚款为辅,优化执法手段。全县减征、免征、调整各项行政事业性收费934.41万元,非税罚没收入较同期减少5735万元,减幅36.31%。发放企业奖补1.30亿元,发挥财政资金对企业发展撬动作用,22亿元中央直达资金和1600万元参照中央直达资金严格纳入一般公共预算管理。

(单俊)

阜南县财政工作概述

【概况】2021年,阜南县地方一般公共预算收入完成15.08亿元,增长

8%;一般公共预算支出完成 72.62 亿元,下降 10.3%。

【提升管理水平】推进预算绩效管理,构建"1+N"绩效管理制度体系,实现全过程闭环管理。开展事前绩效评估项目 44 个,涉及资金 20.82 亿元;随同 2021 年部门预算批复,同步批复预算绩效目标,开展绩效目标编制资金 51.55 亿元,其中项目支出 34.62 亿元。推进预算管理一体化,统筹整合财政人力技术资源,做好基础信息导入工作,按时完成 2022 年预算项目谋划入库工作。完成 19 个一级项目、14730 个二级项目的储备,推进 2022 年部门预算编制工作。

【提高保障能力】坚持以收定支,树立真正过紧日子思想,压缩行政开支,确保"三公"经费只减不增。加大财政统筹力度,盘活收回各类财政存量资金 4.873 亿元,防止财政资金出现"二次沉淀"。发挥直达资金效益,下达各类直达资金指标 17.5 亿元,确保资金直达基层、直接惠企利民。坚持科学理财,优化财政支出结构,落实积极财政政策,发挥财政资金的引导和撬动作用,优先保障民生等重点支出需求。全年民生类支出 63.22 亿元,占一般公共预算支出 87.1%。

【防范债务风险】加强风险管控,坚持疏通并举,建立健全举债融资机制,强化限额管理和预算管理,明确债权债务关系,消化旧债、严控新债,建立"举借有度、化解有方、管理有序、监控有力"的政府性债务管理新机制。新增债券 19.01 亿元,其中:新增一般债券 2.46 亿元、专项债券 16.55 亿元。债务余额 152.45 亿元,一般债务和专项债务均未超过债务限额。

【助力乡村振兴】统筹整合财政涉农资金用于巩固脱贫攻坚成果与推进乡村振兴,保持财政投入总体稳定,加大统筹整合力度,做好巩固脱贫攻坚成果与推进乡村振兴有序衔接工作。财政衔接资金到位 51.12 亿元,下达脱贫攻坚成果巩固债券资金 1.26 亿元。引导金融机构加大涉农信贷支持力度,为全县 1287 户新型农业经营主体和农业企业提供担保贷款授信额度 5.84 亿元,为全县 972 户发放"劝耕贷"贷款 4.62 亿元。

【落实"三农"政策】把支持农村发展、农业增效、农民增收作为财政工作重要任务,狠抓落实。全年通过涉农补贴"一卡通"系统打卡发放各类惠民补贴资金 6.82 亿元,发放国家耕地地力保护补贴资金 1.62 亿元,发放稻谷补贴 1538 万元,发放一次性种粮补贴资金 2679.5 万元。推进高标准农田项目建设,总投资 2.07 亿元,拨付"四带一自"特色种养提升行动资金 4912.8 万元。

【推进民生工程】树立以人民为中心的发展理念,立足新发展阶段,围绕"七有"目标,谋划项目,筹措资金,加强督查调度,对接群众需求,推进民生工程,完成目标任务。具体实施 32 项民生工程,投入资金总额 31.08 亿元,其中:中央资金 13.91 亿元、省级资金 6.21 亿元、市级资金 1875 万元、县级配套资金 5.59 亿元、其他资金 5.18 亿元。

(王希文、蔡秉钧)

太和县财政工作概述

【概况】2021 年,太和县财政工作始终以习近平新时代中国特色社会主义思想为指引,深入贯彻党的十九大和十九届历次全会精神,认真贯彻落实习近平总书记考察安徽重要讲话指示精神,坚持积极的财政政策更加积极有为,扎实做好"六稳"工作,全面落实"六保"任务,支持财政高质量发展,提升财政治理和服务效能,为全县经济社会持续健康发展做出贡献。

【主要指标完成】全年一般公共预算收入 21.66 亿元,上级转移支付收入 40.98 亿元,上年结转 2500 万元,调入资金 10 亿元,地方政府一般债务转贷收入 4.78 亿元,收入类总计 77.67 亿元;一般公共预算支出 73.57 亿元,地方政府债券还本支出 .325 亿元,上解上级支出 6635 万元,结转资金 1839 万元,支出类总计 77.67 亿元。

【支持三大攻坚战】推动巩固拓展脱贫攻坚成果同乡村振兴有效衔接。安排巩固脱贫攻坚与乡村振兴衔接资金 4.16 亿元,确保财政资金支持巩固拓展脱贫攻坚同乡村振兴衔接到位。防范化解重大风险。全年发行新增一般债券 1.45 亿元、新增专项债券资金 15.26 亿元、再融资债券 5.12 亿元,完成隐性债务化解 11.39 亿元,采取风险缓释措施化解 1.50 亿元,全口径债务风险等级评估为低风险,债务风险可控;完善金融风险防范机制,加大非法集资危害宣传力度,建立非法集资举报奖励制度,开展非法集资犯罪预警提示和打击防范工作,稳妥处置和化解地方金融机构风险。加强污染防治和生态建设。生态环保支出 1.31 亿元,支持打好蓝天碧水净土保卫战,提升区域生态系统服务功能和生态环境质量。

【保障民生事业】坚持以人民为中心,优化财政支出结构,加大民生投入,促进实现"幼有所育、学有所教、劳有所得、病有所医、老有所养、住有所居、弱有所扶"的目标,全年财政民生类支出完成 62.80 亿元,占一般公共预算支出 85.4%。着力保居民就业。落实各类再就业资金 2550 万元,拓宽就业资金保障渠道,支持就业创业扶持政策落实;落实失业保险基金 925 万元,助力稳企业保就业,加强失业人员基本生活保障和再就业服务。推动教育公平发展和质量提升。落实资金 16.76 亿元,重点用于义务教育和生均公用经费、教师待遇保障、教师培训、校园环境整治、教育基础设施建设及教学设备购置等,确保教育支出只增不减。提高社会保障水平。发放企业养老金4.18亿元、机关事业养老金5.61亿元、城乡居民养老金3.38亿元,调整基本养老金水平,提高社会保障能力。推进卫生健康事业发展。落实卫生健康资金4.44亿元、城乡居民医保基金11.04亿元、城镇职工医保基金1.84亿元;落实疫情防控资金3421万元、新冠疫苗及接种费用2.12亿元,实施居民免费接种政策,做好疫情防控工作。强化基层公共文化服务。安排公共文化服务体系建设补助资金6638万元,提高基本公共文化服务的覆盖面和适用性。完善基本住房保障体系。专项安排中央财政农村危房改造补助资金344万元,推进农村危房改造,加强困难群众住房保障。提高困难群众救助水平。发放城乡居民低保金等各类救助资金3.34亿元,扩大低保、临时救助政策范围,保障困难群众基本生活。

【支持实体经济发展】落实减税降费政策,累计减免税费10.91亿元,其中,办理征前减免6.69亿元,退库减免4.22亿元,减轻企业负担。完善财政奖补政策,兑现各类奖补资金1.56亿元。发挥担保、过桥资金融资作用,发放财政“过桥”资金3.88亿元,帮助企业续贷5.56亿元,受益企业58家,减少企业融资成本500余万元;提供担保贷款18.99亿元,受益企业131家,减少企业融资成本273万元。推进企业上市挂牌,增加挂牌企业7家,累计挂牌企业153家。跟进资本市场,协助贝克药业完成股份制改造、工商登记、税务变更和辅导备案等前期工作,助推企业科创板上市。加强政府与社会资本合作(PPP)管理,对完成的6个PPP项目进行综合绩效考评,提升财政资源配置效率和使用效益。

【落实财政资金直达机制】中央转移支付资金扩大资金支付范围,直达范围由18项扩大到28项,全年实收直达资金16.18亿元,全部直达基层、直接惠企利民。严格资金监管,利用直达资金监控系统,建立资金台账,对每笔资金全链条、全过程跟踪,直达机制运行有序有效,为落实“六保”任务补充财力,为市场主体克服困难提供支持。

【做好乡镇财政工作】加强组织领导,出台《关于印发〈太和县财政局推动乡镇财政高质量发展工作实施方案〉的通知》,成立乡镇财政高质量发展工作领导小组,加强和规范乡镇财政管理工作,提升乡镇财政科学化、规范化、信息化水平,推动乡镇财政高质量发展。完善制度建设,制订《关于进一步加强惠民惠农财政补贴资金“一卡通”管理发放工作的通知》《关于进一步加强乡镇财政所对惠农补贴资金发放监督管理的通知》等制度文件,建立健全工作长效机制,落实职责,压实乡镇财政监管,夯实农户基础信息,确保精准高效发放惠农补贴资金。严格乡镇财政财务互审,采取财政、审计联合检查、就地检查方式进行财务互审,发现问题、解决问题,实现乡镇财政财务工作制度化、规范化、精细化、信息化。加强业务培训,全年组织开展三次乡镇财政干部培训、新录用人员培训工作。开展绩效评价,印发《太和县财政局关于各年度乡镇财政资金监管和惠农补贴资金管理发放绩效评价结果的通报》,依次评定A类乡镇8名、B类乡镇14名、C类乡镇5名,对未参与绩效评价乡镇通报批评,取消乡镇财政资金监管工作经费补助。加强干部队伍建设,选拔任用8名财政所长、13名财政所所长副所长,储备6名乡镇财政后备年轻干部,招录18名乡镇财政工作人员,选拔任用调整4名财政所工作人员。

【推进财政改革事业】深化预算管理体制改革,推进零基预算,完善预算编制程序,提高预算管理科学化、精细化水平。全面实施预算绩效管理,出台《太和县全面推进和实施预算绩效管理工作实施方案》等10余项制度办法和操作规程,闭环式预算绩效管理框架体系基本搭建成型;重点对债券、扶贫、民生工程、PPP等重点领域27个项目进行绩效评价,涉及资金41.06亿元。推进预算一体化改革,按上级要求落实工作任务,实现预算一体化系统编制2022年预算、预算执行试点支付工作,确保预算一体化系统2022年正式上线。完善行政事业性国有资产管理制度,规范国有资产配置、使用、处置等各环节,资产配置和使用效率大幅提升。树牢过紧日子思想,坚持保重点、控一般、促统筹、提绩效,压减一般性支出,对全县各部门支出全面压减;加大存量资金盘活力度,全年收回财政存量资金5440万元,用于支持民生、乡村振兴等重点领域建设。

(关朝兴)

颍州区财政工作概述

【概况】2021年,颍州区一般公共预算收入完成22.85亿元,较上年同期减收2.27亿元,下降9.0%(受疫情冲击及减税降费等因素影响);一般公共预算财政支出完成45.28亿元,较上年同期减支4.87亿元,下降9.7%。

【平稳收支运行】会同税务部门在落实国家减税降费政策的基础上,抓好纳税大户预警控制,做好重点项目跟踪管理,强化税收和非税征管,做到依法征管、堵塞税收征管漏洞。牢固树立政府过紧日子思想,坚持“三保”支出在财政支出中的优先顺序,保障教育、医疗、养老、社保和衔接乡村振兴等民生领域资金投入稳定。把好支出关口,落实“三公”经费预算安排“只减不增”,全区行政事业单位“三公”经费支出1027.3万元,同比下降0.9%。落实中央八项规定精神,结合预决算编制工作对全区财会人员集中进行财政财务制度培训;严肃财经纪律,开展公务支出、乡镇财政资金、民生工程项目等重点资金监督检查;严格审批制度,修订《颍州区区乡财政体制管理办法》等制度,完善部门预算执行的审核工作流程。

【做好民生保障】全区财政用于民生保障支出40.1亿元,占一般公共预算支出85.16%。加大民生投入,教育、社保、医疗、农林水、老旧小区改造等支出资金保持增长。强化民生工程管理,全区实施30项民生工程,投入资金13.8亿元,完成年度目标任务。有序衔接乡村振兴,批复衔接项目68个,安排落实衔接资金2.73亿元。坚持“四个完善”“四个规范”“四方监督”的资金管理经验做法持续适用于乡村振兴衔接项目,提高衔接资金使用的精准度、透明度,确保乡村振兴衔接项目有序开展、衔接资金安全有效使用。

【推进国企改革】颍州区国资委监管一级企业9家,无下属子企业。根据颍州区深改会议审议通过《颍州区国企改革三年行动实施方案(2020—2022年)》,实行挂图作战、跑表计时,明确国企改革时间表、路线图。颍州区国企改革重点任务涉及43项,全年完成33项,完成三年改革整体任务75%以上。加强国有企业党的建设,兰盾保安公司成立党支部,区城投等5家公司拟成立联合党支部报局党委审批,区属国有企业党组织做到应建尽建。完善现代企业制度,建立规范董事会,9家一级企业8家建立董事会,应建立董事会企业比例为89%。加快推进经理层成员任期制和契约化管理,全面推行市场化用工积极筹建外部董事库。推进“僵尸”企业改制,全区16家未完成改制企业,全年完成9家,其余正在推进。

【服务实体经济】加大推进金融供给投放,引导金融机构扩大信贷投放规模,建立健全银企对接合作长效机制。牵头组织颍州区“党建聚合力·金融促发展”政银企对接会,推广“阜阳金服”平台、“税融通”业务,推行金融顾问制度,走访企业434次,解决融资需求7347万元;开展“金融走基层”活动,解决企业融资需求7539万元。规范引导资本有序发展,推动安徽宏洋包装集团股份有限公司成功挂牌省股交中心科创板;加强对地方法人金融机构的监管,对辖内投资类3家融资担保公司、7家小贷公司和9家典当行进行随机检查和年度现场检查;对416家投资类公司和61家财富管理公司开展专项整治排查,提高监管效能,守住防范金融风险底线。落实惠企纾困政策,加大政策性担保支持力度,增强担保增信能力。年底全区政策性担保在保余额16.4亿元,扶持企业(含“三农”主体)891户,同比增长62.13%;落实各类奖补及减税降费政策,为793家中小微企业兑现奖补资金8462.19万元,为375家企业减税降费13.7亿元。

【规范财政管理机制】强化预算绩效管理,以《阜阳市颍州区全面实施预算绩效管理实施办法》为纲领,构建起“1+2+5”的预算绩效管理政策制度框架体系。开展预算绩效考核,对23个民生项目(涉及资金9.56亿元)、7个2020年新增地方政府债券项目开展绩效评价,促进项目管理水平提升。完成预算管理一体化建设,推进全区预算单位会计核算改革,为深化预算管理制度改革,提升预算管理现代化水平,建立完善现代财政制度打下基础。规范政府采购行为,制定出台《政府采购促进中小企业发展管理办法》《关于开展政府采购意向公开工作的通知》等十余项制度,通过政府采购“徽采云”平台,为各预算单位和供应商提供便利,优化营商环境,提高财政资金使用效益。完成政府采购项目883个,预算资金5.15亿元,实际采购资金4.61亿元,节约财政资金5468万元,资金节约率10.6%。做好直达资金管理,拓宽直达资金覆盖面,做好直达资金库款调拨,加快直达资金预算分配、支付进度,助推政策资金更快惠及基层,注重直达资金支出的质量和进度。全年直达资金预算下达8.16亿元,支出7.44亿元,支出进度91.1%,为全市前列。推行“互联网+政务服务平台”建设,加快推进电子票据改革,实现线上线下一站式缴费,全年完成非税收入3.96亿元。调整非税收入项目目录清单,在区政府网站公开公布,全区执行非税项目停止征收1个,调整收费项目2个。

(刘朝燕)

颍泉区财政工作概述

【概况】2021年,颍泉区一般公共预算收入完成11.39亿元,较上年决算增长1.4%。全区一般公共预算支出36.29亿元,较上年决算下降12.3%。

【做好收支管理工作】加强收入预期管理,健全综合治税机制,抓好重点行业、重点企业收入监测,依法依规组织收入。完善非税收入管理信息系统建设,拓展互联网缴费服务,提升非税征缴效率。树立过紧日子思想,优化支出结构,一般性支出压减5%,“三公”经费降低1.2%,清理盘活存量资金7834万元,集中财力重点保障民生支出需求。

【用好惠企强企政策】落实减税降

费政策，全年区级减税降费 2.24 亿元。支持产业转型升级，投入皖北发展专项资金 2000 万元，产业发展奖补资金 1 亿元、科技创新扶持资金 977 万元。加强金融支持，全区存款余额 451 亿元，同比增长 11.4%，贷款余额 543 亿元，同比增长 16.3%；为 244 家中小微企业、个体工商户提供担保贷款 7.93 亿元，在保余额 7.59 亿元；为 68 家企业提供续贷过桥资金 4.64 亿元；推广“阜阳金服”平台应用，增加注册市场主体 8685 家，发放贷款 4.20 亿元。优化政府采购领域营商环境，搭建公平竞争平台，维护中小微企业发展权益。

【抓好民生事业建设】加大民生领域投入，全年民生类支出 31.02 亿元，占财政总支出 85.5%。推进 33 项民生工程，提升群众福祉。兜牢社会保障底线，拨付 5.23 亿元推进“病有所医”，拨付 1.53 亿元推进“老有所养”，拨付 2.12 亿元推进“弱有所扶”，拨付 1.08 亿元推进“学有所教”，拨付 822 万元稳定扩大就业。改善人居环境，改造农村厕所 4141 户，改造提升老旧小区 1 个，建设美丽乡村省级中心村 5 个，四好农村路扩面延伸 18 公里。做好疫情防控保障，拨付资金 1.06 亿元，支持常态化疫情防控和新冠病毒疫苗免费接种。

【打好乡村振兴基础】争取新增债券资金 11.69 亿元，保障全区重点项目建设资金需求。保障乡村振兴战略投入，安排衔接资金 2.42 亿元，其中区级资金 1.5 亿元，用于支持特色产业发展、就业帮扶工程、教育资助工程、基础设施建设四类项目。夯实农业发展基础，拨付农业产业发展奖补资金 1304 万元，发放农业担保贷款 3.10 亿元。建立农业保险多层次保障体系，落实政策性农业保险 901 万元、特色农业保险 746 万元，通过“一卡通”发放惠农补贴资金 3.48 亿元。支持农村公益事业财政奖补项目建设，为 58 个项目投入奖补资金 1186 万元，改善农村基本生产生活条件。

【把好资金安全关口】突出“管”字，将政府收支全部纳入预算，实现全口径预算管理；加强国库集中支付监管，规范支付方式；实时监控直达资金流向，确保直达资金直接惠企利民。严抓“查”字，抓好“三公”经费、“小金库”专项治理、财政内控内审等常态化监督，做好会计监督和预决算公开情况检查，实施镇村财政财务互审，开展惠农财政补贴资金滞拨闲置等突出问题专项整治。谋求“效”字，在预算编制环节突出绩效导向，树立绩效意识；在预算执行环节，逐步建立过程监控、绩效评价、结果应用为一体的绩效管理闭环系统，并对民生工程、政府债务、乡镇财政资金监管和惠农补贴资金等重点项目开展绩效评价，其中乡镇财政资金监管和惠农补贴资金管理发放工作第 10 年获全省绩效评价一等奖。

【做好财政治理工作】按照时间节点，推进预算管理一体化系统基础信息、项目库、预算编制、预算批复、预算执行和会计核算等模块按时上线。深化政府采购领域放管服改革，赋予采购人更多自主权，精简事项办理程序和环节，降低供应商交易成本。制定印发国企改革三年行动实施方案，明确改革任务书、时间表和路线图，按照“可衡量、可考核、可检验、要办事”的工作要求，抓好各项任务落实。

（王晴晴）

颍东区财政工作概述

【概况】2021 年，颍东区完成财政收入 14.85 亿元，同比增长 2.1%，收入增幅为全市第四位，高于全市平均水平 6.9 个百分点。全区实现公共财政预算支出 35.63 亿元，较上年同期下降 9.1%。

【加强收入分析调度】加强与颍东区税务部门会商，学习落实《阜阳市财政局阜阳市税务局关于进一步完善财政税收调度分析工作机制的通知》文件精神。加强与税务部门沟通对接，建立收入调度机制，每月上旬联合税务部门对当月重点税源当月税费情况进行摸排，掌握税源信息。对组织收入过程中遇到的突出问题，提出解决方案，把握主动权。紧盯全年收入目标，结合全市各县市区收入情况，把握组织收入的力度和节奏，确定当月收入任务，向党委政府汇报。

【支持乡村振兴】结合涉农资金统筹整合新要求，落实统筹整合涉农资金长效机制。安排项目资金 3.65 亿元，其中：专项资金 2.74 亿元，用于全区产业、就业、基础设施建设等共计 223 个项目；统筹整合资金 0.91 亿元。按照上级文件精神，区财政局等 6 部门出台《阜阳市颍东区财政衔接推进乡村振兴补助资金管理细则》，加强衔接资金和项目管理，落实绩效管理要求，全面推行公开公示制度，加快预算执行，提高资金使用效益。规范使用管理资金，按照《安徽省延续执行涉农资金统筹整合试点实施细则》要求，出台《颍东区 2021 年度统筹整合使用财政涉农资金支持脱贫攻坚实施方案》，采取“三项清单”管理，规范扶贫资金使用。通过“整合清单”“任务清单”公开资金项目名称、预算金额、实施地点、项目完成时限等，提高资金使用的规范性、有效性和透明度；围绕年度任务目标，通过设置“绩效清单”，找准财政资金的着力点和撬动点。加快项目资金预算执行率，全年资金支出 3.42 亿元，占年度资金预算 3.65 亿元的 93.57%。

【保障民生支出】坚持民生优先，合理调度财政资金，保障民生领域需要。财政用于民生领域支出30.36亿元,占总支出85.2%。实施33项民生工程,全年到位各类民生工程资金9.17亿元,拨付9.17亿元,拨付率100%,完成33项民生工程年度目标任务。加大中小企业奖补力度。

【扶持企业发展】针对阜阳市促进现代农业发展项目、阜阳市新型工业化奖补、2020年省级外贸促进政策、省财政补助粮食仓储设施建设项目、2021年省级粮食产业化项目、2020年市级外向型经济政策项目等10个奖补事项,为100余家(次)企业申报奖补项目,兑付61家(次)企业阜阳市新型工业化奖补资金1736.14万元、兑付1家企业2021年安徽省服务业发展引导资金300万元、兑付1家企业阜阳市促进现代农业发展项目奖补资金50万元,兑付安徽昊源化工集团有限公司等6家(次)企业2020年省"三重一创"及2021年省制造业贴息项目资金4177万元(其中:省下达2088.5万元,市级配套1044.25万元、区级配套1044.25万元)。

【启动国企改革】启动全区国企改革工作,把加强党的领导融入公司治理各环节,实现制度化、规范化、程序化,加强董事会建设,保障经理层依法行权履职,推进管理体系和管理能力现代化,夯实中国特色现代企业制度建设基础。

【深化财政改革】全面实施预算绩效管理,树牢绩效管理意识,健全全方位、全过程、全覆盖的预算绩效管理体系,提高财政资金配置使用效益。召开专题会议研究预算绩效管理工作,研究预算绩效管理工作推进目标和工作方向。76家一级预算单位通过预算一体化系统平台,设置本级项目、上级追加项目等绩效目标。

【加强财政监督】深入学习贯彻全国财政工作和财政监督工作会议精神,坚持围绕中心、服务大局,全面落实《安徽省财政监督条例》精神,实现监督关口前移、监督方式双向延伸,加大监督检查力度,强化预算绩效执行和监督,提高财政资金效益,保障财政政策落实和财政资金管理使用的安全规范有效。

【实现信息化管理】集中财政支付管理一体化系统功能、公务卡业务功能、预算编制功能、会计核算功能到预算管理一体化系统中,实现基本业务信息的实时共享,提升财政、财务管理规范化、精细化水平。

(李明霞)

阜阳经济技术开发区财政工作概述

【概况】2021年,经开区财政金融保障局围绕党工委、管委会年初既定目标,分析研判收入形势,加强财税收入征管调度,保障财政刚性支出,发挥财政职能作用,落实各项财政政策,做好各项重点工作,为经开区经济发展提供财力保障。全年实现财政总收入17.67亿元,一般预算支出6.94亿元。

【增强财政管理】加大收入预测和重点税源调度力度,增加税源1500万元。加大利息收入清算,全年实现利息收入2300余万元。盘活国有资本收益4481万元。加强罚没收入管理,入库罚没收入3309万元。统筹兼顾做好支出,推动"三公"经费公开化,严控一般性支出,在全年下降5%的基础上又下降5%。集中财力重点支持企业发展,保障企业发展资金6515万元。政府性投资项目做到事前、事中、事后绩效评估、评价,拨付工程建设资金1.74亿元,保障"六稳""六保"工作。

【强化风险防控】加强政府性债务管理,完善制度建设,堵塞监管漏洞,建立健全债务风险防控预警,规范债券资金使用,防范和化解债务风险。编制化债计划,按期按时偿还到期债务。通过化解、置换等措施,优化债务结构,降低融资成本。与金融机构协商,置换前期贷款成本高的银行借款,全年降低利息支出1180万元。

【加强监管水平】细化工作措施,坚持日常监督、重点检查与联合督查相结合,开展财政专项核查,形成资金监管合力,规范预算单位财务管理,盘活存量资金2000余万元。明确"绩效"目标,建立网格化管理,制定完善绩效管理制度。加强财政绩效评价,根据绩效评价结果在预算资金安排等方面加以运用,强化企业奖补资金绩效目标管理。加强审计监督,提高财政资金使用质效。强化监督检查,明确支部纪检委员、监察联络员工作职责,强化"两员"监督责任,推进内部监督检查常态化、长效化。

【提升服务能力】做好"稳企业"文章,推进银企合作,解决企业融资困难,为辖区200余家中小企业提供融资服务,涉及贷款总额超2亿元,授信意向4亿元。通过"金融顾问"、"四送一服"等联系机制,解决部分中小微企业难以办理抵押贷款的突出问题,为50余家企业纾困解忧。推广"阜阳金服"平台的注册、使用,让企业实现"多走网路,少跑马路"。为企业开展对接培训、集中培训,促进企业创新发展。做好金融监管"防风险"文章,把牢金融风险增量关口,确保不发生区域性金融风险。

【规范国资监管】完善制度,规范国有资本经营管理。做好资产移交管理,遵循合理、节约、有效的原则,建立公物仓,调剂资产使用。规范采购流程及配置标准,加强徽采商城CA锁管理,提升政府采购透明度,提高政府采购效率和质量。按照招标流程,做到合法合规,公平、公正、公开。

【打造廉政队伍】通过开展党史学

习教育,明确党员干部初心使命,提高工作能力、工作效率、工作质量。常态化开展反腐倡廉教育,紧盯春节、元旦等关键时间、重要节点开展节前廉政教育,筑牢节日廉洁防线。落实党风廉政责任制定期报告制度、党风廉政建设工作制度,修订完善《岗位责任制等十项制度》和《重大事项集体决策制度》等制度,将党风廉政建设工作纳入财政中心工作,压实党风廉政建设工作责任,增强干部职工责任意识、规矩意识。

(王颍林)

淮南市财政工作综述

淮南市财政工作概述

【概况】2021年，淮南市财政部门坚持稳中求进工作总基调，全面贯彻新发展理念，服务融入新发展格局，做好“六稳”“六保”工作，积极发挥财政职能作用，支持保障全市经济和社会事业平稳健康发展。地方一般公共预算收入完成109.6亿元，完成汇编预算的104.8%，增长5.4%。全市财政支出预算为219.6亿元，加上年结转及上级转移支付等因素，财政支出预算变动为285.2亿元。全市财政支出完成277.6亿元，完成调整预算的97.3%，下降3.6%，年终结转结余7.6亿元。

【加强财政预算管理】树立过紧日子思想，贯彻落实中央八项规定精神，加强预算刚性约束，严控预算追加，压减非刚性、非重点项目支出，将有限的财政资金用于优先保障“三保”支出。优化财政支出结构，按照轻重缓急安排各项支出，集中财力保障民生、社会各项事业等重点领域资金需求。全市财政支出完成277.6亿元，其中13大类民生支出完成236.3亿元，占财政支出85%。印发《2021年预算公开工作方案》，分层分级压实预算公开责任。要求各部门、单位在门户网站设置预算公开专栏，确保预算公开在醒目位置，并永久保留，方便公众查询。县级以上财政部门在本级政府或财政部门门户网站上设立预算公开统一平台（或专栏），将政府预算、部门预算在平台（或专栏）上以统一格式集中公开。完善预算制度建设，出台《淮南市市本级基本支出预算管理办法》等财政资金制度，提升财政管理水平。按照市政府统一部署，完善市对县区（园区）财政管理体制。树牢以人民为中心的发展思想，坚持尽力而为、量力而行，加强基本民生领域经费保障。牵头制定《淮南市财政改革与发展第十四个五年规划》。发挥财政资金引领带动作用，支持转型发展，代拟《淮南市人民政府关于2021年财政支持产业发展若干政策的意见》。

【规范直达资金支出管理】制定《淮南市财政局关于进一步做好直达资金监管工作的通知》，对完善预算单位信息及账户管理、规范资金下达拨付流程及监控提出具体要求。印发《淮南市财政局关于进一步规范预算单位实体账户名称的通知》，将财政部门批准设立的项目资金专户全部纳入管理范围，规范账户名称，经市政府批准设立的项目专户，户名全部规范调整为项目名称。市财政局将直达资金单独调拨，函告县区财政部门对应的预算指标信息。全年中央直达资金为42.56亿元，预算分配100%，支出进度98.9%。

【做好预算管理一体化工作】对照预算管理一体化工作实施方案要求，履行职责，加强对县区的包保指导，总结前一阶段的主要工作，夯实预算管理一体化基础，做好全市预算执行和会计核算模块推广及预算执行模块与预算单位、代理银行间联调测试。开展集中联调和压力集成测试，建立相应应急预案和联络机制，完成预算管理一体化各项任务。11月，全市各级财政与人民银行、代理银行预算执行测试全面成功。12月，代管资金、财政专户资金拨付流程全面贯通，为2022年1月1日预算管理一体化正式上线打下坚实基础。

【提升财政库款“三保”能力】完善库款管理机制。上报库款统计月报；健全县级保工资监测预警提醒机制，督促县、区（园区）兜实兜牢“三保”特别是保工资底线；对收支矛盾突出、暂付款规模大、库款保障水平持续偏低的基层财政部门实行重点监控。结合经济运行形势，跟踪监测财政收支情况，强化库款运行走势分析研判，促进库款管理与预算执行、国库现金管理、债务管理之间统筹协调。加强资金调度管理。争取省财政厅资金调度支持，全年省财政厅调度淮南市（不含寿县）90.63亿元，较上年同期增加16.8亿元（扣除上年不可比的抗疫特别国债和特殊转移支付资金）。加强资金调度与库款管理相结合，及时准确办理国库资金拨付调度。加大县区资金保障力度。加强财政库款调度，缩短资金调度周期，全年向县区（不含寿县）调度资金57.75亿元，较上年同期增加10.3亿元（扣除上年不可比的抗疫特别国债和特殊转移支付资金）。

【开展预算绩效评价】开展绩效评价前期调研,收集2020年度部门预算项目支出相关资料,调阅大预算、城市维护费、教育附加费等资金安排计划,储备备选项目。根据年度预算安排,在涉及面广、影响力大、社会关注度高、单项金额在50万元以上的项目中,选取财政评价项目和自评报备项目。结合考核要求,选取主城区道路大中修经费、工伤保险基金支出、老旧小区管网设施改造等项目,财政评价全面覆盖一般公共预算、政府性基金预算、社会保险基金预算、国有资本经营预算等四大财政预算体系;选取大气环境监测与综合管理系统建设、农田水利“最后一公里”、公共自行车运营服务费等项目,涵盖政府和社会资本合作(PPP)、政府债务、政府购买服务等特定类型业务;选取市地方金融监管局、市医疗保障局2家单位,开展单位整体支出绩效评价。年度财政重点评价项目35个,覆盖资金5.37亿元,自评报备项目65个,覆盖资金2.77亿元,资金规模较上年增长37.8%。

【夯实资产管理基础】根据市人大常委会对淮南市2019年度行政事业性国有资产专项报告反馈意见,市财政局坚持问题导向,梳理管理基础薄弱环节,要求部门和单位从严从实落实整改。加强制度建设,制定固定资产管理制度通用模板,发放至各部门单位,要求各单位结合实际情况,制定资产管理制度。市直83个部门均建立固定资产内部管理制度。加强队伍建设,要求各部门加强人员配备,确保资产账务、实物分设专人管理,确保国有资产安全。市直83个部门均配备资产管理人员,且实物均由本单位人员专门管理。加强补记入账,要求各有关管养部门和单位按照《政府会计准则制度》要求,加紧公共基础设施等补记入账工作。经补记入账后,全市政府储备物资金额为13.2亿元,较入账前11.5亿元增长了14.8%;公共基础设施入账后净值为118.9亿元,较入账前15.55亿元增长6.65倍;保障性住房入账后价值为11.01亿元,较入账前0.41亿元增加了25.85倍。

【提升非税收入收缴管理水平】落实非税收入管理政策规定,依托信息化管理系统,建立全市统一的非税收入项目库,严把项目调整审核关,加强源头动态管理,全流程监控执收行为。通过与公共支付平台对接,打造财政部门、执收单位和代收机构数据共享的收缴平台,为缴款人提供线上线下一体化、全天候的缴款服务。通过市级非税收入管理系统完成缴款业务82.2万笔,收入总金额17.66亿元。5月份,开展长期未处理待查款项专项清理工作,梳理分析相关入账信息,主动联系有关执收单位和代收银行,查找核对补录,处理待查款项62笔,总金额2647万元。开展“我为群众办实事”实践活动,推动非税收入“跨省通缴”。在省财政厅统一部署下,与部分商业银行开展合作,由银行升级完善现有的非税收入代收系统,实现省外银行分支机构支持办理淮南市非税收入缴款业务。工商银行、农业银行于11月份通过跨省缴款业务验证,实现非税收入“跨省通缴”。落实“互联网+政务服务”要求,配合市不动产登记中心、建设银行淮南分行,为不动产登记“税费一码清”系统与非税收入管理系统对接提供支持,实现税费同缴、网上支付、当日清分,不动产登记办事缴费便捷度明显提升。

【加强城市维护建设专项资金管理】市级城市维护建设专项资金重点用于淮河以南四区市政公用设施建设、维护,市政环卫保洁、垃圾处置等。按照现行经费保障体制,市政公共设施建设、维护一般由市财政负担,垃圾处置终端建设和垃圾转运、处置费用由市财政负担,环卫保洁、公厕建设维护、环卫临时工工资社保等由市区5:5分担。按照市委办、市政府办印发的《关于大通区田家庵区谢家集区八公山区城管大队移交各区管理的实施方案》、《淮南市市直部门下放(授权)目录》,城管大队移交各区管理、环卫保洁等下放至各区,处在交接过渡期,相关经费保障办法逐步调整。全年下达城维费预算4.2亿元,支持主城区城市建设、维护、市政环卫保洁等工作。改革城维费预算管理方式,发挥财政资金使用效益,结合预算管理一体化平台,将原切块管理的城维费纳入部门预算管理。

【防范化解债务风险隐患】按照财政部关于地方政府债务实行限额管理、举债不得突破批准限额的相关要求,依法设置政府债务上限。省财政厅核定淮南市2021年地方政府债务限额为437.98亿元。其中:市本级政府债务限额为223.3亿元。年底全市各级政府债务余额均在核定限额内。综合利用政府法定债务率、全口径综合债务率、利息支出占比等多项指标,定期评估和动态监测市本级、各县(区)及相关单位的债务风险情况。制止违法违规融资担保行为。杜绝全市各级党委、政府及其所属部门以任何方式通过国有企业、事业单位等举债上新项目、铺新摊子,从源头上遏制隐性债务增量。实行政府隐性债务统计监测月报制,在法律法规允许的框架范围内加强财政、发改、审计以及人行、银保监等部门相关数据信息共享,强化监管合力,提高监管效率。严格考核问责,将遏制隐性债务增量、化解隐性债务存量情况纳入市对县区政府目标管理考核体系。全年全市无新增隐性债务情况。守住不发生系统性风险的底线,通过财政性资金偿还、出让部分政府股权及经营性国有资产权益、依规核销核减等方式推动存量债务有序稳妥化解。全市及市本级均超额完成隐性债务累计化解任务。

【发挥“防贫保”助推作用】推进“防贫保”综合保险试点工作,防范化解脱贫人口和农村低收入人口返贫致贫风险,全市有巩固拓展脱贫攻坚成果任务的大通区、田家庵区、谢家集区、潘集区、寿县、凤台县、毛集区、高新区等8个县区全部纳入试点范围。“防贫保”综合保险试点精准对接脱贫人口和农村低收入人口,采取“3+N”一体式“防贫保”综合保险。市财政局等六部门印发《关于开展“防贫保”综合保险试点工作的通知》,承保机构确定并签订承办协议。全市防贫保承保件数193笔,保费收入930.78万元,为10万户次、25.84万人次脱贫监测户提供风险保障。

【支持巩固拓展脱贫攻坚成果与乡村振兴有效衔接】为做好支持巩固拓展脱贫攻坚成果,衔接全面推进乡村振兴工作,把推进乡村振兴作为财政支出的优先保障领域,面对疫情影响、经济下行、减税降费政策性减收等因素影响,落实“四个不摘”要求,继续加大财政投入,全市投入财政衔接推进乡村振兴补助资金6.22亿元,其中:中央财政衔接资金2.24亿元,省级财政衔接资金1.67亿元,市级财政衔接资金0.56亿元,县区财政衔接资金1.75亿元。较上年扶贫专项资金增加1.27亿元,增幅24%。市财政局会同乡村振兴局按照规定将各级财政衔接资金按照因素法分配各县区。资金切块到区县,实行县区实施、市级备案备查。强化衔接资金监管,保障衔接资金合规使用。市财政局会同市乡村振兴局制定《淮南市财政衔接推进乡村振兴补助资金管理办法》,明确衔接资金的分配、支出范围、资金使用、资金管理规定,实行衔接资金“负面清单”制度;加强衔接资金日常监管,推动衔接资金与项目加快对接,促使资金尽快细化到项目;加大对衔接资金的督查力度,采取“四不两直”的方式开展财政衔接项目资金督查调研,对资金管理不规范、支出进度较慢的县区进行专项督办。加强衔接资金绩效管理,提高资金使用效益。加强直达资金动态监控,利用财政直达资金监控平台,以预算编制为源头,以绩效目标为依据,以支付环节为依托,对资金使用全过程实时监管,随时掌握各部门、各项资金的使用情况,发现问题,及时解决。实行衔接资金绩效管理,突出问题和结果导向,对资金分配、使用、管理等工作实行全过程绩效管理。

【扶持产业融合发展】发挥产业引导作用,配合有关部门制订奖补政策并兑现到位。贯彻落实“三重一创”产业发展政策,市财政局联合市发改委出台《关于贯彻落实〈安徽省“三重一创”建设专项引导资金管理办法〉实施意见的通知》,拨付“三重一创”省级专项资金1256.76万元,市级资金73.1万元,上报省财政厅《淮南市关于支持2020年度“三重一创”建设补助政策绩效评价的报告》。贯彻落实服务业发展政策,安排下达市级服务业发展专项资金122万元,惠及企业30家次。推进军民融合发展,支持军民科技创新、基础设施建设、人才培养等融合和资源共享,安排下达市级专项资金130万元。

【加强内部控制建设】完善内控组织管理架构,根据《淮南市财政局内部控制基本制度》,对内控委成员及工作机构进行调整,由局主要负责人兼任内控委主任,分管局领导兼任内控委副主任,各科室单位主要负责人任内控委委员。印发修订后的《淮南市财政局内部控制基本制度》,夯实内控制度建设基础。通过完善内控风险日常管控机制,对出现风险隐患但尚未构成风险事件的问题予以警示;通过提高财政干部对内控的认知度,形成良好工作氛围;通过推动县区内控建设进展,完善基层财政部门内部控制环境,强化监督。组织各县(区)财政局,总结近年来内控组织管理、内控制度建设、内控执行等方面情况,梳理分析重点难点问题,研究提出意见建议,汇总形成情况报告报省财政厅。

(吴波)

寿县财政工作概述

【概况】2021年,寿县一般公共预算收入完成19.06亿元,增长9.78%。全县财政支出完成73.5亿元,下降12.06%。

【加强财政收支管理】坚持“两手抓、两促进”,一手抓减税降费,做到应减尽减、应降尽降,一手抓收入征管,完善税收保障机制,做到依法征收、应收尽收。在全面落实减税降费政策的前提下,加强税收征收管理,保障税收收入,同时加强政策对接,争取上级各项转移支付和政府债券资金。优化支出结构,贯彻落实过紧日子和坚持厉行节约反对浪费的决策部署,按照县委、县政府《关于厉行节约力保重点支出的实施意见》,统筹安排预算编制,按照“能压则压、应压尽压”原则,严控一般性支出,县直党政机关公用经费综合定额压减5%。坚持以收定支,严控预算支出追加,强化库款动态监控,落实“三保”支出优先顺序,增强预算刚性约束。执行财政直达资金监管有关要求,关注直达资金使用全过程管控,实现从资金下达到使用结果穿透式管理。出台《关于进一步加快2021年财政预算支出进度的通知》,加大全县财政支出力度。压实部门预算执行主体责任,加强财政资金统筹,盘活财政存量资金,统筹支持“六稳”“六保”等重点支出需求。

【推进实体经济发展】围绕“十四

五”规划纲要明确的“巩固拓展减税降费成果,降低企业生产经营成本”目标任务,按照“积极的财政政策提质增效、更可持续”要求,县财政部门落实减税降费政策措施,全年减免税费5.83亿元。整合财政金融政策,发挥政策叠加效应,引导金融机构加大信贷投放,新增贷款57.9亿元,完成市考核目标的137.9%,存贷比为84.38%。发放创业担保贷款4180万元,财政贴息支出198万元。发挥融资担保体系职能,县信达担保公司在保余额9.42亿元,发放续贷过桥资金7579万元。落实创新驱动发展战略,支持保市场主体,扶持中小微企业发展,兑现中小企业发展和企业上市(挂牌)奖励等资金7510万元。

【**保障乡村振兴发展**】推进脱贫攻坚与乡村振兴在资金预算、支付和监管上的有机衔接,投入衔接推进乡村振兴补助资金9.9亿元,较上年同期增长14.68%,其中县财政本级投入衔接推进乡村振兴补助资金9800万元,与上年投入持平。健全防止返贫致贫监测和帮扶机制,补齐必要的农村人居环境整治和基础设施建设短板。推进农业产业化发展,瓦埠湖农业综合开发示范区、迎河省级现代农业示范区、淠河经济带、供肥蔬菜基地等园区建设持续加力。完善农业担保体系建设,推进“劝耕贷”服务农业经营主体,签订批量担保合作协议,实现担保贷款余额3.14亿元,在保客户519户。加强扶贫项目绩效管理和监督,完成2020年度19个扶贫项目重点绩效评价。

【**防范财政金融风险**】完善财政直达资金运行监控机制,实现直达资金支出14.78亿元,用于基本民生等重点领域。落实县级“三保”支出保障责任,确保国家制定的工资、民生等政策落实到位。用足用好政府债券政策,加强项目储备,加快项目申报,加快债券使用,建立健全政府债券资金“借、用、管、还”全过程运行监管机制,执行政府债务限额管理和预算管理制度,落实隐性债务化解方案,化解隐性债务存量,遏制隐性债务增量,发现和处置潜在风险,保持法定债务率、全口径债务率始终在绿色区间,守住不发生区域性债务风险的底线。加强核心岗位、关键环节内控制度建设,建立完善机关内控制度。主动接受社会监督,年度预决算报告、预算调整、政府性债务管理等按照规定向县人代会和人大常委会汇报,并以适当形式向社会各界公布。强化地方金融监管,加强对县农商行不良贷款、扶贫小额信贷清收处置力度,开展对信达担保公司、小贷公司经营管理情况监督检查,防控经营风险,健全有效防控金融风险的财政财务监管体系。

【**实施惠民利民工程**】实施33项民生工程,投入资金25.06亿元,其中县级配套5.9亿元,通过“一卡通”系统发放惠农补贴资金10.35亿元,保障教育、社保、医疗、就业等重点民生领域。接续推进脱贫巩固与乡村振兴有效衔接,确保土地出让收益30%以上用于农业农村。统筹安排885万元县级配套保费,增加稻田养虾、白鹅等5个特色农产品保险品种。推进“防贫保”综合保险,推进稻谷、小麦、玉米三大粮食作物完全成本保险和收入保险试点,促进农业保险高质量发展。推进农村人居环境整治,投入2.86亿元用于大气、水污染防治,提升环保管理服务和能力建设。多方筹措资金,补齐“双基”短板,行蓄洪区居民迁建、高标准农田、九里保庄圩、农村安全饮水、G328寿县至霍邱一级公路改扩建、县医院传染病区、实验小学西校区等重大项目顺利实施,瓦埠湖大桥、文化艺术中心投入使用,楚文化博物馆实现对外开放。

【**提升财政资金效能**】开展“高质量发展,我们怎么干”大讨论,谋划改革创新举措,解决财政发展面临难题。推进预算绩效评价,完成2020年度10家单位财政整体支出和20个项目支出重点绩效评价,形成事前评估、事中监控、事后自评、财政抽评的工作机制。深化国有资产管理,制定《寿县政府投资建设项目国有资产登记移交管理暂行办法》,明确部门资产管理职责,完成92家单位不动产专项清查。推进国有企业改革,组建安徽新桥交通发展有限公司、寿县美丽乡村投资公司等,增加国有企业注册资金1亿元。深化预算管理制度体系建设,坚持财力向基层倾斜,调动乡镇当家理财的积极性,明晰县乡财权事权划分。推进县级64家部门预算和“三公”经费信息公开,将县教体局和县卫健委所属84家二级预算单位纳入预算公开范围。推进预算管理一体化改革,用新的预算管理系统完成2022年预算编制工作。

凤台县财政工作概述

【**概况**】2021年,凤台县一般公共预算收入完成22亿元,增长12.7%;全县财政支出完成37.37亿元,下降1.7%。

【**加强财政综合管理**】科学编制预算,以“有保有压、量力而行、收支平衡、集中财力办大事”为原则,按照上级部署,主动向社会公开经县人大审议批准的政府总预算。加强收支管理,完善预算执行管理机制,及时规范办理财政直接支付业务,按照批复的预算、用款计划以及项目的进度支付资金。坚持依法征税,强化收入征管,查找薄弱环节,加大税收稽查,改进税收征管手段。规范行政事业性收费和政府性基金管理,加强政府非税收入票据管理,帮助企业降低制度性交易成本、税费负担。

【服务经济社会发展】促进城乡污染防治及环境卫生建设。全年完成城乡环卫一体化支出5395万元、水污染防治支出4400万元、城市老旧小区改造支出500万元、保障性安居工程支出242万元。按照相关政策兑现企业发展奖励资金,其中小微企业融资担保降费奖补资金181.96万元,国家中小企业发展专项资金106.53万元,制造强市奖补资金451.8万元。支持内贸流通业发展,发挥专项资金引导作用,安排电子商务发展资金181万,商贸流通企业发展专项资金146万元。适时调整、完善支持出口企业主体发展、开拓国际市场等方面的财政政策。县财政拨付中小企业国际市场开拓资金47.7万元,兑现2020年度外贸进出口奖励和补助资金423.74万元,鼓励企业开拓国际市场。深入企业开展“四送一服”。召开4场凤台县“四送一服”专场银企对接会,现场解决36家企业融资问题,签约金额约22.5亿元。

【支持“三农”工作】促进农民持续增收,发放涉农补贴项目25项,涉及资金3.35亿元,惠及全县13余万农户。推进政策性及特色农业保险试点政策调整,全县16个乡镇和3个国有农场参与政策性农业保险试点工作,小麦承保面积59.9万亩;水稻制种保险0.89万亩;果树种植保险1.7万亩;小麦、水稻补充性商业保险24.2万亩;草莓种植保险0.3万亩;大棚蔬菜保险0.04万亩;葡萄种植保险137亩;能繁母猪5.9万头;育肥猪48.4万头。农作物承保面为91%以上。深化农村综合改革,中央、省、市、县共投入村级公益事业建设财政奖补资金2264万元,实施项目131个,惠及群众37.2万人。支持村集体经济发展,投入各级资金390万元用于全县扶持壮大村集体经济发展。投入各级财政专项衔接乡村振兴资金8920.25万元,其中:中央财政专项衔接乡村振兴资金3648万元;省级2218.25万元(含少数民族发展59.25万元,欠发达国有林场巩固提升70万元);市级资金402万元;县级预算2652万元,与上年持平。

大通区财政工作概述

【概况】2021年,大通区一般公共预算收入完成4.37亿元,增长29.87%;财政支出完成5.89亿元,同比增长14.06%。

【规范政府性债务管理】根据重点项目合理融资需要,选取优质公益性事业领域重点项目,发行项目收益与融资自求平衡专项债券。全区新增专项债券1.3亿元,分别用于大通区企业孵化基地建设项目4000万元,大通工业集聚区标准化厂房项目3000万元,乡村振兴建设项目4000万元,学前教育提升项目2000万元。规范政府性债务管理,健全“举借有度、偿还有方、管理有序、监管有力”的债务管理长效机制,实现持续发展和防范风险的双重目标,完成基础设施建设和投融资体制改革的双重任务。全区政府债务余额为6.56亿元,控制在省财政厅核定的年度地方政府债务限额6.72亿元以内。

【落实乡村振兴政策】把防返贫致贫工作摆在突出位置,强化责任担当,健全工作机制,补齐短板弱项消除风险隐患。全区共排查一般农户28778户,全年没有出现新的致贫返贫情况。巩固“三保障”及饮水安全,产业就业、社会兜底等政策保持总体稳定,省第三方评估验收通过。巩固扩展脱贫攻坚成果和乡村振兴任务资金507万元,按照项目管理办法和负面清单要求,使用过程中没有出现突破项目管理办法的情况,产业项目明确联农带农机制,优先覆盖防止返贫监测对象。历年实施项目均持续有效运行,基础设施类项目质量均达到相应标准。

【支持农业农村发展】落实惠农补贴政策,加强“农业支持保护补贴”发放管理工作,支持保护耕地地力。推进城乡统筹发展。发放农业支持保护补贴1715.65万元,共2.23万户;实际种粮农民一次性补贴302.07万元,共2.06万户;稻谷补贴488.94万元,共1.8万户。申报审批农村公益事业财政奖补项目22个,其中:农田水利设施1个,道路修建16个,其他项目5个。项目总投资235.2万元,其中:财政奖补资金191.3万元,村民自筹资金24.6万元,村集体投入19.4万元。通过“一卡通”发放惠农补贴资金47项,共7601.71万元。

【推进民生工程建设】实施民生工程26项,中小学及中职学校教师培训、城乡适龄妇女“两癌”免费筛查、农村危房改造、农村义务教育学生营养改善、家庭经济困难学生资助、水环境生态补偿、小型病险水库除险加固7项无任务。建设类工程多数全面验收竣工。美丽乡村建设项目完成招标工作,高标准农田建设项目完成投资1600万元。发放类项目均按照实事求是、动态管理的原则,保障民生、兜住底线,资金投入与历年持平。全年民生工程投入1.99亿元,较上年1.51亿元的变化主要因为增大工程建设领域投入,其中新增高标准农田建设约4000万元,新增两个省级美丽乡村中心村建设约2000万元。

田家庵区财政工作概述

【概况】2021年,田家庵区一般公共预算收入完成9.8亿元,增长5.4%;财政支出完成13.87亿元,同比增长8.94%。

【推动财源建设】坚持依法治税、狠抓收入,加强收入分析和研判,摸排全区税源情况,跟踪税源变化,做好纳税申报预测工作。加强征管,堵塞漏洞,对收入征管中遇到的问题,早预测、早谋划、早研究,做到应收尽收、应征尽征。财政收入稳定增长,保障全区各项改革顺利实施,保障经济建设和社会各项事业发展。

【强化保障力度】优化支出结构力度,压减一般性支出,集中财力投入重点领域和关键环节,兜牢“三保”底线。保障和改善民生,用好转移支付资金,新增财政直达资金惠企利民,优先用于保基本民生、保基层运转。全区教育、卫生、科技等13大类民生支出11.4亿元,占全区财政总支出的85%。助力“三大攻坚战”,足额拨付脱贫攻坚专项资金,全年投入1274万元,用于巩固拓展脱贫攻坚和乡村振兴建设。

【加强预算管理】推进预算管理一体化改革,采用“业务规范+技术控制”方式,强化对预算执行的控制监管,提高预算管理的科学化、规范化、标准化和信息化水平,实现预算管理横向到边、纵向到底。优化国库集中支付业务流程,全流程实行电子化管理,将资金拨付、账务处理、凭证传递及印鉴管理从线下搬到线上,提高资金支付效率,实现财政云支付全面“无纸化”,构建起“规范、安全、高效”的财政资金运行体系。

【规范举债项目】将专项债券资金主要用于重点领域、重大战略项目,支持补短板、惠民生、促消费、扩内需,严格专项债券项目合规性审核和风险把控。围绕财源建设实际,梳理项目资金需求,优化专项债券资金投向,重点发行对地方税收增长有促进、融资收益平衡有保障、经济效益明显的政府投资项目。

谢家集区财政工作概述

【概况】2021年,谢家集区一般公共预算收入完成3.09亿元,增长22.24%。财政支出完成8.61亿元,增长4.16%。

【保障民生支出】坚持过紧日子,制定《谢家集区关于厉行节约力保重点支出的实施意见》《关于进一步规范谢家集区公务及招商引资接待管理的规定》,压减“三公”经费等行政成本,同比降低2.5%。强化资金统筹使用,优先支持社会民生等全区重点工作。全区教育、卫生、科技等13大类民生支出7亿元,占全区财政支出的81.33%。通过“一卡通”平台发放31项惠民资金1.07亿元,4.41万名群众受益。坚持以33项民生工程实施为抓手,完善城乡低保、养老保险、优抚抚恤等基本民生政策,全年投入资金3.38亿元,兜牢“三保”底线。

【服务转型发展】发挥财政职能,优化营商环境,用足用好援企稳岗、金融支持等各项政策,回应企业诉求,助力企业快速发展。克服疫情对经济发展的不利影响,联合税务部门深入辖区14家企业,开展“四送一服”活动,帮助企业谋实计、出实策。举办2场银企对接会,组织4家银行与园区企业对接洽谈,帮助企业解决融资难,减轻企业负担,营造良好营商环境。兑现惠企扶持资金5703万元,推动各项政策措施落地见效。支持园区基础设施建设,申请4200万元非标债用于建设标准化厂房,完善园区功能,增强智造园区聚集效应。

【推进乡村振兴】落实乡村振兴政策,出台3个金融支持乡村振兴实施意见。设立200万元区级乡村振兴产业基金,专项用于全区乡村振兴领域基础设施建设和产业发展,撬动社会资本投入;建立小额贷款风险补偿机制,区财政安排134万元,为全区脱贫户贷款提供风险补偿保障,发挥农业信贷担保作用,助力脱贫群众稳定增收;建立乡村振兴领域担保机制,为湖鑫水产养殖等公司担保贷款300万元,解决涉农小微企业融资难、融资贵难题。加强与金融机构合作,与淮南通商银行签订《金融服务乡村振兴战略合作协议》,在项目融资、农户信用建档、脱贫人口信贷、农村金融服务等方面开展合作。扩大农业保险覆盖面,制定《谢家集区农业保险实施办法》,增加5个特色农业保险品种,促进现代农业发展。多方筹措资金,发行一般债券500万元,推动南部乡镇乡村振兴实施。申报谢家集区乡村振兴建设项目专项债1.5亿元,到位4000万元。投入乡村振兴资金1.02亿元,用于乡村规划建设投入、美丽乡村建设、农村改厕等方面,推进全区农村人居环境改善。

【强化监督管理】深化政府采购监督管理,完成全区政府采购备选库、名录库、资格库专项清理工作。落实直达资金常态化监控机制,保障重点支出。下达直达资金1.49亿元,发挥直达资金在“六稳”“六保”工作中的重要支撑作用。完成中央巡视安徽惠农资金整改,制定区级惠农补贴资金政策清单,确保各项惠民惠农政策落实到位。完成全区乡镇财政互审工作,健全完善各项财务制度,规范财务管理和财务收支行为,加强廉政风险防控管理。开展党政机关违规经商办企业专项清理工作,注销违规开办企业46户。推进区国企改革三年行动,提升国有经济质量和效益。

【提升理财能力】规范各类财政专户和预算单位银行账户管理,确保财政专户资金安全、高效。树立依法公开观念,履行公开责任,完成70家预算单位预决算公开。落实向区人大常委会报告国有资产管理情况制度,做好国有企业退休人员社会化管理移交工作。规范国有资产经营、处置管理程序,开展区级存量资产盘活、处置工作。实施预算绩效管理,在70家预算单位绩效自评基础上,聘请第三方机构对区重点领域50万以上项目进行抽评。深化国库集中支付制度改革,加强集中支付管理,全区通过财政国库集中支付平台完成支付48107笔。推进预算管理一体化改革,举办3期业务培训,完成109家行政事业单位预算一体化执行环节压力测试,完成预算一体化建设工作。

八公山区财政工作概述

【概况】2021年,八公山区一般公共预算收入完成2.46亿元,增长63.33%。财政支出完成4.98亿元,下降4.91%。

【做好财力统筹】在全面落实减税降费政策基础上,强化收入预期管理,坚持依法依规征管,全区一般公共预算收入实现较好增长。合理利用资源,增加矿区生态修复治理工程石料处置款7300万元非税收入等,非税收入占一般公共预算收入的56%。落实过紧日子要求,明确禁止、压缩、严控、统筹四类23项支出要求。全年一般性支出较上年压减5%,"三公"经费同比下降5%。

【保障重点支出】坚持以人民为中心的发展思想,加大教育、就业、社保、医疗等民生领域投入力度。13大类民生支出完成4.24亿元,占总支出的85%。优先保障教育支出,落实教育经费保障制度,加大教育正向激励,统筹资金支持区五中综合楼、区四中和区一中等学校基础建设,加大学前教育发展投入,全年教育投入1.08亿元。全年拨付就业补助资金660万元,扎牢就业稳定"基本盘"。加大社保投入,城乡居民最低生活保障标准提高至每人每年8052元,较上年提高4.5%,发放城乡居民最低生活保障补助资金1924万元;拨付机关事业单位养老保险补差4737万元;惠民"一卡通"发放4400万元,惠及2万人次。社会保障和就业支出1.12亿元。支持常态化疫情防控,护航新冠疫苗接种工作,拨付疫苗接种经费401万元。加强基层卫生医疗体系基础建设,拨付八公山镇卫生院改扩建、疾控中心大楼和核酸实验室建设710万元,提升基本公共卫生服务能力。

【整合涉农资金】衔接推进乡村振兴,支持补齐农村基础设施短板,加大基础设施建设投入力度,在补齐短板的基础上推动提档升级。拨付"四好农村路"建设及管护资金86万元,防洪圈堤达标建设资金350万元,农田水利"最后一公里"建设资金396万元,一事一议财政奖补资金166万元。改善农民生产生活环境,拨付水环境综合治理项目债券资金2000万元、畜禽粪污资源化利用资金250万元、农村人居环境建设资金109万元。拨付150万元扶持壮大村级集体经济,支持新型农业经营主体发展,提升农业生产发展质量。提升城市面貌,整治社区环境卫生,拨付文明城市创建573万元,投入1229万元实现城乡环卫一体化全覆盖。改善老旧小区居住环境,投入老旧小区改造资金1007万。

【扶持产业发展】支持文旅事业发展升级,拨付风景区基础设施提升改造专项债6200万元。推动工业提质增效,兑现各类企业奖补资金765万元,支持重点产业发展。加大对工业集聚区基础设施建设投入,凸显产业集聚区综合效应。出台《八公山区促进乡村产业振兴奖补办法(试行)》,对在省股权交易中心挂牌的企业给予相应奖励。引导金融服务实体经济,通过点对点精准对接、引导金融机构对辖区重点领域、薄弱环节创造高质量金融供给、为东华欧科等企业缓解融资难等问题,推动中小企业发展;对专业大户、家庭农场、小微企业主等符合八公山区产业特点的项目,引导金融机构发放个人乡村振兴惠农E贷2.19亿元。

【加强内部控制】深化预算管理制度改革,推进预算管理一体化,完成预算单位基础信息建设、财政供养人员基础信息建设、财政支出项目库建设。实施预算绩效管理,实现绩效目标全覆盖,全区75家预算部门和单位设置绩效目标84项。坚持部门绩效自评与重点项目直评相结合,确定104个建设项目单位进行绩效自评,对"文明创建专项资金"、"城镇公厕改造项目"等16个项目开展重点支出绩效评价,涉及财政资金1.09亿元。强化财政资金监管,全程监管专项资金使用,突出抓好中央直达资金和惠农补贴资金管理,做到资金直达民生、直达基层、直达企业,每笔资金及时拨付、数据真实、流向明确、账目清晰、可查可控。常态化监测政府债务,兼顾强管理与防风险,加强隐性债务风险防控,做到风险事件早发现、早报告、早干预、早处置。正式启用全流程电子化招标平台,实现招标采购全流程透明高效,保障交易数据的准确性、及时性和完整性。开展国有企业改革三年行动,健全市场化经营机制,推行企业经理层成员任期制和契约化管理,明确责任、权利、义务,严格任期管理和目标考核。

潘集区财政工作概述

【概况】2021年,潘集区一般公共预算收入完成5.58亿元,增长11.86%。财政支出完成13.3亿元,下降22.46%。

【加强收入征管】关注财政经济态势,面对经济下行压力,结合全区经济发展现状,组织财税力量,加强调研力度,剖析影响财政收入增减变化的原因和对策。加大非税收入征收力度,健全非税收入票据和银行账户管理制度,控制源头,加强票据管理,确保政府非税收入按规定缴入国库或财政专户,防止应收不收、应罚不罚和乱收乱罚。加强财税联动,定期召开财税联席会议,解决组织收入中的困难和问题,完善收入征管机制,在税收形势不利环境下,挖掘增收潜力,确保收入应收尽收。

【实施民生工程】实施28项民生工程,计划资金7.09亿元(含市统筹支付1.28亿元,包括残疾人康复训练504万元、城镇居民基本医疗保险2343.2万元、养老保险金发放7935万元),其中区财政配套资金9730.64万元。拨付资金4.44亿元。

【推进乡村振兴】全年乡村振兴衔接资金共7195.25万元,其中中央资金2722万元,省级资金2225.25万元,市级资金898万元,区级资金1350万元。开展2020年财政扶贫资金项目绩效自评及抽审工作,制定《潘集区财政衔接推进乡村振兴补助资金管理办法》,全流程监督资金支付、使用。

【开展农业保险】国元保险承保潘集区午季小麦保险24.05万亩,午季作物种植面积39万亩,承保率61.7%;秋季水稻承保19.55万亩,大豆4.08万亩,共23.63万亩,秋季作物种植面积39万亩,承保率60.6%。

毛集实验区财政工作概述

【概况】2021年,毛集实验区一般公共预算收入完成2.5亿元,增长15.68%。财政支出完成6.85亿元,下降26.57%。

【增长税收收入】税收收入完成1.7亿元,增长35.5%,其中:增值税(地方部分)7690万元,增长45.37%;企业所得税345万元,增长19.79%;个人所得税189万元,增长16.67%;契税1301万元,增长47.84%;土地增值税870万元,增长142.34%。非税收入完成7388万元,下降14.22%。

【加强预算管理】应对复杂多变的财政经济环境,强化财政收入预期管理。统筹一般公共预算、国有资本经营预算和政府性基金预算,调整优化财政支出结构,压减一般性支出,实现财政收支平稳运行。一般公共服务支出7879万元,公共安全支出465万元,教育支出1.16亿元,科学技术支出64万元,文化旅游体育与传媒支出406万元,社会保障和就业支出7506万元,卫生健康支出4241万元,节能环保支出2599万元,城乡社区支出2273万元,农林水支出2.18亿元,交通运输支出1591万元,自然资源海洋气象等支出771万元,住房保障支出1132万元,灾害防治及应急管理支出970万元。

【突出补齐短板】全区教育、卫生、科技等13大类民生支出5.87亿元,占全区财政支出的85.62%。助力"六稳"、"六保",把有限财政资金用到刀刃上。以25项民生工程实施为抓手,保障和改善基本民生。

【强化财政监管】加强预算管理,推进财政预算精细化、科学化、规范化管理。按照"两上两下"程序,编制完成毛集实验区预算及区直50家部门预算工作,全区部门预算编制覆盖面为100%。通过政府网站信息公开栏公开部门预算,督促各部门细化预算公开内容,扩大预算公开范围,规范预算公开程序,主动应对预算公开的社会舆情。遵守中央八项规定和省市相关规定,严控"三公"经费。扩大预算单位国库集中支付覆盖面,执行现金管理规定,推进公务卡结算业务办理。与银行对接,实现银行、财政和预算单位之间数据自动对接,提高国库支付工作的质量和效率,做到清算及时准确无差错。

淮南经济技术开发区财政工作概述

【概况】2021年,淮南经济技术开发区一般公共预算收入完成3.8亿元,同比增长6%。财政支出完成3.63亿元,下降8%。

【支持园区发展】支持招商企业加快发展,兑现企业优惠政策资金1.55亿元,支持企业技术改造和创新。强化基础设施建设,统筹各项财政资金,发挥财政服务发展的职能作用,全年基础设施建设共投入9498万元。做好建设用地保障工作,联合新城投公司筹措资金,全年支付土地报批费1.42亿元,保障管委会重点招商引资与重点建设工程项目顺利实施。构建新型政银企关系,联合新城投公司每季度组织银企对接会,缓解企业融资贵、融资难问题,达成融资意向11笔共6000万元。推动企业上市(挂牌),对42家后备库企业进行资本市场业务培训,企业线上培训平台注册17家。

【保障民生支出】坚持以人民为中心的发展思想,做好普惠性、基础性、兜底性民生建设,全年全区14项民生工程投入资金913万元。落实惠农补贴,推进财政惠农补贴资金"一卡通"发放工作,落实党的各项惠农政策,全年打卡发放各类资金14项,共762万元。

【防范财政风险】强化政府性债务管理,加强风险防范和应对,守住不发生系统性风险的底线。开展融资担保公司和小额贷款公司检查,督促两类机构加强经营管理和风险防控,改进监管服务方式,促进行业健康规范发展。深化重点行业领域整治,推进金融放贷领域扫黑除恶斗争,提高金融风险防控能力,推动全区金融行业健康发展。

【加强财政管理】加快推进预算管理一体化建设,通过预算管理一体化系统完成2022年预算"二上"编制工作,开设财政零余额账户,完成预算执行模块与人民银行集中联调测试及预算执行模块与人民银行、代理银行、预算单位之间压力和集成测试。开展绩效评价工作,对实验中学、南区供热管网等五个重点项目实行第三方绩效评价。执行财政直达资金监管有关要求,全年完成指标登记1170万元,及时分配到具体项目并全部支出。关注直达资金使用全过程管控,实现从资金下达到使用结果穿透式管理,发挥资金效益和政策作用。开展政府采购工作,全年开展货物类政府采购项目60项,采购总金额499万元。推进全区政府采购脱贫地区农副产品工作,提前完成年度全区脱贫地区农副产品预留份额采购任务。加强国资管理,推进现代企业制度建设,制定《淮南经济技术开发区国企改革三年行动实施方案》,以产权明晰、权责明确、政企分开、管理科学为基本要求,推动国有企业改革,确保国有资产保值增值。制定《淮南经济技术开发区产业引导基金管理暂行办法》,优化政府投资方式,发挥政府资金引导作用和放大效应,提高政府资金使用效率,吸引社会资金投入政府支持领域和产业。

淮南高新技术产业开发区(山南新区)财政工作概述

【概况】2021年,淮南高新区一般公共预算收入完成7.6亿元,增长6%。财政支出完成8.51亿元,增长13.3%。

【支持重点建设】回收土地出让金,与国土部门对接,第一时间掌握地块出让、缴款信息,向市土储中心及市财政提交资金报告,进行跟踪。全年市财政拨付土地出让金1.01亿元。争取上级专项资金,对符合规定的企业和项目申报上级奖励资金,全年中央保障安居工程配套基础设施建设资金共1.29亿元。盘活存量资金1.55亿元,包括三和镇安置房结算差价1.4亿元,统筹用于重点项目支出。

【筹措各类资金】全年申报债券总需求39.3亿元,其中杜鹃路幼儿园项目通过第二批非标债项目评审入库,入库额度为0.5亿元;债券资金下达1亿元。开展多渠道融资及债务置换,配合集团公司完成新增授信约39.5亿元,完成新增实际到账资金21.01亿元。其中,银行贷款9笔,授信额度34.5亿元,到位17.01元;新增融资租赁3笔,总额度5亿元,到位3亿元;专项债申报3项,到位资金1亿元;完成1笔1.8亿元隐形债务置换工作。

【强化预算管理】提高预算编制水平,按照"六稳""六保"要求及"聚焦重点、保障民生、强化统筹、提升绩效"的预算编制原则,完成财政预算编制工作。注重厉行节约,压缩一般公务性支出,集中财力支持重点项目建设及产业扶持。按规定时限公开政府预算、部门预算、"三公"经费及专项资金预算,提高预算透明度,构建全面规范、公开透明的预算管理制度。保障民生投入,全区民生工程涉及17项,与区直牵头单位、三和镇签订目标责任书,落实具体项目责任。

【提升财政绩效】加大对各专项资金的督查,联合监察室、社会事业局(乡村振兴局)等相关部门核查财政扶贫资金、政策兑现等专项资金使用情况,联系中介机构,进行专项审计。加大对辖区内小贷公司和典当行的监管。加强对辖区内金融机构的现场检查和非现场监管,通过聘请会计师事务所对小贷公司等金融机构日常经营及财务管理进行审查,防范化解地方金融风险,引导小贷公司等机构持续健康发展。

安徽(淮南)现代煤化工产业园区财政工作概述

【概况】安徽(淮南)现代煤化工产业园当前仍处于筹建期,安徽(淮南)现代煤化工产业园区管理委员会代表市政府统一领导和管理园区建设、产业发展和社会事务。园区财政局为其内设机构,主要职责是编制园区年度财政预算并组织执行;管理和监督园区各项财政收支;贯彻落实厉行节约反对浪费条例,执行财经纪律;监管园区国有资产和政府债务;编制和执行园区政府采购计划;组织实施园区机关财务集中核算、部门预决算、政府财务报告、内部控制报告等。园区管委会比照市直部门编报市级部门预决算,市财政全额保障人员工资和机构运转经费。根据市政府文件规定,园区财政收入一律缴入园区金库,全部用于园区建设。2018年6月设立园区金库,库款支配权属于市级财政部门。税收收入、土地使用权出让收入按征缴入库核实情况,安排专项资金用于奖补入园企业。

【保障财政收支】园区税收收入完成8179万元,同比增长31.66%;工业总产值完成85.5亿元,同比增长61.1%;战略性新兴产业产值完成85.5亿元,同比增长61.1%;规模以上工业增加值为17.3亿元,同比增长63.2%;高新技术产业增加值为14.8亿元,同比增长68.65%。

滁州市财政工作综述

滁州市财政工作概述

【概况】2021年,滁州市加强收入预期管理,财政收入保持合理区间,实现“十四五”良好开局。获安徽省脱贫攻坚先进集体荣誉称号;市政府债务管理工作第五年全省排名第一,专项债申报额和入库率为全省前列,发债额为全省第三;民生工程考核为全省第二;政府采购营商环境考核全省第一;预算绩效管理考核满分位列全省一档;与央企合作发展工作全省考核第二;第三年获全省社保基金预决算绩效评价一等奖;第二次成功申报全国财政支持深化民营和小微企业金融服务综合改革试点城市。

【推进预算执行】全市各级财政部门按照高质量发展要求,坚持“保重点、压一般、促统筹、提绩效”,全年预算执行情况总体较好。全年一般公共预算收入完成250.9亿元,增长11%,总量和增幅为全省第三位。全年财政支出完成461.7亿元,其中,民生支出完成392.5亿元,占财政支出的85%。各县(市、区)围绕县域经济振兴工程,发展主导产业、特色产业。县(市、区)一般公共预算收入完成191.7亿元,占全市的76.4%,其中,20亿元以上的县(市、区)有6个。

【保障重点领域支出】滁州市促进财政政策提质增效,提高财政服务经济社会发展水平。在直达资金管理方面,落实常态化直达资金机制,加快直达资金分配和预算下达,严格资金监管,确保资金快速落实到基层和单位,发挥财政资金惠企利民作用。全市收到各类直达资金共79.3亿元,涉及项目总数16523个,实际支出72.1亿元。在重大项目建设方面,围绕市委、市政府决策部署,统筹资金110亿元,保障奥体中心、明湖中学、明巢高速等一批重点项目建设。在政府基金培育方面,坚持用市场的逻辑、资本的力量、平台的思维,抓创新、促转型、强实体,撬动社会资本进入重点发展产业和投资领域。支持设立基金总规模100亿元国调战略性新兴产业投资基金(滁州),重点投资光伏、锂电池、半导体、汽车装备、新材料等项目。落实减税降费政策,增强经济发展活力。壮大实体经济。投入资金12.1亿元,助推新型产业培育,着力延链补链强链。发展工业互联网,加快企业数字化改造,全市新增规上企业370家,总数为2054家;兑现奖补资金0.5亿元,全年新增上市企业5家、累计14家,总量为全省第三,实现A股上市公司县域全覆盖。支持科技创新发展,投入资金9.6亿元,完善“1+4+N”科技创新政策体系,落实好招才引智“十大举措”,全市高新技术产业增加值增长20%,新增高新技术企业150家,新引进高层次人才48人,与近百家大学大院大所建立紧密型合作关系,建成院士工作站9家。落实落细各项减税降费政策,改善营商环境,降低企业运行成本,减轻市场主体负担,防止弱化减税降费政策红利,全年新增减税降费19.4亿元。以建设长三角中心区现代化城市为引领,统筹城乡、区域协调发展,改善生态环境。统筹区域协调发展,推进长三角一体化发展,投入资金39.8亿元,支持顶山—汊河、浦口—南谯两个新型功能区开展建设。抢抓皖北承接产业转移集聚区建设机遇,投入资金9.2亿元,加快推进西部大工业基地建设,做好资源文章,壮大主导产业,助力县域振兴。安排资金33.9亿元,推动园区建设,实现与沪苏浙城市城区和园区合作共建全覆盖。推动巩固脱贫攻坚成果与乡村振兴有效衔接,投入资金70亿元,推进乡村全面振兴。安排资金2.6亿元,实施乡村建设行动,改造农村危房343户,完成农村改厕2.4万户,农村生活垃圾无害化处理率95%。加强生态环境保护,投入资金11亿元,落实“三大一强”专项攻坚行动,支持抓好长江“十年禁渔”,落实碳达峰碳中和要求,获批首批省级能效引领示范城市建设试点。

【强化财政管理】强化预算约束和绩效管理,提升财政治理效能。坚持预算法定,强化预算对落实重大政策的保障能力。推进专项资金整合,解决财政专项资金使用碎片化问题,发挥财政政策和资金的集聚效应。构建“财政牵头组织+部门具体实施+绩效专家参与”的联动机制,绩效指标体系清晰完整。市级预算862个项目支出、78家部门整体支出均编制绩效目标,涉及资金60.3亿元。落实国库集中收付管理,实行全流程电子支付,提升资金支付效率;加强库款监控和统筹调度,确保库款规模适度合理,防范财政资金风险。以审促建、以审促改,推动工程规范高效实施。召开12次审理会,通过结算审核项目63个,报审价24.93亿元,审定价21.85亿元,核减造价3.08亿元,核减率12.35%。开展清单控制价审核,对菱溪花园二期、昌盛花园、清琅别院二期等6个两区代建安置房清单控制价进行审核,报审价46亿元,审定价43.67亿元,调减造价2.33亿元。聚焦政府投资重点资金、重大项目,强化工程造价审核,对发现的超合同现象严重、造价核减率居高不下、争议事项久拖不决等突出问题提出整改意见,发出59份审核意见、14份协调通知书、4份审核建议函,处置工程造价遗留问题60余条。

【加大民生保障】坚持保基本民生支出在财政支出中的优先地位,扩大优质公共服务供给。推动民生工程建设,完善民生工程项目,投入资金114.2亿元,完成省定33项民生工程。落实就业优先政策,拓宽就业资金保障渠道,支持就业创业扶持政策落实,投入资金1.5亿元,新增城镇就业11.1万人、转移农村劳动力8.2万人。促进教育均衡发展。推动教育公平发展和质量提升,投入资金65.7亿元,新增公办幼儿园35所,新建、改扩建中小学15所,落实义务教育生均公用经费基准定额,推广中小学课后服务,提升职业教育质量。投入资金40.4亿元,夯实社会救助保障基础,居民医保、基本公共卫生服务经费人均财政补助标准分别提高到每人580元、79元。投入资金23亿元,加强公共卫生体系建设,做好常态化疫情防控工作,推进疫苗接种,加快构建全民免疫保障。投入资金5.5亿元,建成188个省级农民文化乐园,全市33个县级以上公共文化场馆免费开放。投入资金9.3亿元,保障“雪亮工程”运维,支持扫黑除恶专项斗争。

【创建特色条目】以全局观念和系统思维深化财税体制改革,加快建立现代财政制度。围绕建立统一的预算管理一体化规范,推进基础信息、项目库、预算编制等模块上线运行,同步实施原支付平台和新预算管理一体化系统“并轨运行”,实现预算全过程、项目全生命周期管理。深化政府采购改革,简化审核备案程序,升级改造政府采购监管服务平台,实现进口产品核准、现场变更采购方式网上办理;实施采购意向公开,提升采购透明度。加快国有资产改革,落实国企改革三年行动相关工作,推进国有金融资本管理改革,加强行政事业性国有资产管理,完善国资报告机制和成果运用。推动金融服务改革试点,第二年获批财政支持深化民营和小微企业金融服务综合改革试点,中央财政奖励8000万元。健全资本金补充、风险补偿、担保费补贴“三位一体”体系,为国有融资担保机构可持续经营提供保障。投入资金48亿元,通过担保注资、企业奖补、贷款贴息等方式提升财政金融服务水平,缓解中小微企业融资难融资贵问题。推进财政监管,增强法治意识,坚持依法行政、依法理财。防范化解政府债务风险,分别争取新增债、再融资债144.5亿元、57.5亿元,实现一般债务限额与一般公共预算收入、专项债务限额与政府性基金预算收入相匹配。遏制隐性债务增量,化解存量隐性债务,防止风险累积形成系统风险。强化财政监督职能,开展地方金融机构、投融资平台和代理记账机构会计信息质量检查,加大财政财会与人大、巡视、审计等监督的贯通协调,推动会计准则高质量实施,加强会计审计监督。主动接受人大、政协监督,贯彻落实人大预算审查监督重点向支出预算和政策拓展要求,支持配合完善预算联网监督机制,定期向人大推送政府预算、部门预算、财政收支月报等信息。做好服务人大代表工作,主动征求并采纳人大代表的意见建议,接受政协民主监督,办理人大代表建议41件、政协委员提案71件,代表委员满意率100%。

(施翠萍)

天长市财政工作概述

【概况】2021年,天长市财政收入完成63.9亿元,增长11.4%,其中一般公共预算收入44.1亿元,增长7%。全市公共财政支出70.4亿元,增长0.7%,其中,教育、社保、卫生等13项民生类支出60.9亿元,占公共财政支出比重为86.6%。全年一般性支出下降5%。

【优化营商环境】贯彻落实减税降费政策,全年税收政策性减免2.5亿元,缓缴1.4亿元,落实留抵退税1.3亿元,社保降费1.1亿元。全年兑现民营经济高质量发展等奖励资金3.1亿元。优化金融环境,分别拨付0.5亿元和0.2亿元,加大政府融资担保公司注册资本金和续贷过桥资金规模,为279家企业续贷过桥18.51亿元,周转50.02次。支持园区建设,投入1.3亿元,支持滁州高新区建设;投入1.2亿元,支持“六园、八个特色园区”建设。

【聚力改善民生】推进民生工程,投入民生工程资金12亿元,足额配套本级资金3.5亿元,完成全年各项目标任务。实施教育优先,拨付3.4亿元,支持全国义务教育优质均衡发展县创建等,支持千秋小学、石梁九年制学校等建设,支持教育信息化建设,落实学前教育补助政策。提升医疗保障水平,拨付4亿元,落实城乡居民基本医疗保险等政策,支持人民医院住院楼、二院、三院等项目建设;拨付0.6亿元,保障疫情防控物资采购等。巩固社会保障水平,投入6.4亿元,支持养老和困难群体救助等;投入0.3亿元,实施就业创业促进和技能培训提升工程。促进文体事业更加繁荣,拨付4.2亿元,支持全国全民运动健身模范县创建,支持龙岗红色古镇文化旅游、天长市老西门古城保护旅游开发等项目建设。

【提升城乡环境】拨付5.5亿元,推进东市区、城南新区和南市区安置五区建设;拨付2亿元,推动宁淮铁路(安徽段)建设;拨付2.4亿元,支持老旧小区改造等工程项目实施。拨付6亿元,支持金牛湖新区建设;投入2亿元,支持"四好"农村路等;投入6亿元,保障增减挂钩项目实施。投入2.9亿元,支持现代农业示范区基础设施建设等。投入2.4亿元,支持城镇污水垃圾处理、秸秆综合利用等。

【推进财政改革】出台国企改革三年行动实施方案等,完善现代企业制度,推进市管国企改革,支持市管国企市场化转型。助力推进信用评级,五家市管国企中,1家获"AA+"信用等级,4家获"AA"信用等级。强化项目建设资金保障,协助各公司谋划项目争取资金,五家市管国企共实现投资77.94亿元。推进预算管理一体化系统建设,完成282家预算单位基础信息库录入、项目库建设等工作,通过省厅新系统测试。加强预算绩效管理,将所有项目支出纳入预算绩效目标编制管理范围,涉及项目469个,金额16.7亿元,对新增项目开展事前绩效评估,对所有预算部门开展部门评价工作,对16个重点项目开展财政重点绩效评价。扩大预决算信息公开范围,在56家部门预决算公开全覆盖的基础上,将部门所属151家二级单位预决算信息向社会公开。完善直达资金工作机制,督促相关单位加快资金使用进度,全年纳入直达资金管理8亿元,全部支付完成。

【压紧压实监管责任】强化债务风险管控,争取上级一般和专项再融资债券10亿元,按照时间节点偿还到位,超额完成全年存量债务化解目标。加强农村财政资金监管,开展惠农财政补贴资金滞拨闲置等突出问题专项整治和财政事务管理工作专项检查,确保资金使用规范安全。

(梁晓涛)

明光市财政工作概述

【概况】2021年,明光市财政收入完成26.47亿元,较上年同期增收1.97亿元,增长8%,增幅在滁州8个县市区排第6位。其中:税务部门完成15亿元,占预算89.3%,下降2.2%;财政部门完成11.47亿元,占预算112.4%,增长25.1%。

【加强预算管理】深化部门预算改革,按照政府支出经济分类科目改革要求,编实编细部门综合预算,实行部门预算与绩效目标同步申报、同步批复,增强预算编制与预算执行、国库集中支付、政府采购的关联性和实用性。推进预算信息公开,提升预算编制质量。坚持"花钱必有效、无效必问责",健全完善预算绩效管理工作机制,推进全过程预算绩效管理。全年项目支出绩效目标管理的预算部门58个,项目609个,涉及财政资金5.66亿元。部门整体支出绩效目标管理的预算部门76个(含乡镇),涉及财政资金30.39亿元。开展2020年度部门整体支出绩效自评的预算部门数量76个,涉及财政资金42.71亿元。明光市2020年度县级财政管理绩效综合评价全国排名72,安徽省排名第三,滁州市排名第一。

【优化支出结构】严控一般性支出,压缩"三公"经费,优先保障民生工程及重点项目支出。全市"三公"经费支出1686.59万元,较上年同期1688.74万元压缩0.13%。全市完成一般公共预算支出48.11亿元,增长4.8%。政府性基金支出完成23.4亿元,为预算11.07亿元的211.5%,结转下年1500万元。

【加强民生保障】推进33项民生工程,投入资金19.2亿元。完成妇幼健康、职业病防治、出生缺陷防治、城乡适龄妇女"两癌"免费筛查、困难人员救助、困难职工帮扶、困难学生资助、困难残疾人康复等项目任务。完成三个改扩建幼儿学前教育促进项目、农村危房改造57户、21个老旧小区改造;棚户区改造新开工完成2116套,基本建成728套;完成美丽乡村建设1个省级美丽乡村点、"四好农村路"103.517公里、农村饮水工程维修养护9处、农村厕所改造6946户、新建标准化秸秆收储中心4个、高标准农田建设10万亩。完成中小学及中职学校教师培训,脱贫稳就业技能培训87人,企业录用人员完成2033人岗前技能培训,退役军人技能培训完成110人,新型职业农民培训完成450人。

【强化直达资金管理】全年直达资金预算指标7.65亿元,其中:中央安排预算指标6.02亿元,省级安排预算指标1.05亿元,县级安排预算指标5729万元。支付直达资金支出6.67亿元,占预算的87.2%。其中:中央安排直达资金支出5.42亿元,占预算的90%;省级安排直达资金支出6748万元,占预算的64.1%;县级安排直达资金支出5729万元,占预算的100%。参照直达资金预算指标885万元,参照直达资金支出885万元,占预算的100%。支出结构上,支持基层兜牢

"三保"支出5.52亿元,占直达资金总支出的82.8%;就业补助支出1293万元,占直达资金总支出的1.9%;支持重大项目建设支出1.02亿元,占直达资金总支出的15.3%。

【推进乡村振兴】各级财政安排衔接推进乡村振兴补助资金1.17亿元,其中中央资金2966万元,省级资金2301万元,滁州市级资金750万元,本级资金5720万元;建设项目87个,其中到村产业、基础设施等项目79个,补贴类项目8个全部实施完毕。投入到产业发展资金为8054万元,占比68.6%。地方债券资金用于推进乡村振兴补助资金1250万元。

【严格国有资产监管】按标准程序对全市国有资产进行配置、使用、评估、处置和产权登记等。审批国有资产出租6笔,处置19笔。盘活经营性资产,提高经营性资产效益,经营性房产统一划归市跃龙集团集中管理,统一招租。制定国有企业的绩效考核指标及办法,加强国企高管薪酬管理,完善法人治理结构,确保国有资产保值增值。完成国有企业产业布局和产业链调查摸底工作,建立外部董事库。移交"扫黑除恶"专项斗争涉案物品价值1031.55万元。制定《明光市国企改革三年行动实施方案》,对照《地方2021年落实国企改革三年行动评估表》进行自查,对国企改革三年行动重点量化指标进行采集。

【服务经济发展】办理续贷过桥贷款109家,过桥资金6.37亿元,过桥年周转率27.7次;政银担贷款当年增加108户7.44亿元,税融通贷款当年增加24户8333万元。组织企业申报各类奖励资金,拨付兑现乐斯福、明光酒业2020年土地使用税政策扶持资金267.37万元;2020年中小企业国际市场开拓资金83.57万元;工业经济表彰大会奖励资金3699.46万元;审核乐斯福等23家企业2020外贸出口奖励资金133.18万元;电商发展资金46万元。

【推进"三农"发展】拨付水利发展资金5045.7万元,支持中小河流治理、中型灌区节水改造、农村饮水工程维修养护等项目。拨付1.23亿元,支持高标准农田建设。拨付稻谷补贴资金2715万元,种粮农民一次性补贴资金2148.93万元。拨付2171万元,支持秸秆禁烧配套工作建设。投入1042万元实施农村公益事业奖补项目31个,并全面完工。发放惠农补贴资金18大类32项42487.3万元,惠及14万户。推进政策性农业保险工作,全市16家保险机构完成政策性农业保险保费收入5104.8万元。

【深化财政改革】推进明光市预算管理一体化预算执行系统及会计核算云试点上线工作。通过制定方案,压实责任,宣传政策,营造氛围,突出培训,强化协调等措施,提前完成省厅下达的各阶段工作目标任务。全市所有预算单位完成预算管理一体化试点及会计核算云上线测试运行,协助相关部门分别完成全市财政、人行、代理银行之间新系统联调测试工作。促进预算单位严格执行公务卡结算制度,全市公务卡累计发卡2752张。分三批次向43家单位发放《收回财政存量资金函》,收回存量资金2618万元,撤销长期不用的"僵尸"账套21个,规范往来资金管理,提高财政资金使用效益。

【加强监督管理】组织开展2020年度财务会计工作检查,开展乡镇财务管理专项治理工作、地方金融机构和政府投融资平台会计信息质量检查工作、政府会计准则制度执行情况专项检查、进一步做好"小金库"防治等工作,针对全市17个乡镇、街道和市直相关单位,全面排查问题。对检查发现的问题,要求各相关单位做到立行立改、及时清退、追缴问题资金。开展预决算公开数据核对工作,全市预决算公开单位237家,覆盖面为100%(依法不予公开的除外)。针对数据核对检查发现的问题,督促问题单位做好整改工作。

(陈博文)

全椒县财政工作概述

【概况】2021年,全椒县财政局在县委、县政府坚强领导下,在省、市财政部门大力支持下,积极的财政政策提质增效、更可持续;聚焦"六稳""六保"任务,为建设"智造强县、康养福地"现代化新全椒作出积极贡献。全县完成财政总收入36.35亿元、增长8.3%,一般公共预算收入22.68亿元、增长8.1%;全县一般公共财政预算支出39.58亿元,占调整预算的100%,其中:十三类民生支出34亿元,民生支出占比85.9%。

【践行财政职能】强化收入征管和预期管理,加强宏观政策分析和形势研判,运用综合治税平台,加强对重点行业、重点税源监管,堵塞征管漏洞,保持收入稳定增长。树立过紧日子思想,压减一般性支出,盘活存量资金,提高资金使用效率,发挥财政稳定经济的关键作用,保障各项社会事业资金需求。落实各项减税降费政策,确保惠企利民政策落到实处。争取上级转移支付资金和地方政府专项债券额度,支持重点项目建设和保障民生。

【改善民生福祉】围绕"六稳"、"六保",坚持为民情怀,加大教育文化、医疗卫生等民生领域投入力度;实施30项民生工程,投入16.41亿元,较上年增长20.2%。投入1.2亿元,实施主城区人居环境改造提升工程;投资5.62亿元,实施南屏农贸市场改造提升、背街巷道改造提升等十件为民办实事项目;投资0.7亿元新建城市公共停车场5个,新增停车位约1000

个;投入 0.3 亿元,改造县内 7 个老旧小区。优先发展教育,投入 1.1 亿元实施教育质量提升工程;落实学生资助各项政策,发放普通高中(中职)国家助学金及免学费 779 万元,发放幼儿资助 76 万元,惠及学生 8480 人。强化就业和社会保障,拨付就业补助资金 1285 万元,惠及企业 138 家、1400人;拨付失业保险金 1273 万元,惠及2279 名失业人员;兜牢民生底线,发放低保补助资金 3917 万元、特困供养保障金 1243 万元、困难残疾人生活和护理补贴 1198 万元;强化养老服务,全县 7.54 万名到龄城乡居民按月领取养老金,发放养老金 8796 万元;为16012 名 80 周岁以上老人发放高龄补贴 1121 万元。健全公共卫生服务,投入 1188 万元用于新冠疫情防控,投入5459 万元用于城乡居民基本医疗保险和基本公共卫生服务补助,投入 2400万元用于公立医院基础设施建设。

【积极纾企解困】加强减税降费力度,扩大留抵退税范围,落实制造业中小微企业缓征"五税两费"政策,新增减税降费 2.6 亿元。优化产业扶持政策,调整完善高质量发展奖补政策,加大中小微企业扶持力度,支持实体经济做大做强,安排财政奖补资金 1.3亿元。强化金融政策,引导金融机构加大信贷投放力度,全县新增贷款69.32 亿元,通过"政银担"发放贷款10.2 亿元,通过"劝耕贷"担保贷款114 户共 0.3 亿元,发放过桥资金 9.6亿元。组织 8 场银企对接会,参会企业 242 家,签约金额 2.44 亿元。

【持续防范风险】关注经济形势对财政收入的影响,提前研判准备,防范财政支付风险。加强重点项目、重点政策制定的事前评估,考虑财政可承受能力。防范政府债务风险,树立底线思维,严控新增政府隐性债务;加强政府债务预算管理和限额管理,规范使用债务资金;落实政府化解隐性债务目标任务,兑付到期政府债务本息,维护政府信誉。

【推进城乡建设】向上争取资金,争取新增一般债券 0.73 亿元,主要用于农田水利和农村公路建设。争取新增专项债券 11.66 亿元,主要用于全椒县棚户区改造、全椒县千年古城等旅游开发项目和滁州大道等基础建设项目。巩固脱贫攻坚成果,保持力度不减,支持乡村振兴发展。安排衔接资金 1.29 亿元,从土地出让收入中安排 1.6 亿元,重点用于农村供水保障、农村人居环境整治、农村公共设施建设和管护、农村教育以及农村文化和精神文明建设等。加大基本农田建设投入,投入 2.27 亿元,实施 10 万亩的高标准农田建设项目,涉及 9 个镇 15个村。投入 6.4 亿元,建设四好农村公路;投入 3.1 亿,打造滁州全域旅游"1 号工程"的滁州江淮分水岭风景道道路。健全"三农"投入稳定增长机制,把"三农"作为支出重点,优先保证"三农"投入稳定增长,全年用于农林水事务财政资金 8.87 亿元。撬动金融资本投入,推广政府资金和金融资本合作,打通金融资本进入农业农村渠道,实施担保补贴、保费补贴等机制,撬动更多金融资本投向"三农"。投入保费补贴 3850 万元,开展水稻和特色农业等保险,为 24 户担保农业贷款 4806 万元。

【加强财政管理】强化财政管理制度建设,制定完善《全椒县全面实施预算绩效管理实施方案》《关于加强预算单位财务内控和代账管理工作的通知》《关于做好"涉企系统"常态化应用工作的通知》和《全椒县财政局巩固脱贫攻坚成果专项督查工作方案》等方案办法。支持县人大实施预算联网监督工作,通过人大预算联网监督系统,实现人大代表对财政资金全过程动态监督。推进预算管理一体化,按照省、市改革建设任务时间节点和任务清单,制定工作方案,成立工作专班,定期召开专题推进会,保障一体化建设工作顺利推进。建立财政直达资金管理长效机制,以直达资金台账为基础,以动态监控系统为支撑,加强对直达资金预算分配下达、支付、动态监控等各环节管理,保障中央、省直达资金及时下达基层、发挥效益。全县财政直达资金 5.3 亿元,分配率 100%,支付率 96.7%以上。实行预算绩效管理,管理范围涵盖全县所有 69 个部门,并纳入目标绩效考核。对新增 500万元政策和项目开展事前绩效评估,涉及项目 27 个,资金 10.86 亿元。实现 69 个预算部门整体和项目支出绩效监控全覆盖,涉及财政资金 35.5 亿元,覆盖率 100%;纳入项目支出绩效运行监控的项目 687 个、涉及财政资金 25.25 亿元,覆盖率 100%。

【推进国资管理】出台《全椒县国企改革三年行动实施方案》《县属企业负责人薪酬与考核办法》等,成立县国企改革领导小组,开展落实三年行动方案评估,形成自评报告。完善《全椒县行政事业单位国有资产处置管理暂行办法》等国资管理制度,出台《关于印发全椒县县属企业负责人经营业绩考核和薪酬管理暂行办法的通知》《全椒县财政局(国资委)以管资本为主推进职能转变方案》等国企管理办法,强化国有资产监督管理。围绕现代企业制度重点评估前置事项清单、加强董事会建设(外部董事原则上占多数)以及落实董事会职权等;围绕国有经济布局优化和结构调整重点评估,提升自主创新能力、清理低效无效资产、剥离国有企业办社会职能解决历史遗留问题等;围绕健全市场化经营机制,重点推行经理层成员任期制和契约化管理、推行市场化用工和绩效考核、完善市场化薪酬分配机制、灵活开展多种方式中长期激励等;围绕国有资产监管体制,重点评估国资监管机构职能转变、国有企业分类核算和分类考核、推进经营性国有资产集中统一监管等。

(孙德祥)

来安县财政工作概述

【概况】2021年,面对新冠肺炎疫情和复杂严峻的宏观经济形势,来安县财政局认真执行县委、县政府各项决议,按照高质量发展要求,实施积极财政政策,推进财税体制改革,克服政策性减收增支等困难,利用新增债券增加政府投资,支持打好三大攻坚战;突出"保工资、保运转、保基本民生",强化抗疫特别国债、特殊转移支付等直达资金积极作用,实现直达基层惠企利民;调整优化支出结构,积极培植财源、税源,保障重点项目及社会民生事业发展,全县财政预算执行平稳,为县域经济高质量转型发展提供了坚实财力保障。全县财政总收入完成34.24亿元;一般公共预算支出完成38.6亿元;获2020年政府专项债券发行市级先进单位、2020年度"四送一服"与企业帮扶先进单位等次。

【做好疫情防控和"六稳""六保"工作】落实上级决策部署,特事特办、急事急办,确保防疫资金足额及时到位。全年安排防疫支出734万元。加大公共卫生体系建设,向上争取债券资金1.4亿元,定向投入县二院住院楼、中医院整体搬迁工程项目。贯彻落实减税降费政策及疫情防控期间各类财税支持政策,重点关注防疫保障企业和受疫情影响较大行业企业,落实中央和省市出台的税费减免、财政贴息、资金补助等优惠政策,支持企业复工稳产。全年新增减税降费1.7亿元,其中当年出台的支持疫情防控和经济社会发展税费优惠政策新增减税降费1.2亿元。兑现县委、县政府关于加快工业发展和促进民营经济壮大的系列财税扶持政策,安排落实工业发展专项资金,用于支持工业发展、企业上市、科技创新、品牌实施等,促进县域企业发展壮大。兑现企业申报各类政策性奖励,拨付各项奖励扶持资金共1.9亿元。协调税务部门,关注财政收入动态,了解掌握全县税源情况及收入入库进度,依法依规组织收入。贯彻"以收定支"原则,优化财政支出结构,明确财政支出重点。压减一般性支出,严控非刚性、非重点支出增幅,一般性支出较上年压减5%。盘活财政存量资金,提高资金使用效益,确保财政可持续。

【提高服务保障水平】保障重点项目及社会民生事业发展,全年拨付各类民生工程资金8.2亿元。落实就业优先政策,拨付失业保险援企稳岗返还补贴、就业培训等各类补助资金1877万元,投入创业担保贷款担保基金1787万元,新发放创业担保贷款3222万元,拨付财政贴息资金407万元,支持提升劳动者就业创业能力。支持教育均衡发展,安排教育支出6.5亿元,统筹用于教师工资待遇、办学条件改善、教育设备购置、困难学生资助等;向上争取债券资金0.8亿元,用于支持滁州市信息工程学校新校区项目。扩大社会保障覆盖面,落实养老服务和护理补贴制度,提高城乡居民基础养老金标准至每人每月125元;加大社会救助兜底保障力度,发放保障金1.1亿元,实现各类社会群体"应保尽保"。安排农田建设资金1.4亿元,支持现代农业高质量发展。安排资金0.9亿元,统筹"四好农村路"建设、农村公路养护等工作,提升镇村基础设施管养水平。落实惠农支农政策,发放耕地补贴、农机购置补贴、秸秆还田补贴1.2亿元。投入衔接推进乡村振兴财政补助资金1.3亿元,用于扶持经济薄弱边缘村发展,巩固低收入农户脱贫成果。向上争取专项债券2.6亿元,用于汊河第二污水处理厂、池杉湖环保配套、水环境综合治理工程。安排资金0.4亿元,用于农村"三大革命",改善村容村貌。安排资金720万元,保障长江流域禁捕退捕工作有序开展。推进存量债务化解工作,强化债务管理督查,压实化债主体责任;加强债务风险监测预警,统筹做好现金流接续安排,防范债务风险。

【推进财政制度改革】强化绩效管理理念,对全县72个部门预算项目开展绩效评价,促进资金精准规范使用。开展预算评审,优化财政资金资源配置,全年完成预算评审项目34个,预算评审金额2亿元,核减金额0.2亿元。坚持"公开为常态,不公开为例外",规范预决算公开内容和范围,增强预算透明度,主动接受社会监督。依照国有资产管理办法,建立健全激励约束机制,优化结构,规范行为,严控成本,防范风险。规范国有资产配置、使用、处置等环节,推进资产管理与预算执行、政府采购预算有机融合,打造闭环式管理链,提升国有资产管理水平。

(孙璇)

凤阳县财政工作概述

【概况】2021年,凤阳县一般公共预算收入完成27.91亿元,同比增加4.7亿元,增幅20.2%,在全市8个县区中总量第2位,增幅第1位,较全市平均增幅高出十个百分点。其中:税收收入完成18.74亿元,同比增长19.1%;税收占比67.2%。一般公共预算支出完成55.06亿元,同比增加5585万元。十三大类民生支出47.32亿元,占一般公共预算支出的85.9%。

【强化财政金融服务】定期召开金融工作座谈会、形势分析会、银企对接和领导小组会,坚持月通报、季分析、年考核,引导金融机构快投放、多投放。全县金融机构存款余额352.28亿元,较年初增加42.80亿元,同比增长13.83%。存款增量全市排名第二,较年初上升1个位次。各项贷款余额289.73亿元,较年初增加53.96亿元,同比增长22.90%,贷款增量全市排名第二,较年初上升1个位次。拓宽政府投融资渠道,争取政府专项债券规模,新增额度为全市前列。全年新增债券资金14.45亿元,其中一般债券6857万元、专项债券13.76亿元。发挥专项债券拉动投资作用,围绕重大项目保障、重要产业培育和自身做大做强,推动凤阳县淮河行蓄洪区居民迁建、棚户区改造、石英砂行业生态整治、皖北承接产业转移集聚区建设、凤阳港铁水联运、秋水中都文化旅游等一批项目建设。

【推进企业上市】修订《关于进一步扶持企业上市(挂牌)若干政策的实施细则》,提高奖补标准,激发企业上市积极性,兑现上市奖励340万元。邀请国内有关专家,讲解IPO及“新三板”和“四板”上市政策措施,针对规模以上企业开展培训讲座,提升企业参与资本市场的意识和能力。全年举办资本市场业务培训4场,参训企业240家,培训人数近300人。加强企业上市后备资源培育,摸排全县符合挂牌条件的企业8家,纳入省市重点上市后备企业资源库,开展针对性上市业务培育指导。凤阳玻璃成功在12月份与中信建投签订上市辅导协议并在省证监局备案。

【加强民生保障】紧扣凤阳县委县政府民生工作内容,加大民生投入,共投入资金15.52亿元(其中县级财政配套资金5.76亿元)。把33项民生工程纳入“办实事”重要内容,精准实施民生工程,增进百姓民生福祉。投入资金5.9亿元,完成新建扩建幼儿园2个,校舍维修改造8602平方米,农村危房改造68户,棚户区改造2312套,城市老旧小区改造1个,四好农村路建设扩面延伸工程47.195公里、养护工程126公里,农村饮水安全维修养护7处,农村改厕4000户,秸秆收储中心2个;在8个中心村开展美丽乡村建设,实施农田建设工程9万亩,开工建设小型病险水库除险加固4个。发放困难人员救助等补贴资金1.89亿元,惠及全县10万人次;拨付保险补偿资金5.53亿元;保障全县67624名学生享受免费义务教育和困难学生资助,实施幼师、中小学和中职教师培训,开展“送戏进万村”丰富农村文化生活,为符合条件的目标人群实施免费婚检、产前筛查和两癌筛查等免费医疗服务,总投入1.04亿元。就业创业促进工程投入322.8万元,开发公益性岗位350个,组织166名高校毕业生及失业青年参加就业见习;技能培训提升工程投入398.4万元,完成技能脱贫培训81人,企业新录用人员岗前培训1966人,新技工系统培养222人,退役军人培训145人,新型职业农民培训350人。

【助力乡村振兴】坚持把乡村振兴作为重大政治任务和第一民生来抓,加大财政投入,注重做好巩固拓展脱贫攻坚成果同乡村振兴衔接工作,统筹各级衔接资金1.58亿元,用于匹配54个项目,其中:到村产业项目41个共8587万元;基础设施项目9个共5898万元;金融助力脱贫户贷款贴息项目1个共200万元,就业助力脱贫户岗位开发项目2个共941万元,智力扶持雨露计划项目1个共210万元。所有项目全部完成,资金支付率99.67%,结转结余资金52万元。

【防范化解重大风险】建立政府债务台账和隐性债务台账,健全全县政府性债务风险应急处置工作机制,按照化债方案,将年度到期债务纳入预算,确保到期债务化解有保障。宣传开展防范非法集资宣传活动,全县区域多覆盖多举措,采取电子屏播放、横幅张贴、宣传彩页发放、展板展示等方式在机关、乡镇、银行、保险公司等地方宣传,提高民众防范非法集资的认知水平。开展现场检查和风险排查,加强对辖内小额贷款公司、融资担保公司、典当行等三类公司监管力度,针对问题发出整改通知书,要求限期整改。制定开展非法集资风险排查“扫楼清街”行动方案,对109家企业10余家数享易购商店和财富类公司进行现场排查,并联合公安局、市场监管局向广大市民发出风险提示函,对违规经营企业起到震慑促改作用,增强民众防范意识。做好陈案化解工作,主动联系公安、法院、信访等部门,对两起非法吸收公共存款案进行销案办结。

【优化营商环境】深化“放管服”改革,打造“亭满意”“凤如意”营商环境。优化政府采购工作,采取多项措施,推动政府采购“换挡提速和优化升级”。优化采购平台,将公共资源网与政府采购网进行整合,构建“一网通办”的政府采购监管服务平台。实现各方主体“零跑腿”,采购项目受理、预约实现线上办理,备案资料准备简化,采购过程缩短10个工作日以上。打造公平开放的市场环境,制作并公布《政府采购供应商质疑指引表》、公开投诉电话,为供应商提供高效便捷维权服务,及时将投诉处理结果公布。降低企业运营成本,取消收取政府采购投标保证金政策。采取线上、线下相结合的监管方式,纠正、查处政府采购领域妨碍公平竞争的行为。

【强化预算绩效管理】多措并举,加快构建凤阳县“全方位、全过程、全覆盖”的预算绩效管理体系。出台《关于做好2021年县级预算绩效管理有关工作的通知》《凤阳县政府购买服务绩效管理办法(暂行)》《凤阳县政府专项债券项目绩效管理暂行办法》等文件,形成工作制度闭环管理。对全县55个部门438个项目进行绩效目标申报,预算绩效批复200万元以上项目75个,涉及金额5.1亿元。对本级预算资金安排的金额在500万元以上的3个重大项目,开展事前绩效评估并出具相应报告。对16个特定项目,从产出和效益等方面,进行财政重点评价并形成报告。做好绩效信息公开提质扩面,向县人大常委会报告绩效工作开展情况,向上级报送工作信息9篇,在政府网站公开绩效目标和评价结果,接受社会监督。

【做好投资审核】以节约政府投资、提高财政资金使用效益为目标,开展财政投资审核工作,拓宽审核领域,加大监管力度,提高财政资金使用效益。完成小额项目登记备案1029个,合同金额为9.28亿元,送审金额为9.08亿元,审定金额为8.39亿元,平均核减率为7.61%,内容涉及市政、房建、水利、道路工程等项目。

(李琳)

定远县财政工作概述

【概况】2021年,定远县财政局在县委、县政府的坚强领导下,坚持稳中求进工作总基调,按照高质量发展要求,全力组织财政收入,做好“六稳”“六保”,较好完成财政各项工作任务,获全国脱贫攻坚先进集体,全省扶贫资金绩效考评优秀等次,市级文明单位、县脱贫攻坚考核“好”等次,县人民满意先进集体等。全国金融支持乡村振兴培训班在定远县举办。

【聚焦政策落实】落实中央、省市政策减税降费1.5亿元,减轻企业负担,激发市场活力。分配下达中央直达资金10.13亿元,安排用于保障全县基本民生支出和支持交通基础设施建设等重大项目建设。强化直达资金绩效管理,确保资金直达基层、直接惠企利民。整合财政资金1亿元设立产业扶持资金,主动对接部门和企业,支持企业转型发展。

【聚焦收支管理】全县一般公共预算收入完成23.45亿元,增长10%,其中:税收收入完成8亿元,下降8.8%,非税收入完成15.45亿元,增长23.2%。全县完成一般公共预算支出62.99亿元,其中,财政民生支出54.2亿元,占一般公共预算支出86%。全县“三公”经费同口径下降5%,节约资金用于保障重点支出,兜牢“三保”底线。争取中央、省、市各类转移支付资金39.75亿元。争取债券资金10.05亿元,为全县稳投资增动能提供资金保障。

【聚焦精准施策】加大财政投入,投入财政衔接推进乡村振兴资金3.56亿元,安排项目75个。建立完善县、乡、村三级金融服务体系,在全县设立132个农村金融服务网点。鼓励和支持各金融机构谋划创设适用一般农户的小额信贷产品,扩大小额信贷覆盖面,助力巩固脱贫攻坚成果,推进乡村全面振兴。10月份,全国金融支持乡村振兴培训班在定远县举办,国家有关部委、部分金融机构相关负责人以及各省(区、市)和新疆生产建设兵团代表参加,会上介绍定远县先进经验。全县投放脱贫人口小额信贷贷款5573户共2.43亿元,贷款新增量为全省第一。创新小额信贷放贷模式和范围,在西卅店镇、张桥镇等4镇6村开展探索试点,推动脱贫人口小额信贷政策由特惠向普惠转变。

【聚焦资金保障】调整支出结构,优先配套民生工程资金8.9亿元,保障民生工程顺利实施。发挥牵头抓总作用,强化部门协调配合,加快实施民生项目。到位24.6亿元,拨付23.25亿元,拨付率94.5%。除跨年度项目外,全县工程培训类项目综合开工率100%,综合完工率100%。其中:脱贫稳就业技能培训、企业新录用人员岗前技能培训、退役军人技能培训等16个项目提前完成年度任务。强化目标管理绩效考核,注重过程监管,组织人大代表、政协委员和特约监督员开展民生工程巡视和调研,提升民生工程实施成效。

【聚焦债务管理】建立规范的地方政府举债融资机制,执行地方政府债务限额管理和预算管理,在省下达的债务限额内举债。全县限额内政府债务余额61.82亿元,其中一般债余额34.52亿元,专项债余额27.30亿元。定期梳理项目进展情况,督促加快资金支出进度,压实项目单位主体责任,按月统计上报支出进度。全年新增专项债券资金支出进度为73.63%。落实十年化解方案,将隐性债务化解计划6.32亿元纳入预算管理。建立健全政府隐性债务按月统计监测制度,对债务风险情况按月研判。加大债务偿还力度,落实化债资金,化解4.85亿元。全县无新增隐性债务,各项债务考核指标良好,债务风险总体可控。

【聚焦深化改革】坚持将预算管理一体化建设作为深化预算制度改革的重要抓手,成立工作专班推进工作。全县229个预算部门完成预算项目入库,75个试点单位预算新老系统“双轨并行”测试和数据补录工作完成,统一使用预算管理一体化系统完成2022年预算编制工作,为2022年1月1日新预算执行系统正式上线奠定基础。完善财政支出资金事前、事中、事后、全方位、全过程、全覆盖的预算绩效管理机制,提高绩效管理覆盖面。预算绩效目标覆盖全县229个预算单位,涉及资金66.17亿元。开展绩效评价项目234个,涉及资金39.5亿元。

【聚焦国企国资】加强国有资产监

管，编制全县国有资产报告，摸清“家底”，定期向人大报告国有资产监督管理情况。落实《滁州市国企改革三年行动实施方案（2020—2022年）》，完成对县城投集团国企改革三年行动总体评估。加强县属国有企业的监督管理，研究制定《2021年定远县城乡发展投资集团负责人经营业绩考核及薪酬管理细则》，完善企业负责人薪酬的激励和约束机制。加快国资国企在线监管系统建设，促进全县国有企业持续健康发展。

（陈虹）

琅琊区财政工作概述

【概况】2021年，在区委、区政府的坚强领导下，琅琊区财政部门围绕年度财政工作目标任务，适应经济发展新常态，落实发展新理念。全力组织财政收入，严格财政支出管理，推进财政改革，各项财政工作总体有序推进。区本级一般公共预算收入完成11.36亿元，增长10%，收入增幅为全市第3位。其中：税收收入完成8.17亿元，增长11.7%，税收占比为71.9%，收入质量为全市第1位。区本级一般公共预算支出完成17.12亿元，下降3.8%，主要是市县级财政国库集中支付结余不再按权责发生制列支。全区财政民生支出14.56亿元，占财政总支出的85.1%，占比与上年持平。

【促进收入增长】统筹推进疫情防控和经济社会发展，招商引资与园区分享机制形成合力，税源建设取得进展。从主体税种看，增值税完成8.61亿元，增长25.3%；企业所得税完成2.25亿元，增长16.2%。从园区税收看，完成3.13亿元，增长57.1%。从恢复情况看，房地产建安业完成税收5.69亿元，增长26.8%。

【服务经济发展】延续执行部分疫情税费优惠政策，小微企业和个体工商户所得税优惠政策减半征收，提升小规模纳税人免征额等减税降费举措，全年减税降费1.13亿元，完成增值税留抵退税6157万元。统筹财政奖补政策、产业扶持政策、金融服务政策，协同各涉企部门完善奖补机制，推动工业强区战略稳步前进。对企业直接投入各类奖励补助资金9969万元（不含平台公司），帮扶担保贷款资金3.6亿元、过桥续贷资金2.57亿元。

【保障财政民生】聚焦普惠性、基础性、兜底性民生建设，加强基本民生保障。落实就业优先政策，引导支持带动就业，拨付资金2090万元。促进教育高质量发展，确保两项指标“只增不减”，拨付资金6.08亿元。提高城乡居民养老、医疗补助标准，拨付资金3131万元。推进城乡低保、残疾人、孤儿等困难群众救助事业发展，拨付资金3550万元。支持抚恤、退役士兵安置及优抚对象医疗经费保障，拨付资金2494万元。提升公共医疗卫生服务能力，做好疫情防控等经费保障，拨付资金4820万元。

【推进乡村振兴】落实财政惠农政策，拨付资金1432万元，加强农业生态资源保护、提升耕地地力水平，促进农村经济社会发展和农民增收。实施乡村建设行动，拨付资金5469万元，统筹推进“四好”农村路、中小河流治理、小型病险水库除险加固、高标准农田建设和农村人居环境整治。推进巩固拓展脱贫攻坚成果同乡村振兴有效衔接，拨付资金1亿元，落实调整完善土地出让收入使用范围优先支持乡村振兴政策。

【提高管理水平】落实过紧日子要求，修订财政供给政策标准。完善国库集中支付体系建设，清理盘活财政存量资金1.72亿元。落实常态化直达机制，保障惠企利民政策落地见效，当年直达资金支付进度为98.6%。加强政府采购管理，深化“放管服”改革，压实采购人主体责任。开展国企改革三年行动，履行行政事业性国有资产综合监管职责，推进经营性国有资产集中统一监管。推进预算管理一体化建设，组织4轮集中汇编，带领全区90家预算单位分批次编制2022年度部门预算，完成一体化建设初步目标。

【促进改革发展】全年投入资金2.3亿元，完成就业创业促进、农村饮水工程维修养护、棚户区和老旧小区改造等26项民生工程年度建设任务。代表全市接受省级老旧小区绩效评价和省人大巡视评估两项工作，在全省均获较好成绩。《琅琊区创新医养融合模式典型案例》是全市唯一被省办采用的民生工程典型案例。成功获批“全国智慧健康养老示范基地”，成为安徽省首批入榜、滁州市首家县区级示范基地。成立琅琊区深化国有企业改革工作领导小组、琅琊区薪酬改革领导小组，多次召开专题工作推进会。印发《琅琊区国企改革三年行动实施方案（2020—2022年）》《琅琊区区直党政机关和事业单位经营性国有资产集中统一监管方案》《琅琊区政府国有资产监督管理委员会以管资本为主推进职能转变方案》等3个实施方案和《琅琊区区属国有企业负责人经营业绩考核办法》等14项规章制度，推进国企改革三年行动落实落细。全区58个预算部门全部纳入绩效目标管理范围，并编制部门整体绩效目标；所有项目全部编制绩效目标，涉及资金12.18亿元。开展绩效运行监控、绩效工作考核、绩效信息公开等系列工作。落实隐性债务化解方案，实际完成2.57亿元，完成率为151.3%，隐性债务化解情况通过财政部安徽监管局核查。按照债务考核口径测算，全区法定债务率为89.1%，全口径债务率初步测算为120%~130%，债务风险处于低风险等级。财政资金制度建设指标考核获满分,与兄弟县市区同步。

(何青)

南谯区财政工作概述

【概况】2021 年,南谯区完成财政总收入 26.33 亿元,同比增长 3.1%。其中:地方一般预算收入 19.01 亿元,占年初预算的 102.8%,同比增长 10.0%;上划中央收入 7.27 亿元,同比下降 12.0%。全区地方财政一般预算支出 28.72 亿元,同比降低 2.6%。其中:教育、社会保障、医疗卫生等 13 大类民生支出合计 24.78 亿元,占全区支出总额的 86.3%。

【强化民生保障】加大就业稳岗财政支持力度,安排就业专项资金 1456 万元,全面落实就业优先政策。坚持民生至上理念,实施 29 项民生工程,聚焦公共服务、乡村振兴、病有所医、老有所养、教育文化、创业就业等领域,推进民生工程任务落实。全年计划投入民生工程资金 4 亿元,并全部到位。支持教育优先战略,保障教育事业健康发展。安排公办幼儿园及公办普通高中生均经费及普惠性民办幼儿园配套补助资金 658 万元,安排教育费附加 4800 万元,支持改善办学条件,建立校舍维修长效机制。做好疫情防控工作,安排疫情防控经费 1000 万元。争取各项资金 6700 万元推进新区第五人民医院医用大楼建设和设备购置工作。推进 1 个城市社区卫生机构和 22 个村卫生室标准化建设。加大文化旅游投入,设立文化旅游发展专项资金 1200 万元,健全公共文化旅游服务财政保障机制。

【聚焦产业发展】加快发展先进制造业,完善新能源、新材料等产业链,加快产业基地建设,投入资金 5000 万元,助力民营经济发展和实体产业转型升级。优化科技投入结构和支持方向,从培育高新企业、技术改造创新、产研合作等给予企业扶持奖励,扶持科技含量高、发展潜力大的企业,重点突出科技创新引导产业发展新模式。突出人才是“第一生产力”理念,鼓励企业建立创新研究研发中心,提升区域创新发展能力和竞争力,设立人才专项资金 300 万元,改善优化人才发展环境。8 月份,安徽超越环保科技有限公司登陆深交所创业板,首发上市募集 4.56 亿元。通过加大对企业上市(挂牌)进行奖励等手段,降低企业上市成本,提升企业上市信心,优化企业融资结构,激发企业发展活力。

【推进体制改革】加快预算管理一体化建设,构建“制度+技术”的管理模式,提高各级预算管理规范化、标准化和自动化水平,提升财政资源配置效率和资金使用效益。分领域推进财政事权和支出责任划分改革,形成科学合理稳定、可持续、有效率的区镇两级政府事权、支出责任和财力相适应的制度,发挥区镇两级政府积极性。落实《南谯区国企改革三年行动实施方案(2020—2022)》,细化工作举措,制定任务台账,对照改革任务时间节点要求,实行挂图作战。

【坚持过紧日子】贯彻党中央、国务院决策部署,落实保重点、压一般、促统筹、提绩效要求,各项支出精打细算,压减一般性支出,严把关口过紧日子,把有限资金用在刀刃上。各预算部门在年初预算一般性支出压减基础上,对公用经费和项目支出中的会议费、差旅费、培训费等进行再压减。压减“三公”经费,其中因公出国(境)费全部收回预算。除重点刚性支出外,其他区本级项目支出同步进行压减,其中对因疫情等影响可暂缓实施或不再开展的项目支出,全部收回预算。盘活财政存量资金,对超过两年或未满两年但不需要继续使用的部门结转结余资金,一律收回预算。强化预算约束,坚持先有预算、后有支出,严控预算调剂事项,加强支出政策财政可承受能力评估,除疫情防控、自然灾害等应急支出外,预算执行中一般不出台增加当年支出的政策,做到无大事要事急事一般不追加。严控单一来源采购,扩大竞争性采购比重,降低采购成本。

【严格政府管理】争取新增债券资金 8.39 亿元、再融资债券资金 1.84 亿元,获全市政府债券发行工作先进单位荣誉。遏制隐性债务增量,化解存量隐性债务,防止风险累积形成系统风险。将绩效理念和方法融入预算编制、执行和监督全过程,实行预算项目和预算部门绩效目标全覆盖管理,重点开展事前绩效评估项目 8 个,经评审后取消项目 3 个,核减率 37.5%,提升财政资源配置合理性。加大财政财会与人大、巡视、审计等其他监督的贯通协调,推动会计准则高质量实施,加强会计监督。实施政府投资造价审核项目 24 个,其中:跟踪造价审核项目 18 个;结算造价审核项目 6 个,节约财政资金 2395 万元。推进党政机关和事业单位经营性国有资产集中统一监管,构建行政事业单位国有资产管理长效机制,加强自然资源国有资产管理,促进自然资源资产集约开发利用。贯彻落实人大预算审查监督重点向支出预算和政策拓展要求,支持配合完善预算联网监督机制,依法依规向人大报告有关财政事项。

(冯士婷)

滁州经济技术开发区财政工作概述

【概况】2021 年,滁州经开区财政工作围绕全区发展大局和年度目标任务,坚持广开财源抓增收,优化结构抓支出,改革创新抓管理,统筹兼顾抓保障,财政运行保持增长平稳、结构优良、支出有序的态势,为全区经济快速发展提供坚实的财力保障。全年完成财政总收入60.07亿元,增长12.5%,为全市第二位,其中:实现一般公共预算收入20.02亿元,增长11.1%,增幅为全市第三位;税收收入16.1亿元,税占比80.4%,为全市第二位。

【加强收入征管】分析研判形势,实行财税关银沟通机制,加强收入预期管理,财政收入保持持续稳定增长。在调研分析税源结构和区域经济发展状况基础上,主动与征管部门联系,开展税收形势研判,制定有效征收措施。注重抓重点税源管控,分季度对区内重点税源企业进行调研,掌握区内重点行业、重点企业生产经营情况,摸清税源分布,掌握税源动态。完善财政、税务等部门"横向联动"的综合治税机制,加强税源监管和分析力度,推进挖潜增收工作。

【保障重点支出】加快与市财政资金结算,全年结算28个项目土地出让金23.74亿元、契税0.3亿元。主动争取更多上级资金支持,其中:争取各项扶持产业发展等资金2.45亿元,争取专项债券6.9亿元。科学调度各项资金,保障园区重点支出。其中:偿还债务本息121亿元,项目建设22.4亿元,征迁补偿18.35亿元,兑现企业扶持政策9.73亿元。落实过紧日子要求,压减非重点、非刚性支出,加大对重点领域和重点项目财政保障,确保把钱用在刀刃上、紧要处。全年财政支出11.85亿元,其中:民生支出10.4亿元,占财政支出的87.8%。

【优化服务管理】利用好各种国家政策资源,兑现扶持政策,支持企业做大做强。全年兑现惠科、养元、博西华等960家次企业扶持发展资金近10亿元,推进企业快速发展。滁州多利汽车科技股份有限公司IPO正式获中国证监会受理;金锋馥(滁州)科技股份有限公司、安徽盛诺科技集团股份有限公司、通用生物(安徽)股份有限公司报辅导备案;实现直接融资80亿元,完成目标任务的1.6倍。深入50家园区企业走访调研,召开座谈会20场;组织园区"百家企业"资本市场培训2次;多次深入园区中小企业进行精准帮扶,开展银企对接会5场,30余家企业协议签约60亿元。

【规范财政运行】根据上级统一部署,同步推进预算执行"双轨并行",确保预算管理一体化改革顺利上线运行。按照省国资委要求和市财政局统一部署,加快推进国资国企在线监管系统建设,完成国资国企在线系统试运行工作。采取部门自评和财政评价相结合方式,选取文明创建等专项资金开展重点绩效评价。

【落实监管举措】根据《滁州经开区平台公司对外借款、投资清理方案》,做好平台公司对外借款的清收工作,收回9.67亿元。完成对区内两个街道办事处的财务收支检查;开展对滁州隆基乐业光伏科技有限公司等4家园区企业的扶持政策补贴专项审计、对高校(华东)科技成果转化中心3家单位经费补贴审计及对10家企业技术改造补贴审核;组织开展金燕小区农贸市场及商业用房等32个项目的工程复审。配合省审计厅做好对经开区经济责任审计、智能家电专项审计及市审计局对经开区2020年度财政财务收支审计等工作,并督促做好审计问题整改。

【防范债务风险】根据上级财政部门要求,指导经开区管委会及所属公司完成全口径债务纳入系统管理,实现债务管理实时监测。筹措资金偿还到期债务本息,确保隐性债务只减不增。围绕经开区全年重点建设项目,提前做好专项债券项目谋划;强化专项债券使用监管,实行动态、全过程监控,掌握资金使用情况,督促项目实施单位加快资金支付进度。

(朱广文)

中新苏滁高新技术产业开发区财政工作概述

【概况】2021年,中新苏滁高新区财政局地方一般公共预算收入完成6.28亿元,同比增收1.03亿元,增长25.8%,税收占比85%。较上年同口径的财政总收入10.8亿元增长15.9%。财政总支出完成6.71亿元(含上级转移支付0.24亿元)。

【规范财政监管】区管委会出台《重点政府投资项目资金调度暂行办法》《资金支付审批流程管理办法》等制度,财政资金管理更加规范。按照"统筹兼顾、勤俭节约、量力而行、讲求绩效和收支平衡"原则,严把预算关口,落实过紧日子要求,提高预算编制的科学性、准确性和完整性。

【落实财政保障】用于支付各类防疫资金、稳岗补贴400万元。兑现各项优惠政策和拨付专项资金4亿元,科技创新8300万元,企业留抵退税1.77亿元,研发费用加计扣除减税3500万元,出口退税2.24亿元,解决企业资金困难。统筹调度安排8.2亿元用于土地征收报件流转费用,保障招商建设用地。

【加强税收管理】成立以中新苏滁高新区管委会分管副主任为组长、各涉税部门为成员单位的园区综合治税工作领导小组,统筹协调税收征管工作。制订工作方案,明确各部门职责,定期召开领导小组会议,分解落实具体任务。各涉税部门通力协作,密切配合,形成齐抓共管的综合治税管理体系。利用信息化手段,建立"智慧财政云平台"管理系统,加强税源分析和重点税源监控,确保依法征收、应收尽收。

【做好预算管理】推进预算管理一体化,按上级财政部门要求完成预算一体化改革,加强对财政资金使用的监督和管理;围绕预算一体化改革对相关部门、人员进行业务培训,确保系统正常运转。推进预算绩效管理,按要求完成预算项目编制绩效目标和项目自评等工作。参照市财政局绩效管理评价工作,委托第三方对市政维护预算资金的全周期、全过程开展绩效评价工作,综合评价得分95.8,预算资金执行率为99.77%。

【做好民生工作】紧盯"六稳六保"任务,守住基本民生保障底线。民生支出19742万元,保障各项民生支出,尤其是对企业的科学技术补助应支尽支。统筹民生工程,委托南谯区代管项目结算2295.06万元。

【强化债务管理】开展风险防范工作,由财政局牵头,园区平台公司配合,组织开展自查。把关新增债务,对有收益的项目,由平台公司通过银行贷款等方式进行融资,对无收益或收益较少的项目,由园区财政通过发行政府专项债券的方式进行举债,严禁新增政府隐性债务。完善存量债务管理,对存量债务逐项进行清理核实,编制相关台账,统一纳入财政债务监管系统进行管理。

【优化政府采购营商环境】贯彻落实上级文件精神,组织预算单位对标对表展开清查活动,梳理检查政府采购领域妨碍公平竞争、损害营商环境的突出问题,加强对容易产生问题的政府采购关键环节的监督,提高政府采购执行管理水平。贯彻落实《安徽省财政厅关于政府采购"徽采云"平台监管系统上线运行的通知》要求,组织各预算单位参加"徽采云"平台系统培训,为做好"徽采云"平台的上线应用工作夯实业务基础。

(王嘉)

六安市财政工作综述

六安市财政工作概述

【概况】2021年，六安市财政局贯彻落实减税降费政策，强化收入预期管理，加强收入形势分析研判，开展财政运行情况调研和整治财政收入虚假问题专项行动，依法依规组织财政收入，确保全市财政运行总体平稳。全市一般公共预算收入147.5亿元，增长11%，高于年初预期目标5.5个百分点，居全省第3位，其中，税收收入106.5亿元，增长8%，占一般公共预算收入的72.2%；全市一般公共预算支出484.95亿元，下降4.04%，主要是特殊转移支付等政策到期退出造成收入减少和上年支出基数较高，其中市直100.21亿元，增长6.87%。

【积极财政政策】坚持放水养鱼，全市新增减税降费超11亿元。周转使用续贷过桥资金70亿元、帮助1900多家中小微企业缓解临时性资金周转困难。加大创业担保贷款财政贴息政策力度，推动发放创业担保贷款6亿元。大力支持“双招双引”提质增效，全市财政部门累计兑现招商引资落地项目奖励补助资金7.51亿元。发挥政府性融资担保机构支小支农作用，新增“4321”政银担业务75.2亿元。聚焦市委市政府重点工作，发行新增政府专项债券113.72亿元，增长8.28%，占全省总额的6.83%，连续4年新增专项债务额度居全省前列。全市统筹安排政府性投资项目资金346.88亿元。运用政府和社会资本合作(PPP)模式，累计纳入财政部管理项目42个，总投资450亿元，其中本年新增项目3个，项目落地率、开工数均居全省前列。投入40.05亿元，支持打好碧水、蓝天、净土保卫战。

【支持乡村振兴】落实“四个不摘”“四个不减”要求，投入财政衔接推进乡村振兴补助资金20.33亿元，全力支持脱贫攻坚成果同乡村振兴有效衔接。投入48.57亿元，推动淮河重要行蓄洪区建设、杭埠河治理等一批重大水利工程加快建设。深化涉农资金统筹整合改革，按照“应整尽整”原则，统筹整合涉农资金27.3亿元，其中农业提质增效“6969”工程12.8亿元。在全省率先推行“一家主办、多家共保”特色农业保险模式，全市统一保险产品开发、承保理赔标准、保费补贴比例，建立风险调节机制，增强农户农业抗风险能力。转型实施针对全市所有县区的脱贫户和监测帮扶对象的“3+N”一体式“防贫保”综合保险。遴选确定新一轮政策性农业保险承办机构，构建完善政策性农业保险市场化竞争机制。全市安排农业保险保费补贴资金2.28亿元，审核拨付保费补贴资金2.23亿元。

【民生领域投入】把民生作为财政支出的优先选项，全市民生支出413.62亿元，占一般公共预算支出的85.29%。组织实施33项民生工程，投入财政资金135.98亿元，高质量完成年度任务，在全省考核中继续保持第一方阵。重点支持高校毕业生、退役军人等群体就业，拨付就业补助资金1.94亿元和失业保险稳岗返还资金0.16亿元、发放稳定就业岗位补贴资金0.17亿元。全市教育支出91.26亿元，增长0.05%，占一般公共预算支出比重18.82%。支持新建和改扩建中小学及幼儿园49所，累计新增中小学位21735个。完善社会保障体系，持续提高城乡低保对象、城乡特困人员等5类困难群体救助保障水平，连续9年提高基本公共卫生服务经费补助标准，将城乡居民医保年人均财政补助标准提高到580元；投入25.59亿元，支持改造城镇老旧小区项目23个，基本建成棚改安置房14612套；投入3.38亿元，支持市内全域实现城乡公交一体化。投入10.54亿元，支持全民免费接种新冠病毒疫苗，保障新冠肺炎疫情防控物资设备采购、核酸快速检测设备购置等必要支出。

【财政风险管控】积极防范化解债务风险，将未来5年全口径债务到期情况、预期分年度偿债资金来源纳入财政重点数据报表，按月报送领导阅示。探索设立偿债备付金制度，印发《关于做好地方政府新增专项债券还本付息工作的通知》，保障专项债券还本付息，降低偿债不足风险。严格落实隐性债务化解计划，防范化解政府债务风险。按月监测“三保”预算执行情况，就或有风险督促县区核查化解，兜牢基层“三保”底线。截至年末，市下达区转移支付12.7亿元,调度县区库款78.6亿元,全市“三保”支出221.7亿元,高于国家标准“三保”支出需求12.5亿元。

【财政国资改革】推进全市公共文化、应急救援、自然资源领域财政事权和支出责任划分改革,完善市与金安区、裕安区、开发区财政管理体制,推动市区共同发展。利用全国统一的预算管理一体化信息系统,完成“预算编制、预算执行、单位会计核算”三个全覆盖任务,在全省各阶段任务考核中均达到100%。抓好常态化直达资金精准高效落地,直达资金支出进度、规范管理水平均居全省前列。深入推进预算绩效管理,市级绩效评价范围扩大到社保基金、政府投资基金、下级政府财政运行等,实现绩效管理全覆盖。完成财政重点绩效评价项目33个、涉及资金95.3亿元,分项目分部门开具“体检报告单”,评价结果与预算安排挂钩。推进绩效信息公开,665个2021年重点项目绩效目标和381个2020年部门项目绩效自评结果全部公开,接受社会监督。推进国企改革三年行动,引入三峡集团、安徽建工集团、科大讯飞、合肥泽众等各类资本与市属企业深入合作,健全市属企业董事会、外部董事、监事会等法人治理结构,完善市属国有企业考核评价制度,进一步激发企业经营活力。

【财政管理效能】推进财政法治建设,动态调整权责清单,持续加强规范性文件管理,严格落实合法性审查、集体讨论决定等制度,重大决策合法性审查率为100%。做好契税、城建税税法授权事项安徽省立法调研工作,积极开展小微企业、关税、资源综合利用企业税收政策调研,落实“谁执法谁普法”责任制,荣获“七五”普法先进集体。严格执行市人大的各项决议以及常委会的审查意见,认真落实预算调整、政府债务限额批准、预决算执行情况、国有资产管理等报告制度。加强政府采购监管,积极支持中小企业发展,持续优化政府采购营商环境。持续推进财政电子票据的推广应用,老年大学实现“一键式”网上报名缴费,全市累计成功开具财政电子票据27.9万份,金额19.1亿元。完成2021年度会计专业技术中级、注册会计师资格无纸化考试,应对5月突发疫情,及时上报取消会计专业技术初高级考试。认真开展2021年度财政监督检查工作,共检查市应急管理局等市直单位10家,随机检查代理记账机构8家,加强内审制度建设,认真开展内部监督检查,以科室交叉互审互查的方式完成11个业务科室的监督检查,促进财政工作规范化。

【财政机关建设】开展党史学习教育和新一轮深化“三个以案”警示教育,共组织党史专题学习会20余次,专题研讨会10余场。开展“我为群众办实事”实践活动,助推落实16个为民办实事项目,开展“财苑红”党建品牌创建活动。加强基层党组织建设,全年发展预备党员6名,培养入党积极分子5名。坚持正确的用人导向,拓宽选人用人渠道,2021年提拔科级干部7人,职级晋升3人,调任、转任公务员3人。在全市率先试点公务员平时考核工作,出台局平时考核工作方案并组织实施,强化新时代财政干部队伍建设,2名同志获省级以上表彰。建立财政意见建议内部联审机制,对财政重要事项、上级征求意见建议、出台政策文件、重要文字材料等进行内部联审。围绕重大政策贯彻落实等重点工作任务,每月印发局月度重点工作清单,明确责任人和完成时限,跟踪各项工作进展情况。紧盯年度重点工作任务、市长工作例会确定的重点工作进展情况等进行督办,有效推动工作落实。全年行政审批服务窗口受理办结服务事项4310件;国库支付中心办理集中支付业务18.46万笔,金额188.25亿元;主动联系服务人大代表、政协委员,办理人大代表建议33件、政协提案24件。

霍邱县财政工作概述

【概况】2021年,霍邱县财政坚决贯彻县委县政府决策部署,认真落实县十七届人大五次会议决议要求,扎实做好“六稳”工作、全面落实“六保”任务,积极发挥财政职能作用,较好完成了各项工作目标任务,有效保障了县域经济及各项社会事业健康发展。全县累计完成财政一般公共预算收入23.7亿元,占年初预算114.9%,较上年同期增收4.5亿元、增长23.6%;其中非税收入完成9.4亿元,占财政收入总量的39.8%,同比下降4.3个百分点。本年获全省财政扶贫资金绩效评价“优秀等次”、全省乡镇财政资金监管和惠农补贴管理资金发放工作绩效评价“A类”单位、全市脱贫攻坚先进集体、六安市第十一届文明单位候选单位、目标责任考核优秀单位、全县意识形态先进集体等荣誉。

【加强收入征管】在贯彻落实减税降费政策的同时,积极支持税务部门加强征管,依法依规组织收入。继续加强收入预期管理,科学研判财政收入形势,跟踪测算疫情对财政收入的影响,提前采取应对措施,努力保持财政运行符合预期、总体平稳。严格按照有关规定征收非税收入,加大对乱收费查处力度,严禁违规设立征收项目、扩大征收范围、提高征收标准,确保应征非税收入及时、足额征收到位。

【强化绩效评价】推进预算管理一体化建设,实现预算编制单位和平台用户一致。对2017—2019年度新增政府债券完工项目和2020年度新增政府债券在建项目资金使用情况开展绩效评价,涉及部门12个,项目18个,资金规模13.5亿元。对项目支出和部门整体支出绩效自评结果按照10%及以上比例进行抽查复核,选择民政局、开发区、人社局、经信局、重点处、住建局、行政执法局等7家单位,通过政府购买服务方式开展2020年度部门绩效评价。严控“三公”经费支出,全县“三公”经费支出1004万元,同比下降3%。

【推进乡村振兴】县财政投入资金8.30亿元,其中:各级财政衔接补助资金4.63亿元;整合其他涉农资金1.96亿元;收回存量用于巩固拓展脱贫攻坚成果资金2600万元;用于接续推进乡村振兴的债券资金1.19亿元;其他资金2546万元(肥东结对帮扶等)。优化支出结构,调整支持重点,整合涉农资金2.02亿元支持农业提质增效,扎实推进全市“6969工程”和县“1411”工程实施。

【深化国有资产改革】完成34家国有企业1601人人事档案移交工作,完成党员移交822人,移交率为100%。持续开展投融资及担保领域专项整治工作,清收不良资产5617.74万元。对26家县属国有企业2019—2020年度国有资本收益情况开展专项审计,收缴入库国有资本收益252万元。持续推进县属国有企业改革三年行动。

【推进民生工程实施】继续实施33项民生工程,民生工程类投入45.22亿元,县配套资金18.33亿元。通过落实主体责任,深入广泛宣传,严格规范实施,加强督查调度等措施,县民生工程工作在全市2021年考评中综合排名较上年度位次前移。

【推进金融改革创新】全县银行业金融机构各项存款余额537.88亿元,余额同比增长8.74%,较年初增加46.43亿元,存款总量位居全市第一,新增量及余额同比增幅位居全市第二;各项贷款余额383.74亿元,余额同比增长21.35%,较年初增加60.83亿元,贷款总量、余额同比增幅及贷款新增量均位居全市第一;存贷比71.34%,新增存贷比131.01%。全县累计办理融资担保业务228笔,担保总额7.13亿元,其中“4321”新型政银担业务213笔,金额6.55亿元,户数占比93.42%,金额占比91.87%,为228家企业节约融资成本142.69万元,促成10家银行业金融机构与134家企业签订意向贷款协议,落实贷款需求13.4亿元。实地走访企业80家,牵头办理企业诉求128件,落实贷款2.65亿元。在省股交中心成功挂牌企业3家,股份制改造企业2家。开展资本市场业务培训4场,参训企业172家。落实省市县三级企业挂牌奖补资金215万元,开展续贷过桥业务74笔4.66亿元,周转次数14.56次,新增“税融通”贷款250笔4.64亿元,累计发放脱贫小额贷款10354户4.38亿元。

【推进财政改革】加强采购监管,推进平台建设,基本完成政府采购平台、财政一体化平台、公共资源交易平台“三网”互联互通的前期建设,并进入试运行阶段。强化直达资金管理,到位直达资金15.5亿元,下达或拨款至单位共9.4亿元,拨付率60.7%;实际支出到人、到企业5.4亿元,支出率57.5%。推进财政预算管理一体化改革,完成单位、人员等基础信息录入及2022年项目储备,正在开展预算执行同步试点,改革各项措施有序落实。做好惠民惠农补贴资金“一卡通”管理发放,发放惠民惠农补贴资金70批次10.3亿元,惠及214.9万人次,较上年同期增加0.5亿元,增长5%。强化财政监管,明确2021年财政监督工作内容,印发《霍邱县财政局内部控制基本制度》。完善PPP项目库资料,实施城区道路工程、十四条市政道路工程、县域农村生活污水处理和城北第二污水处理厂一期4个PPP项目,总投资29.66亿元。开展农业保险,全年午季投保农户6.78万户106.88万亩,保费总额2159.35万元;秋季作物投保农户12.66万户240.07万亩,保费总额7683.40万元;能繁母猪投保3.44万头,保费总额309.60万元;育肥猪共投保22.18万头,保费总额887.20万元;特色保险小龙虾投保92户3.62万亩,保费总额260.64万元。推进政务公开,加强部门预决算及“三公”经费信息公开,102个一级预算部门,除1个涉密部门外全部按时公开。加强政府采购监管,完成采购额4.5亿元,节约资金0.7亿元,节约率12.7%。取消政府采购投标保证金,实现“不见面开标”、“远程异地评标”,优化政府采购营商环境,实行政府采购意向公开,受理政府采购投诉10件,查结10件,建成政府采购监管服务平台,“徽采商城”采购实行网上审批,提供政府采购透明度,建立政府采购中小企业资金预付制度,扶持中小企业发展。

【加强党的建设】认真贯彻落实习近平总书记考察安徽重要讲话指示精神和党的十九大及十九届历次全会精神,扎实开展党史学习教育,制定两批“我为群众办实事”清单共7件实事,完成6件。推进基层组织建设,坚持“三会一课”制度,提拔任命财政所长2人、财政所(分局)副职8人,异地交流任职财政所负责人3人、业务人员5人。加强党风廉政建设,印发《县财政局党组全面从严治党主体责任清单》《霍邱县财政局2021年党风廉政建设工作要点》,落实党风廉政建设主体责任。完成中央巡视安徽反馈问题涉及财政7项整改,省委巡视“回头看”反馈问题个性问题6项,共性问题12项整改,持续推进“金融担保领域”专项问题整改。严肃查处系统内领导干部违纪违法案件,切实解决发生在群众身边的腐败问题,加大惩戒力度,严格责任追究,运用第一种形态22人(含国有企业17人),其中谈话提醒21人(含国有企业17人);诫勉谈话8人(含国有企业同时运用谈话提醒7人);运用第二种形态1人,其中受到党内警告处分1人。

金寨县财政工作概述

【概况】2021年,金寨县财政局坚持稳中求进工作总基调,全面落实积极财政政策,依法组织财政收入,优化财政支出结构,各项财政目标任务圆满完成,高质量发展取得明显成效,实现"十四五"良好开局。

【财政收支】全县完成地方一般公共预算收入17.31亿元,完成年初目标任务103.3%,增长8%,其中税收收入12.56亿元、非税收入4.7亿元。全县一般公共预算收入加税收返还、一般性转移支付收入、专项转移支付收入、调入资金、地方政府一般债务转贷收入、动用预算稳定调节基金50.41亿元,全县一般公共预算收入总计67.72亿元。全县一般公共预算支出完成59.76亿元,完成预算126.1%,同比下降7.6%。全县一般公共预算支出加上解支出、地方政府一般债务还本支出、安排预算稳定调节基金4.93亿元,全县一般公共预算支出总计64.69亿元。收支相抵,全县一般公共预算年终结转3.02亿元。

【开发区建设】投入资金3.08亿元,新平整土地2350亩,支持开发区扩容增量。安排资金3亿元,新建标准化厂房18万平方米,解决小微企业用地难问题。拨付资金3.4亿元,新建新宁物流等工业园,支持产业集聚发展。拨付资金2.98亿元,为雅迪等企业代建厂房40万平方米,吸纳重点企业入驻落户。安排资金5.47亿元,新建改造路网,改善开发区基础设施。

【支持企业发展】全面落实国家减税降费政策,减免税费5.57亿元,占全县税费收入总额的9.4%,其中减免税收4.93亿元、社保缴费0.49亿元,惠及企业780余家,助力企业轻装上阵。兑现招商引资政策,拨付资金5.8亿元,对133家企业进行扶持。安排资金0.4亿元,设立民营经济发展及产业扶持资金,重点用于民营企业自主创新、转型升级。

【引导金融支持实体经济】发挥财政资金撬动作用,编制中小微企业特色信贷清单,发放"税融通"贷款3.61亿元、"4321"政银担贷款13.84亿元。安排资金5000万元,设立企业过桥贷款周转池,累计完成过桥贷款163笔10.92亿元,解决企业融资难题。与金融机构签订创业担保"整贷直发"协议,发放创业担保贷款346笔8111万元,支付贴息资金1742.45万元,减轻创业者负担。

【乡村振兴资金投入】落实国家涉农补贴政策,建立补贴对象动态调整机制,补贴资金直达具体受益对象,全年发放补贴项目65个,涉及资金7.6亿元,户均收入4750元。整合资金3.2亿元,建立千亩以上农业产业基地25个,支持茶叶、蚕桑、中药材等特色产业发展。安排资金2.42亿元,用于重点监测户发展产业、特色产业深加工、农村电商,延长农业产业链。安排资金0.2亿元,推进特色农业保险增品扩面,试点"2+3"、"防贫保"综合保险,共理赔433万元。安排资金0.6亿元,支持农田水利、高标准农田建设,新修堤岸坝58处、高标准农田2.5万亩。安排资金0.25亿元,建成美丽乡村示范点10个,惠及4100人,改善群众居住条件。投入资金1.1亿元,实施乡村道路提升工程,提质改造、养护提升农村公路259.63公里。安排资金2940万元,支持城乡公交一体化,改善农民出行难题。拨付资金1.12亿元,持续推进城乡环卫一体化建设、"厕所革命"、污水处理,改善农村人居环境。

【生态建设资金投入】落实林长制,拨付资金1.32亿元,用于国土绿化提升、林业产业发展等。投入资金0.5亿元,用于松线虫防治,防止病虫害扩散。安排资金0.05亿元,用于森林防火、公益林管护。落实河长制,拨付资金0.26亿元用于地表水断面生态补偿。安排资金2.73亿元,实施中小河流治理、节水改造等,改善城乡饮用水条件。拨付资金0.08亿元,整治秸秆焚烧、建筑扬尘等环境突出问题。安排资金0.12亿元,打击非法采矿采沙,治理在建生产矿山11家,闭库销号尾矿库7座。落实资金0.2亿元,常态化开展农业"两个替代",全县化肥农药使用大幅下降。安排资金0.03亿元,推进禁养区调整划定和畜禽养殖废弃物资源化。投入资金2.3亿元,推进生态、旅游、文化"三位一体"融合发展。安排资金0.5亿元,推进生态茶谷、西山药库等特色种养业基地建设,新建茶叶、中药材等特色产业基地10.3万亩。投入资金0.28亿元,支持开发区、麻埠镇分别建立国家级、省级现代农业产业园。

【民生工程资金保障】足额安排幼儿教育、义务教育、高中教育、职业教育公用经费0.94亿元,保障教学正常运转。安排资金0.28亿元,资助22067名家庭困难在校生。安排资金0.8亿元支持30所学校改扩建。筹集资金0.11亿元,统一中小学智慧教育、信息化建设。安排资金0.95亿元,建设职校产教融合中心。投入资金5.05亿元,落实城乡居民基本医疗保险、大病保险、医疗救助、计生奖扶等政策。安排资金1.08亿元,免费开展疫苗接种、核酸检测。安排资金0.27亿元,落实全民健康体检、医卫人才建设、智慧医疗、家庭医生签约服务等工作。安排资金 1.5 亿元,将 29254 名困难对象纳入低保,按时发放生活补助。拨付资金 0.71 亿元,对 6099 名孤寡老人实行集中、分散供养。拨付资金 0.6 亿元,对 5104 名重点优抚对象、1.6 万名重度残疾人、12500 名困难残疾人发放生活补贴或护理补贴。安排资金 0.16 亿元,对 34 所社区养老、社会养老、农村养老机构进行奖补,对 5000 名低收入老人、1.2 万名高龄老人发放补贴。安排资金 0.35 亿元对创业担保贷款进行财政贴息,支持自主创业。统筹资金 0.05 亿元,开展脱贫技能培训、企业新录人员岗前培训等,培训人员 2380 人。安排资金 0.09 亿元,开发公益性岗位 300 个,接收高校毕业见习生 181 人。安排资金 0.03 亿元,对 1 家省级农民工返乡创业示范园、745 家稳岗就业企业进行补贴,激励引导企业支持创业就业。

【财政资金管理】健全直达资金、国库集中支付等监管机制,实行全过程、全天候、全链条动态监管,及时接收上级指标、分配下达资金,资金直接支付到人、到企业,确保资金流向明确,账目可查、支付快捷。牢固树立过紧日子思想,严格“三公”经费管理,一般性支出压减 5%。清理财政存量资金,收回结余资金 0.4 亿元,盘活使用资金 1.5 亿元。加强“三保”预算执行监控,建立“三保”应急机制,开展风险评估,维护经济社会稳定。

【预算绩效管理】坚持“花钱必问效,无效必问责”原则,构建全方位、全过程、全覆盖的预算绩效管理体系,将绩效目标、绩效监控、绩效评价和结果运用贯穿于预算管理全过程,实现预算绩效管理一体化。全县 58 个部门预算项目实现绩效目标与预算资金“同申报、同审核、同批复”,对 133 个重点项目开展绩效评价,确保财政资金发挥使用效益。

【政府债务管理】落实偿债资金 4.1 亿元,保障政府债务还本付息需要。发行再融资债券 7.45 亿元,置换转贷到期债务。制定财政收入增长目标,加大政府性基金、国有资本经营收入统筹力度,提高财政偿债能力。建立政府债务动态管理机制,对到期债务预警提醒,利用财政部隐性债务监测平台,定期开展隐性债务排查和预测分析,防范化解债务风险。

【预算一体化改革】建立预算一体化管理机制,将预算基本信息、项目库建设、预算编制、国库集中支付、绩效管理、政府采购、会计核算等核心业务嵌入一体化管理系统,全面规范财政业务流程,实现业务无缝对接,提高预算管理工作效率。

【国企国资改革】落实党中央、国务院国企改革“三年行动”要求,制定全县国企改革方案及改革任务考核办法,按照政企分开、政资分开、所有权与经营分离要求,实行“资本投资公司+资本运营公司+产业经营公司”模式,组建“金寨县国有控股集团有限公司”,对 11 家县属国有企业实行统一管理。统筹公房管理,坚持租购并举,将新老城区办公性用房、经营性用房、公租房、拆迁安置余房等全部交于县金业公司统一运营管理,并按照“租售并举,出售优先,兼顾租赁”方式,盘活存量资产,增加收入 0.44 亿元。

【金融风险防控】通过股权转让、现金收回、以物抵债、依法核销、司法诉讼等方式,县农商行不良贷款率由 6.35%降到 4.95%,同时调优管理架构,提高议事决策水平,降低地方金融机构管理风险;采取自然熔断方式,3 家合作社清收退股 2.46 亿元,将金融风险消灭在萌芽状态;利用电视、广播、出租车、微信公众号等,常态化开展非法集资和电信金融诈骗宣传,始终保持非法集资和反电诈高压态势。

霍山县财政工作概述

【概况】2021 年,在省市财政部门的精心指导下,在县委、县政府的坚强领导下,霍山县财政局努力克服常态化疫情防控和需求收缩、供给冲击、预期转弱多重压力,坚持稳中求进,全面践行新发展理念,弘扬伟大建党精神,砥砺奋进、埋头苦干,全力服务中心大局和民生福祉,为全县经济社会高质量绿色发展作出积极贡献。

【提升保障能力】加强财政收入预期管理,强化税收征管调度,密切乡镇和部门之间的协调配合和会商联动,加强非税收入管理,注重改善财政收入结构,提升收入质量,增强政府统筹能力。完成财政收入 28.49 亿元,占预算 116%,同比增长 25.4%,完成一般公共预算收入 15.03 亿元,同比增长 36%。出台《关于落实“过紧日子”要求加强厉行节约的通知》,将财政“三保”作为一项重要政治任务抓紧抓实,坚持除落实上级重大政策和突发重大应急事件外“无预算不支出”。动态监测“三保”支出落实情况,坚持“三保”支出优先保障。量入为出、有保有压,硬化预算硬约束,大力压减一般性支出,加快支出进度,统筹财力保障重点支出。完成一般公共预算支出 36.91 亿元,同比增长 11.9%,其中“三保”支出 16.7 亿元,占总支出的 45.2%,同比增长 2.8%;民生支出 31.65 亿元,占总支出 85.7%,同比增长 12.6%。科学编制预算,加强预算执行动态监控,严把财政支出关口,规范“三公”经费管理,加强预决算公开数据核查,强化会计监督检查和政府采购监管,持续推进“一卡通”专项治理,做好财政内控内审、小微企业和个体工商户税收优惠政策评估等工作,配合人大、纪检监察、审计等部门开展监督审查。

【服务发展大局】关注经济形势和政策走向,对标对表沪苏浙,瞄准“两新一重”、主导产业、乡村振兴、绿色循环等重点投资方向,立足县域经济社会发展实际,争取各类政策性资金超10亿元。围绕全县“重扛工业大旗、重返第一方阵”战略目标,落实减税降费和支持市场主体发展政策,拨付应流国贸、信达电力、尚琨信息等科技公司财政扶持资金8966万元、战新办“三重一创”和战新资金8882万元、县经济开发区园区发展资金8000万元、企业招商引资兑现资金500万元、招商专项经费540万元、企业创业担保贷款贴息866.39万元,支持科技创新、平台建设、“双招双引”和小微企业发展。支持大别山国投集团和乡村振兴公司做优做强,拨付乡村振兴公司注册资本金1800万元,支持县属重点国企创新融资方式,加大融资力度,推动国投集团成功发行兴水生态项目公司债,在资本市场直接融资3亿元。落实生态补偿机制,抓好大别山水环境生态补偿项目申报、资金拨付及监管工作,争取大别山区水环境生态补偿资金项目12个共4760万元。争取中央和省财政直达资金5.21亿元,重点用于保工资、保民生、保就业、保市场主体及重大项目建设,建立定期通报机制,强化直达资金分配、拨付、使用和监管。积极争取专项债项目,争取一般债券0.72亿元和专项债券10.2亿元。

【办好民生实事】落实民生工程牵头抓总责任,加大统筹协调、宣传调度、建后管养、绩效考评等工作力度,加强财政可承受能力评估,推动建立民生支出清单管理制度,增强民生政策措施有效性和可持续性,提高民生支出管理的规范性和透明度,全年投入民生工程资金12.98亿元,年度目标任务圆满完成。支持巩固拓展脱贫攻坚成果同乡村振兴有效衔接,健全衔接资金监管和绩效管理机制,科学谋划筛选乡村振兴项目,精心制定实施方案和资金管理办法,推进涉农资金整合,落实项目匹配,建立专账专户,强化资金监管。整合涉农资金1.02亿元,支持农业提质增效“6969”工程,统筹安排脱贫攻坚和乡村振兴有效衔接资金1.21亿元(县本级3235万元),较上年增长46%。落实惠民政策,投入资金2436.61万元稳住就业基本盘,拨付城乡义务教育补助3416.3万元,中职教育经费965万元,困难学生资助1233.4万元,安排2792.04万元保障常态化疫情防控,拨付储备粮油费用和利息补贴130.25万元,县级财政投入政策性(特色)农业保险1321.95万元,累计发放惠民惠农补贴资金3.19亿元,统筹支持农业农村、科学文化、教育体育、卫生健康等社会事业发展。

【加强财政改革管理】完善四本预算,盘活存量资金,健全财政库款监测机制,统一推进预算管理一体化系统建设,2022年度部门预算中专项资金全部实行“零基预算”,重点工程项目支出由部门申报,县政府审定后列入预算。推进绩效改革,完善绩效考评指标库,明晰指标框架体系和指标值,加大重大政策和重点项目的绩效评估力度,完成2020年项目绩效自评、2022年项目编制绩效目标制定,推进2020年度地方债绩效评价,对大别山水环境生态补偿项目等6个重大项目开展事前专家评审。规范政府性债务管理,做好专项债券和一般债券资金的安排使用,及时申报到期债券再融资,保证到期债券按时兑付。加强政府性债务日常管理,健全债务管理、风险预警机制,妥善化解债务存量,严控债务增量,积极防范债务风险。采购职责更为清晰。全面梳理政府采购职能职责,积极同编办、机关事务管理服务中心对接,划转会务、零星采购等职能至机关事务管理服务中心。开展脱贫地区农副产品采购,全面落实降低供应商投标成本相关免收政策,加强政府采购预算管理,妥善处理质疑投诉。推进国企改革三年行动计划,制定实施方案,分解落实任务。出台《关于进一步规范政府性投资项目建设模式和资金管理的通知》,进一步厘清大别山国投集团与财政的事权和支出责任。完善县属国企公司架构、治理结构和管理制度,做好资产资源划转,参与组建水投公司,着力规范国企运营。

【激发队伍活力】坚持正确用人导向,严格执行干部选拔任用相关规定,重视党外知识分子和中青年储备干部培养。用好理论中心组学习、支部学习等载体,推进党史学习教育,推进“我为群众办实事”活动,将疫情防控、创建文明城市、抗洪救灾一线作为主阵地,提高履职能力,对13名新进工作人员开展岗前集中谈话,组织参加全省干部教育培训和县财政支农政策培训,加强政治理论、政策常识、业务知识学习和实务培训,组织全县164名农村财会人员支农政策培训,45名干部完成干部教育在线学习。

舒城县财政工作概述

【概况】2021年,舒城县完成全口径财政收入31亿元,增长3%,其中一般公共预算收入完成20.3亿元,较年初预算目标增长9%,较上年实绩增长2%。一般公共预算收入中税收收入14.5亿元,增长4.4%;非税收入5.8亿元,下降4.5%,收入质量进一步提升。完成财政支出60亿元,争取发行专项债券资金20.7亿元,实现土地出让收入29.8亿元,财政运行总体平稳,财政对全县经济社会发展支撑能力进一步增强。

【保持财政平稳运行】加强收入预期管理,严格按照年初确定的收入预期目标,将任务分解落实到征收部门,支持税务部门依法依规征收,持续规范非税收入收缴管理,进一步清理核对待查收入,做到应收尽收。每月召开经济运行分析会议,深入研判形势,调度后进单位,确保收入进度。积极开发利用县内砂石、矿山等国有资源,管好平台经济税收,全力弥补收入缺口。落实过紧日子要求,印发《关于落实过"紧日子"要求加强厉行节约的通知》,明确禁止、严控、压缩等3类15项支出要求,全县一般性支出压减6.1%,严格控制"三公"经费支出,"三公"经费只减不增。强化库款监测与调度保障,科学合理调度国库资金,留足库款余额,防范财政支付风险,库款保障水平处于合理区间。

【服务地方经济发展】落实各项惠企政策,全年累计减免税费7.5亿元,发放续贷过桥资金9.28亿元,帮助68家中小微企业缓解临时性资金周转困难。引导政府性融资担保机构更好发挥支小支农作用,全县平均担保费率降至1%,促进新增"4321"政银担业务2.53亿元。发挥财政资金引导作用,统筹投入"三重一创"引导资金1580.3万元,支持县域企业科技创新,推动人工智能、生物基新材料等战略性新兴产业发展。兑现资金1.72亿元,支持数字经济建设。县财政安排专项资金5200万元、争取省市奖补资金1480.8万元,重点培育专精特新中小企业,成功认定市级"专精特新"企业4家。安排570万元,奖励5家企业上市挂牌和英力电子股份企业上市。投入资金1080.7万元,引导和支持商业及服务业发展。加大创业担保贷款政策财政贴息力度,发放创业担保贷款1.02亿元,财政贴息1333.6万元。县政府出资2750万元,设立县本级政府投资基金,撬动社会资本,赋能经济发展。加强统筹扩大有效投资。投入6.2亿元,统筹用于县重点工程建设。争取发行新增专项债券资金19.7亿元,用于杭埠河治理、"三馆一院一空间"、县委党校、城乡公共停车设施、智慧电子小镇、棚户区和城南城中村等重大项目建设。积极运用政府和社会资本合作(PPP)模式,2021年新增项目1个,总投资24.7亿元。

【支持乡村全面振兴】统筹财政衔接推进乡村振兴补助资金4.99亿元,支持全面推进乡村振兴。落实《关于调整完善土地出让收入使用范围优先支持乡村振兴的意见》要求,提高土地出让收入用于农业农村比例。在乡镇全面建立临时救助备用金制度,防范和化解因病返贫风险,全县城乡居民贫困人口就诊医保、救助实际补偿比例为85.9%。开展"防贫保"综合保险试点,财政补贴保费209.7万元,基本建成防止返贫致贫综合保险体系。支持加快现代农业发展。安排资金1.77亿元,切块支持农业提质增效"6969"工程。着力保障粮食生产安全,投入财政资金1.24亿元,建设高标准农田5.5万亩。拨付200万元,支持粮食产业园建设。投入812万元,实施农作物秸秆综合利用。统筹资金2.27亿元,支持耕地质量保护和地力提升、农田水利建设,促进农业生产和农业产业发展。出台《舒城县特色农业保险工作实施方案(试点)》,推动农业特色保险高质量发展。支持实施乡村建设行动。推进农村综合改革,争取中央和省农村公益事业财政奖补资金1304万元,实施生态宜居工程。县财政安排435万元,支持万佛湖镇、阙店乡、春秋乡等3个乡镇农村公益事业建设。投入4411.3万元,实施中小河流治理和病险水库险加固项目。统筹资金5612.9万元,助力美丽乡村省级中心村和茶谷、国家级森林乡村、省级森林村庄创建、农村人居环境整治"三大革命""三大行动"等建设。落实惠农惠民政策,累计发放惠农补贴资金7.99亿元,惠及25.6万农村人口。

【保障民生福祉改善】持续加大就业、教育、社保、医疗等重点领域投入力度,全年民生支出51.4亿元,占比达85.6%。深入实施民生工程,投入25.6亿元,建立"两单一函"推进机制,推动33项民生工程落地见效。投入资金2953万元,推动落实就业优先政策。统筹拨付3.6亿元,改善普通高中办学条件,提升现代职业教育质量,保障落实学生资助政策。投入资金1.28亿元,保障常态化疫情防控、免费疫苗接种和国家卫生县城复审。安排专项债券资金1亿元,支持县医共体卫生能力提升工程,推进紧密型县域医共体建设。安排经费1044.7万元,保障市五运会成功承办。投入资金1400万元,助力万佛湖景区5A复审。投入1443.1万元,统筹推进大气、水、土壤污染防治、环保督察整改等,推动深化河(湖)长制、林长制改革。县财政补助社保基金1.4亿元,保障机关事业单位养老保险制度政策落实。推进城乡居民养老保险工作,人均缴费水平提至527元,全年发放城乡居民养老保险待遇2.3亿元。强化困难群众基本生活保障,全年发放困难群众救助补助资金3.1亿元,增长14.8%;城乡低保、农村特困供养标准分别提至每人每月659元、857元。落实优抚政策,发放各类抚恤补助款1.04亿元。设立关爱帮扶专项资金300万元,救助困难优抚对象1710人,为年满60周岁的老年重点优抚对象购买意外伤害保险,保障对象7714名。加强基本住房保障,投入4.6亿元,基本建成棚户区安置房1520套、完成农村危房改造179户。

【防范化解重大风险】加强政府债务管理,实行政府债务常态化监测,确保债务风险可控。依法从严遏制新增隐性债务,严格执行化债方案,稳妥化解存量隐性债务,有效防范化解重大风险,牢牢守住不发生系统性风险的底线。全县政府债务率预计为107%,属绿色等级。落实预算安排、预算执行和库款保障“三个优先”,推动“三保”各项政策落实到位。县级预算安排36.6亿元,高于国家标准“三保”支出需求4亿元,全年“三保”实际支出36.6亿元,支出进度100%。

【提升财政管理能力】全面贯彻落实预算法及实施条例,体现到预算编制、执行、决算和监督全过程。建成预算管理一体化系统,预算编制等相关业务按国家和省标准上线运行。全年收到上级各类直达资金12亿元,拨付到项目单位12亿元,支出进度100%。全面规范国有资产出租、处置,全年全县行政事业单位处置资产2088.8万元、处置收益201.6万元,出租出借资产收益1713.2万元。印发《舒城县生产经营类事业单位改革清产核资工作方案》,完成13家涉改单位清产核资和资产评估,9家涉改经营类事业单位全部完成转企改制。印发《关于全面推进舒城县党政机关和事业单位经营性国有资产集中统一监管改革的实施方案》,41家涉改单位经营性国有资产统一监管工作稳步推进。实施预算绩效管理,组织开展94个部门整体支出、245个项目支出绩效自评,覆盖资金63.9亿元。选取19个重点项目开展财政绩效评价,涉及资金48.5亿元。绩效评价信息与2020年决算同步向社会公开。对7家企事业单位开展2021年度会计信息质量、“小金库”专项检查,抽取7家代理记账机构进行行业管理专项检查。牵头开展惠民惠农财政补贴资金“一卡通”专项治理、惠农财政补贴资金滞拨闲置等突出问题专项整治和全县民生领域突出问题专项排查整治,配合县纪委开展粮食购销领域腐败问题专项整治,完成审计反馈问题整改工作。深化政府采购“放管服”改革,全年实际完成政府采购2.04亿元,节约资金3054.5万元,节约率13%。

金安区财政工作概述

【概况】2021年,金安区财政局认真贯彻落实区委、区政府决策部署,统筹推进疫情防控和经济社会发展,迎难而上、真抓实干,全面完成年度目标任务。

【超额完成收入目标】积极组织收入,全年完成地方一般公共预算收入15.79亿元,同比增长10.99%,其中税收收入完成12.81亿元,同比增长0.88%;非税收入完成2.98亿元,同比增长94.83%。

【保障重点支出】重点支出保障充分,兜牢“三保”底线。全年财政支出56.3亿元,同比增长1.18%,其中民生支出47.86亿元,占财政总支出的85%。

【支持经济发展】助力实体经济发展,努力破解小微企业融资难融资贵问题,为166户小微企业完成融资担保11.1亿元;为30家企业办理过桥资金49笔,总额2.96亿元,无还本续贷6.6亿元;新增发放创业担保贷款144笔共1.02亿元,支付财政贴息资金633万元。推动平台公司转型发展,组建金投集团公司并获批融资项目15个,新增授信额度45.11亿元,提款到位资金38.01亿元。落实减税降费政策,全年兑现税收优惠5.1亿元。兑付招商引资奖励资金5290万元,24家企业从中受益。

【加大民生投入】抓好全区33项民生工程牵头任务,落实资金配套,全年安排财政资金22.09亿元,其中:区级配套3.52亿元,较上年增长6.05%。全力推进项目实施,14个建设类项目全部完成年度目标,42个补助发放类项目全部发放打卡到位,7个培训类项目全部实现年初计划。强化督查调度,全年组织专项检查6次,开展专项调度7场。全区民生工程工作在全市年度综合考评中位列第三,三十铺镇、先生店乡、木厂镇等乡镇表现突出。多渠道筹集社保资金,共组织征收筹集7项社会保险基金10.59亿元,拨付各类保险待遇支出17.45亿元;拨付民政、退役军人事务等部门社保类资金3.2亿元,拨付卫健部门、人社部门社保类、残疾人事业费等2.08亿元。通过“一卡通”发放惠农补贴资金6.56亿元,累计发放19.32万户。优化教育教学环境,全年教育支出14.14亿元,占一般公共预算支出的25.1%,同比增长5.6%,贯彻落实区委有关决策部署,压缩开支,挤出财力保障疫情防控支出,全年共统筹安排疫情防控经费6831万元。

【衔接乡村振兴】加大资金投入,全年投入财政衔接资金2.33亿元,其中:区级资金9300万元。严格落实“双包”责任,坚持“四不摘”工作要求,局机关73名干部继续帮扶东桥镇282户脱贫户。推深做实驻村帮扶工作,选派16名财政干部到村担任驻村工作队员,助力乡村振兴战略实施。5月,区财政局被省委、省政府授予“安徽省脱贫攻坚先进集体”称号。

【深化财政改革】全面贯彻落实《预算法》及其实施条例,牵头制定《金安区2021—2025年乡镇街财政体制实施方案》。推进预算管理一体化平台建设,保障2022年1月正式上线运行。推动非税收入项目征管职责划转工作,国有土地使用权等四项政府非税收入划转税务部门征收。加强政府性债务管理,强化债务风险防控,全年共安排系统内债务还本付息资金5.84亿元,全区2021年度债务管理工作获全市优秀,位列第一。积极争取债券项目资金支持,申报新增债券需求项目53个,新增债券到位资金12.5

亿元。

【加强财政管理】加强国企国资监管,推动实施国企改革三年行动。制定实施《金安融资担保有限公司提质增效三年行动计划》,提高放大融资担保倍数。出台《金安区党政机关和事业单位经营性国有资产集中统一监管改革工作方案》。全面实施预算绩效管理,制定印发《金安区预算绩效管理工作考核暂行办法》,推进预算公开评审和新增项目事前绩效评价,组织开展区重点项目绩效评价,涉及9个项目,金额为7.94亿元。开展财政内部业务审计监督,主动对接区审计局,对局机关2013—2021年5月财务进行审计,落实《金安区财政局内部财政业务检查实施方案》,对机关股室各环节存在的风险进行常态化跟踪检查,对全区22个乡镇(街)财政所2020年度财务进行审计检查。强化政府投资类项目结算审定,完成政府投资项目竣工结算评审项目782个,送审金额33.85亿元,核定金额31.28亿元,核减金额2.58亿元,核减率7.6%。

【推动重点工作】同步推进区委区政府重点工作与财政工作,开展全国文明城市创建,成立常抓班子,选派社区一线工作人员17人。全力做好疫情防控工作,抽调局机关党员干部210人次下沉社区,全天候值守72天。完成梅山新村及周边区域征迁工作任务。持续推动“四送一服进民企”,协调解决威玛重工和诚宇包装两家企业发展诉求。深入帮扶推进张店聆心谷项目建设。重点抓好招商引资工作,外出招商6次,完成签约项目3个,在谈项目2个。提升金投集团公司主体信用评级到AA级,融资能力进一步增强。在区委区政府2021年度重点工作考评中,财政局包揽乡村振兴“双包”工作、招商引资、项目推进工作、“四送一服”、文明城市创建等5块奖牌。

【加强队伍建设】把政治标准作为选人用人首要标准,局机关2名同志、财政所4名同志提拔交流至乡镇党委政府任职,1名股级干部提拔进入局领导班子,3名同志提任财政所所长,7名同志公开选调(遴选)充实机关力量,11名同志机关轮岗交流,财政队伍充满生机活力。

【深化廉政建设】推进财政系统党风廉政建设,坚持党风廉政建设与财政工作同部署、同推进、同考核。召开全区财政系统反腐倡廉工作大会,局党组听取党建暨党风廉政建设专题汇报2次。成立区财政局内部控制委员会,制定《金安区财政局内部控制基本制度》,深入推进财政系统廉政风险防控。抓好作风建设,深入开展新一轮深化“三个以案”警示教育,落实党组书记上党课,支部书记述职评议,编印《全省财政系统部分违法人员忏悔书》,用身边事教育身边人。落实局党组与驻局纪检监察组沟通协调工作机制,邀请市纪委、区纪委工作人员作警示教育报告,主动自觉、全面深入支持驻局纪检监察组监督执纪。

裕安区财政工作概述

【概况】2021年,裕安区财政部门坚持稳中求进工作总基调,坚持积极的财政政策提质增效、更可持续,加强财政资源统筹,加大优化支出结构力度,全面落实过紧日子要求,支持扎实做好“六稳”工作,全面落实“六保”任务,全区财政运行情况总体良好,圆满完成预算任务,获“全国脱贫攻坚先进集体”荣誉称号。

【加强财政收支管理】强化收入预期管理,科学研判经济形势,依法依规组织收入,做好调度管理。全年税收收入完成13.17亿元,占一般公共预算收入比重为78.16%,财政收入质量持续平稳。强化预算执行约束,严格按照预算安排支出,确保禁止类、严控类、压缩类支出事项落实到位,一般性支出大力压减。加强库款运行动态监控,保持合理库款规模。全年民生类支出完成56.80亿元,占一般公共预算支出的比重为85.01%。

【助推经济高质量发展】兑现招商引资及各类奖补资金2.13亿元。争取企业发展专项资金3450万元,用于支持省认定专精特新中小企业发展、5G+工业互联网示范项目建设等。加大金融支持,完成直接融资1.43亿元,落实贷款意向1.2亿元。发放续贷过桥资金13.27亿元,提供创业担保贷款8978万元,财政贴息1375万元。区担保公司为236家企业提供担保4.91亿元。开展资本市场业务培训,组织召开3次银企对接会。推进高迪环保、鸿杰威尔、中钢联、富美医疗、亿通科技等企业上市进程,完成8家企业在省股交中心挂牌工作,六安金祥工贸有限公司完成股改工作。聚焦“双招双引”推动“基金招商”,区城投公司新组建拾岳禾安、裕洲股权2支基金,为3家企业提供4751万引导资金支持,推动招商引资项目落地。兑付创新驱动、“三重一创”等专项资金4099万元,支持区属企业核心技术研发、人才奖励、创新平台建设、科技成果转化和创新项目。发行新增债券8.00亿元,其中:一般债券1.85亿元、专项债券6.15亿元,主要用于乡村振兴、公共卫生应急和服务能力提升、水环境治理等急需资金支持的重点项目和重点领域。推进政府与社会资本合作(PPP)模式,新增乡村振兴PPP项目入库3个,总投资62.21亿元。安排3.47亿元资金用于支持大气、水、土壤污染防治,打好蓝天碧水保卫战。牵头实施大别山区水环境民生工程,拨付进度款1300万元。

【支持乡村振兴】加大资金保障,

投入资金6.42亿元用于巩固拓展脱贫攻坚成果同乡村振兴有效衔接,主要用于特色产业“6969”、农村桥梁道路工程、高标准农田建设等。加强农村人居环境整治,美丽乡村建设投入3891万元,用于省级中心村和区级中心村项目。实施高标准农田建设项目10个,累计投入资金1.25亿元。拨付2021年及以前年度美丽乡村建设资金6578万元,高标准农田建设资金5256万元。推动农业保险高质量发展,全区种植业政策性保险及大灾险投保102万亩,保费3598万元,养殖业投保15万头,保费709万元,森林保险投保59万亩,保费109万元,拓展特色农业保险增品扩面,推进特色农业产业发展,共投保大棚蔬菜、淡水养殖、油茶等13个品种28万亩(棒、羽),保费2246万元,理赔3000万元。将“防贫保”和“深贫保”有效衔接,在全区20个乡镇街开展“防贫保”工作,签订保险金额423万元,区级财政配套资金212万元。

【提高民生保障水平】统筹疫情防控经费2.61亿元,用于核酸检测、疫苗接种、隔离点建设、防控设施及物资采购等,服务疫情防控大局。实施33项民生工程,全区投入资金27.50亿元,其中区配套资金3.45亿元,高质量完成民生工程年度任务。支持就业创业,拨付2189万元就业补助资金,用于职业技能培训、公益性岗位等个人单位补贴及就业创业服务等公共就业服务能力建设补助。推进卫生健康事业发展,拨付公共卫生资金7079万元,投入1.05亿元用于公共卫生应急和服务能力提升,投入1亿元建设区妇幼保健院和中医院,投入9677万元实施乡镇卫生院等标准化建设。投入14.96亿元支持教育事业发展,推进城区义务段公办10所学校和城区18所城区幼儿园建设,完成校舍维修、学前教育等2项民生工程年内目标任务。拨付1870万元用于开展全民健身活动等,新建4处乡镇“三个一”、68处村级“两个一”等体育设施。改善城乡人居环境,投入22.77亿元建安置房31.58万㎡,投入12.10亿元完成固镇行蓄洪区居民搬迁任务。打卡发放城乡低保1.86亿元、优抚定补5415万元、城乡特困8598万元、孤儿生活救助471万元、残疾人两项补贴1818万元、临时救助225万元。拨付社会养老服务体系建设资金3500万元。拨付健康脱贫综合医保政策资金5300万元。通过“一卡通”系统平台发放补贴资金7.16亿元,涉及22.5万人,其中通过社保卡发放资金2.18亿元,惠及6.7万人。

【深入推进财政改革】落实建设法治政府和建立现代财政制度要求,开展普法宣传活动,完善并严格落实重大事项合法性审查机制、法律顾问制度以及规范性文件管理制度。主动接受人大预算审查监督,配合做好区人大预算联网监督工作。按时办结人大议案2件,代表建议11件,政协提案4件,满意率100%。稳步推进预算管理一体化工作,严格预算编制管理,强化预算执行。深入实施预算绩效管理。全区预算部门全面开展财政资金绩效自评、部门评价和绩效运行监控工作。对5个区直部门单位60个项目开展财政重点绩效评价。严格政府投资建设项目评审,完成各类评审预结算项目63个,综合审减率为9.39%,涉及市政工程、城市绿化、民生工程等项目。严格政府债务限额管理,本年政府债务率风险等级为绿色,债务率居全市最低水平,风险总体可控。继续加强脱贫人口小额信贷政策宣传,新增脱贫人口小额信贷贷款1941户8080万元,贷款余额7925笔2.97亿元;对辖区内57家公司企业开展非法集资风险集中排查,对12家融资担保、小贷公司进行现场检查;积极推进陈案化解,非法集资陈案结案4件。

【深化国资国企改革】履行行政事业性国有资产综合监管职责,继续做好向同级人大常委会报告国有资产管理情况工作。对重点、热点资产进行专项清理,对全区社区用房、剩余安置房清查,形成专题报告。出台《支付安置房共建配套资产移交管理规定》,理顺政府安置房公建配套资产移交、管理程序,提高共建配套资产的使用效率,区国资委牵头依规移交高皇东村、南城三期等8个安置小区共1214029m²。加强党对国有企业的全面领导,全面提升国有企业党建工作质量水平。深入贯彻落实《安徽省国企改革三年行动实施方案(2020—2022年)》,严格国有资产全方位管控。优化国有经济布局,推动砂石、建筑等各类有效资源整合。推进国有资本经营预算工作,保证资产保值增值;督促企业建立应急处置预案,及时排查化解各类风险隐患。推行经理层成员任期制和契约化管理,规范企业负责人考核和薪酬管理。强化企业经济责任审计,制定《关于加强六安市裕安区区属企业内部审计监督工作的实施意见书》。建立国有企业退休人员社会化管理长效机制,完成国有企业人事档案审核全覆盖工作。推动城投公司混改制改革步伐,成立建安公司,参与市场竞争。

叶集区财政工作概述

【概况】2021年,叶集区财政局全面把握新发展阶段的新任务新要求,紧紧围绕全区经济社会发展大局谋实策、出实招、求实效,较好完成各项工作任务。博望区一般公共预算收入完成5.51亿元(其中税收收入4.54亿元、非税收入9682万元),完成年初预算的105.91%,同比增长11.39%。一般公共预算支出17.39亿元,完成年初预算的106.17%,同比下降24.54%。一般公共预算收支实现平衡。

【推动经济健康发展】多渠道筹集资金,促进经济持续稳定恢复。保居民就业、保基本民生、保市场主体,支持减税降费、减租降息、扩大消费和投资。开展金融"四送一服""千名干部进万企"活动,截至年末,区内7家银行业金融机构贷款余额105.15亿元,较年初增加15.69亿元,增长17.54%,小微企业贷款47.72亿元。

【支持抗击新冠肺炎疫情】按照特事特办、急事急办原则,加快疫情防控资金拨付使用,确保不因资金问题而影响医疗救治和疫情防控,财政投入疫情防控资金998.49万元,为开展相关工作提供了坚实保障。

【合理安排支出结构】持续巩固拓展脱贫攻坚成果与乡村振兴有效衔接,保持财政支持政策和资金规模稳定。截至年末,投入乡村振兴衔接资金1.28亿元,新增脱贫人口小额信贷396户、1277万元,签订88.59万元"防贫保"综合保险合同。投入2.81亿专项债券资金,改造西小河、沿岸河、二道河区域生态环境。通过统筹预算资金、盘活存量资产等措施,完成存量隐性债务化解计划。

【突出民生兜底】将稳定社会保障和就业作为重点,全年社会保障和就业支出2.49亿元;一般公共服务支出1.61亿元;推动教育公平发展和质量提升,教育支出4.38亿元;加大公共卫生体系建设力度,卫生健康支出1.22亿元;改善人居环境,住房保障支出2945万元,老旧小区改造5个;保障困难群体基本生活,优抚对象等人员抚恤和生活补助标准提高10%。

【支持企业发展】创新金融产品服务,组织区内7家银行梳理支持中小微企业、乡村振兴信贷产品40余款。充分发挥政策工具作用,对首批82家规模及以上企业开展评级授信,总授信额度3.12亿元。扩大新型政银担业务规模,截至年末,"4321"新型政银担业务新增放款6.39亿元,新投放"税融通"贷款283户、5.2亿元,办理续贷过桥业务84笔、服务总金额5.05亿元。

【推进国企改革"三年行动"】成立六安市叶集农业产业发展投资有限公司、安徽创蔚来城市发展发展有限公司和安徽史河湾文旅发展有限公司,紧随国家经济发展趋势,形成投融资、建设运营有机统一、高效运作的投融资管理平台,建立健全适应经济社会发展的投融资体制。

【严把财政支出关口】落实过紧日子要求,让财政资源用在"刀刃"上。坚持以收定支、量入为出,把严把紧预算支出关口,压减非急需非刚性支出,控制"三公"支出。对可暂缓实施的项目及时调整用途,对可统筹整合的资金加强捆绑使用,提高财政资金配置效率。

【强化各类资金监管】落实直达资金常态化管理,依托资金监控系统,日查看、周通报、月总结,对直达资金分配、拨付、使用等实行全链条跟踪,确保预警信息及时处理整改,指标、项目、支付数据准确规范,惠企利民补贴补助明细表及时导入信息系统。

【加强预算绩效管理】实施全过程预算绩效管理,建立覆盖所有部门和财政资金,贯穿预算管理事前、事中、事后全过程绩效管理体系。重点抓好巩固拓展脱贫攻坚成果与乡村振兴衔接、民生工程及基本公共服务投入,聚焦打造皖豫边界中部崛起示范区、开发区高质量发展等重点工作推进、突出招商营商专项支出等绩效评价。

【强化地方政府债务管理】落实债务风险应急处置预案,组织单位填报全口径债务管理系统,实时了解全区债务情况,监控债务风险。履行政府债券还本付息责任,预算足额编列自发自还债券按本付息资金,及时将债券还本付息资金及相关外债还本资金划转至省级专户。

【深化"开门办预算"】区人大财经工委、区财政局、区审计局、区发改委组成联合审核工作组,对财政预算编制开展全程联合会审。支持完善人大预算联网监督系统建设,配合人大对财政的依法监督。

六安经济技术开发区财政工作概述

【概况】2021年,六安经济技术开发区财政局坚决贯彻工委管委和上级财政部门的决策部署,服务"六稳""六保"工作大局,围绕国家级开发区综评和全省开发区高质量发展考评,奋力提升财政治理和服务效能,各项工作齐头并进,取得显著成效。

【夯实发展基础】全年一般公共预算收入实现10.09亿元,突破10亿元关口,同比增长10%,超预算增幅4个百分点。一般公共预算支出8.79亿元,同比下降1.7%。其中财政民生类支出7.73亿元,占比87.9%。全年"三公"经费支出199.35万元,同比下降2.57%。政府性基金预算收入实现20.23亿元,完成预算目标的100.2%。政府性基金预算支出20.77亿元,同比增长400.1%。2021年全口径债务还本11.2亿元,其中置换到期政府债务2.1亿元,化解隐性债务6.57亿元。年末政府债务率43.81%,全口径债务率75.13%,债务风险控制在财政部规定的绿色安全等级120%之内。开展2019—2020年新增专项债券绩效评价工作,评价结果整体良好。持续调度2020年度高端装备产业园非标专项债使用进度,确保债券资金及时拨付形成实物工作量。

【推进财政改革】建立财源建设协调机制,出台《关于进一步加强财源建设工作的通知》,推送涉税信息3000多条,促进财政收入质量的提升。推进预算管理一体化建设,依托预算一体化平台开展2022年财政预算编制,将开发区预算管理纳入国家规范要求,实现预算信息共享。提请区管委会将预算绩效管理工作纳入部门目标考核,提升预算绩效管理刚性,组织50万以上项目和部门整体支出绩效自评,选取11个重点项目进行绩效评价,压缩部门经费1.06亿元。强化国库集中支付监管,办理业务5544笔,资金12.97亿元。推进部门审计整改进度,收缴土地出让金519.52万元,提升国有公司经营用房出租率。借助公共资源交易电子服务平台完成政府采购24项,更新公务车4辆。推进非税收入电子化,为群众提供安全便捷资金结算服务。

【增进民生福祉】12项民生工程筹措资金7.04亿元,全年发放补助补偿类资金1978.25万元,民生建设类投资4.27亿元。集中开展民生政策走上街头宣传2次,继续落实民生工程任务清单、责任清单管理制度。加强村居财务指导和业务培训,督促四个社区整改集体经济账与社区账合并,制定村居财务代理记账服务考核办法并开展考核工作,修订完善村居“三资”管理制度,促进工作提质增效。下沉社区、包保企业开展疫情防控和文明城市创建工作。加强涉企系统应用管理,拟定《六安开发区财政奖补专项资金使用操作规程》,全年兑现各类奖补资金2.2亿元。全年完成税融通贷款8家,4935万元,办理续贷过桥5户,3450万元。成功发行长三角一体化产业园项目专项债券5000万元。

【提升金融服务】建立上市挂牌“五个一”工作机制,推动“雁阵计划”落地,开展上市、挂牌后备企业摸排、挖掘和培育,组织企业参加资本市场业务培训、企业上市挂牌专题培训、“雁阵计划”重点企业上市辅导专题讲座等,累计培训企业139家。出台《六安经济技术开发区企业上市挂牌奖励办法》,完成省股交中心四板挂牌企业7家,其中股改企业3家,万家企业资本市场业务培训平台线上注册35家。披露立方数科股份有限公司注册地址迁至开发区,配合安徽证监局现场验收五粮泰公司上市在审。实现直接融资7.17亿元,其中瀚海新材料、海洋羽毛、江淮永达私募股权基金1.55亿元,立方数科定向增发5.62亿元。深化“四送一服”专项行动,深入了解企业生产、经营、销售情况,累计帮助465家企业解决资金周转和扩大融资29.8亿元。开展小贷公司、投资公司现场检查和风险排查工作,加强防范非法集资及金融诈骗宣传,同步推进陈案结案,着力防范金融风险。

【加强国企监管】完成“四划合一”政府投资18亿元,促进原金领地块历史遗留问题处置,保障和平小学及附属幼儿园等重点项目建设。启用新一轮招标代理及造价咨询协审机构库,制定协审机构管理及考核办法,组织现场勘查32次,四方对账27次,完成项目预算审核24件、结算审核42件、复审项目8件,审减额分别为1298万元、4347万元、282万元,核减率分别为2.91%、10.88%、2.2%,节约政府投资5927万元。将征迁补偿划归平台公司结算扩大现金流,追加平台公司注册资本3.4亿元,提升信用评级至AA级。加强国有资产监管,清收六安绿宇果树花卉研究中心、青岛荣泰玻璃制品有限公司、成美新型建材有限公司等租金191万元。修订完善国有企业经营业绩考核办法,制定《开发区国企改革三年行动方案(2020—2022)》,助力平台公司加快转型升级。

马鞍山市财政工作综述

马鞍山市财政工作概述

【概况】2021年,马鞍山市各级财政部门以习近平新时代中国特色社会主义思想为指导,全面贯彻党的十九大和十九届二中、三中、四中、五中、六中全会精神,坚持稳中求进工作总基调,坚持新发展理念,围绕做好"六稳"工作、落实"六保"任务,实施更加积极有为的财政政策,加强财政资源统筹,在全力保障重点领域支出的同时,挖掘增收节支潜力,保持预算平衡和财政稳定运行。全市一般公共预算收入196.53亿元,较上年增长15.9%,收入总量居全省第4位,增幅居全省第1位,税收收入占一般公共预算收入的比重为72.2%,收入质量居全省前列。全市各级财政部门加强对政府资产资源的统筹调整,加大结转结余清理力度,大力压减一般性支出和非亟需非刚性支出,加大对"三保"及各项民生类等重点支出的保障,全市一般公共预算支出287.32亿元,较上年增长8.5%。

【保障财政运行】加大财源培植力度,率先在全省引入"亩均效益"评价体系,倒逼企业转型升级,提高财政可持续发展水平。建立"三保"支出预算编审、执行监控和应急处置机制,在预算安排、库款调度方面优先保障"三保"支出。落实直达资金管理要求,确保资金直达基层、直接惠企利民。全年争取中央和省级转移支付资金92.89亿元,支出进度为93.8%,居全省各市第5位。印发厉行节约力保重点支出实施方案,建立"禁止类、压缩类、严控类"三个清单。全市压减清收各类资金30.26亿元。加大基本民生保障投入,支持普惠性、基础性民生改善。2021年全市民生支出245.24亿元,占一般公共预算支出的85.3%,同比增长0.3百分点。投入资金76.47亿元,实施33项民生工程和市政府10件为民办实事项目,进一步提升民生福祉水平。

【支持经济发展】树立"以市场逻辑谋事、用资本力量做事"理念,采取贷款贴息、提高担保补助、健全融资担保体系等措施,吸引金融资本支持实体经济和民营经济发展。累计周转资金9.96亿元,扶持企业127户。支持提高创业担保贷款额度上限和放宽贷款申请条件,拨付贴息资金3974万元,推动发放创业担保贷款4.04亿元。发挥政府性融资担保机构作用,降低担保费率,新增"4321"政银担业务40.4亿元。推进"税务专家门诊"服务,简便税费优惠政策办理,精准落实税费优惠政策,切实减轻企业和居民负担。全年全市减免缓税费100.6亿元。全年共兑现各类产业扶持资金8.86亿元,推动"1+3+N"产业集群和宝武马钢"1+8"产业基地建设,支持推动优势主导产业、特色新兴产业集群全链条转型升级,促进龙头骨干企业加速成长。坚持财力下移,市财政对下转移支付资金37.94亿元,帮助基层缓解收支矛盾,统筹做好"保基本民生、保工资、保运转"工作,保障各项民生政策落实落地。

【加强财政管理】扎实推进预算管理一体化改革,制定县区财政管理工作考核办法,出台加强政府引导基金管理政策措施,推进项目支出预算标准体系建设,着力提升财政财务管理水平。制定《预算绩效管理工作考核暂行办法》等6项管理制度,创建分行业分领域绩效指标和标准体系,涵盖104个行业类别547项资金7791个核心指标,实现绩效目标编审全覆盖。选择2个部门开展整体支出绩效评价,选择19个预算支出项目、5项产业扶持政策涉及资金20.6亿元开展财政重点绩效评价,绩效评价结果与2022年预算安排挂钩,推动财政资金聚力增效。创新政府"公物仓"管理制度,筹建市级政府"公物仓"实体仓库,将市直机关事业单位闲置资产纳入"公物仓"统一调配,推动资产共享共用。全年共入仓资产431件套,账面价值115.86万元,调剂闲置资产294件,账面价值97.01万元,提供市直单位使用,有效节省财政资金。深化政府采购改革,规范政府采购监督管理,改善政府采购营商环境,提高政府采购质量和效益。全年1785个政府采购项目涉及资金107.65亿元,节约财政资金5.57亿元,节支率达5.57%。

【支持绿色发展】投入资金2.6亿元,加强大气污染网格化监测监控能力建设,支持工业污染、挥发性有机物等重点项目治理,支持市公交集团购置新能源公交车。进一步深化水污染综合治理,加强长江入河排污口专项整治,科学涵养水土环境。落实河(湖)长制日常管控措施,加快水质自动监测站建设,实现重点河流及市区环城水系重要节点实时监控,全市19条国省控河流均达到断面考核标准,基本消除劣Ⅴ类水体。严格土壤污染源头风险防控,加强土壤环境保护治理与修复,支持土壤污染重点监管单位、工业园区和集中式污水处理厂周边土壤环境质量监督性监测,推广化肥减量增效技术面积191万亩。统筹推进退耕还林工程,支持重点铁路、高速路沿线两侧绿化,完成人工造林1.6万亩、退化林修复1.5万亩、森林抚育5.4万亩、封山育林3.1万亩。先后获批国家森林城市、全国黑臭水体治理示范城市、全国海绵城市建设示范城市,建成省级生态文明建设示范市。

【防范财政风险】按照“控规模、调结构、强管理、防风险”要求,围绕全市债务风险等级“脱红”目标,完善防范化解隐性债务风险长效机制。5个县区获财政部开展的隐性债务化解试点,2月,获财政部代发行再融资债券182.7亿元,全部用于置换5个试点县区存量隐性债务,优化债务结构,大幅降低债务付息支出,有效化解试点县区债务风险。积极争取债券额度“保重点”,省财政厅分配马鞍山市新增债券额度63亿元,较上年增加8.6亿元,保障巢马铁路、棚户区改造等一批重大项目、民生实事顺利实施。出台《马鞍山市财政局关于内部审计全覆盖的实施方案》,加强财务内部审计。与纪委、审计等部门建立联动工作机制,形成内控与监督合力。对工伤保险等专项资金开展重点检查,整改问题23个。对2019—2021年产业扶持资金开展综合政策绩效评价,涉及资金7亿元、企业1015户,发现并整改问题11个。

【推进国企提质增效】按照“政企分开、政资分开、所有权与经营权分离”要求,强化国有资产监管,推动国企提质增效,完善出资人监管权力清单和责任清单,推进国有企业高质量发展三年行动方案落地见效。推进党的领导融入公司治理,修订印发监管企业章程,市属3户一级企业及11户子企业董事会应建尽建率为100%。推进经理层成员任期制和契约化管理,深入实施三项制度改革专项行动,市属监管企业及其子企业公司制改革全部完成。对照省国资委授权放权清单,推动权力和责任清单动态调整及授权放权。截至年末,市国资委监管企业资产总额1615.6亿元,占市级各类国有企业资产总额99%以上。

【加强党的建设】贯彻新时代党的建设总要求,将理论学习作为局党委第一议题、中心组常设议题、党支部“三会一课”长期主题,健全常态化学习机制。强化“创特色、树品牌”激励机制,形成“财政145”“党建聚力财惠民生”等9项特色党建品牌。健全“抓党建、促发展”的考评机制,加强考核激励,激发党建活力。设立党员先锋岗、党员活动室、党务公开栏等,确保经费、人员、阵地保障到位。成立财税顾问团、民生宣讲团和志愿服务队,在疫情防控、防汛救灾、脱贫攻坚等重大任务中发挥战斗堡垒和先锋模范作用,为全市经济社会发展作出了积极贡献,党建工作硕果累累。连续获全市“红旗党组织”、全市“四优”文明机关称号,机关党建工作分别被列入省、市“领航计划”项目库、示范库。

【深化党风廉政建设】落实市委、市政府及市纪委监委工作部署,推进全面从严治党,开展新一轮深化“三个以案”警示教育等,多层次、多形式强化党员干部廉政教育。支持驻局纪检监察组执纪办案,建立局党委与驻局纪检组联系协作机制,推动“两个责任”同向发力。加强民主集中制建设,推行重大事项决策合法性前置审查,充分征求驻局纪检组意见,规范议事决策程序。推行廉政风险“六必谈”,加强干部监督和重大事项监督。开展廉政风险排查,查找廉政风险176项,研究提出防范举措258条,制作风险警示牌,主动上墙接受监督。健全八项内控制度,推进财政内控由“立规矩”向“见成效”转变。运用监督执纪“四种形态”,使红脸出汗逐渐成为常态,推动财政全面从严治党和党风廉政建设走向严紧实、严紧硬。

含山县财政工作概述

【概况】2021年,面对大事难事交织、风险矛盾叠加复杂形势,含山县财政系统坚持稳中求进总基调,认真贯彻省财政厅和县委、县政府部署要求,始终把工作落实摆在突出位置,凝心聚力、攻坚克难,抢抓机遇、奋勇争先,推动含山财政工作取得新成效,实现“十四五”良好开局。

【做大财政蛋糕】全县一般公共预算收入完成15.73亿元,增收2.68亿元,增长20.6%,收入增幅居全市前列。加强政策扶持和税务监管服务,落细新增减税降费和制造业缓税政策,健全月度会商研判机制,动态监测分析重点税源,全年税收收入(含上划中央)完成20.5亿元,增长11%。加大各类收入征管力度,入库出让金14.6亿元,统筹调入2.5亿元,全年综合财力为53亿元,较上年增加5亿元。全年争取中央省市转移支付资金19.9亿元,同比增加1.4亿元,增长7%,争取各类项目资金8.19亿元。全年争取发行新增债券11.91亿元,其中新增专项债券11.06亿元,支持“绿色·

智能”铸造基地、智能制造产业园、含城居民环境改造提升、文旅项目、供水工程、医疗卫生综合能力提升以及乡村振兴建设。

【足额保障民生】落实民生领域财政资金常态化直达机制,将城乡居民基本养老和医疗、困难群众生活、义务教育、就业创业等28项共计6.62亿元资金纳入全过程监控,建立实名受益台账,及时足额拨付到位基本民生保障资金。推进民生工程实施,全年累计拨付资金9.3亿元,保障32项民生工程完成年度目标,县政府10件为民办实事项目精准实施。履行牵头职责,加强项目督查推进,农村危房改造等27项民生工程提前完成年度任务,各项补助类项目实现序时足额发放。支持乡村振兴,拨付资金9679万元,实施产业发展和基础设施改善两类项目,支持巩固脱贫攻坚成果衔接推进乡村振兴。统筹土地出让收入支持农业农村建设,落实各项生产补贴政策,加快高标准农田建设,统筹保障粮食安全,支持含山特色农产品品牌建设。落实过渡期脱贫人口小额信贷政策,配套支持政策性农业保险,在全市率先开展“防贫保”综合保险试点,全力支持乡村振兴。

【支持经济发展】协同财政和金融政策,加大对“项目攻坚年”、“铸造业整治提升”等项目要素保障。争取3.7亿元智能铸造产业专项债券,加快经济园区基础设施建设。设立含山县绿色智能制造产业基金,支持绿色智能铸造特色产业集群提档升级。拨付1200万元支持人才高质量发展,扩大引才奖补,吸引人才创业。完善商业银行支持地方经济发展考核激励机制,强化考核结果运用,全年新增贷款50.75亿元。引导金融支持全域旅游产品创新,搭建5场政银担企对接交流平台,全年授信贷款达18亿元。推进政银担、税融通等担保业务,全年新型政银担担保业务934笔8.34亿元,在保余额16.59亿元。全年新增减税降费7400万元,办理增值税留抵退税4670万元,用“真金白银”为企业减负。拨付840万元贴息资金支持新增发放8000万元创业担保贷款,对符合条件的中小微企业开展“无还本”续贷10.72亿元,累计支持中小微企业续贷过桥周转48笔2.3亿元,兑现2.51亿元涉企政策性奖补资金,积极为市场主体纾困解难。建立上市企业后备库,启动2家企业主板上市准备,推动2家“四板”企业实现股改,助推企业走资本市场之路。

【支持城乡建设】坚持政府过紧日子,出台厉行节约力保重点支出实施方案,制定部门支出事项压减清单,压减部门“三公”经费等一般性支出预算20%以及非急需非刚性项目支出700多万元,统筹“保基本民生、保工资、保运转”。支持生态建设,支持打好大气、水、土污染防治等攻坚战。统筹1.3亿元,支持“四好农村路”、美丽乡村建设,开展实施城乡供水一体化改造等。投入1亿元,支持全域旅游示范、国家园林县城、全国生态文明县创建。拨付2.1亿元,支持义城圩灾后重建和中小河流治理以及矿山生态修复等。拨付2700万元,支持长江禁渔、落实退捕保障政策。支持社会事业,拨付1.21亿元保障新冠疫苗接种和常态化疫情防控,争取5000万元债券资金支持医疗卫生能力提升。统筹6700万元建成安师大附属含山实验小学、新含城幼儿园,推动教育全面优质发展。出台公交成本规制办法,支持城乡公交事业发展。统筹5.5亿元支持重点项目建设和征迁,加快提升城市品质。

【深化财政管理改革】深化预算管理改革,搭建嵌入《预算法》要求的预算管理一体化信息系统,增强预算约束。运用零基预算理念,完善支出预算定额体系,修订行政事业单位办公设备购置标准,改革部门预算编制,组织对137个重点项目进行预算评审。推进全面预算绩效管理,开展16个项目和政策重点评价,涉及资金1.2亿元;巩固预算公开成果,落实预算绩效目标、绩效评价结果全面公开。推进国资国企改革,完成县直单位国有资产清查处置,盘活平台公司资产收入1.12亿元,稳步推进机关事业单位经营性国有资产集中统一监管。有序实施融资平台公司清理整合,撤销平台公司6家。开展城投公司清产核资,加快推动平台公司市场化转型。出台《含山县县级政府投资建设项目竣工财务决算管理暂行办法》,推动国有资产规范管理。探索会计核算改革,强化单位主体责任,响应省财政厅部署“会计核算云”平台,将含山县行政事业单位财务核算软件财政部分集中部署与单位分散部署模式升级为全省政务云集中部署,打通财务核算系统与财政业务系统、财政各报表系统间联系,提升财政对预算单位服务水平。

【提升监督管理水平】落实常态化直达资金机制,按周通报调度直达资金支出进度,加强与部门会商,坚持“预算执行”与“动态监控”两个系统同步,精准监控资金支出流向;强化预警处置,印发《关于用好直达资金的通知》,完善预算执行监控预警,将“负面清单”纳入大平台资金申请支付环节,有效防范资金违规使用等问题。常态化监管惠农补贴和镇级财政资金,完成“一卡通”信息系统基础数据更新维护,上线“一卡通”发放预警系统,实行动态跟踪预警、维护;压实部门主体责任,规范资金管理;推进惠民补贴资金“社保卡”发放试点工作。动态监控政府债务风险,争取5.65亿元再融资债券,化解财政到期政府债务偿还风险,超额完成隐性债务化解任务,严防虚假化债,严禁新增政府隐性债务。加强地方金融监管,动态监管过渡期脱贫人口小额信贷政策还款风险,统筹推进防范和处置非法集资工作,阶段性化解3件陈案。防范化解县农商行不良资产风险,通过市场化挂拍、协议收储、以租代买等方式,清理盘活闲置房产6.28万平方米、土地195.35亩,化解重点企业贷款风险1.92亿元,现金清收不良贷款82笔4469.33万元,增强其服务实体经济能力。突出财会监督职能,开展财政财务人员培训、民生领域资金专项检查、会计信息质量检查等,加强部门财务内控内审监管,防范系统性和区域性风险,提升会计信息质量和会计工作规范化管理水平。

【夯实财政党的建设】把党的政治建设摆在首位,落实意识形态工作主体责任,不断提高机关的政治功能、党员干部的政治意识和政治站位,筑牢政治忠诚。深入学习贯彻习近平新时代中国特色社会主义思想,开展党史学习教育,举办专题读书班1期、开展党组理论学习中心组学习17次、组织专题研讨12次、落实支部"三会一课"制度。转变工作作风,开展"四送一服"活动,用活用好金融政策,持续优化营商环境。完成高中考考点双电源配电建设改造、"防贫保"综合保险试点等8个为民办实事项目。持续推进"五基达标、五好争创"党支部建设提升、扎实开展结对帮扶等八大系列活动,擦亮"为民理财红管家"党建品牌,推进党建与业务融合良性发展。履行党风廉政建设主体责任,落实中央八项规定精神,开展新一轮深化"三个以案"警示教育,运用执纪监督第一种形态,坚持正确选人用人导向,加强财政监督约束。

和县财政工作概述

【概况】2021年,和县在落实国家减税降费政策基础上,盯紧全年目标任务,积极应对经济发展中各种不利因素,全力以赴组织收入,加强收入预期管理,强化组织收入调度。全县本级一般公共预算收入累计完成159932万元,同比增长19.8%;全县一般公共预算支出完成401020万元,同比增长5.2%。其中,教育、科技、医疗卫生、社会保障和就业、住房保障等13项民生支出完成352479万元,占财政支出的87.9%,较上年同期提高0.9个百分点。和县财政局获省财政厅2021年度乡镇财政资金监管和惠农补贴资金管理发放工作绩效评价A类、2021年全县项目建设工作先进集体、招商引资服务保障先进集体。

【国有资产管理】开展行政事业单位国有资产管理和国有自然资源等行政事业性国有资产登记,贯彻执行《和县行政事业单位国有资产管理办法》《和县县直行政事业单位国有资产出租出借管理办法》及《和县行政事业单位国有资产处置管理暂行办法》等,加强国有资产月报、年报等基础性管理工作,完成全县公路资产录入工作,按月公示国有企业的财务指标和考核指标,规范国有资产配置、使用、处置、调拨等工作流程。推进全县党政机关和事业单位经营性国有资产集中统一监管改革,完成2022—2024年国有资本经营预算收支规划编报,制定《和县国企改革三年行动方案(2020—2022年)》,完成县属10家企业2021年国有资本经营预算收入缴库,推进国有资本优化重组。

【保障改善民生】组织实施省市33项民生工程,实际承担31项民生工程(其中贫困地区义务教育学生营养改善和小型病险水库除险加固2项无任务),全年民生工程计划投入资金12.4亿元,筹集民生工程资金12.9亿元,实际支出资金12.58亿元,31项民生工程均完成年度目标任务。推进"四好农村路"建设和老旧小区改造2项民生办实事,投入资金3967万元养护农村公路77.7公里,将县乡村道养护经费分别按不低于10000元、5000元、1000元/年·公里标准纳入年初预算,并根据公路里程增加和实际需求逐年上调预算比例,及时、足额发放客运车辆燃油等补贴等,实行公交车辆运营亏损补贴;完成59个老旧小区改造任务,共涉及居民2633户。

【财政监督】深入开展财政监督检查工作,牵头协调配合有关部门重点围绕预决算公开、违规兴建楼堂馆所、"小金库"治理、节假日期间违反作风建设和各项纪律的作风建设督查社保、医保、公积金、住房维修基金等进行专项检查。对10个行政事业单位、2个投融资平台和2家代理记账机构进行会计和评估监督检查,对违规单位下达处理决定书,督促被检查单位及时整改反馈,要求被查单位严格按照有关法规制度进行整改,并建立相应的工作机制,规范会计工作。

【财政改革】推行公务卡结算制度,规范单位预算执行,减少现金支付,提高支出透明度。全县204家单位使用公务卡,累计刷卡22456次,较上年同期增加1811次,支付金额5516.15万元。深化财政国库支付电子化管理改革、完善国库集中支付体系,提高财政资金使用效率,全面构建科学、规范、信息一体化国库集中支付管理体系。严格执行安徽省2020—2021年政府集中采购目录及标准,交由县公管局公开采购,全年共受理单位采购计划申请535笔、金额4.3亿元。

【债务管理】加强政府性债务管

理,切实防范财政金融风险,按照化解政府隐性债务方案要求,处置隐性债务存量,遏制隐性债务增量。成功申报省级专项债项目4个,项目投资总额合计33.23亿元。由省政府代发地方政府债券373764万元,其中:发行新增债券73214万元,主要用于乡村振兴、水利、医疗、棚改、园区基础设施建设等方面建设;发行再融资债券30450万元,全部用于到期债券还本支出。

当涂县财政工作概述

【概况】2021年,当涂县财政紧紧围绕年初目标,统筹推进稳增长、促改革、调结构、惠民生、防风险各项工作,有效防范化解财政金融风险,持续强化国有资产管理,努力推进实施乡村振兴战略,稳步提高基本民生保障水平,持续深化财税体制改革。

【财政收支管理】一般公共预算收入完成34.07亿元,较上年同期增收3.7亿元,增长12.2%。其中税收收入完成23.03亿元,占一般公共预算收入的67.6%。一般公共预算支出53.82亿元,完成预算110.9%,同比增长2.9%,各项重点支出得到较好保障。

【支持"三农"发展】预算安排县级扶持村集体资金1000万元,其中重点扶持村一次性补助资金标准50万元/村,空壳村、薄弱村一次性补助资金标准30万元/村。出台《当涂县关于2021年扶持壮大村级集体经济专项资金分配意见的通知》,明确资金使用和监管细则,加强资金跟踪监管。大力实施乡村振兴,加大财政投入,全力巩固脱贫攻坚成果,通过"一卡通"打卡发放惠农、惠民补贴资金2.03亿元;兑现政策性农业保险财政保费2104万元;投入土地出让收益1.67亿元用于乡村振兴。实施农村公益事业一事一议项目98个,各级财政资金指标共1789万元全部到位。

【开展监督评价】组织开展惠农补贴资金、会计监督、预决算公开等检查,积极履行财政监督职能,加强财政资金监管,提升会计信息质量。全面实施预算绩效管理,将绩效管理贯彻预算编制、执行、全过程,组织开展事前绩效评估、绩效目标编制、绩效运行监控、绩效评价、评价结果应用等工作,推进预算与绩效管理一体化。开展重点项目(政策)和部门整体支出财政绩效评价34个,加强财政资金绩效管理,提高财政资源配置效率和使用效益。

【实施民生工程】实施30项省民生工程和6件为民办实事项目,全年累计拨付资金10.42亿元,其中县级财政投入3.26亿元。按照"保基本、兜底线、促公平、可持续"的要求,深入实施民生工程,全力打造"七有"民生工程,开放1个图书馆、1个文化馆、10个文化站,争创全国义务教育优质均衡发展县、全省体育强县等项目,更大程度提升全县人民群众的生活水平和幸福指数。

【国有资产管理】加强行政事业单位国有资产管理,完善落实财政部门、主管部门、行政事业单位的监督管理责任。开展2020年行政事业单位资产报告和公共基础设施等行政事业性资产报表编报。编制国有资本经营预算,县属国有资本收益调入一般公共预算5820万元。强化行政事业单位出租出借资产管理,盘活闲置资产,确保国有资产保值增值。推进国企改革三年行动任务,完善现代企业制度建设,将党的领导融入公司治理各环节,加强董事会及监事会建设,明确董事会、董事长履职清单和监事会相关职权,推行国有企业经理层成员任期制和契约化管理。强化县属企业内控制度建设,聚焦企业债务风险、投资风险等加强企业风险防控。推动党政机关、事业单位所属企业脱钩改革工作,11家国有企业全部完成脱钩改革任务。

【债务风险防控】加强债券资金管理,每月通报新增债券支出进度,及时掌握债券资金使用情况,定期收集支付凭证,确保实际支出真实有效。强化债券资金项目绩效评价,建立项目跟踪问效机制,通过事前审核、事中监控督查、事后检查评价,对债券资金安全性、合规性和绩效情况进行跟踪,支持全县各项社会经济事业发展。当涂县获省财政厅代发地方政府债券资金17.36亿元,其中新增一般债券0.52亿元,新增专项债券8.94亿元,再融资债券7.9亿元。

【服务实体经济】保障全县经济结构调整和新旧动力转换,推动新型产业发展,吸引高新技术企业,推动小微企业上规模,全年共兑现产业扶持资金8788万元。实施更大规模减税降费政策,全年对企业减税降费2.05亿元。开展"四送一服"双千工程活动,落实高新技术、小微企业、资源综合利用等税收优惠政策,持续清理行政事业性收费,减轻企业发展负担,优化营商发展环境。全年兑现制造业升级、科技政策、现代服务业等政策奖补资金1868.41万元和省"三重一创"奖补资金908万元。

花山区财政工作概述

【概况】2021年,在区委、区政府的坚强领导下,在市财政局的监督支持下,花山区财政运行总体平稳,预算执行情况良好。全区地方一般公共预算收入完成17.56亿元,较上年增长8.1%,税收收入占地方一般公共预算收入73.34%。区级一般公共预算支出20.16亿元,完成调整预算的

100%,因本年上级转移支付收入较上年增加37096万元(含特殊转移支付资金4900万元),所增加资金用于安排支出,本年支出数较上年增长12.31%。

【收入管理】克服经济下行压力以及国家大规模结构性减税降费政策影响,财税部门加强联动协作,依法依规组织财税收入,做到应收尽收。严格非税收入管理,推动土地出让计划实现,缓解公共财政预算平衡压力。全年税收收入12.88亿元,同比增长10.03%,税收收入占比稳步提升,收入结构大幅度优化。全年争取上级转移支付8.60亿元,主要投入老旧小区改造、棚户区改造等项目。加大挖掘税源力度,服务重点企业,充分发挥财政奖励政策作用,密切关注新增招商引资项目,做好项目"引进"和"落地"工作,实现税收新的增量。加大减税降费力度,全年全区减税降费超6亿元。

【民生保障】实施33项民生工程(有具体任务23大项,34小项),全年共安排民生资金19.58亿元,其中:中央和省财政负担4.87亿元,市财政负担9.98亿元,区财政负担4.74亿元。开工建设2280套棚户区住房,35个老旧小区改造施工进入尾声,建成玖樟台幼儿园1座,养护农村道路2条,城乡居民基本养老保险完成全年工作任务,续保缴费人数为0.899万人,拨付1440.95万元免杂费补助及公用经费补助,为13966老人发放津贴460余万元,为26名孤儿发放保障资金33.47万元,为1465名医疗救助对象支出资金308.7万元,为500余名困难群众提供法律援助等。

【预算改革】推进预算管理一体化改革,对标规范消除差异梳理业务流程,推进项目支出预算标准体系建设,累计开展培训3次,一体化系统内完成全区100家预算单位、7660名人员信息、1689个二级项目的维护建设。加强对各预算部门的业务规范指导,精准编制2022年预算。推进预算绩效管理考核全覆盖,向所有单位发放财政预算绩效评价体系和指标库,要求所有预算项目和部门整体支出全部编制绩效目标。落实事前、事中、事后绩效评价管理规定,实行绩效自评全覆盖。2021年度绩效目标随部门预算在财政部门批复后20日内向社会公开,一体化系统项目库中所有项目均编制绩效目标,2022年预算编制均填报部门整体绩效。落实直达资金管理要求,开展直达资金专项排查,加快直达资金支出进度,实行全过程全方位监管。

【政府债务管理】遏制隐性债务增量,健全债务统计监控机制,落实债务管理主体责任。抢抓政策"窗口期",妥善化解隐性债务存量,获批建制县区隐性债务风险化解试点资格,降低债务付息成本,防范化解风险隐患。加大专项债券项目谋划申报力度,全区4个专项债券项目总投资35.55亿元通过省级评审入库,获批专项债券额度1.49亿元。加大隐性债务化解力度,利用监测平台,梳理融资成本、发债期限、提款信息、还本付息等核心数据,动态监控债务变动趋势。严格执行《一债一策》计划安排,逐笔对应化债计划,全年累计化解隐性债务46.69亿元。

雨山区财政工作概述

【概况】2021年,雨山区紧紧围绕经济社会发展总体要求和目标任务,积极发挥财政职能,做好财政预算管理一体化改革、金融债务管理、严控支出、服务民生等工作,促进全区经济健康发展、社会和谐稳定,为"十四五"开好局、起好步提供有力保障。全年完成地方一般预算收入14.79亿元,增幅15.79%;全区财政支出15.76亿元,增幅20.24%。

【财政收入管理】把握"开源节流、增收节支、统筹兼顾、协调发展"工作方针,加强收入组织工作,密切关注收入预算执行动态,落实落细各项减税降费举措,完成财政收入预期目标。全区地方一般预算收入中税收收入11.20亿元,占比75.73%。建立区级重点涉税企业台账,科学研判增减因素和发展趋势,加强对主体税种、重点企业、重点项目等重点税源动态监管,充分挖掘潜力,确保税收应缴尽缴。落实中央、省和市关于严把关口过紧日子决策部署,大力压减一般性支出和非刚性、非重点项目支出,严控"三公"经费。深入实施预算绩效管理,建立健全绩效评价工作机制,加强绩效评价结果运用,将评价结果与预算安排有机衔接,削减或取消低效无效资金。

【预算执行管理】推进预算绩效管理,以全面绩效为导向,按照"决策有评估、编制有目标、执行有监控、完成有评价、结果有运用"要求,建立事前评估、事中跟踪、事后监管机制,推进全面预算绩效管理制度体系建设。推进预算管理一体化建设,将单位资金全面纳入预算管理,衔接贯通部门预算编制、国库集中支付、资产管理、政府采购、会计账务等核心业务系统。落实直达资金管理机制,建立健全直达资金管理工作制度,做好财政直达资金分配下达工作,加强直达资金执行预警监控,确保资金直达基层、直接惠企利民。坚持过紧日子,捂紧政府"钱袋子",大力压减一般性支出和非急需、非刚性支出,"三公"经费实现只减不增。

【债务管理】新增专项债券资金7800万元,严格执行专款专用,形成实物工作量。执行《雨山区人民政府关于加强地方政府性债务管理的实施意见》相关规定，规范政府举债行为，在严格控制债务增量的同时，通过控制项目规模、减少支出、处置资产、引入社会资本等方式，多渠道筹集资金消化存量债务，逐步降低债务风险。

【财政奖补政策】落实减税降费政策，全年新增减税降费1.2亿元，办理增值税退税1.03亿元。发挥财政杠杆作用，推动企业转型升级，全年兑现各类产业扶持政策资金4.21亿元，支持制造业转型升级、战新基地建设，推进现代农业和现代服务业发展。推进“亩均论英雄”改革，通过差别化兑现产业扶持政策资金，倒逼企业节约用地，优化土地资源配置。落实金融支持政策，缓解小微企业融资难题。截至年末，共完成“4321”政银担贷款15179万元、续贷过桥资金1000万元、税融通和固定资产投资贷3025万元。支持金福担保公司开展融资担保业务，截至年末，金福担保公司在保余额2.14亿元，在保企业37户，放大倍数0.93倍。

【民生工程】全区实施33项民生工程（实际实施21项），投入资金13.1亿元，区级资金6705.2万元足额保障到位。落实《安徽省财政厅转发财政部关于有效应对新冠肺炎疫情影响切实加强地方财政“三保”工作的通知》精神，按照优先保障“三保”支出原则安排支出，拨付资金。区民生办下发《关于报送民生工程信息的通知》和《关于报送民生工程宣传计划的通知》，落实全区民生工程宣传包保责任制。突出支持教育、养老、卫生健康、社会救助、基本公共服务等重点领域，集中财力保障国家确定的保基本民生支出范围及标准的有效落实，确保民生政策可持续。

【国有资产管理】推进行政事业性国有资产管理制度化、规范化、信息化，行政事业单位国有资产管理水平提升。区级行政事业单位资产总额11.84亿元，同比下降7.03%。土地、房屋及构筑物2.74亿元，占固定资产的78.17%；通用设备4418.65万元，占12.60%。2021年度，我区配置固定资产6598.33万元，配置土地、房屋及构筑物4222.68万元，占64.00%；配置通用设备1694.64万元，占25.68%；配置专用设备369.69万元，占5.6%。

【投融资管理】区城投公司参与投资马鞍山基石智能制造产业基金（有限合伙），基金规模15亿元，基金累计投资项目15个，投资金额11.55亿元。区城投公司参与投资安徽基石智能制造三期基金合伙企业（有限合伙），基金规模10亿元，基金累计投资项目6个，投资金额4.27亿元。支持企业开展多渠道直接融资，辖区企业完成直接投资26.3亿元。

【涉农资金补贴】落实中央、省、市关于新农村建设方针政策，加强涉农资金管理，确保涉农资金使用管理的规范、安全、有效。全年共发放农业支持保护补贴232.91万元、补贴户数5892户；发放稻谷补贴资金41.82万元、补贴户数2859户；发放实际种粮农民一次性补贴资金41.82万元、补贴户数2859户。引导、组织和推动政策性农业保险，全区小麦投保面积5754.26亩，油菜投保面积3663.79亩，水稻投保面积9346.8亩，玉米投保面积76亩，花生投保面积120亩，能繁母猪投保60头，育肥猪投保500头，区级财政支付保费4.12万元。推进特色农业保险，全区大棚葡萄承保323.52亩，大棚草莓承保31亩，区级财政支付保费3.51万元。做好2021年农村公益事业财政奖补项目实施工作，验收完工项目5个，共拨付奖补资金87.8万元。开展全区惠民惠农财政补贴资金“一卡通”发放情况专项治理。

博望区财政工作概述

【概况】2021年，全区一般公共预算收入完成14.34亿元，较上年同期增长69.47%，其中：税务部门完成8.3亿元，较上年增长15.72%，占一般公共预算收入57.88%；财政部门完成6.04亿元，同比增长368.7%，占一般公共预算收入42.12%。全区一般公共预算支出17.33亿元，较上年同期增长29.61%。全年预算支出执行进度均超序时进度。13大类民生支出完成15.50亿元，同比增长33.03%，占一般公共预算支出89.45%。

【财政收入管理】加强税种管理，加大非税收入清缴力度，全力以赴抓收入，落实减税降费政策，把减税降费的“减法”变成培植财源扩大税基的“加法”，克服经济下行及疫情影响，完成财政收入目标任务。加强可持续财源建设，充分发挥税收调节功能，加大对主导产业、优势培育产业和地方特色产业的扶持力度，打造新的税源增长点，提升财政增收的稳定性和更可持续性。

【预算管理】全面实施预算绩效管理，对2020年200个支出项目实施绩效评价，涉及项目资金5.75亿元。积极盘活财政存量资金2.89亿元，用于民生实事、城市建设等，进一步弥补公共财力缺口。有序推进预算管理一体化系统建设，完成2022年预算编制和预算执行试点任务。落实政府带头过紧日子思想，制定《博望区厉行节约力保重点项目支出实施方案（试行）》，对19项支出分禁止类、压缩类、严控类三类管理，共压减一般性支出165.25万元，优化压减项目支出1726.91万元。履行监督职责，对1家代理记账机构、3家行政事业单位和1家国有企业开展年度会计信息质量监督检查，开展

"小金库"治理专项监督检查,巩固"小金库"治理成果。结合各镇和高新区实际,构建切合区情、分配科学、利于发展的新一轮区镇和高新区财政体制。

【财政奖补政策】加大积极财政政策实施力度,推动供给侧结构性改革,支持经济结构转型。全年安排各类促进企业发展资金3.69亿元,鼓励企业自主创新和技术改造,推动工业倍增升级。拨付高端数控机床产业集聚发展试验基地建设资金5157万元,加快构建创新型现代产业体系。落实国家各项减税降费政策1.03亿元,减轻企业负担。强化财政资金引导,拨付资金603万元,与上海交大、南京工程学院等高校开展科研合作,引进先进经验和优质服务。安排创业担保贷款和小微企业贷款贴息191万元,为创业创新和小微企业发展纾难解困。拨付专项资金6043万元,支持新型功能区建设。

【民生工程】加大民生投入,全区财政民生支出15.5亿元,占财政支出89.45%。实施33项民生工程,投入资金4.23亿元。提升养老服务及设施配建,设立1个区级养老服务指导中心、3个镇级养老服务中心、3个社区养老服务站、30个村级养老服务站,为1000名60周岁以上失能失智、孤寡失独等特殊困难老人分别与309名邻里结对互助服务对象,打造博望区特色农村居家养老邻里互助模式,推进社会全员养老、助老。完善孤儿基本生活保障制度,为全区63名孤儿累计发放生活保障金83.96万元。加强社会救助能力,累计救助生活无着落的流浪乞讨人员18人次,发放救助物品及救助金1.7万元。提升困难残疾人生活保障,累计发放困难残疾人生活补贴91.47万元,惠及困难残疾人1363人;为重度残疾人护理补贴对象1905人,累计发放补助资金134.42万元。

【为民办实事项目】按照区人大《关于博望区政府民生实事项目实行人大常委会票决和实施监督办法》要求,在充分倾听群众意见的基础上,根据区人大票决结果,实施引长江供水工程、老旧小区提升改造、城区停车场建设项目、基层卫生院能力提升工程、海河路市政公厕建设项目等10项民生实事项目,全年投入资金3.79亿元。

【国有资产管理】制定《安徽横望控股集团有限公司负责人2021年度目标绩效考核办法》,深化国有企业负责人激励约束机制。严格投融资项目审批,全年完成56项投融资项目审核,推进区属国有企业规范化运营。持续推进国资国企改革,拟定《安徽横望控股集团有限公司三年(2021—2023年)行动计划》,明确国资国企改革的目标和路径。完善区属国有企业重大经营风险事件报告制度,明确报告范围、报告程序,防范国有企业重大风险。对全区72家行政事业单位资产管理情况开展督导检查,进一步规范部门资产管理行为。

【投融资管理】积极拓宽企业融资渠道,大力推动企业上市挂牌。全年促成18户企业成功授信及获得贷款8894万元,区政府与建设银行马鞍山市分行、徽商银行马鞍山分行签订战略合作协议,与马鞍山市农村商业银行签订《金融服务乡村振兴、绿色发展(转型)战略合作协议》,建立"10+50+N"合作模式;继续推广"4321"、"税融通"等新型政银担业务,完成新型政银担4.12亿元,"税融通"在保余额5050万元,担保平均费率0.78%。联合中介机构深入走访企业110多户次,坚持一企一策,推介华菱西厨、东海裕祥、哈科机床纳入市级上市后备企业库,完成3户企业四板挂牌,2户企业股份制改造,1户企业四板挂牌并改制,持续推动企业积极对接资本市场,全年完成直接融资37.47亿元。

【债务管理】印发《博望区地方政府自求平衡专项债券管理实施细则》,进一步完善博望区政府性债务管理和风险防控体系。严格债务限额管理,争取上级转贷地方政府新增债券资金1.79亿元,用于区人民医院建设、农村人居环境提升建设、城镇雨污水管网配套建设工程等项目。截至年末,新增债券支出进度100%,政府债务余额27.98亿元。申报再融资债券做好到期政府债券还本工作,多渠道筹措资金化解存量隐性债务,完成年度化债目标任务。强化债务风险防控,实行地方政府债务统计监测月报制,实时监测全口径债务,及时排查风险点,定期向区人大报告债务管理情况并接受监督。积极推广使用政府与社会资本合作模式,截至年末,PPP综合信息平台在库项目3个,总投资6.38亿元。

【涉农资金补贴】落实惠农政策,全年"一卡通"按时发放农业支持保护、农机具购置等惠农补贴资金2834.46万元。安排资金417万元,实施村级公益事业一事一议财政奖补项目33个。推动政策性农业保险健康发展,全年累计完成投保额619.55万元,发放理赔款299.73万元,受益农户3000余户。

【财政内控和监督】出台《博望区行政事业单位资产管理暂行办法》《国有企业资产管理暂行办法》《关于进一步规范预算追加事项的通知》《关于进一步规范财政资金支出审批程序的通知》等制度。落实廉政风险预警防控管理工作,结合工作实际,从单位、股室、个人岗位三个层次,逐一排查廉政风险点,确定风险等级,并有针对性地提出和制定相应的防控措施。开展机关事业单位财政督查检查、财政专项资金检查、"小金库"专项治理、"不规范津补贴发放"专项整治等工作。

【财政绩效管理】编制2022年年

初预算项目 385 项,涉及项目金额 49184.34 万元,依据绩效目标全覆盖原则,所有项目均编制项目绩效目标,填报产出指标、效益指标、满意度指标等,作为项目审核的依据。开展绩效跟踪监控,加强过程监督,区级预算项目跟踪监控实现全覆盖,涉及项目 345 项,资金 3.34 亿元。开展项目绩效评价,对 2020 年所有编制预算的区直部门开展部门整体绩效自评和项目绩效自评,涉及项目 322 项,资金 3.60 亿元。对人才专项资金等 15 个重点项目(涉及资金 25093.09 万元)和 2 个部门整体支出(涉及资金 15592.75 万元)开展财政重点绩效评价。全面落实事前绩效评估规定,对 200 万以上新增及追加项目实现全覆盖,涉及项目 16 项,资金 1.95 亿元。

马鞍山经济技术开发区财政工作概述

【概况】2021 年,马鞍山经开区财政局认真贯彻落实中央及省、市经济社会发展各项决策部署,紧紧围绕做好"六稳"要求,落实"六保"任务,保基本兜底线,惠民生促发展,坚持稳中求进工作总基调,积极组织财政收入,保障重点财政支出,为促进经开区经济社会的稳定增长和可持续发展提供财力保障。

【加强收入管理】全面科学统筹、攻坚克难,多措并举组织收入。走访重点税源企业,抓住关键,摸清税源底数,做稳做实税源主体。加大新税源培育力度,盘活存量税源,积极发挥财政政策促进作用,打造新的税收增长源头,做大做实财力。

【硬化预算约束】牢固树立过紧日子思想,按照厉行节约力保重点支出工作要求,全年压减各类支出 490 万元。贯彻落实财政部和省委、省政府工作要求,坚持"三保"优先,保障"保工资、保运转、保基本民生"支出落实到位。全年共计实施 16 项民生工程,到位资金 0.6 亿元。围绕项目攻坚年任务,确保经开区红星中学、南区路网建设等重点建设项目顺利实施,保障投资强度大、产值效益高、技术含量优的项目落地,推进蜂巢、格力、汇源食品等重大招商引资项目签约投产,及时兑现各类招商、产业扶持等优惠政策资金 7 亿元,扶持实体经济,助力高质量发展。

【优化金融服务】做好重点项目融资摸排工作,全年摸排政府及企业重点项目 24 个,总投资 180 亿元,融资需求 100 亿元,其中长三角一体化绿色食品等政府类重点项目共计 9 个,总投资 111 亿元,融资需求 84 亿元,蜂巢新能源等企业类重点项目 15 个,总投资 69 亿元,融资需求 16 亿元。做好对中小企业的金融服务工作,通过与农商行银政企合作为 1 户企业推荐融资 1900 万元,协调多家金融机构为区内 20 户企业新增各类税源贷、厂房贷、信用贷、易税贷等超 2 亿元,与省科技担保公司、省普惠担保公司合作推出"科技贷"、"园区贷"累计土建 32 户企业,金额超过 1.6 亿元。推进园区企业上市挂牌工作,举办经开区百家企业资本市场培训会,落实各类金融扶持政策,及时兑现华骐环保、中钢矿院等上市企业奖补资金。修订《上市(挂牌)工作政策意见》,抢抓注册制等资本市场改革窗口机遇,为推动经开区企业上市(挂牌)工作提供政策扶持。

【强化债务管理】全面加强园区债务管理,严格对照债务防范化解措施,实施债务风险预警评估机制,做好债务资金运行管控,及时发现和处置资金风险,加快拨付债务化解资金,化解存量债务风险,确保财政各项资金安全平稳运行。整合各类项目情况,制定项目实施方案,向上争取各类专项债券额度,到位专项债资金 1.57 亿元,用于红旗南路等道路大修项目。

【深化财政改革】推进预算管理一体化改革,加强项目库在预算管理中的基础支撑作用,逐步建立全生命周期的项目预算管理机制。强化预算绩效管理,推进绩效目标全覆盖,所有预算项目和部门整体支出全部编制绩效目标。提高绩效评价规模,对 2020 年度 151 个项目开展绩效自评,金额超 11 亿元。对 32 个项目开展财政重点绩效评价,实施绩效动态监控,按照"全面覆盖、突出重点,权责对等、约束有力,结果运用、及时纠偏"的原则,对 2021 年所有项目支出实施动态监控,督促项目实施。

马鞍山慈湖国家高新技术产业开发区财政工作概述

【概况】2021 年,慈湖高新区全年一般公共预算收入 139639 万元,完成预算的 116.85%,较上年增长 24.83%。全年一般公共预算支出 116634 万元,完成预算的 116.85%,较上年增长 22.36%。

【加强财政收支管理】统筹做好财政收支预算管理,多渠道开源节流增加财政收入。进一步强化收入管理,准确把握经济发展动态,强化收入分析研判,加强预期管理,确保财政收入应收尽收。加强财政支出管理,强化直达资金管理,按照资金使用范围和支持领域,及时支付各项直达资金,提升财政资金使用效率。

【严控政府债务风险】强化内部基础规范管理,严格依规举借政府债务,坚守不新增隐性债务的底线。常态化开展政府债务风险排查,动态掌握各种影响偿债能力的风险因素。从严审核新上政府投资项目,并严格执行高新区厉行节约 17 条举措,大力压减一般公共预算支出,努力节约更多的财政资金用于化解隐性债务。加大“双招双引”力度,突出招大引强,进一步涵养可持续税源,做大做强综合财力。

【加快资本市场建设】做好银企对接活动,为园区企业提供更多金融助力,解决企业融资难题。持续加大与证券公司的合作力度,在企业上市方面借助南京证券的专业指导,开展更广范围的后备资源摸排,推动企业上市工作。

【加强基本民生保障】注重科学规划民生项目,突出有质量、可持续要求,坚持实事求是、从实际出发,尽力而为,量力而行,做好民生工程和为民办实事项目管理。稳步加大基本民生领域投入,积极筹措资金,保障民生工程项目按时推进。

马鞍山郑蒲港新区现代产业园区财政工作概述

【概况】2021 年,在新区管委会的坚强领导下,郑蒲港新区财政部门紧紧围绕年度目标任务,狠抓增收节支,强化财政管理,以组织收入为中心,财政收入保持快速增长,扎实做好“六稳”工作、落实“六保”任务,有效防范化解财政金融风险,重点支出得到有力保障,新区各项工作取得新进展。

【财政收支管理】新区一般公共预算收入 12.05 亿元,同比增长 14%,其中税收收入占比 84%,超全市占比水平 12 个百分点,财政质量明显提高。财政支出完成 16.6 亿元,教育、文化体育与传媒、社会保障和就业等 13 类民生支出 15.5 亿元,占财政支出 93.2%,重点民生支出保障水平不断提高。

【加强预算管理】推进预算管理一体化建设,成立预算管理一体化建设工作领导小组,组建工作专班,抓好工作推进落实。全面梳理新区预算管理一体化业务流程,完成预算单位基础信息录入审核工作。按照省市财政部门一体化系统建设方案各阶段要求,严格时间节点,细化工作任务、夯实工作责任,完成新区预算管理一体化建设工作。

【开展绩效评价】建立“全方位、全过程、全覆盖”的预算绩效管理体系,提高绩效考评结果的客观性、真实性、准确性,从根本上提升预算工作的制度化、规范化、科学化水平。科学制定预算绩效管理目标、绩效衡量指标等指标体系,建立预算安排与绩效目标、资金使用效果挂钩的激励约束机制。完善绩效管理的评价模式与开展方式,鼓励财政部门及财政资金使用部门积极开展自我评价,或委托第三方机构参与财政资金使用绩效的评价、开展跟踪评价,全面提高绩效管理工作水平。

【实施民生工程】加大对民生投入,新区 18 项民生工程全面实施,新区累计拨付 11458.8 万元,资金拨付率为 119%。牢固树立过紧日子思想,完善“三保”支出预算管理机制,确保经济运转平稳有序,民生政策落实有力,兜住财政支出保障底线。

【落实直达资金】累计接收中央直达资金 3187.95 万元,全部完成直达资金指标分配下达工作,下达进度 100%。对照直达资金分配方案,对 2021 年形成支出的资金人工录入直达资金监控系统,累计录入支付金额 2926.45 万元。

【国有资产管理】持续开展国有资产确权梳理工作,完成对新区公租房、厂房、门面房等资产的两轮梳理,确权资产 112.85 万平方米。明确运营责任,安排审计单位进驻审计。加强新区国有资产管理,确保国有资产的稳定和安全,防止国有资产流失,最大限度促使国有资产保值增值。

【债务风险防控】申请隐债化解再融资债券资金 11 亿元,并全部完成隐债化解置换工作。对照最新隐性债务化解方案,严格按序时进度化解隐性债务,累计化解隐性债务 12.16 亿元,完成全年化债任务 101.2%。向上积极争取政府债券发行额度,累计发行新增债券 7.08 亿元,其中新增专项债券 6.87 亿元,用于新区世港通新兴产业园区、金蒲电子产业园标准化厂房项目及马鞍山综保区半导体保税研发制造基地项目工程建设,助力新区重点项目建设加快推进。财政部门与其他相关部门进一步加强政策对接,谋划一批符合最新专项债政策要求的新项目,做好新项目申报入库工作,新增入库 1 个专项债项目,申报额度 8 亿元。

芜湖市财政工作综述

芜湖市财政工作概述

【**概况**】2021年,芜湖市一般公共预算收入361.2亿元,增长9%;一般公共预算支出503.3亿元,增长3.6%。市级(含市本级、皖江江北新兴产业集中区、经济技术开发区、三山经济开发区)一般公共预算收入133.7亿元,增长7.8%;市级一般公共预算支出185.9亿元,与上年持平。

【**服务高质量发展**】围绕“双招双引”工作总目标,发挥财政职能作用,落实先进制造业企业留抵退税、制造业中小微企业延缓缴纳税费等减税缓税政策,全年“减、退、缓”税80亿元。坚持市场的逻辑、资本的力量、平台的思维,出台加快发展政府投资基金政策,实现市县区政府投资基金全覆盖,全市政府投资基金规模160亿元,参股子基金规模558亿元,引进全省第一家公募基金落户芜湖。坚持财政金融政策融合,出台支持政府性融资担保18条措施,引金融活水助力小微企业,全市担保责任余额89.4亿元,减免保费0.3亿元。修订扶持产业政策体系,依法推进公共政策兑现改革,上线惠企政策网上超市,打造“即申即享”“免申即享”“限时即享”兑现新模式,推动政策资金“一键直达”。全年兑现各类扶持资金50.3亿元。

【**增进民生福祉**】树牢宗旨意识、站稳人民立场,在促进共同富裕上加大支撑保障。把握财政支出优先顺序,将“三保”支出摆在突出位置。全市用于民生方面的支出达428亿元,占一般公共预算支出的85%。统筹91.4亿元,推进33项民生工程,低保对象、特困人员等困难群体救助保障水平全面提标,城乡居民医疗保险、基本公共卫生服务等财政补助标准持续提高,退休人员基本养老金继续适度调整。管好用好直达资金,做好直达资金分配、下达、使用、监控工作,确保资金直达基层、直接惠企利民、使用安全规范。中央下达直达资金支出42亿元,支出进度96.2%。支持巩固拓展脱贫攻坚成果同乡村振兴有效衔接,落实“四个不摘”要求,接续推进脱贫地区发展,保持脱贫攻坚期内出台的各项财政支持政策在过渡期总体稳定。

【**实施零基预算管理**】提出零基预算管理22条措施,清专项、压项目、硬回收、定标准、明事权,打破支出“基数+增长”的固有僵化格局,重构预算分配改革。出台预算项目库管理办法,建立星级管理评审规则,市本级2022年部门预算项目数下降45%。收回盘活财政存量资金31亿元,占预算支出的19.6%。开展部门预算执行分析通报,压实部门预算执行主体责任,部门项目预算执行节点进度提升近19个百分点;对政府性投资项目实施中期调整,调整70个项目资金8亿元。贯彻国务院行政事业性国有资产管理条例,加强资产管理,对全市279家单位全面摸底清查国有资产,累计处置219处闲置房产12万平方米,实现资产“零闲置”。按照国务院国资统一监管的要求,对市属事业单位所属企业进行改革,新设公司2家,实现国资统一监管全覆盖。

【**防范财政风险**】坚持过紧日子,研究出台全面落实过紧日子要求、厉行节约反对浪费的18项具体举措,累计压减一般性支出1.6亿元。强化部门协同、市县区联动,多措并举抓好收入组织。精准分析税收收入潜力,加强非税收入征管,提升政府综合财力,市本级政府性债务风险等级成功退出红色区域。加强债务风险管控,压实政府性债务管理责任,统筹资金化解存量债务,完成年度化债目标任务。用好债务综合监管系统,及时发送风险提示。积极争取债券资金,发行新增专项债券82.3亿元,保障重大民生和发展项目建设资金需求。落实三级调度机制,用好政府专项债券政策,提高债券资金使用绩效。推进融资平台公司市场化转型。完善多渠道筹措机制,确保社会保险基金安全可持续运行。

【**提升财政治理能力**】推动预算绩效管理提质增效。强化项目、政策、部门整体的全过程绩效管理,市本级初步建立“三全”体系,对2753个项目支出、279个部门整体全面编制绩效目标,实现市级项目资金绩效管理全覆盖。对2020年度市本级部门整体支出及项目支出,全面实施绩效评价,实现单位自评、部门评价和财政评价三级联动。依托现有高校团队资源,开展市级政策和项目事前绩效评估审核,节约财政资金0.3亿元。强化绩效评价结果应用,收回单位2021年预算安排资金1.6亿元。推进财政数字化转型,完成预算管理一体化系统本地部署。立足财权与事权匹配原则,启动新一轮市区财政体制调整工作,完善市区经营性土地使用权出让收支管理体制。持续开展市直单位财务检查并督促整改。配合推进人大预算联网在线监督,强化审计发现问题整改并建立长效机制。

(王密密)

无为市财政工作概述

【概况】2021年,无为市完成一般公共预算收入28.75亿元,增长8.5%;实现财政支出65.2亿元,促进全市社会经济发展。

【加强收入管理】按照实事求是、把握规律、均衡入库的要求,主动与市税务部门对接沟通,全方位梳理全市存量税源,努力挖掘增收潜力,支持税务部门依法组织财政收入,持续规范非税收入收缴管理,不断提高财政收入质量,保障全市经济社会发展。

【优先保障"三保"支出】坚持"三保"支出在财政支出中的优先顺序,成立"三保"支出领导小组,压实"三保"支出责任。制定无为市厉行节约力保重点支出实施方案,出台厉行节约、反对浪费20条具体措施,落实党政机关过紧日子要求,从严从紧控制政府部门开支,增强财政保重点能力。硬化预算约束,全面压减一般性支出及非刚性非重点项目支出,严把预算支出关口,把有限财政资金用在"三保"支出上。加强财政资源统筹,持续开展结余资金和结转资金清理,全面盘活财政存量资金,统筹用于"三保"在内的重点民生项目。深化"三公经费"管理,落实全市机关事业单位"三公经费"只减不增政策。

【支持经济高质量发展】落实国家减税降费政策,动态更新行政事业性收费项目清单,全年新增减免税费1.9亿元,降低企业生产经营成本,确保政策红利助企纾困。落实扶持产业发展政策,兑付支持产业发展奖补资金。围绕全市战略定位,设立战略性新型产业和首位产业等扶持产业发展资金5500万元,保障"电、食、钙、羽"传统产业发展和转型升级。统筹调度并兑现"一企一策"补助资金,支持比亚迪新能源动力电池长三角制造中心项目等产业发展。贯彻落实关于建立特殊转移支付机制的决策部署,拨付上级各类直达资金,发挥直达资金对做好"六稳"工作、落实"六保"任务的重要作用。安排创业富民资金1452万元,拨付小额担保贷款贴息资金3200余万元,促进金融机构当年新增小额贷款1.14亿元,支持小微企业发展。

【统筹基本民生保障】强化民生支出保障,推动普惠性、基础性、兜底性民生支出,保证民生持续支出热度,全市财政民生支出54.4亿元,占一般公共预算支出的85%。筹集资金28.5亿元,继续实施33项民生工程,解决广大群众"急难愁盼"事项。保持财政投入力度总体稳定,投入资金3.87亿元,支持巩固拓展脱贫攻坚成果同乡村振兴有效衔接,支持脱贫镇村发展和群众生活改善,健全防止返贫监测和帮扶机制,持续巩固脱贫攻坚成果,推动脱贫攻坚向全面实施乡村振兴战略平稳过渡。投入资金1551万元,实施农村公益事业财政奖补项目95个。完成种植业投保面积92.3万亩,发放水稻、小麦、玉米三大品种理赔1802万元。通过"一卡通"打卡发放184个批次5.88亿元,落实国家强农惠农政策。统筹资金3.19亿元,稳步推进城乡一体化建设,促进公共服务均等化。拨付社保基金3.87亿元,发放城乡低保、特困、残疾人补助及优抚、退役士兵社保接续、军转干部补助等各类保障。拨付资金1.59亿元,支持医疗事业发展。拨付资金1.35亿元,用于疫情防控和疫苗接种。

【严格政府债务风险防控】严格按照《预算法》要求,加强地方政府债务管理,积极争取债券资金并及时拨付到项目单位,发挥债券资金使用效益。完善新增债券资金使用进度定期通报机制,督促债券资金使用单位加快债券项目推进。按照省市要求,对新增债券资金项目开展绩效评价,发挥债券资金的使用效益。落实隐性债务化解方案,降低财政运行风险。

【提升财政管理水平】坚持预算法定原则,加大预算对落实重大政策的保障能力,强化零基预算理念运用,加强项目支出管理,压实全市各级各部门预算管理主体责任。进一步完善财政支出标准化指标体系,力求基本预算体现公平,项目预算体现绩效。完善预算公开制度,市直部门按统一格式、统一要求、统一时间进行网上公开。加强国库运行管理,深化国库集中支付改革,推进政府综合财务报告制度改革。加强财政库款管理,保障财政资金运行安全。完善市镇财政管理体制,加快预算管理一体化进程,推动财政信息化建设。全面实施预算绩效管理,将绩效理念和方法融入预算编制、执行和监督,建立预算绩效指标体系,将预算绩效考核纳入政府综合考核范畴,强化绩效考核结果运用。深化市属国企改革,印发《无为市国企改革三年行动实施方案》(2020—2022年),按期对市属国有企业经营业绩进行考核。定期向市人大报告国有资产监管和国有资本管理情况,做好国有企业退休人员社会化管理服务工作。

完善国有资产管理制度,规范国有资产出租、出售、报废等处置程序,处置收益及时上缴财政。持续优化政府采购营商环境,加快政府采购预算执行,严格政府采购监管,及时纠正采购过程中违法违规行为。加强会计监督,以购买服务方式,聘请第三方对各镇及市直各部门开展财务监督检查,对市检察院、乡投公司等4个部门单位开展会计监督检查。

【落实主体责任】把学习贯彻习近平新时代中国特色社会主义思想作为首要政治任务和局党委第一议题,扎实开展党史学习教育。把落实党建工作责任制作为推进机关党建工作的重要抓手,强化党建制度机制建设,层层压实管党治党政治责任。把"我为群众办实事"实践活动与开展"走基层、解难题、办实事"深化作风建设结合起来,主动上门开展工作会商,持续改善财政"放管服"营商环境。开展以"四联四增"为主要内容的新一轮深化"三个以案"警示教育,班子成员履行"一岗双责",纵深推进党风廉政建设和反腐败工作。

(万士水)

湾沚区财政工作概述

【概况】2021年,湾沚区全区财政收入完成56.05亿元,增长10.86%。一般公共预算收入完成34.62亿元,增长9.07%。博望区一般公共预算支出51.72亿元,增长8.38%。全区政府性基金收入完成29.83亿元,增长18.04%。全区政府性基金支出42.9亿元,增长29.26%。全区国有资本经营收入完成0.01亿元,全区国有资本经营支出0.01亿元。全区社会保险基金收入1.98亿元,全区社会保险基金支出0.97亿元,年末滚存结余5.36亿元。

【依法科学征管收入】加强财政收入预期管理,跟踪、监控主体税源及重点企业的运行情况,科学研判收入趋势,强化收入日常管理,堵塞征管漏洞,确保收入应缴尽缴。召开四次系统内部财政收入目标完成情况及问题分析调度会,每月上旬预测统计全区月度财政收入计划,月中紧盯收入进度,月末确保月度计划数足额入库。强化部门联动机制,定期召开财税库联席会议,研究收入征管形势,发挥部门护税协税作用。合理安排支出规模和进度,加大政府性基金预算和一般公共预算统筹力度,推进存量项目清理和盘活存量资金,严格控制预算追加,压减政府性投资和一般性支出。面对"新冠肺炎"疫情及减税降费政策影响,财政运行整体平稳有序。

【推进民生工程建设】投入资金9.72亿元,推进30项民生工程项目建设。各项民生项目资金严格按照足额保障、量力而行原则,及时足额落实到位。其中:补助发放类项目均发放到位;人员培训类项目均完成年度培训任务且培训合格;参保参合类项目均将补助金及时足额拨付到位;工程建设类均完成年度目标任务。加强资金管理,编制民生工程资金年度预算,按照"专户管理、专账核算、实时追踪"工作要求加快资金拨付进度,完善民生工程资金垫付、调度制度,确保民生工程资金及时拨付到位。加大民生工程资金监管力度,利用"互联网+"优势在各类线上线下公开平台做好公示公开,提高民生工程资金分配使用透明度。

【落实减税降费政策】加大减税降费力度,全年新增减税降费3亿元,其中,年度新出台政策减税降费1.8亿元;2021年展期实施减税降费1.1亿元,2020年年中出台政策在2021年翘尾新增减税降费0.1亿元。应对落实减税降费政策形成的财政收支缺口,通过积极争取上级资金,清理回收财政存量资金等方式增加财力,压减一般性支出和"三公"经费支出,取消无效低效支出等措施减少支出,保证"三保"支出底线和重点项目支出,实现年度财政收支平衡。

【防范化解债务风险】严格执行地方政府债务限额管理和预算管理相关规定,落实"开前门、堵后门"要求,依法依规实施地方政府债务"借、用、管、还"全过程监督管理。研究政策,提前谋划、严格把关、加快申报,提前储备一批能够实现自求平衡和高效形成实物工作量的高质量专项债项目。及时精准上报债券发行需求,争取新增债券额度,保障重点项目资金需要。坚持定期调度、定期通报制度,推动债券资金加快支出进度,推动项目实物工作量落地见效。坚持常态化监管,加强日常监督,及时发现和处置潜在风险,守住不发生系统性风险的底线。

【助推经济高质量发展】加大对"一新、一轻、一重"产业扶持,全年拨付7.54亿元资金扶持先进制造业、现代服务业、企业转型升级、技术改造和节约集约用地发展,其中扶持"一新"企业奖补资金1.22亿元,"一轻"企业奖补资金1.03亿元,"一重"企业奖补资金1.44亿元,其他行业企业奖补资金3.86亿元。拨付1440万元推进企业上市,拨付6188万元扶持企业科技创新,拨付5003万元补助战略性新兴产业基地建设,拨付1.50亿元用于芜湖军民融合通航科技产业基地PPP项目支出,补贴职业类技能培训1427万元、吸纳高校毕业生补贴480万元、见习生补贴104万元、政策性人才购房补贴567.37万元、其他高端人才补贴93万元。

【加强预算绩效管理】成立财政局预算绩效管理工作领导小组,明确预算绩效管理归口股室工作职责分工,按照"项目支出绩效自评为主、财政归口管理股室审查、突出重点项目重点评价”的原则开展绩效评价,实现年度预算编制、绩效项目申报、政府采购和政府购买服务等同步编制、融合执行。对绩效目标实现程度和预算执行进度实行“双监控”,完善预算绩效信息公开报告制度,将绩效评价结果尤其是社会关注度高、影响力大的民生项目和重点项目支出绩效情况在一定范围内公开,接受社会监督。

【推动国企改革】草拟《芜湖市湾沚区国企改革三年行动实施方案(2020—2022年)》,制定《关于深化劳动用工、收入分配改革的实施意见》等一揽子指导性文件。推动资本向重要行业、关键领域集中,助力乡村振兴发展,推动优质资产的评估、鉴定、权证办理等工作,将优质资产注入新开办的乡村建设发展有限公司,壮大资产规模。启动行政事业单位资产(房屋土地)权证办理工作,288处需测绘鉴定的房屋土地完成测绘鉴定275处,其中符合办证要求的241处。

【加强政府采购预算管理】要求全区政府采购及购买服务编制采购预算,对各单位编制的采购预算进行审核汇编。联合公管部门印发《关于贯彻执行〈安徽省政府集中采购目录及标准(2022年版)〉的通知》,规范政府采购管理。

(张力)

繁昌区财政工作概述

【概况】2021年,繁昌区财政局立足新发展阶段、贯彻新发展理念、构建新发展格局,主动服务发展大局,充分发挥财政职能效益,为打造全省高质量发展先行区贡献财政力量。

【财政改革】按照“保障基本支出、规范项目支出、区分轻重缓急”原则开展预算编制工作,统筹安排各部门支出预算。印发《关于做好2021年政府预算、部门预算及“三公”经费预算公开工作的通知》,进一步扩大政府预决算公开范围,推进二级预算单位预决算公开,推进部门项目、绩效目标情况公开。落实中央和省市全面实施预算绩效管理要求,推动绩效与预算编制、执行、监督全过程深度融合,实现绩效目标同步申报、同步批复。区本级编制项目绩效目标801个,涉及金额9.9亿元。进一步强化绩效结果应用,将预算绩效管理纳入政府绩效考核。推进预算管理一体化建设,按照省市规定的时间节点推进预算管理一体化系统建设,以信息化驱动预算管理现代化。

【收支管理】围绕收入预期任务,积极组织财政收入,强化财政资金科学调度,持续优化财政支出结构。全区一般公共预算收入36.8亿元,同比增长8.5%,其中税收收入26.7亿元,同比增长15.9%,占比72.4%。落实过紧日子要求,坚持节约和集约并重,突出重点、倾力民生,扩大有效投入。全区财政总支出45.8亿元,同比增长4.7%,三公经费支出同比下降3.3%,全区民生支出39亿元,占全区总支出85.1%。

【债务管理】印发《繁昌区地方政府性债务风险应急处置预案》《繁昌区政府债务资金管理制度(暂行)》等文件。严格政府投资项目审查,强化政府债务风险源头管控。全年化解隐性债务2.66亿元,超额完成累计年度化债任务。争取新增债券资金4.93亿元,其中:一般债券3346万元,统筹用于教育局城东小学建设、交通局交通运输执法设施改造及区内道路维修与养护项目和水务局峨溪河排洪新站项目;专项债券4.60亿元,分别为城乡供水一体化项目6000万元,“繁昌慢谷”创建国家级旅游度假区环境综合提升项目1亿元,重点民生保障及环境改善项目7500万元,繁昌经济开发区南园(孙村园区)基础设施一期工程项目1.3亿元,获港镇数字化交通项目5500万元,县医院住院综合大楼建设项目4000万元。

【强农惠农】加大财政支农重点投入,安排农口部门项目预算3.22亿元,重点支持农业产业升级、水利薄弱环节提升、乡村振兴等。持续开展政策性农业保险工作,兑现政策性及特色农业保险536.3万元,区财政补贴保费230.6万元。深化与太湖县结对帮扶,安排扶贫资金1600万元,助销农产品1222万元。落实强农惠农补助政策,通过惠民直达平台发放各项补贴资金56项,补贴对象52.7万人次,补贴金额2.10亿元。开展惠农补贴资金滞拨闲置等问题专项整治工作,改进和提升惠农补贴资金发放管理。支持美丽乡村建设,区本级安排专项资金5821.2万元,上级下达美丽乡村专项资金1185万元,共拨付美丽乡村资金6376.8万元,完成省级中心村建设任务以及区级全域美丽乡村建设任务。开展农村公益事业财政奖补,共批复并建成农村公益事业财政奖补项目35个,涉及34个行政村,项目总投资900.8万元,建成水泥道路20.02公里、安装路灯138盏,受益人口达7.27万人。

【财政监督】在全区53个部门和6个镇1个开发区完成“小金库”自查工作,自查面为100%。组织填写《繁昌区“小金库”清理检查情况承诺书》《繁昌区“小金库”专项整治自查自纠情况统计表》,公示公开自查结果,自觉接受群众监督。组织开展预决算公开检查,对全区53个部门和6个镇1个开发区的2018、2019年决算和2019、2020、2021年预算公开情况进行检查,覆盖面为100%。将各部门预决算公开质量纳入年终考核,推动部门预决算公开及考核工作常态化。开展清理规范违规发放公务员工资津贴补贴专项行动,组织完成全区53个部门、6个镇及1个开发区工资津补贴自查清理和发放情况统计上报工作。

【国有资产管理】完善全区行政事业单位资产月报、年度报告制度,组织完成2021年度全区行政事业单位国有资产年报上报工作。出台《芜湖市繁昌区行政事业单位国有资产处置和出租出借管理办法》。对区检察院等39个单位固定资产进行现场核销,涉及原值1236万元。健全产权管理工作制度,做好产权界定、产权登记、资产评估、国有资产交易监管等基础工作。完成对江河水利、瑞丰工程检测企业改制并公开挂牌交易,取得收益1900万元。出台《关于印发贯彻实施〈芜湖市国企改革三年行动实施方案(2020—2022年)〉工作举措的通知》《繁昌区深化国有企业改革工作方案》等文件,助力国企改革走深走实。完成国源矿业公司划转和明确春谷3D打印研究院由区建投公司管理工作,推动国有企业重组和专业化整合。依法依规注销5家无实质运营企业。履行企业国有资产出资人职责,组织开展区建投公司、金繁担保公司2020年度考核工作。完成金繁担保公司领导班子和领导人员任期考核。出台《繁昌区关于加快发展政府投资基金的意见》,完成母基金注册工作,注册资本10亿元。

【民生保障】投入资金5.2亿元,实施民生工程29项。完成41户农村危房改造、4个城镇老旧小区改造、农村改厕1442座。4个美丽乡村中心村通过省级验收。完成农村公路养护工程39.1公里,农村饮水工程维修养护1处。完成新建高标准农田1.3万亩。新增幼儿托育托位数130个。开展免费婚检1923人次,适龄儿童预防接种4.3万针次。对18420名城乡义务教育学生免除学杂费、免费提供国家规定课程教科书,为824名家庭经济困难学生补助生活费。健全家庭经济困难学生资助体系,累计资助2625人次。开发350个公益性岗位,完成就业见习169人。开展产前筛查745人。做好城乡适龄妇女"两癌"免费筛查工作,完成筛查11096人。完成35户居家适老化改造,发放高龄津贴502.2万元。救助各类困难人员及职工21.3万人次,发放资金6219.6万元。累计为674名贫困精神残疾人提供药费补助,84名残疾儿童进行康复训练。开展岗前技能培训、退役军人技能培训提升、新型职业农民培训3626人。落实城乡居民医保筹资政策,城乡居民基本医疗保险参保20.33万人,城乡居民大病保险救助1516人次,城乡居民基本养老保险参保11.46万人。

(盛念慈)

南陵县财政工作概述

【概况】2021年,南陵县财政部门坚持以习近平新时代中国特色社会主义思想为指导,全面贯彻党的十九大和十九届历次全会及中央经济工作会议精神,认真学习习近平总书记"七一"重要讲话精神和考察安徽重要讲话指示精神,严格落实县委、县政府决策部署,坚持稳中求进总基调和新发展理念,以推动高质量发展为主题,做好"六稳"工作,落实"六保"任务,提升财政治理和服务效能。获"安徽省脱贫攻坚先进集体"、"安徽省卫生先进单位"、"芜湖市全面建成小康社会先进集体"、"2020年度市民生工程先进单位"等称号。全县一般公共预算收入23.33亿元,占预算的100%,较上年增长8.6%;全县一般公共预算支出41.84亿元,占调整预算的100%,同比增长4.9%。

【预算管理改革】贯彻执行《预算法》和预算实施条例,完善预算编制办法,规范预算编制程序,硬化预算刚性约束,推进预算信息公开,持续完善"规范透明、标准科学、约束有力"的预算管理制度。按照"统一标准、统一规则、统一规范"总体要求,持续深化财政国库集中支付、电子化支付、预算绩效、财政财务核算等管理改革全覆盖,推进全面实施零基预算和预算管理一体化改革。坚持"能纳尽纳,应纳尽纳"原则,规范执行"指标统一下、资金一账管、补助一卡发、服务一站办、收支一本账"管理流程,推进惠民补贴项目实行"一卡通"发放管理全覆盖。围绕"收费目录公开化、缴费方式多元化、收费票据电子化、监督管理常态化"管理目标,持续推进非税收入"收支两条线"和"收支脱钩"管理改革。

【国库集中支付管理改革】深化预算管理制度改革,对照预算管理一体化业务规范,梳理业务流程,推行预算一体化平台建设。加强直达资金动态监控,确保资金直达使用单位、直接惠企利民,保障相关政策及时落地生效。

【政府债务管理】严格政府债务限额管理,规范债务举借行为,健全政府债务预警和应急处置机制,坚决遏制政府隐性债务增量,化解隐性债务存量,守住政府债务风险底线。按照建立"基础、储备、发行、存续"项目库管理要求,精准谋划项目,扩大项目储备,优化发债顺序,用足用好政府债券政策,全年发行到位专项债券资金7.24亿元。截至年末,全县政府债务余额54.67亿元,低于省财政厅核定的政府债务限额59.36亿元。

【助力社会保障】做好困难群体保障工作,统筹城乡社会救助制度,落实城乡居民低保、优抚、特困、残疾人补贴等各项补贴发放政策,做到应保尽保、应救尽救、应兜尽兜。全年发放低保、优抚抚恤等惠民补贴资金2.01亿元,涉及613666人次。持续保障常态化疫情防控及公共卫生工作。坚持“急事急办、特事特办、办快办好”原则,统筹财力加强常态化疫情防控资金保障工作,累计安排疫情防控资金9792万元。加大对医疗公共卫生领域投入,县本级预算安排医疗卫生项目资金6693万元,改善基层医疗机构办医条件,鼓励医疗机构引进卫生人才。

【**非税收入管理**】贯彻落实国务院减税降费政策,依法依规组织非税收入,全年累计完成非税收入17.56亿元。规范和完善非税收入征管工作,全面执行收费目录清单制,收费目录清单在县政府网站向社会公布,广泛接受社会监督。继续推进财政电子票据管理改革工作,全县125家行政事业单位财政电子票据系统平稳运行。

【**巩固脱贫攻坚成果衔接乡村振兴**】筹集财政巩固脱贫攻坚成果衔接乡村振兴资金1.03亿元,其中中央衔接资金1842万元、省级资金1467万元、市级资金2950万元、县级资金4000万元。截至年末,衔接资金支出1.03亿元,支出率为100%。围绕“产业兴旺、生态宜居、乡风文明、治理有效、生活富裕”总要求,推进巩固拓展脱贫攻坚成果同乡村振兴有效衔接,促进产业高质高效、乡村宜居宜业、农民富裕富足。

【**美丽乡村建设**】筹集美丽乡村建设资金6090万元,其中上级资金2090万元、本级资金4000万元。坚持“群众主体、创新驱动、彰显特色、建管并重”的理念,建设美丽乡村示范点11个,规范项目和资金管理,提高资金使用效益,改善示范点村容村貌。

【**农村综合改革**】在村民民主议事的基础上,按照“村级申报、镇级审核、县级审批”的项目申报程序,全县共实施村级公益事业“一事一议”财政奖补项目42个,其中:各级财政奖补资金1046.3万元,村民筹资5.2万元、社会(个人)捐赠7.8万元、村集体投入0.7万元,其他资金3万元。截至年末,项目完工率100%,项目建设效果显著,结合农村人居环境整治,改善农业、农村和农民的生产、生活条件。

【**政策性农业保险管理**】政策性农业保险工作做到县级配套资金及时足额到位,督促保险经办机构履行实施主体职责。全年三大主粮作物承保69.81万亩,保险覆盖率90.65%、养殖业承保0.34万头、林业(商品林、公益林)承保23.88万亩。全年地方特色农产品保险保费收入1279.67万元,县级财政补贴资金466.43万元,理赔358.36万元、全部打卡到投保户。

【**财政监督检查**】对南陵县中小企业担保公司开展会计信息质量检查,芜湖振诚会计师事务所有限公司、安徽芜南会计师事务所、芜湖诚兴资产评估事务所三家中介机构为自查单位。会同县市场监督管理局对芜湖啄木鸟财税咨询服务有限公司和芜湖惠霖企业管理有限公司两家代理记账机构现场监督检查。开展2020年决算和2021年预算公开检查,对全县177个预算单位开展预决算公开自查工作,自查面为100%,确保公开内容完整、细化、真实。

【**“小金库”专项治理**】落实“小金库”防治工作要求,开展常态化“小金库”防治工作,对今后再设立或者继续设立“小金库”的一律先予免职,再组织调查处理,涉嫌犯罪的,及时移送司法机关处理。对查实的“小金库”问题在一定范围内予以通报曝光。截至年末,未发现南陵县行政事业单位存在“小金库”现象。

【**会计管理**】采取各种形式,宣传新《会计法》《政府会计准则制度》和《会计从业人员管理规定》。按照财政部要求,开展会计人员信息采集,规范会计人员管理,线上进入信息管理系统提交采集信息共1410人次,审核通过1260人。服务、指导和审核县内6家代理记账机构及时完成机构年度报备工作,完成2家代理记账机构审批报备和现场核查工作。

【**绩效评价**】将预算绩效管理工作融入预算编制、执行、决算、监督全过程,实现预算和绩效管理一体化。结合全县部门预算编制工作会议、部门决算布置会议,凝聚部门共识,营造齐抓共管的绩效管理工作氛围。全县财政部门根据单位自评的评价结果,保留项目705个共206418万元,整改完善项目294个共62315万元,调整取消项目76个共6405万元,收回项目58个共3430万元。

【**推进产业发展**】兑现产业奖励政策,支持县域经济发展,累计兑付产业发展资金27670万元,其中:首位产业等投资奖补3659万元,打造建筑之乡奖补3249万元,税收奖补13435万元,促进电子商务及外贸企业发展奖补922万元,企业上市辅导奖补127万元,盘活存量厂房奖补1550万元、促进服务业等其他奖补4728万元。

【**民生工作管理**】落实《南陵县2021年实施30项民生工程的通知》要求,分解落实各镇、各责任部门目标任务,印制2021年民生工程目标责任书,签订目标责任状。专题调度对接,召开民生工程布置会、调度会、推进会,及时传达、布置、协调各项工作,定期下发工作提示单,督查检查工作落实、项目进展,保障工程项目建设,按时发放各类补助人员资金8.77亿元。加大媒体宣传,利用广播、微信朋友圈、短视频等方式扩大宣传面,提升宣传实效,提高群众知晓率和参与率。持续挖掘亮点,创新“乡村振兴官+直播+孵化培育”新举措,通过“一根网线”敲开农村电商“致富门”;创新户厕管护“11422”管护机制,将改厕后续管养与农清工程等工作相结合,采取“一个目标+一个总站+四个分站+两支队伍+两级监管”的市场化运作后续管护模式。

(季俊男)

镜湖区财政工作概述

【概况】2021年,镜湖区一般公共预算收入完成35.05亿元,较上年增长3.6%;一般公共预算支出完成36.53亿元,较上年增长6.8%。当年无政府性基金预算收入,政府性基金支出4.25亿元。国有资本经营预算收入50万元,国有资本经营预算支出50万元,收支平衡。政府债务限额33.57亿元,其中:一般债务限额19.36亿元,专项债务限额14.21亿元。截至年末,镜湖区政府性债务余额为33.57亿元,其中:一般债务19.36亿元,专项债务14.21亿元。

【财政收支管理】规范预算收入管理,各项收入应收尽收。实施项目库管理改革,对预算项目进行科学立体分类管理,财政绩效评审提前介入。加快预算管理一体化推广建设工作,坚持“量入为出”原则,全面实施“零基预算”管理,完善部门预算编制方法。统筹中央、省、市提前下达资金及上年结余资金、土地出让预期收入等,兜牢“三保”底线,聚焦重大项目,努力提高预算编制的科学性。加强预算执行力度,明确预算单位的预算执行主体责任,建立重点项目支出进度台账,对重点项目进行跟踪问效。根据年初预算安排,结合政策调整、政府投资计划中期调整情况,对单位经费预算影响较大且确需调整的突发或紧急事件形成的经费需求,进行中期优化调整。压减部门非刚性非重点支出,持续压减“三公”经费支出,继续压减其他一般性支出。加强直达资金管理和监督,进一步发挥好直达资金效益。加大预算公开范围,明确决算公开主体、公开内容及细化程度、公开时间、公开方式等,多渠道对预决算公开业务进行指导,实现全区所有预算单位预决算公开全覆盖。

【预算绩效管理】完善制度建设覆盖预算绩效管理全过程和重点领域,规范预算绩效管理工作。通过预算一体化绩效管理模块、预算单位设立绩效目标,绩效目标实行同步申报、同步批复。预算单位自行跟踪监控、财政部门重点监控相结合的监控机制,合力对绩效目标实现程度和预算执行进度实施“双监控”。实行项目绩效、部门整体绩效自评,建立重点绩效评价常态机制。将绩效管理纳入政府目标考核中去,提高单位重视度。健全绩效目标随预算公开,评价结果随决算公开的“双公开”机制,接受社会监督。

【债务管理】政府债务资金全部纳入预算管理,同时纳入政府目标考核体系;加快债券资金使用进度,不定期进行监督检查。进一步盘活资产,建立台账,提前规划还款计划,切实防范政府债务风险。

【国有资产管理】推进国有企业改革,做强做优做大国有资本。完善国企考核指标,夯实国有资产管理基础,规范单位国有资产管理行为,稳步出台相关制度建立长效机制。加强行政事业单位国有资产管理,摸清全区国有资产家底,重点对房屋资产进行全面排查。

【服务经济社会】落实“双招双引”政策,推进精准招商、专业招商。落实产业提质增效,支持人力资本产业发展。落实减税降费政策,优化营商环境。创新财政支持经济和社会发展方式,成立芜湖市镜湖振业投资基金有限公司作为区级母基金,撬动各类资金带动区域经济发展。对口帮扶望江县,支持望江乡村振兴产业发展,巩固脱贫攻坚成果。

【民生工程】实施26项省定民生工程,全年投入3.42亿元。全区城乡居民基本医疗保险参保人数19万人,参保率超95%,政策范围内住院费用报销比例稳定在75%。大病保险支付合计1226万元,大病保险合规费用报销比例不低于60%。安康码申领人次67万,安康码累计亮码3385万次、核验7521万次。规范养老服务三级中心运营管理,支持家庭承担养老服务功能,发放居家养老服务补贴331万元、高龄补贴1403万元。完成公办养老机构综合责任保险续保任务。城乡居民基本养老保险当年累计缴费人数9193人,符合领取条件人员养老金发放率为100%。推进农村危房改造,41户改造完工。中达新村等25个城镇老旧小区改造项目完工。按时发放特困供养保障金、孤儿保障金、残疾人“两项补贴”等资金。国家免疫规划常规免疫接种累计81319剂次,第一类疫苗适龄儿童接种率90%以上,建卡率100%。新建安展熙园小区配套幼儿园完工,学前教育资助184人次、补助金额16万元。补助义务教育公用经费3039万元、补助免费教科书经费1056万元,对494名家庭经济困难学生补助生活费26万元。全区1个公共图书馆、1个文化馆、10个街道综合文化站全部免费开放。落实省下达的6个中心村建设任务,完成项目建设的70%。基本建成覆盖区、街道、村三级的农村物流网络体系。落实地表水断面生态补偿,水质均值Ⅱ类标准。

(魏柏花、陈枫)

弋江区财政工作概述

【概况】2021年,弋江区财政工作坚持稳中求进工作总基调,坚持高质量发展要求,坚持依法理财治税,全面落实跨江发展战略部署,推进各项财政改革措施,提高财政科学化、精细化管理水平。全区完成一般公共预算收人34.5亿元,较上年增长35.4%。全区一般公共预算支出32.75亿元,较上年增长29.8%,总体收支情况良好。

【组织财政收入】面对各地区疫情零星反复、时有发生情况,财税部门密切协作、积极谋划,围绕全年预算收入目标,加大税收形势分析研判,分季统筹、按月调度,确保财政收入依法征收,预期精准足额入库。落实市委市政府"双招双引"和区委区政府跨江发展战略,持续加强财源建设,不断培育壮大财源增长点,全区一般公共预算增幅在市辖县区中排名第一。

【严控支出关口】树立"政府过紧日子,群众过好日子"思想,坚持以收定支、量入为出,把严把紧预算支出关口。压减一般性支出和"三公"经费支出预算,降低行政运行支出,提高财政资金配置效率。落实乡村振兴战略部署,共投入资金6252万元,专项用于"三湖一坝"、美丽乡村中心村、高标准农田、四好农村公路等农村基础设施建设项目。落实市委市政府"双招双引"战略部署,全年统筹各级财政资金1145万元,加强人才工作建设,助力招才引智;统筹各项资金2.50亿元,支持西湾园区项目建设,助力弋江区跨江发展。全年安排资金4642万元,统筹用于常态化疫情防控,足额支持保障全员新冠疫苗接种和核酸检测经费,持续巩固防疫成果。

【助力市场主体发展】常态化开展"四送一服"活动,广泛宣传国家、省、市产业扶持和减税降费政策,增强企业自身"造血"功能,推动各市场主体良性发展。落实减税降费政策,简化政策享受流程,重点推进增值税留抵退税、研发费用加计扣除新政策,持续扩大享受范围。全面贯彻落实"百分之一工作法",助力企业降本增效,全年累计安排兑现产业扶持资金12.42亿元,惠及企业249户次,重点投向新能源汽车、微电子及节能环保等重点产业领域,确保资金投放精准高效。构建金融和资本创新服务体系,建立政府股权投资基金母基金规模20亿元,参股设立市场化子基金4支,规模22.2亿元。推动区内有条件的企业上市融资。截至年末,区内共有境内外上市公司1家,辅导备案企业4家,"新三板"挂牌企业6家,省股交中心挂牌企业94家。统筹各级普惠金融资金200万元,发放小微企业创业贷款贴息,助力小微企业成长。

【保障改善民生】全年累计投入3.49亿元,完成25项民生工程项目实施。促进学前教育优质发展,完成改扩建公办塘溪源著、金悦府幼儿园2所,通过资助券和建档立卡资助幼儿251名,累计资助金额20.75万元。加大义务教育经费保障力度,统筹落实教育公用经费2220万元,资助家庭困难学生363人次,共计金额20.2万元。提高基本民生保障水平,全年城乡居民基本医疗保险累计报销9624.76万元,惠及居民132752人次。加强城市社区卫生机构和村卫生室标准化建设,全年完成19个城市社区卫生机构和村卫生室的标准化改造,提高基层医疗机构服务水平。向在册特困供养人员323人累计发放特困供养资金296.52万元。保障孤儿基本生活,补助标准在目标考核1150元基础上,区财政每人每月另增补230元,全年累计发放补助金52.15万元。统筹各级财政资金6300万元,完成江南春城一期、向阳南小区、芜钢小区等5个老旧小区改造项目。25项民生工程均实现网上公示全覆盖,广泛接受人民群众监督。

【加强债务管理】加强政府债务风险防范,规范举债行为,坚决遏制债务增量。积极稳妥通过债券置换、再融资等方式化解债务逾期风险,降低存量债务的财务成本。多渠道筹措化债资金,化解隐性债务存量。用足用好专项债券支持地方公益性项目建设通道,积极争取专项债券资金。累计发行专项债券项目6个,共收到债券转贷资金5.61亿元,主要用于长三角G60科创走廊(芜湖高新区西湾园区)泛在能源物联网数字化融合基础设施建设、高新区基础设施建设及"三湖一坝"综合生态治理等项目建设。

(柯丁滟)

鸠江区财政工作概述

【概况】2021年,鸠江区一般公共预算收入完成37.6亿元,增长7.1%。一般公共预算支出43.57亿元,增长2.6%。

【管理地方政府性债务】严格执行区人大批准的债务限额,落实全区隐性债务化解方案,防范隐性债务风险。发行再融资债券3.23亿元,用于置换以前年度发行的置换债券及新增债券到期部分。积极谋划项目,发行4批次共41500万元专项债券资金。

【预算绩效管理】印发《预算绩效管理结果应用暂行办法》《2021年预算绩效管理工作方案》《2021年预算绩效管理有关工作的通知》等文件。对区级拟新出台通过预算资金安排、金额在100万元及以上的重大政策和项目开展事前绩效评估,并报送事前绩效评估报告,作为申请政策和项目预算的必备要件。对绩效目标实现程度和预算执行进度实施"双监控",结合预算绩效管理机制,做到"花钱必问效、无效必问责"。

【财政财务管理】推进预算一体化改革,按时间节点完成各项工作任务,实行预算编制、预算执行、国库支付、财务核算、预算报告等一体化。全面推广使用往来结算、非税收入财政电子票据。落实财政资金直达常态化工作机制,加快资金拨付进度。开展自下而上的政府综合财务报告编制工作,摸清政府资产家底。完成政府财政预算、部门预算和"三公"经费公开工作。

【服务经济发展】严格贯彻执行"四送一服""创优四最营商环境"各项工作部署,统筹安排各类资金,加快拨付进度,区本级累计兑现580户市场主体和各类人才及个人奖励扶持资金5.22亿元,其中:拨付6200万元,落实支持促进科技创新若干政策措施,引导企业加大研发拨付和自主创新;拨付1.68亿元,落实高校毕业生生活补助和安居保障等各类人才奖励补助政策,推进人才集聚和产业发展;拨付2354万元,促进土地集约节约利用;拨付4236万元,支持文化旅游产业发展。严格落实国家和省市各项减税降费以及应对疫情的阶段性减税降费政策,配合税务部门做好四季度制造业延缓缴纳税款政策实施,全年增值税留抵退税和新增减税降费超3.5亿元,延期缴纳税款超5000万元。拨付3735家企业805.7万元省级就业风险储备金,支持中小微企业稳定就业岗位。

【国有企业改革】落实区委区政府关于深化国有企业改革要求,基本完成国有企业改革,新设立国有企业2家(芜湖九鸿实业有限公司、芜湖融创投资发展有限公司),拟定《鸠江区国企改革三年行动实施方案(送审稿)》《芜湖市鸠江建设投资有限公司改革方案(送审稿)》《芜湖市鸠江宜居投资有限公司(芜湖广告产业园资产管理有限公司)改革方案(送审稿)》《芜湖市绿丰建设集团有限公司改革方案(送审稿)》。拟定《鸠江区人民政府办公室关于对区属国有企业实行双重管理有关事项的通知》《鸠江区区属企业国有资产监督管理实施办法》。向人大报告2020年度企业国有资产管理情况和2020年度国有资产管理综合情况。

【推进金融工作】推进企业对接多层次资本市场,新增省股交中心科创板挂牌企业8家,实现直接融资74.7亿元。发挥金融服务实体经济作用,全年新增政银担10亿元,续贷过桥3.64亿元,税融通10亿元,中小企业信用贷4.18亿元。按照省市工作部署,开展防范和处置非法集资宣传活动及非法集资陈案化解工作,开展打击"套路贷"、"校园贷"、防范非法集资及互联网金融风险专项排查行动。发挥产业基金引领作用,拟定《鸠江区关于加快发展政府投资基金的意见》,设立区级母基金芜湖市鸠创投资基金有限公司,基金总规模10亿元。

【保障民生工程】实施省定33项民生工程中27项,全年投入资金5.2亿元,完成年初计划100%。普惠托育服务建设完成新增托位263个;"四好农村路"建设农村公路扩面延伸完成23.29公里,农村公路养护完成61.27公里;农村危房改造完成59户,发放补助资金88.6万元;完成高标准农田建设6.1万亩;3个美丽乡村建设完成年度建设任务;完成城市社区服务机构和村卫生室标准化建设41个。发放高龄津贴1028.7万元,发放特困人员基本生活补助2180万元,孤儿生活补助85.5万元,困难残疾人生活补助529.4万元,重度残疾人护理补助583.8万元,帮扶困难职工补助13万元,医疗救助金1644.2万元;对570名贫困精神残疾人按月免费发药;为全区义务教育阶段学生免学杂费和补助公用经费2604万元,免除教科书892.1万元;对家庭经济困难学生补助生活费50万元。城镇居民大病保险报销补助1.3万人次,补助金额3575万元,居民医保享受报销补助19.8万人次,补助金额2.86亿元,城镇居民基本医疗保险政策范围内住院费用支付比例增至75%,参保居民住院及门诊特殊病的医疗费用实际报销(兜底报销)比例增至35%;城乡居民养老保险当年缴费人员9.43万人,参(续)保率105.4%,对符合领取条件的人员养老金发放率100%。

(艾永锋)

三山经济开发区财政工作概述

【概况】2021年,三山经济开发区一般公共预算收入16.47亿元,完成年初预算的98.9%,较上年同口径相比增长7.5%。全区一般公共预算支出13.87亿元,较去年同期增长11.7%。

【保障民生事业】聚焦统筹疫情防控和经济社会发展,推进25项民生工程,增进辖区群众民生福祉。全年民生支出11.87亿元,完成年初预算108.32%,较上年同期增长12.32%。

【推进减税降费】兑付支持企业发展政策奖励资金约8亿元,享受优惠政策企业约175户,其中,税收奖励(含土地使用税)约2.23亿元,享受奖励企业约47户;政策专项奖励约5.77亿元,享受奖励企业约160户,受奖企业和个人范围广,行业全面。

【专项债发行使用】推进地方政府债券资金提质增效,新发行专项债券7.3亿元(含市级3亿元),支出6.9亿元,支出进度94.3%,超85%的全市平均水平。

【强化债务管理】把政府性债务分门别类纳入全口径预算管理,将一般债务收支纳入一般公共预算管理,专项债务收支纳入政府性基金预算管理。全区债务限额总计21.57亿元,其中一般债务限额11.38亿元、专项债务限额10.19亿元,债务余额未超核定债务限额。

【助力双招双引】全年落实过桥续

贷5.89亿元,扶持企业104家;新增政银担业务7.13亿元;落实"税融通"担保贷款1.47亿元,新增中小企业信用贷贷款1.74亿元。

(汪璐)

皖江江北新兴产业集中区财政工作概述

【概况】2021年,江北集中区按省委文件要求全面落实税收征管范围,完成财政总收入21.23亿元,同比增长64.4%,完成预算的140.8%;其中,中央级收入10.67亿元,区级收入10.14亿元,出口退税0.42亿元。完成一般公共预算总收入14.78亿元,一般公共预算总支出14.78亿元。政府性基金收入13.13亿元,政府性基金支出13.12亿元。发行地方政府债券8.95亿元,其中:再融资债券3.56亿元,用于偿还政府债券本金;新增专项债券5.39亿元,包括智能装备产业园及配套基础设施建设项目1.5亿元,大龙湾科创基地项目3.89亿元。政府债务余额18.93亿元,其中:一般债务10.04亿元,专项债务8.89亿元。

【提升预算绩效管理】推进"双招双引",培植新税源。支持海螺、海创等企业做大做强,利用政策优势培植税源,引进海环实业等企业。加强财税联动协调,对重点行业、重点企业进行税收监测,确保财政收入平稳增长。严格财政资金审核审批管理,执行大额财政资金支出报会审议、小额财政资金支出部门会商、财政奖补资金绩效评价等制度。推进预算一体化系统实施,运用新系统编制2022年预算、开展国库支付等业务。

【服务保障重点建设项目】围绕重点项目,推进专项债券发行工作,共发行5.39亿元,主要用于湾谷科技园、总部经济园等一批工程项目,以及重点路网建设。统筹更多财政资金,用于建设发展,争取省级专项补助1.5亿元。理顺大龙湾片区与鸠江区财政体制,明确相关事权和财政收支关系。拨付经开区、鸠江区等托管载体财政资金4.2亿元,支持区域发展。

【规范政府债务管理】加强一般债、隐性债、专项债管理,进一步缓解财政压力,优化债务结构,规范债务管理,在市级债务考核中获优秀等次。落实一般债务管理主体责任,在预算安排中优先保障政府债务还本付息,确保不发生逾期风险。执行隐性债务化解计划方案,累计化解隐性债务3.15亿元,占隐性债务总量46%。聚焦"借、用、管、还"四方面实现专项债券项目闭环管理。截至年末,入库项目四个,累计发行8.89亿元,支出8.3亿元,支出率93%。

【提高财政监督管理水平】督促国有企业按要求填报企业财务会计年度决算报表、投资产业项目年度评价报告和国有资产管理情况年度报告。及时报送地方投融资平台公司转型情况统计表等,开展国有企业财务会计信息虚假问题专项行动。印发《江北新兴产业集中区国企改革三年行动实施方案(2020—2022年)》。推进审价服务超市选取制度,实现政府性投资工程项目审计全覆盖。全年完成项目送审13个,审结7个,总送审金额6082万元,审定金额4533万元,核减率25.46%。配合省财政厅财政政策绩效评估组对江北新区成立以来的绩效评估检查,绩效评估结果良好。

【提升园区企业财税服务水平】落实减税降费政策,累计减免税费5920万元。开展中小企业金融服务工作,完成中小企业信用贷5210万元,直接融资138.19亿元。落实政府投资基金组建要求,与省"三重一创"产业基金签订江北基金投资协议,注册成立芜湖江北新区发展投资基金有限公司,基金总规模24亿元,2021年首期到位1亿元。做好海螺新材料、奇瑞徽银等上市后备库企业财税服务工作。

(王翔)

芜湖经济技术开发区财政工作概述

【概况】2021年,芜湖经开区进一步完善税收协同共治管理机制,强化税收征管,及时掌握重点税源企业动态信息,挖掘潜力税源,严把税源企业迁出审核关。开展减税降费工作,维持征纳关系和谐稳定,保证纳税人正常生产经营。全年完成财政总收入79.42亿元,较上年增长12.1%。其中一般公共预算收入39.88亿元,较上年增长9.6%。

【完善财政管理体制】建立健全预算绩效管理工作,制定《芜湖经济技术开发区2021年预算绩效管理工作方案》等,推进绩效管理全覆盖和提质增效,将绩效评价结果与预算安排挂钩,发挥绩效激励和约束作用。推动财政国库集中支付改革,将龙山街道、万春街道纳入国库集中支付主体,通过授权支付方式支付,管理高效、安全、透明运转。推进预决算和"三公"经费公开,树立厉行节约反对浪费,党政机关带头过紧日子理念。

【努力筹措争取资金】积极争取上级资金,全年争取资金17.06亿元,其中社会事务、民生保障类资金0.82亿元,涉及教育、社会福利、就业补助、卫生健康事业等;扶持产业发展方面政策资金7.33亿元,主要为促进新型工业化、"三重一创"、企业上市挂牌、创新创业、中小企业发展等方面政策资金;建设类资金8.38亿元,主要为经营性用地补助;其他资金0.53亿元,主要是均衡性转移支付、各项考核优秀奖励等。

【加大扶持企业力度】优化财政支持经济发展方式，构建新型创业扶持体系，从更深层次推动产业转型升级。鼓励和引导企业实施“机器换人”，鼓励和支持企业品牌创建、结构优化和技术创新。参与制订出台《关于“保用工、稳就业、促发展”助力企业用工的通知》《中共芜湖经济技术开发区工委芜湖经济技术开发区管委会关于印发芜湖经济技术开发区扶持产业发展“1+2+7”系列政策的通知》《关于进一步实施高级人才奖励的通知》等政策文件。落实省市区相关政策文件精神，加快涉企奖补资金兑现，审核并兑付各级各类政策奖补资金16.18亿元，其中：“一企一策”系列奖补9.8亿元；人才奖励、上市挂牌奖补、科技自主创新配套资金5.05亿元；惠民政策、安居保障等补助资金1.33亿元。

【加大财政监督力度】加强财政监督，配合完成市审计局2020年度预算执行绩效审计，完成2020年度政府性债务管理工作专项考核审计、2020年度省“三重一创”资金绩效评价等并落实规范执行。完成陆雷主席任期内经济责任审计整改、2018年巡视问题整改等工作。开展政府性投资项目竣工决算的审计工作，压减一般性支出自查工作。组织中介机构对招商引资企业如马瑞利、中兴产业园、众源新材料、森思泰克等公司进行项目绩效跟踪审计工作。加强各类财政资金监督和审计，落实审计整改。对直达资金按照使用合法、程序合规的原则，建立直达资金台账，紧盯资金流向和具体使用情况，强化过程监控，确保民生资金安全、有效使用。

【推进民生工程】推进16项民生工程，制定实施办法，规范补助程序，加强项目绩效管理，提高工程建设水平和建后管养水平，共计拨付各级各类资金9960万元，实际支出资金9865万元。为128名贫困精神残疾人患者提供药费补助12.8万元，为67名残疾儿童提供康复训练救助。累计发放低收入养老服务补贴87.15万元，为2228名老人发放高龄津贴128.58万元，向454名特困供养对象发放补助502.4万元，保障10名孤儿基本生活，发放困难残疾人生活和护理补贴1550人次135.68万元，实施城乡医疗救助2848人次461.66万元，总工会各类救助53人次，居民医保参保66220人，居民大病保险支付653.7万元，居民养老保险参(续)保3719人，领取养老金11170人，免疫规划接种37472针次，免费婚前健康检查人数396人，新建改扩建公办园1所，政府资助幼儿109人次，免除12025名义务教育阶段学生学杂费、国家规定课程教材费，补助义务教育学校公用经费801.18万元，校舍维修改297万元，资助普通高中家庭困难学生12万元，向群众免费开放2个综合文化站。

【努力推进招商引财】立足财政职责和财税优势，整合、调动各种招商引资资源和力量，创新招商方式，优化投资环境，完善奖惩机制，做好已落户项目服务。配合开展省政府“四送一服”双千工程等活动，配合招商部门做好项目引进工作，协调解决项目落户过程中所产生的税务、土地、融资等问题。

【落实党风廉政建设】贯彻落实中央、省、市有关党风廉政建设部署要求，结合工作实际，坚持“标本兼治、综合治理、惩防并举、注重预防”的方针，严格执行《廉政准则》和党内监督各项制度，狠抓党风廉政建设责任制落实，加强党风廉政宣传教育，强化制约监督。认真执行“八项规定”，纠正“四风”，组织参与全区反腐倡廉新闻宣传，推进部门效能建设。

(李小敛)

宣城市财政工作综述

宣城市财政工作概述

【概况】2021年,宣城市一般公共预算收入完成182.8亿元,增收14.4亿元,增长8.5%。市本级一般公共预算收入完成29.9亿元,增长5%。全市一般公共预算支出完成315.1亿元,减支9.7亿元,下降3%。其中,民生支出完成267.9亿元,占总支出比重85%。市本级一般公共预算支出完成64.5亿元,增长1.6%。非税收入完成194.6亿元,较上年同期增加12.6亿元,增幅为6.9%。社会保险基金总收入159.33亿元,增收36.77亿元,增长30%;社会保险基金总支出146.03亿元,增支16.88亿元,增长13.07%。

【预算编制】坚持依法理财、规范管理,自觉接受人大监督,完善预算管理体制,提升财政工作科学化规范化法治化水平。优化财政资源配置,打破基数概念和支出固化格局,盘活存量、用好增量,努力向内挖潜,增加资金有效供给,集中财力保障中央、省、市重大决策部署落实。坚持过紧日子,做到量入为出、有保有压,勤俭办一切事业。深化预算管理制度改革,深入实施预算绩效管理,提高政策和资金的指向性、精准性、有效性,提升政策效能和资金效益。

【支持疫情防控】安排疫情防控专项经费共计9239.77万元(中央、省财政未分配下达专项经费)。其中,县市区安排8806.02万元,市本级安排433.75万元,疫情防控专项经费支出1.47亿元。其中,一般公共预算资金支出1.46亿元,政府性基金(含抗疫特别国债)支出167.84万元。重点用于设备和防控物资购置、疫苗及接种费用补助、重症病区和发热门诊改造、定点救治医院改造建设等方面支出。

【政府性基金和行政事业性收费】根据上级有关文件要求,设立"信息公开处理费"行政事业性收费项目和"特种作业人员安全技术考试""演出经纪人员资格考试"考试考务费项目;取消"港口建设费"基金、社会抚养费及普通护照加注收费;自4月1日起民航发展基金在降低50%的基础上,再降低20%;将免征电影行业"文化事业建设费"执行期限延长至2021年12月31日;自1月1日起,继续暂停征收小型水库移民扶助基金;自4月9日起,工业生产企业在厂区范围内的各类建筑、新建专业物流仓储设施的防空地下室易地建设费实行零收费;自7月1日起停止执行检验检测收费减免50%的政策,恢复原检验检测收费标准。

【政府债务管理】争取新增债务额度85.5亿元,较上年增加17.4亿元,保障宣绩铁路、港口湾水库灌区工程等重点项目资金需求。申报发行再融资债券47亿元,用于偿还到期政府债务,缓解地方政府偿债压力。

【支持中心城市建设】市本级安排城市建设资金13.5亿元,支持中心城市建设;宛陵路(东延)等市政道路建成通车,柏枧山路(东延)、文景路(二期)、九连山路等多条道路建设有序推进,城市"三环"框架基本形成,城市功能日趋完善。

【财政支企】落实助企纾困政策,拨付各类企业政策奖补资金23.23亿元,争取上级中小企业各类补助资金1.76亿元。强化基金管理,整合原一、二号基金为市产业投资基金,首期规模10个亿。

【政策性农业保险】种植业农作物投保面积197.4万亩,同比增长7.4%;养殖业投保33.6万头,同比增长97.8%;政策性森林投保958.2万亩,同比增长11.4%。公益林保险实现应保尽保,商品林保险覆盖率达96%。政策性农业保险保费9321.8万元,赔付7916.4万元,受益农户3.3万人次。承担保费补贴7546.5万元。地方特色保险投保总保费2878.2万元,赔付资金3816.1万元。

【政府与社会资本合作(PPP)】共有37个、静态投资365.4亿元的PPP项目通过财政部PPP综合信息平台审核,36个PPP项目签约落地建设。全市民间投资和控股项目19个,累计静态投资91亿元。

【贷款服务】配合人社、人行等部门及时申请并按时拨付创业担保贷款贴息资金,发放创业担保(贴息)贷款1514笔,创业担保(贴息)贷款3.8亿元。年末担保基金余额1.08亿元;年度实际贴息3227万元。

【乡村振兴】出台市级财政衔接资金管理办法,优化资金投向,将产业发展作为财政衔接推进乡村振兴补助资金支持重点,支持实施脱贫地区乡村特色产业发展提升行动,围绕资源禀赋优势明显的特色产业,明确衔接资金用于产业发展比例不低于50%。共投入财政衔接推进乡村振兴补助资金4.16亿元,较上年增加1.59亿元,增长幅度62%。其中市本级投入3500万元,县级投入1.44亿元。

【财政监督】持续推进预决算公开检查,组织对2019、2020年度预决算公开情况开展检查。公开政府预决算32个,公开部门预决算1923个,共1955个,覆盖率达100%。推行"双随机、一公开"监管,推进跨部门联合监管,组成7个检查组,对8家地方金融机构(政府投融资平台)进行会计信息质量检查。

【预算绩效管理】初步建成全方位、全过程、全覆盖的预算绩效管理体系,"1+N"绩效管理制度基本建成,绩效管理资金覆盖四本预算。对50个新增重大项目政策开展事前绩效评估,涉及资金约7.3亿元。拓展财政重点评价范围,选取154个项目进行财政重点绩效评价,涉及资金约43亿元。开展政府投资基金、政府和社会资本合作(PPP)、政府债务、民生工程等领域绩效管理,提升重点领域绩效改革。

【政府采购管理】政府采购预算金额85.9亿元,实际采购金额75.8亿元,节约资金10.1亿元,节约率13.3%。落实促进中小企业发展政策,授予中小企业政府采购合同金额为73.15亿元,占政府采购总额的96.48%。完成第五批网上商城供应商公开征集,新入围供应商39家。推行政府采购项目全程电子化交易,共开展"不见面"开标政府采购项目2167个,总金额39亿元。运用政府采购政策支持乡村产业振兴,预留采购脱贫地区农副产品金额为794.14万元,实际完成交易额856.12万元,完成比例为107.80%。

【会计管理】贯彻实施国家统一会计制度,推进行政事业单位内部控制建设。组织实施会计专业技术资格考试、注册会计师考试等会计类考试和会计人员继续教育培训,共16957人次报名参加各类会计考试,10597名会计人员参加继续教育学习。会计资格考试工作连续两年受到省会计考办通报表扬。

【一般性支出经费控制】市政府部门人员因公出国(境)经费、公务接待费、公务用车购置及运行费"三公"经费支出1.84亿元,较上年减少388.97万元,下降2.07%。其中:因公出国(境)费0万元,减少41.32万元,下降100%,公务接待费6635.54万元,增加76.19万元,增长1.16%,公务用车购置及运行费1.17亿元,减少423.84万元,下降3.48%。

【国库集中支付】市本级共下达集中支付用款计划240.42亿元,其中:直接支付计划85.63亿元,占计划的35.62%;授权支付用款计划154.79亿元(含实有资金98.22亿元),占下达计划的64.38%。实际发生集中支付178439笔,支付资金208.72亿元,其中:直接支付4494笔,直接支付金额85.63亿元,占支付总额的41.03%;授权支付173945笔,支付金额123.09亿元(含实有资金75.33亿元),占支付总额的58.97%。

【公务卡结算】市本级单位公务卡消费20639笔,合计消费金额3776.95万元,较上年增长14.87%;除慰问老干部、慰问困难职工等少数情况使用现金,均采用转账等方式结算,全年累计支付现金214.47万元,较上年增长0.04%。

【国有资产管理】贯彻落实中央和省国企改革三年行动精神,推进市属企业市场化改革发展。市属企业年末总资产774.88亿元,净资产322.44亿元,同比分别增长9.29%、2.15%;实现营业收入44.71亿元,利润6.21亿元,同比分别增长15.95%、124.41%。

(施齐霞)

郎溪县财政工作概述

【概况】2021年,郎溪县财政局坚持发挥财政职能作用,克服新冠肺炎疫情带来的不利影响,做好"六稳"工作、落实"六保"任务,保障改善民生福祉,促进全县经济持续健康发展。全县一般公共预算收入完成21.50亿元,增收6479万元,增长3.1%;一般公共预算支出完成33.16亿元,减支2.16亿元,下降6.1%。

【推进财政体制改革】进一步完善县镇财政分配关系(含开发区),规范镇级财政管理,提高基本支出保障水平,建立更为科学、合理、稳定的财政体制,调动各镇发展经济、培植税源的积极性,夯实镇财政保障能力。郎溪县人民政府印发《关于调整县镇财政管理体制的实施意见》,县对镇财政实行"分类实施、核定基数、按税分成、超收奖励、专项结算"的管理体制。

【预算编制管理】落实过紧日子要求,开源节流、增收节支。坚持发展为第一要务,调整优化财政支出结构,严控一般性支出,保障县委、县政府重大决策部署落实。坚持以收定支、量力而行、尽力而为,化解财政收支矛盾,确保财政持续平稳运行。把绩效管理摆在突出位置,注重预算绩效与预算编制的有机结合,有效配置财政资源,创新财政支持方式,最大限度发挥资金使用效益。

【预算绩效管理】在2020年度县级财政管理绩效综合评价中列全国第

63名、全省第2名。汇总统计各单位预算批复的部门整体支出及项目支出绩效目标,全县54个一级预算部门209个项目,资金总额14.03亿元。完成2020年度预算绩效评价工作。将各预算单位2020年度一般公共预算、政府性基金预算、国有资金经营预算、上级安排转移支付资金及其他资金全部纳入绩效评价范围,全县54个一级预算部门185个项目,资金总额21.3亿元。

【财政收入管理】强化重点支出保障,十三大类民生支出28.23亿元,占一般公共预算支出的85.1%。拨付隐性债务化解资金1.35亿元。做好直达资金管理工作,累计收到中央直达资金4.16亿元,全部及时分配下达。积极盘活存量资金,做好与各项目资金主管部门对接,加大存量资金盘活力度,全年累计收回存量资金8803万元。拨付疫情防控专项资金1014.81万元,保障疫苗接种和疫情防控需要。

【财政支出管理】牢固树立"节支就是增收"理念,坚持勤俭办一切事业,调整优化财政支出结构,坚持厉行节约,从严控制"三公"经费等一般性支出。将年初预算安排的县本级预算单位综合定额、征管业务费及专项业务费(不含人员经费)按5.3%幅度压减,节省资金用于保障"三保"支出等。

【财政支农】落实惠农补贴政策,安排并落实各项财政支农资金2.83亿元,其中上级资金1.84亿元、本级资金0.99亿元,其中:美丽乡村建设资金2500万元、高标准农田建设资金4821.57万元、茶产业发展资金500万元、农业生产发展资金1575.7万元、秸秆综合利用奖补资金645万元,农业支持保护补贴5170万元、一次性种粮补助816.47万元,中小河流治理2400万元、农村饮水工程维修养护67.5万元等。

【政策性农业保险】围绕服务乡村振兴战略,全县农业保险工作站强化工作部署,组织落实各项保险举措,推动农业保险持续规范、高质量发展。全县收取农业保险总保费1758.04万元,其中县级配套资金267.42万元,理赔资金1254.43万元,累计受益户次4146户。

【农村财政管理】通过惠民直达平台打卡发放惠农补贴农民资金18批次,共计发放各项补贴资金2.19亿元,惠及农户89723人。安排农村公益事业财政奖补资金923万元。支持发展壮大村级集体经济,实施到村资金扶持项目15个(按村均50万元标准扶持),其中:产业类项目3个、物业类项目3个、资产类项目4个、其他类项目4个(均为资金入股)。

【支持乡村振兴】到位各级衔接资金6492万元,较上年增长65.8%,其中:中央级2323万元,省级1800万元,市级649万元,县级1720万元。拨付岳西县帮扶款1500万元。推进金融小额信贷,全县脱贫人口小额贷款789户3755.2万元,其中户贷户用537户2499.2万元,三合模式252户1256万元,三合模式涉及带贫主体47个(其中:新增脱贫人口小额贷款786户374.74亿元,新增展期72户3.56亿元)。全年累计贴息114.39万元,到位脱贫人口小额信贷贴息项目衔接资金130万元。

【国库支付】共办理支付48.30亿元,其中财政直接支付资金7.27亿元,占全部支付资金的15%;财政授权支付资金41.04亿元,占全部支付资金的85%。

【政府采购管理】完成政府采购支出总额10.53亿元,节约资金2.00亿元,综合节约率15.98%。

【会计管理】全县新增代理记账机构1家。会计人员信息采集申报176人,审核通过171人。

【财政监督】按照"双随机一公开"要求,选取1家代理记账机构和1家地方金融机构开展会计信息质量检查,对发现问题责成限期整改到位。组织开展预决算公开情况自查核对工作,对县本级政府和部门共236家单位在2018、2019年度决算以及2019、2020年度预算自查中发现的问题,均督促纠正到位。加强防治"小金库"长效机制建设,完成各镇、县直各单位2021年度"小金库"防治工作承诺书及四个季度发现和查处"小金库"情况报送工作,联合县纪委监委、县审计局开展规范财务制度、强化日常监管的专项检查,对全县3个镇及12个县直单位的"小金库"常态化防治工作进行核查。

【地方债发行与债务管理】全年发行新增债券7.19亿元,其中:新增一般债券项目2个,共4518万元;新增专项债券项目10个,共6.74亿元。全县地方政府债务总限额63.71亿元,其中一般债务限额24.52亿元,专项债务限额39.19亿。全县地方政府债务总余额61.97亿元,其中一般债务余额24.52亿元,专项债务余额37.45亿元。

【民生工程】实施省定33项民生工程并完成31项目标任务,其中"小型病险水库除险加固、农村义务教育学生营养改善"两项无任务,全年投入财政资金5.59亿元,其中,上级财政资金4.29亿元,县级财政配套资金1.29亿元。

【行政事业单位国有资产管理】规范行政事业单位国资管理,实现资产动态管理,按照省市国有资产报告制度要求组织实施2020年度全县行政事业单位资产年度报告工作,按时完成2020年国有资产综合报告及企业国有资产(不含金融企业)、金融企业国有资产、行政事业性国有资产和国有自然资源等四个专项报告工作。督促全县行政事业单位每月按时完成月报工作,并按要求对上报资产月报指标进行细化调整,夯实行政事业性国有资产报告基础。

宁国市财政工作概述

【概况】2021年,宁国市认真落实新冠疫情下的减税降费政策,加强政策落实情况监测和分析,加强税收研判,确保应收尽收,全年完成一般公共预算收入35.19亿元,超预期目标2.66亿元,较上年增加4.21亿元,增长13.6%,总量位居宣城市7个县市区第一位。全市一般公共预算支出45.23亿万元,较上年减少1.31亿元,下降2.8%。

【推进财政体制改革】按照"保稳定、促发展"总体思路,调整完善《宁国市第八轮乡镇财政管理体制实施意见》,进一步强化乡镇财政职能作用,保障乡镇正常运转和各项社会事业健康协调发展。调整完善《宁国经济技术经开区2021—2025年财政管理体制实施意见》,加强经济技术开发区财政管理,推动经济技术开发区加快发展步伐。落实中央关于实施乡村振兴战略、区域协调发展战略和构建简约高效的基层管理体制的决策部署,顺应改革需求,调整完善《宁国市乡财市管改革实施办法》。

【预算编制管理】认真贯彻预算法实施条例,严格预算编制管理,以提升资金使用绩效为目标,逐步建立覆盖财政收支全过程的运行监督机制,推进财政科学化精细化管理、稳控财政风险,财政资金使用效益明显提升,在县级财政管理绩效综合评价中,宁国市获财政部通报表扬。推进预算管理一体化系统上线,做好基础数据采集、系统配置与联调测试等一系列工作。

【乡镇财政管理】全面实施乡镇机构改革、街道体制改革,调整原乡镇财政所(分局)由部门管理为乡、镇政府、街道办事处管理。在现行乡镇财政管理体制和国库集中支付改革等财政政策前提下,调整完善《宁国市乡财市管改革实施办法》,由市财政局代理各乡镇、街道总预算会计核算业务调整为由各乡镇、街道自行核算,改变原乡镇资金所有权、使用权与管理权、核算权相分离的状态。

【非税收入管理】非税收入完成27.30亿元,较上年同期增加2.94亿元,增长12.09%。其中:纳入公共财政预算管理的非税收入11.00亿元,较上年同期增加1.57亿元,增长16.68%;纳入政府性基金预算管理的非税收入完成15.87亿元,较上年同期增加1.36亿元,增长9.36%;国有资本经营预算收入812万元,较上年同期增加530万元,增长187.94%;纳入财政专户管理的非税收入完成3347万元,较上年同期减少408万元,下降10.87%。

【财政绩效管理】按照预算和绩效管理一体化要求,将绩效理念和方法融入预算编制、执行和监督全过程,提高预算管理水平和政策实施效果。建立健全新增重大政策和项目事前绩效评估机制,强化项目绩效目标管理,实现绩效目标编制全覆盖。出台《宁国市预算执行支出进度通报办法》,通报全市预算支出进度,推动加快预算支出进度,提高资金使用效益。组织对全市18个乡镇和57个部门整体支出和项目支出开展绩效自评和部门评价,部门整体支出绩效评价资金46.53亿元,项目支出61.43亿元。引入第三方评价机构对重大政策、项目实施情况开展财政重点评价,纳入财政评价部门2个,项目24个(其中新增债券项目11个),绩效评价资金17.63亿元。推进预算绩效信息公开,主动向社会公开重点项目的绩效目标和绩效评价结果。

【财政支农】投入资金1.20亿元,用于美丽乡村建设、高标农田建设、农业资源及生态保护、农村环境卫生整治等农业项目;投入资金5761.87万元,用于森林资源管护、国土绿化、湿地等生态保护等林业项目;投入资金1.05亿元,用于中小河流治理、农村饮水工程维修养护、农业水价综合改革、中西部地区贫困地区山洪灾害防治非工程措施设施维修养护等水利项目;投入资金2970万元,用于水库移民后期扶持项目。发放各类惠农补贴5772.53万元,用于实际种粮农民一次性补贴等,助力乡村振兴。推进农村公益事业奖补项目建设,全年实际拨付公益事业项目奖补资金1605.6万元,奖补项目74个。发挥财政奖补资金作用,引导各乡镇奖补资金向灾后重建、修复项目倾斜,提高奖补资金使用效率,提升广大农民满意度。

【财政监督】履行财政监督主体责任,组织会计信息质量检查。制定会计监督检查五年计划工作方案,引入会计师事务所充实力量,开展检查。检查主要围绕落实中央八项规定精神、单位会计基础工作、政府采购执行、国有资产管理等六方面内容。截至12月31日,完成对本级行政事业单位及乡镇街道办事处会计信息质量检查12户,对政府投融资平台开展会计信息质量检查1户,代理记账机构监督检查及承诺制核查8户。完成全市2019年度、2020年度预决算公开情况检查的全面自查、市级交叉抽查的工作布置和结果反馈。开展财政惠农资金"一卡通"等专项检查。

【政策性农业保险】全市农业保险总保费合计1309.96万元,其中:种植业承保面积6.59万亩,保费合计132.18万元;养殖业中共承保数量14.42万头,保费合计613.40万元;森林保险中承保274.72万亩,保费555.66万元。特色保险大棚蔬菜承保面积 0.05 万亩,保费合计 8.72 万元。全年农业保险总理赔合计 462.21 万元,其中:种植业理赔面积 1.75 万亩,理赔金额 218.09 万元,理赔户次 800 户;养殖业理赔数量 0.22 万头,理赔金额 118.93 万元,理赔户次 928 户;森林保险理赔面积 0.11 万亩,理赔金额 43.38 万元,理赔户次 134 户;特色保险理赔数量 0.032 万亩,理赔金额 81.81 万元,理赔户次 35 户。

【PPP 项目管理】全市共有全国 PPP 综合信息平台项目管理库在库项目 9 个,项目总投资由 52 亿元调整压缩至 42.79 亿元。9 个 PPP 项目均进入执行阶段(即建设和运营),全年付费 2.4 亿元。

【地方政府专项债发行】申报入库地方政府专项债券项目 1 个。全年累计发行专项债券资金 9.46 亿元,推动宣绩高铁、经开区基础设施提升等重大政府投资项目实施。

【政府采购管理】严格执行《政府采购法》等相关法律法规,按照修订后的《宁国市政府采购限额标准和审批权限》《宁国市限额以下小型工程及货物和服务项目交易操作规程》,履行采购管理职责,审核采购资金来源和采购方式,下达采购计划,加强采购监管。全年政府采购预算 11.95 亿元,实际采购金额 10.55 亿元,节约资金 1.40 亿元,节约率为 11.71%。

【会计管理】加强内控制度建设,开展全市内控系统填报、人员培训及数据报送工作。推行政府会计制度,报送政府会计制度实施典型案例 4 个,并通过检查督促整改反向促进会计人员掌握新制度规定。推进代理记账机构承诺制审批管理,实行“会计代理记账机构的设立”事项承诺制办理,开展宁国市中介机构从事代理记账业务的告知承诺审批事项及后续核查监督工作。做好会计人员继续教育服务,完成会计人员继续教育审核 1338 人次,会计人员及考生信息采集审核 3138 人次。

【国库支付】规范国库集中支付管理,保障财政资金安全高效运行。全年国库集中支付累计办理业务 144144 笔,支付资金 105.98 亿元,其中直接支付业务 5178 笔,支付资金 40.03 亿元,授权支付业务 138966 笔,支付资金 65.95 亿元。

【行政事业单位国有资产管理】按照资产信息系统监管要求,开展全市行政事业单位国有资产月报、年报及公共基础设施报表编制工作,对国有资产监督管理动态化管理,及时掌握全市行政事业单位资产变动情况,确保国有资产保值增值和安全有效。加强对各单位报废、报损资产和处置收益的管理,共批复处置资产 63 批次,集中处置公务用车 45 辆,两轮摩托车(含电瓶车)16 辆;盘活低效闲置资产 30 处,取得处置收入 8341 万元。

【全面开展公路水路资产清查工作】会同交通运输部门开展公路水路资产清查、评估工作,并根据清查、评估结果完善财务、资产账务处理,彻底改变长期以来公路资产家底不清、价值不明、以估代账局面。

【民生工程】推进实施 33 项民生工程,投入资金 5.68 亿元,持续解决群众“急难愁盼”问题。制定实施方案、资金筹措办法等制度文件,民生工程资金实行“优先配套、优先安排、优先拨付”绿色通道。民生工程项目招标采购实行“四优先”服务,保障民生工程项目早开工、早建成,群众早受益。统筹安排各类建后管养资金 3000 余万元。全面推行民生工程信息网上全程公示制度,主动邀请人大代表、政协委员参与民生工程督查,及时传递基层和群众的需求、意见和建议,不断提升群众满意度。

【干部队伍建设】加强干部队伍建设,组织开展“财政青年汇”和“理论大学习、业务大比拼、能力大提升”活动,开展集中学习 10 场次,举办比赛 3 场次。组织 15 名干部交流轮岗,提拔中层副职以上 9 人,机关引进高层次人才 1 名。

泾县财政工作概述

【概况】2021 年,泾县财政局在县委、县政府坚强领导下,树牢“四个意识”,坚定“四个自信”,做到“两个维护”,紧紧围绕县委县政府确定的目标任务,充分发挥财政职能作用,强化工作措施,狠抓工作落实,各项工作任务扎实推进,为全县经济和社会事业跨越发展提供财政保障。

【财政收支】全县一般公共预算收入完成 16.24 亿元,增长 6%;一般公共预算支出完成 34.44 亿元,下降 9.1%。全县政府性基金预算收入完成 7.76 亿元,下降 15.2%;政府性基金预算支出完成 16.40 亿元,增长 20.9%;全县国有资本经营预算收入完成 663 万元,同比增长 49%,调出 663 万元到一般公共预算。全县社保基金收入完成 6.50 亿元,增长 24%;社保基金支出 5.16 亿元,增长 20.5%,当年结余 1.33 亿元。

【非税收入管理】抓好非税收入征缴工作,全年非税收入累计缴库 15.58 亿元,完成全年非税收入任务。规范全县各行政事业单位实体账户管理工作,开展全覆盖专项检查清理,加强单位实体账户规范化管理,严格账户开设审批程序。实施财政电子票据改革工作,提高财政票据社会需求便捷度,构建更加科学、高效、便捷的财政票据管理体系。加强行政事业单位代管资金用款计划审批管理,做好资金保障工作。

【政府债务资金管理】截至年末,全县政府债务限额为 41.86 亿元,其中,一般债务限额为10.10亿元,专项债务限额为31.76亿元;政府债务余额为39.46亿元,其中一般债务余额为9.65亿元,专项债务余额为29.80亿元,均在省财政厅下达限额以内。发行新增债券10.47亿元,其中新增专项债券10.01亿元,一般债券4606万元;另纳入一般债务限额管理外债转贷自还部分提款451万元。

【财政改革】推进预算管理一体化改革,成立预算管理一体化改革领导小组和工作专班,组织139家预算单位财务人员开展业务培训17次,加强与县人行、商业银行以及预算单位的对接,保障资金支付、清算有序衔接。推进直达资金监管,成立特殊转移支付直接惠企利民工作领导小组,研究制定分配方案,全县分配下达中央直达资金4.54亿元。推进预算评审,对11项重点支出项目和政策进行评审,纳入项目申报资金3.71亿元,共核减资金1.74亿元。

【县属国有公司改革转型】落实国企改革三年行动重点任务,拟定《泾县县属国有企业整合重组与集团化组建实施方案》,经县政府第76次常务会议、县委全面深化改革委员会第四次会议研究通过。推动县属国有企业整合重组与集团化组建,改组成立泾县国有资本投资运营控股集团有限公司,将县属主要国有企业整合重组为宣纸股份公司、国控集团、担保公司和开投公司4家。泾县城镇化建设有限公司更名为泾县国有资本投资运营控股集团有限公司。截至年末,国控集团全资和控股子公司全部划转到位,各公司运营保持平稳,经营情况良好。

【支持污染防治】实施《宣城市地表水断面生态补偿暂行办法》,安排生态流域补偿资金300万元,用于地表水环境质量生态补偿。加强生态环境保护相关资金保障,安排节能环保支出3554万元,保障创建国家生态文明建设示范县、污染源普查、环境能力建设费等支出。配合做好扬子鳄保护区巡视整改工作,拨付保护区整改资金2.48亿元。保障泾县生活垃圾处理场、市容市貌社会化管理、垃圾中转站、城市老旧小区整治改造等支出。全面推进“林长制”“河长制”,继续实施“禁渔期、禁渔区”制度,持续做好秸秆禁烧和综合利用,加大秸秆禁烧巡查督查力度,实行生态环保网格化管理,安排村级生态环境保护网格化监管员工作补贴资金52.2万元。

【支持社会保障】拨付机关事业退休人员养老金、城乡居民基本养老金、被征地农民养老金,以及工伤保险金、失业保险金共计3.8亿元。拨付低保、特困、孤儿生活补贴、两残人员生活和护理补贴、高龄津贴共计1亿元。安排村干部生活费、离任村干部生活补贴、退出村医生活补贴、未参保集体企业退休人员生活费等共计3200万元。拨付城镇职工医疗保险、城乡居民基本医疗保险及大病保险等共计3.7亿元。

【支持乡村振兴】安排巩固脱贫攻坚成果与乡村振兴衔接资金9748万元,其中中央衔接资金2879万元,省级衔接资金2290万元,市级衔接资金979万元,县级财政预算安排3600万元。衔接资金共安排项目199个,其中:产业项目87个5901万元,基础设施项目105个3137万元,其他到户项目7个710万元。

【保障重大项目建设】做好交通建设大会战、城市提品大会战资金保障工作,安排交通项目资金支出2.31亿元、住建项目资金支出5.79亿元。做好重点项目资金调度工作,及时拨付牛岭水库征迁及工程项目建设资金2.21亿元,保障牛岭水库征迁工作。

【实施PPP项目】跟踪PPP项目实施进展,全面加强PPP项目信息公开,配合主管单位做好项目库内实施内容调整。红色旅游PPP项目中:云北路完工并进行第二期政府付费,宁泾公路、芜黄高速连接线处于施工阶段。生态文明建设PPP项目中:桃花潭中路完工并进行第二期政府付费,城镇污水处理建设项目、彩虹桥及赏溪公园完工,运河(城区段)绿色长廊建设项目、泾县社会主义核心价值观教育基地、幕溪河城区段防洪景观绿道工程处于建设阶段。

【财政监督管理】组织开展常态化财政专项监督检查内控内审,加大对社会发展、涉农、民生和社会保障等重点财政资金监督检查力度,全年按季度确定下达并组织实施财政监督检查项目17个。将财政监督“跟踪回访检查”纳入年度财政监督工作计划,对被检查单位整改情况进行跟踪回访检查。对县级预决算和“三公”经费预决算信息公开进行复核检查,督促预算单位进行问题整改。深化涉企资金信息管理系统运用,共审核录入644个项目、涉企金额1.11亿元。加强会计信息质量检查,完成对安徽泾县铜源村镇银行2020年度会计信息质量重点检查。

【国库集中支付管理】办理支付业务(含统发工资)105760笔,其中直接支付9501笔,授权支付96259笔;支付财政资金40.63亿元,其中直接支付26.64亿元,授权支付13.99亿元。加强公务卡制度执行动态管理,对未使用公务卡进行系统报账的单位进行提醒。健全预算执行动态监控体系,以动态监控系统为平台,将所有财政资金和预算单位纳入动态监控范围,健全动态监控分析报告制度。

【乡镇财政管理】将国库集中支付改革向乡镇一级延伸,建立以国库单一账户体系为基础,以零余额支付为主要形式的财政国库集中支付管理制度。加强对乡镇专项资金的管理,要求乡镇对专项资金按项目核算并每月报送专项资金使用情况表,督促乡镇加快专项资金支付进度。

【政府采购管理】全年采购预算金额8.57亿元,实际采购金额7.80亿元,节约资金7751万元,节约率为9.04%。进一步规范政府采购程序和行为,严明政府采购工作纪律。坚持做到先预算后采购,无预算不采购,有预算不超支,强化政府采购计划管理,确保政府采购按预算和计划执行。妥善处理采购争议,将政府采购争议纠纷化解在初发阶段。狠抓“832平台”采购工作,巩固脱贫攻坚成果,优先采购脱贫地区农副产品,超额完成年度采购任务。

【会计行业管理】完成2020年度行政事业单位内部控制报告编报工作。加强会计中介机构管理,组织2021年之前许可的10家代理记账公司做好2020年度备案工作。对7家代理记账公司业务进行财政监督检查,对2家代理记账公司开展“双随机、一公开”式抽查。做好新社会阶层人士(会计师)统战工作。构建财政系统社会信用体系,建立各股室(局)、二级机构业务范围内或监管职责范围内的各类信用档案,构建财政系统社会信用体系。认领省级统筹的行政许可类和其他依申请类目录清单,协助受理、审核、办理、办结安徽省行政服务平台中的各项行政审批事务。

【预算绩效管理】印发《泾县预算绩效管理奖惩办法》《奖惩办法实施细则》等制度文件,建立预算绩效全流程闭环管理制度。3月,完成部门绩效自评价和部门评价工作,做到部门项目自评全覆盖。6月,完成财政重点绩效评价工作,评价范围覆盖“四本预算”。10月,完成2022年预算项目事前绩效、评审和财政重点绩效监控工作,完善结果反馈、整改纠偏机制。12月初,完成2022年部门预算项目绩效目标申报审核和乡镇预算绩效管理业务培训。

【民生工程】实施省定33项民生工程(其中农村义务教育学生营养改善和小型病险水库除险加固2项无任务),全年投入资金6.62亿元,完成年度各项目标任务,提升民生福祉。

【国有资产管理】研究出台《泾县县属国有企业整合重组与集团化组建实施方案》,坚持市场化改革方向,集中整合全县资产资源,推进县属国有企业整合重组,改组成立泾县国有资本投资运营控股集团有限公司,发挥国有经济在优化结构、畅通循环、稳定增长中的作用,推动国有资本和国有企业做强做优做大。县属国有企业整合重组后,县财政局(国资委)履行出资人职责的企业为宣纸股份公司、国控集团、担保公司3家。

(程启炜)

绩溪县财政工作概述

【概况】2021年,绩溪县财政局坚持稳中求进工作总基调,贯彻新发展理念,服务和融入新发展格局,按照高质量发展要求,统筹疫情防控和经济社会发展,全县完成一般公共预算收入8.7亿元,较上年实绩增长5.8%,其中税收收入完成4.4亿元。完成一般公共预算支出18.4亿元,其中13项民生支出15.6亿元,占一般公共预算支出的85%。

【非税收入管理】纳入一般公共财政预算管理的非税收入完成4.32亿元,同比增长12.4%;纳入政府性基金预算管理的非税收入完成4.38亿元,同比下降14.3%;纳入财政专户管理的非税收入完成1499万元,较上年增长23.3%。全年全县纳入预算管理的政府性基金支出8.67亿元,较上年增长24.1%。

【预算绩效管理】将预算绩效管理工作纳入政府目标管理考核,成立预算绩效评价中心,建立归口股室分片管理工作机制。全县所有县直预算单位均成立预算绩效管理工作领导小组,进一步压实部门主体责任。完成对全县所有预算项目的绩效目标编制,并随部门预算同步公开。选取2020年实施的14个重点项目、4个部门开展财政重点评价,涉及财政资金2.35亿元。

【债务管理】坚持疏堵并举,严格政府债务的限额管理和预算管理,妥善化解存量,坚决遏制增量。加强债务的日常监测和绩效管理,完成4个单位7个债券项目的绩效评价工作,涉及绩效评价资金2.31亿元。绩溪县入库(省财政厅非标专项债项目库)专项债券项目2个,总投资6.07亿元,全年发行地方政府新增债券5.14亿元。

【社保基金管理】全县完成社保基金收入3.30亿元,较上年增长18.4%;全年社保基金支出2.57亿元,同比增长16.6%。

【扶持实体经济发展】落实减税降费政策,为企业办理征前减免、退库减免约2.68亿元。落实企业扶持政策,本级财政拨付工业、物流、利废、商贸等企业扶持资金超1亿元。向上争取制造业高质量发展、中小企业发展专项资金、疫情防控重点保障企业设备补助和贷款贴息、流通业发展、科创板挂牌奖励及外贸奖励等相关专项资金1089.85万元。

【乡村振兴】安排财政衔接资金6835万元,支持巩固脱贫攻坚成果和乡村振兴有效衔接工作,其中县级配套资金1800万元。制定《绩溪县财政衔接推进乡村振兴补助资金管理实施细则》,优化衔接资金支出方向,资金安排上兼顾脱贫村和非贫困村、脱贫群体和其他农村人口。开展小额信贷政策宣传,截至年末,全县小额信贷存量394户1826.5万元，对小额信贷财政贴息66.3万元。落实农业农村投入优先保障机制，2021年度土地出让收入用于农业农村建设支出3473万元，占土地收入的9.25%。安排农业信贷担保县级风险补偿金72万元，撬动承贷银行发放贷款金额26户1779万元。开展集体林权抵押试点，制定出台《绩溪县林权抵押贷款收储担保业务管理办法》《绩溪县生态公益林收益权质押贷款管理暂行办法》，全年共发放林权抵押贷款31笔2694万元、公益林补偿收益权质押贷款8笔450.9万元。印发《绩溪县关于金融支持农村闲置农房(宅基地)盘活的实施意见》，以流转闲置农房(宅基地)使用权为贷款载体，实现首笔贷款50万元。

【财政监督与管理】开展2021年度会计评估监督检查工作，先后对绩溪县德信会计服务有限公司和绩溪县金鑫财税咨询有限公司两家代理记账机构进行实地检查，发现并督促整改问题2个。完成2020年度行政事业单位内部控制报告编报和2021年度预决算公开复核工作。强化会计人员管理，2021年取得初级会计职业技术资格4人，中级会计职业技术资格4人。

【直达资金监管】落实直达资金管理机制，全年共争取到位直达资金2亿元，建立直达资金拨付“周调度”机制，支出进度位于省市前列，确保资金直达使用单位、直接惠企利民、及时发挥使用效益。

【农村公益事业建设财政奖补】安排农村公益事业财政奖补项目5个，支持村内道路建设、环境卫生综合整治和农业生产道路建设等，工程总预算415.37万元。落实扶持壮大村级集体经济发展项目13个，投入各级财政专项资金610万元。全面落实预算绩效管理，要求项目实施单位科学合理设定绩效目标，组织开展项目绩效运行监控，项目完成后开展项目绩效自评。

【乡镇财政管理】通过社保卡发放总户数46151户，存折换卡率为91.7%，较上年提高3.6%，位列全市第一。全县发放惠农补贴资金1.18亿元，涉及补贴项目22大类，41小项，受益对象46213户。受益对象增加3430户，增加8%。全年发放惠农补贴资金1.22亿元，涉及补贴18大项35小项，补贴农户42783户；发放资金增加1204.03万元，同比增长10.98%；发放项目增加1大项，同比增长5.88%。绩溪县在全省乡镇财政资金监管和惠农补贴资金管理发放工作绩效评价中被评为A类。

【政府采购管理】开展政府采购备选库、名录库、资格库专项清理，规范政府采购管理支持企业发展，全面取消投标保证金，优化政府采购营商环境。进一步明确政府采购工程项目法律适用问题。全年共完成采购脱贫地区农副产品107.29万元。全年共执行政府采购预算7.05亿元，实际采购金额为6.21亿元，节约金额为8349.31万元，节约率为11.84%。

【国库支付】办理国库集中支付62352笔，支付资金32.50亿元。其中，直接支付业务5654笔，支付资金17.10亿元；授权支付业务56698笔，支付资金15.40亿元。

【PPP项目管理】截至年末，绩溪县5个PPP项目(分别是绩溪县省道215绩溪至歙县段改造工程PPP项目、绩溪县生态工业园区西环线道路PPP项目、绩溪县生态文明提升基础设施建设PPP项目、绩溪县城乡污水综合处理PPP项目、绩溪县生活垃圾综合处理PPP项目)进入财政部PPP项目库，项目建设内容涵盖市政、环保、交通、旅游、生态建设等方面，全部进入项目执行阶段，其中3个PPP项目交工验收整体进入运营期。

【国有资产监管】加强行政事业单位资产管理，规范行政事业单位国有资产处置，形成上报绩溪县2021年度国有资产管理情况综合报告，完成43个单位112批次的行政事业单位资产核销及资产划拨审批工作。严格落实安全生产责任制，指导县属国有企业进一步健全完善安全生产责任体系，开展安全生产检查10次，完成安全隐患整改47处。

【完成民生工程】实施省定33项民生工程(其中2项无任务)，共投入资金4.3亿元，其中县级财政配套8699万元。通过县政府将年度目标任务细化分解至县直各实施部门和乡镇，签订目标责任书，层层传达压力，确保工作有序推进。印发绩溪县2021年民生工程工作要点、考核办法等，强化政策指导和责任落实。严格落实会议调度、工作进展月通报、会商督查制度，全年召开调度会3次，上门与项目实施单位会商65次，多次开展现场督查。持续推进民生工程宣传，制发宣传材料3万余份，制作民生工程成效展板、宣传展板83块，安装民生工程标识牌18块。开展民生工程绩效评价工作，结合部门绩效自评、第三方评价、社情民意调查结果，评价监督重点民生工作情况，全年收到民生工程监督员反馈的民生工程意见建议8条，结合建议寻找差距短板，完善工作对策。

【防范和处置非法集资活动】继续以防范非法集资、防范非法放贷为主要内容推动金融风险防范。结合新出台的《防范和处置非法集资条例》开展新条例宣传，发放宣传单2700余份，张挂宣传横幅120条。运用域内商业银行、保险机构等单位电子滚动屏滚动播放金融风险防范知识。县公安部门通过公众微信号发布非法集资、非法网贷典型案件警醒群众，提升防范意识。开展金融风险线索排查，健全乡村网格管理体系建设，组织开展城区“扫楼”“扫街”活动5次,清除收缴非法放贷、非法集资小广告、小传单35幅。对县域内融资担保公司、投资公司、财富管理公司等监管对象开展现场检查,签订不参与非法金融活动承诺书。配合合肥瑶海公安对绩溪上河国际养老中心涉嫌的非法集资案件进行查处,答复涉案参与人的来信来电来访,维护社会稳定。

【优化营商环境】加大走访企业频率,了解企业融资需求,宣传解读金融政策。会同域内银行主管、监管部门协调商业银行降费让利,降低企业融资成本。编印120份《绩溪县支持实体经济发展政策汇编》《绩溪县“纾困惠企”推进乡村振兴战略金融产品宣传册》向企业发放。

旌德县财政工作概述

【概况】2021年,旌德县一般公共预算收入完成6.75亿元,同比增收3256万元,增长5.1%。全县一般公共预算支出完成16.12亿元,同比减支3665万元,下降2.2%。其中:财政民生支出完成13.76亿元,占总支出比重85.3%。

【助推社会事业发展】全县33项民生工程投入财政资金2.88亿元,其中:上级财政资金1.91亿元,县财政配套资金0.97亿元。财政资金拨付率100%,做到民生工程资金优先安排、优先配套、优先拨付,保障基本民生支出在财政支出中的优先顺序。对10个村共安排9个项目开展扶持村级集体经济试点工作,项目总投资430万元,其中省级财政综改资金240万元,市级财政资金10万元,县财政资金180万元,通过国库集中支付平台完成资金拨付工作。安排国有林场公益事业发展补助资金项目——庙首林场马家溪工区主干道六号桥红豆杉回水湾处护岸工程项目,总投资35.10万元,其中国有林场公益事业发展补助资金30万元,庙首林场自筹5.10万元,完成审计及资金拨付工作。

【加强地方债务管理】规范和加强政府性债务管理,完善债务风险防控机制,对全县隐性债务进行动态监测,稳妥化解存量,有效防范债务风险。省财政厅下达旌德县政府债务限额5.99亿元,其中一般债务限额3367万元、专项债务限额5.66亿元,主要用于支持旌德经开区健康制造产业园项目、旌德县城区供水安全和水环境综合治理项目、旌德殡仪馆和公益性公墓建设项目。截至年末,全县政府债务余额22.57亿元,较上年末增加5.87亿元,其中:一般债务余额9.94亿元,专项债务余额12.63亿元。

【国有资产监管】县国资委履行出资人职责,督促国有企业推进实体化运营,出台《旌德县县属企业投资监督管理办法(试行)》等规范性文件,进一步规范投融资管理,完善现代企业管理制度,推进混合所有制改革,实体化运营初见成效。实行国企改革三年行动方案,推动国有资本向重点行业、关键领域和优势企业集中,引导国有企业积极投身长三角一体化发展,强化国有企业市场主体地位,加快形成以管资本为主的国有监管体制。督促国有公司加大风险防范力度,推动国有公司建立债务风险控制机制,控制投资规模,落实担保风险补偿机制,强化对政策性融资担保风险拨备指标监管。

【支持城市建设】入库PPP项目6个,总投资额14.91亿元,其中旅游类1个,教育类1个,交通运输类1个,市政工程类3个。分别为:高铁新区基础设施一期PPP项目,总投资3.53亿;宣砚小镇文创中心综合体PPP项目,总投资1.6亿;旌德县县域乡镇污水处理设施及配套污水管网PPP项目,总投资1.34亿;宣城旅游学校迁址新建PPP项目,总投资2.33亿;旌德县城区污水管网提升改造PPP项目,总投资3.82亿;旌德县通用机场PPP项目,总投资2.29亿。除旌德县通用机场PPP项目处于招投标采购阶段外,其余5个PPP项目均进入执行阶段,其中运营付费项目2个,共付补贴1.91亿元,分别为:高铁新区基础设施一期PPP项目付费1.90亿元,旌德县县域乡镇污水处理设施及配套污水管网PPP项目付费51.77万元。

【支持推进乡村振兴】全县筹集衔接推进乡村振兴补助资金5932万元,其中:中央资金2561万元、省级衔接资金2083万元、市级资金288万元,县级安排1000万元财政衔接资金,保持地方投入只增不减。共下达项目批复6次,涉及10个镇6个主管部门,批复项目42个批复金额5873万元(其中:到村产业发展项目22个,投入资金4307.63万元,占比72.6%,基础设施建设12个,投入财政衔接资金投资1014.97万元,占比17.1%,到户类项目8个,投入财政衔接资金投资550.4万元,占比9.3%),计提项目管理费59万元,财政下达指标率100%。争取上级涉农专项资金1.46亿元,新增一般债安排资金1125万元,县级预算安排资金1.37亿元,涉农资金支出2.60亿元,支出进度88.5%,预算执行率高于考核指标80%。全县17个部门10个镇共计27个单位参与惠农财政补贴资金滞拨闲置等突出问题专项整治工作,从“七个是否到位”方面进行自查整治,涉及金额2.41亿元。“三农”补贴发放1967万元,农民种植田亩亩均补贴149元/亩。

【加强财政奖补项目管理】全县实施农村公益事业财政奖补项目49个,其中道路建设项目24个;小型水利设施建设项目5个;村容美化亮化项目16个(休闲广场9个,亮化工程7个);

其他类型项目4个(停车场建设4个),受益人口达5.84万人。拨付2020年度一事一议财政奖补项目资金497.69万元。

【强化政府采购约束】全县采购预算采购资金4.47亿元,实际采购资金3.66亿元,节约资金8072.61万元,资金节约率为18.07%。其中:货物5468.25万元,工程2.53亿元,服务5803.31万元。于12月1日完成安徽省政府采购网正式上线,省级监管平台在试点地区上线。

【财政监督管理】加强财政资金管理制度建设,增强财政制度刚性,保障财政资金安全。巩固“小金库”防治长效机制,下发《关于进一步做好报送“小金库”防治工作报表的函》。建立健全政府绩效管理制度,加强政府绩效管理,完善公共财政体系,提高政府公共服务水平和财政资金使用效益。开展预算绩效评价工作,2021年度项目单位开展绩效自评的项目为308个,自评金额51552万元,实现部门预算绩效评价项目支出个数和金额均100%。做好财政预决算公开,加强预算绩效管理,组织各部门做好2020年决算公开和2021年预算公开工作,在县人民政府网站政府信息公开栏设立专栏进行公开。做好会计信息质量检查工作,监督各单位经济活动的真实性、合法性、合理性,保证严格遵守国家财经法规。

【示范机关创建】开展社会主义核心价值观、文明礼仪、文明上网等宣传教育活动。利用大厅LED屏、宣传栏、楼道文化等宣传媒介,展现单位文明风采,营造创建文明单位浓厚氛围。以“在职党员进社区”“千名干部进万家”等活动为载体,组织党员干部到社区、联系村积极开展志愿服务等工作,推荐干部职工加入“大拇指志愿者服务队”,增强干部职工责任意识和奉献意识,推进服务型党组织建设。开展环境保护、帮扶济困、宣扬好人、结对共建等志愿服务活动,用爱心传承文明。推进健康旌德建设,提高居民健康水平,做好争创省级健康促进示范机关、示范县工作。

(单婧)

宣州区财政工作概述

【概况】2021年,宣州区一般公共预算收入完成31.89亿元,较上年增长8.02%,完成年初预算的102.90%,其中:税务部门完成19.83亿元,财政部门完成12.06亿元。

【财政改革】加强预算编制管理,强化零基预算理念运用,以信息化手段推进预算管理改革,推进预算管理一体化,预算管理规范化、标准化和自动化水平稳步提升。全面贯彻落实政府采购政策,推行“政采贷”,为企业融资架设一条全新的线上高速通道,解决企业“融资难、融资贵”难题。加强和规范行政事业单位国有资产监督管理,盘活存量资产,资产配置效率不断提高。拨付中央、省级直达资金10.77亿元,为开展疫情防控、保障基本民生、推动乡村振兴提供重要支撑。强化落实全过程、全链条、全方位资金监控体系,保障直达资金机制落地见效。

【预算绩效管理】推进财政预算绩效管理,逐步完善分行业分领域分层次的预算绩效指标库,规范区级政策和项目事前绩效评估管理。遴选9个项目开展事前绩效评估,对数据资源管理局开展部门整体支出评价,对教体局等部门21个项目7.80亿元开展重点绩效评价,推动15个重点项目绩效目标和47个项目绩效自评结果公开,预算绩效评价管理不断强化。推动预算绩效管理考核,强化预算绩效结果应用,全方位、全过程、全覆盖的预算绩效管理体系逐步建成。

【风险防控】规范政府性债务管理,在债务限额内规范举借债务,坚决制止违规担保和变相融资等行为,确保不产生新的隐性债务。压实债务单位主体责任,统筹各类资金,稳妥化解存量债务,确保债务风险总体可控。强化金融风险监测预警,做好“7+4”类机构监管,严控金融风险。严厉打击非法集资,扩大有奖举报覆盖面,强化非法集资风险监测预警,持续巩固防范化解重大金融风险攻坚战和地方金融领域扫黑除恶专项斗争成果,维护地方金融秩序。出台区属企业内部控制体系建设与监督工作实施方案,规范管控国有企业运行风险。打击非法集资,开展防范非法集资及地方金融领域扫黑除恶宣传月活动,做好重点涉非陈案处置。整治金融乱象,开展互联网金融风险专项整治,2家网贷平台实现无风险清退。对国购广场、星隆国际、状元路等开展“扫楼扫街”摸排,排查金融投资咨询类公司50余家次,赴南陵、绩溪、温州对接4次,发出移送函2份、移交公安处非线索1条,约谈负责人7次,注销56家投资咨询类公司。

【助推实施乡村振兴】全区投入财政衔接推进乡村振兴补助资金1.23亿元,优先保障巩固“两不愁三保障”成果。推进脱贫攻坚与乡村振兴有效衔接,落实农业保险补贴资金0.26亿元,推动农业保险“扩面、增品、提标”,为全区水稻、小麦粮食作物和家禽、水产养殖等地方重要农产品提供风险保障20.49亿元,因灾害赔付0.66亿元,受益11822户次;安排农田建设资金0.90亿元,推进4万亩高标准农田建设;发放农业支持保护补贴、稻谷补贴等1.50亿元。持续投入农村基础设施,安排农村公路养护、扩面延边、提质改造资金0.55亿元、中小河流治理和灾后水毁修复重点水利项目资金1亿元,推动农村基础设施建设。安排人居环境、美丽乡村、改厕资金 0.40 亿元,全力支持乡村环境改善。

【财政民生保障】全区财政民生支出 46 亿元,占财政总支出比重为 88.66%。推进省定 33 项民生工程(其中 2 项无任务),全年投入资金 16.8 亿元,其中:区级配套 5.52 亿元。保障疫情防控各项支出,拨付各类疫情防控资金 0.21 亿元,归集疫苗接种专项资金 0.93 亿元。坚持“保基本民生、保工资、保运转”支出在财政支出中的优先顺序,全区“三保”支出 35.16 亿元,同比增长 14%。保障就业政策落实,拨付各类就业专项资金 0.21 亿元,开展各类创业培训 24 期,培训学员 667 名。引导金融机构对 494 名创业人员发放创业贷款 0.91 亿元,支付创业贷款贴息 0.04 亿元。提升社会保障水平,发放城乡居民基本养老保险资金 2.15 亿元、五保供养资金 0.10 亿元;拨付基本公共卫生补助 0.63 亿元,城乡居民医疗保险资金 5.10 亿元,惠及 67.3 万人;城乡低保、特困、两残、孤儿、生活无着人员等五类困难群体救助支出 1.82 亿元,惠及 4.58 万人。支持教育优先发展,统筹安排义务教育保障经费 7.51 亿元,筹措学前教育行动计划专项资金 0.17 亿元,分年度统筹各级各类财政资金新建市九小东湖校区等,落实教育经费 9.29 亿元。农村危房改造工作、医疗保障获得国务院 2020 年重大政策措施成效明显督查激励的通报,困难群众救助获省政府通报表扬。

【政银企对接】开展融资对接服务,在全区范围内广泛摸排企业融资需求情况,整合企业上市挂牌奖励政策及银行特色金融产品介绍,印制宣传册发至企业,推进金融机构提升服务效能。全年召开 10 场政银企对接会,有效推进政银企信息交流。

【企业上市挂牌】新增省股交中心挂牌企业 7 家。其中,大天新材料、华阳茶叶机械等 2 家企业在省科创板精选层股改挂牌;伽雅生态、科硕智谷等 2 家企业在省科创板基础层挂牌;宣之旅、中良枣业、徽映民俗等 3 家企业在省文旅板挂牌。完善资本市场支持政策,建立重点上市后备资源库,有序推进申兰华色材上市进程。联合省股交中心、国元证券举办宣州区资本市场专项培训会,共 98 家企业参加培训。

【信用体系建设】开展信用村镇创建,截至年末共创建信用乡镇 8 个、信用街道 1 个、信用创建村 213 个、信用村 121 个、信用示范村 4 个。全年发放“信用村”农户贷款 3232 户、5.03 亿元,为农户节约资金成本近 440.08 万元。制定 2021 年征信宣传计划、“6.14”征信宣传活动、金融知识进万家等宣传方案,推动信用体系建设。地方法人银行依托信用体系加大信贷产品创新,推出“金农 e 贷”“振兴贷”“税易贷”“流水贷”等信用贷款业务,创新采用移动终端设备上门激活借记卡,推进移动便民支付,推广银联“云闪付”APP,满足农户金融服务多样性需求。

铜陵市财政工作综述

铜陵市财政工作概述

【概况】2021年,铜陵市财政局认真贯彻落实市委市政府决策部署,以“财政高质量发展推进年”活动为抓手,统筹经济社会发展和常态化疫情防控,推动积极财政政策提质增效,奋起直追、埋头苦干,财政运行稳中向好,重点支出保障有力,民生工作持续改善。一般公共预算收入完成93.5亿元,总量排名较上年提升一个位次,增长14.4%,税收占比75.6%,一般公共预算支出完成194.6亿元,增长6.6%,收入增幅、税收占比、支出增幅均位居全省第二位。

【争取资金】抢抓积极财政政策机遇,健全机制、主动作为,全年到位上级转移支付73.8亿元,创历史新高。其中,争取中央财政资源枯竭城市转移支付1.1亿元,并作为基数划转,为城市接续转型、高质量发展提供财力支撑。

【统筹资源】组织资源资产调研,谋划盘活意见,收缴沉淀资金近6000万元,制定统筹方案,助力国企加快发展。社保基金、住房公积金增值率分别超3%和1.6%。

【助力县区园区发展】落实促进县区园区发展政策,激发发展内生动力,全年县区一般公共预算收入完成67.7亿元,增长16%,高于省均7.2个百分点。

【整合涉企政策】深度优化涉企资金,坚持资金投入只增不减,政策条款减少39.2%,探索免申即享机制,三分之二实行免申报。发挥财政资金引导作用,根据亩均效益实行差别化扶持,坚持用资本的力量发展产业,支持优质企业上市,助力招商引资。

【优化营商环境】全年新增减税降费超7亿元,增强实体经济发展动力。实施政府采购提升行动,中小企业项目中标率超95%。常态化推进“四送一服”双千工程,为民营企业发展排忧解难。

【做深预算绩效管理】强化“花钱必问效”的绩效意识,出台事前绩效评估管理办法,选取17个重大项目支出和6个部门整体支出开展重点绩效评价。组织常态化评审,首次评审涉企政策绩效目标,对118项支出政策评审核减率45.8%,实现财政资源优化配置。

【落实直达资金机制】实现穿透式全流程监控,资金快速直达基层惠企利民,保障各项政策精准落地,全年支出进度98.7%,位居全省第3位。

【推进预算管理一体化】整合814家预算单位、6万余条基础信息,构建各级政府预算及部门预算闭环管理机制,实现预算管理规范化、标准化和自动化。

【管控政府债务】探索债务风险管控长效机制,坚持防风险与促发展并重,市本级综合债务率实现“退红降橙”,全年发行政府债券45.6亿元,支出进度高于全省平均进度1个百分点,专项债项目入库成功率位居全省第一。

【推深财会监督】在全省率先出台加强财会监督意见,以严肃财经纪律为抓手,围绕财会监督、内控监管、查处问责、沟通协作等四方面制定12条具体举措。首次开展财政监督检查意见“回头看”活动,尝试建立监督检查意见落实长效机制。

【落实过紧日子】坚持把党政机关过紧日子作为长期方针政策,全年一般性支出压减幅度20%,“三公”经费同比下降6.5%,政府的苦日子换来百姓的好日子。

【推进民生保障】坚持以人民为中心,有效增强民生保障能力,财政民生支出占比首次超过85%;坚持尽力而为、量力而行,投入超31亿元支持32项民生工程实施,巩固全面小康成果,持续赋能创造高品质生活。

【推进协调发展】统筹城乡协调发展,安排财政衔接推进乡村振兴补助资金2.7亿元,用于产业项目比例超过60%。支持医疗卫生、教育、科技等基本公共服务均等化,促进发展成果更多更公平共享。支持扫黑除恶常态化机制化开展,人民群众安全感显著提升。

【推进污染防治】围绕美丽长江经济带生态环境新一轮“三大一强”专项攻坚行动发力,统筹安排污染防治资金8亿元,保障环境突出问题整治重点项目实施,推进高质量发展。

【加强政治建设】牢记财政部门首先是政治机关的政治属性,把“两个维护”落实到财政工作全过程,自觉从政治高度认识财政职能定位,抓好党史学习教育、为民办实事、党风廉政建设等。

【推进党建业务融合】在全市率先出台机关党建目标管理考核办法、率先落实党组与派驻纪检监察组会商联系机制,将党建工作成果转化为促进财政高质量发展的实际能力。目标管理绩效考核连年优秀,党的工作责任制考核连续第七年获得优秀,连续第五年荣获脱贫攻坚考核“好”,机关党委荣获全市先进基层党组织称号。

【提升治理能力】打造干部队伍建设典范,搭建“站位大提升、法规大宣讲、青年大讲堂、干部大调研、身心大健康”干部能力提升“五大平台”。3名同志获全省脱贫攻坚、疫情防控、防汛救灾先进个人称号,26名同志获职务或职级晋升,以治理能力提升服务和促进高质量发展。

(孟伟)

枞阳县财政工作概述

【概况】2021年,枞阳县财政局树立“发展为要、项目为王、实干为先”导向,创新理财思路,优化财政资源配置,统筹推进稳增长、促改革、调结构、惠民生、防风险、保稳定各项工作,为全县经济社会发展提供坚实财政保障。县财政局获评安徽省脱贫攻坚先进集体、安徽省扶持壮大村集体经济工作先进集体、安徽省卫生先进单位、铜陵市助残先进集体等荣誉称号,全省乡镇财政资金监管和惠农补贴资金管理发放工作绩效评价连续六年获评A类单位,民生工程、绩效管理、债务管理等工作在全市排名靠前。

【严格预算管理】全县一般公共预算收入完成11.21亿元,为预算100.36%,同比增长10.41%。其中:税收收入7.99亿元,占比71.32%,增长13.12%;非税收入3.21亿元,占比28.68%,同比增长4.2%。全县一般公共预算支出48.29亿元,同比增长3.35%。落实政府过紧日子要求,印发《关于进一步加强预算收支管理的实施方案的通知》,压减一般性支出1574.9万元。落实减税降费政策,全年减税降费3.02亿元。依托直达资金监控系统,强化直达资金日常监管,建立直达资金支出台账,中央直达资金全部形成支出。推进预算一体化建设,规范细化管理流程、规则和要素,分步推进实施,强化财政预算管理整体效能。持续加大会议费、“三公”经费支出管理,全县会议费、“三公”经费支出较上年同期分别下降5.1%、12.2%,做到“三公”经费支出“只减不增”。

【强化绩效管理】加强支出项目事前绩效评估,出台《枞阳县县级政策和项目事前绩效评估管理暂行办法》《枞阳县政府重大投资项目事前绩效评估暂行办法》,从源头上把好项目审批关和资金使用关。全县一级部门预算单位全部实施绩效目标管理,涉及项目704个,金额9.8亿元。对县本级9个重点项目和1个部门整体支出开展绩效评价工作,从产出效益、效益指标、满意度指标等方面进行综合评价。

【统筹城乡发展】四好农村路建设投入2.07亿元。筹集资金6000万元,重点建设美丽乡村省级中心村8个,市级中心村6个及4个特色自然村。投入财政奖补资金1969万元,实施农村公益事业财政奖补项目116个。安排贴息资金1106万元,助推脱贫户、监测户发展产业。投入1990万元实施扶持43个行政村壮大村级集体经济项目。“一卡通”发放惠农补贴资金44863万元。洪涝灾害应急投入1460万元,林业增绿增效投入1033万元,地质灾害防治投入492万元,农村环境整治及黑臭水体治理投入3650万元,关闭矿山及尾矿库治理投入500万元,城区环境卫生清扫1655万元,新农村现代服务流通网络工程570万元,农村危房改造补助647万元,棚户区改造补助766万元,老旧小区改造安排2924万元,企业奖励扶持资金5097万元。

【保障民生福祉】投入17.99亿元实施31项民生工程,其中:生活保障类项目4项、参保服务类项目17项、工程建设类项目10项,全面完成年度目标任务。加强教育文化、医疗卫生、社会保障、环境保护、公共安全等重点保障,全面落实长江禁捕退捕政策,安排长江禁捕退捕资金2885.66万元。加强疫情防控保障,安排疫情防控经费4662万元和新冠疫苗接种经费8546万元。

【助力乡村振兴】巩固拓展脱贫攻坚成果,出台衔接资金管理实施细则、“防贫保”综合保险试点工作实施细则、政府采购支持乡村产业振兴政策,加强衔接推进乡村振兴补助资金管理,全年2.15亿元衔接资金全部拨付到位。落实耕地力保护补贴、稻谷补贴和种植结构调整补贴等惠农政策,支持农业产业化龙头企业扩大生产规模和技术改造,支持现代职业教育质量提升,对秸秆禁烧和畜禽废弃物综合利用、农机购置等专项补助,实施林长制。推行河长制湖长制,统筹资金实施中小河流综合整治、水土保持、山洪灾害防治和水资源节约保护及河道管护,实施农田水利“最后一公里”五年行动计划。

【强化金融监管】通过正向激励、财政支持等措施,推进“新型政银担”、“税融通”等业务提标扩面,推动金融机构加大信贷投放,服务实体经济。引导商业银行对中小微企业投放“税融通”贷款170笔2.24亿元,投放新型“政银担”贷款123笔3.26亿元,续贷过桥66笔2.6亿元,周转率16次。

【深化国资管理】继续深化行政事业单位国有资产管理和国企改革,制定《枞阳县行政事业单位国有资产管理办法(暂行)》,进一步提升国有资产管理规范化常态化水平,稳步推进国企改革三年行动任务。持续推进经营性资产集中统一监管,通过合并、重组、破产等方式,先后对经信、商务、发改(粮食)、供销等部门所属的国有企业进行改制,截至2021年末,改制国有企业69家,改制企业职工身份置换3500余人,兑付改制资金近1.3亿元。

【加强政府采购管理】全县政府采购预算金额3.97亿元,其中:公开招标达2.978亿元,竞争性磋商5739万元,询价采购1351万元,竞争性谈判58万元。出台《关于开展政府采购意向公开工作的通知》《枞阳县政府集中采购目录及标准(2022年版)》,简化政府采购程序。制定《关于开展政府采购备选库、名录库、资格库专项清理的通知》,组织全县预算单位开展专项自查和清理。制定《关于进一步规范政府采购管理支持企业发展的通知》,免收投标(响应)保证金。

【加强财政监督管理】对20个单位、4个乡镇、1个金融机构和2个代账机构进行会计信息质量检查,收缴违规违纪款3.15万元。组织开展枞阳县2021年“小金库”防治自查工作,重点抽查20个单位和4个乡镇。对县本级政府和部门2019、2020、2021年度预算和2018、2019、2020年度决算公开情况进行自查和复核工作。印发《关于调整枞阳县财政局内部控制委员会的通知》和《枞阳县财政局内部控制检查办法(试行)》,进一步推进财政局内控制度建设。

(汪学阳)

铜官区财政工作概述

【概况】2021年一般公共预算收入完成13.1亿元,为年初预算的106.7%,增长12%。一般公共预算支出完成20.6亿元,为预算的104.5%,增长1.2%。

【深化财政体制改革】制定推行预算一体化改革,制定《2021年铜官区预算管理一体化推广工作方案》,使用预算管理一体化系统编制2022年预算。全面开展绩效评价,开展部门重点项目绩效运行监控,编制105个项目绩效目标和72个单位整体支出绩效目标,推进事前绩效评估和绩效目标评审相结合的预算源头管理。

【强化国资国企改革】深化投融资体制改革,推动区投融资平台公司转型升级,提高国有资本运营质量和效率,提高城市建设和产业服务的市场化、多元化、规模化水平和能力,以两办名义印发《组建安徽铜官投资集团有限公司总体实施方案》(办发〔2021〕10号),对区内国有及国有控股企业进行有效整合,组建安徽华实投资集团有限公司并正式挂牌。

【加强债务风险防控】多措并举有效防控风险,制定铜官区政府专项债券项目全生命周期管理制度,将专项债借、用、管、还等各阶段纳入债务管理。积极化解政府债务风险,多渠道偿还债务本金,归集债务还本付息资金1300余万元,通过预算资金、申请再融资债券分别偿还债务本息2.19亿元,超进度完成隐性债务化解方案。经测算,2021年全区综合债务率和地方政府法定债务率均为绿色等级,债务风险整体安全可控。

【助力企业加快发展】常态化开展“四送一服”活动,落实企业诉求闭环管理和全程响应,定期开展企业走访,实现重点税源企业及包保企业走访全覆盖,及时掌握企业所需,加大对接力度,做好全程跟踪服务。加快兑现涉企扶持资金,优化审批流程,实现“即申即办即批”,帮助企业解决问题,兑现各级各类优惠政策资金4.72亿元。落实省、市相关财税、金融、社保等政策,帮助中小微企业更好更快发展。

【增进人民群众福祉】高标准实施23项民生工程,累计投入资金3亿元,财政民生类支出占比88 %,惠及全区40余万城乡居民,群众获得感和幸福感进一步提升。深入开展“我为群众办实事”实践活动,组织实施62项重点民生实事项目,建立“四个清单”长效机制,推进党史学习教育取得实效。投入9.8亿元用于教育、科技、文化、医疗卫生和养老等社会事业发展,做好疫情防控和新冠疫苗接种资金保障工作。

(汪若恬)

义安区财政工作概述

【概况】2021年,义安区财政一般预算收入累计完成20.4亿元,较上年增加4.55亿元,增长28.6%。全区一般预算支出累计完成40.6亿元,较上年增加8.4亿元,增长26.2%。其中教育、科技、社会保障和就业、卫生健康等十三大类民生支出达35.85亿元,占总支出的88.23%,较上年同期提高2.09个百分点。

【提升收入质量】强化收入预期管理,加强月度收入计划的预测、协调、分析,把握组织收入的主动权,力求均衡、序时入库。加强重点行业及税源监管。全面排查辖区内的重点税源、一次性税源和成长性税源,做到税源监管有目标,税收征管可持续。全区税收收入完成16.8亿元,同比增长44.0%,占财政收入比重为82%。盘活闲置资产处置收入,矿山治理余料出让和罚没船只拆解变现收入实现5639万元;进一步完善乡镇护税协税机制,提供高效优质的引资服务,乡镇护税协税成效进一步放大,当年实现护税协税收入10亿多元。

【争取政策资金】紧扣“重要政策”“重大项目”“重点资金”,坚持把对上争取作为实现借力发展、提高保障能力的有效手段,全年共到位上级转移支付资金15.19亿元。

【支持经济发展】巩固拓展减税降费成效,全年为企业减免各项税费7.5亿元,兑现各类招商引资政策资金5.02亿元。大力支持园区发展,拨付各类资金3.24亿元,为经济发展提供要素保障。筹措乡镇新增耕地奖补资金1.52亿元,实现当年新增耕地1509.28亩。拨付资金1.5亿元,为土地房屋征收工作做好资金保障。落实保障房政策,拨付棚户区改造资金3.88亿元,筹措安排1.12亿元用于集中采购安置房1003套。拨付疫情防控资金1624万元,消化医疗救助、离休干部医疗费、做实职业年金和机关事业单位养老保险等资金3.09亿元。对教育、卫生健康、就业与社会保障、农业、水利、交通、城市建设维护等各项事业保障力度持续加大。

【提高民生福祉】把保障民生支出摆在首位,严控一般性支出。全年民生支出为35.85亿元,占财政支出的88.23%。累计投入7亿元,高标准实施31项民生工程。2016—2020年,义安区民生工程工作连续五年获省或市绩效评价先进县(区)称号。健全实施乡村振兴战略财政投入保障制度,确保公共财政更大力度向三农倾斜,安排农林水事务5亿元。加大美丽乡村建设投入,筹措各级财政资金4800万元支持美丽乡村建设。及时发放各类惠农补贴,全区共打卡发放惠农补贴资金13大类16项,103批次,累计金额8581万元。

【规范债务管理】义安区共编制专项债项目4个,金额10.25亿元,申报入库项目2个,金额2.95亿元;申报中项目2个,金额7.3亿元;发行项目8个,金额8.44亿元。截至年末,共存续库项目12个,金额22.2亿元。

【深化财政改革】不断深化预算管理改革。严格落实预算管理一体化系统建设,实现各级预算数据的集中统一管理和上下贯通,提升预算编制的规范化、标准化、科学化水平,实现各级预算数据的集中统一管理和上下贯通。不断深化预算绩效管理改革。印发《关于全面实施预算绩效管理实施办法》,加快推动建成“全方位、全过程、全覆盖”的预算绩效管理体系。不断深化国企国资改革。编制《区属国有企业“十四五”发展规划》,引导区属国有企业改革发展。开展国有资产清查登记工作,全面盘点行政事业单位国有资产存量、结构和使用情况等,实行资产动态管理信息化管理。国企改革三年行动方案全面落实,对国企监管进一步加强。

【加强财政监督】推进预算绩效管理,出台《铜陵市义安区区级政策和项目事前绩效评估管理暂行办法》,明确事前绩效评估责任主体,提升评估工作效率和效益,推动部门预算支出绩效评价。强化内控建设。加强组织领导,明确时间节点,层层落实责任,精心组织单位做好内部控制报告编报、审核、分析使用和报送等工作。强化“三公经费”监督管理,开展全区2020年度“三公经费”执行情况专项检查,加强过程管控,巩固工作成效。牢固树立过紧日子思想,坚持勤俭办一切事业,从严控制一般性支出,“三公”经费下降4.25%。

(易杰)

郊区财政工作概述

【概况】2021年,郊区财政局坚持稳中求进工作总基调,聚焦“发展为要、项目为王、实干为先”,开源节流、精打细算,做好“六稳”工作,落实“六保”任务,服务构建、积极融入新发展格局,以卓有成效的资金保障持续加快高质量发展步伐,为“十四五”开好局、起好步奠定坚实基础。全区完成一般公共预算收入8.23亿元,同比增长5.65%;完成财政支出15.09亿元,同比增长9.20%。民生类支出13.40亿元,占总支出的88.81%,同比增长10.24%。

【民生工作】全区实施29项民生工程(生活保障类4项,参保服务类13项,工程建设类12项),全年拨付资金2.94亿元,各项目均完成年度目标任务;实施农村公益事业财政奖补项目40个,投入资金766万元;实施为民办实事项目8个,投入资金552万元;全年发放惠农惠民补贴资金1.31亿元。

【支持乡村振兴】以“四个不摘”为核心,做到投入保障到位、政策执行到位、监督管理到位、职能发挥到位,按照产业兴旺、生态宜居、乡风文明、治理有效、生活富裕的总要求,推动乡村振兴持续向前。全年共实施项目52个,各级财政共安排衔接资金5196万元(区级资金1521万元,与上一年度持平),资金拨付率100%,支出进度93.73%。以脱贫人口小额信贷为重要手段,严格规范新增贷款、切实回收到期贷款,实现贷得出、用得好、有效果,能收回,新增小额信贷37笔181万元,清收146笔683万元,兑现贴息资金192万元。

【惠企政策兑现】区财政主动对接各有关单位,执行鼓励、支持、引导,稳定市场主体的各项政策,在“亲”和

"清"上做文章、下真功,坚定企业信心、提振发展士气。全区兑现涉企政策资金1132万元,拨付创业担保贷款贴息208.81万元,减免税费4.42亿元。

【政府购买服务】以发挥政府职能、提升服务水平为抓手,推进政府购买服务工作,促进政府在履行社会化职能时更具专业性、更有效率性。全区实施政府购买服务项目55个,其中:基本公共服务事项14个,社会管理性服务6个,技术性服务11个,政府履职所需辅助性服务24个,安排资金3618万元。

【政府性债务】根据"适度举债、加强管理、规避风险"原则,利用优质项目争取债券资金,发挥债券资金在完善基础设施建设、支持园区发展、提升民生保障能力等方面作用。强化债务风险防范,将扩大收入、化解隐债作为防范政府债务风险的核心举措,确保党和国家防范化解地方政府重大风险的各项举措有效落实,维护全区政府性债务平稳运行。截至年末,全区综合债务率为102.33%。

【国有资产管理】推动"国企改革三年行动",认真贯彻执行市委、市政府指示精神,聚焦市国资委明确的48项重点任务,抓住深化国企改革的关键环节,成立以区委、区政府主要领导为组长的领导小组,制定印发《郊区国资国企改革的总体实施方案》,明确目标任务,细化改革内容,压实具体责任,推进国企国资工作取得新突破、新发展。区金诚投资集团按照"1+N"集团公司运营模式完成股权结构构建,下辖9家全资子公司和3家控股子公司;48项改革重点任务中,涉及郊区的38项完成35项,完成率92.1%,超额完成市国资委"完成70%改革目标任务"要求。

【预算绩效管理】进一步织密制度网络,制定印发《铜陵市郊区区级政策和项目事前绩效评估管理暂行办法》、《铜陵市郊区区级预算批复项目支出绩效单位自评操作规程》、《铜陵市郊区项目支出绩效财政评价和部门评价操作规程》,发挥绩效管理对项目实施科学性、精准性、规范性的指导和促进作用。区财政按照上级工作要求,开展非标专项债项目事前评估3个,开展惠农补贴发放和乡镇财政资金监管、政策性农业保险、民生工程、农村公益事业财政奖补、为民办实事等7项绩效评价工作,涉及财政资金148883万元。

(唐振邦)

铜陵经济技术开发区财政工作概述

【概况】2021年,铜陵经开区财政收入稳定健康运行,全年预算执行情况总体良好,实现年度财政收支平衡。全年组织一般公共预算收入14.8亿元,完成预算的107.8%,较上年增长14.6%。其中:税收收入完成13.55亿元,同比增长18%,税收收入占总收入比重91.6%。全年政府性基金预算收入完成16.54亿元,同比增长35.4%。

【组织财政收入】紧盯全年收入目标任务,密切关注经济形势变化,坚持日跟踪、周会商、旬调度、月总结,加强对园区制造业、房地产业、建筑业等重点行业税源变化对财政收入影响的趋势分析,实时掌握收入动态。围绕园区产业发展战略,推进重大项目引育,加大政策兑现力度,挖掘税源新增长点。抓好重点企业税源监控,及时掌握税收增减变动原因,预测税负变动趋势,确保收入征管可持续。协调督促自规、税务部门,加快工业地块和经营性地块出让进度,促进土地出让金及时入库,不断壮大财政总收入盘子。

【强化支出管理】经开区财政一般公共预算支出10.25亿元,政府性基金预算支出17.35亿元(含纳入基金预算管理的新增专项债券资金支出)。加强重点支出资金保障,进一步压减一般性支出,严控"三公"经费支出,重点保障园区重点项目建设和基础设施建设,全年累计拨付建设资金3.2亿元,土地收储征迁资金5.4亿元,债务化解资金3亿元,兑现各类奖扶资金6.5亿元。积极向上争取资金,紧盯国家产业政策导向,累计争取中央省市转移支付资金0.9亿元,新增专项债券资金3.95亿元。持续优化支出结构,集中财力保基本、保民生、保重点,提高财政支出公共性和普惠性,加大园区重点项目推进力度,统筹资金整合使用,提高财政资金使用效益。

【强化债务管理】严格按照"遏制增量、化解存量、严控风险"目标要求,强化全口径债务管理,确保政府债务风险可控。加强地方政府债务管理,审慎举借新债,严控政府债务规模,规范举债方式。密切关注债务各项风险指标变动情况,有计划清理偿还存量债务。加大政府隐性债务化解力度,严格实行隐性债务日常管理,全面落实十年化债方案,确保隐性债务只减不增。密切关注债务风险"红线",实施动态监控到期债务,坚决杜绝债务逾期风险。加强专项债券项目谋划储备和资金支出管理,在确保债务风险可控前提下,围绕园区重大规划和重点领域,认真谋划专项债项目。做好新增债券资金的分配和支出管理,确保资金使用依法合规,资金效益显著提升。

【加强财务管理】加强预算一体化管理,有序推进预算管理一体化系统基础信息、项目库、预算编制、预算绩效等模块运行,力促预算项目全生命周期管理。加强预算绩效管理,严格绩效目标管理,实施绩效目标实现程度和预算执行进度"双监控"工作,加强“部门+财政+第三方中介”三方协作,做好部门自评和财政重点评价,提升财政资金使用效益。规范招投标监督管理,加强政府性投资项目招标工程控制价第三方审核力度,提高财政资金资源配置效率。加强非税收入管理,按照省市相关规定,依法依规组织非税收入,确保收入应收尽收。

【健全内控制度】加强财政资金支出管理,进一步规范会计行为,强化预算单位会计主体责任,促进会计核算工作有序、高效运行,制定印发《关于经开区财务支出报销管理办法》,从财务支出审批权限、财务支出报销流程、财务支出凭证审核等方面明确要求,助力建立健全单位内部控制制度。加强机关单位固定资产管理,制定印发《关于加强经开区机关事业单位固定资产管理暂行办法》,细化经开区机关事业单位国有资产的购置、使用、处置等环节,推进国有资产规范化管理。

【推进党风廉政】压实党风廉政建设主体责任,全面落实党风廉政建设“一岗双责”,形成一级抓一级、层层抓落实的工作格局。狠抓中央八项规定及其实施细则精神落实,规范执行差旅费、会议费、公务接待费、双招双引接待费等管理要求,以建设廉洁财政为主线,确保财政资金和干部队伍双安全。狠抓服务效能建设,投身“双招双引”首位工程,聚焦“营商环境提升年”、“重大项目攻坚年”,践行首问负责制和说“不”提级制度,当好服务企业的“店小二”,为企业排忧解难。

(祖珊)

池州市财政工作综述

池州市财政工作概述

【概况】2021 年,池州市财政局财源建设成效不断显现,全市一般公共预算收入 74.3 亿元,增长 11%,增速位居全省第三;一般公共预算支出 179.4 亿元,增长 0.7%,财政运行情况良好。

【财政预算执行】全市一般公共预算收入 74.3 亿元,增长 11%,加上上级补助收入、一般债务转贷收入、调入资金及上年结余等 139.7 亿元,收入合计 213.6 亿元。全市一般公共预算支出 179.4 亿元,增长 0.7%,一般债务还本 28.2 亿元,上解支出 0.5 亿元,调出资金 0.6 亿元,安排预算稳定调节基金 4.4 亿元,结转下年支出 0.5 亿元。市直政府性基金收入 16.4 亿元,为预算的 232.2%,增长 140.8%,加上结算净收入、地方政府债务收入等 4.6 亿元,收入总计 21 亿元。市直政府性基金支出 11.4 亿元,为调整预算的 100.3%,下降 11.5%,调出资金 5.1 亿元,结转下年支出 4.5 亿元。市直国有资本经营预算收入 0.6 亿元,为预算的 39.2%。市直国有资本经营预算支出 0.5 亿元,调出资金 0.1 亿元。市直社会保险基金预算收入 13.9 亿元,为预算的 114.3%。市直社会保险基金预算支出 13.4 亿元,完成预算的 114.4%,本年收支结余 0.5 亿元,累计结转下年 7.3 亿元。

【支持经济发展】落实“产业强市”战略,强化政策集成创新、迭代升级,牵头制定“1+8”涉企奖补政策,兑现产业奖补资金 1.2 亿元,支持八大新兴产业高质量发展和高水平“双招双引”。落实支持安徽中韩(池州)国际合作半导体产业园高质量发展财税政策,强化体制倾斜、资金支持,皖江江南新兴产业集中区、市经济开发区税收收入两年平均增长 64.2%、14.3%。支持稳企业稳增长,执行减税降费政策,落实制造业中小微企业阶段性税收缓缴政策,全年累计减税降费 26.7 亿元,为企业出口退税、留抵退税 5.4 亿元,帮助企业解难纾困,培育激发市场活力。打好“财政+金融”组合拳,落实中小微企业财政贴息 1050 万元,撬动金融机构资金投放。支持全面推进乡村振兴战略,巩固脱贫攻坚成果,统筹安排财政衔接乡村振兴资金 4.1 亿元,建成美丽乡村省级中心村 57 个。落实藏粮于地、藏粮于技战略,发放目标价格(稻谷)补贴、实际种粮农民一次性补贴、耕地地力保护补贴 2.2 亿元,投入高标准农田建设资金 2.8 亿元。

【保障重点项目】运用“市场逻辑、资本力量、平台思维”,创新财政投入方式,强化对重大战略任务、重点工程的支出保障。用好专项债券扩大有效投资,新增地方政府债券资金 37.4 亿元,增长 16%,拨付市本级政府性投资预算 0.9 亿元,支持重点领域重大基础设施建设。加大基础设施领域存量资产盘活力度,统筹土地出让增值收益,保障东部产业新城建设,协调推进清溪大道、秋浦路东延项目筹融资。深化与中建材、省投资集团等央企省企合作,推进资源廊道、池黄高铁、公铁大桥等重点项目建设。整合各类财政支持重大项目资金 20.1 亿元,推进生态环保“补短板”、“三重一创”、新基建等项目建设。围绕九大支持领域,开展基础设施公募 REITs 项目试点前期工作。累计争取上级资金 90.9 亿元,其中国土绿化试点示范项目作为全省唯一推荐地市获中央及省级财政补助 1.7 亿元。

【财政收支管理】加强财政收入预期管理,加大非税收入征缴力度,全市非税收入完成 23.09 亿元。清理盘活存量资金 3.5 亿元。争取中央、省级一般性转移支付资金 79.83 亿元、专项转移支付资金 10.08 亿元。加强预算支出管理,以全面推行“零基预算”为龙头,同步推进市县预算管理一体化改革,修订部门预算编制管理办法,创新“521”工作机制,落实过紧日子要求,会同市纪委监委制定厉行节约保主保重工作方案,从严审编 2022 年部门预算。加强财力统筹,市直一般性支出压减 417 万元,压减比例 5%。加强预算绩效管理,将全面实施绩效管理作为应对财政收支矛盾、提高资金效益的重要抓手。强化对市直预算部门项目绩效自评指导,对 27 个项目、1 个部门开展财政绩效评价,涉及资金 10.4 亿元,涵盖债务、教育、医疗、社保、乡村振兴等多个重点、热点领域,财政资金使用绩效逐步提升,预算绩效管理理念不断深化。

【国有资产监督管理】池州市属集团资产总额353.68亿元,负债总额127.48亿元,所有者权益总额226.2亿元,资产负债率为36.04%。市属国有集团公司本年累计实现营业收入19.64亿元,比上年同期10.3亿元增加6.67亿元,同比增长90.67%。市属国有集团公司1—12月累计实现利润总额8150.17万元,较上年同比减少11.4%。围绕“城市运营商”“产业助推器”定位,启动并全面完成市属五家国企的整合重组工作,整合后的建投集团、产投集团法人治理结构切实优化,集团发展活力有效释放。起草并推动出台市属国企改革三年行动方案,改革成效逐步呈现,与省投资集团战略合作进一步深化,建投集团深入推进“授权+股权+EPC”的片区综合开发模式,统筹主城区与东部产业新城建设。完成池州市经营性国有资产集中统一监管,完成在线监管平台建设,并与省国资委平台实现互联互通。

【实施民生工程】坚持“三保”支出在财政支出中的优先顺序,民生类支出152.5亿元,占财政总支出的85%。扎实推进33项民生工程,完善民生工程遴选、审核、实施、监管、验收等一揽子联动管理机制,持续提升惠民实效。拨付义务教育、学前教育保障经费1.8亿元,保障职业教育生均投入,助学政策惠及学生2.5万名,盘活存量资产设立池州职业技术学院东校区,支持发展更加公平更高质量的教育。开展脱贫稳就业、退役军人以及新兴职业农民培训2514人次,妇幼健康、困难残疾人康复工程惠及3.2万人次,完成棚户区改造1825套,整治老旧小区168个,实施“四好农村路”提质改造127公里,维修养护农村饮水工程677处。加大疫情防控资金投入,拨付疫苗接种专项保障经费1.9亿元、新冠病毒核酸检测和医疗救治能力提升经费等2830万元,保障全市接种新冠疫苗251.9万剂次,支持定点救治医院改造病区10个、标准救治床位500张,主城区核酸检测日单检量达3.6万管。

(胡程、朱可)

东至县财政工作概述

【概况】2021年,东至县财政系统在县委、县政府及上级主管部门的正确领导下,发挥财政职能作用,加强财政资源统筹,加大优化支出结构,支持做好“六稳”工作、落实“六保”任务,坚持集中财力办大事,用市场的逻辑谋事、资本的力量干事,加快建立现代财政制度,完成各项工作任务,为全县“十四五”开好局、起好步提供财政支撑。

【强化收支保障】拓宽聚财之道,坚定不移增收节支,全年一般公共预算收入完成12亿元,同比增长6%,财政支出35.55亿元,同比下降8.4%。落实常态化财政资金直达机制,全年累计争取直达资金9.26亿元,切实保障资金直达基层、惠企利民。发行政府债券11.51亿元,其中新增债券7.42亿元,统筹用于县委、县政府确定的重点支出。

【支持经济发展】按照“突出重点、量入为出”的原则,安排基本建设项目160个。累计拨付县财政投资基本建设资金1.7亿元,用于保障重点工程及舜城新区建设。加快推进PPP项目建设,全年累计拨付PPP项目运营服务费6800万元。落实减税降费政策,以财政收入的“减法”换取企业效益的“加法”,全年累计减税降费1.58亿元,在减轻企业负担、增加投资和扩大就业等方面发挥积极作用。加快涉企资金拨付力度,全年累计拨付2020年制造强省建设和支持中小企业(民营经济)发展专项资金等各类涉企资金1896万元。探索设立产业发展引导基金和乡村振兴发展基金,创新财政投入方式,发挥财政资金的杠杆和引导作用。落实担保门槛和担保费率双降要求,全年为75户企业减少担保费87.75万元。

【国资国企改革】支持安东集团做大做强主业,创新优势产业,推动实现经济效益和社会效益双赢,实现向市场化、实体化公司转型目标。截至年底,安东集团资产规模为220亿元、完成投资25.75亿元、营收28亿元、净利润2亿元、上缴税收1.95亿元。推进县森泰林业发展公司、森泰碳汇经营公司管理体制改革。扩大政策性担保机构的功能,调整优化县中信担保公司管理体制,整体划转到县财政直接管理。

【民生工程建设】33项民生工程累计投入资金13.11亿元,其中县级配套资金3.72亿元。保障弱势群体基本生活,累计发放农村低保金6567.26万元、重度残疾人护理补贴445.7万元、困难残疾人生活补贴431.4万元、孤儿生活救助资金132.3万元、生活无着人员救助资金111.02万元。帮扶75户家庭生活困难职工,其中生活救助20户、医疗救助15户、助学救助40户。建立以城乡居民医保为基础,大病保险、城乡医疗救助医疗保障体系,全年城乡居民基本医疗保险参保人数45.08万人,累计支付补偿资金31796.03万元;城乡居民大病保险理赔25727人次,累计支付补偿资金4691.47万元;城乡居民医疗直接救助20638人次,累计支付补偿资金872.04万元。大力补齐义务教育基础设施短板,累计投入资金4123万元,完成校舍维修改造项目49个,建设面积45463平方米。资助普通高中家庭经济困难学生助学金 4179 人次,免学费 1205 人次。资助中职助学金 250 人次,免学费 2312 人次。县图书馆、县文化馆、15 个乡镇综合文化站免费对外开放,完成“送戏进万村”演出 234 场。做好常态化疫情防控及新冠病毒疫苗接种经费保障,全年累计安排疫情防控资金 1558 万元,筹集新冠病毒疫苗接种经费资金 6167.4 万元。

【支持乡村振兴】把农业农村作为财政优先保障领域,全年累计拨付各级涉农专项资金 3.71 亿元。严格落实“四个不摘”要求,保持财政支持政策和资金规模总体稳定,累计安排衔接推进乡村振兴补助资金 8024 万元。支持村集体经济发展,安排专项发展壮大村集体经济资金 1000 万元,扶持 17 个成长村及 70 个薄弱村发展集体经济。落实长江禁捕退捕资金需求,累计拨付长江禁捕资金 1.55 亿元。安排美丽乡村建设省级中心村 21 个、市县级中心村 8 个,一批老旧村庄和集镇面貌得到较大改观,农村地区环境面貌得到显著提升。安排农村公益事业财政奖补项目 140 个,涵括道路硬化、小型水利设施、村庄亮化工程、农村文化活动中心建设及自来水管网改造等,覆盖全县 140 个村(居),受益人口 27 万人。农村综合性改革试点试验项目全部验收合格并投入使用。全年累计安排农业保险支出 1634.08 万元,其中“防贫保”综合保险支出 288.91 万元,努力构建以大宗重要农产品品种为主体,以特色农产品保险、“防贫保”综合保险、蓄滞洪区农业保险为辅,叠加政府巨灾保险、市场化商业保险构成“一主三辅两叠加”农业保险新发展格局。

(吴正飞)

石台县财政工作概述

【概况】2021 年,石台县一般公共预算收入完成 2.39 亿元,为年初预算的 100.1%,较上年增收 1392 万元,增长 6.2%。全县一般公共预算支出 13.56 亿元,为年初预算的 129.4%,较上年减支 2.35 亿元,下降 14.8%。

【财政收支管理】围绕年度财政收入目标任务,加强财源建设和税源分析,及时准确掌握企业纳税变动情况,做到应收尽收,推动实现有质量、有效益、可持续增长。落实政府过紧日子要求,优化支出结构,压减一般性支出和非急需、非刚性支出,严格按照预算安排支出,严禁无预算超预算列支。在保证资金安全前提下,督促加快资金拨付,使财政资金尽早发挥效用。合理统筹上级转移支付和自有财力,科学安排经费预算,保障重点支出需求。统筹盘活用好 8083 万元存量资金,缓解地方财政收支压力。抓好政策协调联动、资源信息共享,推动形成工作合力。全年直达资金支出累计完成 2.69 亿元。

【深化财政改革】构建全面规范透明、标准科学、约束有力的预算制度,明确权责、创新机制、提升绩效为重点,严格预算编制管理,规范预算支出管理,增强预算约束力,增强财政透明度,提高预算管理信息化水平。围绕打造阳光财政,推动预算信息公开范围进一步扩大、公开内容进一步细化,使预决算公开贯穿预算改革和管理全过程。按照法定要求,机关运转、“三公”经费、绩效评价、政府采购、固定资产等预决算信息公开工作由全县 57 个预算部门扩展延伸至 74 个独立核算单位。实施支付宝、微信等电子化缴款新模式,让群众扫码即可缴款,实现财政部门、执收单位、代理银行间信息互联互通,建立一站式办理在线服务平台,提升财政服务水平和办事效率。落实采购平台“徽采云”项目,推进政府采购网上交易、监管、服务全面融合和资源共享共用,提升交易服务水平。优化采购程序,实施政府采购计划备案管理推动政府采购管理从程序导向型向结果导向型转变,提升服务监管能力。推进县属国有企业战略重组和专业化整合,注销兴旅集团,重组兴石集团,并对县黄梅戏剧团等三家公司进行清产核资工作后,将陆续注入兴石集团。探索池州中龙商品混凝土有限公司等三家公司实施混合所有制改革,以提升市场化运营和监管效率。

【强化民生保障力度】推进实施 33 项民生工程,全年计划投入资金 4.48 亿元,其中:中央及省级资金 2.64 亿元,市县级配套 1.13 亿元,其他资金 0.71 亿元。投入 1078 万元落实教育资助政策和“免费午餐”、营养改善计划,投入 2597 万元支持农村中小学、幼儿园校舍维修改造等建设项目,投入 2080 万元支持七里中心学校易址重建、新建城南幼儿园。加强社会保障体系建设,累计拨付 2.22 亿元提升基本保障水平。做好退役军人、农民工等重点人群就业工作,实施居家养老服务中心项目建设,提升养老服务水平。安排 1.15 亿元用于县医疗卫生健康服务事业,其中 1138 万元用于支持县人民医院救治能力提升工程建设。开展免费“两癌”筛查等诊断,提高妇女儿童保障水平。全年文体旅游类支出 3236 万元,支持“三馆一站”免费开放、推动完善公共文化服务体系、村级公共活动场所等农村文化建设、推进全域旅游创建等。全年争取非标专项债资金 50700 万元,用于推进县智慧综合农贸市场建设、县医院急诊综合楼建设等工程。协调推进重点项目和小微企业融资工作,引导县域金融机构加大对实体经济、政府重点项目等支持力度,服务小微企业和“三农”发展。

【支持乡村振兴】建立健全村级组织运转经费保障机制,将村级组织运转保障所需经费列入县财政年度预算,明确保障资金来源,全年拨付2141万元保障村级组织办公经费和其他必要支出,并逐步形成支出与经济发展水平相匹配的村级组织运转经费合理增长机制。全年共整合资金1.85亿元(其中衔接资金1.25亿元),用于支持脱贫村和非贫困村发展产业,补齐基础设施短板。安排地方政府债券资金1955万元用于巩固拓展脱贫攻坚成果,凤台县捐赠帮扶资金1530万元用于农村基础设施。发挥政府统筹功能,加强集体经济发展的规划、项目、资金统筹,安排450万元引导支农、扶贫、产业等各类项目向村级集体经济发展项目适度倾斜,增强“输血”功能。安排300万元支持七都镇新棚村红色美丽村庄建设(红色教育基地皖南红军总医院复建项目)、安排459万元支持80个一事一议财政奖补项目、安排1308万元支持城乡环卫一体化,村内道路、文体广场、绿化亮化等基础设施,改善农村人居环境。

【强化财政监管】全年乡镇财政资金监管累计公开公示389次,抽查补助类资金1836户次,抽查面为5%,巡查工程项目96个次。通过监管平台累计监管资金共3.27亿元,其中:乡镇预算资金9796万元,补贴农民资金8823.13万元,项目资金1.22亿元,村级资金1819.38万元。累计实施预算审查项目202个,审查金额4.61亿元;审定项目202个,净审减金额498.92万元。累计实施结算审查项目253个,审查金额3532.49万元;审定项目234个,净审减金额2183.49万元。依法规范采购项目备案,共备案政府采购项目481个,预算金额1.25亿元,其中在县公共资源交易服务中心交易项目83个,项目总预算1.15亿元,实际成交金额为1.05亿元,资金节约率为8.88%;网上商城项目398个,项目总预算1076万,实际成交金额为1004万元,资金节约率为6.7%。组织开展全县行政事业单位闲置、非自用经营性资产(资源)摸排工作,制定资产(资源)整合利用和集中统一监管的实施方案。组织开展对县属国有企业开展劳动用工检查,并以问题为导向督促相关企业进行整改完善。落实退休人员社会化管理工作,出台《石台县国有企业退休人员社会化管理服务工作实施细则》,减免企业负担25.2万元。依规及时办理资产处置工作,完成资产处置审核32笔1866.7万元。

【强化干部队伍建设】坚持把学习贯彻习近平新时代中国特色社会主义思想作为首要任务和基本职责。制定党委中心组理论学习计划,常态化组织学习党的理论知识及政策法规。精心组织建党100周年系列庆祝活动,深入开展党史学习教育,开展“我为群众办实事”活动。安排专人专职负责党建工作,建立责任明确、保障到位的党建工作运行机制。多次召开警示教育大会,通报反面典型,邀请纪委领导为局机关全体职工及县属国有企业负责人上警示教育廉政党课。做好市县党代会代表推选及市、县“两优一先”表彰对象的推荐和“光荣在党50年”纪念章发放工作。督促指导县供水公司党支部完成换届选举,督促指导兴旅集团成立党支部。配合文明委开展安徽省文明城市创建,提前启动新一轮省级文明单位创建考核准备工作。配合退役军人事务局开展安徽省双拥模范县创建考评,常态化开展机关作风建设,打造忠诚高效廉洁干部队伍。

青阳县财政工作概述

【概况】2021年,青阳县财政局按照县委、县政府部署要求,集中力量保重点领域支出需要,全面实施预算绩效管理,深化预算公开,严控“三公经费”支出,提高财政资金使用效益,为加快建设经济强、百姓富、生态美的现代化“九华圣境、灵秀青阳”新征程提供财力保障。全年一般公共预算收入10.71亿元,较上年增长9.4%,一般公共预算支出25.61亿元,同比增长15.9%,其中,民生类支出21.88亿元,占一般公共预算支出85.4%。青阳县获全国县级财政管理绩效综合评价前200名、安徽省财政扶贫资金绩效评价结果“优秀”等次、安徽省乡镇财政资金监管和惠农补贴资金管理发放工作绩效评价B类县,县财政局获池州市推进经济发展先进集体、第九届池州市文明单位、池州市2021年度无烟党政机关、全县综合绩效考核A类单位、招商引资绩效考评二等奖、平安建设暨综治工作先进单位、评议机关优胜单位、卫生健康工作先进单位、党风廉政建设责任制通报表扬单位。

【支持经济健康发展】支持城镇基础设施建设,安排重点项目建设2.67亿元,改善农村基础设施,推进乡村振兴,拨付农村基础设施建设专项资金3541.49万元。支持污染防治攻坚战建设,拨付生态污染防治资金2362.5万元。支持企业发展,促进经济转型,拨付支持企业发展奖励资金1.16亿元,对3家科创板上市企业补助资金30万元。把稳就业放在突出位置,拨付就业补助专项资金828.44万元。持续创新金融产品,开发实体经济愿意用、用得了的金融产品。开展防范非法集资宣传教育工作,做好民间借贷及非法集资风险的源头防控。

【保障改善民生】推进33项民生工程,预算投入资金7.69亿元,其中县级配套资金8010.84万元。支持医药卫生体制改革,保障疫情防控经费。拨付基本公共卫生专项资金1636.5万元,新冠肺炎疫情防控补助资金1736.84万元。加大财政支农力度,组织实施41个农村公益事业财政奖补项目,总投资796.15万元。支持巩固拓展脱贫攻坚成果和乡村振兴衔接,投入资金8748万元。争取发行政府债券资金10.43亿元。成功申报4个自求平衡专项债券项目进入省项目库。

【强化财政监督管理】出台《青阳建设投资集团有限公司经营业绩考核与薪酬管理暂行办法》《青阳县县属国有企业重大事项管理暂行办法》。受理县建投集团各类重大事项11件,其中备案3件、核准2件、审核并报政府审批6件。开展整治国有企业财务会计信息虚假问题专项行动,制定《青阳县国企改革三年行动实施方案》,推动国企改革走深走实,提升改革综合成效。开展小微企业和个体工商户税收优惠政策评估工作,全面真实掌握青阳县贯彻落实政策实施效果及减免税政策执行情况。推进财政投资评审工作,完成各类评审预结算项目100个,送审金额7.46亿元,审定金额7.32亿元,审减金额1468.24万元,净审减率为2%。开展“小金库”专项防治行动,全县51个主管部门组织实施对单位本级和所属单位的2020年度发现和查处的“小金库”情况上报工作,自查面为100%。开展惠农补贴资金发放互审,分乡镇自查和互查2个阶段进行,逐一整改发现问题,提高惠农补贴资金管理发放工作质量。

【加强财政国资队伍建设】开展党史学习教育,通过举办读书班、专题宣讲会等方式,开展“四史”学习,开展建党100周年系列活动。加强基层党建工作,打造机关党建文化长廊。开展“国企党建品牌创建年”活动,实施党支部联系点工作,每名党委委员认领一个支部定点联系指导,县建投集团党委同步参与,覆盖财政国资系统内所有党支部。加强财政干部作风建设,制定公开服务承诺、业务办理时限和监督举报电话。设立离岗告知牌,实行离岗告示。举办党风廉政建设专题培训,召开警示教育大会,组织开展廉政谈话,筑牢党员干部思想防线。

贵池区财政工作概述

【概况】2021年,贵池区一般公共预算收入完成23.34亿元,同比增长9.1%,加:上级补助收入23.41亿元,债务转贷收入6.17亿元,调入资金3.11亿元,收入合计56.03亿元。全区一般公共预算支出完成47.89亿元,同比下降4.3%,加:债务还本支出5.56亿元,上解支出0.5亿元,支出合计53.95亿元,收支相抵,结转下年2.08亿元。其中:民生支出40.8亿元,占一般公共预算支出比重达85.2%。

【加强收入统筹】全区实现一般公共预算收入23.34亿元,增长9.1%。强化收入预期管理。加强财税工作调度,强化对重点企业、重点税源监控,加大对存量国有资产资源处置、土地出让、矿山整治、砂石收入等非税收入征缴力度,确保应收尽收。强化财政资源统筹。加大对专项资金、债券资金统筹使用力度,清理盘活财政存量资金4亿元。积极向上争取资金。全年累计获取上级专项及新增债券资金16.13亿元,为重点项目建设提供有力资金保障。

【提高支出精准度】坚持优先保障民生。继续支持实施省定33项目民生工程,全区实现一般公共预算支出47.89亿元,其中:民生类支出近40.8亿元,占一般公共预算支出比重达85.2%。支持乡村振兴。统筹安排乡村振兴衔接资金1.47亿元,助力脱贫攻坚成果与乡村振兴有效衔接,推动乡村振兴各项工作有序开展。落实重点支出保障。全面梳理资金需求,多元化、多渠道筹集资金,做到“对上争取一块、预算安排一块、金融支持一块、盘活存量一块、引导社会资本投入一块”,切实做好实施“六大行动”、建设“千亿园区”等事关全区经济社会稳定和可持续发展的区委重大决策部署财政保障工作。

【强化风险防范】加强风险监测预警。推进涉嫌非法集资线索摸排和互联网金融平台整治,约谈警示平台实际控制人,常态督促兑付平台资金,稳妥回复投资人诉求。重点推进“今优农场”案后风险处置,清退归集涉案资金396万元,涉及人数372人。强化金融监管。先后对融资担保、小贷公司开展全覆盖现场检查,并下达监管意见书,配合市地方金融监管局开展“双随机”检查,赴融资担保、典当行、小贷公司协助开展政法队伍教育整顿现场查询,加强对地方金融行业的监管。促进要素对接。推深做实“四送一服”,举办2场银企对接会,累计为46家企业促成资金合作意向11.4亿元。加强多层次资本市场建设。出台《贵池区企业资本市场业务培训专项行动实施方案》,拟定《贵池区加快推进企业上市“一企一专班”工作方案》《贵池区企业上市挂牌三年登峰行动计划》,召开全区企业上市工作推进会,培育九华明坤、鸿叶生态竹纤维等一批上市后备企业,形成多层次上市企业梯队。优化金融服务。出台《贵池区银行业金融机构服务地方经济发展考核评价办法(试行)》,鼓励引导金融机构有效扩大金融服务供给,搭建政银企对接平台,帮助企业更好获得信贷支持。

【推动财政体制改革】持续优化预算管理。全面启动预算管理一体化改革,全区266家预算单位全部实现上线运行;贯彻落实"零基预算"理念,出台《贵池区本级部门预算编制管理办法》《贵池区区本级部门预算项目库管理办法》等制度,合理确定公用经费定额标准。推行全流程电子化招标采购工作,全年完成政府采购项目436个,采购总预算6.09亿元,总成交额5.48亿元,节约资金6100万元,综合节约率11%。不断提升财政管理水平。推进"互联网+监管服务"新模式,推行电子化票据改革;强化专项资金管理,制定《贵池区财政专项资金管理暂行办法》;实施"产业强区"战略,制定《贵池区推进产业强区若干政策》。出台事前绩效评估、绩效运行监控、绩效评价等预算绩效管理办法,制定《贵池区预算绩效管理工作考核办法》,将部门预算绩效管理纳入政府目标考核,着力构建预算绩效全流程"管理链条"。

【深化国资国企改革】推进国企改革,制定《贵池区国企改革三年行动实施方案(2020—2022年)》和《关于进一步深化改革推动金桥投资集团高质量发展实施方案》;建立健全现代企业制度,出台区属国有企业落实"三重一大"决策监督管理、外部董事管理、投资管理、议事规则和违规经营投资责任追究等办法,规范企业决策治理、经营管理、风险防控等行为。优化调整国有资本布局,推进矿权整合、铁运专线、国家储备林、城乡供水一体化等项目建设;依托担保公司、基金公司,积极发挥国有资本在"产业强区"中的引领带动作用。规范企业参股投资管理,组建池州中桥环保新材料有限公司,严格参股股权管理,促进与央企、民企共同发展。健全市场化经营机制,督导企业对发展战略、机构设置和制度建设情况进行全面梳理、调整和完善,推行员工公开招聘等制度,推行全员绩效考核,落实工资总额备案管理,加快形成反应灵敏、运行高效、充满活力的市场化经营机制。强化经营业绩考核,制定企业负责人2021年度经营业绩考核实施方案,突出净利润、非税收入等质量效益指标,充分发挥考核的指挥棒作用。提升国有资产管理水平。完成经营性国有资产统一监管工作,实行集中运营管理,放大资产聚合管理效应。多措并举加快推进非主业或低收益业务和多年无效益且生产经营一时难以好转的低效无效资产处置工作。全年全区国有资产进场交易成交标的191宗,同比增长83.65%;交易金额19377.90万元,同比增长134.65%,溢价1639.86万元,溢价率达9.24%。

【加强财政队伍建设】推进党史学习教育。认真学习贯彻习近平总书记重要讲话和指示精神,全面落实党中央决策部署,推进财政系统党史学习教育各项工作有序开展,教育引导党员干部学党史、悟思想、办实事、开新局,提高政治判断力、政治领悟力、政治执行力。同时,将"三个以案"警示教育、党史学习教育、中央巡视整改等专项工作有效结合,推进"我为群众办实事"实践活动,推深做实为民办实事解难题工作。加强廉政教育和纪律建设。开展党章党规党纪和习近平总书记重要讲话精神的学习,增强广大财政干部做好党风廉政建设和反腐败工作的自觉性,教育警示广大财政干部增强纪律意识、法律意识、风险意识和廉洁意识,严守纪律红线,知敬畏、存戒惧、守底线。印发《2021年贵池区财政局(国资委)党委党风廉政建设工作要点》,层层签订党风廉政建设责任书,落实"一案双查""责任倒查",传递党风廉政和作风建设越来越严的导向。加强干部队伍建设。全年开展政治宣讲、业务培训近10场次,不断提升干部队伍综合素质;推进财政系统重要岗位干部管理和监督,加大重要岗位干部交流力度,增强干部队伍活力,打造忠诚干净担当的高素质财政干部队伍。

九华山风景区财政工作概述

【概况】2021年,九华山风景区一般公共预算收入完成3.32亿元,完成年初预算的83.2%,同比增长9.7%,为调整预算的100%;加上上解支出1989万元,支出合计4.32亿元,安排预算稳定调节基金4074万元,结转结余211万元。

【收支管理】加强收入预期管理,落实财政收入运行调度机制,多形式加强与收入征管单位沟通协作,会商研判收入形势,加大收入征管力度,防止跑冒滴漏,做到应收尽收。规范财政支出管理,严格执行科目调整审批制度、公务卡强制结算目录制度和资金支付个人账户备案制度,保证财政资金支出安全。对确需要调整经济分类科目的,履行线上线下并行审批手续,对列入目录内17项公务支出严格执行公务卡强制结算制度,对单笔超过1万元向国库集中支付中心备案。加强直达资金监管,落实常态化财政资金直达机制,完成资金分配下达、指标登记和数据导入,严把财政关口,实现直达资金全过程追踪。加强对直达资金指标下达、资金支付等情况进行实时监控,促进资金尽快支付到位。全年接收分配直达资金指标1984.84万元,完成支付1948.96万元,支付进度为98.2%。

【惠民措施】全年通过"一卡通"累计发放18类涉农补贴1079万元。开展惠农财政补贴资金滞拨闲置等突出问题专项整治,推进惠民惠农财政补贴资金应用社保卡发放工作,截至

12月底,共完成存折换卡4248户,替换比例为92.6%,超额完成市政府下达的任务。做好财政统发人员工资卡换发第三代社保卡工作,完成所有预算单位财政编发人员工资卡和国有企业职工换发第三代社保卡工作。

【民生工程】实施19项民生工程,多渠道筹集资金2724万元,其中本级安排877万元,保障项目实施所需资金。加强资金管理,对于涉及个人的资金,落实"政策公开、程序透明、支付到人"要求,及时发放;对于涉及工程建设资金,明确重要节点,实行工期倒排、时间倒逼等办法,推动项目加快建设。强化工作调度,及时进行任务分解,建立任务责任清单,签订目标管理责任书。出台实施办法,明确工作措施,落实领导联系项目制度,实行月通报、季调度、年考核工作机制。建立民生工程约谈制度,强化民生工程实施推进力度。强化政策宣传,组建网络"站群",动态更新实时互动政策信息。利用微信公众号,发挥新媒体优势,实现"指尖"查看咨询。整合政务、医疗、社保等短信平台,发送民生短信。建立"电子屏+宣传牌+宣传册"户外宣传矩阵,瞄准提高知晓率和满意度目标,设置65个宣传栏(牌),投放7500份宣传册、3500份宣传品。

【综合改革】落实预算管理一体化建设工作要求,制定工作方案,对标预算管理一体化规范和预算管理一体化系统技术标准,搭建预算管理一体化系统网络资源、开展业务操作培训、收集整理基础信息、完成模拟测试等工作,确保预算管理各项业务如期正式上线运行。实施预算绩效管理,建立部门预算绩效管理操作指南等6项制度,形成较完善的全过程预算绩效管理制度框架。扩大预算绩效管理覆盖面,风景区所有预算单位除基本支出外项目支出均设定绩效目标及部门整体支出目标。加大预算绩效目标事前审核力度,对24个预算单位涉及资金1亿元及有关重点项目开展审核论证。推进预算绩效自评和复核,财政部门组织对10个重点项目开展绩效评价,涉及资金5260万元,及时公开重点项目绩效目标、绩效评价结果。推进国企改革三年行动计划,制定印发国企改革三年行动实施方案,明确改革目标和重点任务。出台"三重一大"决策管理办法、国有企业外部董事履职管理办法等配套文件,进一步规范企业管理,增强企业活力,做优做大国有经济。加强行政事业单位资产管理,在建工程转固工作成效明显。

安庆市财政工作综述

安庆市财政工作概述

【概况】2021年,安庆市一般公共预算收入156.1亿元,增长10.2%。全市一般公共预算支出483亿元,同比增长0.1%;其中民生支出411.6亿元,同比增长0.4%,占财政支出的85.2%。

【保障财政运行】有序组织收入,确保财政收入有质量、可持续。全市一般公共预算收入增幅高于全省平均水平,税收收入占比73.4%。落实过紧日子要求,坚持压一般、保重点,从严编制预算,严把支出关口,坚持将有限的财政资金花在刀刃上。压实预算单位支出主体责任,强化预算约束,加快执行进度,确保各类财政资金安全高效使用。全市财政支出483亿元,与上年基本持平。清理盘活各类财政存量资金37亿元,统筹用于亟需领域。健全完善常态化财政资金直达机制,直达资金支出83.7亿元。

【支持实体经济】新增减税降费15亿元,让企业和群众实实在在享受政策红利。兑现涉企资金2.6亿元,支持市场主体发展。用好金融政策工具,着力满足企业融资需求。新型政银担在保余额94.9亿元,当年新增87.9亿元;"税融通"贷款余额22.5亿元,当年发放39.9亿元,惠及1558户次;续贷过桥资金周转94亿元,扶持企业2041户次;创业担保贷款发放10.5亿元,服务创业主体4086户。支持科创平台建设,拨付0.2亿元与浙江大学合作组建创新联合体。拨付5亿元支持安庆经开区主导产业、重点领域创新发展,培育壮大新动能。增强基金招引功能,借助投资机构的资源优势,发挥园区载体作用,促进资本与产业的有效对接、项目与园区的落地承接。与深创投在基金合作、项目招商、人员交流、专业咨询等方面开展深度合作,增资同安招商基金16.5亿元、新能源汽车二期基金1.5亿元,新设科技成果转化子基金,总规模不低于50亿元的"中石化碳中和母基金"完成框架协议签署和核心条款洽谈,启动组建总规模20亿元的"双生基金"。全市政府性投资基金新增投资本地项目28个、13.7亿元。资本市场业务专项培训40余场,培训企业1700家。22家企业纳入全省上市后备库。新增过会企业1家、上市辅导备案3家、新三板挂牌1家、省区域性股权市场股改挂牌12家。

【推进城乡发展】全市新增政府债券资金107.6亿元,支持补齐基础设施和公共服务领域短板,安九高铁、长风港铁路专用线、综合保税区等项目及一批公共卫生服务机构相继建成或开工建设。多渠道筹措资金69.6亿元(含专项债43亿元),推进152个老旧小区和7406户棚户区改造。投入18亿元,推动巩固拓展脱贫攻坚成果同乡村振兴有效衔接。投放脱贫人口小额信贷8.1亿元,财政贴息8600多万元。投入15亿元,支持生态环境修复、水系综合治理、大气污染防治等,推进生态文明建设。市级财政安排资金50.9亿元,用于高铁新区、滨江大道、市委党校、整车进口口岸等重点领域、重大项目和重要平台的资本性支出。拨付4.8亿元,保障城区环卫管理规范化、污水厂网运营一体化、城市生活垃圾处理无害化及公交线路广覆盖、航班航线再扩展。

【推动民生福祉】聚焦民生领域,持续加大投入力度。全市民生支出411.6亿元,占财政总支出的85.2%。33项民生工程投入资金128亿元,完成年度目标任务。落实就业优先政策,拨付就业补助2亿元、稳岗补贴0.3亿元,促进更加充分更高质量就业。投入89.3亿元,增长2.3%,保障义务教育优质均衡发展,落实公办教育生均公用经费和生均拨款政策,支持职业教育集团化办学。持续推进公共文化服务体系建设,保障第九届黄梅戏艺术节圆满举办。拨付2.5亿元用于常态化疫情防控,安排6.1亿元专项用于新冠疫苗接种。统筹2500万元,支持市第一人民医院与安徽医科大学开展院校合作,助力打造省内一流综合性医院。围绕困有所助,进一步加大帮扶力度,农村特困供养人员财政补助标准提高到8160元/年·人,城乡低保标准提高到658元/月·人,城市"三无"人员供养标准提高到10560元/年·人。开展"防贫保"综合保险试点,8个试点县(市、区)实现全覆盖。

【强化风险防控】争取再融资债券资金63.2亿元专项用于偿还政府债券到期本息,缓解政府即期偿债压力。坚决遏制新增隐性债务,在保障"三保"和政府债券还本付息等刚性支出的基础上,统筹各类资金多措并举化解隐性债务。坚持"三保"支出在财政支出中的优先顺序,兜牢"三保"底线,保持合理库款规模,防范支付风险。压降压减地方法人银行机构风险,"一行一策"促进不良贷款化解处置、资本补充,开展公职人员在农商行系统不良贷款清收工作,辖内高风险机构实现清零。脱贫人口小额贷款逾期率0.06%,严控在预警线以下。有效防范非法集资风险,新发案件明显遏制、陈案存量加快化解。陈案结案16起,结案率29%,远超省定目标。

【深化财政改革】完成新一轮市区(开发区)财政体制改革,进一步增强区级财政保障能力,调动辖区资源统筹、产业发展、招商引资的积极性和能动性。推进预算管理一体化,精准编制预算,规范预算管理,预算执行试点实现全覆盖。建立金融工作调度机制,定期分析金融运行态势,促进金融平稳健康运行。统筹推进国有企业改革重组和投融资公司转型发展,开展国有企业改革攻坚,基本完成城区18户中小企业改革改制。推动同安控股组建矿业投资公司,支持组建人才发展集团和文旅投资集团。深化华茂集团混合所有制改革,成功引入战略投资者,助力打造百亿企业。

【推进机关党建】坚持把全面从严治党、加强党风廉政建设作为重大政治任务来抓,坚持党建与中心工作相结合,党建与财政业务相结合,党建与使命担当相结合,深化党建品牌创建。坚持正面教育和警示教育相结合,经常性开展革命传统教育,筑牢思想防线,增强廉政意识。持之以恒强化正风肃纪,做到防患未然、抓早抓小、防范"微腐败",营造风清气正的政治生态。开展党史学习教育,通过党史学习专题会、专题读书班等形式,推进党史学习教育向个人延伸、向基层延伸,让党史学习教育有深度有厚度。以学党史为载体,结合财政工作实际,真正把党的政策、财政各项工作落实到实处。

(林浩)

桐城市财政工作概述

【概况】2021年,面对新冠肺炎疫情、减税降费以及经济持续下行压力等因素影响,桐城市财政部门在市委、市政府的坚强领导下,凝心聚力、团结奋进,知重负重、难中求成,充分发挥财政职能作用,全力支持做好"六稳"工作、服务落实"六保"任务,主动作为、奋发有为、担当善为,财税收入呈现稳定增长,重点支出得到保障,支持经济发展成效显著,财税管理改革持续深化。

【提高财政保障能力】进一步挤压"总部经济"收入泡沫,全市财政收入完成32.65亿元,较上年同期增收1.59亿元,增长5.1%。收入总量在安庆市县区中保持第1位。向上争取资金,全年累计争取各类直达资金10.5亿元、新增债券资金9.6亿元,对全市经济社会发展支撑能力增强。加大力度清理盘活存量资金资产,全年统筹整合各类结余结转资金1.3亿元。

【优化财政支出结构】全市一般公共预算支出实现57.5亿元,较上年同期增支3.1亿元,增长5.7%。全市民生支出49.07亿元,占一般公共预算支出总量的85.3%。优先保障疫情防控资金9900万元,筑牢常态化疫情防控安全防线。多渠道筹措资金2.1亿元,巩固脱贫攻坚成果与乡村振兴有效衔接。安排364.2万元用于渔民减船转岗安置、安排5038.26万元用于养殖户补偿,助力长江流域禁退捕。加大对镇街、市直单位保障力度,对镇街体制内财力补助2.73亿元;所有涉及人员的工资,市财政全部按政策保障到位。统一机关事业单位公务费定额标准,全部按行政人员每人每年1万元、事业人员每人每年0.6万元的标准纳入预算。加大农村基层组织经费保障力度,全年拨付村级保障资金6491万元。投入资金19.92亿元实施32项民生工程。投入教育资金13.1亿元,支持办好人民满意教育。兑现各类惠农惠民补贴4.11亿元、城乡居民基本养老金1.85亿元。安排基本公共卫生服务补助资金5172万元,财政补助标准提高至年人均79元。筹措专项资金6975万元,支持实施36个老旧小区改造。大幅度压减非刚性、非重点项目支出和一般性支出,全市公务接待费、公车购置及运行维护费、会议费同比分别下降5%、1.5%和11.6%。

【提升财政业务水平】成立财政财务业务指导委员会,出台《桐城市财政专项资金管理办法》,优化专项资金业务流程,取消财政二次审核。撤销镇街"一事一议"、"工资代发"财政专户。每季度开展镇街会计业务达标评比活动,建立规范会计工作秩序。制定村集体经济组织会计核算业务指引,加强村集体财务管理。建设学习型党组织和学习型机关,完善经常性学习机制,突出"关键少数"和年轻干部,常态化开展"业务骨干和科长上讲台"活动、实行"金融知识专题学习"领学和"周五集中学习日"等活动,提高财政干部专业水平和综合素质。针对巡视巡察、审计反馈问题,开展为期三个月的镇村财务规范提升行动,形成财政财务互审整改报告。组织镇街财务人员开展"三资"管理互查互审活动,发现问题及时整改,坚决纠正到位。

【提高风险防控能力】偿还到期债务8.4亿元,再融资债券7.89亿元。对全市9个PPP项目实施情况开展专题调研并向市人大常委会专题汇报。强化项目绩效评价,确保达到最优效益目标。防范化解地方金融风险,常态化开展对各类金融从业主体的监管排查,重点整治金融领域违规放贷、非法集资、信用卡诈骗、高校学生放贷、恶意讨贷、涉邮币卡等问题。多样化、多渠道开展处非宣传月活动,增强社会公众金融风险辨识能力、防范意识。加快刘克胜案、韩明亮案等重点集资案件包保处置,细化后续举措,推动陈案处置出清。加大桐城农商行不良资产化解,通过资产调拨及土地变性的方式置换化解5亿元,压减地方法人银行不良率水平。加强小额信贷风险防控,成立市脱贫人口小额信贷风险联防联控工作专班,通过提醒、预警、催收、约谈、挂牌、奖励等过程管理,一户一策,分类处置,脱贫人口小额信贷实现"贷得出、收得回"。全年累计发放贷款8.8亿元,财政贴息8334万元,兑现收益分红7772万元,脱贫人口获贷率位居全省前列。全年投放0.71亿元、收回0.67亿元,在贷余额1.396亿元,年末逾期贷款实现全清零。

【迈进国资国企改革】全市国资国企改革第三方机构完成审计46家,完成评估39家(国投公司及下属公司6家,银桥公司1家,共7家企业不参与评估)。评估资产账面价值207.89亿元。制定完善集团公司经营业绩考核和薪酬管理办法,国有企业负责人选聘、招聘及员工安置方案,行政事业单位闲置不动产划转实施方案。探索国有企业承接政府性投资项目管理思路,初步拟定市属国有企业承接政府性投资项目实施办法。制定《关于深化国资国企改革 推动国有企业完善现代企业制度的实施意见》,严格规范股东会、董事会、监事会、经理层及党组织权责,提升国有企业运行效率。

(吕尚)

怀宁县财政工作概述

【概况】2021年,怀宁县地方一般公共预算收入15.16亿元,同比增长8.84%。一般公共预算支出41.47亿元,同比增长3.34%。

【收支管理】通过加强收入预期管理、强化重点税源管控和综合治税、开展税收专项清理行动等方式,推动财政收入平稳有序增长。把握国家、省宏观政策导向,做好项目谋划和储备,加大项目申报力度,全县争取上级转移支付资金20亿元、新增债券11.73亿元、再融资债券4.71亿元。加强财政支出管理,调整优化支出结构,大力压减一般性支出,统筹盘活财政存量资金,集中财力保障"三保"、乡村振兴等重点支出。

【助推发展】研究出台各类扶持政策,及时兑现产业奖补、招商引资等资金3.1亿元,激发企业发展动力。全年累计减税降费达4.5亿元,延缓缴纳中小微企业2021年第四季度税费3000余万元,切实减轻企业税费负担。

【改善民生】省定31项民生工程目标任务全面完成,全年投入资金13.87亿元(其中县本级配套2.53亿元)。落实各类就业创业资金7185万元、发放特困群体救助等各类社保资金1.26亿元。全年教育支出累计8.52亿元,公共文化场馆建设和服务投入1758万元,拨付保障疫情防控资金3000余万元,安排专项债1亿元支持县医院整体搬迁等。统筹整合乡村振兴衔接资金1.63亿元,支持"四好"农村路、高标农田、蓝莓产业园等项目建设。财政投入1882万元,建成90个村级公益事业建设财政奖补项目。独秀乡村振兴示范区"三中心"、商业街和独秀山公园等工程建设顺利推进。

【财政改革】进一步理顺和规范县与乡镇财政分配关系,建立权责对等的乡镇财政管理体制,调动乡镇发展经济、增收节支的积极性。按照省市统一部署,高标准、高效率推进预算管理一体化建设,实现预算编制、批复、执行、决算、会计核算等全过程一体化管理。完善预算绩效目标管理,将绩效目标设置作为预算安排的前置条件,加强绩效评价管理,实现部门绩效自评全覆盖,强化绩效评价结果应用,将评价结果作为预算安排、政策调整的重要参考依据。继续按要求开展预决算公开工作,在法定时间内向全社会全面公开财政政策、财政预算和财政决算等信息。

【财政管理】制订《怀宁县县本级预算管理办法》,加强县本级预算管理,规范财政资金使用。出台《怀宁县政府投资城乡基础设施重点项目建设管理规定》,建立健全科学、民主、高效的政府投资决策机制和实施程序。把握评审重点,抓好评审质量,全年评审项目166个15.68亿元,净审减1.15亿元。审核政府采购项目594个1.48亿元,节约资金249万元。乡镇、县直单位财务监督检查全覆盖,强化问题整改,共清退问题资金149.58万元。加强扶贫专项资金监管,对扶贫资金分配、拨付、使用、管理全程监督,确保专款专用。落实向人大常委会报告国有资产管理制度,规范国有资产处置审批程序和资产处置行为,防止国有资产流失,全年受理资产处置74批次,其中报废报损43批次1358.69万元、出租出借18批次、无偿调拨13批次。

【国资国企改革】加强国有企业管理,县政府制订出台国有资本授权经营和国有企业管控方案,初步建立起以管资本为主的国资国企监管体系。

督促县属国有企业全面加强党的集中统一领导,建立健全现代企业管理制度。制定出台并贯彻落实国企改革三年行动实施方案,国有投融资平台的战略引领作用得到发挥,现代企业制度更加成熟定型,运营活力和效率明显提升。推进平台公司市场化转型,县城投、交发公司推进河道采砂业务,当年实现销售收入1亿元;县城投公司试行房地产开发业务并实现预售收入。县国资公司打造磁电产业园、循环经济产业园、双创产业园、怀宁(松江)科创中心四个“园中园”。县交发公司持续推进蓝莓产业助推村集体经济发展工程,县城投公司推进洪铺建材加工基地项目建设等。县属国有企业与北京首创、安徽建工、青岛思普润、皖新传媒等央企、省企开展战略合作,借鉴利用其现代企业先进管理经验,加速市场化转型。

(赵杰)

潜山市财政工作概述

【概况】2021年,潜山市一般公共预算收入完成10.44亿元,较上年增收6033万元,增长6.1%;一般公共预算支出完成50.38亿元,较上年增支6425万元,增长1.3%。

【服务高质量发展】减税降费普惠企业,受益市场主体10930户次。奖补扶持协同发力,兑现工业、农业、科技创新、现代服务业等产业奖补资金1.1亿元。财政资金示范引领,全年争取各类上级资金28.1亿元,申报入库新增专项债(非标债)项目6个,获批债券额度30.3亿元,到位专项债券资金10.2亿元。“环潜水河乡村振兴示范区”入选国家乡村振兴局、财政部“革命老区乡村振兴示范区”首批试点,获批专项建设资金0.5亿元。

【增进民生福祉】全年民生支出42.98亿元,占一般公共预算支出85.3%。优先保就业,安排就业补助资金1934万元,发放创业担保贷款7247万元。提高基本保障水平,保障新冠肺炎疫情防控资金。严格执行困难群众救助政策,社会救助资金按时发放到位。促进社会事业优质发展,落实教育支出“两个只增不减”。继续支持潜山市立医院新区和第一人民医院等项目建设,进一步优化医疗资源布局。

【支持乡村振兴】严格落实“四个不摘”工作要求,在巩固脱贫攻坚成果与乡村振兴衔接过渡期内保持本级财政投入水平总体稳定。支持农业农村优先发展,支持“藏粮于地、藏粮于技”,及时兑付种粮农民一次性补贴、稻谷补贴,支持建设4万亩高标准农田,构建“四好农村路”安全防护网。试点“防贫保”综合保险,推动农业保险提标扩面增品。健全村级组织运转经费保障逐年增长机制,村(社区)干部基本报酬稳步提高。

【提升财政监管质效】牢固树立科学化、精细化管理理念,注重运用现代化管理方式和管理手段,探索科学理财的新思路、新机制、新办法。做好预算绩效管理,全市304家预算单位全部上线预算编制、预算执行以及会计核算模块。强化“花钱必问效”理念,推动绩效评价与预算安排有机衔接。持续加强风险防控,严格执行政府债务限额和预算管理。建设并运行小微权力制约监督平台,拓宽财政监管面。

【深化国有资产管理】落实向市人大常委会报告国有资产管理制度,行政事业单位国有资产管理制度体系进一步健全,行政事业单位及企业国有资产达370亿元,自然资源实现实物量统计。通过完善法人治理和整合资源资产等方式,推动潜润集团转型升级,增强服务实体经济能力。国有企业改革三年行动计划有序推进。通过专项检查、审计监督、绩效评价等方式,规范国有资产管理和使用。

(叶东)

太湖县财政工作概述

【概况】2021年,太湖县财政部门坚持以习近平新时代中国特色社会主义思想为指导,全面贯彻落实县委县政府重大决策部署,积极应对困难挑战,坚持履职担当、开拓创新,财政事业取得新发展,为全县经济社会发展大局提供保障。县本级一般公共预算收入完成8.50亿元,较上年增收1.49亿元,增长21.2%;一般公共预算支出完成47.10亿元,较上年减支5.72亿元,下降10.8%。

【收入规模提升】积极应对国家大规模减税降费和新冠疫情等财力减收因素影响,强化重点税源管控,深入挖掘新增税源,堵塞征管漏洞,县本级一般公共预算收入较上年增长21.2%,高于全省和安庆7县(市)平均增长水平,增幅居全市七县(市)第一。

【保障重点支出】牢固树立过紧日子思想,县本级安排支付“三保”资金27.06亿元,兜牢“三保”底线。“三公”经费支出1969.89万元,占年初预算控制数87.6%,“公务接待费”、“公务用车运行维护费”较上年同期均不同程度下降,实现“三公经费”只减不增预期目标。统筹资金支出重点事业,投入资金2.58亿元加快健康太湖建设。投入资金3763万元推进城乡公共文化服务体系建设,提高公共卫生和文化惠民工程的覆盖面和实效性。开发公益性岗位,实施创业担保贷款贴息,多举措创新完善就业创业服务体系。安排疫情防控资金1400万元,强化新冠肺炎疫情防控经费保障。投入资金3100万元落实联防联控工作机制,强化群防群控工作举措。建立财政教育经费长效增长机制,教育支出 9.2 亿元。投入资金 15505 万元加强国家安全和社会治安防控体系建设。安排资金 3038 万元,推进安全生产和应急管理工作,增强县级防灾减灾救灾能力。

【支持经济发展】贯彻新发展理念,强化财政投入保障力度,支持经济高质量发展。全面落实国家各项减税降费政策,落细助企扶持性政策措施,持续加大对中小微企业纾困解难支持力度。优化财政奖补程序,发挥财政奖补杠杆作用,全年累计安排企业各类奖补资金 2.05 亿元,其中拨付县级财政支持企业发展类资金 6600 万元。增加担保公司注册资本 2000 万元,为企业纾困融资担保 14.03 亿元。发挥基金引导作用,产业引导基金累计投放 6600 万元,撬动社会资本超过 3 亿元。继续延长阶段性减免企业社会保险费政策实施期限,支持企业"复工复产"。全年向上级争取新增地方政府债券资金 10.34 亿元,为经济社会发展和公益性基础设施建设提供资金支持。实施县域金融工程,推进党建引领信用村建设试点,全县存款 284 亿元,贷款 194 亿元,总额再上新台阶,存贷比 68.4%,居全市七县第二位、担保贷款放大倍数 4.8 倍,居全市第一位。用好贫困县企业上市"绿色通道"政策,宏宇五洲通过深交所创业板发审会。推进发投集团市场化转型,健全规范公司法人治理架构,建立完善公司相关制度,增强平台投融资能力,发挥发投集团在增加市场效益、城市运营、平台建设中的主体作用。打造开发区投资平台,与发投集团合作形成"1+1"协同效应。

【推进财政改革】全面实施预算绩效管理,预算单位项目支出绩效目标和绩效自评实现全覆盖,启动县级政策和项目事前绩效评估,扩大重点财政支出绩效评价范围。推进预算管理一体化建设,构建"制度+技术"的管理机制,组织部门单位进行预算管理一体化预算编制、执行和会计核算的培训和测试操作,全县 213 个预算单位完成各项测试任务。共享"互联网+政务服务"发展成果,在全县逐步推广使用财政电子票据,解决公共支付平台"最后一公里"问题,继新非税征管系统改革后,全县累计开具有效财政电子票据 47039 份。推进全省政府采购"一张网"建设,扩大政府采购范围,全年完成政府采购规模 2.63 亿元,资金节约率为 8%。推进国资国企改革,制定《太湖县行政事业单位及所属企业国有资产评估项目核准与备案管理办法》《太湖县企业国有资产监督管理暂行办法》《太湖县国有企业违规经营投资责任追究暂行办法》等制度,进一步完善国有资产管理制度体系。制定《太湖县深化国有企业改革实施方案》,分解落实国企改革三年行动任务,推进县属国有企业改革,县属国有企业逐步建立健全现代企业管理制度,商务系统国企改革、发投集团重组有序推进。

【管控财政风险】坚持"尽力而为、量力而行"的债务管控原则,适度举借政府债务,强化专项债券"借、用、管、还"全流程管理,稳妥化解政府存量债务和隐性债务,守住不发生区域性系统性风险底线。健全财政资金常态化监管机制,扩大直达资金监管范围,形成直达资金常态化监管机制,全年直达资金监管总量 13.32 亿元,较上年增长 17.3%。加强往来款项清理,进一步规范财政对外借款行为,防范和化解财政专项资金风险。盘活财政存量资金,全年收回预算单位和各类财政专户存量资金 1.57 亿元,统筹安排用于重点领域和重点项目。实行国库集中支付业务流程监控全覆盖,防范资金支付风险。对 40 个大类 4.78 亿元的扶贫项目资金开展绩效自评工作。开展全县惠农财政补贴资金滞拨闲置等突出问题专项整治工作,加强"一卡通"发放管理,建立惠农补贴资金"一卡通"预警系统,全年规范发放补贴农民资金 3.88 亿元。开展乡镇财政财务交叉互审,开展财政监督和会计信息质量检查,提升财务管理水平。推进公路水路公共基础设施资产全面清查和会计核算,确保公路水路资产账实相符。

【推进民生工程】13 大类民生支出 40.04 亿元,占一般公共预算支出 85%。财政投入 11.78 亿元资金,实施 32 项民生工程,签订年度民生工程目标责任书,拟定项目实施"路线图"、时间表和责任人清单,制定考核办法,坚持"月调度、月排名、月通报"工作推进机制,完成年度目标任务。困难群体扶助类项目兜底保障,向低保、五保、困难残疾人、困难职工等发放或支付各类救助资金 1.33 亿元。就业技能培训类项目收效明显,组织退役军人技能培训 87 人、脱贫稳就业培训 241 人、企业新录用人员岗前技能培训 1864 人、新技工系统培养 217 人、新型职业农民培训 950 人。社会保险补偿类项目精准助力,城乡居民基本医保参保率 96.9%,大病保险覆盖全体参保居民,基本医保政策范围内住院报销比例达 70.6%,大病保险合规费用报销比例增至 62%。基础设施建设类项目加速推进,棚户区改造新开工 100 套、基本建成 507 套,改造老旧小区 5 个,完成 21 个美丽乡村省级中心村建设,提质改造农村公路 154 公路、养护工程 209 公里,维修养护农村饮水工程 311 处,4 万亩高标准农田全部开工建设。

【衔接乡村振兴】制订财政衔接推进乡村振兴补助资金管理细则和延续执行涉农资金统筹整合试点实施细则,统筹整合涉农资金 3.63 亿元,建立健全巩固拓展脱贫攻坚成果长效机制,加强脱贫攻坚与乡村振兴政策有效衔接。开展农村公益事业财政奖补工作,安排全县农村公益事业财政奖补资金1480万元,实施农村公益事业建设项目159个,项目建设内容涉及道路修建、小型农田水利设施建设、村容美化亮化等方面,项目惠及全县13万人口。扶持壮大村级集体经济。安排扶持壮大村级集体经济项目村15个,每村补助不低于55万元,共计825万元。印发《太湖县扶持壮大村级集体经济资金管理办法》,加强资金监管,提高专项资金使用效益。强化政策性农业保险工作。夯实政策性农业保险工作基础,农业风险保障能力得到增强,全县9259户(次)农业生产经营组织或农户共获得理赔款2668万元。推动"防贫保"综合保险试点,财政补贴保费470余万元,为35709户脱贫户和监测帮扶户织牢防止返贫"保护网"。

【加强作风建设】强化党建引领,落实全面从严治党要求,认真执行"三会一课"制度,推动党建与财政工作深度融合,促进党建工作规范化、常态化、制度化。强化学习成果转化,深化为民服务,系列惠民利民政策措施精准实施,一批群众"急难愁盼"问题得到解决,群众满意度提升。印发《关于进一步严肃工作纪律提升服务效能的通知》,并配套形成制度体系,激发财政干部作风纪律意识和担当尽责行动自觉。实行"四个清单"督查督办和定期调度机制,推动工作真落实快行动见实效。落实党风廉政"两个责任"和"一岗双责",持续开展新一轮深化"三个以案"警示教育。不定期开展纪律作风和效能建设执行情况督查,及时发现问题,限时整改落实,强化违纪问责。举办财政系统综合素质能力提升培训班,提升财政干部专业化履职能力。

(殷礼琴)

望江县财政工作概述

【概况】2021年,望江县财政局坚持稳中求进,强化预算约束,提升管理绩效,严控债务风险,增强服务效能,做好各项财政工作,为全县"十四五"开好局、起好步提供财力保障。全县一般公共预算收入完成12.69亿元,同比增收1.38亿元,增长12.2%。其中:地方财政收入完成7.95亿元,同比增收4518万元,增长6%,加上上级税收返还和转移支付收入30.04亿元,调入出让金、社会帮扶资金等7.68亿元,调入预算稳定调节基金5296万元,新增地方一般债券收入1.20亿元,当年一般公共预算财力合计47.40亿元。当年一般公共预算支出42.16亿元,补充预算稳定调节基金771万元,上解支出2263万元,结转下年4.94亿元。一般公共预算收支平衡。望江县财政局获省级节约型机关、全省资产收益扶贫民生工程绩效评价优秀等次、财政扶贫资金绩效评价优秀等次、全省财政系统2021年度宣传工作先进单位等荣誉,并被县委县政府评为2021年度全县综合目标管理优秀单位、党风廉政建设先进单位、平安建设先进单位、信访工作先进单位等。

【突出精准用财】落实过紧日子要求,压减非急需、非刚性支出,"三公"经费较上年下降1.8%。坚守"三保"支出底线,做到预算优先安排、资金优先拨付、库款优先保障。落实13大类民生支出保障要求,全年民生支出35.7亿元,占总支出比重85%以上。统筹整合财政涉农资金,足额安排县级配套资金,筹集衔接资金3.50亿元,保巩固拓展脱贫攻坚成果和乡村振兴有效衔接投入稳定增长。争取新增一般债券资金7831万元支持乡村基础设施建设。投入农林水支出约9.2亿元、农村综合改革资金7360万元,服务农村经济发展。安排政策性农业保险保费补贴4577万元,新增"劝耕贷"2500万元,新增脱贫人口小额信贷1.85亿元,全面启动"防贫保"综合保险试点工作,代缴保费460万元,引导金融支持乡村振兴。投入污染防治、生态保护、美丽乡村建设等专项资金2.90亿元,支持秸秆禁烧和综合化利用,继续实施林长制、河(湖)长制,推进人居环境整治,改造城乡污水管网,支持长江生态环境修复,建设美好乡村,争创文明城市。安排9.1亿元落实教育支出只增不减要求,社会保障和就业支出5.8亿元,住房保障支出1.6亿元,医疗卫生支出2.3亿元,文化旅游体育与传媒支出7500万元,公共安全支出1.5亿元,支持社会事业有序发展,提高人民生活水平。

【加力政策赋能】服务"双招双引",安排招商引资专项经费703万元,保障县干和科干招商组工作有序开展,按1‰比例安排部门招商引资经费,支持乡镇和开发区招商引资。落实减税降费政策,减轻企业税负,全年预计减免各项税费2.5亿元。兑现企业招商引资奖励资金9456万元,支持企业做大做强。拨付工业、现代农林业、文化及科技创新、现代服务业等产业奖补资金1.04亿元,扶持县域产业发展。安排5700万元支持经济开发区财政体制改革。优化金融服务,成立金融服务中心,开展资本市场业务培训和"四送一服",加大银企对接力度,全年各项贷款新增27亿元。扩大融资担保规模,为99户中小微企业提供贷款担保3.29亿元,在保余额10.7亿元,担保放大倍数3.47倍。落实"续保通"担保项目,为79户企业过桥续贷续保2.67亿元,减轻企业融资成本。安排创业担保贷款、小额贷款贴息和普惠金融发展资金2427万元,引导金融机构支持小微企业创业发展。

组建投资基金合伙企业,设立雷池产业投资基金,总规模1亿元,落实首批资金5000万元。兑现上市挂牌奖补资金745万元,服务企业挂牌上市。争取上级转移支付收入28.98亿元,落实乡村振兴、基础设施改善、社会事业稳定发展及民生保障等资金需求。申报新增债券项目32个共46.36亿元,获批下达7.68亿元,主要用于棚户区改造、纺织服装制造基地建设等年度重点工程项目。推进平台公司市场化转型,谋划具有收益性的融资项目,获批项目融资32.55亿元,主要包括长江生态环境修复、第一自来水厂及管网建设等项目。

【推进改革攻坚】完善全口径预算和零基预算管理,推进财政预算管理改革,使用预算管理一体化系统编制2022年财政预算,提高预算编制的严肃性和精准度。将绩效管理纳入年度考核,提高财政资源配置效率和使用效益。清理回收财政存量资金2.28亿元,优先用于"三保"等刚性支出,缓解县级财力缺口。初步建立从资产"入口"到"出口"全周期管理制度,开展国有资产清产核资,规范行政事业单位国有资产核销处置,加大国有资产整合力度,全年国有资源(资产)有偿使用收入约5000万元。健全国有企业财务管理机制,提高国有企业运行效益。根据省政府集中采购规定,确定采购执行过程中相关品目和执行方式,限定分散采购和公开招标数额标准。落实预算单位通过扶贫"832"平台采购农副产品,全年采购贫困地区农副产品457万元。

【加强风险防控】严格政府债务限额管理和预算管理,新增政府债券严格控制在省财政厅核定的债务限额以内,将政府债券分类纳入全口径预算管理,按期偿还到期债券本息。防范化解隐性债务,加大对融资平台市场化融资监管力度,严禁违规举债融资行为。持续加强内部管控,严格执行国库集中支付,将财政专项资金一律纳入部门预算管理,压实部门预算执行主体责任,通过直达资金监控系统,强化预算执行监控力度,确保资金支付至最终收款人。使用地方运行监管系统,加强财政库款、"三保"支出责任管理,严格管控财政运行风险。协同完善外部监管,支持建设县人大预算联网监督和县纪委监委权力运行大数据监督平台,拓宽财政监管渠道。落实财政"同级审"和各级巡视巡察问题整改。严格按法定时限公开预算信息,主动接受社会监督。

(汪恭稳)

岳西县财政工作概述

【概况】2021年,岳西县财政一般预算收入10.71亿元,同比增收6400万元,增长6%。地方财政一般预算收入6.82亿元,同比增长5600万元,增长8.2%。全年地方财政一般预算支出7.39亿元,减少1.22亿元,下降16.51%,下降的主要原因是随着脱贫攻坚任务全面完成,省、市对脱贫县的支持政策调整,上级财政转移支付较上年减少。

【强化预期管理】转变财政收入管理方式,确保财政收入依法征管、均衡入库,实现财政收入稳预期、有质量、可持续。财政收入完成年度预算,税收收入占财政收入的比重达到63.7%,较上年提高1.3个百分比。财政支出保障有力,预算单位一般性支出压减5.1%,"三公"经费支出下降11.7%,压减资金用于保障民生、巩固脱贫成果衔接乡村振兴。

【落实减税降费】继续执行企业所得税收入、扣除政策再优惠,降低增值税税率、增值税留抵退税、个人所得税专项附加扣除等制度性减税政策,政策叠加效应持续释放。强化小微企业税收优惠,将小规模纳税人增值税起征点,从月销售额10万元提至15万元;对小微企业和个体工商户年应纳税所得额不到100万元的部分,在现行优惠政策基础上,再减半征收所得税。加大对制造业和科技创新支持力度,延续执行企业研发费用加计扣除75%政策,将制造业企业加计扣除比例提至100%。全年累计减税降费6600万元。

【做好重点保障】坚持"三保"支出在财政预算支出中的优先顺序,将"三保"支出预算贯穿预算编制、预算执行、财政库款调度全过程,全年"三保"支出22.48亿元,占一般公共预算支出的58.9%,其中保基本民生支出13.21亿元,保工资支出8.01亿元,保运转支出1.25亿元。巩固成果赋能乡村振兴,投入衔接推进乡村振兴专项资金2.35亿元,其中县财政预算安排专项资金5200万元,安排落实项目268个,主要用于产业发展、基础设施建设、小额信贷、"雨露计划"等。聚焦聚力民生保障,13大类民生支出32.56亿元,占一般公共预算支出的85%,32项民生工程投入14亿元。

【助力企业发展】引导金融机构助力实体经济,截至年末全县存款余额246.53亿元,较年初增加30.71亿元,增幅14.23%;各项贷款余额171.51亿元,较年初增加40.46亿元,增幅30.87%,完成市30亿贷款目标任务135%,县40亿贷款目标任务101.25%,存贷比为69.57%。运用金融杠杆撬动企业发展,全县融资担保机构服务小微企业、"三农"融资担保在保户数951户,融资担保责任余额7.5亿元,较上年末新增3.46亿元。其中:岳西县立信中小企业融资担保有限公司在保余额6.26亿元,较去年末新增3.6亿元,放大倍数1.98,新型政银担在保户数247户,在保金额

5.42亿元;岳西县农业融资担保有限责任公司在保余额2亿元,较去年末新增0.13亿元,放大倍数1.24。创业担保助推小微企业发展,为201名创业人员发放创业担保贷款7048万元,在保余额602笔1.53亿元;劳动密集型企业创业担保贷款在保49笔,余额4874万元。运用财政奖补鼓励企业发展,共拨付经信局7985.85万元用于兑付各类企业奖补。

【推进国资管理】全县行政事业性资产总额108.91亿元,负债总额4.09亿元,净资产104.82亿元。其中,行政单位国有资产13.93亿元,占12.8%;事业单位国有资产94.98亿元,占87.2%。开展全县国有资产清查,各乡镇、县直各部门按照县国有资产清查批复进行财务调整和国有资产系统调整,解决各单位账账不符、账实不符和积压待处理资产问题。推动国有资产(本)运营,县直财政全额供给行政事业单位门面房等经营性资产委托县国有资产运营中心统一经营,收入上缴县金库,挖掘国有资产增收潜力。强化国有企业监管,实行"清单监管",推进县城投公司市场化转型,完成县城投公司、农投、交投、水投、旅投、天泰置业、天祥公司、城投建工等8家企业划转,组建成立安徽皖岳投资集团有限公司。加强国有企业审计监督,委托第三方对皖岳集团2020年度财务和经营业绩以及县水电公司2020年度财务进行审计。编制国有资本经营预算,进一步健全国有资本经营预算制度,加强县属企业国有资本收益管理。

【防范化解风险】防范化解债务风险,强化政府债务限额意识,完善以债务率为主的风险评估指标体系,强化风险评估预警结果应用,合理确定债务限额。积极稳妥化解隐性债务存量,坚决遏制隐性债务增量,强化日常监督管理,严禁违规举债融资行为。防范重大金融风险,开展防范和处置非法集资等专项整治行动。对岳西县3家融资担保机构、1家小贷公司进行现场监督检查。对小贷公司、融资担保公司实施行业监管、系统月报等监管体制机制。创新财政支持经济社会发展方式,突出政策引导和绩效引领,引导更多金融资本、社会资本投向实体经济和"双基"领域,全县银行新增贷款投放47亿元,较上年增加26亿元。

【推进财政改革】全面推进预算管理一体化改革,县、乡同步使用预算一体化系统编制2022年预算,实现财政财务信息共享。落实常态化财政资金直达机制,中央下达岳西县直达资金7.43亿元,涉及资金项目28大类,全部通过国库集中支付直达企业和个人,并运用直达资金监控系统,对直达资金进行全过程、全链条、全方位监控。全面开展国有资产清理,对县直70个行政单位、24个乡镇、29户国有企业资产进行全面清理,涵盖土地、林木、矿产、水资源、公益性基础设施等范围,为依法依规使用国有资产提供数据基础。按照"注重基本保障、注重激励发展、注重资金绩效、注重体制延续、注重事权财权统一、注重乡镇预算管理、注重乡镇财政服务保障、注重防范乡镇风险"的总体要求,编制第九轮乡镇财政体制,确保乡村"三保"支出有保障。全面实施预算绩效管理,将预算绩效管理纳入县直单位、乡镇政府综合目标考核,出台预算绩效评价操作规程等一系列制度,为全面推进预算绩效管理制定操作指导,县直各部门、各乡镇全面开展预算绩效自评工作,县财政局在各部门、各单位自评的基础上,对卫健委等14个部门单位的整体支出和救灾资金等57个项目开展重点绩效评价。

【推进廉政建设】财政局党组和驻局纪检监察组共同落实党风廉政建设责任,制定《岳西县财政局2021年党风廉政和反腐败工作方案》,明确党风廉政和反腐败工作要求。开展警示教育,以发生在本地本单位本系统的反面典型为警醒,组织集中观看警示教育专题片《警钟长鸣》,增强党员干部廉洁履职自觉性。配合派驻纪检监察组工作,为办案查案提供便利,及时提供资料信息。

(杜慧娟)

迎江区财政工作概述

【概况】2021年,迎江区财政局坚持稳中求进工作总基调,做好"六稳"工作、落实"六保"任务。全区一般公共预算收入完成12.83亿元,同比增长23.9%;全区一般公共预算支出完成12.77亿元,同比增长14%。

【推进科学理财依法理财】完善乡街财政体制,结合新一轮市对区财政体制调整,出台《关于进一步完善乡(街道)财政体制的方案》,调动乡(街道)聚财理财积极性。推进财政规范化管理,完成全区83家预算单位印章和财务岗位等信息采集,落实预算一体化测试全覆盖,保障新预算管理一体化平台2022年1月份上线运行。持续深化国库集中支付改革,完善财政资金支出动态监控系统,确保区级预算执行的科学合规。用好财政直达资金系统,1.09亿元资金由金库直达企业和群众,发挥财政资金惠企利民作用。

【增强财政资金统筹能力】统筹多方资源,落实对上"九争"要求,争取到位各类债券资金10075万元、各类转移支付资金2.90亿元。收回各预算单位结余结转资金3256万元,压减一般性支出预算1600万元,盘活存量资金3349万元,收回财政长期借款5060万元。强化"三公"经费过程管控,"三公”经费同比下降9.1%。规范非税收入管理,推进财政电子票据改革,实行电子开票、自动核销、源头控制、全程跟踪,推行“互联网+非税征缴”模式,组织非税收入10032万元。

【加强实体经济发展能力】出台《迎江区2021年促进民营经济(中小企业)高质量发展实施意见》《迎江区关于推进企业上市(挂牌)和直接融资的若干意见》等一系列政策措施,兑现各类涉企奖补资金7.21亿元,为中小企业减免税费1.71亿元,支持实体经济发展。提供金融服务,为辖区81家企业提供融资担保3.41亿元;为47家企业提供2.75亿元的“过桥续贷”服务;为4家网络货运企业提供2.09亿元的“网络货运E贷”支持;为辖区2家企业提供1550万元的首位产业基金支持,增加服务经济发展能力。

【兜牢基本民生保障】全区财政民生支出完成13.38亿元,占财政支出比重为86.97%,投入资金1.04亿元,实施25项民生工程。拨付就业资金及技能提升培训资金1510万元,保障社会就业;补助2067.02万元,用于基本公共卫生服务;发放各类补助资金6214.13万元,保障困难群众基本生活;拨付疫情防控专项资金1237.38万元,保障疫情防控工作常态化开展;投入资金2751万元改善居住环境,改造城镇老旧小区31个;投入资金21995万元,用于教育支出及健全教育服务;实施文化惠民工程,免费开放11个文化场馆,全年接待群众20余万人次,完成“送戏进万村”农村演出16场。

【助力乡村振兴建设】全区农林水支出1.51亿元,整合各类涉农资金2.12亿元,保障助力全省乡村振兴先行示范区建设。加强基础设施投入,全年累计投资3亿元保障新洲乡长江岸线修复、排涝站改扩建等重大工程项目实施;安排长江禁捕退捕资金2038.47万元,助力打赢长江禁捕退捕攻坚战。支持乡村产业振兴,搭建完善乡村振兴投融资平台,成立振江农业投资有限公司,注册资本1.50亿元;用好乡村振兴专项债8000万元,彻底改变村容村貌,解决长江轮渡安全隐患;累计为农业经营主体融资1630万元,兑现奖补资金325.02万元,为涉农企业减免税费113.15万元,满足乡村振兴多层次、多元化资金需求;壮大村集体经济收入规模,整合387万元惠农资金用于村级特色支柱产业发展。创新技术人才支持,拨付30万元打造乡村振兴实训基地建设,拨付资金68万元定期开展新型农民技能培训及乡村医生培训。

【健全政府债务管理】严格执行政府债务管理限额制度,始终保持迎江区政府债务余额在债务限额以下,债务率始终在风险预警线以下,杜绝以政府或财政名义出具任何形式的担保函、承诺函,坚决遏制隐性债务增加。编制化债实施方案,明确化债时间表、路线图、任务书。加强与金融机构协调,开展高成本非标融资、违规个人借款等专项清理,排查风险隐患,强化源头管控,坚决不碰债务管理红线。

【深化国资国企改革】开展国有企业目标管理考核,提升国有企业经营效能;落实国有资产管理情况向区人大报告制度;推动企业改革改制,完成企业改制类、公共设施配建类房产11335.84㎡划转至区国有平台公司,争取市级税费减免1292.8万元;向新组建的振江公司和达江公司注入资本金1.55亿元。

【发挥财政监督职能作用】实现全区预算绩效管理全覆盖,落实“花钱必问效,无效必问责”,建立健全50家一级预算单位预(决)算公开事前审核制度,提高全区预(决)算公开质量;加强代理记账行业监管,采取“双随机一公开”的方式对全区23家代理机构进行专项检查,规范代理记账业务;对辖区36家二级预算单位开展“三公”经费和国有资产专项检查,确保财政资金安全合规使用;制定《迎江区财政常规经费拨付内控办法》,增强支出责任和效率意识;开展民生领域和其他领域建设资金突出问题专项排查整治工作,防范财政资金使用风险。

【接收各方监督】支持人大、政协、审计等部门依法履职,及时办理人大代表建议1个,政协委员提案5个,主动接受社会各界监督,办理网民留言7条,回应社会关切,按时逐项落实审计整改意见5条,推进审计整改长效机制建设,积极主动接收社会各方监督。

(杨云玲)

大观区财政工作概述

【概况】2021年,大观区一般公共预算收入完成10.7亿元,历史性突破10亿元大关,其中地方一般公共预算收入6.06亿元;一般公共财政预算支出完成9.8亿元。

【强化收入预期管理】注重把握入库进度与节奏,注重属地税源与平台经济协调互动,推动实现应征尽征。坚决执行国家减税降费政策,把该减的税减到位,把该降的费降到位,各类减税降费规模为1.8亿元,有效减轻企业负担,支持实体经济发展。紧盯城区新的财政体制调整政策,做好市下划企业摸底、对接、划转等工作,保障区级既得利益。

【落实各项支持政策】兑现各项产业政策奖补资金超2.5亿元。争取非标债8000万元,其中:长三角环保科创平台续发2000万元、智慧大观信息化建设6000万元,争取中央预算内资金1.28亿元。常态化开展政银企担对接,召开专场对接会4场,坚持“金融超市”普惠金融定位,实时更新产品内容,实行线上申报审批。扩大担保品种范围,适当放宽受理条件,优化担保评审流程,积极稳妥做好区政府性担保公司市场化转型,解决小微企业以及区重点招商引资企业融资难问题。发挥过桥续贷资金职能作用,为 26 家企业提供过桥续贷资金 1.5 亿元,周转次数 15 次,降低企业续贷成本。

【保障重点领域支出】拨付资金 650 万元,做好常态化疫情防控资金保障。持续抓好民生工作,提升就业、教育、医疗、社会保障、文化等公共服务能力,持续保障和改善民生,增进人民福祉。全年各级财政投入民生工程资金 2.01 亿元,其中区级配套 3261 万元,完成 24 项民生工程年度目标任务。统筹拨付资金 1000 万元,用于乡村振兴产业发展、人居环境整治等。统筹资金 500 万元,推进校园三防、华茂 1958 商圈社会治理、城区公安监控系统等项目建设。拨付禁捕退捕资金 2000 万元,统筹资金支持雨污分流、水体整治等重点项目建设。全区民生支出占财政总支出比重超过 85%。

【推进财政改革】推进预算管理一体化改革,部门预算编制、执行、会计核算上线并轨运行,参与全省政府采购"一张网"建设,提升政府采购规范化、科学化、精细化、便利化水平,优化政府采购营商环境。落实中央直达资金监管要求,全区中央直达资金规模进一步扩大,纳入监管系统直达资金规模 1.13 亿元,同比增长 31.4%,支出进度超 90%。拓展惠农补贴资金"一卡通"系统应用范围,确保惠农补贴资金安全、及时、准确发放到户,确保清单内项目"一卡通"发放全覆盖。注重预算绩效管理,将预算绩效管理工作纳入年度综合考核,实现部门项目绩效目标与部门预算同步编制,部门预算、民生工程、政府债券等项目资金绩效评价实现全覆盖,提高资金使用效益。

(李振华)

宜秀区财政工作概述

【概况】2021 年,宜秀区地方一般预算收入完成 9.89 亿元,为年初预算 100.8%,较上年同比增长 7.7%。其中:税收收入完成 7.67 亿元,为年初预算 101.5%;非税收入完成 1.92 亿元,为年初预算 98.4%。

【组织财政收入】完成全年财政收入任务,在组织收入工作中,密切关注财政收入动态,分析财政收入形势,加强对重点税源,重点企业的调查和分析,及时发现并协助解决组织收入中的存在问题,加大非税收入征管,规范预算外收入管理。

【优化支出结构】贯彻落实区委、区政府关于支持经济发展的重大战略决策,积极筹措资金,保证重点支出,确保工资正常发放和机关正常运转支出需要。支出增量向巩固脱贫成果和民生领域倾斜,支出结构进一步优化,公共财政效能进一步体现。拓展融资渠道,推动金融资本更好服务实体经济发展。

【服务经济实体】坚持以市场运作为主,发挥政府引导作用,截至年末,龙山凤水基金累计投放项目 9 个,投放金额 2.85 亿元,其中投放项目 2 个,投放金额 0.13 亿元;鑫桥担保公司为 118 户企业担保贷款,担保金额 4.96 亿元;区财政出资设立 1000 万元小微企业过桥资金池,帮助企业协调提供过桥资金 2.22 亿元,服务企业 91 户,降低企业转贷成本,提升企业抗风险能力,解决小微企业融资难问题。

【保障民生工程】落实《安庆市宜秀区人民政府关于 2021 年实施 29 项民生工程的通知》要求,各责任单位制定细致、稳妥实施方案。对工程建设项目,要求早开工、早建设、早见效,完善落实招投标、工程监理、竣工验收等各项制度,确保工程质量;补助发放类项目做到摸查仔细、程序合法、打卡到人。进一步完善对各地各部门的民生工程考核办法、信息任务分解办法、资金管理办法等,将民生工程实施情况纳入区委区政府对各地各部门的绩效考核之中,实行精细化管理。29 项民生工程各级投入资金 1.64 亿元。

【落实惠农政策】围绕省、市财政工作总体部署和全区财政工作目标任务,创新乡镇财政资金监管工作机制,贯彻落实各项强农惠农政策,不断提升乡镇财政管理水平,加强作风效能建设,更好保民生、服务大局、服务基层、服务群众。全年发放惠民补贴资金 41 项 8255.61 万元,做到补贴对象真实、公示到位,各项发放清册齐全完整,补贴项目完整清楚。加强支农项目资金管理,完善管理制度,严格按程序办事,依法理财,做到资金跟着项目走,严格遵守资金报账制管理办法。共拨付各类支农资金 1.21 亿元,其中:财政衔接补助资金 7033.49 万元,一事一议财政奖补资金 515.6 万元。按照科学规划、因地制宜综合治理、可持续发展路径,加强农业基础设施建设,加大科技示范推广力度,扶持产业化龙头企业,助推乡村振兴事业发展。全年争取建设美丽乡村财政专项资金 2337 万元,整合涉农资金 2200 万元,吸引社会资金 1860 万元。

【巩固脱贫攻坚成果】围绕衔接工作任务,提前谋划,保障巩固脱贫攻坚成果同乡村振兴有效衔接资金需求。按照衔接入库项目轻重缓急,优先安排资金,提高资金投向精准性。加强支出管理,提高资金使用效益。建立财政衔接补助资金支出月通报制,定期督促检查项目实施单位资金支付进度。健全制度,强化资金监管,推动衔接专项资金管理、使用规范化、制度化。开展脱贫攻坚巡视整改工作,对照省、市、区整改实施方案及问题清单,认真梳理,全面排查,逐条逐项制定整改任务和整改措施,明确整改要求,压实整改责任,完成脱贫攻坚成效考核反馈问题整改。

【深化财政体制改革】推进预算绩效管理改革,建立完善全流程绩效跟踪体系,实现部门预算绩效目标填报和项目支出资金全覆盖。推进预决算信息公开工作,提高预决算信息的公开性和透明度,提升预决算管理水平,提高资金使用效益。加强制度建设,完善国有资产管理体系。制定出台《宜秀区行政事业单位国有资产管理办法》,规范和加强全区行政事业单位国有资产管理,强化国有资产安全与完整,提高国有资产使用效益,保障行政单位履行职能。强化行政事业单位资产管理信息系统运用,提升资产信息化、科学化管理水平。通过整合闲置资产、加大招商引资力度等方式,盘活国有资产,使资产保值增值。开展专项整治工作,清查家底,整改问题,确保全区国有资产管理工作做实做细做好。完善国库集中支付改革,全区行政事业单位财政资金全部纳入国库统一公共支付平台。稳步实行电子票据改革。

【加强采购管理】围绕全区经济建设大局,培育公开、公平、公正政府采购市场环境,严格按照法律规定的时间要求发布招标、中标以及变更等政府采购信息,确保信息公开及时、到位。完善政府采购工作流程,做到有章可循,有法可依。优化政府采购营商环境,降低制度性交易成本,更好服务市场主体。落实《中共安徽省委、安徽省人民政府关于创建一流营商环境的意见》及深化政府采购制度改革工作要求,在政府采购活动中不违规设置或变相设置限制性条款,不设置妨碍企业平等进入市场的不合理附加条件、歧视性条款,不设置与业务能力无关的企业规模门槛和明显超出招标项目要求的业绩门槛,保障民营企业、中小微企业平等获得招投标资格。全年完成采购项目 182 笔,采购金额 1.59 亿元,节约财政资金 2549 万元。

(叶宁)

安庆经济技术开发区财政工作概述

【概况】2021 年,安庆经济技术开发区财政局围绕年度收入目标任务,采取有效措施稳预期、保增长、促增收。全年财政收入完成 23.19 亿元,首次跃上 20 亿元台阶;地方财政收入完成 11.64 亿元,同比增长 9.12%。

【服务经济发展】支持新能源汽车产业发展,安排江淮汽车集团新能源汽车研发补助资金 5 亿元、振宜汽车有限公司汽车出口生产基地产业引导资金 2.09 亿元、新能源汽车出口生产基地资金 1.22 亿元、福田雷萨总部及特种车辆智能制造基地项目 1 亿元,安排老峰新能源汽车配套产业园(一期)托管财政贴息 1227 万元、菱北新能源汽车配套产业园托管财政贴息 600 万元。助力园区企业做大做强,给予国汽大有时空科技有限公司、智行新能、华力高科等 17 家企业产业引导、扶持政策资金共计 2.48 亿元;拨付中央预算内等专项资金 5800 万元和 2021 年制造强省、民营经济发展、外经贸发展等政策资金 4775 万元,惠及区内 53 家企业。发挥“续贷过桥”资金作用,扶持 169 户中小微企业,周转贷款金额 6.19 亿元,资金周转率为 17.94 次。支持企业上市,发扬“店小二”服务精神,常态化走访企业,了解企业需求精准服务。11 月举办资本市场业务培训会,邀请园区 62 家企业相关负责人参加,加强园区企业对资本市场的认知度,提速企业上市步伐。

【改善民生福祉】围绕就业创业、公共教育、健康卫生、社会保障、文化体育、公共安全等项目精准实施,推进 18 项民生工程。全年安排民生工程资金 9969.39 万元,拨付资金 9902.21 万元,资金拨付率为 93.33%。按照“乡不漏村、村不漏户、户不漏人、人不漏项”原则,协同社发局、党群部、老峰镇财政所等相关部门,进村入户对惠农“一卡通”账户信息进行摸底、梳理,并向农户宣传惠民惠农相关政策。全年发放农户 2.65 万人次,发放补贴金额 849.58 万元。

【加强国有资产管理】规范和加强国有资产管理,做好天下名筑、同安府等项目公共服务设施产权转移工作以及安庆石化移交房产工作,稳妥解决国有资产被侵占事项,确保国有资产不受损失。

【加强财政监督管理】开展预算和“三公”经费预算信息公开检查,确保预算信息按要求公开,接受社会公众监督和约束。常态化开展乡镇财政资金监管和惠农补贴资金管理发放检查。同时强化内控建设,编制经开区财政局 2021 年内控报告,执行等级“良”,并督促指导经开区机关各部门完成内控制度存在问题整改工作。

(汪翔)

安庆高新技术产业开发区财政工作概述

【概况】2021 年,安庆高新技术产业开发区地方财政收入完成 2.4 亿元,增长 35.1%,居全市第一位;财政支出完成 2.25 亿元。

【推动财政平稳运行】强化收入预期管理,围绕全年地方财政收入目标,科学研判财政收入走势,全面掌握区级税源状况,了解企业生产经营情况,预测企业税收走势。强化税收征管,确保应收尽收,提高税收征收管理水平。加大支出运行管理,编细编实2021年部门预算,强化预算执行管理,每季度通报各部门及预算单位预算部门及上级转移支付资金执行进度,发挥预算资金使用效益。

【提升财政服务水平】推进预算一体化,将其列为2021年重点工作,完成区级预算单位预算执行试点、基础信息收集审核、预算储备项目的财政审核工作,组织区级13个部门和山口3家预算单位2022年部门预算申报。深化直达资金管理,做好上级直达资金指标导入和分配下达工作,加快资金支出进度,强化惠企利民数据导入,确保资金直达基层、到户到人。加强政府采购管理,强化代理机构监管,开展年度服务评价工作,规范政府采购流程,严格按照相关制度文件进行采购,及时清理名录库,严禁设立政府采购库的行为。规范惠农资金管理,落实各项惠农政策,制定完善《关于进一步加强惠民惠农财政补贴资金“一卡通”管理发放工作的通知》《安庆高新区惠农补贴资金“一卡通”打卡发放操作规程》。推动预算制度改革,严格执行预算公开,管委会及山口三家单位预算公开按照上级要求严格执行,细化预算公开内容,完善公开方式,提升预算公开水平,进一步提高预算透明度。硬化预算绩效评价约束,对区级预算申报项目实行全面绩效管理,强化预算绩效监控,开展重点项目绩效评价,硬化绩效评价约束,绩效评价结果应用于下年预算申报。

【提高企业服务能力】落实减税降费政策,用好省、市、区级支持企业发展相关政策,降低企业生产经营成本,确保政策红利助企纾困,全年累计办理退税2.25亿元、兑现土地使用税奖补资金233万元、拨付就业补贴163万元、兑现支持企业发展政策奖补资金5576万元。协调企业融资需求,构建政银企对接长效机制,加大与银行等金融机构对接协调力度,推进金融机构精准服务,为企业发展提供资金支持。组织召开政银企对接会4场,协调帮助园区7家企业获得银行贷款授信3400万元。吸引区外基金投资园区企业,汇科创业投资基金投资长虹化工3000万元;泽升科技获得同安产业招商投资基金、红土科创股权投资、中小企业发展基金等8家基金投资企业合计投资2亿元,获区级投资2000万元。构建融资担保体系,对接省级科技融资担保公司,于9月签署合作协议推出“高新区科技贷”信贷产品。全年园区共5家企业申请“科技贷”产品,解决企业资金需求2400万元;强化与市融资担保集团的合作,加快税融通担保贷款业务落地,完成贷款发放3100万元。推进企业上市挂牌,通过开展上市培训会、上市座谈会、基金走访等多种形式,鼓励企业对接资本市场,出台《高新区十四五(2021—2025年)推动企业上市行动方案》,建立企业上市(挂牌)目标企业库,加快培育上市后备资源。组织园区企业参加资本市场业务培训会5场,长虹化工、时联溶剂、泽升科技3家与券商签订上市辅导协议。

【推进社会事业发展】出台《2021年民生工程实施办法》《2021年民生工程考核评价办法》,组织召开全区民生工程领导小组会议,研究部署民生工程相关工作,明确民生工程目标任务并严格落实,签订目标责任书,压实乡镇、部门主体责任。按照民生工程政策,预算安排时足额落实配套资金,个人补助类项目全部通过“一卡通”按时打卡发放,工程类项目按工程进度及时拨付,全年累计拨付民生工程资金694万元。推进民生工程项目,定期召开民生工程领导小组会议、工作推进会,高效推进项目实施。开展民生政策宣传,紧扣建党100周年、党史学习教育、“十四五”开好局起好步和高质量发展等重大主题宣传,贴近群众需求,加强宣传引导,提高广大人民群众知晓度和满意度。

【支持国资国企改革】拓展融资渠道,协助国有企业,加大与银行、租赁、担保等公司合作,拓展融资渠道。全力支持农发行贷款项目落地,完成授信额度11亿元,放款5亿元。协助10亿元借新还旧公司债项目申报,完成发行5亿元。推进转型升级。推进国资国企转型升级发展,协助完成公司架构重组和股权变更。拨付隐性债务化解资金,缓解公司还款付息压力。再次安排注册资本2000万元,开展直投业务和基金投资业务,出资泽升2000万元和金田股份3150万元,签订拟出资长虹化工2000万协议。

(陈超)

黄山市财政工作综述

黄山市财政工作概述

【概况】2021 年,黄山市一般公共预算收入完成 88.3 亿元,增长 5.2%;支出完成 214.12 亿元,增长 3.8%。按现行财政体制,加上级补助收入、调入资金等,全市一般公共预算实现收支平衡。全市政府性基金预算收入完成 55.74 亿元,下降 15.4%;支出完成 108.78 亿元(含专项债支出),增长 12%。全市国有资本经营预算收入完成 0.7 亿元,支出完成 0.7 亿元。全市社会保险基金收入完成 42.63 亿元,支出完成 36.05 亿元。全市政府债务余额 314.3 亿元,市级政府债务余额 121.65 亿元,均未超出省下达政府债务限额,新增地方政府债券全部用于支持经济社会发展重大项目支出。全市各级财政部门统筹疫情防控和经济社会发展,为做好"六稳"工作、落实"六保"任务提供财政保障,实现"十四五"良好开局。

【财源建设】落实减税降费政策,夯实税基,涵养税源,全年新增减税降费 4.84 亿元。数字智税(财源建设)平台上线运行,33 个部门 80 余项涉税信息实现共享共用共通,增加税收 1700 余万元。积极应对房地产市场形势变化,稳定土地出让收入预期。完善国有资本经营预算制度,市属国企利润上缴比例提高至 30%。加大对上争取力度,全年争取上级转移支付资金 98 亿元。

【过紧日子】市政府出台过紧日子二十条措施,严格政府投资项目预算安排审查,坚决压减非民生非急需项目投入。大力压减一般性支出,从严控制"三公"经费支出,全市"三公"支出同比下降 1.7%。强化预算刚性约束,严格年中增支事项审批。严格执行中央、省规范津贴补贴有关文件规定和纪律要求,严禁违规发放。建立健全同一领域不同渠道资金、财政拨款资金与非财政拨款资金统筹机制。市级收回盘活结转结余资金 4.6 亿元,全市统筹不同预算、不同渠道资金 23.3 亿元,用于支持重点项目建设和民生改善,实现财政资金优化使用。

【惠企纾困】完善财政支持经济发展的手段和模式,加强各类产业发展资金政策统筹整合。全市直达资金预算下达 26.1 亿元,支付进度位于全省前列,资金全部直达基层,直接惠企利民。市级财政安排民营经济发展专项资金 2.5 亿元,重点支持新型工业化、"三重一创"建设、现代服务业、科技创新等领域。全市发放创业担保贷款 2.6 亿元,财政贴息 1800 余万元。全市续贷过桥周转贷款金额 39.2 亿元,扶持企业 688 户。全市政府性融资担保公司年末在保余额近 54 亿,全市综合担保费率降至 1%以下。

【推动重大投资】抢抓政策机遇,坚持"谋划储备一批、入库发行一批、实施建设一批、竣工运营一批",主动靠前谋划项目储备,全市新增申报入库非标债项目 48 个。全市争取新增政府债券 57.6 亿元,增长 39%,远超全省平均增幅。争取再融资债券 20.7 亿元,腾出预算安排资金,保障全市重点项目建设资金需求,稳增长、稳投资作用更加凸显。

【改善民生】全市民生支出 175.69 亿元,占一般公共预算支出 82.1%,增长 3.7%。安排疫情防控资金 1.96 亿元、新冠病毒疫苗及接种费用 1.75 亿元,全力支持疫情常态化防控。全市财政投入 39.51 亿元,精准实施 33 项民生工程。建立 2330 个"民生驿站""民生超市",服务群众暖民心。全市投入 28.56 亿元,稳步提高财政支持养老体系建设投入,落实 80 周岁以上老年人高龄津贴制度。全市统筹资金 3096.9 万元,推动"双减"政策落地见效。全市就业资金支出 1 亿元,支持高校毕业生、农民工、退役军人等就业政策落地落实。全市文体支出 5.46 亿元,加强镇海桥抢救性修缮等文物保护及非物质文化遗产保护,助力公共文化体育服务均等化优质化。

【支持乡村振兴】坚持巩固拓展脱贫攻坚成果与乡村振兴有效衔接,接力推进乡村振兴。出台市级衔接推进乡村振兴补助资金管理办法,累计投入财政衔接推进乡村振兴补助资金 4.36 亿元。投入 1.76 亿元,支持美丽乡村建设,推进农村人居环境治理。累计落实各级各类财政资金 4 亿元,保障重点水域禁退捕。支持提升粮食安全保障能力,投入 5625 万元,支持推进2.5万亩高标准农田建设。全市通过“一卡通”发放惠农补贴资金9.15亿元,惠及36.6万农户。启动“防贫保”综合保险试点,防范化解脱贫人口和农村低收入人口返贫致贫风险。创新采用保险机构共保体模式共同服务政策性农险,特色农产品保险“扩面增品”险种增至21个。全年为700户新型农业经营主体提供担保贷款4.59亿元,推动集体经济“造血式”内生发展。

【财政监督】开展惠农补贴资金滞拨闲置等突出问题专项整治、市直单位财务管理专项整治“回头看”等,建立问题、任务、责任、时限四项清单,构建资金监管长效机制。严肃财经纪律要求,持续开展八项规定精神贯彻落实督查和小金库防治工作。严格执行政府债务限额管理和预算管理,开展专项债券项目穿透式监测,建立落实支出进度按月调度、通报约谈、分配挂钩三个机制,实现新增债券资金绩效评价全覆盖。全市对104个项目开展财政重点评价,涉及资金26亿元。强化绩效结果应用,市级压减部门申报预算资金5.6亿元。修订完善财政业务风险点和防控措施,监督关口前移、强化源头管控,筑牢安全风险防线。

【改革创新】调整完善市区财政管理关系,推进市以下科技、医疗卫生领域财政事权和支出责任划分改革,全面正式上线预算管理一体化系统。深化零基预算改革,打破基数依赖和支出固化格局。完成国有土地使用权出让等七项非税收入征管职责划转。构建“每周调度+定期通报+实时告知”直达资金常态化机制。首次全面公开市级122家二级预算单位预算,信息公开再次扩围。打造市民公共服务移动“慧黄山”非税缴费平台,切实惠民利民。

【优化营商环境】新设首支10亿元战略性新兴产业招商引导基金,加快培育和发展战略性新兴产业。市级10支产业基金实现对企业从种子期、初创期、成长期和成熟期全覆盖。发挥创业担保贷款在服务“大众创业、万众创新”上的主力军作用,加快推进新安江绿色发展基金转型,专精特新基金累计投资项目28个,完成基金首期规模10亿元的全部投放。利用亚行、德国复兴银行联合贷款设立2亿元黄山新安江绿色投资基金,被亚行纳入综合生态保护与绿色发展模式案例。

【补偿机制建设】争取国家支持皖浙两省延续第三轮补偿试点,中央、省级补助生态环保资金8亿元,推动新安江-千岛湖生态保护补偿试验区建设。继续做好新安江流域综合治理,累计投入资金206.5亿元(其中试点补助资金47.2亿元)。新安江流域总体水质为优并稳定向好,P值达到补偿考核要求。构建生态美超市长期发展规划,全年新增生态美超市81家,累计达到345家。开创性采用林业碳汇线上交易实现碳中和,2021新安江绿色发展论坛暨生态产品博览会成功举办为安徽省首个“零碳”会议。加大新安江综合治理宣传,表彰新安江流域生态补偿机制试点涌现出的先进集体和先进个人,“新安江生态文明实践行”项目入选新时代文明实践特色品牌。

(潘南峰)

歙县财政工作概述

【概况】歙县县域经济稳中加固、稳中向好,财政收入呈现恢复性增长。全县财政收入完成20.0016亿元,首次跨上20亿元新台阶,为预算的101.2%,同比增长6.2%,其中县级一般公共预算收入完成14.04亿元,为预算的103.6%,同比增长8.8%,税收增幅和占比均居全市各区县第一位。全县一般公共预算支出完成38.79亿元,受上年对冲疫情灾情,支出基数较高因素影响,同比下降3.2%。

【服务经济发展】落实减税降费政策,全年新出台减税政策减免企业税费4753万元;落实制造业税收缓缴政策缓缴税费3622万元,减轻企业资金压力。强化财政金融政策集成,拨付企业贷款贴息资金1132万元,把担保公司平均担保费率降至0.7%水平,撬动发放再贷款资金10.39亿元,开展政银担业务14.09亿元,满足企业融资需求。推进产业兴县战略,兑现招商引资优惠政策资金430万元、建筑业扶持发展资金503万元、新型工业化等涉企补助资金4298万元、低效用地处置资金4780万元,支持实施“产业转型升级突破年”行动和开发区改革创新,推动实体经济创新发展。持续扩大政府有效投资,全年对上争取到位各项补助资金23.11亿元、新增地方政府债券资金8.7亿元,筹集调度3.43亿元用于项目建设,徽州历史博物馆、新安江大桥、徽州天路等一批打基础、补短板、惠民生项目相继建成。

【保障改善民生】实施民生工程,全县33项民生工程完成投资12.2亿元,投资完成率为113.8%,民生工程知晓率和满意度均实现较大幅度提升。落实就业优先政策,下达就业补助资金1181万元、就业风险储备金150万元,拨付职业技能提升行动专项资金367万元,安排创业担保贷款贴息资金240万元,稳定和扩大就业。持续推进健康歙县建设,安排疫情防控经费5582万元巩固和扩大疫情防控成果,投入资金1.27亿元支持县公立医院和乡镇卫生院提升医疗服务能力。加大教育事业投入,投入452万元实施学前教育三年行动计划,拨付4649万元巩固义务教育经费保障机制,投入1191万元持续实施义务教育薄弱环节改善,安排547万元促进职业教育提质增效。兜牢困难群众生活底线,拨付困难群众救助资金9461万元、城乡医疗救助资金3280万元、特殊群体救助资金5240万元。推动文旅繁荣,安排资金866万元支持文物修复和徽州古建筑保护利用;投入资金647万元持续开展文化场所免费开放,安排资金1800万元实施智慧体育场馆建设;投入旅游发展专项资金1000万元,支持全域旅游和文旅融合发展。

【推进乡村振兴】落实巩固脱贫攻坚成果同乡村振兴有效衔接实施意见,全年投入财政衔接资金1.1亿元,增长31.8%。促进农业产业提质增效,投入资金1800万元实施茶园品质提升和茶生产工艺改造工程,促进茶产业发展;安排500万元发展香榧和山核桃产业;安排资金375万元用于农机购置补贴和技术培训;安排资金1635万元用于高标准农田建设,提升粮食蔬菜生产能力;安排农业生产发展资金1000万元发展绿色循环农业。落实强农惠农政策,实施农村公益事业财政奖补项目75个、投资额1400万元,统筹资金1165万元扶持20个村集体经济发展项目,发放惠农补贴资金2.5亿元、惠及13.5万农户。加大金融支农力度,推动政策性农业保险提质扩面,完成17个品种承保、收缴保费1850万元,降低农业经营风险;发放6686户信用贷款9.78亿元,全面推进党建引领信用村建设。

【支持绿色发展】持续推进城乡环境整治,全年投入创城资金3432万元、城区保洁及绿化亮化资金2031万元,支持常态化文明城市创建;安排6760万元推进美丽乡村和农村环境整治,投入专项债资金5600万元修建古城片区三个停车场,巩固全国文明城市创建成果。推进新安江综合治理,投入资金4007万元实施农村垃圾PPP项目,落实资金2226万元实施沿江村级污水处理站改造提升和维护,安排资金2000万元用于新安江生态补偿试点水毁修复,投入资金5000万元实施新安江流域重要节点环境综合整治,安排资金1050万元实施昌源河环境生态修复,投入1733万元支持新安江重点水域全面禁捕,安排专项债资金1亿元实施新安江支流水环境综合治理,确保一江清水出新安。不断加大生态保护力度,安排3800万元开展松材线虫治理,拨付森林生态效益补偿资金1510万元,安排秸秆综合利用工程资金597万元,保卫蓝天青山净土。

【规范财政管理】按照标准科学、规范透明、约束有力的预算改革要求,以系统化思维和信息化手段推进预算管理一体化建设,推动预算管理标准化、规范化、智能化。落实过紧日子要求,全年压减一般性支出418万元,盘活财政存量资金6360万元,挤出更多财力用于改善民生和支持市场主体发展。推进预算绩效管理,制定绩效评价操作规程,建立项目和部门预算绩效评价体系,实施项目支出和绩效运行双监控,全年实施绩效评价项目614个、资金32.4亿元,提升资金使用效益。加强重大风险防控,严格债务预算管理和限额管理,统筹资金按时还本付息,政府债务管理再获市级考核优秀等次。落实国企改革三年行动方案,推进国企改制重组,优化资本布局,加强资本监管,实施国企绩效考核,推动国有企业提质增效。加强预算单位财务管理,修订完善行政事业单位资产管理制度,加强培训和检查,规范会计核算。

(方跃军)

休宁县财政工作概述

【概况】2021年,休宁县落实提质增效、更可持续的积极财政政策,统筹财政资源、提高支出效率,持续支持疫情防控和经济社会发展工作,做好“六稳”工作、落实“六保”任务,全年预算目标基本实现,预算执行情况总体良好,为“十四五”开好局起好步提供财政保障。

【财政运行】全县一般公共预算收入突破10亿元,同比增长5.9%。税收收入占比较上年提升2.8个百分点,一般公共预算收入量质齐升。持续清理闲置沉淀资金,全年盘活财政存量资金2.6亿元,为上年5.2倍。坚持有保有压、突出重点,把“三保”支出摆在财政支出中首要位置,基本民生、人员工资、机构运转得到坚实保障。全年民生支出占一般公共预算支出比重八成以上,支出结构不断优化。在上级补助收入较上年减少3.5亿元情况下,全年一般公共预算支出增长1.5%,与收入增长幅度相适、与保持适度支出强度政策衔接。年度新增政府性债务始终控制在县人大常委会批准限额内,严格按化债计划化解存量债务,完成稳增长与防风险目标。

【财源建设】全年减免企业税费4600万元,兑现新型工业化、科技创新、招商引资优惠政策等涉企资金1.3亿元,拨付惠企利民直达资金1.5亿元,助力市场主体复元气增活力。积极引导普惠金融服务企业,全年县域金融机构贷款余额同比增长11.7%,银企对接到位资金43.6亿元。政策性担保公司平均融资费率稳定在1%以下,全年新增“4321”“税融通”等融资担保金额5.5亿元,缓解市场主体融资难融资贵问题。积极争取专项债,全年谋划9个项目进入省财政厅专项债券发行库,发行到位 8.17 亿元,为发行专项债券以来最高年份。保障发展要素,拨付开发区电子信息智慧产业园项目资金 9000 万元,持续改善投资环境。拨付城乡建设用地指标报批、增减挂钩有偿调剂费用 1.1 亿元,释放土地集约效益。

【民生福祉】巩固拓展疫情防控成果,全年投入新冠疫情防控资金 4455 万元,其中新冠病毒疫苗及接种费用专项资金 3090 万元。实施 33 项民生工程,完成投资 7.18 亿元,完成率为 115.6%。坚持就业优先,拨付就业补助资金 864 万元,发放创业担保贷款 4500 万元,财政贴息 260 万元。兜牢社会保障底线,全年发放城乡低保、特困供养、城乡医疗救助等各项社会救助资金 7865 万元。支持社会事业发展,教育、卫生健康和文旅体累计支出 6.1 亿元,推动教育均衡发展、提升卫生健康水平、满足群众多样化文化需求。支持生态环境保护,拨付资金 716 万元,支持秸秆禁烧和综合利用工作;拨付资金 3550 万元,支持松材线虫病防控。

【城乡发展】围绕全国文明创建提升城区品质,投入资金 4265 万元,支持市政基础设施、老旧小区改造、城区绿化亮化提升、内河治理、城区建筑垃圾和餐厨垃圾处置;拨付债券资金 2000 万元,支持棚改清零攻坚行动。围绕乡村振兴及夯实农业农村发展基础,拨付债券资金 7700 万元,支持东临溪乡村振兴示范区和齐云山旅游小镇建设;拨付资金 9843 万元,支持“四好农村路”、中小河流域综合治理;拨付资金 2515 万元,支持美丽乡村、农村公益事业“一事一议”、农村垃圾污水处理 PPP 项目建设;拨付巩固拓展脱贫攻坚成果与乡村振兴衔接资金 7834 万元,支持产业、双基项目建设;发放“劝耕贷”1.2 亿元,发放农业支持保护补贴资金 2368 万元,支持农业产业化发展;拨付资金 840 万元,支持村级集体经济发展壮大。

【财政改革】推进预算管理一体化改革,全县 155 家预算单位纳入一体化平台编制 2022 年部门预算,完成财政、人行、商业银行和预算部门预算执行联合调试工作。落实 28 项中央转移支付纳入直达资金常态化管理要求,全年拨付直达资金 2.8 亿元。启动财政电子票据管理改革,全年 77 家单位上线运行,初步实现财政票据管理效能提升和便民利民目标。深化国资国企改革,完成 51 宗闲置国有资产划转工作,开展“国企高质量发展提升年”活动,县城投集团营收突破 1 亿元,初步实现“一壮大、两提升”目标。预算绩效管理稳步推进,制定《县级部门预算绩效运行监控管理实施方案》,纳入绩效运行监控项目 249 个,涉及资金 10.3 亿元;出台《县级项目支出绩效评价结果应用管理暂行办法》,绩效评价结果与预算安排及政策调整挂钩机制初步建立。完善乡镇财政管理,出台新一轮乡镇财政管理体制实施方案,建立新增财力向乡镇倾斜机制,激发乡镇增收节支、发展经济积极性。

(余星源)

黟县财政工作概述

【概况】2021 年,黟县财政部门坚持稳中求进工作总基调,坚持以供给侧结构性改革为主线,围绕经济社会发展大局,深入贯彻落实积极的财政政策,严格落实政府过紧日子要求,狠抓收支管理,推进财政改革,做好“六稳”“六保”工作,兜住“三保”底线,全年财政运行保持总体平稳。

【加强收支管理】通过常态化工作会商、细化任务分解、加强协护税管理、落实减税降费政策等措施,强化预期管理,加强收入征管。全年一般公共预算收入完成 4.19 亿元,完成年初预算的 100.1%,同比增长 5.1%。全年向上争取补助资金总额增长 5%。编报入库专项债项目 4 个、发行债券资金 6.96 亿元,为高铁黟县东站站前广场建设、黟县医疗卫生能力提升、城区基础设施提升改造、城乡供水、污水厂改扩建、县域治理大数据指挥中心、“五黑”产业园等一批政府重点项目提供资金保障。从严从紧编制年初预算,严格预算管理,建立节约型财政保障机制,严控一般性支出,压减非刚性、非重点项目支出。进一步加强“三公”经费管理,优化支出结构,坚持“三保”支出在财政支出中的优先顺序,保障基本民生、工资发放和基层运转。全年一般公共预算支出完成 15.13 亿元,同比增长 0.8%。其中十三项民生支出完成 12.42 亿元,占一般公共预算收入的 82.1%,较上年提升 1.6 个百分点。

【加大民生投入】实施民生工程,全年完成投资 2.85 亿元,投资完成率 118.94%。推动巩固拓展脱贫攻坚成果与乡村振兴有效衔接,到位各级乡村衔接资金 5320 万元,共安排项目 124 个。开展农村公益事业财政奖补,投入资金 412 万元,实施 37 个奖补项目。稳步提高社会保障标准,发放特困、低保、临时救助等困难群众和优抚对象等人员抚恤和生活补助资金 2532 万元。支持教育事业发展,投入教育资金 1.64 亿元,优先保障教育投入,确保“两个只增不减”。其中碧山小学新建和黟县中学逸夫楼改造项目扎实有序推进。抓好常态化疫情防控,统筹安排 1793 万元用于疫苗接种、核酸检测等,支持突发公共卫生事件防控和突发事件紧急医学救援能力建设,做好疫苗接种工作。推进新安江流域水环境生态补偿试点暨新安江—千岛湖生态补偿试验区建设,坚持“两山理论”,立足县域实际,重点围绕水体环境生态修复、重要节点整治、垃圾污水处理、工业点源和农业面源治理做文章,推深新安江“十大工程”,饮用水源地、地表水和出境水水质达标率均为100%。

【服务经济发展】落实减税降费政策,全年新增减税降费超4000万元,帮助企业减轻税费负担。克服财政运行困难,筹措“四个千万”专项资金,修改完善扶持办法和奖补方式,及时兑现各项涉企奖扶政策,全年共兑付225户涉企奖励资金2686万元。发挥普惠金融作用,加大金融考核,强化结果运用,引导金融机构持续加大信贷投放,年末全县贷款余额73.43亿元,较上年新增8.14亿元,支持县域经济发展。组织银企对接,发挥金融融资杠杆效应,强化“4321”新型政银担、“税融通”担保业务,年末在保余额3.1亿元,全年为132户企业提供续贷过桥资金8.86亿元,缓解中小微企业融资和周转困难。

【深化重点改革】贯彻落实《国务院关于进一步深化预算管理制度改革的意见》精神,如期实现预算管理一体化系统纵向贯通、横向联通,全面完成单位人员等基础信息收集,完成2022年预算编制,为规范化、法治化预算管理奠定基础。推进预算绩效管理,建立健全预算绩效管理制度体系,开展事前绩效评估,强化绩效目标管理,落实绩效运行监控,完善绩效评价应用,推进绩效信息公开等,并将预算绩效管理纳入县政府目标管理绩效考核,压实工作责任。持续深化国企国资改革,制定《黟县国企改革三年行动实施方案(2020—2022)》,开展“黟县国企高质量发展提升年”活动,协助解决徽黄集团发展中的资产整合、融资贷款等问题,助推徽黄集团上市步伐;梳理、盘点经营性资产有序划拨国投集团统一运营,支持国投集团发展壮大;完成五丰公司改制,组建县经开区投资公司并运营。

【加强财政管理】加强政府债务管理,合理控制政府债务规模,严格在债务限额内规范举债,年末全县政府性债务余额17.24亿元,在省政府下达限额之内,债务风险总体可控。建立县政府领导联系、月度调度和通报机制,加快债券资金使用,发挥债券资金的“补短板、惠民生、促消费、扩内需”效益。拓宽偿债资金渠道,及时偿还到期债务,全年无新增隐性债务。加强金融风险防范,加大处非宣传力度,发布县域防非处非预警,开展地方金融行业监管,建立健全金融风险处置机制,加大地方金融机构不良贷款处置力度,优化贷款环境,确保金融机构良性运行。加强财政资金管理,持续开展季度互查互审,开展县直单位及二级机构财务监督检查,常态化开展“小金库”治理,开展行政事业单位银行账户清理等工作。开展2018—2020年“财务管理问题”大起底、大排查、大整改专项行动,规范财务日常管理。强化政府采购前置审核,严格政府采购监管。依法加强财政财务检查和会计管理监督,推进预决算信息公开常态化和制度化,主动接受县人大、审计和社会各界监督。

(吴少辉)

祁门县财政工作概述

【概况】2021年,祁门县一般预算收入完成5.87亿元,同比增长5.6%。一般公共预算支出完成21.48亿元,同比增长3.8%。落实“党政机关要坚持过紧日子”要求,坚持厉行勤俭节约,严把预算支出关口。全县“三公”经费支出843.9万元,较上年同期872.2万元减少28.3万元,下降3%。

【民生工程】坚持以人民为中心,科学调度,精准实施,办好各项民生事业。全年财政民生支出17.19亿元,较上年增加支出3507万元,民生支出占总支出比重80%。全县33项民生工程(其中2项无任务)累计完成投资4.89亿元,占年度投资计划108.4%。整合安排民生工程管护资金2908万元,十件惠民实事完成投资3326万元。加强普惠性、基础性、兜底性民生保障,推动解决群众关心关注的切身利益问题。

【乡村振兴】做好巩固脱贫攻坚成果和乡村振兴有效衔接,加强乡村振兴专项资金管理,保障财政衔接推进乡村振兴补助资金安全高效使用,全年共投入8575万元资金,用于176个乡村振兴项目建设。印发《祁门县“防贫保”综合保险试点工作实施方案》,推进“防贫保”综合保险试点工作,防范化解脱贫人口和农村低收入人口返贫致贫风险,探索建立乡村振兴资金管理工作长效机制。全年农林水支出35665万元,逐步提高土地出让收入用于农业农村比例。下达农村公益事业奖补资金852万元、支持实施乡村建设行动。安排专项资金910万元,扶持21个村发展壮大村集体经济,支出农业保险县级配套资金274.4万元,理赔金额411.35万元。做好各项涉农资金发放及监管工作,全年累计发放涉农资金10942.66万元。

【社会保障】做好新冠疫情防控工作,投入各类疫情防控资金2210.4万元。开展社会保险费退费、减免工作,共减免失业保险270.4万元,工伤保险95.7万元。投入资金1000.3万元,全力做好就业和再就业工作。投入资金5201万元,用于县级公立医院和基层医药卫生体制改革。参与城乡居民最低生活保障工作,发放低保生活费609.18万元,城镇最低生活保障14484人次;发放农村低保生活费2760.26万元,农村最低生活保障人数62665人次,做好社保基金的增值保值工作。做好职业年金做实工作,10月起做实职业年金缴费,全年缴费支出803.21万元,拨付职业年金投资运营前利息851.77万元。

【债务管理】严格实施政府债务限额管理,截至年末政府债务余额24.47亿元(一般债务余额12.43亿元,专项债务余额12.04亿元),余额控制在限额范围内;严格举债程序,2021年新增债券资金7.04亿元(新增一般债券0.33亿元,新增专项债6.71亿元),全口径、全区域、全覆盖动态监控全县债务情况。成功申报入库"黄山市祁门县永泰技术学校建设工程"、"祁门县祁红交通基础设施建设"、"祁门县中心城区学前教育幼儿园扩容"等专项债项目,项目总投资8.07亿元。开展新增债券项目绩效评价,购买社会服务,对2020年新增专项债券项目开展第三方评价,强化项目绩效目标和预算执行双监控。

【国有资产管理】开展国企改革三年行动,出台《祁门县国企改革三年行动方案(2020—2022年)》和《祁门县"国企高质量发展提升年"活动实施方案》,科学谋划,组建黄山市祁门国有投资有限公司和祁门经济开发区投资有限公司。加强行政事业单位的资产管理,全年处置资产81笔,涉及资产原值2539.99万元(其中报废资产42笔,涉及资产原值828.3万元;资产划转39笔,涉及资产原值1711.69万元)。持续做好国有企业退休人员社会化管理工作,全年接收安置73名国有企业退休人员。

【财政监督管理】全力组织预算管理一体化推广应用工作。推进统一公共支付平台改革及非税系统集中化正常运行,实施财政电子票据网上开票工作。做好直达资金监控管理工作,开展政府采购备选库、名录库、资格库专项清理。加强政府采购代理机构监督评价,做好2020年中央巡视中涉农资金反馈问题整改落实工作,对全县乡村振兴项目建设和资金管理使用情况开展专项检查。开展部门新增政策(项目)事前绩效评估,做好"小金库"治理、"涉企系统"常态化应用管理。

(胡玉霞)

屯溪区财政工作概述

【概况】2021年,屯溪区财政局在区委、区政府的坚强领导下,在区人大、区政协的监督指导下,围绕区委、区政府决策部署,统筹推进疫情防控和经济社会发展,做好"六稳"工作,落实"六保"任务,推进财政各项工作,全年财政预算收支执行总体平稳有序。全年一般公共预算收入完成10.95亿元,占预算数10.95亿元的100%,同比增长5%;一般公共预算支出完成17.84亿元,同比下降4.2%,年终结余0.72亿元。按现行财政体制结算,全区财政实现收支平衡。

【办好民生事业】筑牢"保基本民生、保工资、保运转"的底线思维,不断优化支出结构,全年盘活存量资金9147万元,其中:补充预算稳定调节基金3792万元;坚决落实政府带头过紧日子要求,全年共压减一般性支出1670万元。全年民生支出完成14.94亿元,占一般公共预算支出83.7%。组织实施省定33项民生工程,全年完成投资3.4亿元,完成年度计划113.2%,完成全年目标任务。全年累计发放十八大类惠农补贴资金5146万元,惠及25119人次;完成农村公益事业财政奖补项目35个,投资526万元,受益群众5.3万人。

【服务经济社会发展】围绕区委、区政府重大工作安排部署及全区重点项目的资金需求,加大项目编报力度,围绕城市基础设施改造提升、新安江流域生态保护、乡村振兴等重点领域,积极争取政府专项债、中央基建投资预算等上级专项转移支付资金,全年争取各类项目资金6.45亿元,其中:2021年纳入省级专项债项目库管理2个,争取新增专项债券资金3.17亿元。落实国家减税降费政策,累计为2415家单位减轻社会保险费负担,减税降费额9708万元。加大民营经济发展专项扶持资金安排力度,帮助企业纾困解难,助力企业培植壮大税源,全年累计拨付新型工业化、科技创新、服务业高质量发展、电子商务、普惠金融等财政专项奖补资金6647万元。协调银行业金融机构及江南融资担保公司将更多的金融资源向九龙工业园区以及新型工业、文化旅游、民生保障等重点领域倾斜,推动多层次资本市场建设,"新三板"挂牌1家、四板股改2家,直接融资完成4.5亿元。

【支持生态环境治理】拨付资金3516万元用于新安江流域生态补偿试点项目和中央水污染防治项目,拨付资金114万元用于河道非生活垃圾打捞。牵头组织区直相关单位编报符合政策要求的环境治理项目,谋划2021年新安江生态补偿试点项目9个,争取2021年度第一批新安江流域生态补偿项目3个,补助资金1000万元。推深做实新安江流域生态补偿机制"十大工程",完成投资约3.07亿元,确保区流域内新安江水质稳定达标。持续做好新安江流域生态补偿机制改革试点工作,参与新安江—千岛湖生态补偿试验区建设,谋划储备新安江—千岛湖生态补偿试验区项目15个。实施水环境生态补偿民生工程,聚焦水污染防治、水生态修复和水环境治理,从源头调查摸底,投入1114万元用于污水管道改造,提升新安江水环境整治,保障水环境生态补偿项目完工,占年初计划的111.4%。按照《黄山市地表水断面生态补偿暂行办法》,区域范围内4个断面水质达考核标准。

【强化风险防控管理】自觉接受预算决算审查监督,认真落实人大及其常委会有关预算决议和决算决议,配合推进预算监督。加强库款管理,确保库款在警戒线以上,控制地方财政运行风险,强化国库系统风险防控管理,保障财政资金和财务人员双安全。加强风险管控,硬化预算约束,落实政府债务资金绩效管理和债务信息公开要求,做好防范化解风险工作,确保到期政府债券按时还本付息,年度隐性债务化解计划全面完成。2021年政府债务限额12.85亿元,其中:一般债务限额6.41亿元,专项债务限额6.44亿元。截至12月底,全区地方政府性债务余额10.97亿元,其中:一般债务余额4.53亿元,专项债务余额6.44亿元,地方政府债务严格控制在省政府核定的债务限额内,政府性债务风险总体可控。开展行政事业单位财务管理暨"小金库"专项检查,重点检查18家单位,发现财务管理不规范问题20个,追回财政资金4.59万元,并督促单位进行整改完善。

【实施预算绩效管理】牢固树立过紧日子思想,按不低于10%比例压减一般性支出,全年共压减1332万元。完善预决算信息公开,加大绩效信息公开力度,严格落实主体责任和法定公开时限,政府预算及全区56家预算单位部门预算、全区94家预算单位部门决算及"三公"经费决算信息均按要求公开。落实厉行节约各项规定,出台《关于严格落实过紧日子要求切实加强"三公"经费管理的通知》,对区直部门"三公"经费预算进行审核和控制,"三公"经费同比减少103万元,下降17.8%。出台《关于全面实施预算绩效管理的实施意见》,加快建立"政府主导,财政主抓,部门执行,社会参与"的预算绩效管理工作机制。印发《2020年预算绩效评价工作实施方案》,采取"单位自评"和"财政重点评价"两种方式开展,并试点开展部门整体支出绩效评价,评价涉项目金额24.6亿元。进一步强化绩效管理观念,开展预算绩效业务培训,把预算绩效培训工作嵌入2021年部门预算编制,项目及部门整体绩效目标申报实现全覆盖。

【加强财政监督管理】开展2019、2020年地方预决算公开检查,强化预算单位公开主体责任。落实财政直达资金常态化机制,依托监控系统加强资金分配使用管理,形成部门联动机制,督促部门单位及时分配和规范使用直达资金,纳入中央监测平台直达资金1.94亿元,实际支出1.82亿元,支付进度为94%。出台《屯溪区本级部门预算绩效目标管理实施方案》等绩效管理文件,规范预算绩效管理。全年纳入绩效运行监控涉部门整体支出金额8.35亿元、部门项目支出金额2.8亿元。加强重点项目资金使用的跟踪问效,选取2020年度6个重点项目开展事中绩效评价,向区委、区政府及区人大常委会报告重点项目评价结果。举办全区预算绩效管理专题培训会,推动预算绩效管理提质增效。严格执行安徽省2020—2021年政府集中采购目录及采购限额标准,严把审核审批关,促进招标采购工作健康发展,全年完成公共资源交易平台交易金额3.51亿元,节约资金3971万元。严格执行《屯溪区小型工程项目招投标暂行办法》,全年受理30万元以上50万元以下建设工程项目18项,中标金额692万元,节约资金145万元。

【深化国资国企改革】按照"国企高质量发展提升年"活动要求,立足发展战略,持续深化改革,增强"造血"功能。全面深化融杭接沪,开启政企院所全面合作模式,助力推进杭黄"双融双创"产业园建设,区国投集团新增成立产业投资板块,加强企业风险管理,保障重点项目资金需求。推进国有资产管理改革,强化资产配置与资产使用,切实盘活资产存量,提高资产使用效率。

(朱奇靖)

黄山区财政工作概述

【概况】2021年,黄山区财政工作坚持稳中求进工作总基调,完整、准确、全面贯彻新发展理念,按照高质量发展要求,落实积极财政政策,统筹推进疫情防控和经济社会发展工作,促进社会和谐稳定。

【强化理论武装】将学习贯彻习近平新时代中国特色社会主义思想,特别是习近平总书记考察安徽重要讲话指示精神和党的十九届五中、六中全会精神纳入党组理论学习中心组学习计划,全年开展党组理论学习中心组学习10次、专题研讨4次。印发区财政局党组党史学习教育工作方案,排定工作计划及为民办实事项目清单。组织开展党史学习教育征文活动,赴烈士陵园开展主题党日活动,集中观看《榜样5》,开展"一刻钟"微党课,参加全市财政系统优秀调研报告征文活动并获优秀奖。

【优化收支结构】成立综合治税领导组,强化收入联动与分析机制,加强企业所得税汇算清缴、土地增值税清算、历年欠税管理等,防止跑冒滴漏现象发生。开展"双招双引",拉动投资增长,拓展财源建设空间。全程推进预算绩效管理。推动建设全方位、全过程、全覆盖的预算绩效管理体系,健全完善"花钱必问效、无效必问责"的约束机制,规避财政资金使用风险,从源头防止资金低效无效、闲置沉淀、损失浪费。全年纳入财政预算支出绩效目标管理监控项目296个,项目金额

79428万元;74个部门纳入整体绩效支出目标管理。完成2020年绩效自评财政预算支出项目290个,项目金额69686万元;开展重点项目绩效评价13个,涉及一般公共预算资金6572万元。落实政府过紧日子要求,全面清理非急需、非刚性支出,从严控制“三公”经费,兜牢“三保”底线。全盘统筹谋划资金使用,制定更为严格的盘活存量资金举措,加大部门预算结转资金清理力度,统筹盘活各类结转结余资金1.27亿元,调整用于急需资金领域。把握中央实施积极财政政策机遇和结构调整转型升级政策措施,全年对上争取资金10.23亿元,缓释减收增支压力,确保财政正常运转。

【帮助企业纾困】落实好各项减税降费政策,按照第一时间、应减尽减原则释放政策红利,减免税费3.97亿元,新增市场主体2149户,助力中小微企业发展,激发市场主体活力。设立中小企业民营经济发展专项资金2000万元,支持民营企业依法平等享受各项优惠政策,全年兑现省、市、区各项涉企资金2252万元,帮助企业解决技术攻关难题。围绕“投速、投向、投量”,开展银企对接,全面推广“4321”新型政银担合作业务,推进“四重一小”融资工作。全年银行业金融机构各项贷款余额114.3亿元,增长9.5%。以金融扶持助力企业上市,金瑞泰完成上市前股改,中发耐磨在科创板精选层成功挂牌。

【保障重点领域】有效衔接乡村振兴,继续落实“三保障一补充”政策,发放各类保障资金1016万元;开展“3+N”返贫保模式,开展脱贫人口小额信贷,夯实兜底保障。安排推进乡村振兴补助项目103个、资金6928万元,其中支持产业发展资金占比近60%。持续攻坚生态环境治理,从严从实抓好中央和省生态环保督察整改,争取省调度资金10亿元,用于太平湖生态环境治理。深入农村人居环境整治,投入1670万元用于3个省级中心村、22个重点自然村建设,打造一批美丽乡村样板点。安排财政资金1222万元,实施农村改厕、废弃物资源化利用、城区生活餐厨垃圾处置等项目,助力城乡综合环境提升。积极对上争资争项,健全以政府债券为主体的政府举债融资机制,保障政府投资重点领域合理建设需求,谋实谋细非标债项目,累计成功申报入库专项债项目13个,申请专项债券资金额度43.73亿元,到位专项债券资金11.44亿元。

【提升群众福祉】提高社会保障水平,按照“学有所教、劳有所得、病有所医、老有所养、住有所居”民生建设目标,建立健全多层次社保体系,发放临时救助、城乡低保、特困人员供养等救助补贴4457万元,困难群体生活得到充分保障。支持教育优先发展,统筹安排资金3553万元,联动推进校园基础设施建设和教育质量提升。完善教师收入增长长效机制,保障编外教师工资福利待遇和课后服务绩效增量,持续提升教师群体的获得感。加大卫生健康投入,全年累计支出15876万元,村卫生室、乡镇卫生院软硬件持续改善,区医院医疗服务能力提升工程加快推进,妇幼保健服务中心投入使用,打造健康黄山区。慎终如始抓好疫情防控工作,安排各类经费1271万元,提升应对和处置突发公共卫生事件的能力水平,筑牢防疫安全屏障。强化风险防控,进一步健全风险预警评估和风险防控协同机制、责任机制,严格落实地方政府债务限额管理和预算管理制度,稳妥化解隐性债务存量。健全部门协调机制,加大对非法集资、恶意逃废债务、网络电信金融诈骗等违法犯罪活动的惩戒力度,风险防范有力有效。

【推进财政管理改革】开展“国企高质量发展提升年”活动,整合国资国企资源注入区国资公司,形成“1+4”板块运营模式,做大做强做优国有资本。深化预算管理改革。坚持预算绩效一体化,更加突出绩效导向,压实部门绩效管理主体责任,健全部门预算绩效管理体系。推动预算管理一体化平台建设运用,以系统化思维和信息化手段构建现代信息技术条件下“制度+技术”的管理机制,全面提高预算管理规范化、标准化和自动化水平。实施财政电子票据管理改革。规范政府非税收入执收单位收费行为和业务流程,完成国有土地使用权出让收入、矿产资源专项收入等非税收入统一划转税务部门征收工作。

(谢龙裕)

徽州区财政工作概述

【概况】2021年,徽州区财政局坚持统筹抓好疫情防控和经济发展,围绕“六保”“六稳”目标,实施“五大战略”,推进“六大专项行动”,深化国资国企改革、强化资金绩效管理、扶持民营经济发展、防范化解金融和债务风险,推进“财政全面绩效管理提升年”活动,开展党史学习教育、推进中央巡视安徽省反馈问题整改,巩固“不忘初心,牢记使命”主题教育成果,力戒形式主义官僚主义,全体财政干部进一步解放思想、奋勇争先,夺取经济社会高质量发展新胜利。

【指标完成】全年一般公共预算收入完成9.35亿元,增幅5.6%,在黄山市辖县区中位居第三位,税比53.2%,较上年增长0.7个百分点,完成年初计划任务。一般公共预算支出完成18.36亿元,较上年同期增长1.63亿元,增幅9.8%。其中民生支出占比83.4%。全年盘活收回存量资金8032万元,压减一般性、非急需、非刚性支出6631万元。截至年末,全区金融机构存款余额 117.47 亿元,同比增长 6.24%,增速全市第六;贷款余额 103.81 亿元,同比增长 12.45%,增速全市第四;存贷比 88.37%,全市第一。全区保险业金融机构保费收入 3.07 亿元,同比下降 7.42%,增速全市第六(其中人身险保费收入 1.58 亿元,同比增 1.87%,财产险保费收入 1.49 亿元,同比降 15.56%)。完成直接融资 4.1 亿元。举办银企对接会,搭建银企对接桥梁,完成银企对接签约金额 26.46 亿元,同比增长 26.36%。截至年末,共发放贷款 26.46 亿元,履约率 100%。

【经济发展】支持民营经济发展,深入开展"四送一服"双千工程,协调省证监局、银行、担保、券商、律所、会所上门服务,走访调研企业 100 余户次。推进"4321 政银担"模式,截至年底完成政银担 7.02 亿元,通过"信易贷"平台为 131 户企业授信 7.89 亿元,发放信用贷款 6.91 亿元,缓解企业贷款过桥压力。核定"税融通"合格企业额度 5.91 亿元,同比增长 18.9%,全年累计发放 3.62 亿元,同比增长 34.57%,惠及 94 户企业。推进多层次资本市场建设,出台《加快企业股改上市三年行动方案(2021—2023)》,区国投集团与华富嘉业投资管理有限公司成立总规模 1 亿元的产业基金,以投替补,专门用于投资全区区域内成长期企业。全年完成新三板股改 1 户、省股交中心挂牌企业 4 户,其中科创板挂牌 1 户。谷捷散热与赛格集团、上汽基金合作,引入外地资本 1.15 亿元。督促部门认真研究国家支持经济增长、扶持产业发展等政策,重点围绕"三重一创"、生态环保、乡村振兴等方面,全年对上争取各类资金 11.7 亿元,牵头组织各乡镇各部门开展 2022—2025 年度对上争资项目谋划。

【落实"六稳""六保"】认真贯彻落实各级新型冠状病毒感染肺炎疫情防控经费保障政策,区级财政安排资金 523.63 万元,加强疫情防控资金保障,及时拨付各级各类疫情防控专项资金。做好惠企资金兑现,统筹安排支持实体经济发展专项资金 3500 万元,牵头各行业主管部门,做好"1+N"政策解读工作,会同主管部门组织企业申报 2020 年度各项产业激励资金,加快审核兑现速度。截至年末,累计兑现产业激励资金 2689.07 万元,惠及实体企业 167 户次。梳理修订产业激励办法,开展 2018—2020 年产业扶持资金绩效评估,充分运用评价结果,组织修订完善工业+科创、服务业、上市挂牌、质量提升、旅游、现代农业、商贸流通等 15 个产业激励办法,汇编"四送一服"工作指导手册,拟定《徽州区民营经济发展专项资金统筹实施方案》,推动提升财政资金使用绩效,发挥杠杆效应,促进民营经济高质量发展。

【民生保障】全区 33 项民生工程(其中农田建设工程、农村义务教育学生营养改善、农村危房改造、小型病险水库除险加固 4 项无实施任务)计划投资 3.17 亿元,共完成投资 3.71 亿元,完成年度计划的 116.9%。加大教育投入力度,加强学前教育建设,拨付资金 242 万元用于琶村园区改扩建及保教设备添置及各公办园、普惠性民办园教育开支补助。区财政配套安排义务教育保障经费 204.3 万元,用于保障全区公办、民办学校义务教育阶段教育开支。安排 1000 万元用于二中综合楼改扩建项目,提升教学环境。批复实施农村公益事业项目 2 批 24 个,财政资金投入 362 万元。做好政策性农业保险工作,完成油菜、水稻、公益林、商品林、能繁母猪和育肥猪六项政策性农业保险保费收缴任务。启动"防贫保"综合保险试点工作,防范化解脱贫人口和农村低收入人口返贫致贫风险,全区累计完成投保 21 笔,保险总额 2.97 亿元,为全区 7 个乡镇 1883 户脱贫户和 63 户监测帮扶对象配套财政补贴资金 16.67 万元。巩固拓展脱贫攻坚成果同乡村振兴有效衔接,区财政落实到位财政衔接推进乡村振兴补助资金 5453 万元,较上年增加 3001.2 万元,增长 122.4%,其中:中央 2199 万元,省级 1754 万元,市级 600 万元,区本级 900 万元。共批复下达四批衔接项目 45 个计划总投资 5453 万元。

【国资国企改革】深化国企改革,制定出台《黄山市徽州区国企改革三年行动实施方案》(2020 年—2022 年),推深走实区属国有企业改革。开展落实国企改革三年行动重点改革任务评估,加强国有企业党的领导和党的建设,完善中国特色现代企业制度,夯实中国特色现代企业制度建设基础。加快国资国企制度建设,制定出台《黄山市徽州区行政事业单位国有资产处置管理暂行办法》,加强行政事业单位国有资产的处置管理,规范国有资产处置行为。加强国有企业重大事项管理,实行重大事项提前会商,和区属国有企业就中层干部任免、融资等重大事项会商 9 次,会商事项 48 项,规范区属国有企业决策行为。规范区属国有企业重大事项的管理,全年区属国有企业报国资委备案事项 13 项,报区国资委核准事项 3 项,报区政府决定事项 15 项,推进国有企业贯彻落实"三重一大"决策制度。

【防范重大风险】严格政府性债务管理,防范化解债务风险。积极稳妥化解政府性债务,树立过紧日子的思想,根据债务化解工作计划安排,通过年初预算资金、盘活存量资金等偿还债务本息 3.07 亿元,全区政府债务率为 93.1%,低于财政部 100%风险警戒线。加强线索调查处理,防范金融风险。持续完善线索摸排沟通协调机制,做到工作重心下沉到基层、处置关口前移到一线,处置有关投诉和相关线索2起,对1起涉及企业非法集资投诉线索,及时开展核查,并落实风险提示。安排专项工作经费5万元,建立举报奖励制度,设立举报热线电话和举报邮箱,鼓励群众积极提供非法集资等涉及金融安全的相关非法线索。

(郑浩然)

广德市财政工作概述

广德市财政工作概述

【概况】2021 年，广德市一般公共预算收入完成 32.64 亿元（总量位于宣城市各县市区第二位），同比增长 13.9%（增幅位于宣城市各县市区第一位），其中税务部门完成 25.6 亿元，同比增长 8.9%，财政部门完成 7 亿元，同比增长 37%。一般公共预算支出完成 51.4 亿元，“三公”经费累计支出 3529.45 万元，同比下降 0.46%。

【完善资金支付管理】依托国库支付一体化平台，继续深化集中支付电子化改革，完善工作流程，加强动态监控预警，规范财政资金支付管理和监督。在上级规定时间内完成各项资金指标的分配下达，确保党中央和省委省政府重大决策部署落实到位。

【做好社会保障工作】强化新冠疫情防控资金保障，累计拨付资金 9555 万元，用于新冠病毒疫苗及接种费用和入境来皖集中隔离费用支出。落实各项社会保障政策，拨付城乡低保、特困人员供养等困难群众社会救助资金 1.6 亿元，拨付就业补助、职业技能提升等专项资金 2433 万元，拨付专项资金 1100 万元，改善全市困难群众基本生活，保障重点群体就业工作，推进养老服务体系发展。

【防范政府债务风险】依法从严控制债务增量，举借额度严格控制在债务限额以内，严格新增债务预算管理，预算安排资金用于隐性债务还本，降低债务风险水平，确保政府债务风险整体可控。建立政府债券资金绩效管理机制，引入第三方中介机构对新增债券资金项目使用情况开展中期和事后绩效评价，提升债券资金使用绩效。建立新增专项债券资金支出进度半月报告制度和月通报制度，全面压实部门责任。

【服务经济社会发展】拨付中央预算内基建投资、交通专项等项目资金 2.52 亿元，用于市政、交通、重点民生等公益性基础设施建设。安排资金 5000 万元，与经开区等建立广德市重点产业发展基金，支持全市重点产业发展。拨付资金 4600 万元，支持工业企业发展。拨付资金 2959 万元，用于全市“三重一创”和“工业二十强”企业、企业上市辅导奖励等奖励。落实人才引进政策，各项科技创新等奖补政策和减税降费落到实处。支持中小企业做优做强，兑现市本级工业发展扶持资金 4803.05 万元，支持发展数字经济、技术改造、专精特新、多层厂房、节能减排、开拓国际市场，以及奖补综合实力 20 强、综合效益 10 强企业和商贸企业发展，保持经济平稳增长。

【支持乡村振兴战略】全年累计争取上级财政涉农项目 29 个，争取上级财政资金（含补贴类资金）39951.2 万元。安排农林水支出 5.81 亿元，保障乡村振兴政策落实，支持农业产业化、美丽乡村、农村人居环境整治、美丽田园建设等，助推打赢脱贫攻坚战。安排资金 1300 万元，在全市 9 个乡镇、3 个街道全面推开农村公共设施运行维护改革，破解农村基础设施维护难题，主动服务乡村振兴战略。

【推进民生工程建设】投入民生工程资金 16.65 亿元，完成省定 33 项民生工程年度目标任务。围绕“抓进度、重质量、强基础、扩宣传”工作要求，推动在共建共享上见成效，增进人民福祉。在开展民生工程宣传月活动的基础上，在市广播电台开设“民生工程专栏”栏目，在政府门户网站及“市民生工程”微信公众号做好信息推送，提升群众知晓度和满意度。

【开展财政绩效管理】落实过紧日子要求，开展 2021 年预算编制，做到坚持以收定支，做好财政收支平衡工作，将有限财政资金用在刀刃上。加强财政收入分析和研判，依法依规平稳有序组织收入，确保财政收入可持续。强化重点支出保障，把“保工资、保运转、保基本民生”各项要求落到实处。加强预算绩效管理，组织预算绩效自评和评价，抽查复核 30 个项目和财政评价 14 个项目，涉及资金 2.6 亿元。组织开展预算绩效运行监控，涉及支出项目 665 个资金 44.2 亿元。完成全国第五次预决算信息公开检查复核任务，自查覆盖面为 100%。抽调人员参与宣城市对黄山市的市级交叉检查工作，通过各级检查和复核。

【开展处非和扫黑除恶斗争】结合“双随机一公开”，聘请会计师事务所，对监管对象开展现场检查、专项检查和专项整治。开展地方金融领域扫黑除恶专项斗争以及防范和处置非法集资工作，开展抵制“资金霸”、“套路贷”、“校园贷”现场宣讲宣传，在电视频道滚动播放防范非法集资公益广告和滚动字幕。联合金融服务中心开展防范处置非法集资，接待群众来访、举报。

【深化国有企业改革】深化国有企业改革，向人大常委会报告全市国有资产管理综合报告和有关专项报告，根据审议意见进行建章立制和整改工作。加强闲置性、经营性国有资产集中统一管理，共移交自然资源规划局、融媒体中心等5个单位经营性资产16处5500平方米。规范全市行政事业单位国有资产管理，公开处置43辆公务用车、4批次电子设备及老旧小学等资产。

【深化党史学习教育】通过党组会、中心组学习会、支部会等开展党史学习教育学习30余次，围绕“学党史、铸铁军、开新局”和“弘扬新四军精神、增强斗争本领”等主题开展交流研讨20余次，开展党史学习专题党课宣讲5次，推动党史学习教育学深悟透。组织党员干部前往誓节镇苏村村第一党支部纪念馆、广德历史博物馆和新杭镇横岗村村史馆参观，深入宁国七里冲红色教育基地重走长征路。以“学党史、守初心、担使命”为主题开展庆祝中国共产党成立100周年演讲比赛。结合财政职能开展防范非法集资专场宣传等“我为群众办实事”实践活动9次，不断构建服务群众的“连心桥”。

【推进新一轮“三个以案”警示教育】先后在党组、中心组、支部层面开展廉政理论、党内法规学习10次，典型案例通报7次，警示教育专题党课2次，《民法典》专题讲座1次，教育引导财政干部守好底线、不越红线，推动以案示警、以案为戒、以案促改。坚持问题导向，认真查摆班子存在问题，建立四个清单，落实整改任务。开展专项整治，以资金主管部门为主体，对2019—2020年全市惠农财政补贴滞拨闲置等问题开展全面自查清理，针对全市惠民补贴资金检查中发现的“林业发展中心的完善退耕还林资金未及时发放”问题，开展部门会商，严格按照程序进行清理整治并于4月底完成整改。

【推进机关党建工作】机关党委、各支部开展集中上党课和十九届五中、六中全会精神专题宣讲10余次。压实党建主体责任，年初制定党组织书记抓党建“三个清单”，将责任细化到机关党委班子成员、支委班子成员，选派机关党委委员、党支部委员参加全市集中轮训。持续推进“书记领办项目”，支部组织过政治生日的党员干部开展分享一段政治感言、重温一回入党誓词、赠送一份生日纪念、领办一次实事好事、开展一次谈心谈话的“五个一”活动，展现财政干部良好风貌。发挥党建引领作用，组织党员干部深入网格及联系户，宣传疫情防控、文明创建、防台风、“双禁”等工作，深入社区，积极开展“向不文明行为说不”等多项创建宣传活动，协调街道办、社区共同做好文明创建工作，确保国检复检中网格及入户测评均取得好成绩。2021年度，市财政局在6次文明创建双月评工作中，获一等奖1次、二等奖1次、三等奖2次。

宿松县财政工作概述

宿松县财政工作概述

【概况】2021 年,宿松县一般公共预算收入完成 9.69 亿元,为年初预算的 100%,增长 8%,其中:税收收入 6.76 亿元、非税收入 2.92 亿元,非税收入占地方一般公共预算收入的 36.1%,下降 3.3 个百分点。一般公共预算支出 58.5 亿元,增长 1.3%。政府性基金收入完成 30.32 亿元,政府性基金支出 29.07 亿元。社保基金收入完成 3.56 亿元,社保基金支出完成 3.56 亿元。

【支持经济发展】树立"双招双引"是"第一要事"理念,安排人才发展专项资金 655 万元,兑现招商引资优惠政策 7355 万元,拨付工业发展资金 1228 万元、现代服务业奖补资金 196 万元、外贸促进政策资金 236 万元。树立"项目为王"理念,加快推进平台转型发展,争取专项债券资金 7.56 亿元,较上年增加 1.83 亿元。累计投入数字宿松建设资金 1.63 亿元、市政工程建设资金 7786 万元、交通水利基础设施建设资金 3.65 亿元、基本公共服务领域工程项目建设资金 3.90 亿元。落实减税降费政策,公开行政事业性收费目录清单,减轻企业税费负担 2.7 亿元。引导金融服务实体经济,新增发放政银担贷款 12.12 亿元,在保余额达 14.09 亿元,放大担保倍数 5.39 倍;搭建银企对接平台,开展金融"暖企行动",向 27 家市场主体发放贷款 4291 万元。

【助力乡村振兴】落实"四个不摘"要求,保持投入稳定,县本级安排衔接资金 6350 万元,继续整合财政涉农资金用于乡村振兴,整合资金规模达 3.05 亿元。投入 9030 万元用于高标准农田建设;发放农业支持保护补贴 8392 万元、稻谷补贴 2708 万元、实际种粮农民一次性补贴 1256 万元,保持补贴政策基本稳定;落实农业保险创新发展若干政策,拨付农业保险保费补贴 4786 万元,增强农业抵御风险能力。投入 2291 万元用于美丽乡村建设;投入财政奖补资金 1703 万元支持农村公益事业建设;投入 6000 万元开展农村人居环境整治,投入 5259 万元实施农村改厕、生活污水治理、生活垃圾治理。

【保障改善民生】科学测算民生工程资金需求,积极筹措配套资金,保障预算安排及时足额到位,33 项民生工程共投入 25.06 亿元,其中县本级配套投入 10.10 亿元,11 项工程类项目全面完工,20 项补助类项目及时足额发放,2 项培训类项目超额完成年度任务。继续提高城乡居民最低生活保障、农村五保供养、特困人员救助供养等补助标准,发放资金 1.78 亿元;城乡居民基本养老保险、企业职工养老保险、机关事业单位养老保险连年提标,发放养老金 3.55 亿元;完善社会救助体系,拨付困难群众生活救助、医疗救助 2.46 亿元。拨付 3175 万元用于常态化疫情防控和疫苗接种;拨付城乡义务教育补助经费 1.76 亿元,兑现各类学生资助 3602 万元;安排 2003 万元用于公共文化服务体系建设,安排 908 万元用于乡镇体育"三个一"建设和体育馆免费开放。

【深化管理改革】对标财政部和省财政厅预算管理一体化规范,开展 2021 年预算执行试点;与全省同步编制 2022 年部门预算,运用零基预算理念,打破支出固化僵化格局,并将项目作为部门和单位预算管理的基本单元,预算支出全部以项目形式纳入预算项目库,实施项目全生命管理。将中央和省财政直达资金 14.91 亿元纳入监控平台管理,强化从资金源头到使用末端的全过程、全链条、全方位监管,确保资金直达使用单位、直接惠企利民,提高财政资金使用有效性和精准性。进一步完善绩效运行监控和重点绩效评价机制,加强绩效评价结果运用,全县预算绩效管理工作主要做法被省财政厅在全省范围推广。落实"放管服"改革要求,推进分类试点,财政电子票据推广至全票据种类,实现"一站式查询"、真伪查验和报销入账。组织开展代理记账机构和行政事业单位会计信息质量检查,整改违规问题金额 158 万元,切实规范会计工作秩序。加强地方政府债务管理和风险防范,争取再融资债券资金 3.94 亿元,用于偿还到期债务;支持农商行处置不良贷款 1.9 亿元,不良率降至 4.75%,坚决守住不发生系统性风险底线。

【全面从严治党】坚持以习近平新时代中国特色社会主义思想为指导，把坚定理想信念作为思想建设的首要任务，推动学习宣传贯彻党的十九大和十九届二中、三中、四中、五中、六中全会精神往深里走、往实里走、往心里走，持续推进“两学一做”学习教育常态化制度化，扎实开展党史学习教育，教育好身边人引导党员干部拧紧“总开关”，树牢“四个意识”，坚定“四个自信”，坚决做到“两个维护”。学习宣传贯彻支部工作条例，进一步完善支部书记抓党建责任制，严格执行“三会一课”、班子成员双重组织生活、支部书记述职评议和民主评议党员等制度，强化考核结果运用，推动机关党建各项工作高效落实。

(陈守燕)

财政大事记

省财政工作大事记

省财政工作大事记

1月

1月4日　安徽财政预算管理一体化系统正式运行。

1月5日　省财政厅召开党组扩大会议，传达学习习近平总书记二〇二一年新年贺词，研究贯彻落实工作。

1月9日　省委副书记、省长李国英对财政工作作出批示：2020年，全省财政系统认真贯彻落实中央及省委、省政府决策部署，坚持积极的财政政策更加积极有为，全面落实减税降费政策和新增财政资金直达机制，为有效应对疫情汛情冲击、做好“六稳”“六保”工作、保持经济持续健康发展作出了重要贡献。谨向同志们致以诚挚问候！新的一年，要坚持以习近平新时代中国特色社会主义思想为指导，全面贯彻中央及省委经济工作会议精神，落实“积极的财政政策要提质增效、更可持续”，强化预算绩效管理，调整优化支出结构，精打细算过紧日子，抓实风险防范化解，着力增强国家重大战略任务和基本民生财力保障，为实现“十四五”良好开局作出新贡献。

1月10日　省委书记李锦斌对财政工作作出批示：2020年，全省财政系统认真贯彻落实党中央、国务院及省委、省政府决策部署，统筹疫情防控和经济社会发展，服务“六稳”“六保”工作，支持打赢脱贫攻坚战，为全省在大战大考中交出优异答卷作出了重要贡献。2021年，要坚持以习近平新时代中国特色社会主义思想为指导，认真贯彻落实省委省政府的决策部署，坚持积极的财政政策提质增效、更可持续，强化财政政策与金融、产业等政策系统集成，落实减税降费政策，优化调整支出结构，落实党政机关过紧日子措施，增强重大战略任务和基本民生财力保障，兜牢基层“三保”底线，更好惠企纾困、利民便民，抓实化解地方政府隐性债务风险，为打造“三地一区”、建设新阶段现代化美好安徽作出新的贡献，以优异成绩庆祝建党100周年！

1月11日　省财政厅召开全省财政工作会议。上午，厅党组书记、厅长罗建国主持召开市财政局长座谈会，厅领导出席会议，与16个市和2个省直管县财政局长齐坐一堂，总结成绩经验、分析形势问题、听取意见建议，共谋做好2021年财政工作思路举措；下午，召开全省财政工作视频会议，深入学习贯彻党的十九届五中全会和习近平总书记考察安徽重要讲话指示精神，全面落实中央及省委经济工作会议、全国财政工作会议精神，传达学习省领导对财政工作批示精神，总结2020年全省财政工作，研究部署2021年财政工作。

1月11日　财政部办公厅印发《关于对2020年财政经建工作成效予以表扬的函》，对安徽省财政厅紧密围绕财政中心工作，担当作为、狠抓落实，支持配合财政部推动财政经建工作取得积极成效，特别是在疫情期间复工复产政策信息组织上报和粮食领域工作扎实有效等予以表扬。

1月13日　财政部科教和文化司印发《关于对2020年财政性教育经费分析监测等工作予以表扬的函》，对安徽省财政厅在财政收支矛盾异常突出的情况下，上下联动、多措并举，加大财政教育投入、加快预算执行、加强教育支出日常跟踪及分析监测等工作予以表扬。

1月13—14日　省财政厅、省生态环境厅会同江苏省财政厅、江苏省生态环境厅组成联合调研组，赴滁州市开展滁河流域横向生态补偿工作专题调研。

1月16日　省财政厅召开党组扩大会议，传达学习贯彻习近平总书记在省部级主要领导干部学习贯彻党的十九届五中全会精神专题研讨班开班式上的重要讲话精神，学习省委常委会扩大会议精神，研究部署贯彻落实工作。

1月19日　省委书记李锦斌在省财政厅《关于2020年中央财政支持我省情况的报告》上作出批示：感谢财政部对安徽经济社会发展的支持！省财政厅要立足新发展阶段、贯彻新发展理念、构建新发展格局，继续加强与财政部对接衔接，认真落实各项工作要求，努力争取更大的指导支持，推动积极的财政政策更加积极有为、提质增效、更可持续。

1月19—22日　省财政厅举办第

一期预算管理一体化推广培训班,省财政厅相关处室和各市预算、国库、信息部门业务骨干60余人参加培训。

1月22日 财政部办公厅下发《关于2020年度地方财政部门会计评估监督检查工作情况的通报》(财办监〔2021〕2号),通报表扬部分省市财政厅(局),安徽省财政厅排名第6。通报指出安徽省财政厅会计评估监督检查统筹谋划,认真部署,整体成效突出,特此提出表扬。在单项工作中,安徽省财政厅被点名表扬3次,是表扬最多的省份之一。

1月25日 省财政厅党组召开2020年度厅领导班子民主生活会。

1月25日 省财政厅召开党组扩大会议,传达学习贯彻习近平总书记在十九届中央纪委五次全会上的重要讲话以及十九届中央纪委五次全会精神,传达学习省委贯彻工作部署要求,研究部署财政贯彻落实工作。

1月27日 省财政厅在前期开展党支部书记抓基层党建述职评议暨处室单位综合考核工作的基础上,召开机关工作总结大会,通报2020年机关党建和人事教育工作情况,表彰2020年度厅综合考核的办公室、税政处、预算处、国库处、债务处、教科文处、农业处、人教处、机关党委、支付中心、注协、资产中心等12个处室单位,勉励再接再厉,不断创造新的业绩,表扬在财政工作中积极有为的集体和个人,总结2020年机关工作,部署推进2021年工作。

2月

2月1日 省十三届人大四次会议批准《关于安徽省2020年预算执行情况和2021年预算的决议》。

2月3日 省财政厅召开党组扩大会议,传达学习贯彻习近平总书记在中央政治局第二十七次集体学习时的重要讲话精神,研究布置贯彻落实工作。

2月4日 经省政府同意,省"四送一服"双千工程领导小组办公室印发《关于2020年"四送一服"工作情况的通报》,经考核考评,省财政厅获省直部门优秀等次表彰、省财政厅牵头赴滁州市工作组获省工作组优秀等次表彰。

2月7日 省财政厅党组召开理论学习中心组学习会,围绕"努力提高'政治三力',切实增强财政政治机关意识"开展专题研讨。

2月7日 省财政厅召开试用期处级领导干部阶段性检视座谈会,部分干部代表汇报体会和收获,深入学习贯彻习近平总书记关于不断提高政治判断力、政治领悟力、政治执行力的重要论述,梳理总结开展的试用期处级领导干部阶段性检视工作经验。厅党组书记、厅长罗建国主持会议并讲话,总结检视工作成效,对新晋升处级领导干部提出明确要求。厅党组成员、驻厅纪检监察组组长项中胜要求参会同志讲政治、重规矩,讲学习、重担当,讲责任、重党性,讲廉洁、重律己,不辜负党组的信任和期望,分管厅领导提出希望和要求。

2月15日 省委副书记、省长王清宪在省财政厅《关于全省民生工程有关工作情况的报告》上作出批示:要始终坚持以人民为中心的发展思想,让发展成果惠及广大群众,由人民群众共享!要在省委的领导下,按省委的总体部署,持续推进民生工程建设,既要用好财政资金改善民生,又要善于调动社会力量和资本推进民生工程,最大程度地发挥财政投入的效率。特别要注重在民生工程的选择、设计、推进上的系统性、整体性、协同性。

2月18日 省财政厅批复2021年度省级部门预算。

2月22日 省财政厅召开党组扩大会议,传达学习习近平总书记在党史学习教育动员大会上的重要讲话精神,以及中央关于在全党开展党史学习教育的通知精神,学习省委常委会扩大会议部署要求,研究布置全厅学习贯彻落实工作。

2月22—23日 省财政厅召开党组扩大会暨厅巡视整改工作领导小组会,审议通过厅整改工作方案,对做好巡视整改工作提出要求,强调要强化政治要求,强化清单举措,强化时限质量,强化成果运用,强化衔接责任,并召集相关省直部门分管负责同志及联络员参加工作推进会,推动财政牵头整改任务落地。

2月23日 省财政厅党组召开理论学习中心组学习会,深入学习贯彻习近平总书记关于巡视工作的重要论述和在党史学习教育动员大会上的重要讲话精神,学习中央第五巡视组巡视安徽省反馈意见整改暨新一轮深化"三个以案"警示教育动员部署大会精神,传达省委书记李锦斌在指导阜阳市委常委会2020年度民主生活会暨巡视整改专题民主生活会和全省新一轮深化"三个以案"警示教育座谈会上的讲话精神,开展专题研讨。

2月24日 省委副书记、省长王清宪在《财政工作情况汇报》上作出批示:省财政厅这份汇报提出的问题及建议很重要。如何提高公共财政的投入效率,是一个大课题。传统的财政资金分配使用方式存在很多问题,必须改革。财政预算的方式必须创新,体现系统性、整体性、协同性,要用财政资金的整合倒逼政府工作的整合。请财政厅提出一个系统的框架方案,我召开专题会议讨论。

2月25日 全国脱贫攻坚总结表彰大会在北京举行。安徽省财政厅农业农村处荣获"全国脱贫攻坚先进集体称号"。

2月27—3月1日 省财政厅党组举办理论学习中心组学习会暨学习贯彻党的十九届五中全会精神专题培

训班,集中学习习近平总书记在党的十九届五中全会、省部级主要领导干部专题研讨班、中央政治局第二十七次集体学习和全国脱贫攻坚总结表彰大会上的重要讲话精神,深入学习贯彻习近平总书记考察安徽重要讲话指示精神,传达学习省委理论学习中心组学习会暨全省领导干部学习贯彻党的十九届五中全会集中培训班精神。

3月

3月2日 省财政厅召开党史学习教育动员部署会,深入学习贯彻习近平总书记在党史学习教育动员大会上的重要讲话精神,传达学习省动员大会精神及省委有关要求。

3月4—5日 省财政厅副厅长胡锡萍率队赴淮南市、阜阳市调研督导预算管理一体化建设推广工作,深入了解第一阶段工作开展情况,听取意见建议,推动做好预算管理一体化全省推广工作。

3月6日 省委副书记、省长王清宪在省财政厅《关于支持开发区财政政策有关情况的报告》上批示:开发区应是改革的引领区、开放的先行区、创新的示范区、发展的动力区。我省开发区从数量上看并不少,但从发展的质量和发挥的作用上看,很不平衡,整体上与江苏、浙江的差距较大。财政厅的报告,从财政一个侧面对我省开发区的发展状况进行了分析,提出了建议,请大家认真研究并提出思考建议,为我们进一步推进开发区改革做准备,我们必须激活全省开发区的活力。

3月9日 财政部、国家林业和草原局下发通知,我省2019年度林业改革发展中央财政资金重点绩效评价结果为“优”。

3月10日 省财政厅举办全省财政系统政法经费保障工作培训班,各市财政政法财务管理人员以及省直公检法司部门相关人员共40余人参加培训。

3月15日 省财政厅党组召开理论学习中心组学习扩大会,深入学习习近平总书记在全国两会期间的重要讲话精神和全国两会精神,认真学习省委传达学习全国两会精神大会精神,开展专题研讨,研究布置贯彻落实工作。

3月15—17日 省财政厅党组书记、厅长罗建国率队赴沪苏浙,学习调研财政政策创新、财政资金整合、财政资产资源配置、财政改革管理等方面的先进经验,就深化合作对接、强化工作协同、更好服务长三角一体化高质量发展与沪苏浙财政厅(局)负责同志进行深入交流、交换意见。

3月15日 省财政厅党组与驻厅纪检监察组召开专题会商会议,围绕推深做实新一轮深化“三个以案”警示教育等工作,通报有关情况,征求意见建议,共同研究谋划下一步工作举措。

3月15日 首批新冠病毒疫苗免费接种专项资金41.3亿元全部划拨归集到位,为病毒疫苗免费接种工作顺利进行提供坚实保证。

3月17日 省财政厅举行宣讲辅导报告会,深入学习领会习近平总书记关于党的历史的重要论述,深入了解中国共产党走过的光辉历程、积累的宝贵经验、形成的光荣传统、铸就的卓著功勋,邀请省委党校吴梅芳教授作专题报告。

3月22日 省委副书记、省长王清宪在省财政厅《关于财政支持新安江流域生态补偿改革试点有关工作情况的汇报》上作出批示:积极争取中央财政的各类资金支持,是地方财政工作的重要内容,是十分重要的工作,省财政厅在这方面的工作主动而富有成效,要再接再厉!在生态保护上,如何更有效地用好市场的逻辑谋划,我们有很多可改革的地方,财政厅要大胆创新,提出建议!

3月23日 省直效能办举办省直及中央驻皖单位效能办主任培训班,授予省财政厅等8家单位2020年度机关效能建设创建示范单位。

3月24日 省财政厅召开2021年全省财政党风廉政建设工作(视频)会议,深入学习贯彻习近平新时代中国特色社会主义思想,深入贯彻党的十九届五中全会和十九届中央纪委五次全会精神,贯彻落实省纪委十届六次全会和全国财政党风廉政建设工作会议精神,总结2020年全省财政全面从严治党和党风廉政建设工作,部署2021年工作任务。厅党组书记、厅长罗建国主持会议并作工作报告,厅党组成员、驻厅纪检监察组组长项中胜讲话。

3月26日 省财政厅完成394名公务员和事业单位工作人员2020年度考核,93人获优秀等次。

3月26日 省数据资源管理局印发《关于2020年度省政务服务中心优秀窗口单位的通报》,公布2020年度省政务服务中心各窗口单位考核结果,省财政厅窗口荣获“优秀窗口单位”称号。

3月30日 经省委组织部、省委非公工委研究同意,省委非公工委印发《省注册会计师资产评估行业党委2020年度党建工作调研评估情况反馈》,充分肯定行业党建工作思路明确具体、保障有力有效、品牌建设成效明显,将省注册会计师资产评估行业党委2020年度党建工作综合评定为“好”等次。

4月

4月1日 省财政厅加强对全省财政系统新一轮深化“三个以案”警示教育的督促指导,成立7个调研督导组,对16个市及部分县区财政局警示教育开展情况进行调研督导。

4月8—9日 省财政厅通过“理论学习+现场教育+专题研讨”的方式,

举办党组理论学习中心组学习会。厅党组书记、厅长罗建国率中心组成员赴寿县小甸集进行党史教育和廉政教育,并主持召开专题研讨会,围绕“学习党的奋斗历程和伟大成就,不忘初心、牢记使命,把牢财政发展方向”开展交流研讨。

4月9日　省财政厅召开财政法治建设领导小组会议,传达学习省委全面依法治省暨平安安徽建设工作会议和省推进依法行政工作领导小组会议精神,研究贯彻落实举措。

4月9日　我省2020年度专项扶贫资金绩效评价考核获得“优秀”等次,财政部给予奖励资金3.6亿元。

4月13日　省政府决定,2021年继续实施33项民生工程。与上年民生工程具体项目相比,退出4项、新增6项、调整实施8项、继续实施19项。

4月14日　省财政厅召开党组扩大会议,传达学习省优秀民营企业家和优秀民营企业代表暨推进“十四五”民营经济高质量发展大会精神,研究《关于进一步激发民营企业创业热情成就企业家创意创新创造推进民营经济高质量发展的若干意见》贯彻落实意见。

4月20日　省推进依法行政工作领导小组办公室印发《关于2020年度全省法治建设三项考核结果的通报》,对2020年度省政府目标管理绩效考核之法治建设责任落实、依法行政、法治宣传教育三项考核结果进行通报,省财政厅以99.15分名列省直单位第四名。

4月20日　省财政厅举办红色经典诵读活动,在家厅领导和全厅干部职工参加活动。

4月28日　省财政厅党组召开中央巡视整改专题民主生活会。

4月28日　根据省委统一安排,省委党史学习教育第七巡回指导组进驻省财政厅并召开见面会。

4月28日　部际长江禁捕退捕工作专班通报2020年度长江流域重点水域禁捕退捕工作考核结果,我省获得优秀等次(全国14个涉及省份获优秀等次的3个)。

4月28日　省财政厅召开全省会计专业技术资格考试考务工作视频会,贯彻落实全国会计考办2021年度会计专业技术资格考试考务会议精神、厅领导对考试组织工作指示要求,总结2020年度考试工作,研究布置2021年度考试任务,对考务工作进行培训。

4月30日　国务院办公厅印发《关于对2020年落实有关重大政策措施真抓实干成效明显地方予以督查激励的通报》,因财政预算执行、盘活财政存量资金、国库库款管理、推进财政资金统筹使用、预算公开等财政管理工作完成情况好,安徽省财政厅连续5年获国务院激励表彰。

5月

5月6日　省委副书记、省长王清宪在省财政厅《关于财政教育投入情况的汇报》上作出批示:政府重教的最直接表现就是保障对教育财政投入的这一重点,我们要坚持下去,做得更好!

5月6日　省委副书记、省长王清宪在省财政厅《关于我省利用国际金融组织和外国政府贷款有关情况的汇报》上作出批示:财政要管钱、用钱,还要筹钱。用好外债,是重要的筹钱途径。希望财政厅在既有成绩基础上,不断开阔视野,创新创造,发挥好财政工作的保障作用。

5月6日　省财政厅召开党组扩大会议暨厅污染防治和生态文明建设领导小组会议,传达学习习近平总书记在中央政治局第二十九次集体学习时的重要讲话精神,学习贯彻省委专题会议暨中央生态环境保护督查安徽整改工作领导小组会议精神,研究部署贯彻落实工作。

5月10—14日　省财政厅参加省直机关“永远跟党走”红色经典诵读竞赛,并荣获竞赛一等奖。

5月11日　省财政厅厅直机关团委组织财政青年党团员赴合肥蜀山烈士陵园开展“学党史、强信念、跟党走”主题团日活动。

5月13日　聚焦党史学习教育“我为群众办实事”实践活动,结合财政重点工作调研,省财政厅副厅长胡锡萍赴合肥市包河区调研民生项目进展、资金保障等情况,并听取基层意见建议,推动33项民生工程抓紧抓实抓好。

5月15—19日　按照财政部的统一部署和要求,安徽考区举行全国会计专业技术初、高级考试。因疫情原因,合肥和六安延期考试,其他14个市10.3万考生在39个考点顺利圆满完成考试任务。

5月19日　省财政厅党组召开理论学习中心组学习扩大会暨财政青年干部座谈会,深入学习习近平总书记在党史学习教育动员大会上的重要讲话精神和关于青年工作的重要论述,学习习近平总书记《用好红色资源,传承红色基因,把红色江山世世代代传下去》重要文章,开展“学习党的光荣传统和优良作风 凝心聚力 忠诚担当 推动新时代财政高质量发展”专题学习研讨,围绕“做忠实传人、建财政新功”主题举行青年干部座谈并表彰“财政青年示范岗”。

5月28日　省十三届人大常委会第二十七次会议批准安徽省2021年省级预算调整方案。

5月31日　省财政厅召开全厅干部大会,传达学习省政府第四次廉政工作会议精神,研究布置贯彻落实工作。

6月

6月8日　省委农村工作领导小

组通报2020年度实施乡村振兴战略实绩考核结果，省财政厅获得优秀等次。

6月9日　省财政厅党组成员、副厅长孟照红送3名厅第八批选派干部，到阜阳市颍东区正午镇吴寨居、插花镇杨桥居、口孜镇曹庄村任职，并召开选派干部轮换工作对接会。

6月16日　省财政厅召开“光荣在党50年”老党员老干部座谈会，向“光荣在党50年”纪念章获颁者代表颁发纪念章，通报“十三五”财政工作情况，展望“十四五”财政改革发展工作。

6月17日　省财政厅召开全省2022年预算编制工作视频会议，学习贯彻党中央、国务院及省委、省政府对财政财务工作的部署安排，布置全省2022年预算编制工作。

6月17日　省政府通报2020年度全省安全生产和消防工作考核结果，省财政厅获得2020年度全省安全生产和消防工作先进单位。

6月20—21日　省财政厅党组开展理论学习中心组专题学习研讨，组织观看学习习近平总书记关于安全生产重要论述电视专题片，参观省财政厅史料图片展，举办网络意识形态安全专题讲座，召开专题研讨会，深入学习贯彻习近平总书记在参观“‘不忘初心、牢记使命’中国共产党历史展览”时的重要讲话精神，以及在《求是》杂志发表重要文章《学习“四史”永葆初心永担使命》《以史为镜、以史明志，知史爱党、知史爱国》，传达学习省委理论学习中心组学习会议精神，围绕“学习党的实践创造和历史经验启迪智慧敢于斗争提升财政干部应对风险挑战的能力”进行研讨交流。

6月21日　省财政厅党组理论学习中心组全体成员参观“百年历程 初心为民”财政史料图片展，并重温入党誓词。

6月21日　省财政厅组织召开全厅党外知识分子座谈会，深入学习贯彻习近平总书记关于加强和改进统一战线工作的重要思想，贯彻落实中共中央及省委关于加强党外知识分子思想政治工作部署要求，传达学习省委统战部等四部门关于开展2021年度党外知识分子“双树双建”主题教育活动的有关通知精神和省直机关工委2021年度开展党外知识分子“双树双建”主题教育活动的实施方案要求。

6月25日　省财政厅在金寨县召开2021年中部六省预算管理工作座谈会，围绕加强财政资源统筹、推动中部地区高质量发展开展交流研讨。

6月25日　在中国共产党成立100周年来临之际，“永远跟党走”——安徽省党政机关庆祝中国共产党成立100周年群众歌咏大会在省体育馆隆重举行。省财政厅合唱队演唱作品《呼吸》，抒发爱党爱国爱社会主义的真挚情怀和永远跟党走的坚定决心。

6月29日　省财政厅召开庆祝中国共产党成立100周年暨“两优一先”表彰大会，深入学习习近平总书记在中共中央政治局第三十一次集体学习时和在“七一勋章”颁授仪式上的重要讲话精神，传达学习《中国共产党党徽党旗条例》、省直机关“两优一先”表彰暨党史专题党课报告会精神，通报上半年机关党建工作、上半年干部人事工作，表彰先进党支部和优秀共产党员、优秀党务工作者。

6月30日　财政部开展“预算绩效评价第三方机构信用管理平台”上线试运行工作，我省列入首批7个试点省份之一。

7月

7月1日　省财政厅组织集中收听收看庆祝中国共产党成立100周年大会全程直播，通过荧屏聆听习近平总书记发表的重要讲话，与全党、全国各族人民一起共忆党的百年历程、同庆党的百年华诞。厅领导、二级巡视员、驻厅纪检监察组及全厅党员干部收听收看现场直播。

7月2日　省政府第145次常务会议审议通过《关于安徽省契税具体适用税率等事项的决定(草案)》。

7月9日　省财政厅举办财政支持巩固拓展脱贫攻坚成果同乡村振兴有效衔接政策培训班，深入学习贯彻习近平总书记关于“三农”工作重要论述，传达学习《中华人民共和国乡村振兴促进法》、财政部2021年财政支农政策培训班精神、省委省政府和厅党组关于财政支农工作部署，总结“十三五”财政支农工作，分析新时期形势任务，布置做好下一步支农重点工作。

7月14日　由省委宣传部、省直机关工委、省文化和旅游厅、省退役军人事务厅联合主办的“百名红色讲解员讲百年党史”宣讲活动安徽省财政厅专场隆重举行，近300名财政党员干部代表到场聆听红色故事，追忆红色初心。

7月15—16日　省财政厅党组举办理论学习中心组学习会暨习近平总书记“七一”重要讲话精神研讨班，深入学习习近平总书记“七一”重要讲话精神。

7月16日　省财政厅组织100余名离退休干部参观“‘百年历程 初心为民’财政史料图片展”，扎实推进离退休干部党史学习教育。

7月17日　在省财政厅持续跟进指导下，经过全国竞争性选拔，我省推荐的马鞍山市成功入围“十四五”首批海绵城市建设示范城市，3年将获得中央财政补助资金10亿元。

7月19日　省委书记李锦斌作出批示：今年以来，全省各级财政部门围绕中心、服务大局，收入规模恢复增长、重点支出保障有力、资金绩效持续提升，财政管理工作连续五年得到国务院通报表彰,成绩来之不易,应予肯定。当前,我省经济恢复还不均衡、基础还不稳固。要深入学习贯彻习近平总书记“七一”重要讲话和考察安徽重要讲话指示精神,完整准确全面贯彻新发展理念,牢固树立“过紧日子”思想,保持“保重点、压一般、促统筹、提绩效”,围绕壮大新产业、培育新功能、增进新福祉,抓紧积极财政政策落地,强化财政与金融、产业等政策系统集成,兜牢县级“三保”底线,增强重大战略和基本民生财力保障,为“十四五”高质量发展作出新的贡献。

7月20日　省委副书记、省长王清宪就全省“深入推进十四五规划落实 加快建立现代财税体制”专题培训班作出批示:今年以来,全省财政系统认真贯彻中央及省委决策部署,全面落实减税降费、绩效管理等政策措施,有力服务经济社会高质量发展,财政管理工作连续五年荣获国务院通报表彰,成绩值得充分肯定。要坚持用习近平新时代中国特色社会主义思想提升思想方法、改造工作方法,围绕立足新发展阶段、贯彻新发展理念、构建新发展格局,聚焦充分发挥财政资金杠杆作用,加强财政资源统筹,积极稳妥推进零基预算改革,以开放、创新、改革的思维创造性地做好财政工作,不断提升财政资金使用效益,增强重大战略任务和基本民生财力保障。

7月22—24日　省委组织部、省财政厅联合举办“全省深入推进‘十四五’规划落实 加快建立现代财税体制”专题培训班。省委常委、常务副省长、政协副主席邓向阳出席培训班并作重要讲话,各市政府分管负责同志、各县(市、区)政府主要负责同志或分管负责同志及财政局长共242人参加培训。

7月23日　省十三届人大常委会第二十八次会议通过了关于安徽省契税具体适用税率等事项的决定和关于批准安徽省2020年省级决算的决议、关于批准安徽省2021年省级第二次预算调整方案的决议。

7月23日　我省全面完成种粮农民一次性补贴发放工作,全省补贴资金全部发放给种粮农民群众,保障中央惠农政策落实落地。

7月26日　省财政厅召开干部大会,省委常委、常务副省长、省政协副主席邓向阳出席会议并讲话,省委组织部副部长朱春旭宣读省委关于省财政厅主要领导职务任免的决定。省财政厅党组书记、厅长谷剑锋作表态发言。罗建国同志主持会议。

7月26日　省财政厅党组书记、厅长谷剑锋参观“百年历程 初心为民”财政史料图片展。

7月27日　省财政厅召开2020年度省级部门决算信息公开协调会,厅内相关处室单位负责人及部门决算联络员参加会议。

7月27日　省委办公厅、省政府办公厅联合发文,通报2020年度全省平安建设考核评价结果,省财政厅获得“优秀单位”称号,省财政厅已连续12年被评为全省平安建设优秀单位。

7月29日　财政部国有金融资本运营评价中心通报2018—2020年三大粮食作物完全成本和收入保险保费补贴资金绩效复核结果,我省综合得分97分,获评优秀等次,位列试点六省第一名。

7月30日　民政部、财政部下发《关于2020年度困难群众基本生活救助工作绩效评价结果的通报》,我省在全国位列第三名,被评为优秀等次。本次绩效评价指标分为年度重点工作任务、工作保障与管理、工作效果3项,其中我省的年度重点工作任务、工作效果均位列全国第一名。

7月30日　省财政厅举办国防教育专题讲座,特邀安徽省军区原副政委杨学伦少将授课。

7月30日　财政部陕西监管局来我省开展2019、2020年度预决算公开情况专项检查。在2019、2020年度地方预决算公开度排行榜中,我省分别位居第五、第六位。

8月

8月2日　财政部召开“预算绩效评价第三方机构信用管理平台”全国试点推广视频会,安徽省财政厅在会上作经验交流。

8月3日　省财政厅党组书记、厅长谷剑锋主持召开专题会议,就做好财政分析有关工作提出要求。

8月5日　省财政厅党组书记、厅长谷剑锋主持召开厅党组理论学习中心组学习会,传达学习习近平总书记在中央政治局会议和党外人士座谈会上的重要讲话精神,深入学习习近平总书记考察安徽重要讲话指示精神,开展专题研讨,研究布置财政贯彻落实工作。

8月5日　省财政厅政府和社会资本合作中心正式挂牌成立。

8月6日　省财政厅召开2020年度厅领导班子综合考核情况反馈会,省财政厅连续6年获省委综合考核优秀等次。省委第十一综合考核组组长、省政府副秘书长、省政府发展研究中心党组书记、主任吴劲松代表考核组向省财政厅通报考核情况,厅党组书记、厅长谷剑锋主持会议并作表态发言。

8月10日　省财政厅开展党史知识竞赛活动,引导广大党员干部在学习内容上再延伸、在学习形式上再丰富、在学习效果上再提升,推动党史学习教育取得更大成效。全厅各党支部共推荐48名党员干部参加。

8月11日　省财政厅党组书记、厅长谷剑锋主持召开厅党组扩大会议,传达学习省委十届十三次全会精神,研究财政贯彻落实工作。

8月18日　省财政厅党组书记、

厅长谷剑锋率预算处、教科文处、农业农村处、社保处、民生办等处室负责同志，来到安徽广播电视台《政风行风热线》栏目直播现场，围绕“我为群众办实事”主题，回顾成效，梳理留言，接听热线，回复提问，与听众朋友交流互动。

8月18日　省财政厅预算管理一体化建设专班召开预算单位会计核算实施推进会，进一步贯彻财政部预算管理一体化工作部署，落实全省预算单位会计核算上线运行相关工作。厅内相关处室单位负责人和联络员参加会议。

8月23日　省财政厅党组书记、厅长谷剑锋主持召开厅党组扩大会暨党建工作领导小组会，传达学习省直机关党建工作推进会精神，并就推动财政机关党的建设高质量发展提出要求。

8月25日　省财政厅举办第一期“资本市场、‘双招双引’、工业互联网”专题培训班，邀请合肥产投集团党委委员、副总经理江鑫，作《助力合肥市“双招双引”的产投模式》专题讲座。

8月25日　经省政府同意，省财政厅联合省税务局发布公告，明确我省城市维护建设税纳税人所在地具体地点有关事项。

8月26日　141个省级部门集中公开2020年度部门决算。决算公开的范围进一步扩大、内容进一步拓展、绩效进一步深化，更加准确完整地反映预算执行结果。

9月

9月1日　省委副书记、省长王清宪在《关于省财政厅举办资本市场、“双招双引”、工业互联网专题培训班的报告》上作出批示：建设学习型机关，提高专业化能力，用市场的逻辑谋事，用资本的力量干事，把双招双引作为经济工作的第一战场，用工业互联网思维优化政府流程。省财政厅在全省财政系统开展专题培训，把想法转化为行动，这就是干事的状态，这就是工作之风。请办公厅转各厅局学习借鉴。

9月6日　省财政厅修订印发《安徽省政府专项债券项目库管理办法》，进一步规范和加强政府专项债券项目管理，着力提高专项债券资金使用效益、防范政府债务风险。

9月8日　财政部和亚洲开发银行联合主办“亚洲评价周”论坛，省财政厅党组成员、副厅长孟照红在论坛上作题为《借智借力，创新管理，提升财政绩效评价工作水平》的典型发言，介绍具有安徽特色的“财政人员+行业专家+第三方技术协作骨干”的财政绩效评价模式，得到部领导、与会专家学者和各省市同行的充分肯定。

9月8日　省财政厅召开党组会议，传达学习习近平总书记在中央党校（国家行政学院）中青年干部培训班开班式上的重要讲话精神，传达贯彻中央深改委第二十一次会议、中央财经委第十次会议精神及省委深改委第十三次会议、省委财经委第七次会议精神。

9月8日　省财政厅召开精文简会工作推进会，传达学习有关要求，布置具体落实工作。

9月13—17日　省财政厅举办新入职人员能力提升培训班，深入学习贯彻习近平总书记关于财政工作重要指示批示和考察安徽重要讲话指示精神，推动“学习型机关”建设，进一步提升新入职人员专业化素养和履职能力。厅机关和厅属单位43名学员参加培训。

9月17日　省财政厅党组书记、厅长、厅内控委主任谷剑锋主持召开厅内控委全体会议，在前期专题会议初步学习的基础上，进一步传达学习贯彻财政部内控委会议精神，特别是刘昆部长讲话精神，对财政内控工作进行再部署再推动。

9月18日　省财政厅邀请省税务局副局长李杰生作“进一步深化税收征管改革及我省落实打算”专题辅导报告，厅领导、二级巡视员，驻厅纪检监察组和全厅干部职工参加培训。

9月22日　经省政府同意，省财政厅以省政府办公厅名义印发《关于进一步加强水运基础设施建设和管理的通知》，省级财政采取以奖代补的方式对全省多式联运示范项目给予补贴，推动运输结构优化调整。

9月24日　省财政厅党组书记、厅长谷剑锋主持召开财政部与部分住皖全国两会代表委员年中座谈会。财政部会计司副司长王东，安徽监管局党组书记、局长江乐森，以及7名全国两会代表委员参加座谈。省财政厅相关处室主要负责同志参加会议。

9月27—28日　受省政府委托，省财政厅向省人大常委会书面报告2020年度国有资产管理情况的综合报告。

9月27—29日　财政部科教和文化司来皖开展财政引导区域科技创新专项调研，并召开江苏、浙江、安徽、湖北、广东5省座谈会。

9月28日　省直机关举办“以高质量党建引领高质量发展”专题报告会第五讲，省财政厅党组书记、厅长谷剑锋受邀作“坚持党建引领 践行为民理财 着力在高质量发展中保障和改善民生”主题报告。

10月

10月9日　省财政厅党组召开理论学习中心组学习扩大会，深入学习贯彻习近平总书记“七一”重要讲话精神和考察安徽重要讲话指示精神，传达学习习近平总书记在陕西榆林考察时的重要讲话精神、习近平总书记在中共中央政治局第三十三次集体学习时的重要讲话精神、习近平总书记在纪念辛亥革命110周年大会上的重要讲话精神,开展专题研讨,研究布置贯彻落实工作。

10月12日　省财政厅组织党员干部到安徽省党风廉政教育馆接受廉政警示教育,推动党史学习教育往深里走、往实里走,进一步推进财政全面从严治党和党风廉政建设。厅领导、二级巡视员和各处室单位负责人参加活动。

10月19日　省财政厅党组会审议通过《安徽省政府采购云平台建设方案》,并依规报省数据资源管理局初审。

10月19日　省财政厅党组书记、厅长谷剑锋在中央农办“落实土地出让收入支持政策和做好财政支农支出工作”视频会议上,代表财政系统作交流发言。

10月20日　省财政厅党组书记、厅长谷剑锋受省委党校邀请,为该校2021年秋季学期主体班学员,作“推动财政事业高质量发展 为建设美好安徽取得新的更大进展提供坚强财政支撑”专题辅导报告,紧扣学习贯彻习近平新时代中国特色社会主义思想的财政实践和工作体会,深刻阐述在省委、省政府领导下推动财政高质量发展的成绩经验、短板问题及打法路径。

10月21日　省财政厅党组书记、厅长谷剑锋赴中科大量子创新研究院、长鑫存储技术有限公司、中科院合肥物质研究院走访调研,实地了解高校、企业、科研院所创新发展情况和科研经费使用情况,与科研人员沟通交流,征求对财政服务支持科技创新的意见建议,研究谋划进一步做好财政科技工作思路举措。

10月21日　财政部印发《关于2020年度行政事业性国有资产报告编报情况的通报》(财资〔2021〕131号),对此项工作表现突出的地方财政厅局予以通报表扬,安徽省财政厅再获殊荣,这是安徽省财政厅连续第七次荣获通报表扬。

10月22日　省财政厅召开推动落实全面从严治党主体责任座谈会,总结交流经验做法,厅党组书记、厅长谷剑锋出席会议并对财政全面从严治党提出要求,厅党组成员、驻厅纪检监察组组长项中胜出席会议并讲话。

10月26日　省财政厅邀请财政部PPP中心风险绩效部黎蕾主任和有关专家,在合肥作PPP绩效管理线上视频专题讲座。全省各级财政部门、行业主管部门、项目实施机构、项目公司和咨询机构共计1500余人参加线上培训,省财政厅、合肥市财政局、合肥市排水办、池州市财政局、池州市住建局、相关项目咨询机构在合肥主会场参加会议。

10月12日　财政部下达我省2021年第二笔中央财政农业保险保险费补贴资金6.1亿元,累计下达17.7亿元,较上年增加4.8亿元,增幅达37%;占中央财政补贴各省份总额的5.8%,位列全国第6位,较上年提升2位。

10月31日　省第十一次党代会代表、省财政厅党组书记、厅长谷剑锋就贯彻落实省第十一次党代会精神接受安徽电视台采访。谷剑锋表示,下一步,全省财政部门要拉高标杆,扬长补短,着眼大局、着眼全局、着眼未来,为建设现代化美好安徽贡献财政力量。

11月

11月2日　省财政厅党组书记、厅长谷剑锋主持召开厅党组扩大会议,传达学习省第十一次党代会精神。

11月2—3日　省财政厅党组成员、副厅长朱长才带队到滁州市实地督察深化集体林权制度改革工作。

11月7日　省委书记、省委财经委员会主任郑栅洁主持召开省委财经委员会第八次会议,研究部署防控地方政府债务风险工作。省财政厅党组书记、厅长谷剑锋作专题报告。

11月7日　财政部公布“贯彻落实中央重大决策部署深化财政改革发展的生动案例”评选结果,省财政厅上报的一项反映政府债务管理工作的创新案例喜获三等奖。

11月8日　省财政厅党组书记、厅长谷剑锋主持召开工作务虚会,全面总结成绩、分析形势、谋划工作,进一步启迪思想、拉升标杆、奋勇争先,并对做好年底收官工作和新阶段财政改革发展工作提出要求。

11月8日　按照财政部统一部署,省财政厅召开《财政违法行为处罚处分条例》修订座谈会,听取省纪委、省司法厅、安徽大学等相关单位建议,形成专题调研报告上报财政部,荣获《财政违法行为处罚处分条例》修订工作专项表彰。

11月9日　省财政厅举行宪法宣誓仪式,三月份以来晋升职务职级的处级以上干部和新入职干部,面对庄严的国徽和鲜艳的五星红旗,作出郑重承诺。厅党组书记、厅长谷剑锋监誓并讲话,厅党组成员、驻厅纪检监察组组长项中胜主持宣誓仪式,相关处室单位主要负责人列席。

11月9日　安徽省注册会计师资产评估师行业党校举办第一期行业党组织书记示范培训班。省财政厅党组成员、副厅长、行业党委书记、行业党校校长王朝晖出席开班式并作学习贯彻习近平总书记“七一”重要讲话精神专题党课。各市行业党组织负责人、党务工作者、执业机构党组织书记、党务工作者、党外代表人士和积极支持党建工作党外合伙人100余人参加培训。

11月10日　财政部召开全国预算管理一体化建设工作视频会议,许宏才副部长出席会议并讲话,我省作为5个建设较快的省份做经验介绍。

11月12日　省财政厅组织召开

省股权交易中心承办的万家企业资本市场业务培训财税专题首期培训班，进一步提升我省中小微企业经营能力和财务管理水平，帮助企业全面掌握、用足用活国家及我省相关财税支持政策，推动资本市场业务培训专项行动向纵深发展。

11月15日　财政部发文通报2020年度地方财政决算工作情况，我省财政总决算和部门决算均荣获财政部通报表扬。我省财政总决算、部门决算已在财政部考核评比中连续多年位居前列，获此殊荣。

11月15日　省财政厅参加深化沪浙政府采购一体化发展推进会暨推动长三角区域政府采购协同发展座谈会，并以《开放合作联建共享 加快推进长三角政府采购一体化》为题，介绍我省加强制度机制建设、推广政府采购云平台等有关工作情况。

11月15日　省财政厅在杏花公园举行"健康生活、快乐工作"2021年度职工健身走活动，全厅近430名干部职工报名参加活动。

11月16日　学习贯彻省第十一次党代会精神省委宣讲团宣讲报告会在省国资委、六安、宣城、安庆和省委教育工委举行。省财政厅党组书记、厅长谷剑锋作宣讲报告。

11月16日　省财政厅会同省委组织部、省人社厅、省国资委印发《安徽省高端会计人才培养工作实施意见》，推动我省会计人才队伍整体素质提升，促进会计人才发展与经济社会发展深度融合。

11月17日　省财政厅党组书记、厅长谷剑锋主持召开党组扩大会议，传达学习党的十九届六中全会精神。

11月17日　省财政厅按程序报经省政府第159次常务会议通过，动支2亿元预备费，用于高等教育事业发展。

11月23日　省级政府公物仓试点启动暨省委党校(安徽行政学院)支持乡镇党校事业发展资产交接仪式在省委党校举行，调剂省委党校130台电脑、450套桌椅等资产支持乡镇党校事业发展，省直单位闲置资产在基层焕发出新活力，为推进省级公物仓建设开好头、起好步，做出积极示范。

11月24日　省财政厅党组召开理论学习中心组学习扩大会，深入学习贯彻省第十一次党代会和省委十一届一次全会精神，传达学习中共安徽省委加强新一届省委班子政治建设的决定及省委办公厅认真学习贯彻省第十一次党代会精神的通知，开展专题研讨，研究布置贯彻落实工作。厅党组书记、厅长谷剑锋主持会议并作主题发言。

11月24日　我省2021年最后一批新增专项债券成功发行，年度政府债券发行工作按计划圆满收官。

11月25日　省委副书记、省长王清宪主持召开专题会议，研究2022年省级预算编制工作，原则同意2022年省级预算安排建议。

11月30日　学习贯彻党的十九届六中全会精神省委宣讲团在省国资系统进行宣讲，省委宣讲团成员、省财政厅党组书记、厅长谷剑锋同志作宣讲报告。

12月

12月3日　财政部印发《关于反馈政府采购透明度第三方评估结果的通报》，我省2020年政府采购透明度评估进入全国前十名，我省政府采购透明度评估连续三年荣获财政部通报表扬。

12月6日　新版安徽省政府采购网上线运行。

12月8日　省财政厅党组理论学习中心组举行学习报告会，开展习近平法治思想专题辅导报告。厅党组书记、厅长谷剑锋主持会议并讲话。

12月8日　财政部注册会计师考试委员会发来表扬信，对我省2021年度注册会计师全国统一考试工作提出表扬，对厅党组及各位领导的工作支持表示衷心感谢。

12月10日　省财政厅组织全厅干部职工收看张春山等32名"最美公务员"有关宣传报道，各处室单位第一时间开展集中学习和交流研讨，撰写学习体会。

12月15日　财政部分东、中、西三个片区组织召开财政人才工作视频会议，我厅参加中部地区座谈并作专题交流发言。

12月15日　省政府第162次常务会议审议通过省财政厅《关于2022年省级预算(草案)安排情况的汇报》。

12月17日　财政部会计资格评价中心印发《关于2021年度全国会计专业技术资格考试组织情况的通报》(会评〔2021〕22号)，共通报五个方面的表扬：考试工作总体较好及考试报名、组织实施、疫情防控、服务意识等，我省被点名表扬五次。获此全程表扬的全国仅有两个省份，我省是其中之一。省财政厅党组书记、厅长谷剑锋对此作出批示：克服困难，有序有力，认真总结，再接再厉。

12月20日　省财政厅召开全省预算管理一体化全面正式上线工作动员会，全面总结我省预算管理一体化建设以来取得的成绩和不足，部署做好明年预算管理一体化全面正式上线工作。

12月20日　财政部办公厅、水利部办公厅下发通知，我省2020年度中央财政水利发展资金绩效评价结果为"优秀"。

12月21日　省财政厅党组书记、厅长谷剑锋主持召开厅党组扩大会议，进一步传达学习中央经济工作会议精神，学习贯彻12月16日省级领导干部会议精神，研究布置贯彻落实工作。

12月21日　省财政厅党组扩大会审议通过《省财政厅干部职工荣誉退休制度暂行办法》《省财政厅“最美财政老干部”评选工作暂行办法》,增强干部职工退休荣誉感、组织归属感。

12月21日　省国有企业改革领导小组同意省财政厅、省国资委报送的《省直党政机关和事业单位经营性国有资产集中统一监管改革方案》,由省财政厅、省国资委按程序批复实施。

12月22日　省财政厅党组书记、厅长谷剑锋参加绩效处党支部“忠诚尽职勤为民,我是党员勇争先”主题党日,与支部党员干部共同学习党的十九届六中全会、中央经济工作会议和省第十一次党代会精神,一起探讨如何进一步加强支部党建和深化预算绩效管理改革。

12月23日　省财政厅党组成员、副厅长王朝晖赴庐江县开展平安(综治)建设及扫黑除恶斗争工作调研。

12月23日　省财政厅深入学习贯彻党的十九届六中全会精神,按照省委统一部署,根据省委讲师团“举旗帜 送理论”省级示范性宣讲活动安排,邀请合肥工业大学马克思主义学院教授陈殿林作宣讲报告。厅领导、二级巡视员,驻厅纪检监察组及全厅党员干部职工等400余人聆听报告。

12月27日　省财政厅制定《公务员平时考核工作方案》,在OA平台开发建成平时考核系统,首次开展平时考核工作。

12月27日　省财政厅建立直达资金“三个一”工作机制相关宣传信息被国务院办公厅、省政府办公厅采用和来函表扬。直达资金“三个一”工作机制依托直达资金监控系统,对预算不完整、支出进度偏慢、预警信息处理不及时等问题,实行“每日一提醒、每周一调度、每月一通报”。

12月27日　财政部对2020年度全国金融企业财务报表工作情况进行通报,省财政厅在评价等级为优的地方财政部门先进单位名列,自2011年起,每年均获此荣誉表彰。

12月28日　省财政厅党组书记、厅长谷剑锋主持召开厅党组会议,传达学习省委经济工作会议和全国财政工作视频会议精神,并就做好明年财政工作提出要求。

12月29日　省财政厅制定《省属金融企业国有股权董事选派管理办法(试行)》,首次启动省属金融企业国有股权董事选派工作。

12月29日　财政部PPP中心发来表扬信,分别对我省积极支持财政部PPP中心新闻宣传(我省位列受表扬的17个省市第3位)以及在PPP项目绩效管理、指标体系研究等方面的工作给予表扬。

12月30日　省财政厅“徽采云”推广办组织召开“徽采云”平台上线工作会议,集中观看“徽采云”平台上线宣传片,汇报平台建设和上线前各项工作准备情况,演示平台操作流程。厅党组成员、副厅长朱长才出席会议并讲话,相关处室单位负责人、政采云有限公司负责同志和有关人员参加会议。

12月31日　为落实《国务院关于进一步深化预算管理制度改革的意见》,省政府印发深化预算管理制度改革实施方案,明确加强四本预算统管、拓宽资金筹集渠道、创新财政投入方式等13项重点任务。

12月31日　财政部通报2020年度地方预算绩效管理工作考核结果,我省在36个省(市)中位居第7位,位次比2019年再进一步,连续两年位居全国前列。

12月31日　《安徽财政改革发展(2011—2020)》编写完成。全书回顾安徽财政十年来的发展历程,充分展示财政工作辉煌成就,全面总结财政工作宝贵经验,以期加快安徽财政高质量发展。

省纪委监委派驻省财政厅纪检监察组工作大事记

省纪委监委派驻省财政厅纪检监察组工作大事记

1月1—3日　组织“元旦”期间作风督查。

1月11日—2月18日　专项检查省财政厅部分处室代编预算中机动费管理使用情况。

1月12日—4月30日　组织第二届“安徽廉洁文化精品工程”作品创作。

1月13日　驻厅纪检监察组组长向省纪委监委领导述职。

1月25日　呈报的《“四个结合”强化监督 助力资金高效直达》材料受到财政部党组书记、部长刘昆和中央纪委国家监委驻财政部纪检监察组组长赵惠令批示肯定。

1月28—29日　督导省农担公司党委民主生活会以及省财政厅部分处室单位党支部组织生活会。

1月　会同省财政厅党组编印《全省财政系统部分违法人员悔过书》，用身边的“活教材”教育身边人，推深做实新一轮深化“三个以案”警示教育。

2月2—3日　驻厅纪检监察组组长参加省纪委十届六次全会。

2月5日　参加财政部“三保”工作领导小组（视频）会议。

2月7日　驻厅纪检监察组组长出席省财政厅试用期处级领导干部座谈会并讲话。

2月11—17日　组织“春节”期间作风督查。

2月24日　参加全国财政党风廉政建设工作（视频）会议。

2月25日　驻厅纪检监察组组长出席全省地方政府债务工作（视频）会议并讲话。

2月　会同省财政厅组织制定惠农财政补贴资金滞拨闲置等突出问题专项整治工作方案。

3月1日　驻厅纪检监察组组长主持召开集体谈话会，代表省财政厅党组和驻厅纪检监察组对抽调参加省委巡视工作的财政干部提出要求。

3月10—12日　驻厅纪检监察组组长赴六安市及霍邱县等地财政局，调研督导新一轮深化“三个以案”警示教育。

3月15日　与省财政厅党组举行2021年第1次专题会商会，会商议题6个。

3月24日　会同省财政厅党组召开全省财政党风廉政建设工作（视频）会议，驻厅纪检监察组组长讲话。厅领导班子成员，驻厅纪检监察组全体人员，全厅干部职工和省农担公司领导班子成员在主会场参加会议。

3月26日　编印《2020年度财政全面从严治党和党风廉政建设调研成果选编》。

3月29日　组织召开惠农财政补贴资金滞拨闲置等突出问题专项整治工作调度会。

4月3—5日　组织“清明”期间作风督查。

4月9日　省纪委监委第七纪检监察室考核我组2020年度工作。

4月19—29日　派员担任省财政厅党组巡察组组长，进驻巡察企业处党支部。

4月19日　实地考核省农担公司纪委2020年度工作。

4月22日　听取省农担公司纪委书记汪公发述职述德述廉。

4月23日　派员参加省财政厅党组对省农担公司领导班子2021年度综合考核。

4月　2021年第4期《安徽工作》刊登我组《“四个结合”强化监督 助力资金高效直达》文章。

5月1—5日　组织“五一”期间作风督查。

5月6日　报送第二届“安徽廉洁文化精品工程”2件创作作品。

5月12—14日　驻厅纪检监察组组长赴广西壮族自治区南宁市参加中央纪委国家监委驻财政部纪检监察组组织召开的监督保障防范化解地方政府隐性债务风险座谈会，并按要求介绍我组经验做法。

5月17日—6月3日　对省财政厅机关、厅属单位及省农担公司落实中央八项规定精神情况开展专项检查。

5月18日　驻厅纪检监察组组长参加省财政厅党组书记对省农担公司党委书记的政治监督谈话，主持对省农担公司纪委书记的政治监督谈话。

6月12—14日 组织“端午”期间作风督查。

6月18日 我组一名同志被授予安徽省直机关优秀共产党员称号。

6月24日 我组党支部被省财政厅机关党委表彰为“先进党支部”。

6月24—25日 驻厅纪检监察组组长赴铜陵市调研中央巡视反馈意见整改、防范化解地方政府债务风险和惠农财政补贴资金滞拨闲置等突出问题专项整治工作。

6月26日 驻厅纪检监察组组长赴省农担公司调研党风廉政建设和反腐败工作。

6月30日 我组被省纪委监委评为2020年度业绩突出的先进集体;驻厅纪检监察组组长给省财政厅部分处室单位党支部作党史学习教育党课报告。

7月5—9日 会同省财政厅深入部分市县开展惠农财政补贴资金滞拨闲置等突出问题专项整治整改“回头看”检查。

7月13日 组织召开推动落实财政全面从严治党监督责任座谈会,驻厅纪检监察组组长出席会议并讲话。

7月29日 派员督导省财政厅部分处室单位党支部党史学习教育专题组织生活会。

7月—9月 会同省财政厅制定《安徽省省直机关评审专家劳务费管理办法(试行)》。

8月17日 对监督对象廉政档案动态更新情况进行验收检查。

8月24日 与省财政厅党组举行2021年第2次专题会商会,会商议题4个。

8月30日 组织创作的2件作品入选第二届“安徽省廉洁文化精品工程”作品,入选率100%,并受到省纪委监委通报表彰。

9月16—29日 派员担任省财政厅党组巡察组副组长,进驻巡察预算评审中心党支部。

9月17日 省纪委印发的《关于监督落实习近平总书记考察安徽重要讲话指示精神一周年情况的通报》,充分肯定我组聚焦推进常态化疫情防控和经济社会发展、防汛救灾和灾后恢复重建、巩固拓展脱贫攻坚成果与乡村振兴有效衔接、直达资金管理使用等,实施嵌入式、蹲点式监督的做法。

9月19—21日 组织“中秋”期间作风督查。

9月25日 我组一名同志被授予省直机关无偿献血先进个人荣誉称号。

9月27日 配合省纪委监委机关对省财政厅落实中央八项规定精神情况开展专项检查。

9月 组织开展处理处分执行情况专项检查。

9月—10月 驻厅纪检监察组组长参加省委党校第81期市厅级干部进修班学习。

10月1—7日 组织“国庆”期间作风督查。

10月22日 组织召开推动落实财政全面从严治党主体责任座谈会,驻厅纪检监察组组长出席会议并讲话。

10月25—29日 参加2021年全国财政(社保基金会)纪检监察干部培训班,并被指定介绍我组有关专项工作经验做法。

10月28—31日 驻厅纪检监察组组长参加中国共产党安徽省第十一次代表大会,并被选举为中国共产党安徽省第十一届纪律检查委员会委员。

10月 《中国财政》2021年第20期刊登驻厅纪检监察组组长《以新思想引领监督实践 持续净化优化政治生态》署名文章。

11月1日 驻厅纪检监察组组长参加省纪委十一届一次全会。

11月4日 组织召开专题会议,研究下一年度整治群众身边腐败和作风问题有关工作。省财政厅部分处室负责人参加会议。

11月8日 驻厅纪检监察组组长出席省财政厅业务工作务虚会并讲话。

11月16日 全组参观省党风廉政教育馆。

11月23日 参加全国财政学习贯彻党的十九届六中全会精神动员部署(视频)会议。

12月9—10日 驻厅纪检监察组组长赴滁州市财政局调研督导粮食购销领域腐败问题专项整治自查自纠及巩固拓展脱贫攻坚成果同乡村振兴有效衔接工作,赴滁州国家粮食储备中转站调研省级补贴资金使用管理情况。

12月14—15日 驻厅纪检监察组组长赴蚌埠市财政局调研督导粮食购销领域腐败问题专项整治自查自纠、巩固拓展脱贫攻坚成果同乡村振兴有效衔接及推进全面从严治党加强党风廉政建设情况等工作,赴蚌埠市粮食局第一仓库岱湖库调研省级补贴资金使用管理情况。

12月27日 参加全国财政工作(视频)会议。

重要财经法规

地方财经法规

安徽省人民代表大会常务委员会关于安徽省契税具体适用税率等事项的决定

（2021年7月23日安徽省第十三届人民代表大会常务委员会第二十八次会议通过）

根据《中华人民共和国契税法》（以下简称《契税法》）规定，对本省契税具体适用税率、部分情形下免征或者减征具体办法决定如下：

一、契税的具体适用税率为百分之三。

二、符合《契税法》第七条规定情形之一的，按照以下具体办法免征或者减征契税。

（一）因土地、房屋被县级以上人民政府征收、征用，选择货币补偿且重新购置土地、房屋的，成交价格不超过货币补偿部分免征契税，超出部分征收契税；选择产权调换且不缴纳差价的免征契税，缴纳差价的，对差价部分征收契税。

（二）因不可抗力灭失住房，重新承受住房权属的，免征契税。

本决定自2021年9月1日起施行。

财政规范性文件

安徽省财政厅　安徽省发展和改革委员会
关于印发《安徽省“三重一创”建设专项引导资金管理办法》的通知

(皖财建〔2021〕238号　2021年4月7日)

各市、县(市、区)财政局、发展改革委:

现将修订后的《安徽省“三重一创”建设专项引导资金管理办法》印发给你们,请认真贯彻执行。

安徽省“三重一创”建设专项引导资金管理办法

第一章　总　则

第一条　为进一步加强省“三重一创”建设专项引导资金管理使用,根据《预算法实施条例》《关于促进经济平稳健康发展 确保“十四五”开好局起好步的意见》《安徽省人民政府关于印发支持“三重一创”建设若干政策的通知》(皖政〔2017〕51号)等文件精神,制定本办法。

第二条　本办法所称“三重一创”建设专项引导资金,是指根据《安徽省人民政府关于印发支持“三重一创”建设若干政策的通知》(皖政〔2017〕51号)规定,安排用于支持推进重大新兴产业基地、重大新兴产业工程、重大新兴产业专项建设,构建创新型现代产业体系的财政专项引导资金(以下简称“三重一创”专项资金)。

第三条　专项资金按照“精准聚焦、省市合力、注重绩效”的原则,科学合理厘清政府与市场的关系。为激励引导支持推进“三重一创”建设,明确共同事权,充分发挥市县政府、企业主体作用,建立省与属地政府合力支持“三重一创”建设机制。

第二章　支持范围

第四条　专项资金支持范围是,《安徽省人民政府关于印发支持“三重一创”建设若干政策的通知》(皖政〔2017〕51号)、《安徽省人民政府关于推进重大新兴产业基地高质量发展若干措施的通知》(皖政〔2019〕30号)、以及新能源汽车产业创新发展、人工智能产业创新发展、现代医疗和医药产业发展、生物基新材料产业发展等省政府文件(会议纪要)明确的重大政策项目(事项)。

第五条　专项资金按照批准的预算规模,采取贴息、投资补助、事后奖补、产业基金等方式支持“三重一创”建设。

第六条　省“三重一创”产业发展基金主要采取阶段参股、直接投资、跟进投资等方式,按照“政府引导、市场化运作、专业化管理”的原则,重点投向“三重一创”成长期和成熟期项目。

第三章　申报程序和资金拨付

第七条　省“三重一创”建设领导小组办公室印发年度“三重一创”事项申报通知。省发展改革委按照《支持“三重一创”建设若干政策实施细则》(皖发改产业〔2017〕312号)规定,组织实施“三重一创”项目申报、评审、核查等工作。

第八条　市、县(市、区)“三重一创”建设领导小组办公室根据项目申报通知要求,组织实施申报工作。申报材料经发展改革、财政部门审核,报属地政府同意后,提交省发展改革委。省发展改革委组织专家按规定对申报材料进行审核,研究提出拟安排项目,并将拟安排项目按照“涉企系统”规则进行比对审核,确定拟支持的项目,由省发展改革委履行相关报批程序后向社会公示。

第九条　专项资金(不含基金出资)实行省与属地政府共担机制,由省与市、县(市、区)按1:1合力支持。其中,省财政支持的创新平台建设项目,鼓励市、县(区)参照省级补助资金额度,给予一定比例的支持。

加大对皖北地区的支持,对该区域符合条件的项目,奖补资金补助金额上浮20%,由省与市、县(市、区)按1∶1合力支持。

第十条 省财政厅根据各市、县(市、区)本年度获得省财政支持金额情况,按照不低于90%比例,于年底前预拨下年度资金。

每年10月底前,各市、县(市、区)上报共担资金兑付情况;11月底前,省财政厅根据市、县(市、区)资金拨付证明据实清算。市、县(市、区)未按照共担比例兑付资金的,一律收回省财政预拨资金。

第四章 专项资金使用

第十一条 支持重大新兴产业基地的奖励资金,切块下达到奖励项目所在市,由所在市制定具体使用方案,经市政府同意后,专门用于对应的重大新兴产业基地建设。

第十二条 支持重大新兴产业工程和重大新兴产业专项的补助资金,下达到补助项目所在市,由市拨付到县(市、区)或项目承担单位,并由市人民政府指定的部门与重大新兴产业专项承担单位签订资金使用协议。

第十三条 支持高新技术企业成长、创新平台建设和“创响中国”安徽创新创业大赛奖补资金,下达到项目所在市,由市拨付到县(市、区)或项目承担单位。

第十四条 专项资金严格执行国库集中支付制度。各市、县(市、区)要创新资金使用方式,充分发挥财政资金引导和杠杆作用,采取多种方式鼓励社会资本和金融资本参与“三重一创”建设。

第五章 专项资金绩效及监管

第十五条 省发展改革委按照全面实施预算绩效管理的要求,加强“三重一创”资金全过程预算绩效管理,严格审核项目绩效目标,并报省财政厅备案。省财政厅在下达专项资金时,同步下达区域或项目绩效目标,不能同步下达的,应下达整体绩效目标,由市、县(市、区)或项目实施单位结合资金和整体绩效目标情况,于30日内将区域或项目绩效目标报省发展改革委审核后送省财政厅。次年6月底前,市、县(市、区)财政部门要将上年度资金绩效评价报告上报省财政厅。市、县(市、区)“三重一创”建设领导小组办公室按照要求开展项目绩效运行监控,形成绩效监控报告,及时报省发展改革委、省财政厅备案。省财政厅根据需要会同省发展改革委组织开展财政资金绩效评价。绩效评价结果作为安排预算、资金分配、完善政策和改进管理的重要依据。

第十六条 对弄虚作假骗取奖补资金,截留、挪用、转移或侵占专项资金,擅自改变承诺实施事项等行为,视情况责令限期整改、停止拨付资金、限期收回已拨付的资金,同时按规定对项目单位和有关责任人进行处理。涉嫌犯罪的,移送司法机关处理。

第十七条 对市、县(市、区)虚假到位应分担的资金,一经查实,收回省级已拨付的分担资金。公职人员违规分配、拨付、使用专项资金,以及其他滥用职权、玩忽职守、徇私舞弊等违法违纪行为的,按照《预算法》《监察法》《财政违法行为处罚处分条例》等国家有关规定追究相应职责。涉嫌犯罪的,移送司法机关处理。

第六章 附 则

第十八条 本办法由省财政厅、省发展改革委负责解释。

第十九条 本办法自印发之日起施行。《安徽省财政厅 安徽省发展改革委关于印发<安徽省“三重一创”建设专项引导资金管理办法>的通知》(财建〔2017〕1021号)同时废止。省委、省政府调整优化“三重一创”政策后,相应修订本办法。

安徽省财政厅 安徽省林业局
关于印发《安徽省省级财政林业转移支付资金管理办法》的通知

(皖财资环〔2021〕474 号 2021 年 6 月 4 日)

各市、县(区)财政局、林业局:

为加强和规范资金管理,提高资金绩效,根据《中华人民共和国预算法》《安徽省省级财政专项资金管理办法》《安徽省自然资源领域财政事权和支出责任划分改革实施方案》等有关规定,结合我省实际,省财政厅会同省林业局制定了《安徽省省级财政林业转移支付资金管理办法》。现印发给你们,请认真贯彻执行。

安徽省省级财政林业转移支付资金管理办法

第一章 总 则

第一条 为支持全省林业生态保护和改革发展,规范资金管理,提高资金绩效,根据《中华人民共和国预算法》《安徽省省级财政专项资金管理办法》《安徽省自然资源领域财政事权和支出责任划分改革实施方案》等有关规定,结合我省林业实际,制定本办法。

第二条 本办法所称的省级财政林业转移支付资金(以下简称“林业转移支付资金”)是指省级预算安排的用于支持林业资源管理与生态保护修复、森林防火与有害生物防治、现代林业发展方面的转移支付资金。

第三条 林业转移支付资金由省财政厅、省林业局负责管理。省财政厅负责编制年度预算草案,审核资金分配建议方案并下达资金预算,组织开展预算绩效管理和预算监管,指导市县加强资金使用管理监督等。省林业局负责编制相关规划,提出资金分配建议方案,下达年度工作任务计划,做好预算绩效管理具体工作,督促和指导市县做好项目实施和资金使用管理监督工作等。

市、县(区)财政、林业主管部门根据职能负责林业转移支付资金的分解下达、预算执行、组织项目实施、资金使用管理监督以及预算绩效管理工作等。

第四条 林业转移支付资金实施期限至 2023 年。到期后如需继续实施,按照《安徽省省级财政专项资金管理办法》有关要求办理。

资金年度预算编制以及预算执行中,省财政厅会同省林业局根据政策实施情况和工作需要,开展相关政策评价,根据评价结果完善资金管理政策。

第二章 资金使用范围和资金分配

第五条 林业资源管理与生态保护修复支出。主要用于森林资源监测调查,省级以上自然保护区、湿地、森林自然公园等保护地支出,省一级古树和名木保护,林木良种培育,野生动植物保护及疫源疫病监测。

第六条 森林防火与有害生物防治支出。主要用于森林防火及跨区域生物防火林带建设、森林防火物资储备、森林防火队伍建设和防火演练、必要防火设备购置、林业有害生物防治设施设备和药械购置等相关支出。

第七条 现代林业发展支出。主要用于林业科技推广与科研创新、省级特色林业高质量发展示范园奖补、林下经济和特色经济林发展奖补。

第八条 林业转移支付资金采取因素法分配,其中承担试点或改革任务的可以采取定额补助。根据林业工作任务量、森林(含湿地)面积、绩效及政策等因素分配,权重分别为 80%、10%、10%,可以根据财力状况和政策适当调节。巩固脱贫攻坚成果有关政策实施期内,按有关规定向脱贫地区倾斜。

第九条 工作任务量根据各地上报并经审核确定的种苗生产、林业科技推广示范与科研创新、林业产业、森林防火、林业有害生物防治以及森林、林地、自然保护地、生物多样性资源保护与修复等任务量确定。森林(含湿地)面积以林业专业调查的面积为准。绩效及政策按绩效评价、专项稽查和检查、核查验收和审计的结果,以及政策调整等因素确定。

第十条 林业转移支付资金不得用于楼堂馆所建设、管理机构人员经费和日常办公设备购置等与林业转移支付资金使用范围不符的支出。

第三章 任务申报和资金下达

第十一条 省林业局于每年 7 月 31 日前根据下一年度全省林业发展重点、支出方向以及支持环节下达申报通知。各市林业主管部门根据通知要求,结合本地区林业发展计划和重点,负责本市所辖县(市、区)年度任务申报和审核,并于8月31日前将本地林业发展重点、工作任务量、资金需求和绩效目标以正式文件报送省林业局。

第十二条 市、县(区)林业主管部门会同财政部门根据林业转移支付资金的扶持方向和重点,负责建立项目储备库,完善任务申报、审核、审批程序,从严审核把关。

第十三条 省林业局负责汇总各市上报情况,进行合规性、合理性审核,根据全省林业发展规划,统筹全省林业发展布局和重点,根据年度预算安排情况,提出资金分配建议和绩效目标分解方案,按规定时间报送省财政厅。

第十四条 省财政厅根据年度预算安排、省林业局资金分配建议方案等,按照《预算法》和《预算法实施条例》的规定时限,及时审核下达资金。

第四章 预算绩效管理

第十五条 林业转移支付资金建立"预算编制有目标、预算执行有监控、预算完成有评价、评价结果有反馈、反馈结果有应用"的全过程预算绩效管理机制。

第十六条 林业转移支付资金绩效目标分为区域绩效目标和项目绩效目标,主要内容包括与任务数量相对应的质量、时效、成本以及经济效益、社会效益、生态效益、可持续影响、满意度等。

第十七条 绩效目标设定、审核、下达的依据:

(一)国家相关法律、法规和规章,省委、省政府对林业领域重大决策部署,国民经济和社会发展规划。

(二)财政部门中期财政规划和年度预算,财政部门制定的预算管理制度。

(三)林业发展规划、林业行业标准及其他相关重点规划等。

(四)统计部门或行业主管部门公布的有关林业统计数据和财政部门反映资金管理的有关数据等。

(五)符合省财政厅、省林业局要求的其他依据。

第十八条 省林业局随资金任务申报通知同步下达区域绩效目标申报指标体系。

市、县(区)林业主管部门结合任务计划和本地区实际情况,编制区域绩效目标申报表,连同上一年度资金使用管理情况随任务资金申报文件一并报送省林业局。省林业局应在申请设立转移支付和编制年度预算时,按预算绩效管理程序编报整体绩效目标。

省财政厅随资金预算文件同步下达区域绩效目标,省林业局具体分解下达区域绩效目标有关指标。

第十九条 在预算执行中,市县主管部门应按照要求开展绩效运行监控,并将监控结果上报,省林业局汇总形成绩效监控报告,及时报省财政厅备案。

第二十条 预算执行结束或年度终了,市、县(区)级林业主管部门、资金使用单位对照确定的绩效目标开展绩效自评,并逐级将绩效自评报告汇总报送省林业局。省林业局审核汇总形成整体绩效自评报告,按规定报送省财政厅备案。省林业局可适时组织开展部门绩效评价,省财政厅根据需要可组织开展财政绩效评价。

第二十一条 省财政厅和省林业局应加强绩效评价结果应用,将绩效评价结果作为完善林业转移支付资金政策、改进管理以及下一年度预算申请、安排、分配的重要依据。

第五章 预算执行和监督

第二十二条 林业转移支付资金支付严格按照国库集中支付制度等有关规定执行。属于政府采购范围的,按照政府采购有关规定执行。各级财政部门、林业主管部门应当加快预算执行,提高资金使用效益。结转结余的资金按照相关规定处理。

第二十三条 林业转移支付资金使用管理相关信息应当按照预算公开有关要求执行。

第二十四条 各级财政、林业等有关部门及其工作人员在林业转移支付资金分配、使用、管理等相关工作中,存在违反本办法规定的行为,以及其他滥用职权、玩忽职守、徇私舞弊等违纪违法行为的,按照《中华人民共和国预算法》《中华人民共和国公务员法》《中华人民共和国监察法》《财政违法行为处罚处分条例》等国家有关规定追究相应责任。

第二十五条 资金使用单位和个人在使用林业转移支付资金中存在各类违法违规行为的,按照《中华人民共和国预算法》《财政违法行为处罚处分条例》等国家有关规定追究相应责任。

第六章 附 则

第二十六条 林业转移支付资金用于支持脱贫县开展统筹整合使用财政涉农资金的,按照有关规定执行。

第二十七条 本办法由省财政厅、省林业局负责解释。

第二十八条 本办法自2021年7月10日起施行。《安徽省财政厅安徽省林业厅关于印发〈安徽省省级财政林业专项资金管理办法〉的通知》(财农〔2016〕80号)同时废止。

安徽省财政厅关于印发《安徽省农村综合改革转移支付管理办法》的通知

(皖财乡〔2021〕525 号　2021 年 6 月 16 日)

各市、县(市、区)财政局:

为加强农村综合改革转移支付管理,提高资金使用效益,根据《财政部关于印发〈农村综合改革转移支付管理办法〉的通知》等有关规定,我们制定了《安徽省农村综合改革转移支付管理办法》,现予以印发,请遵照执行。

安徽省农村综合改革转移支付管理办法

第一章　总　则

第一条　为加强农村综合改革转移支付管理,提高资金使用效益,推动落实党中央、国务院,以及省委省政府有关农村综合改革发展重大决策部署,贯彻《中国共产党农村工作条例》有关要求,根据《中华人民共和国预算法》《中华人民共和国预算法实施条例》《中共中央国务院关于全面实施预算绩效管理的意见》《财政部关于印发〈农村综合改革转移支付管理办法〉的通知》和《中共安徽省委 安徽省人民政府关于全面实施预算绩效管理的实施意见》等有关规定,制定本办法。

第二条　本办法所称农村综合改革转移支付是指中央补助我省以及省级财政安排的,用于支持市、县(含市、区,下同)开展农村综合改革发展工作的补助资金。

第三条　省财政厅负责编制农村综合改革转移支付预算,分配下达预算和工作任务,组织开展预算绩效管理工作,指导市县加强资金管理等相关工作。市、县财政部门负责农村综合改革转移支付的统筹安排、审核拨付、使用监督、预算绩效管理,以及会同有关部门开展项目组织实施等工作,并对资金使用的合规性和有效性负责。

第四条　各地应创新农村综合改革转移支付投入和使用方式,积极采用以奖代补、民办公助、先建后补、政府与社会资本合作等方式,引导社会资金参与农村综合改革发展有关事项,放大财政资金使用效能。

第二章　资金使用范围

第五条　农村综合改革转移支付用于补助各市、县开展农村公益事业建设财政奖补、美丽乡村奖补、农村综合改革发展相关示范试点、村级集体经济发展和农垦国有农场办社会职能改革等工作。

第六条　农村公益事业建设财政奖补支出用于对农民通过民主程序议定的农村公益建设项目给予奖补。

第七条　美丽乡村奖补支出统筹用于支持建设宜居宜业的美丽乡村,具体根据全省美丽乡村任务安排,与省级补助资金统筹使用。

第八条　农村综合改革发展相关示范试点支出用于支持党中央、国务院,以及省委省政府确定的农村综合性改革试点试验、田园综合体建设试点等。

第九条　村级集体经济发展支出用于支持发展壮大村级集体经济。

第十条　农垦国有农场办社会职能改革支出用于对市、县完成农垦国有农场办社会职能改革过程中产生的改革成本一次性给予适当补助。

第十一条　农村综合改革转移支付不得用于单位基本支出、修建楼堂馆所、偿还债务及其他与农村综合改革无关的支出。

第三章　资金测算分配

第十二条　农村综合改革转移支付的分配遵循规范、公正、公开的原则,主要采用因素法分配。对一般公共预算保障农村综合改革情况较好、推进农村综合改革成效较为明显的地区,通过定额补助实施激励,列入农村综合改革发展相关示范试点等支出方向。各支出方向测算因素及标准如下:

农村公益事业建设财政奖补支出按照各地乡村人口情况、村庄情况、区域面积、上年市县财政实际投入等因素测算分配,权重依次为 40%、20%、20%、20%。

村级集体经济发展支出根据各地发展意愿,按照村庄情况、集体经济发展现状、政策因素等确定各市承担的任务村个数,各因素权重依次为 40%、55%、5%。省级财政实行分档补助,标准为:一档补助 40 万元、二档补助 30 万元。

中央美丽乡村奖补支出按照村庄情况、上年市县财政实际投入、上年度绩效评价结果、政策因素等测算分配,权重依次为 50%、15%、15%、20%。

中央财政对农垦国有农场办社会职能改革予以一次性补助，支出按照农垦国有农场面积、农场人口、办社会职能机构个数、办社会职能机构职工数、地方办社会职能改革实际支出，权重分别为15%、15%、20%、20%、30%。

对党中央、国务院，以及省委省政府确定的农村综合性改革试点试验、田园综合体建设试点等农村综合改革发展相关示范试点等支出实行定额补助。

第十三条　农村综合改革转移支付分配适当向承担党中央、国务院，以及省委省政府部署的农村综合改革发展重点任务市、县倾斜。

第十四条　继续按规定开展统筹整合使用财政涉农资金试点工作的脱贫县，资金使用按照统筹整合有关要求执行。

第四章　预算下达

第十五条　省财政厅于每年收到中央农村综合改革转移支付预算30日内，将预算下达市、县财政部门。省级农村综合改革转移支付于每年安徽省人民代表大会批准预算后的30日内，将预算下达到市、县财政部门。相关转移支付分配结果抄送财政部安徽监管局。省财政厅在下达转移支付预算时一并下达各市、县农村综合改革年度重点任务和绩效目标。

第十六条　市、县财政部门应结合农村综合改革年度重点任务、本地农村综合改革实际情况等，安排本级相关资金，与中央和省级下达的农村综合改革转移支付统筹使用，保障农村综合改革工作顺利开展。

第十七条　市、县财政部门应当按照相关财政规划要求，做好转移支付资金使用规划，加强与中央和省级补助资金，以及有关工作任务的衔接。

第五章　预算执行和监督

第十八条　农村综合改革转移支付的支付应当按照国库集中支付制度有关规定执行。

第十九条　省财政厅按照财政部有关要求，对农村综合改革转移支付进行监管。市、县财政部门应加强农村综合改革转移支付管理，自觉依法接受审计监督和财政监督。

第二十条　市、县财政部门要切实加强项目资金管理，督促资金使用单位对照绩效目标做好绩效监控，于次年1月底前，按照规范要求开展绩效自评，将绩效自评结果上报省财政厅，并对自评中发现的问题及时组织整改。省财政厅对各地自评结果进行审核汇总，形成整体绩效目标自评结果，根据需要组织开展重点绩效评价，并对绩效评价结果采取适当方式进行通报。

第二十一条　市、县财政部门要按照全面实施预算绩效管理的要求，建立健全全过程预算绩效管理机制，将评价结果作为预算安排、改进管理、完善政策的重要依据。省财政厅将在资金分配、竞争立项等工作中加强绩效评价结果运用，督促市、县财政部门切实加强项目资金管理。

第二十二条　各级财政部门应当加快预算执行进度，提高资金使用效益。结转结余资金按照相关规定执行。

第二十三条　各级财政部门、有关管理部门及其工作人员在资金分配、项目安排工作中，存在违反规定分配资金、向不符合条件的单位（或项目）分配资金或擅自超出规定的范围或标准分配资金，弄虚作假或挤占、挪用、滞留资金，以及其他滥用职权、玩忽职守、徇私舞弊等违法违纪行为的，按照《中华人民共和国预算法》、《中华人民共和国预算法实施条例》、《中华人民共和国公务员法》、《中华人民共和国监察法》、《财政违法行为处罚处分条例》、《安徽省财政监督条例》等有关规定追究相应责任；构成犯罪的，依法追究刑事责任。

第六章　附　则

第二十四条　市、县财政部门依据本办法，结合本地工作实际，制定具体管理办法报省财政厅备案。

第二十五条　本办法自公布之日起实施。《安徽省农村综合改革转移支付管理办法》（皖财乡〔2019〕1336号）同时废止。

安徽省财政厅　安徽省国资委
关于印发《安徽省省属企业科技创新专项资金管理办法（暂行）》的通知

（皖财资预〔2021〕516号　2021年6月17日）

各省属企业：

为贯彻落实党的十九届五中全会和省委十届二次全会精神，支持和推动省属企业科技创新工作，规范国有资本经营预算资金管理，提高财政资金使用效益，省财政厅、省国资委研究制定了《安徽省省属企业科技创新专项资金管理办法（暂行）》，现予印发,请遵照执行。

安徽省省属企业科技创新专项资金管理办法(暂行)

第一章 总 则

第一条 为提高财政资金使用效益,支持省属企业科技创新和关键核心技术攻坚,优化科技人才激励机制,根据《中共安徽省委安徽省人民政府关于实施新时代"江淮英才计划"全面夯实创新发展人才基础的若干意见》(皖发〔2018〕34 号)、《安徽省人民政府关于支持科技创新若干政策的通知》(皖政〔2017〕52 号)、《安徽省国企改革三年行动实施方案(2020—2022年)》、《安徽省省级国有资本经营预算管理暂行办法》(财资预〔2017〕559号)等相关文件精神,设立省属企业科技创新专项资金(以下简称"专项资金"),制定本办法。

第二条 专项资金由省级国有资本经营预算统筹安排。

第三条 专项资金使用坚持"聚焦重点、激励引导、严格规范、注重实效"的原则。

第二章 管理职责

第四条 专项资金由省财政厅、省国资委共同管理。按照职责明晰、权责匹配、全程监督、责任追究的原则,明确专项资金管理职责。

(一)省财政厅根据省属企业科技创新发展需求,统筹安排专项资金年度预算,负责完善资金管理制度、预算下达、绩效监管和监督检查等。

(二)省国资委对项目实施具体管理,负责预算申请、立项确定、过程管控、项目绩效、监督检查等。

(三)省属企业集团公司是专项资金管理的使用主体、执行主体和责任主体,负责建立"统一领导、分级管理、责任到人"的专项资金管理体制,科学制定专项资金使用计划和管理流程,完善内部控制和监督约束机制,加强对专项资金规范使用的管理和监督,保证专项资金使用合法合规。遵循公开、公平、公正的原则,合理安排专项资金支出,提高专项资金使用效益。配合做好财务审计、监督检查等工作。

第三章 支持内容

第五条 专项资金支持内容为:

(一)省属企业重点创新示范项目研发攻关;

(二)省属企业科技创新平台(中心)建设;

(三)省属企业科技成果转化应用以及重要技术、装备、工艺引进、高层次人才引进等;

(四)对做出突出贡献的省属企业研发团队及骨干予以奖励。

第六条 用于高层次人才引进、研发团队及骨干的奖补资金,原则上不超过安排到该省属企业专项资金的40%,具体标准不超过"江淮英才计划"中用于人才引进、研发团队及骨干的奖补资金标准。

第四章 项目和预算管理

第七条 省属企业集团公司根据发展需要和省国资委要求,于每年 4月底前,将研究谋划的关键核心技术和产品推荐给省国资委,省国资委组织专家对其进行评审,并提出拟列入省属企业重点难点技术和产品清单、省属企业重点创新示范项目清单(以下简称"清单")的项目,经征求省相关部门意见、公示(5 个工作日)和省国资委主任办公会议审议后,正式确定项目清单。项目实行动态管理,必要时,经专家评审、征求省相关部门意见、公示(5 个工作日)和省国资委主任办公会议审议后,可进行适当扩容或清退。已获得省"科技创新"、"三重一创"、"制造强省"、"江淮英才计划"等政策支持的项目原则上不重复支持。

第八条 省属企业集团公司推荐列入清单的项目材料,按照谁主管、谁提供、谁负责的原则,确保申报材料真实性、准确性、完整性。省属企业向省国资委推荐的项目须通过自行组织的专家评审,并附专家评审会议情况,内容包括会议组织、专家打分、专家简介等。

第九条 省属企业集团公司在推荐项目时,应当组织其科研和财务部门对项目预算进行审核。

第十条 省国资委按照预算管理相关规定,根据清单项目研发攻关和省属企业科技创新中心建设需要,编制年度专项资金预算,及时向省财政厅申报资金需求。

第十一条 省国资委于每年 9 月份左右组织专家对清单项目研发攻关进展情况进行评审,综合技术难度、攻关成果、前期投入和研发团队等情况,结合省属企业科技创新中心建设需求,提出资金分配方案,经省国资委主任办公会议审议后,报省财政厅,按国库集中支付相关规定拨付资金。专项资金的结余部分,按相关规定由省财政厅收回。

第十二条 项目实施主体为省属企业控股子公司的,按项目预算和省属企业持股比例分配专项资金。其他支持部分由省属企业集团公司协调其他参股各方,以自愿方式按持股比例出资支持。

第十三条 省属企业集团公司应当严格执行国家及省有关政府采购、

资产管理等规定。

第十四条 专项资金用于高层次人才引进、奖励研发团队及骨干的,省属企业集团公司须将奖补方案进行公示(5个工作日),专项资金分配后三个月内,向省国资委提交相关情况报告。

第十五条 项目完成后,省属企业集团公司对专项资金使用情况应组织具有资质的会计师事务所进行审计,并出具审计报告。省属企业集团公司应按相关要求组织项目验收,省国资委、省财政厅视情派员参加。

第十六条 省财政厅、省国资委应加强对专项资金的绩效管理,按照《中共安徽省委 安徽省人民政府关于全面实施预算绩效管理的实施意见》和《安徽省省级预算绩效管理暂行办法》等制度要求做好项目绩效管理工作。

省属企业在项目申报时必须编制绩效目标,否则不得列入项目清单。年度预算执行完成后,应及时开展绩效自评,并将自评报告上报省国资委。省国资委根据企业绩效自评情况适时组织开展部门评价,评价结果作为资金分配的重要参考。省财政厅根据工作需要组织开展财政评价,评价结果作为资金安排和分配的重要依据。

第五章 监督检查

第十七条 省属企业集团公司应当建立专项资金使用的全流程监督机制,确保专项资金安全。

第十八条 省财政厅、省国资委对专项资金使用情况进行跟踪管理,不定期检查,确保专款专用。

第十九条 清单项目要主动接受审计监督和社会监督,除涉及保密事项外,项目清单和资金分配方案要按政府信息公开的规定向社会公开。

第二十条 任何单位和个人不得以任何理由编造虚假材料,骗取、截留、挤占、挪用专项资金。对违反规定和发生违法违纪行为的,按照《财政违法行为处罚处分条例》(国务院令第427号)等规定予以处理,同时追究相关人员责任。对已拨付的专项资金予以追缴,涉嫌犯罪的,依法移送司法机关处理。

第六章 附 则

第二十一条 本办法中的省属企业,是指省政府授权省国资委依法履行出资人职责的企业。

第二十二条 本办法由省财政厅、省国资委负责解释。

第二十三条 专项资金设立期限为3年。

第二十四条 本办法自发布之日起施行。

安徽省财政厅 安徽省科学技术厅
关于印发《安徽省支持科技创新若干政策专项资金管理办法》的通知

(皖财教〔2021〕484号 2021年6月21日)

各市、县(区)财政局、科技局,有关省直部门:

为深入实施创新驱动发展战略,加快建设科技创新攻坚力量体系,进一步规范安徽省支持科技创新若干政策专项资金使用管理,提高财政资金使用效益,根据《安徽省人民政府关于印发支持科技创新若干政策的通知》(皖政〔2017〕52号)和《安徽省人民政府关于印发安徽省进一步优化科研管理提升科研绩效实施细则的通知》(皖政〔2018〕108号)等文件要求。省财政厅、省科学技术厅研究修订了《安徽省支持科技创新若干政策专项资金管理办法》,现印发给你们,请遵照执行。

安徽省支持科技创新若干政策专项资金管理办法

第一章 总 则

第一条 根据《安徽省人民政府关于印发支持科技创新若干政策的通知》(皖政〔2017〕52号)精神,安徽省设立支持科技创新若干政策专项资金,统称"创新型省份建设专项资金"(以下简称"专项资金")。为加强资金管理,发挥财政资金绩效,制定本办法。

第二条 专项资金支持科技研发、科技成果转化、企业孵化、创新服务体系建设等,提升创新能力。鼓励各市、县设立本级支持科技创新专项资金。

第三条 专项资金来源于省级财

政预算拨款,省财政厅根据省政府工作部署和省级科技创新发展需求,将专项资金列入省级财政预算。

第四条 专项资金优先支持省内具有较强自主研发能力,具备较好科研基础条件的企业、高校院所、公益科研机构和新型研发机构等。

第五条 专项资金的使用管理坚持“精准聚焦、市场导向、省市共担、规范高效”的原则。

第二章 管理机构及职责分工

第六条 按照职责明晰、权责匹配、全程监督、责任追究的原则,明确专项资金管理职责。

(一)省财政厅根据科技创新发展需求,统筹安排专项资金年度预算,负责完善资金管理制度、预算下达、绩效管理和监督检查等。

(二)省科技厅对项目实施具体管理,负责预算申请、指南发布、立项确定、过程管理、绩效管理、监督检查等。

(三)中央驻皖单位、省直有关部门或市、县科技局等归口管理部门负责项目日常监管,监督项目经费使用、配套条件落实并承担省科技厅委托管理相关事宜。市、县财政部门负责配套资金筹集、资金拨付、绩效管理和监督检查等。

(四)项目承担单位是专项资金管理的责任主体,负责建立“统一领导、分级管理、责任到人”的专项资金管理体制,完善内部控制和监督约束机制,合理确定科研、财务、人事、资产等部门的责任和权限,加强对专项资金规范使用的管理和监督。严格项目预算管理,落实项目承诺的自筹资金,加强单位研发投入统计归集,为项目组织实施提供条件保障,及时按规定办理财务结账手续。配合做好财务审计、监督检查等工作。

(五)项目负责人是专项资金使用的直接责任人,对资金使用的合规性、合理性、真实性承担法律责任。负责依法据实组织编制项目申报书,并按照项目批复预算和相关管理制度使用资金。

第三章 支持内容和扶持方式

第七条 专项资金重点支持引导企业加大研发投入、开展重大关键技术攻关、支持科技人才团队创新创业、促进科技成果转化产业化、支持科技企业孵化服务、引进大院大所等。

第八条 专项资金综合采取公开竞争立项、单位研发后补助、研发团队奖励、股权投资或债权投入、基金投资、融资担保等方式予以支持。

(一)公开竞争立项系项目主管部门发布项目指南,项目承担单位公开竞争立项,省级预算拨款支持。

(二)单位研发后补助系项目承担单位先行投入并组织开展研究开发、成果转化等科研活动,省级财政按政策补助或绩效奖励支持。

(三)研发团队奖励系项目承担单位开展科研活动,获得国家重大科技项目、国家科技奖项,以及获高新技术企业认定的优秀企业,省级财政按政策奖励研发团队。

(四)股权投资或债权投入系省政府委托省高新技术产业投资公司作为出资人,与有关科技团队及其他投资主体签订债权投入或股权投资协议,以债权或股权形式支持。

(五)基金投资系省科技厅、省财政厅委托省国有资本运营控股集团有限公司以省级财政出资设立安徽省科技成果转化引导基金有限责任公司,通过设立子基金、直接股权投资等方式投资。

(六)融资担保系省财政厅通过省信用担保集团向省科技融资担保有限公司注资,为科技型中小微企业提供直接融资担保服务。

第九条 专项资金(不含基金投资和融资担保)支持对象为市县所属企事业科研单位的,实行省与属地政府共担机制,由省与市、县(市、区)按1:1合力支持。加大对皖北地区的支持,对该区域符合条件的项目,奖补资金补助金额上浮20%,由省与市、县(市、区)按1:1合力支持。

第四章 资金支出范围

第十条 公开竞争立项的省科技重大专项资金支出范围按照《安徽省财政厅 安徽省科学技术厅关于优化省重点研究与开发计划、省科技重大专项、省自然科学基金资助项目等科研资金管理的通知》(皖财教〔2019〕839号)执行。

第十一条 单位研发后补助资金支出范围包括设备费、材料费、测试化验加工费、燃料动力费、会议/差旅/国际合作交流费、出版/文献/信息传播/知识产权事务费、劳务费、专家咨询费、其他支出等与科研相关的直接费用。

第十二条 研发团队奖励资金支出范围由研发团队自主决定。

第十三条 股权投资或债权投入资金支出范围由省高新技术产业投资公司按照相关法律法规和政策规定,与有关科技团队及其他投资主体共同签订债权投入或股权投资协议中明确。

第十四条 基金投资资金支出范围由安徽省科技成果转化引导基金有限责任公司按照相关法律法规和政策规定,与有关企业及其他投资主体在签订股权投资协议中明确。

第十五条 融资担保资金支出范围由省科技融资担保有限公司按照相关法律法规和政策规定,与有关企业在签订融资担保协议中明确。

第五章 项目和预算管理

第十六条 省科技厅会同省财政厅原则上于每年2月底前发布专项资金申报通知。各市、各归口管理部门组织符合申报条件的企事业单位,按政策规定提供相关材料。市科技局会同财政局等相关部门，组织实施申报工作，对企事业单位申报材料审核把关，并由财政部门出具资金支持证明或资金配套承诺函，于每年3月底前报送省科技厅。按照谁提供、谁证明、谁负责的原则，确保申报材料真实性、完整性。

第十七条　省科技厅对各市、各单位申报材料进行审核评审，研究提出拟安排项目，并将拟安排项目按照“涉企系统”规则进行比对审核，确定拟支持的项目后，由省科技厅履行相关报批程序后向社会公示。

第十八条　省科技厅对公示无异议项目提出预算细化方案，原则上于每年5月底前报省财政厅，按照国库集中支付制度有关规定下达资金。

第十九条　有关市、县（区）按省与市、县（市、区）1:1的分担比例兑付资金，及时将资金下达到项目承担单位。原则上于每年6月底前，有关市、县向省科技厅上报共担资金兑付情况。7月底前，省财政厅根据市、县资金拨付证明据实清算。市、县未按共担比例兑付资金的，一律收回省级财政资金。

第二十条　专项资金使用涉及项目预算管理、预算调整、科研仪器设备采购、结转结余资金使用等，按照《中共安徽省委办公厅 安徽省人民政府办公厅关于改革完善省级财政科研项目资金管理等政策的实施意见》（皖办发〔2016〕73号）、《安徽省人民政府关于印发安徽省进一步优化科研管理提升科研绩效实施细则的通知》（皖政〔2018〕108号）和《安徽省财政厅 安徽省科学技术厅关于优化省重点研究与开发计划、省科技重大专项、省自然科学基金资助项目等科研资金管理的通知》（皖财教〔2019〕839号）执行。

第二十一条　项目实施过程中，因故终止执行的项目，其结余资金按照资金分担比例退回同级财政。因故被依法撤销的项目，已拨付的资金应当全部按照资金分担比例退回同级财政，资金退回应严格执行国库集中支付制度有关规定。

第二十二条　项目承担单位应当将专项资金纳入单位财务统一管理，确保财政资金专款专用，承诺的自筹资金及时足额到位。

第二十三条　项目承担单位应当严格执行国家有关政府采购、资产管理等规定。行政事业单位使用专项资金形成的固定资产属于国有资产，应当按照国家有关国有资产的管理规定执行。企业使用专项资金形成的固定资产，按照《企业财务通则》等相关规章制度执行。专项资金形成的知识产权等无形资产的管理，按照国家有关规定执行。

第二十四条　各市、县（区）和项目单位要积极加大投入，创新资金使用方式，充分发挥财政资金引导和杠杆作用，采取多种方式鼓励社会资本和金融资本参与创新型省份建设。

第六章　专项资金绩效及监管

第二十五条　按照全面实施预算绩效管理的要求，省科技厅落实主体责任，建立健全全过程预算绩效管理机制，按照规定科学合理设定绩效目标，组织开展绩效自评和部门绩效评价，强化绩效结果应用，做好绩效信息公开，提高资金使用效益。省财政厅根据工作需要适时组织开展财政绩效评价，评价结果作为完善政策、优化管理、预算安排的重要依据。

第二十六条　各市建立专项资金监督检查制度，对项目申报材料的真实性、完整性及资金的使用情况适时进行监督检查。

第二十七条　项目承担单位应当完善专项资金内部管理办法，明确审批程序、管理要求和报销规定，规范财务支出行为，完善内部风险控制机制，强化资金绩效管理，保障资金使用安全规范有效。并接受审计、财政、科技等部门的监督检查。

第二十八条　省科技厅建立覆盖指南编制、项目申请、评审立项、执行验收全过程的科研信用记录制度，对项目承担单位和科研人员、评估评审专家、中介机构等参与主体进行信用评价与记录，纳入诚信库管理。

第二十九条　省科技厅建立专项资金管理信息公开机制，公开非涉密项目安排情况，接受社会监督。

第三十条　使用资金的部门、单位及个人存在违反本办法规定的财政违法违规行为的，依照《中华人民共和国预算法》、《财政违法行为处罚处分条例》等国家有关规定追究相应责任。

第三十一条　各级科技、财政部门及其相关工作人员在资金分配、使用、管理等相关工作中，存在违反本办法以及其他滥用职权、玩忽职守、徇私舞弊等违法违纪行为的，按照《中华人民共和国预算法》、《中华人民共和国公务员法》、《中华人民共和国监察法》、《中华人民共和国公职人员政务处分法》、《财政违法行为处罚处分条例》等有关规定追究相应责任；涉嫌职务违法或者职务犯罪的，移送监察机关处理。

第七章　附　则

第三十二条　本办法由省财政厅、省科学技术厅负责解释。

第三十三条　本办法自印发之日起施行。原《安徽省支持科技创新若干政策专项资金管理办法》（财教〔2017〕1223号）同时废止。

安徽省财政厅　安徽省农业农村厅 关于印发《安徽省农田建设补助资金管理实施细则》的通知

(皖财农〔2021〕615 号　2021 年 7 月 22 日)

各市、县(市、区)财政局、农业农村局:

为规范和加强农田建设补助资金管理,省财政厅会同省农业农村厅制定了《安徽省农田建设补助资金管理实施细则》,现印发给你们,请遵照执行。

安徽省农田建设补助资金管理实施细则

第一章　总　则

第一条　为规范和加强农田建设补助资金管理,提高资金使用效益,提升农业综合生产能力,根据《中华人民共和国预算法》《农田建设补助资金管理办法》《安徽省人民政府关于探索建立涉农资金统筹整合长效机制》等相关规定,结合安徽省实际,制定本细则。

第二条　农田建设补助资金是指中央和省财政为支持稳定和优化农田布局,全面提升农田质量而安排用于农田相关工程建设的共同财政事权资金。

第三条　本办法所称农田,是指按照一定时期人口和社会经济发展对农产品的需求,依据土地利用总体规划确定的用于农产品生产的耕地。

第四条　农田建设补助资金由各级财政部门会同农业农村部门共同管理,按照“政策目标明确、分配办法科学、支出方向协调、绩效结果导向”的原则分配、使用和管理,并按照相关规定开展评估。

农田建设补助资金实施期限至 2022 年,期满后,根据国家有关规定和我省农田建设形势需要进行评估,根据评估结果再作调整。

第五条　省财政厅负责根据国家和省政府农田建设规划、年度建设任务编制中期和年度预算,制定资金分配标准,根据省农业农村厅资金分配建议方案下达预算资金,对资金使用情况进行监督,对农田建设资金实施总体绩效评价。

省农业农村厅负责农田建设规划编制,指导、推动和监督开展农田建设工作,下达年度工作任务清单,研究提出资金分配建议方案;会同省财政厅研究提出省级预算资金总体绩效目标、中央和省财政预算资金分地区绩效目标,负责对市、县项目实施和资金使用情况进行绩效监控和评价。

第六条　省与市、县财政共同承担农田建设的地方投入支出责任,安排必要的资金投入农田建设,列入本级政府预算。鼓励有条件的市、县在国家和省级补助基础上,兼顾本地财政承受能力和政府债务风险防控要求,筹集投入更多资金,提高项目建设水平。

各地应按照有关规定,加强与相关部门沟通,在项目设计和建设过程中积极增加新增耕地,通过新增耕地指标交易等产生的收益用于农田建设,计入县级投入范围。

第二章　资金支出范围

第七条　农田建设以农民为受益主体,扶持对象包括小农户、农村集体经济组织、家庭农场、农民合作社、专业大户以及涉农企业与单位等。鼓励项目受益对象和农村集体筹资投劳进行投入。鼓励采取投资补助、贴息等形式,吸引社会资金投入。

第八条　各地应优先将农田建设项目向粮食生产功能区和重要农产品生产保护区布局,在确保粮食播种面积稳定的基础上,根据本地农业产业规划和农田用途,因地制宜安排项目,合理安排建设内容,防止农田建设与产业发展脱节。

第九条　中央财政补助资金用于土地平整、土壤改良、灌溉排水与节水设施、田间机耕道、农田防护与生态环境保持、农田输配电、损毁工程修复和农田建设相关的其他工程内容。

第十条　省财政补助资金除第九条规定的用途外,还应主要用于项目区农业物联网、水肥一体化、智慧农业等数字和信息化新技术的推广运用,提高农田建设标准。

第十一条　农田建设补助资金的支出范围包括:项目所需材料费、设备购置费及施工支出,项目建设的前期工作费、工程招投标费、工程监理费以及必要的项目管理费等。农田建设补助资金不得用于兴建楼堂馆所、弥补预算支出缺口等与农田建设无关的支出。

第十二条　本实施细则第十一条规定的项目管理费按农田建设项目投入资金的一定比例据实列支，当年中央和省财政投入资金1500万元以下的按不高于3%据实列支；超过1500万元的，其超过部分按不高于1%据实列支。

项目管理费主要用于农田建设项目评审、实地考察、检查验收、工程实施监管、绩效评价、资金和项目公示等管理方面的支出。省级、设区的市级农业农村部门农田建设项目管理经费由同级预算安排，不得从项目资金中列支。

第十三条　农田建设补助资金可以采取直接补助、贷款贴息、先建后补等支持方式。对小农户、农村集体经济组织、家庭农场、农民合作社、专业大户以及涉农企业与单位等申报实施的易于核实和计量农田建设项目，鼓励采取先建后补支持方式，由各地制定统一的补助工程范围、建设和补助标准进行规范管理。

第三章　分配和下达

第十四条　农田建设补助资金分配采取因素法，按照年度农田建设任务量（70%权重）、工作实绩（20%权重）、其他因素（10%）等因素及权重进行分配，其他因素主要包括巩固脱贫攻坚成果等特定农业农村发展战略要求。

第十五条　省农业农村厅结合当年建设任务，提前做好年度农田建设资金分配总体计划，在财政部资金拨付文件到达我省的20日内、省人大批准省级预算后20日内，会商省财政厅后，将资金分配建议方案以正式文件送省财政厅，并同步制定年度项目实施方案、分县任务清单和绩效目标。省财政厅收到省农业农村厅资金分配建议方案后10日内下达财政资金，中央财政补助资金分配文件报财政部备案，抄送农业农村部、财政部安徽监管局。

第十六条　农田建设补助资金支付按照国库集中支付制度的有关规定执行。

第四章　资金使用和管理

第十七条　农田建设补助资金实行“大专项+任务清单”管理方式，各地可结合实际，按照统筹整合要求，多渠道筹集资金用于农田建设。

第十八条　各级财政、农业农村部门应当加快预算执行，提高资金使用效益。结转结余的农田建设补助资金，按照财政部关于财政结转结余资金管理的有关规定处理。

第十九条　省农业农村厅应当组织核实农田建设补助资金支出内容，督促检查建设任务（任务清单）完成情况，为省财政厅按规定标准分配资金提供依据。县级农业农村部门是项目实施和资金使用管理的责任主体，应当按照省级下达的农田建设任务，加快组织项目实施，确保按时按质按量完成项目建设；县级财政部门应根据财政资金管理规定、项目实施进度和主管部门验收结果，及时办理资金支付。

第五章　监督检查和绩效管理

第二十条　各级财政、农业农村部门应当加强内控建设与管理，对农田建设补助资金管理风险进行预防和控制，加强对资金分配、使用、管理情况的监督检查发现问题及时纠正，依法接受并主动配合审计、纪检监察和财政部安徽监管局等部门与单位的监督检查。

第二十一条　省财政厅负责指导省级主管部门和市县财政部门对农田建设补助资金实施预算绩效管理工作。省农业农村厅按照《安徽省省对下转移支付资金预算绩效管理暂行办法》（皖财绩〔2020〕1126号）的要求，负责指导下级主管部门按要求开展预算绩效管理工作，组织实施农田建设补助资金的绩效目标管理、绩效运行监控、绩效评价、评价结果应用等工作，并健全农田建设补助资金使用管理实行绩效评价制度，评价结果作为农田建设补助资金分配的重要依据。省农业农村厅对市、县项目实施和资金使用情况进行绩效评价，评价结果与中央和省财政农田建设补助资金分配结果挂钩。省农业农村厅有序组织开展农田建设补助资金部门绩效评价，省财政厅根据需要可组织开展财政绩效评价。

第二十二条　各级财政、农业农村主管部门及其工作人员在资金分配、审核等工作中，存在违反规定分配资金、向不符合条件的单位、个人（或项目）分配资金或者擅自超出规定的范围、标准分配或使用资金等，以及存在其他滥用职权、玩忽职守、徇私舞弊等违法违纪行为的，按照《中华人民共和国预算法》《中华人民共和国公务员法》《中华人民共和国监察法》《财政违法行为处罚处分条例》等国家有关法律和规定追究相关纪法责任。

第二十三条　资金使用单位和个人虚报冒领、骗取套取、挤占挪用农田建设补助资金，以及存在其他违反本细则规定行为的，按照《中华人民共和国预算法》《财政违法行为处罚处分条例》等有关规定追究相应责任。

第六章　附　则

第二十四条　市、县（区）财政和农业农村部门，应根据本细则和当地实际，作出补充规定或制定具体操作办法。

承担农田建设项目实施任务的省农垦局、省监狱管理局等适用本细则。

第二十五条　本细则由省财政厅会同省农业农村厅负责解释。

第二十六条　本细则自印发之日起施行。

安徽省财政厅　安徽省教育厅
关于印发《安徽省城乡义务教育补助经费管理办法》的通知

(皖财教〔2021〕710号　2021年8月4日)

各市、县(区)财政局、教育局:

为规范和加强城乡义务教育补助经费管理,提高资金使用效益,根据《财政部 教育部关于印发〈城乡义务教育补助经费管理办法〉的通知》(财教〔2021〕56号)精神和国家、省有关规定,省财政厅、省教育厅制定了《安徽省城乡义务教育补助经费管理办法》,现予印发,请遵照执行。

安徽省城乡义务教育补助经费管理办法

第一条　为加强城乡义务教育补助经费管理,提高资金使用效益,推进义务教育均衡发展,根据《财政部、教育部关于印发〈城乡义务教育补助经费管理办法〉的通知》(财教〔2021〕56号)和国家预算管理有关规定,制定本办法。

第二条　本办法所称城乡义务教育补助经费(以下称补助经费),是指中央和省财政用于支持城乡义务教育发展的转移支付资金。本办法所称城市、农村地区划分标准:国家统计局最新版本的《统计用区划代码》中的第5-6位(区县代码)为01-20且《统计用城乡划分代码》中的第13-15位(城乡分类代码)为111的主城区为城市,其他地区为农村。

第三条　补助经费管理遵循"城乡统一、重在农村,统筹安排、突出重点,客观公正、规范透明,注重绩效、强化监督"的原则。

第四条　现阶段,补助经费支持方向包括:

(一)落实城乡义务教育经费保障机制。

1. 对城乡义务教育学生(含民办学校学生)免除学杂费、免费提供教科书、对家庭经济困难学生补助生活费。民办学校学生由学校按照获得的生均公用经费补助免除学杂费。免费提供国家规定课程教科书和免费为小学一年级新生提供正版学生字典的补助标准由国家统一制定,所需资金由中央财政全额承担。家庭经济困难学生生活补助资金由中央与市、县(区)按规定比例分担,其中家庭经济困难寄宿生生活补助国家基础标准由国家统一制定,并按国家基础标准的一定比例核定家庭经济困难非寄宿生生活补助标准。

2. 对城乡义务教育学校(含民办学校)按照不低于生均公用经费基准定额的标准补助公用经费,并适当提高寄宿制学校、规模较小学校、特殊教育学校和随班就读残疾学生的公用经费补助水平。城乡义务教育生均公用经费基准定额由国家统一制定。公用经费补助资金由中央、省与市、县(区)按规定比例分担,用于保障学校正常运转、完成教育教学活动和其他日常工作任务等方面支出,具体支出范围包括:教学业务与管理、教师培训、实验实习、文体活动、水电、取暖、交通差旅、邮电,仪器设备及图书资料等购置,房屋、建筑物及仪器设备的日常维修维护等。公用经费补助资金不得用于教职工福利、临时聘用人员工资等人员经费,基本建设投资,偿还债务等方面的支出。其中,教师培训费按照学校年度公用经费预算总额的5%安排,用于教师按照学校年度培训计划参加培训所需的差旅费、伙食补助费、资料费和住宿费等开支。

3. 巩固完善农村义务教育学校校舍安全保障长效机制,支持公办学校维修改造、抗震加固、改扩建校舍及其附属设施。公办学校校舍单位面积补助测算标准由国家统一制定,所需资金由中央与省级按规定比例分担。

4. 对落实乡村教师生活补助等政策中央财政给予综合奖补,奖补资金根据奖补标准、调整系数等绩效因素核定,各地可统筹用于城乡义务教育经费保障机制相关支出。

(二)实施农村义务教育阶段学校教师特设岗位计划,中央财政对特岗教师给予工资性补助,补助资金按规定据实结算。

(三)实施农村义务教育学生营养改善计划。国家统一制定学生营养膳食补助国家基础标准。国家试点地区营养膳食补助所需资金,由中央财政全额承担,用于向学生提供等值优质的食品,不得以现金形式直接发放,不得用于补贴教职工伙食、学校公用经费，不得用于劳务费、宣传费、运输费等工作经费；对于省里试点地区，中央和省财政给予生均定额奖补；对于自主试点地区，中央财政给予生均定额奖补。

第五条　省财政厅、省教育厅根据省委、省政府和财政部、教育部有关决策部署、义务教育改革发展实际以及财力状况适时调整相关补助标准、分配因素及计算公式。现行补助标准、分配因素和计算方法详见附表。

城乡义务教育补助经费分配公式为：某市、县（区）城乡义务教育补助经费=城乡义务教育经费保障机制资金+特岗教师工资性补助资金+学生营养改善计划补助资金。

第六条　市级财政、教育部门应当于每年1月15日前向省财政厅、省教育厅报送当年补助经费申报材料。

申报材料主要包括：

（一）上年度工作总结，主要包括上年度补助经费使用情况、年度绩效目标完成情况、市县财政投入情况、主要管理措施、问题分析及对策。

（二）当年工作计划，主要包括当年本地义务教育工作目标、补助经费区域绩效目标表、重点任务和资金安排计划，绩效指标要指向明确、细化量化、合理可行、相应匹配。

第七条　补助经费由省财政厅、省教育厅共同管理。省教育厅负责审核市、县（区）提出的区域绩效目标等相关材料和数据，提供资金测算需要的基础数据，并对提供的基础数据的准确性、及时性负责。省财政厅根据预算管理相关规定，会同省教育厅研究确定各市、县（区）补助经费预算金额、补助经费整体绩效目标。市、县（区）财政、教育部门要根据职责承担在基础数据审核、经费分担、资金使用管理等方面的责任，切实加强资金管理。

第八条　省财政厅于每年省人民代表大会批准预算后三十日内，会同省教育厅正式下达补助经费预算，并抄送财政部安徽监管局。每年11月30日前，提前下达下一年度补助经费预计数。省财政厅在收到中央财政补助经费预算后，会同省教育厅在三十日内按照预算级次合理分配、及时下达本行政区域县级以上各级政府部门，并抄送财政部安徽监管局。

第九条　补助经费支付执行国库集中支付制度。涉及政府采购的，按照政府采购有关法律制度执行，其中国家课程免费教科书由省教育厅、省财政厅结合当地实际，按政府采购有关规定统一组织采购。

第十条　省财政厅、省教育厅在分配补助经费时，结合年度义务教育重点工作和省级财政安排的城乡义务教育补助经费，加大省级统筹力度，重点向农村地区倾斜，向脱贫地区、革命老区倾斜。省财政厅、省教育厅按责任、按规定切实落实应承担的资金；合理界定学生补助比例，提高资助的精准度；合理确定校舍安全保障长效机制项目管理的具体级次和实施办法，做好与发展改革部门安排基本建设项目等各渠道资金的统筹和对接，防止资金、项目安排重复交叉或缺位；统筹落实好特岗教师在聘任期间的工资津补贴等政策；市、县（区）有关部门要科学确定营养改善计划供餐模式和经费补助方式。

第十一条　县（区）级财政、教育部门应当落实经费管理的主体责任，加强区域内相关教育经费的统筹安排和使用，兼顾不同规模学校运转的实际情况，向乡镇寄宿制学校、乡村小规模学校、教学点、薄弱学校倾斜，保障学校基本需求；加强学校预算管理，细化预算编制，硬化预算执行，强化预算监督；规范学校财务管理，确保补助经费使用安全、规范和有效。县（区）级教育部门应会同有关部门定期对辖区内学校校舍进行排查、核实，结合本地学校布局调整等规划，编制校舍安全保障总规划和年度计划，按照我省校舍安全保障长效机制项目管理有关规定，负责组织实施项目，项目实施和资金安排情况，要逐级上报省教育厅、省财政厅备案。

第十二条　学校应当健全预算管理制度，按照轻重缓急、统筹兼顾的原则安排使用公用经费，既要保证开展日常教育教学活动所需的基本支出，又要适当安排促进学生全面发展所需的活动经费支出；完善内部经费管理办法，细化公用经费等支出范围与标准，加强实物消耗核算，建立规范的经费、实物等管理程序，建立物品采购登记台账，健全物品验收、进出库、保管、领用制度，明确责任，严格管理；健全内部控制制度、经济责任制度等监督制度，依法公开财务信息；做好给予个人有关补助的信息公示工作，接受社会公众监督。

第十三条　市、县（区）财政、教育部门要按照全面实施预算绩效管理的要求，建立健全全过程预算绩效管理机制，按规定科学合理设定绩效目标，对照绩效目标做好绩效监控、绩效评价，强化绩效结果运用，做好绩效信息公开，提高城乡义务教育补助经费配置效率和使用效益。省财政厅、省教育厅根据工作需要适时组织开展重点绩效评价。

第十四条　市、县（区）财政部门应当会同同级教育部门，按照各自职责加强项目审核申报、经费使用管理等工作，建立“谁使用、谁负责”的责任机制。严禁将补助经费用于平衡预算、偿还债务、支付利息、对外投资等支出，不得从补助经费中提取工作经费或管理经费。

第十五条　各级财政、教育部门及其工作人员、申报使用补助资金的部门、单位及个人存在违法违规行为的,有关部门依法责令改正并给予处罚;对负有责任的领导人员和直接责任人员依法给予处分;涉嫌犯罪的,依法移送有关机关处理。

第十六条 本办法由省财政厅、省教育厅负责解释。各级财政、教育部门应当根据本办法,结合各地实际,制定具体管理办法,报省财政厅、省教育厅备案。

第十七条 本办法自印发之日起施行。《安徽省财政厅 安徽省教育厅关于印发〈安徽省城乡义务教育补助经费管理办法〉的通知》(皖财教〔2020〕176号)同时废止。

(附件略)

安徽省财政厅 安徽省商务厅
关于印发《安徽省自贸试验区建设专项资金管理暂行办法》的通知

(皖财企〔2021〕827号 2021年8月31日)

合肥市财政局、商务局,芜湖市财政局、商务局,蚌埠市财政局、商务和外事局,安徽自贸试验区合肥、芜湖、蚌埠片区管委会:

为高标准建设中国(安徽)自由贸易试验区,规范专项资金使用管理,提高资金使用效益,根据《中华人民共和国预算法》《预算法实施条例》和《中国(安徽)自由贸易试验区总体方案》等有关规定,结合我省实际,我们制定了《安徽省自贸试验区建设专项资金管理暂行办法》。现将《暂行办法》印发给你们,请遵照执行。

安徽省自贸试验区建设专项资金管理暂行办法

第一条 为高标准建设中国(安徽)自由贸易试验区,规范专项资金使用管理,提高资金使用效益,根据《中华人民共和国预算法》和《中国(安徽)自由贸易试验区总体方案》等有关规定,制定本办法。

第二条 本办法所称安徽省自贸试验区建设专项资金(以下简称专项资金),是指省级财政预算按规定安排用于安徽自贸试验区建设和发展的专项资金。

第三条 专项资金的管理和使用应依法遵循统筹兼顾、公平公开、规范高效的原则。

(一)省财政厅负责年度专项资金预算安排和资金拨付,对资金使用进行监督;

(二)省商务厅承担专项资金使用管理的主体责任,研究提出专项资金预算建议和绩效管理方案,会同省财政厅研究确定资金分配方案。

第四条 专项资金包括重点业务经费和创新激励经费两部分。

(一)重点业务经费。支持省自贸试验区建设领导小组及其办公室组织开展重点专项业务。

1. 支持做好自贸试验区条例立法工作,委托第三方开展条例、条文的调研论证起草;

2. 开展制度创新、复制推广、国际规则、政策解读等各类培训;

3. 围绕自贸试验区专项推进行动计划任务开展的专题课题研究;

4. 建立专家智库,召开专家咨询委员会会议、聘请专家开展专项研究、咨询、评估、考核等工作;

5. 支持自贸试验区公共信息平台(含专项统计系统、网站、微信公众号等)的开发、建设及运营维护等工作;

6. 支持建设维护自贸试验区展示体验厅;

7. 开展自贸试验区宣传推介、论坛等活动;

8. 其他专项业务支出。

(二)创新激励经费。主要支持各片区改革创新激励。

1. 对首创并在全国范围内复制推广、被国家部委复制推广,或对入选全国自贸试验区"最佳实践案例"等给予一定的支持激励;

2. 对片区年度考核评估优秀的给予一定的激励;

3. 支持片区推进外贸、外资提质增效,支持片区落实外贸、外资政策。

第五条 重点业务经费,由省商务厅(省自贸办)根据年度工作重点提出使用建议,经省财政厅审核后确认。

第六条 创新激励经费,由省商务厅(省自贸办)会同省财政厅,根据本办法,结合自贸试验区创新业绩及考核评估情况确定。

第七条 重点业务经费的使用按省直机关财务管理有关规定执行;支

持片区推进外贸、外资提质增效按省级相关管理办法实施；创新激励经费用于片区制度创新或发展片区公共服务事业，不得发放给个人。

第八条　专项资金的执行期限暂定为5年，在政策执行期内每年编入省商务厅本级预算，年度执行过程中根据实际安排情况，按规定程序对专项资金预算级次进行调整。

第九条　省财政厅、省商务厅（省自贸办）加强对专项资金使用情况的监督管理，按照职责分工，负责业务实施、资金监管。

对弄虚作假、造成重大损失或不良影响的，省财政厅会同省商务厅（省自贸办）将资金收回省级财政。

第十条　省商务厅（省自贸办）会同省财政厅，建立健全专项资金绩效评价制度，加强对专项资金安排使用情况的绩效管理，着力提高资金使用效益。

第十一条　专项资金的使用管理应当依法接受审计监督，对审计等发现的问题，应当及时制定整改措施并落实。

第十二条　本办法由省财政厅、省商务厅负责解释，自发布之日起执行。

安徽省财政厅　安徽省教育厅
关于印发《安徽省支持学前教育发展资金管理办法》等四个资金管理办法的通知

（皖财教〔2021〕1052号　2021年11月17日）

各市、县（区）财政局、教育局：

为规范和加强支持学前教育发展等资金管理，提高资金使用效益，推进教育事业发展，根据《财政部 教育部关于印发〈支持学前教育发展资金管理办法〉的通知》（财教〔2021〕73号）等文件精神和国家、省有关规定，省财政厅、省教育厅对《安徽省支持学前教育发展资金管理办法》等四个资金管理办法进行了修订，现予印发，请遵照执行。

安徽省支持学前教育发展资金管理办法

第一条　为规范和加强支持学前教育发展资金管理，提高资金使用效益，根据《财政部 教育部关于印发〈支持学前教育发展资金管理办法〉的通知》（财教〔2021〕73号）和国家预算管理有关规定，结合我省实际，制定本办法。

第二条　本办法所称支持学前教育发展资金，是指中央财政用于支持学前教育发展的转移支付资金。实施期限根据教育领域中央与地方财政事权和支出责任划分、学前教育改革发展政策等确定。

第三条　支持学前教育发展资金管理遵循“中央引导、省级统筹，突出重点、讲求绩效，规范透明、强化监督”的原则。

第四条　现阶段，支持学前教育发展资金主要用于以下方面：

（一）支持各地补足普惠性资源短板。坚持公益普惠基本方向，扩大普惠性资源供给，新建改扩建公办幼儿园，扶持普惠性民办园发展等。

（二）支持各地健全普惠性学前教育经费投入机制。落实公办园生均财政拨款标准或生均公用经费标准、普惠性民办园补助标准，建立动态调整机制。

（三）支持各地巩固幼儿资助制度。资助普惠性幼儿园家庭经济困难幼儿、孤儿和残疾儿童接受学前教育。

（四）支持各地提高保教质量。改善普惠性幼儿园办园条件，配备适宜的玩教具和图画书。对能够辐射带动薄弱园开展科学保教的城市优质园和乡镇公办中心园给予支持。

第五条　支持学前教育发展资金由省财政厅会同省教育厅共同管理。省教育厅负责审核市、县（区）提出的区域绩效目标等相关材料和数据，提供资金测算需要的基础数据，并对提供的基础数据的准确性、及时性负责。省财政厅根据预算管理相关规定，会同省教育厅研究确定有关市、县（区）资金预算金额、资金的整体绩效目标。

市、县（区）财政、教育部门要根据职责承担在基础数据审核、资金安排、使用管理等方面的责任，切实加强资金管理。

第六条　支持学前教育发展资金采取因素法分配。按基础因素、投入

因素分配到有关市、县(区),重点向原国家集中连片特困地区、国家和省扶贫开发工作重点县、深度贫困地区倾斜。其中:

基础因素(权重80%)主要考虑学前教育普及普惠、公办园发展、教师队伍建设、巩固脱贫攻坚成果与乡村振兴有效衔接等因素。各因素数据通过相关统计资料获得。

投入因素(权重20%)主要考虑市、县(区)财政努力程度、社会力量投入等因素。各因素数据通过相关统计资料获得。

省财政厅会同省教育厅综合考虑各地工作进展等情况,研究确定绩效调节系数,对资金分配情况进行适当调节。

计算公式为:

某市、县(区)支持学前教育发展资金=[该市、县(区)基础因素/∑全省基础因素×权重+该市、县(区)投入因素/∑全省投入因素×权重]×支持学前教育发展资金年度预算资金总额×绩效调节系数

省财政厅、省教育厅根据财政部、教育部有关要求和学前教育改革发展新形势等情况,适时调整完善相关分配因素、权重、计算公式等。

第七条　市级财政、教育部门应当于每年1月底前向省财政厅、省教育厅报送当年支持学前教育发展资金申报材料。省级财政、教育部门于每年2月底前向财政部、教育部汇总报送当年支持学前教育发展资金申报材料,并抄送财政部安徽监管局。申报材料主要包括:

(一)上年度工作总结,包括上年度支持学前教育发展资金使用情况、年度绩效目标完成情况、绩效评价结果、当地财政投入情况、主要管理措施、问题分析及对策等。

(二)当年工作计划,主要包括当年全市工作目标和支持学前教育发展资金区域绩效目标、重点任务和资金安排计划,绩效指标要指向明确、细化量化、合理可行、相应匹配。

第八条　省级财政在收到资金预算后,会同省级教育部门在三十日内按照预算级次合理分配、及时下达本行政区域县级以上各级政府部门,并抄送财政部安徽监管局。

第九条　支持学前教育发展资金支付执行国库集中支付制度。涉及政府采购的,按照政府采购有关法律法规和有关制度执行。属于基本建设的项目,应当严格履行基本建设程序,执行相关建设标准和要求,确保工程质量。

第十条　各级财政、教育部门在分配支持学前教育发展资金时,应当结合本地区年度重点工作和本级财政安排相关资金,加大统筹力度,重点向农村地区、革命老区和脱贫地区倾斜。要做好与发展改革部门安排基本建设项目等各渠道资金的统筹和对接,防止资金、项目安排重复交叉或缺位。

县(区)级财政、教育部门应当落实资金管理主体责任,加强区域内相关教育经费的统筹安排和使用,指导和督促本地区幼儿园健全财务、会计、资产管理制度。加强幼儿园预算管理,细化预算编制,硬化预算执行,强化预算监督;规范幼儿园财务管理,确保资金使用安全、规范和高效。

各级财政、教育部门要加强财政风险控制,强化流程控制、依法合规分配和使用资金,实行不相容岗位(职责)分离控制。

第十一条　支持学前教育发展资金原则上应在当年执行完毕,年度未支出的资金按国家和省结转结余资金管理有关规定处理。

第十二条　各级财政、教育部门要按照全面实施预算绩效管理的要求,建立健全全过程预算绩效管理机制,按规定科学合理设定绩效目标,对照绩效目标做好绩效监控,认真组织开展绩效评价,强化评价结果应用,做好绩效信息公开,提高资金配置效率和使用效益。省财政厅、省教育厅根据工作需要适时组织开展财政或部门绩效评价。

第十三条　各级财政部门应当会同同级教育部门,按照各自职责加强项目审核申报、经费使用管理等工作,建立"谁使用、谁负责"的责任机制。严禁将资金用于平衡预算、偿还债务、支付利息、对外投资等支出,不得从资金中提取工作经费或管理经费。

第十四条　各级财政、教育部门及其工作人员、申报使用补助资金的部门、单位及个人存在违法违规行为的,依法责令改正;对负有责任的领导人员和直接责任人员依法给予处分;涉嫌犯罪的,依法移送有关机关处理。

第十五条　本办法由省财政厅、省教育厅负责解释。各级财政、教育部门可以根据本办法,结合各地实际,制定具体管理办法,报省财政厅、省教育厅备案。

第十六条　本办法自印发之日起施行。原《安徽省支持学前教育发展资金管理办法》(皖财教〔2020〕357号)同时废止。

安徽省中小学幼儿园教师国家级培训计划资金管理办法

第一条 为规范和加强中小学幼儿园教师国家级培训计划资金管理，提高资金使用效益，根据《财政部 教育部关于印发〈中小学幼儿园教师国家级培训计划资金管理办法〉的通知》（财教〔2021〕55号）和国家预算管理有关规定，制定本办法。

第二条 本办法所称中小学幼儿园教师国家级培训计划资金（以下称补助资金），是指中央财政用于支持我省开展普通中小学幼儿园教师培训的转移支付资金。实施期限根据教育领域中央与地方财政事权和支出责任划分、支持教师队伍建设政策等确定。

第三条 补助资金管理遵循“中央引导、省级统筹，突出重点、讲求绩效，规范透明、强化监督”的原则。

第四条 补助资金由省财政厅、省教育厅根据党中央、国务院、省委、省政府有关决策部署和新时代教师培训工作重点确定支持内容。

第五条 补助资金主要用于补助培训期间直接发生的各项费用支出，各项费用按照县域内每人每天不高于190元，县域外每人每天不高于450元标准包干执行。具体包括：

（一）住宿费是指参训人员培训期间发生的租住房间的费用。

（二）伙食费是指参训人员培训期间发生的用餐费用。

（三）培训场地及设备费是指用于培训的会议室、教室或实验室租金、网络研修平台和相关设备租金。

（四）讲课费是指聘请师资授课所支付的必要报酬。

（五）培训资料费是指培训期间必要的学习资料费、网络课程资源费及办公用品费。

（六）交通费是指用于接送以及统一组织的与培训有关的考察、调研等发生的交通支出。参训人员外出培训发生的交通费，按照相关规定回所在单位报销。

（七）其他费用是指现场教学费、文体活动费、医药费以及授课教师交通、食宿等支出。

各级财政、教育部门要根据当地物价水平、国家和省有关培训费管理规定，本着厉行勤俭节约的原则，结合实际科学合理制定培训期间直接发生的住宿费等七项费用支出标准。

第六条 补助资金由省财政厅会同省教育厅共同管理。省教育厅负责审核市、县（区）提出的区域绩效目标等相关材料和数据，提供资金测算需要的基础数据，并对提供的基础数据的准确性、及时性负责。省财政厅根据预算管理相关规定，会同省教育厅研究确定有关市、县（区）补助资金预算金额、资金的整体绩效目标。

市、县（区）财政、教育部门要根据职责承担在基础数据审核、资金安排、使用管理等方面的责任，切实加强资金管理。

第七条 补助资金采取因素法分配。分配因素及其权重和计算公式如下：

基础因素（权重80%）下设各市、县（区）农村中小学幼儿园专任教师数、巩固脱贫攻坚成果与乡村振兴有效衔接、落实中央指示要求等子因素；投入因素（权重20%）下设各市、县（区）教师培训投入情况等子因素。各因素数据主要通过相关统计资料、各市、县（区）资金申报材料获得。

省财政厅会同省教育厅综合考虑各地工作进展等情况，研究确定绩效调节系数，对资金分配情况进行适当调节。

计算公式为：某市、县（区）补助资金＝［该市、县（区）基础因素/Σ有关市、县（区）基础因素×权重＋该市、县（区）投入因素/Σ有关市、县（区）投入因素×权重］×补助资金年度预算总额×绩效调节系数

省财政厅、省教育厅根据财政部、教育部有关要求和教师队伍建设新形势等情况，适时调整完善相关分配因素、权重、计算公式等。

第八条 市级财政、教育部门应当于每年1月底前向省财政厅、省教育厅报送当年补助资金申报材料。省财政厅、省教育厅于每年2月底前向财政部、教育部审核汇总报送当年补助资金申报材料，并抄送财政部安徽监管局。申报材料主要包括：

（一）上年度工作总结，包括上年度补助资金使用情况、年度绩效目标完成情况、绩效评价结果、当地财政投入情况、主要管理措施、问题分析及对策等。

（二）当年工作计划，主要包括当年全市工作目标和补助资金区域绩效目标、重点任务和资金安排计划，绩效目标要指向明确、细化量化、合理可行、相应匹配。

（三）上年度市级财政安排用于中小学幼儿园教师方面的补助资金统计表及相应预算文件。

第九条 省级财政在收到资金预算后，会同省级教育部门在三十日内按照预算级次合理分配、及时下达本行政区域县级以上各级政府部门，并抄送财政部安徽监管局。

第十条 补助资金支付执行国库集中支付制度。涉及政府采购的，应当按照政府采购法律法规和有关制度

执行。

第十一条 各级财政、教育部门在分配补助资金时,应当结合本地区年度重点工作和本级财政安排相关资金,加大统筹力度,重点向革命老区和脱贫地区倾斜。

县级财政、教育部门应当落实资金管理主体责任,加强区域内相关教育经费的统筹安排和使用,指导和督促本地区中小学幼儿园健全财务、会计、资产管理制度。加强预算管理,细化预算编制,硬化预算执行,强化预算监督;规范财务管理,确保资金使用安全、规范和高效。

各级财政、教育部门要加强财政风险控制,强化流程控制、依法合规分配和使用资金,实行不相容岗位(职责)分离控制。

第十二条 培训任务承担单位要按照预算和国库管理等有关规定,建立健全内部管理机制,制定绩效考核和内部人员激励措施,加快预算执行进度。

第十三条 补助资金原则上应在当年执行完毕,年度未支出的资金按国家和省结转结余资金管理有关规定处理。

第十四条 各级财政、教育部门要按照全面实施预算绩效管理的要求,建立健全全过程预算绩效管理机制,按规定科学合理设定绩效目标,对照绩效目标做好绩效监控,认真组织开展绩效评价,强化评价结果应用,做好绩效信息公开,提高补助资金配置效率和使用效益。省财政厅、省教育厅根据工作需要适时组织开展财政或部门绩效评价。

第十五条 各级财政部门应当会同同级教育部门,按照各自职责加强材料审核申报、资金使用管理等工作,要建立"谁使用、谁负责"的责任机制。严禁将资金用于平衡预算、偿还债务、支付利息、对外投资等支出,不得从资金中提取工作经费或管理经费。

第十六条 各级财政、教育部门及其工作人员、申报使用补助资金的部门、单位及个人存在违法违规行为的,依法责令改正;对负有责任的领导人员和直接责任人员依法给予处分;涉嫌犯罪的,依法移送有关机关处理。

第十七条 本办法由省财政厅、省教育厅负责解释。各级财政、教育部门可以根据本办法规定,结合本地实际,制定具体管理办法,报省财政厅、省教育厅备案。

第十八条 本办法自印发之日起施行。原《安徽省中小学幼儿园教师国家级培训计划资金管理办法》(皖财教〔2020〕357号)同时废止。

安徽省特殊教育补助资金管理办法

第一条 为规范和加强特殊教育补助资金管理,提高资金使用效益,根据《财政部 教育部关于印发〈特殊教育补助资金管理办法〉的通知》(财教〔2021〕72号)和国家预算管理有关规定,结合我省实际,制定本办法。

第二条 本办法所称特殊教育补助资金(以下简称补助资金),是指中央财政用于支持特殊教育发展的转移支付资金。实施期限根据教育领域中央与地方财政事权和支出责任划分改革方案、支持特殊教育改革发展政策等确定。

第三条 补助资金遵循"中央引导、省级统筹、突出重点、讲求绩效、规范透明、强化监督"的原则。

第四条 补助资金支持范围为全省独立设置的特殊教育学校和招收较多残疾学生随班就读的普通中小学校。重点支持原国家集中连片特困地区、国家和省扶贫开发工作重点县、深度贫困地区。补助资金主要用于以下方面:

(一)支持特殊教育学校改善办学条件(不含新建),配备特殊教育专用设备设施和仪器;对特殊教育学校和随班就读学生较多的普通学校进行无障碍设施改造。

(二)支持承担特殊教育资源中心(含孤独症儿童教育中心)职能的学校和设置特殊教育资源教室的普通学校配置必要的设施设备。

(三)支持向重度残疾学生接受义务教育提供送教上门服务,为送教上门的教师提供必要的交通补助;支持普通中小学校创设融合校园文化环境,推进融合教育。

第五条 补助资金由省财政厅会同省教育厅共同管理。省教育厅负责审核市、县(区)提供的区域绩效目标等相关材料和数据,提供资金测算需要的基础数据,并对基础数据准确性、及时性负责。省财政厅根据预算管理相关规定,会同省教育厅研究确定有关市、县(区)资金预算金额、资金的整体绩效目标。

市、县(区)财政、教育部门要根据职责承担在基础数据审核、资金安排、使用管理等方面的责任,切实加强资金管理。

第六条 补助资金采取因素法分配。按照基础因素、投入因素分配到各市、县(区)。其中:

基础因素(权重80%)主要考虑特殊教育事业发展、教师队伍建设、改革创新等因素。各因素数据通过相关统计资料获得。

投入因素(权重20%)主要考虑市、县(区)财政努力程度等因素。各因素数据通过相关统计资料获得。

省财政厅会同省教育厅综合考虑各地工作进展等情况,研究确定绩效调节系数,对资金分配情况进行适当调节。

计算公式为:

某市、县(区)补助资金=[该市、县(区)基础因素/Σ有关市、县(区)基础因素×权重+该市、县(区)投入因素/Σ有关市、县(区)投入因素×权重]×补助资金年度预算资金总额×绩效调节系数

省财政厅、省教育厅根据财政部、教育部有关要求和特殊教育改革发展新形势等情况,适时调整完善相关分配因素、权重、计算公式等。

第七条　市级财政、教育部门应当于每年1月底前,向省财政厅、省教育厅报送当年补助资金申报材料。省级财政、教育部门于每年2月底前,向财政部、教育部审核汇总报送当年补助资金申报材料,并同时抄送财政部安徽监管局。申报材料主要包括:

(一)上年度工作总结,包括上年度补助资金使用情况、年度绩效目标完成情况、绩效评价结果、当地财政投入情况、主要管理措施、问题分析及对策等。

(二)当年工作计划,主要包括当年全市工作目标和补助资金区域绩效目标、重点任务和资金安排计划,绩效指标要指向明确、细化量化、合理可行、相应匹配。

第八条　省级财政在收到资金预算后,会同省级教育部门在三十日内按照预算级次合理分配、及时下达本行政区域县级以上各级政府部门,并抄送财政部安徽监管局。

第九条　补助资金支付执行国库集中支付制度。涉及政府采购的,按照政府采购法律法规和有关制度执行。

第十条　各级财政、教育部门在分配补助资金时,应当结合本地区年度重点工作和本级财政安排相关资金,加大统筹力度,做好与发展改革部门安排基本建设项目等各渠道资金的统筹和对接,防止资金、项目安排重复交叉或缺位。

县(区)级财政、教育部门应当落实资金管理主体责任,加强区域内相关教育经费的统筹安排和使用,指导和督促本地区特殊教育学校健全财务、会计、资产管理制度。加强特殊教育学校预算管理,细化预算编制,硬化预算执行,强化预算监督;规范学校财务管理,确保资金使用安全、规范和高效。

各级财政、教育部门要加强财政风险控制,强化流程控制、依法合规分配和使用资金,实行不相容岗位(职责)分离控制。

第十一条　补助资金原则上应在当年执行完毕,年度未支出的资金按国家和省结转结余资金管理有关规定处理。

第十二条　各级财政、教育部门要按照全面实施预算绩效管理的要求,建立健全全过程预算绩效管理机制,按规定科学合理设定绩效目标,对照绩效目标做好绩效监控,认真组织开展绩效评价,强化评价结果应用,做好绩效信息公开,提高资金配置效率和使用效益。省财政厅、省教育厅根据工作需要适时组织开展财政或部门绩效评价。

第十三条　各级财政部门应当会同同级教育部门,按照各自职责加强项目审核申报、经费使用管理等工作,建立"谁使用、谁负责"的责任机制。严禁将资金用于平衡预算、偿还债务、支付利息、对外投资等支出,不得从补助资金中提取工作经费或管理经费。

第十四条　各级财政、教育部门及其工作人员、申报使用补助资金的部门、单位及个人存在违法违规行为的,依法责令改正;对负有责任的领导人员和直接责任人员依法给予处分;涉嫌犯罪的,依法移送有关机关处理。

第十五条　本办法由省财政厅、省教育厅负责解释。各级财政、教育部门可以根据本办法,结合各地实际,制定具体管理办法,报省财政厅、省教育厅备案。

第十六条　本办法自印发之日起施行。原《安徽省特殊教育补助资金管理办法》(皖财教〔2020〕357号)同时废止。

安徽省改善普通高中学校办学条件补助资金管理办法

第一条　为规范和加强改善普通高中学校办学条件补助资金管理,提高资金使用效益,根据《财政部 教育部关于印发〈改善普通高中学校办学条件补助资金管理办法〉的通知》(财教〔2021〕74号)和国家预算管理有关规定,结合我省实际,制定本办法。

第二条　本办法所称改善普通高中学校办学条件补助资金(以下简称补助资金),是指中央财政用于支持改善我省困难地区县域普通高中学校基本办学条件的转移支付资金。实施期限根据教育领域中央与地方财政事权和支出责任划分改革方案、支持普通高中教育改革发展政策等确定。

本办法的县域普通高中是指县级人民政府所管辖的教学和生活设施等不能满足基本需求、尚未达到国家基本办学条件标准的公办普通高中学校、完全中学或十二年一贯制学校的高中部。

第三条 补助资金管理遵循“中央引导、省级统筹,突出重点、讲求绩效,规范透明、强化监督”的原则。

第四条 补助资金主要用于以下方面:

(一)支持学校校舍改扩建,扩大教育资源,优化校舍功能,消除“大班额”。

(二)支持学校配置图书和教学仪器设备以及体育运动场等附属设施建设。

第五条 补助资金由省财政厅会同省教育厅共同管理。省教育厅负责审核市、县(区)提出的区域绩效目标等相关材料和数据,提供资金测算需要的基础数据,并对基础数据的准确性、及时性负责。省财政厅根据预算管理相关规定,会同省教育厅研究确定有关市、县(区)资金预算金额、资金的整体绩效目标。

市、县(区)财政、教育部门要根据职责承担在基础数据审核、资金安排、使用管理等方面的责任,切实加强资金管理。

第六条 补助资金采取因素法分配。按照基础因素、投入因素分配到有关市、县(区)。其中:

基础因素(权重80%)主要考虑普通高中事业发展、基本办学条件、巩固脱贫攻坚成果与乡村振兴等因素。各因素数据通过相关统计资料获得。

投入因素(权重20%)主要考虑市、县(区)努力程度等因素。各因素数据通过相关统计资料获得。

省财政厅会同省教育厅综合考虑各地工作进展等情况,研究确定绩效调节系数,对资金分配情况进行适当调节。

计算公式为:

某市、县(区)补助资金=[该市、县(区)基础因素/∑有关市、县(区)基础因素×权重+该市、县(区)投入因素/∑有关市、县(区)投入因素×权重]×补助资金年度预算总额×绩效调节系数

省财政厅、省教育厅根据财政部、教育部有关要求和普通高中教育改革发展新形势等情况,适时调整完善相关分配因素、权重、计算公式等。

第七条 市级财政、教育部门应当于每年1月底前向省财政厅、省教育厅报送当年补助资金申报材料。省财政厅、省教育厅于每年2月底前向财政部、教育部审核汇总报送当年补助资金申报材料,并抄送财政部安徽监管局。申报材料主要包括:

(一)上年度工作总结,包括上年度补助资金使用情况、年度绩效目标完成情况、绩效评价结果、当地财政投入情况、主要管理措施、问题分析及对策等。

(二)当年工作计划,主要包括当年全市工作目标和补助资金区域绩效目标、重点任务和资金安排计划,绩效指标要指向明确、细化量化、合理可行、相应匹配。

第八条 省级财政在收到资金预算后,会同省级教育部门在三十日内按照预算级次合理分配、及时下达本行政区域县级以上各级政府部门,并抄送财政部安徽监管局。

第九条 补助资金支付执行国库集中支付制度。涉及政府采购的,按照政府采购法律法规和有关制度执行。属于基本建设的项目,应当严格履行基本建设程序,执行相关建设标准和要求,确保工程质量。

第十条 各级财政、教育部门在分配补助资金时,应当结合本地区年度重点工作和本级财政安排相关资金,加大统筹力度,做好与发展改革部门安排基本建设项目等各渠道资金的统筹和对接,防止资金、项目安排重复交叉或缺位。

县级财政、教育部门应当落实资金管理主体责任,加强区域内相关教育经费的统筹安排和使用,指导和督促本地区普通高中学校健全财务、会计、资产管理制度。加强预算管理,细化预算编制,硬化预算执行,强化预算监督;规范财务管理,确保资金使用安全、规范和高效。

各级财政、教育部门要加强财政风险控制,强化流程控制、依法合规分配和使用资金,实行不相容岗位(职责)分离控制。

第十一条 补助资金原则上应在当年执行完毕,年度未支出的资金按国家和省结转结余资金管理有关规定处理。

第十二条 各级财政、教育部门要按照全面实施预算绩效管理的要求,建立健全全过程预算绩效管理机制,按规定科学合理设定绩效目标,对照绩效目标做好绩效监控,认真组织开展绩效评价,强化评价结果应用,做好绩效信息公开,提高资金配置效率和使用效益。省财政厅、省教育厅根据工作需要适时组织开展财政或部门绩效评价。

第十三条 各级财政部门应当会同同级教育部门,按照各自职责加强项目审核申报、经费使用管理等工作,建立“谁使用、谁负责”的责任机制。严禁将资金用于平衡预算、偿还债务、支付利息、对外投资、人员经费等支出,不得从资金中提取工作经费或管理经费。

第十四条 各级财政、教育部门及其工作人员、申报使用补助资金的部门、单位及个人存在违法违规行为的,依法责令改正;对负有责任的领导人员和直接责任人员依法给予处分;

涉嫌犯罪的,依法移送有关机关处理。

第十五条　本办法由省财政厅、省教育厅负责解释。各级财政、教育部门可以根据本办法,结合各地实际,制定具体管理办法,报省财政厅、省教育厅备案。

第十六条　本办法自印发之日起施行。原《安徽省改善普通高中学校办学条件补助资金管理办法》(皖财教〔2020〕357号)同时废止。

安徽省财政厅关于印发《安徽省省级政府公物仓管理暂行办法》的通知

(皖财资〔2021〕1348号　2021年12月17日)

省直各部门、单位:

为进一步加强省级行政事业单位国有资产管理,推进国有资产统筹整合和共享共用,提高资产使用效益,根据《行政事业性国有资产管理条例》(国务院令第738号)等有关规定,我们制定了《安徽省省级政府公物仓管理暂行办法》。现印发给你们,请遵照执行。

安徽省省级政府公物仓管理暂行办法

第一章　总　则

第一条　为进一步加强省级行政事业单位国有资产管理,推进国有资产统筹整合和共享共用,提高资产使用效益,根据《行政事业性国有资产管理条例》(国务院令第738号)、《国务院关于进一步深化预算管理制度改革的意见》(国发〔2021〕5号)等有关规定,结合我省实际,制定本办法。

第二条　本办法适用于省级党的机关、人大机关、行政机关、政协机关、监察机关、审判机关、检察机关、人民团体机关、各民主党派机关和各类事业单位(以下统称省直单位)。

第三条　安徽省省级政府公物仓(以下简称公物仓),是指对省直单位的通用设备、专用设备、家具用具等现已闲置并仍有一定使用价值的资产进行调剂使用的运行平台。

公物仓实行网上运行的管理模式,不设实体仓库,公物仓资产的缴入、使用、审核、审批等事项,均在网上办理。涉及审核、审批权限事项,按照《安徽省财政厅关于深化省级行政事业单位国有资产管理“放管服”改革的通知》(皖财资〔2020〕329号)办理。

第四条　公物仓运行遵循下列原则:

(一)统筹调剂,优化配置;

(二)科学整合,盘活资产;

(三)循环使用,厉行节约;

(四)规范透明,高效便利。

第二章　管理机构及职责

第五条　省财政厅是负责公物仓管理的综合职能部门,主要职责是:

(一)贯彻执行国家和省有关行政事业单位国有资产管理的法律、法规和政策规定,研究制定公物仓管理制度;

(二)负责公物仓信息系统的开发与完善;

(三)监督检查公物仓管理及制度执行情况;

(四)建立完善省直单位使用公物仓情况与设备购置预算安排衔接机制,对公物仓管理使用较好的,根据需要和财力可能,适当优先给予保障;

(五)建立省直单位公物仓管理与预算管理绩效考核、国有资产报告编报工作考评等事项挂钩的激励机制;

(六)委托省行政事业单位资产管理中心(以下简称资产中心)管理公物仓。

第六条　资产中心负责公物仓的日常管理,主要职责是:

(一)执行公物仓管理的制度规定;

(二)承担公物仓的日常管理;

(三)按照权限对申请使用公物仓资产事项进行备案或履行相关程序后审批;

(四)定期报送公物仓有关事项的办理情况。

第七条　省直单位主管部门对所属单位涉及公物仓资产管理的事项实施监督管理,主要职责是:

(一)督促本部门所属单位按规定开展资产清查盘点,及时将符合条件的资产缴入公物仓;

(二)负责由本部门审核、审批的公物仓资产事项;

(三)负责本部门所属单位公物仓

事项的监督管理。

第八条 省直单位对公物仓事项进行具体管理,主要职责是:

(一)负责定期清查盘点本单位资产,按规定及时将符合条件的资产缴入公物仓;

(二)负责办理本单位缴入公物仓资产等有关手续;

(三)负责本单位缴入公物仓资产未调出前的日常保养和维护工作,确保公物仓资产具备使用条件;

(四)根据相关规定和工作需要提出使用公物仓资产的申请,对借用的资产及时归还公物仓;

(五)负责办理资产移交、账务核销、卡片登记等工作。

第三章 管理范围

第九条 除国家、省另有规定外,下列国有资产应缴入公物仓管理:

(一)经省委、省政府批准举办的大型活动(会议)、组建临时机构等统一配置的资产,接受捐赠等可循环使用的资产;

(二)经省委、省政府批准撤销、合并、改制的省直单位,由牵头单位收回的闲置仍能使用的资产;

(三)省直单位拟捐赠的资产;

(四)省直单位暂时闲置可用于出借的资产;

(五)省直单位更新替换、闲置并仍能使用的资产;

(六)其他符合公物仓管理要求的资产。

第四章 工作程序

第十条 省直单位向公物仓缴入、撤回资产,按下列程序办理。

(一)资产缴入。

省直单位根据资产使用实际情况,履行内部决策程序后将资产缴入公物仓,并做到资产信息完整准确。

对于有捐赠意向的资产,缴入公物仓时选择“公物仓资产-捐赠”进行标识;对于出借的资产,缴入公物仓时选择“公物仓资产-出借”进行标识;对于其他可以划转的资产,缴入公物仓时选择“公物仓资产-无偿划转”进行标识。

(二)资产撤回。

省直单位因工作需要、已缴入公物仓的资产损坏或长期无单位调用已无使用价值等,可将已缴入公物仓的资产撤回。

第十一条 入仓资产在公物仓管理期间权属不变,由缴入单位实施日常管理。

第十二条 省直单位应当优先通过公物仓调剂方式配置资产。申请使用公物仓资产按下列程序办理:

(一)申请。

省直单位结合工作需要,填写《公物仓资产调入申请书》(以下简称《申请书》),履行本单位资产管理有关规定程序后,发送资产缴入单位。

(二)审核、审批。

资产缴入单位接收使用单位《申请书》后,按照《安徽省财政厅关于深化省级行政事业单位国有资产管理“放管服”改革的通知》等资产处置有关规定,履行下列程序:

属于主管部门审批权限的,按本部门资产管理规定,经缴入单位或主管部门同意后,将《申请书》发送资产中心、主管部门(缴入单位)和申请使用单位。

属于省财政厅审批权限的,经主管部门审核发送资产中心,资产中心根据国有资产处置管理有关权限商省管局审批后,将《申请书》发送主管部门、缴入单位和申请使用单位。

(三)资产移交。

申请使用单位凭批准的《申请书》,到缴入单位领取并承担有关运输及拆装等费用。缴入单位应予以积极配合,及时办理资产移交手续。

(四)账务处理。

资产缴入、申请使用单位,凭批准的《申请书》等,及时做好资产登记、账务处理等工作。

第十三条 省直单位申请借用公物仓资产时,需与缴入单位就借用期限、借用期间资产的安全完整等进行协商沟通,可签订出借协议予以明确,到期后及时归还公物仓。

第十四条 鼓励市县级单位申请使用公物仓资产。市县级单位申请使用公物仓资产的,经主管部门(同级财政部门)审核后,参照第十二条有关规定办理。

第五章 监督检查

第十五条 省财政厅将公物仓的使用管理情况纳入省直单位国有资产监督管理,对公物仓的运行情况进行监督检查。对违规处置或损坏公物仓资产的,按照《财政违法行为处罚处分条例》等有关规定进行处理。

第十六条 各主管部门应全面掌握本部门资产的数量、价值、结构和使用状况等,加强对所属单位提交的公物仓资产信息的审核检查。

第六章 附 则

第十七条 省财政厅根据省级政府公物仓运行管理情况,适时扩大公物仓适用范围,逐步将房屋建筑物、土地使用权、罚没物品等资产纳入公物仓管理,探索通过公物仓信息系统推动大型科研仪器设备共享共用等。

第十八条 省财政厅结合资产管理信息系统与预算管理一体化系统对接融入情况,会同市县财政部门,积极推进国有资产省市县共用共享。

第十九条 本办法由省财政厅负责解释,自印发之日起执行。

(附件略)

安徽省财政厅　安徽省发展和改革委员会　安徽省经济和信息化厅　安徽省自然资源厅　安徽省生态环境厅　安徽省住房和城乡建设厅　安徽省交通运输厅　安徽省农业农村厅　安徽省水利厅　安徽省林业局　关于印发《安徽省水清岸绿产业优美丽长江(安徽)经济带财政专项引导资金管理办法》的通知

(皖财资环〔2021〕1473 号　2021 年 12 月 29 日)

安庆市、池州市、铜陵市、芜湖市、马鞍山市财政局、发改委、经信局、自然资源局、生态环境局、住建局、城管局、交通局、农业农村局、水利局、林业局:

为深入贯彻习近平新时代中国特色社会主义思想和党的十九大、十九届历次全会精神,践行习近平生态文明思想和关于推动长江经济带发展的重要论述,深入实施长江经济带发展战略,将水清岸绿产业优美丽长江(安徽)经济带打造成为美丽中国建设的安徽样板,根据《中共安徽省委 安徽省人民政府关于全面打造水清岸绿产业优美丽长江(安徽)经济带的实施意见(升级版)》(皖发〔2021〕19 号)要求,我们制定了《安徽省水清岸绿产业优美丽长江(安徽)经济带财政专项引导资金管理办法》,现印发给你们,请遵照执行。

安徽省水清岸绿产业优美丽长江(安徽)经济带财政专项引导资金管理办法

第一章　总　则

第一条　为深入贯彻习近平新时代中国特色社会主义思想和党的十九大、十九届历次全会精神,践行习近平生态文明思想和关于推动长江经济带发展的重要论述,深入实施长江经济带发展战略,将水清岸绿产业优美丽长江(安徽)经济带打造成为美丽中国建设的安徽样板,《根据中共安徽省委安徽省人民政府关于全面打造水清岸绿产业优美丽长江(安徽)经济带的实施意见(升级版)》(皖发〔2021〕19 号,以下简称"意见")要求,结合我省实际,制定本办法。

第二条　本办法所称水清岸绿产业优美丽长江(安徽)经济带财政专项引导资金(以下简称"专项资金")是指省财政专门设立,并与相关生态类转移支付资金统筹,安排用于长江(安徽)经济带建设,重点用于提升长江生态系统质量和稳定性、加强生物多样性保护、保护和利用岸线资源、优化产业结构等方面的专项资金。

第三条　沿江各市人民政府(安庆市、池州市、铜陵市、芜湖市、马鞍山市)是水清岸绿产业优美丽长江经济带建设的责任主体,各市要坚持政府主导、财政引导、市场运作,吸引社会资本和金融资本投入,完善多元化投融资机制。省级对各市实行以奖代补方式给予综合奖补。

第四条　专项资金安排遵循"综合统筹、突出重点、注重绩效、动态调整"原则,充分发挥考核机制的导向作用。

第二章　资金分配

第五条　专项资金采取因素法与项目法相结合的方式进行分配,根据年度预算安排情况及工作重点选择分配方式。其中:采取项目法分配的专项资金,由省财政厅会同省直有关部门,通过竞争性评审等方式公开择优确定支持项目。采取因素法分配的专项资金,重点围绕《意见》明确的"八大行动"任务目标分解,主要分配因素有:

(一)"减存量"因素:具体包括"散乱污"企业治理、淘汰落后产能、污染物排放和大气污染防治等。根据是否建立"散乱污"企业清单式、台账式、网格化管理机制;针对落后产能,是否依法依规关停退出;土壤污染重点监管单位是否全面落实土壤污染防治义务;农作物秸秆是否全面禁烧;大气主要污染物排放总量是否持续下降等方面进行分配。

(二)"关污源"因素:具体包括船

舶港口污染防治、入河排污口管理、城镇污水垃圾治理、农村面源污染控制、固体废物污染防控等。根据是否存在危险化学品非法水上运输及油污水、化学品洗舱水等非法转运处置行为;是否建立健全长江入河排污口名录;城镇污水处理设施提标改造情况;是否制定危险废物污染防治规划或实施方案等方面进行分配。

(三)“进园区”因素:具体包括企业搬迁入园、项目新建入园、开发区优化整合、传统产业转型升级等。根据重化工企业是否按规定改造提标或搬入合规园区;制造业向数字化、网络化、智能化、绿色化发展情况等方面进行分配。

(四)“建新绿”因素:具体包括生态复绿补绿增绿、长江岸线保护修复、河湖湿地保护修复、长江河道采砂管理等。根据落实河湖长制、林长制情况;河湖岸线保护与利用规划分区管控要求和负面清单管理制度落实情况;推进河湖“清四乱”常态化规范化工作等方面进行分配。

(五)“纳统管”因素:具体包括园区企业污水处理全覆盖、环保设备运维落实情况、环保数据监测全覆盖等。根据园区工业污水和生活污水是否全部纳入统一污水管网;是否建立健全各级各类环境监(检)测机构监测数据质量管理体系;是否建设涵盖大气、水、土壤、噪声、辐射、生态等要素和园区企业自动监测设施的环境监测网络等方面进行分配。

(六)“强机制”因素:具体包括资金投入情况、生态补偿机制建立健全、审计(监督检查)查处问题等。根据建立和完善多元化投融资机制情况;项目谋划和储备情况;审计(监督检查)问题整改落实效果等方面进行分配。

(七)“生物多样性保护”因素:具体包括珍稀特有水生生物保护、物种生境保护、生物种质资源管理、长江“十年禁渔”等。根据自然保护区、水产种质资源保护区建设和管理情况;航道疏浚、岸线利用等涉水活动规范管理情况;长江禁捕和退捕渔民安置保障工作开展情况等方面进行分配。

第六条 各分配因素根据年度工作重点及各行动任务完成时限等赋予权重,权重由省财政厅商省直有关职能部门确定。

第七条 省级发展改革、经信、自然资源、生态环境、住房和城乡建设、交通运输、农业农村、水利、林业等部门负责对纳入分配的各因素确定目标,量化任务。采取年初任务分解下达、年中督促调度、年终绩效考核的模式进行绩效管理,部门年度考核结果于次年2月底前提供省财政厅,作为分配专项资金的重要依据。

第八条 专项资金分配依据各因素的目标任务和考核结果加权综合计算,具体详见附件《水清岸绿产业优美丽长江(安徽)经济带财政专项引导资金绩效考核表》。计算公式如下:

某市绩效考核结果得分=∑各因素得分×各因素所占权重。

某市专项资金分配额=某市绩效考核结果得分/∑各市绩效评价结果总得分×采取因素法分配的专项资金总额。

第九条 省财政每年根据考核结果对上年度进行后补助,考核年份为2021、2022、2023三年。对完成考核任务较差的市,根据实际情况,扣减专项资金应分配金额。有关部门对未完成的重点指标进行专项督办,跟踪监管。

第三章 资金拨付及使用

第十条 专项资金由省财政下达至各市,其中采取因素法分配的资金,各市可根据水清岸绿产业优美丽长江(安徽)经济带建设工作任务和当地实际情况在全市范围内统筹安排使用。

第十一条 各市在使用专项资金时要创新资金使用方式,加强政府与社会资本合作,充分发挥资金的引导和杠杆作用,推动社会资本参与生态修复、污染治理、岸线整治、企业搬迁改造等,撬动和引导银行业金融机构加大对水清岸绿产业优美丽长江(安徽)经济带建设项目的信贷支持。

第十二条 专项资金必须专款专用,不得用于人员经费、办公经费、交通工具和办公设备购置等与长江经济带建设无关的支出。

第十三条 各市根据《意见》要求,按照“八大行动”确定的目标任务,及时分解下达、拨付专项资金,切实加快资金预算执行进度,提高资金使用效益。

第十四条 各市要统筹支持方向相近、支持领域相同的中央、省和市县各类资金,形成合力支持长江经济带建设。

第十五条 各市应当将专项资金纳入地方同级财政预算管理,严格执行国库集中支付、招投标、政府采购等制度。

第四章 监督检查与绩效管理导

第十六条 各市财政部门应加强专项资金的监督管理,建立健全资金监管制度,按规定用途安排使用专项资金。各市相关职能部门要强化项目工程建设管理,督促项目单位加快项目建设进度,及时组织竣工验收。专项资金使用接受人大、审计及社会监督,对发现的问题各地要及时进行整改。

第十七条 项目实施结束后,各市要及时组织绩效自评,必要时可委托中介机构,开展第三方评价,并将结果报省有关部门备案。

第十八条 各地不得以任何理由虚报、冒领、截留、挤占、挪用专项资金。对违反规定的,依照《中华人民共和国预算法》、《财政违法行为处罚处分条例》等法律法规予以处理,并视情减少或取消以后年度的专项资金分配,对已拨付的专项资金予以追缴。

第五章　附　则

第十九条　各市根据本办法,结合实际,制定具体实施方案,并报省财政厅、发展改革委、经信厅、自然资源厅、生态环境厅、住房城乡建设厅、交通运输厅、农业农村厅、水利厅、林业局等部门备案。

第二十条　本办法由省财政厅会同省有关部门负责解释,自2022年1月1日起施行,有效期3年。到期后,根据省委、省政府有关要求,结合支持长江经济带发展的需要,评估确定是否继续实施和延续期限。自本办法实施日起,《安徽省财政厅 安徽省发展改革委员会 安徽省经济和信息化委员会 安徽省国土资源厅 安徽省环境保护厅 安徽省住房和城乡建设厅 安徽省交通运输厅 安徽省农业委员会 安徽省水利厅 安徽省林业厅关于印发〈安徽省水清岸绿产业优美丽长江(安徽)经济带财政专项引导资金管理暂行办法〉的通知》(财建〔2018〕1098号)废止。

(附件略)

安徽省财政厅关于印发《安徽省政府专项债券项目资金绩效管理办法》的通知

(皖财债〔2021〕1485号　2021年12月30日)

各市、县(区)财政局,省直有关部门、单位:

为深入贯彻落实省委、省政府决策部署,加强政府专项债券项目资金绩效管理,更好地发挥政府专项债券资金对我省经济社会发展的促进作用,更加有效地防范政府债务风险,根据《中华人民共和国预算法》《中华人民共和国预算法实施条例》等法律法规以及《中共中央 国务院关于全面实施预算绩效管理的意见》、《国务院关于进一步深化预算管理制度改革的意见》、《财政部关于印发〈地方政府专项债券项目资金绩效管理办法〉的通知》等精神,结合我省实际,我们制定了《安徽省政府专项债券项目资金绩效管理办法》,现印发给你们,请遵照执行。

安徽省政府专项债券项目资金绩效管理办法

第一章　总则

第一条　为加强我省政府专项债券项目资金绩效管理,提高专项债券资金使用效益,有效防范政府债务风险,根据《中华人民共和国预算法》《中华人民共和国预算法实施条例》《中共中央 国务院关于全面实施预算绩效管理的意见》《国务院关于进一步深化预算管理制度改革的意见》、财政部《项目支出绩效评价管理办法》和《地方政府专项债券项目资金绩效管理办法》等法律法规及有关规定,结合我省实际,制定本办法。

第二条　本办法所称政府专项债券(以下简称专项债券)指安徽省政府为有一定收益的公益性项目发行的、以公益性项目对应的政府性基金收入或专项收入作为还本付息资金来源的政府债券,包括新增专项债券和再融资专项债券等。

第三条　本办法所称绩效管理,是指财政部门、项目主管部门和项目单位以专项债券支持项目为对象,通过事前绩效评估、绩效目标管理、绩效运行监控、绩效评价管理、评价结果应用等环节,推动提升债券资金配置效率和使用效益的过程。

第四条　绩效管理应当遵循以下原则:

(一)科学规范。专项债券项目资金绩效实行全生命周期管理。坚持"举债必问效、无效必问责",遵循项目支出绩效管理的基本要求,注重融资收益平衡与偿债风险。建立规范的工作流程和指标体系,推动绩效管理工作有序开展。

(二)协同配合。财政部门牵头组织专项债券项目资金绩效管理工作,督促指导项目主管部门和项目单位具体实施各项管理工作。省、市财政部门加强对下级财政部门的工作指导和检查。

(三)公开透明。绩效信息是专项债券项目信息的重要组成部分,应当依法依规公开,自觉接受社会监督,通过公开推动提高专项债券资金使用绩效。

(四)强化运用。突出绩效管理结果的激励约束作用,将专项债券项目资金绩效管理结果作为专项债券额度分配的重要测算因素,并与有关管理措施和政策试点等挂钩。

第二章 职责分工

第五条 财政部门牵头组织本地区专项债券项目资金绩效管理工作，制定相关管理制度，对本级和下级有关工作进行指导和督查；对事前绩效评估结果进行审核，必要时组织第三方机构独立开展绩效评估；审定并批复项目单位绩效目标；跟踪绩效目标实现程度，并督促整改；对项目单位自评和主管部门绩效评价结果进行抽查复核，选择部分重点项目开展绩效评价；指导、督促项目单位和主管部门做好信息公开工作。

第六条 主管部门承担本部门专项债券项目资金绩效管理工作，建立健全本部门相关管理制度和绩效评价指标体系；指导、督促项目单位做好事前绩效评估，指导、审核项目单位绩效目标设置，组织实施本部门绩效运行监控和绩效评价，指导项目单位绩效自评并审核自评结果，选择部分重点项目开展绩效评价，指导、督促项目单位整改纠错；开展本部门绩效评价结果应用与信息公开工作，汇总审核报送本部门绩效管理有关材料。

第七条 项目单位承担本单位专项债券项目资金绩效管理各项具体工作，健全本单位相关管理制度；开展事前绩效评估、绩效目标设置、绩效运行监控、绩效自评、信息公开、整改纠错、材料报送等工作。

第八条 安徽省政府债务评估中心受安徽省财政厅委托，直接开展或组织第三方机构开展省本级项目事前绩效评估；承担省本级专项债券项目绩效运行监控；协助开展专项债券项目重点绩效评价，并做好各项跟踪整改工作；协助提出绩效目标审核、评估评价结果应用的意见；做好相关资料收集、核对、整理、汇总、报送、存档以及信息公开等工作。

第三章 事前绩效评估

第九条 申请专项债券资金前，项目单位或项目主管部门要开展事前绩效评估，并将评估情况纳入专项债券项目实施方案。事前绩效评估主要判断项目申请专项债券资金支持的必要性和可行性，重点论证以下方面：

(一)项目实施的必要性、公益性、收益性；

(二)项目建设投资合规性与项目成熟度；

(三)项目资金来源和到位可行性；

(四)项目收入、成本、收益预测合理性；

(五)债券资金需求合理性；

(六)项目偿债计划可行性和偿债风险点；

(七)绩效目标合理性；

(八)其他需要纳入事前绩效评估的事项。

第十条 事前绩效评估结果以事前绩效评估报告(见附件1)的形式反映。报告应当依据充分、内容真实、数据准确、分析透彻、逻辑清晰、评估客观、结论明确。评估结果量化为百分制综合评分。综合评分为90分(含)以上的项目，方可进入后续的申报流程(90分以下的项目视为不具备申报条件)。

第十一条 财政部门要强化对项目主管部门和项目单位事前绩效评估工作的指导。专项债券项目申报入库前，均要开展事前绩效评估，专项债券项目入库申报材料中必须包含事前绩效评估的内容，即“无绩效(事前绩效评估)不入库”。必要时财政部门可组织第三方机构独立开展绩效评估，并将评估结果作为是否获得专项债券资金支持的重要参考依据。

第四章 绩效目标管理

第十二条 绩效目标应当重点反映专项债券项目的产出数量、质量、时效、成本，以及经济效益、社会效益、生态效益、可持续影响、服务对象满意度等绩效指标。(见附件2)

第十三条 项目单位在申请专项债券项目资金需求时，要同步设定绩效目标，经项目主管部门审核后，报同级财政部门审定。绩效目标要尽可能细化量化，能有效反映项目的预期产出、融资成本、偿债风险等。

第十四条 财政部门要将绩效目标设置作为安排专项债券资金的前置条件，加强绩效目标审核，在专项债券发行后，将审核后的绩效目标与专项债券资金同步批复至项目主管部门(无明确主管部门的，批复至项目单位)。

第十五条 绩效目标原则上执行中不作调整。确因项目建设运营环境发生重大变化等原因需要调整的，按照新设项目的工作流程办理。

第五章 绩效运行监控

第十六条 绩效运行监控是指在专项债券资金使用过程中，对专项债券资金预算执行进度和绩效目标实现情况进行“双监控”，查找资金使用和项目实施中的薄弱环节，及时纠正偏差。

第十七条 项目主管部门和项目单位应当建立专项债券项目资金绩效跟踪监测机制，对绩效目标实现程度进行动态监控，发现问题及时纠正并告知同级财政部门，提高专项债券资金使用效益，确保绩效目标如期实现。

第十八条 财政部门应当跟踪专项债券项目绩效目标实现程度，对严重偏离绩效目标的项目，要暂缓或停止拨款，督促及时整改。项目无法实施或存在严重问题的要及时追回专项债券资金并按程序调整用途。

第十九条 财政部门利用信息化手段探索对专项债券项目实行穿透式监管，根据工作需要组织对专项债券项目建设运营等情况开展现场检查，及时纠偏纠错。

第六章 绩效评价管理

第二十条 财政部门负责组织本地区专项债券项目资金绩效评价工作。年度预算执行终了,项目单位要自主开展绩效自评,评价结果报送主管部门和同级财政部门。项目主管部门和同级财政部门选择部分重点项目开展绩效评价。

第二十一条 省财政厅根据工作需要,每年选取部分重大项目组织开展重点绩效评价。选取项目对应的资金规模原则上不低于全省上年新增专项债务限额的5%,并逐步提高比例。鼓励引入第三方机构,对重大项目开展重点绩效评价。

第二十二条 项目主管部门和财政部门绩效评价要反映项目决策、管理、产出和效益。绩效评价指标框架(见附件3)和绩效评价提纲(见附件4),包括但不限于以下内容:

(一)决策方面。项目立项批复情况;项目完成勘察、设计、用地、环评、开工许可等前期工作情况;项目符合专项债券支持领域和方向情况;项目绩效目标设定情况;项目申请专项债券额度与实际需要匹配情况等。

(二)管理方面。专项债券收支、还本付息及专项收入纳入政府性基金预算管理情况;债券资金按规定用途使用情况;资金支出进度情况;资金拨付和支出进度与项目建设进度匹配情况;项目竣工后资产备案和产权登记情况;专项债券本息偿还计划执行情况;项目收入、成本及预期收益的合理性;项目年度收支平衡或项目全生命周期预期收益与专项债券规模匹配情况;专项债券期限与项目期限匹配情况等;专项债券项目信息公开情况;外部监督发现问题整改情况;信息系统管理使用情况;其他财务、采购和管理情况。

(三)产出方面。项目形成资产情况;项目建设质量达标情况;项目建设进度情况;项目建设成本情况;考虑闲置因素后债券资金实际成本情况;项目建成后提供公共产品和服务情况;项目运营成本情况等。

(四)效益方面。项目综合效益实现情况;项目带动社会有效投资情况;项目支持国家和省重大区域发展战略情况;项目直接服务对象满意程度等。

第二十三条 专项债券项目建立全生命周期跟踪问效机制,项目建设期绩效评价侧重项目决策、管理和产出,运营期绩效评价侧重项目产出和效益等。

第二十四条 财政部门负责组织实施本地区绩效评价结果公开工作,指导项目主管部门和项目单位每年6月底前公开上年度专项债券项目资金绩效评价结果。绩效评价结果要在全国统一的地方政府债务信息公开平台上公开。

第七章 评价结果应用

第二十五条 绩效评价结果按百分制综合评分并分级。综合评分90分(含)以上的为“优”,80分(含)至90分的为“良”,60分(含)至80分的为“中”,60分以下的为“差”。

第二十六条 项目主管部门和项目单位要根据绩效评价结果及时整改问题。省财政厅及时将重点绩效评价结果反馈项目主管部门和项目单位,并提出整改意见。项目主管部门和项目单位应根据评价结果和整改意见,提出明确整改措施,认真组织开展整改工作。

第二十七条 省、市财政部门对下级财政部门绩效管理工作定期开展抽查,指导和督促提高绩效管理水平。财政部将组织监管局定期抽查各地区绩效管理工作情况、重点绩效评价开展情况等。

第二十八条 按照评价与结果应用主体相统一的原则,省财政厅在分配专项债务限额时,将抽查情况及开展的重点绩效评价结果等作为分配调整因素。财政部门将绩效评价结果作为项目建设期专项债券额度以及运营期财政补助资金分配的调整因素。

第二十九条 财政部门、项目主管部门和项目单位及个人,违反专项债券项目资金绩效管理规定致使财政资金使用严重低效无效并造成重大损失的,以及有其他滥用职权、玩忽职守、徇私舞弊等违法违规行为的,依法责令改正;对负有直接责任的主管人员和其他直接责任人员依法给予处分;涉嫌犯罪的,依法移送有关机关处理。

第八章 附则

第三十条 市县财政部门可结合实际制定本地区专项债券项目资金绩效管理实施细则。

第三十一条 本办法自印发之日起施行。2022年及以后年度新增专项债券到期后按规定发行的再融资专项债券参照本办法执行。

(附件略)

财经统计

全省财经统计资料

安徽省2021年国民经济和社会发展统计公报

2021年是党和国家历史上具有里程碑意义的一年。全省上下坚持以习近平新时代中国特色社会主义思想为指导,认真学习贯彻党的十九大和十九届历次全会精神,深入贯彻习近平总书记系列重要讲话指示批示,全面落实党中央、国务院及省委、省政府决策部署,坚持稳中求进工作总基调,完整、准确、全面贯彻新发展理念,精准实施宏观政策,加快打造具有重要影响力的“三地一区”,经济社会保持平稳健康发展,疫情防控成果持续巩固,实现了“十四五”良好开局。

一、综合

初步核算,2021年全省生产总值42959.2亿元,比上年增长8.3%,两年平均增长6%。三次产业协同发展,第一产业增加值3360.6亿元,增长7.4%;第二产业增加值17613.2亿元,增长7.9%,其中工业增加值13081.7亿元、增长8.9%,制造业增加值11354.1亿元,占全省生产总值比重为26.4%、比上年提升0.6个百分点;第三产业增加值21985.4亿元,增长8.7%。三次产业结构由上年的8.4:40.0:51.6调整为7.8:41.0:51.2。预计全年全员劳动生产率132467元/人,比上年增加15463元/人。按常住人口计算,人均地区生产总值70321元(折合10900美元),比上年增加7910元。

年末全省常住人口6113万人,比上年末增加8万人;常住人口城镇化率为59.4%,提高1.1个百分点。

全年城镇新增就业70.9万人,失业人员再就业26.7万人。年末城镇调查失业率控制在年度目标以内,城镇登记失业率2.46%,比上年下降0.37个百分点。全省农民工共1981.3万人,其中外出农民工1311.1万人。

全年居民消费价格比上年上涨0.9%,其中食品烟酒价格下降0.5%。商品零售价格上涨1.6%。工业生产者出厂价格上涨7.7%,工业生产者购进价格上涨11.5%。农产品生产价格上涨1.3%。

新兴动能不断增强。规模以上工业中,高技术制造业增加值比上年增长27.4%,占规模以上工业增加值比重为13.6%;装备制造业增加值增长15.5%,占规模以上工业增加值比重为33.8%。战略性新兴产业中,新一代信息技术产业、新能源汽车产业产值分别增长31.2%和31%。市场销售中,网上零售额3049.8亿元,增长15.9%。其中,实物商品网上零售额2571.3亿元,增长11.8%。固定资产投资中,高技术产业投资增长13.9%,快于全部投资4.5个百分点。全年新登记市场主体113.6万户,日均新登记企业1100户,年末市场主体总数达660.9万户。

区域协调发展扎实推进。合肥都市圈生产总值27305.5亿元,比上年增长8.6%;皖北地区生产总值13239.1亿元,增长6.2%;合芜蚌国家自主创新示范区生产总值17704.4亿元,增长8.3%;皖江城市带承接产业转移示范区生产总值29000.4亿元,增长9.4%;皖西大别山革命老区生产总值5012.4亿元,增长8.3%;皖南国际文化旅游示范区生产总值14359.9亿元,增长9.4%。

二、农业

全年粮食播种面积10964.4万亩,比上年增加30.1万亩;粮食产量4087.6万吨,比上年增产1.7%。其中,夏粮1699.9万吨,增产1.7%;早稻99.2万吨,增产8.8%;秋粮2288.5万吨,增产1.4%。油料产量167.1万吨,增产2.9%。棉花产量2.9万吨,下降28.7%。

年末全省生猪存栏1582.5万头,比上年增长11.5%;全年生猪出栏2797.8万头,增长30.1%。猪牛羊禽肉产量455.2万吨,增长15.2%。禽蛋产量177.1万吨,下降3.9%。牛奶产量47.6万吨,增长26.3%。水产品产量236.5万吨,增长1.8%。

年末全省农业机械总动力6924

万千瓦,比上年增长1.8%。主要农作物耕种收综合机械化率82.1%。累计建成高标准农田5510万亩。新增节水灌溉面积35.3万亩。

三、工业和建筑业

年末全省规模以上工业企业19553户,比上年增加1184户。全年规模以上工业增加值比上年增长8.9%。分经济类型看,国有及国有控股企业增加值增长11.8%,股份制企业增长8.5%,外商及港澳台商投资企业增长12.3%。分门类看,采矿业增长3.6%,制造业增长8.8%,电力、热力、燃气及水生产和供应业增长15.5%。分行业看,41个工业大类行业中有28个保持增长。其中,计算机、通信和其他电子设备制造业增长33.2%,汽车制造业增长17.4%,金属制品业增长14.9%,电气机械和器材制造业增长11.3%,黑色金属冶炼和压延加工业增长9.2%。工业产品中,汽车、微型计算机设备、移动通信手持机产量分别增长29.5%、19.1%和5.7%。

全年煤炭产能12876万吨,发电装机容量8465.7万千瓦,其中燃煤火电装机5274.1万千瓦,新能源和可再生能源发电装机2964.6万千瓦。

全年规模以上工业企业利润2669.9亿元,比上年增长13.6%。分经济类型看,国有控股企业利润811.6亿元,增长12.2%;股份制企业2273.2亿元,增长13.6%,外商及港澳台商投资企业340.4亿元,增长15.6%;私营企业846.3亿元,增长9.2%。分门类看,采矿业利润259.4亿元,增长45.4%;制造业2381.5亿元,增长18.4%;电力、热力、燃气及水生产和供应业28.9亿元,下降81.8%。全年规模以上工业企业每百元营业收入中的成本为85.29元,比上年增加0.27元;营业收入利润率为5.96%,下降0.16个百分点。

全年建筑业增加值4559.3亿元,比上年增长5.2%。年末具有资质等级的总承包和专业承包建筑业企业7274家,比上年增加1396家。全年房屋建筑施工面积53888.6万平方米,增加4511.6万平方米;房屋竣工面积14012.9万平方米,减少593.4万平方米。

四、服务业

全年批发和零售业增加值4073.9亿元,比上年增长10.8%;交通运输、仓储和邮政业增加值2056.9亿元,增长8.2%;住宿和餐饮业增加值798.5亿元,增长17.2%;金融业增加值2779.5亿元,增长5.9%;房地产业增加值3300.2亿元,增长6.4%;信息传输、软件和信息技术服务业增加值964亿元,增长10.6%;租赁和商务服务业增加值1267.4亿元,增长9.8%。全年规模以上服务业企业营业收入增长16.8%,其中以互联网信息技术、商务服务等新兴行业为代表的其他营利性服务业营业收入增长18.4%。

全年货物运输量40.1亿吨,比上年增长7.2%。货物运输周转量11023.9亿吨公里,增长8%。全年港口货物吞吐量5.8亿吨,增长7.8%。全年旅客运输量2.8亿人次,下降15%。旅客运输周转量784.7亿人公里,增长7.7%。全省民航机场旅客吞吐量1100.1万人次,增长6.5%,其中合肥新桥机场旅客吞吐量879.5万人次,增长2.3%。

年末全省民用汽车拥有量1064.4万辆,比上年增长7.4%,其中私人汽车939.8万辆、增长7.7%。民用轿车拥有量597.8万辆、增长7.3%,其中私人轿车571万辆、增长7.8%。到2021年末,全省高速公路5146公里、一级公路6171公里、铁路营业里程5263公里。高速铁路营业里程2445公里。

全年邮政行业业务总量393.6亿元,比上年增长31.8%。快递业务量31.3亿件,快递业务收入216.8亿元,分别增长42%和23.9%。电信业务总量594.1亿元,增长24.1%。年末全省电话用户总数6984.8万户,其中移动电话用户6443.8万户。移动电话普及率105.6部/百人。固定互联网宽带接入用户2383.9万户,比上年末增加238.7万户,其中固定互联网光纤宽带接入用户2185.2万户,比上年末增加229.7万户。全年移动互联网用户接入流量82.3亿GB,增长33.9%。

全年全省国内游客5.8亿人次,增长23.4%。国内旅游收入5578.4亿元,增长32.1%。皖南国际文化旅游示范区旅游总收入2854.6亿元,增长31.7%。年末全省有A级及以上旅游景点(区)657处。

五、固定资产投资

全年固定资产投资(不含农户)比上年增长9.4%。其中,工业企业技术改造投资增长17.8%,基础设施投资增长7.4%,民间投资增长7.3%。分产业看,第一产业投资增长39.1%,第二产业投资增长13.5%,第三产业投资增长6.9%。工业投资增长13.5%,其中制造业投资增长14.6%。

全年房地产开发投资7263.2亿元,比上年增长3.1%。商品房销售面积10460.9万平方米,增长9.7%;商品房销售额8143.2亿元,增长10.8%;年末商品房待售面积1713.4万平方米,增长11.1%。

“双招双引”成果丰硕,十大新兴产业签约项目2123个、开工1614个。组织9批2101个重大投资项目集中开工,全年新开工亿元以上重点项目3695个、竣工2084个。合肥新桥智能电动汽车产业基地、合肥新桥机场改扩建、马鞍山吉利新能源重卡、芜湖海鹰航空无人机产业基地、宁洛国家高速公路明光至蚌埠段改扩建工程等3695个省重点项目开工,合肥晶合一期、亳州北京同仁堂现代中药生产、滁州永臻年产 10GW 光伏边框、安九高铁、天然气宣城—黄山干线等 2084 个省重点项目竣工。

六、市场消费

全年社会消费品零售总额 21471.2 亿元,比上年增长 17.1%。按经营地统计,城镇消费品零售额 17721.8 亿元,增长 16.9%;乡村消费品零售额 3749.3 亿元,增长 18.2%。按消费类型统计,商品零售额 18550.3 亿元,增长 14.5%;餐饮收入 2920.9 亿元,增长 37.3%。

限额以上企业商品零售额中,吃、用类商品零售额比上年分别增长 16.3%和 18.5%;粮油类增长 11.1%,肉禽蛋类增长 11%,服装类增长 8%,日用品类增长 17.3%,中西药品类增长 15.6%,家用电器和音像器材类增长 14.2%,家具类增长 27.4%,通讯器材类增长 33.3%,建筑及装潢材料类增长 42.4%,汽车类增长 9.8%,石油及制品类增长 13.2%。

七、对外经济

全年进出口总额 6920.2 亿元,比上年增长 26.9%。其中,出口 4094.8 亿元,增长 29.5%;进口 2825.4 亿元,增长 23.4%。从出口商品看,机电产品、高新技术产品分别增长 35.5%和 37.5%。对"一带一路"沿线国家进出口 1790.1 亿元,增长 36%。其中,出口 1285.9 亿元,增长 30.7%;进口 504.1 亿元,增长 51.7%。

全年新批备案外商直接投资项目 475 个,比上年增长 20.9%;合同利用外资 68.8 亿美元,增长 33.1%;实际利用外商直接投资 193 亿美元,增长 5.4%。年末来皖投资的境外世界 500 强企业达 89 家。

全年对外承包工程新签合同金额 44.4 亿美元,比上年增长 58%;完成营业额 23.9 亿美元,下降 4.7%;当年外派劳务人员 6514 人,增长 2.9 %。全年新批境外企业(机构)98 个,实际对外投资 15.2 亿美元,增长 5.6%,其中对"一带一路"沿线国家和地区投资 3.6 亿美元,增长 40.9%。

八、财政和金融

全年全省一般公共预算收入 3498.2 亿元,比上年增长 8.8%,其中税收收入 2389.9 亿元,增长 8.7%;一般公共预算支出 7591.1 亿元,增长 1.6%。重点支出项目中,科学技术支出增长 12.5%,社会保障与就业支出增长 4.8%,教育支出增长 4.3%,城乡社区支出下降 0.3%。全年 33 项民生工程累计投入 1288.3 亿元。新增减税降费 334.3 亿元。

全年社会融资规模增量 9712.1 亿元,比上年增加 460.3 亿元。年末全省金融机构人民币各项存款余额 66271.9 亿元,比上年末增加 6374.1 亿元,增长 10.6%;人民币各项贷款余额 58151 亿元,比上年末增加 6630.5 亿元,增长 12.9%。

全年上市公司通过境内市场累计筹资 662.9 亿元,比上年增加 311.3 亿元。其中,首次公开发行 A 股 18 只(含 1 只首次在北交所公开发行股票),筹资 117.5 亿元;A 股再筹资(包括配股、公开增发、非公开增发、认股权证)424.5 亿元;上市公司通过发行可转债、公司债筹资 120.9 亿元。年末全省有 A 股上市公司 149 家,比上年增加 23 家,上市公司市价总值 23042 亿元,增长 22.7%。

全年保险业原保险保费收入 1379.7 亿元,比上年增长 6.1%。其中,财产险业务原保险保费收入 436.8 亿元,下降 4.6%;人身险业务原保险保费收入 942.9 亿元,增长 11.9%。赔款和给付 519.3 亿元,增长 12.1%。其中,财产险业务赔款支出 293.6 亿元,增长 7.8%;人身险业务赔款和给付支出 225.7 亿元,增长 18.3%。

九、人民生活和社会保障

全年全省常住居民人均可支配收入 30904 元,比上年增长 10%,扣除价格因素实际增长 9%。人均消费支出 21911 元,比上年增长 16.1%。恩格尔系数为 32.6%。

按常住地分,城镇常住居民人均可支配收入 43009 元,增长 9%,扣除价格因素实际增长 8%。人均消费支出 26495 元,增长 16.8%。其中,食品烟酒支出增长 14.4%,衣着支出增长 15.9%,居住支出增长 8.9%,生活用品及服务支出增长 23%,交通和通信支出增长 13.7%,教育文化娱乐支出增长 38.9%,医疗保健支出增长 15.5%。城镇常住居民恩格尔系数为 32%,比上年下降 0.6 个百分点。年末城镇常住居民人均住房建筑面积 42.3 平方米,比上年末增加 0.2 平方米。

全年农村常住居民人均可支配收入 18368 元,比上年增长 10.5%,扣除价格因素实际增长 9.8%。人均消费支出 17163 元,增长 14.2%。其中,食品烟酒支出增长 12.1%,衣着支出增长 21.5%,居住支出增长 2.2%,生活用品及服务支出增长 17.3%,交通和通信支出增长 14.1%,教育文化娱乐支出增长 39.1%,医疗保健支出增长 14.7%。农村常住居民恩格尔系数为 33.6%,比上年下降 0.7 个百分点。年末农村常住居民人均住房建筑面积 54.7 平方米,比上年末增加 0.1 平方米。

年末全省参加城镇职工基本养老保险人数为 1384.2 万人。城乡居民基本养老保险参保人数为 3457.6 万人。参加失业保险人数为 616.6 万人,全年为 15.6 万名失业人员发放了不同期限的失业保险金。参加工伤、生育保险人数分别为 718.1 万人和 700.1 万人。年末全省参加基本医疗保险人数为 6662.9 万人。

年末 31.7 万人享受城市居民最低生活保障,176.9 万人享受农村居民最低生活保障,农村特困供养对象 33.4 万人。

年末全省有各类提供住宿的社会

服务机构 2690 个,床位 38.8 万张,收养救助人员 13.3 万人;不提供住宿的社会服务机构和设施 2.5 万个,其中社区服务站 1.6 万个。全年销售社会福利彩票 44.4 亿元,筹集社会福利资金 14.5 亿元。

十、教育、科学技术和文化

年末全省有研究生培养单位 21 个,普通高校(含独立学院)121 所,各类中等职业教育学校(不含技工学校)271 所,普通高中 679 所,高中阶段毛入学率 93.8%。初中 2825 所,初中阶段适龄人口入学率 99.99%。小学 6964 所,小学学龄儿童入学率 99.99%。九年义务教育巩固率 96.4%。

年末全省专业技术人才总量 451.4 万人,其中高层次人才 47.5 万人。全省共有科研机构 6769 个。从事研发活动人员 27.9 万人。

全省已建成全超导托卡马克、稳态强磁场、同步辐射等 3 个国家大科学装置。有国家重点实验室(含国家研究中心)12 个,省重点实验室 171 个;有省级以上工程技术研究中心 521 家,其中国家级 9 家;有省级以上高新技术产业开发区 20 个,其中国家级 6 个。有高新技术企业 11368 家,比上年净增 2809 家。

全年登记科技成果 17755 项,其中各类财政资金支持形成的科技成果 896 项。全省 12 个项目获 2020 年度国家科技奖,包括:基于量子信息技术研究量子物理基本问题,拉曼光谱快速检测毒品毒物的增强基片、方法及仪器的关键技术,绿茶自动化加工与数字化品控关键技术装备及应用,城镇污水处理厂智能监控和优化运行关键技术及应用等。授权专利 15.3 万件、比上年增长 28.2%。年末全省有效发明专利 12.2 万件。全年输出技术合同成交额 1754.6 亿元,增长 136.3%;吸纳技术合同成交额 2175.6 亿元,增长 92.3%。

年末全省有获得资质认定的检验检测机构 1637 个,国家质量监督检验中心 23 个;产品、服务、管理体系认证机构 55 个(包含在皖分部、分公司),获得强制性产品认证的企业 1231 个;法定及授权计量检定技术机构 226 个,全年强制检定计量器具 624.3 万台(件)。累计主导或参与制定国际标准 47 项、国家标准 3954 项,制定、修订地方标准 3333 项。累计拥有国家地理标志产品 84 个、有效注册商标 101.1 万件。

省测绘档案资料馆全年为社会各界提供各种比例尺地形图 74893 幅、测绘基准成果 3711 点(次),航空航天遥感 695 万平方千米、数据量 13599GB;完成国家基本比例尺地形图生产与更新 23615 幅、地理国情监测面积 14 万平方千米、“天地图·安徽”地图网站更新数据 326.3GB。

年末全省拥有文化馆 123 个,公共图书馆 131 个,博物馆 230 个(含非国有博物馆),乡镇街道综合文化站 1505 个。全国重点文物保护单位 175 处,省级重点文物保护单位 915 处。国家级非物质文化遗产名录 99 项,省级名录 479 项。

年末全省广播电视台 78 座,广播节目综合人口覆盖率 99.9%,电视节目综合人口覆盖率 99.9%。有线电视用户 771.7 万户。全年出版报纸 88 种,总印数 5.6 亿份;期刊(杂志)181 种,总印数 0.34 亿册;图书 10126 种,总印数 3.2 亿册。年末全省有各级国家综合档案馆 125 个,馆藏档案资料 5554.8 万卷(件、册),档案馆总建筑面积 63.1 万平方米。

十一、卫生健康

年末全省有医疗卫生机构 29547 个,其中医院 1338 个、基层医疗卫生机构 27629 个、专业公共卫生机构 459 个、其他卫生机构 121 个。基层医疗卫生机构中,卫生院 1356 个,社区卫生服务中心(站)1814 个,村卫生室 15630 个;专业公共卫生机构中,疾病预防控制中心 122 个,专科疾病防治院(所、站)41 个,妇幼保健院(所、站)126 个,卫生监督所(中心)106 个。年末卫生技术人员 43.3 万人,其中执业(助理)医师 17.3 万人,注册护士 20.1 万人。乡村医生和卫生员 2.7 万人。医疗卫生机构床位 42 万张,其中医院 31.9 万张,基层医疗卫生机构床位 9 万张。全年医疗卫生机构共诊疗 3.6 亿人次。

十二、资源、环境和应急管理

全省已发现的矿种为 128 种,查明资源储量已上表统计的矿种 110 种(不含石油、铀、煤层气),其中能源矿种 2 种,金属矿种 25 种,非金属矿种 81 种,水气矿种 2 种。全年地质勘查部门开展各类地质(科研)项目(省级)46 项。新增查明资源储量的大中型矿产地 5 处[12]。

全年生态保护和环境治理业投资比上年增长 0.5%。已建成国家级自然保护区 8 个,省级自然保护区 32 个。人工造林面积 36.7 千公顷。

年末全省共有省、市、县级生态环境监测机构 86 个。全省 $PM_{2.5}$ 年均浓度为 34.9 微克/立方米,比上年下降 10.7%。全省 16 个省辖市空气质量平均优良天数比率为 84.6%,比上年提高 1.8 个百分点;有 10 个市空气质量达到二级标准,比上年增加 5 个。

淮河干流安徽段水质以Ⅱ-Ⅲ类为主,总体水质为优。长江干流安徽段水质为Ⅱ类,总体水质为优;主要支流总体水质为优。巢湖湖区整体水质轻度污染,主要环湖支流整体水质良好。新安江干、支流水质为优。全省城市集中式饮用水水源地水量达标率为 98.7%。

全年亿元生产总值生产安全事故死亡人数为 0.0263 人,同比下降 14.1%;煤矿百万吨死亡人数为 0.0089 人,同比下降 80.3%。全年发生道路交通事故 10286 起。

(安徽省统计局网)

2021 年度安徽省一般公共预算收支决算总表

单位:万元

预算科目	预算数	调整预算数	决算数	预算科目	预算数	调整预算数	决算数
一、税收收入	24215980	24644139	23898951	一、一般公共服务支出	6047252	5413125	5225729
增值税	10260788	10459276	10075811	二、外交支出			
企业所得税	3922229	4021705	3924176	三、国防支出	67365	61574	58084
个人所得税	817719	839647	935293	四、公共安全支出	2910240	3160744	3089389
资源税	341728	361329	334608	五、教育支出	11129515	13357581	13156630
城市维护建设税	1629139	1628551	1633770	六、科学技术支出	3827286	4232267	4160874
房产税	828799	873157	890701	七、文化旅游体育与传媒支出	887244	927308	860987
印花税	400188	400478	372220	八、社会保障和就业支出	10599717	12393343	12295752
城镇土地使用税	1130214	1157029	1129199	九、卫生健康支出	6460007	7504901	7320016
土地增值税	1681927	1659011	1429729	十、节能环保支出	1461117	2200549	1994541
车船税	290565	275835	283565	十一、城乡社区支出	1461117	2200549	1994541
耕地占用税	283281	281337	227131	十二、农林水支出	6100550	9978315	9425474
契税	2573694	2631288	2620538	十三、交通运输支出	2360356	3343922	3039829
烟叶税	10028	10051	6735	十四、资源勘探工业信息等支出	1272302	1095693	977562
环境保护税	36565	36017	25708	十五、商业服务业等支出	410101	607905	568048
其他税收收入	9116	9428	9767	十六、金融支出	67275	81266	74036
二、非税收入	9467899	9728854	11082998	十七、援助其他地区支出	66032	57362	57362
专项收入	2742365	2972080	3137771	十八、自然资源海洋气象等支出	503032	670409	649810
行政事业性收费收入	1141552	1160447	1277208	十九、住房保障支出	1772379	2387522	2210902
罚没收入	899847	928138	1120042	二十、粮油物资储备支出	247773	314709	295219
国有资本经营收入	313913	275590	342999	二十一、灾害防治及应急管理支出	368954	396315	369695
国有资源(资产)有偿使用收入	3696152	3681454	4388100	二十二、预备费	845623		
其他收入	674070	711145	816878	二十三、其他支出	1535799	64044	34607
				二十四、债务付息支出	1362355	1459286	1459286
				二十五、债务发行费用支出	6027	6646	6646
本年收入合计	33683879	34372993	34981949	本年支出合计	66502782	78418238	75910502

安徽省2021年省级一般公共预算收入决算表

单位:万元

项　　目	2021年预算数	2021年调整预算数	2021年决算数	为预算的%	为上年决算的%
一、税收收入	1617400	1617400	1417244	87.6	92.9
增值税	-350000	-350000	-668187		188.9
企业所得税	1590000	1590000	1651452	103.9	108.9
个人所得税	307000	307000	357842	116.6	121.6
城市维护建设税	12500	12500	12174	97.4	97.6
房产税	2200	2200	3798	172.6	177.8
印花税	1300	1300	1590	122.3	125.4
城镇土地使用税	2300	2300	3179	138.2	143.8
土地增值税	1600	1600	447	27.9	28.3
耕地占用税	34000	34000	42094	123.8	127.7
环境保护税	16500	16500	12855	77.9	79.7
二、非税收入	840600	840600	1177328	140.1	121.6
专项收入	253000	253000	353572	139.8	89.0
行政事业性收费收入	95000	95000	116273	122.4	104.6
罚没收入	33800	33800	29082	86.0	54.2
国有资源(资产)有偿使用收入	386000	386000	615163	159.4	179.3
捐赠收入	600	600	218	36.3	48.7
政府住房基金收入	16200	16200	20419	126.0	107.8
其他收入	56000	56000	42601	76.1	126.7
收入合计	2458000	2458000	2594572	105.6	104.1
加:返还性收入			3174945		
一般性转移支付收入			29949567		
专项转移支付收入			2803808		
上解收入			1838604		
调入资金			117714		
动用预算稳定调节基金			2749000		
地方政府一般债务收入			7442638		
接受其他地区援助收入			20000		
上年结转收入			393720		
收入总计			51084568		

安徽省2021年省级一般公共预算税收返还和转移支付收入决算表

单位:万元

项目	2021年决算数
一、返还性收入	3174945
所得税基数返还收入	194850
成品油税费改革税收返还收入	510400
增值税税收返还收入	717395
消费税税收返还收入	320300
增值税“五五分享”税收返还收入	1432000
二、一般性转移支付收入	29949567
均衡性转移支付收入	10406900
基本财力保障机制奖补资金收入	1386827
结算补助收入	372820
资源枯竭型城市转移支付补助收入	78300
产粮(油)大县奖励资金收入	358713
重点生态功能区转移支付收入	248160
固定数额补助收入	1865919
革命老区转移支付收入	63674
贫困地区转移支付收入	426415
公共安全共同财政事权转移支付收入	195514
教育共同财政事权转移支付收入	1781732
科学技术共同财政事权转移支付收入	10500
文化旅游体育与传媒共同财政事权转移支付收入	76297
社会保障和就业共同财政事权转移支付收入	5372972
医疗卫生共同财政事权转移支付收入	2920785
节能环保共同财政事权转移支付收入	283958
农林水共同财政事权转移支付收入	2442742
交通运输共同财政事权转移支付收入	1170338
住房保障共同财政事权转移支付收入	324699
粮油物资储备共同财政事权转移支付收入	104408
灾害防治及应急管理共同财政事权转移支付收入	-557
其他共同财政事权转移支付收入	47562
其他一般性转移支付收入	10889
三、专项转移支付收入	2803808
一般公共服务	12171
国防	2163
教育	71368
科学技术	2951
文化旅游体育与传媒	23078
社会保障和就业	35815
卫生健康	241012
节能环保	365233
城乡社区	27359
农林水	1118982
交通运输	35386
资源勘探信息等	105294
商业服务业等	84475
金融	-2105
自然资源海洋气象等	40000
住房保障	487478
粮油物资储备	14200
灾害防治及应急管理	50279
其他收入	88669
合计	35928320

安徽省2021年省级一般公共预算支出决算表

单位:万元

项 目	2021年预算数 1	预算调整数 2	中央追加 3	上年结转等 4	2021年调整预算数 =1+2+3+4	2021年决算数	为预算的%	为上年决算的%
一、一般公共服务支出	710598		38858	-156664	592792	514357	86.8	169.2
二、国防支出	10301		800	-634	10467	9378	89.6	68.2
三、公共安全支出	371899		14901	73028	459828	445748	96.9	96.7
四、教育支出	1061603		525150	68195	1654948	1625341	98.2	118.9
五、科学技术支出	417427		8677	-10793	415311	410740	98.9	146.6
六、文化旅游体育与传媒支出	157150		17279	-25192	149237	119737	80.2	51.2
七、社会保障和就业支出	300100	200	3059558	187503	3547361	3541336	99.8	114.2
八、卫生健康支出	208933		153800	-37984	324749	281991	86.8	88.9
九、节能环保支出	59639		1916	8353	69908	47829	68.4	-1975.6
十、城乡社区支出	20887			-8871	12016	7781	64.8	113.0
十一、农林水支出	290242	200000	206666	-39107	657801	594339	90.4	96.4
十二、交通运输支出	445271	100000	513822	-55035	1004058	963021	95.9	107.9
十三、资源勘探工业信息等支出	278982		45032	93006	417020	411198	98.6	94.8
十四、商业服务业等支出	30061			-19197	10864	10223	94.1	164.4
十五、金融支出	4736			1661	6397	6393	99.9	240.2
十六、援助其他地区支出	65318			-8850	56468	56468	100.0	98.3
十七、自然资源海洋气象等支出	95897			-17537	78360	71636	91.4	136.9
十八、住房保障支出	161830			-3145	158685	118609	74.7	96.1
十九、粮油物资储备支出	9316		165717	-3471	171562	171443	99.9	101.1
二十、灾害防治及应急管理支出	28810		4245	-221	32834	27111	82.6	46.3
二十一、预备费	80000			-80000				
二十二、其他支出	4000			-3160	840	605	72.0	36.5
二十三、债务付息支出	250000			-19213	230787	230787	100.0	116.3
二十四、债务发行费用支出	2000			-1195	805	805	100.0	54.5
支出合计	5065000	300200	4756421	-58523	10063098	9666876	96.1	111.1
加:返还性支出						2164862		
一般性转移支付						23884323		
专项转移支付						3145787		
上解支出						608916		
安排预算稳定调节基金						4343036		
地方政府一般债务还本支出						370000		
地方政府一般债务转贷支出						6504546		
结转下年						396222		
支出总计						51084568		

备注:1. 预算调整数:新增一般债务收入等安排支出,根据预算法规定编制预算调整方案,经省人大常委会批准后的预算变动数。

2. 上年结转等:主要包括上年结转,以及按规定动支预备费、盘活财政存量资金等形成的预算支出增减数。

3. 本表根据2021年政府收支分类科目变动情况,对2020年决算数进行同口径调整后作两年决算数比较。

安徽省2021年省级一般公共预算本级支出决算表

单位:万元

项　　目	2021年预算数	2021年调整预算数	2021年决算数	为预算的%	为上年决算的%
一般公共服务支出	710598	592792	514357	86.8	169.2
人大事务	10229	11875	11579	97.5	106.8
行政运行	5747	6936	6873	99.1	103.9
一般行政管理事务	951	951	918	96.5	232.4
机关服务	534	976	810	83.0	117.7
人大会议	1295	1295	1295	100.0	95.9
人大立法	181	175	175	100.0	138.9
人大监督	145	145	145	100.0	116.9
人大代表履职能力提升	136	136	136	100.0	117.2
代表工作	494	516	516	100.0	102.2
人大信访工作	45	45	45	100.0	42.1
其他人大事务支出	701	700	666	95.1	82.3
政协事务	7030	7935	7771	97.9	102.0
行政运行	3822	4758	4667	98.1	103.9
一般行政管理事务	340	338	338	100.0	106.0
机关服务	155	235	235	100.0	101.7
政协会议	1016	887	877	98.9	100.9
委员视察	144	121	121	100.0	165.8
参政议政	536	507	488	96.3	112.7
事业运行	244	300	282	94.0	150.0
其他政协事务支出	773	789	763	96.7	75.4
政府办公厅(室)及相关机构事务	47823	50340	48434	96.2	112.3
行政运行	15077	18574	18452	99.3	104.4
一般行政管理事务	11617	11247	10017	89.1	84.1
机关服务	13621	12488	12380	99.1	228.5
信访事务	820	767	720	93.9	109.3
参事事务	294	292	292	100.0	145.3
事业运行	1356	2026	2003	98.9	91.1
其他政府办公厅(室)及相关机构事务支出	5038	4946	4570	92.4	90.0
发展与改革事务	179128	173104	142616	82.4	296.1
行政运行	6177	7795	7757	99.5	101.7
一般行政管理事务	451	451	60	13.3	206.9
社会事业发展规划		9	9	100.0	
经济体制改革研究	146	126	126	100.0	94.7

续表

项　　目	2021年预算数	2021年调整预算数	2021年决算数	为预算的%	为上年决算的%
物价管理	429	419	404	96.4	101.3
事业运行	1134	1439	1439	100.0	119.5
其他发展与改革事务支出	170791	162865	132821	97.6	99.1
统计信息事务	7192	8627	8423	97.6	99.1
行政运行	2511	3044	3002	98.6	97.0
一般行政管理事务	135	125	125	100.0	56.6
信息事务	741	809	809	100.0	124.5
专项统计业务	1078	998	996	99.8	136.8
专项普查活动	172	190	165	86.8	44.5
统计抽样调查	524	521	521	100.0	95.1
事业运行	1097	2036	1913	94.0	106.1
其他统计信息事务支出	934	904	892	98.7	82.6
财政事务	11452	12538	12326	98.3	101.1
行政运行	4899	6771	6771	100.0	104.9
一般行政管理事务	1213	951	848	89.2	73.6
预算改革业务	70	50	40	80.0	64.5
财政国库业务	145	108	93	86.1	98.9
信息化建设	668	720	655	91.0	72.5
事业运行	1014	1404	1391	99.1	102.4
其他财政事务支出	3443	2534	2528	99.8	116.5
税收事务	39000	39000	39000	100.0	100.0
其他税收事务支出	39000	39000	39000	100.0	100.0
审计事务	8244	11353	9359	82.4	87.4
行政运行	4043	5432	5176	95.3	70.0
一般行政管理事务	19	19	19	100.0	52.8
审计业务	3845	5489	3751	68.3	129.4
信息化建设	72	71	71	100.0	221.9
事业运行	163	239	239	100.0	101.7
其他审计事务支出	102	103	103	100.0	96.3
海关事务	2000	2425	2425	100.0	263.0
缉私办案		425	425	100.0	86.7
其他海关事务支出	2000	2000	2000	100.0	463.0
纪检监察事务	18735	24065	18505	76.9	135.8
行政运行	6874	8807	8235	93.5	102.5
一般行政管理事务	7617	10533	5657	53.7	679.9
大案要案查处	2500	2901	2789	96.1	94.6
派驻派出机构	1484	1150	1150	100.0	

续表

项　　目	2021 年预算数	2021 年调整预算数	2021 年决算数	为预算的%	为上年决算的%
事业运行	203	611	611	100.0	34.1
其他纪检监察事务支出	57	63	63	100.0	233.3
商贸事务	7458	8588	7935	92.4	135.3
行政运行	3063	4237	4161	97.4	109.6
一般行政管理事务	1184	1140	997	87.5	85.4
招商引资	309	275	211	76.7	158.6
其他商贸事务支出	2902	2900	2566	88.5	334.6
知识产权事务	662	777	774	99.6	97.9
行政运行	292	407	407	100.0	110.9
其他知识产权事务支出	370	370	367	99.2	86.6
民族事务	1335	1612	1556	96.5	118.0
行政运行	1071	1362	1356	99.6	119.2
一般行政管理事务	43	76	26	34.2	
民族工作专项	195	141	141	100.0	106.0
事业运行	26	33	33	100.0	471.4
港澳台事务	1588	1833	1803	98.4	106.8
行政运行	1057	1318	1318	100.0	104.0
台湾事务	531	515	485	94.2	115.2
档案事务	4815	5251	4323	82.3	218.4
行政运行	887	1203	1203	100.0	98.6
档案馆	3928	4048	3120	77.1	411.1
民主党派及工商联事务	4759	5643	5578	98.8	107.7
行政运行	3174	4126	4095	99.2	102.6
一般行政管理事务	1565	1365	1352	99.0	102.6
事业运行	20	10	10	100.0	250.0
其他民主党派及工商联事务支出		142	121	85.2	504.2
群众团体事务	7392	7873	7702	97.8	94.3
行政运行	1799	2323	2323	100.0	98.4
一般行政管理事务	2317	2276	2197	96.5	116.9
工会事务	2639	2639	2639	100.0	87.1
事业运行	504	562	470	83.6	57.1
其他群众团体事务支出	133	73	73	100.0	100.0
党委办公厅(室)及相关机构事务	28716	32502	30996	95.4	105.6
行政运行	12045	15954	15774	98.9	106.1
一般行政管理事务	5580	5616	5296	94.3	71.6
机关服务	1389	1594	1594	100.0	145.4
专项业务	6969	6613	6341	95.9	130.3

续表

项　　目	2021 年预算数	2021 年调整预算数	2021 年决算数	为预算的%	为上年决算的%
事业运行	423	423	423	100.0	94.6
其他党委办公厅(室)及相关机构事务支出	2310	2302	1568	68.1	231.3
组织事务	31835	23872	23810	99.7	313.4
行政运行	3204	4061	4061	100.0	107.7
一般行政管理事务	26591	17986	17986	100.0	716.0
其他组织事务支出	2040	1825	1763	96.6	134.3
宣传事务	6228	7154	7096	99.2	99.9
行政运行	2548	3472	3424	98.6	103.7
一般行政管理事务	3500	3501	3492	99.7	96.8
其他宣传事务支出	180	181	180	99.4	92.3
统战事务	3891	3693	3686	99.8	117.3
行政运行	1448	1899	1899	100.0	89.1
一般行政管理事务	964	816	815	99.9	276.3
宗教事务	1049	739	733	99.2	141.5
华侨事务	409	220	220	100.0	122.9
其他统战事务支出	21	19	19	100.0	95.0
网信事务	2694	2961	2961	100.0	126.0
行政运行	935	1160	1160	100.0	106.4
一般行政管理事务	1120	1124	1124	100.0	184.3
事业运行		27	27	100.0	
其他网信事务支出	639	650	650	100.0	100.0
市场监督管理事务	44265	53112	49697	93.6	109.1
行政运行	8271	9638	9298	96.5	114.0
市场主体管理	1216	1216	1216	100.0	103.1
市场秩序执法	401	493	461	93.5	77.3
信息化建设	771	1042	883	84.7	107.9
药品事务	3996	4604	4537	98.5	266.4
质量安全监管	1634	1643	1294	78.8	82.6
食品安全监管	1377	1499	1491	99.5	191.9
事业运行	4489	4838	4837	100.0	94.5
其他市场监督管理事务	22110	28139	25680	91.3	100.2
其他一般公共服务支出	234127	96659	66002	68.3	-616.4
国家赔偿费用支出	2000	55	55	100.0	4.4
其他一般公共服务支出	232127	96604	65947	68.3	-551.1
国防支出	10301	10467	9378	89.6	68.2
国防动员	9702	9889	8800	89.0	64.4
兵役征集	368	368	368	100.0	92.2

续表

项　　目	2021 年预算数	2021 年调整预算数	2021 年决算数	为预算的%	为上年决算的%
人民防空	3343	2644	1929	73.0	205.2
国防教育	90	90	90	100.0	94.7
民兵	5338	5338	5338	100.0	54.6
其他国防动员支出	563	1449	1075	74.2	1628.8
其他国防支出	599	578	578	100.0	770.7
其他国防支出	599	578	578	100.0	770.7
公共安全支出	371899	459828	445748	96.9	96.7
公安	49421	59811	54791	91.6	129.5
行政运行	21294	27661	27170	98.2	104.9
一般行政管理事务	5218	3375	3187	94.4	167.4
信息化建设	6073	11249	8289	73.7	1051.9
执法办案	471	501	436	87.0	275.9
特别业务	270	308	308	100.0	89.5
特勤业务	2252	2252	2252	100.0	115.5
其他公安支出	13843	14465	13149	90.9	116.8
国家安全	17074	22005	22002	100.0	102.9
行政运行	16008	20939	20936	100.0	112.5
安全业务	1066	1066	1066	100.0	57.9
检察	63890	65977	63478	96.2	125.7
行政运行	36306	38885	38115	98.0	120.2
一般行政管理事务	10939	11344	11011	97.1	152.2
检察监督	12903	10819	9707	89.7	130.9
其他检察支出	3742	4929	4645	94.2	115.3
法院	49743	54032	52807	97.7	106.5
行政运行	28232	30349	29988	98.8	99.2
一般行政管理事务	5293	5942	5837	98.2	122.7
案件审判	9635	9964	9491	95.3	118.0
案件执行	48	48	48	100.0	90.6
“两庭”建设	3738	4853	4576	94.3	136.8
事业运行	135	157	157	100.0	90.8
其他法院支出	2662	2719	2710	99.7	91.7
司法	7715	8818	8465	96.0	101.0
行政运行	4126	5146	5146	100.0	104.4
一般行政管理事务	90	90	90	100.0	97.8
普法宣传	90	90	90	100.0	97.8
公共法律服务	135	135	135	100.0	96.4
国家统一法律职业资格考试	48	48	48	100.0	154.8

续表

项　　目	2021年预算数	2021年调整预算数	2021年决算数	为预算的%	为上年决算的%
法制建设	377	377	331	87.8	87.8
事业运行	952	1098	930	84.7	106.2
其他司法支出	1897	1834	1695	92.4	92.5
监狱	155974	216779	214810	99.1	85.6
行政运行	118932	163295	163295	100.0	107.2
一般行政管理事务	291	270	270	100.0	155.2
犯人生活	10872	18332	18223	99.4	99.9
犯人改造	246	2821	2821	100.0	103.7
狱政设施建设	11936	15956	14183	88.9	20.1
信息化建设	402	399	312	78.2	
事业运行	77	77	77	100.0	88.5
其他监狱支出	13218	15629	15629	100.0	226.4
强制隔离戒毒	19687	27284	26779	98.1	83.5
行政运行	17278	22905	22905	100.0	102.2
强制隔离戒毒人员生活	1191	1131	1131	100.0	80.2
强制隔离戒毒人员教育	297	297	297	100.0	101.4
所政设施建设		2025	1520	75.1	21.6
其他强制隔离戒毒支出	921	926	926	100.0	99.5
缉私警察	38	38	38	100.0	95.0
其他缉私警察支出	38	38	38	100.0	95.0
其他公共安全支出	8357	5084	2578	50.7	79.9
其他公共安全支出	8357	5084	2578	50.7	79.9
教育支出	1061603	1654948	1625341	98.2	118.9
教育管理事务	16483	22110	15983	72.3	128.5
行政运行	2459	3107	3102	99.8	110.7
一般行政管理事务	1025	1147	1127	98.3	158.5
其他教育管理事务支出	12999	17856	11754	65.8	131.7
普通教育	716140	1126238	1124658	99.9	120.8
学前教育		411	411	100.0	
高等教育	712106	1122413	1120839	99.9	120.4
其他普通教育支出	4034	3414	3408	99.8	1368.7
职业教育	277509	474900	453842	95.6	115.6
中等职业教育	41331	52161	51609	98.9	89.2
技校教育	509	509	509	100.0	100.0
高等职业教育	235496	419084	398478	95.1	119.4
其他职业教育支出	173	3146	3146	100.0	1243.5
成人教育	8906	8865	8560	96.6	128.0

续表

项　　目	2021 年预算数	2021 年调整预算数	2021 年决算数	为预算的%	为上年决算的%
成人高等教育	3573	3571	3571	100.0	107.4
成人广播电视教育	790	646	631	97.7	299.1
其他成人教育支出	4543	4648	4358	93.8	138.3
进修及培训	23601	22319	21782	97.6	134.5
干部教育	17073	20863	20556	98.5	140.8
培训支出	1528	1216	1216	100.0	76.7
其他进修及培训	5000	240	10	4.2	
其他教育支出	18964	516	516	100.0	6.2
其他教育支出	18964	516	516	100.0	6.2
科学技术支出	417427	415311	410740	98.9	146.6
科学技术管理事务	3708	3900	3809	97.7	112.9
行政运行	1623	2198	2192	99.7	112.6
一般行政管理事务	2	2	2	100.0	200.0
机关服务	31	26	26	100.0	173.3
其他科学技术管理事务支出	2052	1674	1589	94.9	112.6
基础研究	16400	16449	16449	100.0	105.0
自然科学基金	7600	7649	7649	100.0	105.0
重点实验室及相关设施	8800	8800	8800	100.0	135.4
应用研究	22779	30571	29458	96.4	106.7
机构运行	17100	22962	22942	99.9	104.3
社会公益研究	5679	5804	5600	96.5	102.0
高技术研究		1805	916	50.7	776.3
技术研究与开发	330000	324910	323907	99.7	168.7
其他技术研究与开发支出	330000	324910	323907	99.7	168.7
科技条件与服务	9611	10142	8889	87.6	61.6
技术创新服务体系	2527	2540	2540	100.0	116.6
科技条件专项	7084	7602	6349	83.5	97.5
社会科学	4547	5469	5062	92.6	101.2
社会科学研究机构	2554	3389	3388	100.0	103.3
社会科学研究	1593	1680	1674	99.6	97.3
其他社会科学支出	400	400			
科学技术普及	3622	4834	4834	100.0	122.3
机构运行	643	800	800	100.0	122.3
青少年科技活动	243	256	256	100.0	101.6
学术交流活动	587	586	586	100.0	268.8
科技馆站	797	1852	1852	100.0	117.9
其他科学技术普及支出	1352	1340	1340	100.0	205.8

续表

项　　目	2021年预算数	2021年调整预算数	2021年决算数	为预算的%	为上年决算的%
科技重大项目	14250	15015	15015	100.0	99.9
科技重大专项		800	800	100.0	
重点研发计划	14250	14215	14215	100.0	94.6
其他科学技术支出	12510	4021	3317	82.5	110.7
转制科研机构	535	537	537	100.0	85.0
其他科学技术支出	11975	3484	2780	79.8	117.6
文化旅游体育与传媒支出	157150	149237	119737	80.2	51.2
文化和旅游	31068	34695	31413	90.5	92.6
行政运行	2582	3383	3367	99.5	100.0
一般行政管理事务	2460	2554	1889	74.0	105.5
图书馆	3476	4179	4179	100.0	98.2
文化展示及纪念机构	6943	7110	7110	100.0	1304.6
艺术表演场所	417	341	341	100.0	70.9
艺术表演团体	2364	2366	2366	100.0	101.3
文化活动	469	469	453	96.6	108.1
群众文化	94	98	97	99.0	31.1
文化创作与保护	2532	3772	3416	90.6	133.6
文化和旅游市场管理		17	17	100.0	7.7
旅游宣传	5388	5834	3658	62.7	39.6
其他文化和旅游支出	4343	4572	4520	98.9	54.7
文物	7696	12976	12073	93.0	150.3
行政运行	4840	4641	4641	100.0	239.6
文物保护	18	2850	2097	73.6	183.6
博物馆	2087	4746	4596	96.8	111.9
其他文物支出	751	739	739	100.0	87.8
体育	15849	19795	19415	98.1	90.7
行政运行	949	1125	1043	92.7	104.3
运动项目管理	10387	14171	13942	98.4	96.4
体育训练	143	145	130	89.7	7.4
体育场馆	677	297	297	100.0	106.1
群众体育	94	99	99	100.0	130.3
其他体育支出	3599	3958	3904	98.6	101.9
新闻出版电影	885	976	934	95.7	86.3
出版发行	422	499	415	92.4	73.5
其他新闻出版电影支出	463	527	519	98.5	100.4
广播电视	15256	18467	18437	99.8	13.7
行政运行	1167	1498	1478	98.7	97.8

续表

项　　目	2021年预算数	2021年调整预算数	2021年决算数	为预算的%	为上年决算的%
一般行政管理事务	341	331	321	97.0	105.6
广播电视事务	11139	13557	13557	100.0	10.5
其他广播电视支出	2609	3081	3081	100.0	68.5
其他文化体育与传媒支出	86396	62328	37465	60.1	108.7
宣传文化发展专项支出	1522	1522	1522	100.0	72.1
文化产业发展专项支出	20000	22598	22409	99.2	100.1
其他文化体育与传媒支出	64874	38208	13534	35.4	135.6
社会保障和就业支出	300100	3547361	3541336	99.8	114.2
人力资源和社会保障管理事务	23922	22041	21420	97.2	59.6
行政运行	2802	3847	3756	97.6	109.4
一般行政管理事务	355	323	303	93.8	322.3
综合业务管理	465	471	471	100.0	82.6
就业管理事务	284	318	289	90.9	115.6
社会保险业务管理事务	804	1080	1056	97.8	97.8
信息化建设	782	865	865	100.0	105.5
社会保险经办机构	582	590	560	94.9	141.1
劳动关系和维权	77	76	76	100.0	92.7
公共就业服务和职业技能鉴定机构	2436	2055	1931	94.0	140.4
政府特殊津贴	456	456	423	92.8	233.7
事业运行	3581	3835	3792	98.9	603.8
其他人力资源和社会保障管理事务支出	11298	8125	7898	97.2	193.1
民政管理事务	4437	5207	5065	97.3	109.2
行政运行	2161	2730	2717	99.5	110.7
一般行政管理事务	433	433	433	100.0	96.7
社会组织管理	153	149	127	85.2	104.1
行政区划和地名管理	52	78	74	94.9	42.3
基层政权建设和社区治理	50	50	29	58.0	
其他民政管理事务支出	1588	1767	1685	95.4	117.0
行政事业单位离退休	122116	896764	895416	99.8	147.9
行政单位离退休	11988	53858	53818	99.9	99.8
事业单位离退休	45403	146928	146768	99.9	105.6
机关事业单位基本养老保险缴费支出	60672	61145	61087	99.9	106.4
机关事业单位职业年金缴费支出	3867	13919	16378	117.7	374.6
对机关事业单位基本养老保险基金的补助		555755	552207	99.4	157.5

续表

项　　目	2021年预算数	2021年调整预算数	2021年决算数	为预算的%	为上年决算的%
对机关事业单位职业年金的补助		64971	64970	100.0	
其他行政事业单位离退休支出	186	188	188	100.0	113.9
企业改革补助	4107	3795	3795	100.0	2811.1
其他企业改革发展补助	4107	3795	3795	100.0	2811.1
就业补助	5004	5634	5379	95.5	111.5
就业创业服务补贴	5000	5629	5375	95.5	148.2
公益性岗位补贴	2	3	2	66.7	100.0
职业技能鉴定补贴	2	2	2	100.0	100.0
抚恤	25143	28168	27858	98.9	402.6
伤残抚恤	74	73	73	100.0	91.3
优抚事业单位支出	4359	7210	7194	99.8	107.8
其他优抚支出	20710	20885	20591	98.6	25738.8
退役安置	126	40934	40799	99.7	77.5
退役士兵安置		22	22	100.0	22.9
退役士兵管理教育		338	203	60.1	356.1
军队转业干部安置	19	40467	40467	100.0	77.2
其他退役安置支出	107	107	107	100.0	243.2
社会福利	169	231	231	100.0	127.6
社会福利事业单位	169	231	231	100.0	127.6
残疾人事业	2994	3177	3048	95.9	91.4
行政运行	699	889	889	100.0	97.4
一般行政管理事务	334	273	273	100.0	103.8
残疾人康复	537	651	651	100.0	103.8
残疾人就业和扶贫	977	941	917	97.4	231.6
残疾人体育	156	157	90	57.3	9.6
其他残疾人事业支出	291	266	228	85.7	127.4
红十字事业	775	925	925	100.0	137.0
行政运行	263	379	379	100.0	116.6
其他红十字事业支出	512	546	546	100.0	156.0
其他生活救助	4	4	4	100.0	100.0
其他城市生活救助	4	4	4	100.0	100.0
财政对基本养老保险基金的补助		2532801	2532801	100.0	107.3
财政对企业职工基本养老保险基金的补助		2532801	2532801	100.0	107.3
退役军人管理事务	3803	4370	4285	98.1	103.9
行政运行	1080	1480	1480	100.0	117.6

续表

项目	2021年预算数	2021年调整预算数	2021年决算数	为预算的%	为上年决算的%
一般行政管理事务	685	753	668	88.7	83.8
拥军优属	1725	1723	1723	100.0	100.1
事业运行	267	370	370	100.0	122.1
其他退役军人事务管理支出	46	44	44	100.0	95.7
其他社会保障和就业支出	107500	3310	310	9.4	1.4
其他社会保障和就业支出	107500	3310	310	9.4	1.4
卫生健康支出	208933	324749	281991	86.8	88.9
卫生健康管理事务	7002	8120	8095	99.7	107.9
行政运行	3046	3981	3977	99.9	113.4
一般行政管理事务	1887	1893	1872	98.9	74.3
其他卫生健康管理事务支出	2069	2246	2246	100.0	152.3
公立医院	84651	83729	68846	82.2	101.6
综合医院	22179	25973	23560	90.7	112.6
中医(民族)医院	2629	2629	2614	99.4	100.0
职业病防治医院	323	394	394	100.0	98.0
儿童医院	1920	1920	1920	100.0	102.1
其他专科医院	1580	1580	1580	100.0	102.8
其他公立医院支出	56020	51233	38778	75.7	95.9
公共卫生	18176	37306	31960	85.7	61.3
疾病预防控制机构	4596	10002	9948	99.5	115.2
卫生监督机构	1153	1593	1592	99.9	101.5
妇幼保健机构	1125	1411	1324	93.8	90.7
基本公共卫生服务	1448	5229	4475	85.6	109.6
重大公共卫生专项	5309	13321	10908	81.9	134.3
突发公共卫生事件应急处理		88	88	100.0	0.4
其他公共卫生支出	4545	5662	3625	64.0	111.0
中医药	500	3625	2803	77.3	128.5
中医(民族医)药专项	500	3625	2803	77.3	128.5
计划生育事务	996	1175	1169	99.5	94.6
计划生育机构	96	132	127	96.2	104.1
其他计划生育事务支出	900	1043	1042	99.9	93.5
行政事业单位医疗	62014	59365	58764	99.0	100.8
行政单位医疗	29801	29470	29334	99.5	104.3
事业单位医疗	18213	18419	18249	99.1	103.1
公务员医疗补助	85	51	41	80.4	39.8
其他行政事业单位医疗支出	13915	11425	11140	97.5	90.2
财政对基本医疗保险基金的补助		752	752	100.0	

续表

项　　目	2021年预算数	2021年调整预算数	2021年决算数	为预算的%	为上年决算的%
财政对职工基本医疗保险基金的补助		752	752	100.0	
医疗救助		1986	1986	100.0	95.4
疾病应急救助		1986	1986	100.0	95.4
医疗保障管理事务	13114	4199	4028	95.9	181.4
行政运行	822	1063	1046	98.4	91.7
一般行政管理事务	437	479	475	99.2	136.1
机关服务	17	16	16	100.0	
信息化建设		1767	1767	100.0	16.6
医疗保障经办事务	617	718	595	82.9	85.7
其他医疗保障管理事务支出	11221	156	129	82.7	-1.2
老龄卫生健康事务	123	58	49	84.5	27.4
老龄卫生健康事务	123	58	49	84.5	27.4
其他卫生健康支出	22357	124434	103539	83.2	83.9
其他卫生健康支出	22357	124434	103539	83.2	83.9
节能环保支出	59639	69908	47829	68.4	-1975.6
环境保护管理事务	14756	19216	14118	73.5	-39.5
行政运行	3054	3987	3987	99.7	113.9
生态环境保护宣传	333	389	388	99.7	100.3
其他环境保护管理事务支出	11369	14840	9743	65.7	-24.6
环境监测与监察	2613	3197	3197	100.0	165.6
建设项目环评审查与监督	304	352	352	100.0	98.6
核与辐射安全监督	279	353	353	100.0	101.4
其他环境监测与监察支出	2030	2492	2492	100.0	203.4
污染防治	3179	5898	5481	92.9	154.7
大气		1800	1383	76.8	76.9
水体		3078	3078	100.0	566.9
固体废弃物与化学品	179	206	206	100.0	96.7
其他污染防治支出	3000	814	814	100.0	82.3
能源节约利用	20000	20000	20000	100.0	100.0
能源节约利用	20000	20000	20000	100.0	100.0
污染减排	2688	4600	3903	84.8	77.6
生态环境监测与信息	2688	3217	2963	92.1	88.0
其他污染减排支出		1383	940	68.0	63.5
可再生能源		533	533	100.0	
可再生能源		533	533	100.0	
能源管理事务	603	663	596	89.9	109.8
能源行业管理	152	192	125	65.1	82.8

续表

项　　目	2021年预算数	2021年调整预算数	2021年决算数	为预算的%	为上年决算的%
信息化建设	451	471	471	100.0	120.2
其他节能环保支出	15800	15801	1		0.1
其他节能环保支出	15800	15801	1		0.1
城乡社区支出	20887	12016	7781	64.8	113.0
城乡社区管理事务	4113	4730	4730	100.0	123.3
行政运行	1931	2605	2605	100.0	109.0
工程建设标准规范编制与监管	1057	1112	1112	100.0	184.1
工程建设管理	190	192	192	100.0	133.3
住宅建设与房地产市场监管	150	98	98	100.0	181.5
其他城乡社区管理事务支出	785	723	723	100.0	112.4
城乡社区规划与管理	792	515	515	100.0	104.5
城乡社区规划与管理	792	515	515	100.0	104.5
建设市场管理与监督	641	652	652	100.0	137.3
建设市场管理与监督	641	652	652	100.0	137.3
其他城乡社区支出	15341	6119	1884	30.8	91.9
其他城乡社区支出	15341	6119	1884	30.8	91.9
农林水支出	290242	657801	594339	90.4	96.4
农业农村	43892	105805	96478	91.2	186.0
行政运行	4995	6903	6903	100.0	99.2
一般行政管理事务	4947	5171	4860	94.0	115.7
机关服务	530	290	290	100.0	90.3
事业运行	4084	5228	5187	99.2	110.0
农垦运行	1792	3153	3153	100.0	196.2
科技转化与推广服务	6176	7705	3332	43.2	34.3
病虫害控制	279	2095	2095	100.0	654.7
农产品质量安全	228	228	228	100.0	41.5
执法监管	399	496	496	100.0	99.4
对外交流与合作	190	190	190	100.0	95.0
防灾救灾		3962	30	0.8	
农业生产发展	7431	57761	57761	100.0	982.3
农村合作经济	46	46	46	100.0	40.7
农村社会事业	76	76	11	14.5	
农业资源保护修复与利用	53	1944	1344	69.1	1233.0
农田建设	3988	5431	5431	100.0	99.9
其他农业支出	8678	5126	5121	99.9	45.5
林业和草原	9496	16116	12541	77.8	96.2
行政运行	2748	3887	3885	99.9	98.7

续表

项　　目	2021 年预算数	2021 年调整预算数	2021 年决算数	为预算的%	为上年决算的%
事业机构	416	561	560	99.8	110.7
森林资源培育	160	282	202	71.6	38.3
技术推广与转化	411	921	779	84.6	122.3
森林资源管理	1013	1277	1172	91.8	54.8
森林生态效益补偿		70	70	100.0	89.7
动植物保护	891	1582	908	57.4	114.6
湿地保护	535	4267	2038	47.8	232.1
产业化管理	60	54	54	100.0	88.5
林业草原防灾减灾	488	491	412	83.9	484.7
其他林业和草原支出	2774	2724	2461	90.3	78.8
水利	89457	469625	468927	99.9	99.1
行政运行	2986	4131	4131	100.0	102.4
机关服务	758	718	718	100.0	188.9
水利行业业务管理	6529	7339	7331	99.9	111.0
水利工程建设	10000	364655	364655	100.0	99.6
水利工程运行与维护	44934	57405	57405	100.0	104.7
水利前期工作	4000	3976	3976	100.0	252.3
水利执法监督	76	72	72	100.0	90.0
水土保持	1660	1659	1650	99.5	104.7
水资源节约管理与保护	6560	6787	6708	98.8	83.6
水文测报	8144	11706	11706	100.0	114.1
防汛	2180	8941	8339	93.3	110.9
抗旱	210	216	216	100.0	61.0
农村水利	1049	1162	1162	100.0	50.2
水利技术推广	371	371	371	100.0	20.0
大中型水库移民后期扶持专项支出		246	246	100.0	
其他水利支出		241	241	100.0	8.7
扶贫	1555	14726	14441	98.1	90.9
行政运行	748	1040	1008	96.9	110.4
一般行政管理事务	727	834	658	78.9	91.9
其他扶贫支出	80	12852	12775	99.4	89.6
农村综合改革	605	605	605	100.0	100.0
国有农场办社会职能改革补助	605	605	605	100.0	100.0
目标价格补贴		41	41	100.0	5.6
棉花目标价格补贴		41	41	100.0	5.6
其他农林水支出	145237	50883	1306	2.6	2.1

续表

项目	2021年预算数	2021年调整预算数	2021年决算数	为预算的%	为上年决算的%
其他农林水支出	145237	50883	1306	2.6	2.1
交通运输支出	445271	1004058	963021	95.9	107.9
公路水路运输	185588	196184	185597	94.6	45.8
行政运行	1599	2185	2185	100.0	122.0
一般行政管理事务	10	10	10	100.0	125.0
机关服务	540	486	486	100.0	172.3
公路建设	1500	1500	1500	100.0	6.5
公路养护	2688	2686	2533	94.3	73.6
交通运输信息化建设	3505	3532	447	12.7	15.9
公路和运输安全	1637	1664	1664	100.0	80.1
公路运输管理	20464	19795	18735	94.6	100.4
公路和运输技术标准化建设	100	95	95	100.0	62.5
港口设施	60000	60000	60000	100.0	100.0
航道维护	310	9815	9815	100.0	96.4
船舶检验	28	8	8	100.0	200.0
海事管理	7919	7584	7573	99.9	108.4
水路运输管理支出	500	500	189	37.8	1050.0
其他公路水路运输支出	84788	86324	80357	93.1	29.1
铁路运输	165000	265000	265000	100.0	128.0
其他铁路运输支出	165000	265000	265000	100.0	160.6
邮政业支出	183	224	224	100.0	107.2
行业监管	183	224	224	100.0	107.2
车辆购置税支出		504536	504086	99.9	186.4
车辆购置税用于公路等基础设施建设支出		504000	504000	100.0	186.4
车辆购置税其他支出		536	86	16.0	
其他交通运输支出	94500	38114	8114	21.3	89.6
其他交通运输支出	94500	38114	8114	21.3	89.6
资源勘探工业信息等支出	278982	417020	411198	98.6	94.8
资源勘探开发	119777	173696	173394	99.8	91.8
行政运行	1488	1782	1782	100.0	100.2
煤炭勘探开采和洗选	14111	14948	14948	100.0	54.6
黑色金属矿勘探和采选	8065	9030	9005	99.7	53.8
非金属矿勘探和采选	409	430	430	100.0	74.4
其他资源勘探业支出	95704	147506	147229	99.8	103.4
制造业	2554	5216	4610	88.4	119.0
行政运行	746	1078	1078	100.0	106.9
一般行政管理事务	260	260	260	100.0	112.6

续表

项　　目	2021 年预算数	2021 年调整预算数	2021 年决算数	为预算的%	为上年决算的%
纺织业	150	214	214	100.0	112.0
非金属矿物制品业	271	271	271	100.0	90.3
其他制造业支出	1127	3393	2787	82.1	129.9
建筑业	85	126	126	100.0	108.6
其他建筑业支出	85	126	126	100.0	108.6
工业和信息产业监管	113212	123547	119714	96.9	706.2
行政运行	6004	8166	7459	91.3	103.7
机关服务	73	111	111	100.0	102.8
专用通信	1182	1353	1304	96.4	114.2
无线电及信息通信监管	9	6999	4296	61.4	187.8
其他工业和信息产业监管支出	105944	106918	106544	99.7	1716.8
国有资产监管	4147	4838	4337	89.6	94.5
行政运行	1843	2513	2463	98.0	98.6
其他国有资产监管支出	2304	2325	1874	80.6	89.5
支持中小企业发展和管理支出	118	1587	1257	79.2	1.2
机关服务	118	164	164	100.0	81.6
中小企业发展专项		1423	1093	76.8	
其他资源勘探信息等支出	39089	108010	107760	99.8	91.3
黄金事务	99	101	101	100.0	79.5
其他资源勘探信息等支出	38990	107909	107659	99.8	91.3
商业服务业等支出	30061	10864	10223	94.1	164.4
商业流通事务	1961	2121	2121	100.0	99.8
行政运行	1011	1171	1171	100.0	92.7
其他商业流通事务支出	950	950	950	100.0	110.9
其他商业服务业等支出	28100	8743	8102	92.7	198.0
其他商业服务业等支出	28100	8743	8102	92.7	198.0
金融支出	4736	6397	6393	99.9	240.2
金融部门行政支出	1184	1295	1291	99.7	92.9
行政运行	779	967	967	100.0	101.3
一般行政管理事务	43	41	41	100.0	64.1
金融部门其他行政支出	362	287	283	98.6	76.3
金融发展支出	3552	3052	3052	100.0	240.1
其他金融发展支出	3552	3052	3052	100.0	240.1
其他金融支出		2050	2050	100.0	
其他金融支出		2050	2050	100.0	
援助其他地区支出	65318	56468	56468	100.0	98.3
其他支出	65318	56468	56468	100.0	98.3

续表

项　　目	2021 年预算数	2021 年调整预算数	2021 年决算数	为预算的%	为上年决算的%
自然资源海洋气象等支出	95897	78360	71636	91.4	136.9
自然资源事务	90081	56343	49625	88.1	102.1
行政运行	2687	3332	3277	98.3	101.5
一般行政管理事务	1823	2069	1792	86.6	155.2
自然资源规划及管理	1383	1475	1410	95.6	129.7
自然资源利用与保护	1137	1190	886	74.5	157.1
自然资源社会公益服务	3563	3774	3529	93.5	103.5
自然资源调查与确权登记	2098	2119	1683	79.4	85.9
地质矿产资源与环境调查	9680	10286	8672	84.3	148.4
地质勘查基金(周转金)支出	1518	1518	1518	100.0	24.2
基础测绘与地理信息监管	1436	1631	1415	86.8	56.9
事业运行	6100	8258	8167	98.9	105.7
其他自然资源事务支出	58456	20503	17122	83.5	115.0
气象事务	3126	3133	3133	100.0	84.5
气象事业机构	178	185	185	100.0	120.9
气象预报预测	992	992	992	100.0	103.5
气象服务	135	135	135	100.0	95.1
其他气象事务支出	1821	1821	1821	100.0	99.0
其他自然资源海洋气象等支出	2690	18884	18878	100.0	
其他自然资源海洋气象等支出	2690	18884	18878	100.0	
住房保障支出	161830	158685	118609	74.7	96.1
保障性安居工程支出	30000	20006	20006	100.0	58.5
棚户区改造	30000	20006	20006	100.0	58.5
住房改革支出	89484	96573	96497	99.9	111.0
住房公积金	45112	44919	44861	99.9	112.8
提租补贴	16372	23635	23617	99.9	108.4
购房补贴	28000	28019	28019	100.0	110.3
城乡社区住宅	42346	42106	2106	5.0	92.5
住房公积金管理	1857	1619	1619	100.0	98.4
其他城乡社区住宅支出	40489	40487	487	1.2	86.2
粮油物资储备支出	9316	171562	171443	99.9	101.1
粮油物资事务	7156	169575	169456	99.9	109.8
行政运行	1355	1719	1719	100.0	109.3
信息统计		1	1	100.0	8.3
专项业务活动	1312	1142	1023	89.6	134.8
粮食风险基金		103266	103266	100.0	100.0

续表

项　目	2021 年预算数	2021 年调整预算数	2021 年决算数	为预算的%	为上年决算的%
事业运行	217	222	222	100.0	138.8
其他粮油事务支出	4272	63225	63225	100.0	71.9
粮油储备	300	300	300	100.0	71.9
储备粮油补贴	300	300	300	100.0	100.0
重要商品储备	1860	1687	1687	100.0	92.4
食糖储备	300	267	267	100.0	
农药储备	360	360	360	100.0	100.0
医药储备	1200	1060	1060	100.0	132.5
灾害防治及应急管理支出	28810	32834	27111	82.6	46.3
应急管理事务	9812	10715	8581	80.1	118.9
行政运行	1865	2524	2483	98.4	112.7
一般行政管理事务	4651	4539	4037	88.9	113.4
安全监管	302	227	227	100.0	73.7
应急救援	210	210	210	100.0	100.0
应急管理	2000	2000	576	28.8	
其他应急管理支出	784	1215	1048	86.3	112.2
消防事务	8345	9927	9281	93.5	237.6
其他消防事务支出	8345	9927	9281	93.5	237.6
煤矿安全	529	529	529	100.0	1.2
其他煤矿安全支出	529	529	529	100.0	1.2
地震事务	1124	1458	1198	82.2	116.0
地震监测	256	256	256	100.0	110.3
地震预测预报	231	231	231	100.0	109.0
地震灾害预防		314	54	17.2	
地震应急救援	217	237	237	100.0	133.9
地震事业机构	354	354	354	100.0	99.2
其他地震事务支出	66	66	66	100.0	120.0
自然灾害防治		2686	238	8.9	58.6
森林草原防灾减灾		232			
其他自然灾害防治支出		2454	238	9.7	58.6
自然灾害救灾及恢复重建支出		6086	6086	100.0	1560.5
自然灾害救灾补助		6086	6086	100.0	
其他灾害防治及应急管理支出	9000	1433	1198	83.6	39.4
其他灾害防治及应急管理支出	9000	1433	1198	83.6	39.4
预备费	80000				
其他支出	4000	840	605	72.0	36.6
其他支出	4000	840	605	72.0	36.6

续表

项　　目	2021 年预算数	2021 年调整预算数	2021 年决算数	为预算的%	为上年决算的%
其他支出	4000	840	605	72. 0	36. 6
债务付息支出	250000	230787	230787	100. 0	116. 3
地方政府一般债务付息支出	250000	230787	230787	100. 0	116. 3
地方政府一般债券付息支出	250000	230787	230787	100. 0	116. 3
债务发行费用支出	2000	805	805	100. 0	54. 5
地方政府一般债务发行费用支出	2000	805	805	100. 0	54. 5
支出合计	5065000	10063098	9666876	96. 1	111. 1

安徽省2021年省级一般公共预算基本支出决算表

单位:万元

项　目	2021年预算数
一、机关工资福利支出	379784
工资奖金津补贴	283655
社会保障缴费	56900
住房公积金	29633
其他工资福利支出	9596
二、机关商品和服务支出	107060
办公经费	69679
会议费	4133
培训费	3356
专用材料购置费	452
委托业务费	7217
公务接待费	1239
因公出国(境)费用	88
公务用车运行维护费	4153
维修(护)费	2982
其他商品和服务支出	13761
三、机关资本性支出(一)	611
设备购置	497
其他资本性支出	114
四、对事业单位经常性补助	938939
工资福利支出	794107
商品和服务支出	144832
五、对事业单位资本性补助	482
资本性支出(一)	482
六、对个人和家庭的补助	255042
社会福利和救助	29354
助学金	9182
离退休费	200345
其他对个人和家庭补助	16161
支出合计	1681918

安徽省2021年省级一般公共预算对下税收返还和转移支付支出决算表

单位:万元

项目	2021年决算数
一、返还性支出	2164862
所得税基数返还支出	189079
增值税税收返还支出	428855
消费税税收返还支出	211454
增值税“五五分享”税收返还支出	1335474
二、一般性转移支付	23884323
体制补助支出	2848509
均衡性转移支付支出	3397424
县级基本财力保障机制奖补资金支出	1486827
结算补助支出	585434
资源枯竭型城市转移支付补助支出	78300
产粮(油)大县奖励资金支出	296262
重点生态功能区转移支付支出	248160
固定数额补助支出	14008
革命老区转移支付支出	83674
贫困地区转移支付支出	735222
国防共同财政事权转移支付支出	5355
公共安全共同财政事权转移支付支出	261090
教育共同财政事权转移支付支出	1524368
科学技术共同财政事权转移支付支出	4300
文化旅游体育与传媒共同财政事权转移支付支出	63794
社会保障和就业共同财政事权转移支付支出	2671901
医疗卫生共同财政事权转移支付支出	3894140
节能环保共同财政事权转移支付支出	373958
农林水共同财政事权转移支付支出	3146484
交通运输共同财政事权转移支付支出	1123913
商业服务业等共同财政事权转移支付支出	2700
住房保障共同财政事权转移支付支出	337712
粮油物资储备共同财政事权转移支付支出	1142
灾害防治及应急管理共同财政事权转移支付支出	-669
其他一般性转移支付支出	700315
三、专项转移支付	3145787
一般公共服务	50546
国防	1363
公共安全	2656
教育	48794
科学技术	13483
文化旅游体育与传媒	38486
社会保障和就业	68591
卫生健康	180525
节能环保	489013
城乡社区	121884
农林水	1037960
交通运输	52126
资源勘探信息等	210311
商业服务业等	124054
自然资源海洋气象等	63995
住房保障	507478
粮油物资储备	26700
灾害防治及应急管理	11571
其他支出	96251
合计	29194972

安徽省2021年省级一般公共预算对下税收返还分地区决算表

单位:万元

地　区	2021年决算数
合肥市	727578
淮北市	29818
亳州市	104317
宿州市	66104
蚌埠市	186808
阜阳市	92781
淮南市	32266
滁州市	136415
六安市	101416
马鞍山市	76488
芜湖市	206617
宣城市	91109
铜陵市	55186
池州市	76139
安庆市	103555
黄山市	78265
合　计	2164862

安徽省2021年省级一般公共预算对下一般性转移支付分地区决算表

单位:万元

地　区	2021年决算数
合肥市	2133105
淮北市	661857
亳州市	1969752
宿州市	2342411
蚌埠市	1199657
阜阳市	3211840
淮南市	1180847
滁州市	1698727
六安市	2344157
马鞍山市	677632
芜湖市	1124110
宣城市	1036862
铜陵市	558129
池州市	800539
安庆市	2172124
黄山市	772574
合　计	23884323

安徽省2021年省级一般公共预算对下专项转移支付分地区决算表

单位:万元

地　区	2021年决算数
合肥市	349540
淮北市	90999
亳州市	151947
宿州市	200912
蚌埠市	146361
阜阳市	176949
淮南市	309031
滁州市	200422
六安市	327547
马鞍山市	170071
芜湖市	185617
宣城市	183020
铜陵市	105805
池州市	100827
安庆市	333895
黄山市	112844
合　计	3145787

安徽省2021年省级一般公共预算专项转移支付分项目决算表

单位:万元

项　　目	2021年预算数	2021年决算数	为预算的%
基层组织党建工作经费	3515	3515	100.0
民族企业技术改造贷款贴息和生产补助经费(含少数民族补助经费)	1472	1472	100.0
台湾产业园区发展专项资金	570	570	100.0
特殊疑难信访问题省级配套资金及全省基层信访工作规范化建设经费	390	390	100.0
药品监管专项经费	3075	3075	100.0
皖北地区青年创业贷款财政贴息专项资金	665	665	100.0
市场监督管理专项经费	2347	2347	100.0
铁路护路联防补助经费	656	656	100.0
药品监管专项经费	2921	2921	100.0
安徽省广播电视精品专项资金	199	199	100.0
教育补助经费	4926	4926	100.0
科普专项经费	257	257	100.0
省级文化文物及旅游发展专项经费	15710	15710	100.0
发展改革专项资金	29200	29200	100.0
交通发展专项资金	26026	26026	100.0
老旧小区整治改造经费	20000	20000	100.0
粮食流通事业发展专项经费	12500	12500	100.0
特色小镇建设经费	50000	50000	100.0
新农村现代流通服务网络工程专项经费	1900	1900	100.0
住房城乡建设专项资金	44542	44525	100.0
自然灾害救济补助经费	3000	2912	97.1
生态环保专项经费	147108	145308	98.8
残疾人事业发展补助资金	7129	7129	100.0
革命老区农村综合保障体系建设专项资金	10000	10000	100.0
民政事业发展专项资金	12610	12610	100.0
人力资源社会保障专项经费	2379	2373	99.7
卫生健康事业发展专项资金	4405	4405	100.0
中小企业(民营经济)发展专项资金	47900	47302	98.8
林业专项经费	17712	17712	100.0
自然资源专项经费	25986	25786	99.2
四里河科研基地部分土地置换搬迁费	9000	9000	100.0
鹞落坪国家级自然保护区管理委员会补助经费	130	130	100.0
第八批选派干部办公经费	5843	5843	100.0
省统筹待安排项目资金 13600	13600	100.0	
公立医院债务化解	4728	4728	100.0
公共机构节能专项资金	275	275	100.0
创新型省份建设资金	3150	3150	100.0
合　　计	651031	640643	98.4

安徽省2021年省级政府性基金收入决算表

单位:万元

项　　目	2021年预算数	2021年调整预算数	2021年决算数	为预算的%	为上年决算的%
一、国家电影事业发展专项资金收入	5400	5400	5043	93.4	342.8
二、农业土地开发资金收入	600	600	1180	196.7	181.3
三、国有土地使用权出让收入	506300	506300	621871	122.8	114.4
四、彩票公益金收入	166317	166317	174123	104.7	105.7
五、彩票发行销售机构业务费用	35719	35719	37145	104.0	97.6
收入合计	714336	714336	839362	117.5	112.1
加:政府性基金补助收入			221522		
上解收放			842		
调入资金			19830		
地方政府专项债务收入			20850393		
上年结转收入			10661		
收入总计			21942610		

安徽省2021年省级政府性基金支出决算表

单位:万元

项　　目	2021年 预算数 1	预算 调整数 2	中央追加 3	盘活 存量等 4	2021年 调整预算数 =1+2+3+4	2021年 决算数	为预算的 %	为上年 决算的 %
一、国家电影事业发展专项资金安排的支出	2443			-633	1810	590	32.6	327.8
二、大中型水库移民后期扶持基金支出	133			-54	79	79	100.0	32.0
三、农业土地开发资金支出	600			-600				
四、民航发展基金支出			8517		8517	8517	100.0	496.9
五、其他政府性基金及对应专项债务收入安排的支出		611900			611900	611900	100.0	136.0
六、彩票公益金支出	39566		4979	-1449	43096	30504	70.8	130.9
七、彩票发行销售机构业务费用支持	27505		2240	2165	31910	24793	77.7	92.6
八、债务付息支出	32340			-13066	19274	19274	100.0	
九、债务发行费用支出	660			-104	556	556	100.0	
支出合计	103247	611900	15736	-13741	717142	696213	97.1	72.5
加:政府性基金补助支出						784021		
上解支出						842		
调出资金						5338		
地方政府专项债务转贷支出						20238493		
结转下年						217703		
支出总计						21942610		

备注:盘活存量等主要包括按政策规定从政府性基金调出、政府性基金超短收等形成的预算支出增减数。

安徽省2021年省级政府性基金本级支出决算表

单位:万元

项 目	2021年预算数	2021年调整预算数	2021年决算数	为预算的%	为上年决算的%
文化旅游体育与传媒支出	2443	1810	590	32.6	327.8
国家电影事业发展专项资金安排的支出	2443	1810	590	32.6	327.8
其他国家电影事业发展专项资金支出	2443	1810	590	32.6	327.8
社会保障和就业支出	133	79	79	100.0	32.0
大中型水库移民后期扶持基金支出	133	79	79	100.0	32.0
基础设施建设和经济发展	133	79	79	100.0	32.0
城乡社区支出	600				
农业土地开发资金安排的支出	600		390000		
交通运输支出		8517	8517	100.0	12.2
民航发展基金支出		8517	8517	100.0	496.9
民航机场建设		6884	6884	100.0	
航线和机场补贴		1633	1633	100.0	95.3
其他支出	67071	686906	667197	97.1	133.4
其他政府性基金及对应专项债务收入安排的支出		611900	611900	100.0	136.0
其他地方自行试点项目收益专项债券收入安排的支出		611900	611900	100.0	136.0
彩票发行销售机构业务费安排的支出	27505	31910	24793	77.7	92.6
福利彩票销售机构的业务费支出	9886	10326	8789	85.1	130.6
体育彩票销售机构的业务费支出	16669	18580	13172	70.9	81.8
彩票市场调控资金支出	950	3004	2832	94.3	72.0
彩票公益金安排的支出	39566	43096	30504	70.8	130.9
用于社会福利的彩票公益金支出	917	1220	896	73.4	65.7
用于体育事业的彩票公益金支出	38649	37402	25559	68.3	118.7
用于残疾人事业的彩票公益金支出		450	25	5.6	6.0
用于文化事业的彩票公益金支出		4024	4024	100.0	
债务付息支出	32340	19274	19274	100.0	
地方政府专项债务付息支出	32340	19274	19274	100.0	
其他地方自行试点项目收益专项债券付息支出	32340	19274	19274	100.0	
债务发行费用支出	660	556	556	100.0	

续表

项　　目	2021 年预算数	2021 年调整预算数	2021 年决算数	为预算的%	为上年决算的%
地方政府专项债务发行费用支出	660	556	556	100.0	
其他地方自行试点项目收益专项债券发行费用支出	660	556	556	100.0	
支出合计	103247	717142	696213	97.1	72.5

安徽省2021年省级政府性基金预算转移支付分项目决算表

单位:万元

项 目	2021年预算数	2021年决算数	为预算的%
市县体育彩票销售公益金分成	60000	58744	97.9
体育强省建设经费	10000	10000	100.0
省级国家电影事业发展专项资金项目	3477	3477	100.0
社会工作和志愿服务项目经费	270	270	100.0
养老服务体系建设奖补资金	14300	14300	100.0
城乡公益性公墓建设奖补	1000	1000	100.0
福利彩票公益金市县分成经费	44000	44000	100.0
困难群众救助补助资金	4000	4000	100.0
返还市级福利彩票销售机构业务费	7136	7136	100.0
支持乡村振兴支出	506300	435309	86.0
合 计	650483	578236	88.9

注:2021年预算数为省级预算安排的对市县政府性基金转移支付,包括年初预算安排的650206万元和预算执行中调剂安排的277万元。

安徽省 2021 年省级政府性基金预算对下转移支付分地区决算表

单位:万元

地　　区	2021 年决算数
合肥市	82070
淮北市	23278
亳州市	61350
宿州市	66025
蚌埠市	42053
阜阳市	80950
淮南市	35652
滁州市	89051
六安市	117379
马鞍山市	20387
芜湖市	31506
宣城市	28461
铜陵市	13826
池州市	14726
安庆市	58445
黄山市	18862
合　　计	784021

安徽省2021年省级国有资本经营预算收入决算表

单位:万元

项　目	2021年预算数	2021年调整预算数	2021年决算数	为预算的%	为上年决算的%
一、利润收入	109735	109735	140726	128.2	120.1
电力企业利润收入	27942	27942	32889	117.7	157.7
煤炭企业利润收入	21384	21384	22942	107.3	165.3
化工企业利润收入	4633	4633	5325	114.9	219.3
机械企业利润收入	12850	12850	13660	106.3	89.8
投资服务企业利润收入	10591	10591	27068	255.6	60.6
纺织轻工企业利润收入	285	285	465	163.2	455.9
贸易企业利润收入	941	941	1183	125.7	128.4
建筑施工企业利润收入	7047	7047	8875	125.9	126.4
农林牧渔企业利润收入	3085	3085	4139	134.2	166.3
军工企业利润收入	576	576	663	115.1	103.6
转制科研院所利润收入	398	398			
教育文化广播企业利润收入	6985	6985	7048	100.9	
金融企业利润收入	13018	13018	14937	114.7	173.7
二、股利、股息收入	149358	149358	192939	129.2	126.3
国有控股公司股利、股息收入	133570	133570	157186	117.7	117.5
国有参股公司股利、股息收入	15788	15788	35753	226.5	188.8
收入合计	259093	259093	333665	128.8	123.6
加:中央补助收入			22145		
上年结转收入			52602		
收入总计			408412		

安徽省 2021 年省级国有资本经营预算支出决算表

单位:万元

项　目	2021 年 预算数 1	预算 调剂 2	2021 年 调整预算数 =1+2	2021 年 决算数	为预算的 %	为上年 决算的 %
一、解决企业历史遗留问题及改革成本支出	22237	-973	21264	20989	98.7	145.9
“三供一业”移交补助支出	1000	27	1027	1027	100.0	
国有企业办职教幼教补助支出	1000		1000	725	72.5	96.5
国有企业办公共服务机构移交补助支出	3750		3750	3750	100.0	100.0
国有企业改革成本支出	500		500	500	100.0	8.9
其他解决历史遗留问题及改革成本	15987	-1000	14987	14987	100.0	350.1
二、国有企业资本金注入	180941	887	181828	161828	89.0	65.5
国有经济结构调整支出	16000		16000	16000	100.0	14.9
公益性设施投资支出	67500		67500	67500	100.0	204.5
前瞻性战略性产业发展支出	36000		36000	36000	100.0	90.0
生态环境保护支出	7700		7700	7700	100.0	27.5
支持科技进步支出	43500		43500	23500	54.0	73.4
金融企业资本性支出	7351		7351	7351	100.0	114.2
其他国有企业资本金注入	2890	887	3777	3777	100.0	
三、其他国有资本经营预算支出	4519	1440	5959	4910	82.4	274.3
其他国有资本经营预算支出	4519	1440	5959	4910	82.4	274.3
支出合计	207697	1354	209051	187727	89.8	71.3
加:调出资金				100120		
补助市县支出				37383		
结转下年				83182		
支出总计				408412		

注:本表根据 2021 年政府收支分类科目变动情况,对 2020 年决算数进行同口径调整后作两年决算数比

安徽省2021年省本级国有资本经营预算支出决算表

单位:万元

项　　目	2021年预算数	2021年调整预算数	2021年决算数	为预算的%	为上年决算的%
一、解决企业历史遗留问题及改革成本支出	22237	21264	20989	98.7	145.9
“三供一业”移交补助支出	1000	1027	1027	100.0	
国有企业办职教幼教补助支出	1000	1000	725	72.5	96.5
国有企业办公共服务机构移交补助支出	3750	3750	3750	100.0	100.0
国有企业改革成本支出	500	500	500	100.0	8.9
其他解决历史遗留问题及改革成本支出	15987	14987	14987	100.0	350.1
二、国有企业资本金注入	180941	181828	161828	89.0	65.5
国有经济结构调整支出	16000	16000	16000	100.0	14.9
公益性设施投资支出	67500	67500	67500	100.0	204.5
前瞻性战略性产业发展支出	36000	36000	36000	100.0	90.0
生态环境保护支出	7700	7700	7700	100.0	27.5
支持科技进步支出	43500	43500	23500	54.0	73.4
金融企业资本性支出	7351	7351	7351	100.0	114.2
其他国有企业资本金注入	2890	3777	3777	100.0	
三、其他国有资本经营预算支出	4519	5959	4910	82.4	274.3
其他国有资本经营预算支出	4519	5959	4910	82.4	274.3
支出合计	207697	209051	187727	89.8	71.3

安徽省2021年省级国有资本经营转移支付决算表

单位:万元

项　　目	2021年预算数	2021年决算数	为预算的%
解决企业历史遗留问题及改革成本支出	25553	15238	59.6
省属企业职工家属区“三供一业”分离移交费用	17553	12456	71.0
国有企业退休人员社会化管理补助支出	8000	2782	34.8
合计	25553	15238	59.6

安徽省2021年省级国有资本经营预算对下转移支付分地区决算表

单位:万元

地　区	2021年决算数
合肥市	5367
淮北市	9287
亳州市	112
宿州市	3434
蚌埠市	1115
阜阳市	475
淮南市	19151
滁州市	654
六安市	106
马鞍山市	-6190
芜湖市	827
宣城市	463
铜陵市	1391
池州市	76
安庆市	1000
黄山市	115
合　　计	37383

安徽省2021年省级社会保险基金收入决算表

单位:万元

项 目	2021年预算数 1	预算变更数 2	2021年调整预算数 =1+2	2021年决算数	为预算的%	为上年决算的%
一、企业职工基本医疗保险基金	11320287		11320287	13004818	114.9	363.9
基本养老保险费收入	7762114		7762114	9125079	117.6	697.6
利息收入	474712		474712	518975	109.3	697.6
委托投资收益	155000		155000	291510	188.1	71.8
其他收入	4324		4324	24333	562.7	7824.1
转移收入	354372		354372	512120	144.5	12530.5
财政补贴收入	2569765		2569765	2532801	98.6	107.3
二、机关事业单位养老保险基金	685322		685322	1000126	145.9	322.3
基本养老保险费收入	165450		165450	421590	254.8	250.2
利息收入	5085		5085	4349	85.5	94.4
财政补贴收入	507827		507827	563605	111.0	433.2
其他收入	4		4	6	150.0	120.0
转移收入	6956		6956	10576	152.0	149.9
三、城镇职工基本医疗保险基金	258621	54559	313180	313348	100.1	134.0
基本医疗保险费收入	255152	43761	298913	298937	100.0	131.0
利息收入	2714	338	3052	3253	106.6	136.8
财政补贴收入		752	752	753	100.0	
其他收入	8	9438	9446	9447	100.0	373.5
转移收入	747	270	1017	958	94.2	123.3
收入合计	12264230	54559	12318789	14318292	116.2	347.7
加:上级补助收入				2512299		
上年结转收入				18059391		
收入总计				34889982		

注:本表根据2021年决算编报情况,对2020年决算数进行同口径调整后作两年决算数比较。

安徽省2021年省级社会保险基金支出决算表

单位:万元

项目	2021年预算数 1	预算变更数 2	2021年调整预算数 =1+2	2021年决算数	为预算的%	为上年决算的%
一、企业职工基本医疗保险基金	10326353		10326353	10315774	99.9	669.6
养老金支出	9979979		9979979	9876927	99.0	673.5
丧葬抚恤支出	264572		264572	273661	103.4	464.5
其他支出	3862		3862	16268	421.2	
转移支出	77940		77940	148918	191.1	988.4
二、机关事业单位养老保险基金	303944		303944	654280	215.3	240.6
基本养老金支出	303800		303800	653779	215.2	240.6
转移支出	144		144	501	347.9	254.3
三、城镇职工基本医疗保险基金	242315	-4881	237434	236890	99.8	114.2
基本医疗保险待遇支出	242315	-9627	232688	231991	99.7	112.6
其他支出		4746	4746	4899	103.2	38138
支出合计	10872612	-4881	10867731	11206944	103.1	554.8
加:上解上级支出				2357200		
补助下级支出				428453		
结转下年				20897385		
支出总计				34889982		

注:本表根据2021年决算编报情况,对2020年决算数进行同口径调整后作两年决算数比较。

安徽省2021年省级社会保险基金结余决算表

单位:万元

项　　目	2021年 预算数1	预算变 更数2	2021年调整 预算数=1+2	2021年 决算数
一、企业职工基本养老保险本年收支结余	1043934		1043934	2730944
企业职工基本养老保险年末累计结余	18134311		18134311	20337810
二、机关事业单位基本养老保险本年收支结余	64732		64732	30592
机关事业单位基本养老保险年末累计结余	181457		181457	198181
三、职工基本医疗保险本年收支结余	16306	59441	75747	76458
职工基本医疗保险年末累计结余	303364	57319	360683	361394
省级社会保险基金本年收支结余	1124972	59441	1184413	2837994
省级社会保险基金年末累计结余	18619132	57319	18676451	20897385

安徽省2021年地方政府一般债务限额及余额决算表

单位:万元

地　　区	2021年债务限额	2021年债务余额
安徽省	45990800	40908760
安徽省本级	7519581	7077224
合肥市	5789031	4028886
合肥市本级	3871842	2443175
瑶海区	61261	49760
庐阳区	84000	84000
蜀山区	41529	41443
包河区	61698	61423
长丰县	232400	166516
肥东县	247964	210088
肥西县	447283	292028
庐江县	367679	327314
巢湖市	373375	353139
芜湖市	4111943	3969310
芜湖市本级	1795152	1787701
镜湖区	193574	193571
弋江区	502832	502832
鸠江区	211375	211375
湾沚区	312619	309638
繁昌区	303669	284936
南陵县	321754	290120
无为市	470968	389137
蚌埠市	1764207	1621766
蚌埠市本级	870580	86710
龙子湖区	12000	10832
蚌山区	37448	35170
禹会区	41435	39867
淮上区	64359	44887
怀远县	399045	308015
五河县	173758	171665

续表

地　区	2021年债务限额	2021年债务余额
固镇县	165582	147620
淮南市	1787342	1416266
淮南市本级	963524	692886
大通区	9196	7691
田家庵区	11788	11654
谢家集区	16508	13141
八公山区	29219	16122
潘集区	94959	48585
毛集区	21022	13822
凤台县	242902	211217
寿县	398224	401148
马鞍山市	2538500	2494498
马鞍山市本级	696069	685660
花山区	284852	284852
雨山区	237828	237828
博望区	165838	165440
当涂县	485248	485209
含山县	221545	190856
和县	447120	444653
淮北市	1007087	915651
淮北市本级	504690	468065
杜集区	75775	75230
相山区	87225	82410
烈山区	45220	39962
濉溪县	294177	249984
铜陵市	1276943	1064916
铜陵市本级	719025	598344
铜官区	67366	59000
义安区	201357	175932
郊区	16359	15806
枞阳县	272836	215834
安庆市	2681922	2445927

续表

地　　区	2021年债务限额	2021年债务余额
安庆市本级	662974	654644
迎江区	32684	24085
大观区	50080	30659
宜秀区	70482	64343
怀宁县	257741	242029
潜山市	249696	213343
太湖县	279579	236425
宿松县	277767	245042
望江县	266386	218224
岳西县	211007	210195
桐城市	323526	306938
黄山市	1366999	1271490
黄山市本级	393138	379230
屯溪区	64065	45283
黄山区	156413	138714
徽州区	92483	86683
歙县	294033	86683
休宁县	155533	147136
黟县	75491	70055
祁门县	135843	124264
滁州市	2484358	2358287
滁州市本级	616385	599344
琅琊区	89559	75503
南谯区	171083	168876
来安县	206603	195830
全椒县	212871	188632
定远县	367800	348705
凤阳县	304755	296938
天长市	321659	300418
明光市	193643	184041
阜阳市	2894006	2417798
阜阳市本级	602228	495507

续表

地　区	2021年债务限额	2021年债务余额
颍州区	270633	170709
颍东区	236053	205450
颍泉区	220701	196421
临泉县	346100	298353
太和县	374989	292050
阜南县	334794	319186
颍上县	376053	349785
界首市	132455	90337
宿州市	2330265	2079653
宿州市本级	693939	687044
埇桥区	245368	231273
砀山县	263089	225223
萧县	419137	384043
灵璧县	364364	358854
泗县	244368	193216
六安市	2735942	2408503
六安市本级	654156	603751
金安区	222566	167359
裕安区	305315	231762
叶集区	83978	82067
霍邱县	383084	327629
舒城县	341868	278208
金寨县	493693	473432
霍山县	251282	244295
亳州市	2205709	2001343
亳州市本级	518403	471236
谯城区	386612	367735
涡阳县	448714	396694
蒙城县	415491	382929
利辛县	436489	382749
池州市	1538385	1324785
池州市本级	675422	497600

续表

地　　区	2021 年债务限额	2021 年债务余额
贵池区	346434	341908
东至县	257093	233827
石台县	94364	88721
青阳县	165072	162729
宣城市	2058580	2012457
宣城市本级	556237	541021
宣州区	295995	285822
郎溪县	245255	245234
广德市	324029	317273
泾县	100961	96547
绩溪县	133099	132095
旌德县	100715	99360
宁国市	302289	295105

安徽省2021年地方政府专项债务限额及余额决算表

单位:万元

地　　区	2021年债务限额	2021年债务余额
安徽省	79489100	74854095
安徽省本级	1809079	1062123
合肥市	12056383	10983480
合肥市本级	6834114	5893380
瑶海区	139595	134364
庐阳区	380960	379960
蜀山区	373177	373158
包河区	311132	311132
长丰县	1006000	938629
肥东县	992376	987468
肥西县	870567	864411
庐江县	775240	736530
巢湖市	373242	364448
芜湖市	5332666	5223653
芜湖市本级	3229369	3188177
镜湖区	142100	142100
弋江区	124900	124900
鸠江区	105453	105453
湾沚区	557632	549674
繁昌区	354895	317276
南陵县	271802	256536
无为市	546515	539537
蚌埠市	4100247	3937622
蚌埠市本级	2002114	1917448
龙子湖区	141244	141244
蚌山区	108480	101980
禹会区	318947	318927
淮上区	270039	270039
怀远县	494816	481221
五河县	283791	251253

续表

地　　区	2021年债务限额	2021年债务余额
固镇县	480816	455510
淮南市	2592500	2336677
淮南市本级	1269434	1032341
大通区	58000	58000
田家庵区	152200	152200
谢家集区	78929	78800
八公山区	36326	36326
潘集区	167900	167900
毛集区	76416	76408
凤台县	272779	261999
寿县	480516	472703
马鞍山市	3801748	3758727
马鞍山市本级	1265398	1259151
花山区	268536	268536
雨山区	253083	253083
博望区	114375	114375
当涂县	665933	656984
含山县	451745	423920
和县	782678	782678
淮北市	1231186	1193607
淮北市本级	582796	575316
杜集区	119284	116784
相山区	107200	104700
烈山区	84700	84700
濉溪县	337206	312107
铜陵市	2810408	2504994
铜陵市本级	1685106	1418329
铜官区	207009	192715
义安区	377068	361067
郊区	134763	133182
枞阳县	406462	399701
安庆市	4739340	4503830

续表

地　　区	2021年债务限额	2021年债务余额
安庆市本级	2245001	2124670
迎江区	27310	27310
大观区	31940	31841
宜秀区	32725	32725
怀宁县	377476	369584
潜山市	374133	369584
太湖县	392128	387934
宿松县	327417	311828
望江县	247097	219242
岳西县	241363	219809
桐城市	442750	434657
黄山市	1898447	1869250
黄山市本级	849921	836839
屯溪区	64395	64395
黄山区	197667	191642
徽州区	112851	110890
歙县	247889	246578
休宁县	196445	196423
黟县	105132	102081
祁门县	124147	120402
滁州市	6681033	6329315
滁州市本级	2987271	2868591
琅琊区	175444	173282
南谯区	262531	251918
来安县	604975	567013
全椒县	611402	601686
定远县	316480	273012
凤阳县	674090	659227
天长市	708154	621482
明光市	340686	313104
阜阳市	10702724	10533804
阜阳市本级	4079442	4009097

续表

地　　区	2021 年债务限额	2021 年债务余额
颍州区	205525	201128
颍东区	606729	606078
颍泉区	684016	678517
临泉县	946007	929622
太和县	997346	942915
阜南县	1206088	1205360
颍上县	1017149	1017149
界首市	960422	943938
宿州市	4912585	4574630
宿州市本级	2166690	1957340
埇桥区	407877	384099
砀山县	482632	447233
萧县	559461	557889
灵璧县	485006	430341
泗县	810919	797728
六安市	6005658	5877481
六安市本级	1852155	1808071
金安区	493469	468297
裕安区	295115	290512
叶集区	343540	334012
霍邱县	770138	766429
舒城县	1033865	1011867
金寨县	854544	843203
霍山县	362832	355090
亳州市	5652226	5261535
亳州市本级	1759915	1525456
谯城区	893738	873093
涡阳县	1314448	1238242
蒙城县	1140581	1116508
利辛县	543544	508236
池州市	1571353	1553737
池州市本级	595810	595810

续表

地　　区	2021 年债务限额	2021 年债务余额
贵池区	401029	386564
东至县	288551	285909
石台县	74455	73946
青阳县	211508	211508
宣城市	3591517	3349630
宣城市本级	1452546	1289437
宣州区	146164	139512
郎溪县	391916	374522
广德市	554637	537840
泾县	317632	298041
绩溪县	124706	124706
旌德县	134216	126324
宁国市	469700	459248

安徽省2021年地方政府债务发行及还本付息情况表

单位:万元

项 目	本地区	本级
一、2020年末地方政府债务余额	96001439	6963363
其中:一般债务	38167210	6513109
专项债务	57834229	450254
二、2020年地方政府债务限额	107209900	7828560
其中:一般债务	44350800	6911381
专项债务	62859100	917179
三、2021年地方政府债务发行决算数	28293031	1626529
新增一般债券发行额	1440954	568000
再融资一般债券发行额	5858455	446537
新增专项债券发行额	16650000	611900
再融资专项债券发行额	4200393	
国际金融组织和外国政府贷款	143229	92
四、2021年地方政府债务还本决算数	8512896	449371
其中:一般债务	4682671	449371
专项债务	3830225	
五、2021年地方政府债务付息决算数	3558571	265599
其中:一般债务	1458142	246326
专项债务	2100429	19273
六、2021年末地方政府债务余额决算数	115762855	8139347
其中:一般债务	40908760	7077224
专项债务	74854095	1062123
七、2021年地方政府债务限额	125479900	9328660
其中:一般债务	45990800	7519581
专项债务	79489100	1809079

安徽省2021年省级新增一般债券项目表

单位:万元

项目名称	利率%	债券期限	债券发行日期（年-月-日）	发行规模	执行金额
国省道建设	3.41	10年	2021-05-18	118000	118000
铁路建设	3.41	10年	2021-05-18	200000	200000
国省干线公路大中修工程	3.41	10年	2021-05-18	100000	100000
“四好”农村路建设	3.41	10年	2021-05-18	150000	150000
合计				568000	568000

安徽省2021年省级新增专项债券项目表

单位:万元

项目名称	利率%	债券期限	债券发行日期(年-月-日)	发行规模	执行金额
引江济淮工程项目安徽段	3.56	30年	2021-08-24	211900	211900
新建宣城至绩溪高速铁路项目	3.56	30年	2021-08-24	140000	140000
合肥新桥国际机场航站区扩建工程项目	3.54	20年	2021-09-22	120000	120000
新建淮北至宿州至蚌埠城际铁路项目	3.56	30年	2021-08-24	20000	20000
新建合肥至新沂铁路安徽段项目	3.56	30年	2021-08-24	80000	80000
新建池州至黄山高速铁路项目	3.89	30年	2021-05-18	40000	40000
合计				611900	611900

2021年度合肥市一般公共预算收支决算总表

单位:万元

预算科目	预算数	调整预算数	决算数	预算科目	预算数	调整预算数	决算数
一、税收收入	6230973	6332922	6388156	一、一般公共服务支出	762617	775607	773216
增值税	2749573	2710296	2818787	二、外交支出			
企业所得税	739846	803901	763689	三、国防支出	9009	8937	8937
个人所得税	205957	221856	247863	四、公共安全支出	419212	441456	440714
资源税	18118	22818	17457	五、教育支出	1906611	2103700	2101977
城市维护建设税	433026	419260	430183	六、科学技术支出	1820302	1741415	1740822
房产税	308376	339439	351965	七、文化旅游体育与传媒支出	121017	103594	103594
印花税	138421	138134	135716	八、社会保障和就业支出	853586	994699	991021
城镇土地使用税	134099	150539	155580	九、卫生健康支出	743472	812748	810832
土地增值税	629014	609143	555854	十、节能环保支出	277701	448588	442780
车船税	78272	69110	69834	十一、城乡社区支出	1799554	2770368	2752109
耕地占用税	17733	23955	21233	十二、农林水支出	699168	872486	868695
契税	776056	821620	817718	十三、交通运输支出	139791	191433	190188
烟叶税				十四、资源勘探工业信息等支出	150194	163806	162888
环境保护税	1020	1068	721	十五、商业服务业等支出	137724	140417	140378
其他税收收入	1462	1783	1556	十六、金融支出	6928	10102	10102
二、非税收入	1758613	1844323	2054032	十七、援助其他地区支出			
专项收入	975322	1157020	1228388	十八、自然资源海洋气象等支出	47671	109658	109547
行政事业性收费收入	160820	169773	205627	十九、住房保障支出	343910	360981	360768
罚没收入	105742	105330	124796	二十、粮油物资储备支出	15914	16190	16190
国有资本经营收入				二十一、灾害防治及应急管理支出	67219	53489	53321
国有资源(资产)有偿使用收入	336264	235255	281182	二十二、预备费	187286		
其他收入	180465	176945	214039	二十三、其他支出	312758	7205	7205
				二十四、债务付息支出	150875	151330	151330
				二十五、债务发行费用支出	997	622	622
本年收入合计	7989586	8177245	8442188	本年支出合计	10973516	12278831	12237236

2021年度淮北市一般公共预算收支决算总表

单位:万元

预算科目	预算数	调整预算数	决算数	预算科目	预算数	调整预算数	决算数
一、税收收入	589895	640318	651706	一、一般公共服务支出	229820	149500	148018
增值税	282879	325209	311684	二、外交支出			
企业所得税	61730	63580	74226	三、国防支出	940	670	668
个人所得税	10997	11467	13049	四、公共安全支出	82886	85921	85305
资源税	24331	24194	24946	五、教育支出	289046	368343	365553
城市维护建设税	40604	41144	43773	六、科学技术支出	35092	83153	79504
房产税	23922	24442	21330	七、文化旅游体育与传媒支出	17761	24728	19007
印花税	10597	10385	8161	八、社会保障和就业支出	209812	245179	243000
城镇土地使用税	28688	31644	35063	九、卫生健康支出	196100	213799	211935
土地增值税	32622	36222	35078	十、节能环保支出	26761	46403	40875
车船税	10892	10892	9077	十一、城乡社区支出	225141	310944	309332
耕地占用税	3867	3867	3153	十二、农林水支出	118985	218760	198002
契税	56609	55209	71438	十三、交通运输支出	35923	84558	76631
烟叶税				十四、资源勘探工业信息等支出	28576	11241	7263
环境保护税	1973	1879	516	十五、商业服务业等支出	2836	13141	11854
其他税收收入	184	184	212	十六、金融支出	2890	1950	1842
二、非税收入	224175	221372	235795	十七、援助其他地区支出	11		
专项收入	31640	32031	42573	十八、自然资源海洋气象等支出	5701	12800	11435
行政事业性收费收入	30410	29744	33588	十九、住房保障支出	77270	104192	100362
罚没收入	37205	37327	21170	二十、粮油物资储备支出	1097	2478	1813
国有资本经营收入	26400	20000	273	二十一、灾害防治及应急管理支出	9148	9461	9211
国有资源(资产)有偿使用收入	60140	63890	107413	二十二、预备费	18292		
其他收入	38380	38380	30778	二十三、其他支出	128427	3929	1026
				二十四、债务付息支出	28803	35457	35457
				二十五、债务发行费用支出		150	150
本年收入合计	814070	861690	887501	本年支出合计	1771318	2026757	1958243

2021年度亳州市一般公共预算收支决算总表

单位:万元

预算科目	预算数	调整预算数	决算数	预算科目	预算数	调整预算数	决算数
一、税收收入	997941	991750	962209	一、一般公共服务支出	315594	315238	304006
增值税	431291	429044	406845	二、外交支出			
企业所得税	100095	99363	80696	三、国防支出	4678	4870	3785
个人所得税	14840	15002	13198	四、公共安全支出	128495	132860	131713
资源税	7730	8392	6059	五、教育支出	717595	818965	772062
城市维护建设税	61382	61233	61243	六、科学技术支出	35108	53122	51730
房产税	27026	27695	30718	七、文化旅游体育与传媒支出	30757	25950	25547
印花税	15370	15311	13098	八、社会保障和就业支出	586204	626222	620353
城镇土地使用税	60728	59965	60838	九、卫生健康支出	525841	582606	558059
土地增值税	80936	83461	97550	十、节能环保支出	63932	82742	69914
车船税	21083	18311	19427	十一、城乡社区支出	142496	224662	219764
耕地占用税	19070	20370	15329	十二、农林水支出	451759	627482	574387
契税	157910	153181	156839	十三、交通运输支出	82265	140200	112384
烟叶税				十四、资源勘探工业信息等支出	43859	41852	27596
环境保护税	430	372	240	十五、商业服务业等支出	24775	37445	35233
其他税收收入	50	50	129	十六、金融支出	4979	5043	4406
二、非税收入	343356	357835	440761	十七、援助其他地区支出			
专项收入	75295	69399	84730	十八、自然资源海洋气象等支出	12926	19348	16720
行政事业性收费收入	36500	47859	53744	十九、住房保障支出	98505	180820	144893
罚没收入	41600	44162	46731	二十、粮油物资储备支出	5297	9597	9495
国有资本经营收入			345	二十一、灾害防治及应急管理支出	15494	18606	17440
国有资源(资产)有偿使用收入	167552	172495	222465	二十二、预备费	45928		
其他收入	22409	23920	32746	二十三、其他支出	30387	15	
				二十四、债务付息支出	56895	74231	74231
				二十五、债务发行费用支出	37	293	293
本年收入合计	1341297	1349585	1402970	本年支出合计	3423806	4022169	3774011

2021 年度宿州市一般公共预算收支决算总表

单位:万元

预算科目	预算数	调整预算数	决算数	预算科目	预算数	调整预算数	决算数
一、税收收入	969601	994050	933290	一、一般公共服务支出	307800	355286	349341
增值税	457703	483800	464345	二、外交支出			
企业所得税	88263	92150	86844	三、国防支出	5895	1946	1946
个人所得税	13058	13425	13586	四、公共安全支出	172996	192743	192682
资源税	18090	19090	18711	五、教育支出	695962	935323	923012
城市维护建设税	57496	61170	59255	六、科学技术支出	123476	73943	65979
房产税	18146	18325	20830	七、文化旅游体育与传媒支出	29091	46599	43244
印花税	12868	13100	12533	八、社会保障和就业支出	598355	669445	662651
城镇土地使用税	45726	43790	42424	九、卫生健康支出	538039	628082	616986
土地增值税	94933	84200	50901	十、节能环保支出	86049	128212	119525
车船税	16450	16420	17612	十一、城乡社区支出	309971	543450	533948
耕地占用税	14560	15650	20816	十二、农林水支出	457934	796620	770829
契税	131433	132205	124990	十三、交通运输支出	82372	156531	128930
烟叶税				十四、资源勘探工业信息等支出	28568	37686	33168
环境保护税	725	705	383	十五、商业服务业等支出	5832	11803	9177
其他税收收入	150	20	60	十六、金融支出	387	1220	1099
二、非税收入	443487	481730	545375	十七、援助其他地区支出			
专项收入	73007	75680	68220	十八、自然资源海洋气象等支出	34330	60287	60287
行政事业性收费收入	78500	76500	71935	十九、住房保障支出	78474	103646	103596
罚没收入	56870	53240	54549	二十、粮油物资储备支出	4509	27027	20378
国有资本经营收入	5020	2020	24839	二十一、灾害防治及应急管理支出	16560	24835	24429
国有资源(资产)有偿使用收入	187630	210330	266053	二十二、预备费	54862		
其他收入	42460	63960	59779	二十三、其他支出	224648	4642	2942
				二十四、债务付息支出	74276	76223	76223
				二十五、债务发行费用支出	5	285	285
本年收入合计	1413088	1475780	1478665	本年支出合计	3930391	4875834	4740657

2021 年度蚌埠市一般公共预算收支决算总表

单位:万元

预算科目	预算数	调整预算数	决算数	预算科目	预算数	调整预算数	决算数
一、税收收入	1063127	1078319	1049597	一、一般公共服务支出	283890	234386	229619
增值税	516270	525121	524317	二、外交支出			
企业所得税	72369	78971	73004	三、国防支出	2912	2813	2719
个人所得税	13875	14660	18329	四、公共安全支出	160237	163942	150519
资源税	2732	2754	2925	五、教育支出	582366	639813	623452
城市维护建设税	123542	125135	118663	六、科学技术支出	162836	184528	174618
房产税	32681	31678	36312	七、文化旅游体育与传媒支出	38904	42570	38018
印花税	16410	16518	16419	八、社会保障和就业支出	419281	501433	488917
城镇土地使用税	53866	52061	49232	九、卫生健康支出	318453	348444	340374
土地增值税	78082	77583	56207	十、节能环保支出	33515	64106	53978
车船税	13092	11918	14736	十一、城乡社区支出	296964	419440	414103
耕地占用税	18621	17939	5743	十二、农林水支出	227710	435812	395903
契税	121181	123575	133348	十三、交通运输支出	55344	91654	77772
烟叶税				十四、资源勘探工业信息等支出	16473	22065	19699
环境保护税	406	406	299	十五、商业服务业等支出	11890	19363	16466
其他税收收入			63	十六、金融支出	4583	3156	2997
二、非税收入	606016	599192	623714	十七、援助其他地区支出			
专项收入	114153	116891	112651	十八、自然资源海洋气象等支出	52849	54992	54770
行政事业性收费收入	41370	45452	81217	十九、住房保障支出	92274	128532	123425
罚没收入	35876	36140	46687	二十、粮油物资储备支出	2124	3573	3390
国有资本经营收入	91991	75791	99512	二十一、灾害防治及应急管理支出	14891	17174	16362
国有资源(资产)有偿使用收入	299295	282517	247282	二十二、预备费	35220		
其他收入	23331	42401	36365	二十三、其他支出	134117		
				二十四、债务付息支出	59327	60749	60749
				二十五、债务发行费用支出	211	230	230
本年收入合计	1669143	1677511	1673311	本年支出合计	3006371	3438775	3288080

2021年度阜阳市一般公共预算收支决算总表

单位:万元

预算科目	预算数	调整预算数	决算数	预算科目	预算数	调整预算数	决算数
一、税收收入	1484194	1494054	1318197	一、一般公共服务支出	570290	486462	482413
增值税	658304	667824	608852	二、外交支出			
企业所得税	144733	142161	94179	三、国防支出	1751	3995	3963
个人所得税	20373	20197	17888	四、公共安全支出	227197	245091	238516
资源税	17705	17705	17003	五、教育支出	1126069	1242682	1228255
城市维护建设税	104415	103286	100621	六、科学技术支出	47446	76206	75854
房产税	29735	30299	32772	七、文化旅游体育与传媒支出	40881	56377	55582
印花税	23947	23401	16971	八、社会保障和就业支出	918213	1120099	1113919
城镇土地使用税	62482	62387	55937	九、卫生健康支出	877281	889354	881206
土地增值税	162362	166311	113015	十、节能环保支出	53362	116990	109570
车船税	21921	21868	23817	十一、城乡社区支出	407081	467040	462949
耕地占用税	22573	22549	25915	十二、农林水支出	667366	1003172	968521
契税	213342	213760	207871	十三、交通运输支出	146910	200714	192304
烟叶税				十四、资源勘探工业信息等支出	149515	80364	80312
环境保护税	392	396	359	十五、商业服务业等支出	25094	37742	36292
其他税收收入	1910	1910	2997	十六、金融支出	4216	2825	2786
二、非税收入	608006	611224	577865	十七、援助其他地区支出			
专项收入	164254	163646	132727	十八、自然资源海洋气象等支出	32923	39022	38332
行政事业性收费收入	93775	94426	62368	十九、住房保障支出	139098	197784	194369
罚没收入	118189	120558	119693	二十、粮油物资储备支出	15548	20794	17006
国有资本经营收入	10641	10641	4403	二十一、灾害防治及应急管理支出	43762	28866	28468
国有资源(资产)有偿使用收入	203305	204087	217357	二十二、预备费	82894		
其他收入	17842	17866	41317	二十三、其他支出	67063	1053	60
				二十四、债务付息支出	85566	89439	89439
				二十五、债务发行费用支出	20	377	377
本年收入合计	2092200	2105278	1896062	本年支出合计	5729546	6406448	6300493

2021年度淮南市一般公共预算收支决算总表

单位:万元

预算科目	预算数	调整预算数	决算数	预算科目	预算数	调整预算数	决算数
一、税收收入	723671	725502	706242	一、一般公共服务支出	332807	201911	186570
增值税	352784	345987	356522	二、外交支出			
企业所得税	57129	54753	46706	三、国防支出	5026	3429	2904
个人所得税	19201	17111	18044	四、公共安全支出	127461	139324	135886
资源税	33702	44814	43484	五、教育支出	375093	493110	490938
城市维护建设税	49671	48035	44530	六、科学技术支出	16160	40167	39892
房产税	26013	26680	27595	七、文化旅游体育与传媒支出	26307	26515	25169
印花税	13374	13539	11257	八、社会保障和就业支出	387318	452049	448312
城镇土地使用税	37656	38574	39551	九、卫生健康支出	211548	291956	280876
土地增值税	35706	35163	33925	十、节能环保支出	33186	70948	59286
车船税	13779	12721	10582	十一、城乡社区支出	103482	159695	159681
耕地占用税	8640	8455	4831	十二、农林水支出	258241	644561	624929
契税	73054	76557	68423	十三、交通运输支出	34101	89324	85417
烟叶税				十四、资源勘探工业信息等支出	47060	18819	12479
环境保护税	717	743	643	十五、商业服务业等支出	10849	18703	16425
其他税收收入	2245	2370	149	十六、金融支出	17178	5245	5245
二、非税收入	322704	344954	389887	十七、援助其他地区支出			
专项收入	71546	72890	64652	十八、自然资源海洋气象等支出	12489	15654	15571
行政事业性收费收入	62125	56015	54781	十九、住房保障支出	61257	131325	112171
罚没收入	39669	45229	54421	二十、粮油物资储备支出	2261	4818	4045
国有资本经营收入	8754	9031	32577	二十一、灾害防治及应急管理支出	12316	20139	19345
国有资源(资产)有偿使用收入	116837	137403	157669	二十二、预备费	27400		
其他收入	23773	24386	25787	二十三、其他支出	61869	7	7
				二十四、债务付息支出	32233	51081	51081
				二十五、债务发行费用支出	1	185	185
本年收入合计	1046375	1070456	1096129	本年支出合计	2195643	2878965	2776414

2021年度滁州市一般公共预算收支决算总表

单位:万元

预算科目	预算数	调整预算数	决算数	预算科目	预算数	调整预算数	决算数
一、税收收入	1582262	1592262	1475990	一、一般公共服务支出	386288	338559	316800
增值税	653932	668932	626631	二、外交支出			
企业所得税	164450	164950	159538	三、国防支出	3513	3753	3232
个人所得税	23200	23560	31716	四、公共安全支出	198738	212860	202706
资源税	25120	28120	21925	五、教育支出	693787	802535	791108
城市维护建设税	105840	107374	93423	六、科学技术支出	118543	158426	153804
房产税	56400	56600	56063	七、文化旅游体育与传媒支出	59453	53607	50189
印花税	23140	23190	21462	八、社会保障和就业支出	617654	696368	687377
城镇土地使用税	126950	126950	125539	九、卫生健康支出	459512	510116	484359
土地增值税	104250	100800	87132	十、节能环保支出	71772	104217	85478
车船税	14200	14412	14059	十一、城乡社区支出	424151	607723	600879
耕地占用税	67700	58700	47672	十二、农林水支出	475079	772698	708782
契税	214450	216044	189905	十三、交通运输支出	118716	212023	175728
烟叶税				十四、资源勘探工业信息等支出	91087	60580	45235
环境保护税	1085	1085	576	十五、商业服务业等支出	22584	22045	18641
其他税收收入	1545	1545	349	十六、金融支出	4661	11502	9383
二、非税收入	839220	859220	1032650	十七、援助其他地区支出		50	50
专项收入	203933	210533	141895	十八、自然资源海洋气象等支出	32211	54415	52491
行政事业性收费收入	93489	94489	106390	十九、住房保障支出	102854	113202	108748
罚没收入	94222	106622	113345	二十、粮油物资储备支出	6925	8666	7372
国有资本经营收入	8225	8225	9862	二十一、灾害防治及应急管理支出	30229	29957	26853
国有资源(资产)有偿使用收入	407700	407700	601237	二十二、预备费	58400		
其他收入	31651	31651	59921	二十三、其他支出	65269	1296	228
				二十四、债务付息支出	83357	87272	87272
				二十五、债务发行费用支出	1032	390	390
本年收入合计	2421482	2451482	2508640	本年支出合计	4125815	4862260	4617105

2021 年度六安市一般公共预算收支决算总表

单位:万元

预算科目	预算数	调整预算数	决算数	预算科目	预算数	调整预算数	决算数
一、税收收入	1056247	1099543	1065246	一、一般公共服务支出	383244	398153	386968
增值税	466953	489982	487718	二、外交支出			
企业所得税	115320	123408	110748	三、国防支出	3006	2589	2547
个人所得税	18878	19269	18268	四、公共安全支出	148248	193593	188788
资源税	24380	32256	36538	五、教育支出	651418	932874	913543
城市维护建设税	59701	59531	60710	六、科学技术支出	64524	56971	49195
房产税	26922	27693	30432	七、文化旅游体育与传媒支出	45408	52554	47543
印花税	15999	15790	15752	八、社会保障和就业支出	646699	706137	695130
城镇土地使用税	51794	52800	61579	九、卫生健康支出	537614	609984	601942
土地增值税	85826	86448	71499	十、节能环保支出	106995	145913	128342
车船税	14785	14758	14449	十一、城乡社区支出	226692	376710	367856
耕地占用税	9320	9353	3903	十二、农林水支出	623291	998744	936285
契税	164814	166673	151272	十三、交通运输支出	125484	249358	212706
烟叶税				十四、资源勘探工业信息等支出	37342	20728	15362
环境保护税	585	612	322	十五、商业服务业等支出	8301	12673	9825
其他税收收入	970	970	2056	十六、金融支出	848	1718	1559
二、非税收入	348764	371209	409762	十七、援助其他地区支出			
专项收入	72783	77222	84958	十八、自然资源海洋气象等支出	28574	33131	32478
行政事业性收费收入	54873	56856	62386	十九、住房保障支出	94803	133636	132155
罚没收入	41083	44916	57990	二十、粮油物资储备支出	5286	11358	9212
国有资本经营收入				二十一、灾害防治及应急管理支出	16770	27648	25173
国有资源(资产)有偿使用收入	156255	168118	163024	二十二、预备费	47450		
其他收入	23770	24097	41404	二十三、其他支出	188564	2625	625
				二十四、债务付息支出	82714	89319	89319
				二十五、债务发行费用支出	395	372	372
本年收入合计	1405011	1470752	1475008	本年支出合计	4073670	5056788	4846925

2021年度马鞍山市一般公共预算收支决算总表

单位:万元

预算科目	预算数	调整预算数	决算数	预算科目	预算数	调整预算数	决算数
一、税收收入	1366372	1381470	1419511	一、一般公共服务支出	201391	199366	194730
增值税	811357	812169	810005	二、外交支出			
企业所得税	112405	118730	141020	三、国防支出	898	814	814
个人所得税	27230	28986	34664	四、公共安全支出	117856	133174	130514
资源税	22840	21450	19433	五、教育支出	352842	404792	400725
城市维护建设税	97918	99093	107882	六、科学技术支出	99522	134288	124911
房产税	54908	56571	59767	七、文化旅游体育与传媒支出	34166	46038	40695
印花税	23907	24522	24734	八、社会保障和就业支出	328325	378965	370901
城镇土地使用税	58850	59312	66665	九、卫生健康支出	212514	266722	257562
土地增值税	51800	52937	35147	十、节能环保支出	160167	189644	159351
车船税	11407	12325	11124	十一、城乡社区支出	503524	578882	572839
耕地占用税	2550	2635	1404	十二、农林水支出	192536	314021	281963
契税	86800	88522	104599	十三、交通运输支出	57465	98688	81755
烟叶税				十四、资源勘探工业信息等支出	31101	26034	12672
环境保护税	4400	4218	2988	十五、商业服务业等支出	20476	32553	26518
其他税收收入			79	十六、金融支出	1005	1313	823
二、非税收入	453000	500386	545750	十七、援助其他地区支出	409	784	784
专项收入	91760	92656	113747	十八、自然资源海洋气象等支出	17940	24179	19964
行政事业性收费收入	62673	60846	83170	十九、住房保障支出	89033	128554	114320
罚没收入	62964	63437	55042	二十、粮油物资储备支出	4843	2879	2256
国有资本经营收入				二十一、灾害防治及应急管理支出	15749	18187	17753
国有资源(资产)有偿使用收入	215526	262001	272197	二十二、预备费	27613		
其他收入	20077	21446	21594	二十三、其他支出	78330	693	432
				二十四、债务付息支出	74570	60914	60914
				二十五、债务发行费用支出	218	921	921
本年收入合计	1819372	1881856	1965261	本年支出合计	2622493	3042405	2874117

2021年度芜湖市一般公共预算收支决算总表

单位:万元

预算科目	预算数	调整预算数	决算数	预算科目	预算数	调整预算数	决算数
一、税收收入	2613061	2688081	2569451	一、一般公共服务支出	355807	327425	323946
增值税	1343203	1383203	1357938	二、外交支出			
企业所得税	320810	330810	283775	三、国防支出	4998	5418	5418
个人所得税	67763	67763	65416	四、公共安全支出	184497	197143	194897
资源税	29552	29552	24680	五、教育支出	714960	853129	843638
城市维护建设税	225699	230599	233286	六、科学技术支出	538611	713444	701815
房产税	98787	98787	82193	七、文化旅游体育与传媒支出	53092	65828	65241
印花税	39769	39769	39061	八、社会保障和就业支出	510035	608724	601218
城镇土地使用税	166950	166950	127633	九、卫生健康支出	422907	460811	453995
土地增值税	87282	98402	93198	十、节能环保支出	183222	212143	199534
车船税	19269	19269	21948	十一、城乡社区支出	549629	656089	645723
耕地占用税	15489	15489	8496	十二、农林水支出	313834	428807	404373
契税	193370	202370	227547	十三、交通运输支出	93502	128995	110622
烟叶税	1950	1950	1993	十四、资源勘探工业信息等支出	148042	76259	48073
环境保护税	3148	3148	2283	十五、商业服务业等支出	47308	81975	77307
其他税收收入	20	20	4	十六、金融支出	5839	13925	13685
二、非税收入	866504	855719	1042548	十七、援助其他地区支出	294		
专项收入	262722	266222	280584	十八、自然资源海洋气象等支出	30912	33415	33300
行政事业性收费收入	74385	75085	85431	十九、住房保障支出	130009	149126	141458
罚没收入	46310	45810	160541	二十、粮油物资储备支出	4945	4213	4186
国有资本经营收入	154000	141000	167626	二十一、灾害防治及应急管理支出	22779	21430	21000
国有资源(资产)有偿使用收入	281186	279721	288679	二十二、预备费	57000		
其他收入	47901	47881	59687	二十三、其他支出	96498	1988	1893
				二十四、债务付息支出	136418	142864	142864
				二十五、债务发行费用支出	415	761	761
本年收入合计	3479565	3543800	3611999	本年支出合计	4605553	5183912	5034947

2021 年度宣城市一般公共预算收支决算总表

单位:万元

预算科目	预算数	调整预算数	决算数	预算科目	预算数	调整预算数	决算数
一、税收收入	1205020	1209520	1135531	一、一般公共服务支出	393289	243870	237274
增值税	571946	566946	554415	二、外交支出			
企业所得税	107462	110962	108921	三、国防支出	2070	1789	1733
个人所得税	28067	30067	34554	四、公共安全支出	142188	132497	125458
资源税	30999	33999	30293	五、教育支出	314835	436786	434200
城市维护建设税	69606	68606	69291	六、科学技术支出	118144	140795	140468
房产税	36662	39162	39484	七、文化旅游体育与传媒支出	60097	49054	48176
印花税	15746	15746	14539	八、社会保障和就业支出	375996	436315	431179
城镇土地使用税	108309	111809	112641	九、卫生健康支出	298008	364185	360863
土地增值税	66852	62852	49742	十、节能环保支出	53417	91010	78308
车船税	17018	17018	17828	十一、城乡社区支出	408374	440755	426135
耕地占用税	28452	28452	10564	十二、农林水支出	344748	520605	495088
契税	114874	114874	87142	十三、交通运输支出	99754	142168	113710
烟叶税	7332	7332	3811	十四、资源勘探工业信息等支出	96381	14556	14556
环境保护税	1695	1695	1016	十五、商业服务业等支出	8657	13392	11246
其他税收收入			1290	十六、金融支出	1766	1318	739
二、非税收入	566745	582245	692480	十七、援助其他地区支出			
专项收入	108415	113415	146454	十八、自然资源海洋气象等支出	25005	36923	36408
行政事业性收费收入	58234	70234	69614	十九、住房保障支出	80958	99719	98119
罚没收入	65000	65000	79654	二十、粮油物资储备支出	2647	4686	4686
国有资本经营收入	1922	1922	3182	二十一、灾害防治及应急管理支出	17431	19873	16597
国有资源(资产)有偿使用收入	318485	313485	370630	二十二、预备费	41249		
其他收入	14689	18189	22946	二十三、其他支出	35039	4742	2998
				二十四、债务付息支出	72371	72781	72781
				二十五、债务发行费用支出	131	271	271
本年收入合计	1771765	1791765	1828011	本年支出合计	2992555	3268090	3150993

2021年度铜陵市一般公共预算收支决算总表

单位:万元

预算科目	预算数	调整预算数	决算数	预算科目	预算数	调整预算数	决算数
一、税收收入	629140	682189	706988	一、一般公共服务支出	118158	129711	129498
增值税	317150	362690	367788	二、外交支出			
企业所得税	72781	72500	84003	三、国防支出	529	1425	1425
个人所得税	6940	8190	9256	四、公共安全支出	64612	82146	81957
资源税	27000	27650	27342	五、教育支出	226401	266212	260495
城市维护建设税	42310	46310	46635	六、科学技术支出	95979	130335	125226
房产税	16860	17660	20505	七、文化旅游体育与传媒支出	18749	23410	23007
印花税	19210	19810	13293	八、社会保障和就业支出	232436	261472	259272
城镇土地使用税	51600	51300	56292	九、卫生健康支出	110703	199936	196768
土地增值税	19700	19900	14643	十、节能环保支出	43597	54638	52802
车船税	5589	6189	5952	十一、城乡社区支出	196847	223658	221174
耕地占用税	300	140	118	十二、农林水支出	116543	215533	206782
契税	48300	48550	60142	十三、交通运输支出	61361	115312	115304
烟叶税				十四、资源勘探工业信息等支出	25229	18276	15581
环境保护税	1400	1290	874	十五、商业服务业等支出	24044	92532	91518
其他税收收入		10	145	十六、金融支出	2114	808	808
二、非税收入	229154	223354	228035	十七、援助其他地区支出			
专项收入	64000	69200	72763	十八、自然资源海洋气象等支出	16314	29944	29889
行政事业性收费收入	38650	40650	46199	十九、住房保障支出	40232	79210	74418
罚没收入	20840	23240	37067	二十、粮油物资储备支出	2580	2124	2124
国有资本经营收入	3000	3000	9	二十一、灾害防治及应急管理支出	9185	12253	12000
国有资源(资产)有偿使用收入	80024	61524	52918	二十二、预备费	15700		
其他收入	22640	25740	19079	二十三、其他支出	6489	6632	6537
				二十四、债务付息支出	17552	40047	40047
				二十五、债务发行费用支出	20	136	136
本年收入合计	858294	905543	935023	本年支出合计	1445374	1985750	1946768

2021 年度池州市一般公共预算收支决算总表

单位:万元

预算科目	预算数	调整预算数	决算数	预算科目	预算数	调整预算数	决算数
一、税收收入	488994	499231	511866	一、一般公共服务支出	136124	114146	112618
增值税	219810	236214	250208	二、外交支出			
企业所得税	50875	54852	55408	三、国防支出	3216	1620	1620
个人所得税	10084	11197	10831	四、公共安全支出	45794	53973	52861
资源税	45875	34632	29913	五、教育支出	215775	259774	258655
城市维护建设税	28408	29273	30864	六、科学技术支出	18292	28166	27417
房产税	11319	13081	16002	七、文化旅游体育与传媒支出	25579	20767	20400
印花税	7186	6976	6984	八、社会保障和就业支出	173520	204427	202709
城镇土地使用税	39079	41550	43503	九、卫生健康支出	117708	210323	207071
土地增值税	19148	16185	14207	十、节能环保支出	71581	111654	100844
车船税	6480	5235	5819	十一、城乡社区支出	148920	204065	197896
耕地占用税	4654	3922	2937	十二、农林水支出	161805	294399	267832
契税	44565	44605	43730	十三、交通运输支出	59050	107550	89918
烟叶税	476	481	630	十四、资源勘探工业信息等支出	12016	17426	9393
环境保护税	1035	1028	792	十五、商业服务业等支出	7357	8020	7745
其他税收收入			38	十六、金融支出	346	342	342
二、非税收入	228723	223743	230944	十七、援助其他地区支出			
专项收入	36766	40310	40702	十八、自然资源海洋气象等支出	9733	20069	19847
行政事业性收费收入	56583	52205	47594	十九、住房保障支出	44911	93028	77912
罚没收入	23087	24787	25139	二十、粮油物资储备支出	1953	1743	1743
国有资本经营收入	3960	3960		二十一、灾害防治及应急管理支出	10005	12101	11117
国有资源(资产)有偿使用收入	99617	92016	102662	二十二、预备费	14150		
其他收入	8710	10465	14847	二十三、其他支出	8502	2914	239
				二十四、债务付息支出	55996	60941	60941
				二十五、债务发行费用支出	47	275	275
本年收入合计	717717	722974	742810	本年支出合计	1342380	1827723	1729395

2021年度安庆市一般公共预算收支决算总表

单位:万元

预算科目	预算数	调整预算数	决算数	预算科目	预算数	调整预算数	决算数
一、税收收入	1148962	1167236	1146068	一、一般公共服务支出	310900	379182	365988
增值税	584206	607123	608078	二、外交支出			
企业所得税	87945	84682	77728	三、国防支出	3153	3278	3234
个人所得税	18908	18378	17583	四、公共安全支出	166448	186593	184045
资源税	10431	11589	11919	五、教育支出	571763	909698	892457
城市维护建设税	93879	92463	99039	六、科学技术支出	57522	133582	130669
房产税	36729	40305	36279	七、文化旅游体育与传媒支出	58002	85261	82127
印花税	16505	16722	15035	八、社会保障和就业支出	477003	657570	653226
城镇土地使用税	66750	71219	64168	九、卫生健康支出	497851	579320	566562
土地增值税	87145	82187	69462	十、节能环保支出	77659	150770	135811
车船税	16992	16253	18040	十一、城乡社区支出	212216	370214	352802
耕地占用税	10559	11363	10870	十二、农林水支出	437770	878340	841630
契税	117860	114169	116960	十三、交通运输支出	106056	247773	234742
烟叶税				十四、资源勘探工业信息等支出	44312	40566	34389
环境保护税	965	710	699	十五、商业服务业等支出	12211	42430	38591
其他税收收入	88	73	208	十六、金融支出	1925	10940	8455
二、非税收入	361115	380049	414801	十七、援助其他地区支出			
专项收入	113671	130494	130627	十八、自然资源海洋气象等支出	27649	36990	36121
行政事业性收费收入	75074	66560	70421	十九、住房保障支出	82538	151077	132778
罚没收入	54536	56161	64779	二十、粮油物资储备支出	3988	20648	18023
国有资本经营收入			234	二十一、灾害防治及应急管理支出	17093	25990	22214
国有资源(资产)有偿使用收入	73430	89551	107056	二十二、预备费	36060		
其他收入	44404	37283	41684	二十三、其他支出	12407	20697	6053
				二十四、债务付息支出	59107	89699	89699
				二十五、债务发行费用支出	393	396	396
本年收入合计	1510077	1547285	1560869	本年收入合计	3274026	5021014	4830012

2021年度黄山市一般公共预算收支决算总表

单位:万元

预算科目	预算数	调整预算数	决算数	预算科目	预算数	调整预算数	决算数
一、税收收入	449120	450292	441659	一、一般公共服务支出	194891	171531	170367
增值税	193427	194736	189865	二、外交支出			
企业所得税	36016	35932	32239	三、国防支出	4540	3761	3761
个人所得税	11348	11519	13206	四、公共安全支出	104862	107600	107080
资源税	3123	2314	1980	五、教育支出	198114	234897	231219
城市维护建设税	23142	23539	22198	六、科学技术支出	47906	68415	68230
房产税	22113	22540	24656	七、文化旅游体育与传媒支出	50220	55219	53711
印花税	6439	6265	5615	八、社会保障和就业支出	224290	286878	285231
城镇土地使用税	34387	33879	29375	九、卫生健康支出	114902	211766	208635
土地增值税	44669	45617	51722	十、节能环保支出	45252	112663	110314
车船税	9336	9136	9261	十一、城乡社区支出	218064	337741	335053
耕地占用税	5193	4498	2053	十二、农林水支出	183078	298474	287134
契税	59076	59374	58614	十三、交通运输支出	51080	83583	78697
烟叶税	270	288	301	十四、资源勘探工业信息等支出	31427	28415	27698
环境保护税	89	162	142	十五、商业服务业等支出	9300	12807	10609
其他税收收入	492	493	432	十六、金融支出	2869	3462	3372
二、非税收入	427717	431699	441271	十七、援助其他地区支出		60	60
专项收入	30098	31471	38528	十八、自然资源海洋气象等支出	8989	11222	11014
行政事业性收费收入	29091	28753	26470	十九、住房保障支出	53998	74005	72801
罚没收入	22854	22379	29356	二十、粮油物资储备支出	2890	2353	1857
国有资本经营收入			137	二十一、灾害防治及应急管理支出	14747	23472	21301
国有资源(资产)有偿使用收入	306906	315361	315113	二十二、预备费	16119		
其他收入	38768	33735	31667	二十三、其他支出	81218	4766	3757
				二十四、债务付息支出	42295	46152	46152
				二十五、债务发行费用支出	105	177	177
本年收入合计	876837	881991	882930	本年收入合计	1701156	2179419	2138230

2021 年度一般公共预算收支及平衡情况表(收入部分)

单位:万元

地 区	收入合计	税收收入												非税收入						
		小计	增值税	企业所得税	个人所得税	资源税	城市维护建设税	房产税	城镇土地使用税	土地增值税	耕地占用税	契税	其他各项税收收入	小计	专项收入	行政事业性收费收入	罚没收入	国有资本经营收入	国有资源(资产)有偿使用收入	其他收入
安徽省	34981949	23898951	10075811	3924176	935293	334608	1633770	890701	1129199	1429729	227131	2620538	697995	11082998	3137771	1277208	1120042	342999	4388100	816878
安徽省本级	2594572	1417244	−668187	1651452	357842		12174	3798	3179	447	42094		14445	1177328	353572	116273	29082		615163	63238
安徽省地市合计	32387377	22481707	10743998	2272724	577451	334608	1621596	886903	1126020	1429282	185037	2620538	683550	9905670	2784199	1160935	1090960	342999	3772937	753640
宣城市	1828011	1135531	554415	108921	34554	30293	69291	39484	112641	49742	10564	87142	38484	692480	146454	69614	79654	3182	370630	22946
宣城市本级	298772	189652	71840	21020	2674	1946	13924	7179	33214	12360	682	16760	8053	109120	30096	13898	31563	3182	20867	9514
宣城市区县合计	1529239	945879	482575	87901	31880	28347	55367	32305	79427	37382	9882	70382	30431	583360	116358	55716	48091		349763	13432
宣州区	318935	183664	86651	11921	10102	9788	12820	5050	16969	1830	2717	19992	5824	135271	15952	1126	4972		113215	6
郎溪县	215006	118462	66907	9245	1449	1145	6874	4587	9311	5676	609	8817	3842	96544	9121	1830	3999		79827	1767
广德市	326442	239386	123789	28527	5829	10492	12337	10654	16328	8185	3159	14302	5784	87056	21526	34006	13543		12126	5855
宁国市	351910	241894	113962	27142	10348	3154	14983	8096	29115	9719	1481	13696	10198	110016	43684	8192	7929		47114	3097
泾县	162446	84832	51868	5587	1936	1752	4686	1475	2410	5055	1627	5589	2847	77614	14623	5157	6445		50268	1121
旌德县	67500	33824	15589	1511	621	1567	1404	833	1723	5291	261	4079	945	33676	2889	2608	4662		22924	593
绩溪县	87000	43817	23809	3968	1595	449	2263	1610	3571	1626	28	3907	991	43183	8563	2797	6541		24289	993
宿州市	1478665	933290	464345	86844	13586	18711	59255	20830	42424	50901	20816	124990	30588	545375	68220	71935	54549	24839	266053	59779
宿州市本级	477705	355528	196176	35344	4570		27156	8372	23799	10530	1448	36922	11211	122177	28086	32435	12239	17000	24228	8189
宿州市区县合计	1000960	577762	268169	51500	9016	18711	32099	12458	18625	40371	19368	88068	19377	423198	40134	39500	42310	7839	241825	51590
埇桥区	329785	201515	93970	21018	3543	13394	15425	4882	9037	9173	3602	24225	3246	128270	14818	7394	6343		63206	36509
砀山县	134276	77904	34689	3135	630		3171	1462	2139	6468	10523	11455	4232	56372	4586	3341	6032		39763	2650
萧县	235402	130001	73219	13435	1282	5053	6838	2099	2358	9148	−4	12672	3901	105401	11495	9044	9333	90	70974	4465
灵璧县	155962	79627	27733	8489	2023	264	2718	2530	2416	8171	2385	19644	3254	76335	4267	7279	11168		49978	3643
泗县	145535	88715	38558	5423	1538		3947	1485	2675	7411	2862	20072	4744	56820	4968	12442	9434	7749	17904	4323
滁州市	2508640	1475990	626631	159538	31716	21925	93423	56063	125539	87132	47672	189905	36446	1032650	141895	106390	113345	9862	601237	59921
滁州市本级	591630	405450	132227	60736	9534		36677	20367	34213	25176	−1125	76449	11196	186180	36132	32955	25817	9860	52769	28647
滁州市区县合计	1917010	1070540	494404	98802	22182	21925	56746	35696	91326	61956	48797	113456	25250	846470	105763	73435	87528	2	548468	31274
琅琊区	113649	81664	44993	5634	2533	−2	5933	3724	5280	5442	2860	4040	1227	31985	5145	3763	5778		17012	287
南谯区	190106	106313	46245	10346	1804	1350	5466	2862	9059	6404	17020	4366	1391	83793	6603	10819	1916	2	63633	820
天长市	440947	234618	116414	16264	2678	1727	14473	6554	17932	19138	8540	23881	7017	206329	51409	12310	28565		104114	9931
来安县	228326	146601	61690	16054	4092	528	5809	7079	14072	8361	3177	20872	4867	81725	8127	10512	9517		52438	1131
全椒县	226833	152043	57377	16224	3782	2081	6177	5349	13800	13424	6777	24276	2776	74790	8199	15185	6855		42637	1914
定远县	234527	79730	38148	6225	1522	2695	3976	3162	9112	2354	619	9659	2258	154797	6224	4502	13656		124080	6335
凤阳县	279085	187411	94095	23385	2943	12020	9772	4575	12555	3204	6125	14974	3763	91674	14425	10787	11589		47498	7375
明光市	203537	82160	35442	4670	2828	1526	5140	2391	9516	3629	3679	11388	1951	121377	5631	5557	9652		97056	3481
池州市	742810	511866	250208	55408	10831	29913	30864	16002	43503	14207	2937	43730	14263	230944	40702	47594	25139		102662	14847
池州市本级	258326	168814	74454	23863	3352	243	13686	8179	15680	7840	300	16904	4313	89512	14454	35906	9031		22393	7728
池州市区县合计	484484	343052	175754	31545	7479	29670	17178	7823	27823	6367	2637	26826	9950	141432	26248	11688	16108		80269	7119
贵池区	233430	178401	105303	14780	3478	19152	10065	3292	11251	1936	1553	4190	3401	55029	13858	1294	2982		31940	4955
石台县	23916	13435	6539	987	310	1174	406	304	188	487	208	2431	401	10481	745	824	1669		5831	1412
青阳县	107133	83060	35960	7443	1806	6221	4051	2445	8533	2343	615	11032	2611	24073	5984	6340	4800		6948	1
东至县	120005	68156	27952	8335	1885	3123	2656	1782	7851	1601	261	9173	3537	51849	5661	3230	6657		35550	751
阜阳市	1896062	1318197	608852	94179	17888	17003	100621	32772	55937	113015	25915	207871	44144	577865	132727	62368	119693	4403	217357	41317
阜阳市本级	340994	229595	133486	22577	5187		32139	3442	8096	4397	3440	11462	5369	111399	43930	16540	22061	110	23733	5025
阜阳市区县合计	1555068	1088602	475366	71602	12701	17003	68482	29330	47841	108618	22475	196409	38775	466466	88797	45828	97632	4293	193624	36292
颍州区	228495	194306	50020	8551	2229		7329	7767	9999	39225	13	58329	10844	34189	8826	878	2968	1466	18407	1644
颍泉区	113889	74152	16382	3211	861		2352	4667	4571	16505	1876	21837	1890	39737	2904	1788	4102		29839	1104
颍东区	148546	99095	29500	6650	1117	4097	11498	2342	6703	5651		26527	5010	49451	10018	2943	9710		26616	164
临泉县	194801	113205	45618	8648	1484	52	4804	2285	4065	13742	1951	27359	3197	81596	11053	13203	10058		40981	6301
太和县	216600	138178	80880	9270	2360		10581	2921	4579	8865	5	14495	4222	78422	16683	9558	35462		14434	2285
颍上县	300807	204763	83846	23998	2413	12854	8212	4305	9163	11706	17516	23656	7094	96044	10497	10551	21979		35867	17150
阜南县	150778	111974	66482	6039	1188		6983	1837	4262	8455	1114	12559	3055	38804	8772	4333	5952		17026	2721
界首市	201152	152929	102638	5235	1049		16723	3206	4499	4469		11647	3463	48223	20044	2574	7401	2827	10454	4923
六安市	1475008	1065246	487718	110748	18268	36538	60710	30432	61579	71499	3903	151272	32579	409762	84958	62386	57990		163024	41404

续表

地区	收入合计	税收收入												非税收入						
		小计	增值税	企业所得税	个人所得税	资源税	城市维护建设税	房产税	城镇土地使用税	土地增值税	耕地占用税	契税	其他各项税收收入	小计	专项收入	行政事业性收费收入	罚没收入	国有资本经营收入	国有资源(资产)有偿使用收入	其他收入
六安市本级	329090	246210	71851	31951	4370		16636	9636	15678	19335	418	69089	7246	82880	20502	20451	14407		16609	10911
六安市区县合计	1145918	819036	415867	78797	13898	36538	44074	20796	45901	52164	3485	82183	25333	326882	64456	41935	43583		146415	30493
金安区	157938	128118	65567	13338	1707	4461	5955	1778	8033	9254	199	11609	6217	29820	9275	5840	6650		6603	1452
裕安区	168562	131745	68077	9123	3428	3114	6521	2712	12788	11252	165	12800	1765	36817	9990	5334	12392		8984	117
霍邱县	237263	142946	70055	18658	1431	19633	6330	3767	6195	5396	108	7672	3701	94317	9860	7633	7981		68727	116
舒城县	203697	145138	71130	13581	2373	2084	7379	4476	5000	13006	285	22167	3657	58559	10673	10581	7307		5036	24962
金寨县	173080	125626	70528	11418	1917	3387	7544	2376	6623	5418	448	9917	6050	47454	10216	6144	3005		24916	3173
霍山县	150304	100071	48891	9229	2521	3464	7729	3404	4711	3726	925	12574	2897	50233	11003	3986	5492		29411	341
叶集区	55074	45392	21619	3450	521	395	2616	2283	2551	4112	1355	5444	1046	9682	3439	2417	756		2738	332
合肥市	8442188	6388156	2818787	763689	247863	17457	430183	351965	155580	555854	21233	817718	207827	2054032	1228388	205627	124796		281182	214039
合肥市本级	4801491	3491787	1591179	464892	162478	1	277149	114750	94495	94206	6756	604562	81319	1309704	933280	90215	57310		100395	128504
合肥市区县合计	3640697	2896369	1227608	298797	85385	17456	153034	237215	61085	461648	14477	213156	126508	744328	295108	115412	67486		180787	85535
瑶海区	186262	133628	53240	9864	3964		8150	19045		34177			5188	52634	625	12657	7000		10584	21768
庐阳区	310493	242724	71918	60076	14775		12589	44726		27780			10860	67769	2202	19287	4298		36066	5916
蜀山区	365601	329320	95912	34430	18039	2	21184	44703		101981			13069	36281	4722	3495	1360		11844	14860
包河区	639556	589719	206305	74296	20581		30064	57377		180881			20215	49837	3180	9031	7011		24923	5692
肥东县	557513	417817	227945	21684	6727		20998	16104	13988	16641	1551	60512	31667	139696	89333	17676	8307		23803	577
长丰县	498759	354386	181648	26089	5622	5	18323	17043	14670	28756	997	53908	7325	144373	90245	16780	8214		23627	5507
肥西县	590325	435986	197772	29440	8357		20906	23515	17196	59602	4239	63343	11616	154339	64550	20998	9374		33916	25501
庐江县	236973	194859	105349	19443	2788	11217	10635	5857	7167	4351	5769	17792	4491	42114	15871	7980	7807		6235	4221
巢湖市	255215	197930	87519	23475	4532	6232	10185	8845	8064	7479	1921	17601	22077	57285	24380	7508	14115		9789	1493
蚌埠市	1673311	1049597	524317	73004	18329	2925	118663	36312	49232	56207	5743	133348	31517	623714	112651	81217	46687	99512	247282	36365
蚌埠市本级	637466	421016	165632	26705	5835	2885	75114	12853	13271	19038	896	93212	5575	216450	64467	45790	3539	26251	64702	11701
蚌埠市区县合计	1035845	628581	358685	46299	12494	40	43549	23459	35961	37169	4847	40136	25942	407264	48184	35427	43148	73261	182580	24664
龙子湖区	102095	65893	38257	4990	3315		5797	2424	2287	658			8165	36202	3992	1786	1636	25000	3759	29
蚌山区	108420	77655	42426	6308	1680		6011	5024	2321	12561			1324	30765	4138	802	14340	7253	4012	220
禹会区	135217	82719	51479	12736	2008		7717	1778	3249	1575			2177	52498	5414	2300	2908	32300	8415	1161
淮上区	120045	78305	37452	10857	1748		5557	5212	8043	8219			1217	41740	3934	1214	164	8645	26541	1242
怀远县	251422	148368	92284	3514	1080		9505	3912	9282	6185	3605	14929	4072	103054	17965	11892	6835	63	65311	988
固镇县	169962	100270	59325	3970	1393		5260	2461	7042	3230		11729	5860	69692	7508	10521	12665		35773	3225
五河县	148684	75371	37462	3924	1270	40	3702	2648	3737	4741	1242	13478	3127	73313	5233	6912	4600		38769	17799
淮南市	1096129	706242	356522	46706	18044	43484	44530	27595	39551	33925	4831	68423	22631	389887	64652	54781	54421	32577	157669	25787
淮南市本级	407525	227491	100017	17990	5569	8400	8360	9370	16866	12253	1954	40670	6042	180034	41331	16376	28850	32148	42463	18866
淮南市区县合计	688604	478751	256505	28716	12475	35084	36170	18225	22685	21672	2877	27753	16589	209853	23321	38405	25571	429	115206	6921
田家庵区	97999	74905	39380	7780	3408		5370	4664	4587	4425			5291	23094	-5	3527	1620		17895	57
大通区	43709	33189	18870	4153	1230		5313	1364	1518	313			428	10520		2656	3450	12	4402	
谢家集区	30855	25220	19470	699	377	1	2064	993	1120	109			387	5635		381	2752		2502	
八公山区	24622	10959	5133	2582	1028		891	455	533	89			248	13663		129	5723	417	7393	1
潘集区	55843	43626	25732	1146	1567	2125	6017	2554	3260	119			1106	12217	2909	805	2546		4507	1450
凤台县	244932	199666	107758	5784	3223	32722	12472	5954	7265	5742		11877	6869	45266	14371	5409	3976		16943	4567
寿县	190644	91186	40162	6572	1642	236	4043	2241	4402	10875	2877	15876	2260	99458	6046	25498	5504		61564	846
铜陵市	935023	706988	367788	84003	9256	27342	46635	20505	56292	14643	118	60142	20264	228035	72763	46199	37067	9	52918	19079
铜陵市本级	405956	279687	100423	48884	3782	14153	15489	9988	36652	4210	1	37429	8676	126269	50286	30841	12480		17883	14779
铜陵市区县合计	529067	427301	267365	35119	5474	13189	31146	10517	19640	10433	117	22713	11588	101766	22477	15358	24587	9	35035	4300
郊区	82317	62884	40813	4678	491		5273	1644	6316	381		1811	1477	19433		724	9385	9	9304	11
铜官区	130829	116351	70220	8804	2136		10158	4513	4838	4767		7137	3778	14478		3757	4506		5701	514
义安区	203820	168111	117202	10080	1167	6878	11518	2741	5329	1498	70	7538	4090	35709	15886	8005	6423		5395	
枞阳县	112101	79955	39130	11557	1680	6311	4197	1619	3157	3787	47	6227	2243	32146	6591	2872	4273		14635	3775
马鞍山市	1965261	1419511	810005	141020	34664	19433	107882	59767	66665	35147	1404	104599	38925	545750	113747	83170	55042		272197	21594
马鞍山市本级	718911	546367	281477	64742	14533	5358	44543	25596	22243	4056	967	65246	17606	172544	52871	26325	17259		63187	12902
马鞍山市区县合计	1246350	873144	528528	76278	20131	14075	63339	34171	44422	31091	437	39353	21319	373206	60876	56845	37783		209010	8692
花山区	176500	128962	78506	11280	2285		11475	8081	3475	10840			3020	47538	5408	3020	5453		31848	1809
雨山区	147943	112051	70440	8134	1978		10754	6395	3085	8351			2914	35892	4863	3276	3050		23827	876
当涂县	340683	230303	143165	21847	3976	3042	14377	8978	11328	2746	498	14682	5664	110380	18429	38927	11402		40397	1225
含山县	157340	109385	67742	7481	1339	4068	6634	2676	6287	3473	540	7115	2030	47955	9352	3797	5870		25521	3415
和县	280436	215906	117393	25410	9898	6965	12538	6072	15558	3492	-612	12889	6303	64530	16584	5804	7966		32810	1366

续表

地区	收入合计	税收收入												非税收入						
		小计	增值税	企业所得税	个人所得税	资源税	城市维护建设税	房产税	城镇土地使用税	土地增值税	耕地占用税	契税	其他各项税收收入	小计	专项收入	行政事业性收费收入	罚没收入	国有资本经营收入	国有资源(资产)有偿使用收入	其他收入
博望区	143448	76537	51282	2126	655		7561	1969	4689	2189	11	4667	1388	66911	6240	2021	4042		54607	1
淮北市	887501	651706	311684	74226	13049	24946	43773	21330	35063	35078	3153	71438	17966	235795	42573	33588	21170	273	107413	30778
淮北市本级	462064	317881	157626	37094	5485	5918	24630	7731	10626	1528	1521	56697	9025	144183	25343	18132	9212	273	79058	12165
淮北市区县合计	425437	333825	154058	37132	7564	19028	19143	13599	24437	33550	1632	14741	8941	91612	17230	15456	11958		28355	18613
相山区	87701	83641	32692	5698	1463	163	4541	5821	9656	21229			2378	4060	1732	284	1622		411	11
杜集区	58574	35124	14670	5553	874	3577	2032	1949	3928	1420			1121	23450	838	1849	2859		2083	15821
烈山区	40440	21546	8827	1946	178	3492	1330	851	2246	2064			612	18894	596	627	977		16694	
濉溪县	238722	193514	97869	23935	5049	11796	11240	4978	8607	8837	1632	14741	4830	45208	14064	12696	6500		9167	2781
芜湖市	3611999	2569451	1357938	283775	65416	24680	233286	82193	127633	93198	8496	227547	65289	1042548	280584	85431	160541	167626	288679	59687
芜湖市本级	1337173	801877	423783	113164	19025		108407	32278	44891	11761	274	23509	24785	535296	171056	34094	133552	34147	119281	43166
芜湖市区县合计	2274826	1767574	934155	170611	46391	24680	124879	49915	82742	81437	8222	204038	40504	507252	109528	51337	26989	133479	169398	16521
镜湖区	350544	271433	125946	42222	17655		17358	10929	4455	11957		34096	6815	79111	11713	4934	2441	20838	36894	2291
弋江区	351215	319885	162676	26096	5582		24049	6465	9703	25280		55909	4125	31330	16539	7085	1369	5000	689	648
鸠江区	337893	278158	122332	25529	9525	934	16841	12057	13740	15135	-301	57611	4755	59735	11754	5174	3068	35000	4737	2
繁昌区	368159	266659	151585	33651	3313	17471	21364	3897	12973	2409	739	11024	8233	101500	19618	7130	3450	13369	55793	2140
南陵县	233279	154070	96563	6795	2697	701	9539	2990	9631	4864	5562	9704	5024	79209	13311	5306	3506	51741	958	4387
湾沚区	346202	274515	156604	20117	4353	1185	22218	10597	24054	11580	107	16089	7611	71687	20610	4828	4181	7531	34387	150
无为市	287534	202854	118449	16201	3266	4389	13510	2980	8186	10212	2115	19605	3941	84680	15983	16880	8974		35940	6903
安庆市	1560869	1146068	608078	77728	17583	11919	99039	36279	64168	69462	10870	116960	33982	414801	130627	70421	64779	234	107056	41684
安庆市本级	493234	327342	165202	17954	5765	1151	43446	8425	16648	7322	3961	49107	8361	165892	64328	29228	18422		37385	16529
安庆市区县合计	1067635	818726	442876	59774	11818	10768	55593	27854	47520	62140	6909	67853	25621	248909	66299	41193	46357	234	69671	25155
迎江区	128252	118267	81889	3839	1170	1	12510	3192	4751	8740			2175	9985	9413	34	48	234	216	40
大观区	60635	54016	38381	2819	768	2	5802	2164	2423	346			1311	6619	4094	1131	1115		238	41
宜秀区	95896	76737	40578	10504	640	320	5473	2945	5356	9733			1188	19159	4071	1701	10067		2071	1249
怀宁县	151562	122067	48686	19806	1527	7751	4482	5974	10993	7306	699	12038	2805	29495	7905	8131	3950		7967	1542
桐城市	196672	163970	89296	10379	2437	244	12899	4846	10692	10894	1995	15693	4595	32702	11873	7205	7776		2384	3464
潜山市	104443	61105	29102	1942	661	69	3031	1594	2049	5882	2751	11870	2154	43338	9083	3536	4350		12782	13587
太湖县	84992	52717	23310	2445	1239	372	2555	1372	2876	8434	335	7528	2251	32275	4040	3076	2235		22186	738
宿松县	96981	62080	36953	3802	1017	1073	3456	1039	1423	3328	111	8337	1541	34901	8399	4758	7362		11637	2745
望江县	79506	56025	30090	1910	1415		2950	3434	3413	4006	211	6772	1824	23481	4107	7990	4973		4921	1490
岳西县	68696	51742	24591	2328	944	936	2435	1294	3544	3471	807	5615	5777	16954	3314	3631	4481		5269	259
黄山市	882930	441659	189865	32239	13206	1980	22198	24656	29375	51722	2053	58614	15751	441271	38528	26470	29356	137	315113	31667
黄山市本级	233045	112345	34580	10849	2771		5998	6638	5535	15970	36	27268	2700	120700	6972	7468	10224	137	79759	16140
黄山市区县合计	649885	329314	155285	21390	10435	1980	16200	18018	23840	35752	2017	31346	13051	320571	31556	19002	19132		235354	15527
屯溪区	107220	46461	19112	3569	1874		2516	3636	2739	11850			1165	60759	2445	4751	4161		48311	1091
黄山区	108168	54193	21869	2576	1415	371	2076	3162	6126	8966		6295	1337	53975	4159	2897	3661		42586	672
徽州区	93494	49703	23570	4956	1589	224	2749	2744	4108	3045	288	3441	2989	43791	3824	1420	1128		36695	724
祁门县	58652	30555	18465	1888	512	132	1762	1005	1324	996	277	2767	1427	28097	2822	1219	1297		19463	3296
黟县	41869	20271	10778	1482	490	105	953	1545	1561	888	30	1988	451	21598	1807	1248	1288		12743	4512
休宁县	100070	49035	23890	2114	1066	543	2549	2506	2996	4486	1024	4424	3437	51035	4010	2429	2951		40841	804
歙县	140412	79096	37601	4805	3489	605	3595	3420	4986	5521	398	12431	2245	61316	12489	5038	4646		34715	4428
亳州市	1402970	962209	406845	80696	13198	6059	61243	30718	60838	97550	15329	156839	32894	440761	84730	53744	46731	345	222465	32746
亳州市本级	475262	343495	150323	36978	4860		30343	12929	21751	38763	354	36643	10551	131767	37173	11075	17296		54087	12136
亳州市区县合计	927708	618714	256522	43718	8338	6059	30900	17789	39087	58787	14975	120196	22343	308994	47557	42669	29435	345	168378	20610
谯城区	284171	194741	95809	11609	3363		13399	6984	11883	24149	1122	23607	2816	89430	24471	15166	3724		41256	4813
涡阳县	198561	132764	43837	9526	1526	2460	4985	4443	9810	5024	4919	39494	6740	65797	6165	5511	8868		43129	2124
蒙城县	264903	164645	60739	10059	1929	2887	6815	3821	10244	17958	1941	40681	7571	100258	8722	7082	8200		67439	8815
利辛县	180073	126564	56137	12524	1520	712	5701	2541	7150	11656	6993	16414	5216	53509	8199	14910	8643	345	16554	4858

2021 年度一般公共预算收支及平衡情况表(支出部分)

单位:万元

地　　区	支出合计	一般公共服务支出	外交支出	国防支出	公共安全支出	教育支出	科学技术支出	文化旅游体育与传媒支出	社会保障和就业支出	卫生健康支出	节能环保支出	城乡社区支出	农林水支出	交通运输支出	资源勘探工业信息等支出	商业服务业等支出	金融支出	援助其他地区支出	自然资源海洋气象等支出	住房保障支出	粮油物资储备支出	灾害防治及应急管理支出	其他支出	债务付息支出	债务发行费用支出
安徽省	75910502	5225729		58084	3089389	13156630	4160874	860987	12295752	7320016	1994541	8580024	9425474	3039829	977562	568048	74036	57362	649810	2210902	295219	369695	34607	1459286	6646
安徽省本级	9666876	514357		9378	445748	1625341	410740	119737	3541336	281991	47829	7781	594339	963021	411198	10223	6393	56468	71636	118609	171443	27111	605	230787	805
安徽省地市合计	66243626	4711372		48706	2643641	11531289	3750134	741250	8754416	7038025	1946712	8572243	8831135	2076808	566364	557825	67643	894	578174	2092293	123776	342584	34002	1228499	5841
宣城市	3150993	237274		1733	125458	434200	140468	48176	431179	360863	78308	426135	495088	113710	14556	11246	739		36408	98119	4686	16597	2998	72781	271
宣城市本级	644934	57025		374	39439	23023	23295	8939	35118	138182	14539	135061	91924	22834	7345	3257	65		5306	18671	370	1863	-11	18244	71
宣城市区县合计	2506059	180249		1359	86019	411177	117173	39237	396061	222681	63769	291074	403164	90876	7211	7989	674		31102	79448	4316	14734	3009	54537	200
宣州区	518918	35315		246	9691	88906	12707	2652	101897	40768	8160	25792	137919	15576	814	688			1896	22811	301	2425		10322	32
郎溪县	331630	27888			6534	67230	26057	4035	42775	21905	2402	40346	45736	12000	762	665			5010	13965	170	4786		9326	38
广德市	514177	33122		663	18335	80400	14303	6703	73110	66677	30616	62948	58088	21739	3493	889	590		8638	15927	1399	1733	3009	11759	36
宁国市	452254	30317		286	22062	70469	35539	11511	60008	39120	9459	79806	46651	9802	994	301			8701	12829	362	2744		11257	36
泾县	343760	25812		164	16418	57968	8848	8753	65520	28168	3554	29609	64052	12097	994	4245	60		4184	8331	225	1459		3275	24
旌德县	161228	11383			8180	17850	11128	1763	26730	12460	2778	19794	26035	11345	37	275			1415	4462	1571	264		3747	11
绩溪县	184092	16412			4799	28354	8591	3820	26021	13583	6800	32779	24683	8317	117	926	24		1258	1123	288	1323		4851	23
宿州市	4740657	349341		1946	192682	923012	65979	43244	662651	616986	119525	533948	770829	128930	33168	9177	1099		60287	103596	20378	24429	2942	76223	285
宿州市本级	1351626	94858		947	66361	68601	54385	21482	36199	352427	51645	331278	106145	50418	17221	6515	645		20453	36136	1315	8367		26137	91
宿州市区县合计	3389031	254483		999	126321	854411	11594	21762	626452	264559	67880	202670	664684	78512	15947	2662	454		39834	67460	19063	16062	2942	50086	194
埇桥区	911180	75661		368	21532	243202	4766	4498	170106	70679	10626	68385	176030	14195	225	750			9198	13834	13271	2917	2942	7960	35
砀山县	519332	37424		260	22068	134689	676	4032	102492	43357	12804	26109	94116	6314	847	206	30		13944	9132	232	2378		8192	30
萧县	773988	52004		149	31103	167592	5073	5518	157613	53877	30409	44531	165207	11369	9332	727	131		6909	13925	310	4660		13488	61
灵璧县	579355	45563			25894	163847	536	3436	111875	38452	5620	8888	108014	25378	1052	297	293		4012	16873	2510	3368		13412	35
泗县	605176	43831		222	25724	145081	543	4278	84366	58194	8421	54757	121317	21256	4491	682			5771	13696	2740	2739		7034	33
滁州市	4617105	316800		3232	202706	791108	153804	50189	687377	484359	85478	600879	708782	175728	45235	18641	9383	50	52491	108748	7372	26853	228	87272	390
滁州市本级	981187	71312		1428	56352	85230	60334	17875	111871	223191	9957	109796	83587	41451	34626	6561	4813	50	7736	20190	2106	9917		22710	94
滁州市区县合计	3635918	245488		1804	146354	705878	93470	32314	575506	261168	75521	491083	625195	134277	10609	12080	4570		44755	88558	5266	16936	228	64562	296
琅琊区	171224	14148			5418	60751	7164	895	28395	9713	155	12027	12456	124	1547	64	324		284	13537	76	1327		2807	12
南谯区	287209	22214		200	8464	79499	6730	1630	38346	19509	1971	51980	31144	5537	650	459	968		872	10091		469	224	6233	19
天长市	703551	40128		453	33486	134986	24995	6755	102491	55850	14074	112102	89334	28667	3787	1143	1742		21445	13918	3462	3525		11146	62
来安县	402987	26883		560	13464	66822	5698	4327	66079	32025	11009	51278	76353	15483	1683	4830	228		5033	11529	329	2091		7257	26
全椒县	395803	30196		216	16418	67209	9229	3555	62548	33380	5554	44217	88661	17718	609	728	35		2653	4521		1445		6882	29
定远县	643463	39043		270	26326	93390	7632	3127	110137	41190	10711	89051	155597	31681	580	638	115		5857	12596	1	2468		12998	55
凤阳县	550598	37851		11	24230	125130	22579	8770	79721	33935	21731	56664	90035	19916	1265	1017	605		6548	7132	20	2806	4	10568	60
明光市	481083	35025		94	18548	78091	9443	3255	87789	35566	10316	73764	81615	15151	488	3201	553		2063	15234	1378	2805		6671	33
池州市	1729395	112618		1620	52861	258655	27417	20400	202709	207071	100844	197896	267832	89918	9393	7745	342		19847	77912	1743	11117	239	60941	275
池州市本级	503316	21735		1216	14850	38692	17347	10272	30569	58278	44763	108621	31780	48585	2112	6595	342		3700	30452	272	2811	116	30063	145
池州市区县合计	1226079	90883		404	38011	219963	10070	10128	172140	148793	56081	89275	236052	41333	7281	1150			16147	47460	1471	8306	123	30878	130
贵池区	478875	42425		404	6631	82089	4076	2017	65221	65261	33564	42125	78553	10893	5852	197			6094	17573	342	2183	123	13195	57
石台县	135575	9418			6262	22173	358	2939	25486	10213	3429	1130	37909	3574	377	200			1110	6685	159	932		3208	13
青阳县	256108	17742			11525	34093	2504	2885	30296	32041	5872	37671	45715	6671	115	432			7297	13015	270	1879		6062	23
东至县	355521	21298			13593	81608	3132	2287	51137	41278	13216	8349	73875	20195	937	321			1646	10187	700	3312		8413	37
阜阳市	6300493	482413		3963	238516	1228255	75854	55582	1113919	881206	109570	462949	968521	192304	80312	36292	2786		38332	194369	17006	28468	60	89439	377
阜阳市本级	1519694	124970		733	73986	109922	26957	20708	97174	545818	13046	160381	132119	78971	30329	32399	1863		11930	31283	3425	4414	10	19171	85
阜阳市区县合计	4780799	357443		3230	164530	1118333	48897	34874	1016745	335388	96524	302568	836402	113333	49983	3893	923		26402	163086	13581	24054	50	70268	292
颍州区	452860	47525		241	10066	107324	1741	1320	99331	37552	3132	31436	76938	1156	756	151	106		526	24909	141	2139	18	6329	23
颍泉区	362858	31054		271	9415	86810	7366	1915	76110	28739	4033	26373	68793	1135	2163	200	28		764	7857	152	2366		7291	23
颍东区	356276	34013		250	8348	108970	2151	1988	66084	36425	3219	10467	65952	6473	361	308	239		274	1249	124	1813		7532	36
临泉县	850147	59820			30225	188222	1311	7870	191505	52699	12607	64091	147830	37420	5664	658			4756	30453	1488	2809		10667	52
太和县	735704	52388		411	32428	167585	2187	6638	173979	45396	13204	60355	112965	16210	7335	629	274		6587	19598	2669	4099		10724	43
颍上县	848167	56134		162	30775	202413	7351	7102	169215	46285	14811	82608	155690	11672	15949	844	163		6110	23212	598	4024		12999	50
阜南县	726219	39610		1543	24956	176433	2689	5264	145461	59643	18462	14785	145431	31146	11066	411	38		4605	23286	4567	5231	32	11513	47
界首市	448568	36899		352	18317	80576	24101	2777	95060	28649	27056	12453	62803	8121	6689	692	75		2780	32522	3842	1573		3213	18

续表

地区	支出合计	一般公共服务支出	外交支出	国防支出	公共安全支出	教育支出	科学技术支出	文化旅游体育与传媒支出	社会保障和就业支出	卫生健康支出	节能环保支出	城乡社区支出	农林水支出	交通运输支出	资源勘探信息等支出	商业服务业等支出	金融支出	援助其他地区支出	自然资源海洋气象等支出	住房保障支出	粮油物资储备支出	灾害防治及应急管理支出	其他支出	债务付息支出	债务发行费用支出
六安市	4846925	386968		2547	188788	913543	49195	47543	695130	601942	128342	367856	936285	212706	15362	9825	1559		32478	132155	9212	25173	625	89319	372
六安市本级	1090025	66900		710	61484	86423	25045	14871	49148	317823	35957	103608	191365	69193	8353	1165	663		5011	23841	1453	3237	525	23152	98
六安市区县合计	3756900	320068		1837	127304	827120	24150	32672	645982	284119	92385	264248	744920	143513	7009	8660	896		27467	108314	7759	21936	100	66167	274
金安区	563051	59477		623	15595	141398	1600	3295	104599	47067	23967	37597	95210	7147	678	1212	23		3744	10524	1285	2062		5920	28
裕安区	667755	67467		117	14621	149553	5981	3396	114540	49282	17851	32743	115472	19904	1939	1351	168		4697	51901	1000	7314	100	8304	54
霍邱县	785685	59498		225	29010	197813	1030	6574	137047	57170	9357	16358	199316	27891	2531	2083	104		7525	14076	2532	3437		12049	59
舒城县	599811	43813		235	27133	137006	6534	10417	112161	44783	10439	33040	116761	30608	470	642	286		3724	5334	2004	4288		10082	51
金寨县	597621	49213		232	20151	90427	3833	3988	104144	45639	11213	67607	123147	33765	117	801	15		3598	19762	207	1596		18121	45
霍山县	369082	24495		141	16719	67152	4676	3821	48628	27988	15214	69501	54107	16382		1727	280		2827	3772	636	2267		8723	26
叶集区	173895	16105		264	4075	43771	496	1181	24863	12190	4344	7402	40907	7816	1274	844	20		1352	2945	95	972		2968	11
合肥市	12237236	773216		8937	440714	2101977	1740822	103594	991021	810832	442780	2752109	868695	190188	162888	140378	10102		109547	360768	16190	53321	7205	151330	622
合肥市本级	6247763	269169		5420	262572	730573	1377368	66431	233141	419793	240503	1787206	83315	130319	117939	109262	6999		66901	207622	5377	28635	7205	91616	397
合肥市区县合计	5989473	504047		3517	178142	1371404	363454	37163	757880	391039	202277	964903	785380	59869	44949	31116	3103		42646	153146	10813	24686		59714	225
瑶海区	428899	31388		414	6188	168924	1854	844	25653	18666	453	162543	589	1	1928	451	225			6178		808		1784	8
庐阳区	356836	23338		61	8023	118912	13352	773	31600	23185	12842	97569	13289	301	2328	2238	35			3748		2021		3221	
蜀山区	455872	40308		24	5698	143337	15337	1146	45665	29421	5752	139855	7821	119	3590	7090	105			6189	558	914		2943	
包河区	652110	48402		39	11334	196276	74383	4077	47715	29437	30708	171151	12690	160	90	7354	140			13977	180	1678		2310	9
肥东县	909622	87981		955	33757	157225	107580	7589	149657	55685	55345	25322	154746	9106	2378	2667	1066		7521	36943	1236	5385		7440	38
长丰县	885007	73996		220	33377	153957	84121	6386	95423	58270	30126	107681	162059	12904	24861	5143	230		6324	18141	2087	3219		6454	28
肥西县	883616	77903		279	29992	146106	45613	8550	89056	65361	27043	153876	162409	15968	4076	3628	662		9200	26852	3097	3240		10648	57
庐江县	749428	68136		605	22720	152648	8936	4662	142788	64603	17327	38852	156432	13511	3078	1692	313		11043	23078	1833	5157		11967	47
巢湖市	668083	52595		920	27053	134019	12278	3136	130323	46411	22681	68054	115345	7799	2620	853	327		8558	18040	1822	2264		12947	38
蚌埠市	3288080	229619		2719	150519	623452	174618	38018	488917	340374	53978	414103	395903	77772	19699	16466	2997		54770	123425	3390	16362		60749	230
蚌埠市本级	1147212	108478		1061	90896	112428	57194	25865	150061	212641	18416	142794	72933	32822	7888	4061	1243		21058	42897	2029	7254		35056	137
蚌埠市区县合计	2140868	121141		1658	59623	511024	117424	12153	338856	127733	35562	271309	322970	44950	11811	12405	1754		33712	80528	1361	9108		25693	93
龙子湖区	115764	5884		185	3242	27005	1168	670	17799	5199	1581	31574	1257	4	1982	409	40			16773		992			
蚌山区	112098	5521		174	3994	31684	2177	996	16322	6836	241	33534	1248	423	234	4653	238		47	2204		935		637	
禹会区	167554	9879		538	4354	35525	2509	696	30210	8004	1126	51676	6949	329	1966	1144	240		1126	9586		414		1273	10
淮上区	165223	16054		7	1429	40568	6101	1050	22800	11026	1378	37119	13396	2147	1947	1665	695			6012	2	911		914	2
怀远县	699770	43285		283	19446	177886	75097	2399	100125	38768	16532	47867	117816	14674	446	890	205		17037	12258	390	3132		11189	45
固镇县	423809	17819		155	13175	106905	3965	3038	67253	26836	5791	45705	78406	11164	4504	2247	100		13052	17179	76	1089		5337	13
五河县	456650	22699		316	13983	91451	26407	3304	84347	31064	8913	23834	103898	16209	732	1397	236		2450	16516	893	1635		6343	23
淮南市	2776414	186570		2904	135886	490938	39892	25169	448312	280876	59286	159681	624929	85417	12479	16425	5245		15571	112171	4045	19345	7	51081	185
淮南市本级	1132386	53551		1557	73170	116671	30369	11230	147267	193049	29699	90317	235120	42535	5954	10561	1777		7089	49551	2467	6396		23976	80
淮南市区县合计	1644028	133019		1347	62716	374267	9523	13939	301045	87827	29587	69364	389809	42882	6525	5864	3468		8482	62620	1578	12949	7	27105	105
田家庵区	138693	12038		103	5888	48400	1679	508	24923	9639	1962	14655	5428	101	685	38			32	10354		1832		426	2
大通区	58889	4683			2668	9767	117	122	10706	5665	1957	9601	6553	628	331				359	4975		458		299	
谢家集区	86160	9624		23	4247	22055	145	437	17475	6960	6049	3222	5465	1400	775	173			124	6571		927		487	1
八公山区	49850	3845		143	2205	10810	365	510	11182	4950	1940	4784	2725	85	356	454	10		68	4504		292		621	1
潘集区	132984	10894		166	3389	34623	44	527	32697	16939	1056	4894	17282	2066	141				57	4279		2120		1802	8
凤台县	442367	31520		390	17823	90424	6066	3424	87070	31778	13861	25236	84929	4586	1092	4843	1298		4606	19001	916	4556	7	8911	30
寿县	735085	60415		522	26496	158188	1107	8411	116992	11896	2762	6972	267427	34016	3145	356	2160		3236	12936	662	2764		14559	63
铜陵市	1946768	129498		1425	81957	260495	125226	23007	259272	196768	52802	221174	206782	115304	15581	91518	808		29889	74418	2124	12000	6537	40047	136
铜陵市本级	696977	56456		689	37846	56721	48235	12673	74392	107180	27399	101031	14773	76919	13103	6049	234		7701	20762	1501	4449	6066	22722	76
铜陵市区县合计	1249791	73042		736	44111	203774	76991	10334	184880	89588	25403	120143	192009	38385	2478	85469	574		22188	53656	623	7551	471	173	
郊区	150858	9122			3615	31016	1587	1079	21462	11199	7423	17114	26931	4244	36	2799			3686	5169	253	3531		591	1
铜官区	209637	10239			6969	54855	5801	1211	31953	9943	1050	28374	5829		209	30752	25		109	18728		1207	174	2205	4
义安区	406376	21582		388	16097	42012	63941	2552	47832	24771	7139	48444	46052	6179	1395	50732	269		12223	6517	150	1316		6767	18
枞阳县	482920	32099		348	17430	75891	5662	5492	83633	43675	9791	26211	113197	27962	838	1186	280		6170	23242	220	1497	297	7762	37
马鞍山市	2874117	194730		814	130514	400725	124911	40695	370901	257562	159351	572839	281963	81755	12672	26518	823	784	19964	114320	2256	17753	432	60914	921
马鞍山市本级	852146	75655		605	60470	82513	31455	24974	110462	62462	85142	173246	33552	32561	5079	14761	430	447	8585	16120	936	7711	34	24864	82
马鞍山市区县合计	2021971	119075		209	70044	318212	93456	15721	260439	195100	74209	399593	248411	49194	7593	11757	393	337	11379	98200	1320	10042	398	36050	839
花山区	203214	13685		30	7418	45755	4030	428	31936	12947	19653	20903	3758	499	151	1140	10		709	35304		288	156	4247	167
雨山区	157625	10470			5280	30113	3800	592	28288	10175	25364	12933	3541	184	2857	4077	10	79	325	14787		1929	13	2655	153

续表

地　　区	支出合计	一般公共服务支出	外交支出	国防支出	公共安全支出	教育支出	科学技术支出	文化旅游体育与传媒支出	社会保障和就业支出	卫生健康支出	节能环保支出	城乡社区支出	农林水支出	交通运输支出	资源勘探信息等支出	商业服务业等支出	金融支出	援助其他地区支出	自然资源海洋气象等支出	住房保障支出	粮油物资储备支出	灾害防治及应急管理支出	其他支出	债务付息支出	债务发行费用支出
当涂县	538187	32377			19429	80197	10997	5356	60096	57557	9701	133489	76698	14797	2770	1158	114		3904	13904	637	3149	160	11504	193
含山县	381811	23112		153	14836	61557	8303	5171	55013	49949	6225	74981	47447	9443	377	1183		50	3110	11780	152	2252		6695	22
和县	567873	30341			18058	77487	46497	3591	68297	55164	8527	104077	100136	20200	532	3956	199	129	2512	17049	531	1477		8911	202
博望区	173261	9090		26	5023	23103	19829	583	16809	9308	4739	53210	16831	4071	906	243	60	79	819	5376		947	69	2038	102
淮北市	1958243	148018		668	85305	365553	79504	19007	243000	211935	40875	309332	198002	76631	7263	11854	1842		11435	100362	1813	9211	1026	35457	150
淮北市本级	725989	47199		668	46563	80999	50105	11913	73145	117274	13365	133853	28283	51663	4933	1891			4987	36527	1015	3274	186	18082	64
淮北市区县合计	1232254	100819			38742	284554	29399	7094	169855	94661	27510	175479	169719	24968	2330	9963	1842		6448	63835	798	5937	840	17375	86
相山区	193539	15602			6143	33315	5426	807	25200	17480	7758	40700	7206	1156	83	9613	50		681	16955	238	1532	219	3354	21
杜集区	181416	14910			4230	43500	3884	704	22929	13846	2021	41233	17756	1408	45		40		217	10415		1103		3158	17
烈山区	175116	17971			4307	42016	5988	836	23305	12834	2747	19256	23439	4445	488	24			1712	13295		832	165	1446	10
濉溪县	682183	52336			24062	165723	14101	4747	98421	50501	14984	74290	121318	17959	1714	326	1752		3838	23170	560	2470	456	9417	38
芜湖市	5034947	323946		5418	194897	843638	701815	65241	601218	453995	199534	645723	404373	110622	48073	77307	13685		33300	141458	4186	21000	1893	142864	761
芜湖市本级	1858704	117627		2165	90120	200345	374787	23107	188272	240149	129599	161002	80224	52490	13264	28588	11933		14437	41798	2989	8939	1893	74763	213
芜湖市区县合计	3176243	206319		3253	104777	643293	327028	42134	412946	213846	69935	484721	324149	58132	34809	48719	1752		18863	99660	1197	12061		68101	548
镜湖区	365266	21522		461	12791	85256	87995	940	30423	17882	205	40927	5459		7043	29608	10		46	14524		2269		7871	34
弋江区	328927	24580		403	8567	44748	135784	1082	32487	16704	378	34309	10294	1504	2160				468	9061		1222		4833	343
鸠江区	435715	33312		292	8099	73501	12589	7538	68183	27361	17086	95616	43768	4495	10011	15788	382		613	5591		3852		7611	27
繁昌区	458192	31982		652	19137	55961	22975	6548	41415	30523	20701	136938	51774	6099	2993	1310	508		7535	7965		2169		10976	31
南陵县	418409	28789		412	19635	82089	24680	3646	70971	40567	3626	50080	46003	13305	489	1085	367		3579	16568	1118	676		10697	27
湾沚区	517185	31404		883	18490	135495	33257	3587	59829	22238	12977	78870	60209	8044	11023	536	199		2692	25108		746		11571	27
无为市	652549	34730		150	18058	166243	9748	18793	109638	58571	14962	47981	106642	24685	1090	392	286		3930	20843	79	1127		14542	59
安庆市	4830012	365988		3234	184045	892457	130669	82127	653226	566562	135811	352802	841630	234742	34389	38591	8455		36121	132778	18023	22214	6053	89699	396
安庆市本级	1097508	75551		1342	52985	113280	35140	22741	91238	283768	40601	138825	113194	50059	8767	1807	918		8684	27439	3094	4161	48	23756	110
安庆市区县合计	3732504	290437		1892	131060	779177	95529	59386	561988	282794	95210	213977	728436	184683	25622	36784	7537		27437	105339	14929	18053	6005	65943	286
迎江区	153832	15433			508	20868	268	489	17995	9867	9161	42351	15116	147	1813	14591	5		48	2885		1388		897	2
大观区	98228	4550			2274	18306	112	360	22463	7396	10834	3547	8305	504	336	6077	5		115	5500		388	6005	1150	1
宜秀区	96288	6950			2861	19313	247	1262	13235	9067	2258	6795	22842	1203	1162	2102	554		62	3466		325		2562	22
怀宁县	414711	26944		122	14071	85217	7450	7194	75455	34226	7712	19743	69612	28394	3403	3298	1954		4003	15293		1401		9186	33
桐城市	575000	40080		439	23303	130932	52254	9032	74889	34002	7280	44511	83174	25261	6055	1324	741		3464	24254	295	2343		11324	43
潜山市	503767	41051		523	19160	97619	9392	9521	91815	38909	17203	13131	94716	32198	2311	2129	860		3791	18591	759	1947		8106	35
太湖县	470966	38723		273	14985	92054	940	9577	77295	39233	13617	12292	125122	12282	4707	3389	1629		3315	10995	275	1562		8671	30
宿松县	582683	47587		398	21249	151690	712	5497	71492	45413	2569	35858	119436	41735	2689	1849	727		4922	1612	12648	5611		8948	41
望江县	421606	33426		137	17639	91378	15128	8360	61057	26792	14451	19994	94057	11044	1186	386	628		3581	13006	299	1051		7968	38
岳西县	415423	35693			15010	71800	9026	8094	56292	37889	10125	15755	96056	31915	1960	1639	434		4136	9737	653	2037		7131	41
黄山市	2138230	170367		3761	107080	231219	68230	53711	285231	208635	110314	335053	287134	78697	27698	10609	3372	60	11014	72801	1857	21301	3757	46152	177
黄山市本级	523516	33124		1238	30255	36855	17634	17144	63474	87944	57409	62045	24825	37209	14203	3523	505		3045	14039	540	3477	274	14698	56
黄山市区县合计	1614714	137243		2523	76825	194364	50596	36567	221757	120691	52905	273008	262309	41488	13495	7086	2867	60	7969	58762	1317	17824	3483	31454	121
屯溪区	178469	17600		135	5867	15562	5876	4591	27447	10531	1688	65782	11052	1006	1658	524	422		396	5952		846	60	1468	6
黄山区	226348	24269		663	10177	30930	6333	2614	28649	15876	8140	36976	33674	7573	2714	462	23		1444	8144	191	2780		4697	19
徽州区	183647	13866		215	9362	18205	4328	3356	19098	7792	11179	43085	31341	4144	1796	3274	415		719	6429	86	1851		3099	7
祁门县	214760	21404		320	12105	24813	3955	2971	32233	19363	7283	28475	35665	6653	1351	486	794	60	1302	8495	169	2231		4615	17
黟县	151263	13801		698	7967	12359	1949	9582	19204	11493	8671	27443	23810	2634	910	617	75		731	5186	557	1085		2481	10
休宁县	272353	26207			14801	32880	8148	6276	42030	22244	2165	30845	55724	4722	2052	575	61		1797	10884	174	2033	3423	5294	18
歙县	387874	20096		492	16546	59615	20007	7177	53096	33392	13779	40402	71043	14756	3014	1148	1077		1580	13672	140	6998		9800	44
亳州市	3774011	304006		3785	131713	772062	51730	25547	620353	558059	69914	219764	574387	112384	27596	35233	4406		16720	144893	9495	17440		74231	293
亳州市本级	1074575	78578		1784	51320	135418	5276	8878	48498	338081	25281	113849	98294	61959	24243	17200	3472		6167	28412	3048	6687		18062	68
亳州市区县合计	2699436	225428		2001	80393	636644	46454	16669	571855	219978	44633	105915	476093	50425	3353	18033	934		10553	116481	6447	10753		56169	225
谯城区	723632	68439		118	13344	154105	31529	3268	146529	60477	7508	47641	118267	7541	2938	15654	637		613	26842	1640	3125		13374	43
涡阳县	633114	52706		769	24622	147558	7126	3226	153349	51762	9452	7821	104167	12986	145	712	197		1371	36316	2417	2033		14317	62
蒙城县	674003	59189		334	19079	161060	7434	6577	134081	50372	13044	32258	128409	11050	270	532	100		5726	24969	2347	3225		13886	61
利辛县	668687	45094		780	23348	173921	365	3598	137896	57367	14629	18195	125250	18848		1135			2843	28354	43	2370		14592	59

2021 年度一般公共预算收支及平衡情况表(平衡部分)

单位:万元

地区	收入部分											支出部分										结余部分		
	收入总计	本年收入	上级补助收入	待偿债置换一般债券上年结余	上年结余	调入资金	债务(转贷)收入	国债转贷收入、上年结余及转补助	动用预算稳定调节基金	接受其他地区援助收入	省补助计划单列市收入	支出总计	本年支出	上解上级支出	调出资金	债务还本支出	补充预算周转金	国债转贷拨付数及年终结余	安排预算稳定调节基金	援助其他地区支出	计划单列市上解省支出	结余总计	待偿债置换一般债券结余	年终结余
安徽省	92,710,058	34,981,949	35,928,320		1,048,666	6,708,789	7,442,638		6,579,696	20,000		90,202,322	75,910,502	608,916		5,887,447	-271		7,795,728			2,507,736		2,507,736
安徽省本级	13,546,446	2,594,572	6,733,348		393,720	117,714	938,092		2,749,000	20,000		13,150,224	9,666,876	-1,229,688		370,000			4,343,036			396,222		396,222
安徽省地市合计	79,163,612	32,387,377	29,194,972		654,946	6,591,075	6,504,546		3,830,696			77,052,098	66,243,626	1,838,604		5,517,447	-271		3,452,692			2,111,514		2,111,514
宣城市	3,651,834	1,828,011	1,310,991		30,673	123,656	291,281		67,222			3,534,737	3,150,993	28,736		254,481	-25		100,552			117,097		117,097
宣城市本级	831,115	298,772	383,391		15,589	27,403	74,589		31,371			776,122	644,934	4,740		67,831			58,617			54,993		54,993
宣城市区县合计	2,820,719	1,529,239	927,600		15,084	96,253	216,692		35,851			2,758,615	2,506,059	23,996		186,650	-25		41,935			62,104		62,104
宣州区	569,345	318,935	173,902		8,310	35,200	32,998					558,069	518,918	3,113		27,003			9,035			11,276		11,276
郎溪县	375,566	215,006	111,465		219	1,335	40,985		6,556			370,650	331,630	2,377		36,244			399			4,916		4,916
广德市	584,792	326,442	199,050		1,195	18,000	40,105					561,669	514,177	10,525		34,090			2,877			23,123		23,123
宁国市	540,914	351,910	104,845		2,971	18,150	40,057		22,981			520,480	452,254	4,928		36,330	-25		26,993			20,434		20,434
泾县	367,551	162,446	166,188		800	11,920	25,099		1,098			366,769	343,760	1,385		20,046			1,578			782		782
旌德县	172,160	67,500	90,789		1,129	834	11,476		432			171,032	161,228	122		9,329			353			1,128		1,128
绩溪县	210,391	87,000	81,361		460	10,814	25,972		4,784			209,946	184,092	1,546		23,608			700			445		445
宿州市	5,454,928	1,478,665	2,609,427		20,930	652,400	320,336		373,170			5,319,751	4,740,657	38,031		234,929			306,134			135,177		135,177
宿州市本级	1,722,233	477,705	639,904		1,292	222,092	99,025		282,215			1,645,361	1,351,626	-70,601		89,525			274,811			76,872		76,872
宿州市区县合计	3,732,695	1,000,960	1,969,523		19,638	430,308	221,311		90,955			3,674,390	3,389,031	108,632		145,404			31,323			58,305		58,305
埇桥区	1,034,450	329,785	471,671			193,202	39,792					1,027,461	911,180	93,881		22,400						6,989		6,989
砀山县	550,262	134,276	293,203		4,726	69,387	35,593		13,077			549,469	519,332	3,277		24,997			1,863			793		793
萧县	844,350	235,402	406,207		6,500	97,956	67,121		31,164			838,647	773,988	5,568		44,004			15,087			5,703		5,703
灵璧县	633,450	155,962	420,044		1,878	4,382	40,380		10,804			611,421	579,355	3,131		28,719			216			22,029		22,029
泗县	670,183	145,535	378,398		6,534	65,381	38,425		35,910			647,392	605,176	2,775		25,284			14,157			22,791		22,791
滁州市	5,629,387	2,508,640	2,035,564		37,758	286,240	432,390		328,795			5,384,232	4,617,105	80,310		363,321			323,496			245,155		245,155
滁州市本级	1,464,347	591,630	429,618		20,458	86,575	99,927		236,139			1,379,423	981,187	13,817		91,656			292,763			84,924		84,924
滁州市区县合计	4,165,040	1,917,010	1,605,946		17,300	199,665	332,463		92,656			4,004,809	3,635,918	66,493		271,665			30,733			160,231		160,231
琅琊区	229,491	113,649	75,354		1,722	18,848	13,130		6,788			220,780	171,224	24,716		13,130			11,710			8,711		8,711
南谯区	348,474	190,106	95,812		400	23,416	20,740		18,000			330,494	287,209	18,220		17,065			8,000			17,980		17,980
天长市	812,793	440,947	192,255		6,372	94,863	69,556		8,800			773,129	703,551	7,025		61,415			1,138			39,664		39,664
来安县	439,740	228,326	170,750		163		31,041		9,460			436,254	402,987	4,354		25,687			3,226			3,486		3,486
全椒县	448,680	226,833	171,162		3,650	8,000	33,009		6,026			426,522	395,803	4,259		26,427			33			22,158		22,158
定远县	732,891	234,527	419,493		2,550	607	64,309		11,405			691,588	643,463	2,926		42,365			2,834			41,303		41,303
凤阳县	622,939	279,085	230,506		1,856	31,875	65,290		14,327			612,010	550,598	3,008		58,112			292			10,929		10,929
明光市	530,032	203,537	250,614		587	22,056	35,388		17,850			514,032	481,083	1,985		27,464			3,500			16,000		16,000
池州市	2,193,915	742,810	977,505		5,316	144,417	306,990		16,877			2,095,587	1,729,395	14,023		283,074			69,095			98,328		98,328
池州市本级	763,687	258,326	301,443		4,432	18,507	164,136		16,843			692,755	503,316	3,721		161,872			23,846			70,932		70,932
池州市区县合计	1,430,228	484,484	676,062		884	125,910	142,854		34			1,402,832	1,226,079	10,302		121,202			45,249			27,396		27,396
贵池区	560,252	233,430	234,122			31,040	61,660					539,463	478,875	5,011		55,577						20,789		20,789
石台县	153,203	23,916	103,207		612	11,200	14,234		34			147,273	135,575	571		11,111			16			5,930		5,930
青阳县	325,376	107,133	109,631		72	82,867	25,673					324,899	256,108	2,701		20,857			45,233			477		477
东至县	391,397	120,005	229,102		200	803	41,287					391,197	355,521	2,019		33,657						200		200
阜阳市	7,150,029	1,896,062	3,481,570		130,763	616,874	410,498		614,262			7,044,074	6,300,493	60,892		275,189	-48		407,548			105,955		105,955
阜阳市本级	1,936,342	340,994	868,425		55,660	92,200	90,208		488,855			1,880,682	1,519,694	-52,251		79,896			333,343			55,660		55,660
阜阳市区县合计	5,213,687	1,555,068	2,613,145		75,103	524,674	320,290		125,407			5,163,392	4,780,799	113,143		195,293	-48		74,205			50,295		50,295
颍州区	522,785	228,495	210,306		12,084	28,634	27,045		16,221			512,366	452,860	39,185		20,321						10,419		10,419
颍泉区	386,759	113,889	188,540		3,397	54,135	22,734		4,064			383,368	362,858	7,200		12,921	-48		437			3,391		3,391
颍东区	433,607	148,546	212,883		3,411	15,601	39,702		13,464			423,995	356,276	38,189		29,384			146			9,612		9,612
临泉县	897,561	194,801	555,883		2,387	83,572	60,918					893,018	850,147	5,308		37,563						4,543		4,543
太和县	776,680	216,600	409,827		2,500	100,000	47,753					774,841	735,704	6,635		32,502						1,839		1,839
颍上县	957,955	300,807	394,509		4,076	125,000	52,799		80,764			951,755	848,167	4,690		29,791			69,107			6,200		6,200
阜南县	767,438	150,778	452,926		44,968	65,517	50,655		2,594			755,427	726,219	6,503		22,188			517			12,011		12,011
界首市	470,902	201,152	188,271		2,280	52,215	18,684		8,300			468,622	448,568	5,433		10,623			3,998			2,280		2,280

续表

地区	收入部分											支出部分										结余部分		
	收入总计	本年收入	上级补助收入	待偿债置换一般债券上年结余	上年结余	调入资金	债务(转贷)收入	国债转贷收入、上年结余及转补助	动用预算稳定调节基金	接受其他地区援助收入	省补助计划单列市收入	支出总计	本年支出	上解上级支出	调出资金	债务还本支出	补充预算周转金	国债转贷拨付数及年终结余	安排预算稳定调节基金	援助其他地区支出	计划单列市上解省支出	结余总计	待偿债置换一般债券结余	年终结余
六安市	5,557,053	1,475,008	2,773,120		11,448	643,571	412,033		241,873			5,347,190	4,846,925	45,137		303,678	-45		151,495			209,863		209,863
六安市本级	1,359,692	329,090	716,234		3,740	61,596	115,032		134,000			1,298,905	1,090,025	2,264		100,972			105,644			60,787		60,787
六安市区县合计	4,197,361	1,145,918	2,056,886		7,708	581,975	297,001		107,873			4,048,285	3,756,900	42,873		202,706	-45		45,851			149,076		149,076
金安区	651,713	157,938	322,126			143,485	28,164					588,121	563,051	6,634		13,998			4,438			63,592		63,592
裕安区	725,982	168,562	334,283			145,997	56,197		20,943			719,488	667,755	5,897		37,274	-45		8,607			6,494		6,494
霍邱县	868,451	237,263	481,520		7,708	35,122	63,402		43,436			844,837	785,685	5,203		42,241			11,708			23,614		23,614
舒城县	681,390	203,697	321,736			62,529	57,644		35,784			669,165	599,811	12,857		38,857			17,640			12,225		12,225
金寨县	677,272	173,080	335,224			112,041	51,847		5,080			647,029	597,621	6,695		42,633			80			30,243		30,243
霍山县	391,941	150,304	161,750			52,101	27,637		149			391,941	369,082	2,380		20,175			304					
叶集区	200,612	55,074	100,247			30,700	12,110		2,481			187,704	173,895	3,207		7,528			3,074			12,908		12,908
合肥市	14,273,620	8,442,188	3,210,223		36,192	1,053,832	668,193		862,992			14,232,025	12,237,236	560,911		554,742	-117		879,253			41,595		41,595
合肥市本级	7,170,416	4,801,491	693,908		27,675	786,782	425,221		435,339			7,141,902	6,247,763	145,292		373,602			375,245			28,514		28,514
合肥市区县合计	7,103,204	3,640,697	2,516,315		8,517	267,050	242,972		427,653			7,090,123	5,989,473	415,619		181,140	-117		504,008			13,081		13,081
瑶海区	466,407	186,262	256,502			143	10,000		13,500			466,264	428,899	20,594		10,000			6,771			143		143
庐阳区	466,693	310,493	145,876			15			10,309			466,530	356,836	83,561					26,133			163		163
蜀山区	578,551	365,601	177,484			447	319		34,700			578,415	455,872	59,898			-3		62,648			136		136
包河区	855,970	639,556	159,934		181	1,220	10,079		45,000			855,626	652,110	148,800		10,079			44,637			344		344
肥东县	1,067,618	557,513	329,526		2,811	61,808	40,960		75,000			1,063,847	909,622	10,549		31,262	-40		112,454			3,771		3,771
长丰县	1,060,550	498,759	348,167		2,127	65,817	29,473		116,207			1,057,803	885,007	11,221		20,324			141,251			2,747		2,747
肥西县	1,000,156	590,325	278,895		2,000	15,342	57,007		56,587			997,563	883,616	11,557		44,641			57,749			2,593		2,593
庐江县	809,354	236,973	412,143		490	69,532	49,267		40,949			807,818	749,428	2,572		34,947	-34		20,905			1,536		1,536
巢湖市	797,905	255,215	407,788		908	52,726	45,867		35,401			796,257	668,083	66,867		29,887	-40		31,460			1,648		1,648
蚌埠市	4,040,779	1,673,311	1,532,826		90,999	280,235	250,458		212,950			3,890,084	3,288,080	199,858		205,840	-36		196,342			150,695		150,695
蚌埠市本级	1,605,288	637,466	491,897		64,987	94,782	151,169		164,987			1,526,465	1,147,212	81,977		133,192			164,084			78,823		78,823
蚌埠市区县合计	2,435,491	1,035,845	1,040,929		26,012	185,453	99,289		47,963			2,363,619	2,140,868	117,881		72,648	-36		32,258			71,872		71,872
龙子湖区	146,963	102,095	41,843		1,534	436			1,055			141,820	115,764	24,551					1,505			5,143		5,143
蚌山区	152,416	108,420	34,583		564	5,155	100		3,594			147,242	112,098	33,853		100			1,191			5,174		5,174
禹会区	211,042	135,217	46,314		615	1,283	9,849		17,764			209,031	167,554	28,341		9,849			3,287			2,011		2,011
淮上区	196,470	120,045	55,789		6,143	11,619	2,475		399			189,420	165,223	21,403		2,475			319			7,050		7,050
怀远县	778,528	251,422	366,984		9,115	86,884	48,972		15,151			751,112	699,770	3,299		35,411	-36		12,668			27,416		27,416
固镇县	463,522	169,962	243,738		4,482	25,300	14,040		6,000			448,761	423,809	4,959		6,993			13,000			14,761		14,761
五河县	486,550	148,684	251,678		3,559	54,776	23,853		4,000			476,233	456,650	1,475		17,820			288			10,317		10,317
淮南市	3,190,131	1,096,129	1,522,144		33,061	276,077	223,884		38,836			3,087,580	2,776,414	90,360		166,877			53,929			102,551		102,551
淮南市本级	1,220,275	407,525	540,013		29,741	137,125	105,868		3			1,171,248	1,132,386	-38,870		70,807			6,925			49,027		49,027
淮南市区县合计	1,969,856	688,604	982,131		3,320	138,952	118,016		38,833			1,916,332	1,644,028	129,230		96,070			47,004			53,524		53,524
田家庵区	193,296	97,999	89,607			2,968	2,722					193,296	138,693	52,008		2,222			373					
大通区	79,986	43,709	32,855			2,837	585					79,117	58,889	18,731		585			912			869		869
谢家集区	118,477	30,855	72,164		343	7,347	2,057		5,711			112,167	86,160	20,855		1,557			3,595			6,310		6,310
八公山区	64,230	24,622	32,386		327	5,533	1,362					64,023	49,850	12,811		1,362						207		207
潘集区	173,751	55,843	80,144			29,016	8,748					151,285	132,984	7,543		7,345			3,413			22,466		22,466
凤台县	519,651	244,932	163,242		2,650	65,197	33,017		10,613			497,544	442,367	14,222		32,054			8,901			22,107		22,107
寿县	820,465	190,644	511,733			26,054	69,525		22,509			818,900	735,085	3,060		50,945			29,810			1,565		1,565
铜陵市	2,215,840	935,023	719,120		19,275	346,811	146,941		48,670			2,176,858	1,946,768	37,137		128,496			64,457			38,982		38,982
铜陵市本级	769,033	405,956	134,824		5,049	135,152	80,722		7,330			761,169	696,977	-48,690		74,639			38,243			7,864		7,864
铜陵市区县合计	1,446,807	529,067	584,296		14,226	211,659	66,219		41,340			1,415,689	1,249,791	85,827		53,857			26,214			31,118		31,118
郊区	179,629	82,317	80,511		11,796	4,229	776					177,211	150,858	25,078		776			499			2,418		2,418
铜官区	291,800	130,829	128,103		880	21,099	5,051		5,838			269,806	209,637	46,619		5,121			8,429			21,994		21,994
义安区	453,150	203,820	115,482		1,550	76,339	20,840		35,119			449,810	406,376	9,081		17,468			16,885			3,340		3,340
枞阳县	522,228	112,101	260,200			109,992	39,552		383			518,862	482,920	5,049		30,492			401			3,366		3,366
马鞍山市	4,493,700	1,965,261	924,191		35,517	296,873	1,043,842		228,016			4,325,412	2,874,117	197,639		1,011,638			242,018			168,288		168,288
马鞍山市本级	1,194,580	718,911	95,048		31,038	145,828	92,025		111,730			1,134,876	852,146	46,559		83,289			152,882			59,704		59,704
马鞍山市区县合计	3,299,120	1,246,350	829,143		4,479	151,045	951,817		116,286			3,190,536	2,021,971	151,080		928,349			89,136			108,584		108,584
花山区	484,312	176,500	99,531		1,350	16,800	190,131					464,779	203,214	71,534		189,131			900			19,533		19,533
雨山区	428,955	147,943	82,302		20	16,529	173,600		8,561			400,800	157,625	60,620		172,600			9,955			28,155		28,155

续表

地区	收入部分											支出部分										结余部分		
	收入总计	本年收入	上级补助收入	待偿债置换一般债券上年结余	上年结余	调入资金	债务(转贷)收入	国债转贷收入、上年结余及转补助	动用预算稳定调节基金	接受其他地区援助收入	省补助计划单列市收入	支出总计	本年支出	上解上级支出	调出资金	债务还本支出	补充预算周转金	国债转贷拨付数及年终结余	安排预算稳定调节基金	援助其他地区支出	计划单列市上解省支出	结余总计	待偿债置换一般债券结余	年终结余
当涂县	805,338	340,683	181,598		2,000	25,462	217,095		38,500			781,996	538,187	12,102		211,640			20,067			23,342		23,342
含山县	412,745	157,340	179,649		1,109	46,408	26,271		1,968			402,036	381,811	1,718		17,962			545			10,709		10,709
和县	851,133	280,436	238,545			41,846	229,116		61,190			838,672	567,873	3,907		222,412			44,480			12,461		12,461
博望区	316,637	143,448	47,518			4,000	115,604		6,067			302,253	173,261	1,199		114,604			13,189			14,384		14,384
淮北市	2,431,712	887,501	782,674		7,438	360,486	167,160		226,453			2,363,198	1,958,243	64,134		154,835			185,986			68,514		68,514
淮北市本级	1,029,775	462,064	184,390		4,584	89,898	69,384		219,455			1,004,983	725,989	46,204		59,741			173,049			24,792		24,792
淮北市区县合计	1,401,937	425,437	598,284		2,854	270,588	97,776		6,998			1,358,215	1,232,254	17,930		95,094			12,937			43,722		43,722
相山区	231,423	87,701	84,498		1,364	34,888	22,972					221,526	193,539	4,314		22,972			701			9,897		9,897
杜集区	214,137	58,574	70,498		414	62,349	19,836		2,466			211,101	181,416	3,775		19,836			6,074			3,036		3,036
烈山区	192,835	40,440	87,785		195	51,238	11,546		1,631			191,123	175,116	3,020		11,547			1,440			1,712		1,712
濉溪县	763,542	238,722	355,503		881	122,113	43,422		2,901			734,465	682,183	6,821		40,739			4,722			29,077		29,077
芜湖市	6,395,554	3,611,999	1,516,344		10,718	246,399	856,999		153,095			6,246,589	5,034,947	251,770		814,514			145,358			148,965		148,965
芜湖市本级	2,285,526	1,337,173	534,605		10,718	64,473	228,946		109,611			2,215,880	1,858,704	18,939		210,983			127,254			69,646		69,646
芜湖市区县合计	4,110,028	2,274,826	981,739			181,926	628,053		43,484			4,030,709	3,176,243	232,831		603,531			18,104			79,319		79,319
镜湖区	517,873	350,544	59,222			63,928	38,665		5,514			502,160	365,266	95,923		38,665			2,306			15,713		15,713
弋江区	809,014	351,215	51,066				398,501		8,232			797,411	328,927	61,237		398,501			8,746			11,603		11,603
鸠江区	525,355	337,893	112,706			36,251	31,905		6,600			511,122	435,715	43,502		31,905						14,233		14,233
繁昌区	502,886	368,159	79,074			16,911	33,467		5,275			490,944	458,192	2,823		29,770			159			11,942		11,942
南陵县	456,688	233,279	155,513			35,184	30,854		1,858			449,213	418,409	2,681		27,519			604			7,475		7,475
湾沚区	551,891	346,202	174,224			2,152	29,108		205			551,891	517,185	6,416		25,384			2,906					
无为市	746,321	287,534	349,934			27,500	65,553		15,800			727,968	652,549	20,249		51,787			3,383			18,353		18,353
安庆市	5,502,920	1,560,869	2,609,574		30,527	811,891	441,133		48,926			5,311,918	4,830,012	104,816		348,248			28,842			191,002		191,002
安庆市本级	1,220,562	493,234	497,784		18,652	86,578	122,763		1,551			1,152,284	1,097,508	-61,415		108,960			7,231			68,278		68,278
安庆市区县合计	4,282,358	1,067,635	2,111,790		11,875	725,313	318,370		47,375			4,159,634	3,732,504	166,231		239,288			21,611			122,724		122,724
迎江区	211,079	128,252	72,587		94		2,105		8,041			208,031	153,832	50,816		1,831			1,552			3,048		3,048
大观区	132,667	60,635	64,126		6,005		1,901					132,488	98,228	30,747		1,878			1,635			179		179
宜秀区	184,241	95,896	49,477		217	8,088	25,588		4,975			184,001	96,288	61,709		25,202			802			240		240
怀宁县	469,713	151,562	204,471		2,113	62,000	37,912		11,655			455,108	414,711	3,946		32,215			4,236			14,605		14,605
桐城市	629,099	196,672	221,375		2,904	161,828	44,224		2,096			624,617	575,000	5,020		36,035			8,562			4,482		4,482
潜山市	564,203	104,443	287,658			130,400	38,222		3,480			534,558	503,767	1,942		27,525			1,324			29,645		29,645
太湖县	494,373	84,992	326,721			44,250	33,092		5,318			493,592	470,966	2,016		20,610						781		781
宿松县	637,931	96,981	321,091		542	169,034	47,552		2,731			622,050	582,683	6,398		32,081			888			15,881		15,881
望江县	505,122	79,506	300,421			76,767	43,132		5,296			455,767	421,606	2,263		31,127			771			49,355		49,355
岳西县	453,930	68,696	263,863			72,946	44,642		3,783			449,422	415,423	1,374		30,784			1,841			4,508		4,508
黄山市	,414,000	882,930	963,683		29,378	237,014	213,506		87,489			2,372,811	2,138,230	13,626		171,684			49,271			41,189		41,189
黄山市本级	627,922	233,045	219,955		6,130	56,983	67,229		44,580			621,069	523,516	5,592		59,409			32,552			6,853		6,853
黄山市区县合计	1,786,078	649,885	743,728		23,248	180,031	146,277		42,909			1,751,742	1,614,714	8,034		112,275			16,719			34,336		34,336
屯溪区	196,490	107,220	64,669		788	9,985	9,081		4,747			189,320	178,469	1,299		5,679			3,873			7,170		7,170
黄山区	251,159	108,168	97,164		5,462	17,943	22,389		33			245,878	226,348	627		18,518			385			5,281		5,281
徽州区	195,223	93,494	57,655		2,868	22,932	12,134		6,140			192,016	183,647	1,440		6,929						3,207		3,207
祁门县	234,421	58,652	119,052		3,285	30,260	19,580		3,592			232,619	214,760	363		16,616			880			1,802		1,802
黟县	165,526	41,869	81,791		1,244	20,798	13,324		6,500			163,475	151,263	627		9,410			2,175			2,051		2,051
休宁县	299,699	100,070	132,894		2,527	37,205	20,106		6,897			294,179	272,353	1,368		15,964			4,494			5,520		5,520
歙县	443,560	140,412	190,503		7,074	40,908	49,663		15,000			434,255	387,874	2,310		39,159			4,912			9,305		9,305
亳州市	4,568,210	1,402,970	2,226,016		124,953	214,299	318,902		281,070			4,320,052	3,774,011	51,224		245,901			248,916			248,158		248,158
亳州市本级	1,443,779	475,262	519,538		51,683	115,371	71,307		210,618			1,371,433	1,074,575	20,173		62,435			214,250			72,346		72,346
亳州市区县合计	3,124,431	927,708	1,706,478		73,270	98,928	247,595		70,452			2,948,619	2,699,436	31,051		183,466			34,666			175,812		175,812
谯城区	825,998	284,171	399,996		21,048	41,288	45,007		34,488			775,150	723,632	8,429		30,397			12,692			50,848		50,848
涡阳县	728,665	198,561	421,698		7,125	8,325	66,565		26,391			706,708	633,114	10,202		49,921			13,471			21,957		21,957
蒙城县	782,854	264,903	410,636		8,681	23,055	66,006		9,573			743,092	674,003	6,455		54,131			8,503			39,762		39,762
利辛县	786,914	180,073	474,148		36,416	26,260	70,017					723,669	668,687	5,965		49,017						63,245		63,245

（本篇目决算报表由国库处供稿）

财政机构人员

省财政厅机构人员

省财政厅机关及厅属单位处级以上干部名单

(2021年12月31日)

厅领导

厅党组书记、厅　长:谷剑锋

厅党组成员、副厅长:朱长才

副厅长:胡锡萍

厅党组成员、驻厅纪检监察组组长:项中胜

厅党组成员、副厅长:孟照红

厅党组成员、副厅长:王朝晖

巡视员

二级巡视员:王　琢

二级巡视员:王　梵

二级巡视员:汪代启

二级巡视员:鲍习生

二级巡视员:张　力

二级巡视员:朱士昂

二级巡视员:廖晓虹

二级巡视员:管立新

二级巡视员:江永泓

二级巡视员:许先才

驻厅纪检监察组

二级巡视员:王　梵

副组长、一级调研员:杨基洪

四级调研员:杨　柳

厅机关处室(局)

办公室

主　任:万卫国

副主任:项立安

副主任:蔡功伙

副主任:代云霄

四级调研员:李　勇

四级调研员:刘凌列

综合处

处　长、一级调研员:彭高俊

副处长、二级调研员:徐玉明

副处长、二级调研员:宋葛民

一级调研员:李运孝

四级调研员:张　飞

四级调研员:聂孝林

税政条法处

处　长、一级调研员:杨延彬

副处长、二级调研员:陈　蕙

一级调研员:杨玉林

四级调研员:贾凤丽

四级调研员:方　志

四级调研员:乔传宗

预算处(预编办)

处　长、一级调研员:左自智

副处长、二级调研员:田　丰

副处长、三级调研员:唐　兵

副处长:李　强

四级调研员:贾成亮

四级调研员:陈小永

预算绩效管理处

处　长、一级调研员:丁　俊

四级调研员:孙玮玮

四级调研员:杨作华

国库处

二级巡视员、处　长:廖晓虹

副处长、二级调研员:袁　圆

副处长、三级调研员:朱正余

二级调研员:刘　翔

四级调研员:杨　洋

政府债务管理处

处　长:尹立祥

副处长、二级调研员:余　禹

副处长:谢　勇

二级调研员:王永力

二级调研员:杜志明

四级调研员:韩晓峰

行政处

二级巡视员、处　长:许先才

副处长、二级调研员:孙玫玫

三级调研员:张惠敏

四级调研员:刘儒之

政法处

处　长:徐　韬

副处长、二级调研员:李　斌

二级调研员:姚　伟

二级调研员:童　兵

四级调研员:陈　晋

教科文处

处　长:吴祎明

副处长:叶凡青

一级调研员:何　义

四级调研员:邓英旭

四级调研员:侯正华

经济建设处

处　长:张行宇

副处长:李元元

一级调研员:汪小俊

四级调研员:贾振东

农业农村处

处　长、一级调研员:方山恩

副处长:王　林

一级调研员:洪　军

二级调研员:汪　辉

社会保障处

处　长、一级调研员:张恒景

副处长:项军宁

副处长:杨　辉

四级调研员:陶　颖

四级调研员:叶　翔

自然资源和生态环境处

二级巡视员、处长:江永泓

副处长:江　腾

二级调研员:姚　瑶

企业处

处　长、一级调研员:徐光耀

副处长、二级调研员:解亚平

副处长:关　勇

二级调研员:程荣明

四级调研员:张　铭

金融处

处　长、一级调研员:张　黎

四级调研员:汪　韬

四级调研员:徐　顺

乡村财政事务管理处

处长、一级调研员:左磊明

副处长、二级调研员:徐向前

副处长:黄金秋

二级调研员:魏祥瑾

三级调研员:耿　鹏

四级调研员:朱乐磊

会计处

处　长、一级调研员:季必英

副处长、三级调研员:孙荣春

副处长、二级调研员:谷　媛

四级调研员:章　辉

四级调研员:李红波

国有资本经营预算处

处　长、一级调研员:焦玲仪

副处长、二级调研员:张先虹

一级调研员:殷鹭滨

一级调研员:周晓丽

行政事业国有资产管理处

处　长:张白平

副处长、三级调研员:王知国

二级调研员:连发玉

四级调研员:钟　翠

财政监督局

局　长、一级调研员:黎学东

领导职务正处级:李汪祥

副局长、三级调研员:张克和
副局长、三级调研员:胡继龙
二级调研员:杨　刚
二级调研员:高维国
二级调研员:陈　军
四级调研员:王光杰
四级调研员:伊安红
四级调研员:赵　洋

政府采购处

处　长、一级调研员:胡德林
副处长、三级调研员:张为中
副处长:杜荣胜
四级调研员:孙卫国

民生工程工作办公室

主　任:宋先贵
副主任、三级调研员:方虹慧
副主任、三级调研员:孟　骞
三级调研员:李　燕
四级调研员:张绍德

人事教育处

处　长、一级调研员:陈　欢
四级调研员:章光辉

机关党委

二级巡视员、专职副书记(正处级):管立新
四级调研员:曹自云

离退休工作处

处　长:姚先飞
副处长、厅直机关纪委副书记:夏　波
二级调研员:段焕松
四级调研员:仝茂江
四级调研员:王友环
四级调研员:邹　玉

厅属单位

安徽省社会保障资金管理中心

主　任:杨前炉
副主任:徐进超
四级调研员:方　芳

安徽省非税收入征收管理局

局　长:张忠文
副局长:徐延俊
副局长:王　锐
副局长:雷华清
四级调研员:刘云芬
四级调研员:范晓玲
四级调研员:周先红

安徽省财政厅国库支付中心

主　任:李德军
副主任:陈文权
副主任:童　艳
三级调研员:金　琦
四级调研员:李　勇
四级调研员:李　宏
四级调研员:陈　斌

安徽省财政信息中心

主　任:达小敏
副主任:傅　依

安徽省预算评审中心

主　任:王　旭
副主任:邓建成
副主任:王　冶
副主任:吴小林
副主任:郭立宏
四级调研员:龚传洲
四级调研员:章　昕

安徽省政府债务评估中心

主　任:金嘉岳
副主任:马再兴
副主任:彭学勇
副主任:孙春美
三级调研员:丁　健
四级调研员:郑　军
四级调研员:程晓岚
四级调研员:孟晶森
四级调研员:李道兵

安徽省财政科学研究所

所　长:鲍文前
副所长:刘　文
副所长:范　勇

安徽省注册会计师管理处(注册会计师协会)

处　长:郭安明
行业党委专职副书记(正处级):周　远
副处长:廖文学
副处长:宋中锋

安徽省财政干部教育中心

主　任:朱克俊

副主任:李　军

副主任:金　烨

安徽省行政事业单位资产管理中心

主　任:张顺建

副主任:胡正中

副主任:周启安

副主任:丁汉卓

安徽省财政厅政府和社会资本合作中心

主　任:周　涛

副主任:张小龙

安徽省农业信贷融资担保有限公司领导名单

安徽省农业信贷融资担保有限公司

党委书记、董事长:方习利

党委副书记、总经理:陈维光

党委副书记:王定友

副总经理:刘德旺

纪委书记:汪公发

财务总监:王　坤

副总经理:汤大海

市县乡财政系统机构人员

合肥市财政系统领导名单

合肥市财政局

党组书记、局长:黄永强

党组成员、副局长:孔天华

党组成员、副局长:郝晓东

党组成员、副局长:杨帆

党组成员、驻局纪检监察组组长:王军

总会计师:余成晨

肥东县财政局

党组书记、局长:罗瑞传

党组成员、驻局纪检监察组组长:王鹏贤

党组成员、副局长、县地方金融监督管理局局长:孙维荣

党组成员、副局长:卢因忠

党组成员、总会计师:张振松

党组成员、国库支付中心主任:闻华维

党组成员、预算科科长:杨勇

肥西县财政局

党组书记、局长:陈庚

党组成员、金融发展服务中心主任:何友才

党组成员、副局长:胡芳玉

党组成员、副局长:魏宏文

党组成员、总会计师:杨云

党组成员、民生办副主任:袁家民

党组成员、农村局局长:陈先锋

党组成员、国资科科长:王恒传

长丰县财政局

党组书记、局长:杨华峰

党组副书记、副局长:顾涛

党组成员、副局长:姚文贵

党组成员、副局长:杨德军

党组成员、副局长:李咏梅

党组成员、驻局纪检监察组组长:徐晓东

总会计师:许忠农

庐江县财政局

党组书记、局长:王宝存

党组成员、副局长:张永兵

党组成员:夏帮正

党组成员、驻局纪检监察组组长:杨传跃

党组成员、总会计师:盛世财

党组成员:马茂银

巢湖市财政局

党组书记、局长:陈永铸

党组副书记:程庭浪

党组成员、副局长:李政

党组成员、副局长:徐济贵

党组成员、驻局纪检监察组组长:吴理萍

总会计师:朱京红

瑶海区财政局

党组书记、局长:朱岩

党组成员、驻局纪检监察组组长:宣哲

党组成员、副局长:高捷

副局长:何强

庐阳区财政局

区财政局(国资委、金融办)党委书记、局长:张士明

区财政局(国资委、金融办)党委委员、国资管理中心主任:周莹

区财政局(国资委、金融办)党委委员、副局长:魏平

蜀山区财政局

党组书记、局长:徐明

党组成员、副局长:钟丽霞

党组成员:谢莉

副局长(挂职):蒋顾鑫

包河区财政局

党组书记、局长:周明洁

党组成员、副局长:郑善祥

党组成员、副局长:王苏华

高新技术产业开发区财政局

党组书记、局长:许永

党组成员、副局长:施浩音

党组成员、副局长、财务管理中心主任(兼):甄志强

党组成员、公共资源交易中心主任、驻局纪检监察组组长(兼):严晓娟

经济技术开发区财政局

副局长:石华

副局长:闫之文

副局长:费红英

财务中心主任:黄全进

财务中心副主任:刘卫兵

新站高新技术开发区财政局

局长:杨培红

副局长:孟祥瑞

副局长:沈爱华

副局长:张高峰

副局长:袁莉

巢湖经济开发区财政局

局长:施建

副局长:黄丽虹

副局长:张钦

肥东县

肥东经开区财政分局	局长:黄磊
循环园财政分局	局长:罗守斌
东部新城财政办事处	主任:丁腾渊
陈集镇财政所	所长:浦青松
古城镇财政分局	局长:陈兆金
马湖乡财政所	负责人:管怀鹏
八斗镇财政分局	局长:何进军
响导乡财政所	所长:季波
杨店乡财政所	所长:谢群
白龙镇财政分局	负责人:李源
元疃镇财政所	所长:李玉春
张集乡财政所	所长:宋丽
梁园镇财政分局	分局长:杨世应
包公镇财政所	所长:周康应
石塘镇财政分局	负责人:王勇
店埠镇财政分局	局长:黄胜虎
牌坊乡财政所	所长:万兴平
众兴乡财政所	所长:薛华领
桥头集镇财政分局	局长:葛静海
撮镇镇财政分局	局长:陈长胜
长临河镇财政分局	局长:席玉龙

肥西县

上派镇财政分局	局长:张波
三河镇财政分局	局长:董光武
花岗镇财政分局	局长:郭韶奇
肥西经开区财政分局	局长:文亚
紫蓬山管委会财政分局	局长:汤杰
高店乡财政所	所长:朱爱平
官亭镇财政所	所长:张永安
铭传乡财政所	所长:卞强
山南镇财政所	所长:吴敏
柿树岗乡财政所	所长:魏小军
桃花镇财政所	所长:余刚
紫蓬镇财政所	所长:潘学军
丰乐镇财政所	所长:章声化
严店乡财政所	所长:王超

长丰县

水湖镇财政分局	局长:郑永昌
罗塘乡财政所	所长:赵运康
朱巷镇财政所	所长:梁刚
杜集镇财政所	副所长:方占占
下塘镇财政分局	局长:许金忠
庄墓镇财政所	副所长:程柳艳
杨庙镇财政所	所长:杨秀侠
左店镇财政所	所长:胡清忠
吴山镇财政分局	局长:龚义传
造甲乡财政所	所长:余华银
义井镇财政所	所长:张兰
双凤财政分局	局长:陈斌
岗集镇财政分局	局长:王华桥
双墩镇财政分局	局长:张恩奎
陶楼镇财政所	所长:刘刚

庐江县

庐城镇财政所	所长:张立华
冶父山镇财政所	所长:伍明能
汤池镇财政所	所长:杨玉著
万山镇财政所	所长:钱金龙
金牛镇财政所	所长:钱明华
郭河镇财政所	所长:董富贵
石头镇财政所	所长:韩松
同大镇财政所	所长:张安稳
白山镇财政所	所长:金先声

盛桥镇财政所 所长:龙力保
白湖镇财政所 所长:刘胜利
龙桥镇财政所 所长:刘宝才
矾山镇财政所 所长:万玉柱
泥河镇财政所 所长:苏建醒
罗河镇财政所 所长:郑龙留
乐桥镇财政所 所长:吴启超
柯坦镇财政所 所长:柏光舟
合肥庐江高新区财政局 局长:盛波
庐江台湾农民创业园财政局 局长:杨正龙

巢湖市

黄麓镇财政所 所长:许红梅
烔炀镇财政所 所长:赵桂竹
柘皋镇财政所 所长:孙群东
槐林镇财政所 所长:秦新华
苏湾镇财政所 所长:郎正兵
栏杆集镇财政所 所长:朱陈桃
夏阁镇财政所 所长:肖军民
中庙镇财政所 所长:王涛
银屏镇财政所 所长:杨凯
散兵镇财政所 所长:向从华
中垾镇财政所 所长:朱宏伟
庙岗镇财政所 所长:陶道华
坝镇镇财政所 所长:高红群
卧牛山街道财政所 所长:钱泽民
天河街道财政所 所长:季学武
凤凰山街道财政所 所长:张华锋
亚父街道财政所 所长:朱黎明

瑶海区

大兴镇财政所 所长:夏燕

庐阳区

庐阳区大杨镇财政所 所长:钱志军
庐阳区三十岗乡财政所 所长:李春林

蜀山区

井岗镇财政所 所长:赵龙谊
南岗镇财政所 所长:王道安
小庙镇财政所 所长:王叶友

巢湖经济开发区

半汤街道财政所 所长:童新生

淮北市财政系统领导名单

淮北市财政局

党组书记、局长(主任):王祥顶
党组成员、副局长(副主任)、三级调研员:胡文莉
党组成员、驻局(委)纪检监察组组长:田跃全
党组成员、副局长(副主任):焦福生
党组成员、非税办(综合科)主任(科长):袁松
党组成员、副局长(副主任):徐本立
党组成员、总会计师:杨娜
二级调研员:仲杰

濉溪县财政局

党组书记、局长:程振华
党组成员、纪检组长:赵华山
党组成员、信息中心主任:王祥
党组成员、副局长:徐东旭
党组成员、副局长:杨森
党组成员、总会计师:朱晓莉

相山区财政局

区财政局(国资委、金融局)局长(主任):陆恒
区财政局(国资委、金融局)副局长(副主任):宋磊
区财政局(国资委、金融局)副局长(副主任):陈淼
金融局副局长(挂职):谢长恩

杜集区财政局

区财政局(国资委、金融局)党组书记、局长(主任):杨登俊
区财政局(国资委、金融局)党组成员、副局长(副主任):张俊影
区财政局(国资委、金融局)党组成员:王海洋

烈山区财政局

党组书记、局长:蒋祥力
党组成员、副局长:秦胜兵
党组成员、副局长:赵静
党组成员、民生办主任:杨浩

淮北高新技术产业开发区财政局

局长:胡国荣
副局长:丁配同
副局长:孟　伟
副局长:赵玲祥
总会计师:徐　莉

安徽(淮北)新型煤化工合成材料基地财政局

局长:赵　跃

副局长:张天阳

濉溪县

经济开发区财政金融部	部长:张震
濉芜现代产业园财政部	部长:周海峰
濉溪镇财政所	所长:周宗文
刘桥镇财政所	所长:杨学森
百善镇财政所	所长:毕耀华
韩村镇财政所	所长:刘永
铁佛镇财政所	所长:张忠民
临涣镇财政所	所长:张锰
南坪镇财政所	所长:韩超
五沟镇财政所	所长:邵思亮
孙疃镇财政所	所长:李从祥
四铺镇财政所	所长:魏巍
双堆集镇财政所	所长:马坤

相山区

渠沟镇财政所	所长:丁杰
任圩财政所	所长:张丽

杜集区

高岳街道财政所	所长:许生
矿山集街道财政所	所长:徐敬卓
朔里镇财政所	所长:李国庆
石台镇财政所	所长:朱成华
段园镇财政所	所长:王建民

烈山区

杨庄街道财政所	所长:徐庆功
烈山镇财政所	所长:张守德
宋疃镇财政所	所长:张士民
古饶镇财政所	所长:王敬义
园区管委会财税办	主任:周茂春

亳州市财政系统领导名单

亳州市财政局

党组书记、局长(主任):张传宾

党组成员、副局长(副主任):王振喜

党组成员、副局长(副主任):黄　晖

党组成员、副局长(副主任):邓　昊

蒙城县财政局

党组书记、局长:锁必武

党组成员、副局长:杨晓保

党组成员、副局长:王继生

党组成员、派驻纪检监察组组长:韦如辉

党组成员、县民生工程管理服务中心主任:孟　伟

涡阳县财政局

党组书记、局长:韩　桂

副局长:张茂林

党组成员、驻局纪检监察组组长:黄桂峰

党组成员、国资和地方金融管理服务中心主任:李　永

党组成员、总会计师:刘　顺

党组成员、国资和地方金融管理服务中心副主任:郑　涛

利辛县财政局

党组书记、局长:郑书第

党组成员、副局长:刘富修

党组成员、副局长:邢　伟

党组成员、驻局纪检监察组组长:宫继新

谯城区财政局

党组书记、局长:王玉全

党组成员、副局长:陈胜志

党组成员、副局长:魏　峰

党组成员、采购中心主任:张亚洲

党组成员、农财中心主任:李玉贵

党组成员、驻局纪检监察组组长:张旭地

亳州高新技术产业开发区财政局

局长:赵绍宇

副局长:纪晓蕾

亳州芜湖现代产业园区财政局

局长:肖迎清

蒙城县

城关财政所	所长:丁沛跃
庄周财政所	所长:吕保贞
漆园财政所	所长:陈文信
乐土财政所	所长:杨振良
楚村财政所	所长:曹　凯
三义财政所	所长:杨海涛
篱笆财政所	所长:刘彦明
辛集财政所	所长:耿云灵
岳坊财政所	所长:唐殿军
马集财政所	所长:代　峰
小涧财政所	所长:宁春军
坛城财政所	所长:王　晖
许疃财政所	所长:李　民
板桥财政所	所长:张子锋

王集财政所 所长:王启然
立仓财政所 所长:张峨岭
双涧财政所 所长:李二朴

涡阳县

星园财政所 所长:马　坤
天静宫财政所 所长:侯景超
城关财政所 所长:席广华
高炉财政所 所长:邵彦伟
西阳财政所 所长:徐连元
丹城财政所 副所长:张体影
涡南财政所 所长:宋兴明
马店财政所 所长:张　杰
花沟财政所 所长:李良晨
龙山财政所 所长:刘　敏
曹市财政所 所长:李航修
牌坊财政所 所长:包齐林
青疃财政所 所长:张　芳
高公财政所 副所长:沈　成
义门财政所 所长:王心英
新兴财政所 所长:周广坤
标里财政所 所长:李朝林
楚店财政所 所长:王　涛
石弓财政所 所长:徐凤海
临湖财政所 所长:程　莉
店集财政所 所长:孟献启
公吉寺财政所 所长:郑　超
陈大财政所 所长:周廷知

利辛县

城关财政所 所长:李　涛
江集财政所 所长:刘应宏
旧城财政所 所长:关　军
西潘楼财政所 所长:苏永光
城北财政所 所长:盛家伟
孙集财政所 所长:关　键
纪王场财政所 所长:刘军超
张村财政所 所长:何鹏飞
汝集财政所 所长:程　斌
王人财政所 所长:王立强
巩店财政所 所长:王继中
王市财政所 所长:邵拥军
孙庙财政所 所长:李保强
马店财政所 所长:高　翔
永兴财政所 所长:宫　琦
胡集财政所 所长:安学龙
大李集财政所 所长:姜之安
展沟财政所 所长:张　林
新张集财政所 所长:王　建
阚疃财政所 所长:姜　勇
程家集财政所 所长:聂　红
望疃财政所 所长:戴　利
中疃财政所 所长:朱子付

谯城区

立德财政所 所长:尹　鹏
十八里财政所 所长:曹　凯
魏岗财政所 所长:冯　莉
沙土财政所 负责人:周心雷
十河财政所 所长:李桂英
赵桥财政所 所长:闫　丽
古城财政所 负责人:杨　蓉
大杨财政所 负责人:周　为
龙扬财政所 负责人:李　刚
双沟财政所 所长:南子富
谯东财政所 所长:王自强
观堂财政所 所长:王　辉
五马财政所 负责人:于　海
牛集财政所 所长:邱明琦
城父财政所 负责人:任大东
古井财政所 所长:刘景林
颜集财政所 负责人:赵乐会
华佗财政所 所长:马金梅
淝河财政所 负责人:陈　亮
张店财政所 负责人:张建清
芦庙财政所 所长:钱　欢

宿州市财政系统领导名单

宿州市财政局

党委书记、局长(主任):武戈
副局长、三级调研员:谢安
党委委员、纪检组长:陈玮
党委委员、副局长:陈尚业
党委委员、副局长、三级调研员:柏红
党委委员、总会计师:寇智
三级调研员:韩建民
三级调研员:王奎

四级调研员:王晓兰
四级调研员:王启军
非税收入管理服务中心:王涛
国库支付中心主任:胡平
国库支付中心三级调研员:张全民

砀山县财政局

党组书记、局长:赵振海
党组成员、副局长:王美玲
党组成员、副局长:周玉成
党组成员、驻局纪检监察组组长:王飘
党组成员、总会计师:曹桂堂

萧县财政局

局长:刘学东
副局长:何玉良
副局长:王中华
副局长:朱鹏程
总会计师:蒋杰
国库支付中心主任:刘振东

灵璧县财政局

党组书记、局长:皮殿飞
党组成员、副局长:魏广前
党组成员、副局长:陶接迎
党组成员、民生办主任:司桂林
党组成员:赵卡
党组成员、总会计师:侯峰

泗县财政局

党组书记、局长:蔡晨光
党组成员、副局长:沈辉
党组成员、副局长:王韬
党组成员、总会计师:毛晓峰
党组成员、民生工程管理中心主任:周璞

埇桥区财政局

党委书记、局长:朱飞
党委委员、副局长:陈亮
党委委员、副局长:丁玉梅
党委委员、派驻纪检组长:宋磊
党委委员、副局长(挂职):马凯
党委委员、总会计师:陈东

经济开发区财政局

局长:董克洲
一级主任科员:刘敏
副局长:赵晓霜

宿州马鞍山现代产业园区财政局

财务审计部(财政局)副部长(副局长):董强
财务审计部(财政局)副部长(副局长):李金美

宿州高新技术产业开发区财政局

局长:张争平
副局长:周飞
副局长:陈静

砀山县

城关财政所	所长:王峰
赵屯财政所	所长:付浩
曹庄财政所	所长:陈晓宇
官庄财政所	所长:张玉阁
玄庙财政所	所长:周衍波
周寨财政所	所长:唐怀堂
良梨财政所	所长:薛继秋
葛集财政所	所长:张春立
唐寨财政所	所长:唐怀云
程庄财政所	所长:邵延强
关帝庙财政所	所长:段瑞良
朱楼财政所	所长:卞卡
李庄财政所	所长:郭进良
开发区财政所	所长:王安鲁
薛楼园区财政所	所长:邵丽
高铁新区财政所	所长:汪鹏

萧县

龙城财政所	所长:吴信瑞
新庄财政所	所长:何静
黄口财政所	副所长:刘伟
大屯财政所	副所长:张林
赵庄财政所	所长:杨兴民
张庄寨财政所	所长:马健
青龙财政所	所长:沈红军
石林财政所	所长:刘春
孙圩子财政所	所长:朱孝民
王寨财政所	所长:吴志强
杜楼财政所	所长:黄继明
丁里财政所	所长:许磊
马井财政所	所长:郝允峰
闫集财政所	所长:肖春雷
圣泉财政所	所长:张颂荣
祖楼财政所	副所长:王家瑞
杨楼财政所	所长:王信权
刘套财政所	所长:罗献伦

白土财政所 所长:安孝民
庄里财政所 所长:袁龙连
官桥财政所 所长:王永干
永堌财政所 副所长:许敬军
酒店财政所 副所长:朱浩勤
工业园区财政所 副所长:胡光明

灵璧县

韦集财政所 所长:冉庆胜
向阳财政所 所长:鲁作战
黄湾财政所 所长:王现理
娄庄财政所 所长:李　冰
杨疃财政所 所长:许　凯
尹集财政所 所长:侯君
浍沟财政所 所长:高存玖
朱集财政所 所长:许岩
游集财政所 所长:王富
下楼财政所 所长:谢业慧
朝阳财政所 所长:闫瑞民
渔沟财政所 所长:朱杰
大路财政所 副所长:王迪
高楼财政所 所长:赵跃
大庙财政所 所长:雷兴奎
冯庙财政所 所长:陈益尚
禅堂财政所 所长:程伦昱
虞姬财政所 所长:闫兴跃
灵城财政所 所长:王宗迎
开发区财政所 所长:张超

泗县

泗城镇财政分局 局长:刘道胜
大路口乡财政所 所长:高磊
墩集镇财政所 所长:苏衍维
草庙镇财政所 所长:朱凯
瓦坊乡财政所 所长:韩非
黑塔镇财政所 所长:张万里
刘圩镇财政所 所长:娄运城
山头镇财政所 所长:于贤宝
黄圩镇财政所 所长:时飞
大庄镇财政所 所长:韩昌清
屏山镇财政所 所长:计兵
大杨乡财政所 所长:李庆春
长沟镇财政所 所长:袁晓林
草沟镇财政所 所长:张建
丁湖镇财政所 所长:杨彬

开发区财政所 负责人:赵浩然

埇桥区

城东街道办事处财政所 所长:王成龙
三八街道办事处财政所 所长:张晓伟
西二铺乡财政所 所长:韩军峰
三里湾街道办事处财政所 所长:郭朝辉
北关街道办事处财政所 所长:李伦
道东街道办事处财政所 所长:林广森
东关街道办事处财政所 所长:刘燕
南关街道办事处财政所 所长:桑武平
西关街道办事处财政所 所长:董雪
埇桥街道办事处财政所 所长:王申球
沱河街道办事处财政所 所长:尹松
褚兰镇财政所 所长:林国贤
杨庄乡财政所 所长:王彬
曹村镇财政所 所长:吴胜昔
夹沟镇财政所 副所长:戴传清
支河乡财政所 副所长:曹传安
栏杆镇财政所 所长:秦怀轩
解集乡财政所 所长:范志华
金海街道办事处财政所 副所长:刘开成
循环经济示范园区财政所 副所长:张峰
时村镇财政所 所长:潘超
桃沟乡财政所 所长:童永
永安镇财政所 所长:曾实现
灰古镇财政所 所长:李祥林
顺河乡财政所 所长:代伟
苻离镇财政所 所长:张宏峰
汴河街道办事处财政所 所长:邵志坚
蒿沟乡财政所 所长:夏军
苗安乡财政所 所长:吴义斌
大店镇财政所 所长:唐伟
朱仙庄镇财政所 所长:刘伟
芦岭镇财政所 所长:韩世玉
大泽乡财政所 所长:张茂玲
北杨寨乡财政所 所长:梁太旺
桃园镇财政所 所长:李虎生
祁县镇财政所 所长:李琳
大营镇财政所 所长:王雷
永镇财政所 所长:刘传贵
东城财办财政所 副所长:李志新
经济开发区财政所 副所长:涂俊永

蚌埠市财政系统领导名单

蚌埠市财政局

党组书记、局长(国资委主任):叶斌
党组成员、副局长:周波
党组成员、副局长:路军
党组成员、副局长:胡云
党组成员、总会计师:蒋忠东
党组成员、驻局纪检监察组组长:周毓铭
二级调研员:唐忠利
二级调研员:陈利铭

怀远县财政局

党组书记、局长:朱咏君
党组成员、副局长:陈顺
副局长:任涛
党组成员:胡兆灯

五河县财政局

党组书记、局长:孙立富
党组成员、副局长:陈非非
党组成员、副局长:孙璞
党组成员、纪检监察组长:武怀守
党组成员:凌德宏
党组成员、总会计师:王尊昌
民生工程管理中心主任:陆家海
国库集中支付中心副主任:白伍阳
财政资金绩效评价中心主任:张威

固镇县财政局

党组书记、局长:李飞
党组成员、副局长:崔怀贵
党组成员、副局长:党献文
党组成员、副局长(挂职):王亚辉
纪检组长:孙艳艳
党组成员:仲谋
党组成员:陶廷春
党组成员:陈敏
总会计师:张店全

龙子湖区财政局

党组书记、局长:翁畅
党组成员、副局长:张利军
党组成员、副局长:郭靓
党组成员、支付中心主任:黄金凤

蚌山区财政局

党组书记、局长:李金凤
党组成员、副局长:丁忠胜
党组成员、副局长:路冬梅
党组成员、副局长:黄雅婷

禹会区财政局

副局长(主持工作):敬小蓉
副局长:李舒生
财政支付中心主任:吴美艳

淮上区财政局

局长:刘闽莉
副局长:周啸
财政支付中心主任:丁丽

高新区财政局

局长:刘富国
副局长:祝来斌
四级调研员:吴丽萍
支付中心副主任:关睿伟

经开区财政局

局长:翁畅
副局长:陈迅
财政支付中心主任:罗宏

怀远县

荆山镇财政分局	局长:符布山
包集镇财政所	所长:张根祥
龙亢镇财政所	所长:许友功
河溜镇财政所	所长:陶华锋
常坟镇财政所	所长:叶　喜
双桥镇财政所	所长:赵　勇
魏庄镇财政所	所长:赵　彬
万福镇财政所	所长:邹德国
唐集镇财政所	所长:张立柱
淝河镇财政所	所长:陈国利
褚集镇财政所	所长:荣克轩
陈集镇财政所	所长:年福启
白莲坡镇财政所	所长:常　飞
榴城镇财政所	所长:周传艳
古城镇财政所	所长:张　毅
徐圩乡财政所	所长:胡汉江
淝南镇财政所	所长:祝文波
兰桥镇财政所	所长:张秀新
经开区财政分局	局长:姚荣平

五河县

城关镇财政所　所长:王森功
朱顶镇财政所　所长:吴明海
小溪镇财政所　所长:王培福
头铺镇财政所　所长:朱克东
新集镇财政所　所长:张军
大新镇财政所　副所长:郭树峰
临北回族乡财政所　副所长:武路
浍南镇财政所　所长:李超
东刘集镇财政所　副所长:王迪堂
申集镇财政所　副所长:沈先兰
小圩镇财政所　所长:蒋光胜
沱湖乡财政所　所长:黄保举
武桥镇财政所　所长:蒋其龙
双忠庙镇财政所　所长:朱全松
城南工业区财政所　负责人:任伟

固镇县

仲兴乡财政所　所长:王天山
任桥镇财政所　所长:王道永
湖沟镇财政所　所长:谢进
杨庙乡财政所　所长:李晓清
连城镇财政所　所长:强恒银
新马桥镇财政所　所长:崔北锐
王庄镇财政所　所长:孙玉胜
石湖乡财政所　所长:安永
濠城镇财政所　所长:杨鹏
刘集镇财政所　所长:姚兵
城关财政分局　局长:邱朝阳
开发区财政分局　局长:徐艳光

龙子湖区

李楼乡财政所　所长:王迪

蚌山区

雪华乡(宏业村街道)财政所　所长:高婷
燕山乡财政所　所长:李广忠
天桥街道财税服务所　所长:赵莉
青年街道财税服务所　所长:牛丽娟
纬二街道财税服务所　所长:谢晓来
黄庄街道财税服务所　所长:胡胜明

禹会区

长青乡财政所　所长:胡守陆
马城镇财政所　所长:赵武

淮上区

小蚌埠镇财政所　所长:安家韦
吴小街镇财政所　所长:黄　娟
曹老集镇财政所　所长:赵　丽
梅桥镇财政所　所长:褚雅洁
沫河口镇财政所　所长:刘德平

高新区

天河科技园财政所　所长:葛继秀
秦集镇财政所　所长:孔静

经开区

长淮卫镇财政所　所长:路洁

阜阳市财政系统领导名单

阜阳市财政局

党组书记、局长:笪乘胜
党组成员、副局长:马晓峰
党组成员、总会计师:陈青
党组成员、驻局纪检监察组组长:王子朋
党组成员、副局长:崔巍
党组成员、阜阳工业经济学校校长:周波
一级调研员:高玉臻
二级调研员:侯永贵
二级调研员:夏河

颍上县财政局

党组书记、局长:张正
党组成员、副局长:徐伯承
党组成员、副局长:吴锡录
党组成员、预算评审中心主任:张振亚

界首市财政局

党组书记、局长:卢萍
党组副书记:于华兰
党组成员、财政监督管理中心主任:张琦林
党组成员、地方金融监管事务中心主任:李超
党组成员、副局长:任曙光
党组成员、副局长:张华
党组成员、农村财政管理中心主任:艾梅
党组成员(挂职)、高新区财政局局长:张建朝
总会计师:刘鹏丽

临泉县财政局

党组书记、局长:杨亚军
党组成员、驻局纪检监察组组长:刘智奇
副局长,国有资产产权事务服务中心主任:孟丽萍
党组成员、副局长(挂职),金融事务中心主任:李超

党组成员、副局长:郭峰
党组成员、总会计师:李芳
阜南县财政局
党组书记、局长(主任):孙存龙
党组成员、副局长(副主任):刘志亮
党组成员、副局长(副主任):孙伟
党组成员、地方金融监管事务中心主任:刘琦
太和县财政局
党组书记、局长:张科
党组成员、国库集中支付中心主任:李岩
党组成员、非税收入管理中心主任:于冰
党组成员:于翔
党组成员、副局长:栾福志
党组成员:彭燕
党组成员、副局长:李佩新
办公室主任:关朝兴
颍州区财政局
党组书记、局长:王献斌
党组成员、副局长:印贺梅
党组成员、副局长:宋维菊
党组成员、财政监督检查管理中心主任:郭献举
党组成员:赵东洲
党组成员、乡村财政管理中心主任:何道中
党组成员、财政监督检查管理中心副主任:李　强
党组成员:霍献礼
四级调研员:刘小东
颍泉区财政局
党组书记、局长:孙全
党组成员、副局长:陈静
党组成员、区农村财政管理中心主任:魏灿峰
颍东区财政局
党组书记、局长:任俊喜
党组成员、副局长:邵爱华
党组成员:王继刚
党组成员、国库集中支付中心主任:宋云澍
党组成员、副局长:李强
经济技术开发区金融保障局
副局长(主持工作):张文学
副局长:郭景诚
颍上县
慎城镇财政所　所长:朱奎
十八里铺财政所　所长:强国清
三十铺财政所　所长:王峰
五十铺乡财政所　所长:刘树俭
红星镇财政所　所长:王干
耿棚镇财政所　所长:吴均业
盛堂乡财政所　所长:李刚
润河镇财政所　所长:刘涛
南照镇财政所　所长:高勇
半岗镇财政所　所长:沈娟
八里河镇财政所　所长:金保同
垂岗乡财政所　所长:周扬
王岗镇财政所　所长:张天虹
杨湖镇财政所　所长:赵艳梅
赛涧回族乡财政所　所长:唐坤
刘集乡财政所　所长:李树刚
鲁口镇财政所　所长:张勇
黄坝乡财政所　所长:蒋家友
江店孜镇财政所　所长:孙峰
夏桥镇财政所　所长:官喜良
谢桥镇财政所　所长:董凤军
迪沟镇财政所　所长:毕兰富
陈桥镇财政所　所长:侯学成
江口镇财政所　所长:郭英杰
新集镇财政所　所长:吴天贵
古城镇财政所　所长:卢梦琦
界首市
西城财政所　所长:胡光宇
东城财政所　所长:吕广阔
颍南财政所　所长:吕丽莉
光武财政分局　局长:张强
靳寨财政所　所长:彭新华
芦村财政所　所长:申云剑
邴集财政所　所长:程立新
大黄财政所　所长:李斌
新马集财政所　所长:徐翔
田营财政所　所长:陈俊荣
陶庙财政所　所长:齐影
王集财政所　所长:李保强
泉阳财政所　所长:任磊
任寨财政所　所长:段兆辉
戴桥财政所　所长:徐少远
砖集财政所　所长:程伟
舒庄财政所　所长:王永华
顾集财政所　所长:陈志华

临泉县

城关街道财政所 负责人:刘雷
城东街道财政所 所长:高健
城南街道财政所 负责人:柴国宏
邢塘街道财政所 所长:韩立
田桥街道财政所 所长:谢尚伟
杨桥镇财政所 负责人:汪新
谭棚镇财政所 负责人:曹建民
高塘镇财政所 负责人:吴春堂
老集镇财政所 所长:陈泽
滑集镇财政所 所长:杨青龙
土坡乡财政所 负责人:王子林
吕寨镇财政所 负责人:王灼喜
单桥镇财政所 负责人:曾健
长官镇财政所 副所长:穆效杰
宋集镇财政所 副所长:刘成年
张新镇财政所 副所长:马为民
陈集镇财政所 副所长:张　峰
艾亭镇财政所 副所长:霍存荣
陶老乡财政所 负责人:陈黎明
韦寨镇财政所 负责人:蒋　振
迎仙镇财政所 负责人:秦子彬
瓦店镇财政所 所长:李允章
姜寨镇财政所 所长:许栋
庙岔镇财政所 负责人:范绍栋
黄岭镇财政所 负责人:张振祥
白庙镇财政所 副所长:杨正昆
鲖城镇财政所 负责人:王亚军
关庙镇财政所 负责人:刘相春

阜南县

经济开发区财政分局 局长:韩少山
鹿城镇财政所 所长:王玉林
田集镇财政所 所长:王辉
公桥乡财政所 所长:王大运
方集镇财政所 所长:赵建涛
段郢乡财政所 所长:孙旭
王堰镇财政所 所长:刘祥彬
洪河桥镇财政所 所长:杜士保
地城镇财政所 所长:乔龙军
于集乡财政所 所长:乔晓
龙王乡财政所 所长:庞建辉
王化镇财政所 所长:方如强
王家坝镇财政所 所长:刘维健
老观乡财政所 所长:郎士元
曹集镇财政所 所长:李华焰
郜台乡财政所 所长:徐刚
中岗镇财政所 所长:朱新启
苗集镇财政所 所长:戎泽峰
柳沟镇财政所 所长:曾令宇
黄岗镇财政所 所长:张国波
张寨镇财政所 所长:熊运楠
焦陂镇财政所 所长:贾东风
朱寨镇财政所 所长:刘成立
许堂乡财政所 所长:张要礼
柴集镇财政所 所长:赵复林
新村镇财政所 所长:李伟
王店孜乡财政所 所长:孙献保
赵集镇财政所 所长:李惊地
会龙镇财政所 所长:卢锋

太和县

城关镇财政所 所长:许金峰
旧县镇财政所 所长:刘国礼
大新镇财政所 所长:刘剑锋
肖口镇财政所 所长:王秀燕
胡总乡财政所 所长:范驰远
赵集乡财政所 所长:桑传法
关集镇财政所 所长:刘书强
三塔镇财政所 所长:张华欣
郭庙乡财政所 所长:李效宗
原墙镇财政所 所长:张鹏
三堂镇财政所 所长:牛晓艳
苗老集镇财政所 所长:张晓华
宫集镇财政所 所长:肖桥
二郎乡财政所 所长:王军
阮桥乡财政所 副所长:刘静
坟台镇财政所 所长:刘新
马集乡财政所 所长:付杰
五星镇财政所 所长:李克明
倪邱镇财政所 所长:刘磊
洪山镇财政所 副所长:付晓龙
桑营镇财政所 所长:姜波
赵庙镇财政所 副所长:石凤杰
李兴镇财政所 副所长:苗伟强
清浅镇财政所 所长:李存辉
双庙镇财政所 所长:王伟
税镇财政所 所长:吴标

皮条孙镇财政所 所长:柳开封
大庙镇财政所 副所长:王剑波
蔡庙镇财政所 所长:张冲
高庙镇财政所 所长:于泉
双浮镇财政所 副所长:张晓虎

颍州区

清河街道办事处财政所 所长:卢峰
鼓楼街道办事处财政所 所长:岳霖
文峰街道办事处财政所 所长:周登峰
颍西街道办事处财政所 所长:王志勇
京九街道办事处财政所 所长:杜梅
程集镇财政所 所长:龚九鹏
三合镇财政所 所长:周长春
西湖镇财政所 所长:王群
九龙镇财政所 所长:张洪童
马寨乡财政所 所长:刘伟
王店镇财政所 所长:宋忠书
三十里铺镇财政所 所长:李学义
三塔集镇财政所 所长:李杰
袁集镇财政所 所长:刘海彬

颍泉区

中市办事处财政所 所长:胡九云
宁老庄镇财政所 所长:王涛
行流镇财政所 所长:曹军
闻集镇财政所 所长:王亚洲
周棚办事处财政所 所长:白子兰
伍明镇财政所 所长:齐伟
统筹试验区财政所 所长:付兴华
循环经济园区财政所 所长:邵海

颍东区

插花镇财政所 所长:高伟
袁寨镇财政所 所长:武学成
枣庄镇财政所 负责人:屈伟
正午镇财政所 所长:高兰义
乌江镇财政所 所长:白怀玉
口孜镇财政所 所长:闫雷
冉庙乡财政所 负责人:李志
杨楼镇财政所 负责人:许广峰
老庙镇财政所 所长:张涛
新华办财政所 负责人:胡影
河东办财政所 所长:董强龙
向阳办财政所 所长:闫俊启

经济技术开发区

京九路街道办事处财政所 所长:杜梅

淮南市财政系统领导名单

淮南市财政局

党组书记、局长、一级调研员:张瑞昌
一级调研员:杨勋敏、金四鑫
党组成员、副局长、二级调研员:管迎新
党组成员、驻局纪检监察组组长:朱明生
党组成员、副局长:黄仕兴
党组成员、副局长:朱绍明
二级调研员:张琳娜
三级调研员:戴冰
三级调研员:于天奎
三级调研员:王更生
四级调研员:刘世民

寿县财政局

党组书记、局长:赵成凤
党组成员、副局长、国资委主任:阮双胜
党组成员、驻局纪检监察组组长:赵晓酣
党组成员、总会计师:陈士章
党组成员、副局长:王伟

凤台县财政局

党组书记、局长:陈贵刚
党组成员、副局长:刘拥军
党组成员、副局长:张志凯
党组成员、总会计师:胡启旺
党组成员:张克春
党组成员:刘若琛

大通区财政局

党组书记、局长:王捷
党组成员、副局长:刘星
党组成员、副局长:周旋

田家庵区财政局

局长:陈灯海
副局长:张燕
副局长:陈文光

谢家集区财政局

局长:胡年权
副局长:张广忠
副局长:孙婕

八公山区财政局
局长:王桂芝
副局长:孙郁雯
潘集区财政局
党组书记、局长:程红矿
党组成员、副局长:杨卫
党组成员、副局长:郑礼山
毛集实验区财政局
局长:宋维德
副局长:李晋
副局长:陈君兰
淮南经济技术开发区财政局
局长:郭庆东
副局长:姜艳
淮南高新区(山南新区)财政局
局长:张蓓蕾
副局长:刘晓燕
煤化工产业园区财政局
负责人:路正春
寿县
窑口镇财政所 所长:袁绪江
堰口镇财政中心所 所长:王守前
陶店回族乡财政所 所长:李永葆
保义镇财政所 所长:常传灿
众兴镇财政中心所 所长:鲁勇
八公山乡财政所 所长:汪新彬
丰庄镇财政所 所长:史秀宝
涧沟镇财政中心所 所长:赵奎
正阳关镇财政中心所 所长:李福成
安丰塘镇财政所 所长:丁传格
小甸镇财政中心所 所长:唐立保
刘岗镇财政所 所长:李勇
炎刘镇财政中心所 所长:宋瑾
三觉镇财政所 所长:汤彦
寿春镇财政中心所 所长:吴承明
张李乡财政中心所 副所长:孙应时
隐贤镇财政所 所长:孙杰
茶庵镇财政所 所长:刘庆友
双庙集镇财政所 所长:李厚保
瓦埠镇财政所 所长:张子好
大顺镇财政所 所长:张志国
迎河镇财政中心所 副所长:刘化安
板桥镇财政中心所 副所长:徐维标
双桥镇财政中心所 副所长:程新亮
安丰镇财政中心所 副所长:洪文霞
凤台县
城关镇财政分局 局长:谢家亮
经济开发区财政所 所长:刘广雷
凤凰镇财政所 所长:吕文林
刘集镇财政所 所长:陈佩辉
桂集镇财政所 所长:樊春良
丁集镇财政所 所长:曹清联
顾桥镇财政所 所长:计金奎
朱马店镇财政所 所长:孟献全
尚塘镇财政所 所长:张翔
大兴镇财政所 所长:高小浦
岳张集镇财政所 所长:高明东
杨村镇财政所 所长:刘瑜
新集镇财政所 所长:张亚洲
李冲回族乡财政所 所长:陈良
关店乡财政所 所长:蒋克友
钱庙乡财政所 所长:王业昶
古店乡财政所 所长:周伟
大通区
上窑镇财政所 所长:马凤琳
洛河镇财政所 所长:宗升贵
九龙岗镇财政所 所长:宫军
孔店乡财政所 所长:宋相勇
田家庵区
安成镇财政所 所长:刘晓菊
舜耕镇财政所 所长:程晋成
曹庵镇财政所 所长:胡平
史院乡财政所 所长:杨吉生
谢家集区
唐山镇财政所 所长:王霞
李郢孜镇财政所 所长:邱文士
杨公镇财政所 所长:庞海燕
孤堆回族乡财政所 所长:王涛
望峰岗镇财政所 副所长:汪静
孙庙乡财政所 副所长:汤明月
八公山区
山王镇财政所 所长:孔德野
八公山镇财政所 所长:王璐玲
潘集区
平圩镇财政所 所长:聂宏伟
祁集乡财政所 所长:许瑞武

泥河镇财政所 所长:刘斌
架河乡财政所 所长:孔玲
田集街道财政所 所长:曹多军
高皇镇财政所 所长:赵云四
古沟回族乡财政所 所长:陶法宪
贺疃乡财政所 所长:陈传厚
潘集镇财政所 所长:许瑞昌
芦集镇财政所 所长:石秀传
夹沟乡财政所 所长:李璇
毛集实验区
毛集镇财政所 所长:史方英
焦岗湖镇财政所 所长:沈建联
夏集镇财政所 所长:丁敬侠
淮南高新区(山南新区)
三和乡财政所 副所长:朱广全

滁州市财政系统领导名单

滁州市财政局

党委书记、局长:贡植平
副局长:杨庆毅
党委成员、副局长:王兴德
党委成员、驻局纪检监察组组长:程娟
党委成员、副局长:李兵
党委成员、机关党委书记:胡宁
总会计师:葛德军
天长市财政局
党组书记、局长:潘中勇
党组成员、副局长:管林
党组成员、副局长:崇飞
党组成员、驻局纪检监察组组长:朱庆彬
党组成员、信息中心主任:翁晓明
党组成员、预算股股长:水晶
党组成员、社保股股长、医管办总会计师:王永华
明光市财政局
党组书记:巴霖
局长:胡书玲
党组成员、副局长:阚斌
党组成员、国库支付中心主任:孙传芳
党组成员:汤仁民
全椒县财政局
全椒县政协副主席、党组副书记,县财政局党组书记、局长:章宗敏
主任科员:张雷
党组成员、副局长:李军
党组成员、副局长:张勤
党组成员、驻局纪检监察组组长:梁春
党组成员、总会计师:许其松
党组成员、财经委办公室秘书股长:高健
来安县财政局
党组书记、局长:蔡金林
党组成员、副局长:刘正东
党组成员、驻局纪检监察组组长:何金武
党组成员、副局长:宋长城
党组成员、副局长:杜康波
党组成员、工会主任:孙明俊
党组成员:朱永宁
国库支付中心主任:李祥
凤阳县财政局
党组书记、局长:周梅
党组成员、副局长:程文九
党组成员、副局长:周洁
党组成员、驻局纪检监察组组长:周晓虎
定远县财政局
党委书记、局长:马军
党委委员、二级主任科员:杜峰
党委委员、副局长:王大军
党委委员、二级主任科员:赵金柱
党委委员:赵顶佑
副局长:叶建国
一级主任科员:何德云
二级主任科员:丁发成
琅琊区财政局
党组书记、局长:杨文浩
党组成员、副局长:杨玉荣
党组成员、副局长:郝冷
党组成员、债务中心主任:杨华军
党组成员、民生中心主任:刘德伟
南谯区财政局
党组书记、局长:孙宝林
党组成员、副局长:刘志青
副局长:陈芳
党组成员:魏明星

党组成员、驻局纪检监察组组长：陈大兵

滁州经济技术开发区财政局

局长：王智

副局长：汪谋斌

中新苏滁高新技术产业开发区财政局

局长：葛军

天长市

秦栏镇财政分局 局长：王国林

千秋街道财政所 所长：沈学官

广陵街道财政所 所长：姚宪平

永丰镇财政所 所长：胡明余

杨村镇财政所 所长：翁延悦

冶山镇财政所 所长：何其功

大通镇财政所 所长：瞿文云

仁和集镇财政所 所长：程长葆

万寿镇财政所 所长：黄玉山

金集镇财政所 所长：梁宝岗

汊涧镇财政所 所长：王德华

新街镇财政所 副所长：赵永春

石梁镇财政所 所长：李华庭

铜城镇财政所 所长：刁杏坤

张铺镇财政所 副所长：朱国闻

郑集镇财政所 所长：孟爱国

滁州高新技术产业开发区财政所 所长：周相杰

明光市

泊岗乡财政所 所长：叶修雨

柳巷镇财政所 副所长：查倩倩

潘村镇财政所 所长：石泽卫

桥头镇财政所 所长：杨虎行

三界镇财政所 副所长：王欣欣

苏巷镇财政所 所长：吴兆林

古沛镇财政所 副所长：左唐志

涧溪镇财政所 所长：蒋盛民

女山湖镇财政所 所长：何善明

管店镇财政所 所长：杨维明

张八岭镇财政所 副所长：阚绪宝

石坝镇财政所 所长：郁从高

自来桥镇财政所 所长：丁隆

明西街办财政所 所长：申为西

明东街办财政所 所长：赵祥贤

明光街办财政所 所长：李长金

全椒县

襄河镇财政所 所长：李俊

古河镇财政所 所长：刘树来

二郎口镇财政所 所长：张学斌

马厂镇财政所 所长：施文武

大墅镇财政所 所长：范圣明

武岗镇财政所 副所长：许朝莉

石沛镇财政所 所长：陶李娟

六镇镇财政所 所长：李银芳

西王镇财政所 所长：许敏

十字镇财政所 所长：郑华平

开发区财政分局 负责人：高福树

来安县

经开区财政所 所长：吕思亮

汊开区财政所 所长：许玉伟

汊河镇财政所 所长：潘 璐

三城镇财政所 副所长：张德俊

大英镇财政所 所长：王爱峰

水口镇财政所 所长：李会

新安镇财政所 所长：罗章铭

舜山镇财政所 所长：李仕蕾

施官镇财政所 所长：罗龙海

雷官镇财政所 所长：黄波

独山镇财政所 副所长：葛九中

张山镇财政所 所长：孙成忠

杨郢乡财政所 所长：颜怀成

半塔镇财政所 所长：王金良

凤阳县

经开区分局 局长：赵传胜

府城镇财政所 所长：徐军

临淮关镇财政所 所长：张家胜

武店镇财政所 所长：倪业合

西泉镇财政所 所长：谢传林

官塘镇财政所 所长：陈志国

刘府镇财政所 所长：詹绍军

大庙镇财政所 所长：叶俊

总铺镇财政所 所长：张士权

殷涧镇财政所 所长：郭慧

红心镇财政所 所长：闻晓庆

板桥镇财政所 所长：李晓云

黄湾乡财政所 所长：张颖

大溪河镇财政所 所长：肖法

小溪河镇财政所 所长：吴在键

枣巷镇财政所 所长：张浩

定远县

界牌集镇财政所 所长:雍广生
藕塘镇财政所 所长:范铭和
仓镇财政所 所长:陶友厚
大桥镇财政所 所长:朱彦
池河镇财政所 所长:范祥平
桑涧镇财政所 所长:张孝敏
拂晓乡财政所 所长:柏传伍
三和集镇财政所 所长:杨刚
定城镇财政所 所长:倪刚
西卅店镇财政所 所长:王道森
严桥乡财政所 所长:潘超
范岗乡财政所 所长:郭君莉
永康镇财政所 所长:唐开刚
炉桥镇财政所 所长:徐冬松
能仁乡财政所 所长:余泽庆
七里塘乡财政所 所长:汪玉聪
张桥镇财政所 所长:王培会
连江镇财政所 所长:韦永峰
二龙回族乡财政所 所长:高恒龙
吴圩镇财政所 所长:周恒民
蒋集乡财政所 所长:王振
朱湾镇财政所 所长:杨诚

琅琊区

遵阳街道办事处财政所 所长:徐庆
丰山街道办事处财政所 所长:王磊
琅琊街道办事处财政所 所长:陈召
清流街道办事处财政所 所长:贡伟
滁阳街道办事处财政所 所长:杨宏林
扬子街道办事处财政所 所长:李壮
西涧街道办事处财政所 所长:孙雪梅
三官街道办事处财政所 所长:何之江

南谯区

乌衣镇财政所 所长:王奇
沙河镇财政所 所长:储成菊
章广镇财政所 所长:何晨
黄泥岗镇财政所 所长:鄢毅
珠龙镇财政所 副所长:窦亭亭
施集镇财政所 所长:王小弟
大柳镇财政所 所长:武运珍
腰铺镇财政所 所长:翟光明
龙蟠街道财政所 所长:刘宗艳
同乐街道财政所 所长:王玲
银花街道财政所 所长:施路路

六安市财政系统领导名单

六安市财政局

党组书记、局长、国资委主任:汪斌
党组成员、副局长:刘玉飞
党组成员、副局长:费小松
党组成员、国资委副主任:杜家如
党组成员、驻局纪检监察组组长:唐锐
党组成员、副局长:鹿翌元
党组成员、总会计师:何斌

霍邱县财政局

党组书记、局长:李仁合
党组副书记、副局长:王树平
党组成员、副局长:李宝
党组成员、副局长:陈玲
党组成员、副局长:徐新忠
总会计师:徐修传
党组成员、驻局纪检监察组组长:陈孝军
工会主席:潘孝华
县委财经委员会办公室专职副主任:许亚玲
县地方金融监督管理局专职副局长:万建群
县国资委专职副主任:顾科春
党组成员、预算股长:鲁俊贤

金寨县财政局

党组书记、局长:戚家乐
党组成员、副局长:唐宁
党组成员、副局长:李述庆
党组成员、副局长:王龙
党组成员、总会计师:郑长礼

霍山县财政局

县政府党组成员,党组书记、局长:刘朝东
财金系统党委书记,党组副书记、县国资委主任:汪庆
党组成员、副局长:程善祥
党组成员:汪德国
党组成员:查勇
党组成员:沈云

舒城县财政局

党组书记、局长:张旺
驻局纪检监察组组长:黄祖涛
党组成员、副局长:王大方

党组成员、国库集中支付中心主任:车文生
总会计师:董伟
党组成员、农业股股长:许晖
党组成员、局办公室主任:曹孝平

金安区财政局

金安区政协副主席,党组书记、局长:司家祥
党组成员、副局长:杨刚
党组成员、副局长:余永生
党组成员、驻局纪检监察组组长:方堃
党组成员、副局长:高乾俊
党组成员、副局长:叶开文
工会主任:鲍中华
总会计师:李杰

裕安区财政局

党组书记、局长:潘俊贵
党组副书记、副局长:张文卫
党组成员、驻局纪检监察组组长:邹熔
党组成员、副局长:潘明础
党组成员、副局长:韩杨
党组成员、总会计师:刘体金
党组成员、区国有资产管理中心主任:卫红

叶集区财政局

党组书记、局长:胡明超
党组成员、工会主席:台德炜
党组成员、国库支付中心主任:吴奇
党组成员、副局长:张燃
党组成员、财政绩效中心主任:余玉峰

经济技术开发区财政局

开发区财政局局长:李欣
开发区财政局副局长:郝宗刚
开发区财政局副局长:曹开芳
开发区财政局副局长:张玲玲

霍邱县

城关财政分局	局长:周金荣
河口财镇政所	所长:李祖堂
长集财政分局	局长:曾凡诚
户胡镇财政所	所长:李传炎
石店镇财政所	所长:马良锡
马店财政分局	副局长:周红
周集财政分局	局长:李立成
临水财政分局	局长:李勇
孟集财政分局	局长:许磊
新店财政分局	局长:张玉和
花园镇财政所	所长:刘田
乌龙镇财政所	所长:张旭光
高塘财政分局	局长:李传斌
曹庙镇财政所	所长:黄应旭
众兴集镇财政所	所长:冯浩然
夏店镇财政所	所长:许宏兵
岔路镇财政所	所长:沈明乐
龙潭镇财政所	所长:程红
白莲乡财政所	所长:杨永笑
邵岗乡财政所	所长:王宏
冯井财政分局	副局长:刘丽萍
范桥财政分局	局长:李绍明
王截流乡财政所	所长:郭凤云
城西湖财政分局	局长:牛金合
临淮岗财政分局	副局长:姚传霞
宋店镇财政所	所长:薛炜
三流乡财政所	所长:王兆强
潘集镇财政所	所长:曹建辉
冯瓴镇财政所	所长:臧德龙
彭塔镇财政所	所长:刘彭丽

金寨县

梅山镇财政和资产管理服务中心	主任:吴为中
白塔畈镇财政和资产管理服务中心	主任:吴德清
汤家汇镇财政和资产管理服务中心	主任:余海宁
天堂寨镇财政和资产管理服务中心	主任:兰中义
古碑镇财政和资产管理服务中心	主任:余玉林
南溪镇财政和资产管理服务中心	主任:曾瑜
燕子河镇镇财政和资产管理服务中心	主任:张家勇
油坊店乡财政和资产管理服务中心	主任:方翠霞
张冲乡财政和资产管理服务中心	主任:简祖江
麻埠镇财政和资产管理服务中心	主任:汪文智
吴家店镇财政和资产管理服务中心	主任:黄勇
槐树湾乡财政和资产管理服务中心	主任:徐海江
全军乡财政和资产管理服务中心	主任:王玉兰
铁冲乡财政和资产管理服务中心	主任:张经楼
长岭乡财政和资产管理服务中心	副主任:孙浩
果子园乡财政和资产管理服务中心	副主任:陈克忠
花石乡财政和资产管理服务中心	副主任:李智
沙河乡财政和资产管理服务中心	主任:周锋
双河镇财政和资产管理服务中心	主任:姜兴云
桃岭乡财政和资产管理服务中心	主任:杨正刚
斑竹园镇财政和资产管理服务中心	主任:余维丽
青山镇财政和资产管理服务中心	副主任:张经奎

关庙乡财政和资产管理服务中心 副主任:钟文学

霍山县

霍山县财政局衡山分局 局长:徐家文
下符桥镇财政所 所长:李维中
但家庙镇财政所 所长:叶祥恕
霍山县财政局与儿街分局 副局长:何照明
东西溪乡财政所 所长:徐德厚
单龙寺镇财政所 所长:鲍世翔
磨子潭镇财政所 所长:胡期望
大化坪镇财政所 所长:刘祖才
霍山县财政局落儿岭分局 局长:万直霞
霍山县财政局诸佛庵分局 局长:吴中胜
黑石渡镇财政所 所长:刘作贞
佛子岭镇财政所 所长:赵玉洋
漫水河镇财政所 所长:汪辉群
太阳乡财政所 所长:霍家根
太平畈乡财政所 所长:李广明
上土市镇财政所 所长:何祥田
经济开发区财政分局 局长:刘虎

舒城县

城关镇财政所 所长:傅世昀
桃溪镇财政所 所长:储德元
杭埠镇财政所 所长:胡海平
千人桥财政所 所长:汪洪潮
棠树乡财政所 所长:石康俊
干汊河财政所 所长:许礼荣
开发区财政所 所长:华兴圣
南港镇财政所 所长:张功稳
舒茶镇财政所 所长:黄斌
春秋乡财政所 所长:程从越
百神庙镇财政所 所长:孔令其
柏林乡财政所 所长:徐伟
张母桥镇财政所 所长:陶云
万佛湖镇财政所 所长:刘万奇
五显镇财政所 所长:李新明
阙店乡财政所 所长:许令松
晓天镇财政所 所长:韦宗保
山七镇财政所 所长:胡显月
河棚镇财政所 所长:谭永红
高峰乡财政所 所长:胡孝俊
汤池镇财政所 所长:常前福
庐镇乡财政所 所长:陈少俊

金安区

东市街道财政所 所长:张懿
中市街道财政所 所长:陈乃新
三里桥街道财政所 所长:王兴
清水河街道财政所 所长:涂玉平
望城岗街道财政所 所长:赵润生
城北乡财政所 所长:胡军
椿树镇财政所 所长:刘超
东河口镇财政所 所长:张鹏
东桥镇财政所 所长:费明虎
横塘岗乡财政所 所长:张显坤
马头镇财政所 所长:花健
毛坦厂镇财政所 所长:潘忠
木厂镇财政所 所长:陈楠
淠东乡财政所 所长:王希志
三十铺镇财政所 副所长:吴梦圆
施桥镇财政所 所长:陈新和
双河镇财政所 所长:朱增军
孙岗镇财政所 所长:李陈冀
翁墩乡财政所 所长:周山
先生店乡财政所 所长:张军香
张店镇财政所 所长:高大宇
中店乡财政所 所长:章元华

裕安区

平桥乡财政所 所长:韩亮
城南镇财政所 所长:刘家刚
韩摆渡镇财政所 所长:刘华斌
青山乡财政所 所长:周希胜
石板冲乡财政所 所长:张轮锟
狮子岗乡财政所 所长:李茂洲
独山镇财政所 副所长:王浩
石婆店镇财政所 所长:浦全村
西河口乡财政所 所长:吴以飞
分路口镇财政所 所长:开煊
徐集镇财政所 所长:马永胜
江家店镇财政所 所长:谢正虎
罗集乡财政所 所长:丁瑞东
固镇镇财政所 所长:刘富生
丁集镇财政所 所长:江文
单王乡财政所 所长:李庆功
顺河镇财政所 所长:董德生
新安镇财政所 所长:王鑫华
苏埠镇财政所 所长:徐祖胜

叶集区

姚李财乡财政管理中心	主任:林敏
洪集镇财政所	所长:吴平志
史河街道财政所	所长:张莹莹
孙岗乡财政管理中心	主任:熊庆兵
三元镇财政所	所长:方超
平岗街道财政所	所长:祝宇航

马鞍山市财政系统领导名单

马鞍山市财政局

党委书记、局长:吴斌
党委委员、驻局纪检监察组组长:钟正保
党委副书记、副局长:陈陆林
党委委员、副局长:杨祖葆
党委委员、副局长:齐道友
二级调研员:董清华
二级调研员:胡振华
三级调研员:张丛善
三级调研员:张立彬

含山县财政局

党组书记、局长:乔能彬
党组成员、副局长:李大付
党组成员、国库集中支付中心主任:贾庆竺
党组成员、副局长:钟昌青
党组成员、县投融资办副主任:司志庆

和县财政局

党组书记、局长:孙贤峰
党组成员、驻局纪检监察组组长:徐斌
党组成员、副局长:杨小红
党组成员、副局长:倪宇江
党组成员、总会计师:童文胜
副局长:蒋定根
党组成员、县国库支付中心主任:蒋自春

当涂县财政局

党组书记、局长:方秀武
党组成员、副局长:刘科霞
党组成员、总会计师:程立浦
党组成员、工会主席:李齐花
党组成员、纪检组长:戎尤生
党组成员、副局长:吴刚

花山区财政局

局长:华俊
副局长:吴新贵
非税中心主任:史艳
国库支付中心主任:黄倩筠

雨山区财政局

局长:陈振家
副局长:王美华
国库集中支付中心主任:李亚妮
非税收入管理局局长:孙畅

博望区财政局

局长:许泓
副局长:程秋平
国库支付中心主任:梁启松

经济技术开发区财政局

局长:杨庆新
副局长:唐晓娣
副局长:王蓓

慈湖高新区财政审计局

副局长:张倩倩
副局长:王良平

郑蒲港新区财政金融局

局长:倪宇柱

含山县

环峰镇财政分局	局长:童如成
林头镇财政分局	局长:李伏森
运漕镇财政分局	局长:尹其二
仙踪镇财政分局	局长:李天清
清溪镇财政所	所长:黄荣宗
铜闸镇财政所	所长:曹玉军
陶厂镇财政所	所长:蔡发水
经济开发区财政分局	局长:贺明

和县

历阳镇财政分局	局长:张俊
香泉镇财政分局	局长:陈志龙
乌江镇财政分局	局长:陆洋
石杨镇财政分局	局长:余忠发
西埠镇财政所	所长:张孟金
功桥镇财政所	所长:张景稳
善厚镇财政所	所长:黄义龙

当涂县

姑孰镇财政分局	局长:钟燕华
太白镇财政分局	局长:汤晓芳

黄池镇财政分局 副局长:魏元刚

石桥镇财政分局 副局长:姜跃进

护河镇财政所 所长:江家文

乌溪镇财政所 副所:长汪勇

塘南镇财政所 所长:张成敏

大陇镇财政所 所长:尹成鑫

江心乡财政所 所长:吴云

湖阳镇财政所 所长:徐为红

花山区

濮塘镇财政所 负责人:陈昌建

霍里街道财政所 负责人:薛明梅

雨山区

向山镇财政所 所长:王青

佳山乡财政所 所长:王玲

博望区

博望镇财政分局 局长:陈海妹

新市镇财政所 所长:夏家武

丹阳镇财政所 所长:刘明忠

经济技术开发区

年陡镇财政所 所长:李飞

银塘镇财政所 所长:郭学平

郑蒲港新区

姥桥镇财政所 所长:孙有泉

白桥镇财政所 所长:施以发

芜湖市财政系统领导名单

芜湖市财政局

党组书记、局长、一级调研员:童宗新

党组成员、副局长、三级调研员:陈国

党组成员、副局长:李作果

党组成员、副局长:王东祥

二级调研员:张自道

三级调研员:凌国栋

四级调研员:吴斌

非税征管局二级调研员:项东文

无为市财政局

党委书记、局长,国资委主任:谢太红

党委副书记、副局长,国资委副主任:陈先荣

党委委员、副局长,国资委副主任:杨金玉

党委委员、副局长,国资委副主任:王雄军

党委委员:徐晓明

党委委员、石涧镇财政分局局长:潘建华

总会计师:汪国芳

湾沚区财政局

党组书记、局长:潘昌彪

党组成员、副局长:宋文

党组成员、驻局纪检监察组组长:麻继忠

副局长:张武木

党组成员:周光江

党组成员、副局长:吴睿

繁昌区财政局

党委书记、局长、国资委主任:张尚斌

党委成员、副局长、国资委副主任:俞跃

党委成员、副局长、国资委副主任:袁让虎

党委成员、农业股股长:魏洇洇

非税局局长、国资采购股股长:姚健

国库集中支付中心主任:罗顺霞

南陵县财政局

党组书记、局长:王卫东

党组成员、副局长:李立新

党组成员、副局长:恽秋兰

党组成员、驻局纪检监察组组长:聂和根

党组成员、副局长:穆亲海

党组成员、副局长:翁万红

副局长:王勤

党组成员、国库支付中心主任:刘卓琼

镜湖区财政局

党组书记、局长:蔡文锦

党组成员、副局长:倪勤

副局长:蔡培建

党组成员:宋兰兰

弋江区财政局

局长:龚树海

副局长:郭玉峰

副局长:陈本晔

核算中心主任:尹娟

鸠江区财政局

党委书记、局长:张上海

党委成员、副局长:孙传槐

党委成员、副局长:胡中华

财政核算中心主任:汪春晖

三山区经济技术开发区财经局

局长:王高华

副局长:吴胜

财政科副科长(主持工作):卜俊杰

皖江江北新兴产业集中区财金部

安徽省江北产业集中区管委会财金部部长:赵杰

安徽省江北产业集中区管委会财金部副部长:崔世庆

芜湖经济技术开发区财政局

局长:丁惠群

副局长:李琦

副局长:孔雯

无为市

无城镇财政分局 局长:汪红兵

福渡镇财政所 所长:伍纪年

陡沟镇财政所 所长:周春雷

泥汊镇财政所 所长:朱以发

高沟镇财政分局 局长:倪受平

姚沟镇财政所 所长:夏业俊

刘渡镇财政所 所长:李斌

襄安镇财政分局 局长:刘启志

十里墩镇财政所 所长:乐意

泉塘镇财政所 所长:何尧舜

蜀山镇财政所 所长:徐源明

洪巷镇财政所 所长:刘先跃

牛埠镇财政所 所长:杨宣华

昆山镇财政所 所长:徐大兵

鹤毛镇财政所 所长:俞远新

开城镇财政所 所长:杨勇

赫店镇财政所 所长:夏绿松

严桥镇财政所 所长:赵进

红庙镇财政所 所长:张良岩

石涧镇财政分局 局长:潘建华

湾沚区

湾沚镇财政所 所长:王万田

六郎镇财政所 所长:郭振兰

花桥镇财政所 所长:路茂成

红杨镇财政所 所长:梁静

陶辛镇财政所 所长:杨清深

繁昌区

繁阳镇财政分局 局长:陈益胜

荻港镇财政分局 局长:鲍金伟

孙村镇财政分局 局长:徐法金

新港镇财政分局 局长:赵佳宏

平铺镇财政分局 副局长:江建飞

峨山镇财政分局 局长:龚建国

南陵县

籍山镇财政所 所长:王宏鑫

弋江镇财政所 所长:何鸿生

许镇镇财政所 所长:宗祥

三里镇财政所 所长:许联合

何湾镇财政所 所长:陆克东

工山镇财政所 所长:谈小龙

家发镇财政所 所长:黄旭

烟墩镇财政所 所长:王刚

鸠江区

沈巷镇财政分局 局长:晋铁

二坝镇财政分局 副局长:戚松松

白茆镇财政分局 局长:杨宏祥

汤沟镇财政所 所长:吴严山

三山区经济技术开发区

峨桥镇财政所 所长:肖旺萍

芜湖经济技术开发区

万春街道办事处财政所 所长:伍维鑫

龙山街道办事处财政所 所长:芮丽

宣城市财政系统领导名单

宣城市财政局

市财政局(国资委)局长(主任)、党委书记:蔡修定

驻局纪检监察组组长、党委委员:张元清

市财政局(国资委)副局长(副主任)、党委委员:凌俊

市财政局(国资委)副局长(副主任)、党委委员:陈斌

市财政局(国资委)副局长(副主任)、党委委员:刘成

市财政局(国资委)副局长(副主任)、党委委员:杨庆文

市财政局(国资委)总会计师:徐胜斌

郎溪县财政局

党组书记、局长:杨明珍

党组成员、副局长:谢爱民

党组成员、副局长:杨茂喜

党组成员、驻局纪检监察组组长:杨立有

党组成员、总会计师:韦华军

党组成员、副局长:吕攀峰

党组成员、县财政局十字经济开发区财政所所长:王海兵

宁国市财政局

党委书记、局长、国资委主任:戴曹君

党委副书记、副局长:彭兴军

党委委员、副局长:汪廷
党委委员、副局长:陈新爱
党委委员、国资委副主任:徐东晖
党委委员、驻局纪检监察组组长:方晓辉
党委委员、总会计师:汪艳
系统工会主席:鲍莉霞
党委委员:张丽

泾县财政局

党委书记、局长:丁荣中
党委副书记、副局长:江雪琴
党委委员、驻局纪检监察组组长:张云海
副局长:丁珉
党委委员、副局长:胡学军
党委委员:陶俊
党委委员:査军
党委委员:熊志明

绩溪县财政局

党委书记、局长:汪未
党委委员:方拥军
副局长:胡中
党委委员、副局长:汪宇辉
党委委员、副局长:程之华
党委委员、总会计师:汪宝红

旌德县财政局

党组书记、局长:俞小宁
党组成员、副局长:周小健
党组成员、副局长:张萍
党组成员、金融服务中心主任:方家喜
副局长:吕辉林
党组成员:蒋协军

宣州区财政局

党组书记、局长:张玲
党组成员、副局长:刘进
党组成员、纪检组长:涂荣景
党组成员、副局长:梅霄汉
党组成员、工会主席:孙武
四级主任科员:彪兵

铜陵市财政系统领导名单

铜陵市财政局

党组书记、局长、二级巡视员:黄宝林
党组成员、副局长:刘宏
党组成员、驻局纪检监察组组长:沈九龙
党组成员、总会计师:储跃然
党组成员、副局长:胡瑄
三级调研员:王安丽
三级调研员:段筱枫
三级调研员:朱继昌
四级调研员:戴红心

枞阳县财政局

党组书记、局长:朱晋
党组成员、副局长:刘利中
党组成员、总会计师:吴其中
党组成员、驻局纪检监察组组长:唐静
党组成员、副局长:伍永辉
党组成员、农村财政管理局局长:章轩为
党组成员、政府采购中心主任:文景荣
副局长(挂职):姚成龙

铜官区财政局

铜官区财政局局长:沈斌
铜官区财政局副局长:张毅
铜官区财政局副局长:洪娟

义安区财政局

党组书记、局长:陈志双
党组成员、副局长:刘朝晖
党组成员、副局长:马斌
党组成员、驻局纪检监察组组长:张卫军
总会计师:李小云
党组成员:汪俊芳

郊区财政局

局长:顾社教
副局长:胡杜明
副局长:潘颖
副局长(挂职):江源

铜陵经济技术开发区财政局

局长:夏庚浩
副局长:祖珊

枞阳县

县经开区财政局	局长:查国元
枞阳财政所	所长:姚大中
藕山财政所	所长:杨长根
汤沟财政所	所长:吴福祥
横埠财政所	所长:姚信华
钱铺财政所	所长:周志学

项铺财政所 所长:汪珣
白梅财政所 所长:陈石五
白柳财政所 所长:陈双庆
金社财政所 所长:张德胜
钱桥财政所 所长:吴其龙
其林财政所 所长:吴福胜
义津财政所 所长:徐文彬
浮山财政所 所长:吴新年
会宫财政所 所长:徐爱琦
官埠桥财政所 所长:王晓格
雨坛财政所 所长:胡正春

铜官区

西湖镇财经所 所长:胡伶俐
东郊办财经所 所长:赵尉
新城办财经所 所长:章龙胤

义安区

五松镇分局 局长:朱萍
钟鸣镇分局 局长:吴寿钰
天门镇分局 局长:戴恒友
西联镇分局 局长:陶小站
东联镇分局 局长:曹利斌
老洲乡分局 局长:韩常平
胥坝乡分局 局长:宋辉
顺安镇分局 局长:陈正富
新桥办事处财经所 所长:鲍向上

郊区

大通镇财政所 所长:周固元
铜山镇财政所 所长:郑昊
灰河乡财政所 所长:程秀强
老洲镇财政分局 局长:刘东苟
周潭镇财政所 所长:左五三
陈瑶湖镇财政分局 局长:周柯云
桥南办财政所 所长:徐学勤
安铜办财政所 所长:赵琼

池州市财政系统领导名单

池州市财政局

党委书记、局长:柯春平
党委副书记:杨庆安
党委委员、副局长、副主任:赵风云
党委委员、副局长:程保东
驻局纪检监察组组长:方向明
党委委员、副局长:汪冰冰
党委委员、总会计师:李武勤
二级调研员:尹加旺
四级调研员:刘华
四级调研员:吴敏
四级调研员:江守国
市非税收入管理处主任:李国胜
市国库集中支付中心主任:周泽华

东至县财政局

工委书记、局长、国资委主任:徐宏伟
一级主任科员:胡景平
工委委员、副局长:朱国平
副局长:陈小妍
工委委员、驻局纪检监察组组长:江厚平
工委委员:王长福
工委委员:吴建设
工委委员:王志松
系统工会主席:毕志宏

石台县财政局

党委书记、局长:杨世红
党委委员、副局长:汪庆五
党委委员、副局长:舒晓斌
党委委员、副局长、总会计师:吴卫平
党委委员:舒志华
党委委员:江龙云
党委委员、驻局纪检监察组组长:舒敏

青阳县财政局

财政局(国资委)党委书记、局长(主任)、四级调研员:陈穗

财政局(国资委)党委委员、副局长、二级主任科员:刘来胜

财政局(国资委)党委委员、副局长、二级主任科员:丁学军

财政局(国资委)党委委员、总会计师、国资委专职副主任:丁军辉

财政局(国资委)党委委员、驻局纪检监察组组长、二级主任科员:杨祥发

财政局(国资委)党委委员、副局长:江家喜

财政局(国资委)党委委员:慈国忠

贵池区财政局

党委书记、局长:方昌平
党委副书记:胡孔华

党委委员、副局长:李国强
驻局纪检监察组组长、党委委员、纪委书记:杨成凤
党委委员、区政府采购中心主任:江龙
工会主席:张雯
副局长:纪浩
党委委员:喻松

九华山风景区财政局

党组书记、局长:陶能昌
党组成员、副局长:鲍玉生
党组成员、副局长:刘卫胜
党组成员、驻局纪检监察组组长:张玉平
党组成员、门票所所长:余旭光

东至县

尧渡财政分局	局长:何世国
龙泉财政分局	局长:刘仁贵
青山财政分局	局长:陈赓
昭潭财政分局	局长:李志杰
泥溪财政分局	局长:刘仁民
官港财政分局	局长:汪根旺
木塔财政分局	局长:宋松平
花园财政分局	局长:苏英勇
香隅财政分局	局长:方胜昔
东至经开区财政局	局长:王洪权
东流财政分局	局长:王汉宝
葛公财政分局	局长:吴青
洋湖财政分局	局长:董华
张溪财政分局	局长:许继祥
胜利财政分局	局长:胡华木
大渡口财政分局	局长:许成顺
大渡口经开区财政局	局长:程建春

石台县

仁里财政分局	局长:徐华海
七都财政分局	局长:舒春晖
大演财政分局	局长:姚小明
小河财政分局	局长:徐华久
丁香财政分局	局长:张圣德
横渡财政分局	局长:彭先果
仙寓财政分局	局长:李文明
矶滩财政分局	局长:查朝平

青阳县

蓉城财政分局	局长:张洁
杨田财政分局	局长:柏桦
朱备财政分局	局长:杨大宏
新河财政分局	局长:李强富
木镇财政分局	局长:陈婕
丁桥财政分局	局长:胡满璋
乔木财政分局	局长:吴玉才
酉华财政分局	局长:邓继涛
庙前财政分局	局长:吴胜娟
杜村财政分局	局长:刘红
陵阳财政分局	局长:熊晔宏
经济开发区财政分局	局长:王正

贵池区

池阳分局	局长:包启友
秋浦分局	局长:周桃四
杏花村分局	局长:汪利
清风分局	局长:钱跃文
江口分局	局长:胡孔璋
里山分局	局长:杨韶红
涓桥分局	局长:陈敏
秋江分局	局长:李仁和
乌沙分局	局长:查振林
殷汇分局	局长:胡秀青
牛头山分局	局长:喻贵兵
唐田分局	局长:黄磊
牌楼分局	局长:王来宝
梅街分局	局长:方义莲
棠溪分局	局长:纵蒙
梅村分局	局长:苏权武
马衙分局	局长:周迎义
墩上分局	局长:汪曙华
梅龙分局	局长:方涛
清溪分局	局长:汪学斌

九华山风景区

九华乡财政所	所长:孙华峰
九华镇财政所	负责人:朱磊

安庆市财政系统领导名单

安庆市财政局

党组书记、局长:华鹏飞
党组成员、驻局纪检监察组组长:杨炬
党组成员、副局长:开敏
党组成员、副局长:陈双六
党组成员、总会计师:葛君

党组成员、总经济师:朱宝根
党组成员、副局长:余晓文

桐城市财政局

党组书记、局长:陈 彧
党组成员、副局长:姚凤玲
党组成员、副局长:雷鹏
党组成员、驻局纪检监察组组长:周正健
党组成员:叶光明
总经济师:聂旺青
总会计师:黄志飞
副局长:王非

怀宁县财政局

党组书记:汪国钧
局长:何承玉
党组成员、副局长:江鸿
党组成员、副局长:余庆华
党组成员、总会计师:张丽春
党组成员、总经济师:汪海兵

潜山市财政局

党组书记、局长:张义华
党组成员:王生海
党组成员、驻局纪检监察组组长:徐礼发
党组成员、副局长:江达明
党组成员、总经济师:杨全胜
党组成员、总会计师:林满立

太湖县财政局

党组书记、局长:朱建文
党组成员:余红玉
党组成员、副局长:刘周宝
党组成员、驻局纪检监察组组长:洪群来
党组成员、总会计师:范焱峰
党组成员、副局长(挂职):王文泉
总经济师:汪斌

望江县财政局

党组书记、局长:邵平
党组成员、副局长:陈琳
党组成员、副局长:蒋五毛
党组成员、副局长:童光明
党组成员、副局长:郝旺来
党组成员、总会计师:王迪鲁
党组成员、总经济师:陈长平
党组成员、驻局纪检监察组组长:徐鲲

岳西县财政局

党组书记、局长:王雁
党组副书记、副局长:胡祥炬
党组成员、驻局纪检监察组组长:罗后福
党组成员、副局长:程海啸
党组成员、总经济师:汪和煦
党组成员、金融工作股股长:储小波
党组成员、国资股股长:王张宝

迎江区财政局

党组书记、局长:黄雪莲
党组成员、副局长:赵东升
党组成员:刘汉

大观区财政局

党组书记、局长:曹先怀
党组成员、副局长:李琦
党组成员、副局长:周清海
党组成员:王勇

宜秀区财政局

党组书记、局长:严旭日
副局长:谢宏杰
党组成员、副局长:陈莉
党组成员、副局长:方建海

安庆经济技术开发区财政局

局长:马加
副局长:储庆玲

安庆高新技术开发区财政局

局长:薛朝红

桐城市

文昌分局	局长:华怀红
龙眠分局	局长:林伟
新渡分局	局长:梅虎威
范岗分局	局长:钱诚
吕亭分局	局长:施正新
大关分局	局长:余春
孔城分局	局长:杨帆
金神分局	局长:汪枢
双港分局	局长:徐雄
青草分局	局长:高照
嬉子湖镇财政所	所长:陈林生
唐湾镇财政所	所长:胡海宁
黄甲镇财政所	所长:李红星
鲟鱼镇财政所	所长:井治成

怀宁县

高河镇财政分局 局长:何侃
石牌镇财政分局 局长:潘结和
月山镇财政分局 局长:王黄送
黄墩镇财政分局 局长:夏效全
马庙镇财政分局 副局长:程琦
茶岭镇财政分局 局长:陈夏节
石镜乡财政分局 局长:雍红卫
腊树镇财政所 所长:王维宝
雷埠乡财政所 所长:朱建国
黄龙镇财政所 副所长:胡志
平山镇财政所 副所长:余四新
清河乡财政所 所长:汪明求
小市镇财政所 所长:叶统发
三桥镇财政所 所长:丁长青
秀山乡财政所 所长:汪名海
公岭镇财政所 所长:杨爱平
金拱镇财政所 所长:洪志
凉亭乡财政所 所长:朱云
洪铺镇财政所 所长:马卫平
江镇镇财政所 所长:刘红兵

潜山市

梅城镇财政所 所长:何激流
王河镇财政所 所长:杨艳根
黄铺镇财政所 所长:徐立林
黄泥镇财政所 所长:方希泉
痘姆乡财政所 所长:陈洪
余井镇财政所 所长:汪振桥
油坝乡财政所 所长:潘晓应
源潭镇财政所 所长:徐 斌
黄柏镇财政所 所长:徐潜峰
官庄镇财政所 所长:华德扩
塔畈乡财政所 副所长:高小强
槎水镇财政所 所长:朱德惠
龙潭乡财政所 所长:张柏生
水吼镇财政所 所长:葛彭旺
五庙乡财政所 所长:汪宏节
天柱山镇财政所 所长:程晟
旅游度假区财政所 所长:彭杨生

太湖县

晋熙镇财政分局 局长:汪银堂
徐桥镇财政分局 局长:潘礼革
新仓镇财政分局 局长:胡龙江
小池镇财政分局 局长:查德红
寺前镇财政分局 局长:吴武林
弥陀镇财政分局 局长:王治宇
北中镇财政所 所长:周钧
百里镇财政所 所长:陈诚
牛镇镇财政所 所长:祝勤
汤泉乡财政所 所长:潘先宝
刘畈乡财政所 所长:周宗明
天华镇财政所 所长:董善贵
城西乡财政所 所长:章文敏
江塘乡财政所 所长:王永华
大石乡财政所 所长:朱曙光

望江县

华阳镇分局 局长:王胜中
高士镇分局 局长:龙彬
长岭镇分局 局长:吴元应
雅滩镇分局 局长:丁仁贵
太慈镇分局 局长:王学明
漳湖镇分局 局长:吴祝生
杨湾镇分局 局长:郝结南
凉泉乡分局 局长:方共和
雷池乡分局 局长:周龙贵
赛口镇分局 局长:徐向中

岳西县

天堂镇分局 局长:王华国
温泉镇分局 局长:王萍
响肠镇财政所 所长:刘同春
莲云乡财政所 所长:徐建华
毛尖山乡财政所 所长:朱灿东
来榜镇财政所 所长:朱为民
青天乡财政所 所长:胡心治
和平乡财政所 所长:柳金焰
包家乡财政所 所长:王国庆
店前镇财政所 所长:李敬东
冶溪镇财政所 所长:殷书齐
白帽镇财政所 所长:徐长水
河图镇财政所 所长:徐正兵
五河镇财政所 所长:汪时宇
古坊乡财政所 所长:储星宇
中关镇财政所 所长:蒋东贵
菖蒲镇财政所 所长:黄德国
田头乡财政所 所长:沈太平
主簿镇财政所 所长:胡端阳

姚河乡财政所　所长:朱劲松
石关乡财政所　所长:程诗义
巍岭乡财政所　负责人:沈慧清
头陀镇财政所　所长:程磊
黄尾镇财政所　所长:吴岳生
迎江区
龙狮桥乡财政所　所长:夏丽芳
长风乡财政所　所长:丁诚
新洲乡财政所　所长:刘凤琴
大观区
十里铺乡财政分局　局长:方真胜
海口镇财政分局　负责人:胡兴朗
宜秀区
大龙山财政分局　局长:夏显落
白泽湖乡财政所　所长:曹尚照
罗岭镇财政所　所长:程华升
杨桥镇财政所　所长:李雄飞
五横乡财政所　所长:王建军
大桥街道财政结算中心　主任:刘雪莲
安庆经济技术开发区
老峰镇财政所　所长:胡皓
菱北办事处财政所　所长:曹敬如
安庆高新技术产业开发区
山口乡财政所　所长:谢江娅

黄山市财政系统领导名单

黄山市财政局

党组书记:王克飞
局长:江卓琪
党组成员、副局长:程浩良
党组成员、副局长:汪桂进
党组成员、副局长:吴振东
党组成员、三级调研员:曹秋蓉
党组成员、总会计师:鲍英奎
党组成员、驻局纪检监察组组长:汪战胜
党组成员、市财政预算绩效管理中心主任:侯海波
歙县财政局
党组书记、局长:程根银
党组成员、副局长:汪义元
党组成员、副局长:王德跃
党组成员、副局长:黄利华
党组成员、驻局纪检监察组组长:江黎君
党组成员、办公室主任:程春淦
休宁县财政局
党组书记、局长:汪胜生
党组成员、副局长:余青峰
党组成员、副局长:汪沁
党组成员、国库支付中心主任:江文辉
党组成员、新安江流域生态建设保护中心主任、办公室主任:方晓华
党组成员、行财股股长:俞翠英
黟县财政局
党组书记、局长:余国富
党组成员、副局长:程瑾
副局长:刘莎娜
党组成员、会计中心主任:王曙光
党组成员、财监股股长:胡朝阳
党组成员、非税局局长:王誉辉
党组成员、农村局局长:王晔
祁门县财政局
党组书记、局长:方建平
党组成员、副局长:郑忠
党组成员:汪跃武
党组成员:胡丽青
党组成员:黄群飞
党组成员:陈建奎
党组成员:刘岘
副局长:张均红
屯溪区财政局
党组书记、局长:徐新胜
党组成员、副局长:周建钢
党组成员、副局长:邱桂
党组成员、驻局纪检监察组组长:汪辉
党组成员、民生办主任:杨茹
区财政金融管理服务中心主任:王莺燕
黄山区财政局
党组书记、局长:张志武
党组成员、副局长:徐祥
党组成员、副局长:俞明明
党组成员、区财政金融事务管理中心副主任:王宝萍
党组成员、区农村财政分局(农村综合改革管理中心)局长(主任):陶能明
区财政金融事务管理中心主任:谢丽华

区财政局金融事务管理中心副主任、民生办负责人:李伟民

徽州区财政局

党组书记、局长:周国兵

党组成员、副局长:马玉辉

党组成员、副局长:章华

歙县

徽城镇财政分局 局长:洪绍发

桂林镇财政所 所长:叶尚忠

北岸镇财政分局 局长:江利伟

郑村镇财政所 所长:郑毅华

杞梓里镇财政所 所长:吕志明

王村镇财政所 所长:姚兰芬

雄村镇财政所 所长:张向平

坑口乡财政所 所长:叶鹤娟

许村镇财政所 所长:梅广良

深渡镇财政分局 局长:凌晨

溪头镇财政所 负责人:程月英

街口镇财政所 所长:汪子纯

长陔乡财政所 所长:张先进

璜田乡财政所 所长:江岳年

富堨镇财政所 所长:张伟正

新溪口乡财政所 负责人:袁逍

小川乡财政所 负责人:姚澜

霞坑镇财政所 负责人:洪涛

三阳镇财政所 所长:张欣欣

上丰乡财政所 所长:潘四清

金川乡财政所 负责人:黄瑞

岔口镇财政所 所长:张斌

武阳乡财政所 所长:严建军

昌溪乡财政所 所长:方晓峰

森村乡财政所 所长:曹雪英

石门乡财政所 负责人:叶章生

绍濂乡财政所 所长:鲍永忠

狮石乡财政所 负责人:吴乐萍

开发区财政局 局长:项薇

怀宁县

海阳镇财政所 所长:宋夏福

万安镇财政所 负责人:吴晓辉

齐云山镇财政所 所长:洪艳中

东临溪镇财政所 所长:王玉明

五城镇财政所 所长:范欣端

蓝田镇财政所 所长:吕的兰

溪口镇财政所 所长:程伟平

流口镇财政所 所长:明巧玲

汪村镇财政所 所长:汪跃飞

商山镇财政所 所长:卢建国

月潭湖镇财政所 负责人:杨立存

岭南乡财政所 所长:张思良

龙田乡财政所 所长:方录平

璜尖乡财政所 负责人:胡昕

白际乡财政所 所长:胡少忠

榆村乡财政所 所长:汪慧珍

渭桥乡财政所 负责人:庄雨惠

板桥乡财政所 所长:汪有义

山斗乡财政所 所长:姚永芳

鹤城乡财政所 所长:方林平

源芳乡财政所 所长:杨银铃

黟县

碧阳镇财政所 所长:胡虹卉

宏村镇财政所 所长:程春辉

西递镇财政所 所长:柯光明

渔亭镇财政所 所长:胡小青

柯村镇财政所 负责人:李慧

美溪乡财政所 负责人:汪君

洪星乡财政所 负责人:胡协文

宏潭乡财政所 负责人:汪福良

祁门县

祁山镇财政所 所长:胡养兰

大坦乡财政所 所长:王祁明

小路口镇财政所 所长:方凯

金字牌镇财政所 所长:王飞煌

柏溪乡财政所 所长:詹长贵

凫峰镇财政所 所长:洪伟

平里镇财政所 所长:王雪芹

溶口乡财政所 所长:康群英

芦溪乡财政所 所长:陈嘉美

祁红乡财政所 所长:汪颖

塔坊镇财政所 所长:林征红

历口镇财政所 所长:桂云辉

渚口乡财政所 所长:倪浩均

古溪乡财政所 所长:王树辉

闪里镇财政所 所长:吴朝霞

新安镇财政所 所长:倪国振

箬坑乡财政所 所长:王宏玮

屯溪区

屯光镇财政分局 局长:胡建民
阳湖镇财政分局 局长:钱红霞
黎阳镇财政分局 局长:唐宝环
奕棋镇财政分局 局长:刘英

黄山区

经开区财政分局 局长:陈启龙
汤口镇财政所 所长:杨剑
谭家桥镇财政所 负责人:章震强
三口镇财政所 负责人:崔珺然
新明乡财政所 负责人:吴瑾
仙源财政所 负责人:张松
焦村镇财政所 负责人:叶啸林
甘棠镇财政所 所长:陈罡
耿城镇财政所 所长:王澜
龙门乡财政所 所长:查琪
乌石镇财政所 所长:钱舟
太平湖镇财政所 所长:王斌
永丰乡财政所 所长:吴立新
新华乡财政所 所长:杨鼎
新丰乡财政所 所长:严鹤鸣

徽州区

岩寺镇财政所 负责人:张卉
西溪南镇财政所 所长:唐淑英
潜口镇财政所 负责人:吉星
呈坎镇财政所 所长:吴林宝
洽舍乡财政所 所长:汪志新
杨村乡财政所 负责人:阮芬芬
富溪乡财政所 所长:陈晨

广德市财政系统领导名单

广德市财政局

党组书记、局长:陈智勇
党组成员:汤敏
党组成员、驻局纪检监察组组长:彭进
党组成员、副局长:刘为龙
党组成员、副局长:甘涛
党组成员、总会计师:朱健
党组成员:陈卫华

广德市

桃州镇财政所 所长:戴启峰
邱村镇财政所 所长:郑兴
誓节镇财政所 所长:张伟
柏垫镇财政所 所长:谭幼嗣
新杭镇财政所 所长:高艳
东亭乡财政所 所长:蒋伟
卢村乡财政所 所长:方辉
四合乡财政所 所长:许瑞
杨滩镇财政所 所长:陈晖
祠山街道财政 所长:甘恢立
升平街道财政所 所长:汪军
桐汭街道财政所 所长:尉娟
开发区财政局 局长:黄蓉

宿松县财政系统领导名单

宿松县财政局

党组书记、局长:李金星
党组副书记、副局长:张火南
党组副书记、驻局纪检监察组组长:李朝阳
党组成员、副局长:桂松寿
党组成员、副局长:张华国
党组成员、总会计师:何泽

宿松县

孚玉镇财政分局 局长:张晚元
复兴镇财政分局 局长:徐文明
洲头乡财政所 所长:杨卫
汇口镇财政所 所长:杨庆丰
千岭乡财政所 所长:石先武
九姑乡财政所 所长:江荣亮
许岭镇财政所 所长:石大伟
下仓镇财政所 所长:高志
五里乡财政所 所长:胡颂保
长铺镇财政所 所长:尹睿
程岭乡财政所 所长:段益民
高岭乡财政所 所长:黎德新
佐坝乡财政所 所长:邓志海
破凉镇财政所 所长:梅兴祥
凉亭镇财政所 所长:刘锦焰
河塌乡财政所 所长:虞旺国
二郎镇财政所 所长:方瑞华
隘口乡财政所 所长:齐泽皓
北浴乡财政所 所长:吴祺臻

陈汉乡财政所 所长:张青松
趾凤乡财政所 所长:张奇春
柳坪乡财政所 所长:黄义群
经开区财政局 局长:高福荣
东北新城财政所 所长:贺行槐

全省财政系统机关工作人员基本情况年报表

全省财政系统机关工作人员基本情况年报表

2021年12月31日

项目	序号	合计	女	民少族数	政治面貌				最高学位			最高学历				任现职务、职级层次年限											层次			
					中共党员	共青团员	民主党派	其他	博士	硕士	学士	研究生	大学本科	大学专科	中专及以下	不满2年	2年至不满3年	3年至不满4年	4年至不满5年	5年至不满6年	6年至不满7年	7年至不满8年	8年至不满12年	12年至不满15年	15年及以上	财政部	省(区、市)厅局	市(地、州、盟)局	县(市、区、旗)局	乡(镇)所
甲	乙	1	2	3	4	5	6	7	8	9	10	11	12	13	14	15	16	17	18	19	20	21	22	23	24	25	26	27	28	29
总　计	1	5037	1612	33	3895	216	60	866	9	262	1302	436	3092	1280	229	1332	1421	446	228	202	468	198	315	101	299		244	973	2277	1543
公务员合计	2	4793	1573	30	3728	216	60	789	9	262	1286	435	3023	1173	162	1291	1407	417	214	193	455	187	287	91	228		237	921	2138	1497
领导职务合计	3	1284	302	16	1173	2	31	78	3	113	366	216	906	157	5	254	185	85	131	87	86	61	222	58	115		68	540	611	65
省部级正职	4																													
省部级副职	5																													
厅局级正职	6	1			1					1		1							1								1			
厅局级副职	7	4	1		3		1			2		3	1									1	3				4			
县处级正职	8	45	7		43		2		1	8	11	16	26	3		10	3	3	3	2	2	7	13	1	1		26	18	1	
县处级副职	9	133	28	3	126		5	2	2	22	38	43	86	4		20	16	2	13	9	17	6	29	9	12		37	83	13	
乡科级正职	10	477	107	7	437		14	26		38	135	90	346	40	1	94	75	34	47	31	20	24	78	21	53			306	169	2
乡科级副职	11	624	159	6	563	2	9	50		42	182	63	447	110	4	130	91	46	67	45	47	23	99	27	49			133	428	63
综合管理类职级合计	12	3250	1111	13	2500	125	29	596	5	126	744	193	1895	1006	156	805	1218	332	83	106	369	126	65	33	113		152	354	1463	1281
一级巡视员	13																													
二级巡视员	14	5	1		5					1	3	4	1			4			1								5			
一级调研员	15	12	1		12						1	2	8	2		3	3		2		1	1			2		7	5		
二级调研员	16	28	8		25		1	2		3	9	7	20	1		15	7				1	1	1		3		14	14		
三级调研员	17	24	5	1	23		1			1	12	3	21			9	4	1	1	2	3		2	1	1		3	15	6	
四级调研员	18	124	23	1	112		6	6		15	30	24	86	13	1	50	44	7	5	5	4	4	2		3		37	43	41	3
一级主任科员	19	191	32	1	174		2	15		22	51	32	126	32	1	90	36	2	9	14	1	10	7	5	17		45	66	78	2
二级主任科员	20	206	40		180		4	22	4	9	30	19	120	61	6	69	61	12	3	10	7	13	14	8	9		17	41	129	19
三级主任科员	21	453	118	2	387		3	63		11	59	21	235	172	25	268	105	8	10	10	18	8	6	9	11		13	49	202	189
四级主任科员	22	1546	453	5	1257	13	7	269	1	40	137	54	701	669	122	153	641	238	18	33	307	77	18	4	57		11	66	740	729
一级科员	23	653	429	3	319	112	5	217		24	411	27	573	53		144	316	63	33	31	27	11	15	6	7			55	262	336
二级科员	24	8	1		6			2			1		4	3	1		1	1	1	1		1			3				5	3
公务员试用期人员	25	236	147	1	48	87		101	1	22	171	23	204	9		232	4										16	26	63	131
公务员其他	26	23	13		7	2		14		1	5	3	18	1	1	--	--	--	--	--	--	--	--	--	--		1	1	1	20
工勤人员合计	27	240	36	3	165			75			13	1	65	107	67	41	14	29	14	9	13	11	28	10	71		7	52	135	46
高级技师	28	6			6									3	3	3		3										4	2	
技师	29	89	10	1	68			21			3		22	33	34	30	6	18	10	4	3	2	8		8		6	29	48	6

续表

项目	序号	合计			政治面貌					最高学位			最高学历				任现职务、职级层次年限										层次			
			女	民少族数	中共党员	共青团员	民主党派	其他	博士	硕士	学士	研究生	大学本科	大学专科	中专及以下	不满2年	2年至不满3年	3年至不满4年	4年至不满5年	5年至不满6年	6年至不满7年	7年至不满8年	8年至不满12年	12年至不满15年	15年及以上	财政部	省(区、市)厅局	市(地、州、盟)局	县(市、区、旗)局	乡(镇)所
高级工	30	66	11		43			23					15	27	24	8	5	3	4	1	2	2	9	5	27		1	6	43	16
中级工	31	11	2	1	6			5					3	6	2		1	1		1			4		4				7	4
初级工	32	4		1	3			1					2	2				1					1		2				2	2
普通工	33	64	13		39			25			10	1	23	36	4		2	3		3	8	7	6	5	30			13	33	18
机关单位其他	34	4	3		2			2			3		4			--	--	--	--	--	--	--	--	--	--				4	

(人教处供稿)

附录

2021年度省财政厅获得荣誉统计表

2021年度省财政厅获得荣誉统计表

序号	荣誉事项
1	财政预算执行、盘活财政存量资金、国库库款管理、推进财政资金统筹使用、预算公开等财政管理工作完成情况好,被国务院通报激励
2	在2020年脱贫攻坚成效考核中认定为完成年度计划、减贫成效显著、综合评价好,被国务院通报激励
3	推进农产品流通现代化、积极发展农村电商和产销对接成效明显,被国务院通报激励
4	培育壮大接续替代产业、保障和改善民生、加强生态环境整治、着力解决历史遗留问题等转型成效突出,被国务院通报激励
5	落实鼓励和支持就业创业政策措施工作力度大,促进失业人员、就业困难人员及各类重点群体就业创业等任务完成较好,被国务院通报激励
6	棚户区改造、农村危房改造工作积极主动、成效明显,被国务院通报激励
7	财政部2020年度县级财政管理绩效综合评价全国第三
8	财政部2020年度地方预算绩效管理工作考核全国第七
9	2020年度地方财政总决算(全国第四)、地方部门决算(全国第十)获财政部通报表扬
10	2019年度地方预决算公开度排名全国第五、2020年度地方预决算公开的排名全国第六
11	民政部、财政部2020年度困难群众基本生活救助工作绩效评价工作优秀等次(全国第三)
12	全国巩固脱贫攻坚成果和乡村振兴任务资金绩效评价“好”等次,获中央奖励资金3.6亿元
13	获财政部2020年度全国水利发展资金绩效评价优秀等次(全国第七)
14	获财政部2020年度中央水库移民扶持基金绩效评价“优”等次(全国第一)
15	获财政部2020年度全国金融企业财务报表工作评价“优”等次(全国第四)
16	2020年行政事业单位内部控制报告编报工作获财政部通报表扬
17	2020年度行政事业性国有资产报告编报工作获财政部通报表扬
18	获财政部会计监督检查优秀案例组织奖,2个案例分获二、三等奖
19	会计评估监督检查考评工作获财政部通报表扬(全国第六)
20	2020年地方政府采购信息统计工作获财政部通报表扬(全国第五)
21	获财政部2020年地方预算单位政府采购贫困地区农副产品预留份额完成比例全国第八、采购额占食堂食材采购总额比例全国第十、入驻“832平台”供应商数量全国第七
22	获2020年度省委综合考核优秀等次
23	获2020年度省政府目标管理绩效考核全省第五
24	2020年度全省信访工作责任目标考核得分居前列
25	获2020年度全省安全生产和消防工作考核先进单位

续表

序号	荣誉事项
26	省财政厅农业农村处荣获全国脱贫攻坚先进集体
27	省财政厅机关党委被中宣部、司法部、全国普法办评为2016—2020年全国普法工作先进单位
28	省财政厅自然资源和生态环境处获生态环境部重点行业土壤污染状况调查表现突出集体
29	李成名、张宁宁获财政部2020年度财政监督评价工作表现突出个人
30	杨金钢、童燕琛获财政部2021年度财政监督评价工作表现突出个人
31	孙玫玫获全省“双树双建”活动年度标兵
32	陈网获2020年度全省政务信息舆情工作先进个人
33	李勇获2021年度全省政务公开工作先进个人
34	汪永飞获2021年度全省政务督查工作先进个人
35	刘儒之获第七次全国人口普查国家级先进个人
36	刘儒之获省第七批选派帮扶工作先进个人
37	吴昌好获省农民工工作先进个人
38	陈晋获省扫黑除恶专项斗争先进工作者
39	邹玉获全省计划生育协会工作先进个人
40	黄亚林获2021年度全省“扫黄打非”先进个人

(人教处供稿)